전남대학교 아시아문화연구소 총서 4

# 고시원 古詩源

한시의 근원을 찾아서 Ⅲ · 남북조

전남대학교 아시아문화연구소 총서 4

# 고시원 古詩源

한시의 근원을 찾아서 Ⅲ·남북조

청(淸) 심덕잠(沈德潛) 편저
양회석·김희경 역주

전남대학교출판부

# 총목차

## 권별목차

### 권10 宋詩1(송시1)

## 권11 宋詩2(송시2)

## 권12 齊詩(제시)

## 梁詩(양시)

## 권13 梁詩(양시)

## 권14 陳詩(진시)

## 北魏詩(북위시) 附(부)



## 北魏詩(북제시) 附(부)

## 北周詩(북주시) 附(부)

## 隋詩(수시)

# 역자 서문

퍽 오래 전 일이지만 난 그 때의 감격, 아니 그것을 넘어서는 충격을 잊지 못한다. 난생 처음 친구를 따라 천 미터가 넘는 산을 올랐었다. 등에 제법 묵직한 배낭을 메고 있었지만, 처음엔 설렘과 자신감으로 발걸음이 가벼웠다. 그런데 짐은 점점 무거워지고, 길은 점점 가파러 갔다. "꼭 가야하는 것은 아니잖아?" "누가 가라고 시켰어?"

망설임 끝에 결국 고개를 수그리고 나는 걷고 또 걸었다. 이 순간 내가 할 수 있는 유일한 일이 바로 걷기라도 되는 것처럼. 아무 것도 보지 않았다. 그저 발밑만 쳐다보고 걷고 걸었다. 어느 순간 내가 걷는 게 아니라 발걸음이 나를 데리고 가고 있다는 느낌이 들었다. 그러더니 갑자기 앞이 밝아졌다. "와!" 숨이 막힐 정도였다. 정상에 내가 서 있었던 것이다.

세 번째 ≪고시원≫ 번역본을 출간하게 되었다. 남북조와 수나라 시기의 작품 300여 수를 꼼꼼히 읽고 풀었다. 이로써 ≪고시원≫ 14권과 부록을 완역하게 되었다. 심덕잠의 표현을 빌리자면, 저 멀리 신화와 선진(先秦)시대의 '수원'에서 시작하여, 한나라 위진 남북조라는 '강'을 거쳐 마침내 당시(唐詩)라는 '바다'의 입구에 이르는, 긴 항해를 마침내 마친 셈이다. 주지하듯이 당나라 때 완성된 한시는 전통시기 동아시아의 국제적 소통 언어이었다. 여러 민족과 국가의 수많은 배들이 자유롭게 오가는 '바다'였다. 그 '바다'의 형성 과정을 추적한 책이 바로 ≪고시원≫이다. 그래서 이 책의 부제를 "한시의 근원을 찾아서"라 하였다.

한시의 근원을 찾는 긴 여정을 마치는 이 순간, 30여 년 전 첫 등정 경험이 떠오른다. 고개 수그리고 걷고 또 걷다가 만난 그 감격, 아니 그 충격! 그러나 돌이켜보면 그 때 함께 걸어주었던 친구의 도움이 없었다면 그것은 언감생심의 일이었다. 마찬가지다. 함께 해준 분들, 그리고 도와주신 분들이 없었다면 ≪고시원≫을 완역하는 이 여정 역시 애초에 불가능하였으리라. 가슴 속 깊이 고마움을 늘 간직할 것이다. 고개 숙이고 걷다 보면 보지 못한 게 많게 마련이다. 이 책도 당연히 그럴 것이다. 여러 분들의 질정을 겸허히 청하고 싶다. 끝으로 누군가가 더 높은 산을 오르는데 '우리'의 경험이 작은 도움이라도 되었으면 좋겠다.

2016년 8월

행인 양회석

# 권10

# 宋詩1(송시1)

## 1. 孝武帝[1)*]

## 〈自君之出矣(자군지출의)〉 〈그대 떠난 뒤로〉

| | |
|---|---|
| 自君之出矣,<br>자군지출의 | 그대가 떠난 간 뒤에는, |
| 金翠暗無精.[2)]<br>금취암무정 | 황금 비취 흐릿하게 정기 잃었네. |
| 思君如日月,<br>사군여일월 | 그대 그리워함이 해와 달 같아, |
| 回還晝夜生.[3)]<br>회환주야생 | 돌고 돌아 밤낮으로 떠오르네. |

**원주**

* 송나라 때의 시는 날로 유약함으로 흘러 고시의 끝이자 율시의 시작이다. 포조와 사령운 두 분이 없었다면 아마도 시가 빛을 잃었을 것이다.(宋人詩, 日流於弱, 古之終而律之始也. 無鮑謝二公, 恐風雅無色.)
효무제의 시는 때때로 교묘한 생각이 있다.(孝武詩, 時有巧思.)

**역주**

1) 孝武帝(효무제, 430-464) : 중국 남조 송나라의 제4대 황제로 재위기간은 453년에서 464년까지이다. 이름은 유준(劉駿), 아명은 도민(道民), 자는 휴용(休龍)이다. 430년 제3대 황제 문제(文帝)의 아들로 태어났다. 453년 아버지를 암살한 형 유소(劉劭)를 죽이고 제위에 올랐다. 묘호는 세조(世祖), 시호는 효무제(孝武帝)이다.
2) 金翠暗無精 : 금취(金翠)는 원래 황금과 물총새 깃털로 여기서는 머리에 꽂는 황금 비녀와 비취 머리꽂이 장식의 뜻. 정(精)은 엑기스, 정기.
3) 回還 : 돌고 돌다.
4) 압운은 精, 生.

**감상**

이 시는 화자인 한 여인이 사랑하는 임을 그리워하는 것을 묘사하고 있다. 〈의서간(擬徐幹〉 또는 〈의실사(擬室思)〉라는 제목으로 된 것도 있다. 서간(徐幹)의 〈실사(室思)〉는 모두 여섯 수인데 그 중 제6수와 제3수(〈雜詩〉)가 ≪고시원≫ 권6(번역본 2권 177쪽)과 권6(번역본 2권 178쪽)에 실려 있다. 그 마지막 4구에 "그대 떠나가신 이래로, 밝던 거울이 흐려져도 닦지 않았네. 그대 생각 흐르는 물 같으니, 어떻게 그칠 때가 있겠는가?(自君之出矣, 明鏡暗不治. 思君如流水, 何有窮已時?)" 라고 되어 있는데, 후대에 이 마지막 4구를 모방하고 〈자군지출의(自君之出矣)〉라고 제목을 다는 경우가 많다.

## 2. 南平王鑠(남평왕삭)[1]

### 2-1

〈白紵曲(백저곡)〉 〈흰 모시 노래〉

| | |
|---|---|
| 僊僊徐動何盈盈.[2]<br>선선서동하영영 | 사뿐사뿐 천천히 움직이더니 어찌 저리 복스러운가. |
| 玉腕俱凝若雲行.[3]<br>옥완구응약운행 | 옥 같은 손이 모두 멈추더니 구름 가듯 움직이누나. |
| 佳人擧袖輝靑蛾.[4]<br>가인거수휘청아 | 가인이 소매를 드니 검푸른 눈썹이 빛나네. |
| 摻摻擢手映鮮羅.[5]<br>섬섬탁수영선라 | 섬섬옥수 뽑으니 아름다운 비단을 비추네. |
| 狀似明月泛雲河.[6]<br>상사명월범운하 | 얼굴 모습은 저 밝은 달이 은하수를 떠가는 듯. |
| 體如輕風動流波.*<br>체여경풍동류파 | 팔 다리는 마치 가벼운 바람이 물결을 일으키듯. |

**원주**

* 진나라의 노래는 졸박한 듯하나 기상과 맛이 대단히 두텁다. 이 작품은 단지 그것이 선명하고 빼어남을 느낄 뿐이다. (진나라와 송나라의) 기풍이 올라가고 내려감은, 작자가 마음대로 할 수 없는 것이다.(晉曲似拙, 然氣味極厚, 此但覺其鮮秀矣. 風氣升降, 作者不能自主.)

**역주**

1) 南平王鑠 : 유삭(劉鑠, 431-453)을 말한다. 남평왕(南平王)에 봉해졌으며, 자는 휴현(休玄), 남조 송나라 문제 유의륭(劉義隆)의 넷째 아들이다. 셋째 형인 유준(劉駿)과 불화하였고, 당시 태자였던 유소(劉劭)가 아버지 문제를 시해하고 즉위하자 유소를 섬겼다. 후에 유소가 동생 유준에게 살해되고 유준이 효무제(孝武帝)가 되자 독살되었다. 문집 5권이 있었다고 한다.

2) 僊僊徐動何盈盈 : 선선(僊僊)은 첩어, 의태어로 느리면서 반복되는 동작의 모양. 영영(盈盈)은 첩어, 의태어로 아름다운 모양, 얌전한 모양. 복스러운 아름다움을 묘사한 것.

3) 凝 : 동작이 멈춤을 나타내는데, 응지(凝脂)와 연계되어 고운 피부를 연상시킨다.

4) 靑蛾 : 검푸른 색 눈썹. 미인을 의미함.

5) 摻摻擢手 : 섬섬옥수(纖纖玉手)를 내민다.

6) 雲河 : 구름, 또는 은하수.
7) 매 구 압운하고, 盈, 行에서 蛾, 羅, 河, 波로 환운하고 있다.

**감상**

이 시는 권9의 9-3 〈진백저무가시(晉白紵舞歌詩)〉를 모방한 작품이다(번역본 2권 671쪽 참조). 춤추는 무희(舞姬)의 자태를 생생하고 세세하게 그리고 있다.

두 구씩 짝을 이루어 작은 세 단락을 구성하고 있다.

1구는 무희가 춤을 추기 전 옷소매로 앞을 가리고 있다가 서서히 움직이면서 얼굴을 드러내는 장면이다. 2구는 두 가지의 동작을 포함한다. 손이 멈추는 동작과 다시 구름이 가듯 손을 움직이는 동작이다.

3구는 다시 얼굴을 묘사하고 있다. 소매를 드니 미인의 아름다운 검푸른 색 눈썹을 가진 얼굴이 드러난다. 4구에서 다시 손을 묘사한다. 가인의 섬섬옥수의 손이 드러나자 하얀 손의 빛남이 비단을 비출 정도이다.

5구는 다시 무희의 얼굴로 돌아와 밝은 달을 닮았다고 읊는다. 마지막으로 6구에서는 팔과 다리의 움직임을 묘사한다.

참으로 아름다운 시이지만, 시를 읽고 난 후 곱고 예쁜 느낌만이 남는다. 그래서 심덕잠은 진나라 시의 고유한 풍미가 부족하다고 하였다.

## 2-2

## 〈擬行行重行行(의행행중행행)〉[1] 〈행행중행행을 본뜨다〉

| | |
|---|---|
| 眇眇陵長道,[2]<br>묘묘릉장도 | 아득히 아득히 긴 길에 올라, |
| 遙遙行遠之.[3]<br>요요행원지 | 멀리 멀리 먼 곳으로 떠났지. |
| 廻車背京里,[4]<br>회차배경리 | 수레를 돌려서 경성을 등지고, |
| 揮手從此辭.<br>휘수종차사 | 손 흔들고 이곳에서 작별했지. |
| 堂上流塵生,<br>당상류진생 | 마루에는 흐르는 먼지 생겨나고, |
| 庭中綠草滋.<br>정중록초자 | 마당에는 푸른 풀 무성해졌네. |
| 寒螿翔水曲,<br>한장상수곡 | 가을 매미는 물가에서 날고 있고, |

秋兔依山基.[5)] 가을 토끼는 산기슭에 기대고 있네.
추토의산기

芳年有華月,[6)] 꽃다운 나이에 꽃과 달 있건만,
방년유화월

佳人無還期.[7)] 고운 임은 돌아올 기약 없구나.
가인무환기

日夕涼風起,[8)] 해가 저물며 차가운 바람 일어나니,
일석량풍기

對酒長相思. 술 마주하고서 한없이 그리워하누나.
대주장상사

悲發江南調,[9)] 슬픔은 강남조로 피어나거니와,
비발강남조

憂委子衿詩.[10)] 근심을 자금시에 기탁해 본다네.
우위자금시

臥覺明燈晦,[11)] 누우면 밝은 등불도 어둡게 느껴지고,
와각명등회

坐見輕紈緇.[12)] 앉으면 하얀 비단도 검게 보인다네.
좌견경환치

淚容不可飾, 눈물에 젖은 얼굴은 꾸밀 수도 없고,
루용불가식

幽鏡難復持.[13)] 먼지 낀 거울 다시 잡기도 어려워라.
유경난복지

願垂薄暮景, 원하건대 석양빛이라도 드리워,
원수박모경

照妾桑榆時.[14)] 이 쇤네의 만년을 비춰주시길.
조첩상유시

원주

* 자못 고시의 뜻에 도달했다.(頗臻古意.)

역주

1) 擬行行重行行 : 의(擬)는 모방하다. 〈행행중행행(行行重行行)〉은 ≪고시원≫ 번역본 1권 486쪽 참조.
2) 眇眇陵長道 : 묘묘(眇眇)는 첩어, 의태어로 먼 모양. 릉(陵)은 오르다.
3) 遙遙 : 첩어, 의태어로 먼 모양.
4) 迴車背京里 : 회차(迴車)는 수레를 돌려 떠나다. 경리(京里)는 경성.
5) 寒螿翔水曲 2구 : ≪회남자(淮南子)≫에 "토끼는 굴로 돌아가고 한장(寒螿)은 물

위를 나는데 각기 자신이 태어난 곳을 좋아하기 때문이다.”고 했다. 이에 대해 고유(高誘)는 “한장은 물새이다.(寒螿, 水鳥.)”라고 주를 달고 있지만, 다음 구의 추토(秋兎), 즉 ‘가을 토끼’와 대구를 이루어 ‘가을 매미’로 해석함.

6) 華月 : 꽃과 달.

7) 佳人 : 보통 아름다운 사람, 미인을 말하나 여기서는 남편.

8) 日夕涼風起 : 일석(日夕)은 해가 저물다. 량풍(涼風)은 차가운 바람.

9) 江南調 : ≪악부시집·상화가사(相和歌辭)≫에 〈강남사(江南思)〉·〈강남곡(江南曲)〉과 같은 곡이 많은데 대부분이 임을 그리워하는 내용이다. 여기서는 그 시들을 가리킴.

10) 子衿詩 : 자금(子衿)은 ≪시경(詩經)≫의 편명. 〈정풍·자금(鄭風·子衿)〉에 “푸르고 푸른 그대의 옷깃, 길이 생각하는 내 마음. 비록 나는 가지 못하나, 그대는 왜 소식을 계속 전하지 않는가. …… 하루 동안 보지 못함이 석 달과도 같도다.(青青子衿, 悠悠我心. 縱我不往, 子寧不嗣音.…… 一日不見, 如三月兮.)”라고 하였다.

11) 明燈晦 : 밝은 등불이 흐릿해져 보이다.

12) 輕紈緇 : 흰 비단이 검게 변해 보이는 것. 육기(陸機)의 시 〈위고언선증부시(爲顧彦先贈婦詩)〉에 “도성 낙양은 바람 먼지가 많아, 하얀 옷이 검정으로 변하겠지.(京洛多風塵, 素衣化爲緇)”라는 구를 원용한 것이다. ≪고시원≫ 번역본 2권 341쪽 참조.

13) 淚容不可飾 2구 : ≪시경≫ 〈위풍·백혜(衛風·伯兮)〉에 “어찌 머리 기름이 없으랴만, 누구를 위하여 꾸미겠는가.(豈無膏沐, 誰適爲容.)”고 한 것과, 조식(曹植)의 〈칠애시(七哀詩)〉에 “머리 기름 누구를 위해 꾸미겠는가, 밝은 거울 흐려져도 닦지 않는다네.(膏沐誰爲容, 明鏡闇不治.)”라고 한 내용을 인용한 것이다. 유경(幽鏡)은 쓰지 않아서 먼지가 낀 거울.

14) 願垂薄暮景 2구 : 육기(陸機)의 〈당상행(塘上行)〉에 “원컨대 임이여 여광을 넓히셔서, 모년 접어든 쇤네를 비춰주시길.(願君廣末光, 照妾薄暮年.)”라고 한 구절에서 왔다(≪고시원≫ 번역본 2권 329쪽 참조). 상유(桑榆)는 만년(晚年).

15) 압운은 之, 辭, 滋, 基, 期, 思, 詩, 緇, 持, 時.

**감상**

이 시는 〈고시십구수(古詩十九首)〉의 첫 수인 〈행행중행행(行行重行行)〉을 모방한 작품이다. 모두 20구로 되어있으며 내용에 따라 4구씩 모두 다섯 단락으로 나눌 수 있다.

1단락(1-4구)은 과거를 회상하는 내용이다. 사랑하는 임이 멀리 떠난 것을 반복해서 묘사한 것이 1-2구의 내용이다. 수레를 돌려 내가 있는 경성을 등지고 손을 흔들며 바로 이곳에서 작별했었음을 회고 하고 있다(3-4구).

2단락(5-8구)은 지금 내가 있는 상황을 설명하고 있다. 마루에는 정처 없이 흘러

온 먼지가 생겨나고 마당에는 푸른 풀만 무성한 것은 사랑하는 임이 떠난 지 오래 되었음을 알려준다(5-6구). 계절은 또 흘러 가을이 되어 가을 매미도 가을 토끼도 자기의 처소에 머무는데 내 임은 어디에 계신가를 생각한다(7-8구).

3단락(9-12구)은 가을에서 또 계절이 바뀌어 봄이 온 것으로 한해가 또 지나갔음을 알린다. 꽃다운 나이에 꽃과 달은 있지만 내 임은 돌아오지 않는다(9-10구). 여기서 시의 주인공은 여인이고 사랑하는 임은 결국 남편임을 알 수 있다. 돌아오지 않는 남편 때문에 해가 저물어 부는 찬바람에, 술을 대하고는 더 한없이 그리워진다(11-12구).

4단락(13-16구)은 남편을 그리워하는 슬픈 여인의 모습을 그리고 있다. 여인은 그 슬픔을 사모곡(思慕曲)인 강남조(江南調)에, 자금시(子衿詩)에 담아본다(13-14구). 슬픔에 밝은 등불도 어두워져 보이고, 흰 비단도 검게 보인다(15-16구).

마지막 5단락(17-20구)에서 여인의 슬픔이 극에 달하여 얼굴을 꾸밀 수도 없고, 보아줄 이가 없으니 먼지 낀 거울을 닦지도 들지도 않는다(17-18구). 마지막 두 구에서 석양빛이라도 쇤네의 만년을 비춰달라는 것은 말년이라도 자신에게 돌아오길 바라는 여인의 마음을 말하는 것으로 아름답기보다는 애절함과 처절함이 느끼지는 대목이다.

## 3. 何承天[1)]

〈雉子遊原澤篇(치자유원택편)〉 〈꿩이 들녘에 놀듯이〉

| | |
|---|---|
| 雉子遊原澤,<br>치자유원택 | 꿩이 들과 연못에서 노닐고 있나니, |
| 幼懷耿介心.<br>유회경개심 | 어려서부터 곧고 굳은 마음 품었네. |
| 飮啄雖勤苦,<br>음탁수근고 | 마시고 쪼는 것이 비록 힘이 들어도, |
| 不願棲園林.[2)]<br>불원서원림 | 동산 숲에 깃들기는 원하지 않았네. |
| 古有避世士,<br>고유피세사 | 옛날 세상을 피해 사는 선비가 있어, |
| 抗志青霄岑.<br>항지청소잠 | 청운의 봉우리처럼 뜻 드높이는구나. |
| 浩然寄卜肆,<br>호연기복사 | 호연하게 점집에 몸을 맡기려고, |
| 揮棹通川陰.[3)]<br>휘도통천음 | 노 저어서 사천 남쪽으로 가는구나. |
| 逍遙風塵外,[4)]<br>소요풍진외 | 풍진의 바깥에서 유유자적하거니와, |
| 散髮撫鳴琴.<br>산발무명금 | 머리를 풀고 거문고를 어루만지노라. |
| 卿相非所盼,[5)]<br>경상비소반 | 재상도 바라는 바 아니니, |
| 何況於千金.[6)]<br>하황어천금 | 하물며 천금 따위임에랴. |
| 功名豈不美,<br>공명기불미 | 공과 명예 어찌 아름답지 않으랴만, |
| 寵辱亦相尋.[7)]<br>총욕역상심 | 총애와 욕됨이 역시 서로 이어진다네. |
| 冰炭結六府,<br>빙탄결륙부 | 뜨거움과 차가움 오장육부에 맺히니, |
| 憂虞纏胸襟.[8)]<br>우우전흉금 | 근심과 즐거움이 흉금에 얽힌다네. |

| | |
|---|---|
| 當世須大度,<br>당세수대도 | 세상 담당하려면 큰 도량 필요하건만, |
| 量己不克任.<br>량기불극임 | 내 스스로 헤아리니 맡은 능력 없구나. |
| 三復泉流誡,[9)]<br>삼복천류계 | 시냇물의 가르침을 거듭 반복하거니와, |
| 自警良已深.<br>자경량이심 | 스스로 경계함이 진실로 이미 깊도다. |

**역주**

1) 何承天(하승천, 370-447) : 남조 송나라 산동(山東) 동해담(東海郯) 사람이다. 천문학자, 수학자이며 문학가, 사학가였다. 특히 산학(算學)과 역학(易學)에 뛰어나 원가력(元嘉曆)을 만들었다. 벼슬은 상서사부랑(尙書祠部郎), 형양내사(衡陽內史), 어사중승(御史中丞), 저작좌랑(著作佐郎), 어사대부(御史大夫) 등을 역임하였다. 주요 저서로 ≪달성론(達性論)≫이 있다. 불교의 보응설(報應說)을 비판하고, 신수형멸(神隨形滅)을 주장하여 큰 영향을 끼쳤다.

2) 雉子遊原澤 4구 : ≪장자·양생주(莊子·養生主)≫에 "연못에 사는 꿩은 열 발자국을 가야만 한번 먹이를 쪼아 먹고, 백 걸음을 옮겨야 겨우 물 한 모금을 마실 수 있지만, 새장 속에서 길러지길 원하지 않는다. 기력은 왕성하겠지만 속이 편하지 못하기 때문이다."라고 하였다. 원택(原澤)은 들과 연못. 경개심(耿介心)은 곧고 굳은 마음.

3) 抗志靑霄岑 4구 : 엄군평(嚴君平)을 묘사한 것이다. 엄군평은 전한 촉군(蜀郡) 성도(成都) 사람으로 이름은 준(遵)이고, 자가 군평이다. 성제(成帝) 때 성도(成都)에서 점을 쳐 생활을 꾸려 나갔는데, 1백 냥을 벌면 족하다 하며 곧 가게를 닫고 노자(老子)를 읽었고, 돈이 떨어지면 다시 문을 열어 점을 쳤다고 한다. 노자를 깊이 공부한 높은 선비로 아흔이 넘도록 점을 치며 살며 충효와 신의로 사람들을 가르쳤다고 한다. 대학자인 양웅(揚雄)이 바로 그의 제자이다. 저서에 ≪도덕진경지귀(道德眞經指歸)≫가 있었는데 그 중 7권만 전해진다. 항지(抗志)는 뜻을 높게 드높이다. 청소(靑霄)은 청운(靑雲). 잠(岑)은 높은 산봉우리. 복사(卜肆)는 점치는 집. 산음(川陰)은 사천 지역의 남쪽.

4) 逍遙 : 첩운(疊韻), 의태어로 서성대는 모습, 유유자적한 모양.

5) 卿相 : 높은 벼슬.

6) 何況 : 하물며 ~임에랴.

7) 相尋 : 서로 잇다.

8) 冰炭結六府 2구 : 빙탄(冰炭)은 얼음과 숯으로 뜨거움과 차가움을 말함. 우우(憂虞)는 근심과 즐거움.

9) 三復泉流誡 : 삼복(三復)은 거듭 반복하다. 천류계(泉流誡)는 ≪논어·자한(論語·

子罕)≫에 "공자께서 시냇가에 계시면서 말씀하시길 가는 것이 이와 같구나, 밤낮을 그치지 않는구나!(子在川上曰, 逝者如斯夫, 不舍晝夜.)" 라고 한 것을 말한다.

10) 압운은 心, 林, 岑, 陰, 琴, 金, 尋, 襟, 任, 深으로 일운도저.

**감상**

이 시는 모두 20구로 되어있는데, 내용에 따라 5개의 단락으로 나눌 수 있다.

1단락(1-4구)은 ≪장자·양생주≫의 꿩의 이야기를 인용하여 이 시에서 말하고자 하는 큰 의미를 전개한 것이다. 꿩이 비록 열 발자국을 가야만 한번 먹이를 쪼아 먹고, 백 걸음을 옮겨야 겨우 물 한 모금을 마실 수 있다 하더라도 새장에 갇히길 원하지 않듯 자신이 곧고 굳은 마음의 소유자임을 말하고 있다.

2단락(5-8구)은 높은 벼슬을 버리고 점을 치며 재야의 삶을 산 엄군평(嚴君平)의 이야기를 빌어 자신의 뜻이 높음을 말한 것이다.

3단락(9-12구)은 2단락에서 말한 엄군평의 이미지를 설명한 것이다. 9-10구에서는 풍진 밖에서 유유자적하며, 머리를 풀고 거문고를 만지던 엄군평이 모습을 묘사한다. 11구에서 경상(卿相)은 높은 벼슬, 귀(貴)를 상징한다. 12구의 천금(千金)은 부(富)를 상징한다. 11-12구는 부(富)보다 중요한 귀(貴)도 관심이 없으니 천금 따위는 말할 것이 아니라는 뜻이다.

이처럼 1-3단락은 뜻과 기상이 높은 선비의 상을 일관되고 말하고 있으나 4단락에서는 시상의 반전을 보인다. 4단락(13-16구)의 13구에서 공명(功名)도 어찌 아름답지 않겠느냐고 묻는다. 14구의 총애와 욕됨(寵辱)은 다시 15구의 뜨거움(炭)과 차가움(冰)으로 연결되고, 다시 16구의 즐거움(虞)과 근심(憂)으로 연결된다. 시인은 이 모든 것이 얽히고 이어진다고 말한다.

마지막 5단락(17-20구)의 17-18구에서는 세상을 다스리려면 앞 4단락에서 언급한 총애와 욕됨을 넘어서는 도량이 필요한데 자신은 그럴만한 능력이 없다고 말한다. 겸손한 듯 말하였으나 마지막 19-20구에서는 그럼에도 자신은 준비되어 있다고 주장을 편다. 자신을 거듭 공자의 천류계(泉流誡)를 반복하여서, 스스로 경계함이 진실로 이미 깊을 정도로 준비되어 있노라고 말한 것이다. 마지막 단락으로 볼 때 이 시는 결국 남에게 자신을 잘 보이고자 하는 자천시(自薦詩)라고 볼 수 있다.

## 4. 顔延之(안연지)[1)*]

### 4-1.
### 〈應詔宴曲水作詩八章(응조연곡수작시팔장)〉[2)**]

〈곡수의 연회에서 명에 따라 지은 시 8장〉

4-1-1

| | |
|---|---|
| 道隱未形,<br>도은미형 | 도는 형태로 드러나지 않는 곳에서 숨어 있고, |
| 治彰既亂.[3)]<br>치창기란 | 이미 세상 어지러움에서는 다스림이 드러나네. |
| 帝跡懸衡,<br>제적현형 | 오제의 치적은 저울 걸어 놓은 듯, |
| 皇流共貫.[4)]<br>황류공관 | 삼황의 흐름은 함께 공유했었지. |
| 惟王創物,<br>유왕창물 | 오직 왕만이 문물을 창제하여서, |
| 永錫洪算.[5)]<br>영석홍산 | 영원히 긴 국운을 후세에 주는 법. |
| 仁固開周,<br>인고개주 | 인자함이 견고하였기에 주나라를 열었거니와, |
| 義高登漢.[6)]<br>의고등한 | 의가 높았기 때문에 한나라 천자에 등극했었지. |

**원주**

* 안연지의 시에 대해서는 혜휴가 품평하길 금에 조각하고 무늬를 도금했다. 그렇지만 새긴 것이 너무 심하고, 넣고 이어서 공교함을 추구했는데 도리어 진기를 손상시켰다. 중간에 〈오군영〉·〈추호행〉같은 작품은 모두 맑고 순수하면서 높고 빼어난 것이다.(顔詩, 惠休品爲鏤金錯采. 然鏤刻太甚, 塡綴求工, 轉傷眞氣. 中間如五君詠·秋胡行, 皆淸眞高逸者也.)
육기(陸機)는 펼쳐놓은 것에 뛰어났고 안연지는 수식하는 것에 뛰어났다. 그러나 역시 이로 말미암아 흠집이 된다. ≪시경·대아·증민(大雅·烝民)≫에서 "맑은 바람처럼 온화하다."라고 하는데, 이러한 것이 고상한 시이다.(士衡長於敷陳, 延之長於鏤刻, 然亦緣此爲累. 詩云穆如淸風, 是爲雅音.)

** ≪송략≫에 이르기를, 문제 원가 11년 3월 병신에 낙유원에서 계제사를 하고, 또 강하왕 의공과 형양왕 의계를 전별하며 그 곳에 모인 사람들에게 시부를 짓

게 하였다고 한다.(宋略曰, 文帝元嘉十一年三月丙辰, 禊飮於樂遊苑, 且祖江夏王義恭·衡陽王義季, 有詔會者賦詩.)

**역주**

1) 顔延之(안연지, 384-456) : 남조 송나라 낭야(琅邪) 임기(臨沂) 사람으로 자는 연년(延年), 시호는 헌자(憲子)이다. 벼슬은 국자좨주(國子祭酒), 시안태수(始安太守), 중서시랑(中書侍郎), 영가태수(永嘉太守), 금자광록대부(金紫光祿大夫) 등을 역임했다. 성질이 과격하고 술을 즐겼으며, 언행에 조심성이 적어 혹평을 받기도 했지만, 생활은 매우 검소했고 재물을 가벼이 여겼다고 전한다. 사령운(謝靈運)과 함께 '안사(顔謝)'라 일컬어진다. 30권으로 된 ≪안광록집(顔光祿集)≫이라는 작품집이 있었으나, 현재 한 권의 집본(輯本)이 남아있다.
2) 曲水 : 남조 송 무제 때 만든 낙유원(樂遊苑)을 말한다. 문제(文帝) 원가(元嘉) 11년(434년)에 곡수라고 불렀다. 또 3월3일 상사일(上巳日)에 여러 사람이 물가에서 술을 마시며 연회를 하면 상스럽지 못한 것을 없앤다고 여겼는데 이를 곡수라고 부름.
3) 道隱未形 2구: ≪노자(老子)≫ 41장에서 "큰 모양은 형체가 없다.(大象無形.)", "도는 숨어 이름이 없다.(道隱無名.)"라고 하였다. 치(治)는 다스림. 창(彰)은 드러나다.
4) 帝跡懸衡 2구 : 3구의 제(帝)와 4구의 황(皇)은 삼황오제(三皇五帝)를 말하는 것으로 중국의 고대 신화에 등장하는 세 명의 황(皇)과 다섯 명의 제(帝)를 가리킨다. 여러 가지 설이 있으나 대체로 삼황은 수인(燧人), 복희(伏羲), 신농(神農)을, 오제는 황제(黃帝), 전욱(顓頊), 제곡(帝嚳), 당요(唐堯), 우순(虞舜)을 말한다. 적(跡)은 치적. 현형(懸衡)은 저울을 걸어놓은 것으로 임금의 치적이 저울과 같음을 비유한 것. 황류(皇流)는 삼황이 교화하고 가르친 은혜를 말함. 공관(共貫)은 만민이 함께 공유함.
5) 惟王創物 2구 : 왕(王)은 인도(仁道) 정치를 펴는 참다운 왕을 의미. 석(錫)은 주다. 홍산(洪算)은 큰 계산으로 여기서는 긴 국운, 왕조의 장구함.
6) 仁固開周 2구 : 문왕(文王)이 인덕으로 주(周)나라의 기틀을 쌓았고, 한 나라는 의로써 천하를 얻었다는 뜻.
7) 압운은 亂, 貫, 算, 漢.

**감상**

이 시는 안연지(顔延之)가 곡수(曲水)의 연회에서 명을 받아 지은 8장의 시 가운데 총서문격의 제1장이다. 전체 8장의 내용은 다음과 같은 흐름을 보여준다.

| 1장 | 2장 | 3장 | 4장 | 5장 | 6장 | 7장 | 8장 |
|---|---|---|---|---|---|---|---|
| 송 건국<br>정통성 | 무제<br>칭송 | 문제<br>칭송 | 태자<br>칭송 | 이왕<br>칭송 | 수계<br>행사 | 이왕<br>전별 | 마무리<br>겸사 |

≪문선(文選)≫ 〈삼월삼일곡수시서1수(三月三日曲水詩序一首)〉에 "낙유원에서 계제사를 하고, 또 강하왕 의공과 형양왕 의계를 전송하였다. 임금의 명령이 있어 잔치에 모인 사람은 모두 다 시를 지었다. 태자중서자 벼슬의 안연지에게 조서를 내려 총서를 쓰게 했다."라고 하였다. 이 내용과 원주의 내용을 통해 이 날 임금의 명령으로 안연지가 총서를 썼고, 이 날 모임의 두 가지의 목표가 있었음을 알 수 있다. 하나는 수계(修禊)행사로 계제사를 지내는 것이다. 이는 원래 3월3일에 행하던 민간 신앙의 일이었으나 왕희지(王羲之)의 〈난정집서(蘭亭集序)〉에서 보이듯 문인들의 고급 잔치인 연례행사가 되었다. 두 번째는 두 왕, 강하왕 유의공과 형양왕 유의계를 전송하는 일이다. 이 두 목표는 6, 7장의 내용이 된다.

또, ≪문선≫의 기록을 통해 이 곡수연(曲水宴)에 참석한 중요 인물은 문제(文帝)와 태자(太子), 2명의 왕(二王)이었을 것임도 알 수 있다. 그래서 3, 4, 5장에 차례로 이들의 공덕을 찬양한다. 이들 앞의 선대의 공덕은 1, 2장에 배치하고, 마지막(8장)에 시인의 겸사(謙辭)로 마무리된다.

1장은 남조 송 건국의 정당성을 노래하고 있는데, 마치 유구한 중국 역사를 응축한 듯하다.

1구의 도가 형태로 드러나지 않는 곳에 숨어 있는 세계는 태초의 세계이다. 2구에서 세상의 혼돈이 시작되자 다스리는 자가 드러났다고 말한다.

3-4구는 삼황오제(三皇五帝)의 치적과 베풀어준 교화와 은혜가 저울과 같이 공평하고 만민에게 두루 공유되었음을 말한다.

5-6구는 우(禹)·탕(湯)·문왕(文王) 같은 참다운 왕(王)들이 문물을 창제하고 그들이 세운 나라들이 왕조의 장구함, 즉 긴 국운을 후세에 주었다고 말한다.

7-8구는 문왕(文王)이 인덕으로 주(周)나라의 기틀을 쌓고, 한(漢)나라는 의가 높았기에 왕조를 이룰 수 있었다고 말한다.

이러한 유구한 역사의 흐름을 이어받은 나라가 바로 송이라고 찬양하고 있다.

### 4-1-2

| | |
|---|---|
| 祚融世哲,<br>조융세철 | 임금의 복은 역대 성군처럼 융성했고, |
| 業光列聖.[1)]<br>업광열성 | 그 업적은 여러 성왕처럼 빛나는구나. |
| 太上正位,<br>태상정위 | 태상께서 정위에 계시거니와, |
| 天臨海鏡.[2)]<br>천림해경 | 하늘처럼 굽어보고 바다처럼 비추노라. |
| 制以化裁,<br>제이화재 | 교화와 절제로써 백성들을 통제하고, |

| | |
|---|---|
| 樹之形性.[3]<br>수지형성 | 형상과 성질로써 만물을 세워주시네. |
| 惠浸萌生,<br>혜침맹생 | 은혜는 모든 백성에 스며들거니와, |
| 信及翔泳.[4]*<br>신급상영 | 날고 헤엄치는 것까지 실로 미치네. |

**원주**

* 태상은 문제를 이른다.(太上, 謂文帝也.)[5]

**역주**

1) 祚融世哲 2구 : 1-2구의 주어는 무제(武帝)이다. 조(祚)는 복. 융(融)은 융성하다, 번성하다. 세철(世哲)과 열성(列聖)은 삼황오제(三皇五帝)같은 역대 여러 성군성왕들을 말함.
2) 太上正位 2구 : 태상(太上)은 최상이라는 뜻으로 무제(武帝)를 가리킴. 정위(正位)는 천자의 자리.
3) 制以化裁 2구 : 제(制)는 (백성들을) 통제하다. 화(化)는 교화시키다. 재(裁)는 마름질하다. 여기서는 절제시키다. 수(樹)는 세워주다. 지(之)는 만물을 의미. 형성(形性)은 형상과 성질. ≪장자·천지(天地)≫에 "머물고 움직이며 물을 낳는데 그 만물이 이루어져 이치가 생기니 형체라 한다. 형체는 정신을 지키고 각기 법칙이 있는데 이를 일러 본성이라고 한다."라고 하였다.
4) 惠浸萌生 2구 : 혜(惠)는 무제의 은혜. 침(浸)은 스며들다. 맹(萌)은 서맹(庶萌), 서민(庶民)을 말함. 맹생(萌生)은 서민의 삶, 즉 백성. 상영(翔泳)은 나는 새와 헤엄치는 물고기.
5) 심덕잠(沈德潛)이 태상을 문제로 본 것은 잘못이다. 내용상 태상은 무제(武帝)이다.
6) 압운은 聖, 鏡, 性, 泳.

**감상**

앞에서 정리하였듯이 2장의 주요 내용은 남조 송나라 무제인 유유를 칭송하는 것이다. 1-2구에서는 무제의 복과 업적을 삼황오제 같은 역대 여러 성군성왕들에 비유하였다. 3-4구에서는 무제를 하늘과 바다에 비유하였다. 심덕잠이 원주에서 3구의 태상을 문제로 본 것은 잘못이다. 5구에서 무제가 교화와 절제로 백성들을 통제함은 다시 7구로 이어져 그 은혜가 모든 백성에게 스며든다고 하였다. 6구에서 무제가 형상과 성질을 가지고 만물을 세워주심은 다시 8구로 이어져 나는 새와 물고기 같은 만물에게 미친다고 한 것이다.

4-1-3

| | |
|---|---|
| 崇虛非徵,<br>숭허비징 | 가식을 숭상함은 요구하시는 바 아니요, |
| 積實莫尙.[1)]<br>적실막상 | 실적을 쌓는 것은 더 보탤 것이 없다네. |
| 豈伊人和?<br>기이인화 | 어찌 사람들의 화합뿐이랴? |
| 實靈所貺.[2)]<br>실령소황 | 실로 신령도 베푸시는 바이네. |
| 日完其朔,<br>일완기삭 | 태양은 삭일에도 온전하거니와, |
| 月不掩望.[3)]<br>월불엄망 | 달은 망일에도 가려지지 않네. |
| 航琛越水,<br>항침월수 | 배에 실린 보배는 물을 넘어오고, |
| 輦賮逾嶂.[4)*]<br>련신유장 | 수레 실린 조공은 산 넘어온다네. |

원주

* 신(賮)은 신(贐)과 같다. 멀리 떨어진 오랑캐들이 공물을 바침을 이야기한다.(賮, 同贐. 言遠夷納貢也.)

역주

1) 崇虛非徵 2구 : 허(虛)는 가식, 허화(虛華). 징(徵)은 요구하다. 실(實)은 실질적인 공적. 상(尙)은 가(加)의 뜻으로 더하다, 보태다. ≪노자≫ 38장에 "그런 까닭에 대장부된 자는, 후한 것을 취하고 박한 것을 버리며, 실한 것을 취하고 허화(虛華)한 것을 버린다."라고 하였다.
2) 豈伊人和 2구 : 이(伊)는 어조사. 령(靈)은 신령. 황(貺)은 주다, 베풀다.
3) 日完其朔 2구 : 이 2구는 본래 ≪한서(漢書)≫의 "천하가 태평하면 해가 삭일에 먹히지 않고 달도 망일에 가리어지지 않는다."에서 나온 말이다. 여기서의 삭(朔)과 망(望)은 각각 천문 현상을 이른다. 삭(朔)은 합삭(合朔)의 뜻으로, 태양, 달, 지구의 일직선을 이룬 때를 말하며, 흔히 일식(日蝕)이 일어난다. 망(望)은 태양, 지구, 달이 순서대로 한 직선 위에 놓이는 때로, 보통 월식(月蝕)이 일어남.
4) 航琛越水 2구 : 침(琛)은 보배. 신(賮)은 조공품.
5) 압운은 尙, 貺, 望, 嶂.

**감상**

1장에서 송 건국의 정당성을 이야기하고, 2장에서 1대 황제 무제를 칭송했다면, 3장에서는 현 황제인 문제(文帝)를 칭송하고 있다.

1-2구는 우리 임금인 문제는 가식을 숭상하지 않으시고, 실질적인 일을 하시는 분이심을 말한 것이다. 3-4구는 문제의 어진 정치 덕에 사람들이 모두 화합하며 살 뿐 아니라 그 은덕이 만물에게도 미침을 이야기한 것이다. 5-6구의 내용은 바로 앞 4구에서 말한 신령께서 베풀어 주신 바(靈所貺)를 다시 설명한 것으로, 어진 성군 덕분에 일식도, 월식도 없다고 말한 것이다. 고대인들은 일식과 월식을 흉조로 보았다. 7-8구의 내용은 5구에서 말한 사람들의 화합됨(人和)를 다시 설명한 것으로 문제의 어진 정치로 멀리 떨어진 오랑캐들도 배와 수레를 타고 와서 조공을 바치는 것을 말한 것이다.

### 4-1-4

| | |
|---|---|
| 帝體麗明,[1)]<br>제체려명 | 태자는 부왕의 밝은 덕에 붙었고, |
| 儀辰作貳.[2)]<br>의진작이 | 북극성 짝하여 후계자가 되었도다. |
| 君彼東朝,[3)]<br>군피동조 | 저 동궁을 다스림에 있어서는, |
| 金昭玉粹.<br>금소옥수 | 황금처럼 밝고 옥처럼 순수하도다. |
| 德有潤身,[4)]<br>덕유윤신 | 덕은 몸을 윤택하게 하였고, |
| 禮不愆器.[5)]<br>예불건기 | 예는 큰 그릇에 어긋나지 않도다. |
| 柔中淵映,[6)]<br>유중연영 | 부드러운 마음은 깊은 연못처럼 비추고, |
| 芳猷蘭秘.[7)*]<br>방유란비 | 향기로운 계책은 난초처럼 그윽하도다. |

**원주**

* 체제는 태자이다. ≪의례(儀禮)·상복(喪服)≫에 이르길, "장자이시다. … 위로는 올바른 몸이시다."라 하였다.(帝體, 太子也. 記曰, 長子正體於上.)
≪시전≫ : 의는 짝이다. 신은 북극성이다.(詩傳曰. 儀, 匹也. 辰, 北辰也.)

역주

1) 帝體麗明 : 제체(帝體)는 앞으로 황제가 될 몸, 즉 태자. 유소(劉劭)를 말함. 려(麗)는 붙다. 짝하다. 명(明)은 태자의 아버지인 문제(文帝)의 밝은 덕을 뜻함.
2) 儀辰作貳 : 의(儀)는 짝하다. 신(辰)은 북극성. ≪논어·위정(論語·爲政)≫에 "덕정(德政)을 행하는 것을 비유하자면, 마치 북극성이 한곳에 가만히 있는데, 뭇별들이 이를 향해 절하는 것과 같다."라고 한 데서 나온 말이다. 이(貳)는 후계자인 이인자로 태자를 말함.
3) 君彼東朝 : 군(君)은 다스리다. 동조(東朝)는 동궁(東宮)으로 태자가 거처하는 곳.
4) 德有潤身 : 덕(德)은 태자의 덕. ≪대학≫에 증자(曾子)가 "부는 집을 윤택하게 하고, 덕은 몸을 윤택하게 하는 것이니, 덕이 있으면 마음이 넓어지고 몸이 펴져서 태연해진다. 그러므로 군자는 반드시 그 뜻을 성실히 하는 것이다."라고 하였다.
5) 禮不愆器 : 예(禮)는 태자의 예. 건(愆)은 어긋나다, 어기다. 기(器)는 사람의 언행을 담는 그릇, 즉 예의나 문물제도를 가리킨다.
6) 淵映 : 깊은 연못에 사물이 환히 비친다는 말로, 태자의 마음을 비유한 것.
7) 芳猷蘭秘 : 방유(芳猷)는 향기로운 계책. 비(秘)는 그윽하다.
8) 압운은 貳, 粹, 器, 秘.

감상

4장에서는 아버지인 문제의 뒤를 이어 황위에 오를 태자를 칭송하고 있다.

1-2구에서는 태자가 아버지 문제의 밝은 덕을 쫓아서 북극성과 짝하여 후계자가 되었다고 말한 것이다. 3구에서 마지막 8구까지는 모두 태자의 인품을 칭송한 것이다. 동궁의 일을 다스림과 태자로서의 덕과 예의, 마음가짐과 계책 모두 성군인 아버지의 뒤를 이을 후계자의 면모에 부족함이 없다는 것이다.

4-1-5

| | |
|---|---|
| 昔在文昭,<br>석재문소 | 앞 시대는 아버지인 문왕의 때이고, |
| 今惟武穆.[1)]<br>금유무목 | 지금은 아들 무왕을 생각하게 하네. |
| 於赫王宰,[2)]<br>오혁왕재 | 아 빛나는 제후 왕이자 재상이여, |
| 方旦居叔.[3)]<br>방단거숙 | 주공 단과 나란하고 숙부 자리이시네. |
| 有晬叡蕃,[4)]<br>유수예번 | 함치르르하여라 예지의 제후들, |

爰履奠牧.[5) ] 제사 지내고 목민의 일을 이행하시네.
원리전목
寗極和鈞,[6) ] 법도 안정시키고 도량형을 공평케 하며,
녕극화균
屛京維服.[7) ] 경기 땅을 보호하고 변방을 지키신다네.
병경유복

**원주**

* 왕재는 왕으로서 재상 노릇하는 것을 일컫는다. 주공 단에 견주고 또한 숙부의 위치를 차지한다. 강하왕과 형양왕 두 왕을 가리킨다.(王宰, 謂王爲宰輔. 比之周旦, 而亦居叔也, 指江夏·衡陽二王.)

**역주**

1) 昔在文昭 2구 : 문소(文昭)는 아버지 문왕(文王). 무목(武穆)은 아들인 무왕(武王). 2구는 '지금은 아들인 무왕 때이네.' 라고도 해석할 수 있음.
2) 於赫王宰 : 오(於)는 감탄사. 왕재(王宰)는 제후 왕이면서 재상 역을 하는 사람으로 여기서는 강하왕 유의공과 형양왕 유의계를 가리킴.
3) 方旦居叔 : 방(方)은 나란히 하다. 단(旦)은 주나라 주공(周公) 단(旦). 거숙(居叔)은 숙부의 자리에 있다.
4) 有睟叡蕃 : 유수(有睟)는 수연(睟然)과 같아 윤기가 넘치는 모양. 여기서는 어진 기운이 넘치는 모습을 묘사한 것. 예(叡)는 예지(叡智), 슬기롭다, 총명하다. 번(蕃)은 번왕(藩王), 제후.
5) 爰履奠牧 : 리(履)는 밟다, 이행하다. 전(奠)은 제사 지내다. 또 전(奠)은 진정(鎭定)의 뜻으로 제사를 지내 백성을 안정시키는 것을 말한다. 목(牧)은 백성을 키우다. 천자의 백성을 대신 맡아 키우는 것을 말함.
6) 寗極和鈞 : 녕(寗)은 안정시키다. 극(極)은 법도. 화(和)는 공평하게 하다. 균(鈞)은 원래 저울의 5가지 단위 중 하나로 30근(斤)을 뜻하나, 여기서는 무게 재는 단위, 도량형을 말함.
7) 屛京維服 : 병(屛)은 지키다. 경(京)은 수도 주위의 경기(京畿) 땅. 유(維)는 지키다. 복(服)은 구복(九服)으로 경기 땅 이외 지역을 9개로 나눈 지역이다. ≪주례(周禮)≫에 의하면 경기 땅 주위를 오백 리(里)마다 후복(侯服)·전복(甸服)·남복(男服)·채복(采服)·위복(衛服)·만복(蠻服)·이복(夷服)·진복(鎭服)·번복(藩服)등 구복(九服)으로 나누었다.
8) 압운은 穆, 叔, 牧, 服.

**감상**

5장에서는 곡수연(曲水宴)에 참석한 두 제후를 칭송하고 있다. 원주와 3-4구에서 두 사람의 제후, 강하왕과 형양왕을 주공 단(旦)에 비유하는 것은 현 왕조를 주나라

에 견주기 위함이다. 주나라의 성왕을 도운 주공 단은 문왕의 동생이며 성왕의 숙부이다. 5장에서 말하는 강하왕과 형양왕은 앞으로 황위에 오를 태자의 숙부이므로, 자연스럽게 주공 단을 연상하게 된다. 그래서 4구에서 주공 단과 나란히 하고, 태자의 숙부의 자리에 있다고 한 것이다. 5-6구는 이 두 제후의 임무를 설명한 것이다. 역주 5)의 설명과 같이 그 첫 번째 임무는 제사를 지내 백성을 안정시키는 '전(奠)'이고, 두 번째 임무는 천자의 백성을 대신 맡아 키우는 '목(牧)' 이다. 7구는 '목(牧)'을 다시 설명한 것으로 법도를 안정시키고 무게 재는 단위, 도량형을 공평하게 해야 한다는 것이고, 8구는 '전(奠)' 을 다시 설명한 것으로 경기 땅을 지키고 변방을 지켜야 하는 제후의 임무를 말한 것이다.

4-1-6

| | |
|---|---|
| 朏魄雙交,[1]<br>비백쌍교 | 비와 백이 쌍으로 겹치는 날, |
| 月氣參變.[2]<br>월기참변 | 달의 기세는 세 번 변화했네. |
| 開榮灑澤,[3]<br>개영쇄택 | 꽃을 피우고 봄비를 내려주거니와, |
| 舒虹爍電.[4]<br>서홍삭전 | 무지개를 펼치고 번개를 번쩍이네. |
| 化際無間,[5]<br>화제무간 | 틈 없는 곳까지도 교화가 미침은, |
| 皇情爰眷.[6]<br>황정원권 | 하늘의 마음이 다 돌보시기 때문이라. |
| 伊思鎬飲,[7]<br>이사호음 | 아 저 호경의 잔치를 생각하고, |
| 每惟洛宴.[8]*<br>매유락연 | 매양 낙읍의 곡수연을 회상하리라. |

원주

* '비백쌍교' 는 달이 3일째 됨을 가리킨다. '월기참변' 은 3월을 말한다. 이 장은 수계에 들어섰음을 설명한다.(朏魄雙交, 謂月之三日也. 月氣參變, 謂三月也. 此說入修禊.[9])

역주

1) 朏魄雙交 : 비(朏)은 초승달. 백(魄)은 초승달의 밝은 부분을 제외한 희미하게 보

이는 달의 테두리를 말한다. 쌍교(雙交)는 쌍으로 교차한다는 뜻. 초승달과 백이 쌍으로 교차하는 때는 매월 초사흘, 즉 3일을 말한다.

2) 月氣參變 : 월기(月氣)는 달의 기세. 삼변(參變)은 세 번 변하다. 달의 기세가 세 번 변한 것은 3월을 의미.

3) 開榮灑澤 : 개영(開榮)은 꽃을 피우다. 택(澤)은 이슬과 비(雨露)를 말하나 여기서는 문맥상 '봄비'의 의미. 쇄택(灑澤)은 봄비가 내리다.

4) 舒虹爍電 : 서홍(舒虹)은 무지개를 펼치다. 삭전(爍電)은 번개를 번쩍이다. 실제로 번개가 번쩍일 때 식물이 에너지를 받아 크게 성장한다고 함.

5) 化際無間 : 화(化)는 교화. 제(際)는 이르다. 무간(無間)은 틈이 없는 곳.

6) 皇 : 하늘. 영(靈), 조물주의 의미.

7) 鎬飮 : ≪시경·소아·어조(小雅·魚藻)≫에 "왕께서 계시네, 호경(鎬京)에 계시네, 즐거워 술을 마시네.(王在在鎬, 豈樂飮酒.)"라 하였다. 호(鎬)는 서주(西周)의 도읍지로, 지금의 중국 섬서성(陝西省) 서안시(西安市) 서쪽에 있었음.

8) 每惟洛宴 : 유(惟)는 생각하다. 락(洛)은 락읍(洛邑). 연(宴)은 곡수연(曲水宴)을 말한다. 락연(洛宴)은 동양무의(東陽無疑)의 ≪제해기(齊諧記)≫에 "옛날 주공이 낙읍에 도읍을 정하고, 흐르는 물을 따라서 술잔을 띄웠다."라고 한 말에서 유래하였다. 여기서는 원가 11년 3월 3일 낙유원(樂遊苑)에서 문제가 자신의 동생이며 태자의 숙부인 두 제후를 전별했던 잔치를 말함.

9) 修禊 : 물가에서 노닐면서 불길한 재앙을 미리 막던 풍속으로, 보통 삼월 삼짇날에 행하였다. 진나라 왕희지가 난정에서 거행한 고사가 유명하다.

10) 압운은 變, 電, 眷, 宴.

**감상**

5장에서 곡수연에 참석한 두 제후를 칭송한 것에 이어 6장에서는 이 날의 행사인 수계에 초점을 맞추고 있다. 수계는 원래 민간 신앙으로 삼월 삼짇날 물가에서 노닐면 상서롭지 못한 것을 없을 수 있다고 여기던 풍속이었으나 왕희지의 〈난정집서〉에서 보이듯 이후 문인들의 고급 잔치인 연례행사가 되었다.

1-2구는 바로 삼월 삼짇날을 설명한 것이다. 1구에서 비와 백기 쌍으로 교차되는 때는 3일을 말하고, 2구는 달의 기세가 3번 변한 3월을 말한 것이다. 이날은 양(陽)의 숫자인 3이 겹치는 날로 만물이 생동하는 날이다. 그래서 3-4구에서 꽃을 피우고 봄비를 내려주고, 무지개를 펼치며 번개가 번쩍인다고 하였다. 또, 3-4구는 3장의 신령이 베풀어 주신 바(靈所貺)와 연결된다. 이어 5-6구도 이날의 행사를 축복하는 의미이다. 하늘, 영(靈)의 마음이 모두 돌봐주시기 때문에 모든 곳에 교화가 다 미치고 있다. 마지막 7-8구에서는 오늘의 곡수연을 주나라 무왕과 주공의 즐거운 잔치에 비유하고 있다.

4-1-7

| | |
|---|---|
| 郊餞有壇,<br>교전유단 | 교외에서 전송하려니 제단이 있고, |
| 君擧有禮.[1)]<br>군거유례 | 임금의 행동거지에 예가 있으시네. |
| 幕帷蘭甸,<br>막유란전 | 난초 우거진 밭에는 천막을 치나니, |
| 畫流高陛.[2)]<br>화류고폐 | 높은 섬돌 앞엔 물 나눠 흐르게 했네. |
| 分庭薦樂,<br>분정천악 | 뜰을 나누어서 음악을 바치거니와, |
| 析波浮醴.[3)]<br>석파부례 | 물결을 나누어서 술잔을 띄우는구나. |
| 豫同夏諺,[4)]<br>예동하언 | 즐거움은 하나라 속담과 같고, |
| 事兼出濟.[5)]<br>사겸출제 | 일은 전별을 겸하고 있구나. |

**역주**

1) 郊餞有壇 2구 : 전(餞)은 잔치를 베풀어 떠나는 사람을 전송하는 것이다. 단(壇)은 제사를 지내기 위해 토목(土木) 등으로 높이 쌓은 제단. 거(擧)는 일을 행하는 행동거지.
2) 幕帷蘭甸 2구 : 막유(幕帷)는 장막, 천막을 치다. 란전(蘭甸)은 난초가 무더기로 피어 있는 물가 언덕, 여기서는 난초가 우거진 밭으로 해석함. 획류(畫流)는 물을 나눠서 흐르게 한 것을 말함.
3) 分庭薦樂 2구 : 분정(分庭)은 ≪장자·어부(莊子·漁父)≫의 '분정항례(分庭抗禮)'에서 유래된 말로 상호간에 대등한 지위나 예의로써 대하다의 의미. 여기서는 음악을 연주하는 자리를 위해 뜰을 나눈 것을 말함. 석파(析波)는 4구의 획류(畫流)와 같은 의미로 물결을 나누다. 례(醴)는 압운 때문에 쓰인 말로 '술'을 의미함.
4) 豫同夏諺 : 예(豫)는 즐기다. 하언(夏諺)은 하나라의 속담. ≪맹자·양혜왕(孟子·梁惠王)≫에 "봄에는 밭갈이가 잘 되었는지 살펴보고 부족한 것이 있으면 보충해 주고, 가을에는 수확이 잘 되었는지 살펴보고 부족한 것이 있으면 도와준다. 그래서 하나라 속담에 '우리 왕이 나들이하지 않으면 우리가 어떻게 쉬며, 우리 왕이 즐기지 않으면 우리가 어떻게 도움을 받으리오.' 라는 말이 있다." 라 하였다.
5) 出濟 : ≪시경·패풍·천수(邶風·泉水)≫에 "제수로 나가서 유숙하고, 예란 곳에

서 전별하네.(出宿于泲, 飮餞于禰.)" 라고 하였다. 음전(飮餞)은 옛날 길을 떠나는 자는 반드시 조도(祖道)의 제사가 있었는데, 제사를 마친 다음, 머물러 있는 자가 그를 전송하여 그 옆에서 술을 마신 뒤에 길을 떠나는 것을 말함.

6) 압운은 禮, 陛, 醴, 濟.

**감상**

7장은 이 날의 또 하나의 중요한 일인 두 사람의 제후, 강하왕과 형양왕을 전송하는 일에 관한 것이다. 그래서 7장의 가장 중요한 말은 마지막 8구에서 전별을 의미하는 '출제(出濟)' 가 된다.

옛날 길을 떠나는 자는 반드시 조도(祖道)의 제사가 있었다. 1구에서 보이는 단(壇)은 길신에게 제사를 드리는 제단을 말하고, 전(餞)는 잔치를 베풀어 전송하는 것을 의미한다. 2구에서 임금이 예가 있다는 것은 바로 전송을 위해 길 제사를 지내는 단을 쌓아준 것을 말한 것이다. 3-6구는 임금이 제후에게 극진한 예를 갖춤을 보여준다. 천막을 치고, 물을 나눠 흐르게 하는 잔치 자리를 마련하고 뜰을 나누어 음악을 베풀고, 곡수연을 마련해 술잔을 띄운다. 실로 성대한 잔치가 아닐 수 없다. 이렇듯 예를 갖추어 전별하니 ≪맹자≫에 나오는 하나라 속담처럼 천자의 아름다운 본보기를 보여주는 것이라 칭송한 것이다(7-8구).

### 4-1-8

| | |
|---|---|
| 仰閱豐施,<br>앙열풍시 | 우러러 풍성한 시혜를 살펴보고, |
| 降惟微物.[1)]<br>강유미물 | 고개 숙여 미물 나를 생각해보네. |
| 三妨儲隸,<br>삼방저례 | 세 번이나 태자 속관의 일을 망쳤고, |
| 五塵朝黻.[2)]<br>오진조불 | 조정의 관복을 다섯 번 먼지 끼게 했네. |
| 途泰命屯,<br>도태명준 | 길은 탄탄대로지만 내 운명 순조롭지 못하니, |
| 恩充報屈.[3)]<br>은충보굴 | 은총은 충만하거늘 내 보답은 펼치지 못했네. |
| 有悔可悛,<br>유회가전 | 후회함이 있다 한들 고칠 수가 있으랴, |
| 滯瑕難拂.[4)*]<br>체하난불 | 누적된 잘못은 털어 낼 수 없음이어라. |

**원주**

* 미물은 자신을 일컫는 것이다. 삼방·오진은 자신이 역임한 관직을 가리킨다.(微物, 自謂也. 三妨·五塵, 謂已所歷之官位.)

8장의 차례가 법도가 있고, 금을 두드리고 옥을 조각했기 때문에, 좀 답답하여도 괜찮다. 이상은(李商隱)이 말한 "문구는 기이하되 어휘가 장중하다."는 것인가.(八章次序有法, 追金琢玉, 不妨沈悶. 義山所謂句奇語重者耶.)

**역주**

1) 仰閱豐施 2구 : 풍시(豐施)는 풍성히 베풀다. 풍시(豐施)의 주체는 ①하늘 ②천자로 볼 수 있으나 궁극적으로 천자의 덕임을 의미. 미물(微物)은 미천한 물건인 나(안연지)를 가리킴.
2) 三妨儲隸 2구 : 방(妨)은 망치다, 방해하다. 저(儲)는 저궁(儲宮)으로 태자를 가리킴. 례(隸)는 관리. 여기서 저례(儲隸)는 태자 속관의 일을 맡은 것을 의미. 진(塵)은 먼지가 끼다. 조불(朝黻)은 관복으로 조정대신을 맡은 것을 의미. 삼방저례(三妨儲隸)는 3차례 태자의 속관 일을 역임했음을 가리키고, 오진조불(五塵朝黻)은 5차례 조정의 관직에 나아간 것을 말함.
3) 途泰命屯 2구 : 태(泰)와 준(屯)은 모두 주역(周易)의 괘이다. 태(泰)는 땅(地)이 위에 있어 아래로 내려오려 하고, 하늘(天)이 아래에 있어 위로 올라가려하니 서로 통(通)함을 말한다. 여기서는 '탄탄대로'로 해석함. 준(屯)괘는 험난하여 전진하는 데 고생하는 상을 말한다. '순조롭지 못하다'로 해석함. 명(命)은 나(안연지)의 운명. 보(報)는 임금의 은혜에 대한 나의 보답. 굴(屈)은 신(伸)의 반대의미로 펼치지 못하다.
4) 有悔可悛 2구 : 회(悔)는 후회하다. 전(悛)은 고치다. 체하(滯瑕)는 누적된, 응체된 잘못. 불(拂)은 털다.
5) 압운은 物, 黻, 屈, 拂.

**감상**

마지막 8장으로 시인의 겸사로 마무리하고 있다.

풍성히 베풀어 주신 은혜 앞에 미물(微物)인 나 안연지를 스스로 돌이켜보니(1-2구), 세 번이나 태자 속관의 일을 맡았었으나 부족했고, 다섯 번이나 조정의 대신을 역임했으나 이 또한 누를 끼쳤을 뿐(3-4구)이라고 말한다. 5-8구 또한 모두 겸사로 임금께서 내려 주신 길은 탄탄대로였으나 자신의 운명은 순조롭지 못했고, 임금이 내려 준 은총은 충만했으나 자신의 보답을 펼치지 못해 쌓인 잘못이 크다고 한 것이다.

## 4-2
## 〈郊祀歌(교사가)〉 〈교제사를 지내며 부르는 노래〉

### 4-2-1

| | |
|---|---|
| 夤威寶命,<br>인위보명 | 보배로운 하늘 명령을 경외하여, |
| 嚴恭帝祖.[1]<br>엄공제조 | 엄숙하게 상제와 조상을 받드네. |
| 炳海表岱,<br>병해표대 | 발해 빛나게 하고 태산 솟게 하셨고, |
| 系唐胄楚.[2]<br>계당위초 | 요 임금을 잇고 초 원앙 잇게 하셨네. |
| 靈監睿文,<br>영감예문 | 신령은 성스러운 문덕 살피시고, |
| 民屬睿武.[3]<br>민속예무 | 백성은 성스런 무덕에 귀의하네. |
| 奄受敷錫,<br>엄수부석 | 크게 받아 백성에게 내려 베푸시니, |
| 宅中拓宇.[4]<br>댁중척우 | 중앙에 자리하고 영토를 넓히시네. |
| 亘地稱皇,<br>긍지칭황 | 대지를 관통해서 임금이라 일컫고, |
| 罄天作主.[5]<br>경천작주 | 하늘 끝까지 주군으로 삼는다네. |
| 月竁來賓, *<br>월취래빈 | 달 지는 서쪽 끝에서 와 신하로 복종하고, |
| 日際奉土.[6]<br>일제봉토 | 해 뜨는 동쪽 끝까지 땅을 받들어 바치네. |
| 開元時正,[7]<br>개원시정 | 연호를 열고 정월을 정하거니와, |
| 禮交樂舉.<br>례교악거 | 예는 교환되고 음악은 거행되네. |
| 六典聯事,<br>륙전련사 | 육전으로 서로 연합하여 일 치루고, |

九官列序.[8] 구관렬서 — 구관으로 질서 정연히 늘어섰네.

有牷在滌, 유전재척 — 척궁에는 순색의 희생이 있거니와,

有絜在俎.[9]** 유결재조 — 도마 제기에는 정갈한 고기 있네.

薦饗王衷, 천향왕충 — 왕의 충성으로 올릴 터이니,

以答神祜.*** 이답신호 — 이로써 신의 가호에 보답하리.

원주

* 취는 굴과 같다. (窾, 同窟.)

** (絜은) 결과 같다. (同潔.)

*** ≪서경≫ 〈우공(禹貢)〉에 발해와 태산 그리고 회수가 서주라고 하였다. 〈동도부〉에 도당시의 통을 잇고 한나라의 실마리를 이었다고 하였다. 심약의 ≪송서≫에 고조는 팽성 사람이고 초 원왕의 후손이라고 하였다. 팽성은 서주의 경계 안에 있다. (尙書曰, 海岱及淮惟徐州. 東京賦曰[10] : 系唐統, 接漢緖. 沈約宋書曰, 高祖, 彭城人, 楚元王之後也.[11] 彭城, 徐州之境.)

역주

1) 夤威寶命 2구 : 인위(夤威)는 경외(敬畏)와 같다. 즉, 공경하고 두려워한다는 뜻. 공(恭)은 받들다. 제(帝)는 상제(上帝). 조(祖)는 조상. 특히 현재 문제(文帝)의 때이므로 선황인 무제(武帝)를 가리킴.
2) 炳海表岱 2구 : 병(炳)은 빛나게 하다. 해(海)는 발해(渤海). 표(表)는 드러나게 하다. 대(岱)는 태산(泰山). 해대(海岱)는 옛날의 청주(靑州), 즉 지금의 산동(山東)을 가리킨다. 계(系)는 잇다. 당(唐)은 도당씨(陶唐氏), 곧 요(堯)임금을 말함. 위(胃)는 주(胄)와 같아 계승하다. 초(楚)는 한(漢)나라의 제후인 초(楚) 원왕(元王)을 말함.
3) 靈監睿文 2구 : 영감(靈監)은 신령이 살피다. 예(睿)는 지혜롭다, 성스럽다는 뜻으로 주로 천자와 관련된 사물을 미화할 때 사용함. 예문(睿文)은 천자의 문덕. 예무(睿武)는 천자의 무덕. 속(屬)은 귀의하다.
4) 奄受敷錫 2구 : 엄수(奄受)는 크게 받다. 부(敷)는 베풀다. 석(錫)은 하사하다, 주다. 댁(宅)은 자리잡다, 거처하다. 척(拓)은 넓히다.
5) 亘地稱皇 2구 : 긍지(亘地)는 땅을 관통하다. 경천(罄天)은 하늘을 다하다, 하늘 끝. 칭황(稱皇)과 작주(作主)의 주어는 만민들이다.
6) 月窾來賓 2구 : 취(窾)는 굴(窟)이다. 고대인들이 생각한 달이 진 후 들어가는 굴,

여기서는 '서쪽 끝'으로 해석함. 제(際)는 해가 떠오르는 경계로 '동쪽 끝'을 말함. 빈(賓)은 신하로 복종하다. 봉토(奉土)는 땅을 바치다.

7) 開元時正 : 원(元)은 연호가 사용되는 첫 해인 원년(元年)의 뜻. 정(正)은 정월(正月).

8) 六典聯事 2구 : 육전(六典)은 나라를 다스리는 근본이 되는 여섯 가지 법으로, ≪주례(周禮)≫에 따르면, 치전(治典), 교전(教典), 예전(禮典), 정전(政典), 형전(刑典), 사전(事典)을 가리킨다. 구관(九官)은 ≪서경·우서·순전(虞書·舜典)≫에서 말하는 순(舜)임금이 두었던 아홉 가지 관직으로 사공(司空), 후직(后稷), 사도(司徒), 사(士), 공공(共供), 우(虞), 질종(秩宗), 전악(典樂), 납언(納言)을 말하는 것으로 순서대로 총리(摠理), 농정(農政), 교육(教育), 옥송(獄訟), 백공(百工), 산림소택(山林沼澤), 제사(祭祀), 음악과 무용, 상하의 말을 전달하는 일에 해당함.

9) 有牷在滌 2구 : 전(牷)은 털 빛깔, 몸 등이 온전한 희생제물. 척(滌)은 척궁(滌宮)으로 제사 드리기 전 희생 제물을 특별 관리하던 곳. 조(俎)는 제기(祭器)로 쓰이는 도마.

10) 東京賦 : 원주에 〈동경부(東京賦)〉라고 하였는데, 이는 〈동도부(東都賦)〉를 잘못 기록한 것이다. 장형(張衡)의 〈二京賦(이경부)〉에는 〈동경부(東京賦)〉와 〈서경부(西京賦)〉가 있고, 반고(班固)의 〈양도부(兩都賦)〉에는 전한의 수도인 장안(長安)을 그린 〈서도부(西都賦)〉와 후한의 수도인 낙양(洛陽)을 노래한 〈동도부(東都賦)〉가 있다. 원주의 "系唐統, 接漢緖."의 내용은 〈동도부(東都賦)〉에 있다.

11) 楚元王 : 한나라의 제후인 초 원왕.

12) 압운은 祖, 楚, 武, 宇, 主, 土, 擧, 序, 俎, 祜.

**감상**

안연지의 〈교사가〉는 문인 악부시(樂府詩)로, 교외에 나가 하늘에 제사지내며 읊은 것이다. ≪송서(宋書)≫의 〈악지(樂志)〉에는 안연지의 〈송남교아악등가(宋南郊雅樂登歌)〉 세 편이 수록되어 있다. 그 중 제1편은 〈천지교제사석생가(天地郊夕生歌)〉, 즉 제사를 지내기 전 희생물을 준비할 때 부르는 노래이고, 제2편은 〈천지교영송신가(天地郊迎送神歌)〉, 즉 천지 교제사의 영신(迎神)과 송신(送神)노래이며, 마지막 제3편은 〈천지향신가(天地饗神歌)〉라고 설명하고 있다. 심덕잠은 이 가운데 제1편과 제2편을 선록하고 있다.

이 시는 제1편이다. 모두 20구로 되어있는데, 내용에 따라 매 4구씩 다섯 단락으로 나눠 볼 수 있다.

1단락(1-4구) : 1-2구에서 하늘의 명령을 경외하여 상제와 조상을 받드는 주체는 바로 문제이다. 조상은 특히 선대 황제인 무제(武帝)를 말하는 것이다. 3구에서는 다시 2구의 상제(上帝)를 묘사하여 하늘이 바다(발해)와 산(태산)의 정기를 준 것 말한 것이다. 4구는 2구에서 말한 조상, 특히 무제의 공덕을 묘사한 것으로 하늘의 정기를 받아 무제가 태어나 멀리는 요 임금을, 가까이는 한나라 제후 초 원왕의 적통을 계승함을 읊고 있다.

2단락(5-8구) : 5-6구는 무제(武帝)의 문덕(文德)과 무덕(武德)을 노래한 것이다. 7-8구는 무제가 신령으로부터 크게 받아서 백성들에게 하사를 베풀고, 대지의 중앙에 자리 잡아 영토를 개척하여 넓힌 공덕을 칭송하였다.

3단락(9-12구) : 앞 7-8구에서 백성에게 베풀고, 영토를 개척한 무제의 공덕으로 인해 온 땅과 하늘 끝까지 만민들이 임금이라 일컫고, 주군으로 삼으며, 신하로 복종하고 땅을 바치게 되었음을 말한 것이다.

4단락(13-16구) : 상제와 조상인 무제의 덕으로 나라가 잘 다스려지고 갖추어져 나감을 말한 것이다. 연호를 열고 정월을 정하여 따르게 함은 주변국의 복속을 의미한다. 14구의 음악은 백성을 교화하는 주요 수단이다. 나라를 다스리는 기본법인 육전(六典)과 각종 직제인 관직인 구관(九官)의 정연함은 나라가 잘 다스려짐을 보여준다(15-16구).

마지막 5단락(17-20구)에서는 이 모든 것이 신령의 복과 가호 덕분임을 말한 것이다. 그래서 정성스럽게 순전한 희생물을 준비하여(17-18구), 충성으로 올리고자 한다(19구).

## 4-2-2

| | |
|---|---|
| 維聖饗帝,<br>유성향제 | 오직 성군만이 상제께 제사 지내고, |
| 維孝饗親.[1)]<br>유효향친 | 오직 효자만이 부모께 제사 지내지. |
| 皇乎備矣,<br>황호비의 | 찬란하여라 다 갖추셨으니, |
| 有事上春.[2)]<br>유사상춘 | 이른 봄에 큰 제사 치루네. |
| 禮行宗祀,<br>례행종사 | 정성스런 예는 조상 제사에 행해지고, |
| 敬達郊禋.[3)]<br>경달교인 | 공경하는 마음은 교제사에 전달되네. |
| 金枝中樹,<br>금지중수 | 청동 등잔대는 가운데 세워지고, |
| 廣樂四陳.[4)]<br>광악사진 | 천자 음악은 사방에 펼쳐지네. |
| 陟配在京,<br>척배재경 | 배향을 올림은 경성에 달려 있되, |
| 降德在民.[5)]<br>강덕재민 | 은덕을 내림은 만민에 내리리라. |

| | |
|---|---|
| 奔精昭夜,<br>분정소야 | 유성은 밤을 밝히고, |
| 高燎煬晨.[6]<br>고료양신 | 높은 모닥불은 새벽을 태우노라. |
| 陰明浮爍,<br>음명부삭 | 수성은 떠올라 반짝이거니와, |
| 沈禜深淪.[7]<br>침영심륜 | 물 제사에 제수가 깊이 잠기는구나. |
| 告成大報,<br>고성대보 | 큰 제사를 성공적으로 마치니, |
| 受釐元神.[8]<br>수희원신 | 대신에게서 큰 복 받으리로다. |
| 月禦按節,<br>월어안절 | 달님 마부께서는 천천히 움직이고, |
| 星驅扶輪.[9]<br>성구부륜 | 별 몰이꾼은 수레바퀴 부축하누나. |
| 遙興遠駕,<br>요흥원가 | 멀리 떠날 수레 아득히 출발하니, |
| 曜曜振振.[10]<br>요요진진 | 눈부시게 빛나 위엄이 넘치누나. |

**원주**

* 분정은 유성이다.(奔精, 星流也.)
송나라는 수덕이어서 진성(수성의 별칭)을 주로 삼는다. 그러므로 음명이라는 별자리가 떠올라 반짝이며 빛을 날린다. '침영' 구는 제사지냈던 제수가 가라앉아서 깊숙이 들어가는 것이다. 영은 제사 이름이다.(宋爲水德而主辰, 故陰明之宿, 浮爍而揚光. 沈禜, 所祭沈淪而沈靜也. 禜, 祭名.)
'월어' 2구는 천신과 조상신이 내려왔다 올라가는데 달님이 수레를 천천히 몰고 별님이 수레바퀴를 부축함을 말한다.(月禦二句, 言天神降而月禦爲之按節,[11] 星驅爲之扶輪也.)

**역주**

1) 維聖饗帝 2구 : ≪예기·제의(祭義)≫에 "오직 성인이라야 상제에게 제사지내는 일을 하고, 효자만이 부모에게 제사지내는 일을 한다."고 했다.
2) 皇乎備矣 2구 : 황(皇)은 위대하다, 찬란하다. 상춘(上春)은 음력정월의 다른 이름으로 이때에 봄 제사를 지낸다. 여기서는 이른 봄. 사(事)는 교제사를 말함.
3) 禮行宗祀 2구 : 종사(宗祀)는 역대의 조상들께 지내는 제사, 종묘제사. 교인(郊禋)

은 교제사(郊祭祀).

4) 金枝中樹 : 금지(金枝)는 청동으로 만든 등잔대. 광악(廣樂)은 천자의 음악을 말함.

5) 陟配在京 2구 : 척배(陟配)는 천자가 승하한 뒤 하늘에 제사지낼 때 배향(配享)하는 것을 말한다. ≪서경·군석(書經·君奭)≫에 "그러므로 은나라 예에서는 하늘에 배향을 올리므로 해를 오랫동안 지났다.(故殷禮陟配天, 多歷年所.)"라고 하였다.

6) 奔精昭夜 2구 : 분정(奔精)은 달리는 하늘의 정기, 유성. 료(燎)는 섶을 태워 하늘에 지내는 제사. 여기서는 모닥불, 횃불.

7) 陰明浮爍 2구 : 음(陰)은 물, 명(明)은 별. 음명(陰明)은 수성(水星)으로 송나라의 상징이다. 침영(沈禜)은 물에 지내는 제사 이름으로 재앙을 면하기 위하여 수신에게 올렸다. 심령(深淪)은 제물이 깊숙이 가라앉는 것으로 신령이 제사를 받아들임을 말함.

8) 告成大報 2구 : 고성(告成)은 성공함을 고하다. 대보(大報)는 큰 보답 제사. 희(釐)는 희(禧), 복을 말함. 원신(元神)은 대신(大神)으로 하늘과 무제(武帝)를 말함.

9) 月禦按節 2구 : 월어(月禦)는 달님 마부, 달이 탄 수레를 몬다는 전설상의 신. 안절(按節)은 말의 걸음을 천천히 움직이게 하는 것을 말함. 성구(星驅)는 별님 몰이꾼. 별의 수레를 몬다는 전설상의 신. 부륜(扶輪)은 수레바퀴를 부축해서 밀고 간다는 뜻.

10) 遙興遠駕 2구 : 요흥(遙興)은 아득히 출발하다. 원가(遠駕)는 수레를 타고 멀리 나가는 것. 요요(曜曜)는 첩어, 의태어로 빛나는 모양. 진진(振振)은 첩어, 의태어로 위엄 있는 모양.

11) 言天神降 : 원래 "言天神降昇"이 맞는 표현이나 원주에 '昇'이 생략됨.

12) 압운은 親, 春, 禋, 陳, 民, 晨, 淪, 神, 輪, 振.

**감상**

이 시는 안연지의 〈교사가〉 세 편 가운데 제2편으로, 〈천지교영송신가(天地郊迎送神歌)〉, 즉 교제사의 영신(迎神)과 송신(送神)의 노래이다. 총 20구 중, 앞 10구는 신을 맞이하는 영신이고, 뒤 10구는 신을 보내는 송신(送神)이다.

1단락(1-10구)은 영신의 노래이다. 1-4구는 문제가 제사를 드릴만한 성군임을 말하는 것이다. 정성스런 예와 공경하는 마음이 제사 과정에 나타나고(5-6구), 금보다 귀한 청동 등잔대와 천자의 음악이 갖춰지니(7-8구), 이제 선조를 하늘에 올려 배향함으로 신을 맞이하고 임금을 중심으로 그 은덕은 만민에게 내려진다(9-10구).

2단락(11-20구)은 송신의 노래이다. 제사를 지내는 밤, 유성은 밤을 밝히고, 모닥불은 새벽까지 타오른다(11-12구). 땅에 제사를 지내니 송나라의 상징은 떠올라 더 유난히 반짝이고, 물에 제사하니 그 제수가 깊숙이 물속에 가라앉아 신들이 흠향함을 보여준다(13-14구). 큰 제사를 성공적으로 마침을 보고함을 시작으로 본격적인 신을 전송함이 시작되니(15-16구), 달님 마부, 별님 몰이꾼들, 신들이 아득히 먼 곳으로 수레를 출발한다. 그 모습의 빛나고 장엄함은 이루 말할 수 없다.

## 4-3

### 〈贈王太常(증왕태상)〉[1]　〈태상 왕승달에게 주다〉

| | |
|---|---|
| 玉水記方流,<br>옥수기방류 | 옥 있는 물은 각지게 흐른다고 적혀있거니와, |
| 琁源載圓折.[2]<br>선원재원절 | 진주 있는 물은 둥글게 꺾인다고 실려있지. |
| 蓄寶每希聲,<br>축보매희성 | 보배를 간직하고 매양 소리가 없지만, |
| 雖秘猶彰徹.[3]<br>수비유창철 | 비록 감추어도 여전히 드러나기 마련. |
| 聆龍䁥九淵,*<br>영룡체구연 | 용의 소리 들으려면 깊은 연못 살펴야하고, |
| 聞鳳窺丹穴.[4]<br>문봉규단혈 | 봉황 소리 듣고자하면 단혈을 엿봐야 하지. |
| 歷聽豈多士,<br>역청기다사 | 두루 들어야 하나 어찌 많은 인재여야 하리, |
| 巋然覯時哲.[5]<br>규연구시철 | 우뚝 한 시대의 현철인 그대를 만나면 되지. |
| 舒文廣國華,<br>서문광국화 | 글을 펼치면 나라의 꽃을 넓히거니와, |
| 敷言遠朝列.[6]<br>부언원조렬 | 말을 펼치면 조정의 업적을 멀게 하지. |
| 德輝灼邦懋,<br>덕휘작방무 | 덕스런 광채는 나라의 성대함을 밝게 하고, |
| 芳風被鄉耋.[7]<br>방풍피향질 | 향긋한 기풍은 시골 노인 나마저 덮어주지. |
| 側同幽人居,<br>측동유인거 | 후미진 곳에서 은사와 함께 사는 것이니, |
| 郊扉常晝閉.[8]**<br>교비상주폐 | 시골 사립문은 늘 대낮에도 닫혀져 있네. |
| 林閭時晏開,<br>임려시안개 | 숲속 집 대문은 때가 늦어져서야 문을 여니, |

| | |
|---|---|
| **亟迴長者轍.**[9)]<br>기회장자철 | 어르신네들이 수레를 자주 돌려놓곤 한다네. |
| **庭昏見野陰,**<br>정혼견야음 | 앞 뜨락이 어두워지면 들판의 그늘집이 보이고, |
| **山明望松雪.**<br>산명망송설 | 산이 밝으면 소나무에 쌓인 눈이 보인다네. |
| **靜惟浹群化,**<br>정유협군화 | 두루 미치는 여러 변화를 고요히 생각하니, |
| **徂生入窮節.**[10)]<br>조생입궁절 | 가는 내 인생도 막바지에 들어서고 있네. |
| **豫往誠歡歇,**<br>예왕성환헐 | 즐거움 사라지니 실로 기쁠 일 그쳤기 때문, |
| **悲來非樂闋.**[11)]<br>비래비악결 | 슬픔이 찾아옴은 음악이 끝나서가 아니라네. |
| **屬美謝繁翰,**<br>속미사번한 | 아름다운 글을 엮은 성대한 문사는 사절하고, |
| **遙懷具短札.**[12)***]<br>요회구단찰 | 멀리서 당신 그리워 짧은 서찰 마련하네. |

**원주**

* (瞭는) 음이 체이다.(音砌.)

** (閉는) 필과 례의 반절이다.(必列切.)

*** ≪시자≫ : 무릇 물이란 직각으로 꺾여 흐르는 곳에는 옥이 나오고, 둥글게 꺾어 흐르는 곳에는 진주가 있다.(尸子曰, 凡水, 其方折者有玉, 其圓折者有珠.)
체는 자세히 살피다.(瞭, 察也.)
필치가 너무 무거워, 시인 본연의 면모가 아니다.(用筆太重, 非詩人本色.)

**역주**

1) 王太常 : 태상 벼슬의 왕승달(王僧達)을 말함.
2) 玉水記方流 2구 : 원주에서 말한 ≪시자(尸子)≫의 내용으로 여기서는 태상 왕승달의 인품이 저절로 드러남을 비유한다. 옥수(玉水)는 옥. 기(記)는 기록하다. 방류(方流)는 물이 직각으로 꺾여 흐르는 곳. 선원(琁源)은 진주. 재(載)는 기록하다, 실리다. 원절(圓折)은 물이 둥글게 꺾여 흐르는 곳.
3) 蓄寶每希聲 2구 : 희성(希聲)은 노자(老子) ≪도덕경(道德經)≫에 "큰 소리는 소리가 없다.(大音希聲.)"에서 온 말이다. 창철(彰徹)은 드러나 알려지다.
4) 聆龍瞭九淵 2구 : 영룡(聆龍)은 용의 소리를 듣다. 체(瞭)는 체(睇)와 같아 살펴보다. 구연(九淵)은 깊은 연못. 단혈(丹穴)은 단사(丹砂)를 내는 산의 구멍으로 봉황

이 깃든다고 함. ≪산해경·남산경(山海經·南山經)≫에 단혈지산(丹穴之山)에 대해 "새가 있는데, 그 모양이 닭과 같고 다섯 빛깔 무늬로 이름이 봉황이다."라고 하였다.

5) 歷聽豈多士 2구 : 역청(歷聽)은 두루 듣다. 규연(巋然)은 우뚝 솟다. 구(覯)는 만나다. 시철(時哲)은 한 시대의 뛰어난 사람, 현철한 사람.

6) 舒文廣國華 2구 : 이 2구는 대구를 이룬다. 광(廣)은 넓히다. 국화(國華)는 나라를 대표하는 꽃. 원(遠)은 크게 하다. 조(朝)는 조정. 렬(列)은 렬(烈)과 같아 업적, 공적.

7) 德輝灼邦懋 2구 : 작(灼)은 밝게 하다. 방무(邦懋)는 나라의 성대함. 방풍(芳風)은 향기로운 기품. 피(被)는 덮다, 감화시키다. 향질(鄉耋)은 고장 노인장으로 지역 사회의 큰 어른.

8) 側同幽人居 2구 : 측(側)은 누추한 곳, 후미진 곳. 동(同)은 함께. 유인(幽人)은 은사. 교비(郊扉)는 시골 사립문.

9) 林閭時晏開 2구 : 임려(林閭)는 자신의 누추한 집 대문을 뜻하는 말. '숲 속 내 대문' 으로 번역함. 시안(時晏)은 때가 늦다. 기(亟)는 자주. 회(迴)는 돌리다. 장자(長者)는 나이가 많고 덕이 높고 작위가 높은 사람으로 '어르신네' 로 번역함. 철(轍)은 수레바퀴. 여기서는 수레를 의미.

10) 靜惟浹群化 2구 : 정유(靜惟)는 고요히 생각하다. 협(浹)은 두루 미치다. 군화(群化)는 17-18구의 여러 뭇 변화를 말함. 조생(徂生)은 인생. 궁절(窮節)은 인생의 막바지.

11) 豫往誠歡歇 2구 : 예(豫)는 즐거움. 비(悲)는 슬픔. 결(闋)은 문을 닫는다, 끝나다. ≪회남자·원도훈(淮南子·原道訓)≫에 "음악이 시작되면 기쁘고, 음악이 끝나면 슬프다.(樂作而喜, 曲終而悲.)"라 하였다.

12) 屬美謝繁翰 2구 : 속미(屬美)는 속미문(屬美文)으로 아름다운 글을 엮다. 사(謝)는 사절하다. 번한(繁翰)은 성대한 문사. 이는 일종의 겸사(謙辭)로 자신이 쓴 글이 아름답고 성대하지 않다는 의미. 요회(遙懷)는 멀리서 그리워하다. 찰(札)은 서찰.

13) 折, 徹, 穴, 哲, 列, 耋, 閉(必列切), 轍, 雪, 節, 闋, 札로 입성(入聲) 압운.

**감상**

전체 24구로, 대체로 전반부(1-12구)는 왕승달을 칭송하는 내용이고, 후반부는 안연지 자신에 대한 이야기이다.

1단락(1-12구)은 이 시를 받는 왕승달에 대한 칭송이 이어진다. 1-2구에서는 ≪시자≫의 내용을 빌려 직각으로 꺾여 흐르는 곳에 옥이 있고, 둥글게 꺾여 흐르는 곳에 진주가 있듯 옥과 진주 같은 왕승달의 인품이 어디든 드러나는 법임을 말하는 것이다. 3-4구에서는 또 노자 ≪도덕경≫의 "큰 소리는 소리가 없다.(大音希聲.)"는 말을 빌려 그의 인품이 큰 소리처럼 훌륭하여 매번 소리가 없지만 감추어도 드러난다고 말한 것이다. 용의 소리는 깊은 연못을, 봉황의 소리는 단혈을 엿보아야 하지만 이 시대의 인재는 바로 왕승달이라고 말한다(5-8구). 9-12구도 역시 왕승달의 재능과 인품을 찬양한다. 그의 글과 말은 나라의 꽃이자 조정의 업적을 널리 알리는 언론이다. 또한 그의 행실은 나라를 밝히고, 그의 향기로운 기풍은 고장의 노인까지 미친다. 여기서 노인은 시인 자신을 포함한다.

2단락(13-24구)은 시골 노인 안연지 자신에 대한 이야기이다. 13-16구는 자신이 후미진 곳에 살고 누추한 곳의 대문은 빨리 닫고 늦게 여니 찾아오는 이가 없다고 말한 것이다. 17-18구는 세상과 등지고 살기에 대자연의 변화를 느끼며 사는 자신의 모습을 말한 것이다. 19구에서 군화(群化)는 앞 17-18구에서 말한 자연의 여러 뭇 변화를 말한 것이다. 자신에게 미치는 밖의 변화를 고요히 생각해 보니 이제 자신의 인생도 막바지에 이르렀음을 깨닫는다(20구). 21구에서 말하는 기뻐할 만한 일이 그쳤다는 내용은 아마도 안연지와 시를 받는 왕승달 두 사람이 아는 내용일 것이다. 22구는 ≪회남자≫를 인용하여 지금의 슬픔이 일시적 감정이 아님을 보여준다. 그것은 20구에서 말한 궁절(窮節), 즉 인생의 막바지를 맞는 인간의 숙명이다. 23구는 일종의 상투적인 겸사(謙辭)로 자신의 글에 대한 평가이다. 그러나 당신(왕승달)이 그리워 짧은 편지 삼아 보내는 것이다(24구).

## 4-4
## 〈夏夜呈從兄散騎車長沙(하야정종형산기차장사)〉[1)*]

〈여름 밤에 종형 안산기와 차장사에게 주다〉

| | |
|---|---|
| 炎天方埃鬱,<br>염천방애울 | 불꽃같은 날에 바야흐로 먼지가 가득하더니, |
| 暑晏闋塵紛.[2)]<br>서안결진분 | 더운 날이 저물어가며 티끌 어지러움 그쳤네. |
| 獨靜闕偶坐,<br>독정궐우좌 | 홀로 고요히 그대 벗님네들 없이 앉아서, |
| 臨堂對星分.[3)]<br>림당대성분 | 대청에 나아가 별자리 지역을 바라보네. |
| 側聽風薄木,[4)]<br>측청풍박목 | 귀 기울이니 바람이 나무에 부딪치는 소리뿐, |
| 遙睇月開雲.<br>요제월개운 | 아득히 멀리 보니 달이 구름을 열고 있구나. |
| 夜蟬當夏急,<br>야선당하급 | 밤 매미는 여름을 맞느라고 급히 울어대고, |
| 陰蟲先秋聞.[5)]<br>음충선추문 | 귀뚜라미 소리가 가을에 앞서 들려온다네. |

| | |
|---|---|
| 歲候初過半,<br>세후초과반 | 계절이 막 절반을 지났거니와, |
| 荃蕙豈久芬.[6]<br>전혜기구분 | 향초들이 어찌 오랫동안 향기로우랴. |
| 屛居惻物變,<br>병거측물변 | 숨어 살며 만물이 변하는 것을 슬퍼하고, |
| 慕類抱情殷.[7]<br>모류포정은 | 벗을 사모하여 품은 이 정은 절실하다오. |
| 九逝非空思,[8]<br>구서비공사 | 꿈에 아홉 번이나 찾아가니 헛된 그리움 아니고, |
| 七襄無成文.[9]**<br>칠양무성문 | 비록 일곱 번 움직이지만 비단 이루지 못한다네. |

**원주**

* 산기는 자가 경종이다. 차장사는 자가 중원이다.(散騎, 字敬宗. 車長沙, 字仲遠.)

** ≪초사≫ : 영으로 가는 길이 멀고도 멀구나, 혼이 하룻밤에 아홉 번이나 찾아간다.(楚辭曰: 惟郢路之遼遼兮, 魂一夕而九逝.)[10]

**역주**

1) 夏夜呈從兄散騎車長沙 : 정(呈)은 주다. 산기(散騎)는 벼슬이름. 안산기(顔散騎)는 안연지의 종형 안경종(顔敬宗)을 말함. 장사(長沙)는 벼슬이름. 차장사(車長沙)는 차중원(車仲遠)을 말함.
2) 炎天方埃鬱 2구 : 제목의 여름밤을 설명한 것. 1구는 여름(夏)를 설명한 것으로 염천(炎天)은 불꽃같은 한여름 대낮. 애울(埃鬱)은 먼지가 가득하다. 2구는 밤(夜)를 설명한 것으로 서안(暑晏)은 더운 날 해가 지다. 결(闋)은 문을 닫다, 그치다, 끝나다. 진분(塵紛)은 티끌이 어지럽다.
3) 獨靜闕偶坐 2구 : 궐우(闕偶)는 짝이 없다. 여기서 짝(偶)은 제목에 나오는 종형 안산기와 차장사 두 사람을 말함. 성분(星分)은 별자리로 지역을 나누다. 고대에 별자리로 들판을 나누었는데 여기서는 제목의 두 사람이 있는 지역의 별자리를 바라본다는 의미.
4) 薄 : 부딪치다.
5) 陰蟲 : 음기가 생기면서 계절이 가을로 접어들 때 생겨나는 벌레. 예를 들어 귀뚜라미가 대표적임.
6) 荃蕙 : 향초들. 여기서는 우정을 상징.
7) 屛居惻物變 2구 : 병거(屛居)는 손님을 막고 홀로 거처하다. 측(惻)은 슬퍼하다. 모류(慕類)는 친구를 그리워하다, 벗을 사모하다. 포정(抱情)은 품은 정. 은(殷)은 절실하다, 깊다.

8) 九逝 : 원주에서 설명한 ≪초사≫의 내용으로 그리워서 꿈에 아홉 번 찾아감을 말한 것.
9) 七襄無成文 : 칠양(七襄)은 일곱 번 움직이다. ≪시경·소아·대동(小雅·大東)≫에 "비록 일곱 번이나 베틀에 오르지만 무늬 천을 이루지 못했네.(雖則七襄, 不成報章.)"라고 하였다. 무성문(無成文)은 비단을 이루지 못하다. 이 구는 자신의 시에 대한 겸사.
10) 惟郢路之遼遼兮 2구 : ≪초사·구장·추사(九章·抽思)≫에 속함.
11) 압운은 紛, 分, 雲, 聞, 芬, 殷, 文.

**감상**

1-2구는 제목의 여름밤(夏夜)를 설명한 것이다. 불꽃같았던 여름 대낮 가득하던 먼지는 밤이 되자 어지럽던 티끌이 그친다. 이에 시인은 조용히 곁에 없는 벗들을 생각하며, 그들이 있는 곳의 별자리를 바라본다(3-4구). 고대에는 별자리로 땅의 들을 나누었다. 그래서 여기서 별자리는 두 친구가 있는 지역을 지칭한 것이다. 두 사람의 소식이 궁금해 귀를 기울이니 들리는 소리는 바람이 나무에 부딪치는 소리뿐이고, 보이는 것은 달이 구름을 여는 것 뿐. 친구들의 소식을 들을 수 없다(5-6구). 시인은 바람소리와 달빛을 통해 벗들의 소식을 없음을 말해주고, 음용(音容) 즉 임의 목소리와 임의 얼굴이라도 얻고 싶어 하는 마음을 표현한 것이다. 7-8구는 계절의 변화를 말한 것이다. 밤 매미가 여름을 맞이하느라 급히 울어댄다는 것은 시간이 없어져가기에 급한 마음인 것을 표현한 것이다. 게다가 가을이면 음기가 생겨나며 나타나는 귀뚜라미 같은 곤충이 가을에 앞서 소리를 내니(8구), 계절이 막 반을 지나 초가을 즈음이 됨을 느낀다(9구). 10구에서 향초들은 우정을 상징하는 것이다. 이 향초들이 오랫동안 향기로울 수 있겠느냐는 것은 자신이 비록 지금까지는 건강하나 언제까지일지는 보장할 수 없다는 뜻으로 소식없는 친구들에게 야속함을 드러낸 것이다. 11-12구는 벗들을 향한 절실한 정을 표현하고, 13구에서는 ≪초사≫의 내용을 빌어 그 절실함이 꿈에 아홉 차례나 찾아갈 정도라고 한 것이다. 마지막 14구는 ≪시경≫의 말을 빌린 일종의 겸사(謙辭)로 자신의 시가 어설프다고 말한 것이다.

## 4-5
## 〈北使洛(북사락)〉* 〈북쪽 낙양에 사신으로 가다〉

| | |
|---|---|
| 改服飭徒旅,<br>개복칙도려 | 여장을 갈아입고 보졸들을 단속하나니, |
| 首路跼險艱.[1)]<br>수로국험간 | 날 길 향하며 험난함에 발 오그라들었지. |

振楫發吳洲,　　노를 저어 오주에서 출발하여서,
진즙발오주

秣馬陵楚山.[2]　　말에게 먹이를 먹이며 초산을 넘었지.
말마릉초산

塗出梁宋郊,　　길은 양나라와 송나라의 교외를 지나고,
도출량송교

道由周鄭間.[3]　　길은 주나라와 정나라 사이를 따랐지.
도유주정간

前登陽城路,　　먼저는 양성의 길에 올랐더니,
전등양성로

日夕望三川.[4]　　해 저물 적 삼천을 바라보네.
일석망삼천

在昔輟期運,　　옛날에 왕조의 기운이 멈춰지고,
재석철기운

經始闊聖賢.[5]　　나라 기틀을 세울 성현이 없네.
경시활성현

伊瀔絶津濟,　　이수와 곡수는 나루터가 끊겼고,
이곡절진제

臺館無尺椽.[6]　　누대와 집엔 작은 서까래도 없네.
대관무척연

宮陛多巢穴,　　궁궐 섬돌엔 새둥지 짐승굴 많고,
궁폐다소혈

城闕生雲煙.[7]　　성궐에는 구름 안개만 피어오르네.
성궐생운연

王猷升八表,　　왕의 도가 팔방 끝까지 올라야하지만,
왕유승팔표

嗟行方暮年.[8]　　아 가는 것이 바야흐로 연말이로구나.
차행방모년

陰風振涼野,　　음산한 바람 차가운 들판 흔들어대고,
음풍진량야

飛雪瞀窮天.[9]　　날리는 눈발은 하늘 끝을 내달리누나.
비설무궁천

臨塗未及引,[10]　　갈 길 굽어보며 미처 출발하지 않고,
림도미급인

置酒慘無言.　　술잔을 팽개치고 슬퍼 말이 없다네.
치주참무언

| | |
|---|---|
| 隱閔徒御悲, 은민도어비 | 훌쩍 훌쩍 마부들은 슬퍼하거니와, |
| 威遲良馬煩.[11] 위지량마번 | 머뭇머뭇 좋은 말도 괴로워한다네. |
| 遊役去芳時, 유역거방시 | 행역은 꽃피는 계절에 떠나더라도, |
| 歸來屢徂諐.[12]** 귀래루조건 | 때를 놓치기가 십상인 법이거늘. |
| 蓬心既已矣, 봉심기이의 | 쑥 같은 마음 이미 어쩔 수 없거니와, |
| 飛薄殊亦然.[13]*** 비박수역연 | 날리고 부딪히는 몸도 유달리 마찬가질세. |

**원주**

* ≪송서≫ : 안연지가 낙양 사신에 가는 도중에 지은 작품이다. 문장의 말이 아름답고 우아하여, 사회와 부량에게 칭찬을 받았다.(宋書曰: 延之洛陽道中作. 文辭藻麗, 爲謝晦傅亮所賞.)

** (諐은) 옛날 건 자이다.(古愆字.)

*** ≪포박자≫ : 이전의 기록물에서 다음과 같은 것을 들었다. 성인이 생존하심은 모두 다 500세를 넘는다.(抱樸子曰: 聞之前志, 聖人生率闊五百歲.)[14]
국가가 망한 것에 대한 탄식과 행역의 힘듦을 읊고 있는데 마음과 뜻이 잘 드러나 있다.(黍離之感, 行役之悲, 情旨暢越.)

**역주**

1) 改服飭徒旅 2구 : 칙(飭)은 단속하다. 도려(徒旅)는 마부와 짐꾼들을 포함한 사람들. 보졸. 수(首)는 향하다. 국(跼)은 국(跼)으로 움츠러들다, 발이 오그라들다. 험간(險艱)은 험난함. 여기서는 험난한 길을 말함.
2) 振楫發吳洲 2구 : 진즙(振楫)은 노를 젓다. 오주(吳洲)는 지명, 당시 동진(東晉)의 수도 건강(建康)으로 지금의 남경(南京) 일대. 말마(秣馬)는 말을 먹이다. 초산(楚山)은 지명으로 양자강 중하류 지역의 산릉.
3) 塗出梁宋郊 2구 : 도(塗)와 도(道)는 길. 양송(梁宋)은 황하 중하류 지역으로, 옛 송나라와 양나라에 속한 지역. 교(郊)는 교외. 주정(周鄭)은 주나라 도읍 낙양과 정나라 도읍 신정(新鄭) 일대.
4) 前登陽城路 2구 : 양성(陽城)은 춘추시기 정(鄭)나라의 수도, 지금의 하남성(河南省) 등봉현(登封縣) 동남쪽. 삼천(三川)은 전국(戰國) 시기 고을 이름, 형양(滎陽)에 있는 도읍지로 황하(黃河), 낙수(洛水), 이수(伊水)를 지칭함.
5) 在昔輟期運 2구 : 기운(期運)은 시기(時機), 왕조의 기운(機運). 여기서는 한나라

이후 새 왕조의 기운이 서지 못함을 의미. 경시(經始)는 원래 창업하다의 뜻에서 후대에 나라의 기틀을 세우다의 뜻이 됨. 활(闊)은 넓다, 비어 있다, 없다. ≪문선(文選)≫ 장선(張銑)의 주에 활(闊)을 무(無)로 설명함.

6) 伊瀔絶津濟 2구 : 이곡(伊瀔)는 이수(伊水)와 곡수(瀔水). 대관(臺館)은 옛 도읍지 터에 있는 누대와 집터. 연(椽)은 서까래.

7) 宮陛多巢穴 2구 : 궁폐(宮陛)는 궁궐 섬돌. 성궐(城闕)은 성문과 대궐.

8) 王猷升八表 2구 : 왕유(王猷)는 왕의 도. 승(升)은 오르다, 나아가다. 팔표(八表)는 팔황(八荒)으로 사방 끝. 모년(暮年)은 연말.

9) 瞀窮天 : 무(瞀)는 자욱히 날리다. 궁천(窮天)은 ≪문선(文選)≫의 이선(李善)의 주에 한 해가 끝나가는 겨울을 말한다고 하였다. 여기서는 하늘의 의미.

10) 引 : 나아가다, 출발하다.

11) 隱閔徒御悲 2구 : 은민(隱閔)은 첩운, 의태어로 슬퍼 우는 모양. 도어(徒御)는 일꾼, 마부들. 위지(威遲)는 첩운, 의태어로 주저하는 모양.

12) 遊役去芳時 2구 : 유역(遊役)은 행역(行役)으로 국가적 공사나 전쟁을 위해 부역을 하러 가는 것. 건(諐)은 때나 기간을 놓치다.

13) 蓬心旣已矣 2구 : 봉심(蓬心)은 쑥 같은 마음. 비박(飛薄)은 날리고 부딪치는 것으로 굴러다니는 모양. 이 두 구는 조식(曹植)의 〈우차편(吁嗟篇)〉에 "아! 굴러다니는 쑥대 신세여, 세상살이 왜 홀로 이러한가.(吁嗟此轉蓬, 居世何獨然.)"라고 읊은 것과 같이 조식이 자신의 신세를 굴러다니는 쑥에 비유한 것을 안연지가 가져온 것이다(≪고시원≫ 번역본 2권 103쪽 참조). 기이(旣已)는 ≪논어·자한(子旱)≫에 "봉황새도 이르지 않고, 황하 물에서 그림도 나오지 않으니 나는 이미 끝났구나.(鳳鳥不至, 河不出圖, 吾已矣夫.)"라 한 것처럼 절망을 표현한 것으로 '어쩔 수 없음'을 의미. 다음 구의 연(然)또한 '기이(旣已)'의 뜻. 수(殊)는 '남다르게, 몹시'의 의미.

14) 聞之前志, 聖人生率闊五百歲 : 원주에서 이 글이 ≪포박자(抱樸子)≫에 기재되었다고 하였으나 실제 ≪포박자≫에 실려 있지 않다. 또 본문에서 쓰인 활(闊)의 의미는 '없다'의 뜻인데, 여기서는 '넘다'의 의미로 쓰여 시의 내용과 상관성이 없다. 아마도 심덕잠이 ≪맹자·진심(孟子·盡心)≫에 "요임금과 순임금 때로부터 탕 임금에 이르기까지, 5백여 년이 되는데.(由堯舜至於湯, 五百有餘歲.)"로 시작하여 성인의 태어남이 500년 주기로 한다는 의미와 관련 주를 단 것으로 보인다.

15) 압운은 艱, 山, 間, 川, 賢, 椽, 煙, 年, 天, 言, 煩, 諐, 然.

**감상**

이 시는 안연지가 사신으로 낙양에 가면서 읊은 것이다. ≪송서·안연지전(宋書·顏延之傳)≫에 의하면 진(晉)나라 안제(安帝) 의희(義熙) 12년(416년)에 유유(劉裕)가 장군이 되어 북벌(北伐)을 나서자 조정에서 사신을 파견하여 유유의 임무를 축하하였는데, 이 사신의 임무를 안연지가 맡게 된 것이다. 안연지는 이 사신의 임무와 관련하여 두 수의 시를 지었는데, 바로 〈북사락(北使洛)〉과 〈환지량성작(還至梁城作)〉이다.

후에 남조의 첫 왕조인 유송(劉宋)을 세우게 되는 유유는 안연지가 살던 동진시대의 출중한 무장이었다. 동진 시대의 낙양(洛陽)과 장안(長安) 땅은 모두 북방의 민족이 세운 나라들 특히 후진(後秦)에 의해 점거된 상태였다. 유유는 북벌에 나서, 410년 모용선비(慕容鮮卑)의 남연(南燕)을 멸망시키고, 416년에 다시 출병하여 북위(北魏)의 군대와 후진(後秦)을 멸망시키게 된다. 〈북사락(北使洛)〉은 북벌 중인 유유를 찾아가는 사신의 임무를 맡은 안연지가 그 여정을 노래한 것이다. 이 시는 모두 26구로 되어있는데, 내용에 따라 크게 두 단락으로 나눠 볼 수 있다.

1단락(1-14구)은 낙양을 찾아가는 여정을 주로 객관적으로 묘사하고 있다. 1-2구는 길 떠날 채비를 하여 막상 떠날 길을 바라보니 그 험난한 길을 상상함에 발이 움츠려들었다고 말한 것이다. 3-4구는 당시 동진의 수도 남경일대인 오주(吳洲)에서 배로 출발하여 다시 말을 타고 산을 넘는 여정이다. 5-8구는 가는 길의 지명들을 말한 것으로 양송(梁宋), 주정(周鄭), 양성(陽城), 삼천(三川) 등이다. 9-10구는 현재 피폐한 상황을 말한 것으로 안연지가 한나라 이후 새 왕조의 기운이 서지 못하여 현재 동진은 실권자인 유유의 손에 있고, 나라의 기틀을 세울 성현이 없어 현재 중원 땅은 북방 민족이 난립하고 있음을 개탄하고 있다. 11-14구는 북방 민족에게 점거된 낙양 일대를 묘사하고 있는데, 화려했던 과거의 모습은 간데없고 황량함뿐이다.

2단락(15-26구)은 주관적인 심정, 즉 자신의 절망스런 마음을 읊고 있다. 15-16구는 현재 황제의 명령을 받아 사방 끝까지 가야하는 상황이지만, 때는 추운 겨울인 연말임을 걱정스러워 한다. 17-18구는 앞의 '모년(暮年)'을 다시 설명한 것으로 날이 추워 고달플 것임을 말한 것이다. 그래서 미처 출발하기도 전 술잔도 팽개치고 말도 없으며(19-20구), 마부들도 말도 슬퍼하고 괴로워한다(21-22구). 행역이란 것은 떠날 때는 꽃피는 계절이어도, 돌아올 때는 자주 그 출발이 늦어져 때를 놓치기 쉬운 일(23-24구). 조식이 〈우차편〉에 자신의 신세를 굴러다니는 쑥에 비유한 것과 같이 안연지의 몸과 마음도 어찌할 수 없는 절망가운데 있다(25-26구).

## 4-6
## 〈五君詠五首(오군영오수)〉* 〈다섯 군자를 노래하다 5수〉

### 4-6-1 阮步兵(완보병)** 완적

| | |
|---|---|
| 阮公雖淪迹,<br>완공수륜적 | 완공은 비록 그 자취를 숨겼으나, |
| 識密鑒亦洞.[1)]<br>식밀감역동 | 식견은 정밀하고 통찰 또한 깊었네. |

| | |
|---|---|
| 沉醉似埋照,<br>침취사매조 | 흠뻑 취함은 빛남을 감춘 듯하고, |
| 寓辭類託諷.[2]<br>우사류탁풍 | 시문을 지음에 풍자를 기탁한 듯. |
| 長嘯若懷人,[3]<br>장소약회인 | 길게 휘파람 불며 옛사람 그리워하는 듯, |
| 越禮自驚衆.[4]<br>월례자경중 | 예교를 뛰어넘어 절로 사람들 놀라게 했네. |
| 物故不可論,[5]<br>물고불가론 | 세상일은 따져 논할 수 없는 것이니, |
| 途窮能無慟.[6]<br>도궁능무통 | 막다른 길에서 어찌 통곡하지 않으랴? |

원주

* 죽림칠현 중 산도와 왕융은 귀하고 현달하는 것 때문에 배척되었다.(竹林七賢, 山濤王戎, 以貴顯被斥.)

** 완적이다.(籍.)[7]

역주

1) 阮公雖淪迹 2구 : 완공(阮公)은 완적(阮籍)을 말함. 식(識)은 식견. 감(鑒)은 통찰.

2) 沉醉似埋照 2구 : 매조(埋照)는 빛남을 감추다, 재능을 숨기는 것을 의미. 우사(寓辭)는 시문을 짓다.

3) 長嘯 : 길게 휘파람을 불다. 휘파람을 부는 것은 이후 은자의 상징이 되었는데, 완적에서 시작되었다고 한다. 또 ≪진서·완적열전(晉書·阮籍列傳)≫에 의하면 다음과 같은 고사가 있다. 완적이 당시 은자인 손등(孫登)을 소문산(蘇門山)에서 만나 몇 가지를 물었으나 손등이 대답이 없자 물러나오며 길게 휘파람을 불었다. 산을 반쯤 내려오자 마치 난봉(鸞鳳)의 울음소리 같은 것이 골짜기를 울리는 소리가 났는데 바로 손등이 화답하는 휘파람 소리였다고 한다.

4) 越禮自驚衆 : ≪진서·완적열전≫에 의하면 당시 예와 어긋나게 형수와 대화를 나눈 일과 술파는 여인 옆에서 흑심 없이 잠을 잔 일, 아무 안면이 없는 병가(兵家)의 딸이 죽자 문상을 가서 슬피 운 일등이 기록되어 있다.

5) 物故 : 세상사, 세상 일.

6) 途窮能無慟 : ≪진서권·완적열전≫에 의하면 완적이 수레를 몰고 나가 길이 아닌 곳을 가다가 막힌 곳에서 통곡하고 돌아오곤 했다고 한다. 이는 자신의 뜻을 펼 수 없는 세상에 대한 울분을 표현한 것이다.

7) 籍 : 완적(阮籍, 210~263)을 말함. 삼국 시대 위(魏)나라 진류(陳留: 河南省 開封

근처) 울지(尉氏) 사람. 자는 사종(嗣宗), 아버지는 조조를 섬긴 건안칠자(建安七子)의 한 사람인 완우(阮瑀, ?~212)이다. 완적은 혜강(嵇康)과 함께 죽림칠현(竹林七賢)의 중심인물이었다. 벼슬은 상서랑(尙書郎), 산기상시(散騎常侍)와 보병교위(步兵校尉)를 지내고 관내후(關內侯)에 봉해졌다. 많은 기행 중 '청안백안(青眼白眼)'의 고사와 사마소(司馬昭)가 아들 사마염(司馬炎)과 완적의 딸을 혼인시키려 하자 거절하기 위해 두 달 동안 술에 취해있던 고사는 유명하다. 노장(老莊)을 좋아했고, 현언(玄言)을 즐겼다. 5언시를 잘 지었으며, 대표작 〈영회시(詠懷詩)〉 82수는 자기의 내면세계를 제재로 하여 철학적으로 진술한 연작이다.

8) 압운은 洞, 諷, 衆, 慟.

**감상**

이 시는 안연지가 다섯 명의 군자를 읊은 〈오군영오수〉의 첫 번째 시이다. 위진(魏晋) 시대의 죽림칠현(竹林七賢)은 완적(阮籍)·산도(山濤)·혜강(嵇康)·상수(向秀)·유령(劉伶)·완함(阮咸)·왕융(王戎) 등을 말한다. 이들은 위나라와 진나라의 왕조교체 시기를 살던 사람들인데, 원주에서 설명하였듯 이 가운데 산도(山濤)와 왕융(王戎)은 새 왕조에서 벼슬을 맡았기에 안연지는 그 외 5명만을 읊었다. 이는 안연지 역시 진(晉)나라와 남조의 유송(劉宋)의 두 왕조교체시기를 살았던 사람으로 다섯 은자의 삶에 자신을 담아 표현하고자 한 것과 관련이 있다. 또, 안연지는 당시 남송의 황제인 문제(文帝)와 권력 다툼을 벌이던 문제의 동생 팽성왕(彭城王) 유의강(劉義康)에게 미움을 받아 송(宋) 문제(文帝) 원가(元嘉) 11년(434년) 추방되어 영가태수(永嘉太守)가 되었다. 한 해 전인 433년에는 사령운(謝靈運)이 처형 당하는 사건이 있었다. 안연지는 이 때의 분개한 마음을 이 〈오군영오수〉에 담았다고 한다. 이 시를 본 유의강에게 더 미움을 받아 안연지는 끝내 문제에 의해 파직된다.

〈오군영오수〉의 첫 번째 시인 〈완보병〉는 모두 8구로 되어있다. 1-4구는 완적의 재능을 읊었다. 비록 재능을 감추어도 정밀한 식견과 깊은 통찰을 갖추었음을 말한다. 3구의 흠뻑 취함은 빛남을 감춘듯하다는 것은 사마소(司馬昭)가 아들 사마염(司馬炎)과 완적의 딸을 혼인시키려 하자 거절하기 위해 두 달 동안 술에 취해있던 고사 등을 생각나게 한다. 또, 시문에는 시대의 풍자가 담겨있음을 얘기한다.(4구) 5구는 은자인 손등(孫登)과의 만남을 이야기하고, 6구는 당시 예교를 뛰어넘었으나 진솔했던 완적의 행적을 말하고 있다. 7-8구는 완적이 수레를 몰고 나가 달리다가 막힌 곳에서 통곡하고 돌아온 고사를 빌어 왕조의 교체시기를 살았기에 새로운 왕조에서 자신의 뜻을 펼칠 수 없는 완적의 울분을 말하고 있다. 이는 바로 또다른 왕조의 교체시기를 사는 안연지 자신의 울분임을 말해 주고 있다.

### 4-6-2 嵇中散(혜중산)* 혜강

| | |
|---|---|
| 中散不偶世,<br>중산불우세 | 혜강은 세상과 합쳐지지 않으니, |
| 本自餐霞人.[1)]<br>본자찬하인 | 본래 그 자신이 신선이기 때문. |
| 形解驗默仙,<br>형해험묵선 | 형체를 버려 소리 없는 신선임을 증명하였고, |
| 吐論知凝神.[2)]<br>토론지응신 | 〈양생론〉 토해내 신인의 경지임을 알게 하였네. |
| 立俗迕流議,<br>립속오류의 | 세속에 살면서는 세상 의론과 부딪치고, |
| 尋山洽隱淪.[3)]<br>심산흡은륜 | 산을 찾아서는 은자들과 잘 어울렸다네. |
| 鸞翮有時鎩,<br>란핵유시쇄 | 난새의 깃촉도 때로는 부러질지언정, |
| 龍性誰能馴.[4)]**<br>룡성수능순 | 용의 성품은 뉘라서 길들일 수 있겠는가. |

**원주**

* 혜강이다.(康.)[5)]

** ≪환자신론≫ : 성인은 모두 육신은 해체되고 신선이 되어 떠나간다.(桓子新論曰: 聖人皆形解仙去.)

**역주**

1) 中散不偶世 2구 : 중산(中散)은 중산대부(中散大夫)였던 혜강(嵇康)을 말함. 불우(不偶)는 합쳐지지 않다, 어울리지 않다. 찬하인(餐霞人)은 노을을 먹는 선인.

2) 形解驗默仙 2구 : 형해(形解)는 육신이 해체되다, 형체를 버리다. 이는 혜강이 죽음과 관련된 고사로, 죽임을 당하는 날 혜강이 마지막으로 금(琴)을 달라하여 '광릉산(廣陵散)' 이란 곡을 연주했다고 한다. 이 곡은 전국시대 칼을 만드는 기일을 지키지 못해 피살된 아버지의 복수를 위해 고금을 배워 결국 한왕(韓王)을 죽이고 자신도 자결한 섭정(聶政)의 비장한 이야기가 담긴 곡으로 혜강은 이 곡이 전수되지 못함을 안타까워했다고 한다. 죽은 후에도 마치 그 정신은 살아 음악소리가 들리는 듯 했다는 것은 혜강의 죽음을 안타까워한 사람들이 그가 신선이 되었다고 믿는 것을 보여준다. 론(論)은 혜강이 양생법을 주장한 ≪양생론(養生論)≫. 응신(凝神)는 ≪장자·소요유(莊子·逍遙遊)≫에 "그 정신을 한 곳에 집중하면 만물을 병들지 않게 하고 해마다 곡식을 잘 익게 한다."라고 하였

다. 여기서는 신선의 경지에 있음을 의미.

3) 立俗迕流議 2구 : 오(迕)는 만나다, 부딪치다. 류의(流議)는 떠돌아다니는 의론으로 세상의 의론을 말함. 흡(洽)은 합치다, 어울리다. 은륜(隱淪)은 은자.

4) 鸞翮有時鎩 2구 : 란핵(鸞翮)은 난새의 깃촉으로 여기서는 혜강을 가리킴. 룡성(龍性)은 용의 성품. ≪진서·혜강열전(晉書·嵇康列傳)≫에 종회(鍾會)가 문제(文帝)에게 참소할 때 혜강을 '와룡(臥龍)'이라고 하였다.

5) 康 : 혜강(嵇康, 223~262추정)을 말한다. 삼국 시대 위(魏)나라 초군(譙郡) 질현(銍縣) 사람. 죽림칠현(竹林七賢)의 한 사람이고, 자는 숙야(叔夜)다. 후에 중산대부(中散大夫)로 승진하여 '혜중산(嵇中散)'으로 불렸다. 조조(曹操)의 증손녀인 위나라 장락정주(長樂亭主)와 결혼했으며, 사마씨의 통치를 반대하였다. 친구 여안(呂安)의 사건에 휘말려 결국 사마소(司馬昭)에게 죽임을 당하였다. 노장을 숭상해 "노자와 장자가 나의 스승이다."라고 하였고, 은둔하여 벼슬을 하지 않았으며, 완적(阮籍) 등과 교유했다. 음률(音律)에 정통해 〈금부(琴賦)〉를 지었고, 사언시를 애호하였다.

6) 압운은 人, 神, 淪, 馴.

**감상**

〈오군영오수〉의 두 번째 시로, 위진 시대의 죽림칠현 가운데 한 사람인 혜강을 읊었다.

1-2구에서는 혜강이 세상과 잘 어울리지 못한 이유가 그가 본래 신선이었기 때문이라고 말한다. 3구는 그의 죽음과 관련된 내용이다. 40살에 생을 마감하기까지 위나라와 사마(司馬)씨의 진나라가 교체하는 시기의 매우 혼란한 시기를 살았던 혜강은 조조(曹操)의 증손녀 장락정주(長樂亭主)와 결혼할 정도로 조 씨의 위나라와 깊은 연분을 맺었기 때문에 사마 씨 정권의 부름에 끝까지 응하지 않았다. 결국 당시 실권자인 사마소(司馬昭)의 심복인 종회(鍾會)라는 사람에게 미움을 얻고, 친구 여안(呂安)을 변호하는 일로 빌미를 제공하여 억울하게 죽임을 당하게 된다. 역주 2)의 설명처럼 혜강이 죽임을 당해 육신은 해체되었는데도 그가 마지막으로 연주하던 '광릉산(廣陵散)'이 살아서 들리는 듯 기적 같은 일이 발생하자 그가 신선임을 증명하였다고 한 것이다. 이는 아마도 혜강의 죽음을 안타까워한 사람들의 마음일지도 모른다. 혜강이 처형당하기 전 감옥에 갇혀서 지은 시로 〈유분시(幽憤詩)〉가 있다.(≪고시원≫ 번역본 2권 256쪽 참조) 4구는 혜강이 평소 양생법을 연구하여 ≪양생론≫을 주장한 것을 빌어 그가 선인의 경지에 다다랐음을 말한 것이다. 5-6구는 혜강이 새로운 실권자인 사마 씨의 진에 어울리지 못하고 죽림칠현과 함께 은자의 삶을 살았음을 말하였다. 마지막 7-8구는 혜강의 성품을 용에 비유하였다. 이는 혜강의 올곧은 성품을 말한 것이기도 하지만, 역주 4)의 설명처럼 종회(鍾會)가 문제(文帝)에게 참소할 때 혜강을 '와룡(臥龍)'이라고 하여 그가 위험한 인물이라고 한 것과도 관련이 있다. ≪진서·혜강열전≫에 의하면 혜강이 옥중에 있을 때 수도의 3천명 태학생들이 그를 위하여 청원을 올렸다고 전한다.

이 일은 종회의 말처럼 혜강이 실권자에게 위협이 될 수 있는 '용' 이었음을 증명해 준 일이 되었다.

### 4-6-3 劉參軍(유참군)* 유령

| | |
|---|---|
| 劉伶善閉關,<br>류령선폐관 | 유령은 관문을 잘 막아서, |
| 懷情滅聞見.<br>회정멸문견 | 마음 속 속세 견문 끊었네. |
| 鼓鍾不足歡,<br>고종불족환 | 성대한 음악도 기뻐할 게 못하니, |
| 榮色豈能眩.<br>영색기능현 | 꽃다운 여색이 어찌 어지럽히랴! |
| 韜精日沉飲,<br>도정일침음 | 총명 감추고자 매일 술에 빠졌거니와, |
| 誰知非荒宴.<br>수지비황연 | 무절제한 연회가 아님을 뉘라서 알랴? |
| 頌酒雖短章,<br>송주수단장 | 〈주덕송〉은 비록 짧은 글이지만, |
| 深衷自此見.**<br>심충자차현 | 깊은 속내 절로 여기 드러났네. |

원주

* 유령(劉伶)을 말한다.(伶.)[5)]

** ≪노자≫에 "잘 닫음은 빗장이 없어도 열 수가 없다."라고 한 것은 도덕이 마음 속에 충만하여 정욕을 모두 막았음을 말한 것이다. (老子曰, 善閉者無關鍵而不可開. 言道德內充, 情欲俱閉也.)

역주

1) 劉伶善閉關 2구 : 관(關)은 관문의 뜻이나 여기서는 뒤의 내용으로 보아 '감각기관' 의 의미. 예를 들어 삼관(三關)은 눈, 귀, 입을 가리킴. 회정(懷情)은 마음.
2) 鼓鍾不足歡 2구 : 고종(鼓鍾)은 여기서 성대한 음악의 의미. 영색(榮色)은 꽃다운 여색.
3) 韜精日沉飲 2구 : 도(韜)는 감추다. 정(精)은 정밀함, 총명함.
4) 頌酒雖短章 2구 : 송주(頌酒)는 유령이 지은 〈주덕송(酒德頌)〉. 심충(深衷)은 속마음.

5) 伶 : 유령(劉伶, 221?-300?). 위진 시대의 죽림칠현의 한 사람으로 자는 백륜(伯倫), 패국(沛國), 현 강소(江蘇) 사람이다. 관리이자 문학가로 벼슬은 건위장군(建威將軍) 왕융(王戎) 막하에서 참군(參軍)을 지내 '유참군(劉參軍)' 이라 불리었다. 이후 진나라 무제 때에 조정에 책문(策問)을 올려 무위이치(無爲而治)를 주장하였으나 파직되었다. 평생 술을 즐겨 〈주덕송〉을 지었고, 노장사상에 심취하여 전통적인 예법(禮法)에 얽매인 인사들을 멸시하였다.

6) 압운은 見, 眩, 宴, 見.

**감상**

〈오군영오수〉의 세 번째 시로, 죽림칠현 가운데 한 사람인 유령에 대해 읊은 것이다.

1구에서 말하는 관(關)은 감각 기관을 뜻하는 글자로 보아, 유령이 감각 기관들인 눈, 귀, 입 등을 잘 닫았다는 의미로 보았다. 그래서 마음에서 세속적인 견문이 끊어졌다고 말한 것이다.(2구) 3-4구는 2구에서 말한 세속적 견문(聞見)을 다시 설명한 것이다. 3구는 '문(聞)' 을 설명하여 음악이 유령에게 기쁨이 되지 못하다고 한 것이고, 4구에서는 '견(見)' 을 설명하여 여색에도 흔들리지 않는다고 한 것이다. 5-6구는 재주가 있음에도 왕조의 교체 시기라는 불우한 시대를 살았던 유령이 자신의 총명함을 감추기 위해 술을 마시고 연회를 열었음을 말한 것이다. 안연지가 유령을 어떻게 보고 있는지를 알 수 있는 부분이기도 하다. 마지막 7-8구에서는 유령이 지은 〈주덕송〉을 이야기한다. 평생 술을 즐겼던 유령은 술과 관련한 많은 이야기를 남겼다. 그 중에서도 단주(斷酒)를 권하는 아내에게 '한 번에 한 섬을 마시고 닷 말로 해정하게 하소서. 아녀자의 말은 들을 것이 아닙니다.' 라고 말한 이야기와 옷을 벗고 누워있는 자신을 나무라는 친구에게 오히려 '나는 천지를 막(幕)과 자리로 삼고 집을 옷으로 삼는데, 너는 왜 남의 잠방이 속에 들어와 시비를 거는 거냐.' 며 응대한 이야기, 언제나 하인에게 삽을 메고 따라 다니게 하여 '언제 어느 곳에서 죽을는지 모르니 죽은 곳에 묻어 달라.' 고 말한 이야기가 전해진다.

### 4-6-4 阮始平(완시평)* 완함

| | |
|---|---|
| 仲容青雲器,<br>중용청운기 | 완함은 청운의 인재이니, |
| 實稟生民秀.[1]<br>실품생민수 | 실로 생민의 빼어남을 받았네. |
| 達音何用深,<br>달음하용심 | 통달한 음은 무엇 가지고 그리 깊은가하니, |
| 識微在金奏.[2]<br>식미재금주 | 미묘함을 안 것은 조정의 음악에 있었다네. |

| | |
|---|---|
| 郭奕已心醉,[3]<br>곽혁이심취 | 곽혁은 이미 마음으로 취했었고, |
| 山公非虛覯.[4]<br>산공비허구 | 산도는 헛되게 본 것이 아니라네. |
| 屢薦不入官,[5]<br>루천불입관 | 누차 천거해도 높은 자리 들지 못하고, |
| 一麾乃出守.[6]**<br>일휘내출수 | 한 번 휘둘러서 태수로 나아갔네. |

**원주**

* 완함이다.(咸.)[7]

** 완함의 음악에 관한 조예는 당시 사람을 크게 뛰어 넘는다. 태원의 곽혁이 그를 보고 심취하였다.(阮咸哀樂至到,[8] 過絶於人. 太原郭奕, 見之心醉.)
산도가 상주하여 말하길 완함이 만약 관직에 있게 되면 반드시 지금 사람들 가운데 가장 뛰어날 것이라고 했다.(山濤啓事曰, 咸若在官之職, 必妙絶於時.)

**역주**

1) 仲容靑雲器 2구 : 중용(仲容)은 완함(阮咸)의 자. 청운(靑雲)은 푸른 하늘에 높게 뜬 구름으로 뜻과 취향이 높은 인물을 비유한 것. 생민(生民)은 ≪시경≫에서 주로 '백성이 태어난 이래'의 의미로 쓰이나 여기서는 사람들을 가리킴.

2) 達音何用深 2구 : 달음(達音)은 음률을 환히 꿰뚫고 있음. 하용(何用)은 무엇을 가지고서. 식미(識微)는 음이 다름을 미묘하게 알아내는 것. 금주(金奏)는 '금속 악기의 연주'라는 뜻이 있으나 여기서는 '조정의 음악'의 의미. 이는 음률에 정통했던 완함이 중서감(中書監) 순욱(荀勖)이 새로 종률(鐘律)을 만들었을 때 모든 사람들이 칭송했지만 완함이 듣고 미묘한 문제를 알아차리고 지적한 일을 말한다. 이때 완함이 지적한 내용과 관련한 이야기가 부창(傅暢) ≪진제공찬(晉諸公贊)≫ 〈중호군 장사인 장함이 의견을 제시하다(中護軍長史阮咸倡議)〉에 실려 있는데 그 내용은 다음과 같다. "완함이 '순욱이 만든 음악은 소리가 너무 높은데 소리가 높으면 슬프다. 망국의 음악은 슬프면서 그리움에 젖는다. 이제 순욱이 만든 음악소리는 아음에 맞지 아니하니, 덕의 정치와 중화(中和)의 선(善)이 아닌 것 같다. 반드시 옛날과 지금의 잣대(尺)의 길이가 초래한 바일 것이다.'라고 했더니 훗날 땅을 파서 옛 동척(銅尺)을 얻었는데 세월이 오래되어 썩어 망가지려 하지만 이 잣대를 가지고서 순욱이 쓴 현 잣대를 재어보니 4푼(分)이 짧았다. 세상 사람들이 신과 같이 이해하는 능력을 가진 사람이라 했다."

3) 郭奕 : 위(魏)나라의 정치가로, 자는 백익(伯益), 예주(豫州) 영천군(潁川郡) 양책현(陽翟縣) 사람이다. 곽가(郭嘉)의 아들이며 훗날 위나라의 태자문학(太子文學)

이 되었으나 요절했다.

4) 山公 : 위진 시대의 죽림칠현의 한 사람인 산도(山濤)를 말함.

5) 屢薦不入官 : 관(官)은 높은 벼슬자리. 조가지(曹嘉之)의 ≪진기(晉紀)≫에 "산도(山濤)가 완함을 추천하여 이부랑(吏部郎)으로 삼고자 했다. 상소가 3번 올라갔지만 무제(武帝)가 쓸 수 없었다."라고 하였다.

6) 一麾乃出守 : 일휘(一麾)는 한 번 휘두르다. 출수(出守)는 좌천되어 태수로 나감. 역주2)에 설명했던 고사와 관련하여 완함이 순욱(荀勖)에게 미움을 받아 시평태수(始平太守)로 내쫓긴 일을 말함. 부창(傅暢)의 ≪진제공찬≫에 의하면 순욱의 본성이 스스로 교만하였는데, 어떤 일로 인하여 결국 순욱이 완함을 좌천시켜 완함이 시평태수가 되게 하였다고 한다.

7) 咸 : 완함(阮咸, 미상)을 말함. 위진 시대의 죽림칠현의 한 사람으로 완적(阮籍)의 조카이기도 하다. 서진(西晉) 진류(陳留) 울지(尉氏) 사람으로 자는 중용(仲容)이다. 벼슬은 산기상시(散騎常侍)를 지냈다. 음률에 정통하고 특히 비파를 잘 탔는데, 진대의 현도와 서역에서 전래한 4현비파가 결합해서 생긴 이 발현(撥弦) 악기에 '완함(阮咸)'이라는 이름이 붙여지고 이 악기를 만든 사람으로 까지 불려졌다. 진비파, 진한자, 완함비파라고도 불리는 이 악기는 남경 서선교의 남조묘화상전(南朝墓畫像塼)의 죽림7현도에 완함이라는 인물이 악기를 다루는 그림도 전해진다.

8) 哀樂 : 혜강(嵇康)이 쓴 ≪성무애악론(聲無哀樂論)≫은 음악에 애와 악이 없음을 주장한 것이다. 애악(哀樂)은 '슬픔과 기쁨'의 뜻이나 여기서는 '음악'의 의미.

9) 압운은 秀, 奏, 覯, 守.

감상

〈오군영오수〉의 네 번째 시로, 죽림칠현 가운데 한 사람인 완함(阮咸)에 대해 읊은 것이다.

1-2구에서는 완함이 빼어난 인재임을 말하고 있다. 3-4구에서는 역주2)에 설명한 바와 같이 완함과 순욱(荀勖)사이에 있었던 이야기를 말한 것이다. 당시 진(晉)나라는 여러 방면에서 무너진 나라의 기틀을 새롭게 세워야하는 상황에 있었다. 나라와 조정을 위해 새로이 음악을 정비하는 일은 국가의 문물을 다지는 중요한 일이었는데, 당시 권력자인 순욱이 새로이 만든 종률(鐘律)을 모두 칭송할 적에, 완함 혼자 미묘한 문제를 발견하고 이의를 제기한 것이다. 이후 완함이 제기한 내용이 맞는 것으로 드러났다고 한다. 이처럼 뛰어난 재주에 곽혁도 산도도 모두 탄복하여(5-6구), 여러 번 천거했지만 등용되지 못하고 결국 순욱에게 미움을 받아 지방의 태수 자리로 좌천되고 말았다(7-8구).

### 4-6-5 向常侍(상상시)* 상수

| | |
|---|---|
| 向秀甘澹薄,<br>상수감담박 | 상수는 담박함을 달다 하였거니와, |
| 深心託豪素.[1)]<br>심심탁호소 | 깊은 마음을 붓과 종이에 기탁하였네. |
| 探道好淵玄,<br>탐도호연현 | 도를 찾아 연못처럼 현묘한 이치 좋아하여, |
| 觀書鄙章句.[2)]<br>관서비장구 | 책을 읽어도 '장구'를 하찮게 여겼다네. |
| 交呂既鴻軒,<br>교여기홍헌 | 여안과 사귀었지만 기러기처럼 날아가 버렸고, |
| 攀嵇亦鳳擧.[3)]<br>반혜역봉거 | 혜강과 사귀었지만 또 봉황처럼 날아가 버렸네. |
| 流連河裡遊,<br>류련하리유 | 하리에서 노닐던 것을 잊지 못하고, |
| 惻愴山陽賦.[4)**]<br>측창산양부 | 슬퍼 산양에서 〈사구부〉를 지었다네. |

**원주**

* 상수이다.(秀.)

** 상수는 일찍이 혜강과 낙양에서 나란히 쇠를 두드렸고 여안과는 산양에서 정원에 물을 대었다.(秀嘗與嵇康偶鍛於洛邑, 與呂安灌園於山陽.)

**역주**

1) 向秀甘澹薄 2구 : 상수(向秀, 227?-272?)는 진(晉)나라 하내(河內) 회현(懷縣) 사람으로 자는 자기(子期)이다. 위진 시대의 관리이자 도학자(道學者), 문학가이다. 벼슬은 황문시랑(黃門侍郎), 산기상시(散騎常侍) 등을 지냈다. 죽림칠현(竹林七賢)의 한 사람으로 노장사상을 좋아해 ≪장자주(莊子注)≫를 지어 현학을 크게 발전시켰다. 혜강(嵇康), 여안(呂安) 등과 친분이 깊었는데 혜강, 여안이 모두 죽임을 당한 후 산양(山陽)을 지나다가 피리 소리를 듣고는 〈사구부(思舊賦)〉를 지어 애도했다고 한다. 감(甘)은 달다. 담박(澹薄)은 담백하고 욕심이 적음. 탁(託)은 기탁하다. 호(豪)는 호(毫)와 통용되어, 호소(豪素)는 붓과 종이.

2) 探道好淵玄 2구 : 연현(淵玄)은 연못처럼 오묘한 이치. 탐도호연현(探道好淵玄)은 상수(向秀)가 노장사상을 좋아했음을 말함. 비(鄙)는 하찮게 여기다. 장구(章句)는 여기서 '훈고학'을 말함.

3) 交呂既鴻軒 2구 : 교(交)는 사귀다. 여(呂)는 여안(呂安)을 말함. 홍헌(鴻軒)은 기러기가 높이 솟구치는 것. 반(攀)은 반부(攀附), 즉 반룡부봉(攀龍附鳳)의 뜻으로

임금 또는 유력가에게 반부하여 총애나 공명을 이룬다는 뜻. 여기서는 사귀다. 혜(嵇)는 혜강(嵇康)을 말함. 봉거(鳳擧)는 봉황처럼 날아가다. ≪상수별전(向秀別傳)≫에 "상수는 혜강과 여안과 더불어 벗이 되었는데, 취향이 달랐다. 혜강은 도도하여 세상에 구애되지 않고, 여안은 제멋대로 속됨을 뛰어 넘는다. 그러나 상수는 고상하게 독서를 좋아했다."라고 하였다. 이 내용에 의하면 홍헌(鴻軒)과 봉거(鳳擧)의 의미를 '상수는 혜강, 여안과 취향이 다르다'는 의미로 볼 수 있다. 또 홍헌(鴻軒)과 봉거(鳳擧)의 의미를 혜강, 여안 두 사람의 죽음을 미화한 것으로도 볼 수 있다.

4) 流連河裡遊 2구 : 류련(流連)은 ≪맹자·양혜왕(孟子·梁惠王)≫에 음식과 술, 사냥, 놀이에 빠져 근본으로 돌아오지 못하는 모습을 유련황망(流連荒亡)이라고 하였다. 여기서는 그리움에 자리를 떠나지 못하는 것을 말함. 하리(河裡)는 하내(河內)로 지명. 측창(惻愴)은 쌍성, 의태어로 슬픈 모양. 산양부(山陽賦)는 혜강, 여안이 모두 죽임을 당한 후 애도하여 지은 〈사구부(思舊賦)〉를 말함.

5) 압운은 素, 句, 擧, 賦.

**감상**

〈오군영오수〉의 다섯 번째 시로, 죽림칠현의 한 사람인 상수(向秀)에 대해 읊고 있다.

1-2구는 상수가 담박함을 좋아하고 붓과 종이에 기탁하여 깊은 마음을 드러냈음을 말하고 있다. 이는 상수가 노장사상을 좋아하고 독서를 즐겼음을 말하는 것이다. 3-4구 역시 그가 〈장자주(莊子注)〉를 지어 현학을 크게 발전시킬 만큼 노장사상에 심취한 일과 훈고학은 하찮게 여긴 일을 말한다. 5-6구는 상수가 혜강(嵇康)과 여안(呂安) 두 사람과 사귄 일을 말한다. 홍헌(鴻軒)과 봉거(鳳擧)의 의미는 〈상수별전〉의 내용처럼 상수의 취향이 그들과 달라서 상수가 기러기처럼 날아가 버리고, 봉황처럼 행동했다고 볼 수도 있고, 또 한편으로는 혜강(嵇康)과 여안(呂安) 두 사람의 죽음을 미화하여 그들과 사귀었으나 여안은 기러기처럼 날아가 버리고, 혜강은 봉황처럼 날아 가버렸다는 의미로도 볼 수 있다. 어쩌면 시인은 이 두 가지 의미를 모두 담고 싶었을지도 모른다. 7-8구는 상수가 혜강과 여안 두 사람이 죽임을 당한 후 슬퍼 애도하며 〈사구부〉를 지었음을 말하고 있다.

## 4-7
## 〈秋胡詩九首(추호시구수)〉[1] 〈추호시 9수〉

### 4-7-1

| | |
|---|---|
| 椅梧傾高鳳,[2]<br>의오경고봉 | 오동나무는 높이 나는 봉황에 기울고, |

寒谷待鳴律.[3)] 찬 계곡은 율관 불기를 기다린다네.
한곡대명률
影響豈不懷, 그림자 메아리 어찌 그리워하지 않으랴,
영향기불회
自遠每相匹.[4)] 멀리서부터 매번 서로를 짝한다네.
자원매상필
婉彼幽閑女, 아름다워라 그윽하고 기품 있는 여인,
완피유한녀
作嬪君子室.[5)] 아내 바로 그대 군자의 처가 되었다네.
작빈군자실
峻節貫秋霜, 높은 절개는 가을 서리를 뚫거니와,
준절관추상
明豔侔朝日.[6)] 환한 자태 아침 햇살과 나란히 하네.
명염모조일
嘉運既我從, 아름다운 운명 이미 내가 따르게 되었으니,
가운기아종
欣願自此畢.[7)*] 기쁜 소망이여 이로부터 끝까지 다하기를.
흔원자차필

원주

* 오동나무는 봉황새가 날아오기를 기다리고, 차가운 골짜기는 율관을 불어 땅이 따스하게 되는 것을 기다린다는 것은, 부부가 서로 짝을 이룸이 마치 그림자와 메아리가 몸과 소리를 그리워하는 것과 같다는 것이다.(椅梧佇鳳鳥之來儀, 寒谷待吹律而成煦. 言夫婦之相匹, 如影響之相思也.)

역주

1) 秋胡詩 : 추호(秋胡) 고사를 바탕으로 한 시. ≪악부시집·상화가사·청조곡(樂府詩集三十六卷·相和歌辭·淸調曲)≫에 〈추호행(秋胡行)〉이라는 가사가 전해지고, 한(漢) 유향(劉向)의 ≪열녀전·절의전·노추결부(列女傳·節義傳·魯秋潔婦)≫에도 같은 고사가 전해진다. 그밖에 ≪서경잡기(西京雜記)≫, ≪태평어람(太平御覽)≫, ≪예문류취(藝文類聚)≫ 등에도 보인다.
2) 椅梧傾高鳳 : 의(椅)는 오동나무의 일종. 고봉(高鳳)은 높이 나는 봉황.
3) 寒谷待鳴律 : 유향(劉向)의 ≪별록(別錄)≫에 "추연(鄒衍)이 연(燕)에 있을 때 어떤 골짜기에 있었는데 추워서 오곡이 자라지 않았다. 추연이 율관을 부니 따뜻한 기운이 이르고 기장이 자라기 시작했다."라고 하였다.
4) 影響豈不懷 2구 : 영향(影響)은 형영음향(形影音響)으로 그림자와 메아리가 형체(形)와 음(音)을 그리워하고, 서로 짝을 이룸을 말함.

5) 婉彼幽閑女 2구 : 완(婉)은 아름답다. 유한녀(幽閑女)는 그윽하고 기품 있는 여인으로 여기서는 추호의 처를 가리킴. 빈(嬪)과 실(室)은 모두 아내를 말함.
6) 峻節貫秋霜 2구 : 준절(峻節)은 높은 절개. 관(貫)은 뚫다. 명염(明豔)은 환하고 고운 자태. 모(侔)는 나란히 하다.
7) 嘉運既我從 2구 : 여기서 아(我)는 추호의 아내인 '나'. 흔원(欣願)은 기쁜 소원, 아름다운 소망. 자차필(自此畢)은 '이로부터 끝까지 간다는 것'으로 죽을 때까지 가길 바란다는 의미.
8) 압운은 律, 匹, 室, 日, 畢.

**감상**

안연지는 '추호희처' 고사를 9수로 읊고 있다. 먼저 ≪열녀전·절의전·노추결부≫의 기록을 보기로 하자.

결부(潔婦)는 춘추시대 노나라 사람 추호의 아내이다. 추호는 그의 아내가 시집온 지 5일 만에 집을 떠나 진나라에 벼슬하러 갔다. 5년 후 돌아오는 길에 집에 아직 이르기 전, 길에서 뽕잎을 따는 여인을 보고 기쁜 마음에 수레에서 내려 말을 걸었다. "이렇게 더운 날씨에 뽕잎을 따는군요. 나는 먼 길을 가고 있다오. 뽕나무 그늘 아래서 잠시 밥도 먹고 짐도 내려놓고 쉬고 싶다오." 부인은 대답도 없이 뽕잎을 따는 일을 멈추지 않았다. 그러자 추호가 다시 말을 걸었다. "농사에 힘쓰는 것은 풍년을 만나는 것만 못하고, 잠농을 열심히 하는 것은 나라 벼슬아치를 만나는 것만 못하다오. 내게 황금이 있으니 원하면 부인에게 주겠소." 그 여인이 대답하여 "뽕잎을 따며 힘들게 일하고 실을 잣고 옷감을 짜서 의식을 공양하고 두 양친을 받들고 남편을 섬기고 있습니다. 그대는 그만두십시오. 저는 다른 사람의 금을 필요하지 않습니다. 원컨대 당신이 다른 뜻을 갖지 않기를 바랍니다. 저 역시 음탕한 짓을 할 생각이 없습니다. 당신이 가져온 것과 상자에 든 금을 거두십시오."라고 하였다. 추호는 하는 수 없이 집에 돌아왔다. 어머니를 뵙고 가져온 금을 모두 드렸다. 그리고 사람을 시켜 부인을 불러 오게 하였더니 들어온 부인은 뽕잎을 따던 바로 그 여인이었다. 추호는 부끄러웠다. 부인이 추호에게 말하길 "당신이 어른이 되어 자신을 수양하고 부모를 남겨두고 벼슬길에 올랐습니다. 5년 만에 돌아왔으니 응당 기쁜 마음에 수레를 빨리 몰아 먼지를 일으키며 달려 왔어야 함에도, 지금 당신은 길가의 여인에게 반하여 그대의 짐을 내려놓고 금을 주겠다고 유혹하였으니 이는 이는 어머니를 잊은 것입니다. 어머니를 잊은 것은 불효이며, 여색을 좋아하여 음탕한 생각을 한 것은 더러운 행동입니다. 행동이 더럽다는 것은 의롭지 못한 것입니다. 무릇 어버이를 섬김에 효를 다하지 않았다면 임금을 섬기는 일에도 충성스럽지 못하였을 것입니다. 가정에 의롭지 못하였다면 관직에도 제대로 하지 못하였을 것입니다. 효와 의가 아울러 사라졌으니 틀림없이 어떤 일도 이룰 수 없을 것입니다. 저는 차마 이러한 당신을 보고 있을 수 없습니다. 그대는 다시 장가를 드세요! 나 또한 그런 사람의 아내가 될 수 없습니다." 그리고는 드디어 동쪽으로 내달아 물에 몸을 던져 죽고 말았다. 군자가 말하였다. "깨끗한 부인은 훌륭한 일에 정성스러웠다." 무릇 불효 중에는 그 어버이는 사랑하지 아니하면서 다른 사람을 사랑하는 것보다 더 큰 것이 없다 하였는데 추호자에게 바로 그런 점이 있었던 것이다. 군자가 말하였다. "선을 보거든 그에 미치지 못한 듯이 하고 선하지 못한 것을 보거든 끓는 물에 손을 집어 넣듯이 하라고 하였으니 추호의 부인을 두고 한 말이다."

또 ≪서경잡기≫ 권6에도 유사한 내용이 수록되어 있다.

옛날에 노나라 사람 추호는 아내를 얻은 지 석 달 만에 3년 동안 외지에서 벼슬살이를 하고 휴가를 얻어 집으로 돌아오는 길이었는데, 그의 아내는 교외에서 뽕을 따고 있었소. 추호가 교외에 이르러 자기 아내를 알아보지 못하고 그녀를 보자마자 반하여 황금 1일(20냥)을 주었더니, 아내가 말하길, '첩에게는 외지로 벼슬살이하러 떠났다가 아직 돌아오지 않은 남편이 있는데, 유심한 규방에 홀로 거처한 지 지금 3년이 되었지만 오늘처럼 치욕을 당한 적은 없었습니다.' 라고 하고는 돌아보지도 않은 채 계속 뽕을 땄소. 추호는 부끄러워하면서 물러나 집에 도착하여 집안사람들에게 아내가 어디에 있는지 물었더니, 말하길, '교외로 뽕 따러 나가서 아직 돌아오지 않으셨습니다.' 라고 했소. 아내가 돌아온 뒤에 보았더니 아까 유혹했던 그 부인이었고. 부부는 함께 부끄러움을 느꼈으며, 아내는 기수에 몸을 던져 죽고 말았소.

세부적인 사항에 약간의 출입은 있지만, 자신의 아내를 알아보지 못하고 희롱한 추호에게 실망한 나머지 그의 처가 남편을 꾸짖고 스스로 물에 빠져 죽는다는 큰 맥락은 같다.

전체 9수의 내용을 정리하면 다음과 같다.

| 1수 | 2수 | 3수 | 4수 | 5수 | 6수 | 7수 | 8수 | 9수 |
|---|---|---|---|---|---|---|---|---|
| 신혼의 추호 처 | 벼슬길 떠나는 추호 | 추호의 힘든 여정 | 남편에 대한 그리움 | 귀향길 오른 추호 | 추파를 던지는 추호 | 잘못을 아는 추호 | 아내의 쓴 소리 | 아내의 최후 통첩 |

제1수인 위 시는 모두 10구로 되어있다. 1-4구는 시를 시작하기 전 흥(興)의 기법을 사용하여 만물은 짝이 있어야 함을 말하고 있다. 오동나무는 봉황이 있어야하고(1구), 차가운 골짜기에는 양기가 있어야 곡식이 잘 자랄 수 있고(2구), 그림자는 형체를, 메아리는 소리와 짝하여야 하는 법(3-4구)이다.

5-10구는 시인이 추호의 처의 입장에서 묘사하고 있다. 기품 있는 여인이 군자의 처가 되었는데, 그 절개는 드높고 그 자태는 곱다(5-8구). 추호의 처가 되어 그 운명을 따르게 되니, 죽을 때까지 이 소망이 아름답게 계속되길 바랐던 마음을 읊고 있다(9-10구).

## 4-7-2

| | |
|---|---|
| 燕居未及好,<br>연거미급호 | 겨우 편히 지낼 뿐 좋아하지는 못하건, |

良人顧有違.[1] 낭군께서는 떠날 일을 생각하시는구나.
량인고유위

脫巾千里外, 천 리의 밖에서 범부의 두건을 벗고,
탈건천리외

結綬登王畿.[2] 도장 끈을 묶고자 도성 길 오르누나.
결수등왕기

戒徒在昧旦,[3] 꼭두새벽에 짐꾼들을 단속하거니와,
계도재매단

左右來相依. 시중들이 와서 서로 기대며 서있네.
좌우래상의

驅車出郊郭, 수레를 몰아서 교외로 나아가나니,
구차출교곽

行路正威遲.[4] 가는 길은 바로 구불구불 이어지리.
행로정위지

存爲久離別, 살아도 오랜 이별을 하게 되었고,
존위구리별

沒爲長不歸. 죽으면 영원히 돌아오지 못하려만.
몰위장불귀

역주

1) 燕居未及好 2구 : ≪시경·소아·북산(小雅·北山)≫에 "어떤 이는 편안히 거하며 쉬고, 어떤 이는 괴로움을 다하여 나라를 섬기네.(或燕燕居息, 或盡瘁事國)."라고 하였다. 연거(燕居)는 편안히 지내다. 미급호(未及好)는 좋아함에는 이르지 못하였다는 것으로 현재 '연거(燕居)' 수준까지만 왔다는 말. 량인(良人)은 신랑. 고(顧)는 생각하다. 유위(有違)는 헤어져야할 상황이 있다는 것으로 여기서는 남편이 벼슬살이를 위해 떠나는 것을 말함.
2) 脫巾千里外 2구 : 탈건(脫巾)은 두건을 벗다. ≪석명·석수식(釋名·釋首飾)≫에 "이십 세에 성인이 되니, 선비는 관을 쓰고, 서인은 두건을 한다.(二十成人, 士冠, 庶人巾.)"라고 하였다. 여기서는 천리 밖에서 벼슬살이를 한다는 의미. 결수(結綬)는 도장 끈을 묶다. 벼슬을 하다는 의미. 왕기(王畿)는 여기서 당시 진(陳)나라의 도읍을 가리킴.
3) 戒徒在昧旦 : 도(徒)는 짐꾼들. 좌우(左右)는 여기서 주의에 시중드는 사람들로 5구의 도(徒)를 다시 설명한 것. 래상의(來相依)는 서로 와서 기대는 것으로 시간이 이른 새벽이라 서로 기대며 서 있는 모습을 묘사한 것.
4) 驅車出郊郭 2구 : 교곽(郊郭)은 교외. 위지(威遲)는 첩운, 의태어로 길이 굽은 모양.
5) 압운은 違, 畿, 依, 遲, 歸.

감상

제2수는 벼슬살이를 떠나는 남편을 묘사하고 있다. 총 10구이다.

시의 시작은 아내의 시각으로 추호를 묘사한다. ≪열녀전≫에 의하면 추호는 결혼한 지 겨우 5일 만에 벼슬살이를 떠나게 된다. 그래서 1구에 아내가 겨우 '연거(燕居)'의 수준, 이제 시댁에서 편안히 지내는 정도이고 아직 좋아함에는 이르지 못했다고 한 것이다. 그런데 남편은 벼슬을 위해 집을 떠나겠다고 한다(2구). 3-4구는 같은 내용의 반복이다. 천 리 밖과 왕기(王畿)는 남편이 벼슬하러 떠나는 곳으로 당시 진(陳)나라의 도읍을 가리킨다. 두건을 벗는 것과 인수를 묶는 것은 모두 벼슬을 한다는 의미이다. 5-6구는 이른 새벽길을 떠나기 위해 짐꾼들이 모여 준비하는 모습을 묘사한 것이다. 7-10구는 시인 안연지의 시각이다. 수레를 몰아 교외로 나가 구불구불 이어진 길을 가는 여정을 묘사하고, 부부가 긴 생이별을 하게 됨을 말한다. 마지막 9-10구는 생이별을 안타까워하는 아내의 말로 볼 수도 있다.

4-7-3

| | |
|---|---|
| 嗟余怨行役,[1]<br>차여원행역 | 아 나는 이 행역을 원망하노니, |
| 三陟窮晨暮.[2]<br>삼척궁신모 | 수없이 오르며 하루를 다하네. |
| 嚴駕越風寒,<br>엄가월풍한 | 수레 단속하여 바람과 추위 뛰어넘고, |
| 解鞍犯霜露.[3]<br>해안범상로 | 안장을 풀고 서리와 이슬을 무릅쓰네. |
| 原隰多悲涼,<br>원습다비량 | 들판에는 슬프고 차가운 것이 많아서, |
| 迴飆卷高樹.[4]<br>회표권고수 | 회오리바람 높은 나무 끝까지 말리네. |
| 離獸起荒蹊,<br>리수기황혜 | 짝 잃은 짐승 황량한 샛길에 불쑥 나타나고, |
| 驚鳥縱橫去.[5]<br>경조종횡거 | 놀란 새는 이리저리 흩어져 날아가는구나. |
| 悲哉遊宦子,<br>비재유환자 | 슬프도다 벼슬 살러 떠도는 이여, |
| 勞此山川路.[6]*<br>로차산천로 | 이런 산과 물길에서 힘들어하누나. |

원주

* 〈권이〉 시에 "저 높은 산에 오르려 하니, … 저 높은 언덕에 오르려 하니, … 저 돌산에 오르려 하니, …"라고 하였다. 따라서 세 번 오른다고 말한 것이다.(卷耳詩: 陟彼崔嵬, 陟彼高岡, 陟彼砠矣. 故曰三陟.)

역주

1) 嗟余怨行役 : 차(嗟)는 감탄사, 아! 여(余)는 추호 자신을 가리킴. 행역(行役)은 여기서 벼슬살이를 위해 도읍으로 떠나는 여정을 말함.
2) 三陟 : 원주의 〈권이〉에 설명한 바와 같이 '3번 오르다.'의 뜻. 또 ≪시경·위풍·척호(威風·陟岵)≫에 "저 산에 올라 아버지 계신 곳을 바라보네.…저 산에 올라 어머니 계신 곳을 바라보네.…저 산등성이에 올라 형님 계신 곳을 바라보네."라고 하여 삼척(三陟)이 가족을 그리워하는 의미로도 쓰였다. 여기서는 수없이 여러 번 오르는 것을 말함.
3) 嚴駕越風寒 2구 : 엄가(嚴駕)는 수레를 단속하다. 해안(解鞍)은 노숙하기 위해 안장을 푸는 것. 범상로(犯霜露)는 서리와 이슬을 무릅쓴다는 것으로 서리, 이슬 속에서 노숙한다는 의미.
4) 原隰多悲涼 2구 : 원습(原隰)은 원래 초원과 들판, 그리고 습지의 뜻이나 여기서는 인가가 없는 들판을 말함. 비량(悲涼)은 바람이 슬프고 차가운 것을 말함. 회표(迴飆)는 회오리바람. 권(卷)은 바람으로 말미암아 말아 올라가다.
5) 離獸起荒蹊 2구 : 기(起)는 불쑥 나타나다. 혜(蹊)는 좁은 길. 종횡(縱橫)은 여기서 새가 이리저리 흩어지는 것을 묘사함.
6) 悲哉遊宦子 2구 : 유환자(遊宦子)는 벼슬살이하러 떠나는 사람을 말함. 산천로(山川路)는 산과 물이 이어진 길.
7) 압운은 暮, 露, 樹, 去, 路.

감상

제3수는 추호가 벼슬살이를 위해 떠나는 험난한 여정을 읊은 것으로 역시 10구이다.

1-2구는 추호 자신이 원해서 떠난 벼슬살이지만 그 험난한 여정에 원망스러움을 토로하고 있다. 3-8구는 모두 이 여정의 험난함을 이야기한 것이다. 매서운 바람과 추위 같은 악천후 속에서 노숙해야 하는데, 인가 없는 들판의 바람은 차갑고 때로 회오리바람마저 만난다(3-6구). 좁다란 길에 불쑥 나타나는 들짐승과 놀라 여기저기 흩어져 나는 새들에 다시 놀란다(7-8구). 이 험난한 여정 때문에 제2수 마지막 구에서 "죽으면 영원히 돌아오지 못하리."라고 읊었던 것이다. '벼슬 살러 가는 것이 서글프고, 이 산길, 물길이 힘들구나!'라는 한탄이 절로 나온다(9-10구).

4-7-4

| | |
|---|---|
| 超遙行人遠,<br>초요행인원 | 아득히 길 떠난 임 멀어지고, |
| 宛轉年運徂.[1]<br>완전년운조 | 흐르고 흘러 해는 가고 있네. |
| 良時爲此別,[2]<br>량시위차별 | 좋은 시절에 이런 이별 하였는데, |
| 日月方向除.[3]<br>일월방향제 | 일월은 바야흐로 연말을 향하네. |
| 孰知寒暑積,<br>숙지한서적 | 뉘 알았으랴 추위 더위 쌓여서, |
| 僶俛見榮枯.[4]<br>민면견영고 | 힘들게 초목의 영고를 볼 줄을. |
| 歲暮臨空房,<br>세모림공방 | 세모에 빈 방을 굽어보노라니, |
| 涼風起坐隅.[5]<br>량풍기좌우 | 찬바람만 자리 곁에 일어나누나. |
| 寢興日已寒,<br>침흥일이한 | 자리에서 일어나니 날 이미 추워져, |
| 白露生庭蕪.[6]*<br>백로생정무 | 흰 이슬이 마당 풀에 맺혀 있구나. |

원주

* 1장에서 4장까지는 남편이 바깥에서 벼슬하고 있을 때 자신은 하루도 그리워하지 않음이 없음을 묘사하고 있다.(一章至四章, 言宦仕於外, 己之靡日不思也.)

역주

1) 超遙行人遠 2구 : 초요(超遙)는 첩운, 의태어로 먼 모양. 행인(行人)은 길 떠난 사람으로 여기서는 남편 추호를 가리킴. 완전(宛轉)은 첩운, 의태어로 시간이 흘러가는 모양. 년운(年運)은 해의 운행으로 해를 말함.
2) 良時 : 좋은 시절. 여기서는 신혼 시절을 말함.
3) 除 : 연말.
4) 僶俛見榮枯 : 민면(僶俛)은 쌍성, 의태어로 억지로 애쓰는 모양. 영고(榮枯)은 초목이 무성해지고 다시 시들어 말라가는 모습으로 시간이 가는 모습을 말함. 힘들게 무성함과 마름을 본다는 것은 시간이 더디 가는 것을 지켜본다는 의미.
5) 坐隅 : 자리 곁. 원래는 남편의 온기가 있어야 할 곳.

6) 寢興日已寒 2구 : 침흥(寢興)은 편의복사(偏義複詞)로 흥(興)의 뜻을 새겨 잠자리에서 일어나다. 백로(白露)는 흰 이슬. 서리에 가까운 이슬로 세모(歲暮)에 가까워지는 계절임을 의미.
7) 압운은 徂, 除, 枯, 隅, 蕪.

**감상**

제4수에서는 시인이 추호 아내의 입장이 되어 남편을 그리워하는 정황을 묘사하고 있다.

1-2구에서 아내는 남편이 벼슬을 하러 떠난 후 속절없이 지나는 세월을 말하고 있다. 2구에서 흘러 해가 간다고 말하는 것은 정확한 연수를 헤아리지도 않고 있는 모습을 묘사하고 있다. 3-4구에서는 원래는 좋은 시절이어야 할 신혼의 때에 생이별을 하고서, 이제 때는 연말을 향해가고 있음을 말한다. 사랑하는 임이 곁에 없으니 세월도 더디 흐르기에 힘들게, 억지로 자연이 무성해지고, 또 시들어 말라가는 모습을 지켜본다(5-6구). 세모에 빈 방에 혼자 있으니, 남편이 곁에 있으면 온기가 있어야 할 자리에 차가운 바람만이 일고(7-8구), 세모를 향해 가는 계절 잠자리에서 일어나보니 어느 새 마당 풀엔 서리 가까운 흰 이슬이 맺혀있다(9-10구).

## 4-7-5

| | |
|---|---|
| 勤役從歸願,<br>근역종귀원 | 행역 중 잠시 집에 다녀오는 소망을 따르니, |
| 反路遵山河.[1)]<br>반로준산하 | 돌아오는 길은 산과 물을 따라 이어지누나. |
| 昔辭秋未素,<br>석사추미소 | 옛날 작별 때엔 가을 깊지 않았건만, |
| 今也歲載華.[2)]<br>금야세재화 | 이제는 꽃이 피는 시절이 되었구나. |
| 蠶月歡時暇,<br>잠월환시가 | 누에치는 계절에 한가로움을 즐기려고, |
| 桑野多經過.[3)]<br>상야다경과 | 뽕나무 있는 들길을 많이 지나간다네. |
| 佳人從所務,<br>가인종소무 | 고운 여인들 힘쓸 일을 따르나니, |
| 窈窕援高柯.[4)]<br>요조원고가 | 아리땁게 높은 가지를 당기고 있네. |
| 傾城誰不顧,<br>경성수불고 | 경성지색을 뉘라서 돌아보지 않으랴, |

弭節停中阿.[5]　　　언덕 가운데 발걸음 늦추고서 서네.
미절정중아

**역주**

1) 勤役從歸願 2구 : 근역(勤役)은 행역(行役)으로 여기서는 벼슬로 근무하는 것을 말함. 귀원(歸願)은 잠시 집에 다녀오는 소망. 잠시 집에 다녀감을 말함. 준(遵)은 따라 이어지다.
2) 昔辭秋未素 2구 : 소(素)는 가을 서리를 하얀 색에, 가을 이슬을 백로(白露)로 표현하는 등 가을을 흰색에 비유하여 나타내는 이미지와 연결된다. 미소(未素)는 아직 가을이 깊지 않다는 의미. 야(也)와 재(載)는 허자(虛字).
3) 蠶月歡時暇 : 잠월(蠶月)은 누에치는 계절, 봄을 말함. 환(歡)은 즐기다. 시가(時暇)는 때가 한가롭다. 추호(秋胡) 자신이 휴가를 받아 한가롭다는 의미.
4) 佳人從所務 2구 : 가인(佳人)은 추호가 지나는 길에 본 여러 아름다운 여인들을 말함. 요조(窈窕)는 첩운, 의태어로 곱고 현숙한 모양. 원고가(援高柯)는 여인들이 뽕잎을 따기 위해 가지를 당기는 모습.
5) 傾城誰不顧 2구 : 경성(傾城)은 이연년(李延年)의 〈가일수(歌一首)〉에서 "한 번 돌아보면 성 기울게 하고, 두 번 돌아보면 나라 기울게 하네."라는 한 것에서 온 말로 여인의 아름다움을 묘사한 표현이다. 후에 여기서 경국지색(傾國之色)이란 성어가 유래하게 되었다고 한다(≪고시원≫ 번역본 1권 286쪽 참조). 미절(弭節)은 고삐나 발걸음을 늦추는 것. 중아(中阿)는 아중(阿中). 압운 때문에 도치되었다. 일반적으로 뽕나무는 언덕에 심는다.
6) 압운은 河, 華, 過, 柯, 阿.

**감상**

제5수는 잠시 집에 다니러 온 추호가 도중에 뽕 따는 여인들을 둘러보는 모습을 묘사하고 있다.

≪열녀전≫에 의하면 주인공 추호는 5년 만에 다시 고향 집에 돌아가게 된다. 1-2구에서 휴가를 얻어 잠시 집에 다니러 가게 된 것과 돌아가는 길임을 말해준다. 3-4구에서는 고향을 떠날 때는 초가을 즈음이었는데, 지금 돌아가는 길은 꽃피는 계절임을 말하고 있다. 5-6구에서는 지금이 누에를 치는 계절인 봄임을 말하고 있다. 그러나 앞에서도 이야기한 바와 같이 5년 만에 돌아가는 길이라면 서둘러 가서 부모님부터 뵈어야 옳은 일임에도 추호는 한가로움을 즐기고자 경치를 구경하며 가는 중이고, 더욱이 경치 구경의 주된 이유가 바로 뽕 따는 여인들을 구경하고자 함에 있었다(7-8구). 마지막 9-10구에서는 시인의 목소리로 '경성지색(傾城之色)을 어찌 지나칠 수 있겠는가, 주인공 추호가 결국은 뽕밭인 언덕 가운데 그 발걸음을 멈추었다.' 고 말해 준다.

4-7-6

| | |
|---|---|
| 年往誠思勞,<br>년왕성사로 | 해가 지나면서 실로 그립고 힘드나니, |
| 路遠闊音形.[1]<br>로원활음형 | 길 멀고 임 음성도 모습도 아득하구나. |
| 雖爲五載別,<br>수위오재별 | 비록 오년간의 이별을 하였다 할지라도, |
| 相與昧平生.[2]<br>상여매평생 | 서로 함께했거늘 평소 모습 모르겠는가. |
| 捨車遵往路,<br>사차준왕로 | 수레에서 내려와 아내가 간 길을 따르더니, |
| 鳧藻馳目成.[3]<br>부조치목성 | 물풀의 오리처럼 달려와 눈길을 건내네. |
| 南金豈不重,[4]<br>남금기불중 | 남방 황금이 어찌 귀중하지 않으랴마는, |
| 聊自意所輕.<br>료자의소경 | 내 마음으로는 하찮은 것으로 여긴다네. |
| 義心多苦調,<br>의심다고조 | 올바른 마음에는 쓴 소리가 많은 법, |
| 密比金玉聲.[5]*<br>밀비금옥성 | 엄밀하기가 쇠와 옥 소리에 비견되네. |

**원주**

* 5장에서 6장까지는 뽕나무 아래에서 만나 추호가 수레에서 내려 그녀에게 금으로써 주는 것을 말한 것이다.(五章至六章, 言遇於桑下, 秋胡子下車, 與之以金也.) 반표의 〈기주부〉: 물풀의 오리를 느끼나니 한층 즐겁구나.(班彪冀州賦曰, 感鳧藻以進樂.)

**역주**

1) 年往誠思勞 2구 : 년왕(年往)은 해가 지나다, 세월이 흘러가다. 사로(思勞)는 남편이 그립고 힘들다는 의미. 원(遠)과 활(闊)은 멀다. 음형(音形)은 남편의 소식과 남편의 모습.
2) 相與昧平生 : 상여(相與)는 부부가 서로 함께하다. 매(昧)는 모르다. 평생(平生)은 평생, 평소, 옛정의 뜻. 여기서는 남편의 평소의 모습을 말하는 것.
3) 捨車遵往路 2구 : 왕로(往路)는 뽕밭에서 아내가 간 길을 말함. 부조치(鳧藻馳)은 추파를 던지며 쫓아다니는 추호의 모습을 물풀을 헤치고 다니는 오리에 비유한

것. 목성(目成)은 눈길을 주다.

4) 南金 : '추호희처(秋胡戲妻)' 고사에 나오는 황금으로 유혹하기 위해 주려고 한 황금. 4-7-1의 감상편 참조.

5) 義心多苦調 2구 : 고조(苦調)는 고언(苦言), 쓴 소리. 비(比)는 비견되다. 금옥성(金玉聲)은 쇠의 소리, 옥의 소리를 말하는 것으로 앞 9구에서 말한 고언(苦言)의 의미.

6) 압운은 形, 生, 成, 輕, 聲.

**감상**

제6수는 추호가 자신의 아내인 줄도 모르고 뽕 따는 여인에게 수작을 거는 장면을 묘사하고 있다.

1-4구는 추호 아내의 말로 시작한다. 해가 지날수록 남편의 소식도 모습도 떨어진 거리만큼이나 멀어져 힘들고 그립지만, 5년간의 생이별에도 아내는 남편의 모습을 기억하고 있었다고 말한다. 1-4구의 내용으로 볼 때, 앞 5수의 내용에서 보았듯 남편인 추호가 뽕잎을 따던 여러 여인들에게 추파를 던지는 모습을 아내가 지켜보았을 가능성도 있다. 결혼한 지 5일 만에 헤어진 남편을 기억하고 있던 아내는 자신을 몰라보고 추파를 던지는 남편을 아는 척할 수가 없었다. 애써 피하는 자신을 마치 물풀을 헤치고 달리는 오리마냥 아내가 지나가는 길을 졸졸 따라다니더니(5-6구), 결국은 5년간 관리생활로 받은 녹봉인 황금까지 내밀며 자신을 유혹한다(7구). 아내의 마음에 그 황금이 귀하게 보일 리가 없다(8구). 마지막 9-10구에서 쓴 소리(苦調)와 쇠 소리, 옥 소리로 말하는 것은 자신의 고결한 정조를 지키기 위해 단호히 거절하는 아내의 모습을 비유한 것이다.

## 4-7-7

| | |
|---|---|
| 高節難久淹,<br>고절난구엄 | 높은 절개는 오래 지체할 수 없거늘, |
| 朅來空復辭.[1]<br>걸래공복사 | 어찌하여 공연히 거듭 말을 해대는고. |
| 遲遲前途盡,<br>지지전도진 | 터벅터벅 가던 길 다하여서는, |
| 依依造門基.[2]<br>의의조문기 | 머뭇머뭇 대문턱에 이르렀네. |
| 上堂拜嘉慶,[3]<br>상당배가경 | 마루에 올라서 어머니께 절을 하고, |
| 入室問何之.<br>입실문하지 | 방에 들어가 어디 갔느냐고 물었네. |

| | |
|---|---|
| 日暮行采歸,<br>일모행채귀 | "날이 저물면 곧 뽕따서 돌아올 터, |
| 物色桑榆時.[4)]<br>물색상유시 | 해가 뽕 느릅나무에 걸릴 때 찾아라." |
| 美人望昏至,<br>미인망혼지 | 아내가 석양을 바라보며 도착하니, |
| 慙歎前相持.[5)*]<br>참탄전상지 | 앞서 실랑이 부끄럽고 탄식하는구나. |

**원주**

* 이 장은 그 어머니가 사람을 시켜 그 며느리를 불러 이르게 하였는데, 뜻밖에 뽕밭에서 대하였던 뽕을 따던 그 사람이었음을 말한다.(此章言其母使人呼其婦至, 乃向采桑者也.)

**역주**

1) 高節難久淹 2구 : 고절(高節)은 여기서 추호 아내의 높은 절개를 말함. 엄(淹)은 지체하다, 머물다. 걸래(揭來)는 거래(去來)로 보아 '떠나다와 오다'로 해석할 수 있으나 여기서는 갈래(曷來)로 보아 '어찌하여 ~하다'로 봄. 공(空)은 공연히, 부질없이. 복사(復辭)는 추호가 유혹하기 위해 거듭 말을 한 것.
2) 遲遲前途盡 2구 : 지지(遲遲)는 첩어, 의태어로 힘없이 걷는 모양. 전도(前途)는 남은 길. 아내를 유혹하던 뽕밭에서 집까지의 길을 말함. 의의(依依)는 첩어, 의태어로 미련을 가진 채. 문기(門基)는 대문의 턱.
3) 拜嘉慶 : 배(拜)는 인사하다. 가경(嘉慶)은 원래 좋은 일 많이 있으라는 축원의 의미로 부모님을 가리키는 것. 여기서는 추호의 어머니를 가리킴.
4) 物色桑榆時 : 물색(物色)은 찾다, 찾아보다.
5) 前相持 : 전(前)은 시간적의 앞. 상지(相持)는 서로 대결하다, 서로 실랑이하다.
6) 압운은 辭, 基, 之, 時, 持.

**감상**

제7수는 집으로 돌아와 아내와 대면하는 장면을 묘사하고 있다.

1-2구는 시인의 목소리로 시작한다. 추호 아내의 높은 절개는 오래 지체할 수 없는 것이거늘, 추호는 아직도 깨닫지 못하고 공연히 거듭 말로 수작을 걸고 있음을 말한다. 3-4구에서는 미련이 남은 추호가 터벅터벅 집에 이르는 과정을 말하고 있다. 5-6구는 집에 도착하여 어머니께 절을 하고, 방에 들어가면서 아내는 어디 갔느냐고 묻는 것이다. 7-8구는 추호의 물음에 대답하는 어머니의 대답이다. 8구는 앞 7구의 '일모(日暮)'를 다시 설명하는 것으로 '날이 저물다'는 것은 '해가 뽕나무, 느릅나무 걸릴 때'라는 것이다. 9-10구에서 추호는 결국 추파를 던졌던 그 미인이 바로 자신의 아내임을 깨닫고 부끄럽고 탄식한다.

4-7-8

| | |
|---|---|
| 有懷誰能已,<br>유회수능이 | 품은 생각 있으니 뉘 그만 둘 수 있으랴, |
| 聊用申苦言.[1)]<br>료용신고언 | 애오라지 이 때문에 쓴 소리 좀 드리리라. |
| 離居殊年載,<br>리거수년재 | 떨어져 지내면서 해가 바뀌었거니와, |
| 一別阻河關.[2)]<br>일별조하관 | 한 번 헤어진 뒤 큰물 관문이 막았네. |
| 春來無時豫,<br>춘래무시예 | 봄이 와도 기쁠 때가 없었거니와, |
| 秋至恆早寒.[3)]<br>추지항조한 | 가을 오면 항상 더 빨리 추웠네. |
| 明發動愁心,[4)]<br>명발동수심 | 날이 새도록 수심이 동하기에, |
| 閨中起長歎.<br>규중기장탄 | 방안에서 일어나 긴 탄식하였네. |
| 慘凄歲方晏,<br>참처세방안 | 쓸쓸하게 해 바야흐로 저물어가건만, |
| 日落遊子顏.[5)*]<br>일락유자안 | 해가 지면 길손의 얼굴뿐이었다네. |

원주

* 마음이 슬픔은 세월이 바야흐로 늦어짐에 달려있고, 해가 장차 지려고 함은 길 떠난 낭군의 얼굴이 더욱 그립다는 내용이다. 이 장은 5년 동안의 그리워하는 정의 일을 거듭 말하는 것이다.(言情之慘凄, 在乎歲之方晏, 日之將落, 愈思遊子之顏. 此章申言五載中思慕情事.)
앞장에서 서로 버텼다는 것을 말했으므로 보통의 마음으로 말하자면 응당 분개의 말을 내뱉어야 한다. 그런데 이 시는 도리어 떨어져 사는 괴로움을 하소연하고 있으니, 급한 상황인데 느슨하게 이어받음을 쓰고 있어 바로 절주의 오묘함이다.(前章說相持矣, 以常情言, 宜卽出憤語, 此卻申言離居之苦, 急處用緩承, 正是節奏之妙.)

역주

1) 有懷誰能已 2구 : 회(懷)는 회포, 생각. 용(用)은 이(以)와 같다. 고언(苦言)은 쓴 소리.

2) 離居殊年載 2구 : 년재(年載)는 해. 수년재(殊年載)는 해를 달리하다, 해가 바뀌다. 하(河)는 큰 물. 관(關)은 관문(關門).
3) 春來無時豫 2구 : 예(豫)는 기쁘다, 편안하다. 항(恆)은 항상. 조한(早寒)은 남보다 빨리 추위를 느끼다.
4) 明發 : 날이 새기까지.
5) 慘凄歲方晏 2구 : 참처(慘凄)는 쌍성, 의태어로 처연한, 쓸쓸한 모양. 유자안(遊子顔)은 길손의 얼굴. 여기서는 남편을 가리킴.
6) 압운은 言, 關, 寒, 歎, 顔.

**감상**

제8수는 아내의 하소연이다.

1-2구에서 가슴에 품은 생각을 말할 수밖에 없다고 말한다. 헤어진 후 시간은 흘러 해가 바뀌었어도 큰물과 관문(關門)이 가로막을 만큼 멀리 떨어져있어 만날 수가 없었으니, 그 그리움과 외로움에 봄이 와도 기쁘지 않고 남보다 가을 추위를 더 빨리 느꼈다고 고백한다(3-6구). 하루하루 잠 못 이루는 밤이 쌓여, 해가 가는 그 세월동안 해가 지면 늘 남편의 얼굴만이 떠올랐다(7-10구). 이 구구절절한 고백은 다음 제9수로 이어지며 독자의 마음을 아리게 한다.

## 4-7-9

| | |
|---|---|
| 高張生絶弦,<br>고장생절현 | 고음 나게 팽팽히 줄 매면 끊어지는 법, |
| 聲急由調起.[1]<br>성급유조기 | 소리 급함은 곡조 때문에 발생하는 법. |
| 自昔枉光塵,<br>자석왕광진 | 옛날 외람되게도 저를 찾아주셔서, |
| 結言固終始.[2]<br>결언고종시 | 시종을 굳건히 하자고 맹세하셨지. |
| 如何久爲別,<br>여하구위별 | 어찌하랴 오랫동안 이별을 했더니, |
| 百行愆諸己.[3]*<br>백행건저기 | 온갖 행실로 자신에 잘못하는 걸. |
| 君子失明義,<br>군자실명의 | 군자로서 밝은 의를 잃게 되었으니, |
| 誰與偕沒齒.[4]<br>수여해몰치 | 누가 더불어서 해로하려 하겠는가. |

| | |
|---|---|
| 愧彼行露詩,[5)]<br>괴피행로시 | 저 〈행로시〉에 부끄럽게 되었나니, |
| 甘之長川汜.[6)**]<br>감지장천사 | 기꺼이 긴 강물에 달려갈 수밖에. |

**원주**

* 옛 건 글자이다.(古愆字.)

"팽팽하게 줄을 매는 것은 끊어질 줄에서 생겨난다."는 절개를 세우기 위해 목숨을 바치는 것을 바란다는 것을 비유한 것이다. "소리가 급한 것은 곡조로부터 생겨난다."는 자신의 말이 처절함은 슬픔이 깊은 데서 일어난다는 것을 비유한다.(高張生於絶弦, 喩立節期於效命. 聲急由乎調起, 喩詞切興於悵深.)

≪주역≫ : 귀매(결혼)는 사람의 끝이자 시작이다.(易曰, 歸妹, 人之終始也.)

옛날 악부시의 경계의 뜻이나 굳건한 기품은 없으나, 그러나 장법이 치밀하여 배치가 안정되고 매끄러우니 안연지의 작품 가운데서는 좋은 작품에 속한다.(無古樂府之警健, 然章法綿密, 布置穩順, 在延之爲上乘矣.)

**역주**

1) 高張生絶弦 2구 : 고장(高張)은 높은 소리가 나도록 줄을 팽팽히 매는 것. 생절현(生絶弦)은 줄이 끊어짐이 발생하다. 여기서 고장(高張)은 남편인 추호를 비유하고, 생절현(生絶弦)은 아내의 죽음을 암시한 것. 성급(聲急)은 소리가 급하다. 나(아내)를 비유한 것. 조(調)는 곡조. 여기서는 남편인 추호를 비유한 것.
2) 自昔枉光塵 2구 : 왕(枉)은 잘못, 외람되다. 광(光)은 존중의 의미. 진(塵)은 먼지. 먼지는 사람의 흔적으로 여기서는 남편인 추호가 찾아온 것을 비유. 자석왕광진(自昔枉光塵)은 옛날 외람되게 나(아내)를 찾아주셨다는 것으로 문맥상 두 사람이 결혼했었던 일을 말한 것. 결언(結言)은 말을 묶다, 맹세하다. 고(固)는 굳건히 하다. 종시(終始)는 ①원주의 설명처럼 사람의 끝(딸로서)과 처음(며느리로서)의 의미 ②부부. 여기서는 ②의 뜻. 결언고종시(結言固終始)는 처음부터 끝까지 백년해로하여 부부의 맹세를 굳건히 하자고 맹세한 것을 말함.
3) 百行諐諸己 : 백행(百行)은 백가지 행실, 여기서는 남편인 당신의 행실. 건(諐)은 잘못. 저(諸)는 지어(之於)로 ~에. 기(己)는 남편인 추호의 몸.
4) 偕沒齒 : 함께 이가 빠지다. 즉 백년해로하다.
5) 行露詩 : ≪시경·소남·행로시(召南·行露詩)≫에 "함초롬히 이슬 젖은 길에, 어찌 아침저녁에 다니지 않겠는가, 길에 이슬이 많아서 못하네. 누가 참새가 뿔이 없겠는가, (없다면) 어떻게 내 지붕을 뚫었겠는가라고 하며, 누가 네가 실가(室家)의 예가 없겠는가, (없다면) 어찌 나를 옥사에 불러들였겠는가라고 하건만, 비록 나를 옥사에 불러들였으나 실가의 예는 부족하니라. 누가 쥐가 어금니가 없겠는가, (없다면) 어떻게 내 담을 뚫었겠는가라고 하며 누가 네가 실가의 예가

없으니 (없다면) 어찌 나를 송사에 불러들였겠는가라고 하건만 비록 나를 송사에 불러들였으나 또한 나는 너를 따르지 않으리라."라고 하였다.

6) 甘之長川汜 : 감(甘)은 기꺼이. 지(之)는 가다. 장천사(長川汜)는 길게 흘러가는 물. 사(汜)는 물가. 특별한 지명이라기보다 압운 때문에 쓰인 것으로 보인다.

7) 압운은 起, 始, 已, 齒, 汜.

## 감상

마지막 제9수이다. 이 시는 아내가 자신의 죽음을 암시하는 내용이다.

1-2구는 흥(興)의 기법을 쓰고 있다. 현악기가 높은 소리가 나도록 줄을 팽팽히 매게 되면 결국 줄이 끊어지는 일이 발생하고, 소리가 급하게 나는 것은 곡조가 그러하기 때문이라는 것은 모두 원인이 남편 추호에게 있음을 말한 것이다. 즉 남편이 줄을 팽팽히 매는 원인을 제공해서 줄이 끊어지는 결과(아내의 죽음을 암시)가 나타나고, 곡조(남편)가 원래 그러하여서 소리가 급하게 된 결과(아내)가 나타난다는 것이다. 3-4구는 옛날 두 사람이 혼인을 하여 부부의 삶을 굳건히 하자 맹세했던 일을 말한 것이다. 5-8구는 이 맹세를 저버린 남편의 행실을 탓하는 것이다. 5년간의 오랜 이별에도 아내는 지조를 지켰건만 남편의 잘못된 행실로 군자로서의 의를 잃었으니 백년해로의 꿈은 깨져버렸음을 말하고 있다. 마지막 10구는 자신이 물에 빠져 죽을 것임을 암시하는 대목이다.

## 5. 謝靈運[1]*

### 5-1
### 〈從遊京口北固應詔(종유경구북고응조)〉[2]**
### 〈경구의 북고산을 따라 유람하며 임금의 명령에 의하여 시를 쓰다〉

| | |
|---|---|
| 玉璽誡誠信,<br>옥새계성신 | 옥새는 신하들의 참됨과 믿음 경계함에 쓰이는 것, |
| 黃屋示崇高.[3]<br>황옥시숭고 | 수레 위 노란 휘장은 우리 천자의 높음을 보여주네. |
| 事爲名教用,<br>사위명교용 | 옥새와 수레 덮개는 명교를 위해 쓰이고, |
| 道以神理超.[4]<br>도이신리초 | 임금의 도는 신묘한 이치로서 빼어나네. |
| 昔聞汾水遊,[5]<br>석문분수유 | 예부터 분수의 유람을 들어왔거니와, |
| 今見塵外鑣.[6]<br>금견진외표 | 이제 세상 밖의 놀이를 보게 되었네. |
| 鳴笳發春渚,<br>명가발춘저 | 울리는 피리소리 봄 물가에서 출발하여, |
| 稅鑾登山椒.[7]<br>세란등산초 | 수레를 멈추고서 북고산 꼭대기에 오르네. |
| 張組眺倒景,***<br>장조조도영 | 천막 치고서 거꾸로 비치는 산 그림자 보고, |
| 列筵矚歸潮.[8]<br>렬연촉귀조 | 연회석을 늘어놓아서 조수를 내려 본다네. |
| 遠巖映蘭薄,<br>원암영란박 | 먼 바위들은 그림자로 난초 덤불을 비추고, |
| 白日麗江皐.[9]<br>백일려강고 | 흰 태양은 강 언덕을 곱게 비추고 있네. |
| 原隰卷綠柳,<br>원습권록류 | 높고 낮은 들판엔 푸른 버들 굽어 늘어지고, |
| 墟囿散紅桃.[10]<br>허유산홍도 | 마을 동산에는 붉은 복사 꽃잎이 흩날리네. |

皇心美陽澤,[11] 황제의 마음 아름답기가 태양 광채 같아,
황심미양택
萬象咸光昭. 세상 만물들이 모두 그 빛이 나는구나.
만상함광소
顧己枉維縶, 내 자신 돌아보니 붙잡아 두신 것이 잘못이고,
고기왕유집
撫志慙場苗.[12] 맘 어루만져 마당 싹 먹는 것을 부끄러워하네.
무지참장묘
工拙各所宜, 능력 있는 자 졸렬한 자 각기 마땅한 바 있으니,
공졸각소의
終以返林巢.[13] 결국 그것으로서 숲으로 돌아가야 할 것이리라.
종이반림소
曾是縈舊想, 일찍이 오랜 생각에 휩싸여있던 참에,
증시영구상
覽物奏長謠.[14]**** 만물을 보고서 이 긴 노래를 아뢰네.
람물주장요

원주

* 옛날 사람들이 강락의 시를 평하기를 동해에 돛을 띄웠는데 바람과 태양이 순조로운듯하다고 했다. 이 말은 그다지 타당하지 않다. 대체로 작품을 구상함이 애썼고 깊이 있는 것을 파내고 숨어있는 것을 찾아내었다. 그러나 한결같게 자연스러움으로 귀착한다. 산수 속에 한적함을 묘사한 사이에 때로 이치를 따지는 운치를 만나고 있어서 장인의 마음을 독창적으로 운영하고 옛날 법칙들을 법도로 삼음이 적다. 건안 여러 작가들도 모두 다 달갑게 여기는 바가 아니거늘 하물며 육기 이후 사람임에랴!(前人評康樂詩, 謂東海揚帆, 風日流利. 此不甚允. 大約經營慘淡, 鉤深索隱. 而一歸自然. 山水閒適, 時遇理趣, 匠心獨運, 少規往則. 建安諸公, 都非所屑, 況士衡以下.)

도연명의 시는 원래 자연스러워서 다른 사람들이 미치지 못한 점은 참됨과 두터움에 있다. 사령운의 시는 조탁을 추구했으나 자연스러움으로 돌아왔다. 후대 사람들이 미치지 못한 점은 참신함과 빼어남에 있다. 오랫동안 두 사람은 병치되니, 그 곳에는 진실로 까닭이 있을진저.(陶詩合下自然, 不可及處, 在眞在厚. 謝詩追琢而返於自然. 不可及處, 在新在俊, 千古並稱, 厥有由夫.)

도연명 시의 뛰어난 점은 배열에 있지 않고 사령운 시의 뛰어난 점은 배열함에 있다. 그래서 결국 한수 떨어진다.(陶詩高處在不排, 謝詩勝處在排, 所以終遜一籌.)

유협 ≪문심조룡(文心雕龍)·명시편≫ : 현언시가 물러남을 알리고, 산수시가

바야흐로 흥성한다. 산수를 유람한 시를 보면 사령운을 최고로 삼는다.(劉勰明詩篇曰: 老莊告退, 而山水方滋. 見遊山水詩以康樂爲最.)

** 송 무제를 따라 놀다.(從宋武帝.)

*** (景은) 영과 같다.(同影.)

**** ≪장자·소요유(逍遙遊)≫ : 요 임금이 막고야의 산과 분수의 북쪽에서 네 분을 찾아뵈었다.(莊子曰: 堯見四子藐姑射之山, 汾水之陽.)

이치의 말이 시에 들어갔지만 그것의 진부함을 느끼지 못하니 이는 전적으로 기골이 높음에 달려있다.(理語入詩, 而不覺其腐, 全在骨高.)

**역주**

1) 謝靈運(사령운, 385-433) : 회계(會稽) 시녕(始寧)에서 출생했으며, 동진(東晉)의 명장(名將) 강락공(康樂公) 사현(謝玄)의 손자이다. 손이 귀하다는 이유로 18세까지 두명사(杜明師)라는 도사의 슬하에서 성장한 후 집에 돌아왔기에 '객아(客兒)' 라는 별명을 얻었고, 이후 숙부인 사혼(謝混)의 지도 아래 청년기를 보냈다. 404년 조부의 강락공(康樂公) 봉작을 계승해 사강락(謝康樂)으로도 불린다. 당시 유유(劉裕)와 권력을 다투던 유의(劉毅)의 휘하에서 벼슬을 하였다가 후에 유유가 유송(劉宋)을 세우자 강락후(康樂侯)로 강등되고, 유유의 차남인 유의진(劉義眞)에게 접근했다가 맏아들인 유의부(劉義符)가 소제(少帝)로 즉위하자 영가태수(永嘉太守)로 좌천되는 등 선택의 악수(惡手)로 줄곧 정치적으로 불운을 겪었다. 이런 정치적 좌절은 산수를 통해 현실을 탈출하고자 하는 욕구로 이어져 이전의 시들에서 배경 정도로만 사용되던 산수자연의 아름다움을 시의 주제로 부각시킨 것으로 평가된다. 직무를 소홀히 하고 자주 산수를 유람한 것이 빌미가 되어 결국 역모의 죄를 쓰고 광주(廣州)로 유배(432년)가던 중, 433년 조흠(趙欽)이란 도적이 사령운에게 돈을 받고 탈출시키려다 실패했다고 자백함으로 기시형(棄市刑)에 처해져 죽었다.

이 ≪고시원≫ 권10에는 사령운의 시 총 15편이 수록되어 있다. 이후 감상을 돕고자 시가 지어진 시기와 사령운의 중요 행적을 다음과 같이 정리해둔다.

| | 중요 행적 | 작품 |
|---|---|---|
| 385 | 출생 | |
| 405 | 유의(劉毅) 휘하 벼슬 | |
| 412 | 유의(劉毅)의 죽음, 유유(劉裕) 휘하에 잠시 머뭄 | |
| 418 | 송공(宋公) 유유를 축하하러 팽성(澎城)에 감 | 5-3 〈九日從宋公戲馬台集送孔令〉 |
| 420 | 유송(劉宋)건국, 강락후로 강등<br>유유의 차남 여릉왕(廬陵王)<br>유의진(劉義眞,407-424)에 접근 | |

| | 중요 행적 | 작품 |
|---|---|---|
| 422 | 유유 장남 유의부가 소제로 즉위,<br>영가태수로 좌천됨 | 5-4 〈鄰里相送至方山〉<br>5-5 〈過始寧墅〉<br>5-6 〈七里瀨〉 |
| 422<br>-423 | 영가에서 산수유람(약1년) | 5-7 〈登池上樓〉<br>5-8 〈遊南亭〉<br>5-9 〈遊赤石進泛海〉<br>5-10〈登江中孤嶼〉<br>5-11〈登永嘉綠嶂山詩〉<br>5-12〈齋中讀書〉<br>5-19〈過白岸亭詩〉 |
| 423 | 태수 직 사임, 귀향 | 5-20〈初去郡〉 |
| 423<br>-426 | 1차 은거 생활<br>424년 소제 폐위, 여릉왕 죽음<br>3남 유의륭이 문제로 등극 | 5-2 〈述祖德詩二首〉<br>5-13〈田南樹園激流植援〉<br>5-14〈石壁精舍還湖中作〉<br>5-18〈從斤竹澗越嶺溪行〉 |
| 426-428 | 문제 아래 벼슬(중앙 재진출) | 5-1 〈從遊京口北固應詔〉 |
| 429<br>-432 | 병을 핑계로 사직 후<br>2차 은거 생활<br>회계태수 맹의와 마찰 | 5-15〈登石門最高頂〉<br>5-16〈石門新營所住四面高山迴溪石瀨茂林修竹〉<br>5-17〈於南山往北山經湖中瞻眺〉<br>5-21〈夜宿石門詩〉 |
| 432 | 임천내사로 임명<br>직무태만으로 득죄 | 5-22〈入彭蠡湖口〉<br>5-23〈入華子岡是麻源第三谷〉 |
| 433 | 광주(廣州) 유배길에 처형됨 | |

2) 從遊京口北固應詔 : 경구(京口)는 당시 수도 남경의 입구로 지명. 북고(北固)는 북고산(北固山). 응조(應詔)는 임금의 명령을 받아서 시를 쓰는 것을 말함.

3) 玉璽誡誠信 2구 : 계(誡)는 경계하다. 성신(誠信)은 신하들의 참됨과 믿음. 황옥(黃屋)은 임금이 타는 수레의 덮개로 노란색의 휘장을 말함.

4) 事爲名敎用 2구 : 사(事)는 1-2구에서 말한 옥새와 임금의 수레 덮개. 명교(名敎)는 명분과 교화로 유가적 문물을 대표한 의미. 도(道)는 도가적 면의 도를 말함.

5) 昔聞汾水遊 : 원주에서 말한 ≪장자·소요유(莊子·逍遙遊)≫에서 요 임금이 신인(神人) 네 분을 찾아뵌 고사를 말한다. 분수(汾水)는 고사 속의 지명.

6) 塵外鑣 : 진외(塵外)는 세상 밖. 표(鑣)는 말, 수레를 뜻하는 말로 여기서는 '놀이'를 의미.

7) 鳴笳發春渚 2구 : 가(笳)는 피리 소리. 임금의 행차에 음악을 울린 것을 말함. 춘저(春渚)는 봄 물가. 란(鑾)는 말 수레의 방울. 세란(稅鑾)은 방울을 내려놓은 것으로 수레에서 내리다, 수레에서 멈추다는 의미. 산초(山椒)는 여기서 북고산

산꾹대기를 말함.

8) 張組眺倒景 2구 : 장(張)은 펼치다. 조(組)는 조위(組幃)로 천막. 도영(倒景)은 물에 거꾸로 비치는 산 그림자. 렬연(列筵)은 연회석을 늘어놓다. 귀조(歸潮)는 조수.
9) 遠巖映蘭薄 2구 : 란박(蘭薄)은 난 덤불. 강고(江皐)는 강 언덕.
10) 原隰荑綠柳 2구 : 원습(原隰)은 높고 낮은 들판. 권(荑)은 굽어 늘어지다. 허(墟)는 마을. 유(囿)는 동산.
11) 皇心美陽澤 2구 : 미양택(美陽澤)은 미여양택(美如陽澤)으로 아름답기가 태양의 광채와 같다는 의미.
12) 顧己枉維縶 2구 : 왕(枉)은 임금의 입장에서 잘못이라는 의미. 유집(維縶)은 붙잡아두다. 여기서는 붙잡아 벼슬을 시켜준다는 의미. 장묘(場苗)는 마당의 싹. 여기서는 마당의 싹을 먹는다는 것으로 녹봉을 받는 것을 말함.
13) 工拙各所宜 2구 : 공졸(工拙)은 능력 있는 자와 졸렬한 자. 이(以)는 앞 구의 '마땅한 바(所宜)'를 말함. 림소(林巢)은 여기서 숲의 의미.
14) 曾是縈舊想 2구 : 시(是)는 접미사. 영(縈)은 휩싸이다. 주(奏)는 아뢰다. 임금의 명으로 지은 시이기에 시를 지어 아뢴 것을 말함.
15) 압운은 高, 超, 鑣, 椒, 潮, 皐, 桃, 昭, 苗, 巢, 謠.

**감상**

사령운이 당시 수도 남경의 입구인 경구(京口)에 있던 북고산(北固山)으로 유람을 떠난 임금을 따라갔다가 임금의 명에 의해 지은 시다. 북고산은 진강(鎭江)에 인접한 산으로, 유명한 감로사(甘露寺) 유적이 있다. 여기서 임금을 심덕잠은 유송(劉宋)의 무제(武帝)로 보았으나 일반적으로는 문제(文帝)로 보는 것이 타당하다.

사령운은 역주1)에서 설명하였듯이 동진의 명장 강락공(康樂公) 사현(謝玄)의 손자로 태어나 작위를 이었으나 이 시를 지을 당시 동진은 멸망하고 유송이 세워진 뒤 이미 후(侯)로 강등된 처지였다. 또, 정치적으로 크게 두 번의 잘못된 선택을 하는데, 첫 번째는 훗날 유송(劉宋)을 건국하게 된 유유(劉裕)가 아닌 유의(劉毅)를 선택한 것이고, 두 번째는 유유의 차남인 여릉왕(廬陵王) 유의진(劉義眞)을 선택한 것이다. 두 인물 모두 권력 다툼에서 패배하여 죽임을 당하면서 사령운 또한 결과적으로 집권자에게 늘 경계의 대상이 되어 벼슬로 뜻을 펼칠 수 없는 불운한 삶을 살게 된다. 불안한 정치적 입지로 인한 고민은 이 시 속에서도 찾아볼 수 있다.

이 시는 모두 22구로 내용에 따라 4개의 단락으로 나눠 볼 수 있다.

1단락(1-6구)의 주요 내용은 제목의 '종유(從遊)' 즉 임금의 유람을 따라 나선 것으로 임금의 행차 묘사와 그 행차에서 드러난 임금의 권위를 말하고 있다. 1구에서 시인은 가장 먼저 눈에 보이는 임금의 '옥새'를 말한다. 정치적으로 불안한 입지의 사령운에게 이 옥새의 의미는 신하들에게 참됨과 믿음을 경계하려는 의도로 보인 것이다. 함께 보이는 임금의 노란 수레 휘장도 천자의 위엄으로 비춰진다. 이 시가 임금의 명에 의해 지은 시인만큼 3-6구에서는 임금을 높이는 내용으로 이어진다.

3구는 임금이 유가적 문물을 완비한 자임을, 4구는 도가적 정신의 높은 수준을 갖춘 자임을 말하는 것이다. 5-6구는 요(堯)임금의 고사를 빌어 우리 임금이 요임금보다 뛰어난 사람임을 말한 것이다.

2단락(6-10구)은 유람에 대한 이야기이다. 7-8구는 음악과 함께 물가에서 출발하여 북고산에 오르는 여정을, 9-10구는 잔치 자리에 도착하여 연회석을 펼치는 과정을 묘사하였다.

3단락(11-16구)은 2단락에 이어 유람 이야기를 이어간다. 잔치 자리 주변의 풍경을 묘사하면서 마지막 15-16구에 이 아름다운 경치와 만물이 빛남을 임금의 마음에 견준다.

4단락(17-22구)은 겸사(謙辭)로 1구에서 말한 옥새의 경계를 받아 자신을 비판하는 내용이다. 17-18구는 임금이 자신에게 벼슬을 주어 녹봉을 받는 것에 대한 감사와 겸사를 표현한 것이다. 19-20구는 자신이 부족한 사람임을 말한 것이고, 21-22구는 정치적으로 늘 불안한 자신의 고민을 드러낸 것으로 보인다.

## 5-2

## 〈述祖德詩二首(술조덕시이수)〉 〈할아버지의 덕을 기리며 2수〉

### 5-2-1

서에 이른다. 태원 연간에 할아버지께서 회남을 평정하시고, 집안의 업을 맡으시고, 군주를 높이시고 백성을 흥성토록 했다. 어진 재상 사안께서 돌아가시고, 군자의 도가 사라짐에 이르자, 번악에서 옷을 떨치고 떠나서, 동산에 터를 잡으셨다. (할아버지의) 사적은 악의의 때와 같고, 뜻은 범려의 행동을 기약했었다.(序曰: 太元中,[1] 王父龕定淮南,[2] 負荷世業,[3] 尊主隆人. 逮賢相徂謝,[4] 君子道消,[5] 拂衣蕃岳,[6] 考卜東山.[7] 事同樂生之時,[8] 志期范蠡之舉.[9])*

| | |
|---|---|
| 達人貴自我,<br>달인귀자아 | 통달한 사람은 자아를 귀하게 여기거니와, |
| 高情屬天雲.[10]<br>고정속천운 | 그의 고상한 정취는 하늘 구름에 닿았다네. |
| 兼抱濟物性,<br>겸포제물성 | 만백성 구제하려는 품성 아울러 갖었고, |
| 而不纓垢氛.[11]<br>이불영구분 | 그리고 더러움에는 물들지 않으셨네. |
| 段生蕃魏國,<br>단생번위국 | 단생은 위나라의 울타리가 되었고, |

展季救魯人.[12] 전계는 노나라 백성을 구했다네.
전계구로인

弦高犒晉師, 현고는 진으로 가는 적군을 호궤하였고,
현고호진사

仲連卻秦軍.[13] 노중련은 진나라 군대를 퇴각시켰다네.
중련각진군

臨組乍不緤, 인끈을 대하고서도 냉큼 차려하지 않았고,
림조사불설

對珪寧肯分.[14] 홀을 대하고서도 어찌 나누려 했겠는가.
대규녕긍분

惠物辭所賞, 만백성에게 은혜 베풀되 상 받는 바를 거절하였으니,
혜물사소상

勵志故絶人.[15] 뜻을 다그침이 본디 다른 사람과 비할 바가 아니었네.
려지고절인

苕苕歷千載, 아득하게 천년을 지나가도,
초초력천재

遙遙播淸塵.[16] 멀리멀리 맑은 먼지를 퍼뜨렸네.
요요파청진

淸塵竟誰嗣, 맑은 먼지를 결국 누가 이으셨는가,
청진경수사

明哲垂經綸.[17] 명철하신 이 이어 좋은 경륜 세상에 드리웠네.
명철수경륜

委講輟道論, 강론을 던지시고 도에 대한 논의 그치시더니,
위강철도론

改服康世屯.[18] 옷 바꿔 입고서 세상 어려움 편안하게 하셨네.
개복강세준

屯難既云康, 세상의 어려움이 이미 편안하게 되었나니,
둔난기운강

尊主隆斯民.[19]** 군주를 높이고 이 백성들을 융성케 하셨네.
존주륭사민

원주

* 왕부는 사현을 말한다. 감은 감과 같다. 이겼다는 뜻이다. 회남을 평정했다는 것은 바로 부견을 패배시킨 일을 말한다.(王父, 謂玄也. 龕, 同戡, 勝也. 龕定淮南, 謂敗符堅事.)

** 현고는 진나라 군대가 진이란 지역에 있을 때 호궤했다. 진은 음이 진이다. 이는 ≪여씨춘추≫에 보인다. 여러 판본에 '진'이라 되어 있는데 이는 글자의 잘못이므로 바르게 고쳤다.(弦高犒秦師在晤之道. 晤, 音晉. 見呂氏春秋. 諸本爲晉字之誤也, 因改正.)

역주

1) 太元中 : 태원(太元)은 중국 동진(東晉) 효무제(孝武帝) 사마요(司馬曜)의 두 번째 연호로 376년에서 396년까지, 21년간 사용함.
2) 王父龕定淮南 : 왕부(王父)는 사령운의 할아버지, 사현(謝玄)을 말함. 감정(龕定)은 평정하다. 회남(淮南)은 회수(淮水) 이남 지역이다. 사현이 회남을 평정했다는 것은 원주의 설명처럼 태원(太元) 8년(383년) 사현이 전진(前秦)의 부견(符堅)이 이끄는 군대를 수적 열세에도 불구하고 비수(淝水)에서 격파한 전투를 가리킨다. 비수는 현재 안휘성(安徽省)에 있는 회강(淮河)의 지류이다.
3) 負荷世業 : 부하(負荷)는 담당하다. 세업(世業)은 대대로 이어진 가업, 나라의 중신 역할.
4) 逮賢相徂謝 : 체(逮)는 ~에 이르러서. 현상(賢相)은 어진 재상인 사안(謝安)을 말함. 조사(徂謝)는 세상을 하직하다.
5) 君子道消 : ≪주역·비괘(周易·否卦)≫에서 왔으며 군자의 도가 억압됨을 가리킨다.
6) 拂衣蕃岳 : 불의(拂衣)는 옷을 떨고 떠나다. 번(蕃)은 번(藩)과 통하여 지키다. 악(岳)은 지방의 관리. 사현은 비수대전에서 대군을 물리치고 7개의 현(縣)을 다스리는 관리, 우두머리(岳)를 지냈다. 7개의 현은 다음 시(5-2-2.)의 15구에 '칠주(七州)'로 표현됨. 여기서 번악(蕃岳)은 그 '칠주(七州)'를 지킨다는 의미.
7) 考卜東山 : 고복(考卜)은 살 곳을 점치다. 동산(東山)은 지명으로 사씨(謝氏) 집안의 고향 회계(會稽) 시녕(始寧) 일대를 말한다. 사안(謝安)도 ≪진서·사안전(晉書·謝安傳)≫에 의하면 회계지역의 동쪽 산에 은거하였다가 40세가 넘어 다시 조정으로 돌아가 벼슬살이를 지냈는데 이를 가리켜 동산재기(東山再起)라는 고사가 생겨남.
8) 事同樂生之時 : 사(事)는 사적. 악생(樂生)의 생(生)은 남자에 대한 미칭으로 악생은 악의(樂毅)를 가리킨다. 악의는 전국(戰國)시기 연(燕)나라 사람으로 일찍이 여러 제후를 거느리고 제(齊)나라를 정벌하여 70여 성을 함락시켰으나 후에 전단(田單)의 계책에 걸려서 조(趙)나라로 도망하였다. 여기서는 사현(謝玄)이 큰 공을 세운 후 모함을 받게 되는 일을 비유한 것.
9) 志期范蠡之擧 : 기(期)는 기약하다. 범려(范蠡)는 춘추(春秋) 시기 초(楚)나라 사람으로 월(越)나라 왕인 구천(句踐)을 섬겨 월나라를 부흥시키고 오(吳)나라를 멸망시킨 후 성과 이름을 숨기고 강호로 자취를 감추었다. 여기서는 사현이 공을 이루고 물러남을 비유한 것.
10) 達人貴自我 2구 : 달인(達人)은 식견이 통달한 사람. 고정(高情)은 고상한 정취.

11) 兼抱濟物性 2구 : 제(濟)는 구제하다. 물(物)은 여기서 만백성. 성(性)은 품성, 자질. 영(纓)은 요(繞)와 같아서 물들다. 구분(垢氛)은 먼지, 더러움.

12) 段生蕃魏國 2구 : 단생(段生)은 단간목(段干木)을 말한다. 단간목은 전국(戰國)시기 위(魏)나라 사람이다. 어진 덕행의 선비로 세상을 피해 살며 벼슬을 하지 않았으며 위(魏)나라 문후(文侯)가 그를 예의와 공경으로 대하였다고 한다. 후에 진나라가 위나라를 공격하려 하자 어떤 이가 간하여 말하길 위나라의 단간목은 어진 사람으로 위나라가 그를 무척 존경하고 있다는 것은 천하가 다 아는 바인데 병사를 일으킨다는 것은 옳지 않는 것이라고 하였고, 이에 진나라 왕이 군대를 해산하였다고 한다. 번(蕃)은 울타리, 보호하다. 전계(展季)는 유하혜(柳下惠)를 말한다. 유하혜는 춘추 시대 노(魯)나라 현인(賢人)으로 성은 전(展)씨고, 이름은 획(獲)이며, 자는 금(禽)이다. 유하(柳下)는 식읍(食邑)의 이름이고, 혜(惠)는 시호며 후에 대부(大夫)를 지냈다. 평소 도를 바르게 시행하여 자주 내침을 당했지만 부끄러워하거나 원망하지 않았으며, 위기에 제(齊)나라를 설득하여 제나라 군대를 퇴각시킴으로 노나라 백성을 구했다.

13) 弦高犒晉師 2구 : 현고(弦高)는 춘추(春秋)시기 정(鄭)나라의 상인이다. 그가 장사를 다녀오는 길에 정나라를 습격하려는 진(秦)나라 군대를 만났는데, 임금의 명령이라고 속이고 진나라 군사들에게 호궤하는 한편 사람을 보내 이 사실을 알렸다. 이에 진나라 군대가 퇴각하였다고 한다. 호(犒)는 호궤(犒饋)하다, 군사들에게 음식을 대접하다는 의미. 진사(晉師)는 진(晉) 지역으로 가는 군사. 중련(仲連)은 노중련(魯仲連)으로 전국(戰國) 시대 제(齊)나라의 책사이다. ≪전국책·조책(戰國策·趙策)≫과 ≪사기·노중련열전(魯仲連列傳)≫에 의하면 진(秦)나라가 조(趙)나라의 한단(邯鄲)을 포위했을 때 노중련은 마침 조나라에 있었다. 위왕(魏王)은 객장(客將) 신원연(新垣衍)을 한단으로 보내 조나라로 하여금 진(秦)나라 소왕(昭王)을 제(帝)로 받들라고 권하였다. 노중련은 신원연을 설득하여 오히려 조나라를 돕도록 하였고 이를 들은 진나라 장군은 군사를 후퇴시켜 물러났다고 한다. 이에 조나라 평원군(平原君)이 천금의 상을 주려하였으나 노중련은 받지 않고 떠났다고 한다. 각(卻)은 퇴각시키다.

14) 臨組乍不緤 2구 : 좌사(左思)의 〈영사팔수(詠史八首)〉 8수 가운데 제3수에 "도장 끈 굽어보고 몸에 차려하지 않고, 홀을 대하고서도 어찌 구분하려 하겠는가.(臨組不肯緤, 對珪寧肯分.)"라고 하여 공을 이루고도 상을 바라지 않았던 노중련(魯仲連)을 이야기 하였다.(≪고시원≫ 번역본 2권 372쪽 참조). 규(珪)는 홀. 여기서 도장 끈을 차는 것과 홀을 나누는 것은 모두 벼슬을 하는 것을 말함.

15) 惠物辭所賞 2구 : 혜물(惠物)은 백성들에게 은혜를 베풀다. 사(辭)는 거절하다. 려지(勵志)는 뜻을 다그치다. 고(故)는 본디, 옛날부터. 절인(絶人)은 다른 사람과 비할 바가 아니다, 출중하다는 의미.

16) 苕苕曆千載 2구 : 초초(苕苕)는 초초(迢迢)와 통한다. 첩어, 의태어로 아득히 먼 모양. 천재(千載)는 천년(千年). 요요(遙遙)는 첩어, 의태어로 먼 모양. 파(播)는

널리 퍼지다. 청진(淸塵)은 앞사람이 남긴 좋은 발자취, 좋은 선례.

17) 淸塵竟誰嗣 2구 : 사(嗣)는 잇다, 계승하다. 명철(明哲)은 사리가 밝은 사람, 여기서는 사현(謝玄)을 가리킴. 경륜(經綸)은 국가를 다스리는 재능, 혹은 그러한 계책.

18) 委講輟道論 2구 : 위강(委講)은 청담을 버리다, 강론을 버리다. 철도론(輟道論)은 도에 대한 논의를 그치다. 이 구는 청담을 즐기는 삶을 그만 두다는 의미. 개복(改服)은 옷을 바꿔 입다, 여기서는 전투복으로 갈아입었다는 의미. 준(屯)은 괘의 이름으로 세준(世屯)은 세상의 어려움을 말함.

19) 尊主隆斯民 : 존주(尊主)는 군주의 위상을 높였다는 의미. 륭(隆)은 융성하게 하다.

20) 압운은 雲, 氛, 人, 軍, 分, 人, 塵, 綸, 屯, 民.

## 감상

이 시는 사령운이 그의 조부인 사현을 기리며 지은 노래 2수 가운데 첫 번째 노래이다. 사령운에게 그의 조부 사현은 평생 닮고 싶은 이상형이었다. 그의 조부는 동진(東晉) 시대의 명장으로 태원(太元) 8년(383년) 사현이 전진(前秦)의 부견(符堅)이 이끄는 대군을 격파한 비수(淝水)전투를 비롯 여러 차례 북방의 침입을 막아내어 그 공을 인정받아 강락공(康樂公)에 봉해졌다. 그러나 당시 정권을 장악하고 있던 사마도자(司馬道子)가 사씨 집안의 세력이 커지는 것을 꺼려하여 그를 견제하고, 명재상이자 숙부인 사안(謝安)이 죽자 벼슬을 그만두고 고향인 회계(會稽) 시녕(始寧) 일대의 동산(東山)으로 돌아갔다. 이처럼 공을 이루자 몸을 물러나게 하는 '공성신퇴(功成身退)'의 모습은 사령운의 평생의 과업이 된 것이다.

이 시는 20구로 이루어져있다. 내용에 따라 모두 다섯 단락으로 나눠 볼 수 있다.

1단락(1-4구)은 총론과 같은 것으로 사령이 본 할아버지 사현의 모습을 말하고 있다. 할아버지 사현은 통달한 사람이며, 고상한 정취를 가진 분(1-2구)이다. 3-4구는 할아버지의 자질, 품성을 말한 것으로 만백성을 구제하고, 더러움에 물들지 않았다고 말한다.

2단락(5-8구)은 1단락 3구에서 말한 만백성을 구제함의 4가지 과거의 성공 사례를 예로 들고 있다. 단간목(段干木), 유하혜(柳下惠), 현고(弦高), 노중련(魯仲連)은 모두 백성을 구제한 현인들로 공을 세운, '공성(功成)'의 사람들이다.

3단락(9-12구)은 1단락 4구에서 말한 더러움에 물들지 않은 과거의 사례들로 '신퇴(身退)'를 설명한 것이다.

4단락(13-16구)은 앞의 네 명의 현인들을 동원하여 할아버지의 인품을 설명하였다.

5단락(17-20구)은 원래 청담을 즐기시던 할아버지께서 백성을 위해 군복을 입고 나라의 어려움을 평안하게 한 일을 칭송하고 있다.

5-2-2

中原昔喪亂,[1] 중원이 일찍이 어지러웠거니와,
중원석상란
喪亂豈解已. 그 어지러움 어찌 풀리고 그쳤던가.
상란기해이
崩騰永嘉末, 영가 말년에 무너져 내리더니,
붕등영가말
逼迫太元始.[2] 태원 초기까지 곤궁했었음이라.
핍박태원시
河水無反正, 하수는 올바름으로 돌아감이 없거니와,
하수무반정
江介有蹙圮.[3] 양자강 유역마저 쪼그라들고 무너짐 있었네.
강개유축비
萬邦咸震懾, 온 나라가 모두 두려워 떨었거니와,
만방함진섭
橫流賴君子.[4] 사나운 격류 속에 군자에게 의지했네.
횡류뢰군자
拯溺由道情,[5] 물에 빠진 자 건져냄은 도의 마음으로 말미암음이요,
증닉유도정
龕暴資神理.[6] 포악한 무리를 평정함은 신묘한 이치에 힘입음이라네.
감폭자신리
秦趙欣來蘇, 진·조 백성들 와서 소생시켜줌 기뻐하였고,
진조흔래소
燕魏遲文軌.[7] 연·위 백성들 문자 바퀴 통일이 늦다 했네.
연위지문궤
賢相謝世運, 어진 재상 사안께서 세상 하직하시자,
현상사세운
遠圖因事止.[8] 원대한 계획이 일로 인하여 그쳤다네.
원도인사지
高揖七州外, 칠주 너머에서 높이 손 흔들어 작별하고,
고읍칠주외
拂衣五湖裡.[9] 태호 안으로 옷자락을 떨치고 떠나갔네.
불의오호리
隨山疏濬潭, 산세를 따라서 저 연못을 팠거니와,
수산소준담

傍巖枌藝梓.[10] 바위 곁에 느릅나무 가래나무 심었네.
방암분예재

遺情舍塵物, 세속 마음을 버리고 세속의 물건을 던지고,
유정사진물

貞觀丘壑美.[11)*] 언덕과 골짜기 아름다움 변치 않고 보셨네.
정관구학미

**원주**

* 축비는 ≪시경≫에 "날마다 나라가 백리씩 줄어든다."라고 했다. ≪이아≫에 "비는 패복이다."라고 하였다. ≪장자·대종사(大宗師)≫에 "무릇 도에는 정이 있고 성이 있다."라고 하였다.(蹙圮, 詩曰, 日蹙國百里. 爾雅曰, 圮, 敗覆也. 莊子曰, 夫道有情有性.[12)])

**역주**

1) 中原昔喪亂 : 중원(中原)은 수도 낙양(洛陽) 일대를 말함. 상란(喪亂)은 사람이 죽고 어지러운 것으로 전쟁을 말함.
2) 崩騰永嘉末 2구 : 붕등(崩騰)은 첩운, 의태어로 어지러운 모양. 영가말(永嘉末)은 서진(西晉)말기로 구체적으로는 영가(永嘉) 연간(307-312)의 난(亂)을 가리킴. 핍박(逼迫)은 쌍성, 의태어로 곤궁한 모양. 태원시(太元始)는 동진(東晉) 초기를 말함. 태원(太元)은 중국 동진(東晉) 효무제(孝武帝) 사마요(司馬曜)의 두 번째 연호로 376-396년, 21년간 사용함.
3) 河水無反正 2구 : 하수(河水)가 올바름으로 돌아가지 못함(無反正)이란 서진(西晉)의 멸망을 말한 것. 강개(江介)는 양자강 유역으로 동진(東晉)을 말함. 축(蹙)은 쪼그라들다, 영토가 줄어드는 것을 말함. 비(圮)는 무너지다.
4) 萬邦咸震懾 2구 : 만방(萬邦)은 온 나라. 횡류(橫流)는 격류. 뢰(賴)는 의뢰하다. 군자(君子)는 여기서 사현(謝玄)을 가리킴.
5) 拯溺由道情 : ≪맹자·이루상(孟子·離婁上)≫에 "천하가 도탄에 빠지면, 도로써 구원한다.(天下溺, 援之以道.)"라고 하였다.
6) 龕暴資神理 : 감폭(龕暴)은 포악한 무리를 평정하다. 자(資)는 힘입다.
7) 秦趙欣來蘇 2구 : 진·조·연·위(秦·趙·燕·魏)는 전진(前秦)의 통치 하에 있던 북방 지역을 말함. 사현이 비수(淝水)전투에서 전진 부견(符堅)이 이끄는 대군을 격파하고 땅을 회복하였다. 이 전투의 승리로 동진은 잠시 안정을 찾고, 전진은 쇠락하게 되었다. 래소(來蘇)는 ≪서경(書經)≫에 "임금님이 오시니 우리가 소생하리라.(后來其蘇.)"라고 하였다. 여기서는 군자인 사현의 군대가 와서 소생시켜 준다는 의미. 지(遲)는 늦다 여기다. 문궤(文軌)는 ≪중용(中庸)≫에 "글은 문자가 같고, 수레는 바퀴의 폭이 같다.(書同文, 車同軌.)"라고 하였다. 천하가 통일되어 이민족의 통치를 벗어나는 일을 비유한 것.
8) 賢相謝世運 2구 : 현상(賢相)은 재상 사안(謝安)을 말한다. 사현의 백부이다. 사

세운(謝世運)은 세상의 운행과 작별했다는 것으로 여기서는 사안의 죽음을 말함. 원도(遠圖)는 원대한 계획. 여기서 일(事)이란 어진 재상이었던 사안의 죽음과 권력자 사마도자(司馬道子)등의 견제와 모함을 말한 것.

9) 高揖七州外 2구 : 고읍(高揖)은 손을 흔드는 것으로 작별의 의미. 칠주(七州)는 당시 사현이 다스리고 있던 일곱 지역을 말함. 현불의(拂衣)는 옷을 떨치다, 여기서는 옷을 떨치고 더나갔다는 의미. 오호(五湖)는 태호(太湖)로 현 시녕(始寧)의 태강호(太康湖)를 말함.

10) 隨山疏濬潭 2구 : 소준(疏濬)은 솎고 퍼내는 것으로 여기서는 연못을 파다는 의미. 분(枌)은 느릅나무. 옛날 한 고조(漢高祖)가 고향인 풍(豐)에다 느릅나무 두 그루를 심어서 토지(土地)의 신(神)으로 삼았다고 하여 이후 '고향'을 상징한다. 재(梓)는 가래나무로 사람의 죽은 후 관을 만드는 재료로 쓰임.

11) 遺情舍塵物 2구 : 유정(遺情)은 세속 마음, 벼슬하고 싶은 마음. 정관(貞觀)은 한 마음으로 곧게 보는 것으로 변치 않고 본다는 의미. 여기서는 계속 은둔하였다는 뜻.

12) 夫道有情有性 : 다른 판본에는 "夫道有情有信"으로 되어있으며, 이 내용은 실제 본문의 내용과 관련이 없다. 역주 5)에서 말한 도(道)가 내용면에서 더 타당하게 보임.

13) 압운은 已, 始, 圮, 子, 理, 軌, 止, 裡, 梓, 美.

**감상**

내용에 따라 다섯 단락으로 나눌 수 있다.

1단락(1-4구)은 총체적인 시대의 상황을 말한 것으로 당시 진나라의 위기를 언급한 것이다. 서진 말기의 영가 연간(307-312)의 난(亂)에서 동진 초 효무제(孝武帝)의 태원(太元) 연간까지 어려웠던 나라의 상황을 말한 것이다.

2단락(5-8구)은 서진이 멸망하고 동진의 영토마저 줄어드는 위기는 북방 민족의 침입으로 말미암은 것이었다. 이 두려운 때에 온 나라가 할아버지 사현(謝玄)에게 의지했었음을 말하고 있다.

3단락(9-12구)은 사현이 태원(太元) 8년(383년) 사현이 전진(前秦)의 부견(符堅)이 이끄는 대군을 격파한 비수(淝水)전투 등을 통해 북방 유목민이 점거하던 땅을 회복한 사건을 말하고 있다.

4단락(13-16구)은 공을 이룬 사현이 백부인 재상 사안(謝安)의 죽음과 당시 세력가였던 사마도자(司馬道子)등의 견제와 모함으로 다스리던 7주를 떠나, 자신의 고향 시녕(始寧)의 태강호(太康湖)로 돌아옴을 말하고 있다. 사령운이 바라던 '공성신퇴(功成身退)'의 모습을 실현한 조부의 모습을 그린 것이다.

5단락(17-20구)은 고향으로 돌아온 사현이 은거의 삶을 보내는 모습을 그렸다. 서문의 "동산에 터를 잡으셨다."와 연결된다.

5-3

## 〈九日從宋公戲馬臺集送孔令(구일종송공희마대집송공령)〉[1]

〈중양절에 송공을 따라 희마대에 모여 공령을 전송하다〉

| | |
|---|---|
| 季秋邊朔苦,<br>계추변삭고 | 늦가을의 변방은 괴롭거니와, |
| 旅雁違霜雪.[2]<br>려안위상설 | 길손 기러기 눈서리 피해 떠나네. |
| 淒淒陽卉腓,<br>처처양훼비 | 싸늘하게 여름풀은 시들어 가는데, |
| 皎皎寒潭潔.[3]<br>교교한담결 | 밝고 밝은 차가운 연못은 맑아지네. |
| 良辰感聖心,<br>량진감성심 | 중양절이 성인의 마음을 감동시키니, |
| 雲旗興暮節.[4]<br>운기흥모절 | 늦어가는 계절 운룡의 깃발 세우셨네. |
| 鳴笳戾朱宮,<br>명가려주궁 | 피리 울리면서 붉은 누대에 도착하여, |
| 蘭卮獻時哲.[5]<br>란치헌시철 | 난향 술잔으로 당세 현철에게 하사하시네. |
| 餞晏光有孚,[6]<br>전안광유부 | 전별연은 믿음이 있음을 더 빛나게 하고, |
| 和樂隆所缺.[7]<br>화락륭소결 | 화락함은 부족한 바를 융성하게 하네. |
| 在宥天下理,<br>재유천하리 | 살피고 관대하니 천하가 잘 다스려지고, |
| 吹萬群方悅.[8]<br>취만군방열 | 만 가지로 부니 모든 지역이 기뻐하네. |
| 歸客遂海隅,<br>귀객수해우 | 돌아가는 길손 바다 모퉁이로 돌아가니, |
| 脫冠謝朝列.[9]<br>탈관사조렬 | 관을 벗고서 조정의 반열을 사직하누나. |
| 弭棹薄枉渚,<br>미도박왕저 | 노를 멈추고서 굽은 물가에 배를 대고서, |

| | |
|---|---|
| 指景待樂闋.10)<br>지경대악결 | 해를 가리키며 음악이 끝나기 기다리노라. |
| 河流有急瀾,<br>하류유급란 | 황하의 물결에는 급한 물살이 있거니와, |
| 浮驂無緩轍.11)<br>부참무완철 | 날랜 말들은 느린 수레바퀴마저 없다네. |
| 豈伊川途念,<br>기이천도념 | 어찌 여정을 걱정함이랴, |
| 宿心愧將別.12)<br>숙심괴장별 | 오랜 포부 장차 이별할 때 부끄럽네. |
| 彼美丘園道,<br>피미구원도 | 저 아름다운 대자연의 도, |
| 喟焉傷薄劣.13)*<br>위언상박렬 | 아 탄식하며 못난 나 슬퍼하네. |

**원주**

* ≪시서≫ : 〈록명〉이 폐하면 화락함이 이지러진다.(詩序曰: 鹿鳴廢, 則和樂缺矣.)
≪장자·재유(在宥)≫ : 천하를 살피되 관대한다는 말은 들었어도 천하를 다스린다는 말은 듣지 못했다. 곽상: 관대하고 자재하도록 하면 잘 다스려진다.(莊子曰, 聞在宥天下, 不聞治天下也. 郭象曰, 宥使自在, 則治也.)
≪장자·제물론(齊物論)≫ : 남곽의 자기: 만 가지로 불어서 소리가 같지 아니하는데, 그것들로 하여금 스스로 가서 멈추도록 한다. 사마표: 하늘의 기운이 불어줘서 만물을 키워내는데 형기가 다르다는 뜻이다. (심덕잠의 주) 이는 지의 뜻이고, 각자 자신의 천성을 구현해서 멈추도록 만든다.(莊子曰, 南郭子綦曰, 夫吹萬不同, 而使其自已也.14) 司馬彪曰: 言天氣吹煦, 長養萬物, 形氣不同. 已, 止也, 使各得其性而止.)

**역주**

1) 九日從宋公戲馬臺集送孔令 : 구일(九日)은 음력 9월 9일로 중양절. 송공(宋公)은 남조 송나라를 세운 유유(劉裕)를 가리킴. 희마대(戲馬臺)는 항우(項羽)가 팽성(澎城)에 세운 략마대(掠馬臺)로 지금 강소성(江蘇省) 서주(徐州) 동산현(銅山縣) 남쪽에 있다. 공령(孔令)은 공정(孔靖)을 말한다. 회계(會稽) 산음(山陰) 출신으로 공자의 제26대 손이다. 동진(東晉) 안제(安帝) 의희(義熙) 14년(418년) 유유가 구석(九錫)을 하사받는다. 구석이란 천자가 내리는 9가지의 특전으로 황제에 준하는 수레와 말, 의복, 음악, 호위병사 등을 사용할 수 있는 권한으로 역사상 왕망(王莽)과 조조(曹操)가 받은 적이 있다. 유유가 공정을 상서령(尙書令)으로 삼고자 하였기에 여기서 공령(孔令)이라고 부른 것이다. 그러나 공정이 벼슬을

사양하고 귀향하려하자 유유가 전별연을 열고 빈객들과 시를 지어 전송했다.

2) 季秋邊朔苦 2구 : 계추(季秋)는 늦가을. 변삭(邊朔)은 변방. 전별연을 베푼 희마대(戲馬臺)가 동진(東晉)의 국경지역이어서 변방이라고 함. 려안(旅雁)은 나그네 기러기.

3) 淒淒陽卉腓 2구 : ≪시경·소아·사월(小雅·四月)≫에 "가을날이 쌀쌀해지는지라, 온갖 초목이 모두 병들도다.(秋日淒淒, 百卉具腓.)"라고 하였다. 처처(淒淒)는 첩어, 의태어로 싸늘한 모양. 양훼(陽卉)는 여름풀. 비(腓)는 시들다. 교교(皎皎)는 첩어, 의태어로 밝고 환한 모양.

4) 良辰感聖心 2구 : 량진(良辰)은 중양절(重陽節)을 뜻함. 성심(聖心)은 성인의 마음. 여기서는 송공 유유를 말함. 운기흥(雲旗興)은 운룡의 깃발을 세우다. 여기서는 '행차하다'의 뜻. 모절(暮節)은 늦어가는 계절.

5) 鳴笳戾朱宮 2구 : 주궁(朱宮)은 여기서 희마대(戲馬臺)가 있는 붉은 누대. 란치(蘭巵)는 난향이 가득한 술잔. 시철(時哲)은 당세의 현철. 여기서는 공정(孔靖)을 말함.

6) 餞宴光有孚 : 전안(餞宴)은 전별연. 광(光)은 빛나게 하다. 부(孚)는 여기서 유유의 지도자로서의 믿음을 뜻함.

7) 和樂隆所缺 : 화락(和樂)은 화락함. 륭(隆)은 융성하게 하다. 소결(所缺)은 여기서 군신간의 부족한 바를 의미. ≪시경·소아·유월(小雅·六月)≫의 서(序)에 "〈녹명〉이 폐하면 화락함이 이지러진다.(鹿鳴廢, 則和樂缺矣.)"라고 하였다. 〈녹명〉은 군신 간에 연회를 통해 화합과 정을 나누는 노래로, 여기서는 유유가 베푼 잔치가 군신간의 화락함을 도모한다는 칭송의 의미.

8) 在宥天下理 2구 : 재유(在宥)는 여기서 백성을 살피고 관대하게 하다는 의미. 취만(吹萬)은 만 가지로 불어서 각자 자신의 모습이 되도록 한다는 의미(역주14 참조). 여기서는 원주에 말한 ≪장자·재유(在宥)≫의 글과 ≪장자·제물론(齊物論)≫의 내용을 통해 잔치를 베푼 유유가 성군(聖君)의 자질을 갖추었기에 백성들을 잘 살펴 천하가 잘 다스려지고, 만물에 불어 모든 지역 백성들이 기뻐하게 만든다는 칭송의 의미.

9) 歸客遂海隅 2구 : 귀객(歸客)은 고향으로 돌아가는 나그네. 공정을 가리킴. 수(遂)는 가다. 해우(海隅)는 바다 모퉁이로 공정의 고향이 바닷가이기에 언급한 것. 탈관(脫冠)은 관을 벗다. 관은 벼슬을 뜻하는 모자. 사(謝)는 사직하다.

10) 弭棹薄枉渚 2구 : 박(薄)은 박(泊)과 같아 배를 대다. 왕저(枉渚)는 배를 댈 수 있는 굽은 물가. 대악결(待樂闋)은 음악이 끝나길 기다리다. 여기서는 빨리 고향에 돌아가고픈 공정의 모습을 묘사한 것.

11) 河流有急瀾 2구 : 급란(急瀾)은 급한 물살. 참(驂)은 수레를 끄는 말. 완철(緩轍)은 느린 수레바퀴.

12) 豈伊川途念 2구 : 천도(川途)는 여정. 숙심(宿心)은 오랫동안 품은 내 마음. 괴(愧)는 부끄럽다.

13) 彼美丘園道 2구 : 구원(丘園)는 여기서 '대자연'의 뜻. 위언(喟焉)은 감탄사. 박

렬(薄劣)은 못난 나 자신. 여기서는 사령운 자신을 말함.

14) 而使其自已也 : 심덕잠은 이(已)를 지(止)로 보아 '가서 멈추다'로 해석하였다. 다른 판본에는 이(已)가 기(己)로 되어있어 '그것들로 하여금 자신의 모습이 되도록 한다.'로 해석할 수 있다.

15) 압운은 雪, 潔, 節, 哲, 缺, 悅, 列, 闋, 轍, 別, 劣.

**감상**

당시 실제적인 권력자인 송공 유유의 전별연에서 쓴 시이다. 22구로, 네 단락으로 나눠 볼 수 있다.

1단락(1-4구)은 제목의 '구일(九日)' 즉 음력 9월 9일 중양절을 설명한 것이다. 늦가을과 나그네 기러기, 시드는 여름풀과 맑아지는 차가운 연못 등은 가을의 이미지를 잘 설명하고 있다.

2단락(5-8구)은 성군(聖君)의 자질을 갖춘 송공(宋公) 유유(劉裕)를 아낌없이 칭송하는 내용이다. 5-6구는 전별연을 베푸는 유유의 행차하는 모습이다. 희마대가 있는 누대에 도착하여 공령(孔令)에게 술을 하사하니(7-8구), 이 잔치의 모습은 유유가 가진 지도자로서의 믿음이 더 빛나고, 군신 간의 화락함을 더해준다(9-10구). 11-12구는 ≪장자≫의 이야기를 빌어 백성을 보살피는 성군 유유를 칭송한 것이다.

3단락(13-16구)은 오늘 전별연의 목적대로 공령을 전별하는 모습이다. 16구는 어서 빨리 고향에 돌아가려는 공령이 잔치 음악이 끝나기만 기다리는 모습을 그렸다.

4단락(17-22구)의 17구는 공령이 타고 가는 배를 묘사한 것이고, 18구는 사령운 자신이 타고 돌아갈 말을 묘사한 것이다. 두 사람이 서로 급히 길을 재촉하여 서로 멀어지게 되는 거리는 단순한 거리의 차이를 넘어 이별의 아쉬움을 담았다.

이 시는 제목에서처럼 두 가지의 큰 목적을 담고 있다. 첫 번째는 공령을 전송함이고, 두 번째는 유유가 베푼 전별연을 통해 군신 간의 화락을 도모함을 칭송하는 것이다. 그 목적에 비춰본다면 마지막 네 구, 특히 21-22구는 읊지 않음만 못하다. 이런 좋은 자리에서 자신의 신세를 한탄하는 모습은 흥을 깨기 충분했을 것이기에 정치적 입지가 위태로운 사령운에게 사족(蛇足)과 같은 붙임이다.

## 5-4

## 〈鄰里相送至方山(린리상송지방산)〉[1]

〈이웃이 전송하여 방산에 이르다〉

| | |
|---|---|
| 祗役出皇邑,<br>지역출황읍 | 직책 삼가 수행 차 도성 출발하여, |
| 相期憩甌越.[2]<br>상기게구월 | 저 영가에서 쉴 것을 기약해보네. |

| | |
|---|---|
| 解纜及流潮,<br>해람급류조 | 닻줄을 풀어서 물때를 쫓아야 하거늘, |
| 懷舊不能發.[3]<br>회구불능발 | 옛 친구를 생각하니 출발할 수가 없네. |
| 析析就衰林,<br>석석취쇠림 | 쉬쉬 바람은 시드는 숲에 불어오고, |
| 皎皎明秋月.[4]<br>교교명추월 | 희고 흰 가을 달은 밝기만 하는구나. |
| 含情易爲盈,<br>함정역위영 | 아쉬운 마음을 품으니 쉽게 넘치고, |
| 遇物難可歇.[5]<br>우물난가헐 | 경물을 만나니 멈출 수가 없구나. |
| 積痾謝生慮,<br>적아사생려 | 고질병 쌓여 삶의 걱정과 작별했고, |
| 寡欲罕所闕.[6]<br>과욕한소궐 | 욕심이 적으니 빠진 바가 드물다네. |
| 資此永幽棲,<br>자차영유서 | 이를 기회삼아 영원히 숨을까 하니, |
| 豈伊千歲別.[7]<br>기이천세별 | 어찌 아 한두 해의 이별이겠는가. |
| 各勉日新志,<br>각면일신지 | 각자 힘써 날로 뜻을 새롭게 하고, |
| 音塵慰寂蔑.[8]*<br>음진위적멸 | 소식 전해 적막함 달래 주시구려. |

원주

* "해람" 2구는 이별의 감정에 머뭇댐이다. "함정" 2구는 경물에 부딪쳐 저절로 얻음이다.(解纜二句, 別緖低徊. 含情二句, 觸境自得.)

역주

1) 方山 : 산이름. 지금의 남경시(南京市) 강녕구(江寧區)에 있는 산이다. 형체가 사각형으로 마치 도장 같다 하여 천인산(天印山)으로도 불림.
2) 祗役出皇邑 2구 : 지역(祗役)은 직책을 공손히 수행하다. 여기서는 명에 따라 영가태수(永嘉太守)로 부임하는 것을 말함. 황읍(皇邑)은 수도 건업(建業)으로 지금의 남경(南京)을 말함. 구월(甌越)은 구족(甌族)과 월족(越族)으로 영가현(永嘉縣) 일대를 가리킴.
3) 解纜及流潮 2구 : 람(纜)은 닻줄. 급(及)은 쫓다. 류조(流潮)는 조수, 물때. 구(舊)

는 옛 친구.

4) 析析就衰林 2구 : 석석(析析)은 첩어, 의성어로 바람 부는 나무에서 나는 소리. 취(就)는 불다. 쇠림(衰林)은 메마르고 시들어가는 숲. 교교(皎皎)는 첩어, 의태어로 희고 밝은 모습.
5) 含情易爲盈 2구 : 정(情)은 여기서 석별의 정. 영(盈)은 넘치다. 물(物)는 경물(景物)로 앞에서 언급한 달, 숲 등을 말함. 헐(歇)은 멈추다.
6) 積疴謝生慮 2구 : 적아(積疴)는 고질병이 쌓이다. 사(謝)는 작별하다. 생려(生慮)는 삶의 걱정. 소궐(所闕)은 빠진 바, 부족한 바.
7) 資此永幽棲 2구 : 자(資)는 밑천삼다. 여기서는 영가태수로 좌천된 일을 말한 것. 유서(幽棲)는 은둔을 뜻함. 천세별(千歲別)은 '년세별(年歲別)'로 된 판본이 있어 천(千)을 년(年)으로 보는 것이 의미상 타당하다.
8) 各勉日新志 2구 : 각면(各勉)는 각자 힘쓰다. 음(音)은 목소리로 소식을 의미하고, 진(塵)은 먼지로 찾아오는 것을 의미하여 음진(音塵)은 '소식을 전하다'의 뜻. 적멸(寂蔑)은 적막. 여기서는 적막한 사령운 자신을 의미.
9) 압운은 越, 發, 月, 歇, 闕, 別, 蔑.

## 감상

사령운의 정치적 입지에 타격을 준 두 번의 실수 중 그 첫 번째는 후에 유송(劉宋)을 세우게 되는 유유(劉裕)가 아니라 경쟁 관계에 있던 유의(劉毅)를 선택한 일이다. 420년 유유가 나라를 세우게 되면서 사령운은 강락공(康樂公)에서 후(侯)로 강등된다. 다시 정치적 재기를 노리던 사령운은 황제가 된 유유의 둘째 아들 여릉왕(廬陵王) 유의진(劉義眞)을 후원하지만, 422년 유유를 이어 제위에 오른 사람은 맏아들 유의부(劉義符)였다. 이에 사령운은 영가태수(永嘉太守)로 좌천되어 길을 떠나게 되는데, 이웃들이 부임해가는 사령운을 전송하고 방산(方山)에 이르게 되자 이 시를 짓게 되었다. 여기서 이웃들이란 서울에서 벼슬하던 사람들을 말한다.

이 시는 모두 14구로 되어 있다. 1-2구는 부임지인 영가(永嘉)로 떠나게 됨을 말하고 있다. 제목에서 언급했듯 전송 나온 이들과 방산(方山)에 이르렀고 이후의 여정은 배를 타고 물길을 따라 가야했다. 그래서 3구에 닻줄을 풀어 물때를 좇아야한다고 한 것이다. 막상 출발하려니 사령운의 눈앞에 메마른 숲에 부는 바람과 흰 가을 달이 느껴진다(5-6구). 아쉬운 마음이 넘치는데, 바람과 달을 보자 그 마음을 멈출 수가 없어 시를 남긴다(7-8구). 사령운 자신에게는 늘 따라다니는 고질병이 있어 삶에 대한 집착과 걱정도 없어져 자연 욕심도 적어졌다고 고백한다(9-10구). 일설에 의하면 사령운은 당뇨를 앓았다고 한다. 이제 좌천되어 떠나는 영가태수 길을 밑천 삼아 은둔하게 된다면 전송 나온 사람들과는 오랜 이별을 해야 할 터(9-10구), 이웃들에게 각자의 삶을 힘써 꾸리다가 소식이나마 전해주길 바라는 마음을 전하며 시를 맺는다(11-12구).

5-5

〈過始寧墅(과시녕서)〉[1] 〈시녕현 농막에 들리다〉

束髮懷耿介, 속발의 나이에 강직함을 품었건만.
속발회경개

逐物遂推遷.[2] 세상 물정 쫓아 끝내 옮겨 다녔었네.
축물수추천

違志似如昨, 은거하려는 뜻 어김이 어제 같거늘,
위지사여작

二紀及茲年.[3] 이십사 년이 되어 올해에 이르렀네.
이기급자년

緇磷謝清曠, 물들고 닳아져 맑고 밝은 기상과 작별했고,
치린사청광

疲薾慚貞堅.[4] 오래 앓아 지쳐 곧고 굳음에 부끄럽다네.
피이참정견

拙疾相倚薄, 능력의 부족과 질병이 서로 맞물려서,
졸질상의박

還得靜者便.[5] 그래도 고향에 귀향할 기회 얻었구나.
환득정자편

剖竹守滄海, 부절 나누어 바닷가 지키기 위해 떠나는 길,
부죽수창해

枉帆過舊山.[6] 돛단 배 가는 길을 굽어서 옛 산을 찾노라.
왕범과구산

山行窮登頓, 저 산길에서는 오르락내리락 다하고,
산행궁등돈

水涉盡洄沿.[7] 물 건널 때 물길 따라 맴돌기 다하네.
수섭진회연

巖峭嶺稠疊, 바위가 가파른 고개는 첩첩히 겹쳐있고,
암초령조첩

洲縈渚連綿.[8] 물 섬 두르고 있는 물가 한없이 이어지네.
주영저련면

白雲抱幽石, 흰 구름은 그윽한 바위를 껴안고 있고,
백운포유석

綠篠媚清漣.[9] 푸른 조릿대는 맑은 물결에 아양을 떠네.
록소미청련

葺宇臨迴江, 이엉을 엮어서 굽이치는 강을 굽어보고,
즙우림회강

築觀基層巓.[10] 누대 지어 높은 산꼭대기에 터전 삼았네.
축관기층전

揮手告鄕曲, 손을 흔들어 고장 사람들에게 말하노니,
휘수고향곡

二載期歸旋.[11] 두 해 지나면 돌아오겠다고 기약을 하네.
이재기귀선

且爲樹枌檟, 장차 날 위해 느릅나무 오동나무 심어주오,
차위수분가

無令孤願言.[12]* 이 소망을 저버리도록 하지는 말아 주오.
무령고원언

**원주**

* 오르고 내리고 물길 따라 맴돈다는 것은 산수를 유람하는 데 노련한 자가 아니면 알지 못한다.(登頓沿洄, 非老於遊山水者不知.)

≪좌전≫ (양공(襄公) 2년) : 애초에 계손 씨가 자신을 위해 포포 천문 밖에 여섯 그루 오동나무를 심었다. 두예(杜預)의 주: 오동나무는 스스로 관을 만들고자 함이다.(左傳: 初季孫爲己樹六檟於蒲圃泉門之外. 杜注曰: 檟, 自爲櫬也.)

시녕현은 사공의 옛 집과 별장이 여기에 있다. 이에 관직으로 감으로 말미암아 여기에 일부러 들린 것이다. 그래서 마지막 4구가 있다.(始寧縣, 謝公故宅及墅在焉, 玆因之官過此. 故有末四句.)

**역주**

1) 過始寧墅 : 과(過)는 일부러 들리는 것. 시녕서(始寧墅)는 사령운의 고향 회계(會稽) 시녕(始寧)의 별장.
2) 束髮懷耿介 2구 : 속발(束髮)은 머리털을 가지런히 하여 잡아 묶는 것으로 정확한 나이는 없으나 15세 전후 청소년기를 말함. 경개(耿介)는 강직함. 축물(逐物)은 세상 물정을 좇다. 추천(推遷)은 고향을 떠나 여기저기 옮겨 다님.
3) 違志似如昨 2구 : 지(志)는 1구에서 말한 경개(耿介), 강직함으로 대자연에서 은거하려는 뜻을 말함. 이기(二紀)는 24년. 기(紀)는 12년을 말함.
4) 緇磷謝淸曠 2구 : ≪논어·양화(論語·陽貨)≫에 "단단하다 하지 않으랴? 갈고 닦아도 얇아지지 않으니. 희다 하지 않으랴? 아무리 검은 물을 들여도 검어지지 않으니.(不曰堅乎, 磨而不磷. 不曰白乎, 涅而不緇.)"라고 하였다. 치린(緇磷)은 물들고 닳아지다. 여기서는 세상에 시달린 것을 비유함. 사(謝)는 작별하다. 청광(淸曠)은 맑고 밝은 기상. 피이(疲薾)는 병들고 지치다. 이(薾)는 여기서 이(爾)와 같아 의태어의 형태로 쓰임. 정견(貞堅)은 곧고 굳음.

5) 拙疾相倚薄 2구 : 졸(拙)은 5구의 치린(緇磷)과 연결되며, 조정에서 인정받지 못한 자신의 능력부족을 말한 것. 질(疾)은 6구의 피이(疲薾)와 연결되며 사령운 자신의 고질병을 말함. 상의박(相倚薄)은 서로 의지하고 가까이하다는 뜻에서 '서로 맞물리다'의 의미가 됨. 상의박(相倚薄) 뒤에는 '쫓겨나게 되었다.'는 말이 생략된 것. 정자(靜者)는 고향으로 돌아가다. ≪노자≫ 16장의 "뿌리로 돌아가는 것을 정이라 한다.(歸根曰靜.)"에 근거하고 있다. 편(便)은 기회.

6) 剖竹守滄海 2구 : 부죽(剖竹)은 부절(符節)을 나누다는 뜻으로 여기서는 영가태수(永嘉太守)로 발령받아 가는 것을 말함. 창해(滄海)는 여기서 영가(永嘉)의 땅. 왕범(枉帆)은 돛단 배 가는 길을 굽게 하다. 여정을 바꿨다는 의미. 구산(舊山)은 옛 산. 여기서는 고향 시녕의 자신의 별장을 말함.

7) 山行窮登頓 2구 : 등(登)은 오르다. 돈(頓)은 내리다. 회연(洄沿)은 물길을 따라 오르락내리락하다.

8) 巖峭嶺稠疊 2구 : 조첩(稠疊)은 첩첩히 겹쳐져 있다. 주영(洲縈)은 물 섬을 두르고 있다. 저(渚)는 물가. 련면(連綿)은 첩운, 의태어로 계속 이어지는 모양.

9) 綠篠媚淸漣 : 록소(綠篠)는 푸른 조릿대. 미(媚)의 원의는 여자가 눈빛으로 남자에게 아양 부리는 것. 청련(淸漣)은 맑은 물결.

10) 葺宇臨迴江 2구 : 즙우(葺宇)는 이엉을 엮다. 축관(築觀)은 누대를 짓다. 기(基)는 터전을 삼다. 층전(層巓)은 높은 꼭대기.

11) 揮手告鄕曲 2구 : 향곡(鄕曲)은 고장 사람들. 이재(二載)는 2년. 어떤 판본에는 삼재(三載)로 되어 있다. 기(期)는 기약하다.

12) 且爲樹枌檟 2구 : 위(爲)는 위하여. 분(枌)은 흰 느릅나무(白楡). 옛날 한(漢)나라 고조(高祖)가 고향에 느릅나무를 심었는데, 이후 느릅나무는 '고향'을 상징하게 되었다. 가(檟)는 오동나무. 오동나무는 원주에 나온 두예(杜預) 주의 설명처럼 관을 만들 때 쓰는 나무. 고(孤)는 고(辜)의 가차자로 저버리다. 원언(願言)은 원하다. 언(言)은 조사.

13) 압운은 遷, 年, 堅, 便, 山, 沿, 綿, 漣, 巓, 旋, 言.

**감상**

이 시는 영가로 좌천되어 가는 도중에 고향 시녕(始寧)의 농막을 들려 읊은 것이다. 모두 22구로, 다섯 단락으로 나눌 수 있다.

1단락(1-6구)은 이 시의 서론에 해당하는 내용으로 타지에서 벼슬했던 24년의 세월을 돌아보고 있다. 자신이 입지(立志)의 나이인 15세 무렵, 머리를 묶던 그 때(束髮)는 강직함을 가슴에 품었었고 또 은거의 뜻을 지녔었지만, 이후 고향을 떠나서 세상을 좇아 떠돌아다니다 보니 벌써 24년이 되었음을 이야기하고 있다(1-4구). 그 세월동안 세상에 시달리고 병마에 시달려 맑고 밝았던 기상도 곧고 굳었던 기개도 지금은 옛일이 되어 부끄러울 뿐이다(5-6구).

2단락(7-10구)은 결국 자신의 능력부족과 질병의 원인들로 이제 영가태수로 좌천되어 떠남을 이야기한다. 떠나는 길에 여정을 바꾸어 자신의 고향 시녕의 별장에 들려볼 수 있게 된 것을 기뻐하고 있다.

3단락(11-14구)은 고향에 와서 정겹던 그 곳 산길, 물길을 오르락내리락 밟아보고 돌아보며 애틋해하는 모습을 그렸다.

4단락(15-18구)은 이제 별장 주변을 구체적으로 묘사한다. 이엉을 엮어 굽이치는 강을 굽어보게 하였고, 누대를 지어 높은 산꼭대기에 터를 삼은 별장의 모습을 그리는 한편, 별장에서 보는 바위와 어울린 흰 구름의 모습, 물결과 흔들리는 조릿대의 모습을 말하고 있다.

마지막 5단락(19-22구)은 이제 발걸음을 돌이켜 부임지로 떠나며 고향 사람들에게 당부의 말을 전한다. 고향을 의미하는 느릅나무와 관을 만드는 재료인 오동나무를 심어 달라는 당부이다.

## 5-6

| 〈七里瀨(칠리뢰)〉[1] | 〈칠리뢰〉 |
|---|---|
| 羈心積秋晨,<br>기심적추신 | 나그네 마음은 이 가을 새벽에 쌓여가거니와, |
| 晨積展遊眺.[2]<br>신적전유조 | 새벽까지 쌓였던 것 조망함으로 풀어나 볼까. |
| 孤客傷逝湍,<br>고객상서단 | 외로운 길손 급한 여울목에 슬프고, |
| 徒旅苦奔峭.[3]<br>도려고분초 | 걷는 길손 가파른 절벽에 고달프네. |
| 石淺水潺湲,[4]<br>석천수잔원 | 자갈이 얕게 깔린 물은 졸졸 흘러가고, |
| 日落山照曜.<br>일락산조요 | 해가 지면서 산을 밝게 비추고 있다네. |
| 荒林紛沃若,[5]<br>황림분옥약 | 황량한 숲에는 나뭇잎이 어지럽거니와, |
| 哀禽相叫嘯.<br>애금상규소 | 슬퍼하는 새들은 서로가 울고 있구나. |
| 遭物悼遷斥,<br>조물도천척 | 사물 맞닥뜨리니 쫓겨남 슬퍼하거니와, |
| 存期得要妙.[6]<br>존기득요묘 | 기약 간직하나니 현묘한 이치 깨닫기를. |

既秉上皇心, 이미 상황시대의 마음을 내 잡았으니,
기병상황심

豈屑末代誚.[7] 요즘 세상 비난이야 어찌 아랑곳하랴.
기설말대초

目睹嚴子瀨, 눈으로는 엄선생 낚시하던 여울목 바라보고,
목도엄자뢰

想屬任公釣.[8] 상상은 저 멀리 임공의 낚시에 이어진다네.
상속임공조

誰謂今古殊, 그 누가 옛날과 지금이 다르다고 말하는가,
수위금고수

異代可同調.[9] 시대는 달리하여도 곡조는 같을 수 있다네.
이대가동조

역주

1) 七里瀨 : 지금의 절강성(浙江省) 동려현(桐廬縣) 부춘강(富春江) 상류에 위치.
2) 羈心積秋晨 2구 : 기(羈)는 재갈, 고삐. 여기서는 길 떠난 나그네를 뜻함. 적추신(積秋晨)은 가을새벽에 쌓이다. 여기서는 잠을 못 이룬다는 의미. 유조(遊眺)는 눈으로 감상하다, 조망하다.
3) 孤客傷逝湍 2구 : 고객(孤客)은 외로운 길손으로 사령운 자신을 가리킴. 서단(逝湍)은 급히 흐르는 여울목. 도려(徒旅)는 맨발로 걷는 길손으로 사령운 자신을 말함. 분초(奔峭)는 바위가 앞으로 기울어져 마치 달려갈 듯 하는 기세인 모양을 뜻함.
4) 石淺水潺湲 : 석천(石淺)은 자갈이 얕게 깔리다. 잔원(潺湲)은 첩운, 의성어로 개울물이 흐르는 소리.
5) 沃若 : ≪시경·위풍·맹(衛風·氓)≫에 "뽕나무가 아직 지지 않아서, 그 잎은 무성하여라.(桑之未落, 其葉沃若.)"라고 하여 '무성하다, 기름지다'의 뜻이나 여기서는 '나뭇잎'의 뜻.
6) 遭物悼遷斥 2구 : 천척(遷斥)은 궁궐에 쫓겨나 영가태수(永嘉太守)로 좌천된 일을 말함.기(期)는 약속. 요묘(要妙)는 오묘한 이치.
7) 既秉上皇心 2구 : 상황심(上皇心)은 상황시대의 마음. 소박한 삶을 사는 옛 사람(흔히 복희씨 때라고 함)의 마음가짐으로 10구의 기(期), 약속을 가리킴. 설(屑)은 아랑곳하다. 말대(末代)는 현시대, 자신이 사는 시대. 초(誚)는 비방. 당시 사령운은 쓸데없는 의견을 제시해 조정의 일을 망친다는 비방을 듣고 있었다.
8) 目睹嚴子瀨 2구 : 엄자뢰(嚴子瀨)는 동한(東漢)의 은자였던 엄자릉(嚴子陵)이 은거하던 곳. 임공(任公)은 임보(任父)를 말함. ≪장자·외물(莊子·外物)≫에 의하면 임공자(任公子)가 50마리 소를 가지고 미끼삼아서 동해에 낚시를 드리워 해가 지난 후 큰 물고기를 하나 잡았는데, 그 일대 사람들 모두가 실컷 먹었다고

한다.

9) 同調 : 곡조가 같다. 여기서는 뜻이 맞음을 비유한 것.

10) 압운은 眺, 峭, 曜, 嘯, 妙, 誚, 釣, 調.

**감상**

이 시는 앞에 소개한 〈린리상송지방산〉, 〈과시녕서〉와 함께 사령운이 영가태수로 좌천되어 부임지로 가는 길에 지은 노래이다. 유배나 다름없는 부임길에 만난 칠리뢰는 동한(東漢)시기의 유명한 은자였던 엄자릉(嚴子陵)이 은거하던 곳으로 엄자릉은 벼슬을 사양하고 이곳에서 낚시를 일삼았다고 한다. 또, 낚시로 유명했던 상황(上皇) 시대의 임공(任公)을 상상하며 권력다툼에 지친 사령운 자신도 세속을 떠나 은거하며 낚시나 하며 생을 마치고 싶은 심정으로 이 시를 읊었을 것으로 보인다. 모두 16구로 매 4구씩 총 네 단락으로 나눠 볼 수 있다.

1단락(1-4구)은 좌천되어 가는 길의 슬픔을 읊은 것이다. 부임지로 떠나는 여정 중 나그네 된 사령운은 새벽까지 잠을 못 이루고, 눈에 보이는 급한 여울목에도 달리는 듯 기운 저 절벽들에도 슬프고 고달프기만 하다.

2단락(5-8구)의 5-6구는 경물의 객관적인 묘사이다. 흐르는 개울물, 석양빛의 산의 모습이다. 7-8구는 이제 그 경물에 자신의 슬픔을 대입하고 있다. 황량한 숲의 어지러운 나뭇잎, 새들의 슬픈 울음소리는 모두 시인의 마음이다.

3단락(9-12구)은 인생의 '길흉(吉凶)'에 대한 것이다. 길흉이 함께 온다고 했던가. 궁궐에서 쫓겨남이 서글프지만, 오묘한 이치를 깨닫게 되는 것은 또 기쁨이 된다. 마치 앞에 소개한 시 〈과시녕서〉에서 "능력부족과 질병이 서로 맞물려서 (쫓겨나게 되었지만), 그래도 고향에 귀향할 기회 얻었구나."라고 읊은 구절을 생각나게 한다. 10구에서 말한 간직한 약속이란 11구의 상황시대의 소박한 삶을 사는 옛날 사람들의 마음가짐을 말하고, 10구에서 깨닫는 오묘한 이치란 조정의 일만 망친다는 비방을 듣는 일에 대해 초연해지는 것(12구)을 뜻한다.

4단락(3-16구)에서는 이제 눈을 들어 은자 엄자릉이 은거하던 엄자뢰(嚴子瀨), 칠리뢰를 바라보고, 머리로는 상황 시대의 임공을 생각하며, 그들과 시대는 다르지만 품은 뜻은 같음을 인해 자신을 위로해 본다.

## 5-7

## 〈登池上樓(등지상루)〉[1)*] 〈연못가 누대에 올라서〉

| | |
|---|---|
| 潛虯媚幽姿,<br>잠규미유자 | 물속의 용은 그윽한 자태를 좋아하거니와, |
| 飛鴻響遠音.[2)]<br>비홍향원음 | 나는 기러기는 멀리 들리는 소리로 우네. |

薄霄愧雲浮, 하늘에 가까이 하자니 떠가는 구름에 부끄럽고,
박소괴운부
棲川怍淵沈.[3] 시내에 살자하니 깊이 가라앉은 연못 부끄럽네.
서천작연침
進德智所拙, 덕업을 증진시키자니 나의 지혜가 모자란 바이요,
진덕지소졸
退耕力不任.[4] 물러나 밭을 갈자하여도 힘이 감당할 수 없다네.
퇴경력불임
徇祿反窮海, 녹봉을 따라서 이 궁벽한 바닷가까지 돌아와서,
슌록반궁해
臥痾對空林.[5] 누워 앓아 있으며 빈숲을 마주하게 되었구나.
와아대공림
衾枕昧節候, 이부자리에 누워 있느라 계절 바뀜도 몰랐더니,
금침매절후
褰開暫窺臨.[6] 누대의 휘장 걷게 해서 잠시 엿보고 내려다보네.
건개잠규림
傾耳聆波瀾, 귀를 기울여서 저 물결 소리를 듣고,
경이령파란
擧目眺嶇嶔.[7] 눈을 들어서 높은 산봉우리 바라보네.
거목조구금
初景革緖風, 처음 햇살에 찬바람의 뒤 끝이 바뀌고,
초경혁서풍
新陽改故陰.[8] 새로운 햇볕이 묵은 음산함을 바꿨구나.
신양개고음
池塘生春草, 연못가에는 봄풀이 자라났거니와,
지당생춘초
園柳變鳴禽.[9] 동산 버들가지엔 우는 새 바뀌었네.
원류변명금
祁祁傷豳歌,[10] 다복다복 무성하여 빈풍 노래 생각나 슬프고,
기기상빈가
萋萋感楚吟.[11] 풀이 무성해지니 초나라 노래가 느껴지네.
처처감초음
索居易永久, 자하는 쓸쓸하여도 쉬 오랫동안 잘 지냈다 하니,
삭거역영구
離群難處心.[12] 친구와 떨어진들 어찌 마음 안정시키기 어려우랴.
리군난처심

| | |
|---|---|
| 持操豈獨古,<br>지조기독고 | 지조를 잡음이 어찌 단지 옛사람뿐일 수 있으랴, |
| 無悶徵在今.[13)**]<br>무민징재금 | 숨어 살아도 근심 없다는 증거 지금 내게 있네. |

**원주**

* 영가군에 있다.(在永嘉郡.)

** 규는 깊숙이 물에 잠김으로써 진을 보호하고, 큰 기러기는 높이 나는 것으로써 해를 멀리한다. 이제 세상의 그물에 걸림으로, 그러므로 규와 홍에 부끄러움이 있다. 박소는 비홍을 이어받고, 서천은 잠규를 이어받는다.(虯以深潛而保眞, 鴻以高飛而遠害. 今以嬰世網, 故有愧虯與鴻也. 薄霄, 頂飛鴻. 棲川, 頂潛虯.)

≪초사≫ (〈구장·섭강(九章·涉江)〉) : 아! 가을 겨울의 찬바람의 뒤끝이구나.(楚詞曰. 款秋冬之緖風.)

'연못가에는 봄풀이 자랐다' 는 우연한 아름다운 구절이니, 어찌 반드시 깊이 파고 들 필요가 있겠는가. 권덕여(당나라 시인: 역자)가 해석하길 "왕의 은택이 고갈되었고, 장차 상황이 바뀌길 기다린다." 고 하였다. 어떤 구절이든 억지로 팔 수 없단 말인가.(池塘生春草, 偶然佳句, 何必深求. 權德輿解爲王澤竭, 候將變, 何句不可穿鑿耶.)

**역주**

1) 池上樓 : 연못가 누대. 영가군(永嘉郡)에 있었다. 지금의 절강성(浙江省) 온주(溫州).

2) 潛虯媚幽姿 2구 : 잠규(潛虯)는 물속의 용. 미(媚)는 좋아하다. 비홍(飛鴻)은 높이 나는 기러기. 원음(遠音)은 멀리까지 들리는 소리.

3) 薄霄愧雲浮 2구 : 박(薄)은 가까이하다. 소(霄)는 하늘. 운부(雲浮)는 떠가는 구름. 여기서는 유유자적하고 자유로운 모습을 비유함. 작(怍)은 부끄럽다. 연침(淵沈)은 깊은 연못처럼 가라앉다.

4) 進德智所拙 2구 : 진덕(進德)은 덕업을 증진시키다. ≪주역·건괘(周易·乾卦)≫에 "군자가 덕을 진전시키고 업을 닦음은 때에 미치고자함이니, 그러므로 허물이 없다.(君子進德修業, 欲及時也, 故無咎.)" 라고 하였다. 앞의 비홍(飛鴻), 박소(薄霄)와 연결되며 출세를 의미. 퇴경(退耕)은 물러나 밭을 갈다. 은거하다는 의미. 력불임(力不任)은 힘이 맡을 수 없다. 자신이 고질병이 있음을 의미.

5) 狥祿反窮海 2구 : 순(狥)은 순(徇)의 속자. ~을 따라서. 궁해(窮海)는 궁벽한 바닷가. 수도와 멀리 떨어진 영가군(永嘉郡)을 가리킴. 와아(臥痾)는 누워 앓다. 공림(空林)은 빈 숲. 여기서는 인적 없음을 비유함.

6) 衾枕昧節候 2구 : 금침(衾枕)은 이불과 베개로 여기서는 병 때문에 이부자리에 누워 지냄을 의미. 매(昧)는 알지 못하다. 절후(節候)는 계절. 여기서는 계절이 바뀌는 것을 말함. 건(褰)은 누대의 휘장. 규림(窺臨)은 엿보고 내려다보다.

7) 傾耳聆波瀾 2구 : 령(聆)은 듣다. 파란(波瀾)은 물결. 여기서는 앞의 령(聆)과 연결되어 물결소리를 의미. 구금(嶇嶔)은 높은 산봉우리.
8) 初景革緖風 2구 : 초경(初景)과 신양(新陽)은 모두 새로운 햇빛. 서풍(緖風)은 찬 바람의 뒤끝. 고음(故陰)은 묵고 오래된 음산함. 이 2구는 계절이 바뀜을 반복하여 묘사한 것.
9) 池塘生春草 2구 : 지당(池塘)은 연못. 명금(鳴禽)은 새 울음소리.
10) 祁祁傷豳歌 : ≪시경·빈풍·칠월(豳風·七月)≫ "봄에 해가 길고 길어, 흰 쑥을 캐기를 다복다복 하네. 아가씨의 마음 서글퍼, 장차 공자와 함께 돌아가리로다.(春日遲遲, 采蘩祁祁. 女心傷悲, 殆及公子同歸.)"라고 하였다. 기기(祁祁)는 첩어, 의태어로 무성한 모양.
11) 萋萋感楚吟 : ≪초사·초은사(招隱士)≫에 "왕손은 길을 떠나서 돌아오지 않으시네, 봄풀만 자라서 무성하구나.(王孫遊兮不歸, 春草生兮萋萋.)"라고 하였다. 처처(萋萋)는 첩어, 의태어로 풀이 무성한 모양.
12) 索居易永久 2구 : ≪예기·단궁상(禮記·檀弓上)≫에 "나는 친구 무리와 떨어져 쓸쓸히 지낸 것이 또한 역시 오래되었네!(吾離群而索居, 亦已久矣!)"라고 하였다. 삭거(索居)는 친구 무리와 떨어져 홀로 외롭게 지내는 것으로 공자의 제자 자하(子夏)가 자주 하였다고 한다.
13) 持操豈獨古 2구 : ≪주역·건괘(周易·乾卦)≫에 "용의 덕을 갖추었으나 숨어 지내는 자이다. 세상에 바뀌지 않고, 세상의 이름 구하지도 아니한다. 세상에 숨어 살아도 걱정이 없다.(龍德而隱者也. 不易乎世, 不成乎名. 遯世無悶.)"라고 하였다.
14) 압운은 音, 沈, 任, 林, 臨, 嶔, 陰, 禽, 吟, 心, 今.

**감상**

이 시는 사령운이 영가태수에 부임하여 영가 지방에 머물 때 지은 노래이다. 권력 다툼에 밀려 좌천되어 온 유배나 마찬가지인 상황에 늘 자신을 괴롭히던 고질병으로 몸도 마음도 힘든 상황에서 지은 노래로 고향과 지인들 곁을 떠난 외로움과 인생의 관조가 깃들어 있다. 모두 22구로 네 단락으로 나눌 수 있다.

1단락(1-6구)은 총론으로 자신의 삶을 조망하고 있다. 1-2구에서 물속의 용과 높이 나는 기러기로 시를 시작하고 있다. 자신도 저 기러기처럼 하늘에 가까이 가고 싶으나 유유자적 떠가는 구름처럼 하지 못해 부끄럽고, 시내에 깃들고 깊으나 물속의 용처럼 깊은 연못에 가라앉지 못해 부끄럽다(3-4구). 덕업을 증진하여 출세라도 해 보고 싶지만 능력이 부족하고, 물러나 밭을 갈며 은거라도 하고 싶지만, 늘 병마에 시달려 힘에 부친다(5-6구). 1-6구의 내용은 모두 하나로 연결된 이미지이다. 1구의 잠규(潛虯)는 다시 4구의 연침(淵沈)으로, 다시 퇴경(退耕)으로 연결되어 깊이 잠기고 물러나 은거한 모습을 말한 것이다. 2구의 높이 나는 기러기, 비홍(飛鴻)은 다시 3구의 박소(薄霄)로 연결되고, 다시 5구 진덕(進德)에 연결되어 하늘 가까이 날아오르는 출세의 모습을 비유한 것에 연결된다.

2단락(7-12구)은 1단락이 자신의 삶을 조망한 것이라면 2단락은 현재 상황을 말한 것이다. 현재 사령운 자신은 궁벽한 바닷가 영가 지방에 좌천되어 와 있으며, 게다가 몸은 병마로 앓아 누워있다. 누워 있느라 몰랐던 밖의 모습이 궁금해 휘장을 걷고 가만히 귀를 기울이고, 멀리 산을 바라다본다.

3단락(13-18구)은 주변의 자세한 경치를 묘사한 것이다. 이제야 첫 햇살에 찬바람과 묵은 음산함이 바뀜을 알고, 문득 연못가에 봄풀이 자라고, 버들가지에 새 울음소리가 바뀐 것을 깨닫는다. 15-16구는 명구라 칭송받는 구절이다. 시인이 내려다보니, 문득 돋아난 새 봄풀이 보이는 시각적 섬세함과 시인이 올려다보며 바뀐 새소리에 귀를 기울인 청각적 감각이 자연스럽게 우러나와 심덕잠도 원주에서 이 구절이 꾸밈이 없는 우연한 아름다운 구절이라 높이 평가했다. 이 아름다운 경치에도 문득 자신의 처지가 생각나 ≪시경·빈풍·칠월≫과 ≪초사·초은사≫의 노래를 떠올린다(17-18구). 이 두 노래는 모두 '돌아감(歸)'에 초점을 둔 노래이다.

4단락(19-22구)은 ≪시경≫, ≪초사≫ 노래를 통해 '돌아갈 고향과 지인들'을 떠올린 시인은 무리와 떨어져 자주 쓸쓸히 지낸 옛 사람 자하(子夏)를 떠올린다(19구). 그러면서 시인 자신도 할 수 있는 어려운 일이 아니라고 스스로를 다독여본다(21-22구).

## 5-8

〈遊南亭(유남정)〉[1]* 〈남쪽 정자에서 노닐다〉

|  |  |  |
|---|---|---|
| 時竟夕澄霽, | 시경석징제 | 봄철이 끝나면서 저물녘 날이 개거니와, |
| 雲歸日西馳.[2] | 운귀일서치 | 구름 돌아가고 태양 서쪽으로 내달리네. |
| 密林含餘淸, | 밀림함여청 | 빽빽한 숲엔 남은 맑은 기운 머금고 있고, |
| 遠峰隱半規.[3] | 원봉은반규 | 먼 산봉우리에는 반원을 감추고 있다네. |
| 久痗昏墊苦, | 구매혼점고 | 홍수 고통 때문에 오래 힘들어 하였기에, |
| 旅館眺郊岐.[4] | 려관조교기 | 객사에서 저 교외를 바라보고자 한다네. |
| 澤蘭漸被徑,[5] | 택란점피경 | 연못가 난초는 점점 오솔길을 덮거니와, |
| 芙蓉始發池.[6] | 부용시발지 | 연꽃은 비로소 막 연못에서 피어나구나. |

未厭青春好,　　　푸른 봄 좋아 아직 물리지 않았거늘,
미염청춘호
已覩朱明移.[7]　　　어느새 보아하니 붉은 여름 바뀌는구나.
이도주명이
戚戚感物歎,　　　슬퍼하며 사물을 느껴 탄식 하나니,
척척감물탄
星星白髮垂.[8]　　　희끗희끗 흰머리가 드리우기 때문.
성성백발수
藥餌情所止,　　　마음이 가서 머무는 바는 약물이나니,
약이정소지
衰疾忽在斯.[9]　　　쇠약해지고 아픔이 문득 여기 있구나.
쇠질홀재사
逝將候秋水,　　　장차 물이 맑아지는 가을을 기다렸다가,
서장후추수
息景偃舊崖.[10]　　　옛 산에 누워서 내 그림자 쉬게 하리.
식영언구애
我志誰與亮,　　　내 마음은 누구에게 밝힐 것인가 하니,
아지수여량
賞心惟良知.[11]**　　　내 맘 진정 알아줄 자는 오직 친구 뿐.
상심유량지

원주

* 역시 영가군(의 남쪽 정자)이다.(亦永嘉郡.)
시의 첫 부분은 먼저 경치 묘사를 사용하다가, 제6구에 이르러서야 '조교기'를 점찍어 밝히고 있다. 이것이 도치법이다. 두보가 자주 이 방법을 사용하였다.(起先用寫景, 第六句點出眺郊岐. 此倒插法也, 少陵往往用之.)
량지는 좋은 친구이다.(良知, 謂良友.)

역주

1) 南亭 : 영가군(永嘉郡)에 있는 남쪽 정자. 영가군은 지금의 절강성(浙江省) 온주(溫州).
2) 時竟夕澄霽 2구 : 시(時)는 철, 계절, 시절. 징제(澄霽)는 날이 개다. 치(馳)는 내달리다.
3) 密林含餘淸 2구 : 여청(餘淸)은 남은 맑은 기운. 1구의 징제(澄霽)와 연결된다. 규(規)은 그림쇠. 은반규(隱半規)는 반원(해 반쪽)을 감추다, 1구의 석(夕)을 설명한 것.
4) 久痗昏墊苦 2구 : 매(痗)는 괴로워하다, 힘들어하다. 혼점(昏墊)은 홍수를 말함.

≪상서·익직(尙書·益稷)≫에 "홍수가 하늘까지 넘실거리니, 끝없이 드넓게 산을 품고 언덕을 삼켜, 백성들이 물에 빠지네.(洪水滔天, 浩浩懷山襄陵, 下民昏墊.)"라고 하였다. 려관(旅館)은 타지에서 벼슬살이 하는 여환(旅宦)이 머무는 집. '관사'로 번역함. 기(岐)는 압운 때문에 쓰인 글자.

5) 澤蘭漸被徑 : ≪초사·초혼(楚辭·招魂)≫에 "고란이 길을 뒤덮음이여.(皐蘭被徑兮.)"라고 하였다. 택란(澤蘭)은 연못가의 난초.

6) 芙蓉始發池 : ≪초사·초혼≫에 "연꽃이 처음 필 때에 여럿 가운데 조금씩 피기 시작하니(芙蓉始發, 雜岐荷些)"라고 하였다.

7) 未厭青春好 2구 : 염(厭)은 물리다, 싫증나다. 주명(朱明)은 여름. 봄은 청(青), 여름은 주(朱)와 연결됨.

8) 戚戚感物歎 2구 : 척척(戚戚)은 첩어, 의태어로 슬픈 모양. 성성(星星)은 첩어, 의태어로 머리카락이 흰 모양.

9) 藥餌情所止 2구 : 약이(藥餌)는 ①'음악과 음식', ②약으로 먹는 것으로 '약물'. 여기서는 ②의 뜻으로 봄. 홀재사(忽在斯)는 문득 여기에 와 있다. 여기서는 12구의 백발(白髮)을 의미.

10) 逝將候秋水 2구 : ≪장자·추수(秋水)≫에 "가을 물이 때에 이르니, 모든 물들이 황하로 흘러간다.(秋水時至, 百川灌河.)"라고 하였다. 여기서 추수(秋水)는 '물이 맑아지는 가을'을 의미. 식영(息景)은 그림자를 쉬게 하다. 언(偃)은 눕다. 애(崖)은 압운 때문에 쓰인 글자로 산(山)의 뜻.

11) 我志誰與亮 2구 : 량(亮)은 밝히다. 상심(賞心)은 ①마음을 기쁘게 하다 ②상(賞)을 흔상(欣賞)으로 보아 내 마음을 높이 평가하다, 즉 내 마음을 알아주다. 여기서는 ②의 뜻.

12) 압운은 馳, 規, 岐, 池, 移, 垂, 斯, 崖, 知.

## 감상

이 시는 사령운이 422년 영가태수로 좌천되어 영가에 부임한 이후 약 1년간 지낼 때 지은 노래이다. 제목의 남쪽 정자(南亭) 역시 영가 지방의 정자이다. 모두 18구로, 세 단락으로 나눠 볼 수 있다.

1단락(1-6구)의 시작 1-2구는 이 시가 봄이 끝나가는 계절, 저물녘을 노래하고 있음을 알려 준다. 1구에서 날이 개는 모습(澄霽)은 다시 3구에서 남은 맑은 기운(餘淸)과 연결되고, 1구의 저물녘(夕)은 다시 4구에서 해가 반쯤 가린 모양을 '반원을 감춘다.'라고 한 묘사로 연결되고 있다. 5구의 내용으로 보아 영가 지방에 홍수가 있어 사령운도 많이 힘든 시간을 보냈음을 알 수 있다. 6구에서 말한 교외를 바라보는 것은 다음 2단락을 연결하는 고리가 된다.

2단락(7-12구)은 경치를 묘사하고 자신의 느낌을 술회하고 있다. 7-8구는 ≪초사·초혼≫의 내용을 빌어 시인의 눈에 비친 난초와 연꽃의 모습을 말한 것이다. 난초가 점점 길을 덮고, 연꽃이 막 피기 시작하는 모습에 시인은 봄도 느끼지 못했는데, 벌써 여름이 왔음을 깨닫는다.(9-10구) 이제 계절이 바뀌는 모습에서 문득 자신의

머리도 흰머리가 드리워짐을 본다.(11-12구)

3단락(13-18구)은 결론이다. 사령운은 일설에 당뇨병을 오랫동안 앓았다고 한다. 그래서 약물과 더불어 살았을 것이다. 그리고 문득 돌이켜보니 쇠약하고 아팠던 세월의 흔적이 자신의 흰머리로 나타남을 본 것이다(14구). 그래도 시인은 가을을 기대해 본다. 가을이 오면 유배나 다름없는 멀리 좌천되어 온 영가 땅이 아닌 고향 옛 산에 자신이 쉴 수 있으리라 기대한다(15-16구). 그리고 그곳에는 자신을 알아줄 친구가 있다(17-18구).

## 5-9

## 〈遊赤石進泛海(유적석진범해)〉[1)]

〈적석산에 노닐다 나아가 바다에 배를 띄우다〉

首夏猶清和, 　　초여름인데도 아직 맑고 온화하거니와,
수하유청화
芳草亦未歇.[2)] 　　향기로운 봄풀 역시 아직 시들지 않았구나.
방초역미헐
水宿淹晨暮, 　　물가에 지내며 아침부터 저녁까지 머물렀더니,
수숙엄신모
陰霞屢興沒.[3)] 　　구름과 노을이 자주 일어났다 없어졌다하네.
음하루흥몰
周覽倦瀛壖, 　　두루 돌아다녀도 이 바닷가가 어찌 싫증나랴,
주람권영연
況乃凌窮髮.[4)] 　　하물며 저 넓은 바다를 넘어감에 있음이랴.
황내릉궁발
川后時安流, 　　물의 신은 때맞춰 해류를 편안하게 하나니,
천후시안류
天吳靜不發.[5)] 　　저 파도는 고요히 피어나지를 않고 있구나.
천오정不발
揚帆采石華, 　　돛을 높이 올렸지만 어찌 석화 캐기 위함이랴,
양범채석화
卦席拾海月.[6)] 　　돛을 걸었지만 어찌 해파리를 주우려 함이랴.
괘석습해월
溟漲無端倪, 　　넓고 큰 바다는 끝이 없다하나,
명창무단예

虛舟有超越.[7] 빈 배라면 뛰어넘음이 있겠네.
허주유초월

仲連輕齊組, 노중련은 제나라 인장 끈 가벼이 여겼으나,
중련경제조

子牟眷魏闕.[8] 자모는 강호에서 위나라 대궐 그리워했지.
자모권위궐

矜名道不足, 공명 뻐기는 사람은 도가 부족하기 때문,
긍명도불족

適己物可忽.[9] 내게 맞으면 세상물정 홀시할 수 있거늘.
적기물가홀

請附任公言, 제발 저 임공의 말에 의탁하여,
청부임공언

終然謝先伐.[10]* 결국 먼저 베이는 짓 작별하자구나.
종연사선벌

원주

* 장형 〈귀전부〉에 "2월 좋은 달, 때는 온화하고 기운은 맑다."라고 했다. 여기서 2월을 가리켜 말한 것이다. 이 시에서 초여름인데 2월의 맑고 온화함과 같고 방초 역시 아직 시들지 않았음을 말한 것이다. 후대 사람들이 4월을 맑고 온화하다고 말하는 것은 잘못된 것이다. (張衡歸田賦, 仲春令月, 時和氣淸. 指二月言. 此言首夏, 猶之淸和, 芳草亦未歇也. 後人以四月爲淸和, 謬矣.)
≪임해지≫ : 석화는 돌에 붙어 자란다. 해월은 크기가 거울 같고 하얀색이다. (臨海志曰, 石華, 附石而生. 海月, 大如鏡, 白色.)
≪장자·산목(山木)≫ : 공자가 진에 포위당했다. 태공임이 가서 위로 하면서 말하기를 "곧은 나무는 일찍 베어지고, 달콤한 샘물은 먼저 고갈된다. 그대는 아마도 지혜를 꾸며서 어리석은 사람을 놀라게 하고 자기를 수양하여 밝게 드러나는 것이 마치 해와 달이 가는 것과 같아서 그러므로 화를 면하지 못하는 것이다." 라 하였다.(莊子曰: 孔子圍於陳, 太公任往弔之, 曰: 直木先伐, 甘泉先竭, 子其意者飾智以驚愚, 修身以明汚, 昭昭若揭日月而行, 故不免也.)

역주

1) 遊赤石進泛海 : 적석(赤石)은 산 이름. 산이 바다 쪽으로 나와 있어 마치 바다에서 노니는 것 같았다고 한다. 영가군(永嘉郡)에 있으며, 영가군은 지금의 절강성(浙江省) 온주(溫州).
2) 首夏猶淸和 2구 : 수하(首夏)는 초여름. 청화(淸和)는 공기가 맑고 온화하다. 헐(歇)은 시들다. 이 2구는 적석산(赤石山)에서 노니는 모습을 말함.
3) 水宿淹晨暮 2구 : 수숙(水宿)은 물위 또는 물가에서 지내다. 엄(淹)은 머물다. 신

모(晨暮)는 아침부터 저녁까지. 음(陰)은 여기서 구름.

4) 周覽倦瀛壖 2구 : 주람(周覽)은 두루 다니다. 권(倦)은 싫증내다. 영연(瀛壖)은 큰 바닷가. 황내(況乃)는 하물며 ~임에랴. 릉(凌)은 넘어가다. 궁발(窮髮)은 머리털처럼 가는 풀도 나지 않는 곳, 불모지. ≪장자·소요유(逍遙遊)≫에 "북쪽의 초목이 없는 땅에, 어두운 바다가 있는데, 그곳이 천지이다.(窮髮之北, 有冥海者, 天地也.)라고 하였다. 여기서는 헐후어(歇後語)처럼 궁발(窮髮) 뒤에 나오는 '명해(冥海)'를 가리킨 말. 즉 '바다'를 의미.

5) 川后時安流 2구 : 천후(川后)는 물의 신. 시(時)는 때에 맞추다. 천오(天吳)는 물의 신. 여기서는 '파도'로 번역함. ≪산해경(山海經)≫에 "조양의 계곡의 신을 천오라 하니, 수백이다. 그 짐승은 머리가 여덟, 발이 여덟, 꼬리가 여덟이며 등은 누렇고 푸르다.(朝陽之谷神曰天吳, 是水伯也. 其獸也, 八首八足八尾背黃青.)"라고 하였다.

6) 揚帆采石華 2구 : 양범(揚帆)은 돛을 올리다. 괘석(挂席)은 여기서 돛을 걸다는 의미. 해월(海月)은 문맥상 '해파리'로 보는 것이 타당하다. 곽박(郭璞)의 〈강부(江賦)〉에 "물에서 난 생산물이 기이하고 복잡한 것이다. 말하자면 큰 어패류, 해파리, 해삼, 석화이다.(爾其水物怪錯, 則有…王珧海月, 土肉石華.)"라고 하였다. 이처럼 곽박에게는 해산물이 괴이한 것이었다. 그러나 이 2구는 사령운이 배를 띄운 것은 해산물을 보기 위한 것이 아니라 다음 2구의 설명처럼 초월의 세계에 가고 싶은 마음인 것을 말하고 있다.

7) 溟漲無端倪 2구 : 명창(溟漲)은 넓고 큰 바다. 허주(虛舟)는 빈 배. 여기서는 무위의 경지에 든 것을 비유한 것으로 부귀공명을 위해 싸우는 세계를 등지고 마음을 비운 사람이 탄 배를 의미.

8) 仲連輕齊組 2구 : 중련(仲連)은 노중련(魯仲連)을 말한다. 조(組)는 높은 벼슬을 상징하는 인장 끈. 노중련은 두 번의 큰 공을 세웠는데 첫 번째는 조나라를 구한 것으로 그 이야기는 다음과 같다. ≪전국책·조책(戰國策·趙策)≫과 ≪사기·노중련열전(魯仲連列傳)≫에 다음과 같이 기록되어 있다. 진(秦)나라가 조(趙)나라의 한단(邯鄲)을 포위했을 때 노중련은 마침 조나라에 있었다. 위왕(魏王)은 객장(客將) 신원연(新垣衍)을 한단으로 보내 조나라로 하여금 진소왕(秦昭王)을 제(帝)로 받들라고 권하였다. 노중련은 신원연을 설득하여 오히려 조나라를 돕도록 하였고 이를 들은 진나라 장군을 군사를 후퇴시켜 물러났다고 한다. 이에 조나라 평원군(平原君)이 천금의 상을 주려하였으나 노중련은 받지 않고 떠났다. 두 번째 공은 제나라를 구한 것이다. 두 번째 고사는 〈노중련열전〉에 다음과 같은 이야기가 있다. 연나라 장군이 요성(聊城)을 공격하여 점령하였는데, 제나라 장군 전단(田單)이 한 해가 넘도록 요성을 공격했지만 많은 사졸들만 전사하고 함락하지 못했다. 노중련이 이를 듣고 편지를 써서 화살에 매달아 성안으로 쏘아 연나라 장수에게 전하였는데, 이를 본 연나라 장수는 고민하다 스스로 자결하고, 전단은 다시 요성을 찾을 수 있었다. 후에 전단이 제나라 도성으로 돌아가 제왕에게 노중련의 공을 말하고 그에게 작위를 내리려고 했다고 한다. 이렇

게 두 번의 공적, 조나라와 제나라를 위해 공을 세워서 두 번 제후에 봉해진 일이 있었는데, 노중련은 벼슬도 상금도 모두 거절하고 배를 타고 떠났다고 한다. 자모(子牟)는 중산(中山)의 공자(公子) 모(牟)를 말한다. ≪장자·양왕(莊子·襄王)≫에 "중산의 공자 모가 첨자(瞻子)에게 말했다. 몸은 강과 바다에 숨어살아도, 마음은 항상 위나라 궁궐 아래에 있으니, 어찌해야합니까?"라고 하였다.

9) 矜名道不足 2구 : 긍명(矜名)은 공명을 자랑하는 사람. 14구의 공자 모를 말함. 적기(適已)는 내 마음에 들다. 13구의 노중련(魯仲連)을 말한다. 물(物)은 13구의 조(組), 높은 벼슬을 상징하는 인장 끈을 가리킴.

10) 請附任公言 2구 : 청(請)은 내 자신에게 쓰일 때는 '제발 ~하자구나'의 뜻. 임공(任公)은 앞 원주에서 말한 태공임(太公任)을 가리킴. 임공의 말과 선벌(先伐)은 모두 ≪장자·산목(莊子·山木)≫에 나온 "곧은 나무는 일찍 베어지고, 달콤한 샘물은 먼저 고갈된다."를 가리킴(원주 참조).

11) 歇, 沒, 髮, 發, 月, 越, 忽, 忽, 伐로 입성(入聲) 압운.

## 감상

이 시는 사령운이 영가태수로 좌천되어 영가에 부임한 이후 약 1년간 영가에서 지낼 때 지은 노래이다. 적석산에서 노닐다가 바다로 나가는 과정을 그린 것으로 사령운의 의식 세계를 잘 보여주는 작품이다. 모두 18구로, 세 단락으로 나눠 볼 수 있다.

1단락(1-6구)의 1-2구는 적석산에서 노니는 모습이다. 초여름인데도 맑고 온화한 공기와 아직 시들지 않은 봄풀은 산에서 감상한 느낌이다. 이제 산을 벗어나 물가, 물위에서 하루 종일 지내면서 구름과 노을의 변화를 보더니(3-4구), 바닷가도 좋지만 바다에 나아가고 싶어 배를 띄운다(5-6구).

2단락(7-12구)은 바다에 나간 느낌을 풀어놓았다. 물의 신인 천후(川后)도 천오(天吳)도 해류를 편안케 하고 파도를 고요하게 해주었다(7-8구). 곽박은 〈강부〉를 통해 해산물들을 괴이한 것을 바라봤지만, 사령운이 바다에 배를 띄운 것은 이런 해산물을 보기 위함이 아니었다(9-10구). 바다가 끝이 없다고 말하지만 허주(虛舟), 빈 배라면 저 바다를 뛰어넘을 수 있을 것이라고 말한다(11-12구). 사령운은 이미 정치적으로 잘못 선택한 두 번의 큰 실수 끝에 권력다툼에서 밀려난 상태였다. 현재 영가군의 태수직은 수도 건업(建業)에서 멀리 떨어진 바닷가로 거의 유배지나 다름없는 곳이었다. 사령운에게는 저 끝없는 바다가 부귀공명을 위해 싸우는 커다란 세계로 보여 지고, 마음을 비운 사람이 탄 빈 배라면 그 커다란 바다 같은 세계를 뛰어 넘을 수 있을 것이라 생각되었는지도 모른다.

3단락(13-18구)의 13-14구에서는 바다와 관련된 두 사람의 고사를 이야기한다. 한 사람은 공을 세우고도 벼슬도, 상금도 가벼이 여기고 배를 타고 떠나버린 노중련이고, 또 한사람은 바닷가에 있으면서도 늘 대궐을 그리워한 중산의 공자 모이다. 마지막 17-18구에서 태공임이 공자에게 한 말을 빌려 자신은 세속에, 정권에 먼저 목 베이는 일이 없도록 하자며 다짐해 본다. 안타깝게도 사령운은 433

년 결국 기시형(棄市刑)에 처해져 죽는다. 그의 종말을 알고 있기에 이 다짐이 더 애처롭다.

## 5-10

## 〈登江中孤嶼(등강중고서)〉[1)*] 〈강 한가운데 외로운 섬에 올라〉

| | |
|---|---|
| 江南倦歷覽,<br>강남권력람 | 영가강 남쪽 두루 돌아다녀 싫증나거니와, |
| 江北曠周旋.[2)]<br>강북광주선 | 영가강의 북쪽도 오랫동안 돌아다녔었네. |
| 懷新道轉迥,<br>회신도전형 | 새 경치 맘에 품으니 길은 더욱 멀어지고, |
| 尋異景不延.[3)]<br>심이경불연 | 기이한 경치 찾느라 햇볕이 길지가 않네. |
| 亂流趨正絕,<br>란류추정절 | 물결을 무질러 달려서는 곧장 건넜더니, |
| 孤嶼媚中川.[4)]<br>고서미중천 | 외로운 섬이 강 가운데 자태 뽐내구나. |
| 雲日相輝映,<br>운일상휘영 | 구름과 해가 서로 비추고 있거니와, |
| 空水共澄鮮.[5)]<br>공수공징선 | 하늘과 물이 함께 맑고 선명하여라. |
| 表靈物莫賞,<br>표령물막상 | 영험함 드러낸들 그걸 보는 이 없나니, |
| 蘊眞誰爲傳.[6)]<br>온진수위전 | '참'을 간직하거늘 누가 세상에 전할까? |
| 想像崑山姿,<br>상상곤산자 | 곤륜산의 자태를 상상하게 만들고, |
| 緬邈區中緣.[7)]<br>면막구중연 | 세속 인연을 아득히 멀게 하누나. |
| 始信安期術,<br>시신안기술 | 이제 믿겠나니 안기생의 신선술이, |
| 得盡養生年.[8)**]<br>득진양생년 | 보양한 수명을 다 할 수 있음을. |

**원주**

* 영가강의 한 가운데 있다.(在永嘉江心.)

** "새 경치 맘에 품으니 길은 더욱 멀어지고"는 새로운 경치를 욕심내어 찾느라고 그 길이 먼 것을 망각한 것이다. "기이한 경치 찾느라 햇볕이 길지가 않네."는 가서 앞으로 나아가 기이한 것을 찾기 위해서 내 앞의 좋은 경치는 조금도 지체할 수 없다는 것이다. 그윽함을 찾는 것에 깊이가 있는 사람만이 이해할 수 있다. 10자는 글자마다 음미할 만하다.(懷新道轉迥, 謂貪尋新境, 忘其道之遠也. 尋異景不延, 謂往前探奇, 當前妙景, 不能少遷延也. 深於尋幽者知之. 十字字字耐人咀味.)

"난류" 2구는 물을 끊어서 가다 갑자기 외로운 섬을 만남을 말한다. 내가 일찍이 금산과 초산에 놀면서 이 두 구를 낭송해 보니 그 것의 절묘함을 더 느낄 수 있었다.(亂流二句, 謂截流而渡, 忽得孤嶼. 余嘗遊金焦, 誦此二句, 愈覺其妙.)

**역주**

1) 登江中孤嶼 : 고서(孤嶼)는 외로운 섬. 영가강 가운데 섬이라고 하나 실제는 큰 산이다.
2) 江南倦歷覽 2구 : 권(倦)은 싫증나다. 력람(歷覽)은 두루 돌아다니다. 광(曠)은 오랫동안.
3) 懷新道轉迥 2구 : 전(轉)은 갈수록. 형(迥)은 멀다. 심이(尋異)는 기이한 경치를 찾다. 공간적 의미. 경불연(景不延)은 햇빛이 길지 않다. 하루가 짧다는 의미로 시간적 의미. 심덕잠은 눈앞의 경치를 오래 보지 않는다는 뜻으로 보았다.
4) 亂流趨正絶 2구 : 란류(亂流)와 정절(正絶)은 같은 의미다. ≪이아·석수(爾雅·釋水)≫에 "물결을 곧장 건너가는 것을 란(亂)이라고 한다."라고 하였다. 미(媚)는 아양 떨다, 뽐내다. 중천(中川)은 강 가운데.
5) 雲日相輝映 2구 : 이 2구는 신선의 세계를 묘사한 것. 공수(空水)는 하늘과 물.
6) 表靈物莫賞 2구 : 표령(表靈)은 영험함을 드러내다. 앞 7-8구를 가리킴. 온(蘊)은 숨기다. 진(眞)은 도가(道家)의 용어로 인간의 힘이 닿지 않는 무위자연의 참된 모습.
7) 想像崑山姿 2구 : 상상(想像)은 나로 상상하게 한다는 의미. 면막(緬邈)은 쌍성, 의태어로 먼 모양. 구(區)는 사람이 사는 지역.
8) 始信安期術 2구 : 안기술(安期術)은 안기생(安期生)의 신선술. 안기생은 진(秦)나라 때 사람으로 신선술을 익혀 신선이 되었다고 전해진다. 동해(東海) 일대에서 약을 팔았는데 약이 영험하여 숭배의 대상이 되었고, 장수하여 천세옹(千歲翁)이라 불리기도 하였다. 진시황이 천하를 순행할 때 만나 사흘 밤낮 이야기를 나누었고, 금과 옥을 하사해도 받지 않으면서 몇 십 년 뒤 봉래산(蓬萊山)에서 자기를 찾으라 하고 떠났다.
9) 압운은 旋, 延, 川, 鮮, 傳, 緣, 年.

**감상**

이 시 역시 사령운이 영가태수에 부임한 이후 약 1년간 그 일대를 유람하며 지낼 때 지은 노래이다. 사령운이 산수(山水)를 미적 대상으로 인식하였다는 사실을 잘 보여준다. 모두 14구로 되어 있고, 세 단락으로 나눌 수 있다.

1단락(1-6구)은 고서(孤嶼)에 오른 이유이다. 사령운은 영가 지방에 있으면서 영가강 남쪽은 물릴 정도로 다니고, 영가강 북쪽도 오랫동안 다녔다고 말한다(1-2구). 새로운 경치를 보고자하니 길은 더 멀어지고, 기이한 경치를 찾다보니 하루가 짧게 느껴진다(3-4구). 그러다 문득 물을 건넜더니 우연히 강 한가운데 섬 하나를 발견한 것이다(5-6구).

2단락(7-12구)은 외로운 섬에 대한 묘사이다. 7-8구는 구름과 해가 서로 비추고, 하늘과 물이 맑고 선명한 그야말로 신선의 세계 같은 경치를 묘사하고 있다. 그래서 9구에 영험함을 드러내었다고 표현한 것이다. 이 경치는 아무도 본 사람이 없고, 마치 도가에서 이야기 한 진(眞)을 숨기고 있는데 세상에 본 사람도 없고 알려지지도 않았다. 그래서 이것이 신선의 산인 곤륜산(崑崙山)이 아닐까 상상하게 되고, 점점 속세의 인연과 멀어진 느낌이다(11-12구).

3단락(13-14구)에서는 이 외로운 섬의 경치를 보고서야, 신선이 되었다는 안기생(安期生)의 신선술을 믿게 되고, 하늘이 준 생명을 잘 보양하여 천수를 누릴 수 있을 것이라고 생각해 본다.

## 5-11
## 〈登永嘉綠嶂山詩(등영가록장산시)〉[1] 〈영가의 록장산에 올라〉

裹糧杖輕策, 건량을 싸고 가벼운 지팡이를 짚었거니와,
과량장경책

懷遲上幽室.[2] 구불구불 돌아서 그윽한 집으로 올라가네.
회지상유실

行源徑轉遠, 수원지까지 가고자하니 좁은 길 갈수록 멀어져,
행원경전원

距陸情未畢.[3] 뭍에 이르러서도 이 마음이 다하지 않아서라네.
거륙정미필

澹瀲結寒姿, 잔잔한 물결은 차가운 자태를 맺고 있거니와,
담렴결한자

團欒潤霜質.[4] 둥글둥글 대나무 서리 이겨내는 바탕 매끈하네.
단란윤상질

澗委水屢迷, 계곡은 삐뚤 삐뚤거리며 물길 자주 사라지고,
간위수루미

林迥巖逾密.[5) ] 대나무 숲 멀고 바위들 더욱 빽빽이 서있네.
림형암유밀

眷西謂初月, 서쪽을 돌아다보면 막 떠오른 달인가 여기고,
권서위초월

顧東疑落日.[6)] 동쪽을 돌아다보면서 지는 해인가 의심하네.
고동의락일

踐夕奄昏曙, 석양빛 밟노라니 문득 어두워졌다 밝아지는데.
천석엄혼서

蔽翳皆周悉.[7)] 가리고 가려진 것들을 모두 꼼꼼하게 살폈네.
폐예개주실

蠱上貴不事, 고괘 상구에 임금 섬기지 않음 귀하다 하고,
고상귀불사

履二美貞吉.[8)] 리괘 구이에 곧고 길함을 아름답다 한다네.
리이미정길

幽人常坦步, 숨은 사람은 늘 편안히 걸을 수 있는 것이니,
유인상탄보

高尚邈難匹.[9)] 그의 고상함은 아득하여 짝 지을 수 없다네.
고상막난필

頤阿竟何端, '예'와 '응'은 결국 무슨 실마리이던가,
이아경하단

寂寂寄抱一.[10)] 적적한 이곳에 도 껴안는 삶 기탁하세.
적적기포일

恬如既已交, '염'과 '지'가 이미 서로 키워주니,
념여기이교

繕性自此出.[11)*] 천성 닦음은 절로 여기서 나오네.
선성자차출

**원주**

* "권서" 4구는 푸름 속에 너무 깊이 들어가, 거의 아침 낮을 모를 지경이어서, 좌우를 보면서, 해인지 달인지 의심함을 이야기한 것이다. 그러나 이 시는 조탁함에 너무 과해서, 자연스런 맛을 점차 잃어버렸다. 그 의도의 아름다움만 취해야 할 것이다.(眷西四句, 言深入蒼翠中, 幾不知旦暮, 左眺右瞻, 疑誤日月也. 然此詩過於雕鏤, 漸失天趣, 取其用意之佳耳.)

**역주**

1) 綠嶂山 : 산 이름. ≪독사방여기요(讀史方輿紀要)≫에 "(영가) 서북쪽에 청장산(靑嶂山)이 있는데, 그 위로 큰 호수가 있고, 물결이 맑고 아득히 넓다고 한다.

일명 칠장산(七嶂山)이라고 한다."라고 하였다. 아마도 이곳이 록장산인 것으로 보인다.

2) 裹糧杖輕策 2구 : 과량(裹糧)은 건량(乾糧)을 싸다. 회지(懷遲)는 첩운, 의태어로 구불부굴 이어지는 모양. 유실(幽室)은 그윽한 집. 혹은 암자(庵子)를 뜻함.

3) 行源徑轉遠 2구 : 행원(行源)은 수원지까지 올라가다. ≪장자·어부(漁夫)≫에 "수원지에 가고자 올라가다가, 강기슭에 이르러 멈추어 섰다."라고 하였다. 경(徑)은 좁은 길. 전(轉)은 갈수록. 거륙(距陸)은 뭍에 도착하다.

4) 澹瀲結寒姿 2구 : 담렴(澹瀲)은 평온한, 잔잔한 물결. 결한자(結寒姿)는 차가운 자태를 맺다. 여기서는 수원지의 물방울 맺힌 모습 등이 다른 곳보다 더 청량한 느낌을 주는 것을 말함. 단란(團欒)은 첩운, 의태어로 둥근 모양. 여기서는 대나무를 묘사한 것. 상질(霜質)은 서리를 이겨내는 자질.

5) 澗委水屢迷 2구 : 간위(澗委)는 계곡물이 삐뚤거리며 흘러가는 모습. 수루미(水屢迷)는 물이 자주 사라진다는 것으로 상류의 물이 끊긴 듯 다시 이어져 흐르는 것을 말함. 림(林)은 앞 6구에서 묘사한 대나무(團欒) 숲.

6) 眷西謂初月 2구 : 위(謂)는 ~라고 여기다. 초월(初月)은 막 떠오른 달. 락일(落日)은 지는 해. 원래 동쪽에서 해가 뜨고 서쪽에서 해가 지는 법인데, 이 두 구는 깊은 숲에서 시간과 공간 감각이 헷갈림을 묘사한다.

7) 踐夕奄昏曙 2구 : 천석(踐夕)은 석양빛을 밟다. 혼서(昏曙)는 어두워지고 다시 날이 새는 것으로 밤을 지새웠다는 의미. 폐예(蔽翳)는 가리고 가려진 것들. 주실(周悉)은 꼼꼼히, 빠뜨림 없이 살피다.

8) 蠱上貴不事 2구 : ≪주역≫ 〈고·상구(蠱·上九)〉에 "왕과 제후를 섬기지 않고, 자신의 일을 숭상한다."라고 하였다. 불사(不事)는 불사군(不事君)으로 임금을 섬기지 않는다는 뜻. ≪주역≫ 〈리·구이(履·九二)〉에 "길을 따라가니 평탄하고, 숨어사는 사람은 곧고 길하다."라고 하였다. 정길(貞吉)은 곧고 길함.

9) 幽人常坦步 2구 : 앞 〈리·구이(履·九二)〉의 내용. 유인(幽人)은 숨어사는 사람, 은거하는 자. 탄보(坦步)는 편안하게 걷다. 난필(難匹)은 짝하기 어렵다.

10) 頤阿竟何端 2구 : ≪노자≫ 20장에 "'예'와 '응' 에 있어서, 서로 떨어짐이 얼마나 되느냐.(唯之與阿, 相去幾何.)"라고 하였다. 이아(頤阿)는 유아(唯阿)의 오자인 듯하다. 여기서는 상대방의 답변이 '예'이면 내가 높은 위치, '응'이면 내가 낮은 위치임을 따지는 것은 세상 부귀공명의 기준이지만 도의 입장에서는 무슨 차이가 있는지를 말하는 것이다. 적적(寂寂)은 소리가 없는 것. ≪노자≫ 41장에 "큰 소리는 소리가 들리지 않으며, 큰 형상은 모양이 없다.(大音希聲, 大象無形.)"라고 하였다. 여기서는 대자연의 적막함을 의미. 기(寄)는 기탁하다. 포일(抱一)은 하나를 껴안는 삶. ≪노자≫ 22장에 "이 때문에 성인은 하나를 품고, 천하의 법도가 된다."라고 하였다. 여기서 일(一)은 도(道).

11) 恬如旣已交 2구 : 념여(恬如)는 염지(恬知)의 잘못. ≪장자·선성(繕性)≫에 "옛날에 도를 닦는 사람은 고요한 마음(恬)으로써 지(知)를 키웠다. 염과 지가 서로 키워지면 조화와 이치가 그 본성에서 나온다."라고 하였다. 선성(繕性)은 천성을

닊다.
12) 室, 畢, 質, 密, 日, 悉, 吉, 匹, 一, 出로 입성(入聲) 압운.

**감상**

사령운이 영가태수 재임 시, 영가를 유람하며 지은 시 가운데 하나이다. 모두 20구로, 다섯 단락으로 나눠 볼 수 있다.

1단락(1-4구)은 녹장산에 올라 수원지까지 가는 여정을 담았다. 3-4구에서는 ≪장자·어부≫의 글을 가져와 어부는 비록 강기슭에 도착해 멈췄지만, 사령운은 마음이 다하지 않아서(4구) 수원지까지 가고자 한다고 말한다.

2단락(5-8구)은 수원지에 온 후 주변을 묘사한 것이다. 수원지의 물은 다른 곳보다 더 청량해 보여 차가운 자태를 지녔으며, 수원지의 대나무는 더 윤택한 모습을 지녔다고 말한다(5-6구). 또, 상류의 계곡 물은 사라진 듯 다시 이어지며 흐르고, 멀리 뻗은 대나무 숲과 빽빽한 바위들을 그리고 있다(7-8구).

3단락(9-12구)은 깊은 곳에 이르자 방향 감각이 어두워져 해 지는 서쪽에 오히려 막 뜬 달이 있는 듯, 해 뜨는 동쪽에 지는 해가 보이는 듯하다(9-10구). 마치 정해진 세상의 질서를 초탈하듯 보인다. 이 모습들을 놓칠세라 가려진 곳까지 밤을 새워 꼼꼼히 살펴본다(11-12구).

4단락(13-16구)은 설리(說理)로 이어진다. ≪주역≫을 인용하여 산 속의 삶이란 임금을 섬기도 않고, 곧고 길한 길임을 이야기한다(13-14구). 이곳에 은거하는 사람의 여유와 고상함을 이야기한다(15-16구).

5단락(17-20구)의 17구에서 상대방이 '예' 라고 응답함과 '응' 이라고 응답하는 것은 바로 자신의 신분 고하(高下)를 나타낸 것이다. 사령운은 지금 '응' 소리를 들으며 좌천되어 수도 건업에서 멀리 영가 지역에 와 유배나 다름없는 생활을 하고 있는 상황이다. 그러나 그윽한 경치 속 고상한 정취를 깨달아 세상의 경지를 초월하다보니 자신에 대한 좌천은 그리 큰 일로 보이지 않는다. 그래서 포일(抱一)의 삶을 선택하여 이 대자연에 자신을 기탁하고 싶다고 말한 것이다(18구). 마지막 19-20구는 ≪장자·선성)≫의 글을 빌려와 자신도 선성(繕性)이 절로 나오는 삶을 살고픈 소망을 담았다.

## 5-12
## 〈齋中讀書(재중독서)〉[1] 〈서재에서 책을 읽으며〉

| | |
|---|---|
| 昔余遊京華,<br>석여유경화 | 옛날에 나는 서울에서 지낼 때에도, |
| 未嘗廢丘壑.[2]<br>미상폐구학 | 일찍이 산수 감상 폐한 적 없었네. |

矧乃歸山川, 하물며 영가의 산천으로 돌아오니,
신내귀산천
心跡雙寂漠.[3] 마음과 발걸음 쌍으로 고요함에랴.
심적쌍적막
虛館絕諍訟, 빈 관공서엔 재판이 끊어졌거니와,
허관절쟁송
空庭來鳥雀.[4] 휑한 뜰에는 새들이 날아오는구나.
공정래조작
臥疾豐暇豫, 와병 중에도 한가하고 즐거움 많기에,
와질풍가예
翰墨時間作.[5] 때때로 문장을 지어본다네.
한묵시간작
懷抱觀古今, 마음으로는 저 고금을 살펴보고,
회포관고금
寢食展戲謔.[6] 일상에서 장난스런 말 펼쳐보네.
침식전희학
既笑沮溺苦, 장저 걸익의 고생 비웃어도 보고,
기소저익고
又哂子雲閣.[7] 양웅의 일을 또한 비웃어본다네.
우신자운각
執戟亦以疲, 창 잡고 숙직하는 일 또한 피곤하고,
집극역이피
耕稼豈云樂?[8] 밭 갈고 씨 뿌리기 어찌 즐겁다하랴.
경가기운락
萬事難並歡, 세상만사 모두 기뻐하기는 어려우니,
만사난병환
達生幸可託.[9]* 달생의 도에 다행히 맡길 수 있기를.
달생행가탁

**원주**

* ≪초사≫ : "들녘은 고요하여 아, 사람이 없어라." 막은 막과 같다.(楚辭曰, 野寂漠其無人. 漠, 同寞.)
자운각은 억지로 압운하기 위해 쓴 것이다.(子雲閣, 強押.)

**역주**

1) 齋中 : 영가태수(永嘉太守) 재임기간의 서재(書齋).
2) 昔余遊京華 2구 : 유(遊)는 타지에서 벼슬하다. 경화(京華)는 수도. 수도의 중앙

부서의 의미. 구학(丘壑)은 언덕과 골짜기로 여기서는 수도 주위의 산수.

3) 矧乃歸山川 2구 : 신내(矧乃)는 황내(況乃)와 같아 하물며 ~임에랴. 산천(山川)은 영가(永嘉) 지역의 산수를 말함. 심적(心跡)은 마음과 발걸음.

4) 虛館絶諍訟 2구 : 쟁송(諍訟)은 송사를 다투는 재판. 공정(空庭)은 휑한 뜰. 재판을 여는 동헌을 말함. ≪죽자(鬻子)≫에 "우(禹)가 천하를 다스리면, 조정이 한가로워 그물로 새를 잡을 만하다."라고 하였다.

5) 臥疾豊暇豫 2구 : 풍(豊)은 많다. 가예(暇豫)는 한가하고 즐겁다. 한묵(翰墨)은 붓과 먹. 문장(文章)을 말함. 시(時)와 간(間)은 때때로.

6) 懷抱觀古今 2구 : 회포(懷抱)는 마음. 침식(寢食)은 잠자고 먹다. 일상 생활을 의미. 희학(戲謔)은 장난스런 말.

7) 旣笑沮溺苦 2구 : 이 2구는 희학(戲謔)을 다시 설명한 것. 기(旣)와 우(又)는 ~뿐아니라 ~하기도 하다. 소(笑)는 비웃다. 저익(沮溺)은 춘추 시기의 은자인 장저(長沮)와 걸익(桀溺)을 말함. ≪논어·미자(微子)≫에 "장저와 걸익이 짝지어 밭을 갈았다."라고 하였다. 공자가 제자 자로(子路)를 시켜 이 두 사람에게 나루터를 묻게 한 문진(問津) 고사가 유명하다. 신(哂)은 비웃다. 자운(子雲)은 양웅(揚雄)을 말함. 양웅의 제자인 유분(劉棻)이 부(苻)를 올렸는데, 양웅이 이에 연루된 후 천록각(天祿閣)에서 투신하여 거의 죽을 뻔 했던 일화가 있다(≪고시원≫ 번역본 1권 552쪽 참조). 그런데 원주의 설명처럼 각(閣)을 일부러 쓴 것은 압운을 하기 위함이다. 여기서는 대학자인 양웅도 임금 밑에서 벼슬한 일을 말하고자 함.

8) 執戟亦以疲 2구 : 집극(執戟)은 벼슬을 맡은 이가 상징적으로 창을 잡고 숙직하는 일을 말함. 경가(耕稼)는 밭 갈고 씨 뿌리는 농사일을 말함.

9) 達生 : 자신의 몸과 생명을 보존하는 법을 깨닫는 것.

10) 壑, 漠, 雀, 作, 謔, 閣, 樂, 託으로 입성(入聲) 압운.

## 감상

이 시 역시 영가태수 시절에 쓴 것이다. 총 16구로 네 단락으로 나눌 수 있다.

1단락(1-4구)은 사령운은 원래 산수 유람을 즐겨하였다. 그래서 1-2구에 서울에서 조정의 관직을 맡을 때도 수도 주위의 산수를 유람하는 것을 폐한 적이 없다고 한 것이다. 그런데 영가 지역으로 오니 수도에서 마음도 발걸음도 바빴던 삶이 모두 고요하다고 느낀다(3-4구).

2단락(5-8구)에서 사령운은 자신이 영가 지역으로 온 후 잘 다스려져 백성들의 송사가 끊어져 동원 뜰에 새가 날아 올 지경이라고 말한다. 그래서 비록 고질병이 있어 자주 누워있지만 한가하여 시를 지어본다.

3단락(9-12구)에서 마음으로는 고금(古今)의 글들을 살피고, 일상의 삶에서는 장난스런 말들을 하기도 한다. 그 장난스런 말은 다음 두 구에서 설명한다. 춘추시기의 은자인 장저와 걸익의 농사짓는 고생과 양웅이 벼슬한 일을 웃어보는 것이다. 실은 장자와 걸익은 공자도 인정한 고사(高士)이고, 양웅은 시대의 대학자이다. 이는 모두 10구에서 말한 희학(戲謔)일 뿐이다.

4단락(13-16구)에서 13구는 집극(執戟)은 벼슬을 맡은 이가 상징적으로 창을 잡고 숙직하는 일을 말하는 것이고, 14구에서 경가(耕稼)는 밭 갈고 씨 뿌리는 농사일을 말하는 것이다. 15구에서 세상만사 일이 모두 기뻐하기는 어렵다고 한 것은 모든 일이 기쁨과 어려움이 함께 존재한다는 의미이다. 그 예로 앞에 언급한 양웅은 대학자이나 임금 밑에서 벼슬하는 일은 피곤하고, 장저와 걸익이 은자로 추앙받지만 농사를 짓는 일이 즐겁지만은 않은 것과 같다. 마지막에 달생의 도에 내 몸을 맡길 수 있는 것이 다행이라고 한 것은 자신이 현재 맡고 있는 영가태수를 맡고 있어 양웅처럼 집극(執戟)할 필요도 없고, 은자인 장저와 걸익처럼 농사지을 필요도 없으니 더 낫다는 의미다. 그러나 이 역시 10구에서 말한 희학(戲謔)일 뿐이다.

## 5-13

## 〈田南樹園激流植援(전남수원격류식원)〉[1)*]

### 〈전원의 남쪽에 정원을 세우고 물을 막아 울타리를 세우다〉

| | |
|---|---|
| 樵隱俱在山,<br>초은구재산 | 나무꾼과 은자는 모두 산에 있지만, |
| 由來事不同.[2)]<br>유래사불동 | 역대로 하고자 한 일 같지 않다네. |
| 不同非一事,<br>불동비일사 | 같지 않아 한 가지 일 아니니, |
| 養痾亦園中.[3)]<br>양아역원중 | 병 치료는 역시 정원 안이라네. |
| 中園屛氛雜,<br>중원병분잡 | 정원 안에서는 어지러운 것을 막아서, |
| 淸曠招遠風.[4)]<br>청광초원풍 | 맑고 넓어 멀리서 불어오는 바람 부르네. |
| 卜室倚北阜,<br>복실의북부 | 집짓기 위해 점쳐 북쪽 언덕에 의지하고, |
| 啟扉面南江.[5)]<br>계비면남강 | 사립문을 열면 남강이 바라다 보이네. |
| 激澗代汲井,<br>격간대급정 | 흐르는 물을 막아서 우물을 대신하고, |
| 插槿當列墉.[6)]<br>삽근당렬용 | 무궁화를 심어서 담벼락을 대신한다네. |

群木既羅戶, 뭇 나무들 집 앞에 늘어설 뿐 아니라,
군목기라호
衆山亦當窗.[7] 뭇 산들이 창을 마주하고 있는구나.
중산역당창
靡迤趨下田, 구불구불 저 아래 밭으로 달려가고,
미이추하전
迢遞瞰高峰.[8] 아득히 저 높은 산을 바라보고 있네.
초체감고봉
寡欲不期勞, 욕심 없어 주위사람들 수고 기대 않고,
과욕불기로
即事罕人功.[9] 일에 임하여서는 사람의 공이 적다네.
즉사한인공
惟開蔣生徑, 오직 장생의 산책로를 열어 두었나니,
유개장생경
永懷求羊蹤.[10] 구중과 양중의 발자취 늘 생각함이라.
영회구양종
賞心不可忘, 내 맘 이해해 주는 사람 잊어서는 안 되니,
상심불가망
妙善冀能同.[11]** 정묘하고 아름다운 것 같길 바라는 바라네.
묘선기능동

**원주**

* 제목을 붙이는 것이 간략하면서 예스럽다.(命題簡古.)

** 곽상이 ≪장자≫에 주를 달기를: "교묘하게 동화를 잘하니, 어디 간들 의기투합하지 않음이 없다."라 하였다. 동 글자가 운자로 두 번 쓰였다.(郭象注莊曰, 妙善同,[12] 故無往而不冥也. 同字重韻.)

**역주**

1) 田南樹園激流植援 : 격류(激流)는 원의가 물의 흐름이 방해를 받아 갑자기 솟구치는 것. 여기서는 우물대신 물을 막아 쓴 것. 식원(植援)은 울타리를 심다. 본문의 내용에 이 울타리는 무궁화를 가리킴.

2) 樵隱俱在山 2구 : 초은(樵隱)은 나무꾼과 은자. 장영서(藏榮緖)의 ≪진서(晉書)≫에 호공명(胡孔明, 161-259)의 말을 인용하여 "은자는 산에 있고, 나무꾼도 또한 산에 있다. 산에 있는 것은 같고, 산에 있는 까닭은 다른 것이다."라 하였다. 유래(由來)는 역대이래로.

3) 養痾 : 병을 치료하다.

4) 中園屛氛雜 2구 : 병(屛)은 막다. 분잡(氛雜)은 어지러운 것, 기운. 광(曠)은 넓다,

휑하다. 원풍(遠風)은 멀리서 불어오는 바람. 여기서는 멀다는 공간적 의미와 태고(太古)적이라는 시간적 의미를 모두 포함.

5) 卜室倚北阜 2구 : 복실(卜室)은 집을 짓기 위해 점을 치는 것을 말함. 계비(啓扉)는 사립문을 열다. 면(面)은 향하다, 바라다보다.

6) 激澗代汲井 2구 : 격간(激澗)은 여기서 제목의 '격류(激流)' 처럼 시내의 흐름을 막은 것을 말함. 대(代)는 대신하다. 급정(汲井)은 물을 긷는 우물, 즉 우물. 근(槿)은 무궁화. 당(當)은 대신하다. 앞 구와 대구를 이루어 동사로 번역함. 렬용(列墉)은 늘어선 담, 즉 담벼락.

7) 群木旣羅戶 2구 : 기(旣)와 역(亦)은 ~뿐 아니라 도. 라호(羅戶)는 집 앞에 늘어서다. 당창(當窗)은 창을 마주하다.

8) 靡迤趨下田 2구 : 미이(靡迤)는 첩운, 의태어로 굽은 모양. 초체(迢遞)는 쌍성, 의태어로 먼 모양.

9) 寡欲不期勞 2구 : 기(期)는 기대하다. 로(勞)는 여기서 주위 사람들의 노고를 말함. 즉사(卽事)는 일에 임하다. 여기서 일은 정원을 만드는 일. 한인공(罕人功)는 사람의 공이 적다. 여기서는 우물도 파지 않고 담장도 만들지 않았음을 이르는 말.

10) 惟開蔣生徑 2구 : 장생(蔣生)은 한(漢)나라 때 장허(蔣詡)를 말함. 자는 원경(元卿)이며, 王莽(왕망) 때 벼슬을 버리고 두릉(杜陵)에 은거하면서 집 앞 죽림 아래에 세 갈래 좁은 길을 내고 양중(羊仲)과 구중(求仲) 두 벗과 조용히 살았다고 한다. 장허삼경(藏詡三逕)이란 고사를 남겼다. 경(徑)은 지름길. 여기서는 '산책로' 로 번역함. 구양종(求羊蹤)은 양중(羊仲)과 구중(求仲)의 발자취.

11) 賞心不可忘 2구 : 상심(賞心)은 내 마음을 높이 평가하다, 내 마음을 알아주다. 묘선(妙善)은 정묘하고 아름다운 것, 그러한 경지. 기능동(冀能同)은 같을 수 있음을 바라다. ≪노자≫ 56장의 '화광동진(和光同塵)' 할 수 있는, 마음 맞는 친구와 함께 하는 것을 바란다는 의미.

12) 妙善同 2구 : ≪장자·우언(寓言)≫에 안성자유(顔成子游)가 동곽자기(東郭子綦)에게 한 말 가운데 "9년이 되자 크게 오묘함에 이르렀다." 라고 하였는데, 이에 곽상이 주를 달길 "묘는 선이다. 선악이 하나이기에 어디 간들 의기투합하지 않음이 없다.(妙, 善也. 善惡同, 故無往而不冥也.)" 라고 하였다. 후에 ≪문선(文選)≫ 이선(李善)의 주(注)에 곽상의 주를 가져오면서 잘못 바꾼 것을 심덕잠이 그대로 인용하고 있다.

13) 압운은 同, 中, 風, 江, 井, 墉, 窗, 峰, 功, 蹤, 同.

**감상**

이 시는 사령운이 423년 영가태수를 사임하고 자신의 고향인 시녕(始寧)에 돌아와 은거 생활을 한 423-426년 사이에 지어진 것이다. 영가태수 직은 중앙에서 권력다툼에 밀려 좌천되었던 유배나 다름없던 벼슬이었다. 고질병까지 있어 병마에 시달리던 사령운은 고향을 그리워하며 결국 임기도 다 채우지 못한 채 돌아와 버린다.

이때의 정황을 읊은 시로, 모두 20구로 되어 있다. 내용에 따라 다섯 단락으로 나눠 볼 수 있다.

1단락(1-4구)은 ≪진서≫에 실린 호공명의 말을 인용하면서, 자신이 지금 은자이며, 또 병을 치료 중(養痾)임을 말하고 있다. 2구에서 3구로 불동(不同)이 반복되는 것은 끝말잇기, 즉 정진체(頂眞體) 형식이다.

2단락(5-8구)은 4구에서 5구로 이어질 때, 역시 정진체(頂眞體) 형식을 썼다. 2단락은 바로 원중(園中)을 설명한 것이다. 정원 안은 어지러운 것을 막아서, 맑고도 휑하니 넓기에 여기에 멀리서, 그리고 태고(太古)에서 부는 바람을 불러올 수 있다. 또, 북쪽 언덕을 의지하고 남강이 내려다보이는 배산임수(背山臨水)의 모습을 하고 있다.

3단락(9-12구)은 계속 정원의 모습을 묘사하고 있다. 정원은 우물을 따로 파지 않고 흐르는 물을 막아서 우물을 대신했고, 담을 따로 세우지 않고 무궁화를 심어 담을 대신했다. 나무들이 집 앞에 늘어서고, 뭇 산들이 창을 마주한 자연친화적인 정원의 모습이다.

4단락(13-16구)은 정원을 만들고 바라보니, 구불구불한 길을 따라 아래로는 밭이 있고, 저 멀리는 아득한 산이 보인다. 그저 욕심이 없기에 주위 사람들을 수고롭지 하지 않고 이 정원을 만들었음을 회상하고 있다.

5단락(17-20구)에서는 역주 10)에서 소개한 바와 같이 장후가 벼슬을 버리고 돌아와 두 벗 양중, 구중과 조용히 은거한 일을 말하고 있다. 사령운도 벗이 찾아오길 바라는 마음으로 이 정원에 산책로를 만들었다고 말하고 있다. 이 벗이란 내 마음을 이해해 주는 사람(19구)이며, 이 친구와 함께 정묘하고 아름다운 것을 같이 할 수 있기를 바란다(20구)는 소망을 담았다. 여기서 말하는 친구는 유송(劉宋)을 건국한 유유(劉裕)의 둘째 아들인 여릉왕(廬陵王) 유의진(劉義眞)으로 보인다. 유의진은 사령운의 유일한 정치적 동맹자이자, 마음을 알아주는 벗이었다. 차남인 유의진을 후원했던 사령운은 422년 장남이 황위에 오르면서 영가태수로 좌천되었으며, 다시 고향에 돌아온 후 은거하던 기간 중 424년 장남이었던 유의부(劉義符), 즉 소제(少帝)가 폐위되고 3남이었던 유의륭(劉義隆)이 문제(文帝)로 등극하면서 여릉왕은 죽임을 당한다. 이 시에서 벗을 소망하는 것으로 보아 여릉왕이 죽기 전으로 보인다.

## 5-14
## 〈石壁精舍還湖中作(석벽정사환호중작)〉[1)]

〈석벽산 정사에서 호수로 돌아와 짓다〉

| 昏旦變氣候,<br>혼단변기후 | 저녁과 아침으로 날씨가 변화하여도, |
|---|---|

| | |
|---|---|
| 山水含清暉.[2]<br>산수함청휘 | 산수에는 맑은 광채를 머금고 있네. |
| 清暉能娛人,<br>청휘능오인 | 그 맑은 광채가 사람을 기쁘게 하거니와, |
| 遊子憺忘歸.[3]<br>유자담망귀 | 노니는 나는 맘 평온하여 돌아감 잊노라. |
| 出谷日尚早,<br>출곡일상조 | 계곡을 출발할 때에는 해가 아직 일렀건만, |
| 入舟陽已微.[4]<br>입주양이미 | 배에 오르고 나니 햇빛이 이미 미약하다네. |
| 林壑斂暝色,<br>림학렴명색 | 숲 우거진 골짜기 어두운 빛을 모으고 있고, |
| 雲霞收夕霏.[5]<br>운하수석비 | 구름과 노을은 저녁에 날리는 것을 모으네. |
| 芰荷迭映蔚,<br>기하질영울 | 마름과 연꽃이 갈마들며 비춰서 울창하고, |
| 蒲稗相因依.[6]<br>포패상인의 | 부들과 피는 서로 따르고 기대고 있었지. |
| 披拂趨南徑,<br>피불추남경 | 열고 쳐내어서 남쪽 길을 급히 가거니와, |
| 愉悅偃東扉.[7]<br>유열언동비 | 즐겁고 기뻐서 동쪽 문에 누워 보는구나. |
| 慮澹物自輕,<br>려담물자경 | 생각이 차분해지면 외부사물 절로 가벼워지고, |
| 意愜理無違.[8]<br>의협리무위 | 마음이 즐거우면 이치에 어긋남이 없게 되네. |
| 寄言攝生客,<br>기언섭생객 | 섭생하고자하는 사람들에게 말을 보내니, |
| 試用此道推.[9]<br>시용차도추 | 시험 삼아 이 도를 사용해서 유추해보게. |

**역주**

1) 石壁精舍還湖中作 : 석벽(石壁)은 산 이름. 정사(精舍)는 '절'의 의미. 사령운의 작품에 〈석벽립초제정사(石壁立招提精舍)〉라는 시가 있는데, 초제(招提)는 산스크리트어로 '사방(四方)'이고, 정사(精舍)는 '절'이란 뜻. 호중(湖中)은 호수 가운데. 호수 가운데의 거처를 의미.

2) 昏旦變氣候 2구 : 혼단(昏旦)은 저녁과 아침. 청휘(淸暉)는 맑은 광채. 여기서는 외부 상황은 변해도 산수에 도교에서 말하는 도(道), 또는 불교에서 말하는 본질적인 것이 깃들어 있다는 것을 말한 것.
3) 淸暉能娛人 2구 : 오인(娛人)은 사람을 기쁘게 하다. 유자(遊子)는 노니는 사람. 여기서는 사령운 자신을 말함. 담(憺)은 마음이 잠잠하다, 평온하다.
4) 出谷日尙早 2구 : 출곡(出谷)은 계곡을 출발하다. 여기서 계곡은 초제 절이 있는 계곡. 양이미(陽已微)는 햇빛이 이미 미약하다. 해가 기울기 시작했다는 의미.
5) 林壑斂暝色 2구 : 렴(斂)은 수렴(收斂)하다, 모으다. 명색(暝色)은 어두운 빛. 렴명색(斂暝色)은 땅거미가 지는 모습. 석비(夕霏)는 저녁에 날리는 구름 기운. 수석비(收夕霏)는 저녁에 날리는 것을 모은다. 모은다는 것은 멈추게 한다는 의미.
6) 芰荷迭映蔚 2구 : 기하(芰荷)는 마름과 연꽃. 질(迭)은 갈마들다, 번갈아. 영(映)은 비추다. 울(蔚)은 무성하다. 포패(蒲稗)는 부들과 피.
7) 披拂趨南徑 2구 : 피불(披拂)은 숲을 헤치고 쳐내어 길을 내는 모습. 유(愉)와 열(悅)은 모두 '기쁘다'의 뜻. 언(偃)은 눕다.
8) 慮澹物自輕 2구 : 담(澹)은 물처럼 차분하다, 평온하다. 물(物)은 여기서 외부 사물. 부귀공명을 비유한 것. 의협(意愜)은 마음이 흡족하다, 마음일 즐겁다.
9) 寄言攝生客 2구 : 기언(寄言)은 말을 부치다, 말을 보내다. 차도(此道)는 14구에서 말한 내용을 가리킴.
10) 압운은 暉, 歸, 微, 霏, 依, 扉, 違, 推.

### 감상

423년 사령운은 영가태수 직을 사임하고 자신의 고향인 시녕(始寧)으로 돌아온다. 그 후 423-426년에 걸쳐 은거 생활을 하는 데, 이 시는 그 기간에 지어진 것이다. 모두 16구로 되어있는데, 내용에 따라 3개의 단락으로 나눌 수 있다.

1단락(1-6구)은 석벽산의 절에서 호수의 거처로 돌아오는 과정을 그린 것이다. 1-2구에서 날씨가 변하여도 산수는 맑은 광채(淸暉)를 머금는다고 말한다. 여기서 맑은 광채는 도교에서의 '도(道)'이며 불교의 '본질적인 것'을 비유한 것이다. 또 한편으로는 불안한 외부 정치 상황과 흔들리지 않는 평온한 생각을 비유한 것이기도 하다. 그 맑은 광채에, 아름다운 경치에 돌아가는 것을 잊고 노닐고 있었으니, 절이 있던 계곡을 출발할 때는 새벽이었는데, 배에 오르니 이미 해가 기울기 시작했다.

2단락(7-12구)은 늦어진 이유를 말하는 것으로 주변의 경치를 묘사하고 있다. 7-8구는 고원(高遠)의 경치를 묘사한 것이다. 멀리 숲 우거진 골짜기는 땅거미가 지고, 하늘 구름과 노을은 저녁 구름 기운을 멈추게 한다. 9-10구는 낮고 가까운 곳의 경치를 그린 것이다. 눈앞의 마름과 연꽃은 번갈아 비추며 무성하게 자라고, 부들과 피도 서로 따르고 기대고 있다. 혹독한 정치 다툼에 밀려 유배나 다름없는 영가태수 직으로 좌천되어 갔다가 고향이 그리워 다시 돌아온 사령운에게 대자연의 사물이 서로 비추고, 기대며 무성하게 성장하는 모습은 인간세상과 대조되며 많은 감흥을 주었을 것이다. 외부상황에 흔들림 없는 근원 청휘(淸暉)를 찾고자 숲을 헤쳐 길을 내고, 이윽고 마음에 얻은 바가 있어 기뻐한다.

3단락(13-16구)은 인생의 철학을 이야기한 설리(說理) 부분이다. 생각이 물처럼 차분해지면 부귀공명이란 외부 사물은 가벼워지고, 마음이 즐거우면 이치에 어긋남이 없게 되니 섭생하고자 하는 이들 즉, 세상 사람들에게 혹은 시인이 자신에게 이 도를 사용해 보라고 권하며 시를 맺는다.

사령운은 정치적으로 두 번의 큰 실수를 한다. 그 첫 번째는 후에 유송(劉宋)을 세우게 되는 유유(劉裕)가 아니라 그와 경쟁관계에 있던 유의(劉毅)를 선택한 일이다. 420년 유유가 유송을 건국하면서 사령운은 강락공(康樂公)에서 후(侯)로 강등된다. 다시 정치적 재기를 노리던 사령운은 황제가 된 유유의 둘째 아들 여릉왕(廬陵王) 유의진(劉義眞)을 후원한다. 유의진은 사령운의 유일한 정치적 동맹자이자, 마음을 알아주는 벗이었다. 그러나 422년 장남이 황위에 오르게 되고 사령운은 영가태수로 좌천된다. 사령운은 영가태수의 임기 3년(혹은 2년)을 다 채우지 못하고 다시 고향에 돌아온 후 423-426년에 은거생활을 하게 된다. 이 기간 중에 424년 장남이었던 유의부(劉義符) 즉 소제(少帝)가 폐위되고 3남이었던 유의륭(劉義隆) 즉 문제(文帝)가 황제로 등극하면서 차남이었던 여릉왕은 죽임을 당한다. 이 시를 지은 시점과 여릉왕 죽음의 시기와 겹쳤을 것으로 보인다. 이 시속에 혼란스런 외부의 상황을 잊고 평온한 마음을 갈구하는 시인의 소망은 이러한 일련의 사건과 연관이 있어 보인다.

## 5-15
## 〈登石門最高頂(등석문최고정)〉[1)]

〈석문산 가장 높은 봉우리에 올라〉

| | |
|---|---|
| 晨策尋絕壁,<br>신책심절벽 | 새벽에 지팡이를 짚고 절벽을 찾다가, |
| 夕息在山棲.[2)]<br>석식재산서 | 저녁에 쉬는 것은 산의 거처에서라네. |
| 疏峰抗高館,<br>소봉항고관 | 듬성듬성 산봉우리 몇 개가 누관과 견주고, |
| 對嶺臨迴溪.[3)]<br>대령림회계 | 석문 절벽 한 쌍이 감도는 계곡물 굽어보네. |
| 長林羅戶穴,<br>장림라호혈 | 긴 숲이 마당에 늘어서 있고, |
| 積石擁階基.[4)]<br>적석옹계기 | 쌓인 돌이 섬돌 감싸고 있네. |

連巖覺路塞, 연이은 바위는 길이 막힌 듯이 느껴지고,
련암각로색
密竹使徑迷.[5] 빽빽한 대나무는 오솔길로 헷갈리게 하네.
밀죽사경미
來人忘新術, 찾아오는 사람은 새로 생긴 길을 잊겠고,
래인망신술
去子惑故蹊.[6] 떠나는 사람은 왔던 길을 헷갈려 하네.
거자혹고혜
活活夕流駛, 콸콸 저녁 시냇물은 치달리고,
활활석류사
噭噭夜猿啼.[7] 꺅꺅 밤 원숭이만이 울어대네.
교교야원제
沈冥豈別理, 은둔하는 것이 어찌 별다른 이치이랴,
침명기별리
守道自不攜.[8] 도 지켜서 스스로 떠나지 않으면 되지.
수도자불휴
心契九秋榦, 마음은 가을 솔 줄기에 부합하고,
심계구추간
目翫三春荑.[9] 눈으로는 봄날 새싹을 감상하네.
목완삼춘이
居常以待終, 일상에 거처하며 죽음을 기다린다 하였으니,
거상이대종
處順故安排.[10] 순리에 처하므로 추이가 편하게 느껴진다네.
처순고안배
惜無同懷客, 나와 생각 같은 친구가 없음 애석히 여기니,
석무동회객
共登青雲梯.[11] 푸르른 구름사다리를 함께 오르자고 했거늘.
공등청운제

**역주**

1) 石門 : 지금의 절강성(浙江省) 승현(嵊縣) 호산(嶀山)인 산 이름. 계곡 양쪽에 산봉우리 두 개가 문처럼 보여 이름 지어졌다고 함.

2) 晨策尋絶壁 2구 : 책(策)은 지팡이를 짚다. 심절벽(尋絶壁)은 절벽을 찾다. 여기서 절벽은 석문(石門)을 말함. 재(在)는 어(於)와 같아 ~에서. 산서(山棲)는 산의 거처.

3) 疏峰抗高館 2구 : 소봉(疏峰)은 듬성듬성한 산봉우리. 항(抗)은 견주다. 고관(高館)은 앞 구의 산서(山棲), 산의 거처를 말함. 사령운이 제일 높은 봉우리에 누관

을 지어놓아 이 봉우리와 견줄만한 봉우리가 적다는 의미. 대령(對嶺)은 한 쌍의 마주보는 산봉우리. 즉 한 쌍의 석문절벽. 회계(迴溪)는 빙빙 도는 계곡물.

4) 長林羅戶穴 2구 : 호혈(戶穴)은 호정(戶庭)으로 된 판본이 많아 문 안의 마당, 즉 '마당'으로 번역함. 옹(擁)은 감싸다. 계기(階基)는 섬돌.

5) 連巖覺路塞 2구 : 련암(連巖)은 6구의 적석(積石)과 연결된다. 각로색(覺路塞)은 길이 막힌 듯 느껴진다는 것으로 실제로는 막힌 듯 뚫려있다는 의미. 밀죽(密竹)은 5구의 장림(長林)과 연결된다.

6) 來人忘新術 2구 : 신술(新術)은 새로 생긴 길. 고혜(故蹊)는 옛 길, 왔던 길.

7) 活活夕流駛 2구 : 활활(活活)은 첩어, 의성어로 물이 흐르는 소리. 교교(噭噭)는 첩어, 의태어로 울음소리.

8) 沈冥豈別理 2구 : 침명(沈冥)은 여기서 '은둔하다'의 의미. 휴(攜)는 떠나다.

9) 心契九秋幹 2구 : 심계(心契)는 내 마음과 부합하다. 구추(九秋)는 가을철 90일, 즉 석 달. 간(幹)은 가을 서리를 버티는 소나무 줄기. 목완(目翫)은 눈으로 감상하다. 삼춘(三春)은 봄철 석 달. 이(荑)는 어린 싹.

10) 居常以待終 2구 : 유향(劉向)의 ≪신서(新序)≫에 "영계기(榮啓期)가 말하기를 가난은 선비의 일상이고, 죽음은 사람의 끝이다. 늘 일상에 처하며 그 죽음을 기다리니 어찌 근심하랴!"라 하였다. 또, ≪열자·천서(列子·天瑞)≫에 의하면 공자가 태산(太山)에 놀러 갔다 영계기(榮啓期)를 보았는데 사슴 갖옷을 입고 새끼로 띠를 두르고서 금(琴)을 타면서 노래하고 있었다고 한다. 공자가 즐거워하는 이유를 물으니, 사람으로 태어난 것, 남자로 태어난 것, 90세까지 장수한 삼락(三樂) 때문이라고 대답하였다 한다. 처순(處順)은 ≪장자·인간세(人間世)≫에 "때를 편안히 여기고 순(順)에 처하니, 애락(哀樂)이 들어갈 수 없다."라고 하였다. 여기서 순(順)은 순리. 안배(安排)는 ≪장자·대종가(大宗師)≫에 "추이 변화를 편안히 받아들이고(安排) 가서 변화하면, 이에 소리 없는 하늘과 하나의 세계에 들어간다."라고 하였다.

11) 惜無同懷客 2구 : 동회객(同懷客)은 나와 생각을 같이하는 친구. 청운제(青雲梯)는 푸른 구름사다리. 여기서는 펴고 싶었던 큰 꿈을 비유한 것.

12) 압운은 棲, 溪, 基, 迷, 蹊, 啼, 攜, 荑, 排, 梯.

### 감상

사령운은 영가태수 직을 사임하고 자신의 고향으로 돌아온 후 423-426년에 걸친 은거 생활을 하게 된다. 이 기간 동안에 사령운의 인생에 큰 영향을 끼친 일을 겪게 되는데, 그것은 바로 424년 황위다툼에서 패배한 여릉왕(廬陵王) 유의진(劉義眞)의 죽음이다. 429-432년에 걸쳐, 병을 핑계로 사직한 사령운은 다시 2차 은거 생활에 들어간다. 사령운에게 여릉왕의 죽음은 정치적 동맹자이며 유일하게 자신을 이해하고 높이 평가해준 벗을 잃은 것이었다. 이 시에서 그의 죽음을 극복하고자 애쓰는 모습이 그려져 있다. 모두 20구로, 5개의 단락으로 나눌 수 있다.

1단락(1-4구)에서는 시의 제목을 설명한 것이다. 새벽에 석문산을 올라 저녁에 산

위의 거처에 도착한다(1-2구). 사령운은 석문산에서 제일 높은 봉우리에 누관을 지었는데, 3-4구는 그 거처를 설명한 것이다. 제일 높은 봉우리 위 저택이기에 견줄만한 봉우리가 드물고, 한 쌍의 마주보는 석문 절벽이 있어 계곡물을 굽어보는 모습이다.

2단락(5-8구)은 3구에서 말한 누관의 경치 묘사이다. 이 높은 산장의 마당에는 긴 숲이 늘어서있고, 섬돌 앞에는 돌이 쌓여 감싸는 형국이다. 연이은 바위들은 막힌 듯 뚫려 있고, 대나무가 빽빽하여 오솔길을 헷갈리게 할 정도이다.

3단락(9-12구)은 인적이 없는 곳임을 묘사하고 있다. 9-10구에서 찾아오는 사람은 새로 생긴 길을 잊고, 떠나는 사람은 왔던 길을 헷갈린다는 것은 왕래하는 사람이 없다는 의미이고, 11-12구에서 저녁 시냇물 소리와 밤 원숭이 소리가 들린다는 것은 사람은 없다는 의미이다.

4단락(13-16구)에서 13-14구는 설리(說理)적 부분이다. 은둔의 이치는 도를 지키는 것(守道)일 뿐이라고 강조한다. 15-16구는 13구의 침명(沈冥)과 14구의 수도(守道)를 다시 설명한 것으로 가을 서리를 견디는 소나무 줄기와 석 달 봄 새싹을 빌려와 자연의 운행 섭리에 맞춰 사는 것임을 말하고 있다.

5단락(17-20구)에서 17-18구는 영계기의 말과 ≪장자≫의 글을 빌려 충격을 극복하려는 사령운의 애씀을 볼 수 있다. 이는 자신의 정치적 동반자이자 지음(知音)의 벗인 여릉왕 유의진의 죽음을 극복하려는 노력이다. 마지막 19-20구에서 푸른 구름사다리를 함께 오를, 나와 생각이 같은 친구가 없음을 애석히 여기는 사령운의 모습은 아직 벗의 죽음을 극복하지 못한 것으로 보여 진다.

## 5-16
## 〈石門新營所住四面高山迴溪石瀨茂林修竹(석문신영소주사면고산회계석뢰무림수죽)〉

〈석문산에 머무를 곳을 새로 지었는데 사면은 높은 산이고, 휘감는 개울, 바위에 흐르는 여울목, 무성한 숲, 긴 대나무들이다〉

| | |
|---|---|
| 躋險築幽居,<br>제험축유거 | 험한 곳에 올라 그윽한 거처 짓고서, |
| 披雲臥石門.[1)]<br>피운와석문 | 구름을 헤치고 석문산 위에 누웠네. |
| 苔滑誰能步,<br>태활수능보 | 이끼가 미끄러우니 누가 걸을 수 있으리, |
| 葛弱豈可捫.[2)]<br>갈약기가문 | 칡넝쿨 약하니 어찌 움켜쥐고 올라오랴? |

| | |
|---|---|
| 嫋嫋秋風過,[3]<br>뇨뇨추풍과 | 산들산들 가을바람 지나가고, |
| 萋萋春草繁.[4]<br>처처춘초번 | 푸릇푸릇 봄풀이 무성하다네. |
| 美人遊不還,<br>미인유불환 | 임께서 떠나 돌아오지 아니하시나니, |
| 佳期何由敦.[5]<br>가기하유돈 | 좋은 약속 어떻게 재촉할 수 있으랴? |
| 芳塵凝瑤席,<br>방진응요석 | 좋은 자리에는 먼지만이 엉켜 있고, |
| 清醑滿金樽.[6]<br>청서만금준 | 맑은 술은 금 술잔에 가득 찼다네. |
| 洞庭空波瀾,[7]<br>동정공파란 | 저 호수에는 공연한 물결뿐이나니, |
| 桂枝徒攀翻.[8]<br>계지도반번 | 계수나무 부질없이 잡아 꺾고 있네. |
| 結念屬霄漢,<br>결념속소한 | 사무친 그리움은 은하수 하늘까지 닿건만, |
| 孤景莫與諼.[9]<br>고영막여훤 | 외로운 그림자라 함께 잊을 자가 없구나. |
| 俯濯石下潭,<br>부탁석하담 | 굽어 바위아래 연못에 씻어 보기도 하고, |
| 仰看條上猿.[10]<br>앙간조상원 | 우러러 가지 위 원숭이를 바라다 볼 뿐. |
| 早聞夕飆急,<br>조문석표급 | 일찌감치 들리는 것은 급한 저녁 회오리, |
| 晚見朝日暾.[11]<br>만견조일돈 | 늦게서야 보이는 것은 떠오르는 아침 해. |
| 崖傾光難留,<br>애경광난류 | 절벽이 기울어져 햇볕 머무르기 어렵고, |
| 林深響易奔.[12]<br>림심향이분 | 숲이 깊기에 메아리가 쉽게 내달려오누나. |
| 感往慮有復,[13]<br>감왕려유복 | 가버린 것을 느끼면 근심이 다시 살아나지만, |
| 理來情無存.[14]<br>리래정무존 | 오는 것 다스리면 마음에 앙금이 없게 되리라. |

| | |
|---|---|
| 庶持乘日車,<br>서지승일차 | 바라건대 태양 수레를 타는 삶을 유지하면서, |
| 得以慰營魂.[15)]<br>득이위영혼 | 그것으로써 나의 영혼 위로 할 수 있었으면. |
| 匪爲衆人說,<br>비위중인설 | 속인들을 위해 말함이 아니라네, |
| 冀與智者論.[16)*]<br>기여지자론 | 지혜로운 이와 논하기를 바라지. |

**원주**

* "조문" 2구는 경치가 일반 세상과 같지 않음을 총괄적으로 보고 있다. "감왕" 2구는 과거를 슬피 느끼다 보면, 타고난 요절과 장수가 뒤죽박죽 섞이게 되므로, 생각에 회복됨이 있다는 것이다. 오묘한 이치가 나를 찾아오게 되면, 물과 아가 구분이 모두 없어지므로, 감정에 남은 바가 없게 된다.(早聞二句, 總見光景之不同. 感往二句, 言悲感已往, 而夭壽紛錯, 故慮有迴復. 妙理若來, 而物我俱喪, 故情無所存.)

≪장자≫ 〈목마〉 편 : 동자가 황제에게 말했다. "어떤 어르신이 있어 나에게 가르치시길 너는 해라는 수레를 타고서 양성이라는 들판에서 노닐라."(莊子·牧馬篇[17)], 童子謂黃帝曰 : 有長者教予曰: 若乘日之車, 而遊襄城之野.)

≪초사≫ : 영혼을 싣고서 저 노을에 올라라.(楚辭曰: 載營魂而升霞.[18)])

**역주**

1) 躋險築幽居 2구 : 제(躋)는 오르다. 험(險)은 험한 곳. 피운(披雲)은 구름을 헤치다. 석문(石門)은 석문산(石門山)을 말함. 앞 5-15번시의 역주 1) 참조.
2) 苔滑誰能步 2구 : 태(苔)는 이끼. 갈(葛)은 칡넝쿨. 문(捫)은 붙잡다, 움켜쥐다.
3) 嫋嫋秋風過 : 뇨뇨(嫋嫋)는 첩어, 의태어로 바람에 산들산들 흔들리는 모양.
4) 萋萋春草繁 : 처처(萋萋)는 첩어, 의태어로 무성한 모양.
5) 美人遊不還 2구 : 미인(美人)은 시인이 그리워하는 대상. '임' 으로 번역함. 가기(佳期)는 좋은 약속. 앞의 '임' 과 한 약속. 돈(敦)은 재근, 재촉하다.
6) 芳塵凝瑤席 2구 : 방진(芳塵)은 먼지. 요석(瑤席)은 좋은 자리. 서(醑)는 좋은 술.
7) 洞庭空波瀾 : ≪초사·구가·상부인(九歌·湘夫人)≫에 "동정호에 물결치고 나뭇잎이 떨어지네." 라고 하였다. 동정(洞庭)은 동정호. 여기서 동정호는 고유명사가 아니라 호수의 대명사격으로 쓰임. 공파란(空波瀾)은 공연히 물결이 일어난다는 것으로 친구가 타고 오는 배로 인한 물결이 아니라 바람만 공연히 불어 물결이 일어난다는 의미.
8) 桂枝徒攀翻 : ≪초사·구가·대사명(九歌·大司命)≫에 "계수나무 엮어 언제까지 서 있어도, 아 그리움만 더하고 이 마음 서러워라." 라고 하였다. 반(攀)은 잡다.

번(翻)은 뒤집다. 반번(攀翻)은 잡아 꺾다.

9) 結念屬霄漢 2구 : 결념(結念)은 사무친 그리움. 속(屬)은 닿다. 소한(霄漢)은 은하수가 있는 하늘. 훤(諼)은 잊다. 막여훤(莫與諼)은 함께 잊을 자가 없다. 여기서는 그리움을 함께 잊을 자가 없다는 것으로 사령운 자신을 이해할 사람이 없다는 의미.

10) 俯濯石下潭 2구 : 석하담(石下潭)은 바위 아래 연못. 조상원(條上猿)은 가지 위의 원숭이.

11) 早聞夕飆急 2구 : 석표급(夕飆)는 저녁 회오리바람. 급(急)은 몰아치는 듯하다. 돈(暾)은 아침 해가 솟아오르다.

12) 崖傾光難留 2구 : 애경(崖傾)은 절벽이 기울다. 광(光)은 햇볕. 애경광난류(崖傾光難留)는 앞 18구의 이유를 설명한 것. 향(響)은 메아리. 이분(易奔)은 쉽게 내달리다. 림심향이분(林深響易奔)은 앞 17구의 이유를 설명한 것.

13) 感往慮有復 : 감왕(感往)은 과거의 가 버린 것을 느끼다. 여기서는 벼슬에 대한 일, 여릉왕(廬陵王)의 죽음 등을 가리키는 말. 려(慮)는 근심. 유복(有復)은 다시 돌아옴이 있다. 여기서는 근심이 다시 살아난다는 의미.

14) 理來情無存 : 리래(理來)는 오는 것을 잘 정리하다. 무존(無存)은 남음이 없다.

15) 庶持乘日車 2구 : 승일차(乘日車)는 태양 수레를 타다. ≪장자·서무귀(徐無鬼)≫에 "(有長者教予曰: 若乘日之車, 而遊於襄城之野.)"라고 하였다(해석은 원주 참조).

16) 匪爲衆人說 2구 : 위(爲)는 ~ 위하여. 중인(衆人)은 속인(俗人)들. 여기서는 친구인 여릉왕(廬陵王) 유의진(劉義眞)을 죽인 자들을 포함한 세상 속인들. 지자(智者)는 지혜로운 사람.

17) ≪莊子·牧馬≫ : 역주 15)의 설명처럼 ≪장자·서무귀(徐無鬼)≫에 말 먹이는 동자(牧馬童子) 이야기가 있다. 목마(牧馬)는 편명이 아니다.

18) 載營魂而升霞 : 실제 ≪초사·원유(楚辭·遠遊)≫에는 "나의 혼백을 수레에 싣고서 노을에 올라가네.(載營魄而登霞.)"라고 되어있다. 그러나 이 시와는 상관이 없고, ≪노자≫ 10장에 "아 내 영혼(정신)이 도를 껴안고 있어, 떠나지 않을 수 있을까?(載營魄抱一, 能無離乎?)"라고 하였는데, 이 영백(營魄)에 가깝다.

19) 압운은 門, 捫, 繁, 敦, 樽, 翻, 諼, 猿, 暾, 奔, 存, 魂, 論.

**감상**

이 시에도 벗이자 정치적으로 유일한 동반자였던 여릉왕의 죽음이 깔려있다. 그 벗의 부재(不在)로 인한 쓸쓸함과 그리운 마음이 담겨 있다. 총 26구로, 7개의 단락으로 나눌 수 있다.

1단락(1-4구)은 자신이 석문산 위에 새로 지은 거처를 설명하고 있다. 새 거처는 험하고 깊숙한 곳, 구름을 헤치고 그 꼭대기에 지었다. 이 곳에 가려면 걷기엔 이끼가 미끄럽고, 잡고 올라가기엔 칡넝쿨이 너무 약하다. 사령운이 이처럼 산에 숨어버린 거처를 지은 것은 그만큼 자신의 불안한 정치적 입지를 반영한 것이다.

2단락(5-8구)은 집을 짓기 시작한 때는 산들 바람이 부는 가을인데, 지은 후 이제 봄이 되었다(5-6구). 시간은 지났지만 기다리는 임, 여릉왕은 돌아오지 않으니 그와 함께한 좋은 약속도 재촉할 수 없다. 이는 여릉왕의 죽음을 이야기한 것이다.

3단락(9-12구)은 친구 여릉왕을 위해 좋은 자리를 준비하고 좋은 술을 준비했건만, 친구가 찾아 올 때 타는 배로 인한 물결은 일지 않고 공연히 바람만 불어 저 호수에 물결을 일으킨다. 그리워 계수나무 엮어 친구에서 보내고픈 마음에 부질없이 가지만 꺾는다.

4단락(13-16구)은 그리움이 사무쳐 저 하늘에 닿을 만큼이건만, 이 외로움을 잊게 해 줄 사람, 친구는 이 자리에 없다. 그저 바위 아래 연못에, 가지 위 원숭이에 눈과 마음을 돌려본다.

5단락(17-20구)은 석문산 위는 너무 깊은 산속이라 아침에 저녁 회오리바람이 부는 듯 착각이 들고, 해가 뜬 뒤 오래되어서야 아침 해를 깨닫는다(17-18구). 아침 해를 늦게 깨닫는 것은 절벽이 기울어져서 햇볕이 오래 머물기 어려워서이고, 아침에 저녁 회오리바람을 착각하는 것은 숲이 깊기 때문이다(19-20구).

6단락(21-24구)은 벗의 죽음 같은 지난 날 일들을 느끼면 근심이 다시 살아나니, 오는 것을 잘 정리해 마음을 평온케 하고 싶다는 것은 마치 앞에 소개한 시 〈석벽정사환호중작〉에서 외부의 상황(氣候)이 아무리 변해도, 변하지 않는 청휘(淸暉)를 지니고자 했던 모습과 같다(앞 5-14번시의 1-2구 참조). 여기서 기후(氣候)는 21구의 가버린 것(往)이고, 인생의 현상들이라면, 청휘(淸暉)는 오는 것(來)이고, 인생의 본질을 깨우치는 것이다. 시인은 바라기를 ≪장자·서무귀≫의 말 먹이는 동자(牧馬童子) 이야기처럼 자연 섭리에 따라 태양 수레를 타면서 자신의 영혼을 위로할 수 있기를 기대해본다(23-24구).

7단락(25-26구)은 결론이다. 세상의 속인들을 위한 말이 아니라 지혜로운 사람과 논하기를 바라며 이 글을 지었다고 한다. 그러나 현실에 이 지혜로운 사람은 없어 보인다. 제목에 아름다운 경치를 나열했지만 이를 함께 감상할 사람은 없는 것처럼, 사령운의 외로움이 더 짙은 이유다.

## 5-17
## 〈於南山往北山經湖中瞻眺(어남산왕북산경호중첨조)〉[1)]
### 〈남산에서 북산으로 가다가 호수 가운데 거처를 지나며 조망하다〉

| | |
|---|---|
| 朝旦發陽崖,<br>조단발양애 | 아침에 남산을 출발하였거니와, |
| 景落憩陰峰.[2)]<br>경락게음봉 | 햇볕이 지자 북쪽 산에서 쉬네. |

舍舟眺迴渚, 배를 버리고 감도는 물가 조망하고,
사주조형저
停策倚茂松.[3] 지팡이 멈추고 무성한 솔에 기대네.
정책의무송
側徑既窈窕, 곁으로 난 오솔길 예쁠 뿐 아니라,
측경기요조
環洲亦玲瓏.[4] 저 물 섬 또한 영롱하기도 하여라.
환주역령롱
俯視喬木杪, 굽어 큰 나뭇가지 끝을 보거니와,
부시교목초
仰聆大壑淙.[5] 우러러 큰 골짜기의 물소리 듣노라.
앙령대학총
石橫水分流, 돌이 가로질러 물이 나뉘어 흐르고,
석횡수분류
林密蹊絕蹤.[6] 숲이 울창하니 길이 자취가 끊겼구나.
림밀혜절종
解作竟何感.[7]* 뇌우 일면 결국 무엇이 감응하느냐?
해작경하감
升長皆丰容.[8] 초목이 자라서 모두 다 무성하다네.
승장개봉용
初篁苞綠籜, 막 솟은 대나무 푸른 대껍질에 싸여있고,
초황포록탁
新蒲含紫茸.[9] 저 부들은 보랏빛의 싹을 머금고 있어라.
신포함자용
海鷗戲春岸, 갈매기는 봄 둑에서 희롱하고 있거니와,
해구희춘안
天雞弄和風.[10] 꿩은 봄바람을 희롱하고 있다네.
천계롱화풍
撫化心無厭, 조화를 어루만지니 마음속에 물림이 없고,
무화심무염
覽物眷彌重.[11] 이 만물 보나니 사모의 정 더욱 무거워지네.
람물권미중
不惜去人遠, 사람들로 떨어짐 먼 것 아까울 것 없으나,
불석거인원

但恨莫與同.[12] 단지 한스러운 것은 함께 할 수 없음이네.
단한막여동

孤游非情歎, 홀로 노니는 것 맘으로 탄식할 바는 아니나,
고유비정탄

賞廢理誰通.[13]** 날 아는 이 죽으니 이치를 누구와 통해볼까?
상폐리수통

**원주**

* 음은 해이다.(音蟹.)

** ≪주역≫ : 하늘과 땅이 풀어져서 뇌우가 발생하고, 뇌우가 발생해서 백가지 과일나무와 풀과 나무가 모두 터진다. 또 땅에서 나무가 생겨남을 '승'이라 한다. 시 가운데 경전을 쓰는 것이 사령운만한 이가 없다.(易曰, 天地解而雷雨作, 雷雨作而百果草木皆甲坼, 又曰: 地中生木升. 詩中用經, 無如謝公者.)

**역주**

1) 於南山往北山經湖中瞻眺 : 어남산왕북산(於南山往北山)은 남산에서 북산으로 가는 길을 말한 것. 호중(湖中)은 '호수 가운데'의 뜻이나 내용상 호수 가운데에 있는 거처를 가리킴. 첨조(瞻眺)는 조망하다.
2) 朝旦發陽崖 2구 : 조단(朝旦)은 아침. 양애(陽崖)는 볕이 드는 낭떠러지로 '남산(南山)'을 의미. 게(憩)는 쉬다. 음봉(陰峰)은 그늘 진 봉우리로 '북산(北山)'을 의미.
3) 舍舟眺逈渚 2구 : 조(眺)는 조망하다, 바라보다. 형(逈)은 여기서 빙빙 돌다. 저(渚)는 물가. 책(策)은 여기서 지팡이.
4) 側徑旣窈窕 2구 : 경(徑)은 오솔길. 요조(窈窕)는 그윽한 모습. 여기서는 '예쁘다'로 번역함. 기(旣)는 다음 구의 역(亦)과 같이 쓰여 '뿐 아니라, 또한~하다.'의 뜻. 환주(環洲)는 물 섬. 령롱(玲瓏)은 영롱하다.
5) 俯視喬木杪 2구 : 교목(喬木)은 큰 나무. 초(杪)는 끝. 령(聆)은 듣다. 종(淙)은 물소리.
6) 蹊絶蹤 : 혜(蹊)는 오솔길. 절종(絶蹤)은 길의 자취가 끊겼다는 의미.
7) 解 : 해(解)는 해괘(解卦, ䷧)로 진괘(震卦)와 감괘(坎卦)가 거듭된 것으로, 우레(雷)와 비(雨)를 상징한다.
8) 升長皆丰容 : 승(升)은 승괘(升卦, ䷭)로 곤괘(坤卦)와 손괘(巽卦)가 거듭된 것으로 땅에 나무가 남을 상징한다. '초목'으로 번역함. 봉용(丰容)은 첩운, 의태어로 풍성한 모양.
9) 初篁苞綠籜 2구 : 황(篁)은 대나무. 탁(籜)은 대나무의 껍질. 포(蒲)는 부들. 용(茸)은 가는 털. 여기서는 '싹'을 말함.

10) 海鷗戲春岸 2구 : 해구(海鷗)는 갈매기. 천계(天雞)는 꿩.

11) 撫化心無厭 2구 : 화(化)는 조화. 염(厭)은 싫증나다, 물리다. 권(眷)은 사모함, 사모의 마음. 여기서는 여릉왕 유의진을 그리워하는 마음. 미중(彌重)은 더 무거워지다.

12) 不惜去人遠 2구 : 거인원(去人遠)은 사람들로부터 떨어짐이 멀다. 관계가 소원해지는 것을 의미. 여동(與同)은 함께 하다.

13) 賞廢理誰通 : 상(賞)은 상심(賞心)으로 상대의 마음을 제대로 흠상(欽賞)할 수 있는 사람. 리(理)는 이치.

14) 압운은 峰, 松, 瓏, 淙, 蹤, 容, 茸, 風, 重, 同, 通.

## 감상

사령운이 2차 은거 기간(429-432년)에 지은 작품이다. 총 22구로, 네 단락으로 나누어진다.

1단락(1-4구)은 이 시를 쓰게 된 계기를 말하고 있다. 1-2구는 시의 제목 가운데 '어남산왕북산(於南山往北山)'을 설명한 것으로 아침에 남산을 출발해 저녁 석양에 북쪽 산에 도착해 쉬었음을 이야기한다. 또 배에서 내려 물가를 바라보기도 하고, 걸음을 멈추고 소나무에 기대보기도 하며 경치를 감상한다(3-4구).

2단락(5-10구)은 1단락에서 언급한 산(山)과 물(水)을 번갈아 이야기하며 경치를 읊는다. 5구는 산(山)을 설명한 것으로 오솔길의 예쁨을, 6구는 물(水)을 설명한 것으로 물 섬의 아름다움을 이야기한다. 다시 7구는 산(山)의 경치로 나무 가지를 말하고, 8구는 물(水)의 모습으로 큰 골짜기의 흘러드는 물소리를 감상한다. 9구는 8구에서 말한 물소리가 큰 이유를 말한 것으로 돌이 가로질러 놓여 물이 나뉘어 흐르기 때문이라고 한 것이다. 10구에서 길 자취가 끊겨졌다는 것은 오솔길이 끊긴 듯 다시 이어지는 모습을 설명한 것으로 5구에서 오솔길이 예쁘다고 한 것을 다시 생각나게 한다.

3단락(11-16구)은 2단락에 이어 경치를 감상한 내용이다. 11-12구는 해괘(解卦)와 승괘(升卦)를 사용하여 자연의 모습을 설명하고 13-14구는 그 자연의 생명력을 어린 대나무와 부들 싹으로 대변하였다. 15-16구는 갈매기와 꿩이 노니는 한없이 따사로운 봄 경치를 말하고 있다.

4단락(17-22구)에서 싫증 날 리 없는 아름다운 경치를 보고 있으니, 시인은 자연 함께 나눌 친구가 그립다. 18구의 '권(眷)'이 나타내는 사모의 정은 여릉왕 유의진을 향한 그리움이다. 이 시를 쓰기 몇 년 전 여릉왕은 황위 다툼에 패하여 결국 죽임을 당하였다. 사령운에게 여릉왕은 유일한 정치적 동반자이자, 마음을 알아주는 벗이기도 했다. 22구에서 나를 이해해 주는 사람은 역시 여릉왕을 말한 것이다. 마지막 단락에서 시인이 친구를 향한 그리움이 한없이 묻어난다.

5-18

〈從斤竹澗越嶺溪行(종근죽간월령계행)〉[1]

〈근죽간으로부터 고개를 넘고 계곡을 따라 가다〉

| | |
|---|---|
| 猿鳴誠知曙,<br>원명성지서 | 원숭이 울어 진실로 날이 새는 줄 알겠지만, |
| 谷幽光未顯.<br>곡유광미현 | 계곡이 깊어서 햇볕이 두드러지지는 않네. |
| 巖下雲方合,<br>암하운방합 | 바위 아래에 구름이 한창 모여들고, |
| 花上露猶泫.[2]<br>화상로유현 | 꽃 위의 이슬은 아직 맺혀있다네. |
| 逶迤傍隈隩,<br>위이방외오 | 구불구불 물기슭 다가서서 걷기도 하고, |
| 迢遞步陘峴.[3]<br>초체보형현 | 아득히 멀고 먼 고개를 걷기도 한다네. |
| 過澗既厲急,<br>과간기려급 | 계곡물 건너며 옷 입은 채 서두르고, |
| 登棧亦陵緬.[4]<br>등잔역릉면 | 잔도를 오르며 역시 멀리 넘기도 하네. |
| 川渚屢經復,<br>천저루경복 | 시냇물은 자주 지나갔다 되돌아오나니, |
| 乘流翫迴轉.[5]<br>승류완회전 | 물길 따라서 빙빙 도는 물을 감상하네. |
| 蘋萍泛沉深,<br>빈평범침심 | 부평초가 깊은 물에 떠 있거니와, |
| 菰蒲冒清淺.[6]<br>고포모청천 | 창포는 맑고 옅은 곳에 덮고 있네. |
| 企石挹飛泉,<br>기석읍비천 | 바위 위에 발꿈치 들고 폭포수 떠 마시기도 하고, |
| 攀林摘葉卷.[7]<br>반림적엽권 | 숲의 나무를 잡으면서 말린 싹을 따기도 한다네. |
| 想見山阿人,<br>상견산아인 | 산등성이 사는 사람이 눈에 보이는 듯, |
| 薜蘿若在眼.[8]<br>벽라약재안 | 벽려 옷에 여라 허리띠가 눈앞에 있는 듯. |

握蘭勤徒結, 난초를 손에 쥐고서 열심히 헛되이 엮고 있을 뿐,
악란근도결
折麻心莫展.[9] 소마의 꽃을 꺾은들 이 마음을 펴칠 곳이 없어라.
절마심막전
情用賞爲美, 마음은 알아줌을 아름답다 하는 법이거늘,
정용상위미
事昧竟誰辨.[10] 애매한 사건 끝내 누가 밝힐 수 있으랴?
사매경수변
觀此遺物慮, 이를 보고서 세상 걱정거리 버리려 하나니,
관차유물려
一悟得所遣.[11]* 한번 깨달아 버릴 수 있는 방법을 얻었으면.
일오득소견

**원주**

* "과간기려급"은 "이의섭수"라는 일을 사용하고 있다.(過澗旣厲急, 用以衣涉水事.[12])
조거 〈일민부〉 : 춘란을 잡고서 향기를 보내노라. ≪초사≫ : 소마의 요화를 꺾어서, 장차 그것으로써 떨어져 지내는 임에게 보내고 싶다. 이 시에서 '근도결' '심막전'이라 말함은 친구에게 보내고 싶지만 말미암을 방법이 없음을 의미하고 있다. 앞의 2구를 이어서 보면 뜻이 분명하다.(棗據逸民賦曰, 握春蘭兮遺芳. 楚辭曰, 折疎麻兮瑤華, 將以遺兮離居. 此云勤徒結, 心莫展, 言欲贈友而末由也, 承上二句看便明.)

**역주**

1) 斤竹澗 : 여울의 이름.
2) 巖下雲方合 2구 : 방(方)은 '바야흐로, 한창' 현(泫)은 이슬이 맺혀있다.
3) 逶迤傍隈隩 2구 : 위이(逶迤)는 첩운, 의태어로 구불구불한 모양. 방(傍)은 기슭. 외(隈)와 오(隩)는 모두 깊숙한 곳, 구석. 여기서는 굽이진 물이 있는 곳. 초체(迢遞)는 쌍성, 의태어로 아득히 먼 모양. 형현(陘峴)은 언덕, 고개. 여기서는 제목의 '령(嶺)'을 말한 것.
4) 過澗旣厲急 2구 : 7구의 기(旣)와 8구의 역(亦)은 ~하기도 하고, ~하기도 하다. 7구는 앞 5구를 다시 설명한 것. 려급(厲急)은 옷 입은 채로 급히 건너는 것을 말함. 잔(棧)은 잔도(棧道). 험한 벼랑에 선반처럼 걸쳐 있는 길을 말함. 면(緬)은 멀다.
5) 川渚屢經復 2구 : 천저(川渚)은 시냇물, 시내 물가. 경(經)은 지나가다. 복(復)은 되돌아오다. 완(翫)은 감상하다. 회전(迴轉)은 시냇물이 구불구불한 것을 묘사한 것으로 빙빙 도는 물.

6) 蘋萍泛沉深 2구 : 빈평(蘋萍)은 수초들. '부평초'로 번역함. 고(菰)는 줄풀. 포(蒲)는 창포. 고포(菰蒲)를 '창포'로 해석함.
7) 企石挹飛泉 2구 : 기(企)는 발꿈치를 들고 서다, 발돋움하다. 비천(飛泉)은 폭포. 반(攀)은 잡다. 엽권(葉卷)은 아직 새싹이 펴지지 않은 것으로 찻잎일 가능성이 많다.
8) 想見山阿人 2구 : 상견(想見)은 생각에서 만나는 것으로 환상(幻想). 산아인(山阿人)은 ≪초사·구가·산귀(九歌·山鬼)≫에 "산등성이에 사람이 있는 듯, 벽려를 입고 여라로 허리띠 하였네."라고 하였다. 산아인(山阿人)은 산귀신(山鬼). 벽(薜)은 벽려(薜荔). 라(蘿)는 여라(女羅).
9) 握蘭勤徒結 2구 : ≪초사·구가·대사명(九歌·大司命)≫에 "소마의 옥 같은 꽃을 꺾어서, 장차 떨어져있는 분에게 보내 드리리."라고 하였다. 여기서 소마(疏麻)는 신선세계의 식물. ≪초사·이소(離騷)≫에 "그윽한 난을 엮어서 우두커니 서 있네."라고 하였다. 근(勤)은 열심히, 부지런하다. 도(徒)는 헛되이. 마(麻)는 소마(疏麻)를 말함.
10) 情用賞爲美 2구 : 용(用)은 이(以)와 같다. '用A爲B'는 A를 가지고서 B를 삼다. 상(賞)은 상심(賞心)으로 내 마음을 알아주는 것. 사매(事昧)는 일이 분명치 않다. 여기서는 여릉왕(廬陵王)의 석연치 않는 죽음을 말한 것. 변(辨)은 밝히다.
11) 觀此遺物慮 2구 : 유(遺)는 버리다. 물려(物慮)는 세상의 걱정거리. 소견(所遣)은 버릴 수 있는 방법.
12) 用以衣涉水事 : 용사(用事)는 옛 일, 사건을 사용하는 것으로 전고(典故)를 인용한 것을 말함. 이의섭수(以衣涉水)는 ≪시경·패풍·포유고엽(邶風·匏有苦葉)≫에 "깊으면 그대로 가고, 얕으면 걷고 간다.(深則厲, 淺則揭.)"라고 하였다. 려(厲)는 ≪모시(毛詩)≫ 주에 "옷을 입고 물을 건너다."라고 하였다.
13) 압운은 顯, 泫, 峴, 緬, 轉, 淺, 巻, 眼, 展, 辨, 遣.

## 감상

사령운은 423년 영가태수 직을 사임하고 자신의 고향으로 돌아온 후 423-426년에 걸쳐 은거 생활을 하는데, 이 시는 이 기간에 지어진 것이다. 이 기간 중 사령운은 유일한 정치적 동맹자이자, 마음을 알아주는 벗이었던 여릉왕(廬陵王) 유의진(劉義眞)이 죽임을 당하는 일을 겪는다. 이미 정치적으로 입지가 불안했던 사령운에게 이 일은 큰 충격을 가져다준다. 이 시의 마지막 단락에서 시인이 말하는 사람이 바로 벗 여릉왕이다. 모두 22구로 내용에 따라 다섯 단락으로 나눌 수 있다.

1단락(1-4구)은 제목의 '근죽간으로부터(從斤竹澗)'를 설명한 것으로 출발 시점과 장소를 묘사하고 있다. 1-2구에서 출발 시점은 날이 샌 아침 무렵임을 말해 주고, 장소는 깊은 계곡임을 알려 준다. 3-4구는 주위의 모습으로 구름이 한창 모여들고, 꽃 위에는 이슬이 아직 맺혀 있다.

2단락(5-8구)은 제목에 나온 간(澗)에서 령(嶺)으로 넘어가는 대목을 설명하고 있다. 물 바로 옆길을 걷기도 하고, 저 멀리 고개를 걷기도 한다(5-6구). 7구는 5구를 다시 설명한 것으로 때로 계곡물을 건너면서 급히 옷을 입은 채로 건너기도 한 것을 말한다. 8구는 6구를 다시 설명한 것으로 때로 잔도(棧道)를 오르기도 한 것을 말한다.

3단락(9-12구)은 제목의 '계곡을 따라 가다(溪行)'를 설명한 것이다. 9-10구는 시냇물이 구불구불한 것을 묘사한 것으로 지나간 길을 다시 되돌아오기도 하며, 물길을 따라 가는 것을 말한다. 11-12구에서 시인은 작은 부평초는 깊은 물위에, 큰 창포는 옅은 물에 있음을 보고 있다. 원래는 큰 창포가 깊은 물에 있어야 하나, 오히려 작은 부평초가 깊은 물에 있음을 보고, 시인은 간신은 조정에 여전히 자리하고 자신과 여릉왕은 조정에서 쫓겨나고 죽임까지 당함을 떠올리는지 모른다.

4단락(13-18구)에서 시인은 좋은 경치를 보며 죽은 친구를 떠올린다. 13-14구에서 폭포수를 마시기도하고, 말린 싹을 따기도 하는 것은 아마도 친구 여릉왕과 함께 했던 추억이었을 것이다. 15-16구는 ≪초사·구가·산귀≫에서 말한 산아인이 보이듯, 친구 모습을 떠올려 보고, 17-18구에서는 ≪초사≫에서 말하는 신선 세계의 식물인 소마(疏麻)를 꺾어도 마음을 펼 곳, 여릉왕이 없으니 헛되다고 말한다.

마지막 5단락(19-22구)에서 시인은 사람의 감정이란 내 마음을 높이 평가하는 것으로 아름답다 여기는 법이거늘, 나를 알아주는 여릉왕의 석연치 않는 죽음은 누가 밝혀줄 수 있을 것인가(19-20구)를 묻는다. 마지막 두 구(21-22구)에서 친구를 잊을 수 없는 시인의 안타까움을 토로한다.

## 5-19

## 〈過白岸亭詩(과백안정시)〉[1] 〈백안정에 들러〉

拂衣遵沙垣, 옷을 털고 모래 담을 따라가거니와,
불의준사원
緩步入蓬屋.[2] 느긋한 걸음으로 쑥대집에 들어서네.
완보입봉옥
近澗涓密石, 가까이 시냇물은 빼곡한 바위를 씻어내고,
근간연밀석
遠山映疎木.[3] 먼 산은 성긴 나무 사이로 가려져 비치네.
원산영소목
空翠難強名, 허공의 푸름 억지로 이름 하기 어렵고,
공취난강명
漁釣易爲曲.[4] 낚시꾼은 노래가 절로 나오는 곳이라네.
어조이위곡
援蘿聆青崖, 여라 끌어 잡고 푸른 절벽에 귀 기울이니,
원라령청애

| | |
|---|---|
| 春心自相屬.[5]<br>춘심자상속 | 봄철의 감회가 저절로 이어지는구나. |
| 交交止栩黃,<br>교교지허황 | 꾀꼴꾀꼴 상수리나무에 앉은 꾀꼬리, |
| 呦呦食苹鹿.<br>유유식평록 | 메에메에 들판엔 사슴들 다북쑥 뜯네. |
| 傷彼人百哀,<br>상피인백애 | 저 백 사람 몫의 슬픔에 가슴아파하고, |
| 嘉爾承筐樂.[6]<br>가이승광악 | 저 광주리 선물의 즐거움을 기뻐하네. |
| 榮悴迭去來,<br>영췌질거래 | 영화와 쇠퇴는 번갈아 가고 오는 법, |
| 窮通成休慼.[7]<br>궁통성휴척 | 궁하고 통함이 슬픔과 기쁨이 되는 법. |
| 未若常疎散,<br>미약상소산 | 차라리 항상 얽매이지 않아서, |
| 萬事恆抱朴.[8]*<br>만사항포박 | 만사에 '통나무'를 껴안았으면. |

**원주**

* 무릇 만물에 이름을 붙일 수 있으면 얕아진다. 억지로 이름 하기 어렵다는 것은 남기를 묘사하는 데 신묘한 경지이다.(凡物可以名, 則淺矣. 難强名, 神於寫空翠者.)

'지허황'은 황조가 상수리나무에 와서 멈췄다는 것을 말한다. 그러나 결국 그다지 타당하지는 않다.(止栩黃, 言黃鳥止於栩也, 然終未妥.[9])

**역주**

1) 白岸亭 : 남계(楠溪) 서남쪽으로 영가(永嘉)지방에 있다.
2) 拂衣遵沙垣 2구 : 불의(拂衣)는 옷을 털다. 여기서는 관청에 있다가 갑자기 확 일어섰다는 의미. 봉옥(蓬屋)은 쑥대로 만든 대문이 있는 집으로 초가집을 말함. 여기서는 '백안정'을 가리킴.
3) 近澗涓密石 2구 : 연(涓)은 물을 뿌려 청소하는 것으로 여기서는 '씻어내다'로 번역함. 밀석(密石)은 빼곡한 바위들. 영(映)은 영친(映襯), 아른거리다. 기리기도 하면서 비치다.
4) 空翠難强名 2구 : 공취(空翠)는 허공의 푸른 빛, 산의 푸른 기운인 남기(嵐)를 말함. 어조(漁釣)는 여기서 낚시꾼의 의미. 이위곡(易爲曲)은 노래 부르기 쉬운 곳이라는 의미.

5) 援蘿聆青崖 2구 : 라(蘿)는 여라(女蘿). 령(聆)은 6구의 곡(曲)을 듣고자 귀를 기울인다는 뜻. 춘심(春心)은 봄철의 감회. 여기서는 뒤의 내용으로 보아 부정적 의미로 쓰임. 상속(相屬)은 이어지다.
6) 交交止栩黃 4구 : 교교(交交)는 첩어, 의성어로 꾀꼬리 울음소리. 허(栩)는 상수리나무. 황(黃)은 황조(黃鳥)로 꾀꼬리를 말함. 9구와 11구는 슬픔을 연상한 것으로 억울한 죽음을 떠올리게 한다. ≪시경·소아·황조(小雅·黃鳥)≫에 "꾀꼬리야, 꾀꼬리야, 상수리나무(栩)에 앉지 마라."라고 하였다. ≪시경·진풍·황조(秦風·黃鳥)≫에 "꾀꼴꾀꼴 꾀꼬리, 대추나무에 모여들었네. 누가 목공(穆公)을 따라갈까? 자차(子車) 씨 집 아들이네. 저 푸른 하늘이여, 우리 어진 사람을 죽였네! 만약 그 사람 죽음을 대신할 수 있다면, 우리들은 몸을 백 개라도 바칠 텐데."라고 하였다. 진나라 목공이 죽자 자차 씨 아들들이 같이 순장(殉葬)되었다. 이에 사람들이 슬퍼하며 노래하였다고 한다. 유유(呦呦)는 첩어, 의성어로 사슴의 울음소리. 10구와 12구는 기쁨을 연상한 것으로 시경의 녹명편을 들어 군신간의 화락(和樂)을 이야기한다. ≪시경·소아·녹명(小雅·鹿鳴)≫에 "메에메에 사슴의 울음소리여, 들의 다북쑥을 뜯네. 내 아름다운 손님이 있어, 비파를 타며 생황을 부네. 생황을 부니, 광주리를 받들어 폐백을 올리도다."라고 하였다. 12구의 이(爾)는 여기서 11구의 피(彼)와 같아 '저'로 해석함.
7) 榮悴迭去來 2구 : 영췌(榮悴)는 영화와 쇠퇴. 질(迭)은 번갈아. 휴(休)는 기쁘다, 아름답다. 척(慼)은 슬프다.
8) 未若常疎散 2구 : 미약(未若)은 차라리~하면 좋겠다. 소산(疎散)은 발산시키다, 자유분방하다. 여기서는 임금에게 얽매이지 않음을 의미. 박(朴)은 통나무. ≪노자≫ 2장에 "천하 사람들이 모두 아름다운 것이 아름답다는 것을 알게 되자, 그 나머지는 추하게 되었다. ……있음과 없음을 서로를 낳고, 어려움과 쉬움은 서로를 이루어 주며, 길고 짧은 것은 서로가 형을 이루고, 높음과 낮음은 서로 기울고, 화음과 소리는 서로 조화하고, 앞과 뒤는 서로 따른다."라고 하였다. 여기서는 13구에서 말한 영췌(榮悴)는 하나인 박(朴)이므로 일희일비(一喜一悲)하지 않겠다는 의미.
9) 주 6) 참조.
10) 屋, 木, 曲, 屬, 鹿, 樂, 慼, 朴으로 입성(入聲) 압운.

**감상**

이 시는 사령운은 422년 영가태수로 좌천되어 영가에 부임한 후 약 1년간 영가 지방에서 지낼 때 지은 노래 가운데 하나이다. 사령운이 이 좌천길에 오른 것은 정치적으로 여릉왕(廬陵王) 유의진(劉義眞)을 후원한 일 때문이었다. 422년 자신이 후원한 둘째 아들 여릉왕인 아닌 맏아들 유의부(劉義符)가 제위에 오르자 사령운은 수도에서 멀리 영가 지방으로 유배나 다름없는 부임길을 떠나게 된 것이다. 모두 16구로, 두 단락으로 나눠 볼 수 있다.

1단락(1-8구)은 기사(記事)이면서 경치를 읊은 것이다. 1-2구에서 울컥해진 시인은 옷을 떨치고 벌떡 일어나 백안정에 들어선다. 3-4구는 경치를 묘사한 것으로 가까이의 시냇물은 빼곡한 바위들을 씻어내고, 먼 산의 모습은 성긴 나무 사이로 비춰지고 있음을 말한다. 5-6구는 다시 3-4구를 설명한 것으로 먼 산에 보이는 푸른 산 기운과 낚시꾼이 절로 노래하기 쉬운 시냇물을 그리고 있다. 낚시꾼의 노래를 듣고자 푸른 절벽에 귀를 기울여 보니(6구), 봄철의 감회가 절로 생겨난다(7구).

2단락(9-16구)은 설리(說理) 부분이다. 9-12구까지는 시경의 이야기를 배경으로 한다. 9구와 11구는 ≪시경·진풍·황조≫에 나오는 진목공(秦穆公)을 따라 순장(殉葬)된 어질고 뛰어난 사람들을 언급해 억울한 죽음을 떠올리게 한다. 10구와 11구는 ≪시경·소아·녹명≫에 나오는 임금의 잔치를 통해 군신간의 화락함을 이야기한 기쁨을 떠올리게 한다. 이렇듯 영화와 쇠퇴, 궁함과 통함이 번갈아 오고가고, 슬픔과 기쁨이 되는 법(13-14구). 그러나 나 사령운은 차라리 임금에게 얽매이지 않고, 영화와 쇠퇴를 둘로 나누지 않는, 노자가 설명한 온전한 하나, 즉 통나무(朴)을 껴안는 삶을 살고자 하기에 일희일비(一喜一悲)하지 않겠노라 말한다(15-16구).

## 5-20

### 〈初去郡(초거군)〉* 〈처음 영가군을 떠나며〉

| | |
|---|---|
| 彭薛裁知恥,[1]<br>팽설재지치 | 팽선과 설광덕은 겨우 염치를 알 정도였고, |
| 貢公未遺榮.[2]<br>공공미유영 | 공우는 영화에 대한 미련 버리지 못했구나. |
| 或可優貪競,<br>혹가우탐경 | 혹 탐하고 다투는 자보다야 나을 수 있지만, |
| 豈足稱達生?[3]<br>기족칭달생 | 어찌 족히 '달생'이라고 일컬을 수가 있으랴. |
| 伊予秉微尚,<br>이여병미상 | 아 나는 그저 작은 뜻을 간직하였거니와, |
| 拙訥謝浮名.[4]<br>졸눌사부명 | 못나고 어눌하기에 뜬 이름 사양하였네. |
| 廬園當棲巖,<br>려원당서암 | 오두막과 정원으로써 굴속에서 사는 것 대신하고, |
| 卑位代躬耕.[5]<br>비위대궁경 | 낮은 지위로 몸소 농사짓는 것을 대신하고자 했네. |
| 顧己雖自許,<br>고기수자허 | 나를 돌아보면 비록 스스로에게 허락하였거니와, |

心跡猶未並.[6]
심적유미병
無庸妨周任,
무용방주임
有疾象長卿.[7]
유질상장경
畢娶類尚子,[8]
필취류상자
薄遊似邴生.[9]
박유사병생
恭承古人意,
공승고인의
促裝返柴荊.[10]
촉장반시형
牽絲及元興,
견사급원흥
解龜在景平.[11]
해구재경평
負心二十載,
부심이십재
於今廢將迎.[12]
어금폐장영
理棹遄還期,
리도천환기
遵渚騖修坰.[13]
준저무수경
溯溪終水涉,[14]
소계종수섭
登嶺始山行.
등령시산행
野曠沙岸淨,
야광사안정
天高秋月明.
천고추월명
憩石挹飛泉,
게석읍비천

마음과 실제 행동이 여전히 나란히 할 수 없었네.
업적이 없기로는 주임에 비견되거니와,
병이 있음은 저 사마상여를 닮았다네.
자식 결혼 다한 것은 상자와 유사하고,
벼슬을 각박하게 함은 병생과 비슷하네.
옛 사람의 마음을 공손히 받들어서,
행장을 재촉해 고향에 돌아가려네.
도장 끈 끌었던 것은 원흥 연간이었고,
도장 끈 푸는 것은 경평 연간이라네.
마음을 저버린 것은 스무 해이거니와,
이제야 보내고 맞는 삶 그만두려 하네.
노 손질하며 돌아갈 날 손꼽아 왔기에,
물가를 따라서 긴 들판을 내달리는구나.
계곡을 거슬러 올라가 물길을 다 간 뒤,
고개를 오르며 산행을 시작하고 있노라.
들은 넓고 모래 기슭은 깨끗하고,
하늘은 높고 가을 달은 밝구나.
돌에 쉬면서 폭포수를 떠 마시기도 하고,

| | |
|---|---|
| 攀林搴落英.[15]<br>반림건락영 | 숲 나무들을 잡고 갓 피어난 꽃을 따노라. |
| 戰勝臞者肥,[16]<br>전승구자비 | 마음 속 갈등을 이겨내니 야윈 몸도 살찌고, |
| 鑒止流歸停.[17]<br>감지류귀정 | 멈춘 물 본받아 흐름에서 멈춤으로 돌아오노라. |
| 即是羲唐化,<br>즉시희당화 | 이것이 바로 복희씨 도당씨의 교화이니, |
| 獲我擊壤情.[18]**<br>획아격양정 | '격양' 을 그리워하는 내 마음을 얻었노라. |

**원주**

* 영가 태수로 부임한 이듬해에 병을 핑계로 사직하고 시령으로 돌아갔다.(爲永嘉守二年, 稱疾去職還始寧.)

** ≪한서·서전(敍傳)≫ : 설광덕과 평당과 팽선은 염치를 아는데 가깝다. 팽선과 설광덕을 말한다. 공공은 공우를 가리킨다.(漢書曰, 廣德當宣, 近於知恥. 謂彭宣·薛廣德也. 貢公, 指貢禹.)

병생은 병만용을 가리키는 것으로, 그는 뜻을 기르고 덕을 닦았으며, 벼슬살이를 하되 600섬의 녹을 넘기려 하지 않았고, 이를 넘기면 곧바로 사직하고 떠나갔다.(邴生, 謂曼容, 養志自修, 爲官不肯過六百石, 輒自免去.)

자하: 내가 들어가 선왕의 의리를 보았을 때는 이를 영화롭게 여겼고, 나와서 부귀를 보고 또 이를 영화롭게 여겨, 이 두 가지가 흉중에서 싸웠기 때문에, 그러므로 여위었다. 이제 보아하니 선왕의 의가 (마음속에서) 싸워서 이겼다. 그러므로 내가 살이 졌다.(子夏曰, 吾入見先王之義則榮之, 出見富貴又榮之, 二者戰於胸臆, 故臞. 今見先王之義戰勝, 故肥也.)

≪문자≫ : 흐르는 물은 거울로 삼지 못하고, 멈춘 물을 거울로 삼는다.(文子曰, 莫監於流潦, 而監於止水.)[19]

**역주**

1) 彭薛裁知恥 : 팽설(彭薛)은 팽선(彭宣)과 설광덕(薛廣德)을 가리킴. ≪한서(漢書)≫에 의하면 팽선은 서한(西漢) 회양(淮陽) 양하(陽夏) 사람으로 자는 자패(子佩)이고, 장우(張禹)에게 역학을 전수 받았고, 애제(哀帝) 때에 벼슬이 대사공(大司空)까지 올랐으며 장평후(長平侯)에 봉해졌다. 왕망이 정사를 독단하자 벼슬을 그만두고 귀향하였다고 한다. 설광덕은 서한 패군(沛郡) 상(相) 사람으로 자는 장경(長卿)이다. 벼슬은 어사대부(御史大夫)까지 올랐고, 나이 들어 벼슬을 그만두고 고향으로 돌아갈 때 조정에서 수레를 하사하였는데, 그 수레를 걸어두고 자손들에게 보였다고한다. 재(裁)는 재(纔)와 통하여 '겨우' 의 뜻. 지치(知恥)는

오래도록 벼슬살이 하는 것이 부끄러운 일이 됨을 알았다는 것으로 여기서는 팽선과 설광덕이 너무 늦게 관직에서 물러남을 비평한 말.

2) 貢公未遺榮 : 우공(貢公)은 공우(貢禹)를 가리킴. ≪한서≫에 의하면 공우는 서한(西漢) 낭야(瑯琊) 사람으로 자는 소옹(少翁)이다. 벼슬은 원제 때에 간의대부(諫議大夫)에 제수되었고, 다시 광록대부(光祿大夫)에 올랐다. 80세가 되자 벼슬에서 물러날 것을 청했으나 허락 받지 못하고 한 달 뒤에 어사대부(御史大夫)가 되었다고 한다. 미유(未遺)는 버리지 못하다. 영(榮)은 영화(榮華). 여기서는 공우가 끝내 벼슬을 버리지 못한 것을 말함.

3) 達生 : 달생(達生)은 생명의 본뜻을 깨달은 사람이나 진리에 통한 사람을 가리키는 것.

4) 伊予秉微尙 2구 : 이(伊)는 발어사. 병(秉)은 잡다, 간직하다. 미상(微尙)은 작은 뜻. 여기서는 은거하려는 뜻을 말함. 졸(拙)은 ≪노자≫ 45장의 "매우 정교한 솜씨는 마치 서툰듯하다.(大巧若拙)"라고 한 것을 의미. 눌(訥)은 공자(孔子)가 ≪논어·이인(里仁)≫에 "군자는 말은 더듬거리듯 어눌하고자하고, 행동은 민첩하게 한다.(君子欲訥於言, 而敏於行.)"라고 한 것을 의미. 여기서 졸(拙)과 눌(訥)은 '능력이 없다'라는 의미와 자신의 재주를 감추는 '화광동진(和光同塵)'의 의미를 가짐. 사(謝)는 사양하다.

5) 廬園當棲巖 2구 : 려원(廬園)은 오두막과 정원. 암(巖)은 바위, 바위의 굴. 비위(卑位)는 낮은 지위. 여기서는 유유(劉裕)가 유송(劉宋)을 세운 후 사령운이 강락공(康樂公)에서 강락후(康樂侯)로 강등되었던 일을 말함.

6) 顧己雖自許 2구 : 자허(自許)는 스스로에게 허락하다. 여기서는 1단락(1-4구)의 사람들보다 '자부하다'는 뜻. 심적(心跡)은 마음과 실제 행동. 여기서는 은둔하려는 마음과 벼슬살이의 행적을 말함.

7) 無庸妨周任 2구 : 무용(無庸)은 업적, 공적이 없다. 방(妨)은 방(方)과 통하여 나란히하다, 비견되다. 주임(周任)은 옛날 사관(史官)으로, ≪논어·계씨(季氏)≫에 공자가 "힘을 다해 벼슬에 나아가고, 할 수 없으면 그만 두라."라는 주임의 말을 인용하였다. 장경(長卿)은 서한(西漢) 사마상여(司馬相如)의 자로 ≪한서·사마상여전(司馬相如傳)≫에 "항상 소갈병이 있어, 병을 핑계되고 한가로이 지내면서, 벼슬살이를 좋아하지 않았다."라고 하였다.

8) 畢娶類尙子 : 필취(畢娶)는 자식의 혼사를 다 마치는 것. 상자(尙子)는 상장(尙長)을 가리키는 것으로 자는 자평(子平)이고 동한(東漢) 하내(河內)사람이다. ≪후한서≫에 의하면 대사공(大司空) 왕읍(王邑)이 상장을 왕망(王莽)에게 천거하였으나 고사하였고, 자녀의 혼사를 모두 마친 뒤에 '내가 죽은 것처럼 생각해라.'라는 말을 남기고 집을 나와 벗 금경(禽慶)과 함께 오악(五嶽)의 명산을 유람하며 여생을 마쳐 끝내 종적을 알 수 없었다고 함.

9) 薄遊似邴生 : 박유(薄遊)는 벼슬을 각박하게 한다는 것은 봉록이 적다는 의미. 유(遊)는 유환(遊宦)으로 벼슬살이. 병생(邴生)은 자가 병단(邴丹)이고, 서한(西漢) 낭야(瑯琊)사람.

10) 恭承古人意 2구 : 고인(古人)은 앞 11-14구의 사람들로 부귀공명에 연연하지 않는 사람들을 가리킴. 반(返)은 되돌아가다. 시형(柴荊)은 잡목이나 가시나무 등을 이용해 만든 문과 울타리를 가리키는 것으로 고향을 의미.

11) 牽絲及元興 2구 : 견사(牽絲)는 도장 끈을 끌어 잡음을 말하는 것으로, 벼슬살이의 시작을 비유한 말. 원흥(元興)은 동진(東晋) 안제(安帝)의 연호(402~404)를 말함. 해구(解龜)는 거북 모양의 인꼭지를 푸는 것을 말하는 것으로 벼슬에서 사직함을 비유한 말. 경평(景平)은 남송(南宋) 소제(少帝)의 연호(423~424)를 말함.

12) 於今廢將迎 : 장영(將迎)은 보내고 맞이하는 것으로 관영에서 손님을 접대하고 전송하는 공무를 말한 것. 여기서는 가식적이었던 벼슬자리를 비유함.

13) 理棹遄還期 2구 : 리도(理棹)는 노를 손질하다. 여기서는 타고 갈 배를 손질한다는 의미. 천(遄)은 서두르다. 환기(還期)는 돌아갈 날. 수경(修坰)은 길게 이어진 들판.

14) 溯溪 : 계곡을 거슬러 올라가다.

15) 攀林搴落英 : 반(攀)은 잡다. 건(搴)은 빼내다, 걷어 올리다. 여기서는 꽃을 '따다'는 의미. 락(落)은 ①떨어지다 ②갓, 막. 여기서는 ②의 뜻.

16) 戰勝臞者肥 : ≪한비자·유노(韓非子·喻老)≫에 근거한 것으로 원주 참조.

17) 鑒止流歸停 : ≪문자(文子)≫와 ≪장자·덕충부(德充符)≫에 근거한 것. 원주와 역주 19) 참조. 여기서는 유가적 삶에서 도가적 삶으로 돌아감을 말한 것.

18) 即是羲唐化 2구 : 희당(羲唐)은 복희(伏羲)와 당요(唐堯)를 말함. 획(獲)은 득(得)과 같아 '얻다'의 뜻. 격양(擊壤)은 〈격양가(擊壤歌)〉로 상고시대 백성의 순박한 생활을 노래한 시(≪고시원≫ 번역본 1권 36쪽 참조).

19) 莫監於流潦, 而監於止水. : ≪장자·덕충부(德充符)≫에 "사람들은 흐르는 물에 거울삼지 않고, 멈춘 물에 비춰본다."라고 하였다.

20) 압운은 榮, 生, 名, 耕, 幷, 卿, 生, 荊, 平, 迎, 坰, 行, 明, 英, 停, 情.

## 감상

사령운은 422년 좌천되어 떠났던 영가태수 직의 임기를 결국 다 채우지 못한 채 이듬해 423년 스스로 그만두고 고향으로 돌아가 버린다. 이 시는 태수를 그만두고 고향으로 돌아가는 마음을 읊은 것이다. 모두 32구로 되어있는데 내용에 따라 6개의 단락으로 나눌 수 있다.

1단락(1-4구)에서는 팽선과 설광덕, 공우 같은 옛 사람들의 예를 들어 그들이 벼슬을 늦게 버리거나, 끝내 버리지 못했던 일을 말하고 있다.

2단락(5-10구)에서는 자신이 벼슬을 하기 전 마음가짐을 말한 것이다. 자신이 못나고 어눌하여 뜬 이름은 사양하고 작은 뜻을 품었었고(5-6구), 굴속에 살고 농사짓지는 못하지만 오두막, 정원과 낮은 벼슬로 대신하고자 했었음(7-8구)을 말한다. 스스로 1단락에서 언급한 옛 사람보다 낫다 자부하지만, 가졌던 마음을 행동으로 옮기지는 못했음을 고백한다(9-10구).

3단락(11-16구)은 자신이 영가태수라는 이 벼슬을 그만 두는 이유를 나열하고 있다. 그 이유는 업적이 없고 병이 있어서이고(11-12구), 자식의 혼사를 다 마쳤고 봉록이 적어서이다(13-14구). 이제 11-14구에서 말한 옛 사람들 주임, 사마상여, 상자, 병생 같은 이들이 부귀공명에 연연하지 않았던 것처럼 나도 행장을 재촉해 귀향길에 오르려 한다(15-16구).

4단락(17-22구)은 벼슬길에 나섰던 과거를 회상하고(17-20구), 고향으로 돌아가기 위해 배를 손질하고 출발하는 모습(21-22구)이다.

5단락(23-28구)은 고향에 도착한 후 즐거움을 노래한 것이다. 23-24구는 고향에 도착한 모습이다. 25-28구에는 그 즐거움에 주위 자연이 아름다워 보이는 시인의 마음이 보인다.

마지막 6단락(29-32구)의 29구는 원주에 소개한 자하의 말처럼 마음속에서 의리와 부귀 사이의 갈등을 이겨 내니 여윈 몸이 살이 쪘다고 말한 것이다. 30구에서 ≪문자≫와 ≪장자·덕충부≫의 말을 빌려 흐르는 물 같은 삶에서 이제 멈춘 물로 돌아왔다는 것은 유가적인 삶에서 도가적 삶으로 돌아온 시인의 마음을 이야기 한 것이다. 이제 시인은 천하가 태평하고 백성들은 탈이 없던 그때, 한 노인이 불렀다는 〈격양가〉를 떠올리며 고향에 돌아와 얻은 평화를 읊는다(31-32구).

## 5-21

## 〈夜宿石門詩(야숙석문시)〉 〈밤에 석문산에 머물며〉

| | |
|---|---|
| 朝搴苑中蘭,<br>조건원중란 | 아침에 정원의 난초를 따거니와, |
| 畏彼霜下歇.[1)]<br>외피상하헐 | 저 것이 서리 맞아 시들까 두려워서네. |
| 瞑還雲際宿,<br>명환운제숙 | 어두워져 돌아와 구름사이에 잠을 자니, |
| 弄此石上月.[2)]<br>롱차석상월 | 이 돌 위의 달을 희롱하고 있다네. |
| 鳥鳴識夜棲,<br>조명식야서 | 새가 우니 밤에 돌아와 깃들었음 알겠고, |
| 木落知風發.<br>목락지풍발 | 나뭇잎 떨어지니 바람 부는 것을 알겠네. |
| 異音同至聽,<br>이음동지청 | 다른 소리가 함께 내게 다가와 들려오니, |
| 殊響俱清越.[3)]<br>수향구청월 | 울리는 소리 다르지만 모두 맑고 빼어나네. |

| | |
|---|---|
| 妙物莫爲賞,<br>묘물막위상 | 오묘한 풍물을 감상하는 이가 없거니와, |
| 芳醑誰與伐.[4)]<br>방서수여벌 | 향기로운 술 누구와 더불어 자랑하리오. |
| 美人竟不來,<br>미인경불래 | 미인이 끝내 오지를 않으시나니, |
| 陽阿徒晞髮.[5)*]<br>양아도희발 | 양지 언덕에서 괜히 머리만 말리누나. |

**원주**

* '다른 소리 함께 내개 다가와 들려오니' 와 '먼 산의 푸른 기운은 억지로 이름하기 어렵고' 는 모두 사령운이 독창적으로 지은 시어이다.(異音同至聽, 空翠難强名, 皆謝公獨造語.)

**역주**

1) 朝搴苑中蘭 2구 : 건(搴)은 따다, 캐다. 헐(歇)은 시들어 떨어지다.
2) 暝還雲際宿 2구 : 운제(雲際)는 구름사이. 롱(弄)은 손이 옥을 가지고 노는 모양으로(㺯) 희롱하다, 감상하다의 의미. 석(石)은 '석문산(石門山)' 으로 볼 수도 있으나, '돌' 로 해석함.
3) 異音同至聽 2구 : 지청(至聽)은 다른 판본에 '치청(致聽)' 으로 되어 있다. 여기서는 '이르다, 다가오다' 로 해석함. 만약 '지청(至聽)' 으로 본다면 '다른 소리이나 똑같이 지극한 소리이니' 로 해석이 가능. 청월(淸越)은 맑고 빼어나다.
4) 妙物莫爲賞 2구 : 묘물(妙物)은 오묘한 풍물. 방서(芳醑)는 향기로운 술. 벌(伐)은 자랑하다.
5) 美人竟不來 2구 : 미인(美人)은 여기서 자신을 알아주는 사람을 의미. 양아(陽阿)는 태양이 나와 처음으로 지나는 전설의 땅으로, 여기서는 '양지바른 언덕' 을 가리킴. 굴원(屈原)의 ≪구가·소사명(九歌·少司命)≫에 "그대와 함지(咸池)에서 머리 감고, 양아에서 그대와 머리 말리려하네. 미인을 기다려도 오지 않으니, 바람을 맞으며 멍하니 소리 높여 노래하노라."라고 하였다.
6) 歇, 月, 發, 越, 伐, 髮로 입성(入聲) 압운.

**감상**

이 시는 사령운이 고향에서 2차 은거의 시기(429-432년)를 보낼 때 지은 시로, 가을날 석문산에서의 유숙을 읊고 있다. 총 12구로, 내용에 따라 3개의 단락으로 나눠 볼 수 있다.

1단락(1-4구)은 제목 '밤에 석문산에 머물며(夜宿石門詩)' 를 설명하고 있다. 1-2구에서 정원의 난초가 서리 맞아 시들까 두려워 아침에 딴다는 것은 아직 난초를 딸 시기가 아님에도 걱정스러워 미리 딴다는 의미이다. 3-4구에서는 제목의 설명처럼 밤에 석문산에서 홀로 잠을 이룸을 말하고 있다.

2단락(5-8구)에서는 경물을 간접적으로 묘사하고 있다. 5구에서 새 소리(청각)만 들리고 새의 모습(시각)은 보이지 않고, 6구에서는 나뭇잎이 떨어지는 것(시각)만 보고 바람소리(청각)는 들리지 않는다. 이렇듯 다른 소리들이 함께 시인에게 들려오지만, 그 다름이 어우러져 모두 맑고 빼어나다(7-8구). 아마도 1차 은거 시기(423-426년) 끝에 다시 조정에 나갔지만 결국 다시 고향으로 돌아와 은거하던 사령운에게 조화를 이룬 자연의 아름다움과 권력다툼에 시끄러운 인간세계의 모습이 대조를 이루며 다가왔을 것이다.

3단락(9-12구)은 자연과 비교되는 인간세계에 지친 시인은 외로움을 털어놓는다. 이 오묘한 풍물도, 향기로운 술도 함께 할 이가 없고(9-10구), 나를 알아주는 벗(미인)도 오지 않으니, 굴원(屈原)의 ≪구가·소사명≫의 한 구절처럼 속절없이 혼자서 기다릴 수밖에(11-12구).

## 5-22
## 〈入彭蠡湖口(입팽려호구)〉[1]　〈팽려호 입구에 들어서며〉

| | |
|---|---|
| 客遊倦水宿,<br>객유권수숙 | 머나먼 부임길 배에서 자는 게 지쳤나니, |
| 風潮難具論.[2]<br>풍조난구론 | 바람과 물결을 다 갖추어 따질 수 없구나. |
| 洲島驟迴合,<br>주도취회합 | 물 섬에서는 갑자기 돌고 모이거니와, |
| 圻岸屢崩奔.[3]<br>기안루붕분 | 강둑에는 자주 무너뜨리고 내달리는구나. |
| 乘月聽哀狖,<br>승월청애유 | 달빛 타고 슬픈 원숭이 소리 듣거니와, |
| 浥露馥芳蓀.[4]<br>읍로복방손 | 이슬에 젖으며 창포 향기를 맡아보노라. |
| 春晩綠野秀,<br>춘만록야수 | 봄 저무니 푸른 들녘에 장다리 솟아나고, |
| 巖高白雲屯.[5]<br>암고백운둔 | 바위가 높으니 흰 구름이 모여드는구나. |
| 千念集日夜,<br>천념집일야 | 온갖 생각이 밤낮으로 모여들거니와, |

| | |
|---|---|
| 萬感盈朝昏.[6]<br>만감영조혼 | 만 가지 감회 아침저녁으로 넘쳐나네. |
| 攀崖照石鏡,<br>반애조석경 | 절벽을 오르며 돌 거울에 비쳐보고, |
| 牽葉入松門.[7]<br>견엽입송문 | 잎가지 끌어당겨 송문산에 들어가네. |
| 三江事多往,<br>삼강사다왕 | 삼강의 일들은 대부분 가버렸거늘, |
| 九派理空存.[8]<br>구파리공존 | 구파의 지리만 공연히 남아있다네. |
| 靈物叴珍怪,<br>영물린진괴 | 영물 석경은 진기함에 인색하고, |
| 異人秘精魂.[9]<br>이인비정혼 | 이인 우 임금도 영험함 감췄네. |
| 金膏滅明光,<br>금고멸명광 | 황금 고약도 밝은 빛이 사라졌고, |
| 水碧綴流溫.[10]<br>수벽철류온 | 수벽도 매끄럽고 온화함 그쳤네. |
| 徒作千里曲,<br>도작천리곡 | 천 리의 노래를 부질없이 지어보지만, |
| 絃絶念彌敦.[11]<br>현절념미돈 | 거문고 줄 끊겨 그리움만 더욱 커지네. |

**역주**

1) 彭蠡湖口 : 팽려호(彭蠡湖)는 강서성(江西省) 파양호(鄱陽湖)의 옛 명칭이다. 이 시의 제목은 ≪입팽려호구작(入彭蠡湖口作)≫, ≪팽려구(彭蠡口)≫, ≪입팽려구(入彭蠡口)≫ 등으로 판본에 따라 조금씩 다름.

2) 客遊倦水宿 2구 : 객유(客遊)는 사령운이 임천내사(臨川內史)에 임명되어 가는 부임길을 말함. 수숙(水宿)은 배에서 자는 것. 풍조(風潮)는 바람과 물결. 부임길의 모든 여정을 의미.

3) 洲島驟迴合 2구 : 주도(洲島)는 물 섬. 취(驟)는 갑자기. 회합(迴合)은 2구의 풍조(風潮)가 돌기도 하고 모이기도 한다는 의미. 기안(圻岸)은 강의 둑. 붕분(崩奔)은 2구의 풍조(風潮)가 둑을 무너뜨리기도 하고 내달리기도 한다는 의미.

4) 乘月聽哀狖 2구 : 유(狖)는 원숭이. 읍(浥)은 젖다. 복(馥)은 5구의 청(聽)과 대구이므로 '향기롭게 여기다, 맡다'로 번역함. 손(蓀)은 창포.

5) 春晚綠野秀 2구 : 수(秀)는 '장다리'로 배추나 무의 꽃줄기를 말함. 둔(屯)은 모

이다.

6) 千念集日夜 2구 : 천념(千念)은 온갖 생각. 조혼(朝昏)은 아침과 저녁.

7) 攀崖照石鏡 2구 : 석경(石鏡)은 자연이 만든 거울 같은 바위. 거울은 신이 깃든 물건의 의미를 가져 여기서는 자신을 제대로 비춰볼 수 있는 물건의 의미. 입(入)은 송문산에 오른다는 의미. 송문(松門)은 산 이름. ≪태평환우기(太平寰宇記)≫에 "송문산은 남창현 북쪽에 있는데, 수로가 이백 이십 오리이다. 그 산에 소나무가 많아 그것으로 명명했다. 북으로는 장강과 팽려호를 굽어보고, 산 절벽에 석경이 있는데, 빛이 사람을 비출 수 있다."라고 하였다.

8) 三江事多往 2구 : 삼강(三江)과 구파(九派)는 모두 양자강의 지류. ≪서경·하서·우공(書經·夏書·禹貢)≫에 "팽려(彭蠡)에 이미 물이 모여 흐르니, 양조(陽鳥)가 사는 곳이라. 삼강이 이미 바다로 들어가니, 진택(震澤)이 안정되었네."라고 하였다. 이는 우(禹)임금이 치수 사업으로 삼강(三江)을 만든 업적을 말한 것. 유향(劉向)의 ≪설원·군도(說苑·君道)≫에 "우임금이 강을 터서, 이로써 구파(九派)에 통하게 하였네."라고 하였다. 이 역시 우임금이 치수 사업으로 구파(九派)를 만든 업적을 말한 것. 이 2구는 호문(互文)으로 삼강과 구파의 지리는 공연히 남아있으나, 그 업적을 이룰 수 있는 임금은 이제 현실에 없다는 의미.

9) 靈物悋珍怪 2구 : 영물(靈物)은 11구의 석경(石鏡)을 말함. 린(悋)은 린(吝)의 별자. 이인(異人)은 남다른 재능을 가진 사람으로 여기서는 우(禹) 임금을 가리킴.

10) 金膏滅明光 2구 : 금고(金膏)는 수(隨)나라 왕도(王度)의 ≪고경기(古鏡記)≫에 "금고(金膏)를 바르고, 주분(珠粉)으로 닦은 뒤에, 그 거울을 들어서 태양을 비추면, 그 빛이 장벽(牆壁)을 뚫고 지나간다."라고 하였다. 수벽(水碧)은 ≪산해경·동산경(山海經·東山經)≫에 "경산(耿山)에 초목이 없고, 수벽(水碧)이 많다."고 하였는데, 곽박(郭璞)이 주를 달기를 "역시 수옥(水玉)의 일종이다."라고 하였다. 여기서는 우(禹)임금이 치수 사업에 성공하자 제(帝)가 하사한 현규(玄圭)를 가리킴. ≪서경·하서·우공(夏書·禹貢)≫에 "우왕이 현규(玄圭)를 올려 그 성공을 고하였다."라고 하였다. 철(綴)은 철(輟)의 가차로 '그치다'의 뜻. 류(流)는 매끈하다. 온(溫)은 온화하다.

11) 徒作千里曲 2구 : 천리곡(千里曲)은 사령운이 고향으로부터 천리 멀리 떨어져있음을 말한 것으로 이 시를 지칭함. 현절(絃絶)은 절현(絶絃)으로 거문고 줄이 끊어지다는 뜻으로 여기서는 자신을 알아주는 진정한 벗이 세상에 없음을 비유한 것. 이는 전국 시대 백아(伯牙)와 종자기(鍾子期)의 고사에서 왔다. 백아의 거문고 연주를 이해해 주던 종자기가 세상을 뜨자 백아는 거문고 줄을 끊고 다시는 연주하지 않았다고 한다. 이를 백아절현(伯牙絶絃)이라 한다. 또 소리를 알아주는 벗에서 자신을 진정으로 이해해 주는 벗이란 의미의 지음(知音)이란 말도 여기에서 시작됨.

12) 압운은 論, 奔, 蓀, 屯, 昏, 門, 存, 魂, 溫, 敦.

감상

423년 사령운은 영가태수 직을 사임하고 자신의 고향으로 돌아온 후 423-426년에 걸쳐 은거 생활을 하게 된다. 이 기간에 유일한 정치적 동맹자이자, 마음을 알아주는 벗이었던 여릉왕(廬陵王) 유의진(劉義眞)이 죽임을 당하는 일을 겪는다. 426년 다시 한 번 조정에 나가 벼슬을 하지만 결국 고향에 돌아와 다시 2차 은거 생활(429-432년)에 들어간다. 이 기간 중 회계태수(會稽太守) 맹의(孟顗)와 마찰을 빚어 반역자로까지 몰리게 되자 이를 해명하고자 다시 조정에 나간다. 문제(文帝)의 배려로 사형을 면하고 임천내사(臨川內史)로 임명되어, 432년 원가(元嘉) 9년 봄 임천으로 부임 차 떠난다. 이 시는 그 부임길에 지은 것이다. 이미 권력다툼에 지쳐버린 시인의 눈과 마음에 비치는 이 여정의 고단함이 시 속에 고스란히 묻어난다. 모두 20구로, 내용에 따라 네 단락으로 나눌 수 있다.

1단락(1-4구)은 제목 '팽려호 입구에 들어서며(入彭蠡湖口)'를 설명한 것이다. 팽려호 입구까지 양자강을 거슬러 올라가는 여정을 말하고 있다. 이 단락을 한마디로 표현하자면 1구의 '피곤함(倦)'이다. 양자강을 거슬러 올라가는 머나먼 부임길, 바람과 물결에 시달리며 배에서 자는 여정에 지쳐간다.(1-2구) 양자강 바람과 물결에 물 섬은 갑자기 돌고 모이고, 강둑은 무너져 내리고 내달리는 풍경이 시인의 눈에 어지럽기만 하다(3-4구).

2단락(5-10구)은 1단락의 피곤함을 풀기 위해 풍경을 감상하며 마음을 달래기 위해 애쓰는 시인의 모습이다. 슬픈 원숭이 소리도 들어보고, 창포의 향기도 맞아본다(5-6구). 그러나 푸른 들녘에 장다리가 솟아나고, 흰 구름이 몰려오는 것이 마치 시인에게 온갖 생각들이 솟아나고 밀려드는 것 같다(7-8구). 결국 시인은 만감이 교차한다(9-10구).

3단락(11-16구)의 11구에서 이야기하는 석경(石鏡)은 자연이 빚어낸 돌 거울이다. 고대에 거울은 신이 깃든 물건으로 여겨, 갈홍의 ≪포박자≫에서는 요괴의 본 모습을 비추어 요괴를 물리치는 도구로도 쓰였다. 사령운에게 이 석경은 자신을 모함하고자 하는 이들의 정체성을 비춰보고자 하는 도구이다. 또 자신의 진면목을 보여주고픈 도구이기도 하다. 13-14구는 호문(互文)으로 삼강과 구파의 지리는 공연히 남아있으나, 그 업적을 이룰 수 있는 임금은 이제 현실에 없다는 의미이다. 사령운이 우 임금을 이야기 한 것은 한편으로는 사령운을 알아주지 못하는 현 황제 문제(文帝)와 비교한 것이다. 한편으로는 호수를 터서 농경지를 만들자는 주장을 하다 모함을 받은 사령운이 물길을 터서 치수 업적을 이룬 우 임금처럼 자신의 뜻도 옳았음을 주장하고픈 것이다. 하지만 지금은 석경 같은 영물도 없고, 우임금 같은 재능 있는 이도 없다(15-16구).

4단락(17-20구)은 결론이다. 17구의 금고(金膏)는 11구의 석경, 15구의 영물과 연결되고, 18구의 수벽(水碧)은 우 임금의 현규(玄圭)와 연결되어 우임금을 떠올리게 한다. 시인은 이제 금고도 수벽도 없는 절망스런 상태이다. 고향으로부터 천리멀리 떨어져 이 노래를 지어보지만, 나를 알아주는 사람이며 나와 뜻을 같이할 사람이 없음에 더 상심한다(19-20구).

## 5-23
## 〈入華子岡是麻源第三谷(입화자강시마원제삼곡)〉[1)]

〈화자봉에 들어서서, 이는 마원 제3곡이다〉

| | |
|---|---|
| 南州實炎德,<br>남주실염덕 | 이 남쪽 고을은 화의 덕이 가득차서, |
| 桂樹凌寒山.[2)]<br>계수릉한산 | 계수나무가 차가운 겨울 산에 무성하네. |
| 銅陵映碧澗,<br>동릉영벽간 | 구리 빛 산봉우리 푸른 계곡물에 비추고, |
| 石磴瀉紅泉.[3)]<br>석등사홍천 | 돌계단에는 붉은 샘물이 쏟아지고 있네. |
| 旣枉隱淪客,<br>기왕은륜객 | 은륜객이라는 신인이 왕림했을 뿐 아니라, |
| 亦棲肥遯賢.[4)]<br>역서비돈현 | 느긋이 숨어사는 현인도 깃들 수 있겠네. |
| 險徑無測度,<br>험경무측도 | 험한 길은 헤아릴 길이 없거니와, |
| 天路非術阡.[5)]<br>천로비술천 | 하늘 길이라 속세 길이 아니라네. |
| 遂登群峰首,<br>수등군봉수 | 마침내 뭇 봉우리의 우두머리에 올랐더니, |
| 邈若升雲烟.[6)]<br>막약승운연 | 구름과 안개를 타고 있는 듯 아득하여라, |
| 羽人絶髣髴,<br>우인절방불 | 우인은 어렴풋한 모습 끊어졌고, |
| 丹丘徒空筌.[7)]<br>단구도공전 | 단구는 공연한 빈 통발뿐이구나. |
| 圖牒復摩滅,<br>보첩복마멸 | 보첩도 다시 마멸되어 버리거니와, |
| 碑版誰聞傳.[8)]<br>비판수문전 | 비석에 새긴 것 누가 듣고 전하리. |
| 莫辨百代後,<br>막변백대후 | 백대 뒤에 구분할 자 없거니와, |
| 安知千載前.[9)]<br>안지천재전 | 천년 앞은 어찌 알 수 있겠는가. |

且申獨往意, 잠시 '홀로 감'의 뜻을 펼치기 위하여,
차신독왕의
乘月弄潺湲.[10] 달빛을 타고서 흐르는 물을 희롱하네.
승월롱잔원
恆充俄頃用,[11] 늘 순간의 수요를 늘 채울 뿐이지,
항충아경용
豈爲古今然. 어찌 고금이 그러하기 때문이랴.
기위고금연

역주

1) 入華子岡是麻源第三谷 : 화자강(華子岡)은 화자봉우리로 강서성(江西省) 남성현(南城縣) 서남쪽에 있는데, 마원(麻源)의 세 번째 골짜기에 해당한다. 전설에 의하면 한나라 초기 상산사호(商山四皓) 중의 한 사람인 녹리선생(甪里先生)의 제자 화자기(華子期)가 이 산 정상으로 날아왔다고 한다. 마원은 선인 마고(麻姑)가 이 산에서 득도하여 붙여진 이름.
2) 南州實炎德 2구 : 남주(南州)는 남쪽 고을로 임천군(臨川郡)을 말함. 실(實)은 가득차다, 충만하다. 릉(淩)은 능가하다, 넘어서다. 여기서는 나무가 무성한 모습. 한산(寒山)은 겨울 산.
3) 銅陵映碧澗 2구 : 동릉(銅陵)은 봉우리 이름으로 구리 빛을 가진 봉우리. 석등(石磴)은 돌로 된 계단. 홍천(紅泉)은 붉은 진흙과 모래를 띠고 흐르는 샘물.
4) 旣枉隱淪客 2구 : 5구의 기(旣)와 6구의 역(亦)은 ~뿐 아니라 ~도. 왕(枉)은 왕림하게 하다. 은륜객(隱淪客)은 은륜객이라는 신인(神人). 환담(桓譚)의 ≪신론(新論)≫에 의하면 "천하의 신묘한 사람 다섯 종류(天下神人五)"가 있는데 "첫째는 신선, 둘째는 날아다녀 인간의 눈에 보이지 않는 은륜(隱淪)인, 셋째는 귀물을 부리는 사람, 넷째는 점을 치는 사람 부류, 다섯째는 단전이나 연금술을 하는 사람이다"이라 하였다. 이 시의 제목과 관련된 화자기(華子期), 마고(麻姑) 등의 선인들은 그리 유명한 신선이 아니어서 '은륜객(隱淪客)'이라고 표현한 것. 서(棲)는 머물다, 깃들다. 돈(遯)은 돈괘(遯卦, ䷠)로 하늘을 나타내는 건괘(乾卦)와 산을 나타내는 간괘(艮卦)가 위아래로 이어진 것으로, 천산돈괘(天山遯卦). 돈괘(遯卦)에 "상구는 느긋하게 피하니, 이롭지 않음이 없다."라고 하였다. 여기서 비돈현(肥遯賢)은 '느긋하게 세상을 피하는 현인이 되고픈 나 사령운'이라는 의미.
5) 天路非術阡 : 천로(天路)는 하늘에 올라가는 길. 술천(術阡)은 인간 세상의 길.
6) 遂登群峰首 2구 : 군봉수(群峰首)는 뭇 봉우리의 우두머리 봉우리로 화자봉을 가리킴.
7) 羽人絶髣髴 2구 : 우인(羽人)은 여기서 날아온 화자기(華子期)를 가리킴. 방불(髣髴)은 첩어, 의태어로 어렴풋한 모양. 단구(丹丘)는 붉은 토양이 깔린 산 정상을

가리키는 것으로, 전설 속의 선인 화자기와 마고가 영생의 약인 단사를 얻기 위해 이곳에 찾아와 머물렀다고 한다. 여기서는 선인 마고(麻姑)를 가리킴. 굴원(屈原)이 ≪초사·원유(楚辭·遠遊)≫에 "단구에서 우인을 따라, 죽음이 없는 구향(舊鄕)에 머무네."라고 하였는데, 한나라 왕일(王逸)이 주하길 "단구는 전설 속의 선인이 은거하던 곳으로 낮과 밤이 언제나 밝았다."라고 하였다. 전(筌)은 통발. ≪장자·외물편(外物篇)≫에 "물고기를 잡으면 통발을 잊어버리고, 뜻을 얻으면 말을 잊어버린다.(得魚而忘筌, 得意而忘言.)"라고 하였다. 여기서 전(筌)은 빈말(空言)의 뜻으로 쓰임.

8) 圖牒復摩滅 2구 : 보첩(圖牒)은 서적을 말함. 비판(碑版)은 비석에 새겨 놓은 글.
9) 莫辨百代後 2구 : 백대(百代)는 3천년, 천재(千載)는 천년이나 여기서는 오랜 시간.
10) 且申獨往意 2구 : 차(且)는 잠시, 아쉬운 대로. 독왕(獨往)은 장자가 말하는 세상의 기준을 초탈하여 도(道)의 경지에 홀로 간다는 의미. ≪장자·재유(在宥)≫에 "육합(六合)을 출입하고, 구주에서 노닐며, 홀로 갔다 홀로 오나니, 이것을 홀로 존재함(獨有)이라고 한다. 홀로 존재한 사람이야말로, 지극히 존귀한 사람이라고 한다."라고 하였다. ≪장자·대종사(莊子·大宗師)≫에서 도의 경지에 이르는 단계를 천하를 도외시 함(外天下) → 사물을 도외함(外物) → 삶을 초탈함(外生) → 아침처럼 꿰뚫어 봄(朝徹) → 독을 봄(見獨) → 고금이 없음(無古今) → 불사불생의 경지에 들어감(入於不死不生)으로 보았다. 노자가 말한 "홀로 서서 바뀌지 않는(獨立而不改)"의 경지를 말한 것. 잔원(潺湲)은 첩운, 의성어로 물이 졸졸 흐르는 소리. 흐르는 물로 해석함.
11) 俄頃 : 순간.
12) 압운은 山, 泉, 賢, 阡, 烟, 筌, 傳, 前, 湲, 然.

**감상**

사령운은 2차 은거 생활(429-432년) 중에 회계태수(會稽太守) 맹의(孟顗)와 마찰을 빚어 반역자로까지 몰리게 되자 이를 해명하고자 다시 조정에 나간다. 이에 문제(文帝)는 사령운에게 임천내사(臨川內史)의 임무를 주었다. 사실 임천 지역은 당시 수도 건강(建康)뿐 아니라 사령운의 고향과도 너무 멀리 떨어진 유배지나 다름없는 부임 지역이었다. 원가(元嘉) 9년 겨울, 임천내사(臨川內史)로 부임하고 일 년이 조금 못 되었을 때, 사령운은 선인 화자기(華子期)와 마고(麻姑)가 머물렀다는 전설이 내려오는 마원(麻源)의 제3곡 화자강(華子岡)을 유람하며 이 시를 지었다. 모두 20구로 되어있으며, 내용에 따라 5개의 단락으로 나눌 수 있다.

1단락(1-4구)에서 시인은 임천 지역의 산이 추운 겨울임에도 계수나무가 무성하고(1-2구), 구리 빛 산봉우리와 붉은 샘물(3-4구)을 언급해 이 곳이 범상치 않는 신선계(神仙界) 같음을 말하고 있다.

2단락(5-8구)은 험한 길 많은 이곳에 화자기(華子期)와 마고(麻姑) 같은 은륜객(隱淪客)이라는 신인(神人)이 찾아왔다니, 느긋하게 세상피하는 현인이 되고픈 나 사령운 같은 이도 여기에 깃들고 싶음을 말한다.

3단락(9-12구)에서 9-10구는 마치 신선이 된 것 같은 기분을 말한 것이다. 그러나 이 산 정상에 날아왔다는 화자기의 모습도, 마고(麻姑) 같은 선인들이 거하였다는 단구도 다 공연한 헛말일 뿐이다(11-12구).

4단락(13-16구)에서 시인은 이렇듯 신선의 흔적도 없는데, 보첩(圖牒)이나 비석의 글 같은 인간의 흔적을 어찌 전해질 것인가(13-14구)를 묻는다. 이는 사령운이 도가적 관점에서 생각한 것이다.

5단락(17-20구)은 결론으로 시인은 순간일지라도 독(獨)의 세계에 들어가 공허한 마음을 달래고자, 물에 비친 달을 희롱해본다. 물론 이는 순간의 위안일 뿐, 고금의 선인들이 다 그런 것은 아닐 터이다.

## 5-24

## 〈歲暮(세모)〉 〈세밑〉

| | |
|---|---|
| 殷憂不能寐,<br>은우불능매 | 큰 근심에 잠을 이루지 못하나니, |
| 苦此夜難頹.[1)]<br>고차야난퇴 | 이 밤이 무너지기도 어려워 괴롭네. |
| 明月照積雪,<br>명월조적설 | 밝은 달은 쌓인 눈을 비추거니와, |
| 朔風勁且哀.[2)]<br>삭풍경차애 | 삭풍은 매서우면서도 애절하다네. |
| 運往無淹物,<br>운왕무엄물 | 계절 가면 머물러 있는 물건 없으니, |
| 年逝覺已催.[3)*]<br>년서각이최 | 해가 가며 이미 재촉함을 느낀다네. |

**원주**

* 시구가 빠져 있다.(闕文.)

**역주**

1) 殷憂不能寐 2구 : 은우(殷憂)는 큰 근심. 여기서는 인간의 숙명에 관한 것. 야난퇴(夜難頹)는 밤이 무너지기 어렵다. 이는 밤이 좀처럼 가지 않는다는 의미.
2) 朔風勁且哀 : 삭풍(朔風)은 북풍(北風). 경(勁)은 매섭다.
3) 運往無淹物 2구 : 운(運)은 해와 달의 운행. 엄물(淹物)은 머물러 남아 있는 물건. 최(催)는 재촉함.

4) 압운은 頹, 哀, 催.

**감상**

뒤에 빠진 구절이 있어, 6구로 되어 있다. 1-2구에서 시인은 큰 근심에 좀처럼 잠을 이루지 못하고, 더불어 밤이 좀처럼 가지 않는다고 말한다. 시인을 잠 못 이루게 하는 것은 쌓인 눈을 비추는 밝은 달과 매섭고 애절한 북풍의 소리(3-4구) 때문이다. 계절이 가면 나뭇잎은 떨어지고 꽃은 떨어지듯 머물러 남은 물건이 없고, 또한 해가 가니 이미 재촉함을 느낀다(5-6구).

# 권11

# 宋詩2(송시2)

## 1. 謝瞻[1]

### 1-1

〈答靈運(답령운)〉 〈사령운에게 답하다〉

| | |
|---|---|
| 夕霽風氣涼,<br>석제풍기량 | 저녁에 날이 개자 바람이 서늘하고, |
| 閑房有餘清.[2]<br>한방유여청 | 한적한 서재 맑은 기운 넘쳐나누나. |
| 開軒滅華燭,<br>개헌멸화촉 | 창문을 열고서 촛불을 끄고 나니, |
| 月露皓已盈.[3]<br>월로호이영 | 달이 나와 희고 이미 둥그렇구나. |
| 獨夜無物役,<br>독야무물역 | 홀로 이 밤 외부 부림 받음 없으니, |
| 寢者亦云寧.[4]<br>침자역운녕 | 잠자리에 드는 것 또한 편안하다네. |
| 忽獲愁霖唱,<br>홀획수림창 | 문득 〈수림〉이라는 노래를 얻었나니, |
| 懷勞奏所誠.[5]<br>회로주소성 | 노고를 가슴에 품고 진심을 알려주네. |
| 歎彼行旅艱,[6]<br>탄피행려간 | 저 나그네의 어려움을 탄식하거니와, |
| 深玆眷言情.[7]<br>심자권언정 | 날 그리워하는 마음을 깊게 여긴다네. |
| 伊余雖寡慰,<br>이여수과위 | 아 나는 비록 위안할 것이 적지만, |
| 殷憂暫爲輕.[8]<br>은우잠위경 | 큰 근심이 잠시나마 가벼워지기를. |
| 牽率酬嘉藻,<br>견솔수가조 | 억지로 경솔히 아름다운 글 답하려니, |
| 長揖愧吾生.[9]<br>장읍괴오생 | 길게 절하며 내 아우님께 부끄럽다네. |

역주

1) 謝瞻(사첨, 387?-421?) : 남조 송나라 진군(陳郡) 양하(陽夏) 지금의 하남성(河南省) 태강현(太康縣) 사람으로 자는 선원(宣遠) 또는 통원(通遠)이다. 이름을 첨(檐)이라고도 한다. 벼슬은 동진(東晉) 말에 안서참군(安西參軍), 건위장사(建威長史)를 지냈으며 훗날 송(宋)을 세우는 유유(劉裕) 아래에서 진군참군(鎭軍參軍)을 지냈다. 송나라에 들어와서는 중서황문시랑(中書黃門侍郞), 상국종사중랑(相國從事中郞), 예장태수(豫章太守)를 맡았다. 어려서부터 문재(文才)가 있었으며 당숙 사혼(謝混)과 족제(族弟)인 사령운(謝靈運)과 더불어 '삼절(三絶)'이라 불렸다. 문집은 소실되고 시 6수만 전한다.
2) 夕霽風氣涼 2구 : 제(霽)는 날이 개다. 방(房)은 여기서 서재를 의미. 여(餘)은 남아돌다, 넘쳐나다.
3) 開軒滅華燭 2구 : 헌(軒)은 창문, 수레, 처마. 여기서는 창문을 말함. 화촉(華燭)은 촛불. 화(華)는 일종의 시어로 설화(雪華), 상화(霜華)와 같이 촉(燭)을 아름답게 말한 것. 로(露)는 나오다, 드러나다. 영(盈)은 여기서 달이 둥글다는 의미.
4) 獨夜無物役 2구 : 물역(物役)은 위물소역(爲物所域)으로 외부에 부림을 당하는 것을 말함. 침자(寢者)는 잠자는 것, 잠자리에 드는 것을 말함.
5) 忽獲愁霖唱 2구 : 홀(忽)은 문득. 수림(愁霖)은 사령운(謝靈運)이 보낸 시. 회로주소성(懷勞奏所誠)은 사령운이 보낸 시 〈수림(愁霖)〉의 내용을 말함. 회로(懷勞)는 노고를 가슴에 품다. 주(奏)는 느낌을 표출하다, 알려 주다. 소성(所誠)은 참된 것, 진실 된 것.
6) 歎彼行旅艱 : 8구의 회로(懷勞)를 설명한 것. 피(彼)는 저. 먼 것을 지칭. 행려(行旅)는 나그네.
7) 深茲眷言情 : 8구의 주소성(奏所誠)을 설명한 것. 자(茲)는 이. 가까운 것을 지칭. 권언(眷言)은 첩운, 의태어로 미련을 갖고 돌아다보는 모양.
8) 伊余雖寡慰 2구 : 위(慰)는 위안하다, 위로하다. 은(殷)은 크다.
9) 牽率酬嘉藻 2구 : 견(牽)은 억지로. 솔(率)은 경솔하게. 수(酬)는 보내온 시에 화답하다. 가조(嘉藻)는 아름다운 물풀로 여기서는 사령운의 시 솜씨를 칭송한 말. 장읍(長揖)은 길게 절하다. 생(生)은 자신보다 어린 사람에게 쓰는 말, 서생, 학생의 의미. 사령운이 집안 동생이고 압운(押韻)을 하기 위해 씀.
10) 압운은 淸, 盈, 寧, 誠, 情, 輕, 生.

감상

사첨이 족제(族弟)인 사령운이 보내온 시 〈긴 장마를 걱정하며(愁霖)〉에 화답한 작품이다. 안타깝게도 사령운의 원시는 현재 전하지 않는다. 총 14구로, 세 단락으로 나눌 수 있다.

1단락(1-6구)은 시인 사첨이 자신의 근황을 설명한 것이다. 특히 3-4구에서 창문 밖의 달이 희고 둥글다는 것은 1차적으로 경치를 묘사한 것이지만, 2차적인 뜻은 시를 주고받는 두 사람만이 아는 내용일 가능성이 있다. 시인은 외부에 부림 받는 것이 없어 잠자리에 드는 것이 편하다고 말한다. 사첨은 송나라에 들어서 총애를 받으며 벼슬을 하지만, 권력다툼에 휘말릴 것을 염려하여 스스로 자청하여 지방의 태수를 맡아 중앙 조정에서 물러난 적이 있다.

2단락(7-12구)은 사령운이 보내온 시를 언급하며 위로한 말이다. 8구는 사령운이 보내온 시 〈긴 장마를 걱정하며〉의 내용으로 9-10구는 8구를 다시 설명한 것이다. 즉 사령운의 시에 나그네의 어려움을 탄식하고 족형(族兄)인 사첨을 그리워하는 것이 깊음을 알았다는 것이다. 그래서 사첨 자신이 위로해 줄만한 것이 적지만, 자신의 소식을 통해 잠시나마 사령운의 근심이 가벼워지길 기대한다고 말한다(11-12구).

마지막 3단락(13-14구)은 투어(套語)로 상대의 시를 칭찬하고 자신을 낮추는 말이다.

## 1-2
## 九日從宋公戲馬臺集送孔令詩(구일종송공희마태집송공령시)[1)*]

〈9월 9일 중양절에 송공이 주재한 희마대의 집회에 따라가서 공령을 전송하는 시〉

| | |
|---|---|
| 風至授寒服,<br>풍지수한복 | 찬바람이 불어오니 겨울옷을 주고, |
| 霜降休百工.[2)]<br>상강휴백공 | 서리가 내려 뭇 목공이 쉴 때라네. |
| 繁林收陽彩,<br>번림수양채 | 우거진 수풀엔 따뜻한 햇볕 걷히고, |
| 密苑解華叢.[3)]<br>밀원해화총 | 빽빽한 정원에 꽃무더기가 풀어지네. |
| 巢幕無留燕,<br>소막무류연 | 휘장 위에 집 지었던 남은 제비 없고, |
| 遵渚有來鴻.[4)]<br>준저유래홍 | 물가 따라서 기러기가 날아오고 있네. |
| 輕霞冠秋日,<br>경하관추일 | 가벼운 구름 가을태양에 모자를 씌우고, |
| 迅商薄淸穹.[5)]<br>신상박청궁 | 빠른 가을바람은 맑은 하늘에 닿았네. |

聖心眷嘉節, 성심권가절 — 송공의 성스런 맘 고운 계절 유념하셔서,

揚鑾戾行宮.[6) ] 양란려행궁 — 방울 소리 드높여 희마대에 행차하셨네.

四筵霑芳醴, 사연점방례 — 사방의 자리에서 향기로운 술을 적시고,

中堂起絲桐.[7)] 중당기사동 — 마루 가운데에서 거문고가 울려대는구나.

扶光迫西汜, 부광박서사 — 아침 태양은 서쪽 몽사에 다가가거니와,

歡餘宴有窮.[8)] 환여연유궁 — 즐거움 남음이 있으나 잔치는 끝이 있네.

逝矣將歸客, 서의장귀객 — 가는구려 장차 돌아가는 저 나그네여,

養素克有終.[9)] 양소극유종 — 본바탕을 잘 키워서 좋은 끝이 있기를.

臨流怨莫從, 림류원막종 — 흐르는 물 굽어보며 좇지 못함 원망하고,

歡心歎飛蓬.[10)**] 환심탄비봉 — 기뻐하면서도 나그네 길을 탄식한다네.

**원주**

* 송나라 고조가 희마대에서 놀며 공정을 전송하며, 주위 신하들에게 명하여 시를 짓게 했다. 사첨의 작품이 그 때의 으뜸이었다.(宋高祖遊戲馬臺送孔靖, 命僚佐賦詩, 瞻作冠於一時.)

** ≪회남자≫ : 양곡에서 떠서 부상까지 떨친다. ≪초사≫ : 양곡에서 나와 몽사에 들어가네. (淮南子曰, 日出暘谷拂扶桑.[11)] 楚辭曰, 出自暘谷, 次於蒙汜.)
당시 진나라 황제가 존재함에도 불구하고, 송공을 숭상함이 이 정도이다. 도연명의 시와 비교해보면 많은 부끄러움이 있다. 사령운의 작품 또한 그러하다.(時晉帝尙存, 而崇媚宋公至此, 視淵明有餘慚矣. 康樂篇亦然.)

**역주**

1) 九日從宋公戲馬臺集送孔令詩 : 구일(九日)은 음력 9월 9일 중양절. 송공(宋公)은 남조 송나라를 세운 유유(劉裕)를 말함. 희마대(戲馬臺)는 항우(項羽)가 팽성(澎城)에 세운 략마대(掠馬臺)로 지금 강소성(江蘇省) 서주(徐州) 동산현(銅山縣) 남쪽에 위치. 집(集)은 시를 짓는 연회. 공(孔)은 공정(孔靖)을 말함. 회계(會稽) 산

음(山陰) 출신으로 공자의 제26대 손이다. 유유가 공정을 상서령(尙書令)으로 삼고자 하였기에 여기서 공령(孔令)이라고 부른 것. 령(令)은 벼슬 이름.

2) 風至授寒服 2구 : 풍지(風至)는 찬바람이 불다. 여기서는 늦가을을 의미. ≪예기·월령(禮記·月令)≫에 "음력 7월이면,…찬바람이 분다."라고 하였다. 수한복(授寒服)은 ≪시경·빈풍·칠월(豳風·七月)≫에 "7월에 대화심(大火心) 별이 서쪽으로 내려가면, 9월에는 겨울옷을 준다네."라고 하였다. 휴백공(休百工)은 ≪예기·월령(禮記·月令)≫에 "음력 9월,… 서리가 처음 내리기 시작하면, 뭇 목공들이 쉰다."라고 하였다.

3) 繁林收陽彩 2구 : 양채(陽彩)는 따뜻한 햇볕. 화총(華叢)은 꽃 무더기.

4) 巢幕無留燕 2구 : 소막(巢幕)은 휘장 위에 집을 짓다. 무류연(無留燕)은 제비가 남아 있지 않다는 의미. 준저(遵渚)는 물가를 따라서.

5) 輕霞冠秋日 2구 : 하(霞)는 노을, 구름. 관(冠)은 모자를 씌우다. 여기서는 구름이 모자처럼 걸려있다는 의미. 상(商)은 상풍(商風)으로 오행(五行)의 원리와 연결하여 가을바람을 의미. 박(薄)은 ~에 닿다, ~에 가까워지다. 궁(穹)은 하늘.

6) 聖心眷嘉節 2구 : 성심(聖心)은 원래 황제의 마음을 뜻하나 여기서는 송공(宋公)의 마음. 권(眷)은 돌아보다, 유념하다. 여기서는 송공이 신하들을 위해 연회를 연 것을 말함. 란(鑾)은 방울, 방울 소리. 려(戾)는 도착하다, 행차하다. 행궁(行宮)은 황제의 별궁으로 여기서는 희마대(戲馬臺)를 의미.

7) 四筵霑芳醴 2구 : 사연(四筵)은 사방의 자리. 여기서는 송공(宋公) 주위를 말함. 점(霑)은 은혜를 받다, 적시다. 여기서는 입에 적신다는 것으로 '마시다'의 의미. 방례(芳醴)는 향기로운 단술. 여기서는 좋은 술을 의미. 중당(中堂)은 당중(堂中)으로 마루 가운데. 사동(絲桐)은 현악기와 관악기. 여기서는 악기를 의미하며 '거문고'로 번역함.

8) 扶光迫西汜 : 부광(扶光)은 아침 태양. 서사(西汜)는 서쪽 몽사(蒙汜)로 해가 지는 곳. 원주와 역주 10) 참조. 연유궁(宴有窮)은 잔치가 끝이 있다. 전송할 사람이 있다는 의미.

9) 逝矣將歸客 2구 : 객(客)은 공정(孔靖)을 말함. 양(養)은 키우다, 섭양하다. 소(素)는 타고난 바탕, 소박한 자질. 극유종(克有終)은 끝이 있을 수 있길 기원한다는 것으로 남은 생애, 여생을 잘 보내길 기원한다는 의미.

10) 臨流怨莫從 2구 : 림류(臨流)는 흐르는 물을 굽어보다. 여기서는 희마대(戲馬臺)의 물가를 말함. 환심(歡心)은 기쁜 마음. 여기서는 송공이 베푼 기쁜 잔치 자리를 말함. 비봉(飛蓬)은 나는 쑥대. 날리는 쑥대 같은 나그네 길을 의미.

11) 日出暘谷拂扶桑 : ≪회남자·천문훈(淮南子·天文訓)≫에 "태양이 양곡(暘谷)에서 나오고, 함지(咸池)에서 목욕하며, 부상(扶桑)을 스치니 이것을 신명(晨明)이라 한다."라고 하였다.

12) 압운은 工, 叢, 鴻, 穹, 宮, 桐, 窮, 終, 蓬.

감상

동진 안제(安帝) 의희(義熙) 14년(418년) 중양절에 공정이 사직하고 고향에 돌아가자 유유가 희마대에서 전별회를 열어주었다. 사령운도 전별회와 관련하여 〈중양절에 송공을 따라 희마대에 모여 공령을 전송하다(九日從宋公戲馬臺集送孔令)〉을 남겼다(≪고시원≫ 권10의 5-3번 시 참조). 이때는 전별회를 베푼 송공인 유유가 구석(九錫)을 하사받은 해이다. 구석이란 천자가 내리는 9가지의 특전을 말한다. 곧 황제에 준하는 수레와 말, 의복, 음악, 호위병사 등을 사용할 수 있는 권한을 가져 황제에 준하는 위엄을 갖추는 것으로 실질적인 천자라는 의미를 가진다. 결국 송공 유유는 420년 남북조시대의 남조의 첫 번째 왕조인 송을 세운다. 이 시를 지을 당시 송공의 위세를 짐작할 수 있다. 심덕잠이 원주의 마지막에 말한 내용은 당시 상황아래 시 속에 드러난 송공에 대한 숭상이 지나치다는 의미이다.

제목의 공령(孔令)은 공정(孔靖)을 말하는 것으로 송공 유유가 공정을 상서령(尙書令)으로 삼고자 하였으나 벼슬을 사양하자 전별연을 열어 시를 짓고 전송하였다고 한다. 시는 모두 18구로 제목의 중요한 단어 구일(九日), 집(集), 송(送)을 따라 세 단락으로 나눠 살필 수 있다.

1단락(1-8구)은 구일(九日) 즉 중양절에 대한 내용이다. 1-2구는 1차적으로 계절을 묘사했으나 2차적으로는 계절에 따라 신하들을 보살피는 송공을 칭송한 것이다. 3-8구는 늦가을의 풍경을 묘사하였다.

2단락(9-14구)은 송공이 베푼 시를 짓는 연회(集)을 설명한 것이다. 9-10구는 신하들을 위해 연회를 베풀고자 희마대에 행차한 송공을 칭송하고, 11-12구는 연회에 술과 음악이 어울린 모습이다. 13-14구는 아침부터 저녁까지 계속된 연회에 즐거움이 끝이 없지만, 오늘 전송할 사람인 공정이 있어서 잔치를 마무리해야 함을 이야기한다.

3단락(15-18구)은 전송(送)에 대한 이야기이다. 15-16구는 시인이 떠나는 공정에게 여생을 잘 보내길 축원하는 내용이다. 17구는 공정이 큰일을 하고 쉬게 됨을 축하하며 부러운 마음을 담았다. 18구는 이 연회가 너무 기쁜 자리이나 나그네 길을 탄식한다는 말로 떠나는 사람에 대한 시인의 섭섭한 마음을 전하고 있다.

## 2. 謝惠連[1]*

### 2-1

〈搗衣(도의)〉　　〈다듬이질 하다〉

| | |
|---|---|
| 衡紀無淹度,<br>형기무엄도 | 형과 기 두 별자리 도수 멈춤이 없고, |
| 晷運倏如摧.[2]<br>귀운숙여최 | 해 그림자는 재촉 하는 듯 빠르구나. |
| 白露滋園菊,<br>백로자원국 | 흰 이슬은 정원의 국화를 적시거니와, |
| 秋風落庭槐.[3]<br>추풍락정괴 | 가을바람은 뜰 홰나무 잎 떨어뜨리누나. |
| 肅肅莎雞羽,<br>숙숙사계우 | 베짱이 날개는 찌르륵 대고 있거니와, |
| 烈烈寒螿啼.[4]<br>렬렬한장제 | 가을 매미 울음소리는 요란도 하여라. |
| 夕陰結空幕,<br>석음결공막 | 저녁 그늘은 빈 휘장에 맺혀 있나니, |
| 宵月皓中閨.[5]<br>소월호중규 | 밤 달은 규방 안을 환하게 비추는구나. |
| 美人戒裳服,<br>미인계상복 | 미인이 옷차림새 조심히 차려 입고서, |
| 端飾相招攜.[6]<br>단희상초휴 | 곱게 꾸미고서 서로 불러 손을 잡네. |
| 簪玉出北房,<br>잠옥출북방 | 옥비녀를 꽂고서 북쪽 규방을 나서나니, |
| 鳴金步南階.[7]<br>명금보남계 | 황금 노리개 울리며 남쪽 계단을 걷네. |
| 櫩高砧響發,<br>염고침향발 | 높은 처마에 다듬이 울리는 소리 피어나, |
| 楹長杵聲哀.[8]<br>영장저성애 | 긴 회랑에 다듬이 방망이 소리 구슬프네. |
| 微芳起兩袖,<br>미방기량수 | 은은한 향기 두 소매에서 일어나거니와, |

輕汗染雙題.[9) 가벼운 땀이 양 이마를 살짝 물들이세.
경한염쌍제
紈素既已成, 새하얀 고운 비단 옷 이미 완성되었지만,
환소기이성
君子行未歸. 남편은 가셔서 아직 돌아오지 않으시니.
군자행미귀
裁用笥中刀, 상자 속 칼을 사용해서 재단을 했거니와,
재용사중도
縫爲萬里衣.[10) 재봉질 하여서 만 리의 옷을 만들었거늘.
봉위만리의
盈篋自余手, 상자에 채워 넣은 것은 내 손으로 하나니,
영협자여수
幽緘俟君開.[11) 봉함을 그윽이 해 그대가 열기 기다리리.
유함사군개
腰帶準疇昔,[12) 허리 품은 옛 것을 기준으로 삼았거니와,
요대준주석
不知今是非?** 알지 못하겠나니 지금은 맞는지 아닌지를.
불지금시비

**원주**

* 사첨의 시는 줄곧 조탁을 가해서, 자연스런 운치를 잃어버렸다. 사첨의 장자방을 읊은 작품은, 부자연스러움이 더 심한 것이다. 비록 당시에는 높이 중시되었지만, 싣지 않았다.(謝宣遠詩, 一味鏤刻, 失自然之致. 詠張子房作,[13) 爲生硬之尤者, 雖當時推重, 刪之.)[14)

** ≪한서·천문지(天文志)≫ : 황혼녘은 건자인 표를 쓴다. 한밤중의 건자는 형이다. 형은 북두칠성의 중앙에 있는 별이다.(≪漢書≫ 曰: 用昏建者杓. 夜半建者衡.[15) 衡, 斗之中央也.)
단번에 시를 매듭지으며 정어를 만들어 낼 수 있으니, 간드러짐에 빠지지 않는다.(一結能作情語, 不入纖靡.)

**역주**

1) 謝惠連(사혜련, 397-433) : 남조 송나라 진군(陳郡) 양하(陽夏), 지금의 하남성(河南省) 태강현 (太康縣) 사람이다. 같은 집안의 사령운(謝靈運), 사조(謝朓)함께 '삼사(三謝)' 라 불린다. 어려서부터 문재(文才)가 있었으나, 벼슬은 송 문제(文帝) 원가(元嘉) 7년(430년)에서야 팽성왕(彭城王) 유의강(劉義康)의 법조참군(法曹參軍)이 되었다. 벼슬을 한 지 3년 후 세상을 떠났다. 문집 6권이 있었으나 소실되었다.

2) 衡紀無淹度 2구 : 형(衡)은 별자리 이름으로 북두칠성의 다섯 번째 별을 말함. 기(紀)는 별자리 견우성(牽牛星). 엄(淹)은 그치다, 멈추다. 도(度)는 도수(度數)로 천문에서 일월(日月)을 관측하여 각도를 나타낸 단위. 귀(晷)는 해 그림자. 숙(倏)은 빠르다. 최(摧)는 다른 판본에 최(催)로 되어 있어 '재촉하다'로 봄.

3) 白露滋園菊 2구 : 자(滋)는 적시다. 괴(槐)는 회화나무, 홰나무. 주(周)나라에서는 관직인 태사(太師), 태부(太傅), 태보(太保)를 '삼공(三公)' 또는 '삼괴(三槐)'라 불렀고, 조정 앞에 회화나무를 심어 '괴정(槐庭)'이라 함.

4) 肅肅莎雞羽 2구 : 숙숙(肅肅)은 첩어, 의성어로 곤충이 날개를 비벼 내는 소리. 사계(莎雞)는 베짱이. 렬렬(烈烈)은 첩어, 의성어로 매미 소리. 한장(寒螿)은 늦가을 매미.

5) 夕陰結空幕 2구 : 석음(夕陰)은 저녁 그늘. 소월(宵月)은 밤 달. 중규(中閨)는 규중(閨中)으로 규방 안.

6) 美人戒裳服 2구 : 계(戒)는 경계하다. 여기서는 신경 써서 조심히 준비하다는 의미. 상복(裳服)은 옷차림. 단(端)은 단정하다. 희(飾)은 식(飾)과 같아 '꾸미다'는 의미. 초휴(招攜)는 불러 손을 잡다. 집안의 하녀 등의 여인을 불러 함께 일하러 가는 모습을 말함.

7) 簪玉出北房 2구 : 잠옥(簪玉)은 옥비녀. 금(金)은 금으로 만든 노리개.

8) 櫩高砧響發 2구 : 염(櫩)은 첨(檐)으로 처마. 침(砧)은 다듬잇돌. 영(楹)은 회랑.

9) 微芳起兩袖 2구 : 미방(微芳)은 은은한 향기. 쌍제(雙題)는 양쪽 이마.

10) 裁用笥中刀 2구 : 사중(笥中)은 상자 속. 봉(縫)은 재봉질하다.

11) 盈篋自余手 2구 : 영협(盈篋)은 상자에 채워 넣다. 자여수(自余手)는 내 손으로부터 하다. 여기서는 다른 사람의 도움없이 내 손으로 직접했다는 의미. 유(幽)는 남모르게, 그윽이 하다. 함(緘)은 봉함하다, 묶다.

12) 腰帶準疇昔 : 요대(腰帶)는 허리와 허리띠로 허리 품을 말함. 준(準)은 기준 삼다. 주석(疇昔)은 옛 것.

13) 張子房 : 자방(子房)은 한(漢)나라를 세운 유방(劉邦)의 책사였던 장량(張良, ?-BC186)의 자. 후에 유후(留侯)에 책봉되었다.

14) 이 원주는 앞에 소개된 사첨(謝瞻)에 대한 내용으로 잘못 달았다.

15) 用昏建者杓 2구 : 건(建)은 천문학 용어로 북두칠성의 자루 쪽 별자리가 가리키는 방향을 의미. 저물녘엔 표(杓), 한밤중엔 형(衡)을 가리킨다는 의미.

16) 압운은 摧, 槐, 啼, 閨, 攜, 階, 哀, 題, 歸, 衣, 開, 非.

## 감상

이 시는 사혜련이 다듬이질을 통해 남편을 그리는 여인의 마음을 읊은 노래이다. 모두 24구로 되어 있으며 3개의 단락으로 나눠 볼 수 있다.

1단락(1-8구)은 가을 날 어느 규방의 모습을 그리고 있다. 1-2구는 밤에 운행을 멈추지 않는 별들과 낮에 운행을 재촉하는 태양을 통해 세월이 빨리 지나가는 것을 묘사하고 있다. 3-8구는 계절을 묘사하여 지금이 가을임을 말해 주고 여인이 규방에 외로이 있음을 알려준다.

2단락(9-16구)은 여인이 다듬이질하는 모습이다. 여인은 먼저 정갈하고 곱게 옷을 차려입고 일을 하러 나선다(9-12구). 13-14구는 여인이 정성스럽게 남편의 옷을 준비하는 모습이다.

3단락(17-24구)에서 여인은 아직 돌아오지 않은 남편의 옷을 정성스럽게 완성하고서 자신의 손으로 상자에 넣어 남편이 돌아와 열기를 기다리며 묶어 둔다(17-22구). 그리고 마지막 2구에 이르러서야 숨겨둔 마음을 한 자락 드러낸다.

이 시는 대부분이 경치를 묘사한 경어(景語)로 이루어졌다가 마지막 2구에 가서야 마음 속 묘사인 정어(情語)를 담았다. 그래서 심덕잠이 원주에서 단번에 시를 매듭짓는 정어를 만듦으로 시가 유약함에 빠지지 않았다고 평한 것이다.

## 2-2

## 〈西陵遇風獻康樂(서릉우풍헌강악)〉[1)]

〈서릉에서 바람을 만나 형 강락공에게 바치다〉

### 2-2-1

| | |
|---|---|
| 我行指孟春,<br>아행지맹춘 | 나의 행차는 맹춘을 지정했었거늘, |
| 春仲尚未發.[2)]<br>춘중상미발 | 중춘이 되어도 미처 출발 못했다오. |
| 趣途遠有期,<br>취도원유기 | 갈길 향해 보니 멀리 기약한 곳 있으나, |
| 念離情無歇.[3)]<br>념리정무헐 | 이별 생각하니 내 감정은 그침 없다오. |
| 成裝候良辰,<br>성장후량진 | 행장을 마무리하고서 좋은 날씨 기다리며, |
| 漾舟陶嘉月.[4)]<br>양주도가월 | 배 출렁대면서 아름다운 달을 즐길 수밖에. |
| 瞻塗意少悰,<br>첨도의소종 | 앞길 바라보면 마음에 기쁨이 적거니와, |
| 還顧情多闕.[5)*]<br>환고정다궐 | 되돌아보면 마음속엔 허전한 것 많다오. |

원주

* ≪초사·구회(九懷)≫에 "밝은 달을 즐기면서 수레를 매네."라고 하였다. 도는 기뻐하다는 뜻이다.(楚辭曰, 陶嘉月兮總駕. 陶, 喜也.)

역주

1) 西陵遇風獻康樂 : 서릉(西陵)은 절강성(浙江省) 전당현(錢塘縣)으로 지금의 절강성 항주(杭州)를 말함. 강락(康樂)은 사령운을 말함.
2) 我行指孟春 2구 : 행(行)은 행차. 지(指)는 가리키다, 가리켜 정하다(指定). 맹춘(孟春)은 음력 1월. 춘중(春仲)은 음력 2월.
3) 趣途遠有期 2구 : 취(趣)은 취향(趣向)으로 ~을 향하다. 기(期)는 기약한 곳, 약속된 곳. 념리(念離)는 이별을 생각하다. 여기서 이별은 사령운과의 이별을 말함.
4) 成裝候良辰 2구 : 성장(成裝)은 행장을 마무리하다. 량진(良辰)은 좋은 날씨. 양(漾)은 출렁이다. 도(陶)는 도취하다, 즐기다.
5) 瞻塗意少悰 2구 : 첨(瞻)은 바라보다. 도(塗)는 여기서 앞으로 가야 할 길. 종(悰)은 기뻐하다. 궐(闕)은 빠지다. 미흡하고 부족함으로 여기서는 형에 대한 그리움을 의미.
6) 發, 歇, 月, 闕로 입성(入聲) 압운.

감상

이 시는 사혜련이 족형(族兄)인 사령운에게 보내는 것으로 총 5수 가운데 첫 번째 노래이다. 제목에서의 서릉은 지금의 절강성 항주를 말하는 것으로 사혜련은 고향 회계(會稽) 시녕(始寧)에서 당시의 수도 건강(建康)으로 가던 중 서릉에서 악천후를 만나 발이 묶인 상태에서 지은 것으로 보인다.

1-2구에서는 원래 출발이 1월이었으나 악천후로 인해 2월에도 출발하지 못한 상황을 말해주고 있다. 3-4구는 갈 길은 멀지만 형인 사령운과의 이별 때문에 마음이 슬프다고 말한다. 5-6구는 날씨가 좋아지길 기다리는 상황이다. 7구에서 앞길을 보면 기쁨이 적다는 것으로 보아 사혜련의 이번 행차가 그리 즐거운 일이 아님을 미루어 짐작할 수 있다. 8구는 형인 사령운이 그립다는 의미이다.

2-2-2

| | |
|---|---|
| 哲兄感仳別,<br>철형감비별 | 똑똑한 형님께서 우리 작별 슬피 느껴, |
| 相送越坰林.[1)]<br>상송월경림 | 저를 바래다주는 것이 교외를 넘었지요. |
| 飮餞野亭館,<br>음전야정관 | 저 들판의 정자에서 전별주를 마셨나니, |

分袂澄湖陰.[2) 맑은 호수 남쪽에서 옷깃을 나누었지요.
분메징호음
凄凄留子言, 남아있는 그대의 말씀이 서글펐거니와,
처처류자언
眷眷浮客心.[3) 떠나가는 나그네 제 맘은 미련 남았지요.
권권부객심
迴塘隱艫栧, 제방을 돌아서서 내가 탄 배가 가려지자,
회당은로예
遠望絶形音.[4) 멀리보아도 모습과 목소리가 끊어졌지요.
원망절형음

역주

1) 哲兄感仳別 2구 : 철형(哲兄)은 형을 부르는 말로 우리의 인형(仁兄)에 해당함. 비(仳)는 이별. 경림(坰林)은 아주 먼 외곽을 의미. ≪이아·석지(爾雅·釋地)≫에 "성 밖 들녘을 숲(林)이라 하고, 숲 밖을 경(坰)이라 한다."라고 하였다.
2) 飮餞野亭館 2구 : 음전(飮餞)은 전별주를 마시다. 정관(亭館)은 정자, 누각. 분메(分袂)는 두 사람의 소매를 나누다. 작별하다는 의미. 호음(湖陰)은 호수의 남쪽.
3) 凄凄留子言 2구 : 처처(凄凄)는 첩어, 의태어로 슬픈 모양. 류자(留子)는 남아 있는 그대. 사령운을 말함. 권권(眷眷)은 첩어, 의태어로 아쉬워하는 모양. 부객(浮客)는 떠나는 나그네로 사혜련 자신을 말함.
4) 迴塘隱艫栧 2구 : 회(迴)는 굽다, 돌다. 당(塘)은 제방, 둑. 로예(艫栧)는 뱃머리와 노. 여기서는 시인이 탄 '배'를 의미. 형음(形音)은 모습과 목소리.
5) 압운은 林, 陰, 心, 音.

감상

이 시를 지은 사혜련과 시를 받는 사령운은 명문가인 사 씨 집안 출신으로 모두 문재(文才)가 뛰어났으나 정치적 불운으로 벼슬길이 순탄하지 못했다. 많은 것을 공감하고 위안이 되었을 두 사람의 교제는 이별 당시를 되새기며 그리움을 전하는 동생의 시에 절절히 드러나고 있다. 교외를 넘어 멀리까지 전송 나왔던 형은 마지막으로 동생이 탄 배가 사라져 모습도 목소리도 들리지 않을 때 까지, 동생은 물결너머 형의 모습과 목소리가 묻힐 때까지 서로를 바라봤을 모습이 그려진다.

2-2-3

靡靡即長路, 느릿느릿 기나긴 길에 나서거니와,
미미즉장로

| | |
|---|---|
| 戚戚抱遙悲.[1]<br>척척포요비 | 먹먹하게 아득한 슬픔 껴안는다오. |
| 悲遙但自弭,[2]<br>비요단자미 | 먼 길 가는 슬픔 스스로 없애야 하나니, |
| 路長當語誰?<br>로장당어수 | 기나긴 길 마땅히 누구에게 말할 것인가. |
| 行行道轉遠,<br>행행도전원 | 가고 가니 길은 갈수록 더욱 멀어지고, |
| 去去情彌遲.[3]<br>거거정미지 | 떠나고 떠날수록 마음은 더욱 더디다오. |
| 昨發浦陽汭,<br>작발포양예 | 어제 포양의 기슭에서 출발 했었거니와, |
| 今宿浙江湄.[4]<br>금숙절강미 | 오늘은 절강의 물가에서 묵고 있다오. |

**역주**

1) 靡靡卽長路 2구 : 미미(靡靡)는 첩어, 의태어로 느리게 걷는 모양. 즉(卽)은 나아가다. 척척(戚戚)은 첩어, 의태어로 근심하고 두려워하는 모양. 포(抱)는 껴안다. 요비(遙悲)는 멀리 가기 때문에 생긴 슬픔.
2) 悲遙但自弭 : 비요(悲遙)는 먼 길을 가는 슬픔. 미(弭)는 다하다.
3) 情彌遲 : 마음이 더욱 더디다. 여기서는 가기 싫은 마음을 표현한 것.
4) 昨發浦陽汭 2구 : 포양(浦陽)은 포양강(浦陽江)으로 전당강(錢塘江)의 지류. 예(汭)는 강의 기슭. 미(湄)는 물가.
5) 압운은 悲, 誰, 遲, 湄.

**감상**

사혜련이 족형 사령운에게 보내는 시 총 5수 가운데 세 번째이다. 제1수에 "앞길 바라보면 마음에 기쁨이 적거니와(瞻途意少悰)" 에서도 보였듯이 사혜련의 이번 여정은 그리 즐거운 일이 아닌 것으로 보인다. 시인은 제3수에서도 마지못해 가는 길 인양 갈수록 길은 멀고 마음은 더디다고 표현하고 있다(5-6구). 7구에서 시인이 어제 출발한 포양강은 절강성의 큰 강인 전당강의 지류이다. 8구는 오늘 머물고 있는 곳도 역시 절강의 물가라는 것으로 7-8구의 의미는 멀리 가지 못했다는 의미다.

2-2-4

| | |
|---|---|
| 屯雲蔽曾嶺,<br>둔운폐증령 | 모여 있는 구름은 겹겹의 산 고개를 덮었고, |
| 驚風湧飛流.[1]<br>경풍용비류 | 놀란 바람은 날리는 물결 용솟음치게 하네. |
| 零雨潤墳澤,<br>령우윤분택 | 떨어진 비는 높은 땅 낮은 곳을 다 적시고, |
| 落雪灑林丘.[2]<br>락설쇄림구 | 떨어진 눈은 숲과 언덕에 뿌려지고 있다네. |
| 浮氛晦崖巘,<br>부분회애헌 | 뜬 뿌연 기운 절벽과 산꼭대기 어둡게 하고, |
| 積素或原疇.[3]<br>적소혹원주 | 쌓인 흰 눈은 들녘과 두둑을 헷갈리게 하네. |
| 曲汜薄停旅,<br>곡사박정려 | 굽은 물가에는 멈춘 나그네들이 정박해 있고, |
| 通川絶行舟.[4]<br>통천절행주 | 탁 트인 물엔 오락가락하는 배가 끊어졌다네. |

**역주**

1) 屯雲蔽曾嶺 2구 : 둔(屯)은 머물다, 모여 있다. 증령(曾嶺)은 겹겹의, 층층의 산 고개. 용(湧)은 용솟음치다. 비류(飛流)는 바람이 너무 세서 물결이 날리는 것.
2) 零雨潤墳澤 2구 : 분(墳)은 높은 봉분, 높은 땅. 택(澤)은 늪, 소택지로 낮은 곳. 쇄(灑)는 뿌리다.
3) 浮氛晦崖巘 2구 : 부분(浮氛)은 떠 있는 뿌연 기운. 회(晦)는 어둡게 하다. 애헌(崖巘)은 절벽과 산꼭대기. 적소(積素)는 쌓인 흰 눈. 혹(或)은 다른 판본에 혹(惑)으로 되어 있어 '헷갈리게 하다'의 의미. 원(原)은 평평한 들녘. 주(疇)는 두둑. 여기서는 높은 곳을 의미.
4) 曲汜薄停旅 : 곡사(曲汜)는 굽은 물가, 기슭으로 포구를 말함. 박(薄)은 박(泊)으로 정박하다. 통천(通川)은 탁 트인 물.
5) 압운은 流, 丘, 疇, 舟.

**감상**

족형 사령운에게 보내는 시 5수 가운데 네 번째이다. 8구의 내용 모두 악천후를 묘사한 것이다. 1-2구는 배로 떠난 여정이 갈수록 상황이 나빠짐을 말하고 있다. 3-6구는 내린 비와 눈으로 주위의 경관이 구분할 수 없을 정도임을 말한 것이다. 7-8구는 내용의 반복으로 더 이상 길을 가지 못한 상황임을 알리고 있다.

2-2-5

臨津不得濟, 나루터 내려 보아도 건널 수 없으니,
림진불득제
佇楫阻風波.[1] 노를 멈추고 풍파에 가로막혀 있지요.
저즙조풍파
蕭條洲渚際, 쓸쓸하여라 물 섬 가에 있거니,
소조주저제
氣色少諧和.[2] 날씨는 온화한 날이 드물지요.
기색소해화
西瞻興遊歎, 서쪽 보면 나그네의 탄식 절로 일고,
서첨흥유탄
東睇起淒歌.[3] 동쪽 보면 슬픈 노래가 일어나네요.
동제기처가
積憤成疢痗, 비분이 쌓이면 병이 된다고 하는데,
적분성진매
無萱將如何[4]* 망우초가 없으니 장차 어찌할까요?
무훤장여하

**원주**

* 고상한 음악으로 머뭇대니, 맑고 완곡해서 읊을 만하다.(雅音徘徊, 淸婉可誦.)

**역주**

1) 臨津不得濟 2구 : 불득제(不得濟)는 건널 수 없다. 저즙(佇楫)은 노를 멈추다. 조(阻)는 가로막히다.
2) 蕭條洲渚際 2구 : 소조(蕭條)는 첩운, 의태어로 쓸쓸한 모양. 주저(洲渚)는 물 섬, 모래섬. 기색(氣色)은 공기와 빛깔로 날씨 또는 상황을 의미.
3) 西瞻興遊歎 2구 : 서(西)는 여기서 가야할 수도 건강(建康)이 있는 서쪽 방향. 유탄(遊歎)은 나그네의 탄식. 동(東)은 여기서 족형 사령운이 있는 동쪽으로 시녕(始寧) 방향. 처가(淒歌)는 슬픈 노래로 여기서는 〈서릉우풍헌강악(西陵遇風獻康樂)〉 5수를 말함.
4) 積憤成疢痗 2구 : 진매(疢痗)는 근심으로 병이 생기다. 여기서는 '병(病)'을 의미. 훤(萱)은 원추리, 망우초(忘憂草).
5) 압운은 波, 和, 歌, 何.

**감상**

족형 사령운에게 보내는 총 5수 가운데 마지막 노래이다. 1-4구에서 악천후로 여정을 멈춘 시인은 나루터를 보면서도 건널 수도 없고, 풍파에 막혀 가로막힌 상황에 처해 쓸쓸히 물가에 서 있다. 이런 상황이 마치 자신이 처한 상황과 같아 내키지 않는 여정 길의 시인은 가야할 수도가 있는 서쪽을 바라보면 탄식이 절로 나서, 보고 싶은 형이 있는 동쪽을 바라보며 이 시를 짓노라고 말한다(5-6구). 시인은 현재 서릉(西陵)에 있어 수도와 시녕의 중간에 발이 묶여 있었다. 7구에서 말하는 비분은 아마도 시인이 처한 정치적 상황일지 모른다. 8구의 망우초(원추리)는 사령운을 가리키는 것으로 자신을 가장 이해하고 위로해 줄 사람을 지칭한 말이다.

## 2-3

### 〈秋懷(추회)〉 〈가을날 떠오르는 생각〉

| | |
|---|---|
| 平生無志意,<br>평생무지의 | 평생 동안 포부가 없었거니와, |
| 少小嬰憂患.[1)]<br>소소영우환 | 어렸을 때 우환을 만나서이라. |
| 如何乘苦心,<br>여하승고심 | 어떻게 해야 괴로운 맘 이길까, |
| 矧復值秋晏.[2)]<br>신부치추안 | 하물며 또 늦가을을 만났음에랴. |
| 皎皎天月明,<br>교교천월명 | 환하게 저 하늘의 달은 밝거니와, |
| 奕奕河宿爛.[3)]<br>혁혁하숙란 | 반짝반짝 별들은 빛이 나는구나. |
| 蕭瑟含風蟬,<br>소슬함풍선 | 가을바람 머금은 매미 쓸쓸히 울고, |
| 寥唳度雲雁.[4)]<br>요려도운안 | 기럭기럭 구름 넘는 기러기 우는구나. |
| 寒商動清閨,<br>한상동청규 | 차가운 가을바람 깨끗한 문 움직이고, |
| 孤燈曖幽幔.[5)]<br>고등애유만 | 외로운 등불 그윽한 휘장에 흐릿하네. |
| 耿介繁慮積,<br>경개번려적 | 꿋꿋하니 온갖 걱정거리만 쌓여가거니와, |
| 展轉長宵半.[6)]<br>전전장소반 | 엎치락뒤치락해도 긴 밤은 이제 절반일세. |

夷險難預謀, 평탄할지 험난할지 미리 묻기 어렵거니와,
이험난예모

倚伏昧前算.[7] 화 될지 복 될지 앞서 헤아려 알 수 없네.
의복매전산

雖好相如達, 사마상여의 통달함을 비록 좋아하지만,
수호상여달

不同長卿慢.[8] 사마상여의 방만함과 같을 수 없다네.
불동장경만

頗悅鄭生偃, 사뭇 정생의 누워서 지냄을 좋아하지만,
파열정생언

無取白衣宦.[9] 백의로 녹 받음은 취하지 않을 일이라.
무취백의환

未知古人心, 고인 정생의 마음은 알지 못하거니와,
미지고인심

且從性所翫.[10] 또한 내 본성이 좋아하는 바를 따르리.
차종성소완

賓至可命觴, 손님 오면 술잔 준비하라 명할 수 있고,
빈지가명상

朋來當染翰.[11] 벗이 오면 마땅히 붓을 적셔야 하리라.
붕래당염한

高臺驟登踐, 높은 누대 자주 오르기도 밟기도 하고,
고대취등천

清淺時陵亂.[12] 맑고 얕은 물 때로 뛰어넘고 질러 건너리.
청천시릉란

頹魄不再圓, 이지러진 달 다시 둥그러지지 않거니와,
퇴백불재원

傾羲無兩旦.[13] 기운 태양은 하루 거듭 새벽이 없는 법.
경희무량단

金石終銷毀, 쇠와 돌도 끝내는 삭고 부서지기 마련이고,
금석종소훼

丹青暫雕煥.[14] 공신 인물화도 잠시만 아름답고 빛난다네.
단청잠조환

各勉玄髮歡, 각자 청춘의 즐거움에 힘을 쓸 뿐이거니와,
각면현발환

無貽白首歎.[15] 흰 머리 탄식을 후세에 남겨 주지는 마세.
무이백수탄

因歌遂成賦,　　　이런 생각이 들어서 이 작품 지었나니,
인가수성부
聊用布親串.[16)*]　　　애오라지 이로써 친지들에게 알리고저.
료용포친관

**원주**

* 사마상여의 통달함을 비록 좋아하지만, 그의 방만함과 같을 수는 없고, 정균의 느긋하게 지내는 것을 좋아하지만, 그가 백의상서 벼슬한 것은 취하지 않기 때문에, 그래서 아래에서 내 본성이 좋아하는 바를 따르겠다고 말하였다.(雖好相如之達, 而不同其慢, 頗悅鄭均之偃仰, 而無取其爲白衣尙書, 故下云且從性所翫也.)
≪급총기년≫ : 의왕 원년에 정나라 지역에서 하늘이 두 번 밝았다.(汲塚紀年, 懿王元年, 天再旦於鄭.)
관은 음이 관이다. 상성 천으로 읽는 것이라면 잘못 된 것이다.(串, 音慣, 讀作穿上聲者非.)

**역주**

1) 平生無志意 2구 : 지의(志意)는 포부. 소소(少小)는 나이가 적고, 몸이 작은 것으로 어렸을 때를 말함. 영(嬰)은 얽매이다. 여기서는 만나다.
2) 如何乘苦心 2구 : 승(乘)은 올라타다. 여기서는 이겨내다. 신(矧)은 하물며. 치(値)는 만나다. 추안(秋晏)은 늦은 가을.
3) 皎皎天月明 2구 : 교교(皎皎)는 첩어, 의태어로 빛나는 모양. 혁혁(奕奕)은 첩어, 의태어로 반짝이는 모양. 하숙(河宿)은 은하수와 별자리로 여기서는 모두 '별'을 의미.
4) 蕭瑟含風蟬 2구 : 소슬(蕭瑟)은 쌍성, 의태어로 쓸쓸한 모양. 함풍선(含風蟬)은 바람을 머금은 매미. 여기서 바람은 가을바람을 의미. 요려(寥唳)는 쌍성, 의성어로 기러기 울음소리.
5) 寒商動淸閨 2구 : 상(商)은 상풍(商風)으로 오행(五行)의 원리와 연결하여 가을바람을 의미. 규(閨)는 규방, 작은 문, 방문 등을 말함. 여기서는 '문'으로 해석함. 애(曖)는 어둡다, 흐릿하다. 유만(幽幔)은 그윽한 휘장.
6) 耿介繁慮積 2구 : 경개(耿介)는 쌍성, 의태어로 굳건한 모양. 번려(繁慮)는 번다한 생각으로 많은 걱정을 의미. 전전(展轉)은 전전반측(輾轉反側)으로 엎치락뒤치락하다.
7) 夷險難預謀 2구 : 이(夷)는 평탄하다, 안정되다. 험(險)은 험난하다. 모(謀)는 꾀하다, 도모하다, 상의하다. 의복(倚伏)은 ≪노자≫ 85장에 "화여, 복이 기대고 있는 곳이지. 복이여, 화가 엎드려 있는 곳이네."라고 하였다. 화(禍)와 복(福)을 의미.
8) 雖好相如達 2구 : 상여(相如)는 사마상여(司馬相如)로 서한의 문인. 자는 장경(長卿)이다. 처음 한나라 경제(景帝)와 양(梁) 효왕(孝王)을 섬겼으나 뜻을 펴지 못하

고 고향으로 돌아가 궁핍하게 지내며 ≪자허부(子虛賦)≫를 지었다. 후에 ≪자허부≫를 읽은 무제(武帝)에게 총애를 받으며 궁정문인으로 작품을 남겼다. 거부 탁왕손(卓王孫)의 딸 탁문군(卓文君)과 성도(成都)로 야반도주하여 주점을 열고 살다가 탁왕손이 이를 부끄럽게 여겨 재물을 나누어준 덕분에 부자가 되었다는 고사로 더 유명하다. 달(達)은 통달함. 만(慢)은 오만함, 방만함.

9) 頗悅鄭生偃 2구 : 파(頗)는 사뭇, 자못. 정생(鄭生)은 정균(鄭均)을 말함. 동한 사람으로 자는 중우(仲虞)이며 동평군(東平郡) 임성현(任城縣) 사람이다. ≪후한서·선장이왕두곽오승정조렬전(宣張二王杜郭吳承鄭趙列傳)≫의 정균 고사에 의하면 후한 장제(章帝) 건초(建初) 6년(81년)에 상서(尙書)에 두 차례 임명되었으며 충언을 아끼지 않아 황제에게 중용되었다. 훗날 병을 칭하여 고향으로 돌아갔는데 장제가 정균의 고향 임성(任城)을 순행하다 정균의 집을 찾아가 평생 상서 벼슬의 봉록을 내릴 것을 명하였다. 이에 당시 사람들이 백의상서(白衣尙書)라고 불렀다고 한다. 언(偃)은 누워서 지내다. 자유로이 지내는 것을 의미. 백의환(白衣宦)은 백의의 벼슬. 정균의 백의상서를 뜻함.

10) 未知古人心 2구 : 고인(古人)은 여기서 정생(鄭生)을 가리킴. 성(性)은 본성. 소완(所翫)은 좋아하는 바, 즐기는 바.

11) 賓至可命觴 2구 : 상(觴)은 술잔. 염한(染翰)은 붓을 적시다. 시를 주고받는 것을 의미.

12) 高臺驟登踐 2구 : 취(驟)는 자주. 등천(登踐)은 오르고 밟다. 여기서는 누대를 오르기도 하고 밟기도 한다는 의미. 청천(淸淺)은 맑고 얕은 시냇물을 말함. 릉(陵)은 뛰어넘다. 란(亂)은 강을 질러건너는 것.

13) 頹魄不再圓 2구 : 퇴(頹)는 이지러지다. 백(魄)은 ①달의 빛이 없는 부분 ②달. 여기서는 ②의 뜻으로 '오늘의 달'을 의미. 희(羲)는 ①태양 ②중국 신화에서 태양을 수레에 싣고 다닌 신 희화(羲和)를 말함. 여기서는 ①의 뜻으로 '오늘의 태양'을 의미. 단(旦)은 새벽.

14) 金石終銷毁 2구 : 금석(金石)은 쇠와 돌. 금문(金文)과 비석에 새겨진 글을 의미. 단청(丹靑)은 빨강과 파랑의 물감 연료로 여기서는 공신(功臣)을 그린 인물화를 의미. 조(雕)는 조각된 듯 아름답다. 환(煥)은 빛나다.

15) 各勉玄髮歡 2구 : 현발(玄髮)은 검은 머리. 청춘을 의미. 이(貽)는 주다. 여기서는 후세에게 물려주다. 백수탄(白首歎)은 백발, 흰 머리의 탄식.

16) 因歌遂成賦 2구 : 인(因)은 그래서, 그런 생각이 들어서. 포(布)는 뿌리다. 여기서는 시를 배포하다의 의미. 친관(親串)은 친척과 인척. 친지(親知), 친구들.

17) 압운은 患, 晏, 爛, 雁, 幔, 半, 算, 慢, 宦, 翫, 翰, 亂, 旦, 煥, 歎, 串.

### 감상

가을날 떠오른 생각, 가을의 회포를 읊은 시로, 모두 32구인데 네 단락으로 나눌 수 있다.

1단락(1-8구)은 가을을 묘사하고 있다. 1-2구는 시인에게 가을은 어려서부터 우환을 만나 뜻을 펼 수 없었기 때문에 슬픈 계절임을 알려준다. 그래서 환한 가을 달과 별들, 가을 매미와 기러기가 주는 느낌은 애잔하고 쓸쓸하다(5-8구).

2단락(9-16구)은 시인이 근심을 품은 이유를 설명한 것이다. 시인에게 가을밤은 차가운 바람과 인적 없는 휘장 속 외로운 등불처럼 쌓이는 걱정거리에 잠 못 이루는 밤이다(9-12구). 앞날이 비록 화가 복이 될지 알 수 없어 불안하지만, 사마상여처럼 방만함을 택할 수는 없다(13-16구). 여기서 시인이 말하는 사마상여의 방만함이란 비록 당대의 뛰어난 문재를 지녔지만 탁문군과의 야반도주로 결국 부(富)를 얻었던 일을 말한 것이다.

3단락(17-24구)은 자신의 근심을 극복하려는 시인의 모습을 담았다. 17-18구는 정균(鄭均)의 고사를 빌어 말년에 벼슬을 하지 않고도 봉록을 받았던 '백의상서(白衣尙書)'의 일은 자신이 취할 것이 아님을 말한 것이다. 시인은 자신이 본성을 따라 지인들과 마음의 교류를 나누는 삶을 택할 것을 말한다(19-24구).

마지막 4단락(25-32구)은 결론이다. 오늘의 달이 이지러지면 새로운 달이 생기고, 오늘의 태양이 지면 이 새벽이 다시 못 오는 법(25-26구). 금문(金文)에 새긴 글도, 비석에 새긴 글도, 공신(功臣)이 되어 남긴 인물화도 잠시 존재할 뿐(27-28구). 지금의 삶에 더욱 힘쓰고자 시인은 이 시에 마음을 담아 친지(親知)들과 노래할 뿐이다(29-32구).

## 2-4

## 〈泛湖歸出樓中望月(범호귀출루중망월)〉

### 〈호수에 배를 띄우고 돌아와서 누대로 나가서 달을 바라보다〉

| | |
|---|---|
| 日落泛澄瀛,<br>일락범징영 | 해질 무렵 맑은 호수에 배를 띄우고, |
| 星羅游輕橈.[1)]<br>성라유경요 | 별 늘어선 물 위 가벼운 노 저어가네. |
| 憩榭面曲汜,<br>게사면곡사 | 정자에서 쉬면서 굽은 물가를 바라보고, |
| 臨流對迴潮.[2)]<br>림류대회조 | 물결 굽어보며 빙빙 도는 조수 마주하네. |
| 輟策共騈筵,<br>철책공변연 | 지팡이를 멈추고 자리를 나란히 하여, |
| 並坐相招要.[3)]<br>병좌상초요 | 함께 앉자고 서로서로를 불러 본다네. |
| 哀鴻鳴沙渚,<br>애홍명사저 | 슬픈 기러기는 모래톱 물가에 울거니와, |

悲猿響山椒.[4] 애절한 원숭이 산꼭대기에서 울어대네.
비원향산초

亭亭映江月, 휘영청 밝은 달이 강에 비치고 있고,
정정영강월

飂飂出谷飇.[5] 휙휙 바람이 산 계곡을 나오고 있구나.
류류출곡표

斐斐氣冪岫, 곱게 고운 저녁 기운은 산굴을 가리고,
비비기멱수

泫泫露盈條.[6] 방울방울 이슬이 가지에 가득 찼구나.
현현로영조

近矚袪幽蘊, 가까이 보니 울적한 시름 사라지거니와,
근촉거유온

遠視蕩諠囂.[7] 멀리서 보니 시끄러움을 씻어 내누나.
원시탕훤효

晤言不知罷,[8] 만나 얘기하느라 끝낼 줄을 모르고,
오언불지파

從夕至清朝. 저녁부터 저 새벽에 이르고 있노라.
종석지청조

**역주**

1) 日落泛澄瀛 2구 : 범(泛)은 배를 띄우다. 영(瀛)은 큰 바다, 여기서는 바다처럼 넓은 호수. 성라(星羅)는 별이 늘어서다. 여기서는 물 위에 비친 별들. 유(游)는 1구의 범(泛)과 같아 물에 떠서 운행하다. 요(橈)는 노. 노를 젓다.

2) 憩榭面曲汜 2구 : 사(榭)는 정자. 수(樹)로 된 판본도 있다. 곡사(曲汜)은 굽은 물가. 림(臨)은 내려다 보다. 회조(迴潮)는 빙빙 돌아 흐르는 조수(潮水).

3) 輟策共駢筵 2구 : 책(策)은 지팡이. 병좌(並坐)는 나란히 앉다. 초(招)와 요(要)는 부르다.

4) 哀鴻鳴沙渚 2구 ; 사저(沙渚)는 모래톱 물가. 향(響)은 여기서 동물이 울다는 의미. 산초(山椒)는 산꼭대기.

5) 亭亭映江月 2구 : 정정(亭亭)은 첩어, 의태어로 높고 깨끗한 모양. 류류(飂飂)는 첩어, 의성어로 바람이 세게 부는 소리. 표(飇)는 회오리바람.

6) 斐斐氣冪岫 2구 : 비비(斐斐)는 첩어, 의태어로 ①무늬가 화려한 모양 ②가볍게 나부끼는 모양. 여기서는 ①의 뜻. 멱(冪)은 막(幕)처럼 가리다. 수(岫)는 산굴. 현현(泫泫)은 첩어, 의태어로 가득한 모양.

7) 近矚袪幽蘊 2구 : 거(袪)는 없애다. 유온(幽蘊)은 남몰래 가슴에 쌓이는 시름. 탕(蕩)은 씻어내다. 훤효(諠囂)은 떠들썩함, 시끄러움.

8) 晤言不知罷 : 오언(晤言)은 ≪시경·진풍·동문지지(陳風·東門之池)≫에서 "동문의 연못에는, 왕골 담그기 좋구나. 저 아름답고 정숙한 아가씨, 함께 만나 얘기하고(晤言) 싶어라."라고 하였다. 오언(晤言)은 서로 만나 이야기하다. 파(罷)는 끝내다.

9) 압운은 橈, 潮, 要, 椒, 飇, 條, 囂, 朝.

감상

이 시는 족형 사령운의 고향 시녕(始寧)의 농막에서 지은 것으로, 제목의 호수는 대소무호(大小巫湖)로 사령운의 장원(莊園)에 속했다고 한다. 총 16구로, 두 단락으로 나눌 수 있다.

1단락(1-8구)은 제목의 '호수에 배를 띄우고 돌아와 누대로 나가다(泛湖歸出樓中)'를 설명한 부분이다. 1-2구는 제목에서 말한 호수에 배를 띄워 놀이를 즐기는 모습(泛湖歸)이다. 3-6구는 제목의 '누대로 나가다(出樓中)'을 읊은 것이다. 7-8구는 시인이 풍경과 더불어 들리는 기러기와 원숭이 소리가 슬프고 애절하다고 말하고 있다.

2단락(9-16구)은 제목의 '달을 바라보다(望月)'을 읊은 부분이다. 9-12구는 휘영청 밝은 달과 산 계곡을 나오는 바람소리, 산굴을 가리는 저녁 기운과 가지에 가득 맺힌 이슬 등 주변의 경치를 담았다. 13구는 다시 12구의 가지에 맺힌 이슬을 설명한 것으로 가까이서 보니 울적한 시름을 모두 없앨 수 있다고 말한다. 14구는 앞 11구에서 말한 산굴을 가린 저녁 기운을 읊은 것으로 멀리서 보니 세상의 시끄러움을 씻어낼 수 있다고 말한 것이다. 마지막으로 시인은 시름과 시끄러움을 떨치는 이 곳에서 손님과 만나서 이야기를 나누니 끝날 줄을 몰라 새벽에 이른다며 이 곳의 그윽한 정취를 전하고 있다(15-16구).

## 3. 謝莊[1)]

### 3-1

〈北宅秘園(북댁비원)〉[2)] 〈북쪽 집의 은밀한 정원〉

| | |
|---|---|
| 夕天霽晚氣,<br>석천제만기 | 석양 하늘에 저녁 기운이 개거니와, |
| 輕霞澄暮陰.[3)]<br>경하징모음 | 가벼운 노을에 저녁 그림자 맑다네. |
| 微風淸幽幌,[4)]<br>미풍청유황 | 가벼운 바람 그윽한 휘장 맑게 하고, |
| 餘日照青林.<br>여일조청림 | 남은 해는 푸르른 숲을 비추고 있네. |
| 收光漸窗歇,<br>수광점창헐 | 거둬들인 빛 점차 창가에서 다해가고, |
| 窮園自荒深.[5)]<br>궁원자황심 | 궁원은 절로 황량함이 깊어지고 있네. |
| 綠池翻素景,<br>록지번소경 | 푸른 연못에는 흰 달빛이 일렁이나니, |
| 秋懷響寒音.[6)]<br>추회향한음 | 가을 회화나무에 차가운 소리 울려대네. |
| 伊人儻同愛,<br>이인당동애 | 그 임이 만약 똑같이 아끼신다면, |
| 絃酒共棲尋.[7)*]<br>현주공서심 | 거문고 술로 함께 지내고 싶거늘. |

**원주**

* 서심은 함께 숨어 지내기도, 함께 놀면서 찾기도 한다는 것을 말한다.(棲尋, 謂同棲息.同遊尋也.)
여러 사 씨 시 가운데 홀로 사령운의 시만 자세히 실었고, 나머지 실은 작품은 따라서 생략시켰다.(諸謝詩獨詳康樂, 餘所收從略.)

**역주**

1) 謝莊(사장, 421-466) : 남조 송나라 진군(陳郡) 양하(陽夏), 지금의 하남성(河南省) 태강현(太康縣) 사람으로 자는 희일(希逸)이다. 사령운(謝靈運)의 족질(族侄)이다.

벼슬은 세마(洗馬), 시중(侍中), 좌위장군(左衛將軍), 중서령(中書令)과 금자광록대부(金紫光祿大夫)에 이르렀다. 세칭 '사광록(謝光祿)' 이라 불린다.

2) 秘園 : 숨은 정원.

3) 夕天霽晩氣 2구 : 석천(夕天)이 석양이 깃든 하늘. 제(霽)는 개다. 만기(晩氣)는 저녁의 기운. 모음(暮陰)은 저녁 그림자.

4) 幽幌 : 그윽한 휘장. 한적함을 의미.

5) 收光漸窗歇 2구 : 수광(收光)은 거둬들인 빛. 석양을 의미. 궁원(窮園)은 외진, 인적이 드문 정원. 여기서는 제목의 비원(秘園)을 가리킴. 황(荒)은 사람의 발걸음이 드물다는 의미.

6) 綠池翻素景 2구 : 번(翻)은 여기서 달빛의 움직임을 묘사. 소경(素景)은 흰 달빛. 추회(秋懷)는 다른 판본에 '추괴(秋槐)' 로 되어 있다. 가을 회화나무의 의미.

7) 伊人儻同愛 2구 : 이인(伊人)은 '그 사람' 으로 ≪시경(詩經)≫에서 연인, 지인, 임금 등의 의미로 자주 쓰임.

8) 압운은 陰, 林, 深, 音, 尋.

**감상**

1-8구는 제목에서 말한 '비원(秘園)' 의 정취를 묘사하고 있다. 저녁노을 속 정원에 가벼운 바람과 함께 남은 햇살이 비추자 더 한적해지고, 이어 푸른 연못에 달빛이 일렁이고 가을 회화나무에 그리 싫지 않는 차가운 바람이 울려온다. 마지막 9-10구에서 시인이 '그 임' 께서도 이 정원의 정취를 아끼신다면 음악과 더불어 이곳에 머물면서 정원이 감춘 것(秘)도 함께 찾자고 말을 건넨다. 아마도 이 시는 누군가를 정원에 초대하고자 지은 것으로 보인다.

## 4. 鮑照[1]*

### 4-1

〈代東門行(대동문행)〉[2]** 〈동문행을 대신하여〉

傷禽惡弦驚,[3]
상금오현경
다친 새는 놀라게 하는 활시위 소리 싫고,

倦客惡離聲.[4]
권객오리성
지친 나그네는 이별의 노래 싫어한다네.

離聲斷客情,
리성단객정
이별가는 나그네 애간장 끊어 놓을 뿐 아니라,

賓御皆涕零.[5]
빈어개체령
환송객과 마부 모두 눈물을 떨어뜨리게 한다네.

涕零心斷絕,
체령심단절
눈물을 떨어뜨리며 마음이 끊어지는 듯하여,

將去復還訣.[6]
장거부환결
떠나려하다 다시 돌아와 작별 인사를 한다네.

一息不相知,[7]
일식불상지
한번 숨을 쉬고 나면 서로 알 수가 없으니,

何況異鄉別!
하황이향별
하물며 다른 머나먼 지역으로 이별함에랴.

遙遙征駕遠,
요요정가원
아득히 떠나는 수레는 멀어지고 있고,

杳杳白日晚.[8]
묘묘백일만
어둑어둑 흰 태양 저물어가고 있구나.

居人掩閨臥,
거인엄규와
집안 식구가 규방 문을 닫고 누울 때에,

行子夜中飯.[9]
행자야중반
나그네는 한밤중 되어서야 밥을 먹으리.

野風吹秋木,
야풍취추목
들 바람이 가을 나무에 불어 올 적에,

行子心腸斷.
행자심장단
저 나그네는 애간장이 끊어질 것이리.

食梅常苦酸,
식매상고산
청 매실 먹은 듯 늘 신 것 괴로워하고,

衣葛常苦寒.[10] 갈옷을 입은 듯 늘 추위를 괴로워하리.
의갈상고한

絲竹徒滿座, 현악기 관악기 공연히 가득 차 있지만,
사죽도만좌

憂人不解顏.[11] 근심스런 길손은 얼굴을 풀지 못하리.
우인불해안

長歌欲自慰, 긴 노래로 스스로 위로하고 싶으나,
장가욕자위

彌起長恨端.[12]*** 더욱 긴 한의 실마리 일으키는 걸.
미기장한단

원주

* 포조의 악부시는, 오정이 산을 뚫음과 같다. 사람 세상에 없는 바를 열었으니, 훗날 이태백이 때때로 그것을 본받았을 뿐이다. 5언 고시는 역시 안연지와 사령운 사이에 있다.(明遠樂府, 如五丁鑿山. 開人世所未有, 後太白往往效之. 五言古亦在顏謝之間.)[13]

소리를 높여 마음을 토로하여서, 매번 밝은 절주를 이루어, 그 높은 작품에서는 육기와 육운을 넘어서고, 위로는 조조와 조식을 좇는다.(抗音吐懷, 每成亮節, 其高處遠軼機雲, 上追操植.)

오언고시의 조탁은 사령운과 비슷하나, 자연스러운 점은 사령운에 못 미친다.(五言古雕琢與謝公相似, 自然處不及.)

** 대는 '본뜨다'와 같다.(代, 猶擬也.)

*** '식매상고산' 2구는 〈청청하반초〉로 시작하는 〈음마장성굴행〉에서 갑자기 "마른 뽕은 바람 부는 걸 알려주고, 호수 물은 날이 추워짐 알게 하네."로 들어간 것과 같은 정신과 이치이다.(食梅常苦酸一聯, 與〈青青河畔草〉篇忽入枯桑知天風, 海水知天寒,[14] 一種神理.)

역주

1) 鮑照(포조, 414?-466) : 동진(東晉) 말기에 태어나 남조 송나라에서 활약한 문인으로 동해(東海), 지금의 산동성(山東省) 담성(郯城) 일대 사람이다. 자는 명원(明遠)이다. 벼슬은 해우령(海虞令), 태학박사(太學博士), 중서사인(中書舍人), 말릉령(秣陵令) 등을 역임하고 다시 형주자사(荊州刺史) 임해왕(臨海王) 유자욱(劉子頊)의 전군행참군(前軍行參軍), 전군형옥참군사(前軍刑獄參軍事)를 지냈다. 세칭 '포참군(鮑參軍)'으로 불린다. 명제(明帝) 태시(泰始) 2년(466년)에 진안왕(晉安王) 유자훈(劉子勳)의 반란에 임해왕 유자욱도 동조했는데 이 전란에 휩쓸려 형주(荊州) 성에서 반란군에게 피살되었다. 집안이 몰락하여 한문(寒門)이었으나 포부가 크고 문재(文才)가 있어 사령운(謝靈運), 안연지(顏延之)와 함께 남조 송

나라의 원가삼대가(元嘉三大家)로 불렸다. 시작(詩作)에 있어 대우와 전고를 많이 활용하였고, 구어와 속어도 활용할 뿐 아니라 다양한 제재와 내용을 담고 있어 복잡하고 난해하다는 평을 얻는다. 또 5언고시(五言古詩)가 성행하던 육조 시대에 30여 수의 7언시를 남겨 근체 7언시의 형성에 기여하였다. 86수의 악부시는 현실주의를 잘 반영하였다는 평을 받는다. 후에 당나라 시인 두보는 〈춘일억이백(春日憶李白)〉에서 "맑고 새로움은 유신(庾信)과 같고, 뛰어나고 빼어남은 포조와 같네."라고 하여 이백이 포조 시의 영향을 받았음을 언급하였다. 저서에 ≪포참군집(鮑參軍集)≫이 있다.

2) 東門行 : 〈동문행(東門行)〉은 ≪악부시집·상화가사(相和歌辭)≫에 속하는 악부시이다(≪고시원≫ 번역본 1권 425쪽 참조).

3) 傷禽惡弦驚 : ≪전국책·초책(戰國策·楚策)≫에 의하면 경영(更嬴)이 위왕(魏王)과 함께 경대(京臺) 아래 있다가 새가 날아가는 것을 보고 화살이 없는 빈 줄을 당겼을 뿐인데 새가 떨어졌다고 한다. 위왕이 이유를 묻자 경영이 이 새가 부상이 있고 무리를 잃은 상태라 활시위 소리만 들어도 놀라 떨어진 것이라고 설명하였다고 한다.

4) 離聲 : 이별의 노래, 이별가.

5) 賓御 : 전송하는 손님과 마부.

6) 還訣 : 돌아와 작별 인사를 하다.

7) 一息 : 숨을 한 번 쉬는 순간. 짧은 순간을 의미.

8) 遙遙征駕遠 2구 : 요요(遙遙)는 첩어, 의태어로 먼 모양. 가(駕)는 수레. 묘묘(杳杳)는 첩어, 의태어로 그윽하고 어두운 모양.

9) 夜中飯 : 한 밤중에 밥을 먹다. 나그네가 여정을 쉬지 못하는 모습을 묘사.

10) 食梅常苦酸 2구 : 매(梅)는 뒤의 산(酸)과 연계되어 맛이 신 청 매실. 고산(苦酸)은 신 것을 괴로워하다. 갈(葛)은 갈옷으로 거친 베로 만든 옷. 고한(苦寒)은 추위를 괴로워하다.

11) 絲竹徒滿座 2구 : 사죽(絲竹)은 현악기와 관악기. 만좌(滿座)는 빈객이 가득한 것으로 여기서는 송별연 자리를 비유. 해안(解顔)은 얼굴을 풀다. 수심을 푼다는 의미.

12) 長歌欲自慰 2구 : 장가(長歌)는 음악 용어로 긴 노래. 여기서는 이 시를 의미. 미(彌)는 더욱. 한단(恨端)은 한의 실마리.

13) 明遠樂府 5구 : 오정착산(五丁鑿山)은 다섯 장정(壯丁)이 산을 뚫다. 양웅(揚雄)의 ≪촉왕본기(蜀王本記)≫와 전설에 의하면 진(秦)나라 혜왕(惠王)이 촉(蜀)을 치고자 하였으나 산이 험해 길이 통하지 않자 계책을 내어 돌로 소 다섯 마리를 조각하고 꼬리 밑에 금덩이를 두어 금 똥을 누는 소라는 거짓 소문을 내었다. 이를 들은 촉나라 왕이 속아서 다섯 장정으로 하여금 소를 끌고 올 수 있도록 산을 뚫어 길을 닦게 하여 후에 진나라가 쳐들어올 수 있었다고 한다. 여기서 오정착산(五丁鑿山)은 '전대에 없는, 선구자'의 의미로 쓰임.

14) 〈青青河畔草〉 2구 : 후한(後漢)의 문인 채옹(蔡邕, 132-192)의 〈음마장성굴행(飮

馬長城窟行)〉을 말함. ≪고시원≫ 번역본 1권 318쪽 참조.

15) 압운은 驚, 聲, 零에서 絶, 訣, 別로, 다시 遠, 晩, 飯, 斷, 寒, 顔, 端으로 환운.

**감상**

이 시는 악부시인 〈동문행〉을 본뜬 작품이다. 악부시 〈동문행〉은 어느 가난한 사내가 극단적인 행동을 하기 위해 동문으로 나서려하자 아내가 말리는 내용이다. 〈대동문행〉은 원작 같은 구체적 이유는 없지만, 이별에 임한 비통하고 급박한 마음은 그대로 가져와 표현해 내고 있다. 모두 20구로 되어 있으며 크게 두 단락으로 나눌 수 있다.

1단락(1-10구)은 이별에 처한 상황을 묘사한 것이다. 1-2구는 ≪전국책·초책≫의 고사를 가져와 다치고 무리 잃어 외로이 날던 새가 빈 활의 시위 소리만 들어도 놀라 떨어지듯, 이별가만 들어도 괴로운 나그네의 심정을 드러내고 있다. 또 2-3구와 4-5구 사이에서 '이별가(離聲)' 와 '눈물을 떨어뜨리다(涕零)' 라는 말이 끝말잇기 즉 정진체(頂眞體)로 이어지며 이별에 대한 시인의 감정이 점점 깊어지고, 5-8구에 이르러서는 입성(入聲) 압운으로 환운되며 시인의 감정이 극대화됨을 표현한다. 7-8구는 남조 시대 잦은 왕조교체로 인해 늘 불안한 정치에 따라 근무지를 급작스럽게 옮겨야했던 관리들의 삶과 연결하여 그 배경을 짐작해 볼 수 있다.

2단락(11-20구)은 시인의 상상과 결론이다. 11-16구는 시인의 상상 속의 이야기이다. 가족들이 문을 닫고 누울 시간인 한밤중에도 나그네인 시인은 밥을 먹으며 여정을 계속할 일, 가을바람이 불면 고향 생각에 애간장이 끊어질 일, 언제나 신 것을 괴로워하며 언제나 추위를 괴로워 할 일을 상상하고 있다. 15-16구는 시의 흐름상 마치 갑자기 튀어나온 듯 어울리지 않게 보이지만 이 2구로 인해 나그네가 여정 중에 겪는 고생을 훌륭히 형상화하였다고 평가된다. 심덕잠도 원주에서 〈음마장성굴행〉의 구절과 같은 정신과 이치 즉 시의 내용을 담았다고 언급하였다. 이는 두보가 이백의 시를 "뛰어나고 빼어남은 포조와 같네.(俊逸鮑參軍.)" 라고 말했던 그 '준일(俊逸)' 을 볼 수 있는 부분이다. 마지막 17-20구는 이 송별연 자리에 가득찬 빈객들이 있어도 시인의 수심을 풀지 못해, 시를 써서 위로하고 싶었으나 시를 쓰고 나니 오히려 한을 일으킬 뿐 이라는 한탄이 담겨 있다.

큰 포부와 문재가 있었으나 한문 출신으로 평생 하급관리를 전전하며 어려운 삶을 살았던 시인의 애절함이 시가 되었다.

## 4-2

## 〈代放歌行(대방가행)〉[1]　　〈방가행을 대신하여〉

蓼蟲避葵堇, 　　저 여뀌 벌레는 단 채소를 피하는데,
료충피규근

習苦不言非.[2)] 쓴 맛에 익숙해 아니라 하지 않구나.
습고불언비

小人自齷齪, 소인은 본래 작은 것에 연연하나니,
소인자악착

安知曠士懷.[3)] 광사의 마음을 어찌 알 수 있겠는가.
안지광사회

雞鳴洛城裡, 낙양성 안에서 닭이 울어 대거니와,
계명락성리

禁門平旦開.[4)] 궁문이 이른 새벽같이 열리는 때라.
금문평단개

冠蓋縱橫至, 관모와 수레 덮개 어지럽게 몰려들고,
관개종횡지

車騎四方來.[5)] 수레와 말이 사방에서 몰려든다네.
거기사방래

素帶曳長飈, 긴 회오리바람 흰 허리띠 끌어오고,
소대예장표

華纓結遠埃.[6)] 먼 곳 온 먼지 화려한 갓끈에 맺혔네.
화영결원애

日中安能止, 해가 중천이거늘 어찌 멈출 수 있으랴,
일중안능지

鍾鳴猶未歸.[7)] 종 울려대도 여전히 돌아가지 않는다네.
종명유미귀

夷世不可逢, 지금 같은 태평성세 다시 만날 수 없으니,
이세불가봉

賢君信愛才.[8)] 현명하신 임금 진실로 인재 아끼신다지.
현군신애재

明慮自天斷, 현명하신 생각 하늘로부터 결단 내린 듯,
명려자천단

不受外嫌猜.[9)] 밖으로 의심과 시기 받아들이지 않으시지.
불수외혐시

一言分珪爵, 한 마디 말이면 벼슬을 나누어 주시거니와,
일언분규작

片善辭草萊.[10)] 조금만 잘 하여도 재야를 떠날 수 있다지.
편선사초래

豈伊白璧賜, 어찌 하얀 보배 옥을 하사할 뿐이랴,
기이백벽사

將起黃金臺.[11] 장차 황금의 누대까지 세워 주신다지.
장기황금대
今君有何疾, 지금 그대는 무슨 질환을 가지고 있어서,
금군유하질
臨路獨遲迴?[12]* 길 굽어보면서 홀로 머뭇대고만 있는가?
림로독지회

**원주**

* ≪초사·칠간(七諫)≫에 "여뀌벌레는 아욱이나 콩으로 옮겨가지 않는다네."라고 하였다. 여뀌벌레가 매운 데에 처하면서, 쓰고 매운 것을 먹고, 아욱과 콩으로 옮겨가 감미함을 먹지 않는다는 말이다.(楚辭曰, 蓼蟲不徙乎葵藿. 言蓼蟲處辛辣食苦惡, 不徙葵藿食甘美也.)
'소대예장표' 2구는 당시 부귀한 사람들의 세속적인 모습을 다 묘사해 내고 있다. 한대 시 가운데 "관대를 한 사람이 날마다 서로 찾는다."라고 한 바이다.(素帶二語, 寫盡富貴人塵俗之狀, 漢詩中所謂冠帶日相索也.)

**역주**

1) 代放歌行 : ≪악부시집·상화가사(相和歌辭)≫에 실린 진나라 부현(傅玄)의 〈방가행〉를 본 뜬 작품. 원작은 세상 풍조에 휩쓸리지 않겠다는 선비의 큰 목소리를 노래하고 있다.
2) 蓼蟲避葵堇 2구 : 요(蓼)는 여뀌 풀로 맵고 독성이 강한 풀. 요충(蓼蟲)은 이 여뀌 풀을 먹는 벌레로 매운 맛 밖에 알지 못해 다른 맛과 매운 것을 구별하지 못함. 규(葵)는 아욱. 근(堇)은 근채(堇菜)로 제비꽃과의 채소. 여기서 규근(葵堇)은 달콤한 채소로 세속적 부귀공명을 상징. 불언비(不言非)는 아니라고 말하지 않다. 여기서는 여뀌가 내가 먹을 것이 아니라고 말하지 않는다는 것.
3) 小人自齷齪 2구 : 악착(齷齪)은 첩운, 의태어로 작은 것에 연연하는 모양. 여기서는 1구의 규근(葵堇)이 상징하는 것. 광사(曠士)는 세속에 얽매이지 않는 큰 선비를 상징.
4) 雞鳴洛城裡 2구 : 락성(洛城)은 낙양성(洛陽城). 금문(禁門)은 궁궐의 문. 평단(平旦)은 하늘이 막 밝은 무렵, 이른 새벽.
5) 冠蓋縱橫至 2구 : 관개(冠蓋)는 관모와 수레 덮개. 높은 신분의 벼슬아치를 상징. 거기(車騎)는 수레와 말.
6) 素帶曳長飇 2구 : 소대(素帶)는 흰 허리띠. 예(曳)는 끌다. 표(飇)는 회오리바람. 원애(遠埃)는 먼 곳에서 온 먼지.
7) 鍾鳴 : 종이 울다. 여기서 종은 한밤에 통행금지를 알리는 종소리를 말함.
8) 夷世不可逢 2구 : 이세(夷世)는 평평한 세상. 태평성세를 의미. 신(信)은 진실로. 애재(愛才)는 인재를 아끼다. 여기서 인재는 소인(小人)을 가리킴.

9) 明慮自天斷 2구 : 자천단(自天斷)은 하늘로부터 결단을 내리다. 혐시(嫌猜)는 의심과 시기.

10) 一言分珪爵 2구 : 규작(珪爵)은 홀과 벼슬. 모두 벼슬을 상징. 선(善)은 잘하다. 사초래(辭草萊)는 재야를 떠나다. 벼슬길에 나아간다는 의미.

11) 豈伊白璧賜 2구 : 기이(豈伊)는 어찌~뿐이랴. 백벽사(白璧賜)는 ≪사기·평원군우경열전(平原君虞卿列傳)≫에 우경(虞卿)이 조(趙)나라 효성왕(孝成王)에게 유세를 하였는데 효성왕이 한 번 보고 황금 백 일(鎰)과 흰 옥(白璧) 한 쌍을 하사하고, 두 번 보고 조나라 상경(上卿)을 삼아 우경(虞卿)으로 불리게 된 일을 말함. 황금대(黃金臺)는 연(燕)나라 소왕(昭王)이 역수(易水) 동남쪽에 황금 누대를 쌓고서 천하의 현사(賢士)를 모집한 일을 말함.

12) 今君有何疾 2구 : 이 2구는 소인(小人)이 광사(曠士)에게 한 말. 군(君)은 여기서 광사(曠士)를 가리킴. 지회(遲迴)는 첩운, 의태어로 머뭇거리는 모양.

13) 압운은 非, 懷, 開, 來, 埃, 歸, 才, 猜, 萊, 臺, 迴.

### 감상

세상 풍조에 휩쓸리지 않겠다는 선비의 큰 목소리를 노래한 부현의 〈방대가〉를 본 뜬 작품이다. 모두 22구로 되어 있고, 4개의 단락으로 나눠 볼 수 있다.

1단락(1-4구)의 1-2구는 3-4구를 설명하기 위해 흥(興)의 기법을 사용한 것이다. 시인이 노래하고 싶은 사람은 4구의 광사(曠士)로 세속에 얽매이지 않는 큰 선비이다. 1구의 요충은 여뀌 벌레로 바로 4구의 광사를 설명하기 위해 가져온 것이다. 여뀌 벌레는 맵고 쓴 맛이 나는 풀일지라도 이것이 내가 먹을 것이 아니라고 말하지 않듯, 광사는 이곳이 내가 머물 곳이 아니라고 말하지 않는 법이다.

2단락(5-12구)은 3구의 소인(小人)들의 모습을 묘사하고 있다. 닭이 울고 궁문이 열리자마자 어지러이 사방에서 몰려든 고관대작들은 바람에 허리띠가 끌리고, 갓끈에 먼지가 맺히는 한밤까지 통금을 알리는 종이 울려대도 돌아갈 생각도 없이 분주하기만 하다.

3단락(13-20구)은 소인들의 말과 의식 구조를 보여준다. 2단락에서 보듯 왜 소인들이 이리 분주한 것인가? 소인들에게 이 시대는 다시없을 태평성세이기 때문이다. 왜냐하면 임금은 소인들의 말 한마디에, 조금만 잘하는 것이 있다하면 벼슬을 나눠주기 때문이다. 그 하사하는 것이 그 귀한 백옥과 황금 누대도 마다 않을 기세이다.

마지막 21-22구는 4단락이며 결론이다. 소인이 광사에게 하는 말이다. "어디가 아파서 이 좋은 기회에 머뭇거리고만 있는가?" 21구의 그대는 결국 광사를 가리키는 말이다.

이 시는 흥(興)의 기법을 쓴 1-2구는 제외하면, 3-4구와 마지막 21-22구가 서로 호응하여 수미가 상통하는 구조를 통하여, 소인과 광사를 효과적으로 대조하고 있다.

4-3

〈代白頭吟(대백두음)〉[1] 〈백두음을 대신하여〉

| | |
|---|---|
| 直如朱絲繩,<br>직여주사승 | 곧기는 거문고의 붉은 줄 같거니와, |
| 淸如玉壺冰.[2]<br>청여옥호빙 | 맑기는 옥병에 담긴 얼음과 같아라. |
| 何慚宿昔意,<br>하참숙석의 | 과거의 뜻에 어찌 부끄러워하였으랴만, |
| 猜恨坐相仍.[3]<br>시한좌상잉 | 시기와 원망 그 때문에 서로 이어지누나. |
| 人情賤恩舊,<br>인정천은구 | 사람마음 은혜 주던 옛사람 천히 여기고, |
| 世議逐衰興.[4]<br>세의축쇠흥 | 세상의 의론은 저 흥망성쇠를 따른다네. |
| 毫髮一爲瑕,<br>호발일위하 | 터럭과 같은 잘못을 한 번 할지라도, |
| 丘山不可勝.[5]<br>구산불가승 | 산언덕 같은 처벌 견딜 수가 없다네. |
| 食苗實碩鼠,[6]<br>식묘실석서 | 곡식 싹 먹은 놈은 진실로 큰 쥐이고, |
| 點白信蒼蠅.[7]<br>점백신창승 | 하얀 것에 점찍는 것은 진실로 쉬파리. |
| 鳧鵠遠成美,[8]<br>부곡원성미 | 오리와 고니 멀기에 아름답다 하고, |
| 薪芻前見陵.[9]<br>신추전견릉 | 땔나무와 꼴처럼 옛 신하 능멸일세. |
| 申黜褒女進,<br>신출포녀진 | 신후가 쫓겨나가니 포사가 들어왔으며, |
| 班去眞姬升.[10]<br>반거진희승 | 반첩여가 떠나가자 조비연 올라왔었지. |
| 周王日淪惑,[11]<br>주왕일륜혹 | 주나라 유왕은 날로 빠지고 미혹되었으며, |
| 漢帝益嗟稱.[12]<br>한제익차칭 | 한나라 성제는 더욱 감탄하고 칭찬했었지. |

心賞猶難恃, 마음으로 상찬했건만 여전히 믿을 수 없거늘,
심상유난시
貌恭豈易憑.13) 외모가 공손하다 어찌 쉽게 기댈 수 있으리?
모공기이빙
古來共如此, 옛날 이래 모두 이러하였거니와,
고래공여차
非君獨撫膺.* 그대 홀로 가슴 칠 일이 아니리.
비군독무응

원주

* '부곡원성미'는 닭은 가깝기 때문에 그 아름다움을 잊고, 오리는 좇아온 것이 멀기 때문에 그 아름다움을 느낀다는 의미이다. 전요가 노 애공에 답한 말의 뜻을 사용하고 있다.(鳧鵠遠成美, 言雞以近而忘其美, 鵠以所從來遠而覺其美也, 用田饒答魯哀公語意.)

'신추전견릉'의 릉은 침이다. 즉 땔나무를 쌓으면, 뒤에 온 것이 위에 처한다는 의미를 비유한 것이다.(薪芻前見陵, 陵, 侵也, 卽譬如積薪, 後來者處上意.)

역주

1) 代白頭吟 : ≪악부시집·상화가사(相和歌辭)≫에 실린 〈백두음〉을 본뜨다. 〈백두음〉은 한나라 때 여류문학가이자 사마상여(司馬相如)의 부인인 탁문군(卓文君)의 시로, 사마상여가 새 여자를 들이려고 하자 절교를 선언하며 쓴 것이라고 전한다(≪고시원≫ 번역본 1권 268쪽 참조).
2) 直如朱絲繩 2구 : 주사승(朱絲繩)은 여기서 거문고의 붉은 줄을 의미. 옥호빙(玉壺冰)은 옥으로 만든 병에 담긴 얼음.
3) 何慚宿昔意 2구 : 하참(何慚)은 어찌 부끄러웠으랴. 반어적 표현으로 부끄러운 적이 없다는 의미. 숙석의(宿昔意)는 옛날, 과거의 뜻. 여기서는 1-2구의 내용을 말함. 시한(猜恨)은 시기와 원망. 좌(坐)는 연루되다, 인하여, 때문에.
4) 人情賤恩舊 2구 : 은구(恩舊)는 은혜와 은총을 베풀었던 옛 사람. 세의(世議)는 세상의 의론(議論). 쇠흥(衰興)은 흥망성쇠(興亡盛衰).
5) 毫髮一爲瑕 2구 : 호발(毫髮)은 터럭. 아주 작음을 의미. 하(瑕)는 잘못. 구산(丘山)은 언덕과 산 같은 처벌, 즉 매우 큰 처벌, 죄. 승(勝)은 견디다, 감당하다.
6) 食苗實碩鼠 : ≪시경·위풍·석서(魏風·碩鼠)≫에 "큰 쥐야 큰 쥐야, 내 곡식 싹을 먹지 말지어다."라고 하였다.
7) 點白信蒼蠅 : ≪시경·소아·청승(小雅·靑蠅)≫에 "앵앵거리는 쉬파리, 울타리에 앉았도다."라고 하여 참소하는 말을 쉬파리 소리에 비유하였다.
8) 鳧鵠遠成美 : ≪한시외전(韓詩外傳)≫ 권2에 전요(田饒)가 노(魯)나라 애공(哀公)에게 주목을 받지 못하자 "신은 장차 임금을 떠날 것입니다. 황곡(黃鵠)이 날아올랐습니다."라고 말한 이야기에서 온 말이다. 이유를 묻는 애공에게 전요는 닭

이 머리에 벼슬을 이고 있는 문(文), 발에 발톱을 붙이고 있는 무(武), 앞에 있는 적과 싸우는 용(勇), 먹을 것을 서로 알려주는 인(仁), 밤을 지켜 때를 잃지 않는 신(信) 등 다섯 가지 덕성, 오덕(五德)을 갖춤에도 임금께서 삶아 드시는 것은 그 좇아온 바가 가깝기 때문이고, 황곡이 천 리를 날아와 임금의 동산과 연못에서 임금의 물고기와 자라를 먹고, 임금의 벼와 기장을 쪼며, 오덕(五德)이 없음에도 귀하게 여기는 것은 그 좇아온 바가 멀기 때문이라고 답하였다고 한다. 여기서 시인 자신을 오덕(五德)을 갖춘 닭에 비유하고, 임금 옆에 득세한 간신들을 황곡에 비유한 것. 또 황곡을 낮추어 부곡으로 적고 있다. 자세한 것은 감상 참조.

9) 薪芻前見陵 : ≪사기·급정열전(汲鄭列傳)≫에 급암(汲黯)이 임금에게 "폐하께서 여러 신하를 등용함이 땔나무를 쌓는 것과 같을 뿐이니, 뒤에 온 것이 위에 처합니다."라고 하였다. 전(前)은 옛 신하들.

10) 申黜褒女進 2구 : 신(申)은 신후(申后)를 말함. 주(周)나라 유왕(幽王)의 신하. 출(黜)은 좇겨나가다. 褒女(포녀)는 포사(褒姒)를 말함. 주나라 유왕의 총애로 인해 후에 주나라의 멸망의 원흉이라고 알려짐. 반(班)은 한(漢)나라 성제(成帝)의 후궁 반첩여(班倢伃)를 말함. 어질고 우아하여 총애를 얻었으나 후에 조비연(趙飛燕) 자매로 인해 임금의 관심을 잃고 스스로 장신궁(長信宮)으로 물러나 태후(太后)를 모시며 지냈다고 전해짐. 희(姬)는 한나라 성제의 총애를 받아 효성황후(孝成皇后)로 즉위한 조비연을 말함. 악행과 문란한 행위로 유명하였고 서인으로 강등된 후 자살로 생애를 마감함.

11) 諭惑 : 주나라 유왕이 포사를 웃게 하고자 수시로 거짓 봉화를 올리는 등 포사에 빠지고 미혹된 일을 말함.

12) 嗟稱 : 한나라 성제가 조비연의 자태, 춤과 노래에 감탄하고 칭찬한 일을 말함.

13) 心賞猶難恃 2구 : 심상(心賞)은 마음으로 상찬하다. 모공(貌恭)은 외모가 공손하다. 이빙(易憑)은 쉽게 기대다, 쉽게 믿다.

14) 압운은 冰, 仍, 興, 勝, 蠅, 陵, 升, 稱, 憑, 膺.

**감상**

모두 20구로 되어 있으며 5개의 단락으로 나눌 수 있다.

1단락(1-4구)은 시인 자신의 인생 목표인 곧기(直)와 맑기(淸)를 설명하며, 이 목표에 부끄러운 적이 없으나 다른 사람의 시기와 원망 때문에 처한 어려운 상황을 말하고 있다.

2단락(5-8구)은 은혜를 주었던 옛 사람을 천히 여기고, 흥망성쇠만을 좇는 이 세상의 상황을 말하며, 터럭 같은 작은 잘못에 구산 같은 처벌이 가해지는 가혹함을 이야기한다.

3단락(9-12구)은 현실의 모습이다. 9-10구는 현 궁궐의 실세인 간신들의 모습을 ≪시경≫의 노래를 빌려와 큰 쥐와 쉬파리로 표현하고 있다. 11구는 ≪한시외전≫에서 전요가 한 말을 가져와 임금이 멀리해야 할 무리 황곡(黃鵠)을 이야기하고 있다. 시인이 황곡을 부곡(鳧鵠) 즉 '오리와 고니' 라고 바꾸어서 이야기하고 있다. 혹은 시인이 의도적으로 오리 같은 고니, 즉 원래 '오리 수준인데 임금이 고니로 보고 있는 무리' 라는 의미로 쓴 것으로 볼 수 있다. 12구는 급암(汲黯)의 말을 빌려와 땔나무와 꼴이 먼저 해 온 것이 밑으로 나중 것이 위로 놓이는 비유를 가지고 임금이 충신을 밑으로 두고 간신을 위에 두는 잘못을 말한 것이다.

4단락(13-16구)는 주나라 유왕이 충신 신후를 내쫓고 포사를 총애하여 나라를 망하게 한 일과 한나라 성제가 어진 반첩여를 버리고 악행을 일삼던 조비연에 빠졌던 일을 이야기하고 있다.

마지막 5단락(17-20구)은 예부터 이러하였다며 시인 스스로 자신을 위로하는 말이다. 한문(寒門) 출신이었으나 큰 포부와 문재를 지녔던 시인 포조가 인재를 알아보지 못하는 세상과 임금에게 던지는 외침이리라.

## 4-4

## 〈代東武吟(대동무음)〉[1] 〈동무음을 대신하여〉

| | |
|---|---|
| 主人且勿諠,<br>주인차물훤 | 주인어른 잠시 동안 조용히 하여 주시고, |
| 賤子歌一言.[2]<br>천자가일언 | 천한 이 몸의 한마디 노래 들어보시구려. |
| 僕本寒鄉士,[3]<br>복본한향사 | 저는 본래 궁벽한 시골의 인사이거니와, |
| 出身蒙漢恩.<br>출신몽한은 | 내 몸을 바쳐서 한나라의 은혜를 입었네. |
| 始隨張校尉,<br>시수장교위 | 처음에는 교위인 장건을 수행하였거니와, |
| 占募到河源.[4]<br>점모도하원 | 모병에 응하여 황하 근원에 이르렀다네. |
| 後逐李輕車,<br>후축이경거 | 나중에는 경거장군인 이채를 따라가서, |
| 追虜窮塞垣.[5]<br>추로궁새원 | 오랑캐를 추격해서 변방을 다 갔었네. |
| 密塗亘萬里,<br>밀도긍만리 | 가까운 길일지라도 만 리를 다 하였고, |
| 寧歲猶七奔.[6]<br>녕세유칠분 | 평화로운 해도 여전히 일곱 번 내달렸네. |

肌力盡鞍甲,
기력진안갑
근력은 말안장 갑옷 아래에 다했거니와.

心思歷涼溫.[7]
심사력량온
마음에서는 환희와 슬픔을 겪었음일세.

將軍旣下世,
장군기하세
내 모시던 장군께서도 돌아가셨거니와,

部曲亦罕存.[8]
부곡역한존
그 부하 역시 생존한 사람 드물었네.

時事一朝異,
시사일조이
세상의 일이 하루아침에 바뀌었거니와,

孤績誰復論.[9]
고적수부론
외로운 나의 전적 뉘 다시 따질 것인가.

少壯辭家去,
소장사가거
젊고 건장했을 때에 집을 떠나갔다가,

窮老還入門.
궁로환입문
궁하고 늙어서 집 대문으로 돌아왔노라.

腰鐮刈葵藿,
요겸예규곽
낫을 허리에 차고 아욱과 콩잎을 베며,

倚杖牧雞豚.[10]
의장목계돈
지팡이를 짚고서 닭과 돼지를 키우노라.

昔如韝上鷹,
석여구상응
옛날에는 팔찌 위의 솔개와 같았거늘,

今似檻中猿.[11]
금사함중원
지금은 저 울안의 원숭이와 같구나.

徒結千載恨,[12]
도결천재한
부질없게도 천 년의 한이 맺히거니와,

空負百年怨.*
공부백년원
공연히 백 년의 원망을 짊어지는구나.

棄席思君幄,[13]
기석사군악
버려진 자리가 임금의 휘장 그리워하듯,

疲馬戀君軒.[14]
피마련군헌
지친 군마가 임금의 수레를 연모하듯이.

願垂晉主惠,
원수진주혜
원컨대 진나라 문공의 은혜를 베푸시면,

不愧田子魂.[15]**
불괴전자혼
전자방 영혼에 부끄럽지 않게 보답하련만.

원주

* (怨은) 평성이다.(平聲.)

** 장교위는 장건을 말하고, 이경거는 이채를 말한다.(張校尉謂張騫, 李輕車謂李蔡.)

칠분은 ≪춘추좌씨전≫ 성공(成公) 7년에 "오나라가 주래에 쳐들어오니, 자중과 자반이, 이에 일 년에 일곱 번 분주히 명을 받들었다."라고 하였다.(七奔, 左傳, 吳入州來, 子重子反, 於是乎一歲七奔命.)

'기석'은 진나라 문공의 일을 인용하였고, '피마'는 전자방의 일을 인용하였다. 모두 ≪한시외전≫에 보인다.(棄席用晉文公事, 疲馬用田子方事, 俱見韓詩外傳.)

역주

1) 代東武吟 : ≪악부시집·상화가사(相和歌辭)≫의 〈초조곡(楚調曲)〉에 속하는 〈동무음〉을 본뜨다. 동무는 태산(泰山) 아래의 작은 산 이름, 〈동무음〉은 늙은 병사가 부른 노래이다.
2) 主人且勿諠 2구 : 훤(諠)은 떠들다. 천자(賤子)는 천한 이 몸. 시의 화자인 늙은 병사.
3) 僕本寒鄉士 : 복(僕)은 시의 화자인 늙은 병사 자신. 한향(寒鄉)은 궁벽한 시골. 사(士)는 남자의 의미.
4) 始隨張校尉 2구 : 장교위(張校尉)는 장건(張騫)을 말함. 한나라 무제(武帝)의 명으로 흉노를 견제하고자 동맹을 맺을 나라를 찾아 두 차례 서역으로 파견되었는데 첫 번째는 건원(建元) 2년(BC139) 월지(月氏)에, 두 번째는 원수(元狩) 4년(BC119) 오손(烏孫)지역으로 파견되었다. 동맹은 실패하였으나 이 과정에서 서역의 지리, 민족, 산물 등에 관한 지식이 한나라로 유입되어 고대 실크로드 개척과 중국과 서역 간의 외교관계에 큰 공헌을 했다. 또 대장군 위청(衛青)을 따라 교위(校尉)로서 흉노와의 전쟁에 참전한 공으로 박망후(博望侯)에 봉해졌다. 점(占)은 점치다, 고르다. 점모(占募)는 선발하다는 뜻으로 여기서는 모병(募兵)에 응한 것을 말함. 하원(河源)은 황하의 근원, 발원지.
5) 後逐李輕車 2구 : 이경거(李輕車)는 이채(李蔡)를 말함. 한나라 명장 이광(李廣)의 종제(從弟)로 한나라 무제(武帝) 때 경거장군(輕車將軍)으로 흉노 우현왕(右賢王)을 정벌하여 공을 세웠고 후에 승상(丞相)에 오름. 추로(追虜)는 오랑캐를 쫓다, 추격하다. 새원(塞垣)은 변방.
6) 密塗亘萬里 2구 : 밀도(密塗)는 가까운 길. 긍(亘)은 걸치다, ~까지 이어지다. 녕세(寧歲)는 평화로운 해. 칠분(七奔)은 일곱 번 분주하다, 명령에 따라 뛰어가다(원주 ≪좌전≫ 내용 참조). 칠(七)은 자주의 의미.
7) 肌力盡鞍甲 2구 : 안갑(鞍甲)은 말안장과 갑옷. 여기서는 말 타던 갑옷의 의미. 량온(涼溫)은 염량세태(炎涼世態)의 슬픔과 환희.
8) 將軍既下世 2구 : 장군(將軍)은 늙은 병사가 모시던 장군. 기(既)~역(亦)은 할 뿐 아니라 또 ~하다. 하세(下世)는 세상을 하직하다, 죽다. 부곡(部曲)은 한나라 때

군사 편제로 부(部)가 곡(曲)보다 큰 단위. 여기서는 장군이 거느린 부하들을 가리킴.

9) 時事一朝異 2구 : 시사(時事)는 세상사. 고적(孤績)은 외로운 전적, 공적. 여기서는 13-14구에서 말한 장군과 부하들이 거의 죽고 홀로 남은 사실을 말함.

10) 腰鐮刈葵藿 2구 : 요(腰)는 허리에 차다, 끼다. 겸(鐮)은 낫. 규곽(葵藿)은 아욱과 콩잎. 의(倚)는 지팡이처럼 짚다.

11) 昔如韝上鷹 2구 : 구(韝)는 매사냥을 할 때 팔에 차는 팔찌. 함(檻)은 우리, 짐승을 가두는 데 쓰는 울타리.

12) 徒結千載恨 : 〈고시19수(古詩十九首)〉의 열다섯 번째 시에 "사는 날이야 백년도 못되거늘, 항상 천 년 근심을 품는구나."라고 하였다.

13) 棄席思君幄 : ≪한비자·외저설좌상(韓非子·外儲說左上)≫에 의하면 진(晉)나라 문공(文公)이 왕자 중이(重耳)일 때 다년간 망명 생활 끝에 진나라로 돌아와 왕이 되려고 하였다. 황하에 도착하여 신하들에게 명하길 쓰던 식기와 자리들을 다 버리고, 손발이 부르트고 안색이 검게 변한 병사들을 뒤편에 서라고 하자 신하 구범(咎犯)이 슬퍼 울었다. 이유를 묻자 구범이 대답하길 식기는 임금께서 드시던 도구이고 자리도 임금께서 눕던 도구인데 지금 버리라 하시고, 손발이 부르트고 안색이 검게 변한 사람은 임금 당신을 위해 공적을 세운 사람인데 저 구범과 함께 뒷줄에 세우시니 그래서 슬퍼서 운 것이라 답하였고 이에 문공이 그 명령을 거둬들였다고 한다.

14) 疲馬戀君軒 : ≪한시외전(韓詩外傳)≫ 권8에 의하면 전자방(田子方)이 길에서 늙은 말을 보고 말을 모는 사람에게 그 말에 대해 물으니 대답하길 조정에서 쓰던 말인데, 이 말이 지쳐서 쓸모없기에 쫓아낸 것이라고 하자 비단 뭉치를 주고 그 말을 사서 돌보았다고 한다. 전자방은 전국(戰國)시대 사람으로 이름은 무택(無擇)이며, 위문후(魏文侯)가 스승으로 삼았다.

15) 願垂晉主惠 2구 : 이 2구는 호문(互文)이다. 진주(晉主)는 진(晉)나라 군주로 여기서는 진나라 문공(文公)을 가리키고, 전자(田子)는 전자방(田子方)을 가리키나 호문으로 보아 진나라 군주와 전자방 같은 은혜를 주시면, 진나라 군주와 전자방 같은 영혼에 보답하리라는 의미.

16) 압운은 言, 恩, 源, 垣, 奔, 溫, 存, 論, 門, 豚, 猿, 怨(평성), 軒, 魂.

**감상**

원작과 마찬가지로 이 시는 퇴역 군인인 노병사가 주인공이다. 모두 28구로, 크게 두 단락으로 나눌 수 있다.

1단락(1-14구)은 노병사가 자신을 소개하며 지난 시절 전쟁터에서 공을 세운 이야기를 들려 준다. 1구의 주인(主人)은 임금이나 통치자를 지칭한 말이다. 노병사는 본래 시골 출신으로 한나라 때 장건과 이채를 따라 멀리까지 군에 복무한 일을 말하고 있다(3-8구). 9-10구에서 가까운 길도 만 리 이고, 평화로울 때에도 일곱 번 출정했다는 말은 전쟁 시에는 더 멀리, 더 자주 출정했다는 것을 의미한다. 그러는 사이 말 타던 갑옷에 힘을 다 쓰고, 환희도 슬픔도 겪었으며, 모시던 장군도 전장을 함께 누비던 전우들도 거의 죽음을 맞이했다(11-14구).

2단락(15-28구)은 퇴역한 후 삶에 대한 이야기이다. 이제 홀로 남은 병사는 아무도 알아주는 이가 없고, 늙은 몸을 이끌고 농사를 지으며 가축을 키울 뿐이다(15-20구). 옛날엔 솔개 같던 전사의 모습이었지만 지금은 마치 우리 안의 원숭이 같은 신세, 공연히 한과 원망만 남았다.(21-24구) 25-28구에서 시인은 진나라 문공과 신하 구범의 고사와 전자방이 버린 군마를 샀던 이야기를 빌려 진나라 문공과 전자방 같은 은혜를 주시면, 진나라 문공과 전자방 같은 영혼에 보답하리라는 마음을 이야기하고 있다.

## 4-5
## 〈代出自薊北門行(대출자계북문행)〉[1)]

〈출자계북문행을 대신하여〉

羽檄起邊亭, 긴급 보고가 변방 초소에서 일어나고,
우격기변정
烽火入咸陽.[2)] 봉화가 줄을 이어 함양에 들어왔네.
봉화입함양
徵師屯廣武, 큰 군대 징집해 광무에 주둔시키고,
징사둔광무
分兵救朔方.[3)] 병사를 나누어 삭방을 구하려 했거늘.
분병구삭방
嚴秋筋竿勁, 매서운 가을 날씨에 활과 화살 강하고,
엄추근간경
虜陣精且彊.[4)] 적들의 진지는 정예하고 또 강하다네.
로진정차강
天子按劍怒, 천자께서 칼을 움켜쥐고 화를 내시니,
천자안검노
使者遙相望.[5)] 전령들 멀리 서로 마주 보며 연잇네.
사자요상망
雁行緣石徑, '안행' 대오를 이루어 돌길 따라 전진하고,
안행연석경
魚貫度飛梁.[6)] '어관' 대오 이뤄 날 듯 한 다리 건너누나.
어관도비량

簫鼓流漢思, 군악 퉁소 북소리에 고향 생각 흐르건만,
소고류한사
旌甲被胡霜.[7] 깃발과 갑옷에는 북방 서리가 덮었구나.
정갑피호상
疾風沖塞起, 빠른 바람은 변방을 부딪쳐 일어나거니와,
질풍충새기
沙礫自飄揚. 모래와 자갈은 저절로 나부끼고 있구나.
사력자표양
馬毛縮如蝟, 말 털은 고슴도치처럼 움츠리고,
마모축여위
角弓不可張.[8] 뿔활은 당겨서 펼 수가 없구나.
각궁불가장
時危見臣節, 때가 위태로워야 신하의 절개 볼 수 있고,
시위견신절
世亂識忠良. 세상 어지러워야 충성스런 신하 안다했지.
세란식충량
投軀報明主, 몸을 던져 밝으신 군주에게 보답하고,
투구보명주
身死爲國殤.[9]* 이 몸 죽어서는 호국영령이 되어야지.
신사위국상

**원주**

* 포조가 높고 씩씩한 소리를 낼 수 있으니, 사뭇 조조와 흡사하다.(明遠能爲抗壯之音, 頗似孟德.)

**역주**

1) 出自薊北門行 : 〈출자계북문행(出自薊北門行)〉은 ≪악부시집·잡곡가사(樂府詩集·雜曲歌辭)≫에 실려 있다. 조식(曹植)의 〈염가행(艶歌行)〉 첫 구인 "출자계북문(出自薊北門)"에서 유래한 것으로 알려지고 있다. ≪악부해제(樂府解題)≫에 의하면, 그 취지는 〈종군행(從軍行)〉과 같으며, 연(燕)과 계(薊) 지방의 풍물 및 돌진하는 기마병의 용감한 모습을 읊고 있다. 계(薊)는 옛 연(燕)나라로 지금의 북경 서남쪽.
2) 羽檄起邊亭 2구 : 격(檄)은 군대 문서. 우격(羽檄)은 깃털을 단 것으로 긴급한 문서. 변정(邊亭)은 변방의 누대, 여기서는 변방의 초소. 함양(咸陽)은 한나라 때 서북방의 군사요충지.
3) 徵師屯廣武 2구 : 징(徵)은 징집하다. 사(師)는 군대 편제의 하나로 사단(師團)같

은 큰 군대. 둔(屯)은 주둔하다. 광무(廣武)는 현(縣) 이름, 지금의 산서성(山西省) 대현(代縣) 서쪽. 삭방(朔方)은 군(郡) 이름, 지금의 내몽고자치구(內蒙古自治區) 황하(黃河) 이남 지역에 해당.

4) 嚴秋筋竿勁 2구 : 엄추(嚴秋)는 삼엄하고 매서운 가을 날씨. 근간(筋竿)은 활과 화살. 로(虜)는 적. 정(精)은 정예(精銳)하다, 날래고 용맹스럽다. 강(彊)은 굳세다, 강하다.

5) 使者遙相望 : 사자(使者)는 국경으로 보내온 전령(傳令). 요상망(遙相望)은 멀리 서로 마주보다. 전투를 독려하는 전령들이 이어진다는 의미.

6) 雁行緣石徑 2구 : 안행(雁行)과 어관(魚貫)은 군대의 대오(隊伍)로 진법(陣法)의 일종. 기러기 행렬 모양과 물고기의 아가미를 꿴 모양이라는 뜻. 비량(飛梁)은 날 듯 한 다리.

7) 簫鼓流漢思 2구 : 소고(簫鼓)는 아군의 군악 퉁소소리, 북소리. 한사(漢思)는 한나라의 땅을 생각하다. 여기서는 고향 생각을 의미. 정갑(旌甲)은 아군의 깃발과 갑옷. 호(胡)는 여기서 북방 지역을 의미.

8) 馬毛縮如蝟 2구 : 위(蝟)는 고슴도치. 날씨가 추워 말의 털이 고슴도치처럼 움츠려 든 모습을 비유한 것. 각궁(角弓)은 뿔을 댄 활. 장(張)은 활을 당겨서 펴는 것을 말함.

9) 國殤 : 나라를 위해 목숨을 희생한 병사. ≪초사·구가·국상(九歌·國殤)≫에서의 호국영령(護國英靈)을 말함.

10) 압운은 陽, 方, 彊, 望, 梁, 霜, 揚, 張, 良, 殤.

**감상**

시는 모두 20구로 되어 있으며 3개의 단락으로 나눌 수 있다.

1단락(1-8구)은 변방 상황의 급함과 전쟁에 대한 독려 내용이다. 긴급 보고와 봉화가 이어지는데, 원래 군대를 징집하고 병사를 출병시킨 바였다(1-4구). 5-6구의 내용은 1구에서 말한 긴급 보고의 내용으로 적들의 활과 화살은 매서운 가을 날씨처럼 강하고, 진지 또한 막강한 적군의 형세를 말한 것으로 불리한 전황을 시사한다. 그러자 천자는 화를 내고 아군이 전진할 것을 요구하고자 계속 전령을 변방으로 보낸다(7-8구).

2단락(9-16구)은 아군이 행군하면서 겪는 어려운 상황을 묘사한 것이다. 9-10구는 군대의 대오(隊伍)로 진법(陣法)의 일종을 설명한 것이다. 행군하면서 듣는 아군의 군악 소리에 고향을 생각하지만, 깃발과 갑옷 위에는 어느덧 북방의 서리가 덮이고, 거센 바람과 날리는 모래와 자갈로 고통스런 여정이 이어진다(11-14구). 추운 날씨에 말의 털은 고슴도치처럼 움츠려들고, 활은 당겨지지 않는다(15-16구).

마지막 3단락(17-20구)은 마무리로 불리한 상황에서 전의를 불태우는 군사들의 모습이다. 위태롭고 어지러운 때에야 절개와 충심이 드러나듯 나라를 위해 호국영령이 되고자 하는 용맹함으로 시를 맺는다.

4-6

〈代鳴雁行(대명안행)〉[1]　　〈명안행을 대신하여〉

| | |
|---|---|
| 邕邕鳴雁鳴始旦.<br>옹옹명안명시단 | 기럭기럭 기러기가 울어대나니 막 아침이 되었다네. |
| 齊行命侶入雲漢.[2]<br>제행명려입운한 | 나란히 가자고 짝에게 명하고 높은 하늘 들어갔네. |
| 中夜相失群離亂.<br>중야상실군리란 | 한 밤중 서로 잃어 무리들 떨어지고 어지럽게 되었네. |
| 留連徘徊不忍散.[3]<br>류련배회불인산 | 머뭇머뭇 배회하거니와 차마 흩어지지 못하고 있다네. |
| 憔悴儀容君不知.<br>초췌의용군불지 | 초췌한 자태와 얼굴을 그 임께서는 모르고 계시리라. |
| 辛苦風霜亦何爲?[4]<br>신고풍상역하위 | 바람과 서리에 힘들고 고생한다 한들 무엇 하겠는가? |

**역주**

1) 代鳴雁行 : 원작 〈명안행〉은 ≪악부시집·잡곡가사(雜曲歌辭)≫에 실려 있는데, 다음과 같이 설명하고 있다. ≪시경·패풍·포유고엽(邶風·匏有苦葉)≫에 "기럭기럭 우는 기러기, 아침 해가 막 밝아오네."라고 하였는데, 정강성(鄭康成)이 주를 달길 "기러기는 양(陽)을 좇는 새이므로, 음(陰)인 여인이 양(陽)인 남자를 따르는 것과 같아 그러므로 혼례에 사용한다."라고 하였다.

2) 邕邕鳴雁鳴始旦 2구 : 옹옹(邕邕)은 첩어, 의성어로 기러기가 우는 소리. 제행(齊行)은 나란히 가다. 려(侶)는 기러기의 짝. 운한(雲漢)은 구름과 은하수, 여기서는 높은 하늘.

3) 中夜相失群離亂 2구 : 중야(中夜)는 야중(夜中)으로 한 밤중. 군리란(群離亂)은 기러기 무리들이 떨어지고 어지럽게 되다. 1구에서 기러기가 운 이유를 말함. 류련(留連)은 쌍성, 의태어로 머뭇대는 모양.

4) 辛苦風霜亦何爲 : 신고풍상(辛苦風霜)은 신고어풍상(辛苦於風霜)으로 바람과 서리에 힘들고 고생하다. 하위(何爲)는 위하(爲何)의 도치로 무엇 하리.

5) 압운은 旦, 漢, 亂, 散에서 知, 爲로 환운(換韻).

**감상**

이 시는 6구로 된 7언시이다. 후대의 7언시의 형태에 비하면 과도기에 해당하는 모습을 보여준다. 또 매구 압운하고 있다. 시는 운에 따라 두 단락으로 나눠 볼 수 있다.

1단락(1-4구)은 기러기 이야기를 통한 비유이다. 1구에서 기러기가 우는 이유는 2-4구에서 설명되고 있다. 짝과 "나란히 가자"고 이야기하고 높은 하늘에 들어갔으나 밤중에 서로를 잃고 그만 무리들이 떨어지게 되어 차마 흩어지지 못하고 배회하며 울고 있던 것이다.

2단락(5-6구)의 내용으로 보아 울고 있는 기러기는 암컷으로 보인다. 힘들게 바람과 서리에 고생한들 초췌한 모습에 임께서 알아주지 못할까 염려하는 것은 임을 기다리는 여인의 모습과 닮았다. 시인은 기러기의 이야기를 빌려 자신을 알아주지 않는 임금에게 하소연하고 있는지도 모른다.

## 4-7

### 〈代淮南王(대회남왕)〉[1]　　〈회남왕을 대신하여〉

| | |
|---|---|
| 淮南王,<br>회남왕 | 회남왕은, |
| 好長生.<br>호장생 | 불로장생을 좋아했다네. |
| 服食煉氣讀仙經.[2]<br>복식련기독선경 | 복식하고 기를 수련하고 신선에 관한 경전 읽었다네. |
| 琉璃作盌牙作盤.<br>류리작완아작반 | 유리로 주발을 만들고 상아로는 소반을 만들었더라. |
| 金鼎玉匕合神丹.[3]<br>금정옥비합신단 | 황금 솥에 옥으로 만든 수저로 단약을 조제하였더라. |
| 合神丹,<br>합신단 | 단약을 조제하고, |
| 戲紫房.[4]<br>희자방 | 자방에서 미녀를 얼렀지. |
| 紫房綵女弄明璫.[5]<br>자방채녀롱명당 | 자방의 궁녀들은 밝은 옥 귀걸이를 자랑하였지. |
| 鸞歌鳳舞斷君腸.[6]<br>난가봉무단군장 | 봉황새처럼 노래하고 춤춰 군왕 애간장 끊었지. |
| 朱城九門門九閨.[7]<br>주성구문문구규 | 궁궐엔 아홉 대문이요 대문엔 아홉 작은 문인 걸. |
| 願逐明月入君懷.<br>원축명월입군회 | 원컨대 밝은 달을 따라서 군왕의 품에 들어가기를. |

| | |
|---|---|
| 入君懷,<br>입군회 | 군왕의 품에 들어갔으면, |
| 結君佩.<br>결군패 | 군왕의 패옥에 묶였으면. |
| 怨君恨君恃君愛.[8)]<br>원군한군시군애 | 군왕을 원망하였지만 군왕의 사랑 자랑 할 수 있었으면. |
| 築城思堅劍思利.<br>축성사견검사리 | 성을 쌓음은 튼튼함 생각하고 칼은 날카로움 생각하듯. |
| 同盛同衰莫相棄.<br>동성동쇠막상기 | 성하시든 쇠하시든 함께 하여 영원히 버리지 않았으면. |

**원주**

* 원망, 한, 사랑이 나란히 한 구의 속에 있으니, 이는 악부의 구법이다. 아래 '축성' 구는 악부의 정신과 이치이다.(怨恨愛並在一句中, 是樂府句法. 下築城句, 是樂府神理.)

**역주**

1) 代淮南王 : 원작 〈회남왕〉에 대해서 최표(崔豹)의 ≪고금주(古今注)≫는 다음과 같이 기록하고 있다. "〈회남왕(淮南王)〉은 회남 소산(小山)이 지은 바이다. 회남왕은 신선을 구했고, 두루 방사(方士)를 공경하였으며 마침내 팔공(八公)과 함께 손잡고 갔으니 간 곳을 알지 못한다. 소산의 무리들이 사모하고 그리워함이 그치지 않아 이에 〈회남왕〉을 지었다." ≪악부시집≫에 진(晉)나라 〈불무가(佛舞歌)〉의 하나로 실려있다. ≪고시원≫ 번역본 1권 440쪽 참조. 포조는 이를 본떠 지었다.

2) 服食煉氣讀仙經 : 복식(服食)은 단약(丹藥)을 먹다. 련기(煉氣)는 기를 수련하다. 선경(仙經)은 신선에 관한 경전.

3) 琉璃作盌牙作盤 2구 : 류리(琉璃)는 당시 실크로드를 건너 온 보물로서의 유리. 아(牙)는 상아(象牙)를 말함. 비(匕)는 연단할 때 사용하는 작은 수저. 합(合)은 조제하다.

4) 戲紫房 : 희(戲)는 희롱하다, 어르다. 자방(紫房)은 ①황후의 방 ②단약을 만드는 방 ③신선술을 닦는 방 등의 뜻이 있다.

5) 紫房綵女弄明璫 : 채녀(綵女)는 비단 옷을 입은 여인들로 여기서는 궁녀를 의미. 롱(弄)은 희롱하다, 자랑하다. 명(明)은 명월주(明月珠). 수후(隋侯)가 뱀을 살려준 뒤 얻은 보배로운 구슬로 야광주(夜光珠)라고도 함. 당(璫)은 귀걸이. 명당(明璫)은 명월주로 만든 귀걸이.

6) 鸞歌鳳舞斷君腸 : 난가(鸞歌)는 난(鸞)새처럼 노래하다. 봉무(鳳舞)는 봉황새처럼 춤추다. 군(君)은 회남왕을 가리킴.

7) 朱城九門門九閨 : 주성(朱城)은 회남왕의 궁궐을 가리킴. 규(閨)는 작은 방의 문.

8) 怨君恨君恃君愛 : 원군한군(怨君恨君)은 과거의 일로, 총애를 받지 못해 원망하였던 일. 시군애(恃君愛)는 현재와 미래에 대한 소망으로 임금의 사랑을 받아 자랑하길 원하는 것.

9) 압운은 生, 經에서 盤, 丹으로 房, 璫, 腸으로 閨, 懷로 佩, 愛, 利, 棄로 환운.

**감상**

이 시는 두 가지의 독특한 구법을 보인다. 먼저 민가의 형태인 장단구(長短句) 형식으로 3언과 7언을 자유로이 반복하고 있다. 두 번째는 끝말잇기, 즉 정진체(頂眞體)로 단락과 단락을 잇고 있는데, 전체 16구를 나눈 3개의 단락 연결은 다음과 같다.

| 1단락 → 2단락 | | 2단락 → 3단락 | |
|---|---|---|---|
| 5구 | 6구 | 11구 | 12구 |
| 合神丹 → 合神丹 | | 入君懷 → 入君懷 | |

1단락(1-5구)은 회남왕의 신선술에 대한 이야기이다. 신선술은 신체적 수련이나 단약(丹藥)을 만들어 먹음으로써 불로장생의 신선이 되는 꿈을 이루고자 하는 도술을 익히는 것을 말한다. 그래서 회남왕은 단약을 먹고 기를 수련하며 신선에 대한 경전을 읽는다(3구). 귀한 보배로 만든 주발과 소반, 솥과 수저를 사용해 단약을 조제한다(4-5구).

2단락(6-11구)은 회남왕 궁궐 궁녀의 이야기이다. 6-7구는 회남왕에게 있어 음양의 조화로 불로장생을 구하고자 하는 방중술은 단약을 조제하는 일과 같은 의미라는 것을 보여준다. 그러나 회남왕 궁궐 아홉 대문의 문마다 가득한 아홉 방의 궁녀들은 임금의 사랑을 기다리는 여인들일 뿐이다(8-11구).

마지막 3단락(12-16구)은 궁녀들의 소망을 말한다. 비록 과거에 임금을 원망하였더라도, 성을 쌓을 때는 튼튼함을 생각하듯 칼은 날카로움을 생각하듯 영원히 함께하여 임금의 사랑을 자랑하기만을 기대하는 것이 궁녀들이 바람이다.

## 4-8
## 〈代春日行(대춘일행)〉[1]　　〈춘일행을 대신하여〉

獻歲發,[2]　　새해 정월달에,
헌세발

吾將行.　　난 장차 떠나리라.
오장행

| | |
|---|---|
| 春山茂,<br>춘산무 | 봄 산은 무성하고, |
| 春日明.<br>춘일명 | 봄 태양은 밝구나. |
| 園中鳥,<br>원중조 | 정원 가운데 저 새는, |
| 多嘉聲.<br>다가성 | 고운 소리 넘치는구나. |
| 梅始發,<br>매시발 | 매화는 막 피어나거니와, |
| 桃始青.[3]<br>도시청 | 버들가지 막 푸르구나. |
| 泛舟艫,<br>범주로 | 배를 띄우거니와, |
| 齊櫂驚.[4]<br>제도경 | 나란히 노를 젓네. |
| 奏采菱,[5]<br>주채릉 | 〈채릉가〉를 연주하고, |
| 歌鹿鳴.[6]<br>가녹명 | 〈녹명〉을 노래한다네. |
| 微風起,<br>미풍기 | 미풍이 일어나자, |
| 波微生.[7]<br>파미생 | 잔물결 일어나네. |
| 絃亦發,<br>현역발 | 현악기 소리 또한 일어나고, |
| 酒亦傾.<br>주역경 | 술잔 또한 기울고 있다네. |
| 入蓮池,<br>입련지 | 연못에 들어가거니와, |
| 折桂枝.<br>절계지 | 계수나무 가지 꺾자구나. |
| 芳袖動,<br>방수동 | 향긋한 옷소매 움직여, |
| 芬葉披.<br>분엽피 | 향기로운 잎 헤치자구나. |

| | |
|---|---|
| 兩相思,<br>량상사 | 둘이 서로 그리워하면서도, |
| 兩不知.*<br>량불지 | 둘이 서로 알지 못하는구나. |

원주

* 성음과 감정이 자유롭게 변한다. 마지막 여섯 자는 "마음으로 임을 좋아하지만, 임은 모르네.'에 비해 더욱 깊다.(聲情駘宕, 末六字比心悅君兮君不知更深.)[8]

역주

1) 代春日行 : 원작 〈춘일행〉은 ≪악부시집·잡곡가사(雜曲歌辭)≫에 실려 있다.
2) 獻歲發 : ≪초사·초혼(招魂)≫에 "새해에 들어가고 봄을 시작하나니, 나는 남쪽으로 가네.(獻歲發春兮, 汨吾南征.)"라 하였다. 헌(獻)은 들어가다. 발(發)은 발춘(發春)의 준말.
3) 梅始發 2구 : 매화(梅)와 복숭아(桃)는 개화 시기가 서로 멀다. 도(桃)는 다른 판본에 류(柳)로 되어 있어 '버들가지'로 번역함.
4) 泛舟艫 2구 : 주로(舟艫)는 배. 제(齊)는 나란히 하다. 도경(櫂驚)은 노를 놀라게 하다. 경(驚)은 압운 때문에 쓰인 것으로 실제 의미는 노를 젓다.
5) 采菱 : 오초(吳楚)의 〈채릉지가(采菱之歌)〉를 말함. ≪악부시집권·청상곡사(淸商曲辭)≫ 〈강남롱(江南弄)〉 하편에 포조(鮑照)의 〈채릉가(采菱歌)〉 7수가 실려 있다. 〈채릉가〉는 원래 마름이 익을 때 남녀가 어울려 그것을 따며 부르던 강남지방 민요를 포조가 본 떠 지은 것으로 배를 타고 마름을 따는 등 물과 관계된 노래.
6) 鹿鳴 : ≪시경·소아(小雅)≫의 〈녹명(鹿鳴)〉. 임금과 신하의 연회를 읊고 있다.
7) 波微 : 다른 판본에 미파(微波)로 되어 있음.
8) 聲情駘宕 2구 : 태탕(駘宕)은 쌍성, 의태어로 구속됨이 없는 변화무쌍한 모양. "심열군혜군불지(心悅君兮君不知)"는 〈월인가(越人歌)〉에 "그대 좋아하는 마음을 그대는 몰라주네."라고 하였다(≪고시원≫ 번역본 1권 119쪽 참조). 또 ≪초사·구가·상부인(九歌·湘夫人)≫에서 "귀공자를 그리워하면서도 감히 말을 못하네."라고 하였다.
9) 압운은 行, 明, 聲, 青, 驚, 鳴, 生, 傾에서 池, 枝, 披, 知로 환운(換韻).

감상

3언 22구의 노래로 세 단락으로 나눠 살펴 볼 수 있다.

1단락(1-8구)은 육지에서 노니는 것을 이야기한다. 1구는 ≪초사·초혼≫의 구절을 가져와 계절이 새해 정월임을 알려준다. 봄 산, 봄 태양, 정원의 아름다운 새의 노래 소리와 매화와 버들의 싱그러움까지 모두 땅에서 노닒을 읊고 있다.

2단락(9-16구)은 배를 저어 물 위에서 노니는 것을 이야기한다. 11-12구의 〈채릉가〉와 〈녹명〉은 배를 띄우고 마름을 따던 강남의 노래와 군신(君臣)간의 화합을 다지던 잔치 음악을 이야기한 것이다. 놀잇배를 띄우고 노닐 적에 미풍과 미파(微波)가 일고, 음악 소리에 술을 기울인다.

마지막 3단락(17-22구)은 결론이다. 17구에서 연못에 들어간다는 것은 2단락에서 말한 배를 저어 노니는 것을 말한 것이고, 18구에서 계수나무를 꺾음은 1단락에서 말한 땅에서 노닒을 말한 것이다. 마지막 21-22구는 〈월인가〉와 ≪초사≫의 한 구절을 떠올리게 하나, 이 여섯 글자의 표현이 더 뛰어난다. 그래서 심덕잠도 원주에서 더 깊다고 평가하였다.

## 4-9

## 〈代白紵舞歌辭四首(대백저무가사사수)〉[1)*]

〈백저무가사를 대신하여 4수〉

### 4-9-1

吳刀楚製爲佩褘.[2)] 오나라 가위와 초나라 품으로 향낭 만들었네.
오도초제위패위

纖羅霧縠垂羽衣.[3)] 가는 비단 안개 같은 깁으로 깃옷 드리웠네.
섬라무곡수우의

含商咀徵歌露晞.[4)] 상성 머금고 치성 씹으며 〈로희〉 노래하네.
함상저치가로희

珠履颯沓紈袖飛.[5)] 구슬 신발 재빨리 밟고 흰 깁 소매 나부끼네.
주리삽답환수비

淒風夏起素雲迴.[6)] 서늘한 바람이 여름에 일고 흰 구름 도는 듯.
처풍하기소운회

車怠馬煩客忘歸. 수레 게으르고 말 귀찮고 손님 돌아감 잊는구나.
거태마번객망귀

蘭膏明燭承夜輝.[7)] 난초 기름 밝은 불이 밤으로 이어지며 빛나누나.
란고명촉승야휘

**원주**

* 임금의 명령을 받을어 지은 것이다.(係奉詔作.)[8)]

**역주**

1) ≪악부시집·무곡가사(舞曲歌辭)≫에 〈백저가(白紵歌)〉라는 제목으로 총 6수가

실려 있다. 심덕잠은 이 중 네 수를 선록하고 있다. 당시 시흥왕(始興王) 유준(劉濬)의 막하에서 시랑(侍郎) 벼슬을 맡고 있던 포조가 왕의 명을 받고 악부시를 본떠 지은 작품들이다.

2) 吳刀楚製爲佩褘 : 오도(吳刀)는 오나라에서 생산한 칼이나 가위. 최고급 재 가위를 뜻함. 제(製)는 스타일(style), 풍(風). 패위(佩褘)는 몸에 차는 향낭. 무희(舞姬)가 착용한 향낭.

3) 纖羅霧縠垂羽衣 : 섬라(纖羅)는 가는 비단. 무곡(霧縠)은 안개 같은 비단. 우의(羽衣)은 새의 깃으로 만든 옷.

4) 含商咀徵歌露晞 : 함상저치(含商咀徵)는 상(商)노래를 머금고 치(徵)노래를 씹다. 즉 노래를 부르다는 의미. 로희(露晞)는 ≪시경·진풍·겸가(秦風·蒹葭)≫에 "갈대가 싸늘하니, 흰 이슬이 마르지 않았네.(蒹葭萋萋, 白露未晞.)"라고 하였다.

5) 珠履颯沓紈袖飛 : 주리(珠履)는 구슬 신발. 삽답(颯沓)은 첩운, 의태어로 빨리 움직이는 모양. 환수(紈袖)는 흰 소매.

6) 淒風夏起素雲迴 : 처풍하기(淒風夏起)는 서늘한 바람이 여름에 일어나다. 4구의 발동작인 '주리삽답(珠履颯沓)'을 형용. 소운회(素雲迴)는 흰 구름이 돌다. 4구의 손동작인 '환수비(紈袖飛)'를 형용.

7) 蘭膏明燭承夜輝 : 란고(蘭膏)는 난향을 넣어 정제한 기름. 승야(承夜)는 밤을 잇다, 밤이 이어지다.

8) 係奉詔作 : 계(係)는 ~이다. 봉조(奉詔)는 임금의 명령을 받들다. 송 문제(文帝)의 2남이었던 시흥왕(始興王) 유준(劉濬)의 명을 받아 지은 것.

9) 褘, 衣, 晞, 飛, 迴, 歸, 輝로 매구 압운.

**감상**

모두 7구 7언으로 되어 있으며, 매구 압운하고 있다. 1-2구는 춤추는 무희의 모습을 묘사한 것으로 당시 최고급 스타일로 꾸며진 옷과 치장을 말한 것이다. 3구는 ≪시경≫을 노래하는 소리를 말한 것이고, 4구는 구슬 신발을 신은 빠른 발동작과 나부끼는 소매의 손동작을 표현한 것이다. 5구는 4구에서 말한 손과 발의 동작을 바람과 흰 구름에 비유하였다. 6-7구는 이처럼 시흥왕이 베푼 연회와 무희의 춤이 너무 아름다워서 모든 이들이 돌아가는 것을 잊고 밤새 노닐고 있음을 말한 것이다.

## 4-9-2

| | |
|---|---|
| 桂宮柏寢擬天居.[1]<br>계궁백침의천거 | 계수 궁궐 백침 누대 하늘의 거처를 닮았네. |
| 朱爵文窗韜綺疏.[2]<br>주작문창도기소 | 주작 수놓은 창문에는 비단 장식을 감추었네. |

象床瑤席鎭犀渠.[3]　　코끼리 침상 옥 자리에 서거가 자리 잡았네.
상상요석진서거
雕屛匼匝組帷舒.[4]　　조각된 병풍이 둘러 있고 줄 휘장 펼쳐졌네.
조병암잡조유서
秦箏趙瑟挾笙竽.　　진의 쟁과 조의 거문고가 피리를 끼고 있네.
진쟁조슬협생우
垂璫散珮盈玉除.[5]　　귀걸이 드리우고 패옥 펼쳐 지대 뜰 채우노라.
수당산패영옥제
停觴不御欲誰須.[6]　　술잔 멈추고 드시지 않으니 누굴 기다리시는가?
정상불어욕수수

**역주**

1) 桂宮柏寢擬天居 : 계궁(桂宮)은 계수나무로 만든 궁궐. 백침(柏寢)은 옛 유명한 누대 이름. 여기서는 연회가 열리는 건물을 가리킴. 천거(天居)는 천상의 세계, 하늘의 거처.
2) 朱爵文窗韜綺疏 : 작(爵)은 작(雀)과 같아 주작(朱爵)은 주작(朱雀). 주작문창(朱爵文窗)은 주작을 수놓은 창문. 도(韜)는 감추다. 기(綺)는 비단. 소(疏)는 새기다. 기소(綺疏)는 비단처럼 생긴 장식.
3) 象床瑤席鎭犀渠 : 상상(象床)는 코끼리 상아로 만든 침상. 요석(瑤席)은 옥으로 만든 자리. 진(鎭)은 진산(鎭山)이 한 지역을 눌러 안정시키는 역할을 하는 것처럼 '눌러주다, 안정시키다'는 의미. 여기서는 '자리 잡다'로 번역함. 서거(犀渠)는 ①무소 가죽으로 만든 갑옷 ②≪산해경·중산경(山海經·中山經)≫에 나오는 상상의 동물. 소와 같은 형상에 몸은 푸르고 어린 아이 같은 소리를 낸다고 한다.
4) 雕屛匼匝組帷舒 : 조병(雕屛)은 조각된 병풍. 암잡(匼匝)은 의태어로 빙 두른 모양. 조유(組帷)은 여러 줄로 된 휘장.
5) 垂璫散珮盈玉除 : 수당(垂璫)은 귀걸이를 드리우다. 산패(散珮)는 패옥을 펼쳐 걸다. 옥제(玉除)는 옥으로 만든 섬돌로 여기서는 섬돌 위 뜰, 지대 뜰을 의미.
6) 停觴不御欲誰須 : 상(觴)은 술잔. 어(御)는 임금의 행위, 여기서는 마시다. 수(須)는 기다리다.
7) 居, 疏, 渠, 舒, 竽, 除, 須로 매구 압운.

**감상**

역시 총 7구로 된 7언시이다. 1구는 계수나무로 만든 궁궐 같고, 백침이란 유명한 누대 같은 이 잔치 자리의 건물이 하늘의 거처를 닮았다고 비유한 것이다. 또 화려한 창문과 상아 침상, 옥으로 만든 자리에 놓인 곳엔 상상의 동물 서거(犀渠)가 자리 잡고 있으며, 조각된 병풍과 줄 휘장으로 두른 잔치 장소를 묘사하였다(2-4구). 5구는 잔치 자리에 펼쳐진 악기 소리의 향연을 말한 것이고, 6구는 아름다운 무희들이 섬돌 뜰을 가득 메운 모습을 그린 것이다. 마지막 7구는 이 좋은 잔치에 술잔을 들고 멈춰있던 시흥왕을 향해 술을 권하는 말이다.

4-9-3

| | |
|---|---|
| 三星參差露霑濕.[1]<br>삼성참치로점습 | 삼성 별자리가 들쭉날쭉하며 이슬이 적셔가네. |
| 絃悲管淸月將入.[2]<br>현비관청월장입 | 각종 악기 애절하며 맑고 달은 장차 지려하네. |
| 寒光蕭條候蟲急.[3]<br>한광소조후충급 | 차가운 빛은 쓸쓸하고 가을벌레는 급하게 우네. |
| 荊王流歎楚妃泣.[4]<br>형왕류탄초비읍 | 초나라 왕은 탄식 흘리고 초 왕비 흐느낀다네. |
| 紅顏難長時易戢.[5]<br>홍안난장시이집 | 홍안 오래가기 어렵고 좋은 때 쉬 끝나기 때문. |
| 凝華結藻久延立.[6]<br>응화결조구연립 | 아름다운 문장을 짓고자 오래 동안 서 있노라. |
| 非君之故豈安集.[7]<br>비군지고기안집 | 주상 때문 아니면 어찌 편히 잔치할 수 있으랴! |

**역주**

1) 三星參差 : 삼성(三星)은 삼성(參星)으로 별자리 이름. 참치(參差)는 쌍성, 의태어로 들쭉날쭉 가지런하지 않는 모양.
2) 絃悲管淸月將入 : 현(絃)과 관(管)은 현악기와 관악기로 각종 악기를 말함. 비(悲)는 아름답다, 감동적이라는 의미로 '애절하다'로 번역함.
3) 蕭條候蟲急 : 소조(蕭條)는 첩운, 의태어로 쓸쓸한 모양. 후충(候蟲)은 계절에 따른 벌레. 여기서는 가을벌레를 말함. 급(急)은 여기서 벌레가 급하게, 빠르게 우는 것을 말함.
4) 荊王流歎楚妃泣 : ≪문선(文選)≫ 권18 반악(潘岳)의 〈생황부(笙賦)〉에 "형왕은 한숨 쉬며 길게 읊조리고, 초나라 왕비는 탄식하면서 더 슬퍼하네."라고 하였다. 이선(李善)의 주에 "초비탄(楚妃歎)과 초왕음(楚王吟)은 모두 옛 가사이다."라고 하였다. 4구는 〈초비탄〉과 〈초왕음〉을 연주한다는 의미.
5) 紅顏難長時易戢 : 홍안(紅顏)은 붉은 얼굴. 청춘을 의미. 시(時)는 좋은 때, 시절. 집(戢)은 끝나다, 그치다.
6) 凝華結藻 : 응화(凝華)는 꽃을 모으다. 결조(結藻)는 물풀을 엮다. 아름다운 문장을 짓는 것을 의미.

7) 非君之故豈安集 : 군(君)은 시흥왕(始興王) 유준(劉濬). 안집(安集)은 편안한 연회, 잔치.

8) 압운은 濕, 入, 急, 泣, 戢, 立, 集으로 매구 입성(入聲) 압운.

**감상**

역시 7구 7언시이다. 1-3구는 연회가 베풀어지고 있는 시간적 배경을 말한 것이다. 별자리 삼성(參星)이 들쭉날쭉하며 시간이 흐르며 이슬이 초목 등을 적셔가고, 아름다운 음악이 흐르는 가운데 때는 이미 새벽이 되어 가는 이때, 가을벌레가 울어댄다. 4구는 〈초비탄〉과 〈초왕음〉 악곡이 연주되고 있음을 말한 것이고, 5구는 그 곡의 내용이 청춘도 좋은 때도 오래가기 어렵고 쉽게 끝남을 담고 있다는 것이다. 그러니 시인은 오늘의 이 연회를 즐겨야한다고 그 숨은 뜻을 내비친다. 마지막 6-7구는 주군이 시흥왕 덕분에 이런 편안한 잔치를 즐기고 있으니, 그에 답하고자 아름다운 시를 짓고 있음을 말하고 있다.

## 4-9-4

池中赤鯉庖所捐.[1] 저 연못 비단 잉어는 주방에서 방생한 바로구나.
지중적리포소연

琴高乘去騰上天.[2] 옛 금고처럼 타고 올라 용 되어 하늘 오르시리라.
금고승거등상천

命逢福世丁溢恩.[3] 운명이 복 있는 세상 만나 넘치는 은혜 받는구나.
명봉복세정일은

簪金藉綺升曲絃.[4] 황금 비녀삼고 비단 자리삼아 은밀한 자리 올랐구나.
잠금자기승곡현

恩厚德深委如山,[5] 은혜가 두텁고 덕이 깊으니 은덕이 산처럼 쌓이누나.
은후덕심위여산

潔誠洗志期暮年.[6] 주군 향한 참된 마음 깨끗이 씻어 노년을 기약하리라.
결성세지기모년

烏白馬角寧足言.[7] 까마귀 희어지고 말 뿔 난 들 어찌 말할 바 있겠는가!
오백마각녕족언

**역주**

1) 池中赤鯉庖所捐 : 적리(赤鯉)는 비단 잉어. 포(庖)는 여기서 부엌, 주방. ≪맹자·만장상(孟子·萬章上)≫에 나오는 맹자와 제자 만장(萬章)의 대화 가운데 잉어와 관련된 고사가 있다. 정자산(鄭子產)이 선물로 받은 물고기가 살아 있는 걸 보고 차마 죽이지 못하고 연못에 풀어주라고 하였다. 주군 시흥왕이 정자산처럼 인자

함을 의미한다.

2) 琴高乘去騰上天 : 금고(琴高)는 전국시대 조(趙)나라 사람으로 송(宋) 강왕(康王)의 사인(舍人)이 되었다. 거문고를 잘 타고, 선술(仙術)에 능해 신선이 되었다고 전해진다. 기주(冀州)와 탁수(涿水)에서 노닐며 용의 새끼를 잡곤 하였고 물에 들어갔다 제자와 약속한날 붉은 잉어를 타고 나타났다고 한다. 이 고사에서 금고선인(琴高仙人) 또는 금고과리어(琴高跨鯉魚)라는 말이 나왔다. 등상천(騰上天)은 용이 되어 하늘로 오르다. 이는 ≪후한서·이응전(李膺傳)≫에 나오는 등용문(登龍門) 고사와 관련된 것으로 그 주해에 따르면 황하(黃河) 상류에 물살이 거센 용문(龍門)이 있어 물고기가 만일 뛰어 오를 수 있으면 용이 된다고 하였다. 여기서 금고와 등상천은 모두 시흥왕이 선인의 자질을 지니고 있음을 나타낸다.

3) 命逢福世丁溢恩 : 명(命)은 여기서 포조를 포함하여 잔치에 참여한 사람들의 운명. 정(丁)은 만나다. 일은(溢恩)은 여기서 시흥왕이 주는 넘치는 은혜를 말함. ≪신선전·유안(神仙傳·劉安)≫에 의하면 회남왕(淮南王) 유안이 신선이 되어 올라갈 때 주위 사람도 동반 승천하였고, 심지어 유안이 먹다 남긴 약그릇을 쪼아 먹고 핥아 먹은 닭과 개도 모두 하늘로 올라갔다고 한다.

4) 簪金藉綺升曲絃 : 잠금(簪金)은 황금을 상투꽂이로 삼다. 두보(杜甫)의 〈춘망(春望)〉에 "흰머리 긁을수록 더욱 짧아지나니, 상투꽂이(簪)를 이길 수 없을 지경이네."라고 하였다. 자(藉)는 자리 삼다. 곡현(曲絃)은 다른 판본에 곡연(曲筵)으로 되어 있다. 측근을 모아 공식적이지 않고 은밀하게 잔치하는 곡연(曲宴)의 의미.

5) 委 : 쌓이다.

6) 潔誠洗志期暮年 : 결성세지(潔誠洗志)는 결세성지(潔洗誠志)로 주군인 시흥왕을 향한 일편단심의 참된 마음을 깨끗이 씻는다. ≪수신기(搜神記)≫에 의하면 태산(泰山) 동쪽에 예천(醴泉)이라는 샘물이 있어 외관은 여느 우물과 같으나 마음이 깨끗하면 샘물이 용솟음쳐 마음껏 마실 수 있고, 마음이 불결하면 샘물이 물을 그친다고 한다. 기(期)는 기약하다. 모년(暮年)은 노년.

7) 烏白馬角寧足言 : ≪사기색인(史記索引)≫에 의하면 연(燕)나라 태자 단(丹)이 진(秦)나라에 볼모로 잡혀있을 때 진왕에게 풀어줄 것을 요구하자 진나라 왕이 대답하길 "까마귀 머리가 하얗게 되고 말이 또한 뿔이 나면 허락하겠네."라고 하였다. 이에 태자 단이 하늘을 향해 탄식하자 까마귀 머리가 하얘지고 말에 뿔이 나서 돌아갈 수 있었다고 한다. 여기서는 그러한 기적이 일어나도 주군에 대한 충정은 바뀌지 않는다는 의미.

8) 압운은 捐, 天, 恩, 絃, 山, 年, 言으로 매구 압운.

**감상**

역시 동일한 형식의 시이다. 1-2구는 잔치 자리 주위에 있던 연못을 보고 시인 포조가 주군 시흥왕을 칭송하기 위해 3개의 고사를 활용하고 있다. 1구에서 주방에서 버린 잉어는 정자산처럼 시흥왕이 인자함을 의미한다. 2구에서 신선이 되어 잉어를 타고 나타난 금고 고사와 용이 되어 하늘로 올라갈 등용문 고사를 사용해서 모두 주군인 시흥왕의 비범함을 칭송하고 있다. 이런 주군을 만났으니 포조를 포함한 신하들은 모두 넘치는 은혜를 받고 있는 것이다(3구). 그러니 이 은밀한 잔치에 초대받은 이들은 황금을 상투꽂이 삼고 비단을 자리 삼아 이 자리를 즐겨야 한다(4구). 그 받은 은혜와 덕이 두텁고도 깊으니 정결한 마음을 품은 사람만이 마실 수 있는 샘물을 대한 것처럼 주군을 향해 일편단심, 참된 마음을 늙을 때까지 품을 것을 다짐해 본다(5-6구). 그 옛날 까마귀 머리가 희어지고 말에 뿔이 생기는 기적을 써서 자기 나라로 돌아간 태자 단처럼 억지를 쓸 필요가 있겠는가. 설사 그런 기적이 있는들 포조는 다시 한 번 영원히 주군을 모시겠다는 말로 시를 맺는다(7구).

## 4-10

## 〈擬行路難(의행로난)〉[1] 〈행로난을 본떠〉

### 4-10-1

| | |
|---|---|
| 奉君金巵之美酒, 봉군금치지미주 | 그대에게 바치나니 황금 잔의 맛있는 술과, |
| 瑇瑁玉匣之雕琴,[2] 대모옥갑지조금 | 바다거북 옥 문갑에 담긴 아름다운 거문고를. |
| 七綵芙蓉之羽帳, 칠채부용지우장 | 일곱 무늬의 부용꽃을 수놓은 깃털 휘장과, |
| 九華葡萄之錦衾.[3] 구화포도지금금 | 아홉 꽃과 포도를 수놓아 만든 비단 이불을. |
| 紅顔零落歲將暮, 홍안령락세장모 | 붉은 얼굴은 시들고 세월은 장차 저물거니와, |
| 寒光宛轉時欲沉.[4] 한광완전시욕침 | 차가운 빛 굴러 흘러가 때는 깊어지려하네. |
| 願君裁悲且減思, 원군재비차감사 | 원컨대 그대 슬픔 자르고 또한 걱정 덜고서, |
| 聽我抵節行路吟.[5] 청아지절행로음 | 나의 박자 맞춰 부르는 〈행로난〉 들어보소서. |
| 不見柏梁銅雀上, 불견백량동작상 | 보지 못했는가 저 백량누대와 동작대 위에, |
| 寧聞古時清吹音.[6] 녕문고시청취음 | 어찌 옛적 맑게 연주하던 음악 들려오더냐. |

역주

1) 擬行路難 : 포조(鮑照)의 〈행로난(行路難)〉은 총 18수로 ≪악부시집70권·잡곡가사10(樂府詩集七十卷·雜曲歌辭十)≫에 속함.
2) 奉君金巵之美酒 2구 : 군(君)은 그대. 치(巵)는 술잔. 대모(玳瑁)는 열대 바다거북. 등껍질이 매끄럽고 아름다워 장식품으로 쓰임. 옥갑(玉匣)은 옥 문갑. 조금(雕琴)은 조각한 거문고.
3) 七綵芙蓉之羽帳 2구 : 칠채부용(七綵芙蓉)은 일곱 무늬의 부용꽃. 휘장에 수놓인 꽃무늬. 구화(九華)는 아홉 꽃. 수놓인 아홉 개의 꽃. 포도(葡萄)는 수놓인 포도무늬. 다산(多産)과 부부 사랑을 상징. 금금(錦衾)은 비단 이불.
4) 紅顔零落歲將暮 2구 : 홍안(紅顔)은 붉은 얼굴. 청춘을 상징. 령락(零落)은 쌍성, 의태어로 시든 모양. 완전(宛轉)은 첩운, 의태어로 굴러가는 모양. 침(沉)은 심(深)으로 깊다. 시욕침(時欲沉)은 때가 깊어지려고 하다. 나이가 들어가는 것을 말함.
5) 願君裁悲且減思 2구 : 원(願)은 7-8구의 내용을 모두 포함. 지(抵)는 지(扺)와 통용하여 '치다'의 의미. 절(節)은 박자를 맞추는 악기. 지절(抵節)은 '박자 치다, 맞추다'는 의미. 행로음(行路吟)은 〈행로난(行路難)〉 노래.
6) 不見柏梁銅雀上 2구 : 백량(柏梁)은 대(臺) 이름으로 한나라 무제(武帝)가 원봉(元封) 3년에 지음. 동작대(銅雀臺)는 동한(東漢) 건안(建安) 15년(210년) 겨울에 조조(曹操)가 세운 누대.
7) 압운은 琴, 衾, 沉, 吟, 音.

감상

포조의 〈행로난〉을 본뜬 작품은 ≪악부시집·잡곡가사≫에 총 18수 실려 있는데, 그 중 제1수이다. 일련의 연작시의 서문 역할을 하고 있다. 1구의 군(君)은 부인(婦) 입장에서 남편(夫)인 그대, 혹은 신하(臣)입장에서 임금(君)을 지칭하는 말이다. 1구의 '그대에게 바친다(奉君)'는 내용은 1-4구를 포함한다. 황금잔의 맛있는 술과 바다거북과 옥 문갑에 담긴 거문고, 그리고 수놓은 깃털 휘장과 비단 이불, 이 모든 것을 바친다는 말이다. 5-6구는 반복된 내용을 담고 있다. 모두 시간이 흘러 늙어감에 대한 이야기이다. 7-8구는 짧은 인생인지라 슬픔과 생각은 잠시 접고 나의 노래 〈행로난〉을 들어달라고 이야기한다. 마지막 9-10구는 한나라 무제의 백량대와 조조의 동작대를 들어 위세당당 했던 그들도 모두 죽고 사라졌거늘, 주군 당신은 어떻냐고 묻고 있는 듯하다.

4-10-2

洛陽名工鑄爲金博山.[1] 낙양 명장 주조하여 황금향로 만들었네.
락양명공주위금박산

千斲復萬鏤, 천 번 깎고 다시 만 번 새겼나니,
천착부만루
上刻秦女攜手僊.[2] 위에는 진녀와 손잡은 선인 새겨져 있다네.
상각진녀휴수선
承君清夜之歡娛, 그대의 맑은 밤의 즐거움을 받들 적에,
승군청야지환오
列置幃裡明燭前. 휘장 안 밝은 촛불 앞에 늘어 있었네.
렬치위리명촉전
外發龍鱗之丹綵,[3] 밖으로는 용 비늘 붉은 무늬 피어나고,
외발룡린지단채
內含麝芬之紫煙.[4] 안으로는 사향의 자색 연기를 머금었네.
내함사분지자연
如今君心一朝異, 지금 그대의 마음 하루아침에 달라지나니,
여금군심일조이
對此長歎終百年.[5] 이것 마주해 장탄식하여 평생 마쳐야하네.
대차장탄종백년

역주

1) 金博山 : 청동 향로 이름. 신선이 산다고 전하는 전설의 섬인 박산(博山)의 형상을 본뜸.
2) 秦女攜手僊 : ≪열선전(列仙傳)≫에 의하면 "진(秦) 목공(穆公)의 딸 농옥(弄玉)이 퉁소(簫)를 잘 부는 소사(蕭史)에게 시집을 갔는데, 집에 봉황이 찾아와 봉황대를 만들어 지내다 후에 봉황을 따라 날아갔다고 한다. 진녀(秦女)는 농옥(弄玉)을 말함. 휴수선(攜手僊)은 손잡은 신선. 소사(蕭史)를 말함.
3) 外發龍鱗之丹綵 : 발(發)은 향로 겉의 무늬가 빛을 받아 피어나다는 의미. 단채(丹綵)는 붉은 무늬.
4) 內含麝芬之紫煙 : 사분(麝芬)은 사향(麝香). 자연(紫煙)은 자색 연기. 향로의 연기를 말함.
5) 對此長歎終百年 : 차(此)는 이것. 향로를 가리킴. 종백년(終百年)은 평생을 마치다.
6) 압운은 山, 僊, 前, 煙, 年.

감상

연작시 18수 가운데 제2수이다. 전체 9구로 되어 있으며 제1구에도 압운이 되어 있다. 또 9언, 5언, 7언 등 다양한 형식의 잡언시이다. 이 시는 두 사람의 정표인 황금향로 금박산(金博山)을 이야기하고 있다. 1-3구는 향로를 소개하는 말이다. 명장이 만든 이 황금향로에는 천 번을 깎고 만 번을 새기는 공정을 거쳤으며 봉황을

따라 하늘로 올라간 금슬 좋은 부부 농옥과 소사가 새겨져 있다. 그래서 그대의 침석을 받들 때는 늘 밝은 촛불 앞에 놓여 있었다(4-5구). 6-7구는 촛불 앞에 향로의 모습이다. 밖으로는 용 비늘의 붉은 무늬가 빛나고, 안으로는 사향의 자색 연기를 내던 모습을 그리고 있다. 그러나 지금 변심한 임을 생각하니 정표였던 향로를 대하고는 "평생을 이렇게 마쳐야하나?" 라고 긴 탄식만 나올 뿐이다(8-9구).

## 4-10-3

璇閨玉墀上椒閣.[1] 옥 작은 문과 옥섬돌을 지나 초각으로 올라가네.
선규옥지상초각
文窗繡戶垂羅幕. 무늬 창과 수놓은 방문에 비단 휘장 드리웠구나.
문창수호수라막
中有一人字金蘭, 그 안에는 한 여인이 있거니와 자가 금란이라 하고,
중유일인자금란
被服纖羅采芳藿.[2] 비단 옷 걸쳐 입고 향기로운 곽향을 고르고 있구나.
피복섬라채방곽
春燕參差風散梅, 봄 제비는 어지러이 날고 바람은 매화를 흩뜨리나니,
춘연참치풍산매
開幃對景弄春爵.[3] 휘장을 걷고 경치 바라보며 봄 술잔 만지작거리누나.
개위대경롱춘작
含歌攬涕恆抱愁, 노래를 삼키고 눈물을 훔치며 항상 수심 껴안았나니,
함가람체항포수
人生幾時得爲樂.[4] 인생이란 것은 그 얼마동안이나 즐길 수 있단 말인가?
인생기시득위락
寧作野中之雙鳧, 차라리 들녘 가운데 한 쌍의 들오리가 될지언정,
녕작야중지쌍부
不願雲間之別鶴.[5] 구름 속 짝 잃은 학은 원하는 바가 아니로구나.
불원운간지별학

역주

1) 璇閨玉墀上椒閣 : 선규(璇閨)는 옥으로 만든 작은 문. 옥지(玉墀)는 옥으로 만든 섬돌 또는 층계의 중간에 있는 지대 뜰. 초각(椒閣)은 산초(山椒) 분말을 섞은 흙을 벽에 바른 누각의 옛 명칭. 귀부인의 방이라는 의미.
2) 中有一人字金蘭 2구 : 금란(金蘭)은 ≪주역·계사전(繫辭傳)≫에 "두 사람이 마음이 같으면, 예리한 쇠(金)도 자를 수 있네. 마음을 함께하는 말은 그 향기가 난초와 같네."에 근거하고 있다. 상고시대 금은 청동을 가리킴. 피복(被服)은 옷을

걸쳐 입다. 채(采)는 고르다. 곽(藿)은 향초의 일종.

3) 春燕參差風散梅 2구 : 참치(參差)는 쌍성, 의태어로 들쭉날쭉 가지런하지 않는 모양. 개위(開幃)는 휘장을 걷다. 롱춘작(弄春爵)은 봄 술잔을 만지작거리다. 여기서는 술을 마시지 않고 만지작거리기만 한다는 의미.
4) 含歌攬涕恆抱愁 2구 : 함가(含歌)는 노래를 삼키다. 슬픔에 북받쳐 노래를 부르지 못하는 모양을 말함. 람체(攬涕)는 눈물을 훔치다. 기시(幾時)은 얼마동안.
5) 寧作野中之雙鳧 2구 : 야(野)는 들녘, 들판. 쌍부(雙鳧)는 쌍을 이룬 두 마리의 오리. 별학(別鶴)은 짝을 잃은 한 마리의 학.
6) 압운은 閣, 幕, 藿, 爵, 樂, 鶴.

**감상**

연작시 18수 가운데 제3수이다. 모두 10구로 되어 있고, 1구에도 입성(入聲) 압운을 하고 있다. 입성 압운은 호흡이 짧은 압운으로 시인의 격앙된 감정을 잘 표현해 준다.

1-2구는 이 시에 등장하는 여인이 부유한 집에 살고 있음을 말해 준다. 옥으로 만든 문과 계단참을 지나 귀부인의 방 초각에 들어서면 무늬와 수놓인 창과 방문이 나온다. 그러나 그 방문에는 휘장이 드리워져 출입할 사람이 없음을 알린다. 3-4구는 시의 주인공인 여인이 등장한다. 여인의 자(字) 금란(金蘭)은 ≪주역·계사전≫에서 가져온 말로 여기서는 동심동언(同心同言)의 부부 금슬을 바라는 마음에서 남편이 지어준 이름일 가능성이 있다. 그 여인은 비단 옷을 걸쳐 입고 한가로이 향을 고르고 있다. 5-6구는 여인의 심란한 마음이 드러난다. 봄 제비가 나는 것이 어지럽고, 매화가 흩날려 보이는 것, 봄 술잔을 마시지 못하고 만지작거리고만 있는 모습은 그 때문이다. 7-8구에서는 여인이 수심(愁心)이 드러난다. 그래서 마지막 9-10구에서 여인은 차라리 가난하지만 성실한 남편을 만났으면 좋았을 것이라는 한탄을 내뱉는다. 시인 포조는 낮은 벼슬이라도 나를 알아주는 주군을 만나기를 바라는 마음을 담고 있는지도 모른다. 아무튼 그 격앙된 마음이 입성 압운을 통해 더 애절하게 들려온다.

## 4-10-4

| | |
|---|---|
| 瀉水置平地,[1]<br>사수치평지 | 물을 쏟아 평지에 놓아두면, |
| 各自東西南北流.<br>각자동서남북류 | 각기 동서남북으로 흐르는 법이라. |
| 人生亦有命,<br>인생역유명 | 인생 역시 운명이 있나니, |

安能行歎復坐愁. 어찌 능히 걸으며 탄식하고 또 앉아 수심이랴.
안능행탄부좌수

酌酒以自寬, 술 따라서 마음 달래볼까,
작주이자관

擧杯斷絶歌路難.[2] 술잔을 들고 나니 〈행로난〉 노래 끊어지누나.
거배단절가로난

心非木石豈無感, 마음은 목석이 아니니 어찌 감회가 없으랴,
심비목석기무감

呑聲躑躅不敢言.[3)*] 소리를 삼키며 머뭇머뭇 감히 말 못하노라.
탄성척촉불감언

**원주**

* 절묘함은 전혀 이야기하지 않음에 있다. 그것을 읽다보면 자연 슬픔이 생겨난다.(妙在不曾說破. 讀之自然生愁.)
첫 대목에 갑자기 내려오니, 마치 황하가 하늘에서 떨어져 동해로 달리는 것 같다. 만약 (앞 2구를) 중간에 옮겨 놓으면, 여전히 평범한 노래에 불과하다.(起手無端而下, 如黃河落天走東海也. 若移在中間, 猶是恆調.)

**역주**

1) 瀉水 : 물을 쏟아내다.
2) 擧杯斷絶歌路難 : 단절(斷絶)은 멈추다, 끊어지다. 포조의 〈발후저(發後渚)〉에 "내 노래 소리가 그대 때문에 끊어지네.(聲爲君斷絶.)" 라고 하였다(4-18번 시 참조).
3) 心非木石豈無感 2구 : 목석(木石)은 여기서 무심한 자연물을 말함. 감(感)은 사람의 감정, 감회. 탄성(呑聲)은 소리를 삼키다. 척촉(躑躅)은 쌍성, 의태어로 머뭇거리는 모양.
4) 압운은 流, 愁에서 寬, 難, 言으로 환운(換韻).

**감상**

연작시 18수 가운데 제4수이다. 모두 8구로 되어 있다.
1-2구는 인생을 설명한 말이다. 그러나 탄식만 할 수 없어 술로 마음을 위로하려는데 술잔을 들었으나 감정에 북받쳐 그만 노래가 뚝 그치고 만다(3-6구). 노래가 끊긴 이유는 7-8구에 이야기한다. 사람의 마음이 목석같지 않아서. 그래서 머뭇거리며 말을 못한다. 마치 이제 시를 시작하며 그 근심을 펼쳐낼 듯 보였으나 시인은 시를 이어가지 않는다. 그래서 심덕잠은 첫 번째 원주에 그 슬픔을 전혀 드러내지 않음에 그 절묘함이 있다고 하였다. 또 심덕잠이 앞 2구를 평가할 때 '마치 황하가 하늘에서 떨어져 동해로 달리는 것 같다' 라고 평한 것은 이백의 〈장진주(將進酒)〉에

"그대는 보지 못했는가 황하의 물이 하늘에서 내려와, 세차게 흘러 바다에 이르면 돌아오지 않음을."을 생각나게 하고, 후에 두보가 〈춘일억이백(春日憶李白)〉에서 "맑고 새로움은 유신(庾信)과 같고, 뛰어나고 빼어남은 포조와 같네."라고 하여 이백이 포조 시의 영향을 받았음을 언급하였던 것처럼 이백과 포조를 연결하여 평하고 있다.

4-10-5

| | |
|---|---|
| 對案不能食.[1]<br>대안불능식 | 밥상을 마주하고도 먹을 수 없구나. |
| 拔劍擊柱長歎息.[2]<br>발검격주장탄식 | 칼을 뽑아 기둥을 치며 길게 탄식할 뿐이라. |
| 丈夫生世會幾時,<br>장부생세회기시 | 대장부가 세상에 사는 게 그 얼마 동안이련가, |
| 安能蹀躞垂羽翼?[3]<br>안능접섭수우익 | 어찌 서성대며 날개 늘어뜨리고 있단 말인가? |
| 棄置罷官去,[4]<br>기치파관거 | 두어라 벼슬 그만두고 떠나가리니, |
| 還家自休息.<br>환가자휴식 | 집으로 돌아가 자신을 쉬게 하리라. |
| 朝出與親辭,<br>조출여친사 | 아침 외출할 때 부모님께 인사드리고, |
| 暮還在親側.<br>모환재친측 | 저녁에 돌아오면 부모님 곁에 있으리. |
| 弄兒床前戲,<br>롱아상전희 | 아이들 침상 앞에서 얼러도 보거니와, |
| 看婦機中織.<br>간부기중직 | 부인이 베틀에서 베를 짜는 것 보리. |
| 自古聖賢盡貧賤,<br>자고성현진빈천 | 예부터 성현들 모두 가난하고 직위 낮았으니, |
| 何況我輩孤且直.[5]*<br>하황아배고차직 | 하물며 우리들 뒷배도 없거니와 곧음임에랴. |

**원주**

* "가정의 즐거움을 어찌 벼슬길에 오르는 것이 비할 수 있겠는가."라 하는데, 포조 역시 그 속된 생각을 면하지 못한 것일까? 강엄의 〈한부〉 역시 "옆으로

아내를 마주하고, 뒤돌아보며 아이들을 얼리는 것"으로 한을 삼았다. 공명을 추구하는 사람은, 그 마음가짐이 그러할 따름이다.(家庭之樂, 豈宦遊可比, 明遠乃亦不免俗見耶. 江淹〈恨賦〉, 亦以左對孺人, 顧弄稚子爲恨. 功名中人, 懷抱爾爾.)

**역주**

1) 案 : 작은 밥상.
2) 拔劍擊柱長歎息 : ≪사기열전·맹상군열전(孟嘗君列傳)≫에 맹상군과 풍환(馮驩, 풍원馮諼이라고도 함)의 이야기가 나온다. 풍환이 맹상군의 식객(食客)이었을 때 자신에 대한 대우가 불만일 때마다 '검을 꺼내 치며 노래를 불러' 표출했다고 한다. 후에 맹상군이 정치적 위기에 봉착했을 때 설(薛)지방에서 빚을 탕감하여 민심을 사는 등의 세 가지 계책을 마련해 다시 재상에 올라 오래도록 탄탄한 정치적 입지를 다지도록 도와주었다. 이 고사에서 교활한 토끼는 구멍을 세 개나 뚫는다는 '교토삼굴(狡兎三窟)'이라는 말이 나왔다.
3) 丈夫生世會幾時 2구 : 회(會)는 ~할 수 있다. 기시(幾時)은 얼마동안. 접섭(蹀躞)은 첩운, 의태어로 서성대는 모양. 수우익(垂羽翼)은 날개를 늘어뜨리다. 풀이 죽어 있다는 의미.
4) 棄置 : 감탄사로 '두어라, 아서라'의 의미.
5) 孤且直 : 고(孤)는 뒷배가 없다. 포조는 집안이 몰락한 한문(寒門) 출신. 직(直)은 아부하지 못하고 곧고 강직함.
6) 압운은 食, 息, 翼, 息, 側, 織, 直으로 입성(入聲) 압운.

**감상**

연작시 18수 가운데 제6수이다. 모두 12구로 되어 있다.

1-2구는 ≪사기열전·맹상군열전≫에 나오는 맹상군과 풍환의 이야기를 빌려 자신을 알아주는 주군을 만나기를 원하는 시인 포조의 마음을 전하고 있다. 3-4구에서 대장부로 태어난 포부를 펼치고자 하는 시인의 마음을 읊고 있다. 5-11구에서 벼슬을 그만두고 차라리 고향에 돌아가 집안을 돌볼 것을 말한 것이다. 마지막 12구에서는 성현도 못되는 자신이 게다가 한문 출신에, 아부도 못해 출세하지 못함을 말한다. 시인의 불우한 심정이 입성(入聲) 압운을 통하여 강하게 드러나고 있다.

4-10-6

愁思忽而至, 수심 겨운 생각 문득 밀어닥치니,
수사홀이지

| | |
|---|---|
| 跨馬出北門.<br>과마출북문 | 말에 걸터앉아 북문을 나섰더라. |
| 擧頭四顧望,<br>거두사고망 | 고개를 들어 사방을 돌아보나니, |
| 但見松柏園,[1]<br>단견송백원 | 단지 솔과 측백 동산 보이는구나. |
| 荊棘鬱蹲蹲.[2]<br>형극울준준 | 가시덤불이 울창하고도 빽빽한데. |
| 中有一鳥名杜鵑.<br>중유일조명두견 | 그 안에 새 한 마리 있어 두견이라 하네. |
| 言是古時蜀帝魂.[3]<br>언시고시촉제혼 | 말하길 이것은 옛날 촉나라 황제 혼이라네. |
| 聲音哀苦鳴不息,<br>성음애고명불식 | 소리는 서글프고 울음 멈추지 아니하는데, |
| 羽毛憔悴似人髡.[4]<br>우모초췌사인곤 | 깃털은 초췌하여 머리가 깎인 죄인 같구나. |
| 飛走樹間啄蟲蟻,<br>비주수간탁충의 | 나무 사이 날고 기며 벌레 개미 쪼아 먹으니, |
| 豈憶往日天子尊.<br>기억왕일천자존 | 어찌 그 옛날 천자의 존엄함을 기억하겠는가! |
| 念此死生變化非常理,[5]<br>념차사생변화비상리 | 이 생사 변화가 정한 이치 아님을 생각하니, |
| 中心惻愴不能言.[6]<br>중심측창불능언 | 마음속은 슬퍼져서 말조차 할 수가 없구나. |

**역주**

1) 松柏園 : 소나무와 측백나무의 전원. 고대에 서민들의 무덤에는 소나무를 심고, 고관대작의 무덤에는 측백나무를 심었다. 여기서는 무덤을 의미.

2) 蹲蹲 : 첩어, 의태어로 빽빽하고 무성한 모양.

3) 中有一鳥名杜鵑 2구 : 양웅(揚雄)의 ≪촉왕본기(蜀王本紀)≫ 등에 의하면 촉(蜀)나라 임금이 있어 이름은 두우(杜宇), 제호(帝號)는 망제(望帝)였다. 후에 별령(鱉靈)이라는 신하가 딸의 미모를 이용하여 망제가 국사에 소홀하도록 하여 결국 선위하고 쫓겨나게 만들었다. 망제가 한 맺힌 채 죽은 후 촉나라 사람들이 두견새가 우는 것을 망제의 넋이라 여겼다고 한다. 촉제혼(蜀帝魂)은 촉나라 망제의 혼.

4) 髡 : 고대에 머리를 깎던 형벌.
5) 非常理 : 정해진 이치가 아니다.
6) 中心 : 심중(心中)으로 마음 속.
7) 압운은 門, 園, 蹲, 鵑, 魂, 髡, 尊, 言.

**감상**

연작시 18수 가운데 제7수이다. 모두 13구, 홀수로 되어 있고, 압운 또한 격구 압운이 아닌 매우 자유스러운 형식을 보여준다.

1-2구는 시인이 어느 날 갑자기 근심스런 생각에 빠져 훌쩍 말을 타고 길을 나섰음을 이야기하고 있다. 2구의 과(跨)는 그저 툭하고 말에 올라탔다는 의미다. 시인이 도착한 곳은 무덤이었다(3-5구). 6-11구에서는 두견새의 고사를 가져왔다. 임금의 자리에 있었으나 간신의 꾀에 빠져 선위하고 쫓겨난 망제의 한을 담은 두견새의 모습을 담았기에 이 시는 시인 포조가 바로 앞 왕조인 동진의 마지막 황제로, 남조송을 세운 유유(劉裕)에게 선위하고 죽임을 당했던 공제(恭帝)를 추모하기 위해 지은 것이라는 설도 있다. 또 당시 포조가 살았던 송나라의 극심한 권력다툼에 대한 시인의 감정을 이야기한 것으로 볼 수 있다. 마지막 12-13구에서 앞날을 알지 못하는 죽음과 삶에 대해 시인의 서글픈 감정을 말하고 있다. 이런 인생에 대한 시인의 서글프고도 복잡한 심경은 홀수인 구수(句數)로, 자유로운 압운으로, 5언, 7언, 9언을 넘나드는 잡언시의 특징 속에 드러나고 있다. 즉 생사 변화에 정해진 이치가 없다는 심경을 파격적인 형식으로 표현해내고 있는 것이다.

## 4-10-7

| | |
|---|---|
| 中庭五株桃, | 뜰 가운데 다섯 복숭아나무 중, |
| 중정오주도 | |
| 一株先作花. | 한 그루가 먼저 꽃을 피웠다네. |
| 일주선작화 | |
| 陽春妖冶二三月,[1] | 따뜻한 봄 이삼월에 아름답게 피웠더니, |
| 양춘요야이삼월 | |
| 從風簸蕩落西家.[2] | 바람 따라 휘날려 서쪽 집에 떨어졌네. |
| 종풍파탕락서가 | |
| 西家思婦見悲惋, | 서쪽 집 임 그리운 아내 보고 슬퍼 탄식하며, |
| 서가사부견비완 | |
| 零淚沾衣撫心歎. | 눈물 흘려 옷 적시고 가슴 치며 탄식하는구나. |
| 령루첨의무심탄 | |

| | |
|---|---|
| 初我送君出戶時,<br>초아송군출호시 | 처음 내가 임을 전송하여 대문 밖 나설 때에, |
| 何言淹留節迴換.[3]<br>하언엄류절회환 | 어찌 계절이 돌고 바뀌도록 머문다 하셨던가? |
| 牀席生塵明鏡垢,<br>상석생진명경구 | 잠자리에는 먼지 일고 밝은 거울에 때가 끼며, |
| 纖腰瘦削髮蓬亂.<br>섬요수삭발봉란 | 가는 허리 야위고 머리는 쑥대처럼 어지럽구나. |
| 人生不得恆稱意,<br>인생불득긍칭의 | 인생은 언제나 만족할 수는 없다고 하지만, |
| 惆悵倚徙至夜半.[4]<br>추창의사지야반 | 서글퍼 배회하다보니 한밤중이 되는구나. |

**역주**

1) 妖冶 : 쌍성, 의태어로 아리따운 모양.
2) 簸蕩 : 바람에 나부끼는 모양, 물 위의 출렁이는 모양.
3) 何言淹留節迴換 : 엄류(淹留)는 머물다. 절회환(節迴換)은 계절이 돌고 바뀌다.
4) 惆悵倚徙至夜半 : 추창(惆悵)은 쌍성, 의태어로 슬퍼하는 모양. 의사(倚徙)는 첩운, 의태어로 서성이는 모양. 야반(夜半)은 늦은 밤, 자정.
5) 압운은 花, 家에서 惋, 歎, 換, 亂, 半으로 환운(換韻).

**감상**

연작시 18수 가운데 제8수이다. 모두 12구로, 세 단락으로 나눠 살필 수 있다.

1단락(1-4구)은 흥(興)의 기법을 사용하여 봄이 오면 유달리 빨리 피고 빨리 져서 휘날리는 복숭아 꽃을 이야기하고 있다.

2단락(5-8구)은 그 복숭아꽃에 자신을 투영한 여인이 등장한다. 아마도 여인은 이른 나이에 시집을 왔다가 길을 떠나 해가 바뀌도록 돌아오지 않는 남편을 생각하며 지는 꽃이 마치 자신인 것처럼 슬픔에 젖는다.

3단락(9-12구)은 슬퍼 탄식하는 여인의 모습을 더 보여준다. 인구에 회자되는 말이 떠오른다. "선비는 자신을 알아주는 사람을 위해서 목숨을 바치고, 여인은 자신을 사랑해주는 사람을 위해서 얼굴을 고친다.(士爲知己者死, 女爲說己者容.)" 단장한 얼굴을 보아 줄 사람이 없으니 여인의 거울엔 때가 끼었다.

### 4-10-8

| | |
|---|---|
| 剉蘗染黃絲,[1]<br>좌얼염황사 | 황벽 부수어 누런 실을 물들이려니, |

黃絲歷亂不可治.[2] 누런 실이 어지러워서 다스릴 수가 없구나.
황사력란불가치

我昔與君始相值, 내가 지난 달 임과 서로 처음 만났을 때에,
아석여군시상치

爾時自謂可君意.[3] 그 때는 임의 마음에 맞다 스스로 여겼더라.
이시자위가군의

結帶與君言,[4] 치마끈 묶으며 임과 말하기를,
결대여군언

死生好惡不相置.[5] 살고 죽고 좋든 싫든 내치지 않겠다고 했더라.
사생호오불상치

今朝見我顏色衰,[6] 오늘은 임께서 내 안색 시든 것 보시더니,
금조견아안색쇠

意中索寞與先異.[7] 마음속이 냉담해져 이전과는 달라지셨구나.
의중색막여선이

還君金釵玳瑁簪,[8] 그대에게 금비녀와 대모잠을 돌려드리나니,
환군금채대모잠

不忍見之益愁思.[9] 그것 차마 볼 수 없나니 수심만 더해짐이라.
불인견지익수사

**원주**

* 비통함과 자유스러움, 느긋한 소리와 다급한 절주, 이러한 체제는 포조로부터 처음 창조한 것이다.(悲涼跌宕, 曼聲促節, 體自明遠獨剏.)

**역주**

1) 剉蘗染黃絲 : 좌(剉)는 꺾다, 부수다. 얼(蘗)은 벽(檗)의 잘못. 황벽나무로 열매는 노란색 염료로 사용하며 그 맛이 쓰다. 맛이 쓰다(苦)에서 괴로움을 연상해내어 좌얼(剉蘗)은 괴로움(苦)을 달래다의 뜻도 지님. 또 사(絲)는 사(思)와 해음(諧音)으로 '그리움' 의 뜻과 연결. 이러한 표현을 쌍관(雙關)이라 하는데, 괴로움을 부수어 그리움을 달래고자 한다는 의미가 된다.
2) 黃絲歷亂不可治 : 력란(歷亂)은 쌍성, 의태어로 뒤섞여 어지러운 모양. 이 구의 쌍관법(雙關法) 해석은 '그리움이 얽혀 다스릴 수가 없네.' 로 볼 수 있음.
3) 可君意 : 가(可)는 적합하다, 들어맞다. 군의(君意)는 임의 마음.
4) 結帶 : 치마의 허리띠를 묶다. 마음을 허락함을 상징.
5) 置 : 버려두다, 내팽개치다.
6) 今朝 : 오늘 아침. '오늘' 의 뜻.
7) 索寞 : 마음이 냉담하다.
8) 玳瑁簪 : 대모(玳瑁)는 바다거북의 일종으로 등껍질이 매끄럽고 무늬가 아름다

위 장식품으로 많이 쓰임. 잠(簪)은 상투꽂이나, 비녀.

9) 益 : 더하다.

10) 압운은 治, 意, 置, 異, 思.

**감상**

연작시 18수 가운데 제9수이다. 모두 10구로 되어 있고, 세 단락으로 나눌 수 있다.

1단락(1-2구)은 흥(興)의 기법을 이용하여 사실을 설명하였다. 또한 역주1)과 2)의 설명처럼 쌍관의 표현으로 보면, "괴로움을 부수어 그리움을 달래고자하나, 그리움이 얽혀 다스릴 수가 없네."가 된다.

심덕잠은 이 시를 설명하는 원주에서 내용은 비통함(悲涼)과 자유스러움(跌宕)을 가지고 있으며, 리듬은 느긋한 소리와 다급한 절주를 가지고 있다고 하였다. 2단락(3-6구)은 내용상 비통함(悲涼)이고, 리듬은 7언을 4/3으로 나누는 느긋한 소리에 해당한다. 주인공인 여인은 지난 날 임과의 약속을 떠올리며 슬퍼하고 있다. 3단락(7-10구)은 내용상 자유스러움(跌宕)에 해당하고, 리듬은 7언을 2/5로 나누는 빠른 소리, 다급한 절주에 해당한다. 여인은 달라진 임을 향해 그저 비통함에 그치지 않는다. 선물로 받았던 금비녀와 대모잠을 돌려주며 대담하게 잊으려한다. 문재(文才)와 포부를 함께 갖추었던 시인 포조다운 결말이다.

## 4-11

## 〈梅花落(매화락)〉[1]　　〈매화는 지는데〉

中庭雜樹多,[2]　　뜰 안에 여러 종류 나무들 많지만,
중정잡수다

偏爲梅咨嗟.[3]　　새삼 매화만을 위하여 탄식하노라.
편위매자차

問君何獨然,[4]　　그대에게 묻자구나 어찌 유독 그러한지,
문군하독연

念其霜中能作花.　　매화가 서리에 능히 꽃 피우는 걸 생각함이라.
념기상중능작화

霜中能作實,[5]　　"우리도 서리에 능히 열매 맺거니와,
상중능작실

搖蕩春風媚春日.[6]　　봄바람 속에서 흔들대며 봄 태양에 애교 피우거늘."
요탕춘풍미춘일

念爾零落逐寒風,[7]　　생각건대 너희들은 회오리바람 쫓아 떨어져 버리니,
념이령락축한풍

徒有霜華無霜質.[8)*] 서리 맞는 꽃 있어도 서리 이겨내는 자질은
도유상화무상질 없는 걸.

**원주**

* '화' 글자를 가지고서 위 '차' 글자와 연계시켜 운을 이루고, '실' 글자를 가지고서 아래 '일' 자와 운을 이뤘으니, 이 격법은 심히 기이한 것이다.(以花字聯上嗟字成韻, 以實字聯下日字成韻, 格法甚奇.)

**역주**

1) 梅花落 : ≪악부시집·횡취곡사(橫吹曲辭)≫에 수록됨. 원래 노래는 전하지 않음.
2) 中庭 : 정중(庭中)으로 뜰 안.
3) 偏爲梅咨嗟 : 편(偏)은 오로지, 외곬으로. 위(爲)는 여기서 '위하여'의 뜻. 자차(咨嗟)는 ①감탄의 탄식 ②안쓰러운 탄식. 여기서는 ①, ②의 뜻 모두 포함.
4) 問君何獨然 : 1구의 잡수(雜樹)가 시인에게 묻는 말. 군(君)은 그대. 시인을 가리킴.
5) 霜中能作實 : 상(霜)은 다른 판본에 '무(霧)'로 되어 있다. 작실(作實)은 열매를 맺다.
6) 搖蕩春風媚春日 : 요탕(搖蕩)은 흔들리는 모양. 미(媚)는 아양 떨다, 애교부리다.
7) 念爾零落逐寒風 : 이(爾)는 너희들. 여기서는 1구의 잡수(雜樹)들을 가리킴. 령락(零落)은 떨어지다. 한풍(寒風)은 다른 판본에 '표풍(飇風)'으로 되어 있어 '회오리바람'으로 번역함.
8) 徒有霜華無霜質 : 상화(霜華)는 서리 속에 피는 꽃. 상질(霜質)은 서리를 이겨내는 자질.
9) 압운은 多, 嗟, 花에서 實, 日, 質로 환운(換韻).

**감상**

이 시는 모두 8구로 되어 있으며, 환운에 따라 크게 2개의 단락으로 나눌 수 있다.

1단락(1-4구)에서 1-2구는 시인의 말이다. 시인은 뜰 안의 여러 나무가 있지만 오로지 매화에게 관심을 갖는다. 이에 뜰 안의 잡목들이 그 이유를 묻는다(3구). 그러자 시인은 매화가 서리 속에서도 능히 꽃을 피울 수 있기 때문이라고 대답한다(4구).

2단락(5-8구)에서는 운(韻)이 바뀌며 시인과 잡목의 대화를 이어 나간다. 5-6구는 울컥한 잡목들의 말이다. 자신들도 서리(또는 안개) 속에서 열매도 맺고 봄바람 따라 흔들리며, 봄 태양 아래 애교도 부린다며 항변해본다. 7-8구는 시인의 답변이다. 매화는 봄바람에도 강하지만, 다른 꽃들은 바람 따라 쉽게 떨어지며, 서리 맞고 꽃을 피울 지라도 그 서리를 이겨내는 자질이 없느냐고 답변한다.

심덕잠은 원주에서 화(花)와 실(實)의 운을 위, 아래로 연계시켰다고 설명한 것은 4,5,6구를 하나로 보았기 때문이다. 아마도 시를 잘못 이해한 듯하다.

4-12

〈登黃鶴磯(등황학기)〉[1] 〈황학기에 올라서〉

| | |
|---|---|
| 木落江渡寒,<br>목락강도한 | 나뭇잎 떨어지니 양자강이 추위를 건네 보내서고, |
| 雁還風送秋.[2]<br>안환풍송추 | 기러기가 돌아오나니 바람이 저 가을을 보내서라. |
| 臨流斷商絃,[3]<br>림류단상현 | 흐르는 물 굽어보며 상조 거문고에 애 끊어지고, |
| 瞰川悲棹謳.[4]<br>감천비도구 | 시냇물을 굽어보나니 저 뱃노래에 서글퍼 하노라. |
| 適郢無東轅,[5]<br>적영무동원 | 영 지역으로 가자니 동쪽 수레가 없거니와, |
| 還夏有西浮.[6]<br>환하유서부 | 하수 지역으로 돌아가게 서쪽으로 떠나가네. |
| 三崖隱丹磴,[7]<br>삼애은단등 | 세 낭떠러지에 붉은 돌길이 보이지 않고, |
| 九派引滄流.[8]<br>구파인창류 | 아홉 물줄기는 푸른 물결 끌어들이고 있네. |
| 淚竹感湘別,[9]<br>루죽감상별 | 대나무에 눈물 뿌렸던 상수의 이별 느끼게 하고, |
| 弄珠懷漢遊.[10]<br>롱주회한유 | 진주 구슬 만졌던 한고의 놀이 생각하게 한다네. |
| 豈伊藥餌泰,[11]<br>기이약이태 | 어찌 저 음악과 음식으로 태평한 잔치인들, |
| 得奪旅人憂.<br>득탈려인우 | 길손 마음 속 걱정을 앗아갈 수가 있겠는가! |

원주

* 말을 내뱉음이 고색창연하며 굳건하니, 처음 시작이 힘차다.(出語蒼堅, 發端有力.)

역주

1) 黃鶴磯 : 황학산(黃鶴山)을 말하며 지금의 호북성(胡北省) 무창(武昌) 사산(蛇山)의 서북쪽에 위치. 황학기(黃鶴磯)라고도 하며 삼국시대 오나라 황무(黃武) 2년(223년)에 이곳에 황학루(黃鶴樓)를 지었다고 전함.

2) 木落江渡寒 2구 : ≪초사·구가·상부인(九歌·湘夫人)≫에 "산들산들 가을바람에, 동정(洞庭)에는 물결이 일고 나뭇잎 떨어지네."라고 한 것과 연결되어 진다. 강(江)은 여기서 양자강을 말함.

3) 斷商絃 : 단(斷)은 4구의 비(悲)와 연결해 애간장이 끊어지다. 상현(商絃)은 상조(商調)의 거문고 악기 소리. 가을을 상징하는 음악이며 상조(商調)의 현악기 연주는 슬픈 음악을 의미.

4) 瞰川悲棹謳 : 감천(瞰川)은 시냇물을 굽어보다. 도구(棹謳)는 노의 노래, 즉 뱃노래를 의미.

5) 適郢無東轅 : ≪초사·구장·애영(九章·哀郢)≫에서 굴원(屈原)이 초나라 수도 영도(郢都)로 돌아갈 길이 없음을 한탄한다. 영(郢)은 초나라 수도 영도(郢都). 원(轅)은 끌채. 여기서는 수레를 의미. 동원(東轅)은 동쪽 수레. 당시 굴원이 강남(江南)에 유배되어 능양(陵陽)으로 갔는데 이 지역에서 영도는 동쪽에 해당함.

6) 還夏有西浮 : ≪초사·구장·애영(九章·哀郢)≫에 "영도를 떠나 마을 문을 나서니, 아득히 그것이 어찌 끝이 있으랴.…하수(夏首)를 지나 서쪽으로 둥실 떠가니, 고향 용문(龍門)을 돌아보니 보이지 않네."라고 하였다. 이는 굴원이 수도 영도를 떠나는 상황을 말한 것으로 여기서는 시인 포조가 당시 굴원의 심정과 같음을 비유한 것.

7) 三崖隱丹磴 : 삼애(三崖)는 삼산(三山)을 말함. 여기서는 황학루 부근의 산을 의미. 단등(丹磴)은 붉은 돌길.

8) 九派 : 아홉 개의 물줄기. ≪형주기(荊州記)≫에 의하면 양자강은 심양(潯陽)에 이르러 아홉 줄기로 나누어진다고 한다.

9) 淚竹感湘別 : 루죽(淚竹)은 대나무에 눈물을 뿌리다. ≪박물지(博物志)≫ 권8에 의하면 순(舜)임금은 요(堯)임금의 두 딸 아황(娥皇)과 여영(女英)을 비로 맞이하였는데, 순임금이 세상을 떠나자 두 아내가 상수(湘水)에서 슬피 울다 강에 몸을 던졌으며 이때 뿌려진 눈물에 상포(湘浦)의 대는 얼룩대가 되었다고 한다. 이 이야기에서 '소상반죽(瀟湘斑竹)'이라는 말이 나왔다.

10) 弄珠懷漢遊 : ≪문선(文選)≫에 수록된 장형(張衡)의 〈남도부(南都賦)〉에 "유녀롱주어한고지곡(游女弄珠於漢皐之曲)"라고 하였고, 이선(李善)의 주에 ≪한시외전(韓詩外傳)≫을 언급하여 정교보(鄭交甫)가 한고대(漢皐臺) 아래에서 두 여신을 만나 구슬을 얻었다고 하였으나 오늘날의 ≪한시외전≫에는 찾아볼 수 없다. 다만 ≪열선전(列仙傳)≫에 의하면 다음과 같은 이야기가 있다. 정교보가 강의 두 여신을 만나 신인(神人)임을 알지 못하고 노리개를 달라고 청했다. 두 여신이 노리개를 풀어주자 정교보가 품에 안고 가다가 노리개가 사라져 뒤돌아보니, 여신들도 사라져버렸다고 한다. 한유(漢遊)는 한고대(漢皐臺)의 놀이.

11) 藥餌 : ≪노자(老子)≫ 35편에 "커다란 형상을 잡고 있으면, 천하가 귀의한다. 귀의하되 방해하지 않으니, 이에 태평하다. 아름다운 음악과 맛있는 음식은 지나가는 나그네를 머무르게 한다."라고 하였다. 약(藥)은 다른 판본에 악(樂)으로 되어 있어 '아름다운 음악'으로 번역함. 이(餌)는 맛있는 음식.

12) 압운은 秋, 謳, 浮, 流, 遊, 憂.

**감상**

포조는 임해왕(臨海王) 유자욱(劉子頊)의 아래 전군행참군(前軍行參軍), 전군형옥참군사(前軍刑獄參軍事) 등의 참군 벼슬을 지낸 시기가 있었는데, 이 시는 그 부임길에 황학기(黃鶴磯)에 올라 지은 것으로 전한다. 포조가 살던 시기는 극심한 왕실의 권력 투쟁과 권신들의 전횡으로 불안과 혼란의 연속이었다. 문재와 큰 포부를 겸했지만 한문 출신이었던 포조는 낮은 벼슬을 벗어나지 못했다. 시인은 황학기에서 임해왕이 베푼 연회자리에 참석하여 자신이 포부를 펴지 못한 회재불우(懷才不遇)한 심정을 토로하였다. 모두 12구로, 세 단락으로 나눌 수 있다.

1단락(1-4구)은 제목 '황학기에 올라' 를 다시 설명한 파제(破題)이다. 1-2구는 ≪초사·구가·상부인≫을 가져와 이별과 가을을 담아 더 처량한 분위기를 자아낸다. 또 양자강이 추위를 건네 보냈기에 나뭇잎이 떨어지고, 바람이 가을을 보내서 기러기가 돌아온다는 말을 순서를 바꿔 씀으로 생생한 표현이 되었다. 이 가을에 슬픈 음악소리까지 더해진다(3-4구).

2단락(5-8구)은 시인이 슬픈 이유를 설명한다. 5-6구는 ≪초사·구장·애영≫을 가져와 당시 유배를 가던 굴원이 수도 영도로 돌아갈 수레도 없고, 배를 타고 떠나며 슬퍼했던 그 심정이 바로 시인 포조의 심정이라는 것을 말하고 있다. 7구는 다시 5구와 이어지며 굴원처럼 돌아갈 수레가 없음을, 8구는 다시 6구와 이어지며 물길 따라 서쪽으로 가야만하는 상황을 이야기한 것이다.

3단락(9-12구)은 결론이다. 이런 시인에게 임해왕이 베푼 연회가 눈에 들어올 리 없다. 그래서 연회 속 여인들은 상수의 이별과 정교보의 한고대 놀이처럼 슬프고 헛것에 불과하다. 아무리 음악과 음식이 있는 태평스런 연회인들 시인의 수심을 없애주지는 못한다.

## 4-13
## 〈日落望江贈荀丞(일락망강증순승)〉[1] 〈일몰 강을 보며 순승에게〉

| | |
|---|---|
| 旅人乏愉樂,[2]<br>려인핍유악 | 나그네 신세인지라 즐거움이 없나니, |
| 薄暮增思深.<br>박모증사심 | 황혼녘에 그리움이 더해져 깊어가네. |
| 日落嶺雲歸,<br>일락령운귀 | 해는 지고 고개의 구름은 돌아가는데, |
| 延頸望江陰.[3]<br>연경망강음 | 목 길게 내밀며 강의 남쪽 바라보네. |

亂流灇大壑,[4] 어지러운 물결은 큰 골짜기에 모여들고,
란류총대학

長霧匝高林.[5] 기나긴 안개는 높다란 숲을 휘감는구나.
장무잡고림

林際無窮極, 저 숲의 끝은 다함이 없고,
림제무궁극

雲邊不可尋. 구름 가도 찾을 수 없구나.
운변불가심

惟見獨飛鳥, 단지 보이나니 홀로 날고있는 새,
유견독비조

千里一揚音. 천 리 멀리서 한 번 소리 높이네.
천리일양음

推其感物情,[6] 그 새가 경물에 느낀 마음 유추하면,
추기감물정

則知遊子心. 나그네 마음을 알 수 있을 것이라네.
즉지유자심

君居帝京內, 그대는 황제의 수도 안에 거처하거니와,
군거제경내

高會日揮金. 고급 연회석에서 날마다 금을 뿌리겠지.
고회일휘금

豈念慕群客, 어찌 생각하리 무리 그리운 나그네가,
기념모군객

咨嗟戀景沉.[7] 탄식하며 햇볕 잠길 적에 연연하는 걸.
자차련경침

**역주**

1) 荀丞 : 순(荀)은 순적송(荀赤松)을 말함. 시인 포조의 벗으로 당시 수도의 중앙관직인 상서성(尙書省)의 좌승(左丞) 벼슬을 역임.

2) 旅人 : 나그네 신세. 포조가 지방의 제후 아래 하급 관리를 맡아 전전하는 상황을 비유.

3) 江陰 : 강의 남쪽.

4) 灇 : 모여들다.

5) 匝 : 휘감다.

6) 推其感物情 : 추(推)는 확대하다. 기(其)는 여기서 9구의 새(鳥)를 가리킴. 감물정(感物情)은 외부 사물을 느끼는 마음.

7) 咨嗟戀景沉 : 자차(咨嗟)는 탄식하다. 련(戀)은 미련을 갖다. 경침(景沉)은 해가 지다.

8) 압운은 深, 陰, 林, 尋, 音, 心, 金, 沉.

**감상**

이 시는 포조가 벗인 순적송에게 보내는 노래이다. 순적송은 당시 수도의 중앙관직인 상서성(尙書省)의 좌승(左丞) 벼슬을 역임하고 있었는데, 지방 제후 아래 낮은 관직을 전전하던 포조의 입장에서는 친구의 도움이 절실하였던 것으로 보인다. 모두 16구로 되어 있으며 네 단락으로 나눌 수 있다.

1단락(1-4구)은 제목의 '일몰 강을 보다(日落望江)'를 설명한 것이다. 1-2구는 지방 하급 관리를 전전하는 포조는 나그네 신세를 말하고 있다. 3-4구는 구름도 자기 집(岫)으로 돌아가는 저물녘, 자신은 목을 빼고 강의 남쪽을 바라본다고 말한다.

2단락(5-8구)은 포조가 바라보는 경치이다. 어지러운 물결, 긴 안개, 다함이 없는 숲과 하늘 자욱해 가를 찾을 수 없는 구름. 이 우울한 경치는 시인의 마음을 그대로 보여주는 듯하다.

3단락(9-12구)은 시인을 투영한 새가 등장한다. 천리를 떠나와 낯선 환경에 다다른 새는 소리 높여 울고, 그 새의 마음을 확대한다면 벗인 순적송이 나그네 된 포조의 심정을 알 것이라고 전한다. 11-12구는 포조와 순적송 두 사람만이 아는 내용일 것이다.

마지막 4단락(13-16구)은 포조의 심경이다. 포조는 순적송이 중앙 관직에 있어 호화로운 삶을 살고 있으리라 생각하며, 해가 저무는 것을 탄식하며 미련 두고 있는 나그네를 어찌 생각하겠느냐고 묻는다. 1단락에서 시인이 강의 남쪽을 목을 빼고 바라본 이유, 해지는 것을 탄식하며 미련을 두는 이유는 바로 친구 순적송 당신에게서 올 소식이 강가의 배를 통해 올 것이라 기대했기 때문이리라.

순적송은 453년 아버지 문제(文帝)를 죽이고 황위에 오른 유소(劉劭)에 의해 죽임을 당한다. 포조에게는 더 안타까운 소식이었을 것이다.

## 4-14
## 〈吳興黃浦亭庾中郎別(오흥황포정유중랑별)〉[1]

〈오흥의 황포정에서 유중랑과 작별하다〉

| | |
|---|---|
| 風起洲渚寒,<br>풍기주저한 | 바람이 일어나니 물 섬은 차가워지고, |
| 雲上日無輝.<br>운상일무휘 | 구름 피어오르니 태양도 빛을 잃는구나. |
| 連山眇烟霧,[2]<br>련산묘연무 | 이어진 산은 연무 속에서 아득하거니와, |

| | |
|---|---|
| 長波逈難依.[3]<br>장파형난의 | 긴 파도 너무 멀어 따라가기 어렵구려. |
| 旅雁方南過,<br>려안방남과 | 나그네 기러기 바야흐로 남으로 지나거늘, |
| 浮客未西歸.[4]<br>부객미서귀 | 떠도는 객 아직 서쪽으로 돌아가지 못하네. |
| 已經江海別,<br>이경강해별 | 강호로 올 때 이별함 이미 경험했는데, |
| 復與親眷違.[5]<br>부여친권위 | 다시 친구와 더불어 어긋나게 되었구나. |
| 奔景易有窮,[6]<br>분경이유궁 | 달리는 태양은 쉬 다함이 있는 법이나니, |
| 離袖安可揮.[7]<br>리수안가휘 | 이별의 소매 자락 어찌 떨칠 수 있을까? |
| 懽觴爲悲酌,<br>환상위비작 | 즐겁던 술잔이 서글픈 권주가가 되어 지고, |
| 歌服成泣衣.[8]<br>가복성읍의 | 노래하던 복장은 눈물에 젖은 옷 되는구나. |
| 溫念終不渝,<br>온념종불투 | 따뜻한 그리움은 끝끝내 바뀌지 않으려니와, |
| 藻志遠存追.[9]<br>조지원존추 | 고운 당신 뜻 멀리서나마 간직하고 추구하리라. |
| 役人多牽滯,<br>역인다견체 | 부림을 받는 사람에게는 붙잡힌 바가 많거니와, |
| 顧路慙奮飛.[10]<br>고로참분비 | 그대 가는 길을 보니 힘차게 낢에 부끄럽구려. |
| 昧心附遠翰,<br>매심부원한 | 어리석은 마음에 먼 날개에 붙어 가고 싶지만, |
| 炯言藏佩韋.[11]<br>형언장패위 | 밝으신 경계의 말씀을 가죽 패물처럼 간직하리라. |

**역주**

1) 吳興黃浦亭庾中郎別 : 오흥(吳興)은 지명. 지금의 절강성(浙江省) 호주(湖州)에 위치. 황포정(黃浦亭)은 정자 이름. 유중랑(庾中郎)은 중랑(中郎) 벼슬을 지내는 유(庾) 씨를 말함.

2) 眇 : 아득하다.

3) 長波逈難依 : 장파(長波)는 긴 파도. 여기서는 유중란이 떠날 길을 말함. 난의(難

依)는 따라가기 어렵다. 포조가 좇아갈 수 없다는 의미.

4) 浮客 : 떠도는 객. 지방의 낮은 관직을 전전하는 포조 자신을 가리킴.
5) 已經江海別 2구 : 강해(江海)는 강호(江湖), 초야. 친권(親眷)은 ①친척, 인척 ②지기, 친한 친구. 여기서는 ②의 뜻으로 유중랑(庾中郎)을 의미.
6) 奔景易有窮 : 세월이 빨리 지나감을 의미.
7) 離袖安可揮 : 나이 든 사람의 이별이 쉽지 않다는 의미.
8) 懽觴爲悲酌 2구 : 작(酌)은 술을 권하다, 권주가의 의미. 가복(歌服)은 노래 불렀던 복장. 처음 기쁘게 노래하던 모습을 의미.
9) 溫念終不渝 2구 : 념(念)은 그리움, 염려. 조(藻)는 물풀로 아름답다는 의미. 조지(藻志)는 아름다운 당신의 뜻.
10) 役人多牽滯 2구 : 역인(役人)은 부림을 받는 사람. 포조가 자신을 낮춘 말. 견체(牽滯)는 붙잡다, 묶다. 분비(奮飛)는 힘차게 날다. 앞 5구의 남으로 가는 기러기와 연결됨.
11) 昧心附遠翰 2구 : 매심(昧心)은 어리석은 마음. 원한(遠翰)은 멀리 가는 날개. 5구의 기러기와 16구의 힘차게 나는 것(奮飛)과 연결되며 모두 유중랑을 가리킴. 형언(炯言)은 밝은 말씀. 친구 유중랑의 말. 패위(佩韋)는 ≪한비자·관행(韓非子·觀行)≫에 "서문표(西門豹)는 성격이 급해서, 고로 가죽 끈(佩韋)을 지니고 다녀 스스로 느긋하게 하였다."라고 하였다. 성격이 급한 사람이 가죽처럼 유연하길 바라는 마음에 가죽을 패옥처럼 지니고 다녀 서두름을 경계함.
12) 압운은 輝, 依, 歸, 違, 揮, 衣, 追, 飛, 韋.

**감상**

이 시는 포조가 중랑(中郎) 벼슬을 지내는 벗 유 씨에게 주는 노래이다. 유 씨에 대해 자세히 알 수는 없지만, 중랑 벼슬은 황제의 시종관에 해당하는 것으로 황제의 측근에 해당하는 직위이다. 포조는 이 사람에게 자신의 관직과 관련된 부탁과 조언을 청한 것으로 보인다. 시는 모두 18구로 되어 있으며 4개의 단락으로 나눌 수 있다.

1단락(1-4구)은 시의 배경이 포조가 유중랑을 전송하는 자리임을 말한다. 1-2구에서 물 섬이 차갑고, 태양이 빛을 잃는 것은 전송으로 인한 슬픔을 표현한 것이다. 3-4구의 이어진 산과 긴 파도는 유중랑이 떠날 길을 묘사한 것이다.

2단락(5-8구)은 유중랑과의 이별을 말한다. 5구의 남으로 가는 기러기는 유중랑을 가리키고, 6구의 떠도는 객은 포조 자신을 말한다. 7-8구에서 포조는 이미 강호에 있지만 또 친구인 유중랑마저 이별하게 됨을 말하고 있다.

3단락(9-12구)은 이별의 서글픔을 묘사하였다. 9-10구를 통해 시인 포조가 나이가 든 후 쓴 시임을 짐작할 수 있다. 세월의 쏜살같이 흐름을 체감하고, 재회를 기약할 수 없는 나이의 이별은 쉽지 않은 법이다. 그래서 술잔은 슬픈 권주가로 변하고 옷에는 어느덧 눈물이 젖는다.

4단락(13-18구)은 이별에 임해 시인이 전하고 싶은 말이다. 13구에서 시인은 자신의 따뜻한 염려는 바뀌지 않을 것이고, 14구에서 그대의 아름다운 뜻을 잘 간직하겠다고 다짐한다. 15-16구에서 포조는 자신의 낮추며 전송의 말을 한다. 마지막 18구에서 유중랑이 서두르지 말라고 조언한 충고를 잘 간직하겠노라 말한다.

## 4-15

### 〈贈傅都曹別(증부도조별)〉[1] 〈부도조에게 주어 이별하다〉

| | |
|---|---|
| 輕鴻戲江潭,[2]<br>경홍희강담 | 가벼운 큰 기러기는 강가에서 노닐고, |
| 孤雁集洲沚.[3]<br>고안집주지 | 외로운 기러기 모래톱에서 머물었네. |
| 邂逅兩相親,[4]<br>해후량상친 | 우연히 만나서 서로 친하게 되어서, |
| 緣念共無已.[5]<br>연념공무이 | 인연과 생각은 모두 끊임이 없었네. |
| 風雨好東西,[6]<br>풍우호동서 | 비바람이 동으로 서로 가기 좋아하듯, |
| 一隔頓萬里.<br>일격돈만리 | 한 번 헤어지자 갑자기 만 리이구나. |
| 追憶棲宿時,<br>추억서숙시 | 함께 깃들고 머물 때를 추억하나니, |
| 聲容滿心耳.<br>성용만심이 | 그대 음성 얼굴 맘에 가득 차는구나. |
| 落日川渚寒,<br>락일천저한 | 지는 해에 저 물가는 차가워지나니, |
| 愁雲繞天起.<br>수운요천기 | 수심 겨운 구름 하늘 두르며 피어나네. |
| 短翮不能翔,<br>단핵불능상 | 짧은 날개인지라 날아오를 수 없으니, |
| 徘徊煙霧裡.<br>배회연무리 | 연무 속에서 서성이며 배회할 뿐이네. |

**역주**

1) 贈傅都曹別 : 부도조(傅都曹)는 도조(都曹) 벼슬을 지내는 부(傅) 씨. 포조의 벗이라 함.

2) 輕鴻戲江潭 : 홍(鴻)은 큰 기러기. 여기서는 부도조(傅都曹)를 가리킴. 강담(江潭)은 강가.
3) 孤雁集洲沚 : 고안(孤雁)은 외로운 기러기. 포조를 가리킴. 집(集)은 멈추다, 머물다. 주지(洲沚)는 모래톱.
4) 邂逅 : 우연히 만나다.
5) 緣念共無已 : 연념(緣念)은 인연과 생각. 무이(無已)는 끊임이 없다.
6) 好東西 : 동으로 가기도 서쪽으로 가기도 좋아하다.
7) 압운은 沚, 已, 里, 耳, 起, 裡.

**감상**

포조가 도조(都曹) 벼슬을 하는 부(傅) 씨와 헤어지며 준 노래이다. 도조라는 벼슬은 수도의 중앙관직인 상서성(尙書省)에 속하고, 당시 포조는 지방에서 하급 관직을 맡고 있었다.

1단락(1-4구)은 부도조와 만난 과거를 회상하는 내용이다. 1구의 큰 기러기는 부도조를 가리키고, 강가는 부도가 근무하는 중앙관직인 상서성을 비유한다. 2구의 외로운 기러기는 포조 자신으로 모래톱에 머문다고 한 것은 지방 관직에 머물러 있음을 말한 것이다. 3-4구는 두 사람의 친분을 알려준다.

2단락(5-8구)은 부도조와 포조 두 사람의 헤어짐을 담았다. 5구에서 비와 바람은 동으로 가기도 서로 가기도 좋아한다는 것은 포조가 낮은 지방관직을 전전하며 잦은 이동을 하는 것을 말한 것이다.

3단락(9-12구)은 포조가 경치를 빗대어 이별의 슬픔을 표현하였다. 지는 해, 차가운 물가, 수심 겨운 구름 등은 모두 이별처럼 쓸쓸한 풍경이다(9-10구). 11구에서 짧은 날개는 포조 자신을 가리키는 말로 2구의 외로운 기러기와 연결된다. 날아오를 수 없다는 것은 부도조를 좇아 수도로 갈 수 없다는 의미이다.

## 4-16
## 〈行京口至竹里(행경구지죽리)〉[1] 〈경구로 가다 죽리산에 이르러〉

| | |
|---|---|
| 高柯危且竦,<br>고가위차송 | 높은 나무 가지는 우뚝하고 솟구쳐있고, |
| 鋒石橫復仄.[2]<br>봉석횡부측 | 뾰족한 바위는 비껴있고 또 기울어있네. |
| 複澗隱松聲,<br>복간은송성 | 겹겹의 계곡은 솔바람의 소리를 감추고, |
| 重崖伏雲色.<br>중애복운색 | 첩첩의 낭떠러지는 구름의 빛을 감추네. |

冰閉寒方壯,　얼음이 사방 가둬 추위 한창 거세고,
빙폐한방장

風動鳥傾翼.[3]　바람 불어대니 새들 날개를 기우네.
풍동조경익

斯志逢彫嚴,　'이 뜻'이 심하게 쇠락한 때를 만났거니와,
사지봉조엄

孤遊值曛逼.[4]　외로운 여행길 재촉하는 저녁 해 만났구나.
고유치훈핍

兼塗無憩鞍,[5]　여정을 서두르기에 안장 쉬게 할 틈 없고,
겸도무게안

半菽不遑食.[6]　변변찮은 음식마저도 먹을 겨를이 없다네.
반숙불황식

君子樹令名,　군자는 좋은 명성을 세우고자 하거니와,
군자수령명

細人效命力.[7]　하찮은 사람들도 목숨과 힘을 다한다네.
세인효명력

不見長河水,　길게 흐르는 물을 보지 못했는가,
불견장하수

清濁俱不息.[8]　흐리든지 맑든지 모두 쉼 없음을.
청탁구불식

**역주**

1) 行京口至竹里 : 경구(京口)는 당시 수도 남경(南京)의 입구로 진강(鎭江) 지역을 말함. 죽리(竹里)는 죽리산(竹里山)으로 지금의 강소성(江蘇省) 구용현(句容縣)에 위치.

2) 高柯危且竦 2구 : 위(危)는 높다. 송(竦)은 솟구치다. 석(石)은 바위. 측(仄)은 기울다.

3) 冰閉寒方壯 2구 : 폐(閉)는 가두다. 장(壯)은 한창 기승을 부리다. 동(動)은 바람이 세게 부는 것을 뜻함.

4) 斯志逢雕嚴 2구 : 사지(斯志)는 이러한 큰 뜻. ≪논어·자한(子罕)≫에 "문왕이 이미 돌아가셨지만, 문(文)은 내게 전해져 있지 않는가.…하늘이 아직 '이 문(斯文)'을 없애려 아니하니, 저 광(匡) 땅 사람들이 나를 어찌하리."라고 하였다. 공자가 문왕(文王)의 문(文)을 '사문(斯文)'이라고 표현한 것을 포조가 '사지(斯志)'라고 바꾼 것. 조엄(雕嚴)은 시듦이 심하다. 심하게 쇠락한 때를 의미. 고유(孤遊)는 외로운 여행 길. 먼 지방 발령 길을 의미. 훈(曛)은 저녁 해. 핍(逼)은 다그치다, 재촉하다.

5) 兼塗無憩鞍 : 겸도(兼塗)는 서둘러 길을 재촉하다. 일반적으로 '일정을 두 배로 하다' 라는 의미로 '겸정(兼程)' 을 쓰는데, 포조가 '겸도(兼塗)' 로 바꿔 쓴 것. 무게안(無憩鞍)은 안장을 쉬게 할 틈이 없다. 자신도 쉴 틈이 없다는 의미.
6) 半菽不遑食 : 반숙(半菽)은 콩이 절반인 밥. 하찮은 음식. 불황(不遑)은 한가할 틈이 없다.
7) 君子樹令名 2구 : 군자(君子)는 지배계층을 지칭. 령명(令名)은 아름다운 명성. 세인(細人)은 변변찮은 사람을 지칭.
8) 淸濁 : 청(淸)은 맑은 물. 11구의 군자(君子)를 가리킴. 탁(濁)은 흐린 물. 12구의 세인(細人)을 가리킴.
9) 仄, 色, 翼, 逼, 食, 力, 息으로 입성(入聲) 압운.

감상

포조가 수도의 입구인 경구로 가던 중 죽리산에 이르러 지은 노래이다. 시는 모두 14구로 되어 있으며 세 단락으로 나눌 수 있다.

1단락(1-6구)은 주변의 경치를 읊은 것이다. 1-2구에서 우뚝 솟구친 나뭇가지들과 날카로운 바위들은 위압적인 분위기를 자아낸다. 여러 계곡의 물소리에 소나무 바람소리가 들리지 않고, 낭떠러지들을 자세히 보면 구름이 감추어져 있다(3-4구). 사방이 얼음이라 춥고, 거센 바람에 새들도 기우뚱 날고 있다.(5-6구) 이런 스산한 분위기는 곧 시인의 마음이 어둡다는 의미이다.

2단락(7-10구)은 시인의 마음이 어두운 이유를 알려준다. 시인 포조는 공자가 문왕(文王)의 문(文)을 '사문(斯文)' 이라고 표현한 것을 '사지(斯志)' 라고 바꿔 자신이 품은 큰 뜻을 표현한다. 7구의 조엄(雕嚴)은 계절이 겨울이라는 것과 당시 문학을 경시하는 냉엄한 시대 풍조를 비유함을 모두 포함한 의미로 포조가 품은 큰 뜻이 이런 쇠락한 때를 만났음을 말하고 있다. 8구의 재촉하는 저녁 해를 만났다는 것은 저녁 해를 묘사한 말이면서 포조가 처한 상황이 어두움을 말한 것이다. 먼 지방으로 발령 받은 이 여정이 외로운 여정 길일 수밖에 없다. 쉴 틈도 없이 변변찮은 음식에 고생스런 이 여정은 포조가 뜻을 펴지 못하고 마지못해 떠나는 벼슬길 이었던 것이다.

3단락(11-14구)은 결론이다. 포조가 품은 뜻은 군자(君子)이지만, 현실 속에서 포조는 한갓 세인(細人)일 뿐이다. 목숨을 바쳐 일한 사람은 세인이지만 그 명성을 얻는 사람은 군자인 안타까운 현실 속에, 오늘도 포조는 낮은 관직을 위해 힘든 여정 길에 올랐다.

그 격앙된 감정이 시 전체의 입성(入聲) 압운으로 잘 드러나고 있다.

## 4-17

〈上潯陽還都道中作(상심양환도도중작)〉[1)]

〈심양에 올랐다가 도성으로 돌아오는 도중에 짓다〉

| | |
|---|---|
| 昨夜宿南陵,[2)]<br>작야숙남릉 | 어제 밤에는 남릉에서 묵으려 했었는데, |
| 今旦入蘆洲.[3)]<br>금단입로주 | 오늘 아침 갈대 우거진 섬 들어오게 됐네. |
| 客行惜日月,<br>객행석일월 | 나그네 여행길이라 시간 아껴야 하거니와, |
| 崩波不可留.[4)]<br>붕파불가류 | 무너지는 파도라서 머물 수가 없었다네. |
| 侵星赴早路,[5)]<br>침성부조로 | 별이 흐려질 때에 이른 길을 달려가나니, |
| 畢景逐前儔.[6)]<br>필경축전주 | 해가 다하도록 앞 동료를 좇아가노라. |
| 鱗鱗夕雲起,[7)]<br>린린석운기 | 고기비늘처럼 저녁 구름이 촘촘히 일고, |
| 獵獵晩風遒.[8)]<br>렵렵만풍주 | 휙휙 저녁 바람이 거세게 불고 있거늘. |
| 騰沙鬱黃霧,<br>등사울황무 | 솟구치는 모래 먼지에 누런 안개 자욱하고, |
| 翻浪揚白鷗.[9)]<br>번랑양백구 | 뒤집히는 물결에는 갈매기가 날아오른다네. |
| 登艫眺淮甸,[10)]<br>등로조회전 | 뱃머리 올라서서 회수 유역을 바라다보며, |
| 掩泣望荊流.[11)]<br>엄읍망형류 | 얼굴 가리고 울면서 장강을 바라다본다네. |
| 絕目盡平原,[12)]<br>절목진평원 | 시선이 닿는 데까지 다 평원이거니와, |
| 時見遠烟浮.<br>시견원연부 | 때로 보이는 건 떠도는 먼 안개일세. |
| 倏悲坐還合,[13)]<br>숙비좌환합 | 갑작스런 슬픔 그 때문에 다시 모여들고, |
| 俄思甚兼秋.[14)]<br>아사심겸추 | 급작스런 그리움은 온 가을 보다 심하구나. |

未嘗違戶庭,[15] 아직 집 문과 뜰을 떠난 적이 없거니와,
미상위호정
安能千里遊. 천 리의 여행을 어찌 할 수가 있겠는가.
안능천리유
誰令乏古節, 누가 너로 옛 사람의 절조가 부족하여서,
수령핍고절
貽此越鄉憂.[16] 이런 고향 떠나는 근심 자초하라 하던가?
이차월향우

역주

1) 上潯陽還都道中作 : 심양(潯陽)은 지금의 강서성(江西省) 구강시(九江市)의 옛 명칭. 도(都)는 도성. 당시 수도 건강(建康)으로 지금의 남경(南京)을 말함.
2) 南陵 : 지명으로 지금의 안휘성(安徽省) 번창현(繁昌縣) 서북쪽 강변에 위치.
3) 蘆洲 : 갈대 우거진 물 섬, 갈대 섬.
4) 崩波 : 무너지는 파도. 파도가 산처럼 솟았다 무너지는 것으로 매우 거친 파도를 의미.
5) 侵星 : 별을 침범하다. 새벽에 별 빛이 흐려지는 것을 의미.
6) 畢景逐前儔 : 필경(畢景)은 햇볕을 다하다. 저녁이 되는 것을 의미. 전주(前儔)는 여행길에 앞서 가는 동료.
7) 鱗鱗 : 고기비늘처럼 촘촘한 구름의 모양.
8) 獵獵晩風遒 : 렵렵(獵獵)은 첩어, 의성어로 바람이 세게 부는 소리. 주(遒)는 세다. 바람이 세게 분다는 의미.
9) 翻浪揚白鷗 : 번랑(翻浪)은 파도가 거세어 뒤집히다. 양(揚)은 새가 높이 날아오른다는 의미. 백구(白鷗)는 갈매기.
10) 登艫眺淮甸 : 로(艫)는 뱃머리. 회전(淮甸)은 회수(淮水) 유역.
11) 掩泣望荊流 : 엄(掩)은 여기서 얼굴을 가리다. 형류(荊流)는 형(荊)지방을 흐르는 물, 장강 일대를 말함.
12) 絶目 : 시선을 다하다, 끝까지 보다. '시선이 닿는 데까지'의 의미.
13) 倏悲坐還合 : 숙비(倏悲)는 숙홀(倏忽)로 된 판본도 있으나 여기서는 '갑작스런 슬픔(倏悲)'으로 봄. 좌(坐)는 인하여, ~때문에.
14) 俄思甚兼秋 : 아사(俄思)는 갑작스런 그리움. 겸추(兼秋)는 석 달 가을(三秋), 온 가을. ≪시경·왕풍·채갈(王風·采葛)≫에 "하루를 못 보면, 석 달 가을 같아라." 라고 하였다. 심겸추(甚兼秋)는 심어겸추(甚於兼秋)로 온 가을 보다 심하다.
15) 違戶庭 : 위(違)는 떠나다. 호정(戶庭)은 내 집의 문과 뜰. 집을 의미.
16) 誰令乏古節 2구 : 고절(古節)은 옛 사람(古人)의 절조. 이(貽)는 주다, 남기다, 끼치다.
17) 압운은 洲, 留, 儔, 遒, 鷗, 流, 浮, 秋, 遊, 憂.

감상

포조는 20대 중반 무렵 임천왕(臨川王) 유의경(劉義慶)에게 시를 올려 시랑(侍郎)으로 발탁되어 처음 벼슬길에 오른다. 이 시는 당시 근무지인 심양(潯陽)에 갔다가 도성으로 돌아오는 여정 도중에 지은 것이다. 모두 20구로 되어 있고, 다섯 단락으로 나눌 수 있다.

1단락(1-4구)은 여정을 소개하고 있다. 1-2구에서 어제 밤에 원래는 난릉이란 곳에서 머물려 했지만 결국 밤새 길을 달려 아침에 갈대 섬에 도착했다고 말한다. 3-4구는 밤새 길을 달린 이유를 말한 것이다. 첫째 하급 관직이라 마지못해 따라 가야 하는 나그네로서 시간을 아껴야해서이고, 둘째는 파도가 세서 머물 수 있는 상황이 아니었기 때문이다.

2단락(5-8구)은 이른 아침부터 출발해서 밤늦도록 길을 가다 보면 어느 새 짙은 저녁 구름과 거센 저녁 바람을 맞이하는 여정을 묘사하고 있다.

3단락(9-12구)은 솟구치는 모래 먼지에 안개마저 누렇게 변하고, 거센 파도에 갈매기도 높게 날아오르는 험난한 여정을 하는 뱃머리에 서서 절로 눈물이 나는 심정을 말하고 있다.

4단락(13-16구)은 시인의 눈에 들어오는 풍경이다. 시선이 닿은 데까지 바라봐도 드넓은 평원에 때로 뿌연 내만 보일 뿐. 낯설고 휑한 풍경에 갑작스레 슬픔도 그리움도 주체하지 못할 지경이다.

5단락(17-20구)은 결론이다. 17-18구는 시인이 첫 벼슬길이었음을 말해 준다. 마지막 19-20구는 시인이 스스로를 자책하는 말이다. "누가 너더러 벼슬길을 택해 이 슬픔을 견디라고 했던가?" 평생, 평범함을 거부하고 자신의 포부를 펼치길 간절히 소망했던 포조에게 다른 선택이 있었을까.

## 4-18

〈發後渚(발후저)〉[1]　　〈후저를 출발하며〉

| | |
|---|---|
| 江上氣早寒,<br>강상기조한 | 강가라 기후가 일찍 차가워지거니와, |
| 仲秋始霜雪.[2]<br>중추시상설 | 한창 가을인데 처음 서리 눈 내리네. |
| 從軍乏衣糧,<br>종군핍의량 | 군대 따라 가는데 옷과 식량 부족하고, |
| 方冬與家別.[3]<br>방동여가별 | 겨울에 임하여 가족과 작별을 한다네. |
| 蕭條背鄉心,<br>소조배향심 | 쓸쓸하여라 고향을 등지는 마음이여, |

| | |
|---|---|
| 淒愴淸渚發.[4]<br>처창청저발 | 처량하여라 맑은 물가 출발하는구나. |
| 涼埃暉平皐,<br>량애휘평고 | 차가운 먼지 평평한 언덕 어둡게 하고, |
| 飛潮隱修樾.[5]<br>비조은수월 | 날리는 조수는 키 큰 나무들 감추누나. |
| 孤光獨徘徊,<br>고광독배회 | 외로운 햇볕은 홀로 서성대고 있거니와, |
| 空烟視昇滅.<br>공연시승멸 | 허공의 연기 보니 피어오르다 사라지네. |
| 塗隨前峰遠,<br>도수전봉원 | 길은 앞에 펼쳐진 봉우리 따라 멀어지고, |
| 意逐後雲結.[6]<br>의축후운결 | 내 마음은 내 뒤 구름을 따라 맺히겠네. |
| 華志分馳年,<br>화지분치년 | 꽃 같은 내 포부는 달리는 해에 흩어지고, |
| 韶顔慘驚節.[7]<br>소안참경절 | 곱던 얼굴 깜짝 놀라는 절기에 슬퍼하네. |
| 推琴三起歎,<br>추금삼기탄 | 거문고 밀쳐내고 세 번 일어나 탄식하나니, |
| 聲爲君斷絕.[8]*<br>성위군단절 | 나의 노래 소리가 그대 때문에 끊어졌다네. |

**원주**

* 문구를 조탁해서 차라리 매끄럽지 않을지언정, 기꺼이 평범하거나 비근한 표현을 쓰지 않는다.(琢句寧生澀, 不肯凡近.)

**역주**

1) 後渚 : 장강(長江)의 모래톱 이름. 당시 건업(建業) 성 밖의 강에 위치.
2) 仲秋 : 가을의 중기, 한창 가을 무렵.
3) 方 : 맞이하다. ~에.
4) 蕭條背鄕心 2구 : 소조(蕭條)는 첩운, 의태어로 쓸쓸한 모양. 처창(淒愴)은 쌍성, 의태어로 슬픈 모양. 청저(淸渚)는 맑은 물가. 제목의 '후저(後渚)'를 가리킴.
5) 涼埃暉平皐 2구 : 휘(暉)는 다른 판본에 '회(晦)'로 되어 있어 '어둡다'로 번역함. 고(皐)는 강둑. 은(隱)은 가두다, 감추다. 수(修)는 여기서 장(長)으로 나무의 키가 크다는 의미. 월(樾)은 강가에 심은 나무.
6) 塗隨前峰遠 2구 : 도(塗)는 내가 갈 길. 의(意)는 나의 마음.

7) 華志分馳年 2구 : 화지(華志)는 꽃 같은 나의 포부, 뜻. 치년(馳年)은 달리는 해. 빨리 달리듯 흐르는 세월. 소(韶)는 아름답다. 경절(驚節)은 사람을 놀라게 하는 절기. 빠른 세월.
8) 推琴三起歎 2구 : 삼기탄(三起歎)은 세 번 일어나 탄식하다. 감정이 북받친다는 의미. 군(君)은 여기서 시인 자신을 가리킴. 단절(斷絶)은 멈추다, 끊어지다. "술잔을 들고서는 행로난 노래를 멈추었다네.(擧杯斷絶歌路難.)" 라고 하였다. (포조의 4-10-4번 시 참조).
9) 雪, 別, 發, 樾, 滅, 結, 節, 絶로 입성(入聲) 압운.

**감상**

이 시는 포조가 처음 벼슬길로 종군하기 위해 집을 출발하면서 북받치는 감정을 읊은 노래로 보인다. 시인의 격앙된 감정은 전체 시를 입성(入聲) 압운함으로도 전달되고 있다. 모두 16구로 되어 있고 네 단락으로 나눌 수 있다.

1단락(1-4구)은 계절을 묘사하면서 제목 '후저를 출발하며' 를 다시 설명하는 파제(破題)부분이다. 1-2구에서 가을만 되어도 눈과 서리가 내리는 강가 기후를 말하고 있다. 3-4구는 하물며 겨울에 출발하게 되었으니 얼마나 추운지를 강조하고 있는 것이다. 또 시인은 떠나는 이유가 종군(從軍)임을 말하고 있다.

2단락(5-8구)은 경치를 묘사한 것이다. 쓸쓸하고 처량한 마음은 먼지로 어두워지는 강 언덕과 나무를 감출 만큼 높게 날리는 조수로 나타난다.

3단락(9-12구)은 시인의 마음을 그린 것이다. 홀로 서성이는 외로운 햇볕, 피었다 사라지는 허공의 연기는 모두 시인의 마음을 담은 풍경이다. 11-12구는 내 몸은 떠나지만, 내 마음은 남을 것이라는 뜻이다. 이 2구는 후에 당나라 시인 이백이 〈송우인입촉(送友人入蜀)〉에 "산은 사람의 얼굴을 따라 일어나고, 구름은 말 머리를 따라 생겨나네.(山從人面起, 雲傍馬頭生.)" 라고 한 것은 아마도 포조의 이 2구를 본받은 것으로 보인다. 포조의 이런 독특한 표현에 대해 심덕잠도 원주에서 평범하지 않다고 평가하였다.

4단락(13-16구)는 시인의 마음을 재차 강조한다. 13-14구는 빠른 세월 속에 포부도 젊음도 사라질 것을 염려하고 있다. 15-16구는 감정에 북받쳐 거문고 연주도 노래도 멈춰버린다는 의미이다. 4단락의 강조가 없이 3단락에서 끝났다면 어쩔까 하는 아쉬움이 남는다.

## 4-19
## 〈詠史(영사)〉 〈역사를 읊다〉

五都矜財雄, 오도에서도 재벌이라 자랑을 하였었고,
오도긍재웅

三川養聲利.[1] 삼천지역에서 명성과 이익을 키웠었지.
삼천양성리
千金不市死, 천금이 있으니 시장에서 죽지 아니하고,
천금불시사
明經有高位.[2] 경에 밝으면 높은 벼슬에 있다고 했지.
명경유고위
京城十二衢, 서울에는 열두 개의 번화가가 있는데,
경성십이구
飛甍各鱗次.[3] 날 듯 기와지붕 각자 물고기비늘처럼 늘어섰네.
비맹각린차
仕子彯華纓, 벼슬아치들 화려한 갓 끈 치렁치렁 늘어뜨리고,
사자표화영
遊客竦輕轡.[4] 유랑객들은 가벼운 고삐를 높이 추켜세웠다네.
유객송경비
明星晨未晞, 밝은 별빛이 새벽에 아직 흐려지기도 전에,
명성신미희
軒蓋已雲至.[5] 고급 수레들이 이미 구름처럼 모여들었다네.
헌개이운지
賓御紛颯沓,[6] 손님과 마부가 어수선하게 북적대고 있고,
빈어분삽답
鞍馬光照地. 말안장과 말은 빛이 땅을 비추고 있다네.
안마광조지
寒暑在一時, 추위와 더위는 하나의 때에 있는 것이니,
한서재일시
繁華及春媚.[7] 수많은 꽃들이 봄철을 맞아 자랑하는구나.
번화급춘미
君平獨寂寞,[8] 점치며 가르치던 엄군평은 홀로 적막하게,
군평독적막
身世兩相棄.* 몸과 세상 두 가지가 서로 버린 것이라네.
신세량상기

**원주**

* 도주공: 내가 듣건대 천금을 가진 집안 자식은, 시장에서 죽지 않는다 하였다.(陶朱公曰, 吾聞千金之子, 不死於市.)
갑작스럽게 시를 멈춤은, 옛 사람이 말하는 춤추는 말을 멈추는 기세이다.(住得斗絶, 昔人所謂勒舞馬勢也.)

## 역주

1) 五都矜財雄 2구 : 오도(五都)는 다섯 도시. 재웅(財雄)은 재물로 으뜸이다. '재벌'로 번역함. 삼천(三川)은 지명. 전국(戰國)시기 고을 이름으로 지금의 하남성(河南省) 형양현(滎陽縣) 일대. 황하(黃河), 낙수(洛水), 이수(伊水)를 지칭, 여기서는 인재가 많은 지역이라는 의미. 성리(聲利)는 명성(名聲)에서 온 이익, 명리(名利). 이 2구는 일종의 호문(互文)으로 부귀(富貴)를 키운다는 의미.
2) 千金不市死 2구 : 천금불시사(千金不市死)은 돈이 많으면 사형당하지 않는다는 의미. ≪사기·월왕구천세가(越王勾踐世家)≫에서 도주공(陶朱公)이 한 말. 도주공은 원래 춘추 시대 월왕(越王) 구천(句踐)을 도와 오왕(吳王) 부차(夫差)를 친 범려(范蠡)라는 공신으로 후에 도(陶) 땅에 가서 장사로 거부가 되었다고 전해짐. 원주 참조. 명경(明經)은 경에 밝다.
3) 京城十二衢 2구 : 경성(京城)은 수도, 서울. 구(衢)는 번화한 큰 거리. 비맹(飛甍)은 날 듯 한 용마루, 기와지붕. 화려한 건물을 비유. 차(次)는 늘어서 있다.
4) 仕子彯華纓 2구 : 사자(仕子)는 벼슬아치들. 표(彯)는 치렁치렁 늘어뜨리다. 유객(遊客)은 유랑객, 노니는 사람. 송(竦)은 과시할 목적으로 추켜세우는 동작을 말함.
5) 明星晨未晞 2구 : 명성신미희(明星晨未晞)는 날이 새기 전, 새벽을 의미. 헌개(軒蓋)는 차양 친 수레로 고급 수리를 말함.
6) 賓御紛颯沓 : 빈어(賓御)는 손님과 마부. 삽답(颯沓)은 첩운, 의태어로 북적이는 모양.
7) 繁華及春媚 : 번화(繁華)는 많은 꽃. 부귀한 자들을 비유. 미(媚)는 자랑하다.
8) 君平 : 군평(君平)은 엄군평(嚴君平)을 말함. 전한 촉군(蜀郡) 성도(成都) 사람으로 이름은 준(遵)이고, 자가 군평(君平)이다. ≪한서·왕공양공포전(王貢兩龔鮑傳)≫에 의하면 성제(成帝) 때 성도(成都)에서 점을 쳐 생활을 꾸려 나갔는데, 1백 냥을 벌면 족하다 하며 곧 가게를 닫고 노자(老子)를 읽었으며, 아흔이 넘도록 점을 치며 살았다고 한다. 충효와 신의로 사람들을 가르쳤으며 그의 제자 중에 양웅(揚雄)이 유명하다.
9) 압운은 利, 位, 次, 轡, 至, 地, 媚, 棄.

## 감상

포조가 엄군평을 주인공으로 하여 당시 세태를 풍자한 노래, 포조 자신을 엄군평에 견주고 있다. 모두 16구로 되어 있고 네 단락으로 나눌 수 있다.

1단락(1-4구)은 현 세태를 묘사한 것이다. 1-2구는 일종의 호문(互文)으로 세상 사람들이 모두 부(富)와 귀(貴)를 좇는다는 의미이다. 3-4구는 그 이유를 설명한 것으로 첫째 돈이 있으면 죽음도 면할 수 있고, 둘째 경에 밝으면 높은 벼슬을 할 수 있기 때문이다.

2단락(5-8구)은 번화한 도시 속에 부귀(富貴)를 과시하는 사람들의 모습을 그렸다. 7구의 벼슬아치들(仕子)은 4구의 경에 밝음(明經)과 2구의 명리(聲利)로 연결되고, 8

구의 유랑객(遊客)은 다시 3구의 천금(千金)과 1구의 재웅(財雄)으로 연결된다.

3단락(9-12구)은 날이 새기도 전 부귀한 자들이 모여 북적대는 모습을 그렸다. 11-12구는 손님과 마부, 말안장과 말 등 그 주변으로 사람들의 '부귀함' 을 그려낸 것이다.

4단락(13-16구)은 결론이다. 13-14구는 부귀한 사람들의 '급시행락(及時行樂)' 을 말한 것으로 봄철, 짧은 한 철에 자신을 자랑하는 꽃들처럼 부귀한 사람들이 앞을 다퉈 자랑하는 모습이다. 15-16구에서 시는 갑자기 엄군평(嚴君平)을 이야기하며 급하게 마무리되며 시를 읽는 사람에게 신선한 충격과 여운을 안겨 준다. 심덕잠도 이를 평가하고 있다.

## 4-20
## 〈擬古(의고)〉 〈옛날을 본떠〉

### 4-20-1

| | |
|---|---|
| 魯客事楚王,<br>노객사초왕 | 노나라 빈객이 초나라 임금 모시는데, |
| 懷金襲丹素.[1)]<br>회금습단소 | 금 도장 가슴에 품고 관리 옷 입었네. |
| 既荷主人恩,<br>기하주인은 | 임금의 은혜를 입었을 뿐 아니라, |
| 又蒙令尹顧.[2)]<br>우몽령윤고 | 또한 재상의 돌아봄을 입었다네. |
| 日晏罷朝歸,<br>일안파조귀 | 해 저물어 조정일 파하고 돌아오면, |
| 輿馬塞衢路.[3)]<br>여마색구로 | 수레와 말이 큰 길에 가득하구나. |
| 宗黨生光華,<br>종당생광화 | 집안과 마을이 모두 빛이 나거니와, |
| 賓僕遠傾慕.[4)]<br>빈복원경모 | 빈객 하인 멀리서 가고파 사모하더라. |
| 富貴人所欲,<br>부귀인소욕 | 부와 귀는 사람들이 바라는 바이거니와, |
| 道德亦何懼.[5)]<br>도덕역하구 | 도 입각해 얻으니 또 무엇 두려워하랴! |

南國有儒生, 남쪽 지방에 저 유생이 있다 하는데,
남국유유생
迷方獨淪誤.[6] 방향 헷갈리고 홀로 빠지고 잘못이더라.
미방독륜오
伐木淸江湄,[7] 맑은 강물 옆에서 나무를 자르더니,
벌목청강미
設罝守毚兎.[8] 덫 설치하고 날랜 토끼 잡으려하누나.
설저수참토

**역주**

1) 魯客事楚王 2구 : 노객(魯客)은 노나라 빈객. 사(事)는 모시다, 섬기다. 회금(懷金)은 금 도장을 품다. 습(襲)은 옷을 입다. 단소(丹素)는 ≪시경·당풍·양지수(唐風·揚之水)≫에 "흰 옷에 붉은 옷깃으로(素衣朱襮)" 라고 하였다. 흰 바탕에 깃이 붉은 색인 관리의 옷을 말함.
2) 旣荷主人恩 2구 : 기(旣)~우(又)는 ~할 뿐 아니라~역시. 하(荷)는 은혜를 입다. 주인(主人)은 주군, 임금. 령윤(令尹)은 초(楚)나라의 재상.
3) 日晏罷朝歸 2구 : 일안(日晏)은 해가 저물다. 여마(輿馬)는 수레와 말. 여기서는 청탁을 하러 온 사람들을 의미. 구(衢)는 큰 길.
4) 宗黨生光華 2구 : 종(宗)은 집안사람들. 당(黨)은 고대에 지역 조직으로 500가구에 해당. 여기서는 마을 사람들을 의미. 빈복(賓僕)은 빈객과 하인. 경모(傾慕)는 그 집으로 가고 싶어 하고 사모하는 것을 말함.
5) 富貴人所欲 2구 : ≪논어·이인(里仁)≫에 "부귀는 누구나 다 바라는 바이지만, 도로서 얻는 것이 아니라면, 누리지 말아야 한다." 라고 하였다. 도덕(道德)은 다른 판본에 도득(道得)으로 되어 있고, 여기서는 이도득(以道得)으로 도에 입각해서 얻는다는 뜻.
6) 南國有儒生 2구 : 유생(儒生)은 시인 자신을 가리킴. 미방(迷方)은 방향을 헷갈리다, 길을 잃다. 륜오(淪誤)는 빠지고 잘못되다.
7) 伐木淸江湄 : ≪시경·위풍·벌단(魏風·伐檀)≫에 "끙끙 박달나무를 베어서, 하수 물가에 놓아두니, 하수가 맑고 또한 물결이 일도다." 하였다. 미(湄)는 강가.
8) 設罝守毚兎 : ≪한비자·오두(韓非子·五蠹)≫에 나오는 어리석은 농부를 비유한 우화 '수주대토(守株待兎)' 를 말함. 저(罝)는 덫. 참토(毚兎)는 걸음이 빠르고 날랜 토끼.
9) 압운은 素, 顧, 路, 慕, 懼, 誤, 兎.

**감상**

〈의고(擬古)〉 연작 총 8수 중 제1수이다. 총 14구인데 세 단락으로 나눌 수 있다.

1단락(1-4구)은 세상의 출세한 사람을 묘사한 것으로 금도장과 관리의 의복을 갖추고 임금 뿐 아니라 재상의 은혜와 보살핌을 받는 모습을 말하고 있다.

2단락(5-8구)은 출세한 사람들의 위세를 묘사한 것이다. 조정에서 벼슬을 맡아 집안과 마을을 빛내니, 저녁이면 청탁하러 온 사람들의 행렬이 길에 가득하고, 주변의 빈객과 하인들 모두 그 출세자를 사모하고 그 집에 가고 싶어 하는 세상의 행태를 말하고 있다.

3단락(9-14구)은 결론이다. 9-10구는 앞 1-2단락을 정리한 말로, ≪논어·이인≫의 말을 빌려 부귀가 도에 입각해서 얻은 것이라야 함을 말하고 있다. 11-14구는 시인 자신의 이야기이며, 현재 자신의 모습을 그린 것이다. 11-12구는 유생(儒生)으로 표현한 시인 자신이 부귀를 얻는데 실패한 것, 출세하지 못한 것을 말한다. 13-14구에서 쓰임 받지 못하고 강가에 버려진 나무와 토끼를 기다리는 농부처럼 헛된 기다림을 하고 있는 사람은 모두 시인 자신을 말한 것이다.

4-20-2

| | |
|---|---|
| 十五諷詩書,<br>십오풍시서 | 열다섯에 시경 서경을 암송했거니와, |
| 篇翰靡不通.[1)]<br>편한미불통 | 각 종 전적들을 통하지 않음 없었네. |
| 弱冠參多士,<br>약관참다사 | 약관에 많은 뛰어난 선비들 알현했고, |
| 飛步遊秦宮.[2)]<br>비보유진궁 | 나는 발걸음으로 진나라 궁궐 유람했네. |
| 側覩君子論,<br>측도군자론 | 군자들의 토론을 곁에서 보고 싶었고, |
| 預見古人風.[3)]<br>예견고인풍 | 저 고인의 기풍에 참여하고 싶었다네. |
| 兩說窮舌端,[4)]<br>양세궁설단 | 노중련처럼 상대의 혀를 궁하게 만들고, |
| 五車摧筆鋒.[5)]<br>오거최필봉 | 혜시처럼 상대의 붓 끝 꺾어놓고 싶었지. |
| 羞當白璧貺,[6)]<br>수당백벽황 | 백옥 하사품 받는 것 담당하기 부끄럽고, |
| 恥受聊城功.[7)]<br>치수료성공 | 요성 함락으로 내린 작위 받기 부끄러웠지. |
| 晩節從世務,<br>만절종세무 | 늦은 나이에 세상일을 따르게 되었거니와, |

| | |
|---|---|
| 乘障遠和戎.[8]<br>승장원화융 | 성채 올라 멀리 오랑캐와 화해하게 되었네. |
| 解佩襲犀渠,<br>해패습서거 | 패옥을 풀고 갑옷을 걸쳐서 입었거니와, |
| 卷袠奉盧弓.[9]<br>권질봉로궁 | 책보자기 접고서 검정 활 손에 들었도다. |
| 始願力不足,<br>시원력불족 | 나의 처음 소망은 역부족이었거니와, |
| 安知今所終.[10]*<br>안지금소종 | 지금 일 끝날 바 어찌 알 수 있겠는가. |

**원주**

* ≪한시외전≫ : 초나라 양왕이 황금 천근과 백옥 백 개를 가지고 사신을 보내, 장자를 재상에 부르려고 하였으나, 장자가 허락하지 않았다.(韓詩外傳, 楚襄王遣使者持金千斤, 白璧百雙, 聘莊子爲相, 莊子不許.)

**역주**

1) 十五諷詩書 2구 : 풍(諷)은 외다, 암송하다. 시서(詩書)는 ≪시경(詩經)≫과 ≪서경(書經)≫. 편한(篇翰)은 죽간에 쓴 책과 붓. 각종 전적(典籍)을 말함.
2) 弱冠參多士 2구 : 약관(弱冠)은 20세. 참(參)은 알현하다. 사(士)는 어질고 뛰어난 선비. 비보(飛步)는 날 듯 한 발걸음.
3) 側覩君子論 2구 : 군자론(君子論)은 군자들의 토론. 예(預)는 참여하다, 관여하다. 고인풍(古人風)은 고인들의 기풍.
4) 兩說窮舌端 : 양세(兩說)는 전국시대 제(齊)나라 사람으로 책사인 노중련(魯仲連)이 두 차례 유세를 통해 조나라와 제나라를 구한 것을 말함. 첫 번째는 ≪전국책·조책(戰國策·趙策)≫과 ≪사기·노중련열전(魯仲連列傳)≫에 전한다. 진(秦)나라가 조(趙)나라의 한단(邯鄲)을 포위했을 때 노중련은 마침 조나라에 있었다. 위왕(魏王)은 객장(客將) 신원연(新垣衍)을 한단으로 보내 조나라로 하여금 진(秦)나라 소왕(昭王)을 제(帝)로 받들라고 권하였다. 노중련은 신원연을 설득하여 오히려 조나라를 돕도록 하였고 이를 들은 진나라 장군을 군사를 후퇴시켜 물러났다고 한다. 이에 조나라 평원군(平原君)이 천금의 상을 주려하였으나 노중련은 받지 않고 떠났다고 한다. 두 번째 이야기는 역주 7) 참조. 설단(舌端)은 여기서 상대방의 혀.
5) 五車摧筆鋒 : 오거(五車)는 ≪장자·천하(天下)≫에 "혜시는 지식이 많아서, 그의 책은 수레 다섯 분량이었다."라고 하였다. 필봉(筆鋒)은 여기서 상대방의 붓 끝.
6) 羞當白璧貺 : 백벽황(白璧貺)은 장자가 거절한 백옥의 하사품을 말함. 원주 참조.

7) 恥受聊城功 : ≪사기·노중련열전≫에 의하면 연나라 장군이 요성(聊城)을 공격하여 점령하였는데, 제나라 장군 전단(田單)이 한 해가 넘도록 요성을 공격했지만 함락하지 못했다. 노중련이 이를 듣고 편지를 써서 화살에 매달아 성안으로 쏘아 연나라 장수에게 전하였는데, 이를 본 연나라 장수는 고민하다 스스로 자결하고, 전단은 다시 요성을 찾을 수 있었다. 후에 전단이 제나라 도성으로 돌아가 제왕에게 노중련의 공을 말하고 그에게 작위를 내리려고 하였으나 거절하였다. 요성공(聊城功)은 요성을 함락 시켜 내려진 작위.

8) 晩節從世務 2구 : 만절(晩節)은 늦은 나이. 세무(世務)는 세상일. 여기서는 전쟁을 말함. 승(乘)은 올라가다. 장(障)은 군사 기지, 성채(城砦). 화(和)는 화해하다. 융(戎)은 북방 유목민, 오랑캐.

9) 解佩襲犀渠 2구 : 패(佩)는 패옥(佩玉)으로 문관 의복의 장식. 습(襲)은 옷을 입다. 서거(犀渠)는 무소 가죽으로 만든 갑옷. 권질(卷袠)은 책보자기를 말다. 책을 내팽개치다는 의미. 로궁(盧弓)은 검정 활.

10) 始願力不足 2구 : 시원(始願)은 처음 소망. 앞 7-10구의 내용을 가리킴. 금소종(今所終)은 지금의 일이 끝나는 바. 현재 무관직의 말단을 맡고 있음을 말함.

11) 압운은 通, 宮, 風, 鋒, 功, 戎, 弓, 終.

## 감상

〈의고(擬古)〉 연작 총 8수 중 제2수이다. 모두 16구인데 네 단락으로 나눌 수 있다.

1단락(1-4구)은 포조 자신이 간접 경험과 직접 경험을 갖춘 사람임을 소개한 것이다. 1-2구는 많은 책을 읽고 암송한 일을 말한 것이고, 3-4구는 뛰어난 선비들을 알현함과 유람을 통해 폭넓은 견문까지 갖추었음을 말하였다.

2단락(5-8구)은 자신의 소망을 말한 것이다. 5-6구에서 말한 것처럼 포조의 소망은 군자들의 토론과 고인의 기풍에 참여하는 것이었다. 7-8구는 그 구체적인 예로 노중련과 혜시를 들고 있다.

3단락(9-12구)은 자신의 현실을 말한 것이다. 9-10구에서 초나라 양왕에게 초빙된 장자 이야기와 요성을 함락시킨 공으로 작위가 내려졌던 노중련의 이야기를 가져온 것은 포조 자신에게는 그런 기회가 없었다는 것이다. 11-12구는 뭔가 이뤘어야하는 늦은 나이에 오히려 전쟁을 따라 멀리 전방에 배치되어 오랑캐와 화해하는 일을 맡고 있는 현 상태를 설명하고 있다.

마지막 4단락(13-16구)은 3단락에 이어 시인 자신의 현재 모습을 그리고 있다. 그것은 원래 꿈이었던 문관의 길을 접고 무관, 그것도 하급 무관직이 된 현실이다. 게다가 앞일은 어둡기만 하니 시의 마지막에 내뱉는 시인의 탄식이 무겁다.

4-20-3

| | |
|---|---|
| 幽並重騎射,[1]<br>유병중기사 | 유주와 병주 말 타고 활 쏘는 것 중시하여, |
| 少年好馳逐.<br>소년호치축 | 젊은이들 말 달려 경주하는 것 좋아한다네. |
| 氈帶佩雙鞬,<br>전대패쌍건 | 가죽 허리띠에는 두 개의 동개를 찼거니와, |
| 象弧插雕服.[2]<br>상호삽조복 | 상아 장식된 활은 조각된 활집에 꽂았다네. |
| 獸肥春草短,<br>수비춘초단 | 짐승은 살찌고 봄날의 풀은 아직 짧으니, |
| 飛鞚越平陸.[3]<br>비공월평륙 | 말을 달려서는 저 평원을 넘어서는구나. |
| 朝遊雁門上,<br>조유안문상 | 아침에는 안문산에 놀러가 올라서거니와, |
| 暮還樓煩宿.[4]<br>모환누번숙 | 저녁에는 누번으로 돌아와서 잠을 자누나. |
| 石梁有餘勁,[5]<br>석량유여경 | 저 돌다리에는 아직 남은 힘이 있나니, |
| 驚雀無全目.[6]<br>경작무전목 | 깜짝 놀란 새들 온전한 눈 하나 없구나. |
| 漢虜方未和,<br>한로방미화 | 한나라와 오랑캐 한창 화목하지 못하니, |
| 邊城屢翻覆.[7]<br>변성루번복 | 변방 지역의 성들이 자주 함락 당한다네. |
| 留我一白羽,<br>류아일백우 | 나에게 흰 화살 하나를 남겨준다면, |
| 將以分符竹.[8]*<br>장이분부죽 | 장차 그걸로 부절을 나눌 것일세. |

**원주**

* ≪감자≫ : 송나라 경공이 활 만드는 장인에게 활을 만들게 했는데, 9년이 되어 완성했다. 공이 활을 잡고서 동쪽을 향해 그것을 쏘았더니, 그 화살이 서상의 산을 넘어서 팽성의 동쪽에 멈추었다. 그 남은 힘이 아직 있어, 여전히 돌다리에 깃까지 박혔다.(闞子, 宋景公使弓人爲弓, 九年乃成. 公援弓東面而射之, 矢踰於西霜之山, 集於彭城之東, 其餘力益勁, 猶飮羽於石梁.)

≪제왕세기≫ : 예가 오하와 더불어 북쪽으로 놀러 나갔다. 오하가 예에게 참새를 맞추라고 시켰다. 예가 "살릴까요? 죽일까요?" 라고 하였다. 오하가 말하길 그 왼쪽 눈을 맞추라고 하였다. 예가 오른쪽 눈을 맞추니, 고개를 들고 부끄러워하며, 평생 동안 잊지 않았다.(帝王世紀曰, 羿與吳賀北遊, 賀使羿射雀, 羿曰: 生之乎? 殺之乎? 賀曰: 射其左目. 羿中其右目, 抑首而媿, 終身不忘.)

역주

1) 幽並重騎射 : 유병(幽並)은 지금의 하북성(河北省) 북부인 유주(幽州)와 지금의 산서성(山西省) 일대인 병주(並州)를 말함. 무술로 유명한 지역. 소년(少年)은 젊은이. 치축(馳逐)은 말을 달려 쫓다. 말을 달려 경주하는 것을 말함.
2) 氈帶佩雙韃 2구 : 전대(氈帶)는 가죽으로 만든 허리띠. 건(韃)은 화살 통, 동개. 상호(象弧)는 상아로 장식한 활. 복(服)은 여기서 복(箙)으로 ①나무나 가죽으로 만든 화살 통의 의미. ②문맥상 '활집' 일 가능성이 있음. 여기서는 ②의 뜻을 취함.
3) 獸肥春草短 2구 : 수비(獸肥)는 짐승이 살찌다. 사냥감이 좋다는 의미. 춘초단(春草短)은 봄풀이 짧다는 것으로 사냥 환경이 좋다는 의미. 비공(飛鞚)은 나는 듯 달리는 말. 평륙(平陸)은 평원.
4) 朝遊雁門上 2구 : 안문(雁門)은 안문산(雁門山). 지금의 산서성(山西省) 대현(代縣) 서북쪽에 위치. 누번(樓煩)은 지명. 지금의 산서성(山西省) 녕무현(寧武縣) 부근.
5) 石梁有餘勁 : 돌다리에 아직 힘이 남아도는 화살이 있다. 송(宋)나라 경공(景公)의 명으로 장인이 만든 활로 화살을 쏘자 서상산(西霜山)을 넘어 팽성(彭城)의 동쪽 돌다리에 화살 깃까지 박혔다는 고사. 원주 참조.
6) 驚雀無全目 : 예(羿)가 화살로 참새의 눈을 맞춘 고사. 원주 참조.
7) 漢虜方未和 2구 : 한로(漢虜)는 한나라와 북방 유목민들. 방(方)은 여기서 현재 시제를 나타내는 말, 바야흐로. 화(和)는 화해하다. 번복(翻覆)은 '뒤집어지다. 함락당하다' 는 의미.
8) 留我一白羽 2구 : 백우(白羽)는 화살 이름, 흰 화살. 부죽(符竹)은 동호부(銅虎符)와 죽사부(竹使符)를 말하는 것으로 군사 동원과 사신(使臣)의 증표로 반을 쪼개어 사용한 부절(符節).
9) 逐, 服, 陸, 宿, 目, 覆, 竹으로 입성(入聲) 압운.

감상

〈의고(擬古)〉 연작 총 8수 중 제3수이다. 모두 14구이고, 세 단락으로 나눌 수 있다.

1단락(1-4구)은 유주와 병주의 젊은이들을 소개하고 있다. 예로부터 무술이 뛰어난 이 지역 젊은이들은 말을 타며 경주하기를 좋아하고 늘 활과 화살을 지니고 다닐 정도로 활쏘기를 중시한다.

2단락(6-10구)은 1단락에 이어 유주와 병주의 젊은이들을 묘사한다. 사냥감과 사냥에 좋은 환경이면 어김없이 사냥에 나서고, 아침과 저녁에 산과 지역을 달리할 정도로 활동 범위가 넓다(5-8구). 또 그 활솜씨는 송나라 경공의 장인이 만들었던 활처럼 힘이 넘치고, 예(羿)가 참새의 눈을 맞추었던 것처럼 정확하다. 시인은 이 젊은이들의 모습이 바로 자신의 모습임을 말하고 있다.

마지막 3단락(11-14구)은 시인의 소망이다. 11-12구는 시인이 살던 남조 송나라의 시대 상황이 옛날 한나라와 북방 유목민의 잦은 전쟁 때와 같이 북조(北朝)의 침략에 맞선 상황임을 말해 주고 있다. 이러한 시대를 사는 시인의 소망은 자신의 뛰어난 활솜씨와 같은 무예로 부절을 나누는 장수와 같이 나라를 위해 공을 세우고 싶은 것이다(13-14구).

## 4-20-4

| | |
|---|---|
| 鑿井北陵隈,[1]<br>착정북릉외 | 북릉 모서리에서 우물을 팠거니와, |
| 百丈不及泉.<br>백장불급천 | 백 장이건만 수맥에 이르지 못했더라. |
| 生事本瀾漫,<br>생사본란만 | 인생사란 본디 다사다난한 것이거늘, |
| 何用獨精堅.[2]<br>하용독정견 | 무슨 일로 홀로 전력으로 견지했던고. |
| 幼壯重寸陰,<br>유장중촌음 | 젊었을 때는 촌음의 시간을 아꼈었거늘, |
| 衰暮及輕年.[3]<br>쇠모급경년 | 노쇠하자 도리어 한해를 가볍게 여기네. |
| 放駕息朝歌,<br>방가식조가 | 수레를 풀고서 조가에서 쉴 것이고, |
| 提爵止中山.[4]<br>제작지중산 | 잔을 들고서 중산에서 멈출 것이네. |
| 日夕登城隅,<br>일석등성우 | 해가 저물 때 성 모퉁이에 올라서서, |
| 周迴視洛川.[5]<br>주회시낙천 | 옛 도성 터를 빙빙 돌며 돌아보노라. |
| 街衢積凍草,<br>가구적동초 | 큰 길에는 얼어붙은 풀만 쌓여 있고, |
| 城郭宿寒烟.<br>성곽숙한연 | 성곽은 차가운 안개속에 잠들어있네. |

| | |
|---|---|
| 繁華悉何在,<br>번화실하재 | 번화함은 모두 다 어디 있는 것인가, |
| 宮闕久崩塡.[6]<br>궁궐구붕전 | 궁궐은 오래 전에 무너지고 메워졌네. |
| 空謗齊景非,<br>공방제경비 | 괜히 제나라 경공 잘못이라 비방했고, |
| 徒稱夷叔賢.[7]*<br>도칭이숙현 | 백이와 숙제 잘했다 공연히 일컬었네. |

**원주**

* 말구는 현인이든 우인이든 똑같이 없어진다는 뜻이다.(末即賢愚同盡意.)

**역주**

1) 鑿井北陵隈 : 북릉외(北陵隈)는 지명, 일설에는 안문산(雁門山)이라고 한다. 장(丈)은 길이 단위로 10척(尺)에 해당. 천(泉)은 샘물, 수맥.
2) 生事本瀾漫 2구 : 생사(生事)는 인생사. 란만(瀾漫)은 첩운, 의태어로 어지럽고 많은 모양. 하용(何用)은 하이(何以)로 무엇을 가지고서, 무슨 일 때문에. 정(精)은 전심전력으로 하다. 견(堅)은 처음 뜻을 견지하다.
3) 幼壯重寸陰 2구 : 유장(幼壯)은 어릴 때와 장성할 때. 젊었을 때를 말함. 촌음(寸陰)은 시간을 알리는 그림자가 촌(寸) 길이 만큼 늘어난 짧은 시간. 쇠모(衰暮)는 쇠약하고 늙다. 급경년(及輕年)은 '한 해 가는 것을 가볍게 여김에 이르다'로 해석할 수 있으나, 급(及)이 반(反)으로 된 판본이 있어 '도리어 한 해 가는 것을 가볍게 여기다'로 해석함.
4) 放駕息朝歌 2구 : 방가(放駕)는 수레를 풀다. 조가(朝歌)는 ≪한서·추양전(鄒陽傳)≫에 "마을이름이 '아침부터 노래하세(朝歌)'라는 지명을 듣고, 묵적이 수레를 돌렸다."라고 하였다. 묵적(墨翟)은 전국 시기의 사상가인 묵자(墨子)로 그의 주장한 바가 무차별의 박애인 겸애(兼愛)와 전쟁을 반대하는 비공(非攻), 장의를 간략히 할 것의 절장(節葬)과 더불어 사치와 향락적 음악을 폐지할 것의 비악(非樂)을 주장하였기에 '조가(朝歌)'라는 지명을 싫어했던 것이다. 지명인 조가(朝歌)는 은(殷)나라 말기와 춘추 시기 위(衛)나라의 수도로 지금의 하남성(河南省) 기현(淇縣)에 위치. 중산(中山)은 한나라 군(郡)이름으로 지금의 하북성(河北省) 정현(正縣)에 위치. 옛날 중산 지역에 적희(狄希)라는 사람이 빚은 술은 천일 동안 취한다하여 '천일주(千日酒)'라 하였는데 여기서는 중산(中山)은 '술 마시며 잘 곳' 정도의 의미로 쓰임.
5) 日夕登城隅 2구 : 일석(日夕)은 해가 저물 무렵. 낙천(洛川)은 낙수(洛水)와 낙수 일대 평원. 여기서는 옛 도성 터를 의미.
6) 繁華悉何在 2구 : 번화(繁華)는 번성하고 화려했던 것, 번화함. 붕(崩)은 성벽이

무너지다. 전(塡)은 해자(垓字)가 메워지다.

7) 空謗齊景非 2구 : ≪논어·계씨(季氏)≫에 "제나라 경공이 말 사천 필을 가지고 있었으나, 그가 죽은 날, 백성들이 덕있다 칭송하는 사람이 없었다. 백이와 숙제는 수양산 아래에서 굶어 죽었지만, 백성들이 지금까지도 그를 일컫는다."라고 하였다. 방(謗)은 비방하다. 제경비(齊景非)는 제(齊)나라 경공(景公)의 잘못. 이숙현(夷叔)은 백이(伯夷)와 숙제(叔齊).

8) 압운은 泉, 堅, 年, 山, 川, 烟, 塡, 賢.

**감상**

연작 〈의고〉 8수 중 제4수이다. 모두 16구로 되어 있고 네 단락으로 나눌 수 있다.

1단락(1-4구)은 현 세태와 절망에 대한 것이다. 1구의 북릉은 지명이기도 하나, 북쪽 언덕의 모퉁이는 원래 좋은 땅이 아니다. 이곳에 백 장(丈) 깊이로 파더라도 수맥에 이르지 못한다고 한 것은 시인이 이 현실에서 길을 찾지 못한 우울함을 말한 것이다. 3-4구는 이런 현실에 대한 시인의 절망을 토로한 것이다.

2단락(5-8구)은 좌절에 대한 시인의 감정이다. 촌음을 아끼며 열심히 생을 살았던 젊은 시절에 비해, 지금 나이 들어서는 오히려 한 해 가는 것을 가는 것을 가벼이 여길 만큼 생에 대한 좌절이 크다(5-6구). 그래서 시인은 아침부터 노래하고 놀고, 깨지 않는 술을 마시며 잠이나 잘까하는 마음을 두 개의 옛 지명에 담아 노래한다(7-8구).

3단락(9-12구)은 시대에 대한 불만이다. 차마 노래하고 술 취하지 못한 시인은 성모퉁이에 올라 옛 도성터를 돌아본다. 11-12구는 얼어붙은 풀과 차가운 안개 속의 도성의 모습을 빌려 생기 없는 이 시대를 비유하고 있다. 시인이 뜻을 얻지 못한 이유가 단지 개인적인 이유만이 아닌 이 시대의 상황과 관련이 있음을 독자에게 알려주고 있다.

마지막 4단락(13-16구)은 다시 시대의 암울함을 이야기한다. 개인의 영화를 위해 살았던 제나라 경공도, 뜻을 위해 죽음을 택했던 백이와 숙제도 모두 의미 없어 보이는 현 세태를 떠올리는 시인. 나라를 위한 걱정으로 깊은 번뇌에 빠진 한 지식인의 한탄을 담은 노래이다.

## 4-20-5

| | |
|---|---|
| 河畔草未黃,<br>하반초미황 | 강가엔 풀 아직 누렇게 변하지 않았건만, |
| 胡雁已矯翼.[1]<br>호안이교익 | 북쪽 기러기 이미 날개 높이 쳐들고 있네. |
| 秋蛩扶戶吟,<br>추공부호음 | 가을 귀뚜라미가 방문에 기대어 울거니와, |

寒婦成夜織.[2] 몸도 마음도 추운 아낙 밤새 베를 짠다네.
한부성야직
去歲征人還, 작년에 싸우러 갔던 사람이 돌아왔는데,
거세정인환
流傳舊相識.[3] 옛날 알고 있었던 것을 전해 주었다네.
류전구상식
聞君上隴時,[4] 듣자하니 당신께서 롱산에 올라갈 때에,
문군상롱시
東望久歎息. 동쪽을 바라보며 오랫동안 탄식했다더라.
동망구탄식
宿昔改衣帶, 저녁때에는 허리띠가 바뀌었다 하거니와,
숙석개의대
朝旦異容色.[5] 아침에는 그 얼굴빛이 바뀌었다 하더라.
조단이용색
念此憂如何, 이런 모습 생각하니 근심걱정에 어찌하랴,
념차우여하
夜長愁更多. 밤이 길어져 수심은 더욱 많아지는 것을.
야장수경다
明鏡塵匣中, 밝은 거울은 먼지 낀 상자 안에 있거니와,
명경진갑중
瑤琴生網羅.[6]* 옥 거문고에 거미그물만 생기고 있는 걸.
요금생망라

원주

* '부호음'의 부는 문에 기댄다는 뜻이다.(扶戶吟, 扶, 猶依也.)

역주

1) 河畔草未黃 2구 : 1구는 〈고시19수(古詩十九首)〉 제2수의 1구 "푸르고 푸른 강가의 풀이여(青青河畔草)"를 본 뜬 것(≪고시원≫ 번역본 1권 488쪽 참조). 호안(胡雁)은 북쪽 기러기. 교익(矯翼)은 날개를 높이 쳐들다. 날개 짓을 하다는 의미.
2) 秋蛩扶戶吟 2구 : 추공(秋蛩)은 원래 추형(秋螢)으로 되어 있으나, 다른 판본에 공(蛩)으로 되어 있고, 문맥상으로도 귀뚜라미가 적합하기에 '가을 귀뚜라미'로 번역함. 다음 구에 '베를 짜다(織)'란 말과 귀뚜라미의 다른 이름 '촉직(促織)'과도 연결됨. 한부(寒婦)는 몸으로도 마음으로도 추위를 느끼는 아낙.
3) 去歲征人還 2구 : 거세(去歲)는 작년. 정인(征人)은 종군하여 싸우러 나갔던 사람. 류전(流傳)은 말, 소식을 전해 주다. 구상식(舊相識)은 옛날 알았던 것. 남편에 대한 이야기.

4) 聞君上隴時 : 군(君)은 남편을 가리킴. 상롱(上隴)은 롱산(隴山)에 오르다. 롱산(隴山)은 지금의 감숙성(甘肅省) 육반산(六盤山) 남단.
5) 宿昔改衣帶 2구 : 이 2구는 호문(互文)으로 아침, 저녁으로 허리띠와 얼굴빛이 바뀐다는 의미. 숙석(宿昔)은 ①옛날 ②석(昔)은 석(夕), 저녁을 의미. 다음 구의 '아침(朝旦)'과 연결하여 ②의 뜻. 조단(朝旦)은 아침.
6) 明鏡塵匣中 2구 : 진갑(塵匣)은 먼지가 낀 상자. 요금(瑤琴)은 옥으로 장식된 거문고. 망라(網羅)는 그물. 문맥상 '거미그물'로 해석함.
7) 翼, 織, 識, 息, 色에서 何, 多, 羅로 환운(換韻).

**감상**

연작 〈의고〉 8수 중 제7수이다. 모두 14구로 되어 있고 세 단락으로 나눌 수 있다.

1단락(1-6구)은 한 여인이 베를 짜는 모습으로 시를 시작한다. 1구는 〈고시십구수〉의 "푸르고 푸른 강가의 풀이여"에서 온 것이다. 아직 풀의 푸른빛도 변하기 전, 기러기는 날개 짓을 하고, 귀뚜라미는 어서 베를 짜라 노래를 부르는 계절. 몸도 마음도 추운 여인은 밤새 베를 짠다(1-4구). 5-6구에서야 시인은 여인이 베를 짜는 이유를 말해 준다. 바로 남편의 소식을 전해 들었기 때문이다.

2단락(7-10구)은 여인이 전해들은 남편의 소식이다. 롱산에 오를 적엔 아내 생각에 오랫동안 탄식을 하는데, 아침저녁으로 남편의 허리띠와 얼굴빛이 바뀔 정도라는 소식이다.

3단락(11-14구)은 환운이 되며 남편의 소식을 들은 여인의 마음을 말하고 있다. 남편의 이런 모습을 전해들은 여인은 더 걱정에 젖어 밤을 지새운다. 여인은 자신을 사랑해주는 사람을 위해서 얼굴을 꾸미는 법(女爲說己者容)! 거울은 먼지 속에, 거문고는 거미줄 속에 있을 수밖에.

### 4-20-6

| | |
|---|---|
| 蜀漢多奇山,[1]<br>촉한다기산 | 촉한 지역에는 기이한 산이 많은데, |
| 仰望與雲平.<br>앙망여운평 | 우러르면 구름과 더불어 평평하다네. |
| 陰崖積夏雪,[2]<br>음애적하설 | 그늘진 절벽에는 여름눈이 쌓여 있고, |
| 陽谷散秋榮.[3]<br>양곡산추영 | 햇볕 드는 계곡엔 가을꽃이 흩어지네. |
| 朝朝見雲歸,<br>조조견운귀 | 아침마다 구름이 돌아오는 것을 보고, |

夜夜聞猿鳴.[4] 밤마다 원숭이가 우는 것을 듣는구나.
야야문원명

憂人本自悲,[5] 근심스런 사람 본래 스스로를 슬퍼하고,
우인본자비

孤客易傷情.[6] 외로운 길손 신세라 마음 상하기 쉽구나.
고객이상정

臨堂設樽酒, 대청마루에 나아가서 술상을 차려 놓고,
림당설준주

留酌思平生.[7] 술잔 미루고 평생 살아온 것 생각하네.
류작사평생

石以堅爲性,[8] 돌멩이는 굳건함을 본성으로 삼거니와,
석이견위성

君勿慙素誠.[9]* 그대 본마음에 부끄러운 짓은 마시구려.
군물참소성

**원주**

* 〈의고〉 작품들은 조식과 좌사의 남겨진 뜻을 얻었다.(擬古諸作, 得陳思太沖遺意.)

**역주**

1) 蜀漢 : 지명. 촉한(蜀漢) 지역으로 문맥상 시 화자의 고향이 아닌 '타향'의 의미.
2) 陰崖積夏雪 : 음애(陰崖)는 그늘진 낭떠러지. 하설(夏雪)은 여름 눈. 계절이 여름임에도 눈이 쌓여다는 의미.
3) 陽谷散秋榮 : 양곡(陽谷)은 햇볕 드는 계곡. 추영(秋榮)은 가을꽃. 봄이 아닌 가을에 꽃이 흩날리는 기이함을 의미.
4) 猿鳴 : 〈녀아자(女兒子)〉에 "파동(巴東)의 삼협(三峽)이 원숭이 울음 서글프구나. 한밤 잦은 울음에 눈물이 옷 적시누나."라고 하였다. 이 시에서 "원숭이 소리가 슬프다"고 하는 시어와 단장(斷腸) 고사가 시작되었고, 고향을 그리워하는 나그네의 마음과 연결된다(≪고시원≫ 번역본 2권 677쪽 참조).
5) 憂人本自悲 : 우인(憂人)은 근심스러운 사람. 여기서는 남조시대 송나라에서 낮은 귀족계층인 한문(寒門) 출신으로 태어나 출세하지 못하는 시인 자신을 가리킴. 자비(自悲)를 스스로 자신의 처지를 슬퍼한다는 의미.
6) 孤客 : 외로운 나그네 신세. 지방의 낮은 관직을 맡아 자주 옮겨 다니는 시인을 말함.
7) 臨堂設樽酒 2구 : 림(臨)은 나아가다는 의미. 준주(樽酒)는 술통과 술. 술상의 의미. 류작(留酌)은 술을 따르는 것을 미루다, 보류하다. 평생(平生)은 시인이 살아온 평생.

8) 石以堅爲性 : ≪노자≫ 39장에 "옥처럼 빛나려 하지 않고, 돌처럼 단단하리로다."라고 하였다.

9) 君勿慙素誠 : 군(君)은 그대. 시인이 스스로에게 말한 것. 소성(素誠)은 본 바탕과 본마음.

10) 압운은 平, 榮, 鳴, 情, 生, 誠.

**감상**

연작 〈의고〉 8수 중 마지막 작품이다. 모두 12구로, 세 단락으로 나눌 수 있다.

1단락(1-4구)은 촉한 지역의 기이함을 이야기하고 있다. 여기서 촉한 지역은 화자의 고향이 아닌 타향을 말하는 것이다. 힘든 시기를 지내는 나그네에겐 타향의 기이함보다는 고향의 익숙함이 편한 법. 그늘진 곳엔 여름에도 눈이 쌓이고, 햇볕 드는 곳엔 봄꽃이 아닌 가을꽃이 흩날리는 기이한 광경은 나그네에게 낯설고 서글프다.

2단락(5-8구)은 나그네의 슬픈 마음을 읊었다. 아침마다 돌아오는 구름을 보며 고향에 못 가는 신세가 생각나고, 밤마다 우는 원숭이 소리는 사람의 애간장을 끊으며 고향 생각을 더 간절하게 만든다(5-6구). 게다가 출세가 어려운 한문(寒門)출신으로 지방의 낮은 관직을 전전하는 자신의 현 처지에 시인의 마음은 더 아프다(7-8구).

3단락(9-12구)은 결론이다. 이런 자신의 처지를 생각하던 시인은 술상을 차려 놓고도 술을 따르지 못한 채 지나온 삶에 대한 생각에 빠졌다(9-10구). 그저 한탄 한 마디 더 뱉을 만도 하건만, 포조는 옥이 아닌 돌이 되어 처음의 견고한 뜻을 지키리라 다짐하며 시를 맺는다(11-12구). 시인 포조다운 다짐이다.

## 4-21

## 〈紹古辭(소고사)〉[1] 〈옛날 가사를 잇다〉

### 4-21-1

橘生湘水側, 귤이 상수의 물가에서 자랐거늘,
귤생상수측

菲陋人莫傳.[2] 비루하다 전하는 사람 없었네.
비루인막전

逢君金華宴,[3] 군왕의 금화전 연회를 만나니,
봉군금화연

得在玉几前.[4] 저 옥궤 앞에 있게 되었다네.
득재옥궤전

三川窮名利,[5] 삼천에서 명리 있는 자를 다했고,
삼천궁명리

| | |
|---|---|
| 京洛富妖姸.[6]<br>경락부요연 | 경락에서 고운 여인 많이 불렀네. |
| 恩榮難久恃,<br>은영난구시 | 은혜 영화 오래 믿고 의지할 수 없어, |
| 隆寵易衰偏.[7]<br>융총이쇠편 | 성대한 총애는 쉬 시들고 치우치더라. |
| 觀席妾悽愴,<br>관석첩처창 | 잔치 자리 보며 여인들은 슬퍼하고, |
| 覩翰君泫然.[8]<br>도한군현연 | 붓을 보면서 남자들은 눈물 흘리네. |
| 徒抱忠孝志,<br>도포충효지 | 공연히 충과 효의 뜻을 품었거니와, |
| 猶爲葑菲遷.[9]<br>유위봉비천 | 여전히 봉비 같은 쓰임새에 옮겨가네. |

**역주**

1) 紹古辭 : 소(紹)는 잇다, 계승하다. 고사(古辭)는 옛날 시의 가사.
2) 橘生湘水側 2구 : 귤(橘)은 시인 포조 자신을 가리킴. 상수(湘水)는 양자강(長江)의 큰 지류로 호남성(湖南省) 최대의 강. 남방 지역을 의미. 비루(菲陋)는 비루하다, 하찮다.
3) 逢君金華宴 : 군(君)은 임금, 군왕. 금화연(金華宴)은 금화전(金華殿)의 연회. 금화전은 한나라 때 궁궐 이름.
4) 玉几 : 옥으로 만든 궤. 군왕이 쓰는 물건을 의미.
5) 三川窮名利 : 삼천(三川)은 지명. 전국(戰國)시기 고을 이름으로 지금의 하남성(河南省) 형양현(滎陽縣) 일대. 황하(黃河), 낙수(洛水), 이수(伊水)를 지칭. 인재가 많이 배출되는 지역이라고 전한다. 명리(名利)는 명예와 이익. 부귀를 말함.
6) 京洛富妖姸 : 조식(曹植)의 〈명도편(名都篇)〉에 "유명한 도읍에 고운 여인 많다 하니, 경사 낙양의 젊은이를 찾아 나서네."라고 하였다(≪고시원≫ 번역본 2권 88쪽 참조). 경락(京洛)은 수도인 낙양(洛陽) 일대. 부(富)는 여기서 '많다'는 의미. 요연(妖姸)은 아름다운 여인. 여기서는 잔치 자리의 무희, 가희 등을 지칭하는 말.
7) 恩榮難久恃 2구 : 은영(恩榮)은 은혜와 영화. 5구의 명리(名利)와 연결됨. 융총(隆寵)은 성대한 총애. 6구의 요연(妖姸)과 연결됨.
8) 觀席妾悽愴 2구 : 석(席)은 여기서 끝난 잔치 자리를 의미. 첩(妾)은 6구의 요연(妖姸)과 연결하여 여인들을 말함. 처창(悽愴)은 쌍성, 의태어로 슬픈 모양. 한(翰)은 붓. 군(君)은 5구의 명리(名利)와 연결하여 잔치 자리에 왔던 남자들을 말함. 현연(泫然)은 첩운, 의태어로 눈물 흘리는 모양.

9) 猶爲葑菲遷 : ≪시경·패풍·곡풍(邶風·谷風)≫에 "봉(葑)을 캐고 비(菲)를 캐는구나, 뿌리는 캐지 않네."라고 하였다. 봉(葑)과 비(菲)는 모두 야채 이름, 무의 일종. 작은 재주나 역할을 비유.

10) 압운은 傳, 前, 姸, 偏, 然, 遷.

**감상**

포조의 〈소고사〉 연작 7수 중 제1수이다. 모두 12구이고, 세 단락으로 나눌 수 있다.

1단락(1-4구)은 시인 포조를 가리키는 귤이 연회자리에서 군왕 앞에 있게 되었음을 말한다. 1-2구에서 이 귤이 상수 가에서 자라 비루하다고 한 것은 남방 지역에서는 흔한 것이라는 뜻으로 결국 포조 자신이 상품(上品)이 아니라는 의미다.

2단락과 3단락은 이 귤이 보는 광경이다. 2단락(5-8구)에서 귤은 잔치 자리에 모인 사람들이 군왕에게 버려지는 신세임을 지켜본다. 군왕의 잔치 자리에 부귀한 남자들과 예쁜 여인들이 다 모였으나 은혜도 영화도 성대한 총애도 바뀌기 마련이고 시들기 마련이니 결국 군왕에게 모두 버림을 받는다.

3단락(9-12구) 역시 귤이 보는 광경으로 버림받았던 사람들이 다른 군왕을 찾아가는 모습을 그렸다. 잔치가 끝나자 슬퍼하던 여인들, 눈물 흘리던 남자들이 봉비(葑菲)와 같은 하찮은 쓰임새 때문에 또 다시 다른 군왕을 찾아간다는 것이다. 봉비(葑菲)는 '무'를 뜻하는 말로 11-12구는 당시 사람들이 무의 잎과 줄기만을 취하고, 뿌리는 쓰지 않는 것을 빌려 하찮은 쓰임새만 취하고 뿌리의 큰 뜻은 쓰지 않음을 비유하고 있다.

이 시가 말하는 귤이 바라보는 인간세상의 모습은 결국 시인 포조가 바라보는 세상사이다.

## 4-21-2

| | |
|---|---|
| 昔與君別時,<br>석여군별시 | 오랜 옛적에 그대와 이별할 때에, |
| 蠶妾初獻絲.[1]<br>잠첩초헌사 | 누에치는 저는 처음 명주 올렸었네. |
| 何言年月駛,<br>하언년월사 | 어찌 이다지 세월은 빠른 것인지요, |
| 寒衣已擣治.[2]<br>한의이도치 | 겨울옷 이미 다듬이질하여 손보았네. |
| 絛繡多廢亂,<br>조수다폐란 | 끈과 수 모두 쓸모없고 어지럽게 되었고, |

篇帛久塵緇.[3] 편지도 오랫동안 먼지 끼고 검어졌더라.
편백구진치

離心壯爲劇, 저 이별의 마음은 커져서 심해졌나니,
리심장위극

飛念如懸旗.[4] 내 걱정은 허공에 매달린 깃발 같아라.
비념여현기

石席我不爽,[5] 돌멩이 돗자리처럼 난 어긋나지 않을 터,
석석아불상

德音君勿欺.[6]* 덕스러운 말씀을 당신은 속이지 마시기를.
덕음군물기

**원주**

* '정'을 바꾸어 '기' 글자로 만들었다. 고인들은 이러한 종류로 억지로 압운한 경우가 있다.(易旌爲旗. 古人亦有此種强押.)[7]

**역주**

1) 蠶妾初獻絲 : 잠첩(蠶妾)은 누에를 치는 여자. 이 시의 화자. 초헌사(初獻絲)는 ≪예기·월령(禮記·月令)≫에 "늦봄에…누에치는 일이 이미 다 되었으면, 누에고치를 나누어주어 실을 자아 명주를 짜게 하고 그 공을 이루게 한다."라고 하였다.

2) 何言年月駛 2구 : 〈고시19수(古詩十九首)〉의 제16수에 "차가운 바람 빠르고 매섭거늘, 떠난 임 추위에 겉옷도 없다네."라고 하였다(≪고시원≫ 번역본 1권 511쪽 참조). 하(何)는 감탄사, 어찌 이다지. 언(言)은 어조사. 년월(年月)은 세월. 사(駛)는 말을 급하게 모는 모양으로 '빠르다'는 의미. 이(已)는 이미 다 마치다. 도(擣)는 옷을 다듬이질하다. 치(治)는 손보다.

3) 絛繡多廢亂 2구 : 육기(陸機)의 〈위고언선증부(爲顧彦先贈婦)〉에 "도성 낙양은 바람 먼지 많아, 하얀 옷이 검정으로 변하겠지."라고 하였다(≪고시원≫ 번역본 2권 341쪽 참조). 조수(絛繡)는 끈과 수. 모두 여인 복장의 치장에 필요한 것. 편백(篇帛)은 죽간과 비단으로, 편지나 종이.

4) 離心壯爲劇 2구 : ≪전국책·초책(戰國策·楚策)≫에 "누워도 편안하지 않고, 먹어도 달지 않고, 마음은 흔들흔들 저 걸려 있는 깃발 같아서, 끝내 멈출 곳이 없네."라고 하였다. 장(壯)은 성하다, 커지다. 극(劇)은 심하다. 비념(飛念)은 나는 생각. 임에게 가는 생각, 상상을 말함.

5) 石席我不爽 : ≪시경·패풍·백주(邶風·柏舟)≫에 "내 마음은 돌멩이가 아니니, 굴릴 수가 없네. 내 마음은 돗자리가 아니니, 말아둘 수 없네."라고 하였다. 상(爽)은 어그러지다, 잘못되다.

6) 德音君勿欺 : ≪시경·패풍·곡풍(邶風·谷風)≫에 "덕스러운 말씀 어긋남이 없으

리니, 그대와 죽음을 함께 하리로다."라고 하였다. 덕음(德音)은 덕스러운 말씀, 덕을 베푸는 고마운 말씀.

7) 易旌爲旗 2구 : ≪전국책·초책(戰國策·楚策)≫에 "마음은 흔들흔들 저 걸려 있는 깃발 같아서(心搖搖如懸旌)"의 정(旌)을 이 시에서 기(旗)로 바꿨다는 의미. 역주 4) 참조.

8) 압운은 時, 絲, 治, 緇, 旗, 欺.

**감상**

포조의 〈소고사〉 연작 7수 중 제2수이다. 모두 10구이고 세 단락으로 나눌 수 있다.

1단락(1-4구)은 임이 떠난 지 오래되었음을 말하고 있다. 1-2구는 이별할 때가 늦봄이었음을 알려준다. 그러나 지금은 이미 겨울옷 준비를 마친 계절이 되었다(3-4구).

2단락(5-8구)은 임에 대한 그리움을 노래한다. 5구는 임이 계시지 않으니 치장도 할 필요 없음을 말한 것이다. 6구는 내가 편지를 부칠 수 없다는 의미와 임이 보내온 편지가 이미 오래되었다는 의미 모두로 볼 수 있다. 결국 소식을 서로 전하지 못한다는 것이다. 이런 상황이니 마음은 더 상하고, 허공의 펄럭이는 깃발 같이 안정될 수가 없다.

마지막 3단락(9-10구)은 결론이다. 시의 화자는 ≪시경≫의 이야기를 빌려 자신은 돌멩이나 돗자리처럼 바뀌는 사람이 아니니, 임께서도 날 사랑한다는 덕스러운 말씀을 어기지 말라 당부한다.

## 4-21-3

| | |
|---|---|
| **瑟瑟涼海風,**<br>슬슬량해풍 | 스산하게 바닷바람은 차갑거니와, |
| **竦竦寒山木.**[1)]<br>송송한산목 | 쭈뼛쭈뼛 산 나무 차갑게 서있네. |
| **紛紛羈思盈,**<br>분분기사영 | 어지럽게 나그네 마음 가득차고, |
| **慊慊夜絃促.**[2)]<br>겸겸야현촉 | 볼멘 듯이 밤 거문고 재촉하네. |
| **訪言山海路,**[3)]<br>방언산해로 | 산 너머 물 건너는 길을 묻고서는, |
| **千里歌別鶴.**[4)]<br>천리가별학 | 천 리 나는 〈비곡행〉 노래하누나. |

絃絶空咨嗟, 줄은 끊어지고 공연히 탄식 하노라니,
현절공자차

形音誰賞錄.[5] 이 모습 뉘 있어 알아주고 기억하랴!
형음수상록

辛苦異人狀, 고생에 사람의 모습도 바뀌나니,
신고이인상

美貌改如玉.[6] 옥처럼 아리따운 모습 달라지네.
미모개여옥

徒畜巧言鳥, 공연히 저 앵무새 키워본다 한들,
도축교언조

不解心款曲.[7] 나의 이 속내를 이해하지 못하네.
불해심관곡

역주

1) 瑟瑟凉海風 2구 : 슬슬(瑟瑟)은 첩어, 의태어로 쓸쓸한 모양. 송송(竦竦)은 첩어, 의태어로 차갑게 서 있는 모양.
2) 紛紛羈思盈 2구 : 분분(紛紛)은 첩어, 의태어로 어지러운 모양. 기(羈)는 굴레, 고삐로 여기서는 길 떠나는 나그네를 의미. 겸겸(慊慊)은 첩어, 의태어로 불만스러운 모양. 현촉(絃促)은 거문고 줄을 재촉하듯 연주하는 것으로 격앙된 음악을 의미.
3) 訪言山海路 : 방(訪)은 문(問)으로 묻다. 언(言)은 어조사. 산해로(山海路)는 여기서 나그네가 산을 넘고 물을 건너 갈 여정 길을 의미.
4) 千里歌別鶴 : 별학(別鶴)은 ≪포참군집(鮑參軍集)≫에 "별곡(別鵠)"으로 되어 있어, 〈비곡행(飛鵠行)〉 노래를 가리킴. 〈비곡행〉은 〈염가하상행(豔歌何嘗行)〉의 다른 이름으로 ≪악부시집·상화가사(樂府詩集·相和歌辭)≫에 실려 있음. 한편 혜강(嵇康)의 〈금부(琴賦)〉에 "千里歌別鶴."라는 구절이 있다.
5) 絃絶空咨嗟 2구 : 현절(絃絶)은 절현(絶絃)으로 거문고 줄이 끊어지다. ≪한시외전(韓詩外傳)≫ 권9와 ≪여씨춘추(呂氏春秋)≫ 권14에 의하면 전국 시대에 백아(伯牙)의 거문고 연주를 이해해 주던 종자기(鍾子期)가 세상을 뜨자 백아는 거문고 줄을 끊고 다시는 연주하지 않았다고 한다. 이를 백아절현(伯牙絶絃)이라 하고, 자신을 진정으로 이해해 주는 벗이란 의미의 지음(知音)이란 말도 여기에서 시작되었다. 형음(形音)은 몸과 목소리. 모습을 의미.
6) 辛苦異人狀 2구 : 8구의 형(形)을 설명한 것.
7) 徒畜巧言鳥 2구 : 8구의 음(音)을 설명한 것. 교언조(巧言鳥)는 말을 잘 하는 새로 앵무새를 말함. 관곡(款曲)은 속내.
8) 압운은 木, 促, 鶴, 錄, 玉, 曲.

**감상**

포조의 〈소고사〉 연작 7수 중 제3수이다. 모두 12구이고, 세 단락으로 나눌 수 있다. 시의 화자가 임과의 이별을 상상하는 내용으로, 화자의 북받치는 감정을 말해주듯 시인은 전체에 입성(入聲) 압운을 사용하고 있다.

1단락(1-4구)은 매구를 첩자(疊字)로 이루어진 의태어로 시작하며 시의 생동감을 더 하고 있다. 차가운 바람과 나무의 모습처럼, 떠나려는 나그네 마음을 대하는 화자의 거문고 소리는 슬프고 격앙될 수밖에 없다.

2단락(5-8구)는 떠나려는 임의 여정을 묻고서 〈비곡행〉을 연주하는 모습이다. 격앙된 연주로 거문고 줄이 끊어졌는데도 앞으로 이 노래를 누가 들어주며 내 모습을 누가 보아줄 것인지 탄식하며 노래를 이어간다.

3단락(9-12구)은 8구에서 말한 내 모습(形)과 내 목소리(音)를 다시 설명한 것으로 앞으로 변할 자신의 모습을 상상하며 슬픈 마음을 말하고 있다.

## 4-22

### 〈學劉公幹體(학류공간체)〉[1]　　〈유공간의 시체를 본떠〉

| | |
|---|---|
| 胡風吹朔雪,<br>호풍취삭설 | 북풍이 눈송이를 불어왔거니와, |
| 千里度龍山.[2]<br>천리도용산 | 천 리 멀리 용산 넘어 왔다네. |
| 集君瑤臺上,<br>집군요태상 | 임금의 옥 누대 위에 모여들어, |
| 飛舞兩楹前.[3]<br>비무량영전 | 두 기둥 사이에서 날아 춤추네. |
| 玆晨自爲美,[4]<br>자신자위미 | 이런 아침이어야 절로 아름답나니, |
| 當避豔陽天.[5]<br>당피염양천 | 응당 화창한 햇볕일랑 피해야하리. |
| 豔陽桃李節,[6]<br>염양도리절 | 화창한 햇볕에 복사꽃 피는 계절, |
| 皎潔不成妍.<br>교결불성연 | 희고 깨끗한 눈 고울 수 없으니. |

**역주**

1) 學劉公幹體 : 유공간(劉公幹)은 유정(劉楨), 공간(公幹)은 그의 자이다. 동평(東平) 영양(寧陽), 지금의 산동(山東) 영양(寧陽) 남쪽 사람이다. 건안칠자(建安七子)의

한 사람으로 일찍이 조조(曹操) 휘하의 하급관리가 되었다. 성격이 굳세고 강직하였다. 명대 사람이 그의 작품을 모아 편찬한 ≪유공간집(劉公幹集)≫이 있다. 체(體)는 여기서 시를 짓는 격식인 시체(詩體)를 말함. 이 시는 유정의 〈증종제삼수(贈從弟三首)〉를 본 뜬 것(≪고시원≫ 번역본 2권 172쪽 참조).

2) 胡風吹朔雪 2구 : ≪초사·대초(大招)≫에 "혼이여 북쪽으로 가지 마오, 북쪽에는 추운 산이 있고, 민둥산 붉은 탁룡(趠龍)이 있을 뿐이라네."라고 했는데, 왕일(王逸)이 주하길 "북방에는 늘 추운 산이 있는데, 어두워 햇빛이 비치지 않는다. 이름 하여 탁룡(趠龍)이라 부른다."라고 하였다. 호풍(胡風)은 북풍. 삭설(朔雪)은 북방에 오는 눈. 용산(龍山)은 탁룡산(逴龍山).

3) 集君瑤臺上 2구 : 군(君)은 여기서 임금을 가리킴. 요대(瑤臺)는 옥으로 된 누대. 화려한 누대를 의미. 영(楹)은 대청 앞의 기둥, 궁궐의 기둥.

4) 玆晨 : 자(玆)는 이, 이런. 신(晨)은 이른 아침.

5) 當避豔陽天 : 당(當)은 당연히, 응당. 염양(豔陽)은 화창한 태양. 또는 봄날.

6) 豔陽桃李節 : 도리절(桃李節)은 복사와 자두가 피는 계절.

7) 압운은 山, 前, 天, 姸.

**감상**

유정의 〈증종제삼수(贈從弟三首)〉를 본 뜬 것으로 형식상으로는 훗날 5언율시(五言律詩)와 흡사한 모습을 보여주고 있다. 모두 8구로, 두 단락으로 나눌 수 있는데, 흰 눈과 복사 자두의 비유가 참신하다.

전 단락(1-4구)은 흰 눈을 묘사하고 있다. 북풍에 불어 온, 저 멀리 탁용산을 넘어 온 흰 눈은 고결한 선비와 진정한 인재를 비유한 것으로 바로 시인 자신을 투영한 것이기도 하다. 시인 포조 자신도 한문 출신이기에 북방에서 어렵게 날아온 눈송이와 같기 때문이다. 3-4구는 인재들이 군왕에게 모여 재능을 발휘하는 모습이다.

후 단락(5-8구)은 봄꽃을 묘사하고 있다. 7구에서 말하는 따뜻한 햇볕이 있는 봄날은 곧 복사와 자두 꽃의 계절이며, 이 꽃들은 권문세가 출신의 권력자를 비유한다. 흰 눈이 이런 날을 피해야 하는 것은 아무리 고결하여도 아름답다고 평가받을 수 없기 때문이다(8구).

진정한 인재는 나라가 어려울 때 능력을 발휘하는 법. 때를 기다리는 흰 눈 같은 시인의 마음이 느껴진다.

## 4-23
## 〈遇銅山掘黃精(우동산굴황정)〉[1] 〈동산 만나서 황정초를 파며〉

土肪閟中經, 〈중경〉에는 '토방'이라 감춰져 있고,
토방비중경

水芝韜內策.[2]
수지도내책
〈내책〉에는 '수지'로 숨겨져 있다네.

寶餌緩童年,
보이완동년
보약은 어린 나이 늦출 수 있거니와,

命藥駐衰曆.[3]
명약주쇠력
생명의 약은 늙음을 멈출 수 있다네.

矧蓄終古情,
신축종고정
게다가 상고 이래 마음을 품은지라,

重拾烟霧迹.[4]
중습연무적
안개의 흔적을 다시 찾고자 한다네.

羊角棲斷雲,
양각서단운
양뿔 같은 회오리가 조각구름에 깃든 듯,

榼口流隘日.[5]
합구류애일
그릇 주둥이처럼 좁은 돌에서 흘러나오네.

銅溪晝森沉,
동계주삼침
동산의 계곡은 한낮에도 음산하기만 하나니,

乳竇夜涓滴.[6]
유두야연적
종유석 있는 굴 밤 새도록 물방울 떨어지네.

既類風門磴,
기류풍문등
풍문산의 돌계단과 비슷하거니와,

復像天井壁.[7]
부상천정벽
또한 천정관의 절벽을 닮았구나.

蹀蹀寒葉離,
접접한엽리
너플너플 차가운 잎이 흩어지고,

瀧瀧秋水積.[8]
총총추수적
졸졸 흘러 가을 물 모여드는구나.

松色隨野深,
송색수야심
소나무 빛은 들녘을 따라 짙어져만 가고,

月露依草白.
월로의초백
달과 이슬은 풀에 기대어 하얗게 되구나.

空守江海思,
공수강해사
공연히 강호 그리는 생각 지켰던 것이랴,

豈懷梁鄭客.[9]
기회량정객
량과 정의 빈객이야 어찌 맘에 품었으랴.

得仁古無怨,[10] 인 얻으면 원망 없다 예로 하였나니,
득인고무원
順道今何惜.[11)*] 도를 따른다면 이제 뭘 애석해 하랴.
순도금하석

**원주**

* 맑으면서 그윽하니, 사령운 시 중에도 이런 종류의 것은 없다. 이러한 시는 훗날 당나라 시인의 선구이다.(淸而幽, 謝公詩中無此一種, 此唐人先聲也.)

**역주**

1) 遇銅山掘黃精 : 우(遇)는 우연히 지나다가 들렀다는 의미. 동산(銅山)은 ≪산해경·중산경(山海經·中山經)≫ 〈중차팔경(中次八經)〉에 나오는 산 이름. 여기서는 영산(靈山)의 의미로 쓰임. 황정(黃精)은 황정초(黃精草), 죽대의 뿌리로 약용되며 고대에는 불로장생약의 재료로도 쓰임. 죽대는 둥글레이고 선인반(仙人飯)이라고도 한다.
2) 土肪閟中經 2구 : 토방(土肪)은 땅에서 나온 기름, 황정(黃精)의 별명. 비(閟)는 감추다. 중경(中經)은 책 이름. 삼국(三國)시대 위(魏)나라 정묵(鄭默)이 쓴 의학서. 수지(水芝)는 물에서 자라는 영지, 황정(黃精)의 별칭. 도(韜)는 숨다. 내책(內策)은 신선술(神仙術) 관련 서적. 한나라 때 신선술 및 참위(讖緯)와 관련된 연구를 내학(內學)이라 함.
3) 寶餌緩童年 2구 : 보이(寶餌)는 보배로운 음식으로 보약을 의미. 완동년(緩童年)은 반로동년(返老童年)으로 어린 나이를 가지 못하게 늦춘다는 의미. 명약(命藥)은 생명을 연장시키는 약. 주쇠력(駐衰曆)은 시든 나이 즉 늙음을 오지 못하게 멈춘다는 의미.
4) 矧蓄終古情 2구 : 신(矧)은 하물며, 게다가. 축(蓄)은 품다, 간직하다. 종고(終古)는 ①옛날 ②영원한. 여기서는 ②의 뜻. 중(重)은 다시. 습(拾)은 줍다, 찾다. 연무적(烟霧迹)은 안개 속 옛 자취.
5) 羊角棲斷雲 2구 : 양각(羊角)은 회오리바람(颮)을 양 뿔에 비유한 말. 단운(斷雲)은 조각 구름. 합구(榼口)는 용기, 물그릇의 입구. 여기서는 작은 물을 묘사한 말. 애일(隘日)은 ≪포참군집(鮑參軍集)≫에 '애석(隘石)' 으로 되어 있어 '좁은 돌 틈 사이' 로 번역함.
6) 銅溪晝森沉 2구 : 동(銅)은 동산(銅山). 삼침(森沉)은 음산한 모습. 유두(乳竇)는 종유석이 있는 굴. 연적(涓滴)은 물방울이 떨어지다.
7) 旣類風門磴 2구 : 기(旣)와 부(復)는 ~뿐 아니라 또한. 류(類)와 상(像)은 닮다. 풍문등(風門磴)은 풍문산(風門山)의 돌계단. ≪무릉기(武陵記)≫에 "풍문(風門)의 산에는 석문(石門)이 있는데, 땅과 백여 장 떨어져있다. 바람이 불면, 은은히 검은 공기가 올라가, 눈 깜빡할 사이에 온 하늘에 가득하다."라고 하였다. 천정(天井)은 천정관으로 관문(關門) 이름. 상당(上黨) 지역에 있다.

8) 蹀蹀寒葉離 2구 : 접접(蹀蹀)은 첩어로 종종 걷는 모양, 나풀거리는 모양. 한엽리(寒葉)은 차가운 잎. 황정초의 잎을 가리킴. 총총(瀧瀧)은 첩어로 물이 모여드는 모양.

9) 空守江海思 2구 : 강해(江海)는 강호(江湖). 량(梁)은 수도인 대량(大梁)을 가리키는 말로 번성하고 화려한 도시를 의미. 정(鄭)은 ≪논어·위령공(衛靈公)≫에서 공자가 "정나라의 음악은 음란하다.(鄭聲淫.)"라고 한 정풍(鄭風)의 이미지처럼 세속 문화가 성행하는 지방을 의미. 량정객(梁鄭客)은 여기서 부귀영화를 따르는 떠돌이라는 의미.

10) 得仁古無怨 : ≪논어·술이(述而)≫에서 백이숙제(伯夷叔齊)가 원망이 있었냐는 자공(子貢)의 물음에 공자가 "인을 구하여 인을 얻었는데, 또 무엇을 원망했겠느냐?"라고 대답하였다.

11) 道 : 1-2구에 나오는 〈중경(中經)〉과 〈내책(內策)〉의 장생술과 신선술을 말함.

12) 策, 曆, 迹, 日, 滴, 壁, 積, 白, 客, 惜으로 입성(入聲) 압운.

**감상**

포조가 신비한 영산(靈山)을 닮은 동산에 우연히 들려 영약인 황정초의 뿌리를 캐며 읊은 노래이다. 시는 모두 20구로 되어 있고, 다섯 단락으로 나눠 볼 수 있다.

1단락(1-4구)은 제목의 황정초 묘사한 것이다. 1-2구의 토방과 수지는 모두 황정초의 별칭으로 장생술과 신선술을 적은 〈중경〉과 〈내책〉에 나와 있다. 이토록 영험한 풀이라 늙음을 멈추고 젊음을 붙잡아 주는 보약인 것이다(3-4구).

2단락(5-8구)은 제목의 동산을 묘사한 것이다. 영산(靈山)의 자취를 찾으니 과연 바람이 구름에 깃든 듯, 물줄기의 시작이 여기서 비롯되는 듯 신비롭기만 한 모습이다.

3단락(9-12구)은 2단락에 이어 동산의 신비로움을 묘사하고 있다. 깊은 계곡과 유심한 종유석 굴은 풍문산의 돌계단과 천정관의 절벽을 닮았다.

4단락(13-16구)은 다시 황정초를 묘사한 것이다. 이 신비한 동산에 황정초 잎이 바람에 나부끼는데 주위엔 가을 물이 모이고, 적송자(赤松子) 신선을 연상시키는 소나무 빛 아래, 달과 이슬이 모두 황정초에 기대어 그 색이 비범하다.

5단락(17-20구)은 결론이다. 시인은 자신이 원래 강호를 그리는 생각을 간직하고 있음을 되돌아보며, 부귀영화를 좇는 떠돌이를 꿈꾸지 않았음을 확인한다(17-18구). 공자가 말했듯이 인을 얻으면 무슨 원망이 있겠는가. 세상의 평가는 중요한 것이 아닌 것을(19구). 시인은 영험한 동산에서 장생과 신선술을 얻는다면 애석할 것이 없다고 말한다(20구).

경치(景)에서 그윽한 이치(理)까지 추구한 포조의 시 세계에 심덕잠도 당나라 시인의 선구라며 그 맑고 그윽함을 높이 평가하고 있다.

## 4-24

〈秋夜(추야)〉 〈가을 밤〉

| | |
|---|---|
| 遯跡避紛喧,<br>둔적피분훤 | 발자취 숨겨서 얽히고 시끄러움 피하였나니, |
| 貨農棲寂寞.[1]<br>화농서적막 | 농사 밑천삼아 조용하고 고요함에 깃들었네. |
| 荒徑馳野鼠,<br>황경치야서 | 인적 끊긴 샛길에는 들쥐가 달려 다니거니와, |
| 空庭聚山雀.[2]<br>공정취산작 | 텅 빈 마당에는 산의 새들 모여들고 있다네. |
| 既遠人世歡,<br>기원인세환 | 속세의 기쁜 일 멀리하였을 뿐 아니라, |
| 還賴泉卉樂.[3]<br>환뢰천훼락 | 또한 대자연의 즐거움에 의지한다네. |
| 折柳樊場圃,<br>절류번장포 | 버들가지 꺾어 탈곡장과 밭에 울타리 치고, |
| 負綆汲潭壑.[4]<br>부경급담학 | 두레박줄 지고서 연못과 계곡 물을 긷네. |
| 霽旦見雲峰,[5]<br>제단견운봉 | 비 그친 아침이면 구름 낀 산봉우리 보고, |
| 風夜聞海鶴.[6]<br>풍야문해학 | 바람 부는 밤이면 물가 학 소리 듣는다네. |
| 江介早寒來,[7]<br>강개조한래 | 강 주변이라 일찍 추위가 몰려오거니와, |
| 白露先秋落.<br>백로선추락 | 흰 이슬이 가을보다 앞서서 떨어지누나. |
| 麻壟方結葉,<br>마롱방결엽 | 삼을 키우는 밭엔 한창 잎이 말리고, |
| 瓜田已掃籜.[8]<br>과전이소탁 | 오이 밭에는 이미 껍질들도 치웠노라. |
| 傾暉忽西下,<br>경휘홀서하 | 기우는 해가 갑자기 서쪽으로 떨어지나니, |
| 迴景思華幕.[9]<br>회경사화막 | 되비쳐온 햇빛 화려한 장막인가 하노라. |

攀蘿席中軒,[10] 넝쿨을 따 와서 마루 가운데 자리를 깔고,
반라석중헌

臨觴不能酌. 술잔을 마주 대하고도 따를 수가 없구나.
림상불능작

終古自多恨,[11] 예부터 언제나 저절로 한 많은 법,
종고자다한

幽悲共淪鑠.[12] 함께 소멸함을 남 몰래 슬퍼하노라.
유비공륜삭

역주

1) 遯跡避紛喧 2구 : 둔(遯)은 숨기다. 적(跡)은 나의 발자취. 분훤(紛喧)은 얽히고 시끄러운 세상사를 말함. 화(貨)는 재화로 삼다, 밑천으로 삼다. 적막(寂寞)은 1구의 분훤(紛喧)과 반대 개념으로 조용하고 고요함.
2) 荒徑馳野鼠 2구 : 황(荒)은 인적이 끊어지다. 산작(山雀)은 산에 사는 작은 새들.
3) 旣遠人世歡 2구 : 기(旣)와 환(還)은 이미 ~하고 또한. 인세환(人世歡)은 세상 사람들의 즐거움으로 1구의 분훤(紛喧)을 가리킴. 천훼(泉卉)는 풀과 꽃으로 여기서는 대자연을 의미.
4) 折柳樊場圃 2구 : 번(樊)은 울타리 치다. 장(場)은 곡식을 말리는 탈곡장 마당. 포(圃)는 채전 밭. ≪시경·제풍·동방미명(齊風·東方未明)≫에 "버들가지 꺾어서 채전 밭 울타리 치노라."라고 하였다. 경(綆)은 두레박 줄. 담학(潭壑)은 연못과 계곡.
5) 霽旦 : 비가 그친, 비가 개인 아침.
6) 海鶴 : 물가의 학.
7) 江介 : 강계(江界)와 같아 강 둘레 땅, 강 둑.
8) 麻壟方結葉 2구 : 롱(壟)은 높은 지대의 밭. 결엽(結葉)은 ①잎이 구불하게 시들어 말리다 ②잎을 묶어서 수확한 모습. 여기서는 두 가지 의미를 다 포함한 것으로 보임. 소(掃)는 청소하다. 탁(籜)은 원래 죽순, 대나무의 껍질이나 여기서는 껍질, 잔여물.
9) 傾暉忽西下 2구 : 경휘(傾暉)는 기우는 해, 지는 해. 회경(迴景)은 되비쳐오는 햇빛. 해가 지기 전 잠깐 빛나는 석양빛을 말함. 사(思)는 생각하도록 하다. 화막(華幕)은 화려한 장막.
10) 攀蘿席中軒 : 반(攀)은 따오다. 라(蘿)는 새삼, 넝쿨. 석(席)은 자리를 깔다. 중헌(中軒)은 헌중(軒中)으로 대청마루 가운데의 의미.
11) 終古 : 언제나, 옛날이래로.
12) 幽悲共淪鑠 : 유비(幽悲)는 남모르게 슬퍼하다. 륜삭(淪鑠)은 물에 빠지고 녹는 것으로 여기서는 '없어짐'을 의미하며 구체적으로는 13-16구의 내용과 인간의 죽음을 가리킴.
13) 寞, 雀, 樂, 壑, 鶴, 落, 籜, 幕, 酌, 鑠으로 입성(入聲) 압운.

**감상**

모두 20구로 되어 있으며 다섯 단락으로 나눠진다. 각 단락에서 시인은 즐거움(樂)과 슬픔(悲)을 교차하며 감정의 변화를 보인다.

1단락(1-4구)은 '즐거움(樂)' 이다. 성공적으로 숨은 것을 기뻐하는 시인의 마음이 표현되고 있다. 3-4구에서 쥐와 새가 있다는 것은 뒤집어보면 인적이 없음을 말한 것이다. 완벽한 세상으로부터 도피이다.

2단락(5-8구) 역시 '즐거움(樂)' 이다. 5구에서 세상 사람들의 즐거움은 1구에서 말한 시끄러운 세상사(紛喧)와 연결되고 다시 7구에서 울타리로 막는다는 것과 연결된다. 6구의 대자연의 즐거움은 2구의 조용함과 고요함(寂寞)과 연결되며, 8구에서 물을 길어 대자연을 대변하는 풀과 꽃을 기르는 것과 연결된다.

3단락(9-12구)은 시인의 감정 변화가 교체된다. 9-10구에서 말하는 비 그친 아침과 학 소리는 '즐거움(樂)' 에 해당하지만, 11-12구에서 추위가 몰려드는 강 주변과 흰 이슬 등은 점차 '슬픔(悲)' 을 대변하게 된다.

4단락(13-16구)에서 시인은 슬픔(悲)을 이야기한다. 왕성하던 삼도 시들고, 혹은 다 자라 이제 수확되어 묶여 있다. 오이 밭에는 그 껍질까지도 다 손질이 끝나 청소를 한 상태이다. 뭔가 인생이 정리되어진 느낌이랄까. 시인의 눈에 지는 해가 툭 서쪽으로 떨어지더니, 마치 마지막 화려함을 보여주듯 화려한 장막처럼 잠시의 반짝이는 햇빛을 되비쳐준다.

5단락(17-20구) 역시 '슬픔(悲)' 에 대한 것이다. 인생 마지막 순간의 아름다움을 느낀 시인은 집에 돌아와 술잔을 마주해도 마실 수가 없다. 인간은 유한한 죽음이 있어 한이 많은 법. 시인은 없어져 가는 것들에 대해 남몰래 슬퍼한다.

## 4-25
## 〈翫月城西門廨中(완월성서문해중)〉[1)]

〈성 서문 관청에서 달을 감상하며〉

始見西南樓, 처음 초승달 땐 서남쪽 누대에 보였고,
시견서남루

纖纖如玉鉤.[2)] 가늘고 가느다란 옥의 고리와 같았었지.
섬섬여옥구

末映西北墀, 끝 그믐달 땐 동북쪽 지대 뜰 비추었고.
말영서북지

娟娟似蛾眉.[3)] 곱고 곱기가 여인의 눈썹과도 같았었지.
연연사아미

蛾眉蔽珠櫳, 고운 눈썹 같은 보름달도 구슬 창에 가렸거니와,
아미폐주롱

玉鉤隔瑣窗.[4]
옥구격쇄창
옥고리 같은 초승달도 격자무늬 창문에 막혔었지.

三五二八時,
삼오이팔시
십오야 보름달 때인가 열엿새 기망 때인가,

千里與君同.[5]
천리여군동
천 리 떨어져 있더라도 그대와 함께 하겠네.

夜移衡漢落,
야이형한락
밤이 깊어져서 북두칠성과 은하수가 져도,

裴徊帷戶中.[6]
배회유호중
휘장에 들어와 비추이니 바장이고 있다네.

歸華先委露,
귀화선위로
돌아가는 꽃은 먼저 이슬에 떨어지거니와,

別葉早辭風.[7]
별엽조사풍
가지 작별한 나뭇잎 바람에 일찍 떨어지네.

客遊厭苦辛,
객유염고신
나그네 생활이라 고생 물리도록 하였거니와,

仕子倦飄塵.[8]
사자권표진
벼슬살이에 회오리 먼지 같은 생활 지치누나.

休澣自公日,
휴한자공일
쉬고 빨래하려 관청에서 돌아온 날은,

宴慰及私辰.[9]
연위급사진
편히 쉬며 사적인 일에 미친 날이로다.

蜀琴抽白雪,
촉금추백설
촉금으로 〈백설곡〉을 골라 연주해 보거니와,

郢曲發陽春.[10]
영곡발양춘
영 지방 창법으로 〈양춘곡〉을 불러 보는구나.

肴乾酒未闋,
효건주미결
안주 말랐어도 술자리 아직 끝내지 않았으니,

金壺起夕淪.[11]
금호기석륜
물시계는 저녁 작은 물결을 일으키고 있다네.

迴軒駐輕蓋,[12]
회헌주경개
수레 돌려와 그 수레를 멈추어 주길 바라나니,

留酌待情人.
류작대정인
술을 남겨 두었다가 정겨운 그대를 기다리네.

원주

* 두보가 말한 뛰어나고 빼어남은 바로 이런 종류를 가리킨 것이다.(少陵所云俊逸, 應指此種.)[13]

역주

1) 翫月城西門廨中 : 완월(翫月)은 달을 감상하다. 해(廨)는 관아, 관청.
2) 始見西南樓 2구 : 시(始)는 '처음 초승달'을 가리킴. 섬섬(纖纖)은 첩어, 의태어로 가느다란 모양. 옥구(玉鉤)는 옥의 고리. 초승달의 모양을 비유한 말.
3) 末映西北墀 2구 : 말(末)은 '끝 그믐달'을 가리킴. 서북(西北)은 다른 판본에 동북(東北)으로 되어 있고, 그믐달이 보이는 방향이므로 '동북쪽'으로 해석함. 지(墀)는 계단 위의 뜰, 지대 뜰. 연연(娟娟)은 첩어, 의태어로 고운 모양. 아미(蛾眉)는 여인의 눈썹. 보름달을 비유.
4) 蛾眉蔽珠櫳 2구 : 아미(蛾眉)는 고운 눈썹 같은 보름달의 의미. 옥구(玉鉤)는 옥의 고리 같은 초승달의 의미. 쇄창(瑣窗)은 격자무늬의 창문. 창(窗)의 고음(古音)이 '총'으로 앞 구의 롱(櫳)과 압운을 이룸.
5) 三五二八時 2구 : 삼오(三五)는 음력 십오일 보름달이 뜨는 때. 이팔(二八)은 음력 열엿새 날 기망(旣望). 군(君)은 임, 그대.
6) 夜移衡漢落 2구 : 형(衡)은 북두칠성 별자리. 한(漢)은 은하수. 배회(裴徊)는 바장이다, 배회하다. 주체는 달.
7) 歸華先委露 2구 : 귀화(歸華)는 땅으로 돌아가는 꽃. 위(委)는 떨어지다. 로(露)는 이로(以露), 이슬에 의해. 별엽(別葉)은 가지와 작별한 나뭇잎. 사(辭)는 작별하다. 잎이 떨어진다는 의미. 풍(風)은 이풍(以風), 바람에 의해.
8) 客遊厭苦辛 2구 : 객유(客遊)는 타 지방의 벼슬살이를 말함. 염(厭)은 염(饜)으로 물리다. 사자(仕子)는 벼슬살이. 표진(飄塵)은 회오리바람과 먼지. 유동적인 벼슬살이를 비유한 말.
9) 休澣自公日 2구 : 휴한(休澣)은 쉬면서 빨래하다. 고대 관원들의 휴일을 말함. 자공(自公)은 ≪시경·소남·고양(召南·羔羊)≫에 "물러나 밥을 먹기를 관공서로부터 하나니(退食自公)."라고 하였다. '쉬는 날'의 의미. 연위(宴慰)는 편하게 쉬다. 직무를 보지 않는다는 의미. 급사(及私)는 사적인, 개인적인 일에 미치다. 진(辰)은 날.
10) 蜀琴抽白雪 2구 : 촉금(蜀琴)은 촉나라 거문고. 송옥(宋玉)의 ≪대초왕문(對楚王問)≫에 의하면 영(郢)지방에 노래하는 사람이 있어 〈하리(下里)〉, 〈파인(巴人)〉를 부르면 따라 부르는 사람이 수천 명이나 되는데, 〈양춘(陽春)〉, 〈백설(白雪)〉을 부르면 겨우 수십 명이 따라 불렀다는 이야기가 나온다. 영(郢)은 춘추시대의 초(楚)나라의 수도. 지금의 호북성(胡北城) 강릉(江陵) 서북에 위치. 영곡(郢曲)은 영 지방의 창법, 가락.
11) 肴乾酒未闋 2구 : 효건(肴乾)은 안주가 말라비틀어지다. 안주에 관심 없이 술을

더디 마시는 것을 의미. 결(闋)은 그치다. 금호(金壺)는 청동 호리병. 물시계를 말함. 기석륜(起夕淪)은 저녁 작은 물결을 일으키다. 물시계의 물이 쌓여 넘침을 말한 것으로 시간의 흐름을 묘사함.

12) 迴軒駐輕蓋 : 회헌(迴軒)은 수레를 돌리다. 경개(輕蓋)는 가벼운 수레 차양으로 고급 수레를 의미.

13) 少陵所云俊逸 : 소릉(少陵)은 두보(杜甫)의 호. 두보는 〈춘일억이백(春日憶李白)〉에서 "뛰어나고 빼어남은 포조와 같네.(俊逸鮑參軍.)"라고 하였다.

14) 樓, 鉤에서 墀, 眉로 다시 櫳, 窗(古音 총)으로 다시 同, 中, 風으로 다시 辛, 塵, 辰, 春, 淪, 人으로 환운(換韻).

**감상**

포조는 남조 송나라 무제 때 말릉령(秣陵令)을 지낸 바 있는데, 이 작품에는 당시 가족, 친구들과 떨어지는 이별에 대한 상심이 드러나고 있다. 압운에 따라 세 단락으로 나눌 수 있다.

1단락(1-6구)은 제목의 '달을 감상하다(翫月)'를 설명하고 있으며, 매구 압운을 밟고 또 2구마다 환운(換韻)을 하고 있다. 이는 매우 빠른 리듬으로 과거의 이야기를 요약해서 전달한 것이다. 1-4구는 초승달 때는 서남쪽 누대에, 그믐달 때는 동북쪽 지대 뜰에 비추었던 옛날을 회상한다. 특히 '옥 고리(玉鉤)'와 '고운 눈썹(蛾眉)'은 포조가 사용한 이후 초승달과 그믐달을 비유하는 대명사격의 시어가 되었다. 5-6구 역시 과거의 회상으로 그 때의 그믐달도 초승달도 가리고 막혀 희미했었다고 회고한다.

2단락(7-12구) 역시 제목의 '달을 감상하다(翫月)'를 설명하고 있다. 5-6구에 비해 오늘은 달이 너무 밝아 시인은 보름인지 기망인지 물어본다(7구). 또 이 달은 멀리 떨어져 있는 그대도 보는 달임을 깨닫는다(8구). 달이 너무 밝아 휘장 안까지 비춰자 그 달빛을 좇아 마당으로 나가보니, 시인의 눈에는 밤이슬이 무거워 떨어지는 꽃잎과 바람에 떨어지는 나뭇잎이 보인다(9-12구). 11-12구의 꽃과 나뭇잎은 경치묘사이면서 다음 3단락을 위한 복선이다.

3단락(13-22구)은 다시 두 개의 소 단락으로 나눌 수 있다. 13-18구는 자신의 이야기를 시작한다. 포조는 이 당시 말릉령을 맡아 타향의 벼슬살이를 하고 있어 지쳐 있는 중 쉬는 날을 맞아 달 감상을 하고 있음을 말한다. 17-18구에서 〈양춘〉〈백설〉을 이야기 한 것은 자신이 고귀한 생활 태도를 견지하고 있음을 말하고, 또 고아한 음악을 아는 이가 적듯 자신의 음악에 회답하는 사람이 없어 외롭다는 것을 말한 것이다. 3단락의 마지막 소 단락(19-22구)은 친구에 대한 이야기이다. 술을 대하고도 관심이 없고, 물시계의 물이 넘치도록 시간이 흘러도 외롭기만 한 시인은 마지막 소망을 이야기한다. "벗이여 수레를 돌려 나를 좀 찾아 주게나." 여기서 벗은 8구에서 말한 멀리서 오늘 이 달을 보고 있을 '그대(君)'이다.

## 5. 鮑令暉[1]

### 5-1
### 〈代葛沙門妻郭小玉作(대갈사문처곽소옥작)〉[2]

〈갈사문의 아내 곽소옥을 대신하여 짓다〉

| | |
|---|---|
| 明月何皎皎,<br>명월하교교 | 밝은 달은 어찌 저리도 밝은 것인지요, |
| 垂幌照羅茵.[3]<br>수황조라인 | 장막 드리웠건만 비단 자리까지 비추네. |
| 若共相思夜,<br>약공상사야 | 만약에 그리워하는 밤을 함께 하신다면, |
| 知同憂怨晨.<br>지동우원신 | 근심 원망하는 새벽을 같이함을 아시련만. |
| 芳華豈矜貌,[4]<br>방화기긍모 | 향기로운 꽃 같다 어찌 내 용모 자랑하리요, |
| 霜露不憐人.<br>상로불련인 | 서리 이슬 나를 가련하게 여겨주지 않는 걸. |
| 君非青雲逝,[5]<br>군비청운서 | 그대여 임께서는 청운처럼 간 것이 아닐지니, |
| 飄迹事咸秦.[6]<br>표적사함진 | 이리저리 돌아다니며 수도에서 일하고 있네. |
| 妾持一生淚,<br>첩지일생루 | 쇤네는 한 평생어치의 눈물을 간직하거니와, |
| 經秋復度春.[7]<br>경추부도춘 | 가을 계절을 지나고 또 봄을 넘어가고 있네. |

**역주**

1) 鮑令暉(포령휘, 생몰미상) : 남조 송나라에서 활약한 여류시인으로 문인 포조(鮑照)의 누이동생이다. ≪향명부집(香茗賦集)≫을 저술했으나 전하지 않는다.

2) 葛沙門 : 갈(葛)은 성 씨. 사문(沙門)은 '스님'이란 뜻. 원래 〈대갈사문처곽소옥작(代葛沙門妻郭小玉作)〉는 총 2수인데, 제2수의 시작이 "그대(남편)가 장차 멀리 요역을 떠나시는데,(君子將遙役,)"라고 한 데서 '스님인 갈 씨'가 아닌 '사문'이란 이름의 일반인임을 알 수 있음.

3) 垂幌照羅茵 : 수황(垂幌)은 장막, 휘장을 드리우다. 라인(羅茵)은 비단으로 만든

잠자리.

4) 芳華豈矜貌 : 방화(芳華)는 향기로운 꽃. 자신의 청춘을 비유한 말. 긍(矜)은 자랑하다.
5) 青雲逝 : 청운처럼 가다. ≪금조·기산조(琴操·箕山操)≫에 은자 허유(許由)가 말하길 "내 뜻은 청운(青雲)에 있으니, 어찌 하찮게 구주(九州)의 오장(伍長)을 하리요?"라고 하였다. 청운(青雲)은 ①세상을 등지고 살려는 꿈 ②입신양명의 꿈. 여기서는 두 가지 의미를 다 포함.
6) 飄迹事咸秦 : 표적(飄迹)은 발자취가 바람에 나부끼듯 이리저리 다니는 것을 말함. 사(事)는 일삼다. 함진(咸秦)은 진(秦)나라 수도 함양(咸陽)으로 일반적 수도를 범칭함.
7) 經秋復度春 : 경(經)은 지나다, 경험하다. 추(秋)와 춘(春)는 춘추(春秋)처럼 세월을 의미하여 여기서는 1년, 해가 넘어감을 말한 것.
8) 압운은 茵, 晨, 人, 秦, 春.

**감상**

포조의 누이동생인 포령휘의 작품으로 원래 총 2수 가운데 제1수이다.

1-2구에서 밝은 달은 늘 '둥글다(團圓)'와 연결되어 만남을 상징하고 외로운 '나'를 잠 못 이루게 만든다. 3구의 주어는 당신, 남편이다. 남편도 이 밤에 나를 그리워한다면, 새벽까지 근심하고 원망하고 있는 나를 알 수 있을 것이다(4구). 5-6구는 화무십일홍(花無十日紅) 격의 여인의 근심이다. 서리와 이슬 같은 세월이 내 청춘을 가련히 여겨주지 않아 시들 것을 걱정한다. 7-8구는 여인의 불만이 배어난다. 여인은 '청운(青雲)'을 빌려 남편이 세상을 등지고 사는 고상한 꿈도 높은 벼슬을 좇는 꿈도 아니면서 수도에 머물며 자신에게 돌아오지 않음을 원망한다. 마지막 9-10구는 여인의 눈물 속에 해가 바뀌어 가고 있음을 말한 것이다.

## 5-2
## 〈題書後寄行人(제서후기행인)〉[1] 〈편지 뒤에 써서 행인에게 주다〉

| | |
|---|---|
| 自君之出矣,<br>자군지출의 | 그대 낭군께서 집을 떠난 이래로, |
| 臨軒不解顔.[2]<br>림헌불해안 | 창문 굽어보며 얼굴 펴지 못했네. |
| 砧杵夜不發,[3]<br>침저야불발 | 다듬이 소리도 밤에 피우지 못하거니와, |
| 高門晝恆關.<br>고문주긍관 | 높은 대문은 낮에도 늘 닫아 두고 있네. |

帳中流熠耀, 휘장 사이에는 반딧불이 흐르고 있고,
장중류습요
庭前華紫蘭.[4] 마당 앞에는 자색 난초가 꽃 피웠구나.
정전화자란
楊枯識節異, 버드나무 마르니 계절 달라진 것 알겠고,
양고식절이
鴻歸知客寒. 큰 기러기가 돌아와 나그네 추움 알겠네.
홍귀지객한
遊用暮冬盡, 집 떠나 돌아다님으로 늦은 겨울 다해가니,
유용모동진
除春待君還.[5]* 새로 오는 봄에 임께서 돌아오길 기다리리.
제춘대군환

**원주**

* '양고' 10자가 이 작품을 쓴 의도이다.(楊枯十字作意.)

**역주**

1) 題書後寄行人 : 자군지출의(自君之出矣)〉라는 제목으로 ≪악부시집·잡곡가사(雜曲歌辭)≫에 실려 있다. 그 제목은 서간(徐幹)의 〈실사(室思)〉 제3수 〈잡시(雜詩)〉라는 제목으로 권6에 수록. (≪고시원≫ 번역본 2권 178쪽 참조) 그 마지막 4구에 "그대 떠나가신 이래로, 밝던 거울이 흐려져도 닦지 않았네. 그대 생각 흐르는 물 같으니, 어떻게 그칠 때가 있겠는가?(自君之出矣, 明鏡暗不治. 思君如流水, 何有窮已時?)" 에서 유래한다. 제(題)는 쓰다. 서(書)는 편지.
2) 臨軒不解顔 : 림(臨)은 굽어보다, 내려다 보다. 헌(軒)은 난간, 누대, 창문, 처마. 여기서는 창문. 해안(解顔)은 인상을 풀다, 얼굴을 펴다.
3) 砧杵 : 다듬잇돌과 다듬이방망이. 여기서는 다듬이질.
4) 熠耀帳中流 2구 : 습요(熠耀)는 쌍성, 의태어로 반짝거리는 모양. ≪시경·빈풍·동산(豳風·東山)≫에 "반짝반짝 밤에 반딧불이가 나네.(熠燿宵行.)" 라고 하였다. 여기서는 헐후어(歇後語)의 쓰임처럼 '반딧불이' 를 의미. 화(華)는 앞 구의 류(流)와 연결하여 '꽃을 피우다' 로 해석.
5) 遊用暮冬盡 2구 : 유(遊)는 집을 떠나 돌아다니는 것. 용(用)은 여기서 이(以)로 ~로써. 제(除)는 바꾸다. 제춘(除春)은 제년춘(除年春)으로 해를 바꾸는 봄, 즉 새로 오는 봄, 내년 봄을 의미.
6) 압운은 顔, 關, 蘭, 寒, 還.

**감상**

이 시는 모두 10구로 되어 있다. 임이 집을 떠난 이래로, 얼굴을 펴지 못하는 주인

공의 괴로움은 밤낮을 가리지 않는다. 임이 오시지 않으니 낮에도 대문을 닫고, 밤에는 다듬이질조차 할 수가 없다(1-4구). 임과 함께 있어야 할 휘장 사이로는 반딧불이만 흐르고, 임과 함께 감상해야할 난초는 저 혼자 피어있다(5-6구). 푸르던 버들도 시들고 털 두꺼운 기러기도 추워서 남쪽을 찾아왔으니 북쪽의 남편이 추울까 걱정이 앞선다(7-8구). 7구의 양(楊)은 버들(柳)과 연결되고 다시 임을 붙잡고 싶은 마음, 류(留)와 통한다. 직접 말하지 않아도 남편을 향한 여인의 마음이 드러난 7-8구를 심덕잠도 원주에서 이 작품을 쓴 의도라며 높이 평가하였다. 마지막으로 여인은 이미 올해는 지나가고 있으니 내년 봄이라도 돌아오시길 소망해본다(9-10구).

## 6. 吳邁遠[1)]

### 6-1
### 胡笳曲(호가곡)[2)]　　〈호가곡〉

輕命重意氣,　　자신의 목숨 가볍게 여기고 의기 중시함은,
경명중의기
古來豈但今.　　예부터 그러했거니와 어찌 단지 지금뿐이랴.
고래기단금
緩頰獻一說,　　유순하게 한 가지 말씀을 올려 드렸거니와,
완협헌일설
揚眉受千金.[3)]　　눈썹을 기뻐 세우고 천금의 상을 받았다네.
양미수천금
邊風落寒草,　　변새 지방의 바람은 차가운 풀 넘어뜨리고,
변풍락한초
鳴笳墮飛禽.[4)]　　울어대는 풀피리소리 나는 새를 떨어뜨리네.
명가타비금
越情結楚思,　　월 지방사람 마음으로 초 지방 그리움 맺고,
월정결초사
漢耳聽胡音.[5)]　　한나라 귀로써 북방의 소리를 듣고 있구나.
한이청호음
既懷離俗傷,　　고향 익숙한 풍속 떠난 슬픔 품을 뿐 아니라,
기회리속상
復悲朝光侵.[6)]　　또한 아침 햇살이 침범됨을 슬퍼하고 있노라.
부비조광침
日當故鄉沒,　　태양이 고향을 비추고 있는 것일까 아닐까,
일당고향몰
遙見浮雲陰.[7)]　　멀리 바라다보노라니 뜬 구름만이 어두워라.
요견부운음

**역주**

1) 吳邁遠(오매원, ?-474) : 남조 송나라 문인으로 벼슬은 강주종사(江州從事)와 봉조청(奉朝請)를 역임했다. 후폐제(後廢帝) 원휘(元徽) 2년(474년)에 계양왕(桂陽王) 유휴범(劉休範)이 일으킨 반란에 연루되어 죽었다. 문집을 전하지 않고 시

10수가 전해진다.

2) 胡笳曲 : 호(胡)는 북방. 가(笳)는 갈피리, 풀피리. 호가(胡笳)는 북방의 음악을 의미.

3) 緩頰獻一說 2구 : 완협(緩頰)은 뺨을 느슨하게 하다, 얼굴을 펴다. 태도를 유순하게 한다는 의미. 양미(揚眉)는 눈썹을 치켜세우다. 기분이 좋아 웃는 모습을 묘사한 말.

4) 邊風落寒草 2구 : 변풍(邊風)은 변새 지방의 바람. 매우 거센 바람의 의미. 명가(鳴笳)는 울어대는 풀피리소리. 시인의 주관적 생각에 의한 애잔한 피리소리를 의미.

5) 越情結楚思 2구 : 결사(結思)는 그리움을 맺다. 한(漢)은 한나라. 여기서는 중원(中原) 지역을 의미. 호(胡)는 오랑캐, 북방을 의미.

6) 旣懷離俗傷 2구 : 기(旣)와 부(復)는 ~할 뿐 아니라 또한. 리속(離俗)은 고향의 익숙한 풍속을 떠난 것. 앞의 7-8구를 가리킴. 조광침(朝光侵)은 아침 햇살을 침범하다. 어떤 해석에는 '조광(朝光)' 을 조정의 광채로 보아 '조정이 침범을 당한 것' 으로 보기도 하나, 5-6구에서 말한 전쟁터의 거센 바람과 먼지들로 인해 아침부터 어둡고 뿌연 상황을 의미한 것으로 봄.

7) 日當故鄉沒 2구 : 당(當)은 대면하다, 보고 있다. 몰(沒)은 가라앉다, 묻히다. 여기서는 부정의 의미. 요견(遙見)은 멀리 바라보다. 고향 쪽을 바라본다는 의미.

8) 압운은 今, 金, 禽, 音, 侵, 陰.

**감상**

제목 〈호가곡〉이 시사하고 있듯이 일종의 변새시(邊塞詩)이다. 모두 12구로 되어 있고, 세 단락으로 나눠 볼 수 있다.

1단락(1-4구)은 적을 물리칠 계책을 내어서 전방에 파견된 일을 말하고 있다.

2단락(5-8구)은 실제 전방에 온 상황이다. 6구는 시인의 주관적 생각이 반영된 것으로 피리소리에 새가 내려앉는 모습을 보고 그 소리가 애잔하다고 여긴 것이다. 8구에서 중원을 의미하는 한나라 사람의 귀로 북방의 음악을 듣는 것처럼, 7구에서 월(越) 지방의 사람 마음으로 초(楚) 지방 그리움을 맺는다고 하였다. 이는 중원과 북방이 먼 것처럼, 고대에 월과 초 지역을 서로 먼 지방으로 여긴 것과 연결된다.

3단락(9-12구)은 변방에 온 시인의 감정을 드러낸다. 7-8구의 설명처럼 고향의 익숙함이 아닌 낯선 것을 겪는 시인 앞에 아침에 일어나 보는 광경마저 마음을 슬프게 한다. 거센 바람과 전쟁터에 끝없이 날리는 먼지들로 햇살마저 뿌옇게 보이는 아침이다(9-10구). 문득 고향이 그리운 시인은 저 태양이 고향을 비추고는 있는지 아닌지 생각에 잠긴다(11구). 그러나 고향 쪽 하늘에는 그저 어두운 구름만이 자욱하다(12구).

6-2

〈古意贈今人(고의증금인)〉 〈옛 뜻으로 오늘날 사람에게 주다〉

寒鄕無異服, 추운 고장이지만 평상시와 다른 복장 없으시리니,
한향무이복
氈褐代文練.[1) ] 거친 옷으로 고운 무늬 비단 옷을 대신하시리라.
전갈대문련
日日望君歸, 날이면 날마다 임이 돌아오시기를 바라거니와,
일일망군귀
年年不解綖.[2)] 해마다 또 해마다 얼굴을 펴지 못하고 있구나.
년년불해연
荊揚春蚤和,[3)] 형주와 양주 지역에는 봄기운이 일찍 따뜻하건만,
형양춘조화
幽薊猶霜霰.[4)] 당신 계신 유주와 기주 아직 서리와 싸락눈이리.
유계유상산
北寒妾已知, 북쪽 지방 춥다는 것 쇤네 이미 알고 있건만,
북한첩이지
南心君不見.[5)] 남쪽 지방의 이 내 마음은 그대 모르시겠지.
남심군불견
誰爲道辛苦, 누구에게 내 고생하는 것을 말할 수 있겠는가,
수위도신고
寄情雙飛燕. 쌍으로 날고 있는 제비에게 내 맘 기탁해보네.
기정쌍비연
形迫杼煎絲,[6)] 내 육신 다그침은 베틀 북이 실을 못살게 굴 듯,
형박저전사
顔落風催電.[7)] 안색의 쇠락하기가 바람이 번개 재촉하듯 하네.
안락풍최전
容華一朝改, 용모는 하루아침에 바뀐다고 할지라도,
용화일조개
惟餘心不變.[8)*] 오직 변치 않는 마음만은 남아 있다네.
유여심불변

**원주**

* '북한남심' 시구는 어휘 구사 표현에 정교하다.(北寒南心, 巧於著詞.)

## 역주

1) 寒鄕無異服 2구 : 이복(異服)은 남다른 복장. 평상시와 다른 복장을 의미. 전갈(氈褐)은 털로 짠 거친 천과 실로 짠 거친 옷. 문련(文練)은 곱게 무늬를 넣은 비단 옷.
2) 解綖 : 연(綖)은 중국어 발음(yan)이 안(顔)과 같아 '얼굴을 펴다(解顔)'으로 볼 수 있다 또 ≪여씨춘추·물궁(呂氏春秋·勿躬)≫에 나온 "백관신직, 이막감유연(百官愼職, 而莫敢愉綖)"의 연(綖)에 대해 고유(高誘)가 주를 달아 "연은 느슨함이다.(綖緩也.)"라고 하였다.
3) 荊揚春蚤和 : 형양(荊揚)은 형주(荊州)와 양주(揚州). 여인이 있는 남쪽 지역을 의미. 조(蚤)는 조(早)로 일찍.
4) 幽薊猶霜霰 : 유계(幽薊)는 유주(幽州)와 계주(薊州). 남편이 있는 북쪽 지역을 의미.
5) 南心君不見 : 남심(南心)은 남쪽에 있는 여인의 마음. 견(見)은 알다.
6) 形迫杼煎絲 : 형(形)은 육체, 몸. 박(迫)은 재촉하다, 촉박하다. 전(煎)은 볶다. 못살게 구는 것으로 시집살이의 어려움을 의미.
7) 顔落風催電 : 안락(顔落)은 안색이 쇠락하다. 청춘, 고운 용모가 시듦을 의미. 풍최전(風催電)는 바람이 번개를 재촉하다. 고대에는 바람이 번개를 싣고 온다고 여김.
8) 容華一朝改 2구 : 용화(容華)는 용모. 화(華)는 일종의 시어로 설화(雪華), 상화(霜華)와 같이 용(容)을 아름답게 말한 것. 여(餘)는 남다.
9) 압운은 練, 綖, 霰, 見, 燕, 電, 變.

## 감상

모두 14구로 되어 있으며 세 단락으로 나눌 수 있다.

1단락(1-4구)에서는 추운 계절이 되어 남편을 기다리는 여인이 등장한다. 1-2구는 추운 날씨에 겨울옷이 없는 남편을 걱정하는 여인의 마음이다. 3-4구는 일종의 호문(互文)으로 날마다 해마다 임이 돌아오길 기다리며, 얼굴을 펴지 못하고 있다는 의미이다.

2단락(5-8구)의 시작인 5-6구는 여인의 상상이다. 여인이 있는 남쪽 지방과 달리 임이 계신 북쪽은 추운 날씨 탓에 서리와 싸락눈이 내릴 것이라 생각한 것이다. 그리고 이 걱정하는 마음을 남편은 모를 것이라 여긴다(7-8구).

마지막 3단락(9-14구)의 9-10구는 삽입구 같은 느낌을 준다. 하소연 할 남편이 없어 여인은 날개가 있어 훨훨 날아갈 수 있는 제비에게 마음을 기탁해 본다고 말한다. 11-14구는 제비에게 하는 말이지만 결국은 남편에게 하고 싶은 말이기도 하다. 남편 없이 시댁 식구들 속에서 시집살이하는 여인은 자신의 모습을 베틀 북에 바삐 쫓기는 실에 비유한다(11구). 또 자신의 용모가 급히 시들어 가는 것을 바람이 번개를 재촉하는 것에 비유하고 있다(12구). 마지막 13-14구는 그럼에도 변치 않는 마음으로 남편을 기다리겠다는 순종적인 여인의 모습으로 끝을 맺는다.

6-3

〈長相思(장상사)〉 〈하염없이 그리워하며〉

| | |
|---|---|
| 晨有行路客,<br>신유행로객 | 새벽에 길을 가는 나그네가 있는데, |
| 依依造門端.[1]<br>의의조문단 | 터벅터벅하며 대문 앞에 이르렀다네. |
| 人馬風塵色,<br>인마풍진색 | 사람도 말도 바람과 먼지 형색인지라, |
| 知從河塞還.[2]<br>지종하새환 | 황하이북 변새로부터 돌아옴 알겠네. |
| 時我有同棲,[3]<br>시아유동서 | 그 때 내게 함께 지내는 동료가 있어, |
| 結宦遊邯鄲.[4]<br>결환유한단 | 벼슬아치와 교유위해 한단을 떠돌았지요. |
| 將不異客子,[5]<br>장불이객자 | 장차 기이한 나그네로 여기지 마시오, |
| 分饑復共寒.[6]<br>분기부공한 | 그와 굶주림도 추위도 함께 하였다오. |
| 煩君尺帛書,<br>번군척백서 | 그대에게 귀찮게 편지 한 통을 줄 터, |
| 寸心從此殫.[7]<br>촌심종차탄 | 변변치 않은 마음을 여기에 다하리라. |
| 遣妾長憔悴,<br>견첩장초췌 | 나로 하여금 오랫동안 초췌하게 했으니, |
| 豈復歌笑顏?<br>기부가소안 | 어찌 다시 노래하고 웃는 얼굴 하였으랴. |
| 簷隱千霜樹,<br>첨은천상수 | 처마는 천년 묵은 나무에 가려져 있나니, |
| 庭枯十載蘭.<br>정고십재란 | 뜰에는 십 년 된 난초 말라 가고 있구나. |
| 經春不舉袖,<br>경춘불거수 | 봄을 지나도 소매를 들지 아니하거니와, |
| 秋落寧復看.[8]<br>추락녕부간 | 가을이 되어 떨어져도 어찌 다시 보던가. |

一見願道意,[9) ] 한 번 보고서 내 마음을 말하고 싶으나,
일견원도의

君門已九關.[10)] 그대 문 이미 아홉 번 빗장 걸려 있는 듯.
군문이구관

虞卿棄相印,[11)] 우경은 재상의 도장을 던져 버리고서는,
우경기상인

擔簦爲同歡.[12)] 대삿갓 메고 함께 기뻐하는 일 했건만.
담등위동환

閨陰欲蚤霜,[13)] 규방은 어두워 일찍 서리 내릴 것 같거늘,
규음욕조상

何事空盤桓.[14)] 무슨 일로 괜히 머뭇대 돌아오지 않는가.
하사공반환

**역주**

1) 依依造門端 : 의의(依依)는 첩자, 의태어로 느릿느릿 힘없는 걸음으로 걸어가는 모양. 문단(門端)은 대문 머리. 대문 앞을 의미.
2) 河塞 : 황하(黃河) 이북의 변새 지역.
3) 時我有同棲 : 시(時)는 이 때, 그 때. 아(我)는 1구의 길 가는 나그네(行路客)를 가리킴. 동서(同棲)는 함께 지내다.
4) 結宦遊邯鄲 : 결환(結宦)은 벼슬아치와 맺어지다, 벼슬아치와 교유관계를 맺다. 한단(邯鄲)은 전국(戰國)시대 조(趙)나라 수도로 하북성(河北省) 남부에 위치. 여기서는 당시 조(趙)나라가 황하와 북방에 걸친 지역이었으므로 4구의 하새(河塞)와 연결됨.
5) 不異客子 : 불이(不異)는 달리 대하다. 여기서는 기이하게 여기다. 객자(客子)는 1구의 길 가는 나그네(行路客)를 가리킴.
6) 分饑復共寒 : 호문(互文)으로 해석. 굶주림(饑)과 추위(寒)을 함께 나누었다는 의미.
7) 煩君尺帛書 2구 : 번(煩)은 귀찮게 하다. 군(君)은 1구의 길 가는 나그네(行路客)를 가리킴. 척(尺)은 길이 단위. 백서(帛書)는 하얀 비단에 쓴 서신, 편지. 촌심(寸心)은 변변치 않은 마음. 차(此)는 앞 구의 편지(帛書)를 가리킴.
8) 遣妾長憔悴 6구 : 견(遣)은 하여금 ~하게하다. 천상(千霜)은 천년(千年). 경(經)은 지나다, 경험하다. 불거수(不擧袖)는 소매를 들지 않다. 소매를 들어 꽃이나 나뭇잎을 따지 않는다는 의미. 추락(秋落)은 여기서 가을이 되어 꽃이나 잎이 떨어지는 것을 말함.
9) 道意 : 내 마음을 말하다.
10) 君門已九關 : ≪초사·구변(九辯)≫에 "어찌 답답해하면서 그대를 생각하지 않겠는가, 그대의 문이 아홉 겹을 닫혀 있네."라고 하였다. 찾아갈 수 없다는 의미.

11) 虞卿棄相印 : ≪사기·평원군우경열전(平原君虞卿列傳)≫에 의하면 우경(虞卿)은 전국(戰國)시대 조(趙)나라 효성왕(孝成王)에게 유세하여 조왕이 상경(上卿)으로 삼았다. 후에 곤경에 빠진 위(魏)나라의 재상 위제(魏齊)를 위해 만호후(萬戶侯)의 지위와 재상의 인장을 버리고 함께 조(趙)나라를 떠나 숨어 살며, 책을 저술했는데 ≪우씨춘추(虞氏春秋)≫라고 전한다.
12) 擔簦爲同歡 : 담(擔)은 메다. 등(簦)은 대삿갓. 손잡이가 있는 삿갓으로 신분이 낮음을 의미. 위동환(爲同歡)은 함께 즐거워하는 일을 하다. 아내와 함께 즐거운 생활을 했다는 의미.
13) 閨陰欲蚤霜 : 규(閨)는 규방(閨房). 조(蚤)는 조(早)로 일찍.
14) 盤桓 : 첩운, 의태어로 머뭇대고 주저하는 모양.
15) 압운은 端, 還, 鄲, 寒, 殫, 顔, 蘭, 看, 關, 歡, 桓.

## 감상

이 시는 규원시 일종으로 남편을 그리워하는 아내의 마음이 표현되어 있다. 이 시에는 남편과 아내 외에 나그네까지 모두 3명이 등장하며 이야기를 통해 시를 전개하고 있다. 시는 모두 22구로 되어 있으며 다섯 단락으로 나눌 수 있다.

1단락(1-4구)에서는 나그네가 등장한다. 3-4구는 나그네의 형색이 북방의 변새지역에서 온 사람임을 알려주고 있다.

2단락(5-8구)는 1구에 등장한 나그네의 말이다. 나그네가 자신을 소개하기를 출세를 위해 벼슬아치와 교유하며 한단 지역을 떠돌던 동료와 지냈던 사람이라고 말한다(5-6구). 그 동료는 바로 여인의 남편이다. 나그네는 남편과는 굶주림도 추위도 함께 나누던 사이였으니, 자신을 기이한 나그네로 생각하지 말라고 한다(7-8구).

3단락(9-12구)은 나그네의 신분을 알게 된 여인이 남편에게 보내는 편지를 부탁하는 내용이다. 편지의 내용은 노래도 웃음도 잃은 초췌한 자신의 모습으로 시작하고 있다.

4단락(13-16구) 역시 편지의 내용이다. 천년 묵은 나무, 십년 된 난초가 집 안에 있어도 봄에 손을 들어 나무의 꽃을 따는 일도, 가을이 난초가 져가도 쳐다보는 일도 없이 지내고 있음을 말하고 있다.

5단락(17-22구)는 여인이 나그네에게 하는 부탁의 말로 보인다. 17-18구는 ≪초사≫를 빌려 만나서 말하고 싶으나 남편을 찾아갈 수 없음을 말한 것이다. 19-22구는 재상 벼슬을 던지고 온 우경의 이야기를 빌려 자신에게 돌아오지 않는 남편의 귀향을 재촉하는 말이다.

# 7. 王微[1)]

## 7-1

〈雜詩(잡시)〉　〈잡시〉

| | |
|---|---|
| 思婦臨高臺,<br>사부림고대 | 그리움 젖은 아낙 높은 누대에서 굽어보며, |
| 長想憑華軒.[2)]<br>장상빙화헌 | 채색난간 기대어 영원토록 그리워하는구나. |
| 弄絃不成曲,<br>롱현불성곡 | 거문고 희롱해도 곡 이뤄지지 않거니와, |
| 哀歌送苦言.<br>애가송고언 | 구슬픈 노래에 하소연만 내뱉고 있구나. |
| 箕帚留江介,[3)]<br>기추류강개 | 부엌데기인 나는 강남에 남아 있거니와, |
| 良人處雁門.[4)]<br>량인처안문 | 그 잘난 양반은 안문에 거하시고 계시네. |
| 詎憶無衣苦,[5)]<br>거억무의고 | 옷 없던 힘든 상황 어찌 기억이나 하랴, |
| 但知狐白溫.[6)]<br>단지호백온 | 다만 호백구의 따뜻함만 알고 계시리라. |
| 日暗牛羊下,[7)]<br>일암우양하 | 해가 저물면 소와 양이 내려오거니와, |
| 野雀滿空園.<br>야작만공원 | 들새들만이 텅 빈 정원에 가득하다네. |
| 孟冬寒風起,<br>맹동한풍기 | 초겨울인지라 차가운 바람이 일어나니, |
| 東壁正中昏.[8)]<br>동벽정중혼 | 동벽 별자리 정남쪽 중앙에 자리 잡네. |
| 朱火獨照人,[9)]<br>주화독조인 | 방안 촛불만이 홀로 나를 비추고 있고, |
| 抱景自愁怨.[10)]<br>포영자수원 | 내 그림자 껴안고 절로 근심 원망할 뿐. |
| 誰知心曲亂,<br>수지심곡란 | 뉘라서 알리 내 마음 속이 어지러움을, |

所思不可論. 그리워하는 바를 논할 수조차 없거늘.
소사불가론

역주

1) 王微(왕미, 415-453) : 남조 송나라 낭야(琅邪) 임기(臨沂), 지금의 산동성(山東省) 사람으로 자는 경현(景玄)이다. 왕홍(王弘)의 조카이며, 명문귀족 낭야왕씨(瑯耶王氏) 집안 출신이다. 문장과 서화(書畵)로 이름이 났다. 벼슬은 수재(秀才)로 천거된 이후 사도좨주(司徒祭酒), 태자중사인(太子中舍人) 등을 역임. 후에 은거의 삶을 살았다. 문집은 전하지 않는다.
2) 華軒 : 채색된 난간. 헌(軒)은 1구의 누대(臺)와 연결하여 난간으로 해석함.
3) 箕帚留江介 : 기추(箕帚)는 키와 빗자루. 키와 빗자루를 쥐고 일하는 사람으로 자신을 낮춘 말. '부엌데기'로 번역함. 강개(江介)는 강계(江界)로 양자강 둘레. 강남을 의미.
4) 良人 : 잘난 양반. 여기서는 남편을 가리키며 시의 내용상 불만 섞인 표현. 안문(雁門)은 안문산(雁門山). 지금의 산서성(山西省) 대현(代縣) 서북쪽에 위치하며 서북방 지역을 의미.
5) 詎 : 어찌
6) 狐白 : ≪사기75권·맹상군열전(史記七十五卷·孟嘗君列傳)≫의 계명구도(鷄鳴狗盜) 고사에 나오는 흰 여우의 겨드랑이 털로 만든 진귀한 외투 호백구(狐白裘)를 말함. 현재 남편은 풍족한 삶을 누리고 있음을 비유한 말.
7) 日暗 : 해가 지다.
8) 東壁正中昏 : 동벽(東壁)은 별자리 이름. 중(中)은 가운데 자리 잡다. 정중혼(正中昏)은 별이 정남쪽 중앙에 자리 잡을 것을 말하며 부부가 함께 하던 시간임을 암시한 것.
9) 朱火 : 촛불.
10) 抱景 : 내 그림자를 껴안다. 남편의 부재를 말한 것.
11) 압운은 軒, 言, 門, 溫, 園, 昏, 怨, 論.

감상

규원시의 일종으로, 16구로 되어 있으며 네 단락으로 나눌 수 있다.

1단락(1-4구)은 남편을 기다리고자 높은 누대에 올라 난간에 기댄 여인이 등장한다. 제대로 연주하지 못하고 만지작하는 거문고와 슬픈 노래에 하소연만 내뱉는 모습이다.

2단락(5-8구)은 현재 여인의 처한 상황이다. 남편은 먼 북방에 자신은 남방에 남아 있는 상황을 설명하며 여인의 원망의 어조가 담겼다. 그래서 자신은 부엌데기이고 남편은 잘난 양반이다(5-6구). 더구나 남편은 지금 최고급 옷을 누리는 풍족한 삶에 취해 과거의 가난도 아내도 잊고 있다(7-8구).

3단락(9-12구)의 시작 9-10구는 아내의 볼멘소리이다. 해 저물면 소도 양도 내려올 줄 알고 새들도 제 집 정원을 찾아드는데, 남편은 오지 않는다는 의미이다. 겨울이 되자 찬바람이 부는 가운데 부부가 늘 함께 하던 그 시간 동벽별이 정남중앙에 오는 시각이 되자 아내는 더욱 마음이 시리다(11-12구).

4단락(13-16구)는 여인이 외로움을 토로한 것이다. 남편은 없고 촛불만 비추는 텅 빈 방에 아내가 껴안고 있는 것은 바로 자신의 그림자이다. 마지막 16구에 '그리워하는 바(所思)' 는 첫 1구의 그리움 젖은 아낙(思婦)과 멀리서 서로 호응한다.

## 8. 王僧達[1)]

### 8-1

〈答顏延年(답안연년)〉 〈안연년에 화답하다〉

| | |
|---|---|
| 長卿冠華陽,<br>장경관화양 | 사마상여는 화양 지방에서 으뜸이었거니와, |
| 仲連擅海陰.[2)]<br>중련천해음 | 노중련은 발해 남쪽에서 이름을 떨쳤었지. |
| 珪璋既文府,<br>규장기문부 | 옥 같은 글 솜씨는 글 창고일 뿐 아니라, |
| 精理亦道心.[3)]<br>정리역도심 | 정교한 이치는 또한 도의 핵심이었다 하지. |
| 君子聳高駕,<br>군자용고가 | 군자께서는 고귀한 수레 높이 몰고 다니시고, |
| 塵軌實爲林.[4)]<br>진궤실위림 | 먼지와 바퀴자국 실로 군자의 무리될만하네. |
| 崇情符遠跡,<br>숭정부원적 | 높은 정회는 머나 먼 자취에 부합하거니와, |
| 清氣溢素襟.[5)]<br>청기일소금 | 맑은 기상은 물들지 않는 마음에 넘쳐나네. |
| 結遊略年義,<br>결유략년의 | 교유를 맺을 때는 나이와 신분을 무시하고, |
| 篤顧棄浮沈.[6)]<br>독고기부침 | 두텁게 돌볼 때에는 출세와 몰락 버렸었지. |
| 寒榮共偃曝,<br>한영공언폭 | 겨울철 처마 아래 함께 누워 햇볕 쬐었고, |
| 春醞時獻斟.[7)]<br>춘온시헌짐 | 봄철 빚은 술은 때 맞춰 술잔을 권하였지. |
| 聿來歲序暄,<br>율래세서훤 | 자 이제는 해의 순서 계절이 따뜻해졌나니, |
| 輕雲出東岑.[8)]<br>경운출동잠 | 가벼운 구름 동쪽 봉우리에서 나와 오르네. |
| 麥壟多秀色,<br>맥롱다수색 | 보리 밭 언덕에는 이삭의 색이 많아지나니, |

|  |  |
|---|---|
| 楊園流好音.[9]<br>양원류호음 | 버들 동산에는 듣기 좋은 소리가 흐른다네. |
| 歡此乘日暇,<br>환차승일가 | 그것을 기뻐해서 날이 한가한 틈을 타서는, |
| 忽忘逝景侵.[10]<br>홀망서경침 | 가는 시간이 수명을 침범함 문득 잊는다오. |
| 幽衷何用慰,<br>유충하용위 | 깊은 마음을 무엇을 가지고 위로할까 하니, |
| 翰墨久謠吟.[11]<br>한묵구요음 | 붓과 먹으로써 오랫동안 시 읊조려 본다오. |
| 棲鳳難爲條,<br>서봉난위조 | 봉황새 깃들게 하고프나 가지되기 어렵고, |
| 淑貺非所臨.[12]<br>숙황비소림 | 좋은 선물 받을 만한 입장이 아니건만 …. |
| 誦以永周旋,<br>송이영주선 | 낭송함으로써 오랫동안 화답하고 화답하니, |
| 匣以代兼金.[13]*<br>갑이대겸금 | 상자에 넣어두어서 귀한 겸금 대신하리라. |

**원주**

* 또한 신경을 쓰고 글자를 좇아 조탁을 가했다. 안연년에게 답한 이 시가 안연년의 시체와 매우 흡사하다.(亦著意追琢. 答顔詩與顔體相似.)[14]
≪장자·제물론(齊物論)≫ : 나이와 신분 차이를 잊고서, 구분 없는 세계에서 펼친다.(莊子曰, 忘年忘義,[15] 振於無境.)

**역주**

1) 王僧達(왕승달, 423-458) : 남조 송나라 낭야(琅邪) 임기(臨沂), 지금의 산동성(山東省) 사람이다. 아버지 왕홍(王弘)은 송(宋)을 세운 무제(武帝) 유유(劉裕)를 도와 화용현공(華容縣公)에 봉해졌었고, 아내는 무제의 조카 임천왕(臨川王) 유의경(劉義慶)의 딸이다. 벼슬은 시흥왕(始興王)의 후군참군(後軍參軍)을 거쳐 선성태수(宣城太守), 상서우복야(尙書右僕射), 정로장군(征虜將軍), 오군태수(吳郡太守), 태상경(太常卿) 등을 역임했으며 영릉현후(寧陵縣侯)에 봉해졌다. 명문 가문 출신에 자신의 재주를 과신한 나머지 오만한 태도로 효무제와 황태후 로씨(路氏)의 노여움을 샀다. 결국 36살에 고도(高闍)의 모반사건과 연루되어 사형 당한다. 문집 ≪왕승달집(王僧達集)≫ 10권이 있었으나 전하지 않는다.
2) 長卿冠華陽 2구 : 장경(長卿)은 서한(西漢)시기 문인 사마사여(司馬相如)를 말함. 자는 장경(長卿)이며 사천성(四川省) 성도(成都) 출신이다. 화양(華陽)은 옛 지명

으로 익주(益州), 지금의 성도(成都)지역. 사마상여의 고향을 말함. 중련(仲連)은 노중련(魯仲連)을 말함. 전국시대 제(齊)나라 사람으로 책사였으며 ≪사기·노중련열전(魯仲連列傳)≫에 두 차례 유세를 통해 조나라와 제나라를 구한 일이 전한다. 천(擅)은 떨치다. 해음(海陰)은 바다 남쪽. 바다는 발해(渤海) 바다 즉 요녕(遼寧), 하북(河北), 산동(山東) 지역에 둘러싸인 바다를 가리키며 노중련의 고향인 옛 제나라 지역을 말함.

3) 珪璋旣文府 2구 : 규장(珪璋)은 옥 같은 좋은 문장 솜씨. 사마상여의 글 솜씨를 말함. 기(旣)와 역(亦)은 ~ 뿐 아니라 또한. 정리(精理)는 정교한 이치. 노중련을 설명한 것. 도심(道心)은 도의 마음, 도의 핵심.

4) 君子聳高駕 2구 : 군자(君子)는 안연지를 가리킴. 용(聳)은 높이 몰고 다니다. 고가(高駕)는 높은 수레로 고귀한 수레를 의미. 진궤(塵軌)는 앞길을 사는 사람의 자취 먼지와 수레바퀴 자국. 여기서는 모두 언행의 영향력을 의미한 말. 림(林)은 사마천(司馬遷)의 〈보임소경서(報任少卿書)〉에 "남자는 다섯 가지 덕목이 있어야, 세상에 몸을 기탁할 수 있고, 군자의 숲(君子之林)에 나열될 수 있다."라고 하였다.

5) 崇情符遠跡 2구 : 숭정(崇情)은 높은 정회. 원적(遠跡)은 먼 자취. 사마상여와 노중련의 자취를 말함. 소금(素襟)은 평소 원래의 마음가짐, 물들지 않는 마음.

6) 結遊略年義 2구 : 년의(年義)는 나이 차이와 사회적 신분의 차이. 원주 ≪장자·제물론≫ 참조. 독고(篤顧)는 도탑게 돌보다. 남을 도와주는 것을 말함. 부침(浮沈)은 여기서 상대방의 출세와 몰락을 의미.

7) 寒榮共偃曝 2구 : 한(寒)은 겨울철. 영(榮)은 오동나무로 만든 처마. 폭(曝)은 햇빛을 쬐다. 온(醞)은 술을 빚다. 시(時)는 여기서 때를 맞추어. 짐(斟)은 술을 따르다. 술잔.

8) 聿來歲序暄 2구 : 율래(聿來)는 화제를 바꿀 때 쓰인 말로 '자 이제' 등의 의미. ≪시경·대아·면(詩經·大雅·緜)≫에 "이에 미녀와 더불어, 자 이제 집터 보시니라.(爰及姜女, 聿來胥宇.)"라고 하였다. 세서(歲序)는 해의 순서, 계절. 잠(岑)은 산봉우리.

9) 麥壟多秀色 2구 : 맥롱(麥壟)은 보리 밭 언덕. 다(多)는 ①색이 진하다 ②늘어나다, 많아지다. 여기서는 ②의 뜻. 호음(好音)은 듣기 좋은 소리로 새 울음소리를 의미.

10) 歡此乘日暇 2구 : 차(此)는 앞 13-16구의 봄이 온 모습을 가리킴. 승일가(乘日暇)는 날이 한가한 틈을 타다. 뒤에 '놀러나가다'는 말이 생략됨. 서경침(逝景侵)은 가는 볕, 가는 시간을 침범하다. '수명을 침범하다'는 의미.

11) 幽衷何用慰 2구 : 유충(幽衷)은 깊은 마음. 1-12구의 내용으로 안연지에 대한 고마움을 의미. 용(用)은 이(以). ~로써. 한묵(翰墨)은 붓과 먹.

12) 棲鳳難爲條 2구 : 서봉(棲鳳)은 봉황을 잠시나마 깃들게 하다. 안연지를 초대하고 싶다는 의미. 조(條)는 봉황이 앉는다는 오동나무 가지를 의미. 숙황(淑貺)은 맑은 선물, 깨끗한 선물. 여기서는 안연지가 보내 온 시를 의미. 림(臨)은 윗사람

이 아랫사람에게 주는 것으로 왕승달이 시를 받은 것을 말함.

13) 誦以永周旋 2구 : 주선(周旋)은 ①응수하다 ②반복하다. 여기서는 시에 화답하다는 의미. 갑(匣)은 상자에 넣다. 겸금(兼金)은 갑이 곱절이나 되는 좋은 금.

14) 答顔詩與顔體相似 : 안(顔)은 안연지(顔延之)를 말함. 남조 송나라 낭야(琅邪) 임기(臨沂) 사람으로 자는 연년(延年), 시호는 헌자(憲子)이다. 답안시(答顔詩)는 안연지가 보내온 〈증왕태상〉에 답한 이 시 〈답안연년〉를 말함. 〈증왕태상〉은 10권 4-3번시 참조.

15) 忘年忘義 : 심덕잠의 ≪고시원≫에 "망년지의(忘年志義)"로 되어 있으나 ≪장자·제물론≫을 참조하여 "망년망의(忘年忘義)"로 수정함.

16) 압운은 陰, 心, 林, 襟, 沈, 斟, 岑, 音, 侵, 吟, 臨, 金.

## 감상

이 시는 왕승달이 안연지가 준 〈증왕태상〉에 답한 노래이다. 권10 4-3번시에 소개된 〈증왕태상〉을 살펴보면 시의 전반부는 왕승달의 재능과 인품을 찬양하면서 조정의 인재이며 어르신들을 감화시킬 기품을 지녔다고 칭찬했고, 후반부에서는 안연지 자신의 인생이 막바지에 이르렀음을 깨닫는다고 말하고 있는 것으로 보아 두 사람의 사이가 서로 막역하고 안연지가 왕승달보다 연배가 윗사람인 것을 알 수 있다. 시를 받은 왕승달은 답장에 안연지에 대한 칭송 뿐 아니라 원주의 설명처럼 일부러 안연지의 시체(詩體)를 써서 답함으로 존경을 표현하고 있다. 시는 모두 24구로 되어 있고 6개의 단락으로 나눌 수 있다.

1단락(1-4구)은 안연지를 높이기 위해 고대의 명사 두 사람을 미리 소개하고 있다. 글 솜씨로 유명한 사마상여와 책사로 공을 세웠던 노중련 두 사람을 말하고 있다.

2단락(5-8구)은 안연지를 칭송한 것이다. 5-6구는 안연지의 남다른 행동거지가 군자의 무리가 될 만하다는 의미이다. 7-8구는 높은 정회와 맑은 기상이 사마상여와 노중련에 비견된다고 한 것이다.

3단락(9-12구)은 안연지의 평판과 두 사람의 과거 추억에 관한 이야기이다. 9-10구는 안연지가 나이나 신분이 아닌 인품으로 사람을 사귀며, 상대의 출세와 몰락을 상관하지 않는 것을 말함으로 어리고 신분이 낮은 왕승달과 교유를 맺어준 안연지를 칭송하고 있다. 11-12구는 두 사람이 함께 시간을 보내며 때 맞춰 술을 권해주었던 안연지와 과거 인연을 말하고 있다.

4단락(13-16구)은 다시 돌아온 봄날 자신의 근황을 묘사하면서 안연지와의 추억을 떠올리고 있다. 5단락(17-20구)은 옛 추억을 떠올리며 안연지에 대한 고마움으로 시를 짓고 있다고 밝히고 있다.

마지막 6단락(21-24구)은 안연지가 찾아옴도 차마 청하지 못할 뿐 아니라 시를 받는 것도 황송한 차에 시를 받게 된 기쁨을 말하고 있다. 그래서 시인은 보내온 시에 화답하며 소중히 여기리라는 마음을 표현하고 있다.

8-2

〈和琅琊王依古(화낭야왕의고)〉

〈낭야왕이 쓴 의고시에 화답하며〉

| | |
|---|---|
| 少年好馳俠,<br>소년호치협 | 젊어서부터 말 달리고 의협을 좋아했더니, |
| 旅宦遊關源.[1)]<br>려환유관원 | 여행 차 벼슬 차 관중지역을 유람하였네. |
| 既踐終古跡,[2)]<br>기천종고적 | 옛날 이래 흔적을 밟아 볼 뿐 아니라, |
| 聊訊興亡言.<br>료신흥망언 | 애오라지 흥망의 이야기 물어보았네. |
| 隆周爲藪澤,<br>륭주위수택 | 융성했던 주나라는 소택지 되어버리고, |
| 皇漢成山樊.[3)]<br>황한성산번 | 성대한 한나라도 산기슭 되어버렸구나. |
| 久沒離宮地,[4)]<br>구몰리궁지 | 주나라 별궁 땅은 오래전에 함몰 되었고, |
| 安識壽陵園.[5)]<br>안식수릉원 | 수릉의 묘원을 어찌 알아 볼 수 있겠는가. |
| 仲秋邊風起,<br>중추변풍기 | 가을 한복판에 변방의 바람 일어서거니와, |
| 孤蓬卷霜根.<br>고봉권상근 | 외로운 쑥은 서리 맞은 뿌리를 마는구나. |
| 白日無精景,[6)]<br>백일무정경 | 대낮의 태양도 밝은 빛이 없거니와, |
| 黃沙千里昏.<br>황사천리혼 | 누런 먼지에 천 리 어둡기만 하구나. |
| 顯軌莫殊轍,<br>현궤막수철 | 지금 밝은 길에 바퀴자국 달리하지 않고, |
| 幽途豈異魂.[7)]<br>유도기이혼 | 어두운 저승길인들 어찌 혼백을 달리하랴. |
| 聖賢良已矣,<br>성현량이의 | 성군 현군도 진실로 이미 끝났거늘, |
| 抱命復何怨.[8)]<br>포명부하원 | 천명 껴안을 뿐 다시 뭘 원망하리오. |

## 원주

* 수릉은 경제의 무덤이다.(壽陵, 景帝陵也.)

## 역주

1) 少年好馳俠 2구 : 소년(少年)은 시인 왕승달(王僧達)의 젊은 시절. 협(俠)은 의협의 일. 려(旅)는 견문을 넓히는 여행. 환(宦)은 벼슬살이. 관원(關源)은 관중(關中) 지역. 관중 지역은 지금의 섬서성(陝西省)에 해당하며, 견원(汧源)과 위원(渭源)이 있어 '관원(關源)'이라 부름.
2) 終古 : 옛날. 옛날 이래.
3) 隆周爲藪澤 2구 : 수택(藪澤)은 숲과 못. 소택지(沼澤地). 한(漢)은 한나라. 여기서는 황릉(皇陵)을 의미. 산번(山樊)은 산기슭.
4) 離宮 : 5구의 륭주(隆周)와 연결되어 주나라의 별궁을 말함.
5) 壽陵園 : 한나라 경제(景帝)의 무덤으로 성군(聖君)의 무덤을 상징. 원(園)은 묘지의 정원, 묘원을 말함.
6) 精景 : 밝은 태양 빛.
7) 顯軌莫殊轍 2구 : 현궤(顯軌)는 현재 드러난 길, 현 세계를 말함. 철(轍)은 바퀴자국. 유도(幽途)는 그윽한 길. 저승길을 의미.
8) 聖賢良已矣 2구 : 성현(聖賢)은 성군(聖君)과 현군(賢君). 5구와 연계하여 주나라 성군들과 6구와 연결하여 한나라의 현군들을 가리킴.
9) 압운은 源, 言, 樊, 園, 根, 昏, 魂, 怨.

## 감상

이 시의 제목에 나오는 낭야왕은 당시 왕승달이 모시던 상관일 가능성이 크다. 그래서 왕승달은 이 시를 통해 자신을 소개하고, 자신의 포부를 피력한 것으로 보인다. 모두 16구로 되어 있으며 네 단락으로 나눌 수 있다.

1단락(1-4구)은 시인이 자신을 소개한 것이다. 왕승달은 자신이 젊은 시절부터 약한 자를 돕는 협객 일을 좋아했거니와, 지금은 견문을 넓히는 여행과 벼슬살이를 하며 또한 흥망의 역사를 성찰하고 있다.

2단락(5-8구)은 성대했던 두 나라 주나라와 한나라를 예로 들어 이제는 그 흔적을 찾아 볼 수 없는 현실을 말한 것이다.

3단락(9-12구)은 현 시대 상황을 묘사한 것이다. 지금 남북조시대를 사는 시인은 늘 북조와 대치한 전쟁의 시기를 살고 있다. 그래서 변방의 바람이 일어나고, 쑥대가 뿌리 뽑혀 말려 바람에 날리는 모습과 같이 이리저리 떠도는 신세이다. 잦은 전쟁으로 인한 군사들의 이동은 늘 천리를 먼지로 뒤덮어 대낮에도 태양 빛을 가린다.

마지막 4단락(13-16구)에서 13-14구는 시인 왕승달이 자신이 모시는 주군에게 살아서도 죽어서도 충성을 다할 것을 맹세하는 말이다. 15-16구는 옛 주나라의 성군들도 한나라의 현군들도 죽고 없어진 현재, 자신은 천명을 견지할 뿐 원망할 것이 없다.

## 9. 沈慶之[1)]

### 9-1

〈侍宴詩(시연시)〉* 〈연회에 시중들며〉

| | |
|---|---|
| 微生遇多幸,[2)]<br>미생우다행 | 보잘 것 없는 내가 큰 행운 만나니, |
| 得逢時運昌.<br>득봉시운창 | 시운 창성한 시대 만날 수 있구나. |
| 朽老筋力盡,<br>후로근력진 | 늙어서 근력이 바닥이 나게 된다면, |
| 徒步還南岡.[3)]<br>도보환남강 | 걸어서 남쪽 산으로 돌아갈 것이라. |
| 辭榮此聖世,<br>사영차성세 | 이 성세에 영화를 사양한다면, |
| 何媿張子房![4)]**<br>하괴장자방 | 장자방에 어찌 부끄럽겠는가. |

**원주**

* ≪남사·심경지종각열전(沈慶之宗慤列傳)≫에 기록되어 있다. 효무제가 군신으로 하여금 시를 짓게 했다. 심경지는 말솜씨가 있었으나, 손으로 글씨를 쓸 수 없었다. 임금이 시 짓는 것을 명하니, 경지가 말하길 "신하 저는 청하니 구술로 사백에게 주겠습니다." 임금이 안 씨 사백에게 집필하도록 했다. 경지가 위 시처럼 읊었다. 임금이 매우 기뻐했고, 여러 자리에 앉은 사람들이 그 문사와 문사의 뜻이 아름답다고 아울러 칭찬하였다.(南史云, 孝武令群臣賦詩, 慶之有口辯, 手不能書. 上令作賦, 慶之曰, 臣請口授師伯. 上令顏師伯執筆. 慶之云云. 上甚悅, 衆坐並稱其詞意之美.)

** 무신의 시는 그 곧음을 거리끼지 않는다. 조경종의 시와 나란히 전한다.(武臣詩不嫌其直, 與曹景宗詩並傳.[5)])

**역주**

1) 沈慶之(심경지, 386-465) : 남조 송나라 명장으로 오흥(吳興) 무강(武康), 지금의 절강성(浙江省) 덕청(德淸) 사람이다. 자는 홍선(弘先)이다. 용맹하고 지략에 뛰어난 장군으로 평가받았다.

2) 微生遇多幸 : 미생(微生)은 보잘 것 없는 나. 생(生)은 남자의 미칭으로 시인 심경

지 자신을 말함. 다행(多幸)은 행운, 행운이 많은 시대.

3) 徒步還南岡 : 남강(南岡)은 남쪽 산. 고향 산을 의미. 고향에 걸어서 돌아간다는 것은 빈손으로 돌아가는 것을 의미.

4) 何媿張子房 : ≪한서40권·장진왕주전(漢書·張陳王周傳)≫의 〈장량전(張良傳)〉에 장량이 "이제 내 세치 혀로써 제왕의 스승이 되어, 만호에 봉해지고, 열후가 되었으니, 이것은 평민 출신의 지극한 경지이므로 나에게 충분하다. 원컨대 인간사를 던지고, 적송자를 따라 노닐고 싶을 따름이다."라고 하였다. 자방(子房)은 장량(張良)의 자. 장량은 한나라를 세운 유방(劉邦)의 책사로 후에 유후(留侯)에 봉해짐.

5) 이 책 권13의 13번 조경종(曹景宗)의 〈광화전시연부경병운(光華殿侍宴賦競病韻)〉 참조.

7) 압운은 昌, 岡, 房.

**감상**

조금 거칠지만 무인다운 개성이 잘 드러난 시이다. 장량에게 자신을 견준 것은 자부심의 표출이면서, 아울러 자신의 임금을 한고조 유방에 견줌으로써 치켜세우는 역할도 한다.

# 10. 陸凱[1]

## 10-1
〈贈范曄詩(증범엽시)〉[2)*] 〈범엽에게 드리는 시〉

| | |
|---|---|
| 折梅逢驛使,[3]<br>절매봉역사 | 매화 꺾다가 파발꾼을 만나니, |
| 寄與隴頭人.[4]<br>기여롱두인 | 롱두에 있는 벗에게 부치노라. |
| 江南無所有,<br>강남무소유 | 강남에는 있는 것이 없거니와, |
| 聊贈一枝春.<br>료증일지춘 | 애오라지 봄 한 가지 보내노라. |

**원주**

* ≪형주기≫에 이르길 육개는 범엽과 더불어 사귐을 잘 했다. 강남에서부터 매화 한 가지를 보내어서 범엽에게 주었다고 하고, 이 시도 보냈다고 한다.(荊州記曰, 凱與范曄交善, 自江南寄梅花一枝與曄, 贈詩云云.)

**역주**

1) 陸凱(육개, ?-504?) : 남북조시대 북위(北魏)의 대현(代縣) 지금의 하남성(河南省) 위현(蔚縣)사람으로 선비족(鮮卑族)으로 알려져 있다. 자는 지군(智君)이다. 벼슬은 시어중산(侍御中散), 급사황문시랑(給事黃門侍郎), 정평태수(正平太守) 등을 역임했으며 바른 관직의 삶으로 칭송을 들었다.
2) 范曄(범엽, 398-445) : 남조 송나라의 역사가로 순양(順陽), 지금의 하남성(河南省) 석천(淅川) 사람이다. 자(字)는 위(울)종(蔚宗)이다. 벼슬은 상서외병랑(尙書外兵郎), 비서감(秘書監), 좌위장군(左衛將軍), 태자첨사(太子詹事) 등을 역임하였다. 문제(文帝) 원가(元嘉) 9년(432년)에 선성(宣城) 태수(太守)로 좌천되었는데, 이때부터 역사서인 〈후한서(後漢書)〉를 집필하였다. 원가(元嘉) 22년(445년)에 팽성왕(彭城王) 유의강(劉義康)을 황제로 옹립하려다가 발각되어 처형되었다.
3) 驛使 : 파발꾼. 역참에 문서를 전달하던 관리.
4) 隴頭 : 롱산(隴山). 지금의 감숙성(甘肅省) 육반산(六盤山) 남단.
5) 압운은 人, 春.

**감상**

짧지만 우정이 물씬 풍기는 시이다. '봄 한 가지(一枝春)' 는 인구에 회자되는 문구이다.

## 11. 湯惠休[1)]

| 〈怨詩行(원시행)〉[2)] | 〈원시행〉 |
|---|---|
| 明月照高樓,<br>명월조고루 | 밝은 보름달이 높은 누대를 비추는데, |
| 含君千里光.[3)]<br>함군천리광 | 천 리 멀리 임의 광채 머금고 있어라. |
| 巷中情思滿,<br>항중정사만 | 골목 안에 그리운 정 가득차서, |
| 斷絶孤妾腸.[4)]<br>단절고첩장 | 외로운 쇤네 애간장 끊는구나. |
| 悲風盪帷帳,<br>비풍탕유장 | 슬픈 바람이 휘장을 흔들어 놓으니, |
| 瑤翠坐自傷.[5)]<br>요취좌자상 | 옥 비취 여인 인하여 혼자 슬프네. |
| 妾心依天末,[6)]<br>첩심의천말 | 제 마음은 하늘 끝에 의지하거니와, |
| 思與浮雲長.<br>사여부운장 | 제 그리움 뜬 구름과 함께 길다네. |
| 嘯歌視秋草,[7)]<br>소가시추초 | 노래 부르며 가을 풀을 바라보나니, |
| 幽葉豈再揚?[8)]<br>유엽기재양 | 어두운 잎은 어찌 다시 나부끼리요. |
| 暮蘭不待歲,<br>모란불대세 | 가을 난은 해를 기다리지 않거니와, |
| 離華能幾芳.[9)]<br>리화능기방 | 낙화는 얼마동안 향기로울 수 있을까. |
| 願作張女引,[10)]<br>원작장녀인 | 원컨대 〈장녀인〉을 지어서, |
| 流悲繞君堂.<br>류비요군당 | 슬픈 소리 흘려 그대 마루 에워싸고파. |
| 君堂嚴且秘,<br>군당엄차비 | 그대 마루는 엄하고도 또한 감추어져서, |
| 絶調徒飛揚.<br>절조도비양 | 절조인들 헛되이 날아가 버리고 말리라. |

원주

* 단지 막 시작하자 곧장 절창이다. 강엄의 〈벽운〉 구만이 거의 족히 서로 비길만 하다.(只一起便是絶唱, 文通碧雲之句, 庶足相擬.)
좌선하는 스님께서 사랑 노래를 지었는데, 도리어 미묘함에 들어감을 느끼게 한다. 그 미묘한 곳은 역시 선정의 이치를 깨달을 수가 있다.(禪寂人作情語, 轉覺入微. 微處亦可證禪也.)
안연지는 말하기를 "혜휴의 작품은 민간의 가요일 뿐으로, 바야흐로 마땅히 젊은이들을 그르칠 뿐이다."라고 했는데 어찌 작품이 염정시에 가깝기 때문이 아니겠는가?(顔延之謂惠休制作委巷間歌謠耳, 方當誤後生, 豈因其近於豔耶.)

역주

1) 湯惠休(탕혜휴, 생졸미상) : 남조 송나라 사람으로 자는 무원(茂遠)이다. 원래 승려였으나 시문에 뛰어나 당시 서담지(徐湛之)의 칭송을 들었다. 후에 효무제(孝武帝)의 명으로 환속하여 관직을 역임하였다. 벼슬은 양주종사사(揚州從事史), 완구령(완구령) 등을 지냈다. 문집 3권은 전하지 않고, 시 11수가 전한다.
2) 怨詩行 : ≪악부시집·상화가사(相和歌辭)≫ 〈초조곡(楚調曲)〉에 속함. 행(行)은 음악용어.
3) 含君千里光 : 천 리 떨어져 있는 그대(혹은 남편)의 광채를 머금고 있다. 달을 묘사.
4) 巷中情思滿 2구 : 항중(巷中)은 골목 안. 정사만(情思滿)은 그리움이 가득 차다. 달빛이 가득 찬 모양을 의미. 단절(斷絶)은 마음을 끊어 놓는다는 의미.
5) 悲風盪帷帳 2구 : 비풍(悲風)은 슬픈 바람으로 가을바람을 의미. 탕(盪)은 펄럭이다, 흔들어 놓다. 요(瑤)는 옥비녀. 취(翠)는 물총새 깃털로 만든 머리 장식. 좌(坐)는 인하여, 때문에.
6) 天末 : 하늘 끝. 여기서는 남편이 있는 곳을 의미.
7) 嘯歌 : 휘파람과 노래. 여기서는 시를 짓고 있는 것을 의미.
8) 幽葉 : 어두운 잎. 가을에 잎이 말라 처진 것을 의미.
9) 暮蘭不待歲 2구 : 모란(暮蘭)은 저물녘의 난. 문맥상 '가을 난'을 의미. 세(歲)는 여기서 한 해가 다 가는 것을 말함. 리화(離華)는 떨어진 꽃. 줄기에서 떨어진 낙화(落花)를 말함.
10) 張女引 : 반악(潘岳)의 〈생부(笙賦)〉 곡조 이름. 인(引)은 음악 용어. 임 그리는 노래임.
11) 압운은 光, 腸, 傷, 長, 揚, 芳, 堂, 揚.

감상

≪고시원≫ 13권 1-7번에 소개된 강엄(江淹)의 〈휴상인원별(休上人怨別)〉은 이 시를 본떠 지은 것이다. 시인 탕혜휴는 문재가 있어 당시 서담지(徐湛之)라는 사람의 인정을 받았는데 서담지는 남조 송나라를 세운 유유(劉裕)의 적장녀인 회계공주(會

稽公主)의 아들이다. 회계공주는 황실의 큰 어른으로 후대 황제도 모든 일을 먼저 상의하였다고 하니 탕혜휴가 훗날 효무제(孝武帝)의 명으로 환속하여 벼슬을 맡게 된 일에는 황실의 신임이 두터웠던 서담지라는 인물의 추천이 있었을 것이다. 모두 16구로 되어 있고 네 단락으로 나눌 수 있다.

1단락(1-4구)은 달을 묘사하고 있다. 1-2구는 원주에서 말한 것처럼 여인을 비추는 달이 멀리 떨어진 남편도 비추고 있음을 묘사한 아름다운 시구로 꼽히는 표현이다. 3구는 달빛이 가득한 모양을 말한 것이다.

2단락(5-8구)은 임과 헤어져 있는 여인의 외로움을 말하고 있다. 슬픈 바람이 침실의 휘장을 흔들어 놓자, 달빛과 그 바람으로 인해 여인은 슬픔에 빠진다(5-6구). 7-8구는 여인의 마음은 임이 있는 곳, 저 하늘 끝에 있어 임을 그리워하고 있음을 말한 것이다.

3단락(9-12구)은 "화무십일홍(花無十日紅)" 식의 세월이 흐름에 따라 늙어가는 자신을 걱정하는 여인의 마음이다. 가을이 되자 말라서 처진 잎과 져가는 가을 난초에 여인의 자신의 모습을 투영하고 있다.

마지막 4단락(13-16구)은 임을 그리워하는 곡조 〈장녀인〉를 지어 하소연이라도 하고 싶으나 아무리 뛰어난 음악과 노래인들 임에게 전할 길이 없음을 말한 것이다.

이 시를 보는 상반된 관점은 심덕잠의 원주에 잘 나타나 있다. 승려 시인이 지은 사랑 노래이지만 선리(禪理)를 깨닫게 한다는 것과 안연지의 평처럼 한갓 염정시라는 관점이 그것이다.

## 12. 劉俁[1]

### 〈詩一首(시일수)〉 〈시 한 수〉

| | |
|---|---|
| 城上草.<br>성상초 | 성벽 위의 풀이여. |
| 植根非不高.<br>식근비불고 | 뿌리 내림이 높지 않음이 아니거늘. |
| 所恨風霜蚤.*<br>소한풍상조 | 한스러움은 서리 바람 빨리 오는 걸. |

**원주**

* 요와 비슷하다.(似謠.)[2]

**역주**

1) 劉俁(유우, 생졸미상) : 유언절(劉彦節)의 아들. 아버지가 원찬(袁粲)과 함께 남조 제(齊)나라 고제(高帝) 소도성(蕭道成)을 처결하고자 모의했으나 실패하여 주살되었고, 자신도 삭발하고 승려 복장으로 도망하였으나 잡혀 죽임을 당함.

2) 謠 : 음악 용어. ≪한시장구(韓詩章句)≫에 "장곡(章曲)이 있으면 가(歌)라 하고, 장곡이 없으면 요(謠)라 한다."라고 하였다.

3) 압운은 草, 高, 蚤.

**감상**

동요 같은 시이다. 성벽위의 풀은 높은 곳에 있기에 보통의 나무보다 키가 크다. 2구는 그 높은 위치를 이야기 한 것이다. 2구가 성벽위의 풀이 가진 장점이라면 3구는 그 단점이다. 높은 위치 때문에 서리도 바람도 빨리 맞이하기 때문이다.

## 13. 漁父

### 13-1
〈答孫緬歌(답손면가)〉[1)*] 〈손면에게 답하는 노래〉

竹竿籊籊,[2)] 낚싯대 낭창낭창,
죽간적적
河水浟浟.[3)] 강물은 넘실넘실.
하수유유
相忘爲樂,[4)] 서로 잊고 즐기면서 노니나니,
상망위락
貪餌呑鉤.[5)] 미끼 욕심내면 낚시 삼킨다네.
탐이탄구
非夷非惠,[6)] 백이도 유하혜도 아니라고 하며,
비이비혜
聊以忘憂.** 애오라지 그것으로 근심 잊으리.
료이망우

**원주**

* ≪남사≫ : 심양태수인 손면이 어부를 만나서 더불어 같이 세상에 쓰여지는 도를 논하고자 했다. 어부가 말하길 "저는 재야의 광인으로서 세상일에 통달하지 못합니다. 빈천도 구별하지 못할 뿐만 아니라 돈 많음과 출세함은 말할 필요가 없습니다."라고 하였다. 이에 노래를 부르고는 유연히 노를 저으며 갔다.(南史, 潯陽太守孫緬遇漁父, 與論用世之道. 漁父曰, 僕山海狂人, 不達世務. 未辨貧賤, 無論榮貴. 乃歌云云, 於是悠然鼓枻而去.)

** 동방선생이 말하길 "수양산의 백이는 졸렬하고, 유하혜의 처세는 공교롭다."라고 하였다. 이 시에서는 졸렬과 공교의 사이를 헤아리고 있다.(東方先生曰, 首陽爲拙, 柳下爲工. 此斟酌於工拙之間.)

**역주**

1) 答孫緬歌 : ≪남사·열전은일상(南史·列傳隱逸上)≫에 의하면 남조 송나라 때 심양태수 손면이 어느 날 물가를 거닐다 한 어부를 보았다. 어부의 범상치 않은 모습을 기이하게 여겨 물고기를 살 수 있는지를 묻자 어부가 답하길 "낚일지 안 낚일지 모르는데 어찌 물고기를 팔 수 있겠소?"라고 하였다. 손면이 어부와 세상의 도에 대해 논하고자 하자 어부가 거절하고 위 시를 읊었다고 한다.

2) 竹竿籊籊 : ≪시경·위풍·죽간(衛風·竹竿)≫에 "낭창낭창 낚싯대로, 기수(淇水)

에서 물고기를 낚네."라고 하였다. 죽간(竹竿)은 대나무 줄기. 낚싯대를 의미. 적적(籊籊)은 첩어, 의태어로 가늘고 끝이 뾰족한 모양.

3) 潎潎 : 첩어, 의태어로 느리게 여유롭게 흐르는 모양.

4) 相忘爲樂 : ≪장자·대종사(大宗師)≫에 "못이 마르면, 물고기들이 땅 위에 모여, 서로 물기를 뿜어주고, 서로 거품으로 적신다. 그러나 강물이나 호수에서 서로를 잊고 사는 것 보다 못하다."라고 하였다.

5) 貪餌吞鉤 : 이(餌)는 낚시의 미끼. 구(鉤)는 낚시의 갈고리, 낚싯바늘.

6) 非夷非惠 : 이(夷)는 백이(伯夷)로 상(商)나라 말 고죽군(孤竹君)의 장자(長子). 아우 숙제(叔齊)와 함께 서로 왕위를 양보하다가 나라를 버리고 떠난다. 이후 주나라 무왕이 은나라의 주왕을 치자, 수양산(首陽山)에 들어가 굶어 죽었다고 전해진다. 혜(惠)는 유하혜(柳下惠)를 말함. 춘추 시대 노(魯)나라 현인(賢人)으로 성은 전(展)씨고, 이름은 획(獲)이며, 자는 금(禽)이다. 유하(柳下)는 식읍(食邑)의 이름이고, 혜(惠)는 시호다. 일찍이 사사(士師)라는 관직을 지내면서 형옥(刑獄)을 맡았는데, 세 번 쫓겨나자 사람들이 떠나기를 권했다. 그러자 곧은 도로써 사람을 섬기면 어디 간들 세 번 쫓겨남(三黜)을 당하지 않겠느냐며 굽은 도로 사람을 섬겨 부모의 나라를 버릴 수는 없다고 하였다.

7) 압운은 潎, 鉤, 憂.

**감상**

이 시는 ≪남사·열전은일상≫에 나오는 어부가 읊은 노래이다. 당시 심양태수를 맡고 있던 손면이 은자인 어부와 더불어 벼슬살이에 대한 이야기를 논하고자 하자 어부가 이 시를 읊고는 유유히 그 자리를 떠났다고 한다.

1-2구는 낚싯대와 강물을 묘사한 것이다. 손면을 만날 당시 어부는 낚싯대를 드리우고 길게 휘파람을 불며 은자의 맑은 기운을 뿜어내고 있었다.

3-4구는 물고기를 묘사한 것이다. 역주에 나온 ≪장자·대종사≫의 이야기처럼 물고기들이 서로를 잊고 즐겁게 노닐다가 미끼를 욕심내면 낚시를 삼키게 되듯, 부귀공명이란 세상의 미끼임을 말한 것이다.

5-6구는 어부 자신을 말한 것이다. 5구는 위 해석처럼 '백이도 아니라고 하고, 유하혜도 아니라고 한다.'를 뜻하기도 하고, 또는 '나는 백이와 같은 사람도 유하혜와 같은 사람도 아니다.'라는 의미로도 볼 수 있다. 마지막 6구는 벼슬을 하지 않고 초야에 묻힌 것으로써 근심을 잊겠다는 의미이다.

# 14. 無名氏

## 14-1

〈宋人歌(송인가)〉[1)*] 〈송나라 사람들의 노래〉

| | |
|---|---|
| 可憐白符鳩.<br>가련백부구 | 가련하여라 저 백부구 새 소리여. |
| 枉殺檀江州.[2)]<br>왕살단강주 | 공연히 죽였구나 단 강주자사를. |

**원주**

* ≪남사·열전류목지서선지부량단도제(南史·列傳劉穆之徐羨之傳亮檀道濟)≫ : 단도제는 송나라 장수로 적들이 두려워하는 자인데, 송나라 왕이 그를 의심하여 죽이자, 송나라 사람들이 이 노래를 지었다.(南史, 檀道濟宋之良將, 爲敵所畏, 宋主疑而殺之, 宋人作歌.)

**역주**

1) 宋人歌 : 심덕잠의 원전에 이 시를 어부(漁父)의 작품으로 보았으나 잘못.
2) 可憐白符鳩 2구 : 가련(可憐)은 가련하다. 백부구(白符鳩)는 새 이름. 이 새의 우는 소리를 본뜬 듯하다. 단(檀)은 단도제로 ≪남사≫에 의하면 남조 송 문제(文帝) 때에 강주자사(江州刺史)를 역임한 바 있음.
3) 압운은 鳩, 州.

**감상**

단도제는 남조 송나라 무제와 문제 때에 이름을 떨친 명장이었다. 특히 당시 남조와 전쟁 중인 북위(北魏)는 단도제 장군의 지략과 용맹으로 송나라를 넘보지 못할 정도로 두려워했다고 한다. 그러나 이름이 높아질수록 견제하는 세력들이 많아져 결국 모함으로 죽임을 당했다. 단도제 장군의 죽음을 들은 북위는 원가(元嘉) 27년(450년) 송나라를 쳐들어왔고, 문제는 석두성(石頭城)에 올라 단도제가 있었으면 이 지경에 이르지 않았을 것이라는 때늦은 한탄을 남겼다고 한다.

## 14-2

〈石城謠(석성요)〉[1)*] 〈석두성 노래〉

| | |
|---|---|
| 可憐石頭城.[2)]<br>가련석두성 | 가련하여라 저 석두성이여. |

寧爲袁粲死, 차라리 원찬처럼 죽을지언정,
녕위원찬사
不作褚淵生. 저연과 같은 삶은 되지 마세.
불작저연생

**원주**

* ≪남사≫ : 원찬이 군대를 일으켜 제나라 고제를 죽이고자 모의했는데, 저연이 그 모반을 고발했다. 원찬은 해를 입었지만 저연은 홀로 정사를 보조하는 높은 벼슬에 올랐다. 백성이 말하였다.(南史, 袁粲謀擧兵誅齊高帝, 褚淵發其謀. 粲遇害, 而淵獨輔政. 百姓語曰.)

**역주**

1) 石城謠 : 석성(石城)은 석두성(石頭城).
2) 石頭城 : 지금의 강소성(江蘇省) 남경시(南京市) 서북쪽에 위치.
3) 압운은 城, 生.

**감상**

≪남사·송본기하(南史·宋本紀下)≫에 의하면 남조 송나라의 마지막 황제 순제(順帝) 승명(昇明) 원년(477년)에 원찬(袁粲) 등이 당시 황권을 위협하던 소도성(蕭道成)을 죽이고자 병사를 일으켰으나 실패하였다. 이는 저연(褚淵)이라는 사람의 고발로 인해 성공하지 못했다고 한다. 원찬의 실패로 소도성은 결국 479년 남조 제(齊)나라를 세워 고제(高帝)가 되고, 저연은 제나라의 공신이 되어 승승장구하였다.

1구의 석두성은 수도 남경을 지키는 성곽으로 원찬이 당시 이 석두성을 맡아 여기를 거점으로 병사를 일으켰고, 결국 이 곳에서 죽임을 당했다.

저연은 송나라에서 무제(武帝)의 딸 시안공주(始安公主), 후에 다시 문제(文帝)의 딸 남군공주(南郡公主)와 결혼했던 부마였다. 또한 황제의 유명(遺命)을 받아 당시 상서령(尙書令)이었던 원찬(袁粲)과 함께 창오왕(蒼梧王)을 보필했던 신임 받는 신하였다. 이런 신하가 소도성을 도와 제나라를 건국했으니 백성들이 이런 노래를 부르고도 남음이 있다.

## 14-3
## 〈青溪小姑歌(청계소고가)〉[1)*]

〈청계의 처녀귀신에게 바치는 노래〉

日暮風吹, 해는 지고 바람은 부는데,
일모풍취

| | |
|---|---|
| 葉落依枝.<br>엽락의지 | 잎은 떨어질 듯 가지에 붙어있네. |
| 丹心寸意,<br>단심촌의 | 이 일편단심을, |
| 愁君未知.<br>수군미지 | 걱정스러워라 그대 알아주지 못함을. |

**원주**

* 장후의 여동생이다.(蔣侯妹.)

**역주**

1) 靑溪小姑歌 : ≪악부시집·청상곡사·오성가곡(樂府詩集·淸商曲辭·吳聲歌曲)≫의 〈신현가(神弦歌)〉 18수에 속한다. 남조시대 민간에서 오신(娛神)하였던 노래. 청계(靑溪)는 지금의 강소성(江蘇省) 남경(南京)에 위치하며, 동오(東吳)시기에 만든 인공수로를 말함. ≪이원(異苑)≫에 청계소고(靑溪小姑)는 장후(蔣侯)의 셋째 여동생이라고 하였다. 소고(小姑)는 여동생. 여기서는 처녀 귀신을 의미.
2) 압운은 枝, 知.

**감상**

민가의 특징처럼 소박함과 진솔함이 묻어나는 노랫말을 담았다. 사랑을 이루지 못하고 생을 마감한 처녀귀신을 달래는 노래이다. 또한 신을 즐겁게 한다는 핑계로 사람들이 사랑을 토로하는 기능도 하였을 것이다.

# 권12

# 齊詩(제시)

## 1. 謝朓[1)*]

### 1-1

〈江上曲(강상곡)〉[2)]　　〈강상곡〉

| | |
|---|---|
| 易陽春草出,<br>이양춘초출 | 쉽게 따뜻해지니 봄풀이 솟아나고, |
| 踟躕日已暮.[3)]<br>지주일이모 | 머뭇머뭇 해가 이미 저물고 있구나. |
| 蓮葉尚田田,[4)]<br>련엽상전전 | 저 연잎은 큼직큼직 커져 가건만, |
| 淇水不可渡.[5)]<br>기수불가도 | 기수 물은 건너서 갈 수가 없어라. |
| 願子淹桂舟,<br>원자엄계주 | 원컨대 그대여 계수나무 배 멈추시길, |
| 時同千里路.[6)]<br>시동천리로 | 자주 천리의 길을 함께 할 수 있도록. |
| 千里既相許,<br>천리기상허 | 천리의 길을 이미 서로가 허락했거늘, |
| 桂舟復容與.[7)]<br>계주부용여 | 계수나무 배 또 머뭇대고 오지 않는 걸. |
| 江上可采菱,<br>강상가채릉 | 강가에서는 마름을 딱 캐기 좋거니와, |
| 清歌共南楚.[8)]<br>청가공남초 | 맑은 노래 남쪽 초나라를 에워싸누나. |

원주

* 현휘 사조는 영민한 마음과 빼어난 말솜씨를 갖고 있어서, 매번 명구를 읊어낸다. 깊고 맑아서, 문장 중에서나, 문장 밖에서, 따로 깊은 정과 오묘한 이치가 있음을 느끼게 한다.(玄暉靈心秀口, 每誦名句, 淵然泠然, 覺筆墨之中, 筆墨之外, 別有一段深情妙理.)

강락 사령운은 매번 우직하고 졸박하나, 현휘 사조는 맑고 빼어남이 많다. 그러나 종영의 시품에서는 끝내 사령운의 아래에 놓이니, 이는 (사조의 작품이) 맑으나 온후할 수 없기 때문이다.(康樂每板拙, 玄暉多清俊, 然詩品終在康樂下, 能清不能厚也.)

역주

1) 謝朓(사조, 464-499) : 남조시대 제나라 시인으로 진군(陳郡) 양하(陽夏), 지금의 하남성(河南省) 태강현(太康縣) 사람이다. 자는 현휘(玄暉)이며, 선성태수(宣城太守)를 지내 '사선성(謝宣城)'으로도 불려진다. 남조 송나라의 사령운(謝靈運)과 함께 대소사(大小謝)라고 불리며, 또 사령운의 족제(族弟)인 사혜련(謝惠連)과 합쳐 삼사(三謝)라고도 한다. 벼슬은 예장왕(豫章王)의 태위행참군(太尉行參軍)를 시작으로, 선성태수(宣城太守), 중서랑(中書郎), 남동해태수(南東海太守), 상서이부랑(尙書吏部郎) 등을 지냈다. 제나라 영명(永明, 483-493) 연간에 경릉왕(竟陵王) 소자량(蕭子良)의 문사들이 이끈 유미주의 경향의 새로운 체제의 시를 영명체(永明體)라고 하는데, 이를 이끈 경릉팔우(竟陵八友) 즉, 사조를 포함한 왕융(王融), 범운(范雲), 임방(任昉), 심약(沈約), 육수(陸倕), 소침(蕭琛), 소연(蕭衍) 가운데 대표적 시인으로 꼽힌다. 또 사령운의 산수시풍을 계승 발전시켜 수려하고 청신한 산수시격을 창조하였다. 그의 시풍은 당시 세인들과 후에 당나라 시인 두보와 이백에게도 높은 평가를 받았다. 귀족 자제로 태어났으나 제 왕실의 정치적 모반에 연루되어 강석(江祏)과 시안왕(始安王) 소요광(蕭遙光)의 모함을 받아 투옥된 뒤 36세에 죽었다. 문집 10권이 있었으나, 누소(樓炤)가 부(賦)와 시(詩)만을 뽑아 간행한 ≪사선성시집(謝宣城詩集)≫ 5권만 전한다.
2) 江上曲 : ≪악부시집·잡곡가사(樂府詩集·雜曲歌辭)≫에 수록.
3) 易陽春草出 2구 : 이양(易陽)은 사조의 시 권12 1-33 〈임계송별(臨溪送別)〉에 "황량한 성은 멀어서 쉽게 그늘이 지고, 가을 시내는 넓어서 건널 수가 없다네.(荒城迥易陰, 秋溪廣難渡.)"의 이음(易陰)과 대조를 이룬다. 그러므로 이(易)는 쉽다, 양(陽)은 따뜻해지다의 의미. 지주(踟躕)는 쌍성, 의태어로 머뭇거리는 모양. 좋고 아쉬워서 머뭇거림을 뜻함.
4) 蓮葉尙田田 : 상(尙)은 다른 판본에 향(向)으로 되어 있어 문맥상 '향하여, ~해져가다'로 보는 것이 타당함. 전전(田田)은 첩어, 의태어로 둥글둥글, 큼직큼직한 모양. 한(漢)나라 악부시 〈강남(江南)〉에 "강남은 연 따기 안성맞춤. 연잎 어찌 저리 큼직한가.(江南可採蓮. 蓮葉何田田.)"라고 하여 연잎이 무성하고 큼직한 모양을 나타냄(≪고시원≫ 번역본 1권 396쪽 참조).
5) 淇水不可渡 : 기수(淇水)는 ≪시경·용풍·상중(鄘風·桑中)≫에 "나를 상중(桑中)에서 만나기로 약속하였고, … 나를 기수(淇水) 가에서 전송하였도다."라고 하여 임과 만나 노닐고 전송하는 장소의 뜻으로 쓰였다. ≪시경·위풍·기오(衛風·淇奧)≫에는 "저 기수 벼랑을 보니, 푸른 대나무 야들야들. … 문채 나는 군자여, 끝내 잊을 수 없어라."라고 하여 군자로 대변되는 멋진 남자가 있는 곳의 의미로 쓰였다. ≪시경·위풍·맹(衛風·氓)≫에는 "기수가 넘실넘실, 수레 휘장을 적시네."라고 하여 남녀가 만나는 장소로 쓰였다. 여기서는 기수를 건너가 임을 만날 수 없다는 의미.
6) 願子淹桂舟 : 엄(淹)은 멈추다. 계주(桂舟)는 계수나무 배로 향기가 좋은 배. 시(時)는 때로. 여기서는 '자주'의 의미.

7) 容與 : 쌍성, 의태어로 느긋한 모양. ≪초사·구장·섭강(九章·涉江)≫에 "배는 머뭇머뭇(容與) 가지 않고, 소용돌이에 막혀 머무노라."라 하였다.
8) 淸歌共南楚 : 청가(淸歌)는 맑은 노래이나, 정가(情歌)와 해음(諧音)이 되어 사랑노래를 아울러 의미함. 공(共)은 에워싸다. ≪논어·위정(爲政)≫에 "덕으로 정치를 하는 것은, 비유하자면 북극성이 있어야 할 곳에 자리 잡으면, 뭇 별들이 에워싸는(共) 것 같다."라 하였다. 남초(南楚)는 남쪽 초나라 지역. 문맥상 강남을 뜻하며 운을 맞추기 위해 쓴 것임.
9) 압운은 暮, 渡, 路, 與, 楚.

**감상**

이 시는 모두 10구로 되어 있고, 내용에 따라 세 단락으로 나눌 수 있다.

1단락(1-4구)의 1구에서는 따뜻한 봄날 들녘에 나물을 캐러 나간 아가씨들이 등장한다. 1구의 이양(易陽)를 일반적으로 '역양'으로 읽어 '역수(易水)의 북쪽'이라고 설명한다. 역수(易水)는 연(燕)나라 태자 단(丹)이 진왕(秦王)을 암살하고자 형가(荊軻)를 전송하던 강으로 오늘날 하북성(河北省) 정흥현(定興縣)의 경계를 지나간다. 그러나 강가에서 봄풀을 캐는 이 시의 내용과 맞지 않다. 또 역주 3)의 설명처럼 그의 시 〈림계송별(臨溪送別)〉에서 '이음(易陰)'을 '쉽게 그늘지다'로 표현한 것으로 볼 때 '이양(易陽)'으로 읽어 '쉽게 따뜻해지다'로 번역하는 것이 타당해 보인다. 이처럼 따뜻해진 좋은 봄날 아가씨들이 아쉬워 머뭇거리는 사이 해는 저물고 만다(2구). 3-4구는 그녀들이 단순히 나물을 캐러 나온 것이 아니라 임을 만나러 온 것임을 알 수 있다. 3구의 연(蓮)은 연(憐)과 발음이 같아, 사랑스럽다는 뜻을 아울러 내포하는 쌍관어(雙關語)로 한나라 악부시 〈강남(江南)〉에서 보이듯 연잎이 큼직한 모습인 전전(田田)은 임과 더불어 노니는 모습을 형상화하고 있다. 상(尙)을 향(向)으로 번역한 것은 4구에서 보듯 기수를 건너가 임을 만날 수 없는 상황이기 때문이다.

2단락(5-8구)의 5-6구는 결국 바라던 임을 만나지 못한 아가씨들이 던지는 말이다. 기수를 건너가지 못한 아가씨가 배에 있는 사람, 임을 향해 그 향기로운 계수나무 배를 멈추고 천리의 길을 함께 하자고 말한다. 그러나 임이 탄 배는 머뭇대고 오지 않아 아가씨의 애를 태운다(7-8구).

마지막 3단락(9-10구)은 '아름다운 봄날 마름 캐러 나온 아가씨들의 사랑 노래가 이 강남 지역을 에워싸고 있다'는 시인의 마무리이다.

## 1-2
## 〈同謝諮議詠銅雀臺(동사자의영동작대)〉[1]

〈사자의와 함께 동작대를 읊다〉

| | |
|---|---|
| 繐帷飄井榦,<br>세유표정간 | 술 휘장은 누대 난간에 나풀거리고, |

罇酒若平生.[2]　　술잔 넘실대는 술은 생전과 같구나.
준주약평생

鬱鬱西陵樹,[3]　　울창하여라 무덤 서릉의 나무들이여,
울울서릉수

詎聞鼓吹聲,　　어찌 북치고 피리 부는 것을 들으랴.
거문고취성

芳襟染淚迹,　　향기로운 옷깃에 눈물 자국 얼룩지고,
방금염루적

嬋娟空復情.[4]　　고운 여인들 괜히 옛정 돌이키는구나.
선연공복정

玉座猶寂寞,　　옥좌도 여전히 저리 적막하거늘,
옥좌유적막

況乃妾身輕.[5]*　　하물며 쇤네들 하찮은 몸임에랴.
황내첩신경

**원주**

* 위 무제 조조를 비웃는 것이다. 그러나 그것을 나무에 기탁하니, 얼마나 함축적인가! 글 짓는 절묘함을 깨달을 수 있다.(笑魏武也. 而托之於樹, 何等含蘊. 可悟立言之妙.)

**역주**

1) 同謝諮議詠銅雀臺 : ≪악부시집·상화가사(樂府詩集·相和歌辭)≫에 〈동작기(銅雀妓)〉라는 제목으로 수록되어있다. 동(同)은 함께하다. 같이 주고받은 시를 의미. 사(謝)는 사경(謝璟)을 말함. 자의(諮議)는 벼슬 이름. 동작대(銅雀臺)는 동한(東漢) 건안(建安) 15년(210년) 겨울에 세운 것으로 ≪업도고사(鄴都故事)≫에 의하면, 조조(曹操)가 죽을 때 유언하길 죽은 후 무덤은 업성(鄴城) 서쪽 언덕에 만들고, 기녀들을 동작대 위에 살게 하고, 6척(尺)의 상을 차려 술이 달린 휘장을 치고, 아침저녁으로 음식을 올리되 매달 초하루와 보름에는 영장(靈帳)을 향해 음악을 연주하며 여러 아들들은 무덤을 향해 참배하도록 하였다고 한다.
2) 繐帷飄井幹 2구 : 세(繐)는 장식으로 다는 여러 가닥의 실로 만든 술. 유(帷)는 휘장. 정간(井幹)은 우물 주위에 쌓은 난간으로 훗날 누대의 의미가 됨. 동작대를 의미. 평생(平生)은 평소. 생전.
3) 鬱鬱西陵樹 : 울울(鬱鬱)은 첩어, 의태어로 울창한 모양. 서릉(西陵)은 서쪽 언덕에 만든 조조의 무덤.
4) 嬋娟空復情 : 선연(嬋娟)은 첩운, 의태어로 고운 모양. 고운 가기(歌妓)들을 가리킴. 복정(復情)은 옛정에 젖는 모습을 말함.
5) 玉座猶寂寞 2구 : 옥좌(玉座)는 여기서는 조로를 지칭. 황내(況乃)는 하물며 ~임

에라.

6) 압운은 生, 聲, 情, 輕.

**감상**

이 시는 모두 8구로 되어 있고 크게 두 단락으로 나눌 수 있다.

전 단락(1-4구)의 초점은 조조에게 있다. ≪업도고사≫에 보이는 조조의 유언에 따라 음식을 차리고 술을 올리고 음악을 연주한다. 3구에서 조조 무덤엔 울창한 나무 뿐 이라는 것은 정작 이것을 누려할 사람 '조조'는 이 자리에 없다는 의미이다.

후 단락(5-8구)의 5-6구에서는 동작대 위에 사는 고운 가기들이 눈물을 흘리며 옛정을 추억하는 모습이 나온다. 그러나 조조가 이미 없는 상황에서 이러한 모습은 부자연스럽다. 마지막 7-8구에서 시인은 제왕이었던 조조도 죽으면 저리 적막할 뿐이거늘, 한낱 가기인 자신은 죽은 뒤 누가 알아줄 것인가를 한탄한다.

## 1-3

## 〈玉階怨(옥계원)〉[1]　　〈옥섬돌의 원망〉

| | |
|---|---|
| 夕殿下珠簾,<br>석전하주렴 | 저녁 커다란 집에 주렴을 내리거니와, |
| 流螢飛復息.[2)]<br>류형비부식 | 흐르는 반딧불 날다 멈추다 하는구나. |
| 長夜縫羅衣,<br>장야봉라의 | 기나긴 밤 비단 옷 꿰매고 있나니, |
| 思君此何極.[3)*]<br>사군차하극 | 그대 그리움에 이것 어찌 끝나랴? |

**원주**

* 뜻밖에도 당나라 시인들의 절구이다. 당나라 시인들 중에서도 최상급이다.(竟是唐人絶句, 在唐人中爲最上者.)

**역주**

1) 玉階怨 : ≪악부시집·상화가사(樂府詩集·相和歌辭)≫에 실려있다.
2) 夕殿下珠簾 2구 : 전(殿)은 큰 집. 류형(流螢)은 날아다니는 반딧불이.
3) 此何極 : 이것이 어찌 끝이 있으랴, 끝날 수 있으랴.
4) 息, 極으로 입성(入聲) 압운.

**감상**

이 시는 모두 4구로, 절구의 형태를 갖고 있다. 1구에서 여인은 홀로 있는 외로움에 저녁이 되자 집이 더 크게만 느껴진다. 주렴을 내린다는 것은 여인이 이제 임을 기다리기를 포기하는 마음을, 밖과는 단절하는 상황을 보여 주는 것이다. 누군가를 기다리는 여인은 반딧불이의 기척에도 기다리던 사람이 아닐까 놀라 돌아본다(2구). 그러나 임의 모습이 아닌 것을 깨닫고 긴긴밤 그리움에 임이 입어야 할 비단옷을 꺼내 바느질을 한다(3구). 4구의 차(此)는 이 시의 핵심으로 함축된 표현이다. 궁극적으로 '이것' 이란 그리움이겠지만, 또 그 그리움을 이기려고 하고 있는 '바느질' 이라고도 볼 수 있다. 떨어진 두 조각을 실로 꿰매는 바느질이야 말로 임과 다시 만나길 고대하는 여인의 마음을 형상화한 것이기 때문이다.

## 1-4
## 〈金谷聚(금곡취)〉[1] 〈금곡에서의 모임〉

渠碗送佳人,[2] 옥돌 사발로 고운 임 전송하거니와,
거완송가인
玉杯邀上客. 옥 술잔으로 귀한 분 맞이하는구나.
옥배요상객
車馬一東西,[3] 수레 말 하나는 동으로 하나는 서로 가면,
거마일동서
別後思今夕.* 이별 뒤에는 오늘 저녁 연회 그리워하리라.
별후사금석

**원주**

* 이별의 느낌과 일을 담담한 말로써 표출하고 있으니, 그 마음이 절로 깊다. 소무와 이릉의 시 역시 과장된 소리로 짓지 않았다.(別離情事, 以澹澹語出之, 其情自深, 蘇李詩亦不作蹙蹶聲也.[4])

**역주**

1) 金谷聚 : 악부(樂府) 잡곡가사(雜曲歌辭)에 속함. 금곡(金谷)은 금곡원(金谷園)으로 진(晉)나라 석숭(石崇)의 별장을 말하며 이 곳에서 매일 주연을 열었다하여 '연회' 를 상징한다. 지금의 하남성(河南省) 낙양시(洛陽市) 서북쪽에 위치. 유신(庾信)의 〈대주가(對酒歌)〉에 "석숭처럼 금곡원에서 거문고를 울려대고.(箏鳴金谷園.)" 라고 하였다. 권14 북주시(北周詩) 1-3번 참조.
2) 渠碗 : 거(渠)는 차거(硨磲)로 외국에서 들여온 옥돌. 거완(渠碗)은 옥돌로 만든 사발.

3) 一東西 : 일동일서(一東一西)의 준말. 하나는 동으로 하는 서로 가다.
4) 蘇李 : 한(漢)나라 무제(武帝) 때의 신하 소무(蘇武)와 이릉(李陵).
5) 客, 夕으로 입성(入聲) 압운.

**감상**

심덕잠은 원주에서 이 시를 이별에 관한 내용으로 국한하고 있으나, 시의 제목에서의 금곡은 매일 주연를 열었던 진나라 석숭의 별장 금곡원으로 '연회' 를 상징하는 것으로 보아 이 시는 석숭의 금곡원을 배경으로 한 연회 자체를 읊은 노래로 보인다.

1-2구는 호문(互文)으로 보아야한다. 즉 옥으로 만든 귀한 그릇과 술잔으로 고운 임과 귀한 손님을 맞이하기도 전송하기도 한다는 의미다. 곧 제목에서 말하는 금곡에서의 모임, 연회를 설명한 것이다. 이렇게 귀하게 맞이하고 전송하는 이유는 이 연회가 끝난 후 각기 동으로 서로 흩어져 각자의 길을 가는 이별을 할 것이고, 그 이별 후에는 오늘 저녁의 이 연회를 그리워할 것이기 때문이다(3-4구).

## 1-5

## 〈入朝曲(입조곡)〉[1)*] 〈조회에 들어가는 노래〉

江南佳麗地, 저 강남은 아름다운 곳이거니와,
강남가려지
金陵帝王州.[2)] 금릉 땅은 제왕의 고을이로구나.
금릉제왕주
逶迤帶綠水, 구불구불 녹수 허리띠처럼 두르고,
위이대녹수
迢遞起朱樓.[3)] 멀리까지 붉은 누각들이 솟았구나.
초체기주루
飛甍夾馳道, 나는 듯 용마루 큰 길 끼고 있고,
비맹협치도
垂楊蔭御溝.[4)] 수양버들은 궁궐 도랑 뒤덮었구나.
수양음어구
凝笳翼高蓋, 간드러진 피리소리 큰 수레 호송하고,
응가익고개
疊鼓送華輈.[5)] 잦은 북소리 화려한 수레 전송하네.
첩고송화주
獻納雲臺表,[6)] 운대에 모시자는 상소문 올려보세,
헌납운대표

功名良可收.　　　　　　공명 정말 거두어들일 수 있다네.
공명량가수

**원주**

* 〈수왕고취곡 10수〉 중의 하나이다.(隋王鼓吹曲十首之一.)

**역주**

1) 入朝曲 : 남조 제나라 수(隋)의 제후 수왕의 군가인 〈고취곡(鼓吹曲)〉 10수 중 하나.
2) 金陵 : 남조(南朝)의 수도로 지금의 남경(南京).
3) 逶迤帶綠水 2구 : 위이(逶迤)는 쌍성, 첩운인 의태어로 이어지는 모양. 대(帶)는 허리띠처럼 두르다. 초체(迢遞)는 쌍성, 의태어로 높은 모양, 먼 모양.
4) 飛甍夾馳道 2구 : 맹(甍)은 용마루. 치도(馳道)는 천자만이 다니는 길, 여기서는 큰 길. 음(蔭)은 그늘을 지우다, 우거져 있다. 어구(御溝)는 궁궐에 흐르는 도랑.
5) 凝笳翼高蓋 2구 : 응(凝)은 느린 음악, 가(笳)는 피리의 종류로, 응가는 간드러진 피리 소리. 익(翼)은 날개를 달아준다는 뜻에서 호송하다는 의미. 고개(高蓋)는 높은 수레 차양으로 큰 수레. 첩고(疊鼓)는 가볍게 반복하여 치는 북소리. 화주(華輈)는 화려한 수레.
6) 獻納雲臺表 : 헌납(獻納)은 완곡하게 의견을 바쳐 채택되도록 하는 것. 운대(雲臺)는 한나라 남궁(南宮)의 누대 이름으로 후한(後漢)시대 28명의 공신들의 초상화를 그려 걸어 놓았다. 표(表)는 임금에게 올리는 글.
7) 압운은 州, 樓, 溝, 輈, 收.

**감상**

수왕의 군가인 〈고취곡〉 10수 중 하나로, 시인 사조가 상관인 수왕에게 바친 노래이기에, 노래가 다소 의례적인 성격을 띠고 있다. 전체 10구를 세 단락으로 나눠 살펴 볼 수 있다.

1단락(1-4구)은 남조의 수도였던 금릉의 태평성대와 그 경관을 읊고 있다. 3구는 녹수로 대변되는 자연경관이고 4구는 붉은 누각을 들어 사람이 만든 인문경관(人文景觀)을 말한다.

2단락(5-8구)은 4구의 인문경관을 더 세밀히 이어간다. 5-6구는 큰 길을 사이에 둔 용마루들, 궁궐의 도랑을 드리워 우거진 수양버들의 모습이다. 7-8구는 일종의 호문(互文)으로 피리소리, 북소리로 수레들을 호송하고 전송한다는 의미이다. 여기서 큰 수레(高蓋)와 화려한 수레(華輈)는 모두 수왕의 전투부대를 상징한다. 또 피리소리는 '취(吹)'를 북소리는 '곡(鼓)'을 떠올리게 하여 이 노래가 군가인 〈고취곡(鼓吹曲)〉임을 알려준다.

마지막 3단락(9-10구)은 한나라 28명 공신들이 운대에 표창되었듯이 수왕도 공을 세우길 기원하는 의미이다. 한편으로는 시인 자신의 바람이기도 하다.

## 1-6
## 〈同王主簿有所思(동왕주부유소사)〉[1]

〈왕주부의 '유소사'를 함께 하다〉

| | |
|---|---|
| 佳期期未歸,[2]<br>가기기미귀 | 좋은 기약 기대하나 오지 않으니, |
| 望望下鳴機.[3]<br>망망하명기 | 멍하게 짜던 베틀을 내려온다네. |
| 徘徊東陌上,[4]<br>배회동맥상 | 동쪽 길 위에서 서성대고 있나니, |
| 月出行人稀.*<br>월출행인희 | 달은 떠오르고 지나는 이 드무네. |

**원주**

* 경치를 마주하고 정이 내포하고 있으니, 원망은 말 밖에 있다.(卽景含情, 怨在言外.)

**역주**

1) 同王主簿有所思 : 동(同)은 함께하다. 시를 같이 주고받는다는 의미. 왕(王)은 남조 제나라 시인 왕융(王融)을 말함. 주부(主簿)는 벼슬 이름. 유소사(有所思)는 '그리워하는 이가 있어' 라는 의미로, 악부시 제목.
2) 佳期期未歸 : 가기(佳期)는 아름다운 기약. 임이 돌아온다는 기약을 의미. 기(期)는 기대하다, 희망하다.
3) 望望下鳴機 : 망망(望望)은 첩어, 의태어로 실의에 찬 모양. 명기(鳴機)는 짜던 베틀.
4) 徘徊東陌上 : 배회(徘徊)는 첩운, 의태어로 서성대는 모양. 맥(陌)은 길.
5) 압운은 歸, 機, 稀.

**감상**

사조와 왕융은 함께 남조 제나라 시대를 이끈 대표적 시인들인 경릉팔우(竟陵八友)이다. 이 시는 왕융이 〈그리워하는 이가 있어〉라는 시를 읊자 사조도 함께 주고받은 노래이다. 심덕잠이 이 시를 여인의 정을 품었으나 그 원망이 말 밖에 있다고 평한 것처럼 임을 기다리는 여인의 애타는 마음이 그저 경관을 읊은 몇 마디 말 속에 모두 녹아있다.

### 1-7
### 〈京路夜發(경로야발)〉*　〈서울 길에서 밤에 출발하며〉

|  |  |
|---|---|
| 擾擾整夜裝,<br>요요정야장 | 부산스럽게 밤새 행장을 정리하고, |
| 肅肅戒徂兩.[1)]<br>숙숙계조량 | 엄숙하게 떠날 수레 잘 준비시키네. |
| 曉星正寥落,<br>효성정요락 | 새벽별은 막 드물어지려 하거니와, |
| 晨光復泱漭.[2)]<br>신광부앙망 | 새벽빛은 다시 희미하게 밝아오네. |
| 猶霑餘露團,<br>유점여로단 | 아직 둥글게 남은 이슬에 적시우고, |
| 稍見朝霞上.[3)]<br>초견조하상 | 조금씩 아침노을이 올라옴 보이네. |
| 故鄉邈已敻,[4)]<br>고향막이형 | 고향은 아득하여 이미 멀어졌거니와, |
| 山川修且廣.<br>산천수차광 | 산길은 멀고 또한 물길은 드넓어라. |
| 文奏方盈前,<br>문주방영전 | 문건들 바야흐로 내 앞에 가득 쌓일 터, |
| 懷人去心賞.[5)]<br>회인거심상 | 그리움 젖은 난 맘으로 즐기던 것 떠나리. |
| 敕躬每跼蹐,<br>칙궁매국척 | 몸을 바르게 하여 매번 조심조심했으나, |
| 瞻恩惟震蕩.[6)]<br>첨은유진탕 | 은혜 우러러 보지만 오직 불안할 수밖에. |
| 行矣倦路長,<br>행의권로장 | 가버리자 저 길고 긴 길에 지쳤나니, |
| 無由稅歸鞅.[7)]<br>무유세귀앙 | 귀향할 수레를 풀어버릴 길이 없어라. |

**원주**

* 단양에서부터 선성으로 가다.(自丹陽之宣城郡.)

역주

1) 擾擾整夜裝 2구 : 요요(擾擾)는 첩어, 의태어로 서두르는 모양, 어지러운 모양. 숙숙(肅肅)은 첩어, 의태어로 삼가는 모양, 바쁜 모양. 여기서는 엄숙하고 엄정한 모양. 계(戒)는 경계시키다, 잘 준비하게 하다. 조(徂)는 가다, 떠나다. 량(兩)은 량(輛)으로 수레.
2) 曉星正寥落 2구 : 요락(寥落)은 희미해지다, 줄어들다. 앙망(泱漭)은 어둠과 밝음의 사이. 여기서는 밝아지는 것을 의미.
3) 猶霑餘露團 2구 : 여로단(餘露團)은 둥글게 남아 있는 이슬 방울. 초(稍)는 조금.
4) 敻 : 멀다.
5) 文奏方盈前 2구 : 문(文)은 위에서 내려온 문건. 주(奏)는 위로 올리는 문건. 방(方)은 바야흐로 ~할 것이다. 가까운 미래의 일을 의미. 회인(懷人)은 그리워하는 사람. 여기서는 시인 자신. 심상(心賞)은 마음으로 감상하다, 마음으로 즐기다.
6) 敕躬每跼蹐 2구 : 칙궁(敕躬)은 몸을 바르게 하다. 국척(跼蹐)은 하늘이 무너질까 허리 숙이고 땅이 꺼질까 살살 걷는다는 의미로 대단히 조심함을 말함. ≪시경·소아·정월(小雅·正月)≫에 "하늘이 높다고 하나, 감히 몸을 굽히지(局) 않을 수 없네. 땅이 두텁다고 하나, 발자국을 작게 떼지(蹐) 않을 수 없네."라고 하였다. 진탕(震蕩)은 불안정한 모양, 두려워하는 모양.
7) 無由稅歸鞅 : 무유(無由)는 길이 없다, 방법이 없다. 세(稅)는 풀다(解)와 같고 세가(稅駕)로 쓰여 수레를 풀다. 앙(鞅)은 말의 가슴걸이로 수레. 귀앙(歸鞅)은 고향으로 돌아가는 수레.
8) 압운은 兩, 漭, 上, 廣, 賞, 蕩, 鞅.

감상

원주에서 보듯 이 시는 선성태수(宣城太守)를 맡게 된 사조가 단양(丹陽)에서 선성으로 떠날 때 지은 것으로 보인다. 단양은 당시 수도였던 금릉(金陵) 일대로 사조가 중앙조정에서 지방으로 좌천되어 떠나는 길임을 알 수 있다. 모두 14구로 되어 있으며 네 단락으로 나눌 수 있다.

1단락(1-4구)은 선성태수 부임길을 떠나는 과정이다. 밤새 행장을 정리하고, 엄숙히 수레를 준비시키던 그 때는 새벽별이 드물어지고 점점 새벽이 밝아오던 시각이었다.

2단락(5-8구)은 여정길을 출발한 후 시인의 느끼는 심정이다. 새벽이라 아직 풀 위에는 이슬이 둥글게 남아있어 스치는 옷을 적시고 저 멀리 아침노을이 오르는데, 등 뒤로는 정든 고향이 갈수록 멀어지고 눈앞에는 산길도 물길도 아득하기만 하다.

3단락(9-12구)은 앞으로 하게 될 태수 직분의 일을 상상하는 부분이다. 처리해야 할 문건들은 가득 쌓일 것이고, 마음으로 즐기고 좋아하던 것을 모두 떠나게 될 것이니 앞을 그리움에 젖어 살 일이 아득하기만 하다. 어떻게 내가 이렇게 좌천 길을 가게 되었는지 시인은 뒤돌아보지 않을 수 없다. 하늘이 무너질까 허리를 숙이고 땅이 꺼질까 살살 걷는, 벼슬하는 자로서 조심하고 또 조심했거늘 …. 12구에서 불안할 수밖에 없다고 말하는 시인에게서 단지 정치적 수세에 몰려 좌천에 끝나는 것이 아니라 목숨의 위태로움마저 느끼는 괴로움이 전해온다.

마지막 4단락(13-14구)에서 불안하고 지친 시인은 포기 같은 한탄이 나온다. 벼슬을 그만두고 귀향할 길이 없는 시인에게 어쩔 수 없는 선택이었는지 모른다.

## 1-8

## 〈和徐都曹出新亭渚(화서도조출신정저)〉[1)*]

〈서도조의 '신정의 물가를 출발하며'에 화답하며〉

宛洛佳遨遊, 완락 같은 남경은 노닐기에 좋은 지역,
완락가오유
春色滿皇州.[2)] 봄기운이 황제의 고을 가득 채웠다네.
춘색만황주
結軫青郊路,[3)] 푸른 들판 길에서 수레를 돌리고서는,
결진청교로
迴瞰蒼江流. 푸른 강이 흐르는 것을 돌아다본다네.
회감창강류
日華川上動, 햇볕은 물 위에 움직이고 있고,
일화천상동
風光草際浮.[4)] 바람 빛은 풀끝에서 떠 있구나.
풍광초제부
桃李成蹊徑,[5)] 복사꽃 오얏꽃 아래 오솔길이 났고,
도리성혜경
桑榆蔭道周.[6)] 뽕나무 느릅나무 길가 그늘지우네.
상유음도주
東都已俶載, 동도에서는 이미 일을 시작했나니,
동도이숙재
言歸望綠疇.[7)] 돌아가 푸른 들판을 바라다보소서.
언귀망록주

**원주**

* 서면에게 〈새벽에 신정의 물가를 출발하며〉라는 시가 있다.(徐勉有昧旦出新亭渚詩.)

역주

1) 和徐都曹出新亭渚 : 화(和)는 화답하다. 서(徐)는 서면(徐勉)을 말함. 남조 제나라와 양(梁)나라의 문학가로 자는 수인(修仁)이다. 동해(東海) 담인(郯人), 지금의 산동성(山東省) 담성현(郯城縣) 사람으로 벼슬은 서중랑(西中郎), 전조행참군(田曹行參軍), 아도서도조(俄徒署都曹)를 지냈고 양나라에서는 상서복야(尙書僕射), 중위장군(中衛將軍)에 이르렀다. 도조(都曹)는 벼슬 이름. 출신정저(出新亭渚)는 서면이 지은 시 〈매단출신정저(昧旦出新亭渚)〉를 말함.
2) 宛洛佳遨遊 2구 : 완락(宛洛)은 북방의 지명들로 완(宛)은 서울, 락(洛)은 경기지역을 말함. 당시 수도인 남경과 그 일대를 의미. 오유(遨遊)는 노닐다. 황주(皇州)는 황제의 고을. 수도 남경을 가리킴.
3) 結軫青郊路 : 결진(結軫)은 수레를 돌리다. 한나라 유향(劉向)의 〈구탄·원유(九歎·遠遊)〉에 "내 수레를 서산에서 돌리고(結余軫於西山)"라고 하였는데 왕일(王逸)의 주에 결(結)은 '돌리다(旋)'라고 하였다. 청교(青郊)는 푸른 교외, 푸른 들판.
4) 日華川上動 2구 : 일화(日華)는 햇빛. 화(華)는 일종의 시어로 설화(雪華), 상화(霜華)와 같이 일(日)을 아름답게 말한 것. 풍광(風光)은 바람의 빛.
5) 桃李成蹊徑 : "복사와 자두는 말하지 않으나, 아래는 오솔길이 절로 생기네.(桃李不言, 下自成蹊.)"라는 말처럼 덕 있는 사람 아래 많은 사람들이 절로 모여든다는 의미도 포함. 혜경(蹊徑)은 오솔길, 지름길.
6) 桑榆蔭道周 : 상유(桑榆)는 뽕나무와 느릅나무로 보통 집의 서쪽에 심어 지는 석양이 이 나무들에 비친다는 말에서 나와 '저녁'이나 '황혼'의 의미로 쓰임. 음도주(蔭道周)는 길 모퉁이를 그늘지게 하다. ≪시경·당풍·유체지사(詩經·唐風·有杕之杜)≫에 "우뚝 솟은 사당나무, 길모퉁이(道周)에 자라구나."라고 하였다.
7) 東都已俶載 2구 : 동도(東都)는 한나라 소광(疏廣)과 그 조카 소수(疏受)가 높은 학식과 인품으로 황제의 총애를 받아 명예와 관직을 얻은 후 스스로 벼슬을 그만두고 고향으로 돌아가기 위해 지인들과 작별한 동도문(東都門)을 말함. 당시 전송 나온 수레가 수백 대에 이를 정도로 많은 이들이 작별을 아쉬워하고, 고향에 돌아간 후 황제에게 받은 황금마저 마을 사람들에게 모두 나눠주어 후대에도 그들을 기리는 사람이 끊이지 않았다고 한다. 여기서는 서도조가 금의환향하는 작별을 비유하고 동도는 서도조가 떠나는 신정 물가를 비유함. 숙(俶)은 시작하다. 재(載)는 일. 언(言)은 어조사. 록주(綠疇)는 푸른 들판.
8) 압운은 遊, 州, 流, 浮, 周, 疇.

감상

사조가 화답하고 있는 시인 서면은 남조 제나라와 양나라에서 활동한 문인이다. 이 시의 제목의 신정(新亭)은 당시 수도 남경의 운하에서 배를 출발할 수 있는 교외 지역의 하나로, 시의 내용으로 보아 서면이 벼슬을 훌륭히 마치고 고향으로 돌아가는 송별연에서 화답하는 노래인 듯하다. 다만 사조는 양나라가 들어서기 전 36세의 짧은 생애를 살다갔으므로 이 시에서의 서면은 제나라에서의 벼슬을 마치고 귀향하는 길이었던 것으로 생각된다. 모두 10구로, 세 단락으로 나눌 수 있다.

1단락(1-4구)은 수도 남경과 남경 일대의 아름다움을 읊었다. 봄기운이 완연한 이 때, 노닐기 좋은 아름다운 수도의 교외 들판 지역에서 서도조를 전송하기 위해 수레를 멈추고 푸르른 풍경을 바라본다.

2단락(5-8구)은 왜 시인이 1단락에서 수도가 좋다고 말했는지를 이유를 알려준다. 바람의 빛이 풀끝에 떠 있다는 6구는 이후 명구로 알려졌다. 이처럼 수도의 풍경이 아름다운 것은 첫째 서도조가 있었기 때문이다. 7구는 복사꽃 오얏꽃 아래 오솔길이 났다는 단순한 경치묘사로 보이나 2차적으로는 서도조가 덕이 있어 그 아래 수많은 문하생을 양성했다는 칭송의 의미를 가진다. 8구는 서도조가 황혼에 이르러 이제 쉴만한 때가 되었음을 말한 것이다.

마지막 3단락은 9-10구로 결론이다. 역주 7)의 설명처럼 한나라 이소(二疏)가 훌륭히 관직을 마치고 많은 이들의 아쉬운 전송을 맞은 그 동도(東都)처럼 이제 서도조 당신도 신정 물가에서 금의환향하는 길을 가나니, 이제 완연한 봄 계절적으로 농사일을 시작한 이 때 고향에 돌아가 이제 편히 푸른 들판을 바라보라는 축원으로 시를 끝맺는다. 사면의 사후 시호가 행동을 경건하게 하고 지조를 지켰다는 의미의 '간숙공(簡肅公)' 이고, 후손들이 그의 높은 풍모를 기려 '풍월당(風月堂)' 을 지었다는 이야기로 미루어 볼 때 사조가 칭송을 담아 전별시를 줄 만한 사람이었던 것 같다.

## 1-9

## 〈遊敬亭山(유경정산)〉[1]　　〈경정산에 노닐다〉

| | |
|---|---|
| 茲山亙百里,<br>자산긍백리 | 이 산은 백 리까지 이어져 있고, |
| 合沓與雲齊.[2]<br>합답여운제 | 겹겹 중첩되어 구름과 나란하구나. |
| 隱淪既已托,<br>은륜기이탁 | 은사들 이미 의탁하였을 뿐 아니라, |
| 靈異居然棲.[3]<br>령이거연서 | 선인도 편안하게 깃들고 있겠구나. |
| 上干蔽白日,<br>상간폐백일 | 위로는 솟구쳐 흰 태양을 가리고 있고, |
| 下屬帶迴谿.[4]<br>하속대회계 | 아래는 이어져 빙빙 계곡 두르고 있네. |

| | |
|---|---|
| 交藤荒且蔓,<br>교등황차만 | 얽히고설킨 등나무는 거칠면서 넝쿨졌고, |
| 樛枝聳復低.[5)]<br>규지용부저 | 늘어진 가지 솟구쳤다 다시 고개 숙였네. |
| 獨鶴方朝唳,<br>독학방조려 | 외로운 저 학은 아침나절에 울더니, |
| 饑鼯此夜啼.[6)]<br>기오차야제 | 굶주린 날다람쥐 이 밤에 우는구나. |
| 渫雲已漫漫,<br>설운이만만 | 흩어졌던 구름 이미 가득 차고, |
| 夕雨亦淒淒.[7)]<br>석우역처처 | 저녁 빗줄기는 역시 싸늘하구나. |
| 我行雖紆組,<br>아행수우조 | 나의 행차 비록 도장 끈 차는 것이나, |
| 兼得尋幽蹊.[8)]<br>겸득심유혜 | 아울러 그윽한 오솔길을 찾을 수 있네. |
| 緣源殊未極,<br>연원수미극 | 수원지 올라가지만 유달리 다 할 수 없고, |
| 歸徑窅如迷.[9)]<br>귀경요여미 | 돌아오는 길 아득하여 길 잃을 것 같다네. |
| 要欲追奇趣,<br>요욕추기취 | 기이한 운치를 쫓고 싶어 한다면, |
| 即此凌丹梯.[10)]<br>즉차능단제 | 곧장 여기 '단제'를 올라야 하리라. |
| 皇恩竟已矣,<br>황은경이의 | 황제 은총 결국 끝장이 났으니, |
| 茲理庶無睽.[11)]<br>자리서무규 | 이 이치 어긋남 없기 바라노라. |

**역주**

1) 敬亭山 : 안휘성(安徽省) 선성(宣城) 북쪽에 있으며 산 위에 경정(敬亭)이 있음.
2) 茲山亘百里 2구 : 산(山)은 경정산(敬亭山)을 가리킴. 긍(亘)은 걸쳐 있다, 이어져 있다. 합답(合沓)은 첩운, 의태어로 중첩된 모양.
3) 隱淪旣已托 2구 : 은륜(隱淪)은 은사(隱士). 령이(靈異)는 선인, 신선. 거연(居然)은 편안하게, 안락하게.
4) 上干蔽白日 2구 : 간(干)은 막다, 솟다. 속(屬)은 이어지다. 대(帶)는 허리띠처럼 두르다. 회계(迴溪)는 구불구불한 계곡.

5) 交藤荒且蔓 2구 : 교(交)는 얽히고설키다. 등(藤)은 등이나 칡. 규지(樛枝)는 늘어진 가지.

6) 獨鶴方朝唳 2구 : 방(方)은 어(於)와 통하여 '~에'. 오(鼯)는 날다람쥐.

7) 渫雲已漫漫 2구 : 설(渫)은 흩어지다. 만만(漫漫)은 첩어, 의태어로 가득 찬 모양. 처처(淒淒)는 첩어, 의태어로 차가운, 싸늘한 모양.

8) 我行雖紆組 2구 : 우(紆)는 얽히다, 차다. 조(組)는 도장 끈으로 관직을 상징. 유혜(幽蹊)는 그윽한 오솔길로 그윽한 세계로 들어가는 길을 의미.

9) 緣源殊未極 2구 : 연원(緣源)은 수원지를 거슬러 올라가는 것을 말함. 도연명(陶淵明)의 〈도화원시(桃花源詩)〉의 기(記)에 "시내 따라 가다가(緣溪行)"라는 구절을 떠올리게 한다(≪고시원≫ 번역본 2권 550쪽 참조). 수(殊)는 유달리, 특히. 귀경(歸徑)은 돌아오는 길. 요(窅)는 아득하다.

10) 要欲追奇趣 2구 : 요(要)와 욕(欲)은 하고 싶다. 기취(奇趣)는 4구의 령이(靈異)와 연결되어 선인의 기이한 운치(韻致)를 말함. 능(凌)은 넘어서다, 올라서다. 단제(丹梯)는 단약의 세계로 들어가는 사다리로 신선이 되는 길을 의미.

11) 皇恩竟已矣 2구 : 경(竟)은 결국, 끝내. 이(已)는 끝나다. 자리(茲理)는 이 이치. 여기서는 17구의 기취(奇趣)를 찾는 것으로 신선의 세계에 오르는 것을 의미. 서(庶)는 바라다. 규(睽)는 어긋나다.

12) 압운은 齊, 棲, 谿, 低, 啼, 淒, 蹊, 迷, 梯, 睽.

## 감상

이 시는 사조가 제나라 건무(建武) 2년(495) 선성태수(宣城太守) 부임길에 지은 것이다. 493년 제나라 무제(武帝)가 죽자 본격화된 왕위 쟁탈전으로 494년에는 울림왕(鬱林王)에서 해릉왕(海陵王)으로 다시 명제(明帝)로 세 명의 황제가 차례로 등극하며 연호가 3번이나 바뀌는 혼란의 한해를 겪어야 했다. 명제가 즉위한 이듬해 과거 경릉왕(竟陵王)과 수왕(隨王)의 측근이었던 사조는 선성 지방의 태수로 부임 받아 좌천 길에 오르게 된다. 이 시는 선성 북쪽의 경정산(敬亭山)을 읊은 것이다. 시는 모두 20구로 되어 있으며 네 단락으로 나눌 수 있다.

1단락(1-4구)은 경정산의 큰 그림을 묘사하고 있다. 1-2구는 경정산의 봉우리들이 겹겹이 중첩되어 끝없이 이어진 모양을 그리고 있다. 3-4구는 이 곳에 은사들 뿐 아니라 선인들마저도 깃든 신령스런 산임을 강조하고 있다.

2단락(5-12구)은 경정산의 경치를 담고 있다. 전반부 5-8구는 경정산의 공간, 상하(上下)를 읊었다. 5구가 공간의 위(上)를 말하며 위로 솟아 흰 태양을 가리었다고 표현했다면, 다시 8구와 연결되어 태양을 가린 주체가 늘어진 가지였음을 말해 준다. 6구가 공간의 아래(下)를 말하며 계곡을 묘사한 것은 다시 7구와 연결되어진다. 후반부 9-12구는 경정산의 시간, 조야(朝夜)를 묘사한다. 9구에서 외로운 학이 아침에 우는 것은 다시 11구와 연결되어 구름이 가득차서 어두웠기 때문이라고 말한다. 10구에서 날다람쥐가 우는 것은 다시 12구와 연결되어 저녁비가 싸늘하여서 움직일 수 없기 때문임을 알려준다. 2단락은 경정산의 공간과 시간, 즉 우주(宇宙)를 읊고 있다.

3단락(13-16구)은 벼슬과 은거 사이에 방황하는 시인 자신의 이야기(情)를 읊은 것이다. 비록 자신이 좌천되어 내려온 길이지만 그윽한 세계로 들어가는 오솔길을 찾았음을, 경정산에서 그 위안을 찾았음을 말하고 있다(13-14구). 15-16구는 보통의 산들은 그 수원지를 금방 찾을 수 있으나 경정산은 유달리 깊은 계곡이라 수원지를 찾지 못하고 길을 잃을 듯하고 말한다. 15구의 '연원(緣源)' 은 도연명의 〈도화원시〉를 떠올리게 하며 시인이 찾고자 하는 무릉도원을 생각하게 한다.

마지막 4단락(17-20구)은 경정산의 매력에 빠진 시인이 이곳에 은둔하고 싶은 마음을 드러낸다. 선인들의 기이한 운치를 좇고 싶다면 이 경정산에서 곧장 단약의 세계로, 신선의 세계로 통하는 사다리를 오르면 될 것을.(17-18구) 자신이 따르던 경릉왕과 수왕을 모두 죽인 지금의 황제 명제에 의해 좌천되어온 시인은 더 이상 황제의 은혜를 바랄 수 없는 상황임을 잘 알고 있기 때문이다.(19-20구)

이 시는 선성태수로 오기 전 혼란했던 왕위 쟁탈전아래 겪은 정치적 박탈감과 실제적 고향인 남경을 떠나는 심정 등 복잡한 마음에도 불구하고, 경정산의 운치를 얻게 된 감흥을 담아 시의 깊이를 더하고 있다. 또 1구의 '이 산(茲山)' 은 마지막 20구의 '이 이치(茲理)' 과 연결되어 시의 처음과 끝이 연결된 짜임새를 보여주고 있다. 비록 1년여의 시간이었지만 선성태수로서의 기간은 사조에게 산수시인으로서의 명성을 굳게 해주었고, 가장 큰 문학적 성취를 얻게 해주었다. 사조의 청려(淸麗)한 시풍을 유독 배우고자 했던 이백은 〈독좌경정산(獨坐敬亭山)〉에서 "뭇 새들 높이 날기를 다하고, 외로운 구름은 홀로 가기 한가롭네. 서로 보아 둘이 싫어하지 않는 것은, 오직 경정산이 있다네.(衆鳥高飛盡, 孤雲獨去閑. 相看兩不厭, 只有敬亭山.)" 라고 읊었다.

## 1-10

### 〈遊東田(유동전)〉[1]　　〈동전에 노닐다〉

| | |
|---|---|
| 戚戚苦無悰,<br>척척고무종 | 울적하여 모질게도 즐거운 일이 없으니, |
| 攜手共行樂.[2]<br>휴수공행락 | 친구의 손을 잡고 함께 즐기러 나가네. |
| 尋雲陟累榭,<br>심운척루사 | 구름을 찾아 층층 다락집을 올라보고, |
| 隨山望菌閣.[3]<br>수산망균각 | 산을 따라가면서 버섯 누각 바라보네. |
| 遠樹曖阡阡,<br>원수애천천 | 저 먼 나무는 어렴풋하게 무성하나니, |

生煙紛漠漠.[4] 피어나는 내 어지럽게도 자욱하구나.
생연분막막

魚戲新荷動, 물고기 장난하니 막 핀 연잎 움직이고,
어희신하동

鳥散餘花落. 새들 날아가니 남은 꽃들 떨어지누나.
조산여화락

不對芳春酒, 향기로운 봄 술은 마주하지를 않고서,
불대방춘주

還望青山郭.[5] 푸른 산의 성곽을 돌아다보고 있다네.
환망청산곽

**역주**

1) 東田 : 남조 제나라 무제(武帝)의 문혜태자(文惠太子)가 종산(鍾山)에 지은 누각. 지금의 남경(南京) 동쪽에 있음.
2) 戚戚苦無悰 2구 : 척척(戚戚)은 첩어, 의태어로 울적한 모양. 고(苦)는 괴롭게도, 모질게도. 종(悰)은 즐거운 일. 행락(行樂)은 즐기러 나가다, 나가 즐기다.
3) 尋雲陟累榭 2구 : 루사(累榭)는 층층이 쌓은 다락집. 균각(菌閣)은 버섯 누각. ≪초사·구회(九懷)≫에 나온다.
4) 遠樹曖阡阡 2구 : 천천(阡阡)은 첩어, 의태어로 우거진 모양. 막막(漠漠)은 첩어, 의태어로 연기 등이 자욱한 모양.
5) 樂, 閣, 漠, 落, 郭으로 입성(入聲) 압운.

**감상**

사조는 남조시대 송나라의 귀족가문에서 태어났으나, 소년시절 왕조가 교체되어 제(齊)나라가 들어서면서 줄곧 정치적으로 불운한 삶을 살았다. 경릉왕(竟陵王)과 수왕(隨王)의 총애를 얻었지만 명제(明帝)가 등극하면서 왕위 쟁탈전에 실패한 두 왕의 죽음을 지켜보았고 자신도 지방으로 좌천되었다. 그 후 장인이 되는 왕경칙(王敬則)의 모반을 밀고함으로 다시 수도의 관직으로 복귀되지만, 아내와 벗들의 사랑을 잃었다. 그 후에도 줄곧 권력다툼에 휘말리게 된다. 이런 상황아래 시인에게 즐거운 일이 얼마나 있겠는가. 그래서 시인은 '모질게도 즐거운 일이 없어' 라고 시를 시작하고 있다. 시는 전체 10구를 내용에 따라 세의 단락으로 나눌 수 있다.

1단락(1-4구)는 사람의 일을 읊었다. 1-2구는 울적하여 친구와 함께 즐기러 나간 일을 말하고 있다. 3-4구는 2구에서 말한 '즐기러 나감(行樂)' 을 자세히 이야기한다. 층층 다락집과 버섯 누각은 모두 제나라 무제의 문혜태자 종산에 지은 누각들이다.

2단락(5-8구)는 경관을 묘사한 것이다. 5-6구는 원경(遠景)으로 마치 수묵화를 연상하게 한다. 어렴풋하기에 더 무성하게 보이는 나무들과 자연 속에서 피어나는 아지랑이, 연기들이 자욱한 모습이다. 7-8구는 근경(近景)이며 후대에 회자되는 유명한 구절이다. 시인은 막 피어난 연잎이 움직이는 것을 보고 그 연잎 아래 장난치는 물고기를 생각해내고, 순간 남은 꽃들이 떨어지는 것을 보고 방금 전 꽃잎을 스쳐간 새들의 날개 짓을 생각해낸다.

마지막 3단락은 9-10구로 결론이다. 시인은 향기로운 봄 술이 있어도 그것을 마실 필요를 느끼지 못한다. 이미 눈앞에 펼쳐진 자연만으로 충분한 위로를 받았기에 그저 눈을 돌려 푸른 산 성곽을 더 담아 둘 뿐이다.

## 1-11

## 〈暫使下都夜發新林至京邑贈西府同僚(잠사하도야발신림지경읍증서부동료)〉[1)]

〈잠시 하도에 사신으로 갔다가, 저녁때 신림을 출발해서 도성에 도착하여 서부의 동료에게 보내다〉

| | |
|---|---|
| 大江流日夜,<br>대강류일야 | 큰 양자강은 밤낮으로 흘러가거니와, |
| 客心悲未央.[2)]<br>객심비미앙 | 나그네의 마음은 슬픔이 다함이 없네. |
| 徒念關山近,<br>도념관산근 | 고향이 가깝다고 단지 생각하였거늘, |
| 終知返路長.[3)]<br>종지반로장 | 돌아갈 길이 길다는 것 끝내 알았네. |
| 秋河曙耿耿,<br>추하서경경 | 가을 은하수 날 밝아오며 깜빡거리고, |
| 寒渚夜蒼蒼.[4)]<br>한저야창창 | 차가운 물가 어두워지며 검푸르러지네. |
| 引領見京室,<br>인령견경실 | 목을 길게 내빼고 도성을 바라보나니, |
| 宮雉正相望.[5)]<br>궁치정상망 | 궁궐과 성곽이 서로 마주 보고 있네. |
| 金波麗鳷鵲,<br>금파려지작 | 달빛은 지작관과 짝을 짓고 있거니와, |
| 玉繩低建章.[6)]<br>옥승저건장 | 옥승별은 건장궁보다 낮게 떠 있구나. |

|  |  |
|---|---|
| 驅車鼎門外,<br>구거정문외 | 정문 밖으로 수레를 몰고 나서나니, |
| 思見昭丘陽.[7]<br>사견소구양 | 초나라 소왕 무덤을 보고 싶어서라. |
| 馳暉不可接,<br>치휘불가접 | 빨리 흐르는 태양 이을 수가 없고, |
| 何況隔兩鄉.[8]<br>하황격량향 | 하물며 두 고장 떨어져 있음에랴! |
| 風雲有鳥道,<br>풍운유조도 | 바람 구름은 새 다니는 길이 있건만, |
| 江漢限無梁.[9]<br>강한한무량 | 강수 한수는 다리 없어 갈라져 있구나. |
| 常恐鷹隼擊,<br>상공응준격 | 늘 무서워했지 매가 불시에 습격하는 것, |
| 時菊委嚴霜.[10]<br>시국위엄상 | 가을 국화가 엄한 서리에 시들어 버릴까. |
| 寄言罻羅者,<br>기언위라자 | 그물을 치는 자들에게 말을 전해주시게, |
| 寥廓已高翔.[11]*<br>요곽이고상 | 넓은 허공으로 이미 높이 날아올랐다고. |

원주

* 주나라 성왕이 겹욕에 도읍을 정했다. 그 남문을 정문이라 했다.(成王定鼎於郟鄏, 其南門曰鼎門.)
막 시작하자마자 도도하고 망망하여, 그것이 옴이 뜻밖이다. '망경' 일단은 돌아다보며 그리워마지 않는다.(一起滔滔莽莽, 其來無端. 望京一段, 眷戀不已.)
'추하' 6구는 관산근 구와 호응하고, '구거' 6구는 반로장에 호응한다. 이 시를 지을 때 사조는 참언을 당해 떠나가는 것이기에, 그러므로 마지막 두 구가 있다. 이미 넓은 하늘에서 날고 있으니, 그물 치는 자가 어찌 할 수 없다는 의미다. 사마상여의 〈난부로〉라는 작품의 말과 뜻을 운용하고 있다.(秋河六語, 應關山近. 驅車六語, 應返路長. 時眺被讒而去, 故有末二語. 言已翔乎寥廓, 羅者無如何也. 用長卿難父老篇語意..)

역주

1) 暫使下都夜發新林至京邑贈西府同僚 : 하도(下都)는 서진(西晉)시대의 용어로 당시 수도였던 낙양의 아래 수도인 남경(南京)을 가리킴. 신림(新林)은 지명. 경읍(京邑)은 도성. 서부(西府)는 수왕(隨王) 소자륭(蕭子隆)이 있는 형주(荊州)의

관청. 형주가 수도 남경의 서쪽에 있어 서부라고 함.

2) 大江流日夜 2구 : 강(江)은 양자강(揚子江). 미앙(未央)은 끝이 없다, 다함이 없다.
3) 徒念關山近 2구 : 관산(關山)은 고향의 관문과 산으로 고향을 의미. 사조의 고향인 남경. 반로(返路)는 돌아갈 길. 여기서는 서부(西府)로 돌아갈 길을 의미.
4) 秋河曙耿耿 2구 : 서(曙)는 날이 밝아오다. 경경(耿耿)은 첩어, 의태어로 깜빡거리는 모양. 야(夜)는 앞의 서(曙)와 대구를 이루어 어두워지다. 창창(蒼蒼)은 첩어, 의태어로 검푸른 색. 어두워져 물색이 검푸르러졌다는 의미.
5) 引領見京室 2구 : 경실(京室)은 경읍(京邑), 도성. 궁(宮)은 궁궐. 치(雉)는 성곽(城郭).
6) 金波麗鳷鵲 2구 : 금파(金波)는 황금물결로 달빛을 묘사한 말. 려(麗)는 달라붙다, 짝 짓다. 지작(鳷鵲)은 지작관(鳷鵲觀)으로 한나라 무제(武帝) 때 지은 관 이름. 옥승(玉繩)은 별자리 이름. 저(低)는 여기서 별이 낮게 떠 있다. 건장(建章)은 건장궁(建章宮)으로 한나라 궁궐.
7) 驅車鼎門外 2구 : 정문(鼎門)은 첫 번째 원주 참조. 소구(昭丘)는 초(楚)나라 소왕(昭王)의 무덤으로 형주(荊州)에 있음. 양(陽)은 여기서 남쪽의 의미. 압운 때문에 쓰임.
8) 馳暉不可接 2구 : 치휘(馳暉)는 빨리 달리는 빛으로 빨리 흐르는 태양을 말함. 하황(何況)은 하물며 ~임에랴. 량향(兩鄉)은 형주와 남경을 가리킴.
9) 風雲有鳥道 2구 : 풍운(風雲)은 바람과 구름이 있는 하늘을 말함. 조도(鳥道)는 새가 다니는 길. 강한(江漢)은 강수(江水)와 한수(漢水). 한(限)은 경계를 짓다.
10) 常恐鷹隼擊 2구 : 응준(鷹隼)는 맹금류, 매. 격(擊)은 불시에 습격하다. 시국(時菊)은 제 때 핀 국화, 가을 국화.
11) 寄言罻羅者 2구 : 기언(寄言)은 말을 붙이다, 전하다. 위라자(罻羅者)는 그물을 치는 사람. 여기서는 사조를 모함하는 자들을 의미. 요곽(寥廓)은 넓은 허공.
12) 압운은 央, 長, 蒼, 望, 章, 陽, 鄉, 梁, 霜, 翔.

**감상**

≪남제서·사조전(南齊書·謝朓傳)≫에 의하면 사조가 수왕(隨王) 소자륭(蕭子隆)을 따라 형주(荊州)에서 문학(文學) 벼슬을 맡았을 때 수왕이 문학을 좋아하였기에 사조가 그 글재주로 더 사랑을 받아 머물러 마주하고 밤낮으로 멈추지 않았다고 한다. 이에 장사(長史) 벼슬의 왕수지(王秀之)는 젊은 사조가 수왕을 충동질하고 있다고 고발하여 당시 황제 세조(世祖)가 명령하여 사조를 수도로 돌아오도록 하였다고 한다. 일종의 조사를 위한 소환이었던 것이다. 이 시는 사조가 수도로 가는 도중에 시를 써 서부(西府)의 동료들에게 보내는 것으로 소환당하여 가는 길의 심정이 잘 담겨있다. 모두 20구로 되어 있고, 내용에 따라 네 단락으로 나눌 수 있다.

1단락(1-4구)은 시의 전체 내용에 대한 개괄이다. 1-2구에서 시인은 양자강의 큰 물결을 보며 나그네인 자신의 마음도 그 강물처럼 슬픔이 다함이 없다고 말한다. 시를 시작하자마자 시인의 슬픔을 도도하고 망망한 강물에 비유한 것을 심덕잠도 원주에서 의외의 시작이라고 말하고 있다. 3-4구에서 고향이 가깝다고 생각했을 뿐, 서부로 돌아갈 길이 멀다는 것을 깨달았다고 하는 것에서 시인 사조가 지금 남경에 온 것에 대해 매우 슬프게 느끼고 있음을 알 수 있다. 앞에서 설명한 것처럼 지금 모함을 받아 황제에 의해 소환되어 온 길이기 때문이다.

2단락(5-10구)은 3구의 '고향이 가깝다(關山近)'와 연결되어 고향 남경의 모습을 묘사하고 있다. 시간은 흘러 날이 밝아오며 가을 은하수는 그 빛이 희미해져 깜빡거리고, 차가운 물가는 어두워져 그 색이 더 검푸르러져 시인의 마음을 더 차갑게 한다(5-6구). 목을 길게 빼고 바라본 도성은 궁궐과 성곽이 마주 보는데, 멀리서 바라보노라니 달빛과 궁궐도 같아 보이고 별자리는 오히려 궁궐 지붕보다 낮게 떠 있는 듯하다(7-10구).

3단락(11-16구)은 4구의 '돌아갈 길이 길다(返路長)'과 연결된다. 모함을 받아 조사를 받기위해 황제에게 소환되어 온 도성. 궁궐 안으로 들어가기 전 시인은 떠나온 서부가, 서부의 동료들이 보고 싶어서 잠깐 돌아보고 싶다. 성 밖으로 수레를 몰아가 보고 싶다는 초나라 소왕의 무덤은 바로 서부가 있는 형주 땅에 있다(11-12구). 그러나 흐르는 태양을 이을 수 없듯 시간은 밤이 되어 어둡고, 떠나온 형주와 이곳 남경은 공간적으로 멀리 떨어져 있으니 서부가 보일 리 만무하다(13-14구). 바람과 구름이 떠 있는 저 하늘에 새가 자유로이 다니는 길이 있건만 강수와 한수는 다리도 없는데 경계가 있어 시인은 서부의 동료들에게 돌아갈 수가 없다(15-16구). 시인이 서부의 동료들을 그리는 마음이 절절하다.

마지막 4단락(17-20구)은 시인의 복잡한 심경의 이유를 밝히는 부분이다. 17-18구는 시인이 늘 정치적 모략에 휘둘릴까 전전긍긍했던 자신의 모습을 말해주고 있다. 매가 불시에 습격하는 것과 뜬금없는 내리는 엄한 서리는 이런 정치적 모함을 비유한 것이다. 마지막 두 구는 원주의 설명처럼 모함을 당해 남경으로 소환된 상태임을 알게 해준다. 그래서 그물을 치는 사람들, 즉 사조 자신을 모함하는 자들에게 말을 전해 달라 부탁한다. 마지막 20구에서 넓은 허공을 날아올랐다는 것은 더 이상 모함하지 말라는 의미다. 서부의 동료들에게 부탁하는 이 말을 시인은 시에 담아 전하고 있다.

## 1-12

〈酬王晉安(수왕진안)〉[1] 〈왕진안에게 화답하며〉

| | |
|---|---|
| 梢梢枝早勁,<br>초초지조경 | 뻣뻣하게 나뭇가지 어느새 굳어지고, |
| 塗塗露晚晞.[2]<br>도도로만희 | 범벅이 된 이슬은 늦게 마른다네. |
| 南中榮橘柚,[3]<br>남중영귤유 | 남쪽 지방 귤과 유자가 꽃 필터이니, |

| | |
|---|---|
| 寧知鴻雁飛?<br>녕지홍안비 | 큰 기러기 나는 가을 어찌 아시겠소? |
| 拂霧朝青閣,<br>불무조청각 | 새벽안개를 헤치며 조정을 향해 가고, |
| 日旰坐彤闈.[4]<br>일간좌동위 | 해가 저무는데 상서성에 앉아 있네. |
| 悵望一途阻,<br>창망일도조 | 온 길이 막힌 것을 슬피 바라보나니, |
| 參差百慮依.[5]<br>참치백려의 | 어지럽게 온갖 걱정이 모일 뿐이라네. |
| 春草秋更綠,<br>춘초추경록 | 봄풀이 가을이 되어 더 푸를 터이니, |
| 公子未西歸.[6]<br>공자미서귀 | 공자께선 아직 서쪽으로 돌아오지 마소서. |
| 誰能久京洛,<br>수능구경락 | 뉘라서 경락에 오래 머물 수 있겠는가, |
| 緇塵染素衣.[7]*<br>치진염소의 | 검은 먼지가 흰 옷을 물들일 터이니. |

**원주**

* ≪초사·구탄(九歎)≫ : 흰 이슬이 어지럽고 진하다. 도는 두텁다는 의미다.(楚辭曰, 白露紛以塗. 塗, 謂厚也.)

큰 기러기는 남쪽으로 형양에 깃들고, 진안군에는 들어가지 않는다. 그래서 '어찌 아시겠소?' 라 했다. 진안은 즉 오늘날의 천주이다.(鴻雁南棲衡陽, 不入晉安之郡, 故曰寧知. 晉安, 卽今之泉州.)

**역주**

1) 王晉安 : 왕덕원(王德元)을 말하며 진안(晉安), 현 복건성(福建省) 천주(泉州)태수를 지냄.

2) 梢梢枝早勁 2구 : 초초(梢梢)는 의태어로 빳빳한 모양. 경(勁)을 수식함. 도도(塗塗)는 첩어, 의태어로 이슬이 진하게 내린 모양. 원주 참조.

3) 南中榮橘柚 : 영(榮)은 나무의 꽃이 피다.

4) 拂霧朝青閣 2구 : 조(朝)는 향하다, 조회를 드리다, 참여하다. 청각(青閣)은 푸른 누각으로 조정을 의미. 간(旰)은 저물다. 동위(彤闈)는 붉은 대문으로 당시 상서성(尙書省)을 가리킴.

5) 悵望一途阻 2구 : 일(一)은 온통. 참치(參差)는 쌍성, 의태어로 가지런하지 못한

모양. 의(依)는 기대다, 모이다.

6) 春草秋更綠 2구 : ≪초사·초은사(招隱士)≫에 "왕손(王孫)은 떠나 돌아오지 아니하시고, 봄풀은 자라 무성하네."라고 하였다. 공자(公子)는 왕진안을 가리킴. 서(西)는 서쪽으로 사조가 있는 남경이 왕진안이 있는 천주에서 서쪽 방향이므로 여기서는 남경을 가리키는 말.

7) 誰能久京洛 2구 : 육기(陸機)의 시 〈위고언선증부시(爲顧彥先贈婦詩)〉에 "도성 낙양은 바람 먼지가 많아, 하얀 옷이 검정으로 변하겠지."라는 구를 원용한 것이다(≪고시원≫ 번역본 2권 341쪽 참조).

8) 압운은 晞, 飛, 闈, 依, 歸, 衣.

## 감상

이 시는 사조가 진안태수 왕덕원에게 보내는 편지 같은 글이다. 당시 사조는 수도인 남경에 있고, 왕덕원이 있는 진안은 지금의 복건성의 남동부에 해당하는 천주 지역이었다. 이 시는 멀리 떨어져 있는 지인에게 안부와 당부를 전하는 내용으로 세 단락으로 나눌 수 있다.

1단락(1-4구)은 두 사람의 지역을 각각 묘사하였다. 1-2구는 사조가 있는 지역 수도 남경의 계절을 묘사하였다. 어느새 나무의 가지가 굳고 진하게 내려 범벅된 이슬이 늦게야 마르는 추운 계절임을 말하며 독자로 하여금 부정적인 이미지를 느끼게 한다. 그러나 3-4구에서 왕진안이 있는 지역 천주는 남쪽이라 귤꽃 유자꽃이 피어있을 것이라고 말하며 긍정적으로 묘사한다. 우리나라에서는 귤과 유자의 꽃이 봄꽃에 해당한다. 중국에서도 봄에 한창인 꽃들이나 귤꽃은 여름이나 가을초입까지도 볼 수 있다고 한다.

2단락(5-8구)은 사조의 근황을 설명한 것이다. 5-6구는 새벽부터 밤까지 조회를 드리고 근무하는 모습이다. 7-8구에서 시인이 온통 길이 막히고 온갖 걱정이 모인다고 한 것은 자신의 정치적 입지가 위태한 상태로 마음이 답답함을 토로한 것이다. 사조가 수왕 소자륭 아래 형주에서 문학(文學)이란 벼슬을 맡으며 글재주로 총애를 받을 때 이를 시기한 왕수지(王秀之)의 모함에 의해 당시 황제의 명령으로 수도로 소환당한 적이 있다. 이 시는 아마도 수도로 불러온 뒤에 지은 것으로 당시의 답답한 심정을 지인 왕진안에게 토로한 것으로 보인다.

마지막 3단락(9-12구)은 왕진안에게 주는 당부의 말이다. 9-10구는 ≪초사·초은사≫의 말을 빌려 왕진안이 있는 천주 지역을 묘사하면서 수도로 돌아오지 말라고 당부한다. 11-12구는 육기의 시 〈위고언선증부시〉의 한 구절을 빌려 수도의 정치 상황이 급박하고 위험함을 알려주고 있다.

## 1-13
## 〈郡內高齋閑望答呂法曹(군내고재한망답여법조)〉[1)*]
### 〈군내 높은 서재에서 한가로이 바라보면서 여법조에 답장하다〉

| | |
|---|---|
| 結構何迢遞,<br>결구하초체 | 내가 서재를 어찌 저리 높이 지었는가 하면, |
| 曠望極高深.[2)]<br>광망극고심 | 트이게 전망하여 높음 깊음 다 하고 싶어서라. |
| 窗中列遠岫,<br>창중렬원수 | 창 가운데 멀리 산굴이 줄지어 있거니와, |
| 庭際俯喬林.[3)]<br>정제부교림 | 뜰 가장자리에는 키 큰 숲을 굽어본다네. |
| 日出眾鳥散,<br>일출중조산 | 해가 뜨면 뭇 새들은 흩어져 날아가나니, |
| 山暝孤猿吟.<br>산명고원음 | 산 저물면 짝 못 찾은 원숭이 슬피 우네. |
| 已有池上酌,<br>이유지상작 | 이미 연못가에서 술잔 기울임이 있거니와, |
| 復此風中琴.[4)]<br>부차풍중금 | 또 여기 바람 속에는 저 거문고가 있구나. |
| 非君美無度,[5)]<br>비군미무도 | 그대 아름다움 헤아릴 수 없음이 아니라면, |
| 孰爲勞寸心?<br>숙위로촌심 | 누가 나를 위해 나의 마음을 위로해 주리. |
| 惠而能好我,[6)]<br>혜이능호아 | 은혜롭게도 나를 사랑해 줄 수 있으셔서, |
| 問以瑤華音.[7)]<br>문이요화음 | 옥 같은 말씀으로서 내게 소식을 주었네. |
| 若遺金門步,<br>약유금문보 | 만약에 금마문의 걸음을 포기하신다면, |
| 見就玉山岑.[8)]<br>견취옥산잠 | 옥산 꼭대기에 함께 나갈 수 있으련만. |

**원주**

* 군은 신성군이다.(郡爲宣城郡.)

역주

1) 郡內高齋閑望答呂法曹 : 군(郡)은 사조가 태수로 부임한 선성군(宣城郡)을 가리킴. 고재(高齋)는 높은 서재. 선성군 능양산(陵陽山) 위에 지은 서재. 한망(閑望)은 한가로이 바라보다. 여(呂)는 여승진(呂僧珍)을 말함. 자는 원유(元瑜)이다. 법조(法曹)는 벼슬 이름.
2) 結搆何迢遰 2구 : 구(搆)는 원 판본에 구(構)로 되어있어, 결구(結構)는 엮은 건축물, 즉 제목의 고재(高齋)를 가리킴. 광망(曠望)은 다 트이게 전망하다.
3) 窗中列遠岫 2구 : 수(岫)는 산굴. 3구는 앞 2구의 깊음(深)을 설명함. 교림(喬林)은 키가 큰 숲. 4구는 앞2구의 높음(高)을 설명함.
4) 已有池上酌 2구 : 지상작(池上酌)은 석숭(石崇)의 〈사부음(思婦吟)〉에 "연못에 주연을 베풀고, 옥 술잔에 술 따르네.(宴華池, 酌玉觴.)"라고 하였다. ≪악부시집·금곡가사(樂府詩集·琴曲歌辭)≫ 〈사부인(思婦引)〉에도 보임. 석숭은 진(晉)나라 사람으로 금곡원(金谷園)이라는 별장에서 매일 주연을 열었다고 한다. 풍중금(風中琴)은 혜강(嵇康)의 〈증수재입군(贈秀才入軍)〉에 "살랑살랑 계곡에서 부는 바람이, 나의 소박한 거문고에 불어오네.(習習谷風, 吹我素琴.)"라고 하였다(≪고시원≫ 번역본 2권 250쪽 참조).
5) 美無度 : ≪시경·위풍·분저여(魏風·汾沮洳)≫에 "저 총각의 아름다움이, 헤아릴 수 없구나.(彼其之子, 美無度.)"라고 하였다.
6) 惠而能好我 : ≪시경·패풍·북풍(邶風·北風)≫에 "은혜롭게도 나를 사랑하시니, 손잡고 함께 길을 가리라.(惠而好我, 攜手同行.)"라고 하였다.
7) 問以瑤華音 : 문(問)은 안부를 묻다, 소식을 주다. 요화음(瑤華音)은 옥 같은 말씀. 여법조가 보내온 시가 훌륭함을 비유.
8) 若遺金門步 2구 : 금문(金門)은 금마문(金馬門)을 말함. 한나라 관리들이 이곳에서 조서를 받들어서 조정을 가리키는 말. 옥산(玉山)은 사조의 고재(高齋)가 있는 산으로 다른 판본에 차산(此山)으로 되어 있음.
9) 압운은 深, 林, 吟, 琴, 心, 音, 岑.

감상

사조는 남조 제나라 건무(建武) 2년(495) 선성태수로 부임하게 된다. 이 시는 사조가 부임지 선성군의 높은 산 위에 서재를 짓고 풍경을 바라보면서 여법조가 보낸 시에 화답한 노래이다. 시는 모두 20구로 되어있으며 내용에 따라 4개의 단락으로 나뉜다.

1단락(1-4구)은 제목의 높은 서재 즉 고재(高齋)를 설명하고 있다. 1-2구는 자신이 산 위에 서재를 지은 것은 탁 트인 전망을 통해 높음과 깊음을 다 하고 싶은 이유라고 설명한다. 중국의 산수화의 용어인 삼원(三遠)은 평원(平遠), 고원(高遠), 심원(深遠)이 있는데 사조는 이 가운데 고원과 심원을 누리고 싶은 것이다. 3구는 2구의 깊음(深)을 다시 설명한 것으로 창틀 안으로 멀리 산굴이 중첩한 모습을 그렸다. 4구는 2구의 높음(高)을 다시 설명한 것으로 키 큰 숲을 굽어보는 모습을 말한다.

2단락(5-8구)은 제목의 '한가로이 바라보다(閑望)'를 설명한 것으로 여유로운 삶의 모습을 그렸다. 해 뜨면 새 지저귐에 해가 지면 원숭이 울음소리에 젖어드는 모습(5-6구), 또 석숭의 〈사부음〉과 혜강의 〈증수재입군〉의 시 구절을 빌려 자연 속에서 누리는 술 한 잔과 거문고 가락의 정취를 읊었다(7-8구).

3단락(9-12구)은 지인 여법조가 보내온 시에 대한 칭송이다. 헤아릴 수 없을 정도로 아름다운 그대 여법조가 아니라면 누가 내 마음을 위로 주겠느냐며 옥 같은 말로 보내온 편지에 대한 고마움을 표현한다.

마지막 4단락(13-14구)의 13구에서 금마문의 걸음이란 벼슬살이를 뜻하는 말이다. 당시 여법조는 수도 남경에서 관직을 맡고 있었고, 사조는 지방인 선성에 좌천된 상태였다. 그래서 사조는 여법조 당신이 그 걸음을 내게로 오신다면 당신과 함께 자신의 서재가 있는 이 높은 산에서 함께 노닐고 싶다고 말한 것이다.

## 1-14
## 〈新亭渚別范零陵雲(신정저별범영릉운)〉[1)]

〈신정 물가에서 영릉내사 범운과 작별하면서〉

| | |
|---|---|
| 洞庭張樂地,<br>동정장악지 | 저 동정호는 음악을 펼쳤던 곳이지, |
| 瀟湘帝子遊.[2)]<br>소상제자유 | 소상은 황제의 딸들 노닐던 곳이지. |
| 雲去蒼梧野,<br>운거창오야 | 구름은 창오의 들로 향해 가거니와, |
| 水還江漢流.[3)]<br>수환강한류 | 물은 강한의 흐름으로 돌아온다네. |
| 停驂我悵望,<br>정참아창망 | 말을 멈추고 나는 애잔히 바라보고, |
| 輟棹子夷猶.[4)]<br>철도자이유 | 노를 멈추고 그대는 머뭇거리는구나. |
| 廣平聽方籍,[5)]<br>광평청방자 | 광평 태수처럼 치적명성 자자해지길, |
| 茂陵將見求.[6)]<br>무릉장견구 | 무릉에서 장차 날 봐 주실 바라노라. |
| 心事俱已矣,<br>심사구이의 | 마음속의 일 모두 끝장이 났거늘, |
| 江上徒離憂.[7)*]<br>강상도리우 | 강가에서 괜한 근심을 만나는구나. |

원주

* 범운은 광평태수와 함께 명성이 바야흐로 자자할 것이고, 나는 무릉 아래 거처하면서, 장차 범운으로 인하여 임금을 알현하는 것을 구하겠다는 의미이다. 곽무는 광평태수이다.(言范同廣平, 而聲聽方籍, 己當居茂陵之下, 將因彼而求見也. 郭袤爲廣平太守.[8])

역주

1) 新亭渚別范零陵雲 : 신정(新亭)은 지명으로 당시 수도 남경의 운하에서 배를 출발할 수 있는 교외 지역의 하나. 저(渚)는 물가. 영릉(零陵)은 벼슬 이름, 영릉내사(零陵內史).
2) 洞庭張樂地 2구 : ≪장자·지락(至樂)≫에 "황제의 음악 함지나 순 임금 음악 구소를 동정호의 들판에서 연주 한다."라고 하였다. 소상(瀟湘)은 '소상반죽(瀟湘斑竹)' 고사를 가리킴. 순 임금은 요 임금의 두 딸 아황(娥皇)과 여영(女英)을 비로 맞이한 후 순행하다가 창오(蒼梧)의 들판에서 세상을 떠났는데, 두 아내가 상수(湘水)에서 서로 슬피 울다 강에 몸을 던졌다. 이때 뿌려진 눈물에 상포(湘浦)의 대는 모두 얼룩대가 되었고 상비죽(湘妃竹) 또는 소상반죽이라고 불리며 남편을 따라 죽은 절개를 상징하게 되었다. 동정호(洞庭湖)와 소상(瀟湘)은 모두 영릉(零陵)과 관계된 지명들.
3) 雲去蒼梧野 2구 : 창오야(蒼梧野)는 순(舜)임금은 순행하다가 죽은 창오(蒼梧)의 들판. 영릉(零陵)과 관계된 지명으로 언급됨. 강한(江漢)은 강수(江水)와 한수(漢水).
4) 停驂我悵望 2구 : 참(驂)은 여기서는 말을 지칭. 철도(輟棹)는 노를 멈추다. 자(子)는 그대. 범운을 가리킴. 이유(夷猶)는 쌍성, 의태어로 머뭇거리는 모양.
5) 廣平聽方籍 : 광평(廣平)은 광평태수(廣平太守)로 한나라 정무(丁袤)라는 사람이 명태수였다고 함. 청(聽)은 명성과 치적. 자(籍)는 자자하다.
6) 茂陵將見求 : 무릉(茂陵)은 한나라 때 문인 사마상여(司馬相如)의 고향. 무제(武帝)가 〈자허부(子虛賦)〉를 읽고 칭찬하며 그 작가를 찾은 일로 황제를 알현하게 된 후 관직을 맡았으며, 만년에 다시 무릉에 칩거한 후 황제에게 유고(遺稿) 〈봉선문(封禪文)〉을 바쳤다. 견구(見求)는 구견(求見)으로 압운 때문에 도치된 것. 여기서는 사마상여가 임금을 알현한 것처럼 범운으로 인해 임금이 뵙길 원한다는 의미.
7) 離 : 리(罹)의 가차자로 걸리다, 만나다.
8) 郭袤 : 곽무란 사람은 없고 정무(丁袤)라는 사람이 한나라 때 이름난 태수였다.
9) 압운은 遊, 流, 猶, 求, 憂.

감상

제나라 영명 연간에 경릉왕 소자량이 일련의 문사들이 이끌었는데, 이들을 경릉팔우(竟陵八友)라고 한다. 이 시를 지은 사조와 그 대상인 범운이 바로 그 주요 구성원이었다. 그런데 경릉왕은 왕위쟁탈전에 실패하면서 명제(明帝)에 의해 목숨을 잃고 말았다. 이 시는 경릉팔우였던 범운이 영릉내사로 부임하게 되자 그를 전송하면 보낸 노래이다. 시는 모두 10구로 되어있으며 내용에 따라 세 단락으로 나뉜다.

1단락(1-4구)은 범운이 가는 지역이 영릉 지방을 묘사하고자 영릉과 관계된 3개의 지명들을 언급한다. 1구의 동정호는 황제의 음악 함지와 순임금의 음악인 구소가 연주되던 곳이고, 2구의 소상과 3구의 창오는 순 임금의 아내들이자 요 임금의 두 딸 아황과 여영의 고사가 깃든 곳들이다. 사조는 구름이 창오의 들로 향하듯 지금 떠나는 범운에게 강한의 흐름으로 물이 돌아오듯 언젠가 돌아오길 바라는 마음을 담는다(3-4구).

2단락(5-8구)은 두 사람의 이별을 묘사하고 있다. 사조는 말을 멈추고 차마 떠나지 못하고, 범운은 타고 가던 배의 노를 멈추고 머뭇거린다(5-6구). 7-8구는 이 시가 말하고자 하는 중심내용으로 범운이 부디 한나라 때의 유명한 광평태수 정무처럼 치적과 명성이 자자해져, 사마상여가 무릉에서 황제를 뵙길 바랐듯 자신도 범운을 통해 황제를 알현하길 원하는 심정을 말한 것이다.

마지막 3단락(9-10구)의 9구는 마음속의 품은 일들이 모두 잘 풀리지 않은 현실을 말한 것이다. 한때 경릉왕 아래 문단을 주도했던 경릉팔우였던 사조와 범운이 이제는 뿔뿔이 흩어지게 된 안타까운 현실을 토로하고 있다. 그래서 공연히 근심스런 마음을 이 물가에 풀어본다(10구).

## 1-15
## 〈之宣城郡出新林浦向板橋(지선성군출신림포향판교)〉[1)]

〈선성군에 가고자 신림포를 나서서 판교를 향하며〉

| | |
|---|---|
| 江路西南永,<br>강로서남영 | 물길은 서남으로 길게 이어지나니, |
| 歸流東北騖.[2)]<br>귀류동북무 | 돌아오는 물길은 동북으로 달린다네. |
| 天際識歸舟,<br>천제식귀주 | 저 하늘 끝에 돌아온 배를 식별하고, |
| 雲中辨江村.<br>운중변강촌 | 구름 속에서 강가의 나무 분별해보네. |
| 旅思倦搖搖,<br>려사권요요 | 나그네 마음 지치고 불안하거니와, |
| 孤遊昔已屢.[3)]<br>고유석이루 | 외로운 여행길 옛날 이미 잦았었네. |

| | |
|---|---|
| 既歡懷祿情,<br>기환회록정 | 봉록을 생각하는 마음 기뻐하거니와, |
| 復協滄洲趣.[4]<br>부협창주취 | 또 창주 좋아하는 취향과 어울리네. |
| 囂塵自玆隔,<br>효진자자격 | 시끄러움 분란이 이로부터 떨어져 나가고, |
| 賞心於此遇.[5]<br>상심어차우 | 마음으로 좋아하는 일 여기에서 만나겠네. |
| 雖無玄豹姿,<br>수무현표자 | 비록 내가 흑표범의 자질 없다 하나, |
| 終隱南山霧.[6]<br>종은남산무 | 결국 저 남산의 안개에 숨어야겠네. |

**역주**

1) 之宣城郡出新林浦向板橋 : 선성군(宣城郡)은 사조가 태수로 부임한 곳. 신림(新林)과 판교(板橋)는 지명.

2) 江路西南永 2구 : 강로(江路)는 물의 길. 서남(西南)은 서남방향. 당시 수도 남경(南京)은 동북쪽, 선성은 서남쪽에 해당하여 남경에서 선성(宣城)으로 가는 물길은 서남방향으로 거슬러 올라가는 역류. 귀류(歸流)는 남경으로 돌아가는 물길. 동북(東北)은 동북방향. 선성에서 수도 남경으로 가는 동북 방향의 순류(順流)에 해당.

3) 旅思倦搖搖 2구 : 려사(旅思)는 나그네의 마음. 요요(搖搖)는 첩어, 의태어로 불안하고 흔들리는 모양. 고유(孤遊)는 외로운 여행 여정 길. 루(屢)는 여러 차례, 수차례 경험하다.

4) 既歡懷祿情 2구 : 기(既)는 다음 구의 부(復)와 같이 ~뿐 아니라 ~또한. 회록정(懷祿情)은 봉록을 생각하는 마음. 창주취(滄洲趣)는 창주를 좋아하는 나의 취향. 창주(滄洲)는 은자가 사는 곳을 말함.

5) 囂塵自玆隔 2구 : 효진(囂塵)는 시끄러운 분란. 사조가 선성태수로 부임을 받기 1년 전 한 해에 세 번 황제가 바뀌는 등 제(齊)나라의 정치의 극도의 혼란 상황을 비유. 상심(賞心)은 마음속으로 감상할 만한 경치, 상황.

6) 雖無玄豹姿 2구 : ≪열녀전·현명전(列女傳·賢明傳)≫ 〈도답자처(陶荅子妻)〉 편에 의하면 도공(陶工)이었던 답자(荅子)가 3년 동안 도자기를 만들었는데, 평판이 높지 않았으나 집의 부귀가 3배가 늘어났다고 한다. 그 아내가 "제가 듣길 남산에 흑표범이 사는데, 안개비속에 7일 동안 있어 아무것도 먹지 않음은, 왜일까요? 털을 윤택하게 만들고 그 무늬를 예쁘게 완성하기 위함입니다. 그러므로 숨어서 해를 멀리 할 수 있습니다. 개와 돼지는 먹을 것을 구별하지 않고 그 몸을 살찌우니 앉아서 죽음을 기다릴 뿐입니다."라고 말하였다. 그러나 아내

의 조언을 듣지 않은 도공은 1년이 지나 도둑이 들어 살해되고 말았다고 한다. 현표(玄豹)는 흑표범.

7) 압운은 鶩, 村, 屢, 趣, 遇, 霧.

**감상**

사조는 남조 제나라에서 경릉왕과 수왕 총애를 받으며 그 문재를 인정받았다. 그러나 493년 제나라 무제가 죽자 왕위쟁탈전이 본격화되고 494년 울림왕(鬱林王)과 해릉왕(海陵王) 그리고 명제(明帝)로 세 명의 황제가 차례로 등극하며 연호가 3번이나 바뀌는 대혼란의 한해를 겪어야 했다. 명제에 의해 경릉왕과 수왕은 차례로 죽음을 맞고, 이들의 측근이었던 사조도 495년 선성태수 부임 받아 좌천 길에 오르게 된다. 이 시는 그 부임길에 지은 것으로 보인다. 시는 모두 12구로 되어 있으며 세 단락으로 나눠 내용을 살필 수 있다.

1단락(1-4구)은 가는 여정 길에 보이는 주변을 묘사한 것이다. 1-2구는 당시 수도인 남경은 동북쪽이고, 부임지인 선성은 서남 방향이라 사조는 물길을 거슬러 서남 방향으로 가야하는 상황을 말한 것이다. 시인의 마음이 있는 수도 남경의 물길은 순류를 타고 동북 방향으로 가야만 했다. 그래서 3-4구의 아득히 멀리 보이는 배와 구름 속에 감춰진 듯 가물거리는 나무들은 시인의 답답한 마음 같아 보인다.

2단락(5-8구)은 선성군으로 가는 시인의 마음 속 갈등을 나타낸다. 5-6구는 이 외로운 여행길을 이미 여러 차례 경험한 시인이 또 다시 나서는 나그네 길에 불안하고 지친 기색이 뚜렷하다. 그럼에도 억지 안위를 해 보는 것이 7-8구이다. 봉록을 생각하고 또 은자가 사는 곳을 좋아하는 내 취향과는 어울린다고 안쓰럽게 안위해본다.

마지막 3단락은 9-12구이다. 9-10구는 감상의 앞부분에서 설명한 것처럼 1년 사이 황제가 3번 바뀌는 극도의 정치혼란은 이제 없어지고 마음으로 좋아하는 일들을 만나리라는 희망을 이야기한다. 11-12구는 도공 답자의 아내가 남편에게 했던 현명한 조언처럼 자신도 수신하여 화를 멀리하고 은거하리라는 소망을 말한 것이다.

## 1-16
## 〈在郡臥病呈沈尚書(재군와병정침상서)〉[1)*]

〈군에서 와병 중에 심상서에게 드리다〉

| | |
|---|---|
| 淮陽股肱守,<br>회양고굉수 | 임금 팔다리 회양 태수가 그러했듯이, |
| 高臥猶在茲.[2)]<br>고와유재자 | 높이 누워 있는 사람 여전히 여기 있네. |

| | |
|---|---|
| 況復南山曲,<br>황부남산곡 | 하물며 또한 남산의 모퉁이 임에랴, |
| 何異幽棲時.3)<br>하이유서시 | 숨어서 살 때와 무엇이 다르겠는가. |
| 連陰盛農節,<br>연음성농절 | 연이은 흐린 날씨가 많은 농사철에, |
| 薹笠聚東菑.4)<br>대립취동치 | 삿갓 쓴 농부들이 동쪽 밭에 모였네. |
| 高閣常晝掩,<br>고각상주엄 | 높은 다락집 낮에도 닫혀있거니와, |
| 荒階少諍辭.5)<br>황계소쟁사 | 인적 드문 섬돌에는 송사가 적다오. |
| 珍簟清夏室,<br>진점청하실 | 귀한 대자리는 여름 방 서늘하게 하고, |
| 輕扇動涼颸.6)<br>경선동량시 | 가벼운 부채질 서늘한 바람 일으키네. |
| 嘉魴聊可薦,<br>가방료가천 | 맛있는 방어는 애오라지 올릴만하나니, |
| 淥蟻方獨持.7)<br>록의방독지 | 막 빚은 술은 한창 홀로 잔 잡는다네. |
| 夏李沈朱實,<br>하리침주실 | 여름 오얏 붉은 열매 물에 담가 놓고, |
| 秋藕折輕絲.8)<br>추우절경사 | 가을 연뿌리의 가벼운 실을 끊는다오. |
| 良辰竟何許,<br>량진경하허 | 좋은 때라함은 도대체 어느 때인가요, |
| 夙昔夢佳期.9)<br>숙석몽가기 | 어제 밤에는 좋은 기약을 꿈꾸었지요. |
| 坐嘯徒可積,<br>좌소도가적 | 앉아 부는 휘파람 괜히 쌓아갈 수 있으나, |
| 爲邦歲已期.10)<br>위방세이기 | 지방 태수로 지낸 지 이미 일 년 되었네. |
| 絃歌終莫取,<br>현가종막취 | '현가' 는 끝내 채택해 보지 못했으니, |
| 撫几令自嗤.11)**<br>무궤령자치 | 책상 치면서 스스로 비웃게 만드네. |

**원주**

* 상서는 심약이다.(尙書約也.)

** 남양태수 홍농출신의 성진은, 공조 잠진을 임명하였다. 이 때 사람들이 말하길 "남양태수는 잠효공(잠진의 자)이니, 홍농의 성진은 단지 앉아 휘파람만 분다네." 라고 하였다.(南陽太守弘農成縉, 任功曹岑晊. 時人語曰: 南陽太守岑公孝, 弘農成縉但坐嘯.)

**역주**

1) 在郡臥病呈沈尙書 : 군(郡)은 사조가 선성태수(宣城太守)로 부임한 곳. 심(沈)은 심약(沈約)을 말함. 남조 송, 제, 양나라의 문인으로 자는 휴문(休文), 시호 은(隱)이다. 사조와 함께 경릉팔우(竟陵八友)의 한 사람으로 활동했다. 상서(尙書)는 벼슬 이름.

2) 淮陽股肱守 2구 : 서한(西漢)의 급암(汲黯)고사에서 온 것이다. ≪한서·급암전(漢書·汲黯傳)≫에 "급암을 임명하여 회양태수를 삼고자 했으나, 급암이 땅에 엎드려 도장을 받지 않으려 했다. 임금이 '회양태수를 하찮게 여깁니까? 다만 나는 회양지방의 관리와 일반 백성들이 잘 어울리지 못하기 때문에, 단지 그대의 위엄을 빌려, 누워서 다스리고 싶을 따름입니다.'" 라고 하였다. 고사 속 와치(臥治)는 누워만 있어도 잘 다스려진다는 뜻. 고굉(股肱)은 팔과 다리 즉 사지(四肢)로 임금의 중요 측근을 뜻함. ≪상서·우서·익직(尙書·虞書·益稷)≫에 "신하는 짐의 팔다리며 귀와 눈이다. 내가 백성을 도우고자 하니, 그대들도 힘을 보태어라." 라고 하였다. 수(守)는 태수(太守). 고굉수(股肱守)는 임금의 팔과 다리가 되는 태수인 급암(汲黯)을 말함.

3) 況復南山曲 2구 : 황(況)은 하물며 ~임에랴. 남산곡(南山曲)은 남산의 모퉁이로 권력투쟁지인 수도가 아님을 말함. 유서(幽棲)는 그윽이 깃들다, 은둔하다.

4) 連陰盛農節 2구 : 연음(連陰)은 연이어 흐리다. 장마철을 의미하며 중국에서는 봄철. 음(陰)은 음우(陰雨)로 흐리고 비 오다. 농절(農節)은 농사짓는 계절. 대(薹)와 립(笠)은 모두 삿갓. 여기서는 삿갓을 쓴 농부들을 의미. 동치(東菑)는 동쪽 밭.

5) 高閣常晝掩 2구 : 고각(高閣)은 높은 누각. 여기서는 관청을 의미. 황계(荒階)는 인적이 드문 관청의 섬돌.

6) 珍簟淸夏室 2구 : 진점(珍簟)은 진귀한 대자리. 청(淸)은 서늘하게 하다. 량시(涼颸)는 서늘한 바람.

7) 嘉魴聊可薦 2구 : 방(魴)은 방어(魴魚). 가천(可薦)은 밥상에 올릴 만하다. 먹을 만하다는 의미. 록의(淥蟻)는 거품이 나는 술로 막 빚은 술을 의미.

8) 夏李沈朱實 2구 : 침(沈)은 물에 담가놓다. 절(折)은 끊다. 여기서는 연뿌리를 쪼개어 먹는 것을 말함.

9) 良辰竟何許 2구 : 량진(良辰)은 좋은 때. 여기서는 사조가 심약과 함께 경릉팔우(竟陵八友)로 활동하며 함께 시문을 나누던 때를 말함. 몽가기(夢佳期)는 좋은

약속을 꿈꾸다. 여기서는 꿈에서 심약을 보았다는 의미.

10) 坐嘯徒可積 2구 : 동한(東漢)의 성진(成瑨)의 고사로 장번(張璠)의 ≪한기(漢紀)≫에 실려 있다. 내용은 원주 참조. 좌소(坐嘯)는 아래 사람들이 잘 다스려 관리가 앉아서 휘파람을 분다는 뜻으로 후에 관직생활의 한가로움이나 정무를 직접 처리하지 않는 것을 비유하게 됨. 위(爲)는 여기서 치(治)로 다스리다. 방(邦)은 국가, 지방. 여기서는 지방 선성군을 의미. 기(期)는 여기서 1년.

11) 絃歌終莫取 2구 : ≪논어·양화(陽貨)≫에 "공자가 무성(武城)에 갔을 때, 현악기로 연주하는 소리를 듣고는 빙그레 웃으며 말하길 닭을 잡는 데 어찌 소 잡는 칼을 쓰냐고 하였다. 자유가 대답하길 전에 선생님께서 '군자가 도를 배우면 사람을 사랑하고, 소인이 도를 배우면 부리기 쉽다.' 라고 말씀하시는 것을 들었습니다." 라고 하였다. 여기서 현가(絃歌)는 유가의 이상적 통치인 교화(敎化)이며 큰 정치철학을 의미. 무(撫)는 가볍게 치다. 궤(几)는 집무를 보는 탁상, 안궤(案几)를 말함.

12) 압운은 玆, 時, 菑, 辭, 颸, 持, 絲, 期, 期, 嗤.

**감상**

이 시는 사조가 495년 선성태수로 부임한 후 지은 것이다. 이 시를 받는 심약은 사조와 함께 경릉팔우로 활동했던 문인이다. 후에 사조는 수왕의 총애를 받으며 벼슬을 할 때도 경릉팔우와의 교류를 잊지 못할 정도로 이 시절을 그리워했다고 한다. 또 이 시를 쓸 당시 사조는 지방의 태수로 좌천 된 반면 제목에 보이는 심약의 벼슬 상서(尙書)은 중앙의 관직으로 사조보다 높은 벼슬을 맡은 상황으로 보인다. 또 심약은 권력다툼에 휘말려 36세에 옥사한 사조를 애도하며 〈상사조(傷謝朓)〉라는 시를 남긴 것으로 보아 평소 사조에 대한 애정이 각별했던 것으로 보인다(같은 권, 양시(梁詩) 4-7번시 참조). 사조는 그런 친분으로 자신의 근황을 알리는 편지를 보낸 것이다. 모두 20구로 되어 있으며 다섯 단락으로 나눌 수 있다.

1단락(1-4구)는 제목을 설명한 파제(破題)이다. 1-2구는 급암 고사와 ≪상서·우서·익직≫의 순임금과 우임금의 대화를 가져왔다. 그러나 시인이 말하고 싶은 것은 회양 지역의 임금의 팔 다리 같은 측근인 급암처럼 누워서 잘 다스렸다는 것이 아니라 잘 다스리지도 못하고 병들어 누워있는 사람이 바로 자신이라는 의미로 쓴 것이다. 자신의 근황을 축약한 것으로 아프지만 태수일은 그럭저럭 잘 수행하고 있다는 말이다. 3-4구는 자신이 있는 이 선성지역은 은거, 은둔이나 다름없는 외진 곳이란 의미다.

2단락(5-8구)은 계절 봄을 말한다. 이는 편지를 받는 심약과 헤어진 후 시간의 경과를 계절 순서로 말하는 첫 부분이다. 흐린 날이 많은 농사철인 봄에 삿갓 쓴 농부들은 밭에 모여 있고, 관청은 송사가 적어 오히려 인적이 드물다.

3단락(9-12구)은 심약과 헤어진 후 여름을 맞이한 모습이다. 시원한 대자리와 서늘한 바람을 일으키는 부채질이 필요한 여름. 방어는 먹을 만하고 막 빚은 술은 마실 만하다.

4단락(13-16구)은 심약과 헤어진 후 가을을 맞이한 모습이다. 늦여름 풍성한 오얏 열매를 물에 담가도 놓고 가을철 연뿌리는 쪼개어 먹어도 보지만 허전하다(13-14구). 15-16구는 시인이 편지를 보내는 이유가 밝혀진다. 늘 마음속엔 경릉팔우와의 교류하던 좋은 때를 잊지 못해, 어제도 심약 당신을 꿈에 만났기 때문이다. 한편으로는 자신의 사정을 잘 고려해 달라는 부탁이기도 하다.

마지막 5단락(17-20구)은 결론이다. 17구는 성진(成瑨)의 고사를 가져왔다. 18구의 내용으로 보아 사조가 선성태수로 보낸 시간이 1년 남짓이 되었음을 알 수 있다. 계절은 이미 겨울이 되었을 것이다. 19-20구는 사조가 진정으로 원하는 것을 말한 것이다. ≪논어·양화≫에 나오는 현가(絃歌)는 사조가 가지고 있는 큰 정치 이상을 말한 것이다. 자신은 큰일을 해낼, 큰 고을을 다스릴 큰 철학을 가졌음에도 이렇게 작은 고을에 있어 가만히 앉아 휘파람 불며 한가로이 정무를 보고 있으니 공자는 자유를 비웃었지만 사조는 자신 스스로를 비웃게 만드는 현실이 안타까울 뿐이다.

## 1-17
## 〈晩登三山還望京邑(만등삼산환망경읍)〉[1)]

〈저물녘에 삼산에 올라 남경을 돌아다보며〉

| | |
|---|---|
| 灞涘望長安,<br>패사망장안 | 패수물가에서 장안을 바라보거니와, |
| 河陽視京縣.[2)]<br>하양시경현 | 하양에서는 저 낙양을 보고 있다네. |
| 白日麗飛甍,[3)]<br>백일려비맹 | 밝은 태양 날 듯 한 용마루에 달려, |
| 參差皆可見.<br>참차개가견 | 들쭉날쭉 모두 다 볼 수 있는구나. |
| 餘霞散成綺,<br>여하산성기 | 남은 저녁노을 흩어져 비단 이루고, |
| 澄江靜如練.[4)]<br>징강정여련 | 맑은 강물은 고요하여 흰 명주인 듯. |
| 喧鳥覆春洲,<br>훤조복춘주 | 지저귀는 새들 봄철 모래톱을 뒤덮고, |
| 雜英滿芳甸.[5)]<br>잡영만방전 | 온갖 꽃들 향긋한 교외 가득 채웠네. |
| 去矣方滯淫,<br>거의방체음 | 한창 머물고 싶으나 떠나게 되나니, |

懷哉罷歡宴.[6] 그리워라 즐거운 잔치는 끝이 났네.
회재파환연

佳期悵何許, 좋은 기약은 슬프게도 언제나일까,
가기창하허

淚下如流霰.[7] 눈물 떨어져 흐르는 싸락눈 같구나.
루하여류산

有情知望鄕, 정든 사람은 고향을 바라볼 줄 아는 법,
유정지망향

誰能鬒不變.[8] 뉘라서 검은 머리 변치 않을 수 있으랴!
수능진불변

역주

1) 晚登三山還望京邑 : 삼산(三山)은 지금의 남경(南京) 석두성(石頭城) 부근. 환망(還望)은 돌아다보다. 경읍(京邑)은 수도 남경을 말함.
2) 灞涘望長安 2구 : 1구와 관련하여 위(魏)나라 시인 왕찬(王粲)의 〈칠애시(七哀詩)〉에 "남쪽으로 패릉 언덕 올라서, 고개 돌려 장안 돌아다보네.(南登霸陵岸, 回首望長安.)"라고 하였다(≪고시원≫ 번역본 2권 161쪽 참조). 2구와 관련하여 반악(潘嶽)의 〈하양현작시(河陽縣作詩)〉2수 가운데 "목을 길게 빼고서 도성을 바라보니(引領望京室)"라고 하였다. 경현(京縣)은 경읍(京邑), 도성을 말하는 것으로 압운 때문에 현(縣)을 씀.
3) 白日麗飛甍 : 려(麗)는 달라붙다, 짝 짓다. 비맹(飛甍)은 날 듯 한 용마루. 참치(參差)는 여기서 용마루의 모습을 설명한 것으로 들쭉날쭉한 모양.
4) 餘霞散成綺 2구 : 기(綺)는 채색된 비단. 련(練)은 흰 비단, 흰 명주.
5) 喧鳥覆春洲 2구 : 훤조(喧鳥)는 지저귀는 새들. 전(甸)은 교외 들판.
6) 去矣方滯淫 2구 : 의(矣)는 상황의 변화를 의미. 방(方)은 바야흐로, 한창. 체음(滯淫)은 오래 머물다. 환연(歡宴)은 기쁘게 연회하던 일, 즐거운 잔치.
7) 佳期悵何許 2구 : 가기(佳期)는 좋은 약속. 여기서는 10구에서 즐거운 잔치(歡宴)를 같이 하는 것을 말함. 하허(何許)는 언제, 어느 곳. 류산(流霰)은 덩어리져 흐르는 느낌의 싸라기눈.
8) 鬒 : 검고 윤기나는 머리.
9) 압운은 縣, 見, 練, 甸, 宴, 霰, 變.

감상

이 시는 선성태수로 떠나기 전 실질적 고향인 수도 남경을 바라보며 쓴 시로 알려져 있다. 제목의 삼산(三山)은 이수(二水)와 함께 모두 남경을 상징하는 말이다. 후대 이백이 〈등금릉봉황대(登金陵鳳凰臺)〉에 "삼산은 푸른 산 너머 반쯤 잠기고, 이수는 나뉘어 백로주를 흐르네.(三山半落青天外, 二水中分白鷺洲.)"라고 읊었듯이. 이 시는 모두 14구로 내용에 따라 네 단락으로 나눠 살필 수 있다.

1단락(1-4구)의 1-2구는 제목을 다시 설명한 것이다. 1구는 왕찬의 〈칠애시〉에서, 2구는 반악의 〈하양현작시〉에서 가져와 왕찬이 패수가에서 장안을 둘러보았듯, 반악이 하양에서 목을 빼고 바라보았듯, 시인 사조도 그렇게 도성을 바라보고 있다는 의미다. 3-4구는 그런 시인에게 태양아래 뚜렷하게 보이는 도성의 풍경을 말하고 있다. 날 듯 한 용마루의 들쭉날쭉한 모양마저 다 시인의 눈에 들어온다.

2단락(5-8구)은 자연경관을 읊었다. 5-6구는 저녁노을과 강물의 모습을 채색 비단과 흰 명주에 비유한 명구로 알려졌다. 새들의 지저귐과 온갖 꽃들의 향연이 펼쳐진 봄날의 풍경이 이어진다(7-8구).

3단락(9-12구)은 앞 단락들의 풍경을 감상한 시인의 소회(所懷)이다. 이렇게 아름다운 봄날 고향 같은 도성에 더 머물고 싶으나 지방 부임지로 떠나야 하는 시인은 벗들과의 즐거운 잔치가 그리워질 수밖에 없다(9-10구). 언제 다시 만나 잔치를 할 수 있을지 싸락눈처럼 떨어지는 눈물은 시인의 고통스런 마음일 것이다(11-12구).

마지막 4단락(13-14구)은 결론 부분으로 떠난 후의 일을 읊었다. 정겨운 사람이라면 고향을 그리워하는 법이니 그 그리움에 늙을 자신의 모습에 가슴이 먹먹해진 시인은 이 노래를 남긴다.

## 1-18
## 〈直中書省(직중서성)〉[1]　　〈중서성에서 숙직하며〉

| | |
|---|---|
| 紫殿肅陰陰,<br>자전숙음음 | 자줏빛 궁전은 엄숙하고 음산하니, |
| 彤庭赫弘敞.[2]<br>동정혁홍창 | 붉은 칠 마당은 밝게 트여있다네. |
| 風動萬年枝,<br>풍동만년지 | 바람은 감탕나무의 가지를 흔들고, |
| 日華承露掌.[3]<br>일화승로장 | 태양은 이슬 받는 선인장을 비추네. |
| 玲瓏結綺錢,<br>령롱결기전 | 영롱하게 비단 동전 장식을 묶었고, |
| 深沉映朱網.[4]<br>심침영주망 | 깊숙하게 붉은 망사를 비추인다네. |
| 紅藥當階翻,<br>홍약당계번 | 작약은 섬돌 앞에서 나풀거리나니, |
| 蒼苔依砌上.[5]<br>창태의체상 | 푸른 이끼는 섬돌 의지해 올라오네. |

| | |
|---|---|
| 玆言翔鳳池, 자언상봉지 | 이 곳이 봉황지를 노닌다는 곳이니, |
| 鳴珮多淸響.[6] 명패다청향 | 울리는 패옥소리 맑은 소리 많구나. |
| 信美非吾室,[7] 신미비오실 | 진실로 아름다우나 내 집은 아니니, |
| 中園思偃仰.[8] 중원사언앙 | 전원에서의 자유로운 삶 그립구나. |
| 朋情以鬱陶, 붕정이울도 | 벗 그리운 맘 때문에 가슴 답답한데, |
| 春物方駘蕩.[9] 춘물방태탕 | 봄의 경물은 바야흐로 화창도 하구나. |
| 安得凌風翰, 안득능풍한 | 어떻게 바람타고 넘는 날개를 얻어서, |
| 聊恣山泉賞.[10]* 료자산천상 | 애오라지 마음껏 산천을 감상하려나. |

원주

* ≪동궁구사≫ : 창에는 네 면이 있는데, 비단을 묶어 동전모양 장식을 이었다. (東宮舊事曰, 窗有四面, 結綺連錢.)

역주

1) 直中書省 : 직(直)은 숙직하다. 중서성(中書省)은 관서 이름으로 법령을 반포하는 일을 관장함. 사조(謝朓)는 중서랑(中書郎)을 역임한 바 있음.
2) 紫殿肅陰陰 2구 : 자(紫)는 자미(紫微)로 북두성(北斗星) 북쪽의 별 이름, 천자와 천자의 거처인 궁궐을 상징. 전(殿)은 큰 건물. 자전(紫殿)은 자줏빛 궁전으로 황궁을 상징함. 음음(陰陰)은 첩어, 의태어로 어둡고 스산한 모양, 음산한 모양. 동(彤)은 붉다. 정(庭)은 임금 앞에 신하들이 배열한 장소. 동정(彤庭)은 붉은 색을 칠한 마당, 중정(中庭). 홍창(弘敞)은 트이다.
3) 風動萬年枝 2구 : 만년지(萬年枝)는 감탕(甘湯)나무. 일화(日華)는 태양. 해를 아름답게 말한 것. 승로장(承露掌)은 이슬을 받는 선인장으로 ≪한서·교사지(漢書·郊祀志)≫에 의하면 한나라 무제(武帝)가 신선술에 미혹되어 감로를 받아 마셔 수명을 연장시키고자 건장궁(建章宮)에 신명대(神明臺)를 세우고 동(銅)으로 선인장(仙人掌)모양을 만들어 세워서 동반을 떠받치고서 감로를 받게 하였다고 한다.
4) 玲瓏結綺錢 2구 : 기전(綺錢)은 비단을 엮어서 만든 동전 무늬 장식. 심침(深沉)은 첩운, 의태어로 깊숙한 모양. 주망(朱網)은 비단이 붉은 망사처럼 보이는 것.

5) 紅藥當階翻 2구 : 홍약(紅藥)은 작약. 번(翻)은 펄럭이다, 나풀거리다. 체(砌)는 섬돌.
6) 玆言翔鳳池 2구 : 봉지(鳳池)는 봉황지(鳳凰池)의 준말. 위진시대 이후 이곳에 중서성(中書省)을 설치해 중서성 앞 연못이 되었다. 위진 시대의 순욱(荀勖)은 중서감(中書監)으로 있다가 상서령(尙書令)으로 발령받아 사람들이 축하하자 "내 노닐던 봉황지를 빼앗겼는데 무슨 축하인가?" 라고 했다는 고사가 있다. 봉황지는 중서성의 별칭. 청향(淸響)은 앞의 패옥소리가 맑다는 의미.
7) 信美非吾室 : 왕찬(王粲)의 〈등루부(登樓賦)〉에 "비록 진실로 아름답지만 나의 고향이 아니니, 어찌 잠시라도 머물겠는가?" 라고 하였다.
8) 中園思偃仰 : 중원(中園)은 원중(園中)으로 전원에서. 사(思)는 그리워하다. 언앙(偃仰)은 올려보고 내려 보고 자유롭게 지내는 것을 의미.
9) 朋情以鬱陶 2구 : 붕정(朋情)은 친구를 그리워하는 마음. 울(鬱)은 가득하다, 답답하다. 도(陶)는 질그릇을 만드는 것처럼 점점 커져감. 우울한 생각이 가득차서 커져 감을 의미. 춘물(春物)은 봄의 경물(景物). 태탕(駘蕩)은 쌍성, 의태어로 화창한 모양.
10) 安得凌風翰 2구 : 능풍(凌風)은 바람을 타고 넘다. 한(翰)은 날개. 자(恣)는 마음껏 즐기다.
11) 압운은 敞, 掌, 網, 上, 響, 仰, 蕩, 賞.

## 감상

사조는 남조 송과 제나라를 거치며 벼슬을 역임했다. 이 시는 중서성(中書省)에서 숙직하면서 남긴 노래로 중서랑(中書郎)을 역임한 시기에 쓴 것으로 보인다. 궁궐에서 숙직하며 관리들이 남긴 시의 대부분은 벼슬에 대한 갈망과 벼슬을 그만두고 고향으로 가고픈 마음 사이의 갈등이 드러나 벼슬살이에 대한 양면성을 읊은 것이 많다. 그래서 긍정적인 묘사와 부정적인 묘사를 넘나든다. 이 시는 모두 16구로 되어 있으며 시인 사조의 벼슬살이 갈등을 크게 두 개의 단락으로 나눠 볼 수 있다.

앞 단락(1-8구)은 숙직의 상황을 묘사하고 있다. 1-4구는 궁궐 전체를 그린 것이다. 1구에서 밤이 되면 한 없이 적막한 궁궐의 모습을 부정적으로 그렸다면, 2구는 신하로서의 자부심을 말한 긍정적인 모습이다. 1-2구는 궁궐의 양면성을 말하고 있다. 5-8구는 중서성을 묘사한 것이다. 5-6구는 중서성의 출입하는 문을 그린 것으로 비단 장식과 붉은 망사로 표현하였다. 7-8구는 섬돌 앞 작약과 섬돌에 올라오는 푸른 이끼로 중서성이 유서 깊은 곳임을 말한다.

뒤 단락(9-16구)은 숙직에 대한 시인의 느낌을 읊었다. 9-10구는 순욱의 고사를 빌어 중서성이 관리들도 부러워하는 봉황지를 노니는 곳이며, 쟁쟁한 인물들의 패옥 소리가 넘치는 곳이라며 긍정적으로 그리고 있다. 그러나 왕찬의 〈등루부〉처럼 내 고향 전원의 자유롭게 노님만 못하다(11-12구). 고향 생각에 이르자 시인은 벗들을 보고픈 마음이 더 간절해져 날개라도 얻어 고향 산천을 감상하러 가고픈 상상에 젖어든다(13-16구).

1-19

## 〈宣城郡內登望(선성군내등망)〉 〈선성군 안에서 올라 바라보다〉

| | |
|---|---|
| 借問下車日,<br>차문하거일 | 묻자구나 수레에서 내렸던 날을, |
| 匪直望舒圓.[1]<br>비직망서원 | 단지 달이 찬 것만은 아니구나. |
| 寒城一以眺,<br>한성일이조 | 차가운 성곽 한번 조망하거니와, |
| 平楚正蒼然.[2]<br>평초정창연 | 평평한 숲은 정말로 창연하구나. |
| 山積陵陽阻,<br>산적릉양조 | 산세는 릉양산 험함을 쌓아두었고, |
| 溪流春穀泉.[3]<br>계류춘곡천 | 계곡은 춘곡 샘물 흘러 보내누나. |
| 威紆距遙甸,<br>위우거요전 | 구불구불 먼 교외까지 이어지고, |
| 巉巖帶遠天.[4]<br>참암대원천 | 드높게 먼 하늘을 두르고 있구나. |
| 切切陰風暮,<br>절절음풍모 | 절절하게 음산한 바람에 날 저물고, |
| 桑柘起寒煙.[5]<br>상자기한연 | 뽕나무 밭 차가운 안개 피어오르네. |
| 悵望心已極,<br>창망심이극 | 슬피 보니 내 맘 이미 극에 달하여, |
| 惝怳魂屢遷.[6]<br>창황혼루천 | 시무룩하게 내 혼은 자주 옮겨가네. |
| 結髮倦爲旅,<br>결발권위려 | 약관나이부터 나그네 삶 지쳤거니와, |
| 平生早事邊.[7]<br>평생조사변 | 줄곧 일찌감치 변방에서 일 했거늘. |
| 誰規鼎食盛,<br>수규정식성 | 뉘라서 성대한 정식을 바랄 것인가, |
| 寧要狐白鮮?[8]<br>녕요호백선 | 어찌 요구하랴 고운 여우 가죽옷을. |

方弃汝南諾, 여남 태수 같은 짓 바야흐로 버리고,
방기여남낙

言税遼東田.[9)]* 요동의 밭에서 수레 풀 수 있었으면.
언세요동전

**원주**

* '한성' 한 련은 격이 높아서, 주자 역시 상찬하였다.(寒城一聯格高, 朱子亦賞之.)
≪속한서≫ : 여남 태수인 종자가 범방을 임용했다. 당시 사람들이 노래하길 "여남 태수는 범맹박이고, 남양 출신인 종자는 서명과 허락만 주관하였다"라고 하였다.(續漢書曰, 汝南太守宗資, 任用范滂, 時人謠曰: 汝南太守范孟博, 南陽宗資主畫諾.)
≪위지≫ : 관녕이 공손탁이라는 사람의 명령이 해외에서도 행해진다는 소리를 듣고, 마침내 요동으로 갔다.(魏志曰, 管寧聞公孫度令行海外,[10)] 遂至遼東.)

**역주**

1) 借問下車日 2구 : 진나라 시인 장협(張協)이 "수레에서 내린 지 엊그제 같건만, 달이 네댓 번 둥그러졌다네."라고 하였다(≪고시원≫ 번역본 2권 405쪽 참조). 하거(下車)는 지방관리가 근무지에 도착, 부임하다. 사조가 선성군에 부임한 날을 말함. 망서(望舒)는 원래 달을 싣고 다니는 수레의 마부역할 신(神)의 이름을 말함. 달의 대명사.
2) 寒城一以眺 2구 : 한성(寒城)은 차가운 성곽. 평초(平楚)는 평평한 덤불 숲. 창연(蒼然)은 ①푸르다 ②예스럽다, 고색창연하다 ③어슴푸레하다. 여기서는②③의 뜻.
3) 山積陵陽阻 2구 : 산(山)은 산의 모양, 산세. 적(積)은 쌓아 두다. 릉양(陵陽)은 릉양산(陵陽産). 류(流)는 흘러 보내다. 춘곡(春穀)은 물 이름.
4) 威紆距遙甸 2구 : 위우(威紆)는 쌍성, 첩운인 의태어로 구불구불 이어지는 모양. 거(距)는 이르다, 이어지다. 전(甸)은 교외 들판. 참암(巉巖)은 첩운, 의태어로 드높은 모양. 대(帶)는 허리띠처럼 두르다.
5) 切切陰風暮 2구 : 절절(切切)은 첩어, 의성어로 절절하다. 음풍(陰風)은 음산한 바람. 상자(桑柘)는 뽕나무 밭. 한연(寒煙)은 차가운 안개. 여기서는 밥 짓는 연기로 보인다.
6) 惝況魂屢遷 : 창황(惝況)은 시무룩하다, 풀이 죽다. 혼천(魂遷)은 혼이 옮겨간다, 넋을 잃다. 여기서는 고향으로 마음이 간다는 의미.
7) 結髮倦爲旅 2구 : 결발(結髮)은 머리를 묶어 모자를 쓰는 약관(弱冠)의 나이로 성인이 되는 20세를 말함. 위려(爲旅)는 나그네 생활. 사변(事邊)은 변방에서 일하다.
8) 誰規鼎食盛 2구 : 규(規)는 원을 그리는 도구로 설계하다, 계획을 세우다. 여기서는 규구(規矩)로 계획하여 요구하고 바라다. 정식(鼎食)은 천자나 신을 위한 음

식차림. 호백(狐白)은 여우 가죽옷. ≪사기·맹상군열전(史記·孟嘗君列傳)≫의 계명구도(鷄鳴狗盜) 고사에 흰 여우의 겨드랑이 털로 만든 진귀한 외투라는 뜻의 호백구(狐白裘)가 나온다. 선(鮮)은 곱다.

9) 方弃汝南諾 2구 : 여남낙(汝南諾)은 여남태수(汝南太守) 종자(宗資)의 행적을 말한 것(원주 참조). 세(稅)는 세가(稅駕)로 수레를 풀다. 요동전(遼東田)은 요동의 밭으로 관녕(管寧)의 고사를 말함. 원주 참조.

10) 管寧聞公孫度令行海外 : 관녕(管寧)은 위(魏)나라 북해(北海) 주허(朱虛) 사람으로 자는 유안(幼安)이다. 조정의 부름에 나가지 않고 청렴하고 학문에 전념하여 조정과 세인의 존경을 받았다. 같이 공부한 화흠(華歆)이 책을 덮고 지나가는 고관대작의 수레를 바라보자 부귀영화에 뜻이 있다 여겨 같이 쓰던 방석을 잘라 절교했다는 관녕할석(管寧割席)고사가 있다. 후한 말 난을 피해 요동(遼東)으로 갔다. 공손탁(公孫度)은 후한(後漢) 요동(遼東) 양평(襄平) 사람으로 자는 승제(升濟)이다. 벼슬은 상서랑(尙書郎), 기주자사(冀州刺史), 요동태수(遼東太守)를 지냈다. 후에 요동후(遼東侯), 평주목(平州牧)이 되었다가 조조(曹操)에 의해 영녕향후(永寧鄕侯)가 되었다. 령(令)은 명령으로 정치, 정령(政令)을 말함. 해외(海外)는 요동 반도 너머를 말함.

11) 압운은 圓, 然, 泉, 天, 煙, 遷, 邊, 鮮, 田.

## 감상

부임지 선성군 안에서 높은 데 올라 풍경을 바라보며 자신의 느낌을 읊은 노래이다. 시는 모두 18구로 되어 있으며, 다섯 단락으로 나눌 수 있다.

1단락(1-4구)은 제목을 다시 설명한 파제(破題)이다. 시인은 자신이 부임한 때를 스스로 자문하며 시를 시작한다. 2구에서 단지 달이 둥그러진 것이 아니라는 말은 한두 달이 아니라 이미 여러 달이 지났다는 의미로 '달' 로 계산할 시기가 넘어섰다는 의미다. 3-4구는 황궁의 모습과 비교하면 이곳 선성군 성곽위에서 보는 풍경은 고색창연한 모습임을 말한 것이다.

2단락(5-8구)은 성곽 위에서 본 경관 중에서 큰 것을 가지고 지역의 형세를 설명하였다. 5구에서 설명한 산세의 험준함은 다시 8구와 연결되어 드높게 하늘을 두른 모습이고, 6구에서 설명한 계곡 물의 흐름은 다시 7구와 연결되어 구불구불 먼 교외에 이어지는 모습이다.

3단락(9-12구)은 경관에서 느끼는 창연(蒼然)을 설명하고 있다. 날은 저물고 저 멀리 밥 짓는 연기 같은 안개를 보던 시인은 자주 고향 생각에 슬퍼질 수밖에 없다.

4단락(13-16구)은 시인의 감정을 토로한다. 오랜 변방 생활에 지친 시인은 귀한 음식과 고운 옷을 누릴 수 있는 부귀는 바라지 않는다고 말한다. 실제로 사조는 19살의 나이(482년)에 제나라 예장왕(豫章王) 소억(蕭嶷)의 태위행참군(太尉行參軍)을 시작으로 벼슬살이를 하였다.

마지막 5단락(17-18구)은 결론이다. 시인은 여남태수 종자와 관녕의 고사를 가져와 이 태수노릇을 버리고 벼슬이 아닌 곳에서 안식하길 소망해본다.

1-20

〈高齋視事(고재시사)〉[1] 〈고재에서 업무를 보다〉

| | |
|---|---|
| 餘雪映青山,<br>여설영청산 | 남은 눈이 푸른 산에 비치거니와, |
| 寒霧開白日.<br>한무개백일 | 차가운 안개는 밝은 해에 열리네. |
| 曖曖江村見,[2]<br>애애강촌견 | 어렴풋하게 저 강촌이 보이더니, |
| 離離海樹出.[3]<br>리리해수출 | 뚜렷이 큰 물가에 나무들 드러나네. |
| 披衣就清盥,[4]<br>피의취청관 | 옷 걸치고서 세숫대야에 나아가고, |
| 憑軒方秉筆.[5]<br>빙헌방병필 | 창가에 기대어서 붓 잡아 보노라. |
| 列俎歸單味,<br>렬조귀단미 | 그릇 늘어놓아도 한 음식에 귀착되고, |
| 連駕止容膝.[6]<br>련가지용슬 | 수레 줄지어도 작은 방에 멈추는 법. |
| 空爲大國憂,<br>공위대국우 | 공연히 대국을 위해 근심걱정 했으니, |
| 紛詭諒非一.[7]<br>분궤량비일 | 어지러운 일 정말로 하나가 아니로세. |
| 安得掃蓬徑,[8]<br>안득소봉경 | 어찌할 수 있으리 어지러운 길 쓸어내고, |
| 鎖吾愁與疾.[9]*<br>쇄오수여질 | 내 수심과 병마를 삭혀버릴 수 있었으면. |

원주

* 처음 4구는 눈 내린 뒤를 묘사함이 신의 경지에 들어섰다.(起四句寫雪後入神.)

역주

1) 高齋視事 : 고재(高齋)는 높은 서재. 여기서는 선성군(宣城郡) 능양산(陵陽山) 위에 지은 서재를 말함. 시사(視事)는 일을 보다, 업무를 보다.
2) 曖曖 : 첩어, 의태어로 흐린 모양.
3) 離離 : 첩어, 의태어로 뚜렷한 모양.

4) 就淸盥 : 취청관(就淸盥)은 맑은 세숫대야에 나아가다. 세수하다는 의미.
5) 秉筆 : 붓을 잡다. 여기서는 업무를 보다는 의미.
6) 列俎歸單味 2구 : ≪한시외전(韓詩外傳)≫ 권9에 "이제 만약 네 마리 말을 묶고 여러 마리 기마를 줄 세운다하더라도, 편히 여기는 바는 무릎 받아들일만한 곳을 넘지 않는다. … 먹을거리가 내 앞에 사방 열 자이더라도, 달게 먹는 것은 한 가지 고기에 불과하다."라고 하였다. 조(俎)는 도마, 그릇. 단미(單味)는 한 가지 음식. 련가(連駕)는 수레가 줄을 짓다. 용슬(容膝)은 무릎을 용납하다. 편히 쉴 수 있는 작은 내 방을 의미.
7) 空爲大國憂 2구 : 대국(大國)은 큰 나라. ≪맹자·공손축상(公孫丑上)≫에서 "하·은·주의 전성기에도 나라의 땅이 천 리를 넘지 않았다. 제나라는 그만한 땅을 소유하고 있었다. 닭 우는 소리 개 우는 소리가 서로 들릴 정도의 사방의 국경을 맞대고 있으니,"라고 하였다. 여기서는 시인의 전국시대 제나라를 빌려 조국인 남조 제나라를 말하는 것으로 약간 비꼬는 의미로 쓰인 것. 분궤(紛詭)는 어지러운 잡스런 일. 여기서는 제나라가 494년 한 해에 울림왕(鬱林王), 해릉왕(海陵王), 명제(明帝) 세 명의 황제가 차례로 등극하며 연호가 3번이나 바뀌는 대혼란을 겪은 것을 가리킴.
8) 蓬徑 : 어지러운 길.
9) 鎖 : 다른 판본에 소(消)로 되어 있다. 삭히다. 없애다는 의미.
10) 日, 出, 筆, 膝, 一, 疾로 입성(入聲) 압운.

## 감상

앞서 소개한 1-13 〈군내고재한망답여법조(郡內高齋閑望答呂法曹)〉와 마찬가지로, 역시 능양산 위 서재에서 업무를 보며 느낀 바를 적은 것이다. 시는 모두 12구로 되어 있으며 내용에 따라 크게 두 단락으로 나뉜다.

앞 단락(1-6구)은 제목을 설명한 파제(破題)이다. 1-4구는 고재(高齋)를 설명한 것이다. 이 산 위 높은 서재에서 풍경을 바라보니 남은 눈은 푸른 산에 비치고, 안개는 밝은 해에 의해 걷힌다(1-2구). 시인의 눈에 어렴풋하던 강촌의 모습이 어느 새 뚜렷하게 바뀌듯 시인도 마음의 결심도 분명해짐을 느낄 수 있다.(3-4구) 5-6구는 제목의 시사(視事)를 설명한 것으로 옷을 걸치고 세수를 하고 붓을 잡아 업무를 보는 모습이다.

뒤 단락(7-12구)의 7-8구는 아무리 많은 음식이 있어도 내가 좋아하는 한 가지 음식에 귀착되고, 좋은 수레가 줄을 이어도 내가 편히 쉴 곳은 내 방에 그치는 법임을 설명한다. 한 해에 세 번이나 황제가 바뀌고 연호가 바뀌는 내 조국 제나라가 그리도 대단한 나라인가? 시인은 어지러운 나라 상황을 생각하니 절로 한숨이 앞선다(9-10구). 쓸어버리고, 없애버리리라. 3-4구에서 어렴풋하던 풍경이 뚜렷하게 다가왔듯 조국과 벼슬살이에 대한 갈등으로 어지럽던 시인의 마음은 명확하게 그 결론을 내고 있다(11-12구).

## 1-21

### 〈落日悵望(락일창망)〉 〈석양에 서글피 바라보며〉

|  |  |
|---|---|
| 昧旦多紛喧,<br>매단다분훤 | 이른 새벽부터 어지럽고 시끄러움 많더니, |
| 日晏未遑舍.[1]<br>일안미황사 | 해가 저물어 가도록 쉴 겨를이 없었다네. |
| 落日餘淸陰,<br>락일여청음 | 해가 저물어 맑은 그늘이 조금 남았을 때, |
| 高枕東窗下.<br>고침동창하 | 동쪽 창문 아래에서 높이 베고 누웠다네. |
| 寒槐漸如束,<br>한괴점여속 | 차가운 홰나무는 점점 묶은 듯 되어가고, |
| 秋菊行當把.[2]<br>추국행당파 | 가을 국화는 머잖아 당연히 잡아야하네. |
| 借問此何時,<br>차문차하시 | 묻자구나 지금이 어떤 때가 되었는가, |
| 涼風懷朔馬.[3]<br>량풍회삭마 | 찬바람 북방 말로 하여 그리워하게 하네. |
| 已傷暮歸客,[4]<br>이상모귀객 | 이미 고향 돌아가고픈 객을 슬프게 하고, |
| 復思離居者.<br>부사리거자 | 헤어져 있는 사람도 그립도록 만드누나. |
| 情嗜幸非多,<br>정기행비다 | 바라고 좋아함이 다행히 많지 않거니와, |
| 案牘偏爲寡.[5]<br>안독편위과 | 중요한 공문서라 할 것 의외로 적구나. |
| 既乏琅琊政,<br>기핍낭야정 | 낭야 지역의 정치 치적이 없는 바에야, |
| 方憩洛陽社.[6]<br>방게낙양사 | 바야흐로 낙양 백사에서 쉬어야 하리라. |

**역주**

1) 昧旦多紛喧 2구 : 매단(昧旦)은 이른 새벽. 일안(日晏)은 해가 저물다. 황(遑)은 겨를, 새. 사(舍)는 멈추다, 쉬다.

2) 寒槐漸如束 2구 : 괴(槐)는 홰나무. 여속(如束)은 묶은 것처럼 되다. 나뭇잎이 떨

어져 땔감을 묶어 놓은 듯이 된다는 의미. 행(行)은 여기서 '머잖아, 곧'의 의미. 당(當)은 당연히, 마땅히. 파(把)는 잡다.

3) 涼風懷朔馬 : 〈고시십구수(古詩十九首)〉에 "호(胡) 지방 말은 북녘 바람에 기대고, 월(越) 지방 새는 남쪽 가지에 깃드네."라 하였다(≪고시원≫ 번역본 1권 486쪽 참조). 삭마(朔馬)는 북방 말.

4) 暮歸客 : 모(暮)는 다른 판본에 모(慕)로 되어 있어 '그리워하다'로 번역함. 귀(歸)는 고향으로 돌아가다. 객(客)은 시인 자신을 가리킴.

5) 情嗜幸非多 2구 : 정기(情嗜)는 바라는 것과 좋아하는 것. 안독(案牘)은 중요한 안건이나 일. 여기서는 공문서의 의미. 편(偏)은 의외로.

6) 旣乏琅琊政 2구 : 기(旣)는 ~한 바에야. 낭야정(琅琊政)은 낭야 지역의 정사. 낭야(琅琊)는 남북조시대에 국경선에 해당하는 지역으로 정치적으로 중요한 곳. ≪후한서·장법등풍도양렬전(後漢書·張法滕馮度楊列傳)≫에 의하면 장종(張宗)이 낭야(琅邪) 지역에서 혁혁한 치적을 올렸다고 한다. ≪한서·설선주박전(漢書·薛宣硃博傳)≫에 의하면 주박(硃博)이 낭야태수(琅邪太守)로 부임하여 선정을 베풀었다고 한다. 방(方)은 바야흐로. 낙양사(洛陽社)는 낙양의 백사(白社)를 말함. ≪진서·은일전(晉書·隱逸傳)≫ 〈동경(董京)〉 편에 "처음 농서 지방 계리(計吏)와 더불어 낙양에 이르러, 머리를 풀고 가고, 노닐며 시를 읊조리며, 백사(白社)에 자곤 했다."라고 하였다.

7) 압운은 舍, 下, 把, 馬, 者, 寡, 社.

**감상**

이 시 역시 사조가 선성태수를 지낼 적에 쓴 것이다. 선성 지역 태수일은 원래 한직(閒職)이지만 어쩌다 유독 바쁘고 힘들게 보낸 어느 날, 시인은 자신의 심정을 이 시에 담아보고 있다. 모두 14구로 되어 있고 내용에 따라 네 단락으로 나눌 수 있다.

1단락(1-4구)은 제목을 풀이한 파제(破題)로 '해가 저물어(落日)'을 설명하였다. 새벽부터 해 저물도록 쉴 겨를 없이 어지럽던 어느 날, 저물녘에서야 동쪽 창문아래 몸을 뉘일 수 있었다.

2단락(5-8구) 역시 파제(破題)로 '서글피 바라보다(悵望)'을 설명한 것이다. 때는 가을이 되어 나뭇잎이 떨어진 홰나무는 마치 땔감을 묶어 놓은 듯 성기어가고, 한창 핀 국화꽃일랑 응당 빨리 따서 술을 만들어야 할 것이다. 지금이 어느 때인가 자문하던 시인은 호 지방 말이 북녘 바람에 기대듯 고향 생각이 절로 난다.

3단락(9-12구)은 타향살이의 짙은 감정이 묻어난다. 고향을 그리워하는 나그네 된 자신을 슬프게 할 뿐 아니라 헤어져 있는 고향 사람도 사무치게 하는 이 곳, 타향에 서글퍼진 시인. 게다가 이 곳은 중요한 공문서, 자신이 태수로서 책임질 일도 적어 일에 대한 성취감마저 적은 곳이다.

마지막 4단락(13-14구)은 결론이다. 이 곳 선성은 북조와 국경을 맞댄 낭야처럼 중요한 지역이 아니라 한나라 장종처럼 혁혁한 치적을 올릴 수도 없고, 주박처럼 선정을 베풀어 역사의 한 자락을 장식할 수 도 없을 터. 차라리 진나라 동경처럼 낙양의 백사에서 자유로이 노닐며 시를 읊조리며 쉬고 싶은 생각 간절하다.

## 1-22

## 〈移病還園示親屬(이병환원시친속)〉[1)]

〈병 때문에 전원으로 돌아가 친척들에게 보이다〉

| | |
|---|---|
| 疲策倦人世, 피책권인세 | 채찍질에 피곤하여 인간 세상에 권태로워, |
| 斂性就幽蓬.[2)] 렴성취유봉 | 본성을 다 잡고 그윽한 초가집에 나아갔네. |
| 停琴佇涼月, 정금저량월 | 거문고 소리 멈추고서 차가운 달 기다리고, |
| 滅燭聽歸鴻.[3)] 멸촉청귀홍 | 촛불을 끄고서 나는 기러기 소리를 듣노라. |
| 涼蒹乘暮析, 량겸승모석 | 차가운 갈대는 저녁바람을 타고서 부러지고, |
| 秋華臨夜空.[4)] 추화림야공 | 저 가을꽃도 밤이 되면 없어지고 만다네. |
| 葉低知露密, 엽저지로밀 | 나뭇잎 낮아지니 이슬 진하게 내림 알고, |
| 崖斷識雲重.[5)] 애단식운중 | 절벽이 끊기니 구름이 겹겹임을 알겠구나. |
| 折荷葺寒袂, 절하즙한메 | 연잎을 꺾어 차가운 소매를 깁거니와, |
| 開鏡盼衰容.[6)] 개경반쇠용 | 거울을 열어서 쇠한 내 얼굴 들여다보네. |
| 海暮騰清氣, 해모등청기 | 큰 강물은 저물며 맑은 기운 솟아오르고, |
| 河關秘棲沖.[7)] 하관비서충 | 큰물 큰 산엔 은자가 살만한 곳 간직했네. |
| 煙衡時未歇, 연형시미헐 | 안개 속 두형은 아직 다 시들지 않았으니, |
| 芝蘭去相從.[8)] 지란거상종 | 지초 난초에게 가서 서로 따르고자 하노라. |

역주

1) 移病還園示親屬 : 이병(移病)은 ①이서언병(移書言病)으로 공문을 제출해서 아프다고 말하다, 병가를 내다 ②이이병(移以病)으로 병 때문에 옮겨가다. 여기서는 ①의 뜻. 환원(還園)은 전원으로 돌아가다. 여기서 전원은 고향을 의미. 시(示)는 보이다. 친속(親屬)은 친척, 가족.
2) 疲策倦人世 2구 : 피책(疲策)은 채찍질에 피곤해하다. 채찍질로 우마를 부리듯 벼슬살이 등의 남 밑에서 일하는 피곤함을 의미. 렴(斂)은 추스르다, 다 잡다. 성(性)은 본성. 봉(蓬)은 쑥대로 만든 사립문으로 초라한 집, 초가집을 의미. 유봉(幽蓬)은 그윽한 초가집으로 고향집.
3) 停琴佇涼月 2구 : 이 2구는 호문(互文)이다. 저(佇)는 우두커니 서 있다, 기다리다. 귀홍(歸鴻)은 돌아가는 혹은 돌아오는 기러기. 여기서는 '나는 기러기'로 해석함.
4) 涼蕭乘暮析 2구 : 겸(蒹)은 갈대. 승모(乘暮)는 저녁을 타다, 저녁 바람을 타다. 석(析)은 갈라지다, 부러지다. 화(華)는 꽃. 림야(臨夜)는 밤에 임하다, 밤이 되다. 공(空)은 비다, 없어지다.
5) 葉低知露密 2구 : 밀(密)은 이슬이 빽빽하다, 이슬이 진하게 내리다. 중(重)은 중첩되다.
6) 折荷葺寒袂 2구 : 굴원(屈原)의 〈이소(離騷)〉에 "마름과 연잎을 마름질해 저고리를 짓고서,"라고 하였다. 절하(折荷)는 연잎을 꺾다. 즙(葺)은 깁다. 반(盼)은 보다. 쇠용(衰容)은 쇠한 얼굴, 병든 얼굴. 그동안 세상에서 힘겹게 산 모습을 의미.
7) 海暮騰清氣 2구 : 해(海)는 큰 물, 큰 강. 하(河)는 큰 물. 관(關)은 큰 산. 하관(河關)은 여기서 시골 자연을 의미. 비(秘)는 감추다, 간직하다. 서(棲)는 깃들다. 충(沖)은 ≪노자≫의 개념을 빌리자면 '비우다'의 의미로 서충(棲沖)은 비우고자 하는 사람을 깃들게 하는 곳, 즉 은자가 살만한 곳.
8) 煙衡時未歇 2구 : 연형(煙衡)은 안개 속 두형(杜衡). 두형은 향초의 이름. 여기서는 깊은 안개 속에 있어야 할 향초 두형을 말하는 것으로 시인 자신을 가리킴. 헐(歇)은 시들다. 지란(芝蘭)은 지초와 난초로 향기로운 풀들을 말하며 여기서는 친속(親屬)을 가리킴.
9) 압운은 蓬, 鴻, 空, 重, 容, 沖, 從.

감상

이 시는 제목의 설명처럼 시인 사조가 병 때문에 고향 집으로 돌아와 친척들에게 보이는 노래이다. 시는 모두 14구로 되어 있으며 내용에 따라 네 단락으로 나눌 수 있다.

1단락(1-4구)은 제목의 환원(還園)을 설명하고 있다. 벼슬살이에 지친 시인은 세상에 권태를 느껴 본성을 다잡고자 자신의 고향 집으로 돌아온다.(1-2구) 3-4구는 호문(互文)으로 읽어야 한다. 즉 거문고를 멈추고 촛불을 끄고서, 기러기 소리를 기다리고 달빛을 기다린다는 의미다. 또 촛불과 거문고는 모두 인위(人爲)에 해당하는 것으로 이것을 멈추고 자연인 달과 기러기를 기다린다는 것은 세상에서 벗어나 전원으로 돌아온 1-2구와 연결되고 다시 제목의 환원(還園)과 관련된다.

2단락(5-8구)은 인위를 벗어난 후 시인이 느끼는 자연의 모습을 읊었다. 저녁 바람에 부러지는 갈대, 봄에 비해 귀하지만 어둠이 내리면 그 빛을 잃는 가을 꽃(5-6구). 나뭇잎이 낮아지는 모습에 시인은 그 위에 내린 이슬이 진함을 깨닫고, 절벽이 끊겨진 풍경에 시인은 구름이 겹겹이 덮인 산허리를 읽어낸다. 더 없이 섬세한 시인의 감성이지만 왠지 모를 스산함과 슬픈 느낌은 시인이 지금 병을 앓고 있는 상황과 연관이 있을 것이다.

3단락(9-12구)은 시인이 돌아온 전원을 읊었다. 돌아온 고향 전원에서 시인은 굴원처럼 연잎을 꺾어 소매를 깁기도 하고, 그동안 세상에 힘겨워 쇠한 얼굴을 거울에 비춰보기도 한다. 한가로이 눈을 들어보니 이 시골 자연은 큰 강물, 큰 물, 큰 산이라, 맑은 기운이 솟아 과연 은자가 거처할 만한 곳을 간직한 곳이다.

4단락(13-14구)은 결론이다. 13구에서 시인은 자신을 안개 속 향초 두형이라고 표현한다. 앞서 소개한 1-15 〈지선성군출신림포향판교〉에 나오는 안개 속 흑표범을 연상하게 한다. 시인은 지초와 난초 같은 친척들에게 의지하고 싶다며 시를 맺는다.

## 1-23

### 〈送江兵曹檀主簿朱孝廉還上國(송강병조단주부주효렴환상국)〉[1]

### 〈강병조 단주부 주효렴이 도성으로 돌아감을 송별하며〉

| | |
|---|---|
| 方舟泛春渚,[2]<br>방주범춘저 | 커다란 배를 봄 물가에 띄우고는, |
| 攜手趨上京.<br>휴수추상경 | 손을 잡고서 도성으로 달려가누나. |
| 安知慕歸客,<br>안지모귀객 | 돌아감 부러운 객의 맘 어찌 알랴, |
| 詎意山中情![3]<br>거의산중정 | 산 속에 사는 내 맘 어찌 생각하랴. |
| 香風蕊上發,<br>향풍예상발 | 향기로운 바람은 꽃술 위에 피어나고, |
| 好鳥葉間鳴.<br>호조엽간명 | 예쁜 새는 나뭇잎 틈에서 노래하누나. |
| 揮袂送君已,[4]<br>휘메송군이 | 소매를 흔들며 그대들을 보내고 나면, |

獨此夜琴聲. 홀로 이 밤 거문고를 켜고 있으리라.
독차야금성

**역주**

1) 送江兵曹檀主簿朱孝廉還上國 : 강병조(江兵曹)는 강필(江泌), 자는 사청(士淸)이고, 제양(濟陽) 고성(考城), 지금의 하남성(河南省) 란고(蘭考)사람으로 남중랑해참군(南中郎行參軍)을 지냈다. 달빛을 따라 공부한 '강필추월(江泌追月)' 고사가 유명하다. 병조(兵曹)는 벼슬 이름. 단주부(檀主簿)는 단초(檀超), 자는 열조(悅祖)이고 고평(高平) 금향(金鄉)사람으로 국자박사(國子博士), 표기참군(驃騎參軍), 진북자의(鎮北諮議) 등을 역임. 주부(主簿)는 벼슬 이름. 주효렴(朱孝廉)은 효렴 벼슬을 하는 주 씨. 자세한 것은 미상. 효렴(孝廉)은 청렴이나 효행 등으로 추천되어 받는 벼슬. 국(國)은 나라, 고장. 상국(上國)은 수도, 도성.
2) 方舟 : 방(方)을 '크다'로 보아 방주(方舟)는 '큰 배'의 의미.
3) 安知慕歸客 2구 : 안지(安知)는 어찌 알겠는가. 모귀객(慕歸客)은 돌아감을 부러워하고 있는 나그네, 시인 자신. 거(詎)는 어찌. 의(意)는 억(憶)으로 된 판본도 있다. 산중정(山中情)은 산 속에 사는 마음.
4) 揮袂 : 소매를 흔들다.
5) 압운은 京, 情, 鳴, 聲.

**감상**

사조가 세 명의 지인이 수도로 돌아가는 것을 전송하며 느끼는 감회를 적은 노래이다. 시는 전체 8구를 크게 두 단락으로 나눌 수 있다.

전 단락(1-4구)의 1-2구는 세 명의 지인이 봄을 맞은 강가에 큰 배를 띄우고 도성으로 돌아가는 모습이다. 손을 잡고 도성으로 달려간다는 것은 아마도 지방에서 수도로 발령이 나 신나서 가는 모습으로 보인다. 3-4구는 홀로 남은 시인이 느끼는 두 가지 마음을 읊었다. 같이 돌아가고 싶은 나그네인 내 맘을 그대들이 어찌 알겠느냐는 부러움이 그 하나라면, 두 번째 마음은 그럼에도 산속에 남고 싶은 마음이 있음을 말하고 있다.

후 단락(5-8구)의 5-6구는 4구의 산 속에 남고 싶은 마음(山中情)과 연결된다. 향기로운 바람은 꽃이 뱉은 숨결이요, 산속의 음악은 새들의 지저귐이 이 산 속을 어찌 떠날 수 있을까 되묻는 듯하다. 마지막 7-8구는 다시 3구의 돌아감을 흠모하는 나그네 된 시인 자신의 마음(慕歸客)을 설명한다. 소매를 흔들며 세 명의 친구를 보내고 나면 어쩔 수 없이 홀로 남은 밤 거문고를 켜면서 고향과 세 지인을 그리워하고 있으리라. 산 속에 사는 기쁨과 고향과 벗이 그리운 마음. 과연 사조의 마음은 어느 쪽이었을까?

## 1-24
### 〈秋夜(추야)〉 〈가을 밤〉

| | |
|---|---|
| 秋夜促織鳴,[1]<br>추야촉직명 | 가을 밤 귀뚜라미가 울어대나니, |
| 南鄰擣衣急.<br>남린도의급 | 남쪽 이웃 다듬잇돌 급해지는구나. |
| 思君隔九重,[2]<br>사군격구중 | 임을 그리워하나 아홉 겹 가로막혀, |
| 夜夜空佇立.<br>야야공저립 | 밤마다 공연히 우두커니 서 있을 뿐. |
| 北牕輕幔垂,<br>북창경만수 | 북쪽 창에 가벼운 휘장 드리워졌고, |
| 西戶月光入.<br>서호월광입 | 서쪽 문으로 달빛이 들어오고 있네. |
| 何知白露下,<br>하지백로하 | 흰 이슬 내림을 어찌 알겠는가, |
| 坐視階前濕.[3]<br>좌시계전습 | 섬돌 앞 축축해 짐 보았기 때문. |
| 誰能長分居,<br>수능장분거 | 뉘라서 오래 헤어져 살 수 있으랴, |
| 秋盡冬復及.[4]<br>추진동복급 | 가을 끝나고 또 겨울 되어오거늘. |

**역주**

1) 促織 : 귀뚜라미.
2) 思君隔九重 : 군(君)은 사랑하는 사람, 임. 격(隔)은 가로 막히다. 구중(九重)은 아홉 겹.
3) 何知白露下 2구 : 백로(白露)는 흰 이슬, 서리. 겨울이 오고 있음을 의미. 좌(坐)는 ~ 때문에.
4) 及 : 이르다, 되다.
5) 急, 立, 入, 濕, 及으로 입성(入聲) 압운.

**감상**

가을밤의 정취를 읊은 노래이다. 모두 10구로 되어 있으며 세 단락으로 나눌 수 있다.

1단락(1-4구)에서 귀뚜라미 우는 가을 밤. 임이 그리워 잠 못 이루는 시인은 이웃의 다듬잇돌 소리가 급해짐을 듣는다. 아마 그 이웃도 이 밤 누군가를 생각하고 있을까 생각에 잠기는 것도 잠깐, 아홉 겹 가로막혀 저 멀리 계신 내 임이 그리운 나는 밤마다 오지 않을 임을 공연히 기다리며 우두커니 서 있다.

2단락(5-8구)은 4구의 우두커니 서 있는 모습(佇立)과 연결된다. 기다리다 지쳐 포기하고 휘장을 내려버렸지만, 임이 그리운 나는 동쪽 문의 달빛이 시간이 지나 서쪽 문에 달빛을 비출 때까지도 결국 잠을 못 이루었다. 가을이 깊다 못해 겨울이 올 것을 알리는 서리는 섬돌 앞을 축축하게 만들었는데도 임은 언제 오실지.

마지막 3단락(9-10구)은 시인의 총평 같으나 내용이 반복되고 있다. 아마도 악부시의 상용 수법을 차용한 듯하다. 가을이 끝나가고 겨울이 되어 오는데, 여전히 오지 않는 임을 콕 집어 다시 한 번 얘기하고 있다.

## 1-25

### 〈和何議曹郊遊(화하의조교유)〉[1)]

〈하의조의 '교외에서 노니며'에 화답하다〉

春心澹容與, 봄의 마음이 차분하고 한적해서,
춘심담용여
挾弋步中林.[2)] 주살 끼고서 숲 가운데 거니네.
협익보중림
朝光映紅萼, 아침빛은 붉은 꽃을 비추거니와,
조광영홍악
微風吹好音.[3)] 산들바람 좋은 소리에 불어오네.
미풍취호음
江陲得清賞, 강가에서 맑은 감상거리를 얻거니와,
강수득청상
山際果幽尋.[4)] 산 모서리에서 그윽한 찾기 이루네.
산제과유심
未嘗遠離別, 일찍이 먼 이별을 한 적이 없지만,
미상원리별
知此愜歸心.[5)] 알겠네 이것이 귀향 맘 만족시킴을.
지차협귀심
流泝終靡已, 오르락내리락 노닒 끝내 멈춤 없나니,
류소종미이
嗟行方至今.[6)] 길 가는 것 탄식함 바야흐로 지금일세.
차행방지금

역주

1) 和何議曹郊遊 : 화(和)는 화답하다. 하(何)는 하동지(何佟之)를 말함. 여강(廬江) 첨현(灊縣) 사람으로 자는 사위(士威)이다. 벼슬은 남조 송나라에서 양주종사(揚州從事), 상서사부랑(尙書祠府郎)을 지냈고 제나라에서는 국자박사(國子博士), 상서좌승(尙書左丞) 등을 지내며 조정의 의례제정에 참여했다. 의조(議曹)는 벼슬 이름. 교유(郊遊)는 교외에서 노닐다.
2) 春心澹容與 2구 : 담(澹)은 담박하다. 용여(容與)는 쌍성, 의태어로 느긋한 모양. 익(弋)은 주살. 원래 주살은 주로 왕비나 태자, 궁녀들이 새를 잡을 때 쓰는 궁중 유희용이었다고 함.
3) 朝光映紅萼 2구 : 악(萼)은 꽃받침. 꽃의 의미. 호음(好音)은 듣기 좋은 소리. 새 등 자연의 소리미.
4) 江陲得淸賞 2구 : 강수(江陲)는 강 가. 상(賞)은 감상할만한 것들. 제(際)는 가장자리, 모서리. 과(果)는 열매 맺다, 완성하다. 유심(幽尋)은 그윽이 찾다, 남몰래 찾다.
5) 知此愜歸心 : 차(此)는 이 것. 여기서는 제목에서 말한 '교외 들녘에서 노님(郊遊)' 을 가리킴. 협(愜)은 만족하다. 귀심(歸心)은 고향으로 돌아오고 싶은 마음.
6) 流泝終靡已 2구 : 류(流)는 물을 따라 내려감. 소(泝)는 ≪이아·석수(爾雅·釋水)≫에 "물의 흐름을 거슬러 올라감을 소회(泝洄)라 하고, 물의 흐름을 따라 내려감을 소유(泝游)라 한다. "라고 하였다. '소(泝)' 는 물을 타고 올라감과 물을 따라 내려감이란 두 가지 뜻이 모두 있다. 여기서 류소(流泝)는 물을 따라 내려가고 거슬러 올라가며 노니는 것을 말함. 차(嗟)는 탄식하다. 행(行)은 여기서 길을 가는 것. 이는 원래 ≪시경·당풍·체두(唐風·杕杜)≫에 "가는 것을 탄식하는 사람을, 어찌 가까이하지 않는가.(嗟行之人, 胡不比焉.)"라고 한 것을, 안연지(顔延之)는 〈북사락(北使洛)〉에서 "아 가는 것이 바야흐로 연말이네.(嗟行方暮年.)" (권10의 4-5번 시 참조.)라고 읊었는데, 사조는 다시 길 가는 것을 탄식하다(嗟行)로 노래하고 있다. 지금(至今)은 오늘, 지금.
7) 압운은 林, 音, 尋, 心, 今.

감상

하의조가 보낸 시 〈교유(郊遊)〉에 화답한 시다. 모두 10구로, 세 단락으로 나눠 볼 수 있다.

1단락(1-4구)은 봄을 노래하고 있다. 봄을 맞이한 시인의 마음은 담박하고 한적해서 주살을 끼고서 숲을 거닌다. 주살은 사냥용이 아니라 궁중의 유희용으로 시작된 것으로 시인 역시 가벼운 마음으로 들고 나갔을 것이다. 봄 숲의 풍경 속 시인의 눈은 아침 태양 속의 빛나는 꽃들로 가득하고 시인의 귀엔 온갖 자연의 소리가 바람을 타고 들려온다.

2단락(5-8구)의 5-6구는 앞 단락에 이어 봄의 자연을 읊었다. 강가에서는 맑은 물만큼이나 맑은 감상거리를 얻을 수 있고, 산언저리에는 그윽이 남몰래 찾고자 하는 이들에게 아낌없이 그 소망을 이루게 한다. 7-8구는 하의조가 보낸 시의 내용일 수도 또는 사조 자신의 경험일 수도 있다. 비록 고향을 멀리 떠나 본 적은 없지만, 바로 이 '교외에서 노닒' 이 고향으로 돌아오고 싶게 만드는, 이래서 고향이 좋다고들 말하는 이유임을 깨닫는다.

마지막 3단락(9-10구)에서 물 따라 내려가기도 거슬러 올라가기도 하며 노닐기를 멈추지 않으면서, 부득이 길을 떠나야 하는 사람들이 안타까워 탄식한다.

## 1-26

## 〈和王著作融八公山(화왕저작융팔공산)〉[1)*]

〈왕저작의 '팔공산' 에 화답하다〉

二別阻漢坻, 　　대별 소별 두 별산이 한수 물가를 막고,
이별조한지
雙崤望河澳.[2)] 　　두 효산 봉우리가 황하의 굽이 바라보네.
쌍효망하오
茲嶺復巑岏, 　　이 팔공산 봉우리는 또 뾰족하게 높아서,
자령부찬완
分區奠淮服.[3)] 　　구역을 나눠 회 지역을 안정시키고 있네.
분구전회복
東限琅琊臺, 　　동쪽으로는 낭야대를 문지방 삼으며,
동한낭야대
西距孟諸陸.[4)] 　　서쪽으로는 저 맹제 땅에 이른다네.
서거맹제륙
阡眠起雜樹, 　　무성하게 온갖 나무가 솟아있거니와,
천면기잡수
檀欒蔭修竹.[5)] 　　늘씬 낭창 긴 대나무가 우거져있구나.
단란음수죽
日隱澗疑空, 　　해 숨으면 계곡은 비었나 의아하고,
일은간의공
雲聚岫如複. 　　구름이 모이면 산굴이 겹쳐있는 듯.
운취수여복
出沒眺樓雉, 　　들쑥날쑥한 누대와 성벽을 조망하거니와,
출몰조루치
遠近送春目.[6)] 　　멀리 가까이 봄 경치 보려 눈길 보내네.
원근송춘목

戎州昔亂華, 융주가 그 옛날에 중원 땅을 어지럽히자,
융주석란화

素景淪伊穀.[7] 흰 별의 진나라 이수 곡수 지역 잃었지.
소경륜이곡

阽危賴宗袞, 위험에 처하자 문중 대감에게 의지했었고,
점위뢰종곤

微管寄明牧.[8] 관중 없는 상황을 저명 태수에게 맡겼었지.
미관기명목

長蛇固能翦, 긴 뱀일랑 본래 베어버릴 수 있었거니와,
장사고능전

奔鯨自此曝.[9] 치닫던 고래도 이로써 물밖에 팽겨졌었지.
분경자차폭

道峻芳塵流, 길은 험준하고 향기로운 먼지는 흐르지만,
도준방진류

業遙年運倏.[10] 업적은 아득하고 세월은 빨리도 지나가네.
업요년운숙

平生仰令圖, 평생토록 훌륭한 계책을 앙모해 왔건만,
평생앙령도

吁嗟命不淑.[11] 탄식하거니와 내 운명은 좋지 못하였네.
우차명불숙

浩蕩別親知, 갈피를 못 잡고 친지와 작별을 하고서,
호탕별친지

連翩戒征軸.[12] 연이어 떠날 수레 준비시키곤 했었지.
련편계정축

再遠館娃宮, 거듭 관와궁이 있는 건강을 멀리 떠나서,
재원관와궁

兩去河陽谷.[13] 하양의 금곡 지역으로 두 번을 떠났었지.
량거하양곡

風煙四時犯, 바람과 안개를 사시사철 무릅 쓰고서,
풍연사시범

霜雨朝夜沐. 서리 비로써 아침저녁으로 머리감았지.
상우조야목

春秀良已彫,[14] 봄 이삭이 진실로 이미 시들었거니와,
춘수량이조

秋場庶能築.[15]** 가을 타작마당은 아마 만들 수 있었으면.
추장서능축

원주

* 사현이 부견을 물리친 곳이다.(謝玄敗苻堅處.)

** "융주가 중화를 어지럽히다"는 부견을 말한다. '소경'은 진나라가 쇠 덕으로 왕이 되었음을 일컫는다.(戎州亂華, 謂苻堅. 素景, 謂晉以金德王也.)

종곤은 사안을 말한다. 명목은 사현을 말한다. 미관은 관중이 없었더라면 아마도 우리는 머리를 풀어헤치고 옷깃을 왼쪽으로 했을 것이라는 의미이다. 옛사람이 인용할 경우 끊고 잘라낸 것이 많다.(宗袞, 謂謝安. 明牧, 謂謝玄. 微管, 卽微管仲吾其被髮左衽意. 古人引用, 多割截者.)

장사와 분경은 부견과 부융을 말한다. '평생앙령도' 이하 문구는 사조가 자신을 일컫는다.(長蛇奔鯨, 喩苻堅苻融也. 平生仰令圖以下, 皆朓自謂.)

사조의 시는 모두 매우 매끄러우나, 이 작품과 〈화복무창〉 작품은 전아하고 무겁고 투박하고 내용이 차 있으니, 모두 사령운을 본받은 것이다.(小謝詩俱極流利, 而此篇及和伏武昌作, 典重質實, 俱宗仰康樂.)

역주

1) 和王著作融八公山 : 왕저작융(王著作融)은 남조 제나라 시인 왕융(王融)을 말함. 저작(著作)은 저작랑(著作郎), 벼슬 이름. 사조와 함께 경릉팔우(竟陵八友)로 활약했다. 팔공산(八公山)은 지금의 안휘성(安徽省) 회남시(淮南市) 서쪽과 수현(壽縣)의 북쪽에 위치. 역사상 동진(東晉) 태원(太元) 8년(383년) 사현(謝玄)이 전진(前秦)의 부견(苻堅)이 이끄는 군대를 비수(淝水)전투에서 격파했는데 비수는 현재 안휘성(安徽省)에 있는 회강(淮河)의 지류로 북쪽으로 팔공산을 대하고 있다. 또 회남왕(淮南王) 유안(劉安)이 방술(方術)에 뛰어난 8명의 노인들 팔공(八公)과 더불어 이 곳에서 도를 배우고 더불어 신선이 되었다는 고사가 전해짐.

2) 二別阻漢坻 2구 : 이별(二別)은 산 이름. 대별산(大別山)과 소별산(小別山)을 말함. 한지(漢坻)는 한수(漢水)의 물 섬, 한수의 물가. 쌍효(雙崤)는 두 효산(崤山). 하오(河澳)는 황하의 굽이.

3) 茲嶺復巑岏 2구 : 령(嶺)은 여기서 팔공산(八公山). 찬완(巑岏)은 뾰족하게 높다. 전(奠)은 정(定)으로 정하다, 안정시키다. 회복(淮服)은 회 지역. 복(服)은 지역. 원래 주(周)나라의 관할소유지로 고대에는 왕도 주위를 거리의 원근으로써 5개 지역으로 나누고 오복(五服)이라 불렀다.

4) 東限琅琊臺 2구 : 한(限)은 인접하다, 문지방으로 삼다. 거(距)는 이르다, 이어지다. 낭야대(琅琊臺)는 지금의 산동성(山東省) 제성(諸城) 동남쪽 낭야산(琅琊山) 위에 위치. 맹제(孟諸)는 원래 고대 호수 이름으로 옛 터가 하남성(河南省) 상구현(商丘縣)에 있음.

5) 阡眠起雜樹 2구 : 천면(阡眠)은 첩운, 의태어로 무성한 모양. 단란(檀欒)은 첩운, 의태어로 대나무가 아름다운 모양. 늘씬하고 쭉쭉 뻗은 모양. 음(蔭)은 무성하다, 우거지다.

6) 出沒眺樓雉 2구 : 출몰(出沒)은 여기서 들쑥날쑥한 모양. 루치(樓雉)는 누대와 성벽. 원근(遠近)은 멀리 가까이. 1차적으로는 공간을 의미하고, 2차적으로 시간개념으로 변하면서 조상과 과거로의 여행의 시작을 의미. 춘목(春目)은 봄 경치를 보고자하는 나의 안목을 말함.

7) 戎州昔亂華 2구 : 융주(戎州)는 중국 고대 구주(九州)의 하나로 서남지역을 말함. 여기서는 부견(符堅)의 전진(前秦)을 가리킴. 란화(亂華)는 중원 땅을 침범하다. 소경(素景)은 흰 볕, 흰 빛으로 진(晉)나라를 상징. 륜(淪)은 함락당하다, 땅을 잃다. 이곡(伊穀)은 이수(伊水)와 곡수(穀水)지역으로 중원에 위치.

8) 阽危賴宗袞 2구 : 점(阽)은 떨어지다. 위(危)는 위험한 상황. 점위(阽危)는 위험에 처하다. 종은 종친. 곤(袞)은 지위가 높은 대신, 대감. 사조(謝朓) 집안의 조상이며 동진(東晉)의 재상을 지낸 사안을 말함. 태원(太元) 8년(383) 전진 왕 부견(苻堅)이 100만 대군을 이끌고 남하하여 비수(淝水)에 주둔했을 때 정토대도독(征討大都督)이 되어 동생 사석(謝石), 조카 사현(謝玄)을 보내 방어하게 한 비수전투에서 대승을 거두었다. 미관(微管)은 관중이 춘추시대 제(齊)나라의 재상으로 환공(桓公)을 도와 부국강병을 꾀하고 법치(法治)를 주장하였는데 그 공적을 높이 평가한 공자가 ≪논어·헌문(憲問)≫에 "관중이 없었다면 나는 머리를 풀고 옷깃을 왼쪽으로 했을 것이다."(원주 참조.)라고 말한 것으로 만약 관중의 법치와 교화가 없었다면 오랑캐가 되었을 것이라는 뜻이다. 명목(明牧)은 저명 태수. 동진의 명장 강락공(康樂公) 사현(謝玄).

9) 長蛇固能翦 2구 : 장사(長蛇)는 긴 뱀 같은 적으로 여기서는 전진의 부견과 그 동생 부융(符融)을 가리킴. 분경(奔鯨)은 치닫던 고래. 부견(符堅)을 비유한 말. ≪장자≫에 큰 고래도 육지에 오면 개미에게 괴롭힘을 당해 죽는다는 이야기에서 가져 옴.

10) 道峻芳塵流 2구 : 도준(道峻)은 길이 험준하다. 여기서는 팔공산의 길이 험준함을 말함. 방진(芳塵)은 향기로운 먼지로 뛰어난 선인들의 업적과 자취를 말함. 년운(年運)은 세월을 의미.

11) 平生仰令圖 2구 : 앙(仰)은 앙모하다. 령도(令圖)는 큰 계획, 훌륭한 계책. 여기서는 사안과 사현 같은 선조의 업적을 지칭함. 우차(吁嗟)는 탄식하다. 명(命)은 시인 자신의 운명. 숙(淑)은 좋다.

12) 浩蕩別親知 2구 : 호탕(浩蕩)은 ①물이 넓은 모양 ②갈피를 못 잡는 모양. 여기서는 ②의 뜻. 련편(連翩)은 새가 연이어 나는 모양. 계(戒)는 준비시키다. 정축(征軸)은 가는 수레. 길을 떠나거나 싸우러 가는 수레의 의미.

13) 再遠館娃宮 2구 : 관와궁(館娃宮)은 궁전 이름으로 춘추(春秋)시대 오(吳)나라 왕 부차(夫差)가 세움. 여기서는 관와궁이 있는 수도 건강(建康) 즉 지금의 남경(南京)을 가리킴. 하양곡(河陽谷)은 석숭(石崇)의 금곡(金谷)을 말함. 금곡은 금곡원(金谷園)으로 진(晉)나라 석숭의 별장을 말하며 이 곳에서 매일 주연을 열었다고 한다. 지금의 하남성(河南省) 낙양시(洛陽市) 서북쪽에 위치.

14) 春秀良已彫 : 수(秀)는 이삭.

15) 秋場庶能築 : ≪시경·빈풍·칠월(豳風·七月)≫에 "구월에 채전에 타작마당을 만들고."라고 하였다. 추장(秋場)은 가을 타작마당. 서(庶)는 여기서 '아마도'의 의미.

16) 澳(於六切), 服, 陸, 竹, 複, 目, 穀, 牧, 曝, 倏, 淑, 軸, 谷, 沐, 築으로 입성 압운.

**감상**

이 시는 사조가 왕융이 보내온 팔공산(八公山)에 관한 시에 화답하며, 자신의 조상을 기리고 또 앞날을 걱정하며 쓴 노래이다. 시의 배경이 되는 팔공산은 사조의 선조이며 업적을 남겼던 사현, 사안과 연결되며 신선이 되었다 전해지는 회남왕 유안의 이야기가 깃든 곳이기도 하다. 시는 모두 30구로 되어 있으며, 각 6구씩 다섯 단락으로 나눠 살필 수 있다.

1단락(1-6구)은 팔공산의 위치를 개괄적으로 말한다. 크게는 두 별산과 효산이 한수와 황하를 접한 팔공산의 큰 지형을 먼저 설명하고, 또 그 안에 팔공산이 높게 솟아 회지역을 안정시키고 있다고 말한다. 팔공산이 마치 진산(鎭山)으로 한 지역을 눌러 안정시키는 역할을 하는 것으로 보인다. 또 동쪽으로 낭야대, 서쪽으로는 맹제 땅과 접한다.

2단락(7-12구)은 팔공산의 경관을 묘사한 것이다. 7-8구는 팔공산의 무성하게 쭉쭉 뻗은 초목을 묘사한 것으로 전진의 부견이 비수전투에서 도망갈 때 팔공산의 초목을 보고 모두 진나라 병사로 착각했다는 유명한 이야기가 전한다. 9-10구는 이 산의 계곡도 겹겹 구름 속의 산굴도 깊어 보이는 풍경을 읊었다. 12구의 '멀리 가까이(遠近)' 는 1차적으로 공간을 표현한 것이지만 한편으로 시간의 개념으로 변화하면서 시인 사조의 조상과 과거로의 여행을 시작을 알리며 3단락으로 넘어가는 역할을 하고 있다.

3단락(13-18구)은 사조의 조상 사현과 사안을 칭송하였다. 동진(東晉)시대 전조 부견의 침입으로 진나라가 어려웠을 때 재상 사안과 장군 사현이 비수에서 이를 물리치고 나라를 지킨 공적을 말한 것이다.

4단락(19-24구)은 시인 자신을 되돌아보는 것이다. 팔공산의 길은 험준하나 뛰어난 선인들의 업적과 그 자취는 지금도 흐르는데, 자신은 업적도 없이 세월이 흘러 나이가 들어감을 탄식한다(19-20구). 또 자신의 운명이 평탄하지 못해 그저 말단 관리가 되어 남의 명령에 따라 수레를 준비하여 멀리 떠났던 삶을 말하고 있다(21-24구).

5단락(25-30구)은 결론이다. 25-26구는 사조가 수도를 떠나 2번이나 전쟁에 참전한 고생을 겪었음을 말한 것이다. 27-28구는 그 고생을 구체적으로 말한 것이다. 마지막 29-30구는 이미 자신은 선조들처럼 재상으로 장군으로 활약할 나이(봄)가 지났으니 단지 바라기는 고향으로 돌아가 가을 타작마당이나 가꿀 수 있길 소망한다.

## 1-27

## 〈和伏武昌登孫權故城(화복무창등손권고성)〉[1]*

〈복무창의 '손권 옛 성에 올라'에 화답하다〉

| | |
|---|---|
| 炎靈遺劍璽,<br>염령유검새 | 불꽃의 신령들 칼과 옥새 잃게 되니, |
| 當塗駭龍戰.[2]<br>당도해룡전 | 길을 차지한 자 용들 싸움에 놀랐네. |
| 聖期缺中壤,<br>성기결중양 | 성인이 나온다는 기간이 중원에서 없어지니, |
| 霸功興寓縣.[3]<br>패공흥우현 | 패자로서의 업적이 남방 변방에서 일어났네. |
| 鵲起登吳山,<br>작기등오산 | 까치처럼 일어나서는 저 오산에 올랐었거니와, |
| 鳳翔凌楚甸.[4]<br>봉상능초전 | 봉황새처럼 날아서 초나라 들판을 넘어갔다네. |
| 衿帶窮巖險,<br>금대궁암험 | 옷깃 허리띠 해당되는 지역은 험준함을 다했고, |
| 帷帟盡謀選.[5]**<br>유역진모선 | 막하에는 모사꾼과 선발된 자를 모두 망라했지. |
| 北拒溺驂鑣,<br>북거닉참표 | 북을 막아낼 때는 적의 말들을 물에 빠트렸나니, |
| 西龕收組練.[6]<br>서감수조련 | 서쪽으로 싸워 이겨서 노끈과 비단 거둬 들었지. |
| 江海旣無波,<br>강해기무파 | 강호에 거친 파도가 없어지게 되었거니와, |
| 俯仰流英盼.[7]<br>부앙류영반 | 굽어보고 우러르며 영웅의 눈초리 흘렸지. |
| 裘冕類禋郊,<br>구면류인교 | 갖옷과 면류관으로 하늘제사와 들판제사를 하고, |
| 卜揆崇離殿.[8]<br>복규숭리전 | 좋은 날을 점치고 헤아려 별궁을 높게 세웠다네. |
| 釣臺臨講閱,<br>조대림강열 | 낚시 누대에서 무예를 강습하고 열병을 굽어보고, |

樊山開廣讌.[9] 무창의 번산에서는 커다란 잔치를 베풀고 했었네.
번산개광연

文物共葳蕤, 문물제도 모두 성대하였거니와,
문물공위유

聲明且蔥蒨.[10] 문학 언어 또한 재기 넘쳤다네.
성명차총천

三光厭分景, 저 삼광은 빛 나누는 것을 싫어하나니,
삼광염분경

書軌欲同薦.[11] 글씨 궤도 똑같이 올리기를 원한다네.
서궤욕동천

參差世祀忽, 들쭉날쭉 역대 제사를 소홀히 하더니만,
참치세사홀

寂寞市朝變.[12] 쓸쓸하게 저자거리와 조정이 변해버렸네.
적막시조변

舞館識餘基, 무희 춤추던 집은 겨우 주춧돌 알아보겠고,
무관식여기

歌梁想遺囀.[13] 노래 부르던 집엔 구성진 소리 상상할 뿐.
가량상유전

故林衰木平, 옛 숲은 시들은 나무만 평평하고,
고림쇠목평

芳池秋草徧. 향기롭던 연못에 가을 풀 가득하구나.
방지추초편

雄圖悵若茲, 웅대한 계획도 한스럽게도 이와 같거니와.
웅도창약자

茂宰深遐睠.[14] 뛰어난 대감 깊고 멀리 과거 회상하시누나.
무재심하권

幽客滯江皐, 유폐된 나그네 신세라 강둑에 머물러 있었기에,
유객체강고

從賞乖纓弁.[15] 따라 완상하는 명인 무리에 함께 하지 못했다오.
종상괴영변

淸巵阻獻酬, 맑은 술잔 한잔 올리는 것도 가로 막혔고,
청치조헌수

良書限聞見.[16] 그대의 멋진 글을 듣고 보는 것도 막혔네.
량서한문견

幸藉芳音多, 다행히 향긋한 말씀이 많으셨던 데 힘입어,
행자방음다

承風采餘絢.[17] 기풍 이어받아 남은 무늬라도 캐어 본다오.
승풍채여현

于役倘有期, 부역에 나아가는 길에 만약 기회 있다면,
우역당유기

鄂渚同遊衍.[18]*** 그곳 악저에서 함께 실컷 노닐어 보련만.
악저동유연

**원주**

* 복만용은 무창태수이다.(伏曼容爲武昌太守.)

** 음은 역이다.(音亦.)

*** '염령'은 한나라를 말한다. '당도'는 위나라를 말한다. 길을 막고서 크고 높은 것이 위라는 의미이다.(炎靈, 謂漢. 當塗, 謂魏. 言當道而高大者, 魏也.)

'유역진모선'은 휘장 안에서 일을 함께 하는 사람들이 모두 일을 잘 꾀하는 사람이자 제후의 선발된 사람이라는 의미이다.(帷帟盡謀選, 言帷帳共事者皆善謀而諸侯之選也.)

북을 방어했다는 것은 조조를 방어함을 말하고, 서를 싸워 이겼다는 것은 서촉을 쳤다는 것을 말한다. 감은 감과 같다.(北拒, 謂禦曹操. 西龕, 謂敗西蜀. 龕與戡同.)

≪주례≫ : 왕이 하늘의 상제에게 제사지낼 때, 큰 갖옷을 입고 면류관을 썼는데, 오제에게 제사지낼 때도 그와 같이 한다. 복규는 바로 점을 쳐서 그 길함을 말하고 날로써 헤아리는 것으로 집을 짓는 것을 말한다.(周禮曰, 王祀昊天上帝, 則服大裘而冕, 祀五帝亦如之. 卜揆, 卽卜云其吉, 揆之以日, 言作室也.)

≪삼국명신송≫에 "삼광이 셋으로 나누어지니, 천하가 잠시 떨어지겠다."라고 하였다. 여기에서 빛이 나눠지는 것을 싫어한다는 것은 거의 천하가 통일되려고 함이다. '참치세사홀' 이하는 모두 망국 뒤 이야기를 가리킨다.(≪三國名臣頌≫ 曰: 三光參分, 宇宙暫隔. 此言厭分景者, 幾欲混一天下也. 參差世祀忽以下, 指亡國後說.

'무재'는 복무창을 말하고, '유객'은 스스로를 말한다. ≪묵자≫에 "묵자가 혜왕에게 책을 바치자, 왕이 받아서 읽고 '이것이 좋은 책이다.'라고 말했다."라고 하였다. 여기서는 무창의 원작을 말한다.(茂宰, 謂伏武昌. 幽客, 自謂. 墨子曰, 墨子獻書於惠王, 王受而讀之曰: 此良書也. 此指武昌原作.)

선성 사조가 멀리서 화답한 것이지, 같이 성에 오른 것은 아니다. 마지막 두 구를 완상하면 절로 드러난다.(宣城係遙和, 非共登城者, 玩末二句自見.)

**역주**

1) 和伏武昌登孫權故城 : 화(和)는 화답하다. 복(伏)은 복만용(伏曼容)을 말함. 남조 양나라 평창(平昌) 안구(安丘) 사람으로 자는 공의(公儀)이다. 벼슬은 남조 송나라 때 상서외병랑(尙書外兵郎), 남해태수(南海太守)를 역임하고, 제나라에서는

중산대부(中散大夫), 무창태수(武昌太守)를 지냈고, 양나라에서는 사도사마(司徒司馬), 임해태수(臨海太守) 등을 맡았다. 저서는 ≪주역복씨집해(周易伏氏集解)≫가 전한다. 손권(孫權)은 중국 삼국시대 오(吳)나라의 초대 황제. 손권이 처음 도읍을 정한 곳이 무창(武昌)이었다가 다시 건업(建業)으로 옮김. 건업은 동진(東晉) 때 건강(建康)으로 불렸으며 지금의 남경(南京)을 말함.

2) 炎靈遺劍璽 2구 : 염령(炎靈)은 불꽃의 신령으로 한(漢)나라 황제를 가리킴. 당도(當塗)는 길을 막고서 우뚝 서다. 위(魏)나라를 가리킴. 용전(龍戰)은 ≪주역≫ 〈건괘·상육(坤卦·上六)〉에, "용들이 들에서 싸우니, 그 피가 흥건하다.(龍戰于野, 其血玄黃.)"라 하였다. 한말에 군웅이 할거함을 나타낸다.

3) 聖期缺中壤 2구 : 성기(聖期)는 성인이 나와 왕도정치(王道政治)가 행해진다는 기간, 기약. ≪맹자·진심장하(盡心章下)≫에 의하면 맹자는 약 500년을 간격으로 성인이 나온다고 주장. 중양(中壤)은 중원(中原). 패공(霸功)은 패자가 권세와 무력으로 다스리는 패도정치(覇道政治). 여기서는 손권의 정권을 가리킴. 우(寓)는 변방(邊). 현(縣)은 지역.

4) 鵲起登吳山 2구 : 작기(鵲起)는 ≪문선(文選)≫ 이선(李善) 주에 말하길 ≪장자(莊子)≫에 "때를 얻으면 개미처럼 몰려가고, 때를 잃으면 까치처럼 일어난다.(得時則蟻行, 失時則鵲起.)"라 하였다고 인용하였으나, 실은 ≪장자≫에 이 원문이 수록되어 있지 않다. 이선의 착각이거나 ≪장자≫ 중 일문(逸文)으로 전해지지 않을 가능성도 있다. 이 문장은 세상의 세태를 풍자한 것으로 '까치처럼 일어나다' 는 까치가 떼 지어 일어나는 모습. 여기서는 기세 좋게 일어남을 비유한 것. 오산(吳山)은 무창(武昌)지역을 말함. 봉상(鳳翔)은 봉황새처럼 날다. 초전(楚甸)은 초나라 들판. 옛 초나라 영토를 말함.

5) 衿帶窮巖險 2구 : 금대(衿帶)는 옷깃과 허리띠. 여기서는 무창 지역을 비유한 것으로 옷깃과 허리띠처럼 두른 고성의 둘레를 말함. 유역(帷帟)은 막하(幕下). 지휘관의 장막 아래로 거느린 사람을 말함. 모선(謀選)은 모사꾼과 선발된 자.

6) 北拒溺驂鑣 2구 : 북거(北拒)는 북쪽을 막아내다. 북쪽으로 위나라 물리친 것을 말함. 닉(溺)는 물에 빠뜨리다. 참표(驂鑣)는 말과 재갈이라는 뜻으로 '기마병' 을 의미. 서감(西龕)은 서쪽으로 싸워 이기다. 여기서는 서쪽으로 촉나라를 물리친 것을 말함. 조련(組練)은 노끈과 비단으로 '갑옷' 을 의미함.

7) 江海旣無波 2구 : 무파(無波)는 거친 파도가 없다. 여기서는 나라가 안정됨을 비유. 부앙(俯仰)은 땅을 굽어보고 하늘을 우러러 보다. 영반(英盼)은 영웅다운 눈초리. 영웅다움으로 군림한 모습을 비유.

8) 裘冕類禋郊 2구 : 구면(裘冕)은 갖옷과 면류관. 류(類)는 동사로 제사지내다. 인(禋)은 인제(禋祭)로 하늘에 연기로 제사지내는 것. 교(郊)는 교제(郊祭)로 들판의 제사. 복(卜)은 점치다. 규(揆)는 헤아리다. 숭(崇)은 높게 세우다. 리전(離殿)은 별궁.

9) 釣臺臨講閱 2구 : 조대(釣臺)는 낚시하는 누대. 여기서는 군을 열병하는 단을 가리킴. 오나라 군대가 수군 위주여서 붙인 이름으로 보임. 강열(講閱)은 강무열

병(講武閱兵)의 준말로 무예를 강습하고 군대를 정열, 검열하는 것. 번산(樊山)은 산의 이름이며 원산(遠山)으로 무창에 위치. 광연(廣讌)은 커다란 잔치.

10) 文物共葳蕤 2구 : 문물(文物)은 문물제도. 위유(葳蕤)는 쌍성이며 첩운인 의태어로 성대한 모양. 성명(聲明)은 불교의 오명(五明) 즉 성명(聲明), 인명(因明), 내명(內明), 의방명(醫方明), 공교명(工巧明) 중 하나로 언어, 문학, 문법에 대한 학문을 말함. 여기서는 황제의 다스림으로 드러나는 치적을 가리킴. 총천(蔥蒨)은 쌍성, 의태어로 재기 넘치는 모양, 성대한 모양.

11) 三光厭分景 2구 : 삼광(三光)은 태양, 달, 별로 여기서는 하늘, 우주, 조물주의 의미로 쓰임. 서궤(書軌)는 글씨와 수레바퀴의 폭.

12) 參差世祀忽 2구 : 참치(參差)는 첩어, 의태어로 가지런하지 않는 모양. 세사(世祀)는 대대로 지내 내려온 제사. 홀(忽)은 소홀히 하다. 시(市)는 저자 거리. 부(富)를 상징. 조(朝)는 조정. 귀(貴)를 상징.

13) 舞館識餘基 2구 : 무관(舞館)은 무희들이 춤추는 집이나 객사(客舍). 여기(餘基)는 남은 주춧돌. 가량(歌梁)은 노래가 남겨진 대들보로 노래 부르던 집을 의미. ≪열자·탕문(列子·湯問)≫에 "옛날에 한아(韓娥)라는 명창이 있었는데 동쪽으로 제나라에 갔다가 식량이 모자라 옹문(雍門)을 지나면서 노래를 팔아 식량을 얻었다. 그런데 그녀가 떠났지만 그 여음이 기둥을 휘감아 삼일동안 끊이지 않았다. 좌우의 사람들은 그녀가 떠나지 않았다고 여겼다고 한다."라고 하였다. 상(想)은 여기서 상상하다. 유전(遺囀)은 남아있는 노래 가락의 구성진 소리.

14) 雄圖悵若茲 2구 : 웅도(雄圖)는 여기서 손권의 웅대한 계획. 무(茂)는 수(秀)로 뛰어나다. 무재(茂宰)는 뛰어난 재상으로 여기서는 무창태수 복만용을 말함. 권(睠)은 보다, 회상하다.

15) 幽客滯江皐 2구 : 유객(幽客)은 그윽한 나그네로 시인 사조 자신을 가리킴. 강고(江皐)는 강의 둑으로 사조가 태수로 부임한 선성(宣城)을 가리킴. 종(從)은 여기서 '복만용 당신을 따라서'의 의미. 괴(乖)는 어긋나다, 만나지 못하다. 영변(纓弁)은 갓끈과 모자로 사대부들, 멋진 사람들을 말함.

16) 淸卮阻獻酬 2구 : 헌수(獻酬)는 술을 권하다. 량서(良書)는 무창태수의 글을 말함.

17) 幸藉芳音多 2구 : 자(藉)는 의지하다. 방음(芳音)은 향기로운 소리. 무창 태수가 보내온 시를 말함. 풍(風)은 기풍. 여기서는 위의 향기로운 소리를 받음. 여현(餘絢)은 남은 무늬. 여기서는 무창 태수의 멋진 표현을 가리킴.

18) 于役倘有期 2구 : 우역(于役)은 부역, 임무에 나아가다. 악저(鄂渚)는 지명으로 손권이 221년 당시 악현(鄂縣)이었던 지명을 무창으로 바꾸고, 칭제(稱帝)한 곳이다. 지금의 호북성(湖北省) 동부에 속함.

19) 압운은 戰, 縣, 甸, 選, 練, 盼, 殿, 讌, 蒨, 薦, 變, 囀, 徧, 睠, 弁, 見, 絢, 衍.

## 감상

사조는 495년 선성태수로 부임하는데 29구와 제목의 내용으로 보아 그 때 무창태수였던 복만용이 보내온 시에 화답한 노래인 듯하다. 무창 지역은 중국 삼국시대

오나라의 초대 황제였던 손권이 처음 도읍을 정했던 곳이다. 모두 36구로 6구씩 여섯 단락으로 나눠 볼 수 있다.

1단락(1-6구)은 손권이 무창에 세운 고성(古城)을 묘사하였다. 1-2구는 한나라가 쇠하고, 위나라가 일어선 일을 말하고, 3-4구는 비록 왕도정치는 아니지만 패도정치로서의 손권 정권이 일어난 역사적 사실을 말하고 있다. 5구의 오산은 무창지역을 말하는 것으로 손권이 처음 무창지역에서 세를 일으켰음을 말한다. 6구에서 옛 초나라 영토를 넘어갔다는 것은 손권이 세가 커져서 남경으로 도읍을 옮겨간 것을 말한 것이다.

2단락(7-12구)은 손권을 찬양한 내용이다. 7-8구는 고성으로 대변되는 무창지역의 지형과 손권이 거느렸던 인재를 말한 것이다. 9-10구는 오나라의 승전을 말한 것으로 9구는 적벽대전에서 수장으로 북쪽의 위나라를 막아낸 일을, 10구는 서쪽으로 촉나라를 물리친 일을 말하고 있다. 이처럼 나라를 안정시키고 영웅으로 군림했던 늠름한 손권의 모습을 칭송하고 있다(11-12구).

3단락(13-18구)은 손권의 황제로서의 군림하는 모습을 칭송하고 있다. 13-14구는 황제로서 제사를 지내는 모습과 궁을 정비하는 모습이다. 15구는 무(武)에 힘쓰는 모습, 16구는 문(文)에 힘쓰는 모습으로 손권 정권이 문무를 완비했음을 말한 것이다. 17구에서 문물제도가 성대한 것은 다시 13-14구와 연결되어 나라의 유형(有形)적인 면모가 정돈되었음을 말하고, 18구에서 성명(聲明)으로 대표되는 학문 즉 나라의 무형(無形)적인 면모가 황제의 치세로 정비되었음을 말한 것이다.

4단락(19-24구)은 오나라의 쇠락을 말한 것이다. 19-20구는 천하가 통일의 추세로 치달았음을 말한 것이고, 21-22구는 오나라가 제사를 소홀히 하며 국세가 기울어 감을 말한 것이다. 고대에 가장 중요한 일은 '전쟁'과 '제사'로 여겨졌으며, 제사를 바르게 지내지 않으면 정벌(征)을 당하는 이유가 되었다. 또한 조상으로 내려온 제사에 소홀히 함은 조상의 업적을 잘 계승하지 못했다는 의미이다. 23-24구는 나라가 쇠락한 후 변화의 예로 노래와 춤이 있던 곳이 폐허가 되었음을 들고 있다.

5단락(25-30구)은 무창태수가 보내온 시를 잘 받았음을 말한 것이다. 25-26구는 4단락의 내용처럼 오나라의 쇠락을 말한 것이다. 이 두 구는 아마도 무창태수가 보내온 시의 내용인 듯 하다. 27-28구는 무창태수의 시가 과거의 역사를 깊고 멀리 생각하였음을 칭송하였다. 29-30구는 사조 자신이 선성에 태수직을 맡고 있어 함께 무창지역을 감상하지 못함을 안타깝게 여김을 전달하고 있다.

마지막 6단락(31-36구)은 사조가 시를 쓴 이유와 소망을 말한 것이다. 비록 다른 지역에 있어 술 한 잔 나누지 못하고, 무창태수 당신의 글을 직접 접하지도 못하지만 보내온 좋은 시를 본받아 화답하게 되었다고 말한다(31-34구). 아마도 사조는 복만용의 글에서 나라를 걱정하는 마음을 읽고 동감하여 이렇게 긴 답장의 시를 썼는지 모른다. 마지막 두 구에서 사조는 기회가 되면 직접 같이 노닐고 싶은 소망을 전한다(35-36구).

## 1-28

## 〈新治北窗和何從事(신치북창화하종사)〉[1]

〈북창을 새로 만들고 하종사와 화답하다〉

| | |
|---|---|
| 國小暇日多,<br>국소가일다 | 지역이 작으니 한가한 날이 많고, |
| 民淳紛務屛.[2]<br>민순분무병 | 백성들 순박해 번잡한 일 막았네. |
| 闢牖期清曠,<br>벽유기청광 | 창문을 내서 맑고 탁 트임 기대하고, |
| 開簾候風景.[3]<br>개렴후풍경 | 발을 열고서 바람과 햇빛을 내다보네. |
| 泱泱日照溪,<br>앙앙일조계 | 넓고 널리 태양은 계곡을 비추이고, |
| 團團雲去嶺.[4]<br>단단운거령 | 뭉게뭉게 구름은 고개를 떠나가누나. |
| 岧嶤蘭橑峻,<br>초요란료준 | 우뚝 목란 서까래는 높다랗거니와, |
| 駢闐石路整.[5]<br>변전석로정 | 정갈하게 돌길은 정비되어 있구나. |
| 池北樹如浮,<br>지북수여부 | 연못 북쪽 나무는 떠 있는 것 같고, |
| 竹外山猶影.[6]<br>죽외산유영 | 대나무 너머의 산은 그림자 같구나. |
| 自來彌弦望,<br>자래미현망 | 북창을 연 이래 달포가 되어가나니, |
| 及君臨箕潁.[7]<br>급군림기영 | 그대와 기산과 영수 오르고 임했네. |
| 清文蔚且詠,<br>청문울차영 | 그대 맑은 글 아름답고 길게 읊을 만하고, |
| 微言超已領.[8]<br>미언초이령 | 은미한 말의 큰 뜻 빼어나 이미 알아봤네. |
| 不見城壕側,<br>불견성호측 | 그대는 보지 못 했는가 성 모서리에서, |

| | |
|---|---|
| 思君朝夕頃.[9] 사군조석경 | 아침저녁 무렵마다 그대를 그리워함을. |
| 迴舟方在辰, 회주방재진 | 배 돌리는 것 바야흐로 내일 아침 있을 터, |
| 何以慰延頸.[10] 하이위연경 | 목빼고 기다리는 맘 어떻게 달래주시려는지. |

**역주**

1) 新治北窗和何從事 : 신치(新治)는 새로 만들다. 북창(北窗)은 북쪽으로 창을 낸 방. 일반적으로 어머니나 여자가 기거하는 방, 또는 서재. 화(和)는 화답하다. 하종사가 와서 축하시를 쓴 것에 대해 답하다. 하종사(何從事)는 종사라는 벼슬을 지낸 하 씨.

2) 國小暇日多 2구 : 국(國)은 고을, 지역 선성군을 가리킴. 가일(暇日)은 한가한 날. 분무(紛務)는 번잡한 일. 병(屛)은 가리다, 막다.

3) 闢牖期清曠 2구 : 벽유(闢牖)는 창문을 열다, 창문을 내다. 청광(清曠)은 맑고 탁트이다. 후(候)는 엿보다, 내다보다. 풍경(風景)은 바람과 햇빛으로 경치, 경관을 의미.

4) 泱泱日照溪 2구 : 앙앙(泱泱)은 첩어, 의태어로 넓은 모양. 단단(團團)은 첩어, 의태어로 구름이 뭉쳐있는 모양.

5) 岧嶢蘭橑峻 2구 : 초요(岧嶢)는 첩운, 의태어로 높은 모양. 뒤의 준(峻)을 꾸밈. 란료(蘭橑)는 목란 나무로 만든 서까래. 변전(駢闐)은 첩운, 의태어로 잘 짜인 모양, 가지런한 모양. 뒤의 정(整)을 꾸밈.

6) 池北樹如浮 2구 : 지북수(池北樹)는 연못에 비추인 북쪽 나무를 말함. 유영(猶影)은 그림자와 같다. 멀어서 뿌옇게 보인다는 의미.

7) 自來彌弦望 2구 : 자래(自來)는 이래, 이후. 여기서는 '북창을 만든 날 이래'의 의미. 미(彌)는 다하다, 마치다. 현망(弦望)은 15일과 보름으로 반달과 보름달을 말함. 미현망(彌弦望)은 한 달이 되어 간다는 의미. 림기영(臨箕潁)은 등림기영(登臨箕潁)로 기산(箕山)에 오르고 영수(潁水)에 임하다. 이는 요 임금이 천하를 물려주려하자 기산에 숨었고, 구주(九州)의 장으로 삼으려고 하자 영수에 귀를 씻었다는 허유(許由)와 그 소식을 듣고 소를 더 상류로 데리고 가서야 물을 먹였다는 소보(巢父), 두 전설의 은자 이야기를 가져옴. 여기서는 기산과 영수는 선성군을, 허유는 시인 자신을 견주고 있음.

8) 清文蔚且詠 2구 : 청문(清文)은 하종사가 지은 맑은 글. 울(蔚)은 문사가 아름답다. 문체가 성대함, 어휘가 화려하다는 의미. 영(詠)은 길게 읊조릴 만하다. 음성적으로 뛰어난 것을 의미. 미언(微言)은 은미한 말의 큰 뜻(微言大意)을 말한 것으로 작은 것을 묘사했으나 깊은 뜻을 가진 것을 의미. 초(超)는 초묘(超描)로 묘사가 뛰어남을 말함. '빼어나다'로 번역함. 령(領)은 이해하다,

알아보다.

9) 不見城壕側 2구 : 이 2구는 '보지 못 했는가(不見)' 에 모두 연결되어 있다. 성호측(城壕側)은 성 해자 모서리. ≪시경(詩經)≫에서 성 모퉁이, 성 밖(城隅)이라는 표현으로 자주 쓰여 누군가를 기다리는 약속장소를 의미. 예를 들어 〈패풍·정녀(邶風·靜女)〉에 "얌전한 아가씨 예쁘기도 한데, 나를 성 모퉁이(城隅)에서 기다리네."라고 하였다. 경(頃)은 무렵.

10) 迴舟方在辰 2구 : 방(方)은 바야흐로, 머지않아 곧. 진(辰)은 진시(辰時)의 준말로 아침 7-8시를 말함. 연경(延頸)은 목을 길게 내밀다. 다시 오기길 학수고대함을 의미.

11) 압운은 屛, 景, 嶺, 整, 影, 潁, 領, 頃, 頸.

**감상**

역시 선성태수 시절 지은 것으로 보인다. 제목과 마지막 두 구의 내용으로 보아 이 시는 사조가 새로 북으로 창을 낸 서재를 만들고 하종사와 함께 노닐며 쓴 것으로 여겨진다. 모두 18구로, 네 단락으로 나누어 볼 수 있다.

1단락(1-4구)은 제목의 신치북창(新治北窗)을 다시 설명한 것이다. 1-2구에서는 사조가 부임한 선성군이 고을이 작고 백성들이 순박해 한가하고 번잡한 일이 없다고 설명한다. 3-4구는 사조가 새로 북창을 내고 '맑고 트임(淸曠)' 과 '바람과 햇빛(風景)' 을 기대하고 바라봄을 말하고 있다.

2단락(5-10구)은 북창에서 바라다 본 경치로 3-4구의 '맑고 트임(淸曠)' 과 '바람과 햇빛(風景)' 과 연결된다. 5-6구는 계곡을 비추는 태양과 바람에 흘러 떠가는 구름으로 4구와 다시 연결되고, 7-8구는 높은 서까래와 정리된 돌길로 3구와 연결된다. 9-10구는 못에 비추인 나무가 떠 있어 보이고, 산이 멀어서 뿌옇게 보이는 풍경으로 다시 한 번 4구와 연결된다.

3단락은 11-14구이다. 11-12구는 북창을 만든 날 하종사가 찾아오고, 한 달 정도의 시간이 흐르는 동안 함께 선성군의 산을 오르고 물에 임하기도 했음을 이야기한다. 13-14구는 하종사가 쓴 시에 대한 칭송이다.

마지막 4단락은 15-18구이다. 15-16구는 하나로 이어진 문장으로 '성 모서리에서 아침저녁 무렵마다 그대를 그리워하는 나의 모습을 그대는 보지 못 했는가' 라는 뜻이다. 17구의 내용으로 보아 이 시는 전날 저녁에 쓰인 노래로 내일 아침에 하종사가 되돌아가는 것으로 보인다. 마지막 18구는 비록 헤어지나 당신의 글(淸文)을 보내 소식을 전해주길 학수고대하겠다는 시인의 바람을 담은 것이다.

## 1-29

## 〈和江丞北戍琅琊城(화강승북수낭야성)〉[1)]

〈강승의 '북쪽 낭야성에 수자리를 살며'에 화답하다〉

| | |
|---|---|
| 春城麗白日,<br>춘성려백일 | 남경 봄 성에 흰 태양이 빛나고, |
| 阿閣跨層樓.[2)]<br>아각과층루 | 네 모서리 지붕이 층마다 걸쳐있네. |
| 蒼江忽渺渺,<br>창강홀묘묘 | 창강이 문득 아득히 아득하여지고, |
| 驅馬復悠悠.[3)]<br>구마부유유 | 말 몰아 또 까마득히 달려가겠네. |
| 京洛多塵霧,<br>경락다진무 | 낙양지역에는 먼지와 안개가 자욱하고, |
| 淮濟未安流.[4)]<br>회제미안류 | 회수 제수 아직 편히 흐르지 못한다오. |
| 豈不思撫劍?<br>기불사무검 | 어찌 칼 움켜쥘 생각 아니할까마는, |
| 惜哉無輕舟.[5)]<br>석재무경주 | 애석하여라 가벼운 배가 없음이여. |
| 夫君良自勉,[6)]<br>부군량자면 | 그대여 진실로 스스로 힘쓰시게, |
| 歲暮勿淹留.<br>세모물엄류 | 한 해 다가도록 머무르지 마시고. |

**역주**

1) 和江丞北戍琅琊城 : 화(和)는 화답하다. 강(江)은 강효사(江孝嗣)을 말함. 남조 제나라 시인으로 ≪사선성시집(謝宣城詩集)≫에 사조와 화답한 시 2수가 남아 있다. 승(丞)은 벼슬 이름. 〈북수낭야성(北戍琅琊城)〉은 강승이 지은 시(이 책, 같은 권 7번 참조).
2) 春城麗白日 2구 : 춘성(春城)은 봄 성. 여기서는 당시 수도 건강(建康)의 성을 말함. 려(麗) 달라붙다, 짝 짓다. 흰 태양(白日)이 성 위에 떠 있다는 의미. 아(阿)는 산모퉁이. 각(閣)은 누각. 아각(阿閣)은 네 모서리가 있는 누각 지붕. 과(跨)는 걸쳐있다. 층루(層樓)는 누각. 누각의 지붕을 받치는 부분을 말함.
3) 蒼江忽渺渺 2구 : 묘묘(渺渺)는 첩어, 의태어로 먼 모양. 유유(悠悠)는 의태어로 먼 모양.

4) 京洛多塵霧 2구 : 경락(京洛)은 수도인 낙양(洛陽). 여기서는 낙양 지역을 가리키는 말로 남조 시기 수도인 남경보다 북방에 해당함. 회제(淮濟)는 회수(淮水)와 제수(濟水).
5) 豈不思撫劍 2구 : 무(撫)는 움켜쥐다. 경주(輕舟)는 가벼운 배. 여기서는 기회, 객관적인 여건을 비유.
6) 夫君 : 그 분, 그 임. 보통 남편을 존대하여 쓴 말이나 여기서는 친구 강승을 말함.
7) 압운은 樓, 悠, 流, 舟, 留.

**감상**

이 시는 강승이 보낸 〈북수낭야성시(北戍琅琊城詩)〉에 화답한 노래이다. 총 10구로 되어 있으며 세 단락으로 나눠 내용을 살필 수 있다.

1단락(1-4구)은 시를 보내온 강승이 수도 남경을 출발해서 가는 모습을 상상한 것이다. 1-2구는 한창 봄날, 크고 화려한 누각이 있는 남경의 모습을 묘사한 것이다. 3-4구는 강승이 출발해 수도와 점점 멀어지는 모습을 상상한 것이다.

2단락(5-8구)은 강승이 길을 나서는 이유를 설명한 것이다. 5구의 경락(京洛)은 낙양(洛陽) 지역을 가리키는 말로 남조 시기 수도인 남경보다 북쪽 지역으로 북조와의 전쟁 지역에 해당한다. 6구의 회수와 제수가 편히 흐르지 못한 이유는 바로 이 지역이 전장지이기 때문이다. 그래서 시인도 전쟁에 참여하고 싶지만 자신에게는 기회나 여건이 되지 않음을 안타까워한다.(7-8구)

3단락(9-10구)은 결론으로 시인 사조는 친구인 강승이 전장에서 맡은 임무를 속히 마치고 돌아오길 축원하는 말로 위로하고 있다.

## 1-30

## 〈和王中丞聞琴(화왕중승문금)〉[1)]

〈왕중승의 '거문고를 듣다'에 화답하다〉

| | |
|---|---|
| 涼風吹月露,<br>량풍취월로 | 차가운 바람이 달 아래 이슬을 불고, |
| 圓景動淸陰.[2)]<br>원경동청음 | 둥근 달이 맑은 그늘을 움직이누나. |
| 蕙風入懷抱,[3)]<br>혜풍입회포 | 향기로운 바람이 내 마음에 들어오고, |
| 聞君此夜琴.<br>문군차야금 | 그대의 이 밤의 거문고 소리 듣노라. |

蕭瑟滿林聽,[4] 소슬한 소리 온 숲에 가득 찼거니와,
소슬만림청
輕鳴響澗音. 가볍게 우는 소리는 계곡에 울리노라.
경명향간음
無爲澹容與,[5] 하지 말자구나 무덤덤하게 늦장 피워서,
무위담용여
蹉跎江海心.[6] 강해에 놀고픈 맘 놓쳐 버리는 짓일랑.
차타강해심

**역주**

1) 和王中丞聞琴 : 화(和)는 화답하다. 왕(王)은 왕사원(王思遠)을 말함. 낭야(琅邪) 임기(臨沂) 사람으로 시호는 정자(貞子)이다. 벼슬은 남조 제나라 태자중사인(太子中舍人), 오군승(吳郡丞), 광주자사(廣州刺史), 어사중승(御史中丞) 등을 역임했다. 중승(中丞)은 벼슬 이름. 문금(聞琴)은 왕중승(王中丞)이 지은 시 〈거문고를 듣다(聞琴)〉.
2) 圓景 : 둥근 빛. 보름달을 말함.
3) 蕙風 : 난초 향이 나는 바람. 향초나 향을 피워 놓았을 가능성도 있음.
4) 蕭瑟滿林聽 : 소슬(蕭瑟)은 쌍성, 의성어로 바람에 초목이 날리는 소리. 청(聽)은 소리.
5) 無爲澹容與 : 무위(無爲)는 하지 말자, 그만 두자. 담(澹)은 담담히, 무덤덤하게. 용여(容與)는 ①긍정적 의미로 한가하고 느긋한 모양 ②부정적 의미로 늦장부리고 오지 않다. 여기서는 ②의 뜻.
6) 蹉跎江海心 : 차타(蹉跎)는 첩운, 의태어로 헛되이 보내는 모양. 강해심(江海心)은 강해에 노닐고 싶은 마음.
7) 압운은 陰, 琴, 音, 心.

**감상**

왕중승의 〈거문고를 듣다(聞琴)〉에 화답한 시이다. 내용으로 보아 거문고 연주를 같이 감상하고 시를 주고받은 것으로 보인다. 또 이 시는 훗날 율시(律詩)의 형태를 보여주고 있다. 모두 8구로 되어 있으며 크게 두 단락으로 나눠 볼 수 있다.

전 단락(1-4구)은 거문고를 켜는 배경이다. 1-2구는 두 사람이 거문고를 듣고 있는 때가 둥근 달이 뜨고 차가운 바람이 부는 어느 날 밤임을 알려 준다. 3구에서 향기로운 바람은 실제 난초의 향일 수도 있고, 향초 등을 피워놓았을 가능성도 있다.

후 단락(5-8구)의 5-6구는 거문고 소리 자체를 묘사하고 있다. 5구는 숲 가득찬 바람소리를, 6구는 계곡에 울리는 물소리를 가지고 거문고 소리를 묘사한 것이다. 7-8구는 하나의 문장으로 보아야 한다. 즉 무덤덤하게 늦장을 피워 강해에 노닐고픈

마음을 헛되이 놓쳐버리는 짓일랑은 하지말자는 말이다. 여기서 거문고의 소리란 시인이 자연 초야에 묻혀 살고 싶은 마음을 의미한다는 것을 알 수 있다. 또 거문고 연주를 듣고 서로의 마음을 이해하는 모습은 우리에게 백아(伯牙)와 그의 친구 종자기(鍾子期)의 이야기를 생각나게 한다.

## 1-31

〈離夜(리야)〉 〈이별의 밤〉

| | |
|---|---|
| 玉繩隱高樹,<br>옥승은고수 | 옥승 별도 높은 나무에 숨어 져가고, |
| 斜漢耿層臺.[1]<br>사한경층대 | 기우는 은하수가 누대에서 깜박이네. |
| 離堂華燭盡,<br>리당화촉진 | 이별하는 마루에 촛불도 다해가나니, |
| 別幌清琴哀.[2]<br>별황청금애 | 작별의 휘장 속 맑은 거문고 슬프네. |
| 翻潮尚知恨,[3]<br>번조상지한 | 되돌아오는 조수도 여전히 한계 알건만, |
| 客思渺難裁.[4]<br>객사묘난재 | 나그네의 수심 아득해서 끊을 수 없네. |
| 山川不可盡,<br>산천불가진 | 고향 산천 그리는 맘 다할 수 없거니와, |
| 況乃故人杯.<br>황내고인배 | 하물며 오랜 벗들 고인의 술잔임에랴. |

**역주**

1) 玉繩隱高樹 2구 : 옥승(玉繩)은 ≪춘추원명포(春秋元命苞)≫에 "옥형(玉衡)의 북쪽 두 번째 별이 옥승이다."라고 하였다. 옥형(玉衡)은 북두칠성의 다섯 번째 별. 사한(斜漢)은 기울고 있어 비스듬한 은하수.

2) 離堂華燭盡 2구 : 리당(離堂)은 이별하는 마루. 별황(別幌)은 이별하는 휘장. 여기서는 모두 송별연 자리를 말함.

3) 翻潮尚知恨 : 번조(翻潮)는 되돌아오는 조수(潮水). 이 구는 두 가지로 해석이 가능하다. ①한(恨)은 다른 판본에 한(限)으로 되어 있어 '번조상지한(翻潮尚知限)'은 '되돌아오는 조수도 여전히 한계를 안다'는 의미. ②한(恨)으로 쓰이면 '후회, 뉘우침'의 의미로 쓰여 '되돌아오는 조수도 후회를 안다'는 의미. 여기서는

①의 뜻으로 봄.

4) 渺難裁 : 묘(渺)는 멀다, 아득하다. 난재(難裁)는 끊을 수 없다.

5) 압운은 臺, 哀, 裁, 杯.

**감상**

이 시는 사조가 멀리 떠나기에 앞서 친구들과 송별연을 하며 남긴 노래로 보인다.

1-2구는 새벽녘으로 날이 새 가는 때를 묘사한 것이다. 별이 기울고 있어 높은 가지에 가려져 보이지 않고, 은하수도 기울고 있어 새벽녘이라 그 빛이 깜빡이고 있다.

3-4구는 송별연의 자리가 새벽 무렵까지 이어진 것을 말하고 있다. 그래서 이별하는 마루, 이별하는 휘장은 모두 송별연 자리를 말한 것이고 촛불이 다해간다는 것은 이미 새벽까지 이어졌다는 의미다.

5-6구는 늦게까지 송별연이 이어진 이유를 말한 것이다. 당시 장강(長江)의 조수가 세차서 시상(柴桑), 지금의 강서성(江西省) 구강(九江)의 서남쪽까지 닿았다고 한다. 5구는 마치 속담처럼 흔히 쓰인 말로 "그 기세등등한 되돌아오는 조수도 그 한계를 알거늘"이란 의미로 보인다. 그러나 출발을 앞둔 시인의 나그네 수심은 왜 한계를 알 수 없을까라는 속뜻을 담고 있다.(6구) 즉 송별연이 새벽까지 이어진 이유는 시인의 나그네 수심을 끊기 어려워서이다.

마지막 7-8구는 6구의 나그네 수심(客思)를 설명한 것이다. 바로 고향 산천에 대한 그리움과 친구에 대한 그리움 때문에 친구들의 술잔을 거절할 수 없어 밤새 송별연의 술잔을 기울이고 있다는 의미이다.

## 1-32

### 〈王孫遊(왕손유)〉[1] 〈왕손이 노닐다〉

| | |
|---|---|
| 綠草蔓如絲,<br>록초만여사 | 푸른 풀이 실타래처럼 만연하나니, |
| 雜樹紅英發.[2]<br>잡수홍영발 | 여러 나무에 붉은 꽃들 피었다네. |
| 無論君不歸,<br>무론군불귀 | 그대 돌아오지 않으면 말할 나위 없거니와, |
| 君歸芳已歇.[3]<br>군귀방이헐 | 당신 돌아와도 향기로운 풀꽃 이미 졌으리. |

역주

1) 王孫遊 : ≪악부시집74권·잡곡가사14(樂府詩集·雜曲歌辭≫에 속함. ≪초사·초은사(招隱士)≫에 "왕손이 떠나셔 돌아가지 않으시네, 봄풀이 자라 푸릇푸릇하거늘.(王孫遊兮不歸, 春草生兮萋萋.)"라고 하였다. 왕손(王孫)은 귀공자라는 의미로, 여기서는 임을 가리킴.
2) 綠草蔓如絲 2구 : 만(蔓)은 무성하다, 만연하다. 여사(如絲)는 실타래가 풀어진 것처럼. 영(英)은 꽃.
3) 無論君不歸 2구 : 무론(無論)은 말하지 말라, 말할 것도 없다. 방(芳)은 향기로운 꽃 또는 풀. 헐(歇)은 여기서 '지다, 시들다'의 의미.
4) 압운은 發, 歇로 입성(入聲) 압운.

감상

이 시는 ≪악부시집·잡곡가사≫에 속한다. 〈왕손유〉은 ≪초사·초은사≫의 구절에서 온 것인데, 이를 본떠 사조가 다시 읊었다. 1-2구는 ≪초사·초은사≫의 "봄풀이 자라 푸릇푸릇하거늘."을 이어 읊고 있다. 찬란한 봄날이라 푸른 풀과 붉은 꽃이 흐드러져있다. 3-4구에서 화자는 보고 싶은 임에게 협박에 가까운 말을 건넨다. 내가 좋아하는 임, 왕손 그대가 돌아오지 않는다면 말할 나위가 없지만, 설사 그대가 돌아오더라도 늦으면 이미 봄 풀과 꽃을 다 지고 말 것이다. 결단은 이제 그대 몫! 이런 느낌이다.

이 시는 사조가 읊은 일종의 규원시라 할 수 있다. 규원시의 아내와 남편의 관계는 종종 신하와 임금의 관계를 연상시킨다. 남편에 대한 하소연은 임금에 대한 하소연이기도 한 것이다.

## 1-33

〈臨溪送別(림계송별)〉 〈시내에 임해 송별하다〉

| | |
|---|---|
| 悵望南浦時,<br>창망남포시 | 저 남포를 슬프게 바라다 볼 때에, |
| 徙倚北梁步.[1)]<br>사의북량보 | 오락가락 북량에서 거닐고 있다네. |
| 葉上涼風初,<br>엽상량풍초 | 잎 떨어져 차가운 바람 불기 시작하니, |
| 日隱輕霞暮.[2)]<br>일은경하모 | 해가 숨자 가벼운 노을도 저물었다네. |

荒城迥易陰, 황량한 성은 멀어서 쉽게 그늘이 지고,
황성형이음

秋溪廣難渡. 가을 시내는 넓어서 건널 수가 없다네.
추계광난도

沫泣豈徒然, 얼굴 흥건히 우니 어찌 공연히 그러하랴,
말읍기도연

君子行多露.[3] 군자가 가는 길 바로 이슬이 많아서라네.
군자행다로

역주

1) 悵望南浦時 2구 : 남포(南浦)는 이별과 이별의 장소를 뜻하는 말. ≪초사·구가·하백(九歌·河伯)≫에 "그대와 손을 부여잡고 동으로 가, 임을 남포로 떠나보내어.(子交手兮東行, 送美人兮南浦.)"라고 하였다. 사의(徙倚)는 첩운, 의태어로 서성거리는 모양, 어슬렁거리며 오락가락하는 모양. 북량(北梁)은 ≪초사·구회·도옹(九懷·陶壅)≫에 "북량을 끊고 영원히 헤어지네.(絶北梁兮永辭.)"라고 하였다. 북량(北梁)은 이별의 장소를 의미. 또 ≪시경·대아·대명(大雅·大明)≫에 "배를 만들어 다리를 놓으시니,(造舟爲梁.)"라고 하였다. 여기서는 북량(北梁)을 ≪시경≫의 의미로 보아 배를 이은 만든 뜬 다리, 부교(浮橋)로 일종의 선착장 구실을 하였다.

2) 葉上涼風初 2구 : 상(上)은 다른 판본에 하(下)로 되어 있어 '떨어지다'로 해석함. 모(暮)는 저물다. 여기서는 저물어 없어지다는 의미.

3) 沫泣豈徒然 2구 : 말읍(沫泣)은 다른 판본에 매읍(沬泣)으로 되어 있다. 매(沬)는 ≪설문해자(說文解字)≫에 "얼굴에 뿌려진 눈물이다.(灑面也)"로 설명하고 있어 매읍(沬泣)은 눈물에 얼굴이 흥건할 정도로 젖은 것을 말함. 도(徒)는 공연히, 까닭 없이. 연(然)은 그러하다. 행다로(行多露)는 ≪시경·소남·행로(詩經·召南·行路)≫에 "흥건한 저 길 가의 이슬이여, 어찌 이른 새벽이 아니랴마는, 그 길에 이슬이 많다고들 말하네.(厭浥行路, 豈不夙夜, 謂行多露.)"라고 하였다.

4) 압운은 步, 暮, 渡, 露.

감상

잦은 왕조교체와 왕위 쟁탈로 남조 시기의 지식인들은 정치적인 이유로 죽거나 좌천을 당해 멀리 떠나는 일이 허다했다. 이 시는 아마도 정치적 사건에 연루되어 길을 떠나게 된 지인을 시인이 함께 아파하며 지은 노래로 보인다. 모두 8구로 되어 있고 두 단락으로 나눌 수 있다.

전 단락(1-4구)은 이별의 쓸쓸함을 노래하였다. 1구에서 남포를 슬프게 바라보는 것은 시인 사조 자신이고, 2구에서 북량을 오락가락 거니는 사람은 길을 떠나는 지인이다. 3-4구는 떨어진 나뭇잎과 차가운 바람, 저문 해와 노을로 쓸쓸한 풍경을 읊어 이별할 때의 경치이자 쓸쓸한 분위기와 마음 즉 경(景)이자 정(情)을 노래한 것이다.

후 단락(5-8구)의 5구에서 황폐한 성이 쉽게 그늘이 진다는 것은 지인이 가는 좌천의 길을 또는 그 곳이 살기 힘든 곳임을 상징적으로 의미한 것이다. 6구에서 시내가 넓어 건널 수가 없다는 것은 가는 길이 어렵고 왕래가 어렵다는 의미로 시인 자신도 찾아가기 어렵다는 뜻을 가진다. 그래서 시인은 얼굴이 흥건하도록 슬피 울 수밖에 없다(7구). 8구에서 이슬은 어려움과 역경을 상징하는 것으로 우는 이유가 가는 길에 놓인 역경이 많기 때문임을 알려준다.

## 2. 王融[1)]

### 2-1

〈淥水曲(녹수곡)〉[2)]　　〈녹수곡〉

| | |
|---|---|
| 湛露改寒司,<br>담로개한사 | 진한 이슬들이 겨울 동장군을 바꾸거니와, |
| 交鶯變春旭.[3)]<br>교앵변춘욱 | 오락가락 꾀꼬리 봄 아침 해로 바꿔놓네. |
| 瓊樹落晨紅,<br>경수락신홍 | 옥 같은 나무는 새벽 붉은 꽃이 떨어지고, |
| 瑤塘水初淥.[4)]<br>요당수초록 | 옥 같은 연못에는 저 물이 막 맑아졌다네. |
| 日霽沙漵明,<br>일제사서명 | 날이 개자 강가의 모래톱이 밝아지나니, |
| 風泉動華燭.[5)]<br>풍천동화촉 | 바람과 샘물에 화촉이 움직이고 있구나. |
| 遵渚泛蘭觴,<br>준저범란상 | 물가를 따라서 난초 향 술잔을 띄우고, |
| 乘漪弄清曲.[6)]<br>승의롱청곡 | 잔물결을 타고서 맑은 노래를 부르노라. |
| 斗酒千金輕,[7)]<br>두주천금경 | 두주에 천금이 싸다고 했다지, |
| 寸陰百年促.[8)]<br>촌음백년촉 | 촌음이라도 백년을 재촉한다네. |
| 何用盡歡娛,<br>하용진환오 | 무엇으로써 즐거움을 다 할 수 있을까, |
| 王度式如玉.<br>왕도식여옥 | 왕의 법도 옥처럼 아름답기 때문이네. |

**역주**

1) 王融(왕융, 468-494) : 남조 제나라 낭야(琅邪) 임기(臨沂), 지금의 산동성(山東省) 임기(臨沂) 사람으로 자는 원장(元長)이다. 벼슬은 수재(秀才)에 천거된 후 태자사인(太子師人), 비서승(秘書丞), 중서랑(中書郎), 영삭장군(寧朔將軍) 군주(軍主) 등을 역임했다. 문재(文才)와 응변(應辯)에 뛰어났다. 제나라 영명(永明) 연간에 경릉팔우(竟陵八友)로 사조(謝朓) 등과 함께 활약했다. 왕위 쟁탈전에서 경릉왕

이 실패하고 울림왕(鬱林王)이 즉위하자 27살에 사형되었다. 원래 문집 10권은 전하지 않고 명나라 사람이 편집한 ≪왕영삭집(王寧朔集)≫이 있다.

2) 渌水曲 : ≪악부시집·무곡가사(樂府詩集·舞曲歌辭)≫에 속한다. 〈악부해제(樂府解題)〉에 의하면 제나라 명왕 가사 7곡(曲)은 왕융이 사도(司徒)의 명령에 의해 지은 것으로 그 세 번째가 〈녹수곡〉이며 1곡(曲)은 3개의 해(解)로 이뤄졌다고 하였다.

3) 湛露改寒司 2구 : 담로(湛露)는 진한 이슬. 담(湛)은 이슬이 많이 내린 모양. ≪시경·소아·담로(小雅·湛露)≫에 "진하게 내린 이슬이여(湛湛露斯)"라고 하였다. 한사(寒司)는 추위를 관장하는 겨울 신(神), 동장군을 말함. 교앵(交鶯)는 오락가락하는 꾀꼬리. 춘욱(春旭)은 봄날의 아침 태양.

4) 瓊樹落晨紅 2구 : 경수(瓊樹)는 아름다운 옥 같은 나무. 요당(瑤塘)은 아름다운 옥 같은 연못. 녹(淥)은 맑다. 여기서는 겨울 얼음이 녹아 물이 맑음을 말함.

5) 日霽沙溆明 2구 : 일제(日霽)는 날이 개다. 사서(沙溆)는 강가의 모래톱. 풍천(風泉)은 바람과 샘물. 화촉(華燭)은 촛불.

6) 遵渚泛蘭觴 2구 : 이 2구는 음력 3월 3일 술잔을 띄우고 자기 앞으로 떠내려 올 때까지 시를 읊던 유상곡수(流觴曲水)의 연회를 말함. 곡수연(曲水宴)이라고도 하며, 이를 다룬 왕희지(王羲之)의 ≪난정집서(蘭亭集序)≫와 〈난정집시(蘭亭集詩)〉가 유명하다(≪고시원≫ 번역본 2권 484쪽 참조). 준(遵)은 따라서. 의(漪)는 잔물결.

7) 斗酒千金輕 : 조식(曹植)의 명도편(名都篇)에 "우리 돌아와 평락관(平樂觀)에서 잔치하는데, 맛있는 술은 한 말에 만금짜리라네."라고 하였다(≪고시원≫ 번역본 2권 88쪽 참조).

8) 寸陰百年促 : 촌음이 백년을 재촉하다. 즉 촌음의 짧은 시간도 수명 백년을 재촉하여 짧게 하니 시간을 아끼라는 의미.

9) 王度式如玉 : ≪춘추좌씨전(春秋左氏傳)≫ 소공12년(昭公十二年)에 "우리 왕의 법도를 생각하니, 옥처럼 아름답고, 금처럼 귀하다."라고 하였다. 왕도(王度)는 우리 왕의 법도. 여기서는 제나라 명제(明帝)를 가리킴. 식(式)은 발어사.

10) 旭, 淥, 燭, 促, 玉으로 입성(入聲) 압운.

## 감상

모두 12구로 되어 있으며 내용에 따라 4구씩 세 단락으로 나눌 수 있다.

1단락(1-4구)은 겨울에서 봄으로 바뀌는 계절적 배경을 묘사하고 있다. 봄이 되어 내리는 진한 이슬과 이리저리 나는 꾀꼬리를 보며 시인은 이들이 겨울을 봄으로 바꿔놓았다고 읊었다(1-2구). 또 떨어지는 붉은 꽃과 얼음이 녹아 맑아진 연못에서도 시인은 봄을 느낀다(3-4구).

2단락(5-8구)은 봄을 맞아 여는 유상곡수(流觴曲水)의 연회를 읊었다. 밝은 모래톱과 바람과 샘물에 흔들리는 촛불아래, 물가를 따라 술잔을 띄우고 시를 읊으며 노니는 풍경은 절로 왕희지의 난정 곡수연을 떠올리게 한다.

3단락은 9-12구이다. 이렇게 좋은 날 술을 아낄 수가 없다.(9구) 또 촌음을 아껴 이 시간을 즐겨야 하는 법(10구). 마지막으로 시인은 오늘의 즐거움이 모두 제나라 명제가 만든 틀(법도)이 있기 때문이라는 말로 임금을 칭송한다(11-12구).

## 2-2

### 〈巫山高(무산고)〉[1]　　〈무산고〉

| | |
|---|---|
| 想像巫山高,<br>상상무산고 | 높고 높은 저 무산을 상상하노라니, |
| 薄暮陽臺曲.[2]<br>박모양대곡 | 양대의 모서리에 어둠이 밀려오겠지. |
| 煙霞乍舒卷,[3]<br>연하사서권 | 안개 노을은 문득 펼쳐졌다 문득 말리고, |
| 猿鳥時斷續.<br>원조시단속 | 잔나비 새 때로 끊겼다 때로 이어지겠지. |
| 彼美如可期,<br>피미여가기 | 저 아리따운 사람 만약 기약할 수 있다면, |
| 寤言紛在矚.[4]<br>오언분재촉 | 만나 얘기하니 성대하게 눈앞에 펼쳐지리. |
| 憮然坐相思,<br>무연좌상사 | 까닭 없이 공연히 앉아서 그리워 할 뿐, |
| 秋風下庭綠.[5]<br>추풍하정록 | 가을바람이 마당 푸르렀던 잎 떨어뜨리네. |

**역주**

1) 巫山高 : ≪악부시집·고취곡사(樂府詩集·鼓吹曲辭)≫에 〈한요가18수(漢鐃歌十八首)〉가 있는데, 그 중의 하나인 〈무산고(巫山高)〉를 본떠 쓴 것.
2) 想像巫山高 2구 : 전국 시대 초나라 시인 송옥(宋玉)의 〈고당부(高唐賦)〉에 초왕과 무산(巫山) 신녀(神女)의 연애 이야기가 실려 있다. 전국 시대 초(楚)나라 회왕(懷王)이 일찍이 낮잠을 자는데, 꿈에 한 여인이 와서 말하기를 "저는 무산의 여자로서 고당(高唐)의 나그네가 되었는데, 임금님이 여기에 계신다는 소문을 듣고 왔으니, 원컨대 침석(枕席)을 같이해 주소서."라고 하므로, 그와 같이 하룻밤을 잤더니, 그 이튿날 아침에 그 여인이 떠나면서 말하기를 "아침에는 구름이 되고 저녁에는 비를 내리면서 아침마다 저녁마다 양대로 내려오겠습니다."라고 했다는 고사에서 온 말이다. 박(薄)은 가까워지다. 박모(薄暮)는 어둠이 가까워오다. 어둠이 밀려온다는 의미. 양대(陽臺)는 무산(巫山)의 누대. 곡(曲)은 구석, 모

서리.

3) 煙霞乍舒卷 2구 : 사서권(乍舒卷)은 사서사권(乍舒乍卷)으로 문득 펼쳐졌다 문득 말리다. 시단속(時斷續)은 시단시속(時斷時續)으로 때로 끊어졌다 때로 이어지다.
4) 彼美如可期 2구 : ≪시경·진풍·동문지지(陳風·東門之池)≫에 "저 아리따운 숙녀는, 그녀와 더불어 만나 이야기 할 수 있다네.(彼美淑姬, 可與晤語.)"라고 하였다. 피미(彼美)는 저 아리따운 사람. 여기서는 무산의 신녀를 가리킴. 여(如)는 만약. 가기(可期)는 기약할 수 있다면. '기약해서 만날 수 있다면'의 의미. 오언(寤言)은 만나서 이야기 할 수 있다. 오(寤)는 오(晤)의 가차자. 분(紛)은 성대하게, 거창하게. 재촉(在矚)은 내 눈앞에 펼쳐지다.
5) 憮然坐相思 2구 : 무연(憮然)은 낙담하고 허전한 모양. 하(下)는 떨어뜨리다. 정록(庭綠)은 마당 나무의 푸른 잎.
6) 曲, 續, 矚, 綠으로 입성 압운.

**감상**

모두 8구로 되어 있고 크게 2개의 단락으로 나눌 수 있다.

1단락(1-4구)은 시인이 무산을 상상한 것이다. 시인의 상상 속에 양대 누대에 어둠이 밀려오면, 그 곳엔 안개와 노을, 잔나비와 새 만 쓸쓸히 있을 뿐 아리따운 신녀는 없다.

2단락(5-8구)의 5-6구는 ≪시경·진풍·동문지지≫의 한 구절을 빌려 저 아리따운 무산 신녀를 기약해서 만나길 소망하는 마음을 드러낸다. 그러나 내 눈 앞에 신녀와 만나 이야기하는 일은 실제가 아니다. 그래서 마지막 구에서 가을바람이 떨어뜨리는 푸르른 잎의 모습은 경치(景)이면서 시인의 안타까운 마음을 그린 정(情)이 된다.

## 2-3
## 〈蕭諮議西上夜集(소자의서상야집)〉

〈소자의가 서상에서 밤 연회를 베풀다〉

| | |
|---|---|
| 徘徊將所愛,<br>배회장소애 | 서성대며 아끼는 사람들 거느리시고, |
| 惜別在河梁.[2)]<br>석별재하량 | 이별이 아쉬워서 하량에서 계신다네. |
| 衿袖三春隔,[3)]<br>금수삼춘격 | 당신 옷깃 옷소매 이 봄날 헤어지면, |

江山千里長.
강산천리장
강산이 천리에 길게 막힐 것이라네.

寸心無遠近,
촌심무원근
나의 마음은 멀고 가까움이 없으니,

邊地有風霜.[4)]
변지유풍상
변방에는 바람과 서리가 있겠지요.

勉哉勤歲暮,
면재근세모
힘쓰려니 한 해가 저물도록 열심히,

敬矣事容光.[5)]
경의사용광
신중할지니 안색을 일로 삼으소서.

山中殊未懌,[6)]
산중수미역
산속에는 유달리 즐거움 없으리니,

杜若空自芳.
두약공자방
저 두약은 홀로 절로 향기로우리라.

**역주**

1) 蕭諮議西上夜集 : 소(蕭)는 소연(蕭衍)을 말함. 훗날 남조 양나라의 무제(武帝)로 자는 숙달(叔達)이다. 제나라에서 주자사(雍州刺史) 등을 역임한 바 있다. 또 경릉팔우(竟陵八友)의 한 사람으로 사조 등과 교류하였다. 문무에 모두 뛰어나고 불교에도 조예가 깊었다. 48년 제위기간 중 전반은 선정을 펼쳤으나 후반에 들어서 불교를 신봉함이 지나쳐 황제 자신이 동태사(同泰寺)에 귀의하는 등 혼란을 야기하였다. 549년 후경(侯景)의 난(亂)으로 수도 건강(建康)이 포위되어 아사(餓死)했다. 문학에 뛰어나 많은 저서를 남겼으나 소실되고 지금은 명나라 때 편집된 ≪양무제어제집(梁武帝御製集)≫이 있다. 자의(諮議)는 벼슬 이름. 서상(西上)은 지명. 위치가 불분명함. 야집(夜集)은 밤에 연회를 베풀다.
2) 徘徊將所愛 2구 : 배회(徘徊)는 첩운, 의태어로 머뭇대는 모양. 장(將)은 거느리다. 소애(所愛)는 아끼는 사람들. 하량(河梁)은 배를 대는 부교(浮橋)로 이별을 상징하는 말.
3) 衿袖三春隔 : 금수(衿袖)는 옷깃과 옷소매. 여기서는 소자의를 높여 직접적으로 묘사하지 않은 것. 삼춘(三春)은 석달 봄. 격(隔)은 헤어지다.
4) 寸心無遠近 2구 : 촌심(寸心)은 내 마음. 변지(邊地)는 변방. 여기서는 소자의가 갈 곳.
5) 勉哉勤歲暮 2구 : 면재(勉哉)는 힘쓰다. 시인 자신이 힘쓸 것임을 말한 것. 세모(歲暮)는 해가 저물다. 1년 내내, 연말까지라는 의미. 경(敬)은 신중하다. 6구와 연결되어 소자의가 궂은 환경에서 조심할 것을 당부하는 의미. 사(事)는 일로 삼다. 용광(容光)은 안색.
6) 殊未懌 : 수(殊)는 유달리, 전혀. 역(懌)은 즐거움, 기쁨.

7) 압운은 梁, 長, 霜, 光, 芳.

**감상**

이 시는 훗날 남조 양나라를 세워 황제가 되는 소연이 밤에 서상(西上)이란 곳에서 베푼 연회에서 지은 노래이다. 제목의 '소자의'의 자의는 벼슬 이름으로, 내용상 소자의가 떠나는 송별연 자리인 것으로 보인다. 또 이 시를 지을 당시는 제나라이지만 얼마 후에 양나라가 들어서므로, 소자의는 당시 실질적인 권력자였을 것이다. 모두 10구로, 세 단락으로 나눌 수 있다.

1단락(1-4구)은 오늘의 이별에 대한 설명이다. 1-2구는 이별이 아쉬워 떠나지 못하는 소자의와 그가 아끼는 사람들이 모인 모습이다. 3구에서 소자의를 옷깃과 옷소매라고 표현한 것은 귀한 분을 직접적으로 묘사하지 않은 까닭이다. 3-4구는 이 봄날 귀한 분과 헤어지면 이제 천리 길 같은 먼 곳에 가게 됨을 말해주고 있다.

2단락(5-8구)은 소자의가 가게 될 곳과 시인의 당부이다. 5-6구는 그대가 멀리 있으나 가까이 있으나 내 마음은 변하지 않을 것이나 당신 소자의가 떠날 곳은 바람과 서리가 있는 궂은 환경임을 말한다. 나는 이곳에서 1년 내내 힘쓸 터이니, 당신 소자의도 궂은 환경 속에서 몸 상하지 않도록 조심하시라 당부한다(7-8구).

마지막 3단락(9-10구)은 결론이다. 송별시의 특징 상 상대의 부재로 인한 슬픔은 꼭 표현해야 하는 것이라 시인은 소자의가 없는 이 산은 즐거움이 전혀 없을 것이라 말한다(9구). 마지막 10구에서 두약이 홀로 절로 향기로울 것이라는 것은 두약을 따다 주지 못한다는 의미와 두약 같은 시인 자신의 마음은 충심으로 변치 않을 것이라는 의미도 포함한다.

## 2-4

## 〈和王友德元古意二首(화왕우덕원고의이수)〉[1]

〈우 벼슬의 왕덕원 '옛 시'에 화답하여 2수〉

### 2-4-1

| | |
|---|---|
| 遊禽暮知返,<br>유금모지반 | 노닐던 새도 저물면 돌아올 줄 알거늘, |
| 行人獨未歸.<br>행인독미귀 | 떠난 임은 홀로 돌아오지를 않으시네. |
| 坐銷芳香氣,[2]<br>좌소방향기 | 앉아서 봄 향긋한 향기 사라지게 하니, |
| 空度明月輝.<br>공도명월휘 | 공연히 밝은 달 비추는 것을 보내네. |

嚬容入朝鏡,[3] 찌푸린 얼굴은 아침 거울에 비춰보고,
빈용입조경
思淚點春衣. 그리움의 눈물은 봄옷을 얼룩지우구나.
사루점춘의
巫山彩雲沒,[4] 무산의 저 채색 구름은 사라져 가고,
무산채운몰
淇上綠楊稀.[5] 기수 가 푸르른 버들은 성겨가는구나.
기상록양희
待君竟不至, 임을 기다리나 끝내 오시지를 않건만,
대군경불지
秋雁雙雙飛. 가을 기러기만 쌍쌍으로 날아가는구나.
추안쌍쌍비

**역주**

1) 和王友德元古意二首 : 화(和)는 화답하다. 왕(王)은 왕덕원(王德元)을 말함. 남조(南朝) 제(齊)나라에서 상서령(尙書令)을 지낸 왕안(王晏)의 아들로 진안왕(晉安王) 소자무(蕭子懋)의 우(友) 벼슬을 지냈으며, 명제(明帝) 건무(建武) 4년(497년) 아버지, 형과 함께 주살되었다. 우(友)는 벼슬 이름. 고의(古意)는 여기서 왕덕원이 지은 시를 말함.
2) 坐 : 앉아서, 앉은 채로. 여기서는 '속수무책으로'의 의미.
3) 嚬容 : 찌푸린 얼굴. 여기서는 밤새 고민과 걱정을 한 모습.
4) 巫山彩雲沒 : 전국 시대 초나라 시인 송옥(宋玉)의 〈고당부(高唐賦)〉에 실린 초왕과 무산(巫山) 신녀(神女)의 사랑이야기에서 후에 운우지정(雲雨之情)이라는 말이 생겨났다. 앞에 소개한 왕융의 2-2번 시의 역주 2) 참조.
5) 淇上 : ≪시경·용풍·상중(鄘風·桑中)≫에 "나를 상중(桑中)에서 만나기로 약속하였으며, 나를 상궁(上宮)에서 맞이하였고, 나를 기수 가에서 전송하였도다."라고 하였다. 기(淇)는 나그네를 전송하는 이별의 장소이자 임과 만나 노닐던 장소를 상징.
6) 압운은 歸, 輝, 衣, 稀, 飛.

**감상**

이 시는 왕융이 왕덕원이 지은 시에 화답하여 쓴 2수 가운데 첫 번째 시이다. 내용은 규원시에 해당한다. 모두 10구이며 3개의 단락으로 나눌 수 있다.

1단락(1-4구)은 독수공방하는 여인의 모습을 그렸다. 해가 저물면 새도 제 둥지로 돌아오는데, 여인이 기다리는 임은 오지 않는다(1-2구). 세월은 덧없이 흘러 여인의 향기로움을 앗아가고, 임과 함께 노닐며 감상해야할 밝은 달도 그저 보내버린다(3-4구).

2단락(5-8구)은 홀로 남은 여인의 모습을 더 구체적으로 그린다. 밤새 고민과 걱정에 시달린 여인은 아침이 되자 거울에 상한 얼굴을 비춰보고, 밤새 흘린 눈물로 고운 봄옷은 어느새 얼룩지고 말았다(5-6구). 초왕과 신녀의 연애담이 담긴 저 무산의 구름이 사라지듯, 임과 노닐던 정겨운 장소를 상징하는 기수 가의 버들이 드물듯 임과의 사랑이 시들해지는 것만 같다(7-8구).

마지막 3단락(9-10구)에서 쌍쌍으로 나는 가을 기러기는 홀로 남은 여인과 대비된다.

2-4-2

| | |
|---|---|
| 霜氣下孟津,<br>상기하맹진 | 서리 기운이 맹진 지역에 내리거니와, |
| 秋風度函谷.[1]<br>추풍도함곡 | 가을바람이 이미 함곡관을 넘어갔겠지. |
| 念君凄以寒,<br>념군처이한 | 생각건대 임은 처량하면서 추우실터이나, |
| 當軒卷羅縠.[2]<br>당헌권라곡 | 창문 마주하고 펴있던 비단 말아버리네. |
| 纖手廢裁縫,<br>섬수폐재봉 | 섬섬옥수로 옷 짓는 것을 그만두고서, |
| 曲鬢罷膏沐.[3]<br>곡빈파고목 | 구불거린 머리에 화장도 그만 두었네. |
| 千里不相聞,<br>천리불상문 | 천리 떨어져 서로 소식 듣지 못하니, |
| 寸心鬱紛蘊.[4]*<br>촌심울분온 | 내 마음은 울적해서 얽히고설켰다네. |
| 況復飛螢夜,<br>황부비형야 | 하물며 또 반딧불이 나는 밤에, |
| 木葉亂紛紛.<br>목엽란분분 | 나뭇잎이 어지러이 떨어짐에랴. |

원주

* 평성이다.(平聲.)

역주

1) 霜氣下孟津 2구 : 상기(霜氣)는 서리 기운. 서리인지 이슬인지 모호한 기운을 의

미. 맹진(孟津)은 옛 지명으로 지금의 하남성(河南省) 낙양시(洛陽市) 맹진현(孟津縣)에 위치. 함곡(函谷)은 옛 지명으로 지금의 함곡관(函谷關)에 위치. 함곡관은 지금의 하남성(河南省)의 북서부로 영보시(靈寶市)에 있으며 동쪽의 중원(中原)으로부터 서쪽의 관중(關中)으로 통하는 관문.

2) 當軒卷羅縠 : 당(當)은 마주하다. 헌(軒)은 창문, 라(羅)와 곡(縠)은 비단으로 여기서는 따뜻한 겨울옷을 의미.

3) 曲鬢罷膏沐 : ≪시경·소아·채록(小雅·采綠)≫에 "내 머리카락이 구불거리고 말렸으니, 돌아가 머리 감으리라."라고 하였다. 곡빈(曲鬢)은 구불구불거리는 머리. ≪시경·위풍·백혜(衛風·伯兮)≫에 "남편이 동쪽으로 간 뒤, 내 머리는 쑥대와 같다네. 어찌 화장 용품이 없을까마는, 누구를 위해 꾸밀 것인가."라고 하였다. 고목(膏沐)은 화장품을 의미.

4) 寸心鬱紛蘊 : 촌심(寸心)은 내 마음. 분온(紛蘊)은 분온(粉縕), 분운(粉紜)과 같이 모두 첩운, 의태어로 울분이 쌓인 모양, 꼬여 얽히고설킨 모양.

5) 압운은 谷, 縠, 沐에서 蘊, 紛으로 환운(換韻).

**감상**

앞 시를 잇는 두 번째 시이다. 모두 10구로 되어 있으며 세 단락으로 나눌 수 있다.

1단락(1-4구)에서 1구의 맹진은 여인이 있는 곳이고, 2구의 함곡은 남편이 있는 곳이다. 두 지역은 동서로 멀리 떨어져있다. 여인은 자신이 있는 맹진에 서리인지 이슬인지 모호한 기운이 내리는 것을 보고 남편이 있는 함곡관은 이미 완연한 가을이 되었을 것을 생각한다(1-2구). 처량하고도 추울 남편을 생각해 겨울옷을 짓고자 비단을 펼쳤지만 이내 말아버리고 만다(3-4구).

2단락(5-8구)에서 여인은 옷 짓는 것도 그만두고, 머리도 엉망이고 화장도 안 했다(5-6구). 이어지는 7-8구에서 이런 이유를 말해준다. 첫째는 남편의 행적도 근황도 모른 탓, 둘째는 마음이 울적한 탓이다.

마지막 3단락(9-10구)에서 애타는 여인 앞에 나타나 짝을 찾듯 어지러이 날아다니는 수많은 반딧불이들. 어쩌면 남편과 이 반딧불이의 향연을 함께한 추억이 생각나 더 마음이 쓰라렸는지 모를 여인의 얽히고설킨 마음을 보여주듯 나뭇잎은 왜 저리도 어지러이 떨어지는지.

## 3. 張融[1]

### 〈別詩(별시)〉 〈이별시〉

| | |
|---|---|
| 白雲山上盡,[2]<br>백운산상진 | 흰 구름은 저 산 위로 사라져 가고, |
| 淸風松下歇.[3]<br>청풍송하헐 | 맑은 바람 소나무 아래로 없어지네. |
| 欲識離人悲,<br>욕식리인비 | 이별한 사람 나의 슬픔을 알려거든, |
| 孤臺見明月.<br>고대견명월 | 외로운 누대에서 밝은 달을 보소서. |

**역주**

1) 張融(장융, 444-497) : 남조 제나라 오군(吳郡) 오현(吳縣) 지금의 강소성(江蘇省) 소주(蘇州) 사람으로 자는 사광(思光)이다. 벼슬은 남조 송과 제를 거치며 봉계령(封溪令), 황문랑(黃門郎), 태자중서자(太子中庶子), 사도좌장사(司徒左長史) 등을 역임했다. 세칭 '장장사(張長史)'로 불렸다. 명나라 사람이 편집한 ≪장장사집(張長史集)≫이 있다.

2) 盡 : 사라지다, 흩날려 없어지다.

3) 歇 : 없어지다.

4) 압운은 歇, 月.

**감상**

1-2구는 임을 묘사한 것으로 흰 구름처럼 바람처럼 사라지고 없는 임을 말하고 있다. 3-4구는 자신을 묘사한 것이다. 나를 떠나 이별한 임이 내 슬픔을 알려거든, 외로운 누대 위의 밝은 달 같은 자신을 보라고 말한다. 자신은 변하지 않는 달과 같기에.

## 4. 劉繪[1)]

### 〈有所思(유소사)〉[2)] 〈그리운 이가 있어〉

別離安可再, 이별을 어찌 거듭할 수 있겠는가,
별리안가재
而我更重之.[3)] 그러나 나는 이별을 다시 거듭하네.
이아경중지
佳人不相見, 내 고운임은 만나 볼 수가 없거늘,
가인불상견
明月空在帷. 밝은 달만 공연히 휘장에 걸려있네.
명월공재유
共御滿堂酌,[4)] 함께 마루 가득 객에게 술 권했거늘,
공어만당작
獨斂向隅眉.[5)] 홀로 구석 향해 눈썹 찌푸리고 있다네.
독렴향우미
中心亂如雪,[6)] 마음은 날리는 눈발처럼 어지럽나니,
중심란여설
甯知有所思. 그리운 임이 계심을 어찌 알아줄까?
녕지유소사

**역주**

1) 劉繪(유회, 458-502) : 남조 제나라 팽성(彭城), 지금의 강소성(江蘇省) 서주(徐州) 사람으로 자는 사장(士章)이다. 벼슬은 남조 송과 제나라에서 저작랑(著作郎), 중서랑(中書郎), 태자중서자(太子中庶子), 대사마종사중랑(大司馬從事中郎) 등을 역임했다.
2) 有所思 : ≪악부시집·고취곡사(鼓吹曲辭)≫ 〈한요가18수(漢鐃歌十八首)〉에 속함.
3) 更重 : 경(更)은 다시. 중(重)은 거듭.
4) 共御滿堂酌 : 어(御)는 권하다. 만당(滿堂)은 마루에 가득한 손님들. 작(酌)은 술을 의미.
5) 獨斂向隅眉 : 렴(斂)은 눈썹(眉)을 찌푸린다는 의미. 향우(向隅)는 구석을 향하다.
6) 中心亂如雪 : 중심(中心)은 심중(心中)으로 마음 속. 란여설(亂如雪)의 설(雪)은 눈보라에 가까운 눈을 가리킴.
7) 압운은 之, 帷, 眉, 思.

**감상**

시는 모두 8구로 되어 있다. 1-2구는 마치 현대의 기러기아빠처럼 서로가 멀리 헤어지는 상태가 거듭되고 있음을 말해 주고 있다. 3구의 가인(佳人)은 문맥에 따라 남자가 혹은 여자가 될 수 있으나 성별에 관계없이 사랑하는 '임'을 표현한 말이다. 4구의 밝은 달(明月)은 임을 연상시키는 매개체이며 동시에 '만남'을 상징하는 말이다. 5구는 과거에 내가 임과 함께 마루에 가득 찬 손님들께 술을 권했던 추억을 떠올리는 것이고, 6구는 현실로 돌아와 지금은 홀로 그 구석을 향해 눈썹을 찌푸리고 있음을 한탄한다. 마지막 8구의 주어는 7구의 휘날리는 눈발이 될 수도 있고, 또는 세상 사람들이 될 수도 있지만, 여기서는 4구의 밝은 달(明月)을 가리키는 말로 봄이 좋다. 그래서 만남을 상징하는 밝은 달이 공연히 떠 있다고 말했으리라.

## 5. 孔稚圭

### 〈遊太平山(유태평산)〉[2] 〈태평산을 유람하며〉

石險天貌分,[3] 바위가 험준해서 하늘의 모습이 나뉘고,
석험천모분
林交日容缺.[4] 숲이 교차하여 해의 얼굴이 일그러지네.
림교일용결
陰澗落春榮,[5] 어두운 골짜기에는 봄꽃이 떨어져 있고,
음간락춘영
寒巖留夏雪.[6]* 차가운 암벽에는 여름눈이 남아 있다네.
한암류하설

**원주**

* 어둡고 삼엄하다.(陰森.)

**역주**

1) 孔稚圭(공치규, 447-501) : 남조 제나라 회계(會稽) 산음(山陰), 지금의 절강성(浙江省) 소흥(紹興) 사람으로 자는 덕장(德璋)이다. 벼슬은 남조 송과 제나라에서 상서전중랑(尙書殿中郞), 어사중승(御史中丞), 도관상서(都官尙書), 태자첨사(太子詹事) 등을 역임했으며 죽은 후 금자광록대부(金紫光祿大夫)에 추증되었다. 개구리의 울음소리는 자연의 음악이라 하여 뜰의 풀을 베지 않았다는 일화가 있다. 그이 산문 〈북산이문(北山移文)〉이 유명하다. 종산(鍾山)에 은둔하던 주옹(周顒)이 벼슬을 살다가 다시 돌아오려고 하자 이중적 태도를 성토하고 이를 막는 글이다. 명나라 사람이 편찬한 ≪공첨사집(孔詹事集)≫이 있다.
2) 太平山 : 지금의 절강성(浙江省) 여요현(餘姚縣) 남쪽에 위치.
3) 天貌分 : 하늘의 모습이 나뉘다. 우뚝 선 바위 때문에 하늘이 나눠 보인다는 의미.
4) 林交日容缺 : 림교(林交)는 숲이 교차하다. 숲이 무성하다. 일용(日容)은 해의 얼굴. 햇살.
5) 陰澗 : 그늘이 져서 어두운 골짜기.
6) 寒巖 : 차가운 바위, 암벽.
7) 缺, 雪로 입성 압운.

**감상**

이 시는 형식으로 볼 때 후대의 절구(絶句)에 근접하고 있다. 1-2구와 3-4구가 각각 대구를 이루고 있다. 작자 공치규는 〈북산이문〉을 지어 주옹이 벼슬한 후 다시

종산, 즉 북산(北山)에 들어오는 것을 막았다는 일화로 유명한데, 아마도 당시 문인들에게 '북산' 이란 곳은 세속과 다른 차원의 세계로 인식되었던 것 같다. 이 시 속에서 말하는 태평산도 북산의 이미지와 닮아있다. 1-2구는 산의 험준함을 이야기한 것으로 험준한 바위로 하늘이 나눠 보일 지경이고, 무성한 숲 때문에 햇살도 일그러지는 곳이라고 말한다. 3-4구에서 어둔 골짜기에 봄꽃이 있고, 차가운 암벽에 여름 눈이 남았다고 하여 시를 읽는 사람들로 하여금 지금이 어느 계절인지 의아하게 만든다. 아무튼 이 산은 세속과 차원을 달리한다.

## 6. 陸厥[1)]

## 〈臨江王節士歌(임강왕절사가)〉[2)] 〈임강왕 절사 노래〉

| | |
|---|---|
| 木葉下,<br>목엽하 | 나뭇잎은 떨어지고, |
| 江波連,[3)]<br>강파련 | 강 물결 이어지는데, |
| 秋月照浦雲歇山.[4)]<br>추월조포운헐산 | 가을 달 포구 비추고 구름 산에서 사라지네. |
| 秋思不可裁,[5)]<br>추사불가재 | 가을 수심을 없앨 수 없나니, |
| 復帶秋葉來.<br>부대추엽래 | 또 가을 잎 데리고 오는구나. |
| 秋風來已寒,<br>추풍래이한 | 가을바람 불어와 이미 차가워졌고, |
| 白露驚羅紈.[6)]<br>백로경라환 | 흰 이슬은 비단 옷 놀라게 하누나. |
| 節士慷慨髮沖冠,[7)]<br>절사강개발충관 | 열사 강개하여 화난 머리털이 모자를 찌르네. |
| 彎弓掛若木,<br>만궁괘약목 | 굽은 활을 저 약목에 걸고서는, |
| 長劍竦雲端.[8)]<br>장검송운단 | 장검을 구름 끝까지 추켜세우네. |

**역주**

1) 陸厥(육궐, 472-499) : 남조 제나라 오군(吳郡) 오현(吳縣) 지금의 강소성(江蘇省) 소주(蘇州) 사람으로 자는 한경(韓卿)이다. 벼슬은 남조 제나라에서 수재(秀才)로 천거된 후 소부주부(少傅主簿), 후군행참군(後軍行參軍)을 역임했다. 499년 시안왕(始安王) 소요광(蕭遙光)의 반란 때 피살된 아버지 육한(陸閑)을 애통해하다 28살에 죽었다. 문장 특히 오언시가 뛰어났으나 전해지는 저서는 없고 심약(沈約)의 성병설(聲病說)을 반대한 〈여심약서(與沈約書)〉가 유명하다.

2) 臨江王節士歌 : ≪악부시집·잡가요사(樂府詩集·雜歌謠辭)≫에 실려있다. ≪한서·예문지(漢書·藝文志)≫에 〈임강왕절사가(臨江王節士歌)〉라는 시가 보이는데 실제 작품은 전하지 않는다. 이 시를 쓸 당시에는 전해진 시가 있어 모방한 것으로 보인다.

3) 木葉下 2구 : ≪초사·구가·상부인(九歌·湘夫人)≫에 "동정호에 물결치고 나뭇잎이 떨어지네.(洞庭波兮木葉下.)"라고 하였다.
4) 秋月照浦雲歇山 : 포(浦)는 포구. 헐(歇)은 사라지다, 없어지다.
5) 裁 : 자르다, 없애다.
6) 白露驚羅紈 : 백로(白露)는 흰 이슬로 서리나 서리 전에 내리는 이슬을 의미. 라환(羅紈)은 비단 옷을 의미.
7) 節士 : 나라를 위하여 절의를 굳게 지키는 사람의 의미로 열사(烈士)로 번역함.
8) 彎弓掛若木 2구 : 완적(阮籍)의 〈영회(詠懷)〉 82수 중 제38수에 "굽은 활은 해 뜨는 동쪽 바다 신목에 걸어두고, 긴 칼은 하늘 밖에 기대어 놓네.(彎弓挂扶桑, 長劍倚天外.)"라고 하였다. 약목(若木)은 3대 신목(神木) 중 하나로 서쪽 황야에서 왔다고 한다. 그 외에 심목(尋木)과 건목(建木)이 있음. 송(竦)은 용(聳)으로 우뚝 서듯 추켜세우는 모습을 말함. 운단(雲端)은 구름 끝.
9) 압운은 連, 山, 寒, 紈, 冠, 端.

**감상**

남조의 시가 일반적으로 자수(字數)가 일정한 제언시(齊言詩)인 반면, 이 시는 자수가 일정하지 않은 장단구(長短句)로, 구법과 압운(押韻)면에서 독특한 면을 보여주고 있다. 이 시는 ≪악부시집·잡가요사≫에 보이는데, 훗날 이백도 같은 제목의 시로 가을을 읊었다. 고대 중국인들이 느끼는 가을의 이미지를 잘 보여준다. 모두 10구로, 두 단락으로 나눌 수 있다.

1단락(1-5구)은 가을의 이미지를 전달한다. 1-2구는 ≪초사≫의 한 구절을 가져와 가을을 표현했다. 중국에서 가을을 '하늘은 높고 날씨는 상쾌하다(天高氣爽)'로 표현하듯 가을이 되면 봄과 여름이 생장을 거듭하며 온갖 부유물을 만들던 만물이 쇠하고 시들어 뿌옇게 보이던 공기도 물도 맑아진다. 3-4구는 바로 가을이 되면 더 맑아진 하늘의 달과 더 높아 보이는 산으로 사라지는 구름을 표현하고 있다. 4구의 추사(秋思), 가을 수심은 가을이 바로 쇠하는 계절이기에 일어나는 생각들을 말한다.

2단락(6-10구)의 첫 시작 6-7구는 1단락의 가을의 이미지를 이어온다. 가을바람이 불자 날씨는 차가워져 서리 같은 흰 이슬이 내리자 비단옷을 입었음에도 추워서 놀라게 만든다. 다음 8-10구를 이해하기 위해서는 고대 중국인들이 느끼는 가을을 살펴 볼 필요가 있다. 유목민들에게 가을이란 풀이 말라 가축을 먹을 수 없어 농경민을 침략해서 식량을 얻어야만 하는 궁핍한 시기였다. 농경민이었던 중원 사람들에겐 가을이란 이런 연유로 추수의 기쁨 보다 전쟁의 계절이었던 것이다. 그래서 시 속의 열사(烈士)는 가을을 느끼자 강개하여 전쟁을 준비한다. 9구에서 굽은 활을 저 신목인 약목에 걸어둔다는 것은 열사가 먼 곳까지 평정하겠다는 포부를 나타낸다. 10구에서 장검을 구름 끝까지 추켜세운다는 것은 열사가 자신의 기상을 널리 떨치겠다는 의미이다.

## 7. 江孝嗣[1)]

## 〈北戍琅琊城詩(북수낭야성시)〉

〈북쪽으로 낭야성에 수자리를 살며〉

| | |
|---|---|
| 驅馬一連翩,<br>구마일련편 | 말을 몰아 오로지 연이을 뿐이니, |
| 日下情不息.[2)]<br>일하정불식 | 해가 져도 마음을 멈출 수 없음이라. |
| 芳樹似佳人,<br>방수사가인 | 향기로운 나무들은 가인과 같거니와, |
| 惆悵余何極.[3)]<br>추창여하극 | 서글픔을 내가 어찌 다할 수 있으랴. |
| 薄暮苦羈愁,<br>박모고기수 | 저녁이면 나그네 근심 괴로워하나니, |
| 終朝傷旅食.[4)]<br>종조상려식 | 아침 내내 나그네 식사를 슬퍼하노라. |
| 丈夫許人世,<br>장부허인세 | 사내대장부가 사람 세상에 허락했으니, |
| 安得顧心憶![5)]<br>안득고심억 | 어찌 맘으로 그리워한 이들 돌아보랴! |
| 按劍勿復言,<br>안검물복언 | 칼을 굳게 잡고 다시 말하지 말자구나, |
| 誰能耕與織.[6)]<br>수능경여직 | 어찌 밭을 갈고 베를 짤 수야 있겠는가! |

역주

1) 江孝嗣(강효사, 생졸미상) : 남조 제나라 시인으로 사조의 ≪사선성시집(謝宣城詩集)≫에 사조와 화답한 시 2수가 남아 있다.

2) 驅馬一連翩 2구 : 일(一)은 강조의 의미로 온통, 오로지. 련편(連翩)은 첩운, 의태어로 새가 쉬지 않고 나는 모양, 계속되는 모양. 불식(不息)은 여기서 멈추지 않다는 의미.

3) 芳樹似佳人 2구 : 가인(佳人)은 임. 사조를 포함한 친구들로 볼 수 있으나 시 전체 내용으로 보아 좋아하는 사람들을 지칭한 것으로 보임. 추창(惆悵)은 쌍성, 의태어로 슬픈 모양. 극(極)은 다하다, 끝내다.

4) 薄暮苦羈愁 2구 : 이 2구는 호문(互文)으로, 아침 저녁으로 이어지는 나그네의 고달픔을 묘사하고 있다. 박모(薄暮)는 저녁에 이르다. 고(苦)는 괴로워하다. 기(羈)는 재갈, 고삐. 여기서는 말(馬)이란 뜻으로 보아 나그네를 의미. 종조(終朝)는 아침을 마치다. 상(傷)은 슬퍼하다. 려식(旅食)은 나그네의 식사.
5) 丈夫許人世 2구 : 장부(丈夫)는 사나이 대장부. 시인 자신을 가리킴. 허(許)는 허신(許身)으로 몸을 허락하다. 인세(人世)는 사람의 세상, 사람이 사는 세상. 심억(心憶)은 마음으로 그리워하는 사람들.
6) 耕與織 : 경(耕)은 밭을 갈다. 직(織)은 베를 짜다.
7) 息, 極, 食, 憶, 織으로 입성 압운.

**감상**

이 시는 강효사가 사조에게 보낸 노래로, 같은 권 1-29 〈화강승북수낭야성(和江丞北戍琅琊城)〉은 바로 사조가 이 시에 화답한 것이다. 제목의 낭야성은 남조 당시 북조와 대치한 전방 지역으로 이 시는 전쟁에 임하는 대장부의 심정을 노래한 것이다. 모두 10구로, 내용에 따라 크게 두 단락으로 나눌 수 있다.

1단락(1-6구)은 제목을 설명한 파제(破題)에 해당한다. 1-2구는 북쪽의 낭야성이라는 전방 지역으로 말을 몰아 쉼 없이 이동하는 모습을 설명한 것이다. 문득 눈에 들어오는 향기로운 나무들을 보노라니 시인은 저도 모르게 좋아하는 이들이 떠올라 서글퍼진다(3-4구). 5-6구는 호문(互文)으로 보인다. 즉 아침이 다하고 저녁이 되도록 시인은 나그네의 식사와 나그네 근심에 괴롭고 슬프다는 의미이다.

2단락은 7-10구이다. 사내대장부가 몸과 집을 다스렸다면(修身齊家), 이제 나아가 나라와 천하를 도모할 차례인가(治國平天下)? 시인은 이 사람 세상에 자신을 허락했으니 사사로운 이들을 돌아볼 수 없다고 말한다(7-8구). 지금 같은 전쟁의 상황에서 그 누가 평화로운 때처럼 밭을 갈고 베를 짤 수 있으리(9-10구)?

## 8.
## 〈東昏時百姓歌(동혼시백성가)〉[1)]

〈동혼후 때의 백성의 노래〉

| | |
|---|---|
| 閱武堂,<br>열무당 | 군대 사열 연병장에는, |
| 種楊柳.<br>종양류 | 버들 나무를 심었다네. |
| 至尊屠肉,<br>지존도육 | 지존께서는 가축 잡고, |
| 潘妃沽酒.[2)]<br>반비고주 | 반비는 술을 파는구나. |

**원주**

* ≪금릉지≫ : 동혼후가 궁궐에 나갔다. 군대 사열하는 연병장에 방락원을 만들었다. 또 정원에 가게를 세우고, 반비에게 관리하게 했다.(金陵志, 東昏侯卽臺城,[3)] 閱武堂爲芳樂苑, 又於苑中立店肆, 以潘妃爲市令.)

**역주**

1) 東昏時百姓歌 : 동혼(東昏)은 남조 제나라의 제6대 황제 동혼후(東昏侯)을 말함. 백성가(百姓歌)는 백성의 노래, 민가(民歌).
2) 至尊屠肉 2구 : 지존(至尊)은 동혼후(東昏侯)을 가리킴. 도(屠)는 잡다. 육(肉)은 여기서 가축을 가리킴. 고주(沽酒)는 술을 팔다.
3) 臺城 : 당시의 궁궐, 조정을 의미.
4) 압운은 柳, 酒.

**감상**

≪고시원≫에서 심덕잠은 이 시를 강효사의 작품으로 보았으나, 본 번역본에서는 남조 제나라 동혼후(東昏侯) 시대의 민가(民歌)로 보아 따로 분류하였다. 동혼후는 남조 제나라의 제6대 황제 소보권(蕭寶卷)이다. 재위 기간(499-501)동안 폭정과 사치로 국세가 기울어 훗날 양(梁) 무제(武帝)가 되는 소연(蕭衍)에게 살해당하며 사후에는 동혼후로 격하되었다.

이 시는 동혼후 시대의 황제를 풍자하는 백성들의 노래이다. 2구의 버들나무를 가리키는 류(柳)는 여자의 허리를 의미하는 버들허리(柳腰), 여자의 고운 눈썹을 의미하는 류미(柳眉) 같은 표현처럼 풍류를 상징하는 말이다. 그런데 국력을 상징하는 군대의 연병장에 그 버들을 심었다. 게다가 그곳에 가게를 세우고 황제의 비가 술을 판다면 한마디로 동혼후는 주지육림(酒池肉林)에 빠진 황제였다. 이 시 내용의 역사적 진위 여부를 떠나 백성들이 느끼는 그 시대의 나라 상황이 어떠했는지는 고스란히 전해온다.

# 粱詩(양시)

## 1. 武帝[1)]

### 1-1

〈逸民(일민)〉[2)]　　〈일민〉

| | |
|---|---|
| 如壟生木,<br>여롱생목 | 높은 언덕에 나무가 자라나면, |
| 木有異心.[3)]<br>목유이심 | 그 나무는 특이한 맘 갖게 되지. |
| 如林鳴鳥,<br>여림명조 | 숲에서 새가 노래를 하노라면, |
| 鳥有殊音.[4)]<br>조유수음 | 그 새는 색다른 소리를 내게 되지. |
| 如江遊魚,<br>여강유어 | 큰물에서 물고기가 노닌다면, |
| 魚有浮沉.[5)]<br>어유부침 | 그 물고기 오르락내리락 자유롭지. |
| 巖巖山高,<br>암암산고 | 험하게 산은 높거니와, |
| 湛湛水深.[6)]<br>담담수심 | 깊숙하게 물은 깊어라. |
| 事跡易見,<br>사적이견 | 일의 흔적들은 쉬 보이나, |
| 理相難尋.[7)8)*]<br>리상난심 | 이치의 모습 찾기 어려워라. |

**원주**

* 깊고 두터워서 제와 양 때의 풍격과 같지 않다.(淵淵渾渾, 不類齊梁風格.)

**역주**

1) 武帝 : 남조 양나라 무제(武帝) 소연(蕭衍, 464-549)을 말함. 남란릉(南蘭陵) 무진현(武進縣) 출신으로 자는 숙달(叔達)이다. 제나라에서 수왕(隨王)의 진서자의참군(鎭西諮議參軍)을 맡고 옹주자사(雍州刺史)를 역임한 바 있다. 또 제나라 영명(永明) 연간에는 경릉팔우(竟陵八友)의 한 사람으로 사조 등과 교류하였다. 502년에 제나라 화제(和帝)로부터 선양을 받아 양나라를 세웠다. 문

무에 모두 뛰어나고 불교에도 조예가 깊었다. 48년 제위기간(502-549) 중 전반은 선정을 펼쳤으나 후반에 들어서 불교를 신봉함이 지나쳐 황제 자신이 동태사(同泰寺)에 귀의하는 등 혼란을 야기하였다. 549년 후경(侯景)이 난(亂)을 일으켜 수도 건강(建康)을 포위하자 아사(餓死)했다. 문학에 뛰어나 많은 저서를 남겼으나 소실되고 지금은 명나라 때 편집된 ≪양무제어제집(梁武帝御製集)≫이 있다.

2) 逸民 : 도망간 백성. 세상에서 산수(山水)가 있는 곳으로 도망간 사람으로 은거를 뜻하기도 하고 후에 빼어난 사람, 남다른 사람이란 의미로 쓰임.

3) 如壟生木 2구 : 롱(壟)은 높은 언덕. 이심(異心)은 특이한 마음. 여기서는 나무의 나이테를 말함. 여(如)는 만약으로 보아도 좋고 같다는 뜻으로 보아도 좋다.

4) 殊音 : 색다른 소리. 평지의 새와는 다른 소리를 낸다는 의미.

5) 如江遊魚 2구 : 강(江)은 일반적으로 양자강(揚子江)을 가리키나 여기서는 큰 강의 의미. 부침(浮沉)은 뜨고 가라앉다. 물고기가 자유자재로 뜨고 가라앉는 모양을 말함.

6) 巖巖山高 2구 : 암암(巖巖)은 첩어, 의태어로 험준한 모양. 뒤의 고(高)을 꾸미는 말. 담담(湛湛)은 첩어, 의태어로 깊은 모양. 뒤의 심(深)을 꾸미는 말.

7) 事跡易見 2구 : 사적(事跡)은 일의 흔적. 리상(理相)은 이치의 모습.

8) 압운은 心, 音, 沉, 深, 尋.

**감상**

남조 양나라 무제의 작품이다. 일찍이 경릉팔우의 한 사람이었던 인물답게 뛰어난 솜씨를 보여주고 있다. 모두 10구로 되어 있고 내용에 따라 크게 두 단락으로 나눠 볼 수 있다.

1단락(1-6구)은 모두 제목의 일민(逸民)을 비유한 것이다. 일민은 낮은 곳의 나무와 달리 높은 곳에 자란 나무는 특이한 나이테를 갖는 것과 같고(1-2구), 평지의 새와 달리 깊은 숲의 새가 색다른 소리를 내는 것과 같고(3-4구), 큰물에서 노니는 물고기가 자유로이 뜨고 가라앉음과 같다(5-6구)는 것이다.

2단락(7-10구)의 7-8구는 역시 일민을 높은 산과 깊은 물에 비유하였다. 9구의 일의 흔적(事跡)은 형이하학을 상징한다면 10구의 이치의 모습(理相)은 형이상학을 상징하고 9-10구는 다시 시의 전체와 연결되어 있다.

이처럼 시의 내용이 전체를 아우르고 그 깊고 순박함이 돋보여 ≪고시원≫을 엮은 심덕잠도 지나친 조탁이 가해졌던 제나라와 양나라 때의 풍격과 같지 않다고 높이 평가하였다.

1-2

〈西洲曲(서주곡)〉[1)*]　　〈서주곡〉

| | |
|---|---|
| 憶梅下西洲,<br>억매하서주 | 매화가 생각나서 서주로 내려가니, |
| 折梅寄江北.[2)]<br>절매기강북 | 매화를 꺾어 강북에 보내고자하네. |
| 單衫杏子紅,[3)]<br>단삼행자홍 | 홑적삼은 살구 빛 띤 붉은 색이고, |
| 雙鬢鴉雛色.[4)]<br>쌍빈아추색 | 두 살짝 새끼 까마귀 검은 색이네. |
| 西洲在何處.<br>서주재하처 | 서주는 그 어디에 있는 것인가요? |
| 兩槳橋頭渡.[5)]<br>양장교두도 | 두 개 노로 부교 가에서 건너지요. |
| 日暮伯勞飛,[6)]<br>일모백로비 | 해 저물녘 황혼에 때까치 날고 있고, |
| 風吹烏桕樹.[7)]<br>풍취오구수 | 바람은 오구나무에 불어들고 있지요. |
| 樹下即門前,<br>수하즉문전 | 큰 나무 아래가 바로 대문 앞이거늘, |
| 門中露翠鈿.[8)]<br>문중로취전 | 대문 가운데에 비취 장신구 드러나네. |
| 開門郎不至,<br>개문랑불지 | 대문을 열었으나 임은 오시지 않으니, |
| 出門采紅蓮.<br>출문채홍련 | 대문 나서서 붉은 연꽃을 따러간다네. |
| 采蓮南塘秋,<br>채련남당추 | 가을 남쪽 연못에서 연을 따자니, |
| 蓮花過人頭.<br>연화과인두 | 연꽃이 내 머리를 넘어 가는구나. |
| 低頭弄蓮子,[9)]<br>저두롱련자 | 고개를 숙여 연밥을 희롱하나니, |
| 蓮子青如水.<br>연자청여수 | 저 연밥은 물과 같이 푸르구나. |

置蓮懷袖中, 연밥은 가슴과 소매 중에 두나니,
치련회수중
蓮心徹底紅.[10] 연 속은 처음부터 끝까지 붉다네.
연심철저홍
憶郎郎不至, 낭군을 그리워하나 낭군 오지 않으니,
억랑랑불지
仰首望飛鴻.[11] 고개 들어 나는 기러기를 바라다보네.
앙수망비홍
飛鴻滿西洲, 날아온 기러기는 서주에 가득하거니와,
비홍만서주
望郎上青樓.[12] 낭군 계신 곳 보고자 청루에 오르노라.
망랑상청루
樓高望不見, 망루는 높은들 보아도 보이지 않고,
루고망불견
盡日闌干頭.[13] 난간에 서서 하루를 다하고 마노라.
진일란간두
闌干十二曲,[14] 망루 난간은 열두 구비이거니와,
란간십이곡
垂手明如玉. 늘어뜨린 두 손은 옥처럼 밝다네.
수수명여옥
卷簾天自高, 발 걷으니 하늘은 저절로 높고,
권렴천자고
海水搖空綠. 큰물은 흔들흔들 괜히 푸르다네.
해수요공록
海水夢悠悠,[15] 저 큰물처럼 꿈은 끝이 없거니와,
해수몽유유
君愁我亦愁. 임 수심이요 나 또한 수심 겹다오.
군수아역수
南風知我意, 남풍아 나의 이 마음을 알거들랑,
남풍지아의
吹夢到西洲.[16]** 꿈을 불어서 서주에 오게 해다오.
취몽도서주

**원주**

* 일설에는 진나라 작품으로 되어있다.(一作晉辭.)

** 끊임없이 서로 생겨나, 꽃받침을 연결하고 받아, 자유자재로 다함이 없어서, 감

정과 맛이 더욱 나오고 있다.(續續相生, 連跗接萼, 搖曳無窮, 情味愈出.)

절구 몇 수가 합쳐서 이뤄진 듯하니, 악부시 중에 또 하나의 체제를 만들었다. 초당 때 장약허와 유희이의 칠언고시가 이 시에서 발원했다.(似絶句數首, 攢簇而成, 樂府中又生一體. 初唐張若虛劉希夷七言古,[17] 發源於此.)

**역주**

1) 西洲曲 : ≪악부시집·잡곡가사(樂府詩集·雜曲歌辭)≫의 주(注)에 〈고사(古辭)〉로 되어 있음. 장강(長江) 유역의 민가(民歌)로 문인에 의해 윤색 된 것으로 보임.
2) 憶梅下西洲 2구 : 매(梅)는 매화. 임과 함께 그 계절마다 같이 감상하던 매화를 말함. 서주(西洲)는 화자인 여자가 임과 함께 노닐던 옛 추억의 장소. 강북(江北)은 남조(南朝)시기 전쟁이 빈번한 전방지역 또는 북조(北朝)를 의미하는 말.
3) 杏子紅 : 여기서는 임과 노닐 때 입던 적삼의 색(色)을 설명한 말로 살구 빛이 섞인 붉은 색을 말함.
4) 鴉雛色 : 새끼 까마귀의 검은 색. 윤기 넘치는 검은 색을 설명한 것.
5) 兩槳橋頭渡 : 양장(兩槳)은 두 개의 노. 여기서는 작은 배를 의미. 교(橋)는 선착장에서 배를 접안용으로 만든 배다리인 부교(浮橋), 뜬 다리.
6) 伯勞 : 때까치.
7) 烏桕樹 : 오구 나무, 오구목. 낙엽 교목으로 단풍이 예쁘고 한약재로 쓸모가 많음.
8) 翠鈿 : 취(翠)는 비취 새, 또는 비취옥이나 비취로 만든 자개. 취전(翠鈿)은 비취와 자개로 만든 머리 장신구로 여기서는 장신구를 한 여자를 가리킴.
9) 弄 : 희롱하다, 만지작거리다.
10) 置蓮懷袖中 2구 : 연(蓮)은 연밥. 원래 푸른색이나 따서 말리면 색이 진하게 변함. 회수중(懷袖中)은 가슴과 소매 가운데. 즉 간직한다는 의미. 연심(蓮心)은 연심(憐心)과 해음(諧音)으로 연을 간직한 마음, 사랑하는 마음. 사랑을 상징. 철저(徹底)는 철저하게, 처음부터 끝까지. 일편단심(一片丹心)을 의미.
11) 飛鴻 : 나는 기러기. 한나라의 신하였던 소무(蘇武)와 이릉(李陵)의 고사 가운데 기러기와 관련된 이야기가 있다. 소무가 흉노(匈奴)에 사신으로 갔다가 억류된 지 19년 만에 화친이 되어 한나라가 그를 돌려보낸 것을 요구하였다. 흉노에서 소무가 이미 죽었다고 속이자 한나라 조정에서도 소무가 기러기발에 써 보낸 편지가 한나라 상림원(上林園)에 도착하여 그가 죽지 않음을 안다고 속여 마침내 되돌아오게 하였다고 한다. 기러기발에 부쳤던 편지(雁足之書)라는 말이 여기서 시작되었으며 이후 기러기는 '소식'을 상징하게 됨.
12) 青樓 : 청색으로 칠한 누대. 여주인공의 집을 아름답게 표현한 것.
13) 闌干頭 : 난간. 두(頭)는가 접미사, 압운 때문에 쓰임.
14) 闌干十二曲 : 난간 열두 구비. 상투적 표현으로 신화에 나오는 곤륜산(崑崙山)의 여신 서왕모(西王母)의 누대가 열두 구비로 되어 있다고 함.
15) 悠悠 : 첩어, 의태어로 먼 모양.

16) 南風知我意 2구 : 남풍(南風)은 여기서 훈훈한 바람을 의미. 몽(夢)은 여기서 임의 꿈을 말함. 고대에 꿈은 밤에 혼이 그리운 사람을 찾아가는 것으로 여김.
17) 初唐張若虛 · 劉希夷七言古 : 장약허의 〈춘강화월야(春江花月夜)〉, 유희이의 〈대비백두옹(代悲白頭翁)〉이 대표적인 예이다.
18) 압운은 北, 色에서 處, 渡, 樹로 前, 鈿, 蓮으로 秋, 頭로 子, 水로 中, 紅, 鴻으로 洲, 樓, 頭로 曲, 玉, 綠으로 悠, 愁, 洲로 환운(換韻).

**감상**

이 작품은 ≪악부시집·잡곡가사≫에는 〈고사(古辭)〉로 되어 있고, 심덕잠이 원주에서 말했듯이 일설에는 진나라 때 작품이라고도 한다. 심덕잠은 이 시를 무제의 작품으로 배치하였는데, 아마도 원래 민가였던 것을 무제가 윤색했을 가능성이 있다. 이 시의 특징은 먼저 총 32구를 4구씩 8단락으로 나눠 볼 때 매 4구마다 환운(換韻)을 하고 있으며, 환운 후 첫 구도 압운을 하고 있어 단락이 바뀜을 알려준다. 또 두 번째 원주의 설명처럼 단락의 연결마다 끝말잇기 즉 정진체(頂眞體)로 이어지고 있다. 그 연결을 정리하면 다음과 같다.

| 단락 | 1→2 | 2→3 | 3→4 | 4→5 | 5→6 | 6→7 | 7→8 |
|---|---|---|---|---|---|---|---|
| 연결 | 1구西州<br>↓<br>5구西州 | 8구樹<br>↓<br>9구樹 | 12구采蓮<br>↓<br>13구采蓮 | 16구蓮子<br>↓<br>17구置蓮 | 20구飛鴻<br>↓<br>21구飛鴻 | 24구闌干<br>↓<br>25구闌干 | 26구海水<br>↓<br>27구海水 |

이 시의 화자는 여자이고, 제목의 서주(西州)는 화자인 여자와 임이 함께 노닐던 추억의 장소이다. 8개의 단락으로 나눠 내용을 살펴보면 다음과 같다.

1단락(1-4구)에서 화자인 여인은 임과 함께 감상하던 그 매화가 피는 계절이 되자 매화가 생각나서 추억의 장소 서주로 향한다(1구). 매화를 꺾어 강북의 임께 보내고 싶어서다(2구). 남조시절 강북은 전방 지역이거나 북조 땅을 가리키는 말이니 어떤 의미이건 임은 여인과 멀리 떨어져 있는 상황이다. 또 여인은 임과 함께 만날 적에 입던 모습으로 치장한다(3-4구).

2단락(5-8구)은 서주로 건너갈 때의 경치이다. 두 개의 노로 저어갈 수 있는 작은 배를 타고 서주로 건너갈 때, 해는 저물어 떼 까치 날고 오구 나무에 바람이 분다.

3단락(9-12구)은 서주에 도착한 상황이다. 임과 노닐던 곳의 대문을 열어보나 임의 모습은 보이지 않으니 다시 대문을 나서 붉은 연꽃을 따러 나선다. 3단락은 계절이 여름임을 알려준다.

4단락(13-16구)은 계절이 가을로 변한다. 가을 남쪽 연못의 연꽃은 이미 내 머리를 넘어 자랐고, 따기 전 연밥은 물의 색을 닮아 푸르기만 하다.

5단락(17-20구)은 임을 향한 여인의 마음을 읊었다. 연밥을 간직한 여인의 마음은 일편단심인데, 그리워하는 낭군의 편지를 전해줄까 소망하며 기러기를 바라본다.

6단락(21-24구)은 임을 기다리는 모습이다. 서주에 기러기는 가득 찼으나 임에게

서 소식은 없고, 안타까운 마음에 여인은 높은 망루에 올라 난간에 하루 종일 서서 보이지 않는 임 계신 곳을 향해본다.

7단락(25-28구)은 기다림에 지친 여인의 모습을 보여준다. 아마도 여인은 난간의 열 두 굽이를 돌 때마다 임을 기다리는 마음으로 다녔을 것이다. 이윽고 지친 손을 늘어뜨리고 쉴 때 여인의 눈에는 무심한 하늘과 큰물이 보일 뿐이다.

마지막 8단락(29-32구)은 여인의 소망을 담았다. 임을 생각하는 여인의 꿈은 끝이 없어 수심에 빠진 여인은 남풍에게 임이 자신을 그리워해 꿈에 찾아와주길 소망해 본다.

## 1-3

### 〈擬青青河畔草(의청청하반초)〉[1] 〈'청청하반초'를 본떠〉

| | |
|---|---|
| 幕幕繡戶絲.[2]<br>막막수호사 | 빽빽이 수놓은 방 앞 버들가지 늘어졌네. |
| 悠悠懷昔期.[3]<br>유유회석기 | 한 없이 한 없이 옛날 기약을 품어보네. |
| 昔期久不歸.<br>석기구불귀 | 옛날 기약하셨건만 오래도록 돌아오지 않으시네. |
| 鄉國曠音徽.[4]<br>향국광음휘 | 이 마을에는 당신의 목소리와 얼굴 보이지 않네. |
| 音徽空結遲.[5]<br>음휘공결지 | 음성과 얼굴도 공연히 만남이 늦어지는구나. |
| 半寢覺如至.<br>반침각여지 | 반쯤 잠들었을 때 당신 온 것처럼 느꼈더라. |
| 既寤了無形.[6]<br>기오료무형 | 깨어나 보니 전혀 당신의 모습이 없어라. |
| 與君隔平生.[7]<br>여군격평생 | 그대와는 평소처럼 갈라져 있던 것이라. |
| 月似雲掩光,<br>월사운엄광 | 달님도 구름이 빛을 가리고 있는 듯, |
| 葉似霜摧老.<br>엽사상최로 | 푸른 잎도 서리가 꺾고 늙게 하는 듯. |
| 當途竟自容,<br>당도경자용 | 길 마주하고 끝내 스스로 얼굴 보거늘, |
| 莫肯爲妾道.[8]<br>막긍위첩도 | 나를 위해 기꺼이 말해 줄 이 없는 걸. |

역주

1) 擬青青河畔草 : 의(擬)는 본뜨다, 모방하다. 청청하반초(青青河畔草)는 〈고시19수(古詩十九首)〉의 두 번째 작품(≪고시원≫ 번역본 1권 488쪽 참조).
2) 幕幕繡戶絲 : 막막(幕幕)은 첩어, 의태어로 휘장 따위가 빽빽한 모양. 수호(繡戶)는 수가 놓인 방 앞. 사(絲)는 사(思)와 해음(諧音)으로 그리움을 의미하며 여기서는 〈고시19수〉의 두 번째 시의 시작 부분 "푸르고 푸른 강가의 풀이여, 울울창창한 정원의 버들일세.(青青河畔草, 鬱鬱園中柳.)" 을 떠올려 버들개지를 의미함.
3) 悠悠 : 첩어, 의태어로 아득한 모양.
4) 鄉國曠音徽 : 향국(鄉國)은 마을, 고장. 시인이 현재 있는 장소를 의미. 광(曠)은 비어있다, 휑하다. 여기서는 '임' 이 없다는 의미. 음(音)은 임의 목소리. 휘(徽)는 거문고의 줄을 묶는 발. 다른 판본에 휘(輝)로 되어 있어 빛, 용휘(容輝)로 보아 '임의 얼굴' 을 의미한 것으로 봄.
5) 結遲 : 결(結)은 맺다, 만나다. 지(遲)는 늦어지다.
6) 了無形 : 료(了)는 전혀. 무형(無形)은 모습이 없다.
7) 平生 : ①평소 ②평소의 흥취, 정(情) ③옛 사귐. ④일생(一生) 등 여러 뜻이 있으나, 여기서는 ①의 뜻. 꿈꾸기 이전.
8) 當途竟自容 2구 : 〈음마장성굴행(飮馬長城窟行)〉에 "푸르고 푸른 저 물가의 풀들이여, 끝없이 머나먼 길 생각나게 하네. … 대문 들어서며 저마다 인사하건만, 뉘 기꺼이 내게 위로 말 건네줄까.(青青河邊草, 綿綿思遠道. … 入門各自媚, 誰肯相爲言.)" 라고 하였다(≪고시원≫ 번역본 1권 318쪽 참조). 당도(當途)는 길을 마주하다, 쳐다보다. 첩(妾)은 여기서 나 자신. 도(道)은 언(言)으로 말하다.
9) 絲, 期, 歸, 徽, 遲, 至에서 形, 生으로 다시 老, 道로 환운(換韻).

감상

모두 12구로 되어 있으며 세 단락으로 나뉜다.

1단락(1-4구)은 〈고시19수〉의 버들가지 이미지에서 출발하여 임에 대한 그리움으로 다시 임과의 기약으로 이어지며 돌아온다는 기약과 달리 오지 않는 임에 대한 마음을 그리고 있다.

2단락(5-8구)은 임에 대한 그리움이 지나친 나머지 환각(幻覺)을 보는 여인의 모습이 그려진다. 2단락의 시작은 1단락 마지막 4구의 음휘(音徽)를 다시 받아 끝말잇기 즉 정진체(頂眞體)의 형식을 보여준다. 임이 온 듯 착각에 빠졌던 여인은 잠에서 깨어나자 예전처럼 임과 헤어져있는 현실을 깨닫는다.

마지막 3단락(9-12구)에서 9-10구는 시인의 주관적 느낌으로 달과 잎사귀에 자신의 감정을 이입하고 있는 모습이다. 즉 달도 나처럼 구름이 빛을 가리고 있는 듯하고, 푸른 잎도 나처럼 서리가 꺾고 늙게 하는 것 같다는 말이다. 다른 판본에는 사(似)가 이(以)로 되어 있어 '때문에' 로 번역한다면, '달은 구름 때문에 빛 가리고, 잎은 서리 때문에 늙어간다네.' 로 볼 수도 있다. 마지막 11-12구는 〈음마장성굴행〉의 내용을 가져와 나를 위해 말해 줄 사람이 없으니 내 몸가짐을 스스로 다듬을 수밖에 없다며 스스로 추스르는 여인의 모습을 그리고 있다.

## 1-4
## 〈河中之水歌(하중지수가)〉[1)*] 〈황하의 노래〉

| | |
|---|---|
| 河中之水向東流.<br>하중지수향동류 | 황하의 물이 동을 향해 흐르네. |
| 洛陽女兒名莫愁.[2)]<br>락양녀아명막수 | 낙양 딸자식 이름 막수라 하네. |
| 莫愁十三能織綺,[3)]<br>막수십삼능직기 | 막수는 열 셋 나이에 비단을 짜고, |
| 十四采桑南陌頭.[4)]<br>십사채상남맥두 | 열 넷에 남쪽 길머리 뽕잎을 땄네. |
| 十五嫁爲盧家婦,<br>십오가위로가부 | 열다섯 시집을 가 노씨 부인 되고, |
| 十六生兒字阿侯.<br>십륙생아자아후 | 열여섯 아들 낳으니 이름 아후라네. |
| 盧家蘭室桂爲梁.[5)]<br>로가란실계위량 | 노씨 집은 목란 방에 계수나무 대들보. |
| 中有鬱金蘇合香.[6)]<br>중유울금소합향 | 그 안에는 울금과 소합의 향 두었노라. |
| 頭上金釵十二行.<br>두상금채십이항 | 머리 위에는 금비녀가 열두 줄이로구나. |
| 足下絲履五文章.[7)]<br>족하사리오문장 | 발아래 비단신발 다섯 가지 수 놓였구나. |
| 珊瑚掛鏡爛生光.<br>산호괘경란생광 | 산호에 건 거울은 반짝반짝 빛 발하누나. |
| 平頭奴子擎履箱.[8)]<br>평두노자경리상 | 평두의 노복이 신발 상자를 받드는구나. |
| 人生富貴何所望.[9)]<br>인생부귀하소망 | 인생의 부귀는 바랄 게 무엇이 있던가? |
| 恨不早嫁東家王.[10)]<br>한불조가동가왕 | 한일세 일찍 동쪽 왕씨에 시집 못 감이여. |

**원주**

* 일설에는 진나라 작품으로 되어있다.(一作晉辭.)

**역주**

1) 河中之水歌 : ≪옥대신영(玉臺新詠)≫ 권9와 ≪예문류취(藝文類聚)≫ 권43에는 〈고사(古辭)〉로 되어 있고, ≪악부시집·잡가요사(樂府詩集·雜歌謠辭)≫에는 무제의 작품으로 수록됨.
2) 莫愁 : 이름인 막수. 막(莫)씨 집안에는 막수(莫愁) 등 미인이 많았다고 한다.
3) 綺 : 무늬 있는 비단.
4) 南陌頭 : 남쪽 길가.
5) 盧家蘭室桂爲梁 : 노가(盧家)는 노씨 집안으로 막수(莫愁)의 시댁. 란실(蘭室)은 목란나무로 만든 방. 계위량(桂爲梁)은 계수나무로 만든 대들보.
6) 鬱金蘇合香 : 울금(鬱金)과 소합(蘇合)은 여기서 모두 향의 이름으로 쓰임.
7) 絲履五文章 : 사리(絲履)는 비단 신발. 오문장(五文章)은 다섯 가지로 놓은 수(繡).
8) 平頭奴子擎履箱 : 평두(平頭)는 평평한 머리로 노비의 머리 모양을 말함. 경(擎)은 받들다. 리상(履箱)은 신발이 든 상자.
9) 望 : 바라다, 소망하다.
10) 東家王 : 동쪽에 사는 왕씨 집.
11) 流, 愁, 頭, 侯에서 梁, 香, 行, 章, 光, 箱, 望, 王으로 환운(換韻).

**감상**

이 작품의 작자에 대해 여러 가지 설이 분분하다. 원래 민가를 무제가 윤색했을 가능성이 크다. 모두 14구로 되어 있고, 내용에 따라 세 단락으로 나눌 수 있다.

1단락(1-6구)은 막수(莫愁)의 순조로운 삶을 말한 것이다. 2단락(7-12구)은 매구 압운하면서 막수 시댁의 화려함을 조목조목 잘 보여준다. 마지막 3단락(13-14구)에서 갑자기 생각하지 못한 반전이 나온다. 인생에 부귀를 더 바랄 것이 없다는 막수가 돌연 동쪽 왕씨 집에 시집가지 못한 것이 한스럽다고 한다. 민가다운 반전이다.

## 1-5
## 〈東飛伯勞歌(동비백로가)〉[1)*]

〈동쪽으로 나는 때까치를 노래하다〉

東飛伯勞西飛燕. 동쪽 때까치 날고 서쪽 제비 쌍 나는구나.
동비백로서비연

黃姑織女時相見.[2)] 저 견우와 직녀도 때 되면 서로 만나더라.
황고직녀시상견

誰家兒女對門居. 누구 집 딸자식인가 대문을 마주하고 있네.
수가아녀대문거

開顏發豔照里閭.[3)] 얼굴 펴면 아름다움 발해서 골목을 비추네.
개안발염조리려

南窗北牖掛明光.[4)] 남쪽 북쪽 창에 보름달이 걸린 듯 환하다네.
남창북유괘명광

羅幃綺帳脂粉香. 비단 휘장과 비단 장막에 지분이 향기롭네.
라위기장지분향

女兒年紀十五六. 딸자식의 나이가 열대여섯이라 하는구나.
녀아년기십오륙

窈窕無雙顏如玉. 아리따움 견줄 이 없고 얼굴은 옥 같구나.
요조무쌍안여옥

三春已暮花從風. 석 달 봄 이미 저물어 꽃은 바람을 따라가거늘.
삼춘이모화종풍

空留可憐誰與同?[5)]** 청순가련한 날 괜히 붙잡으니 뉘 나와 함께할까.
공류가련수여동

**원주**

* 일설에는 옛 부터 내려온 작품이라고도 한다.(一作古辭.)

** 얼마나 질펵한가.(何許駘宕.)[6)]

**역주**

1) 東飛伯勞歌 : ≪옥대신영(玉臺新詠)≫ 권9와 ≪예문류취(藝文類聚)≫ 권43, ≪악부시집·잡곡가사(樂府詩集·雜曲歌辭)≫에는 〈고사(古辭)〉로 되어 있고, 다만 ≪문원영화(文苑英華)≫ 권206에 무제의 작품으로 수록됨. 백로(伯勞)는 때까치.
2) 黃姑 : 별자리 이름으로 하고(河鼓)라고도 하며 견우(牽牛)를 말함.
3) 開顏發豔照里閭 : 개안(開顏)은 얼굴을 펴다. 발염(發豔)은 아름다움을 발하다. 리려(里閭)는 마을 골목을 말함.
4) 掛明光 : 밝은 보름달이 걸리다. 여기서 보름달은 여자의 얼굴을 비유한 말.
5) 可憐 : ①가련하다 ②사랑스럽다. 여기서는 두 의미를 모두 포함하여 가련하면서 예쁜 것을 말함. '청순가련' 으로 해석함.
6) 駘宕 : 쌍성, 의태어로 봄이 무르익은 모양. 농염하고 질펀하다는 의미.
7) 압운은 燕, 見에서 居, 閭로 光, 香으로 六, 玉으로 風, 同으로 환운(換韻).

감상

이 작품도 민가를 무제가 윤색한 것으로 보인다. 모두 10구로 세 단락으로 나눠 볼 수 있다

1단락(1-2구)은 흥(興)의 용법으로 시를 시작한다. 쌍으로 나는 떼 까치와 제비를 들어 미물도 짝이 있음을 말하고, 견우와 직녀 고사를 통해 사랑하는 사람과의 만남을 말하고 있다.

2단락(3-6구)은 주인공인 여자의 외면적 묘사가 그려진다. 어여쁜 아가씨가 남쪽 창 북쪽 창에 지분 향기를 풍기며 기웃거리는 얼굴을 보름달로 비유하고 있다.

마지막 3단락(7-10구)에서는 나이가 차고 아리따운 아가씨를 빨리 짝 지워주지 않고 붙잡아 둔다며 직설적인 불만을 표현하고 있다. 시를 선별함에 있어 온유돈후(溫柔敦厚)한 원칙을 가진 심덕잠의 입장에서는 '질펵하다' 라고 낮게 평가할 수 밖에 없을 것이다.

## 1-6
## 〈天安寺疏圃堂(천안사소포당)〉[1] 〈천안사의 소포당에서〉

| | |
|---|---|
| 乘和蕩猶豫,<br>승화탕유예 | 온화한 기운 타고 빈둥빈둥 머뭇대다, |
| 此焉聊止息.[2]<br>차언료지식 | 여기에서 애오라지 멈춰서 쉬고 있네. |
| 連山去無限,<br>련산거무한 | 연이은 산들은 가는 것이 끝이 없고, |
| 長洲望不極.<br>장주망불극 | 긴 모래섬은 바라보아도 다함이 없네. |
| 參差照光彩,<br>참차조광채 | 들쑥날쑥하게 봄날 빛이 비추거니와, |
| 左右皆春色.<br>좌우개춘색 | 왼쪽 오른쪽 모두 봄날 빛이로구나. |
| 晻曖矚遊絲,[3]<br>암애촉유사 | 뿌옇게 아지랑이를 바라보거니와, |
| 出沒看飛翼.<br>출몰간비익 | 들락날락하는 새들을 보고 있노라. |
| 其樂信難忘,<br>기악신난망 | 그 즐거움은 진실로 잊기 어려우니, |
| 倏然甯有適.[4]<br>유연녕유적 | 훌쩍할 뿐 어찌 딱히 갈 곳 있으랴. |

**역주**

1) 天安寺疏圃堂 : 천안사(天安寺)는 금릉(金陵)의 절 이름. 소포(疏圃)는 채전(菜田) 밭.
2) 乘和蕩猶豫 2구 : 화(和)는 화기(和氣)로 온화한 기운, 봄의 기운을 말함. 또는 ≪노자≫ 42장에 부딪치는 기(음과 양)로써 조화를 삼는다는 "충기이위화(沖氣以爲和)"의 뜻을 말한 것으로도 보임. 탕(蕩)은 물이 출렁이는 모양, 물이 정처 없이 흐르는 모양, 자유로운 모양. '빈둥빈둥'으로 해석함. 유예(猶豫)는 쌍성, 의태어로 머뭇거리는 모양, 주저하고 방황하는 모양. 차(此)는 여기. 제목의 소포당을 말함. 언(焉)은 어조사, 료(聊)는 애오라지, 그럭저럭.
3) 晻曖矚遊絲 2구 : 암애(晻曖)는 쌍성, 의태어로 어두운 모양, 뿌연 모양. 유사(遊絲)는 아지랑이, 꽃가루 등 봄날 공중에 떠다니는 부유물 종류를 총칭함. 출몰(出沒)은 여기서 새들이 들락날락대는 모습을 비유한 말. 비익(飛翼)은 여기서 새를 비유.
4) 其樂信難忘 2구 : 기(其)는 여기서 7구의 유사(遊絲)와 8구의 비익(飛翼)을 가리킴. 유연(翛然)은 유연하다. ≪장자·대종사(大宗師)≫에 "옛날의 진인은, 태어난 것을 기뻐할 줄도 죽은 것을 미워할 줄도 모른다. 훌쩍 가고, 훌쩍 오는 것일 뿐이다."라고 하였다. 녕유적(甯有適)은 녕유소적(甯有所適)으로 어찌 갈 곳이 있겠는가. 적(適)은 다른 판본에 극(極)으로도 되어 있어 '어찌 끝이 있으랴'로 해석될 수 있음.
5) 압운은 息, 極, 色, 翼, 適으로 모두 입성(入聲).

**감상**

1-2구는 제목을 설명한 파제(破題)로 온화한 봄 날 가고 싶은 곳이 많아 머뭇대다가 소포당을 보고 멈추게 된 과정을 설명하고 있다. 3-4구는 거시적 관점으로 원경(遠景), 먼 경치를 설명한 것으로 연이은 산맥, 산봉우리들과 긴 모래섬을 말한다. 5-6구는 미시적 관점으로 근경(近景)을 설명한 것으로 봄빛을 말한 것이다. 3-6구가 객관적인 경치였다면 7-8구에서 시인은 자신의 마음을 담아 정경교융(情景交融)을 이뤄낸다. ≪노자≫ 50장에 "이 세상에 나옴이 출생이요, 들어감이 죽음이다.(出生入死.)"라고 말한 것처럼 7구의 유사(遊絲)와 8구의 비익(飛翼)은 모두 생사(生死)를 넘나들며 자유로울 뿐이다. 9구의 그 즐거움이란 역시 7구의 유사(遊絲)와 8구의 비익(飛翼)을 가리키고, 10구에서는 ≪장자·대종사≫의 표현처럼 그들이 훌쩍 오갈 뿐이라고 설명한다.

1-7

〈藉田(자전)〉[1]　　〈자전〉

| | |
|---|---|
| 寅賓始出日,<br>인빈시출일 | 막 떠오르는 태양을 공손하게 맞이하여, |
| 律中方星鳥.[2)]<br>율중방성조 | 봄철 복판 바야흐로 별자리는 '조'라네. |
| 千畝土膏紫,<br>천묘토고자 | 천 묘 땅의 거름기는 자주빛깔이거니와, |
| 萬頃陂色縹.[3)]<br>만경피색표 | 만 이랑의 저수지 물색은 담청색이라네. |
| 嚴駕佇霞昕,<br>엄가저하흔 | 수레를 준비시켜 새벽노을 아래 서 있고, |
| 浥露逗光曉.[4)]<br>읍로두광효 | 이슬에 적시며 새벽 빛 아래 서 있노라. |
| 啟行天猶暗,<br>계행천유암 | 출발할 때 하늘은 아직 어두웠거니와, |
| 伐鼓地未悄.[5)]<br>벌고지미초 | 북소리에 땅은 아직도 울리고 있구나. |
| 蒼龍發蟠蜿,<br>창룡발반완 | 청룡 깃발은 꿈틀꿈틀 펄럭이거니와, |
| 青旂引窈窕.[6)]<br>청기인요조 | 푸른 깃발은 어여쁘게 끌려오고 있네. |
| 仁化洽孩蟲,<br>인화흡해충 | 인자한 교화 아기 동물까지 두루 미치고, |
| 德令禁胎夭.[7)]<br>덕령금태요 | 덕스런 명령은 태 속 살생 금지하였다네. |
| 耕藉乘月映,<br>경자승월영 | 달 비칠 때까지 밭 갈아 골랐거니와, |
| 遺滯指秋杪.[8)]<br>유체지추초 | 늦가을 가리키며 이삭 남겨두는구나. |
| 年豐廉讓多,<br>년풍렴양다 | 한 해 농사 풍성하면 청렴 양보 많아지며, |
| 歲薄禮節少.[9)]<br>세박례절소 | 한 해 농사 변변치 않으면 예절 줄어들더라. |

| | |
|---|---|
| 公卿秉耒耜,<br>공경병뢰사 | 대신들 쟁기와 보습을 손에 들고, |
| 庶甿荷鋤耰.[10)*]<br>서맹하서우 | 백성들 호미와 가래 들쳐 멘다네. |
| 一人慚百王,<br>일인참백왕 | 한 사람이 모든 제후들 부끄럽게 하니, |
| 三推先億兆.[11)**]<br>삼추선억조 | 세 번 밀어 억조창생에 앞장을 서시네. |

**원주**

* 요와 같다.(同擾.)

** 전아하고 엄중하며 엄숙하고 공경스럽다. 능히 제목과 더불어 어울린다.(典重肅穆, 能與題稱.)

**역주**

1) 藉田 : 천자가 상징적으로 직접 농사를 짓는 밭.
2) 寅賓始出日 2구 : ≪상서·요전(尙書·堯典)≫에 "해가 떠오름을 공손히 맞이하다.(寅賓出日)"라고 하였다. 인(寅)은 근엄하다, 공손하다. 빈(賓)은 손님, 손님을 맞이하다. 율중(律中)은 절기 중 봄철의 가운데. 춘분(春分)을 말함. 옛 사람들이 원래 음악용어인 율(律)을 력(曆)에 결합, 계절과 대응시켜 여기서 율(律)은 계절, 절기를 의미. 다른 판본에는 률중(律中)을 일중(日中), 태양의 한 가운데로 되어있음. ≪상서·요전(尙書·堯典)≫에 "해가 가운데 오고 별자리가 조(鳥)일 때, 가지고서 중춘으로 바로 잡는다."라고 하여 이 때를 가지고 중춘의 가운데로 삼았다고 함.
3) 千畝土膏紫 2구 : 무(畝) 논밭 넓이의 단위. 고(膏)는 앞의 땅(土)를 설명한 것으로 여기서는 '거름'을 의미. 자(紫)는 자주색으로 천자, 상서로움을 상징함. 경(頃)은 밭 넓이 단위, 이랑. 피(陂)는 저수지. 표(縹)는 옥색, 담청색.
4) 嚴駕佇霞昕 2구 : 엄가(嚴駕)는 수레를 준비하다, 단속하다. 저(佇)는 서 있다, 기다리다. 하흔(霞昕)은 동녘이 밝아오는 상태로 새벽노을. 읍로(浥露)는 이슬을 적시다. 여기서는 수행원들이 이슬을 맞는 모습. 두(逗)는 앞 구의 저(佇)와 같이 서 있다. 광효(光曉)는 새벽빛.
5) 啓行天猶暗 2구 : 계행(啓行)은 행차를 열다, 출발하다. 벌고(伐鼓)는 북을 치다, 북소리.
6) 蒼龍發蟠蜿 2구 : 창룡(蒼龍)과 청기(靑旂)는 모두 깃발의 종류로 창(蒼)과 청(靑)은 봄을 상징하는 푸른 빛을 말하고 룡(龍)은 농사에 필요한 구름과 비의 조화를 관장하는 상서로운 동물로 여김. 반완(蟠蜿)은 첩운, 의태어로 용이 똬리 튼 모양. 요조(窈窕)는 첩운, 의태어로 예쁜 모양.

7) 仁化洽孩蟲 2구 : 흡(洽)은 두루 미치다. 해충(孩蟲)은 동물들의 새끼를 말함. 태요(胎夭)는 어미가 낳지 못하고 태안에서 죽는 것.
8) 耕藉乘月映 2구 : 경(耕)은 밭을 갈다. 자(藉)는 밟다, 깔다. 흙을 평평하게 하는 것을 말함. 유체(遺滯)는 버리고 남겨두다. 작은 동물들이 먹도록 수확물을 남겨두는 것을 말함. 추초(秋杪)는 가을 끝, 늦가을.
9) 年豐廉讓多 2구 : 년(年)과 세(歲)는 1년 농사, 한 해의 농사를 말함. 렴(廉)은 청렴하다. 양(讓)은 양보하다. 박(薄)은 변변하지 못하다.
10) 公卿秉耒耜 2구 : 뢰(耒)는 쟁기. 사(耜)는 보습. 서맹(庶甿)은 백성들. 하(荷)는 들쳐 메다. 서우(鉏耰)는 호미와 가래.
11) 一人慚百王 2구 : ≪예기·월령(禮記·月令)≫에 "삼공(三公) 구경(九卿) 제후(諸侯) 대부(大夫)를 이끌고 천자의 자전에서 몸소 밭을 간다. 천자는 세 번 밀고, 삼공은 다섯 번 밀고, 경과 제후는 아홉 번을 민다."라고 하였다. 일인(一人)은 천자를 말함. 선(先)은 솔선수범을 보이다. 억조(億兆)는 억조창생(億兆蒼生), 모든 백성들.
12) 압운은 鳥, 縹, 曉, 悄, 窕, 夭, 杪, 少, 耰(요), 兆.

**감상**

이 시는 양나라 무제의 작품으로 알려져 있으며, 천자가 직접 농사를 짓는 시범을 보이는 것을 칭송하고 있다. 남조 시기 말엽으로 갈수록 시가 정형화되어지는데 이 시는 4구씩 5단락의 구성 가운데 매 단락이 절구(絶句)에 가까워진 것을 볼 수 있고, 천자를 칭송하는 내용의 특징상 장중한 표현들이 많이 보인다.

1단락(1-4구)에서 1-2구는 자전을 가꾸는 때가 춘분(春分)의 아침이라는 시간을 말한 것이다. 3-4구는 공간을 설명한 것으로 자전이 있는 땅과 저수지를 말하고 있다. 이처럼 1단락은 시간과 공간 즉 우주(宇宙)의 개념을 담았다.

2단락(5-8구)은 1구 즉 천자가 농사일을 시작하는 때를 다시 설명한 것으로 새벽에 출발하는 모습이다. 동트는 새벽 수레를 준비시키고, 수행원들은 이슬을 맞으며 새벽빛 아래 서 있는 때는 하늘이 아직 어둡고 북소리만 땅을 울리는 고요한 시간이다.

3단락(9-12구)은 2구에서 말한 춘분이란 계절과 조(鳥)라는 별자리를 다시 설명한 것으로 지금이 만물을 생장시키는 계절 봄이라는 것을 다시 말하고 있다. 9-10구의 푸른빛의 깃발들은 모두 봄을 상징하는 색이다. 11-12구는 천자의 덕정(德政)이 미물에까지 미치고 있음을 말한 것으로 이 상징이 바로 9-10구에서 말한 깃발이기에 3단락은 전체가 연결되고 있다.

4단락(13-16구)는 풍년을 기원하는 내용이다. 13-14구는 부지런히 농사를 짓되 가을 수확 때는 작은 동물들이 먹을 것은 남겨두는 아량을 베풀 것을 말한다. 또한 곡간이 넉넉해야 백성들이 예절을 중시하는 법이다(15구).

마지막 5단락(17-20구)은 천자의 솔선수범으로 백성과 신하들의 본이 됨을 칭송하고 있다.

## 2. 簡文帝[1)*]

### 2-1

〈折楊柳(절양류)〉[2)] 〈버들가지를 꺾으며〉

| | |
|---|---|
| 楊柳亂成絲,<br>양류란성사 | 버들가지가 어지럽게 실을 이루니, |
| 攀折上春時.[3)]<br>반절상춘시 | 상춘 때에 붙잡아 가지를 꺾는다네. |
| 葉密鳥飛礙,<br>엽밀조비애 | 잎이 우거지면 새 날기 어렵거니와, |
| 風輕花落遲.[4)]<br>풍경화락지 | 바람 가벼우니 꽃 떨어짐이 더디네. |
| 城高短簫發,[5)]<br>성고단소발 | 성은 높은데 단소 소리가 울려나고, |
| 林空畫角悲.[6)]<br>림공화각비 | 숲은 텅 비었는데 화각소리 슬프네. |
| 曲中無別意,<br>곡중무별의 | 노래 안에 별다른 뜻은 없나니, |
| 併是爲相思.[7)**]<br>병시위상사 | 다 싸잡아 그것은 그리움이네. |

원주

* 시가 소씨 양나라에 이르러서는, 임금과 신하 위아래가 오로지 염정을 가지고 즐길 것으로 삼을 뿐이어서, 온유돈후한 시교의 뜻을 잃어버리니, 한위의 남긴 자취가 깨끗하게 사라져 버렸다. 그러므로 뽑은 바를 따라서 간략히 하였다.(詩至蕭梁, 君臣上下, 惟以豔情爲娛, 失溫柔敦厚之旨, 漢魏遺軌, 蕩然掃地矣, 故所選從略.)

** '풍경화락지' 다섯 글자는 빼어나고 절묘하다.(風輕花落遲, 五字雋絶.)

역주

1) 簡文帝 : 남조 양나라의 제2대 황제 소강(蕭綱)을 말함. 자는 세찬(世讚)이다. 양나라의 초대 황제 무제(武帝)의 3남으로 태어나 진안왕(晋安王)으로 봉해졌다가 531년에 황태자 소통(蕭統)과 둘째 형 소종(蕭綜)이 죽자 태자로 봉해졌다. 549년 후경(侯景)이 반란을 일으켜 수도 건강(建康)이 함락되고 아버지 무제가 죽은 후 후경에 의해 옹립되어 제위에 올랐다. 그러나 반란에 의지해 오른 황위를

다른 황손들이 반대하자 551년 후경에 의해 폐위되고 두 달 뒤 살해되었다. 어려서부터 뛰어난 문재(文才)를 지녔던 것으로 알려졌다.

2) 折楊柳 : ≪악부시집·횡취곡사(樂府詩集·橫吹曲辭)≫에 속함. 시의 원래 제목은 〈화상동왕횡취곡(和湘東王橫吹曲)〉으로 상동왕(湘東王)은 훗날 양나라의 4대 황제에 오른 원제(元帝) 소역(蕭繹)을 말함. 양류(楊柳)는 버들가지로 이별과 관련되어 자주 쓰이는 제재이다.

3) 上春 : 초봄.

4) 遲 : 느리다, 더디다.

5) 短簫 : 단소. 여기서는 단소의 연주 소리.

6) 畫角 : 관악기의 일종으로 슬프고 높은 음색을 냄.

7) 曲中無別意 2구 : 별의(別意)는 별도의 뜻. 병(倂)은 아울러.

8) 압운은 絲, 時, 遲, 悲, 思.

**감상**

남북조시대 말기로 가면서 중국의 시가는 점차 정형화 되어간다. 이 시는 모두 8구로 되어 있는데, 훗날의 율시처럼 기승전결의 전개를 보여주고 있다.

1-2구는 기(起)에 해당하는 것으로 봄날 상춘 때에 버들가지를 꺾는 모습이다. 3-4구는 앞 2구에 이어지는 승(承)에 해당한다. 가지를 꺾는 이유는 첫째 새가 날기 쉽게 하기 위함이요, 둘째는 바람이 약해도 꽃잎이 잘 날리도록 하기 위함임을 밝힌다. 5-6구는 내용이 바뀌는 전(轉)에 해당한다. 시인은 갑자기 단소 소리와 화각 소리를 이야기한다. 마지막 7-8구는 결론인 결(結)이다. 악기 소리를 듣자니, 별다른 뜻이 있는 게 아니고 모두 그리움을 표출하고 있다.

어려서부터 문재가 뛰어났던 소강이었지만, ≪고시원≫에서 심덕잠은 많은 작품을 뽑지 않았다고 원주에서 설명하고 있다. 이 시의 경우엔 시의 제목은 악부시에서 가져왔으나 고시답지 않고 훗날 근체시같은 느낌을 주어 고시의 자유분방한 성격을 벗어났다고 평가한 듯싶다. 또 원주의 설명처럼 염정에 관한 내용이 너무 많았던 것도 선택의 폭을 좁게 만든 이유가 되었을 것이다.

## 2-2

## 〈臨高臺(임고대)〉[1]　〈높은 고대에서 내려다 보다〉

| | |
|---|---|
| 高臺半行雲,<br>고대반행운 | 높은 누대 반쯤에 구름 지나가게 하니, |
| 望望高不極.[2]<br>망망고불극 | 보고 보아도 그 높이 다할 수 없구나. |

草樹無參差,[3] 　　풀과 나무들 들쭉날쭉하지 않거니와,
초수무참차
山河同一色. 　　산과 물은 한 가지의 색으로 같다네.
산하동일색
彷彿洛陽道, 　　어렴풋하여라 저 낙양의 길이여,
방불락양도
道遠難別識.[4] 　　길이 멀어서 알아보기 어렵구나.
도원난별식
玉階故情人,[5] 　　옥돌 섬돌에는 오랜 정겨운 그대여,
옥계고정인
情來共相憶.* 　　정이 밀려오면 함께 생각하시려나.
정래공상억

**원주**

* '산하동일색'은 저절로 높은 데에 올라 먼 곳을 바라다보는 정신과 이치이다. 두보의 〈동제공등자은사탑(同諸公登慈恩寺塔)〉에 "굽어보니 단지 하나의 기운이니, 황주를 어찌 구분할 수 있으랴."라고 하였다. 웅장함이 여러 배 넘는 것을 느낀다.(山河同一色, 自是登高遠望神理. 少陵〈登塔〉云: 俯視但一氣, 焉能辨皇州. 更覺雄跨數倍.)

**역주**

1) 臨高臺 : ≪악부시집·고취곡사(樂府詩集·鼓吹曲辭)≫ 〈한요가18수(漢鐃歌十八首)〉의 제16수에 속함. 이 시는 악부시를 본뜬 작품으로 ≪옥대신영(玉臺新詠)≫ 권7에는 양나라 무제(武帝)의 작품으로, ≪악부시집·고취곡사(樂府詩集·鼓吹曲辭)≫과 ≪문원영화(文苑英華)≫에는 간문제(簡文帝)의 작품으로 기록됨.
2) 不極 : 다하지 못하다, 끝이 없다.
3) 參差 : 쌍성, 의태어로 가지런하지 않는 모양.
4) 彷彿洛陽道 2구 : 방불(彷彿)은 쌍성, 의태어로 어렴풋한 모양. 낙양(洛陽)은 남조 시대에 전방 지역에 해당. 별식(別識)은 식별하다.
5) 玉階故情人 : 옥계(玉階)는 옥돌 섬돌. 남편이 있는 곳을 미화한 것. 고정인(故情人)은 오랜 정겨운 그대. 남편을 가리킴.
6) 압운은 極, 色, 識, 憶으로 모두 입성(入聲).

**감상**

남북조 말기 중국의 시가가 점차 정형화 되어감에 따라 이 시도 훗날의 율시처럼 기승전결의 전개를 보여주고 있다. 1-2구는 기(起)에 해당하며 제목의 고대(高臺)을 설명하고 있다. 1구는 누대가 너무 높아 마치 구름으로 하여금 허리춤으로 지나가게

한다고 표현하고 있다. 3-4구는 승(承)으로 제목의 임(臨)을 설명한 것이다. 높은 곳에서 내려다보니 풀과 나무, 산과 물의 풍경이 차이가 나지 않는 모습이다. 역시 높음을 부각하고 있다. 5-6구는 전(轉)에 해당하는 것으로 시의 내용이 급변한다. 화자가 바라보는 전방 지역 낙양은 길이 너무 멀어 어렴풋하기만 하다. 마지막 7-8구는 결(結)에 해당하는 시의 맺음이다. 화자인 여인이 높은 누대에 올라 그토록 보고자 했던 정겨운 그대, 남편에게 하는 말이다. '당신도 내가 그리워 정이 밀려오면, 당신도 제 생각을 하시는지요?'

## 2-3

### 〈納涼(납량)〉 〈서늘함을 받아들이며〉

| | |
|---|---|
| 斜日晩駸駸,[1]<br>사일만침침 | 기운 해는 늦어지며 내달리나니, |
| 池塘生半陰.<br>지당생반음 | 연못에는 반쯤 그늘이 생겨나네. |
| 避暑高梧側,<br>피서고오측 | 높은 오동나무 곁에서 더위를 피하니, |
| 輕風時入襟.<br>경풍시입금 | 가벼운 바람 때로 옷깃으로 들어오네. |
| 落花還就影,<br>락화환취영 | 떨어진 꽃은 다시 그림자로 다가가고, |
| 驚蟬乍失林.[2]<br>경선사실림 | 놀란 매미는 문득 숲에서 사라지는구나. |
| 遊魚吹水沫,<br>유어취수말 | 물 속 노니는 물고기는 물거품을 불고, |
| 神蔡上荷心.[3]<br>신채상하심 | 신비한 거북은 연잎 가운데 올랐구나. |
| 翠竹垂秋采,<br>취죽수추채 | 비취빛 대나무는 가을빛을 드리우고, |
| 丹棗映疎砧.[4]<br>단조영소침 | 붉은 대추나무 성긴 다듬잇돌 비추네. |
| 無勞夜遊曲,<br>무로야유곡 | 밤놀이 노래를 힘써서 부르지 마세, |
| 寄此托微吟.[5]<br>기차탁미음 | 여기에다 나의 읊조림을 실어보세. |

**역주**

1) 晩駸駸 : 만(晩)은 여기서 시간이 늦어진다는 의미. 침침(駸駸)은 첩어, 의태어로 빨리 달리는 모양.
2) 落花還就影 2구 : 환(還)은 6구의 사(乍)와 대구를 이뤄 부사로 '다시, 또'의 의미. 사(乍)는 갑자기. 실림(失林)은 숲에서 사라지다.
3) 神蔡 : 신(神)은 신비하다. 채(蔡)는 점을 칠 때 쓰이는 거북.
4) 踈砧 : 소(踈)는 성기다. 침(砧)은 다듬잇돌. 여기서는 다듬이 치는 소리를 의미.
5) 無勞夜遊曲 2구 : 로(勞)는 힘써하다. 야유곡(夜遊曲)은 밤놀이의 노래. 차(此)는 여기. 10구의 침(砧) 즉 다듬이 치는 소리를 가리킴. 미음(微吟)은 여기서 이 시 전체를 가리킴.
6) 압운은 陰, 襟, 林, 心, 砧, 吟.

**감상**

이 시는 늦여름에서 가을로 접어들며 변화하는 계절의 모습과 시인의 감흥을 담은 노래이다. 시는 모두 12구로 되어 있으며 3개의 단락으로 나눠 볼 수 있다.

1단락(1-4구)은 제목을 다시 설명하는 파제(破題)부분으로 저물녘 그늘에 앉아 시원한 바람을 쐬는 모습을 그리고 있다.

2단락(5-10구)은 시인의 눈에 보이는 주위의 경관을 묘사하고 있다. 나무에서 떨어진 꽃은 다시 나무의 그늘로 모여들고 찬바람에 어느새 매미는 자취를 감췄다(5-6구). 연못에는 노니는 물고기와 연잎 위로 오르는 거북의 모습이 보이고, 가을빛 드리운 대나무와 다듬이질 하는 다듬잇돌을 비추는 대추나무도 보인다(7-8구).

3단락(11-12구)은 결론으로 시인의 흥취를 담았다. 여기 이 다듬이질 소리에 자신의 시를 실어보고자하는 시인은 다른 밤놀이 노래는 필요치 않다고 말한다.

## 3. 元帝[1)]

### 3-1

### 〈詠陽雲樓簷柳(영양운루첨류)〉[2)]

〈양운루 처마의 버들을 읊다〉

楊柳非花樹, 버드나무는 꽃피는 나무가 아니거늘,
양류비화수

依樓自覺春. 누대에 기대어 스스로 봄을 느낀다네.
의루자각춘

枝邊通粉色, 가지 주위엔 분바른 여인이 관통하고,
지변통분색

葉裡映紅巾.[3)] 잎 사이에는 붉은 수건 비추고 있네.
엽리영홍건

帶日交簾影, 해를 거느리고 발 그림자 교차시키며,
대일교렴영

因吹掃席塵.[4)] 바람 따라 자리 먼지 쓸어 주는구나.
인취소석진

拂簷應有意, 처마를 스치는 것은 응당 뜻이 있을 터,
불첨응유의

偏宜桃李人.[5)*] 의외로 도리화 같은 여인과 어울리누나.
편의도리인

**원주**

* 버들을 읊은 경우, 당나라 시인의 아름다운 구가 대단히 많다. 그러나 양나라 원제의 앞 두 구가 천연의 운치를 갖고 있는 것만 못하다.(詠楊柳者, 唐人佳句甚多, 然不如梁元二語, 有天然之致.)
(양원제의 시 가운데에) "떨어진 별은 먼 수자리에 의지해있고, 비낀 달은 평평한 숲 반으로 가르네." 두 구는 맑고 원대하여 풍치가 있어 여기에 가져다 실었다.(落星依遠戍, 斜月半平林. 二語澹遠可風, 摘錄於此.)

**역주**

1) 元帝 : 남조 양나라 제4대 황제 소역(蕭繹)을 말함. 자는 세성(世誠)이고 무제(武帝)의 7남으로 태어나 514년 상동왕(湘東王)에 봉해졌다. 552년 왕승변(王僧辯)으로 하여금 난을 일으킨 후경(侯景)을 평정하게 하고, 강릉(江陵)에서 황제에 즉위했다. 그러나 후경의 난으로 국력이 약해진 양나라는 554년 서위(西魏)의

공격을 받게 되고 원제도 살해된다. 어려서부터 책을 좋아해 눈병으로 한쪽 눈을 잃고도 책 읽기를 그만두지 않았고, 황로사상을 숭상해 서위 군대에 포위되었을 때도 태평하게 갑옷을 입은 신하들과 ≪노자≫를 강독했다고 한다. 또 책 수집하길 좋아해 14만 권을 모았으나 서위가 쳐들어왔을 때 스스로 불살라 없앴다. 문집은 ≪금루자(金樓子)≫와 ≪양원제집(梁元帝集)≫만 전한다.

2) 詠陽雲樓簷柳 : 양운루(陽雲樓)는 전국 시대 초나라 시인 송옥(宋玉)의 〈고당부(高唐賦)〉에 실린 초왕과 무산(巫山) 신녀(神女)의 연애 이야기에서 나온 양대(陽臺), 운우지정(雲雨之情)과 연결됨. 첨류(簷柳)는 처마의 버들.
3) 枝邊通粉色 2구 : 통(通)은 관통하다. 가지 주위로 여자 얼굴이 보인다는 의미. 분색(粉色)은 분을 바른 여인의 얼굴을 말함. 홍건(紅巾)은 여인이 들고 있는 붉은 수건을 말함.
4) 帶日交簾影 2구 : 대(帶)는 거느리다. 교(交)는 교차시키다. 렴영(簾影)은 발의 그림자. 인(因)은 인하여, ~따라서. 취(吹)는 바람이 불다.
5) 偏宜桃李人 : 편(偏)은 의외로. 의(宜)는 잘 어울리다. 도리인(桃李人)은 복사꽃과 자두꽃 같은 그녀를 의미.
6) 압운은 春, 巾, 塵, 人.

## 감상

이 시 역시 율시에 근접한 면모를 보여준다. 첫째 기승전결의 전개를 보여주고 있고, 둘째 2구 씩 수련(首聯), 함련(頷聯), 경련(頸聯), 미련(尾聯)으로 나누어 보면 함련과 경련이 대구를 이루고 있기 때문이다.

1-2구는 제목을 설명한 파제(破題)로 기(起)에 해당하며 버드나무에 대한 객관적 묘사를 하고 있다. 버드나무가 꽃나무도 아닌 것이 춘정을 느끼고 있다는 이 두 구를 가지고 심덕잠은 원주에서 그 자연스런 묘사를 칭송하였다.

3-4구는 승(承)부분으로 1-2구에 이어 버드나무에 대한 객관적 묘사가 이어진다. 버들가지 사이로 보이는 분을 바른 여인의 얼굴과 버들잎에 비추는 여인의 붉은 수건을 묘사함이 아름답다.

5-6구는 전(轉)에 해당하는 부분으로 버들가지를 의인화한 주관적 묘사로 바뀌고 있다. 나무에 의해 비춰지는 햇살과 드리워지는 그림자의 모습을 마치 버드나무가 해를 거느리고 그림자를 교차시킨다고 말하고, 바람을 따라 버드나무가 그 가지를 흔들리며 여인의 자리를 쓸어준다고 말한다.

마지막 7-8구는 결론(結) 부분이다. 마지막 8구에서 버들가지가 의외로 여인과 어울린다고 말한 것은 1구에서 이야기했듯 그것이 꽃나무가 아니기 때문이다. 그렇다면 여인과 잘 어울리는 것, 버들이란 결국 이 시를 지은 남자를 말하는 것인가 보다.

이 시의 작자 소역이 554년 죽은 후, 3년 만인 557년 양나라는 멸망하고 만다. 그 사이 두 명의 허수아비 황제가 있었으나 원제는 실질적으로 양나라의 마지막 황제라 할 수 있다. 서위(西魏) 군대에 수도가 포위되고 궁궐이 함락되기 직전까지 태평하게 신하들과 시부를 읊던 황제. 작품이 아무리 아름다울지라도 직분을 잊고 망국에 이르게 한 사람의 염정시이기에 그 감흥이 사치스럽게 느껴진다.

### 3-2
### 〈折楊柳(절양류)〉[1] 〈버들을 꺾다〉

| | |
|---|---|
| 巫山巫峽長,[2]<br>무산무협장 | 무산의 무협은 길기도 하거니와, |
| 垂柳復垂楊.<br>수류부수양 | 드리운 버들 또 드리운 버들가지. |
| 同心且同折,<br>동심차동절 | 한 마음으로 또 함께 꺾었나니, |
| 故人懷故鄉.<br>고인회고향 | 옛 사람 옛 고장 그리워함이라. |
| 山似蓮花豔,<br>산사련화염 | 산은 마치 연꽃처럼 어여쁘고, |
| 流如明月光.<br>류여명월광 | 흐르는 물은 밝은 달빛 같아라. |
| 寒夜猿聲徹,<br>한야원성철 | 차가운 밤을 차가운 밤 연이으니, |
| 遊子淚沾裳.[3]<br>유자루첨상 | 나그네 눈물이 치마를 적시는구나. |

**원주**

* 앞 작품과 이어서, 이런 식의 음절은, 결국 오언근체시이다. 고시의 멸망은 제량 사이에 없어졌다. 당나라의 진자앙이 넓히고 맑게 했다. 산문은 한유를 얻었고, 시는 진자앙을 얻었으니, 그것을 되돌린 공적이 적지 않다.(連上篇, 此種音節, 竟是五言近體矣. 古詩之亡, 亡於齊梁之間, 唐陳射洪起而廓淸之.[4] 文得昌黎,[5] 詩得射洪, 挽回之功不小.)

**역주**

1) 折楊柳 : ≪악부시집·횡취곡사(樂府詩集·橫取曲辭)≫에 속함.
2) 巫山巫峽長 2구 : 무산무협(巫山巫峽)은 무산의 무협. 전국 시대 초나라 시인 송옥(宋玉)의 〈고당부(高唐賦)〉에 나오는 초왕과 무산(巫山) 신녀(神女)의 연애 이야기와 연결됨. 류(柳)와 양(楊)은 버들의 종류.
3) 寒夜猿聲徹 2구 : 원성(猿聲)은 원숭이 소리. 중국 시에서 원숭이 소리는 '슬프

다' 는 감성과 ≪세설신어·출면편(世說新語·黜免篇)≫에 나오는 단장(斷腸) 고사로 연결된다(≪고시원≫ 번역본 2권 677쪽 참조). 상(裳)은 치마. 고대에는 남자도 치마를 착용함.

4) 陳射洪 : 당나라 시인 진자앙(陳子昂)을 말함. 당나라 재주(梓州) 사홍(射洪) 사람으로 자는 백옥(伯玉)이다. 시가의 복고(復古)를 주장하여 육조(六朝) 시대의 형식을 중시한 화려한 시풍을 반대하고, 한위(漢魏) 시대의 시풍을 추구하였다.
5) 昌黎 : 당나라 문인 한유(韓愈)를 말함. 자는 퇴지(退之)이고, 선조가 창려(昌黎) 출신이라 한창려(韓昌黎)라고도 한다. 문장에 있어서는 유종원(柳宗元)과 함께 고문운동을 주도하여, 변려문(騈儷文)에서 벗어나 산구(散句) 형식의 고문 체재를 따랐다.
6) 압운은 長, 楊, 鄕, 光, 裳.

**감상**

이 시는 모두 8구로 되어 있는데, 훗날의 율시처럼 기승전결의 전개를 보여주고 있다.

1-2구는 기(起)에 해당하는 부분으로 제목의 양류(楊柳)를 묘사하고 있다. 양류, 즉 버들은 궁체시(宮體詩) 속에서 이별을 상징하므로 1구의 무산무협(巫山巫峽)으로 표현되는 초왕과 신녀(神女)의 연애이야기, 2구의 '드리워진 버들' 은 결국 이별을 말하고 있는 것이다.

3-4구는 승(承)으로 버들을 꺾는 것을 말하는 것이다. 한 마음으로 버들을 꺾는 이유는 고향을 그리워하기 때문이다.

5-6구는 전(轉)에 해당하는 반전의 부분이다. 산과 물이 아름다운 이 곳이라 그리고 있지만, 내 고향만큼은 아니라는 의미를 담고 있다.

마지막 7-8구는 결(結) 즉 결론이다. 고향이 그리운 나그네는 구슬픈 원숭이 소리처럼 치마를 적실만큼 눈물을 쏟고 있다.

## 4. 沈約[1)*]

### 4-1

〈臨高臺(임고대)〉[2)]　　〈높은 누대에 임하여〉

高臺不可望,　　높은 누대에서 바라 볼 수 없나니,
고대불가망
望遠使人愁.　　멀리 볼수록 날 수심 겹게 하기에.
망원사인수
連山無斷絕,　　이어진 산은 끊긴 곳이 없거니와,
련산무단절
河水復悠悠.[3)]　　저 강물은 또 유유하기만 하여라.
하수부유유
所思竟何在,[4)]　　그리운 이는 어디에 계시는지,
소사경하재
洛陽南陌頭?[5)]　　낙양의 남쪽 길 모서리이련가.
락양남맥두
可望不可見,　　바라볼 수 있으나 보이지 않으니,
가망불가견
何用解人憂.[6)]　　무엇으로써 내 근심을 풀어볼까?
하용해인우

**원주**

* 가령 심약의 시는 그것을 포조와 사조에 비할 때에, 성정과 성색에서 모두 한 격이 떨어진다. 그러나 소씨 양나라 시대에 있어서는, 역시 대가로 추숭된다. 편폭이 여전히 넓고, 작품 기운이 여전히 온후해서, 옛 시의 일맥을 간직하고 있기 때문이다. 그 때에 강엄과 하손도 각자 일가를 이루니, 가히 정족을 이룰 수 있다.(家令詩, 較之鮑謝,[7)] 性情聲色, 俱遜一格矣, 然在蕭梁之代, 亦推大家. 以邊幅尙闊, 詞氣尙厚, 能存古詩一脈也. 爾時江屯騎何水曹,[8)] 各自成家, 可以鼎足.[9)]) 하손에는 명구가 극히 많으나, 그러나 점차 근체시에 들어가고 있다.(水部名句極多, 然漸入近體.)

**역주**

1) 沈約(심약, 441-513) : 남조 양나라 오흥군(吳興郡) 무강현(武康縣), 지금의 절강성(浙江省) 덕청(德淸) 사람이다. 자 휴문(休文)이고 시호는 은(隱)이다. 벼슬은 남조 송(宋)나라 때 안서외병참군(安西外兵參軍)을 맡았고, 제(齊)나라에 들어서

동양태수(東陽太守), 국자좨주(國子祭酒)와 사도좌장사(司徒左長史)를 지내며, 영명(永明) 연간에 경릉팔우(竟陵八友)의 한 사람으로 문단을 주도했다. 양나라 때는 경릉팔우였던 소연(蕭衍)을 무제(武帝)로 옹립하는 데 공을 세워 건창현후(建昌縣侯)에 봉해지고, 상서복야(尙書僕射), 상서령(尙書令), 좌광록대부(左光祿大夫) 등을 역임했다. 심은후(沈隱侯) 또는 심동양(沈東陽)이라고도 불린다. 시문(詩文)으로 이름을 떨쳤고 궁체시(宮體詩)와 영명체(永明體)를 주도했으며 불교에 능통하고 음운(音韻)에도 밝아 시의 사성(四聲)의 구별을 명백히 하고 팔병설(八病說)을 제창했다.

2) 臨高臺 : ≪악부시집·고취곡사(樂府詩集·鼓吹曲辭)≫ 〈한요가18수(漢鐃歌十八首)〉 중의 하나인 〈임고대(臨高臺)〉를 본뜬 것.

3) 悠悠 : 첩어, 의태어로 요원한 모양, 근심스러운 모양.

4) 所思 : 그리운 사람.

5) 南陌頭 : 남쪽의 길모퉁이.

6) 用 : ~으로써.

7) 鮑·謝 : 포(鮑)는 포조(鮑照)로 송나라 시인. 사(謝)는 사조(謝朓)로 제나라 시인을 말함.

8) 江屯騎 · 何水曹 : 강둔기(江屯騎)는 강엄(江淹)으로 양나라 문인. 하수조(何水曹)는 하손(何遜)으로 양나라의 시인. 수조행참군(水曹行參軍)을 지낸 바 있음.

9) 鼎足 : 정(鼎)은 중국 고대의 제례용(祭禮用) 용기(容器). 보통 다리가 3개이다. 여기서는 심약, 강엄, 하손 3명이 정족의 세 다리를 이루었다는 의미.

10) 압운은 愁, 悠, 頭, 憂.

**감상**

이 시는 후대에 변방 생활을 주제로 한 변새시(邊塞詩)의 내용에 가깝다. 시는 모두 8구로 되어 있고, 1-4구는 모두 경치를 묘사하고 있다. 시의 화자인 여인은 높은 누대에 올라 멀리 경치를 바라보며 자신의 수심을 담았다. 5-6구에서 그리워하는 사람이 낙양의 남쪽 길 모퉁이에 있다고 말한다. 남조시대의 낙양은 북쪽의 전방 지역으로 남편이 전쟁터에 나가 있음을 알려준다. 마지막 7-8구는 높은 누대 올라도 변방에 나가 있는 임의 모습은 볼 수 없어 여인의 마음엔 근심만 쌓이고 있음을 토로하고 있다.

## 4-2

## 〈夜夜曲(야야곡)〉[1] 〈밤마다 부르는 노래〉

河漢縱且橫,[2] 은하수는 세로였다 다시 가로이고,
하한종차횡

| | |
|---|---|
| 北斗橫復直.[3]<br>북두횡복직 | 북두칠성은 가로였다 또 곧아졌네. |
| 星漢空如此,<br>성한공여차 | 북두칠성 은하수 공연히 그럴 뿐, |
| 甯知心有憶.<br>녕지심유억 | 내 맘에 있는 그리움 어찌 알까? |
| 孤燈曖不明,[4]<br>고등애불명 | 외로운 등불은 희미하게 어두워지고, |
| 寒機曉猶織.<br>한기효유직 | 차가운 베틀 날 새도록 짜고 있구나. |
| 零淚向誰道,<br>령루향수도 | 눈물 떨어뜨린들 누굴 향해 말할까? |
| 雞鳴徒歎息.<br>계명도탄식 | 닭 울음소리에 공연한 한숨뿐이라네. |

**역주**

1) 夜夜曲 : ≪악부시집·잡곡가사(樂府詩集·雜曲歌辭)≫에 속한 심약의 동일 제목의 작품 2수 가운데 제2수.
2) 河漢 : 은하수.
3) 北斗 : 북두칠성.
4) 曖 : 어둡다. 밝지 않다.
5) 直, 憶, 織, 息으로 입성(入聲) 압운.

**감상**

이 시는 전형적인 규원시(閨怨詩)의 내용을 보여준다. 또 후대 정형화 된 율시(律詩)는 1-2와 7-8구는 대구를 이루지 않는 산구(散句)이고, 가운데 3-4구와 5-6구가 대구(對句)를 이루는데, 이 시는 1-2구와 5-6구는 대구를 이루고, 3-4구와 7-8구는 산구를 이루는 형식을 보여주어 형식상으로는 아직 고시(古詩)의 단계이지만 시상의 전개는 후대의 율시와 같은 기승전결의 전개를 보여주고 있어 시가 발전상 과도기적 양상을 보여주고 있다.

1구는 은하수가 종(縱)에서 횡(橫)으로 변하고, 2구는 북두칠성이 횡(橫)에서 직(直)으로 변하는 모습을 통해 시간의 흐름을 말하고 있다. 3-4구는 이런 시간의 흐름 속에서 어찌 할 수 없는 마음의 그리움을 그리고 있다. 5-6구는 새벽이 밝아와 등불이 희미해지고, 그리움에 잠 못 이룬 화자는 밤새 베를 짠 모습을 담았다. 새벽을 알리는 닭 울음소리에 오늘도 밤을 샌 여인은 한숨과 눈물뿐이다(7-8구). 시인은 이 여인의 격한 감정을 입성(入聲) 압운에 담아 전달하고 있다.

### 4-3

〈新安江至淸淺深見底貽京邑遊好〉(신안강지청천심견저이경읍유호)[1)]

〈신안강은 지극히 맑아 얕거나 깊거나 밑이 보임에 수도 벗에게 주다〉

| | |
|---|---|
| 眷言訪舟客,[2)]<br>권언방주객 | 돌아다보며 배를 탄 손님에게 물어보나니, |
| 玆川信可珍.<br>자천신가진 | 이 시내는 진실로 진기하게 여길 만하네. |
| 洞徹隨淸淺,<br>통철수청천 | 투명하나니 깊은 대로 얕은 대로 어디나, |
| 皎鏡無冬春.[3)]<br>교경무동춘 | 밝은 거울이니 겨울 봄 구분 없이 언제나. |
| 千仞寫高樹,[4)]<br>천인사고수 | 천 길 높이의 나무들이 비춰지고 있거니와, |
| 百丈見遊鱗.<br>백장견유린 | 백 장 깊이 노니는 물고기 비늘 보인다네. |
| 滄浪有時濁,[5)]<br>창랑유시탁 | 창랑의 물도 때로는 흐려질 때 있거니와, |
| 淸濟涸無津.[6)]<br>청제학무진 | 맑은 제수도 마르면 나루터가 없어지거늘. |
| 豈若乘斯去,<br>기약승사거 | 어찌 이것을 타고 가는 것과 같겠는가, |
| 俯映石磷磷.[7)]<br>부영석린린 | 반짝이는 조약돌 굽어보면 비치는 것을. |
| 紛吾隔囂滓,<br>분오격효재 | 어지럽기에 나는 속세 떨쳐 버리려 하니, |
| 甯假濯衣巾.[8)]<br>녕가탁의건 | 차라리 이 강 빌어 내 옷 두건 씻어볼까? |
| 願以潺湲水,<br>원이잔원수 | 찰랑 찰랑거리는 이 물을 갖고 가서, |
| 霑君纓上塵.[9)]<br>점군영상진 | 그대들 갓 끈 먼지 적셔 주고 싶어라. |

**역주**

1) 新安江至淸淺深見底貽京邑遊好 : 신안강(新安江)은 물 이름으로 안휘성(安徽省) 무원현(婺源縣) 서북쪽의 솔산(率山)에서 발원하여 휴녕(休寧)과 흡현(歙縣)을 거

쳐 절강성(浙江省) 건덕현(建德縣)에서 난계(蘭溪)와 만나 절강(浙江)을 이룸. 이(貽)는 주다. 경읍(京邑)은 수도. 당시 남경을 말함. 유호(遊好)는 함께 놀고 함께 취미를 함께 하는 사람(同遊同好), 즉 벗들.

2) 眷言訪舟客 2구 : 권언(眷言)은 첩운, 의태어로 미련을 갖고 돌아다보는 모양. 방(訪)은 묻다. 주객(舟客)은 배를 탄 손님. 자천(茲川)은 이 시내. 여기서는 신안강(新安江)을 말함.

3) 洞徹隨淸淺 2구 : 통철(洞徹)은 관통하다. 제목의 '밑이 보인다(見底)'를 설명한 것. 청천(淸淺)은 심천(深淺)의 오자(誤字)로 보임. 그 이유는 첫째 4구의 동춘(冬春)과 같이 반대 의미를 지닌 말이고, 둘째 제목의 천심(淺深)을 설명하기 때문. 교경(皎鏡)은 밝은 거울. 여기서는 강의 맑음을 비유한 말.

4) 千仞寫高樹 : 인(仞)은 길이 단위. 7척(尺)에 해당. 사(寫)는 그림을 그리다. 여기서는 그림을 그리듯 물에 비춘다는 의미.

5) 滄浪有時濁 : 창랑(滄浪)은 한수(漢水) 하류의 물 이름. ≪맹자·이루상(孟子·離婁上)≫에 "창랑의 물이 맑으면 내 갓끈을 씻을 수 있고, 창랑의 물이 탁하면 내 발을 씻을 수 있네."라고 하였다.

6) 淸濟 : ≪전국책·연책(戰國策·燕策)≫에 "제나라에 맑은 제수와 탁한 황하가 있다."라고 하였다. 제수(濟水)는 하남성(河南省) 제원시(濟源市) 왕옥산(王屋山)에서 발원하여 산동성(山東省)을 거쳐 황하와 함께 바다로 들어가는 황하의 지류.

7) 俯映石磷磷 : 영(映)은 비치다. 석(石)은 여기서 조약돌을 의미. 린린(磷磷)은 첩어, 의태어로 반짝이는 모양.

8) 紛吾隔囂滓 2구 : 효재(囂滓)는 시끄럽고 더러운 것. 속세(俗世)를 의미. 의건(衣巾)은 옷과 두건. 관복의 사모관대(紗帽冠帶)를 말하는 것.

9) 願以潺湲水 2구 : 잔원(潺湲)은 첩운, 의성어로 물 흐르는 소리, 의태어로는 물이 잔잔히 흐르는 모양. 점(霑)은 적셔 닦다. 군(君)은 제목에서 말한 수도의 벗들(京邑遊好)을 가리킴.

10) 압운은 珍, 春, 鱗, 津, 磷, 巾, 塵.

**감상**

이 시는 심약이 잠시 신안강을 지나면서 나그네로서 느낀 감회를 적은 노래로 보인다. 시는 모두 14구로 되어 있고 내용에 따라 세 단락으로 나눌 수 있다.

1단락(1-6구)은 1구의 배에 탄 손님(舟客) 즉 신안강 주변에 사는 사람이 한 말이다. 배를 타고 신안강을 건너던 시인은 강의 맑음에 반해 배에 탄 손님에게 이 강에 대해 묻게 된다(1-2구). 3-6구는 이 손님에게 들은 내용이다. 강물이 맑고 투명하여 깊은 곳은 깊은 대로, 얕은 곳은 얕은 대로 밝은 거울 같아 수량(水量)이 많은 봄이나 적은 겨울이나 그 계절에 상관없다고 말한다. 아마도 이 시를 쓴 때는 강물이 가장 맑아 보이는 가을일 가능성이 크다. 강물에는 높은 산 위의 나무들이 그림처럼 비치고, 깊이 노니는 물고기의 비늘이 보일 정도로 맑다.

2단락(7-10구)은 1단락에서 들은 내용에 대한 시인의 의견이다. 시인은 유명한 창랑과 제수를 가져와 신안강이 더 뛰어남을 이야기한다. 창랑은 탁할 때도 있고, 제수는 황하의 지류로 하류로 가면 수량이 적어져 나루터마저 없는 상황일 때도 있기 때문이다.

마지막 3단락(11-14구)에서 이 맑은 신안강을 보니 시인은 벼슬을 그만둘까, 자신도 독선(獨善)의 길을 걸어볼까 고민해 본다(11-12구). 아울러 수도에 있는 벗들에게 이 아름다움을 전하고 싶어 이 시에 담아본다(13-14구).

## 4-4 〈直學省愁臥(직학성수와)〉[1)*]

〈국자학에서 숙직하며 수심에 누워〉

秋風吹廣陌, 가을바람이 큰 길에 불어오거니와,
추풍취광맥
蕭瑟入南闈.[2)] 스산하게 남쪽 쪽문으로 들어오네.
소슬입남위
愁人掩軒臥, 수심 겨운 이 창문 닫고 드러누우니,
수인엄헌와
高窗時動扉.[3)] 높은 창은 때로 창문을 흔드는구나.
고창시동비
虛館淸陰滿, 빈 학관은 맑은 그늘이 가득하나니,
허관청음만
神宇曖微微.[4)] 신비로운 건물은 어렴풋하게 어둡네.
신우애미미
網蟲垂戶織, 거미는 문에서 매달리며 짜고 있고,
망충수호직
夕鳥傍檐飛.[5)] 저녁 새는 처마를 나란히 하고 나네.
석조방염비
纓珮空爲忝, 갓끈과 패옥을 공연히 더럽히거니와,
영패공위첨
江海事多違.[6)] 강호의 일은 그 어긋남이 많았구나.
강해사다위
山中有桂樹, 산 가운데는 목서 나무가 있나니,
산중유계수
歲暮可言歸.[7)**] 해가 저문다면 돌아갈 수 있을까.
세모가언귀

원주

* 학성은 국학이다.(學省, 國學也.)

** 시의 품격이 자유로우니, ≪문선≫의 격식이다.(詩品自在, 是文選體.)

역주

1) 直學省愁臥 : 직(直)은 당직하다, 숙직(宿直)하다. 학성(學省)은 국학(國學), 국자학(國子學)으로 고대 최고 학부 및 교육 관리 기구의 이름.
2) 秋風吹廣陌 2구 : 광맥(廣陌)은 큰 길. 소슬(蕭瑟)은 쌍성, 의태어로 쓸쓸한 모양. 남위(南闈)는 남쪽 작은 문, 남쪽 쪽문. 여기서는 국자감이 있는 곳을 가리킴.
3) 愁人掩軒臥 2구 : 수인(愁人)은 수심에 겨운 사람. 시인 자신을 가리킴. 동비(動扉)은 창문을 흔들다.
4) 虛館淸陰滿 2구 : 허관(虛館)은 빈 학관. 학관은 국자학을 가리킴. 신우(神宇)는 신비로운 건물. 국자학을 가리킴. 미미(微微)는 첩어, 의태어로 희미한 모양.
5) 網蟲垂戶織 2구 : 망충(網蟲)은 집을 짓는 곤충, 거미. 방(傍)은 나란히 하다.
6) 纓珮空爲忝 2구 : 영패(纓珮)는 갓끈과 패옥으로 벼슬을 상징. 강해사(江海事)는 강호(江湖)의 일로 은둔하는 일, 자연과 어울리는 일을 말함.
7) 山中有桂樹 2구 : 계수(桂樹)는 목서 나무. ≪초사·초은사(招隱士)≫에 "계수나무가 산의 깊숙한 곳에 무리 지어 자랐고, … 계수나무가지 붙잡고서 애오라지 나도 머물러 보려네."라고 하였다. 계(桂)는 꽃은 작으나 향이 깊은 목서(木犀)로 은자의 이미지와 연결됨. 세모(歲暮)는 해가 저물다. 나이를 먹는다는 의미. 언(言)은 허자(虛字).
8) 압운은 闈, 扉, 微, 飛, 違, 歸.

감상

이 시는 시인이 국자학에서 숙직을 하며 느끼는 감회를 읊은 노래이다. 시는 모두 12구로 되어 있고 내용에 따라 3개의 단락으로 나눌 수 있다.

1단락(1-4구)은 제목을 다시 설명한 파제(破題)이다. 시인은 숙직하는 곳인 국자감에 불어오는 가을바람을 스산하게 느끼고, 바람에 흔들리는 창문을 수심에 겨워 바라볼 만큼 마음이 쓸쓸하다.

2단락(5-8구)은 시인이 누워서 바라본 경관을 묘사한 것이다. 시인의 눈에 문에 매달려 집을 짓는 거미와 처마를 나란히 하고 나는 저녁 새만 들어올 만큼 밤이 된 학관에는 인적도 없고 어둡기만 하다.

마지막 3단락(9-12구)은 시인 자신의 감회이다. 9구에서 갓끈과 패옥으로 상징되는 벼슬살이를 시인이 공연히 더럽혔다고 말한 것은 일종의 겸사(謙辭)이다. 이 고요한 밤 자신의 삶을 되돌아보던 시인은 문득 자신이 자연 속 은둔하고자 했던 일은 늘 어긋나 하지 못했음을 떠올리고 목서나무 향 짙은 은거의 삶을 나이 먹은 후에는 이뤄볼 수 있었으면 하는 소망해본다.

4-5

〈宿東園(숙동원)〉[1] 〈동원에 머물다〉

| | |
|---|---|
| 陳王鬬雞道,<br>진왕투계도 | 위나라 진왕이 투계하던 길이고, |
| 安仁采樵路.[2]<br>안인채초로 | 반악이 땔감을 하던 길이었다지. |
| 東郊豈異昔,<br>동교기이석 | 동쪽 교외가 어찌 옛날과 다르겠는가? |
| 聊可閑余步.<br>료가한여보 | 애오라지 내 발걸음 한가롭게 하네. |
| 野徑既盤紆,<br>야경기반우 | 저 들길은 구불구불할 뿐만 아니라, |
| 荒阡亦交互.[3]<br>황천역교호 | 거친 샛길은 역시 교차하고 있다네. |
| 槿籬疎復密,<br>근리소부밀 | 무궁화 울타리는 성기고 또 빽빽하며, |
| 荊扉新且故.[4]<br>형비신차고 | 사립문은 새롭고 또한 낡기도 하구나. |
| 樹頂鳴風飊,[5]<br>수정명풍표 | 나무 끝에는 회오리바람이 울어대고, |
| 草根積霜露.<br>초근적상로 | 풀뿌리에는 서리 이슬이 쌓여있구나. |
| 驚麏去不息,<br>경균거불식 | 놀란 노루는 쉼 없이 달려가 버리고, |
| 征鳥時相顧.[6]<br>정조시상고 | 날아가는 새는 때때로 돌아보는구나. |
| 茅棟嘯愁鴟,<br>모동소수치 | 초가집엔 수심 겹게 하는 올빼미 울고, |
| 平岡走寒兔.[7]<br>평강주한토 | 평탄한 산언덕에 겨울 토끼 내달리네. |
| 夕陰帶層阜,<br>석음대층부 | 저녁 그늘은 중첩한 산등성이 두르고, |
| 長煙引輕素.[8]<br>장연인경소 | 긴 연기는 가벼운 흰 비단을 끄는 듯. |

| | |
|---|---|
| **飛光忽我遒,**<br>비광홀아주 | 나는 듯한 시간 홀쩍 나를 다그치니, |
| **豈止歲云暮!**[9)]<br>기지세운모 | 어찌 한 해가 저문 것에 그칠 것이랴. |
| **若蒙西山藥,**<br>약몽서산약 | 만약 서산의 선약을 받을 수만 있다면, |
| **頹齡倘能度.**[10)]<br>퇴령당능도 | 노쇠함을 혹여 뛰어넘을 수 있으련만. |

**원주**

* 반악의 시에 "동쪽 교외로부터 나오니, 근심스런 마음으로 어지럽네. 저 잡초밭을 따라, 그 땔나무를 베네."라고 하였다.(潘嶽詩曰, 出自東郊, 憂心搖搖. 遵彼萊田, 言采其樵.)

서산의 선약은 위나라 문제의 시에 보인다.(西山藥, 見魏文詩.)

**역주**

1) 宿東園 : 동원(東園)은 시인 심약의 정원, 원림(園林)으로 남경 종산(鍾山) 동쪽에 위치.
2) 陳王鬬雞道 2구 : 진왕(陳王)은 위(魏)나라 조식(曹植)을 말함. 조조(曹操)의 3남으로 태어나 진왕(陳王)에 봉해졌다. 투계도(鬬雞道)는 조식의 〈명도편(名都篇)〉에 "동쪽 교외 길에서 투계를 하고, 긴 오동나무사이를 말 달리네."라고 하였다(≪고시원≫ 번역본 2권 88쪽 참조). 안인(安仁)은 반악(潘岳)의 자로 진나라의 시인. 반악의 시 〈동교(東郊)〉는 동쪽 교외를 배경으로 함. 시의 내용은 원주 참조.
3) 野徑既盤紆 2구 : 기(既)~역(亦)은 ~할 뿐 아니라 ~도 또한. 반우(盤紆)는 이리저리 구부러짐, 구불구불하다. 황(荒)은 거칠다, 인적이 드물다. 천(阡)은 작은 길. 5구의 경(徑)보다 더 작은 길.
4) 槿籬疎復密 2구 : 근리(槿籬)는 무궁화를 심어서 만든 울타리. 소부밀(疎復密)은 성긴 곳도 빽빽한 곳도 있는 자연스런 모습을 말함. 형비(荊扉)는 사립문.
5) 風飈 : 회오리바람.
6) 驚麏去不息 2구 : 균(麏)은 노루. 정조(征鳥)는 날아다니는 새.
7) 茅棟嘯愁鴟 2구 : 모동(茅棟)은 초가집. 수치(愁鴟)는 수심 겹게 하는 올빼미. 평강(平岡)은 평탄하고 평평한 언덕.
8) 夕陰帶層阜 2구 : 대(帶)는 두르다, 둘러싸다. 층부(層阜)는 중첩한 산등성이. 장연(長煙)은 긴 연기. 여기서는 밥 짓는 연기로 보임.
9) 飛光忽我遒 2구 : 비광(飛光)은 날아가는 빛으로 세월을 의미. 홀(忽)은 홀쩍. 여기서는 시간이 빠른 모양을 의미. 주(遒)는 다그치다. 기지(豈止)는 어찌 ~에 그

치랴, 어찌 ~뿐이랴.

10) 若蒙西山藥 2구 : 몽(蒙)은 뒤집어쓰다. 여기서는 남의 은혜를 받음. 서산약(西山藥)은 서산의 선약(仙藥), 선단(仙丹)으로 장생불사의 영약을 말함. 조비(曹丕)의 〈절양류행(折楊柳行)〉에 "서산(西山)은 어찌 저리 높은지, 높고 유달리 끝이 없다네. 위에는 두 명의 신동이 있는데, 마시지도 먹지도 않네. 나에게 약 한 알을 주니, 빛나는 것이 오색이라. 그 약을 사오일 먹으면, 몸에 날개가 솟는다네."라고 하였다. 퇴령(頹齡)은 늙은 나이, 노쇠함. 당(倘)은 만약, 혹시. 도(度)는 도(渡)로 뛰어넘다.

11) 압운은 路, 步, 互, 故, 露, 顧, 兎, 素, 暮, 度.

**감상**

이 시는 심약이 자신의 집 정원인 동원(東園)에 머물며 본 풍경과 감회를 읊은 노래이다. 당시 수도 남경의 종산 동쪽에 위치해서 동쪽 정원으로 부른 것으로 보인다. 시는 모두 20구로 되어 있으며 4구씩 모두 다섯 단락으로 나눌 수 있다.

1단락(1-4구)은 제목을 설명한 파제(破題)이다. 1-2구는 동쪽 교외를 배경으로 한 조식의 〈명도편〉과 반악의 〈동교〉라는 시를 가져왔다. 이 동쪽 교외의 정원이 바로 동원으로 연결된다.

2단락(5-8구)은 경치를 묘사하는 부분으로 시인이 동원을 찾아가는 길을 말하고 있다. 구불구불한 들길과 인적도 드문 거친 샛길을 지나니, 성기기도 하고 빽빽하기도 하며 자유자재로 생겨난 무궁화 울타리가 나오고 보수한 흔적이 있어 더 자연스러운 사립문이 나타난다.

3단락(9-12구) 역시 경치를 묘사한 부분으로 동원의 주위 경관을 말한다. 회오리바람은 나무 끝을 스치고, 서리와 이슬이 땅 속 풀뿌리에 스며드는 이 곳. 저 멀리 노루가 놀라 달려가고, 하늘엔 날던 새가 이따금 돌아보고 있다.

4단락(13-16구)은 집 둘레의 경치를 묘사하였다. 수심 겹게 하는 올빼미, 겨울에 더 하얀 토끼, 저녁 그늘과 흰 비단처럼 오르는 긴 연기는 한적하면서도 어딘지 애처로운 분위기를 전한다.

마지막 5단락(17-20구)은 시인의 감정을 읊은 부분이다. 계절이 겨울로 가는 이 때, 시인은 세월이 다그침을 느끼며 단지 한해가 저물어가는 것이 아니라 죽음을 걱정하기에 이른다. 마지막 19-20구에서 시인은 조비의 〈절양류행〉에 나오는 장생불사의 영약을 얻었으면 하는 소망을 슬쩍 내보이고 있다.

## 4-6

## 〈別范安成(별범안성)〉[1] 〈범안성과 이별하다〉

| | |
|---|---|
| 生平少年日,<br>생평소년일 | 예전의 젊은 날 그 때에는, |

分手易前期.[2] 헤어지며 쉬 앞날 기약했지.
분수이전기
及爾同衰暮, 그대와 노쇠를 함께 하니,
급이동쇠모
非復別離時. 다시는 이별할 때 아니지.
비부별리시
勿言一尊酒,[3] 한 잔 술 많다 말하지를 마시게.
물언일존주
明日難重持. 내일은 다시 잡기 어려운 터이니.
명일난중지
夢中不識路, 꿈속에서 간 길을 알지 못할 터,
몽중불식로
何以慰相思. 어떻게 그리움을 위로 할 것인가.
하이위상사

**원주**

* 온통 참된 기운이 흘러나오니, 구절구절마다 돌고, 글자마다 두터워, ≪고시19수≫와 떨어짐이 멀지 않다.(一片眞氣流出, 句句轉, 字字厚, 去十九首不遠.)

**역주**

1) 范安成 : 범수(范岫, 440-514)를 말함. 제양(濟陽) 고성(考城) 사람이다. 자는 무빈(懋賓)으로 남조 송, 제, 양나라를 거치며, 안성내사(安成內史), 진릉태수(晉陵太守), 금자광록대부(金紫光祿大夫)를 역임하였다. 청렴한 관직 생활로 이름났다. 심약과 친분이 두터웠다.
2) 易前期 : 앞으로 만날 기약을 쉽게 하다.
3) 尊 : 준(樽)과 같고 술잔을 의미.
4) 압운은 期, 時, 持, 思.

**감상**

심약이 안성내사를 지낸 바 있는 범수라는 사람에게 건네는 이별시이다. 심약이 영명체(永明體)를 주도했으며 음운에 능통해 '팔병설'을 제창하는 등 시가의 이론에 밝았으나 정작 그의 작품은 일반적으로 높게 평가되지 않는다. 그러나 이 시에서 만큼은 심덕잠이 원주에서 평가하였듯 ≪고시19수≫에서 느끼는 꾸미지 않는 진솔함이 내용마다 글자마다 드러나고 있음을 볼 수 있다. 한 잔 술이 많다고 말하지 말라며 헤어지기 싫은 벗과 오늘의 시간을 아쉬워하는 시인의 마음이 아련하다.

## 4-7

| 〈傷謝朓(상사조)〉 | 〈사조를 슬퍼하며〉 |
|---|---|
| 吏部信才傑,<br>이부신재걸 | 상서이부랑은 진실로 재걸이었지, |
| 文峰振奇響.[1]<br>문봉진기향 | 글 봉우리에 기이한 울림 떨쳤지. |
| 調與金石諧,<br>조여금석해 | 시의 가락은 금석과 어울렸거니와, |
| 思逐風雲上.[2]<br>사축풍운상 | 시상은 바람 구름 따라 올라갔지. |
| 豈言陵霜質,<br>기언릉상질 | 어찌하여 서리를 뛰어넘는 자질이, |
| 忽隨人事往.[3]<br>홀수인사왕 | 홀연 인사를 따라 가버릴 줄이야. |
| 尺璧爾何冤,<br>척벽이하원 | 한 척 구슬 같은 그대 무슨 억울함인가, |
| 一日同丘壤.[4]*<br>일일동구양 | 하루 만에 무덤 속의 흙과 같아졌구려. |

**원주**

* 3-4구는 능히 사조의 시를 그려내고 있다.(三四語, 能狀謝朓之詩.)

**역주**

1) 吏部信才傑 2구 : 이부(吏部)는 사조(謝朓)를 말함. 남조 제나라 시인으로 자는 현휘(玄暉)이며, 벼슬 중에 상서이부랑(尙書吏部郎)을 지낸 바 있다. 제나라 영명(永明) 연간에 경릉팔우(竟陵八友)의 한 사람으로 심약과 함께 활약했다. 제 왕실의 정치적 모반에 연루되어 모함을 받아 투옥된 뒤 36세에 죽었다. 문봉(文峰)은 글의 봉우리.
2) 調與金石諧 2구 : 조(調)는 시의 가락. 성률(聲律)을 말함. 사(思)는 시상(詩想), 시의 내용을 말함.
3) 豈言陵霜質 2구 : 언(言)은 허자(虛字). 인사(人事)는 여기서 사조가 연루된 제나라 왕실의 권력다툼, 왕위쟁탈의 일. 왕(往)은 여기서 죽음을 의미.
4) 尺璧爾何冤 2구 : 척벽이(尺璧爾)는 한 척 구슬 같은 그대. 척벽 구슬의 가치가 있다는 의미. 원(冤)은 억울하다. 동구양(同丘壤)은 무덤 속의 흙과 같아지다. 한 줌의 흙이 되었다는 의미.
5) 압운은 響, 上, 往, 壤.

**감상**

이 시는 후대의 율시와 같은 기승전결의 전개를 보여주고 있다. 1-2구인 기(起) 부분은 사조의 문재(文才)를 칭송하고 있다. 3-4구는 승(承)으로 2구의 기이한 울림(奇響)을 설명한 것이다. 사조의 시가 성률(聲律)면에서도, 내용면에서도 뛰어났음을 말하고 있다. 5-6구는 반전(轉) 부분이다. 서리를 능가하던 자질이 있던 사조였건만 갑자기 정치 권력다툼으로 모함을 받아 36세 젊은 나이에 죽어버린 것을 가슴아파한다. 7-8구는 마지막 결론(結) 부분으로 척벽(尺璧)의 가치를 지닌 사조가 억울하게 죽어 한 줌의 흙이 되었음을 다시 한 번 한탄하고 있다.

시에 보이듯 심약은 사조의 시 세계를 높이 평가할 뿐 아니라, 그의 갑작스런 죽음을 애도하며 안타까워함을 알 수 있다. 심약이 비록 제와 양을 거치며 문단을 주도하고 벼슬을 지낸 중요 인사였을지라도, 황실의 정치적 모반에 연루되어 옥사한 문인을 애도하는 글을 쓰는 것은 쉽지 않았을 것이다. 아마도 그들 사이에 문인으로 벗으로 나눈 진정한 우정이 있었기에 이 시가 오늘날 우리에게 큰 울림을 주는 것이리라.

## 4-8

〈石塘瀨聽猿(석당뢰청원)〉[1] 〈석당뢰에서 원숭이 소리를 듣고〉

| | |
|---|---|
| 噭噭夜猿鳴,[2]<br>교교야원명 | 끼- 우- 밤새 원숭이가 울어대고, |
| 溶溶晨霧合.[3]<br>용용신무합 | 뭉게뭉게 새벽안개 모여드는구나. |
| 不知聲遠近,<br>불지성원근 | 소리가 가까운지 먼지 알지 못하니, |
| 惟見山重沓.[4]<br>유견산중답 | 단지 산 겹겹인 것 보일 따름일세. |
| 旣歡東嶺唱,<br>기환동령창 | 동쪽 고개 선창하는 소리 기뻐하고, |
| 復佇西巖答.[5]<br>부저서암답 | 서쪽 절벽 화답하는 것을 기다리네. |

**역주**

1) 石塘瀨 : 여울목 이름.
2) 噭噭 : 첩어, 의성어로 원숭이 우는 소리.
3) 溶溶 : 첩어, 의태어로 넓은 모양, 성하여 많은 모양. 여기서는 안개의 모습을 형용.

4) 重沓 : 겹겹, 중첩.
5) 旣歡東嶺唱 2구 : 기(旣)와 부(復)는 ~하고 또 ~하다. 창(唱)은 선창(先唱)의 의미. 저(佇)는 기다리다. 서암(西巖)은 서쪽 절벽, 서쪽 암벽. 답(答)은 화답하다.
6) 압운은 合, 沓, 答.

**감상**

이 시는 심약이 석당뢰라는 곳에서 원숭이 소리를 듣고 느낀 바를 마치 한 폭의 산수화 같이 풀어낸 노래이다. 시는 6구로 되어 있다. 1-2구는 석당뢰라는 곳은 안개 자욱하고 원숭이 소리만 들리는 유심한 곳임을 알려준다. 3-4구는 안개 속이라 들리는 원숭이 소리로 만은 그 거리를 알 수 없고, 다만 겹겹의 산들이 펼쳐져 있음을 말하고 있다. 그 어디에 원숭이가 있는지를 아는 것이 무어 중요할 것인가. 시인은 선창하는 소리에 기뻐하고, 화답하는 소리를 기다리며 이 그윽함을 즐겨본다(5-6구).

## 4-9

〈遊沈道士館(유심도사관)〉[1] 〈심도사의 도관에서 노닐며〉

| | |
|---|---|
| 秦皇御宇宙,<br>진황어우주 | 진시황은 저 우주를 다스렸거니와, |
| 漢帝恢武功.[2]<br>한제회무공 | 한나라 무제는 무공을 크게 넓혔네. |
| 歡娛人事盡,<br>환오인사진 | 기뻐하고 즐기며 인간의 일 다 했고, |
| 情性猶未充.[3]<br>정성유미충 | 뜻과 맘은 여전히 만족하지 못했네. |
| 銳意三山上,<br>예의삼산상 | 삼신산 위에 생각을 줄곧 두었거니와, |
| 托慕九霄中.[4]<br>탁모구소중 | 아홉 겹 하늘 세계에 마음 기탁했었지. |
| 旣表祈年觀,<br>기표기년관 | 진나라 시황제는 기년궁을 세웠거니와, |
| 復立望仙宮.[5]<br>부립망선궁 | 또 한나라 무제는 망선궁을 세웠다네. |
| 甯爲心好道,<br>녕위심호도 | 어찌 진심으로 도를 좋아했기 때문이랴, |

| | |
|---|---|
| 直由意無窮.[6]<br>직유의무궁 | 단지 욕망 끝없음에서 비롯한 것이었네. |
| 曰余知止足,<br>왈여지지족 | 말하거니와 나는 멈춤과 만족을 아나니, |
| 是願不須豐.[7]<br>시원불수풍 | 소원은 거창할 필요가 없는 것이라네. |
| 遇可淹留處,<br>우가엄류처 | 머물러 있을 만한 곳 만나기만 한다면, |
| 便欲息微躬.[8]<br>편욕식미궁 | 곧장 이 미천한 몸 쉬게 하고 싶다네. |
| 山嶂遠重疊,<br>산장원중첩 | 산봉우리는 멀리 겹쳐져 있거니와, |
| 竹樹近蒙籠.[9]<br>죽수근몽롱 | 대나무는 가까이에서 무성하구나. |
| 開襟濯寒水,<br>개금탁한수 | 옷깃을 열어서 차가운 물에 씻고, |
| 解帶臨清風.<br>해대림청풍 | 허리띠 풀고서 맑은 바람 맞노라. |
| 所累非物外,<br>소루비물외 | 매이는 바가 사물과 밖이 아니나니, |
| 爲念在玄空.[10]<br>위념재현공 | 생각하는 것은 현과 공에 있을 따름. |
| 朋來握石髓,<br>붕래악석수 | 친구가 오거든 돌의 정수를 쥐거니와, |
| 賓至駕輕鴻.[11]<br>빈지가경홍 | 손님 오면 가볍게 나는 기러기 몬다오. |
| 都令人徑絕,<br>도령인경절 | 사람의 길은 모두 다 끊어버려 두고, |
| 惟使雲路通.[12]<br>유사운로통 | 오로지 구름의 길로 통하게 한다오. |
| 一擧凌倒景,*<br>일거능도경 | 한번 몸 들면 되비치는 햇볕 오르니, |
| 無事適華嵩.[13]<br>무사적화숭 | 화산과 숭산일랑 갈 일이 없다오. |
| 寄言賞心客,<br>기언상심객 | 마음 상찬하는 나그네에게 말 붙이길, |

歲暮爾來同.[14)**] 해 저무니 그대 와서 함께 하자는구나.
세모이래동

**원주**

* 영과 같다.(同影.)

** 곡영이 "바람을 타고서 가볍게 몸을 들고, 높은 데에 올라서 빛을 거꾸로 한다." 라고 한 것은 몸이 일월의 위에 있으니, 일월이 반대로 아래로부터 위로 비춤으로, 고로 그 빛이 뒤집어 졌다는 의미다.(谷永曰,[15)] 遇風輕擧, 登遐倒景, 言身在日月之上, 日月反從下照, 故其景倒也.)

'환오인사진' 2구와 '녕위심호도' 2구는 지금까지 부귀한 사람이 신선의 세계를 사모한 까닭이다. 확실하게 판단하고, 빠짐없이 설파해냈다.(歡娛人事盡十字, 甯爲心好道十字, 從來富貴人慕神仙之故. 斷得確, 說得盡.)

**역주**

1) 遊沈道士館 : 심(沈)은 심공(沈恭)을 말함. 행적이 분명하지 않음. 도사(道士)는 도교(道敎)의 수행자. 관(館)은 도교의 사원인 도관(道觀).
2) 秦皇御宇宙 2구 : 진황(秦皇)은 진시황제. 어우주(御宇宙)는 우주를 다스리다. 회무공(恢武功)은 무공을 넓히다. 한 무제가 영토를 확장한 일을 말함.
3) 充 : 만족하다.
4) 銳意三山上 2구 : 예(銳)는 집중하고 몰두하다, 날카롭게 파고들다. 삼산(三山)은 전설에 나오는 상상의 세 신산, 즉 삼신산(三神山)이다. 봉래산(蓬萊山)·방장산(方丈山)·영주산(瀛洲山)의 세 산으로 발해(渤海)에 있다고 한다. 구소중(九霄中)은 아홉 겹 하늘 가운데 있는 신선의 세계.
5) 旣表祈年觀 2구 : 기(旣)와 부(復)는 ~하고 또 ~하다. 표(表)는 표방하다, 세우다. 기년관(祈年觀)은 장수를 비는 도관(道觀)인 기년궁(祈年宮). 원래 진(秦)나라 목공(穆公)이 세웠으나 여기서는 진시황이 만든 것으로 봄. 지금의 섬서성(陝西省) 봉상현(鳳翔縣) 남쪽에 유적이 있음. 망선궁(望仙宮)은 한나라 무제가 지은 것으로 섬서성(陝西省) 화음시(華陰市)에 위치.
6) 甯爲心好道 2구 : 녕위(甯爲)는 어찌 ~하기 때문인가. 심(心)은 여기서 진시황과 한 무제 등 황제의 마음. 직(直)은 단지. 의(意)는 의욕, 욕심, 욕망.
7) 曰余知止足 2구 : ≪노자≫ 44장에 "만족할 줄 알면 욕됨을 당하지 않고, 그칠 줄 알면 위태로움이 없어서, 오래갈 수 있다."라고 하였다. 왈(曰)의 주어는 심도사. 여(余)는 나. 심도사(沈道士)를 가리킴. 지족(止足)은 멈춤과 만족. 원(願)은 소원, 소망. 풍(豐)은 풍성하다.
8) 遇可淹留處 2구 : 엄류(淹留)는 머물러 있다. 미궁(微躬)은 미천한 몸.
9) 蒙籠 : 첩운, 의태어로 초목이 무성한 모양.
10) 所累非物外 2구 : 소루(所累)는 내가 매이는 바. 물외(物外)는 ①≪문선(文選)≫에 외물(外物)로 되어 있어 '바깥의 물건'의 뜻, ②내가 아닌 것(物)과 밖(外) 즉

세속의 의미. 나(我)와 안(內)의 반대 개념. 여기서는 ②의 의미로 물(物)과 외(外)적인 것. 현공(玄空)은 도의 세계. 현은 도가, 공은 불가의 주요 용어이다.

11) 朋來握石髓 2구 : 악(握)은 쥐다. 수(髓)는 진액(津液), 정수(精髓). 석수(石髓)는 종유석에서 짜낸 물로 옥수(玉髓)라고도 하며 도교에서 불로장생의 약으로 여김. 경홍(輕鴻)은 가볍게 나는 기러기.

12) 都令人徑絶 2구 : 도(都)는 모두. 령(令)은 ~하게 만들다. 운로(雲路)는 구름의 길.

13) 一擧凌倒景 2구 : 일거(一擧)는 한번 몸을 틀어 드는 것. 능(凌)은 오르다. 도경(倒景)은 햇빛을 거꾸로 비추게 하는 것. 자세한 내용은 원주 참조. 무사적(無事適)은 갈 일이 없다. 갈 필요가 없다는 의미. 화숭(華嵩)은 화산(華山)과 숭산(嵩山). 화산은 도교의 성지이며, 숭산은 당(唐)나라 때 신악(神嶽)으로 지정되고 불교와 도교의 이름난 수행 장소.

14) 寄言賞心客 2구 : 기언(寄言)은 말을 건네다, 말을 붙이다. 상심객(賞心客)은 마음을 상찬하는 나그네. 여기서는 심약 자신을 가리킴. 세모(歲暮)는 해가 저물다.

15) 谷永 : 곡영은 ≪한서·곡영두업전(漢書·谷永杜鄴傳)≫에 나오는 한나라 사람. 자가 자운(子雲)이고 장안(長安)출신으로 유가 경전에 능통했으며 벼슬은 광록대부(光祿大夫)와 대사농(大司農) 등을 역임했으며 황제에게도 간언을 아끼지 않았다.

16) 압운은 功, 充, 中, 宮, 窮, 籠, 風, 空, 鴻, 通, 嵩, 同.

## 감상

이 시는 심약이 심도사의 피갈회옥(被褐懷玉)의 삶을 읊은 것이다. 시는 모두 28구로되어 있고 크게 두 단락으로 나눌 수 있다.

1단락(1-14구)은 심도사가 거하는 도관(道觀)의 외형을 묘사한 것이다. 1-2구에서 두 명의 황제가 나오는데, 그 이유는 진시황은 방사(方士) 서시(徐市)에게 동남동녀들과 보물을 실은 배를 가지고 동해에서 불로장생의 약을 구해오도록 한 일이 있고, 한 무제는 신선술을 매우 좋아해 서왕모(西王母)를 만나 불로장생을 위해 선도(仙道) 수행에 관한 책과 부적을 얻은 적이 있기 때문이다. 우주를 다스리고, 나라를 크게 넓혀 위대한 공적을 쌓았지만, 그들은 만족하지 못하고 있다(3-4구). 그들은 불로장생을 욕망하였던 것이다. 진시황은 삼신산을 찾으려 했고, 한무제는 선약을 만들기 위해 선인장을 세웠다(5-6구). 또한 진시황과 한 무제는 기년궁과 망선궁을 세웠으나 득도를 위함이 아니라 부귀공명을 더 누리고자 함이었다(7-10구). 그러나 심도사는 멈춤과 그침을 알기에 그저 머물러 있을 곳, 이 작고 아담한 도관에 만족한다(11-14구).

2단락(15-28구)은 심도사가 노니는 모습을 그렸다. 15-18구는 심도사가 머무는 곳에 자연의 이치가 운행되는 도의 모습이 있음을 말한 것이다. 이 곳이 아름다운 것은 심도사가 매이는 바가 건물의 외적 모습 같은 물(物)과 외(外)에 있지 않고, 참된 도의 세계 현공(玄空)만 생각하기 때문이다(19-20구). 그저 친구와 손님이 오면 불로장생약이 되는 돌의 정수를 대접하고, 기러기를 몰아 맞이하고 배웅할 뿐이고,

이곳은 사람의 길이 아닌 구름의 길만 통할 뿐이다(21-24구). 이미 득도하여 가벼운 몸을 한번 들면 날아올라 태양 위로 오르니, 도교의 명승지인 화산이나 숭산에 갈 필요도 없다(25-26구). 이런 심도사가 시인 심약에게 말을 건넨다. 해도 저문데 그대도 이곳으로 와 함께하자고(27-28구).

## 4-10
## 〈早發定山(조발정산)〉[1] 〈아침에 정산을 출발하며〉

| | |
|---|---|
| 夙齡愛遠壑,<br>숙령애원학 | 이른 나이부터 먼 골짜기를 사랑했지만, |
| 晩莅見奇山.[2]<br>만리견기산 | 나이 들어 부임길에 기이한 산 보았더라. |
| 標峰彩虹外,[3]<br>표봉채홍외 | 고운 무지개 너머에 봉우리를 세우고, |
| 置嶺白雲間.<br>치령백운간 | 흰 구름 사이에는 산 고개를 놓았네. |
| 傾壁忽斜竪,<br>경벽홀사수 | 기울어진 절벽 문득 비껴서 있거니와, |
| 絶頂復孤圓.[4]<br>절정부고원 | 끊어진 산꼭대기는 다시 홀로 둥그네. |
| 歸流海漫漫,<br>귀류해만만 | 바다로 흘러드는 큰 강물 출렁대고, |
| 出浦水濺濺.[5]<br>출포수천천 | 포구에서 나오는 물은 찰랑대는구나. |
| 野棠開未落,<br>야당개미락 | 들 산사 꽃은 피었다 아직 지지 않고, |
| 山櫻發欲然.[6]<br>산앵발욕연 | 산 벚꽃나무는 피어서 불타는 듯하네. |
| 忘歸屬蘭杜,<br>망귀속란두 | 돌아가는 것 잊은 채 향초 엮어 몸 차고, |
| 懷祿寄芳荃.[7]<br>회록기방전 | 녹봉 생각을 향긋한 전초에 실어보노라. |
| 眷言采三秀,<br>권언채삼수 | 돌아다보며 세 번 꽃피는 영지를 캐나니, |
| 徘徊望九仙.[8]*<br>배회망구선 | 서성이며 아홉 분 신선을 바라다보노라. |

원주

* 작품 전체가 대구로 이루어져 있으니, 역시 하나의 격식을 이룬다.(通體對耦, 亦成一格.)

역주

1) 定山 : 지금의 절강성(浙江省) 항주(杭州) 동남쪽에 위치.
2) 夙齡愛遠壑 2구 : 숙령(夙齡)은 이른 나이, 젊은 시절. 원학(遠壑)은 먼 골짜기. 속세에서 멀리 떨어진 골짜기. 만(晩)은 나이가 들다. 리(莅)는 자리에 취임하다. 심약이 동양군(東陽郡)의 태수로 부임하러 가는 것을 말함. 기산(奇山)은 기이한 산. 정산(定山)을 가리킴.
3) 標峰 : 봉우리를 세우다.
4) 傾壁忽斜豎 2구 : 경벽(傾壁)은 기울어진 절벽. 사수(斜豎)는 비껴서다. 절벽의 기울어짐이 역삼각형처럼 서 있어 내게 무너져 내릴 듯 하다는 의미. 절정(絶頂)은 끊어진 산꼭대기.
5) 歸流海漫漫 2구 : 귀류해(歸流海)는 ≪문선(文選)≫에 귀해류(歸海流)로 되어 있어 '바다로 흘러가는 큰 흐름'이란 뜻으로 봄. 또 '귀해류(歸海流)'로 보아야 다음 구와 대구(對句)를 이룬다. 만만(漫漫)은 첩어, 의태어로 큰물이 흐르는 모양. 천천(濺濺)은 첩어, 의태어로 작은 물이 흐르는 모양.
6) 野棠開未落 2구 : 야당(野棠)은 들 산사(山査)나무의 꽃. 개미락(開未落)은 꽃이 피어서 아직 떨어지지 않다. 꽃이 핀 후 거의 져가는 모습. 산앵(山櫻)은 산 벚꽃나무. 발욕연(發欲然)은 피어서 불타는 듯하다. 이제 한창 피기 시작한 모습을 말함.
7) 忘歸屬蘭杜 2구 : 속란두(屬蘭杜)은 향초인 난초와 두약(杜若)을 몸에 엮어 차다. ≪초사·이소(離騷)≫에 "강리(江離)와 벽지(辟芷)를 몸에 걸치고, 추란(秋蘭)을 꿰어 허리장식 만드네."라고 하였다. ≪초사·구가·산귀(九歌·山鬼)≫에 "산에 사는 사람은 두약9杜若) 같이 향기롭네,"라고 하였다. ≪초사≫에서의 향초는 수신(修身)을 상징함. 방전(芳荃)은 향기로운 전초. ≪초사·이소(離騷)≫에 "임금(荃)께서 내 마음을 살피지 아니하시네.(不察余之中情兮.)"라고 하여 전초를 임금에 비유함.
8) 眷言采三秀 2구 : 권언(眷言)은 첩운, 의태어로 미련을 갖고 돌아다보는 모양. 삼수(三秀)는 영지(靈芝). 1년에 3번 꽃을 피움. 구선(九仙)은 아홉 종류의 신선 또는 신선술.
9) 압운은 山, 間, 圓, 濺, 然, 荃, 仙.

감상

이 시는 심약이 동양군의 태수로 부임하러 가는 길목에 있는 정산에서 하루를 묵고 아침에 출발하며 산에 대한 감흥을 읊은 것이다. 이 시의 요점은 정산이 왜 기산(奇山)인지를 설명하는 것에 있다. 시는 모두 14구로 되어 있고 세 단락으로 나눌 수 있다.

1단락(1-2구)은 제목을 설명한 파제(破題)로 부임하러 가는 길목에서 만난 기이한 산을 다시 떠나야하는 아쉬움을 말하고 있다.

2단락(3-10구)은 2구의 기이한 산(奇山)을 설명한 것이다. 이 기이한 산은 봉우리를 세우고 산 고개를 놓았다(3-4구). 무너질 듯 깎아지른 절벽에 그 꼭대기는 둥그런 기이함을 가졌고, 큰물과 작은 물이 흐르며, 피었다 지는 꽃과 막 피어 한창인 꽃이 있다(5-10구). 이 산은 기이함을 갖출 뿐 아니라 그 다양함도 갖추었다. 수직(봉우리)과 수평(산 고개), 뾰족함과 둥그러미, 큼과 작음, 꽃이 짐과 핌. 이는 마치 불법(佛法)이 모든 중생과 사물을 아우르고 있는 화엄(華嚴)의 세계를 연상시켜준다.

마지막 3단락(11-14구)은 시인의 두 마음을 표현하고 있다. ≪초사≫에서 수신(修身)을 뜻하는 향초와 임금을 비유하는 전초를 가져와 벼슬을 통해 임금의 은혜를 갚고자하는 첫 번째 마음을 드러낸다(11-12구). 마지막 2구에서 시인이 돌아보며 서성이며 떠나는 길을 아쉬워하는 것은 젊은 시절부터 꿈꾸던 산을 만나니 벼슬을 그만두고 은자가 되고픈 두 번째 마음이 있었기 때문이다. 부임길이라 겨우 하루를 묵고 떠나야했으니 그 아쉬움을 어찌 갈무리했을까?

## 4-11

### 〈冬節後至丞相第詣世子車中作(동절후지승상제예세자거중작)〉[1)*]

### 〈동지가 지난 뒤에 승상의 집에 갔다 세자에 나아가는 수레 안에서 짓다〉

| | |
|---|---|
| 廉公失權勢,<br>렴공실권세 | 조나라 염파 대감께서 권세를 잃게 되자, |
| 門館有虛盈.[2)]<br>문관유허영 | 대문과 집안에는 식객이 비게 됨 있었네. |
| 貴賤猶如此,<br>귀천유여차 | 귀천에 의합도 여전히 이것과 같거늘, |
| 況乃曲池平.[3)]<br>황내곡지평 | 하물며 곡수 연못 메워져 팽팽해짐에랴. |
| 高車塵未滅,<br>고거진미멸 | 높은 수레 먼지 아직 사라지지 않았거니와, |
| 珠履故餘聲.[4)]<br>주리고여성 | 구슬 신발이 옛적 소리를 남겨 놓고 있거늘. |
| 賓階綠錢滿,<br>빈계록전만 | 손님 다니던 섬돌엔 파란동전이 가득하고, |
| 客位紫苔生.[5)]<br>객위자태생 | 손님들 앉던 자리엔 자줏빛 이끼 자랐네. |

| | |
|---|---|
| 誰當九原上,[6]<br>수당구원상 | 뉘라서 응당 구원 들판 위에서, |
| 鬱鬱望佳城.[7]**<br>울울망가성 | 울적하게 '멋진 성'을 바라보랴? |

**원주**

* ≪제서≫ : 예장왕인 소억이 죽자, 승상 겸 양주목을 추증했다. 장자 염이 세자가 되었다.(齊書, 豫章王嶷薨, 贈丞相 · 楊州牧. 長子廉爲世子.[8])

** ≪사기·염파전≫ : 염파가 세력을 잃었을 때, 옛 손님들이 모두 가버렸으나, 다시 장군이 되니, 또 다시 이르렀다.(史記廉頗傳曰, 廉頗失勢之時, 故客盡去, 乃復爲將, 又復至.)

**역주**

1) 冬節後至丞相第詣世子車中作 : 동절(冬節)은 동지(冬至). 승상(丞相)은 남조 제나라 예장왕(豫章王) 소억(蕭嶷)을 말함. 제(第)는 저택. 예(詣)는 나아가다.
2) 廉公失權勢 2구 : 염공(廉公)은 전국시대 조나라의 명장인 염파(廉頗)를 말함. ≪사기·염파인상여열전(史記·廉頗藺相如列傳)≫에 의하면 염파가 장평(長平) 직위에서 해임된 후에, 옛 식객들이 모두 가버렸다가 염파가 다시 기용되자 식객들이 다시 왔다고 한다. 문관(門館)은 대문과 집 안. 허영(虛盈)은 가득 찬 것을 비우다. 여기서는 식객들이 비게 된 것을 말함.
3) 況乃曲池平 : 황내(況乃)는 하물며 ~임에랴. 곡지평(曲池平)은 곡수 연못이 메워져 평평하게 되다. 곡수 연못이란 왕희지(王羲之)의 ≪난정집서(蘭亭集序)≫에 나오는 유상곡수(流觴曲水)의 연회, 곡수연(曲水宴)하던 연못을 말함. 또 환담(桓譚)의 ≪신론(新論)≫에서 전국시대 제(齊)나라 사람으로 거문고로 슬픈 곡조를 타서 사람들을 울리던 옹문주(雍門周)가 제나라 재상인 맹상군(孟嘗君)에게 말하길 "저는 천년만년 후에 묘당에서 제사를 받지 못하게 되고, 높은 누대는 이미 기울어지고, 굽은 연못 또한 이미 평평해 질것이며, 맹상군의 무덤에서 가시나무가 자라고, 여우와 토끼가 그곳에 구멍을 만들며, 나무꾼 아이와 목동이 오가며 그 위에서 노래하는 것을 지나가는 사람이 보고 슬퍼하며 맹상군의 존귀함이 어찌 이렇게 되었는가! 라고 할 것이 두렵습니다." 라고 하고 거문고를 타자 맹상군이 "선생의 거문고가 내게 나라 망한 사람의 슬픔을 알게 하였다." 라고 말하고 더욱 탄식하며 눈물을 흘렸다고 한다.
4) 高車塵未滅 2구 : 고거(高車)는 높은 수레. 여기서는 예장왕을 찾아오던 화려한 수레를 의미. 주리(珠履)는 신발에 구슬이 달린 신. 값비싼 신발을 의미.
5) 賓階綠錢滿 2구 : 빈계(賓階)는 손님이 오르내리던 섬돌. 록전(綠錢)은 파란 동전. 돌의 동그란 이끼를 말함. 자태(紫苔)는 자주색의 이끼.
6) 九原 : 지명으로 '무덤'을 의미. 산서성(山西省) 신강현(新絳縣) 북쪽에 위치하며 춘추(春秋)시기 진(晉)나라의 경(卿), 대부(大夫)들이 이곳에 묻혀 후대에 무덤을

의미하게 됨.

7) 鬱鬱望佳城 : 장화(張華)의 ≪박물지(博物志)≫에 의하면 한(漢)나라 등공(滕公)의 장례에 상여를 끌던 말이 멈추고 슬피 울면서 땅을 파니 “울적하여라 저 아름다운 성佳城이여, 3천 년 만에 태양을 보리라. 아 등공(滕公)이 여기에 묻히리라.” 라는 비석이 나왔다고 한다. 이 후 울울가성(鬱鬱佳城)은 ‘무덤’ 을 뜻함.

8) 長子廉 : 예장왕 소억의 장자 소자염(蕭子廉)을 말함.

9) 압운은 盈, 平, 聲, 生, 城.

**감상**

이 시는 심약이 예장왕 소억의 문상을 간 후 세자를 찾아가는 수레 안에서 쓴 것으로 보인다. 제목에서 ‘동지가 지난 뒤에’ 라는 표현으로 보아 아마도 문상이 늦었다는 뜻으로 보인다. 예장왕은 남조 제나라를 세운 고제(高帝)의 둘째 아들로, 2대 황제 무제(武帝)는 그의 동복형이다. 생전 부귀를 누렸을 예장왕이었지만 문상은 초라했다. 이 시는 이런 염량세태(炎涼世態)를 읊은 것이다. 시는 모두 10구로 되어 있고 세 단락으로 나눌 수 있다.

1단락(1-4구)은 현재 예장왕 저택의 횡한 모습을 그렸다. 시인은 옛 조나라 장군 염파의 이야기를 가져와 현재 예장왕 저택의 모습을 비유한다(1-2구). 사람도 귀천에 의함이 이와 같거늘, 한때 화려한 곡수연하던 연못도 주인이 없으면 메워져 평평해지는 것을 어찌할 것인가(3-4구).

2단락(5-8구)은 예장왕 저택의 과거와 현재의 모습을 비교한 것이다. 옛날 화려한 수레, 값비싼 신발을 신고 찾아들던 사람들이 있던 곳. 지금은 섬돌과 자리에 이끼만 가득하다.

마지막 3단락(9-10구)은 결론이다. 경대부가 묻혔던 구원(九原)도, 제후가 묻힌 울울가성(鬱鬱佳城)도 모두 무덤일 뿐이다.

## 4-12
## 〈奉和竟陵王經劉瓛墓(봉화경릉왕경류환묘)〉[1]

〈경릉왕 ‘유환의 묘를 지나며’ 에 받들어 화답하다〉

| | |
|---|---|
| 表閭欽逸軌,<br>표려흠일궤 | 마을 문에 표창하여 남다른 자취를 흠모하고, |
| 式墓禮眞魂.[2]<br>식모례진혼 | 묘지에 인사하며 곧은 혼백에 예를 표시하네. |
| 化塗終渺默,<br>화도종묘묵 | 저승길은 끝내 볼 수도 들을 수도 없거니와, |

神理曖猶存.[3] 신묘한 이치는 희미하게 아직 남아있는 듯하네.
신리애유존
塵經未輟幌, 먼지 낀 경전에 휘장 아직 치우지 않았지만,
진경미철황
高衡已委門.[4] 높은 가로나무가 이미 문에 떨어져 있구나.
고형이위문
日蕪子雲舍, 나날이 양웅의 집은 황폐해져 가거니와,
일무자운사
徒望董生園.[5] 동중서 정원을 헛되이 바라보고 있다네.
도망동생원
華陰無遺布,[6] 장해의 화음처럼 남겨진 시장은 없거니와,
화음무유포
楚席有靈樽.[7] 초왕 준비한 자리에는 신령한 잔 남았네.
초석유령준
元泉倘能慰, 황천에서 만약에 위로 받을 수 있다면,
원천당능위
長夜且勿論.[8]* 긴 밤 또한 장차 따지지 아니할 터인데.
장야차물론

원주

* '화음' 구는 왕열이 소를 훔친 자에게 베를 준 일을 사용하고 있다.(華陰句, 用王烈遺盜牛者布事.)[9]

역주

1) 奉和竟陵王經劉瓛墓 : 봉화(奉和)는 받들어 화답하다. 경릉왕(竟陵王)은 남조 제나라 2대 황제 무제(武帝)의 2남 소자량(蕭子良)을 말한다. 자는 운영(雲英)이다. 문학에 조예가 있어 서저(西邸)에서 문사들을 모았는데 제나라 영명(永明) 연간에 사조, 심약 등의 경릉팔우(竟陵八友)를 이끌었다. 독실한 불교 신자로 신불멸설(神不滅說)을 주장하였다. 저서에 ≪남제경릉왕집(南齊景陵王集)≫ 편집본이 전한다. 경류환묘(經劉瓛墓)는 경릉왕이 쓴 〈등산망뢰거사정사동침우위과유선생묘하작시(登山望雷居士精舍同沈右衛過劉先生墓下作詩)〉를 말함.
유환(劉瓛)은 남조 제나라 패국(沛國) 상현(相縣) 사람으로 자는 자규(子珪)고, 시호는 정간(貞簡)이다. 남조 송나라 때 수재(秀才)로 천거되어 봉조청(奉朝請)에 임명되었지만 나가지 않았고, 제나라 고제(高帝) 때 팽성군승(彭城郡丞)과 회계군승(會稽郡丞)을 맡았다. 벼슬보다 오경(五經)에 정통하여 많은 학생들을 모아 후진을 양성하는 일에 전념하였다.
2) 表閭欽逸軌 2구 : 표(表)는 표창하여 널리 알리다. 려(閭)는 일가족이 거주하는

골목 입구에 세우는 표지를 뜻함. 일(逸)은 빼어나다. 식모(式暮)는 묘지를 지날 때 수레 앞 손잡이를 잡고 절하여 예를 표하는 것. 진혼(眞魂)은 다른 판본에 정혼(貞魂)으로 되어 있어 '곧은 혼백'으로 번역함.

3) 化塗終渺默 2구 : 화(化)는 여기서 조화, 변화로 '죽음'을 의미. 화도(化塗)는 죽음의 길, 저승길. 묘(渺)는 모습이 없는 것으로 보이지 않다는 뜻. 묵(默)은 말이 없는 것으로 들리지 않다는 뜻. 애(曖)는 희미하다, 어렴풋하다.

4) 塵經未輟幌 2구 : 경(經)은 경전. 철(輟)은 철(撤)로 치우다. 황(幌)은 휘장. 고형(高衡)은 높은 걸려있는 가로 나무.

5) 日蕪子雲舍 2구 : 일(日)은 나날이. 자운(子雲)은 한나라 문인 양웅(揚雄)의 자. 일생을 곤궁하게 지냈으나 문장에 뛰어났으며 많은 저술을 남겼다. 동(董)은 한나라의 유학자 동중서(董仲舒)을 말함. 한나라에 오경박사(五經博士)를 두고, 문교의 중심을 유가로 정하는 것에 공헌했다. 장막(帳幕)을 치고 제자를 가르쳤고, 학문에 정진하느라 3년 동안 정원에 나가지 않았다는 고사가 유명하다. 생(生)은 선생(先生)의 준말.

6) 華陰無遺布 : ≪후한서·정범진가장열전(後漢書·鄭范陳賈張列傳)≫에 장해(張楷)에 대해 "장해의 자는 공초이다. … 홍농(弘農)의 산에 은거하니, 배우고자 하는 사람들이 그를 따르고, 거한 곳이 저자를 이루었다. 훗날 화음(華陰) 산 남쪽에 마침내 공초 시장이 생겼다."라고 하였다.

7) 楚席有靈樽 : ≪한서·초원왕전(漢書·楚元王傳)≫에 의하면 초(楚)나라 원왕(元王)이 목생(穆生)을 공경하고 예우했는데, 목생이 술을 마시기를 즐겨하지 않자 술자리를 베풀 때마다 목생을 위해 약한 술을 마련했다고 한다. 령준(靈樽)은 영험한 술잔. 다른 판본에 '유준(遺樽)'으로도 되어 있음.

8) 元泉倘能慰 2구 : 원천(元泉)은 ≪문선(文選)≫에 '현천(玄泉)'으로 되어 있다. ≪고시원≫을 엮은 심덕잠은 청나라 문인으로 강희(康熙) 황제의 이름 현엽(玄燁)을 피휘(避諱)하기 위해 일부러 원(元)을 사용함. 현천(玄泉)은 황천, 아득한 저승. 장야(長夜)는 긴 밤. 죽음을 의미. 론(論)은 여기서 따지다, 문제 삼다의 뜻.

9) 華陰句 2구 : 심덕잠은 '화음무유포(華陰無遺布)'를 ≪후한서·왕열열전≫의 이야기로 보고 있으나, 시의 내용과 맞지 않다. 이는 역주 6)의 설명처럼 장해(張楷)의 이야기로 보는 것이 타당함.

10) 압운은 魂, 存, 門, 園, 樽, 論.

**감상**

이 시는 심약이 제나라 경릉왕의 시에 화답한 것이다. 심약은 일찍이 경릉왕 아래에서 경릉팔우(竟陵八友)의 한 사람으로 활약했다. 제목에 나오는 유환은 여러 번 벼슬을 거절하고 후학 양성에 전념한 당시의 명사였다. 시는 모두 12구로 되어 있고 세 단락으로 나눌 수 있다.

1단락(1-4구)은 심약이 유환의 무덤을 찾아간 내용이다. 유환의 남긴 자취, 신묘한 이치를 느끼며 그가 여러 번 벼슬을 거절했던 곧은 혼백임을 칭송하고 있다.

2단락(5-8구)은 유환 사당의 모습이다. 먼지 낀 경전은 유환이 유학자였음을 말해준다. 유헌의 사후 그를 기리기 위해 사당에 책과 휘장 등을 두었지만 먼지가 쌓이고 가로나무는 오래되어 내려 앉아 있는 초라한 모습이다(5-6구). 심약은 여기서 중국의 대학자들이었던 양웅과 동중서를 가져와 유환을 견주었다. 평생 학문에 매진했으나 가난했던 양웅의 집 같은 유환의 거처. 책을 보느라 3년간 내다보지 않았다는 동중서의 정원 같은 유환의 정원.

마지막 3단락(9-12구)은 시인의 감회를 적었다. 생전 명사였던 유헌의 사당이 지금 황폐한 것을 보고 시인은 훗날 자신의 자를 딴 시장을 남긴 장해의 예를 들며 쓸쓸해 한다(9구). 또 사당 앞에 놓인 술잔을 보고 옛날 초나라 원왕이 목생을 공경하며 준비했다던 술을 떠올려 보지만 단지 외형적인 모습일 뿐 유환이 죽자 그 공경의 마음이 없어짐을 안타까워한다(10구). 유환의 사후에 그의 학문 세계를 기리는 사람이 없어 황량해짐을 시인은 안타까워하고 있다(11-12구).

# 권13

# 粱詩(양시)

# 1. 江淹[1]*

## 1-1

### 〈從冠軍建平王登廬山香爐峰(종관군건평왕등려산향로봉)〉[2]

〈관군장군 건평왕을 따라서 여산 향로봉에 올라서〉

廣成愛神鼎,
광성애신정
광성자는 신정을 사랑했고,

淮南好丹經.[3]
회남호단경
회남자는 단경 좋아했었지.

此山具鸞鶴,
차산구란학
이 산에는 봉황새와 학을 구비해서,

往來盡仙靈.[4]
왕래진선령
오고 가는 사람 모두 선인이었다지.

瑤草正翕赩,
요초정흡혁
옥 같은 풀은 정말로 붉게 무성하고,

玉樹信蔥青.[5]
옥수신총청
옥 같은 나무 실로 푸르게 우거졌구나.

絳氣下縈薄,
강기하영박
붉은 기운은 내려와 땅에 얽혀 붙고,

白雲上杳冥.[6]
백운상묘명
흰 구름 올라 아득히 멀리 떠 있구나.

中坐瞰蜿虹,[7]
중좌감완홍
앉아 있는 가운데 무지개 내려다보고,

俛伏視流星.
부복시류성
숙이고 엎드려서는 유성을 보고 있네.

不尋遐怪極,
불심하괴극
멀고 괴이한 것의 극치를 찾지 않아도,

則知耳目驚.[8]
즉지이목경
곧장 눈귀가 놀라운 경치임 알 수 있네.

日落長沙渚,
일락장사저
해는 긴 모래섬 물가에 떨어지고 있고,

曾陰萬里生.[9]
증음만리생
겹겹의 어둠이 만 리 가득 생겨나누나.

| | |
|---|---|
| 藉蘭素多意,<br>자란소다의 | 난초 밭 앉으면 본래 좋은 생각 많아지니, |
| 臨風默含情.[10]<br>림풍묵함정 | 바람을 맞이하니 묵묵히 감정을 품는구나. |
| 方學松柏隱,<br>방학송백은 | 송백 속에 사는 은자를 장차 배우려니, |
| 羞逐市井名.<br>수축시정명 | 시정의 명성을 좇는 것을 부끄러워하네. |
| 幸承光誦末,[11]<br>행승광송말 | 빛나는 시의 뒤를 다행히 잇게 되었으니, |
| 伏思託後旍.<br>복사탁후정 | 감히 수레 뒤라도 기탁하길 생각해 보네. |

**원주**

* 문통 강엄은 자못 잘 꾸미지만, 그러나 풍골은 높지가 않다.(文通頗能修飾, 而風骨未高.)

**역주**

1) 江淹(강엄, 444-505) : 자는 문통(文通)이고 하남성(河南省) 고성(考城)사람이다. 남조의 송·제·양의 세 왕조에서 남서주종사(南徐州從事), 상서부랑(尙書部郎), 비서감(秘書監), 시중(侍中), 위위경(衛尉卿), 금자광록대부(金紫光祿大夫)를 역임하였고, 예릉후(醴陵侯)에 책봉되었다. 벼슬은 양나라 때 크게 되었으나, 유(儒)·불(佛)·도(道)에 통달하고 문장으로 이름을 날리는 등의 활동은 송·제 시대에 주로 하였으며 만년에는 부진하였다. 이를 두고 '강랑재진(江郎才盡)' 이라는 성어가 생겼다. 문집 ≪강문통집(江文通集)≫이 있다.
2) 從冠軍建平王登廬山香爐峰 : 관군(冠軍)은 벼슬이름 관군장군(冠軍將軍). 건평왕(建平王)은 남조 송나라 유경소(劉景素)를 말함. 송나라의 포악한 황제였던 후폐제(後廢帝)를 폐위하기 위해 476년 당시 남서주자사(南徐州刺史) 벼슬이던 유경소가 경성(京城)을 거점으로 반란을 일으켰으나 소도성(蕭道成)에게 평정되고 죽임을 당함. 여산(廬山)은 도교와 불교 등 종교적 영향이 큰 지역. 향로봉(香爐峰)은 여산에 있는 봉우리 이름.
3) 廣成愛神鼎 2구 : 광성(廣成)은 광성자(廣成子)로 공동산(崆峒山)의 석실(石室)에서 도를 닦은 전설의 선인(仙人)을 말하며 황제(黃帝)가 그를 찾아와 도를 묻고 신선술을 배웠다고 함. 신정(神鼎)은 도가에서 단약을 조제하는 솥. 회남(淮南)은 한나라 고조의 손자 유안(劉安)으로 무제 때 회남왕에 봉해졌다. 회남왕이 자신을 찾아온 여덟 노인들 '팔공(八公)' 을 공경해 그들에게 술법을 배웠고 연단술의 처방이 적힌 책 ≪단경(丹經)≫을 받았다고 함.

4) 此山具鸞鶴 2구 : 란(鸞)은 난새, 봉황새. 여산(廬山)에 란강(鸞崗)과 학령(鶴嶺)이 라는 지명이 있는데 ≪문선(文選)≫에 의하면 란강(鸞崗)은 신선 홍애(洪崖)가 난새를 타다 쉬던 언덕이고, 학령(鶴嶺)은 후에 신선이 된 왕자교(王子喬)가 학을 타고 가다 쉬던 고개라고 함. 진(盡)은 모두, 다. 선령(仙靈)은 신선, 선인(仙人)을 말함.

5) 瑤草正翕赩 2구 : 요초(瑤草)는 옥으로 만든, 옥 같은 풀. 옥수(玉樹)는 옥 같은 나무. 요초(瑤草)와 옥수(玉樹)는 모두 신선 세계를 의미. 흡혁(翕赩)은 쌍성, 의태어로 붉게 무성한 모양. 총청(蔥青)은 쌍성, 의태어로 우거져 무성한 모양.

6) 絳氣下縈薄 2구 : 영(縈)은 감싸다, 얽히다. 박(薄)은 달라붙다. 묘명(杳冥)은 아득하고 멀다.

7) 中坐瞰蜿虹 : 중좌(中坐)는 좌중(坐中)으로 앉은 가운데. 감(瞰)은 위에서 아래를 내려다 봄. 완홍(蜿虹)은 무지개.

8) 不尋遐怪極 2구 : 하괴(遐怪)는 멀리 떨어져 괴이한 것. 즉(則)은 즉(卽), 곧장. 경(驚)은 놀라운 경치.

9) 日落長沙渚 2구 : 장사(長沙)는 여산(廬山)에서 보이는 만 리와 같이 긴 모래톱, 모래섬. 증음(曾陰)은 겹겹의 구름. 문맥상 어둠보다 '구름'의 의미.

10) 藉蘭素多意 2구 : 자(藉)는 자리 삼다, 앉다. 소(素)는 본래, 본디. 의(意)는 좋은 생각. 묵(默)은 묵묵히.

11) 幸承光誦末 2구 : 광송(光誦)은 빛나는 시. 여기서는 건평왕(建平王)의 시를 의미함. 후정(後旍)은 ①≪문선(文選)≫의 주(注)에 의하면 정(旍)을 '수레에 꽂힌 깃발'로 보아 후정(後旍)을 '뒤 수레'로 봄. ②정(旍)을 정(旌), 깃발로 보아 '깃발 뒤'의 뜻. 여기서는 ①의 뜻으로 자신의 작품이 '수레 뒤라도 맡겨지길' 원한다는 겸사(謙辭).

12) 압운은 經, 靈, 青, 冥, 星, 驚, 生, 情, 名, 旍.

## 감상

이 시는 강엄이 관군장군을 맡고 있던 건평왕 유경소를 따라 여산의 향로봉을 오르며 지은 노래이다. 마지막 부분(19-20구)의 내용으로 보아 건평왕의 시에 답한 화답시로 보인다. 건평왕은 송나라 후폐제(後廢帝)를 폐위하기 위해 476년 반란을 일으키다 죽임을 당하고, 이 난을 평정한 소도성이 479년 남제를 세우게 되므로, 이 시는 송의 말기 작품으로 판단된다. 또한 강엄이 젊은 시절 건평왕에게 자신의 문재를 알리고자 하는 의식이 드러나 있다. 그래서 심덕잠이 원주에 시의 자질이 높지 않다고 평가했을 것이다. 이 시는 모두 20구로 되어 있다.

1-2구에서 신선 광성자와 회남자를 이야기 한 것은 건평왕의 도(道)의 수준이 이들과 같은 수준이라는 것이다. 광성자는 황제가 와서 신선술을 묻고, 회남자는 한나라 무제가 자주 조언을 구하였다고 한다. 이처럼 제왕의 스승격인 사람들과 같이 신정(神鼎)을 사랑하고 ≪단경(丹經)≫을 좋아했다는 의미이다.

3-4구는 지금 건평왕과 함께 오르는 여산의 란강과 학령이라는 지명을 통해 이곳

이 신선들이 노닐던 곳임을 말하고 있다. 5-6구의 옥 같은 풀과 나무 역시 신선의 세계를 묘사한 것이고, 7-8구는 이곳의 낮은 곳과 높은 곳까지 모두 신성한 기운이 있다고 말한 것이다. 시인은 향로봉에 올라 무지개와 떨어지는 유성을 내려다보니 멀리 찾지 않아도 놀라운 경치라서(9-12구), 해가 지니 산에서 하루를 묵게 된다(13-14구).

이제 시인은 보던 경치에서 돌아와 생각에 잠기게 된다. 16구에서 생겨난 감정(情)은 다음 17-18구에서 설명하고 있다. 그 감정이란 은자를 배워 명성을 좇는 것을 부끄러워하는 것이다. 마지막 19-20구에서는 이 시를 짓는 이유를 설명한 것으로 건평왕의 빛나는 시를 이어, 수레의 뒤라도 기탁하고 싶다는 화답의 뜻을 밝힌 것이다.

## 1-2

### 〈望荊山(망형산)〉[1] 〈형산을 바라보다〉

| | |
|---|---|
| 奉詔至江漢,<br>봉조지강한 | 조서 받들고 양자강과 한수에 이르니, |
| 始知楚塞長.[2]<br>시지초새장 | 초나라 지역의 변방이 긴 걸 알겠네. |
| 南關繞桐柏,<br>남관요동백 | 남쪽 관문에는 동백산이 에워싸고 있고, |
| 西嶽出魯陽.[3]<br>서악출로양 | 서쪽 산들 중에 노양산 우뚝 솟아 있네. |
| 寒郊無留影,[4]<br>한교무류영 | 차가운 들녘 남아 있는 그림자 하나 없고, |
| 秋日懸清光.<br>추일현청광 | 가을 해만이 맑은 빛을 허공에 내걸었네. |
| 悲風撓重林,<br>비풍요중림 | 슬픈 바람은 겹겹의 숲을 휘게 만들고, |
| 雲霞肅川漲.[5]<br>운하숙천창 | 구름 노을 넘실대는 시내 숙연하게 하네. |
| 歲晏君如何,<br>세안군여하 | 한해가 저물어 가는데 그대는 어떠한가? |
| 零淚霑衣裳.[6]<br>령루점의상 | 눈물을 떨어뜨려 옷깃을 적시고 있다오. |

玉柱空掩露, 거문고는 부질없이 이슬에 덮여 있고,
옥주공엄로
金樽坐含霜. 인하여 술잔은 서리만 머금고 있다오.
금준좌함상
一聞苦寒奏, 일단 〈고한〉의 연주를 듣게 되면,
일문고한주
再使豔歌傷.[7)*] 다시 〈염가〉 마저 슬프게 만드는 걸.
재사염가상

**원주**

* 쓸쓸하다.(蕭瑟.)

**역주**

1) 荊山 : 지금의 호북성(胡北省) 서쪽에 있는 산. 초(楚)나라 지역을 가리키는 것으로 남북조시대에 남과 북의 경계 지역. 사실상 '전쟁터'의 의미.
2) 奉詔至江漢 2구 : 강(江)은 양자강(揚子江). 한(漢)은 한수(漢水)를 말하는 것으로 양자강의 가장 큰 지류(支流)임. 새(塞)는 변방. 여기서는 남조와 북조의 국경선을 의미.
3) 南關繞桐柏 2구 : 남관(南關)은 남쪽 관문으로 형산(荊山)의 남쪽 끝에 위치. 동백(桐柏)은 산 이름으로 지금의 하남성(河南省)과 호북성(胡北省)의 경계에 위치. 노양(魯陽)은 산 이름으로 지금의 하남성(河南省) 노산현(魯山縣)에 위치.
4) 留影 : 남아 있는 그림자, 인적을 의미.
5) 悲風撓重林 2구 : 요(撓)는 휘게 만들다. 숙(肅)은 엄숙하게, 숙연하게 만들다. 천창(川漲)은 창천(漲川)으로 물이 가득 차 넘실거리는 시냇물을 의미. 압운 때문에 도치됨.
6) 歲晏君如何 2구 : 이 2구는 자문자답의 형식으로 군(君)은 여기서 시인 '자신'을 가리킴.
7) 玉柱空掩露 2구 : 옥주(玉柱)는 현악기의 현을 지지하는 기러기발(雁足)로 여기서는 '거문고'를 의미. 금준(金樽)은 술잔을 말함. 금(金)은 준(樽)을 꾸미는 시어. 좌(坐)는 앞 구의 공(空)과 대구를 이뤄 '때문에, 인하여'의 의미.
8) 一聞苦寒奏 2구 : 고한(苦寒)은 악부(樂府)의 곡명 〈고한행(苦寒行)〉을 말함. 〈고한행〉은 여정의 고난과 나그네의 설움을 읊은 것으로 여기서는 '슬픈 노래'를 의미(≪고시원≫ 번역본 2권 48쪽 참조). 염가(豔歌)는 악부로 〈염가행(豔歌行)〉을 말함(≪고시원≫ 번역본 1권 434쪽) 참조. 여기서는 '즐거운 노래'를 의미.
9) 압운은 長, 陽, 光, 漲, 裳, 霜, 傷.

감상

강엄이 살던 시대에는 북쪽의 북위와 국경을 접하고 끊임없이 전쟁을 하고 있었다. 이 노래 제목의 형산은 바로 그 현장 지역이다. 모두 14구로 두 단락으로 나누어 볼 수 있다.

앞 단락인 1-8구는 시인이 남북의 국경선인 변방 전쟁터에 이르러 눈에 보이는 풍경을 읊고 있다. 1-2구에서는 시인이 조서를 받들어 이 변방에 이르렀음을 말하고 있다. 강(江)과 한(漢), 초(楚)지역은 모두 이 시기의 변방 지역을 의미한다. 3-4구는 한 눈에 들어오는 주변의 모습으로 남쪽 관문과 서쪽 산들을 묘사하고 있다. 5-6구는 쓸쓸한 전쟁터 주변을 말하는 것을 인적은 보이지 않고 가을 해만이 빛나고 있음을 묘사한다. 그래서 부는 바람은 어느 덧 슬픈 바람이 되어 숲들을 꺾어버리고, 시내에 비치는 구름과 노을은 넘실대는 물도 숙연하게 만든다(7-8구).

뒤 단락(9-14구)에서 풍경을 바라보던 시인은 이제 마음을 풀어놓는다. 9-10구는 자문자답이다. 눈물을 떨어뜨리는 사람은 바로 시인 자신인 것이다. 한해가 저물어 가는 때라 쓸쓸하고, 전쟁터라 거문고가 있어도 켜고 싶지 않으니, 이 때문에 시인은 술도 마시고 싶지 않아 술잔은 서리 속에 버려두었다(11-12구). 마지막 13-14구에서 슬픈 노래 〈고한행〉을 한번 듣게 되면, 아무리 재미있는 사랑이야기 〈염가행〉일지라도 슬프게 만들어 버린다는 것은 전쟁터에 온 시인의 마음을 말한 것이다.

## 1-3

## 〈古離別(고리별)〉[1)*] 〈옛 이별〉

| | |
|---|---|
| 遠與君別者,<br>원여군별자 | 멀리 멀리 그대와 이별하게 된 것은, |
| 乃至雁門關.[2)]<br>내지안문관 | 바로 임께서 안문관에 가셨기 때문. |
| 黃雲蔽千里,[3)]<br>황운폐천리 | 누런 구름이 천 리를 덮고 있거니와, |
| 遊子何時還?<br>유자하시환 | 길 떠난 임께서는 언제 돌아오시려나? |
| 送君如昨日,<br>송군여작일 | 그대를 보내드린 것이 어제와 같은데, |
| 簷前露已團.[4)]<br>첨전로이단 | 처마 앞의 이슬은 이미 둥글어졌구나. |
| 不惜蕙草晚,[5)]<br>불석혜초만 | 난초 저물어가도 아깝지 않으나, |

所悲道里寒.[6] 슬픈 것은 남편 여정의 추위 뿐.
소비도리한
君在天一涯, 임은 저 하늘 한 구석에 계시니,
군재천일애
妾身長別離. 쇤네는 오랫동안 이별 할 수밖에.
첩신장별리
願一見顏色, 원컨대 당신의 얼굴 한번만 본다면,
원일견안색
不異瓊樹枝.[7] 옥돌나무와 다를 것이 없다 하겠네.
불이경수지
兔絲及水萍,[8] 난 덩굴인 새삼과 물 위의 부평이니,
토사급수평
所寄終不移.** 내 몸 둘 바는 끝내 바뀌지 않겠네.
소기종불이

원주

* 앞 시대 시를 본뜬 여러 시가 모두 30수인데, ≪고시원≫에 5수만 실었다.(雜擬共三十首, 今存五首.)

** ≪회남자≫ : 개구리 밥은 뿌리를 물에 내리고, 나무는 흙에 뿌리를 심는 것이, 천지의 본성이다. 이 시는 그것을 빌려와서 자신의 뜻이 굳음을 표현하고 있다.(≪淮南子≫ 曰: 夫萍樹根於水, 木樹根於土, 天地性也. 此借以表己志之貞.)

역주

1) 古離別 : 옛날의 이별. 강엄(江淹)이 옛 이별시를 모방하여 지음.
2) 雁門關 : 안문관. 여기서는 국경선의 관문으로 전쟁터가 가까운 전방을 의미.
3) 黃雲 : 누런 구름. 전쟁으로 인한 누런 먼지가 구름처럼 사방에 있다는 의미.
4) 團 : 둥글다. 이슬이 둥글다는 것으로 곧 서리로 변하는 백로(白露)에 접어듦을 의미.
5) 蕙草晚 : 혜초, 즉 난초가 늦어지다, 곧 혜초가 시들어지는 것을 말함.
6) 道里 : 여정. 여기서는 남편의 여정을 말함.
7) 瓊樹枝 : 〈의소이시(擬蘇李詩)〉에 "생각건대 옥돌 나무의 가지라도 얻어, 오랜 기갈 같은 그리움 풀어 보려오.(思得瓊樹枝, 以解長渴飢.)"라 하였다(≪고시원≫ 번역본 1권 519쪽 참조). 여기서 경수(瓊樹)는 원래 곤륜산 서쪽 사막에 자란다고 하는 선수(仙樹) 이름으로 인품이 고결한 사람을 비유한다. 경수의 가지는 고결한 사람인 친구로부터 온 소식을 비유하는 것.
8) 兎絲及水萍 : 토사(兎絲)는 새삼. 덩굴 식물로 다른 식물에 붙어 자란다. 수평(水萍)은 물에 의지하는 부평초.

9) 압운은 關, 還, 團, 寒에서 離, 枝, 移로 환운하고 있다.

**감상**

이 시는 남성인 시인이 옛 작품 속에서 멀리 떠난 남편을 그리워하는 여인의 입장이 되어 읊고 있다. 모두 14구로 되어 있으며, 환운에 따라 2개의 단락으로 나눠 볼 수 있다.

전 단락(1-8구)은 남편을 그리워하는 여인의 슬픔을 노래한 것이다. 1-2구에서 남편이 멀리 떠난 이유는 바로 전쟁과 관련되었음을 알 수 있다. 2구의 안문관은 전쟁터와 가까운 국경선의 의미로 쓰였다. 그 곳에는 전쟁으로 인한 먼지가 구름과 같이 덮인 곳이니 남편이 언제 돌아올지 여인은 걱정이 앞선다(3-4구). 5-6구에서는 남편을 떠나보낸 후 계절이 흘렀음을 '이슬이 둥글어졌다' 는 표현으로 나타내었다. 7구의 혜초는 여인 바로 자신을 나타내는 말로 혜초 같은 내가 늙어가는 것은 아깝지 않으나 남편의 여정의 추위를 걱정한다고 말한 것이다.

후 단락(9-14구)은 여인의 다짐을 말한 것이다. 여인은 멀리 떨어져 있음을 안타까워하면서 얼굴이라도 한번 보길 기대한다. 12구에서 말하는 경수(瓊樹)는 신선의 산에서 자란다는 나무로 경수 나무 가지는 귀한 사람으로부터 오는 소식을 비유하기도 한다. 여인의 간절함이 묻어나는 표현이다. 마지막 13-14구는 여인의 다짐을 말하는 것으로 다른 식물에 의지해야하는 새삼과 물에 의지해야 하는 부평초처럼 자신도 남편을 의지하는 마음이 변하지 않을 것이라는 의미이다.

## 1-4

### 〈班婕妤詠扇(반첩여영선)〉[1] 〈반첩여가 부채를 읊다〉

紈扇如團月, 흰 비단 부채는 둥근달과 같나니,
환선여단월

出自機中素.[2] 베틀의 흰 비단으로부터 나왔다네.
출자기중소

畫作秦王女, 그려 넣었나니 진왕의 딸 농옥이,
화작진왕녀

乘鸞向煙霧.[3] 난새 타고서 안개를 향하는 것을.
승란향연무

彩色世所重,[4] 채색을 세상 사람들 중요히 여기나,
채색세소중

雖新不代故. 새롭다 한들 본모습 대신하지 못하지.
수신불대고

竊愁涼風至,　　남몰래 수심하니 차가운 바람 이르러,
절수량풍지
吹我玉階樹.[5)]　　우리의 옥섬돌 나무에 불어오는 것을.
취아옥계수
君子恩未畢,　　임의 은총 아직 다하지 않았거늘,
군자은미필
零落在中路.[6)]　　쇠하고 떨어짐이 중도에 있다니.
령락재중로

**역주**

1) 班婕妤詠扇 : 반첩여(班婕妤)는 전한(前漢) 성제(成帝)의 후궁. 첩여(倢伃)는 후궁의 품계이다. 반첩여는 반고(班固)의 고모할머니로 알려져 있다. 〈원가행(怨歌行)〉를 지어 부채(扇)를 통해 버림받은 여인의 원망을 표현하였다(≪고시원≫ 번역본 1권 299쪽 참조.)
2) 紈扇如團月 2구 : 〈원가행〉에 "제(齊) 흰 비단 막 끊어내니, 눈서리처럼 깨끗하구나. 마름질해 합환선 만드니, 둥글둥글 보름달 같구나."라고 하였다. 환(紈)은 흰 비단으로 깨끗함을 비유. 단(團)은 모나지 않은 성품을 비유. 소(素)는 흰 비단으로 타고난 소질, 본바탕을 비유함.
3) 畫作秦王女 2구 : 화작(畫作)은 그리다. 진왕녀(秦王女)는 진왕(秦王)의 딸 농옥(弄玉)을 말함. ≪열선전(列仙傳)≫에 의하면 진나라 목공(穆公)의 딸 농옥이 퉁소 부는 것을 좋아했는데, 퉁소를 잘 부는 소사(蕭史)와 결혼하게 되었다. 후에 이 부부는 난새와 봉황을 타고 올라가 신선이 되었다는 고사가 있다. 여기서는 황제의 첩여(倢伃)가 됨을 비유한 것.
4) 彩色 : 무늬와 색. 보통 '그림'을 의미하나 여기서는 원래 흰색이었던 것에 새롭게 채색된 것으로 화자의 지위가 새롭게 바뀐 것을 비유.
5) 竊愁涼風至 2구 : 〈원가행〉에 "늘 두렵나니 가을이 와서, 찬바람이 더위를 앗아감을."라고 하였다.
6) 君子恩未畢 2구 : 〈원가행〉에 "대 상자 안에 버려지듯이, 임의 사랑 중도에 끊길까봐."라고 하였다. 군자(君子)는 여기서 '임금'을 의미. 령락(零落)은 쌍성, 의태어로 나뭇잎이 떨어지는 것, 쇠락함을 말함. 여기서는 임금의 사랑이 쇠락함을 비유한 것. 중로(中路)는 로중(路中)으로 도중에.
7) 압운은 素, 霧, 故, 樹, 路.

**감상**

이 시는 강엄이 반첩여의 〈원가행〉을 본 떠 지은 노래이다. 반첩여는 전한 성제의 후궁으로 이름은 반염(班恬)이다. 명문대가의 자제로 반표(班彪)의 고모이고, 반고(班固), 반초(班超), 반소(班昭)의 고모할머니이다. 시부(詩賦)에 능하여 〈자상부(自傷賦)〉, 〈도소부(擣素賦)〉, 〈원가행〉 등의 작품을 남겼으며, 미덕(美德)을 갖춘 재녀(才

女)로 알려져 있다. 입궁하여 총애를 받아 금방 첩여(婕妤)에 책봉되었던 반첩여가 실총(失寵)하게 된 것은 그 유명한 조비연(趙飛燕) 자매의 모함 때문이었다. 자신이 해를 입을 것을 걱정한 반첩여는 스스로 장신궁(長信宮)으로 물러나 태후(太后)를 모시며 지냈다. 쓸쓸해진 자신의 처지를 여름이 다 지나 쓸모없어진 가을 부채에 비유한 〈원가행〉이란 시를 읊었다. 이를 본 뜬 강엄의 이 시 모두 10구로 되어 있다.

1-2구에서 부채의 하얀 색과 둥근 모양, 갓 짜낸 흰 비단 등은 모두 반첩여의 타고난 소질과 바탕이 순수하고 모나지 않음을 말한 것이다. 3-4구에서 농옥과 소사의 고사를 말하여 부채에 채색되었다는 것은 황제의 첩여가 된 것을 비유한 것이다. 또 농옥과 소사의 고사에서 봉황을 말한 것은 봉황이 태평성대와 신선을 상징하고 또 부부의 사랑을 나타내기 때문이다. 이처럼 황제의 총애를 얻은 것을 사람들이 중요하게 여기나 반첩여는 자신이 바뀐 것이 없다고 말한다(5-6구). 7-8구는 반첩여가 조비연 자매에 의해 총애를 잃은 것을 차가운 바람이 부는 가을에 비유하였다. 마지막 9-10구는 임금의 사랑이 쇠락한 것을 말한 것이다.

## 1-5
## 〈劉太尉琨傷亂(류태위곤상란)〉 〈태위 류곤이 난세에 상심하다〉

皇晉遘陽九, 위대한 진나라가 아홉수를 만나니,
황진구양구
天下橫氛霧.[1] 천하에 독기가 횡행하게 되었구나.
천하횡분무
秦趙值薄蝕, 진 땅과 조 땅은 외적의 침입 만나고,
진조치박식
幽並逢虎據.[2] 유주와 병주는 호랑이 점거 만났구나.
유병봉호거
伊余荷寵靈, 아 나는 임금의 은총을 받았으니,
이여하총령
感激徇馳騖.[3] 감격하여 전쟁에 목숨을 바칠 터.
감격순치무
雖無六奇術, 비록 여섯 가지 기이한 계책은 없지만,
수무륙기술
冀與張韓遇.[4] 장량과 한신 처우 함께 하길 바라노라.
기여장한우
甯戚扣角歌, 영척은 소뿔 두드리며 노래 부르다가,
영척구각가

| | |
|---|---|
| 桓公遭乃擧.[5]<br>환공조내거 | 환공을 만나 이에 곧장 발탁되었더라. |
| 荀息冒險難,<br>순식모험난 | 순식은 험난함을 무릅썼으니, |
| 實以忠貞故.[6]<br>실이충정고 | 진실로 충정하였기 때문이지. |
| 空令日月逝,<br>공령일월서 | 공연히 세월 흐르게 만들 뿐, |
| 愧無古人度.[7]<br>괴무고인도 | 옛 사람 도량 없어 부끄럽네. |
| 飮馬出城壕,[8]<br>음마출성호 | 말에 물 먹이고 성 해자 나서서, |
| 北望沙漠路.<br>북망사막로 | 북쪽 사막의 길을 바라다본다네. |
| 千里何蕭條,<br>천리하소조 | 천 리는 어찌 저리도 쓸쓸하던가, |
| 白日隱寒樹.<br>백일은한수 | 흰 태양 찬 나무에 숨어버렸구나. |
| 投袂旣憤懣,<br>투메기분만 | 소매를 뿌리치며 화를 낼 뿐 아니라, |
| 撫枕懷百慮.[9]<br>무침회백려 | 베개 치면서 온갖 걱정거리 품는구나. |
| 功名惜未立,<br>공명석미립 | 공명은 애석히도 아직 세우지 못했거늘, |
| 玄髮已改素.<br>현발이개소 | 검었던 머리는 이미 하얗게 바뀌는구나. |
| 時哉苟有會,<br>시재구유회 | 시운일지니 실로 내게 기회가 있다는 것은, |
| 治亂惟冥數.[10]*<br>치란유명수 | 태평성대인지 난세인지 오직 천명이라오. |

**원주**

* 끝이 비장하다. 떠난 태위가 멀리 있지 않은 듯하다.(末段悲壯, 去太尉不遠.)

**역주**

1) 皇晉遘陽九 2구 : 황(皇)은 크다, 위대하다. 구(遘)는 만나다. 양구(陽九)는 액운. 옛사람들이 구(九)를 양수의 끝으로 액운이 있다고 여겼다. 여기서는 '아홉수'

로 옮김. 횡(橫)은 횡행하다, 넘치다. 분무(氛霧)는 사악함, 세상이 혼란스러움.

2) 秦趙値薄蝕 2구 : 진조(秦趙)는 춘추시대 진나라와 조나라 지역. 치(値)는 당하다. 박식(薄蝕)은 천문학 용어로 일식을 의미. 여기서는 북방 흉노족(匈奴族) 유연(劉淵)과 갈족(羯族) 석륵(石勒)이 진나라 땅을 점거한 것을 말함. '침범하다' 와 '잠식하다' 로 해석함. 유병(幽並)은 유주(幽州)와 병주(並州). 유곤(劉琨)이 병주자사(幷州刺史)일 때 유주자사(幽州刺史)였던 단필제(段匹磾)와 함께 석륵을 치고자 했었다.

3) 伊余荷寵靈 2구 : 이(伊)는 발어사. 여(余)는 나. 유곤(劉琨)을 말함. 총령(寵靈)은 총애와 복(福), 여기서는 '임금의 은총' 을 의미. 순(徇)은 순(殉)으로 목숨을 바치다. 치무(馳騖)는 말타고 달리는 것으로 '전쟁' 을 의미.

4) 雖無六奇術 2구 : 륙기술(六奇術)은 진평(陳平)이 유방(劉邦)을 위해 만든 여섯 가지 기이한 계책. 장한(張韓)은 장량(張良)과 한신(韓信). 장량은 홍문의 회(鴻門之會)에서 항우(項羽)에게서 유방을 구하는 등 뛰어난 책략으로 유후(留侯)에 책봉되었고, 한신은 무장으로서 공을 세워 제왕(齊王)과 초왕(楚王)에 봉해진 바 있다. 여장한우(與張韓遇)을 '장량과 한신을 만나다' 로 볼 수 있으나, 여기서는 여(與)를 '함께하다, 참여하다' 로 보아 '장량과 한신의 처우를 함께하다' 로 해석함.

5) 甯戚扣角歌 2구 : 영척(甯戚)은 제(齊)나라 환공(桓公)에게 벼슬을 구하고 싶어 소뿔을 두드리며 〈반우가(飯牛歌)〉를 부른 영척(寧戚)을 말하는 것으로 환공이 이 노래를 듣고 발탁하여 정치를 맡겼다고 함(≪고시원≫ 번역본 1권 79쪽 참조).

6) 荀息冒險難 2구 : ≪좌전≫ 〈희공구년(僖公九年)〉에 의하면 진(晉)나라 헌공(獻公)이 임종 때에 순식(荀息)에게 해제(奚齊)를 보좌해 줄 것을 부탁하자 순식이 충성을 맹세하였다고 한다. 후에 해제가 죽임을 당하자 순식도 따라 죽었다.

7) 度 : 도량(度量)

8) 城壕 : 성의 해자(垓子).

9) 投袂旣憤懣 2구 : 투메(投袂)는 소매를 뿌리치다. 분만(憤懣)은 화를 내다. 무(撫)는 어루만지다. 여기서는 화를 내는 상황으로 보아 '치다' 의 뜻.

10) 時哉苟有會 2구 : 시재(時哉)은 시운일진저! 회(會)는 기회. 치란(治亂)은 태평성대(太平聖代)와 난세(亂世). 명수(冥數)는 천명(天命).

11) 압운은 霧, 據, 騖, 遇, 擧, 故, 度, 路, 樹, 慮, 素, 數.

## 감상

이 시는 강엄이 유곤의 입장에서 쓴 노래이다. 1차적으로 유곤을 읊었지만, 시속의 유곤은 결국 시인 자신의 자화상이다. 유곤이 살던 시기는 서진(西晉) 말기로 '팔왕(八王)의 난' 등으로 혼란에 빠지자 북방 민족들이 쳐들어와 황제인 회제(懷帝)와 민제(愍帝)가 살해되고, 결국 진나라는 유연(劉淵)의 전조(前趙)에게 멸망한 후, 사마예(司馬睿)에 의해 양자강(揚子江) 이남으로 나라를 옮겨 동진(東晉)을 세우게 되는 등 정치적으로 매우 혼란한 시기였다. 유곤은 늘 나라의 장래를 걱정해 벗인 조적(祖逖)과 함께 닭 울음소리에 깨어 검술을 연마했다는 '문계기무(聞鷄起舞)' 라는 고사 성어를 남겼다. 유곤의 이런 애국지심은 〈답로심(答盧諶)〉 등의 작품에 잘 나타나 있다(≪고시원≫ 번역본 2권 426쪽 참조). 이 시에서 강엄도 남조 시기의 세 왕조 송·제·양을 거치며 정치적으로 혼란한 시대를 살았던 연유로 유곤을 통하여 자신의 모습을 시 가운데 토로한 것으로 보인다. 모두 24구로, 내용에 따라 여섯 단락으로 나눌 수 있다.

1단락(1-4구)에서 1-2구는 유곤의 진나라가 액운을 당해 난세에 빠진 것을 말하고 있다. 3-4수는 2구를 다시 설명한 것으로 북방 민족이 세운 전조(前趙)의 유총(劉聰)·유요(劉曜)·유찬(劉粲)과 석륵(石勒) 등의 침입으로 진나라 땅을 점거한 일을 말한다.

2단락(5-8구)에서 시인은 대장군이 되어 군대를 통솔했던 유곤이나 후(侯)로 봉해졌던 장량과 한신을 통해 자신도 중임을 맡기 원함을 말하고 있다.

3단락(9-12구)은 노래를 불러 발탁된 영척처럼 시인 강엄도 자신의 시를 보고 발탁된다면 순식처럼 목숨으로 충성할 것임을 말하고 있다.

4단락(13-16구)은 시인의 소망과 달리 현실은 답답하고 어찌할 수 없는 상황임을 묘사한 것이다.

5단락(17-20구)은 시인이 현재 바라보는 상황을 묘사한 것으로 정치적 혼란으로 인해 전쟁이 끊이지 않는 현실상황을 말한 것이다.

마지막 6단락(21-24구)에서 시인은 공명을 세우지도 못했는데 시간이 흘러감을 애석해한다(21-22구). 23-24구는 내게 기회가 있다면 그것은 시운(時運)이며, 시대가 태평성대인지 난세인지는 오로지 천명에 달려있을 뿐, 자신은 최선을 다하면 된다고 다짐하고 있다.

## 1-6
## 〈陶徵君潛田居(도징군잠전거)〉[1]

〈징군 도연명이 전원에 거하다〉

| | |
|---|---|
| 種苗在東皐,<br>종묘재동고 | 동쪽 언덕에 어린 싹을 심으니, |
| 苗生滿阡陌.[2]<br>묘생만천맥 | 모가 자라서 밭을 가득 채웠네. |
| 雖有荷鉏倦,<br>수유하서권 | 비록 호미 들쳐 맨 고달픔 있으나, |
| 濁酒聊自適.[3]<br>탁주료자적 | 탁주가 그럭저럭 즐길 만은 하네. |

| | |
|---|---|
| 日暮巾柴車,[4]<br>일모건시차 | 해가 지면 짐수레에 휘장을 치나니, |
| 路闇光已夕.<br>로암광이석 | 길은 어둑어둑 태양빛 이미 저녁일세. |
| 歸人望煙火,<br>귀인망연화 | 돌아오는 이는 밥 짓는 연기 바라보고, |
| 稚子候簷隙.[5]<br>치자후첨극 | 어린 자식들은 처마 틈에서 기다리네. |
| 問君亦何爲.<br>문군역하위 | 그대에게 묻자구나 또 무엇을 하려는가? |
| 百年會有沒.[6]<br>백년회유몰 | 인생백년은 반드시 죽음이 있는 법이네. |
| 但願桑麻成,<br>단원상마성 | 단지 원하는 것은 뽕과 삼 잘 자라서, |
| 蠶月得紡績.[7]<br>잠월득방적 | 양잠하는 때에 길쌈을 할 수 있기를. |
| 素心正如此,<br>소심정여차 | 본래의 마음이 바로 이와 같은 것이니, |
| 開徑望三益.[8]<br>개경망삼익 | 오솔길을 열어 좋은 벗님들을 바랄 뿐. |

**원주**

* 팽택령 도연명의 맑고 빼어남을 얻었다.(得彭澤之清逸矣.)[9]

**역주**

1) 陶徵君潛田居 : 도(陶)는 도연명(陶淵明)을 말함. 징군(徵君)은 징사(徵士)를 높여 부른 말. 벼슬을 하지 않는 선비인 '사(士)'를 거사(居士), 처사(處士)로 부르는데 이들 가운데 사회적 명망이 높은 재야인사로 임금의 부름을 받은 적이 있는 선비를 '징사'라고 부른다. 징군(徵君)은 징사(徵士)를 한 단계 더 높여 부른 말. 잠(潛)은 도연명의 이름.
2) 種苗在東皐 2구 : 묘(苗)는 어린 싹. 동고(東皐)는 동쪽 언덕. 천맥(阡陌)은 산기슭이나 밭 사이에 난 길로, 남북으로 난 것을 천(阡), 동서로 난 것을 맥(陌)이라 한다. 여기서는 넓은 의미로 '밭'을 의미.
3) 雖有荷鉏倦 2구 : 하서(荷鉏)는 호미를 들쳐 매다. 료(聊)는 그럭저럭, 애오라지.
4) 巾柴車 : 시차(柴車)는 일을 할 때 쓰는 짐수레. 건(巾)은 휘장을 치다. 여기서는 짐수레가 휘장을 쳐서 이동 수단으로 바뀌는 것을 말함.
5) 歸人望煙火 2구 : 귀인(歸人)은 일을 마치고 가장으로 돌아온 나. 연화(煙火)는

여기서 밥 짓는 연기를 말함. 치자(稚子)는 어린 자식들. 첨극(簷隙)은 처마 틈. 처마 아래라는 의미로 압운자(押韻字) 때문에 극(隙)을 쓴 것으로 보임.

6) 百年會有沒 : 다른 판본에 "인생은 반드시 일이 있는 법.(百年會有役.)"라고도 하였으나 많은 시에서 '죽음'을 언급한 적이 있는 도연명의 작품 내용으로 보아 '죽음(沒)'이 타당해 보임.
7) 蠶月得紡績 : 잠월(蠶月)은 양잠을 말함. 방적(紡績)은 길쌈하다.
8) 素心正如此 2구 : 소심(素心)은 본래의 마음. 개경(開徑)은 오솔길을 열다. ≪삼보결록(三輔決錄)≫에 의하면 전한(前漢) 말 왕망(王莽)이 권력을 멋대로 하자 장후(蔣詡)가 벼슬을 그만두고 내려와 집 앞 대나무 숲에 세 갈래의 오솔길을 열어 단지 구중(求仲), 양중(羊仲)과 왕래하였다고 한다. 삼익(三益)은 ≪논어·계씨(季氏)≫에 "이로운 벗이 셋이요, 해로운 벗이 셋이니, 정직한 이와 벗하고 성실한 이와 벗하며 아는 것이 많은 사람과 벗하면 이롭다."라고 하였다.
9) 彭澤 : 도연명은 팽택령(彭澤令)을 역임한 적이 있다.
10) 陌, 適, 夕, 隙, 沒, 績, 益으로 입성(入聲) 압운.

**감상**

이 시는 강엄이 동진 말부터 남조 송 초기의 걸출한 전원시인인 도연명의 시를 본 떠 지은 것이다. 41세 때에 오두미(五斗米) 때문에 허리를 굽히는 것을 달갑지 않다고 말하며 벼슬을 그만두고 전원에 돌아와 은거한 도연명은 시 대부분에서 전원의 풍광, 한담(閑澹)한 자연을 깊게 묘사했는데 당시에는 인정받지 못했으나 당대 이후는 육조(六朝) 최고의 시인으로서 그 이름이 높아졌다고 한다.

이 시는 모두 14구로 되어 있다. 1-8구는 전원의 삶을 담담히 그린 것이다. 동쪽 언덕에 심은 싹이 자라 밭에 가득하니 비록 일한 고달픔은 있으나 또 한 잔의 탁주가 있어 즐겁고, 해가 지면 일 수레에 휘장을 치고 멋진 수레를 만들어 타고 집으로 돌아오니 저 멀리 밥 짓는 연기와 어린 자식들이 반겨주는 전원의 삶을 말하고 있다. 9-10구는 전체 시의 내용으로 보아 삽입구처럼 보인다. 시인은 자문자답으로 인생에는 죽음이 있는 법이라며 인생을 논하고 있다. 마지막 11-14구는 시인의 소망을 말한 것으로 바라는 바가 속물적인 출세에 있지 않음을 말한 것이다. 단지 원하는 것은 제 때에 길쌈을 하듯 농사가 순조롭고 좋은 벗이 있어 교유할 수 있는 것이라고 말한다.

## 1-7

## 〈休上人怨別(휴상인원별)〉[1]　　〈휴 스님의 '이별의 원망'〉

西北秋風至,　　서북쪽에서 가을바람이 불어오나니,
서북추풍지

楚客心悠哉.[2] 초지방 나그네 맘 근심이 한이 없네.
초객심유재

日暮碧雲合,[3] 해저물면 푸른 하늘 구름도 모이거늘,
일모벽운합

佳人殊未來. 우리 님은 유달리 아직 오시지 않네.
가인수미래

露彩方泛豔, 이슬방울 바야흐로 고운 빛 넘쳐나고,
로채방범염

月華始徘徊.[4] 달빛은 비로소 바장이고 있는구나.
월화시배회

寶書爲君掩, 보배로운 책도 그대 생각에 덮나니,
보서위군엄

瑤瑟詎能開.[5] 옥 거문고인들 어찌 열 수 있을까.
요슬거능개

相思巫山渚, 무산의 기슭에서 그리움에 잠기고,
상사무산저

悵望陽雲臺.[6] 양운대를 슬프게 바라보고 있다네.
창망양운대

高鑪絶沈燎, 높은 향로에는 침향도 그쳐 버리고,
고로절침료

綺席生浮埃.[7] 비단 자리에 뜨는 먼지만 생겨나네.
기석생부애

桂水日千里, 계수는 하루에 천 리 간다고 하니,
계수일천리

因之平生懷.[8] 그로 인해 예전 다정한 때 그리네.
인지평생회

**원주**

* 아름다운 구가 있다.(有佳句.)

**역주**

1) 休上人怨別 : 휴(休)는 탕혜휴(湯惠休)를 말함. 상인(上人)은 스님. 원별(怨別)은 탕혜휴의 〈원시행(怨詩行)〉을 말함(≪고시원≫ 권11의 11번시 참조). 제목 앞에 '화답하다(和)' 또는 '본뜨다(擬, 效)' 가 생략된 것으로 '탕혜휴 스님의 〈원시행〉라는 원별시를 본떠서 지은 시' 라는 의미.
2) 楚客心悠哉 : 초객(楚客)은 초 지방의 나그네. 유(悠)는 근심스런 생각이 끝없다.
3) 日暮碧雲合 2구 : 벽운(碧雲)은 푸른 하늘에 떠 있던 구름. 수(殊)는 남다르게,

유달리.

4) 露彩方泛豔 2구 : 로채(露彩)는 이슬에 주위 경치가 비치는 것을 묘사한 것으로 채(彩)는 이슬을 꾸민 말. 범(泛)은 떠 있다. 여기서는 주위 경치가 비추어 넘쳐난다는 의미. 염(豔)은 고운 풍경을 의미. 단풍 같은 풍경으로 보임. 월화(月華)는 달빛. 배회(徘徊)는 첩운, 의태어로 여기서는 긍정적 의미의 머뭇거림을 나타냄. '바장이다'로 해석함.

5) 寶書爲君掩 2구 : 엄(掩)은 여기서 '책을 덮다'는 의미. 요슬(瑤瑟)은 옥 거문고. 귀한 거문고의 의미. 개(開)는 귀한 거문고를 보관해 두었던 상자 등에서 거문고를 꺼낸다는 의미.

6) 相思巫山渚 2구 : 무산(巫山)과 양운대(陽雲臺)는 고사 운우지정(雲雨之情)에 대한 것으로 내용은 다음과 같다. 전국 시대 초나라 시인 송옥(宋玉)의 〈고당부(高唐賦)〉에 초왕과 무산(巫山) 신녀(神女)의 연애 이야기가 실려 있다. 전국 시대 초회왕(楚懷王)이 일찍이 낮잠을 자는데, 꿈에 한 여인이 와서 말하기를 "저는 무산의 여자로서 고당(高唐)의 나그네가 되었는데, 임금님이 여기에 계신다는 소문을 듣고 왔으니, 원컨대 침석(枕席)을 같이해 주소서."라고 하므로, 그와 같이 하룻밤을 잤더니, 그 이튿날 아침에 그 여인이 떠나면서 말하기를 "아침에는 구름이 되고 저녁에는 비를 내리면서 아침마다 저녁마다 양대로 내려옵니다."라고 했다는 고사에서 온 말이다.

7) 高爐絶沈燎 2구 : 고로(高爐)는 다른 판본에 '고료(膏爐)'로 되어 있다. 로(爐)는 향로(香爐)의 의미. 침(沈)은 침향(沈香). 기석(綺席)은 비단으로 만든 자리. 부애(浮埃)는 펄펄 날리는 먼지.

8) 桂水日千里 2구 : 계수(桂水)는 상강(湘江)의 지류이며 지금의 호남성(湖南省) 계양(桂陽) 부근으로 옛 초나라 지역에 속함. 또는 '향기로운 물'이라는 범칭으로 쓰이기도 함. 지(之)는 앞 구의 계수(桂水)를 말함. 평생(平生)은 ①평소 ②평소의 흥취, 정(情) ③옛 사귐. ④일생(一生) 등의 뜻이 있으나, 여기서는 평상시 다정한 때, 옛 정을 말함.

9) 압운은 哉, 來, 徊, 開, 臺, 埃, 懷.

**감상**

이 시는 강엄이 탕혜휴의 〈원시행〉을 본떠서 지은 노래이다. 탕혜휴의 〈원시행〉은 남성인 시인이 여성 화자가 되어 시를 읊고 있는데, 강엄도 그 내용을 본떠 임을 그리워하는 여성의 입장이 되어 노래하고 있다. 시 속에서 여성의 섬세함을 잘 표현했다고 여겨 심덕잠은 원주에서 '아름다운 구가 있다'고 평가하였다.

이 시는 모두 14구로 되어 있다. 1-2구는 제목의 휴상인, 즉 탕혜휴를 말한 것으로 2구의 초객(楚客)이 바로 휴상인이다. 초나라 객이라고 말한 것은 13구의 계수(桂水)가 초 지역에 속한 것과도 연결되어 진다.

이후 3구부터는 말하는 것은 2구에서 말한 초객의 근심을 설명한 것이며, 또 탕혜휴의 〈원시행〉에 나온 시 내용이기도 하다. 시인은 멀리 떠난 임을 그리는 여성의 입장에서 노래하기 시작한다. 해가 지면 푸른 하늘에 떠있던 구름도 모여들 듯 떠난 임도 돌아와야 하거늘 유달리 임은 돌아오시지 않는다(3-4구). 이 좋은 계절 이슬방울에는 고운 가을빛을 머금어 비추고, 달빛도 시인 곁을 바장이는데(5-6구), 떠난 임 생각에 좋은 책도 거문고도 위안이 되지 못한다(7-8구). 옛날 사랑하는 임과 함께 지낸 곳을 보고 있노라니 초왕과 무산(巫山) 신녀(神女)의 사랑이야기가 떠오르고(9-10구), 분위기를 띄울 향도 함께 앉을 비단 자리도 필요를 잊었다(11-12구). 내가 저 계수라면 자유로이 흘러 임을 찾아갈 수 있을 텐데, 그 계수 때문에 초왕과 무산 신녀처럼 다정했던 임과의 옛 시절을 더 그리워하게 된다(13-14구).

## 1-8

## 〈效阮公詩(효완공시)〉[1] 〈완적을 본뜬 시〉

### 1-8-1

| | |
|---|---|
| 歲暮懷感傷, | 해가 저물며 슬픔을 가슴에 품게 되나니, |
| 세모회감상 | |
| 中夕弄清琴.[2] | 한밤중에 일어나 맑은 거문고를 연주하네. |
| 중석롱청금 | |
| 戾戾曙風急, | 휘익휘익 불어오는 새벽바람은 빨라지고, |
| 려려서풍급 | |
| 團團明月陰.[3] | 둥글둥글 밝던 달빛도 어두워지고 있다네. |
| 단단명월음 | |
| 孤雲出北山, | 외로운 구름은 북쪽 산에서 나오고 있고, |
| 고운출북산 | |
| 宿鳥驚東林. | 자던 새도 동쪽의 숲에서 놀라서 깬다네. |
| 숙조경동림 | |
| 誰謂人道廣,[4] | 그 누가 사람의 길은 넓다고 말하였던가, |
| 수위인도광 | |
| 憂慨自相尋.[5] | 근심과 슬픔 절로 서로 이어지고 있거늘. |
| 우개자상심 | |
| 寧知霜雪後,[6] | 어찌 알았으랴 서리와 눈이 내린 뒤에는, |
| 녕지상설후 | |
| 獨見松竹心. | 홀로 소나무 대나무 마음을 보게 될 줄을. |
| 독견송죽심 | |

**역주**

1) 阮公 : 완적(阮籍)을 말함. 삼국 시대 위(魏)나라 사람으로 자는 사종(嗣宗)이며 아버지는 조조를 섬긴 건안칠자(建安七子)의 한 사람인 완우(阮瑀)이다. 완적은 혜강(嵇康)과 함께 죽림칠현(竹林七賢)의 중심인물이다.
2) 歲暮懷感傷 2구 : 감상(感傷)은 슬픔을 느끼다. 여기서는 시속(時俗)을 느껴 슬퍼함을 말함. 중석(中夕)은 석중(夕中), 한밤중. 롱(弄)은 연주하다.
3) 戾戾曙風急 2구 : 려려(戾戾)는 첩어, 의성어로 바람 부는 소리. 단단(團團)은 첩어, 의태어로 둥근 모양. 음(陰)은 어두워지다.
4) 誰謂人道廣 : 인도(人道)는 사람의 길. 광(廣)은 넓다, 탄탄대로의 의미.
5) 相尋 : 서로 이어지다.
6) 寧知 : 어찌 알았으랴.
7) 압운은 琴, 陰, 林, 尋, 心.

**감상**

이 시는 강엄이 완적의 〈영회〉 시의 감정을 본떠 읊은 노래이다(≪고시원≫ 번역본 2권 207쪽 참조). 완적은 삼국 시대 위나라 사람으로 자는 혜강과 함께 죽림칠현의 중심인물이었다. 당시 완적은 섬기던 위나라가 사마씨(司馬氏)에 의해 정권이 찬탈되어 진나라가 세워지는 왕조의 교체를 겪어야했다. 이 시를 지은 강엄 역시 남조의 세 왕조 송·제·양나라가 바뀌는 것을 지켜보았다. 신하로서 섬겨야할 왕조가 세 번이나 바뀐 것이다. 강엄은 같은 아픔을 겪은 완적의 〈영회〉 시의 감정을 빌려와 시대에 영합하지 못하고 고뇌하는 지식인의 목소리로 시를 읊고 있다. 〈효완공시〉는 총 15수로 되어 있으며 심덕잠은 ≪고시원≫에 그 중 다섯 수를 뽑아 실었다. 위의 시는 15수 가운데 제 1수이며 모두 10구로 되어 있다.

1-2구는 시 속의 화자가 시속(時俗)을 느껴 잠을 못 이루고 일어나 거문고를 연주하는 모습니다. 2구의 롱(弄)은 '연주하다'로 번역하였으나 실상은 만지작거리는 모습에 가깝다. 잠 못 이루던 시인은 바람소리에 마당에 나가 서성이며 어두워지는 달빛을 본다(3-4구). 5-6구에서 외로운 구름이 나오고, 자던 새도 놀라는 것은 시인 '혼자만의 고독'이 아니라 이 '시대 전체의 고독'이라는 의미다. 8구에서 근심과 슬픔이 서로 이어진다는 것은 이 두 가지가 번갈아 온다는 것이다. 9-10구에서 시인이 홀로 서리와 눈이 내린 뒤의 소나무와 대나무의 마음을 보게 된다는 것은 결국 시인이 자신의 근심을 나눌 사람이 없어 대자연 속에서 혼자 고뇌에 빠진 모습을 묘사하고 있다. 시대에 영합할 수 없어 절대 고독에 빠진 지식인의 고뇌가 깊기만 하다.

1-8-2

| 少年學擊劍,<br>소년학격검 | 젊은 적에 칼 쓰는 것을 배워서, |
|---|---|

| | |
|---|---|
| 從師至幽州.[1]<br>종사지유주 | 군대를 따라서 유주에 이르렀네. |
| 燕趙兵馬地,[2]<br>연조병마지 | 연나라 조나라 병마로 다투던 곳, |
| 惟見古時邱.[3]<br>유견고시구 | 옛날의 무덤들만이 보이는구나. |
| 登城望山水,<br>등성망산수 | 성에 올라서 산수를 바라보나니, |
| 平原獨悠悠.[4]<br>평원독유유 | 평평한 들판만 유독 아득하구나. |
| 寒暑有往來,<br>한서유왕래 | 추위와 더위 오고 감이 있거니와, |
| 功名安可留.<br>공명안가류 | 공명인들 어찌 머물 수 있으랴! |

**역주**

1) 少年學擊劍 2구 : 소년(少年)은 젊었을 때. 유주(幽州)는 옛 구주(九州)의 하나로 전국(戰國)시기 연(燕)나라 지역에 속함.
2) 燕趙兵馬地 : 연조(燕趙)는 전국(戰國)시기 연(燕)나라와 조(趙)나라를 말함. 지금의 하북성(河北省)과 산서성(山西省) 일대를 가리킴. 병마지(兵馬地)는 병마를 다투던 곳, 전쟁터.
3) 邱 : 무덤.
4) 悠悠 : 첩어, 의태어로 먼 모양. 여기서는 시간과 공간 모두 포함한 의미.
5) 압운은 州, 邱, 悠, 留.

**감상**

강엄의 〈효완공시〉 총 15수 가운데 제10수로 모두 8구로 되어 있다. 이 시의 주제는 고려의 유신(遺臣) 길재(吉再)의 〈회고가(懷古歌)〉의 한 구절 '산천은 의구하되, 인걸은 간 데 없다' 와 같은 것이다. 시인은 군대를 따라 옛 전국시대 연나라와 조나라가 치열하게 싸우던 전쟁터였던 유주 땅에 이른다. 그러나 세월이 흐른 지금 보이는 것은 무덤과 아득한 평원뿐, 모든 것이 사라져버렸다. 시간 앞에 계절도 멈추지 못하고 오고 가듯, 사람들이 다투던 공명도 머물 수 없는 것이 법칙인 것을 늘 사람들은 잊어버리나 보다.

## 1-8-3

| | |
|---|---|
| 若木出海外,[1]<br>약목출해외 | 약목은 바다의 밖에서 나왔거니와, |
| 本自丹水陰.[2]<br>본자단수음 | 본래 단수 남쪽으로부터 나왔다지. |
| 群帝共上下,[3]<br>군제공상하 | 뭇 신들이 함께 오르락내리락하니, |
| 鸞鳥相追尋.[4]<br>란조상추심 | 봉황새들이 서로 쫓고 이어졌었지. |
| 千齡猶旦夕,<br>천령유단석 | 천 살이 한나절과 같다고 하거니와, |
| 萬世更浮沉.[5]<br>만세갱부침 | 만 세대가 또 한 순간 부침이거늘. |
| 豈與異鄕士,[6]<br>기여이향사 | 어찌 속세의 선비와 더불어서, |
| 瑜瑕論淺深.[7]<br>유하론천심 | 옥의 흠집 깊다 얕다 따지랴. |

**역주**

1) 若木出海外 : 약목(若木)은 신화전설 속의 신목(神木)으로 푸른 잎에 붉은 꽃이 피며 태양이 떨어지는 곳을 말함. 해외(海外)는 바다 밖. 여기서는 사람이 사는 세상 밖이란 의미.
2) 丹水陰 : 단수(丹水)는 신화전설 속의 물 이름으로 단혈(丹穴)의 산에 있다. 음(陰)은 물의 남쪽.
3) 群帝 : 뭇 신들. 상고 시대 제(帝)는 신(神)을 의미.
4) 鸞鳥相追尋 : 란조(鸞鳥)는 난새, 봉황. 심(尋)은 찾다, 이어지다.
5) 千齡猶旦夕 2구 : 유(猶)는 여기서 '같다'의 의미. 단석(旦夕)은 하루의 절반, 한나절을 말함. 여기서는 '짧은 시간'의 의미. 갱(更)은 여기서 '다시'의 의미. 뒤에 유(猶)가 생략됨. 부침(浮沉)은 물에 떴다 잠겼다 하다. 여기서는 앞의 '단석(旦夕)'과 같이 '짧은 시간'의 의미.
6) 異鄕 : 타향(他鄕)의 뜻도 있으나, 여기서는 앞에서 선향(仙鄕)을 다루므로 '속세'를 의미함.
7) 瑜瑕 : 옥의 흠집.
8) 압운은 陰, 尋, 沉, 深.

감상

이 시는 강엄의 〈효완공시〉 총 15수 가운데 제6수로 모두 8구로 되어 있다. 〈효완공시〉는 완적(阮籍)의 〈영회(詠懷)〉 시를 본뜬 노래로, 완적은 삼국 시대 위나라 사람으로 혜강과 함께 죽림칠현의 중심인물이었다. 죽림칠현은 청담(淸談)과 현학(玄學) 사상에 심취하였는데 이는 세속적 가치를 초월한 형이상학적인 사유와 현실이 아닌 신선세계를 추구한 것으로 당시 사마 씨에 의해 정권이 찬탈된 현실세계에서 주도적 세력이 되지 못한 선비들의 박탈감을 극복하고자 하는 바탕이 되기도 하였다. 이 시는 완적이 사는 정신세계인 도교의 '선향(仙鄕)'을 빌려와 시인 자신이 머물 곳임을 읊은 것이다.

3-4구는 1-2구에서 말하는 약목(若木)이 하늘과 땅을 이어주는 존재인 우주목(宇宙木) 역할을 하고 있음을 말하는 것이다. 그래서 뭇 신들이 오르내리고, 봉황새들이 서로 잇는 것이다. 이곳은 천 살 나이도 만 세대도 다 짧은 시간과 같다 여기는 선향(仙鄕)이니, 바로 나(시인) 자신이 머물 곳이며 속세의 선비들과 더불어 있을 곳이 아닌 것이다.

## 1-8-4

| | |
|---|---|
| 昔余登大梁,[1]<br>석여등대량 | 옛적에 나는 대량에 올라서서는, |
| 西南望洪河.[2]<br>서남망홍하 | 서남쪽의 황하를 바라보았다네. |
| 時寒原野曠,<br>시한원야광 | 때는 추웠고 평원은 휑하거니와, |
| 風急霜露多.<br>풍급상로다 | 바람만 급하고 서리이슬만 넘쳤네. |
| 仲冬正慘切,<br>중동정참절 | 한겨울이라 한참 을씨년스럽거니와, |
| 日月少精華.[3]<br>일월소정화 | 해와 달도 그 빛이 줄어들었다네. |
| 落葉縱橫起,<br>낙엽종횡기 | 떨어지는 잎은 이리 저리 일어나고, |
| 飛鳥時相過.<br>비조시상과 | 나는 새도 때때로 서로 지나갔네. |
| 搔首廣川陰,<br>소수광천음 | 넓은 물가에서 머리를 긁으면서, |

懷歸思如何.[4] 돌아갈 생각 품은들 어찌했으랴.
회귀사여하

常願反初服,[5] 늘 소원했나니 초복 시절로 돌아가,
상원반초복

閑步潁水阿.[6] 영수 가에서 할 일 없이 거닐기를.
한보영수아

**역주**

1) 大梁 : 전국시기 위(魏)나라의 도성으로 지금의 하남성(河南省) 개봉시(開封市)에 있다.
2) 洪河 : 황하(黃河)를 가리킴.
3) 仲冬正慘切 2구 : 중동(仲冬)은 동중(冬仲), 한겨울. 참절(慘切)은 비참하다, 싸늘하다. 여기서는 '을씨년스럽다'로 해석함. 정화(精華)는 빛.
4) 搔首廣川陰 2구 : 소수(搔首)는 머리를 긁다. 회귀(懷歸)는 돌아갈 생각은 마음에 품다. 사(思)는 어조사.
5) 常願反初服 : 상원(常願)은 옛날이래로 늘 바랐음. 초복(初服)은 벼슬할 때 입는 옷인 조복(朝服)과 반대되는 의미로 벼슬 전 입었던 옷을 말함.
6) 潁水 : 물 이름. 허유(許由)와 관련한 고사는 다음과 같다. 요 임금이 허유에게 선위하고자 하였지만 받지 않고 허유가 영수(潁水) 북쪽 기산(箕山) 아래로 숨었다. 요임금이 다시 불러 구주장(九州長)으로 삼으려하자 더러운 소리를 들었다면서 영수 강가에서 귀를 씻고 거기에 은거하였다고 한다.
7) 압운은 河, 多, 華, 過, 何, 阿.

**감상**

이 시는 강엄의 〈효완공시〉 총 15수 가운데 제8수로 모두 12구로 되어 있다. 이 시의 1-10구는 모두 1구의 '석(昔)'으로 시작한 과거의 회상이다. 마지막 11-12구에서 초복(初服) 시절, 즉 벼슬 전의 시절을 언급한 것으로 보아 처음 벼슬을 맡거나 군대를 따라서 종사할 때를 회상한 것으로 보인다.

1-10구는 과거의 회상이다. 1-2구에서 말하는 황하를 바라본 풍경은 8구까지 이어진다. 춥고 휑한 풍경에 추운 겨울이라는 계절까지 더해져 쓸쓸하기 그지없다. 처음 벼슬을 맡아 혹은 군대를 따라 이 곳에 왔던 시인은 돌아가고 싶어도 방법이 없어 머리만 긁적이던 그 때를 애잔하게 회상한다. 마지막 11-12구에서 벼슬을 고사하고 영수에서 은거했던 허유처럼 시인도 벼슬하기 전으로 돌아가길 늘 소망했었노라 말하고 있다.

1-8-5

| | |
|---|---|
| 宵月輝西極,[1]<br>소월휘서극 | 밤하늘 달이 서쪽 끝에서 빛나고, |
| 女圭映東海.[2]<br>녀규영동해 | '규' 처럼 저 동해 비추고 있구나. |
| 佳麗多異色,<br>가려다이색 | 아름다움 저 달엔 기이한 색 많고, |
| 芬葩有奇采.[3]<br>분파유기채 | 풍성한 달에는 기이한 빛 있구나. |
| 綺縞非無情,<br>기호비무정 | 비단 고운 모습 무정함 아니거늘, |
| 光陰命誰待.[4]<br>광음명수대 | 세월을 뉘더러 기다리라 하는가? |
| 不與風雨變,<br>불여풍우변 | 풍우와 더불어 변화하지 아니하고, |
| 長共山川在.<br>장공산천재 | 영원토록 산천과 더불어 있다네. |
| 人道則不然,<br>인도칙불연 | 속세 사람 사는 도리는 그렇지 못해서, |
| 消散隨風改.*<br>소산수풍개 | 흩어지고 사라짐 바람 따라 바뀐다네. |

**원주**

* 당시에 대구하여 늘어놓는 습관을 벗어날 수 있었다. 그러나 완적의 작품과 비교하면, 서로 떨어짐이 헤아릴 수 없을 정도다.(能脫當時排偶之習. 然較之阮公, 相去不可數計.)

**역주**

1) 宵月輝西極 : 소(宵)는 ①하늘 ②밤(夜). 여기서는 ②의 뜻. 서극(西極)은 서쪽 끝.
2) 女圭 : 규(圭)처럼. ≪박아(博雅)≫에 "녀는 '처럼' 이다.(女, 如也.)" 라고 하였다. 규는 천지 사방에 제사 지낼 때 쓰는 옥기(玉器). 청규(青圭)로 동방에 제사를 지낸다(≪周禮·春官·大宗伯≫).
3) 佳麗多異色 2구 : 가려(佳麗)는 아름답고 곱다. 여기서는 달을 묘사한 것. 이색(異色)은 달 속에 있는 색깔들. 분파(芬葩)는 쌍성, 의태어로 성대하고 아름다운 모양. 기채(奇采)는 기이한 광채.

4) 綺縞非無情 2구 : 기호(綺縞)는 비단 같은 고운 모습. 여기서는 달을 묘사한 말. 광음(光陰)은 세월.
5) 압운은 海, 采, 待, 在, 改.

**감상**

이 시는 강엄의 〈효완공시〉 총 15수 가운데 제9수로 모두 10구로 되어 있다. 달에 시인의 마음을 기탁하고 있다.

1-2구는 달이 서쪽에서 동쪽까지 모두를 비춰줌을 말하고 있다. 특히 2구는 마치 동방에 제사 지낼 때 쓰는 '청규' 처럼 달이 동해를 비추고 있다고 묘사하고 있다. 3-4구는 기이한 색깔과 광채를 가지고 달빛의 아름다움을 말하는 것이다. 6구의 수(誰)가 가리키는 것은 달과 완적과 시인 자신으로 5-6구가 말하는 것은 시인은 달처럼 자질을 갖추었음에도 기회가 없음을 토로한 것이다. 7구의 풍우(風雨)는 외부의 환경을 가리키는 말로 7-8구는 시인 자신은 외부 환경에 따라 변하는 사람이 아님을 말한 것이다. 9구의 '사람 사는 도리(人道)' 는 다른 사람들이 사는 양태를 말한 것이다. 9-10구에서 시인은 다른 사람들이 사는 모습은 바람 따라 바뀌어도 자신은 죽림칠현이 살았던 것처럼 '바람 따라 바뀌지 않는 사람' 이라고 말한 것이다.

## 2. 范雲[1)]

### 2-1

〈有所思(유소사)〉[2)] 〈그리워하는 이가 있거늘〉

| | |
|---|---|
| 如何有所思,<br>여하유소사 | 어찌하랴 그리워하는 이가 있지만, |
| 而無相見時.<br>이무상견시 | 만나 뵐 수 있을 때가 있지 않음을. |
| 宿昔夢顏色,[3)]<br>숙석몽안색 | 어젯밤에 그대 얼굴을 꿈꾸었나니, |
| 階庭尋履綦.[4)]<br>계정심리기 | 섬돌과 마당에서 임 신발 자국 찾네. |
| 高張更何已,[5)]<br>고장경하이 | 거문고 줄 당기나니 또한 어찌 멈추랴, |
| 引滿終自持.[6)]<br>인만종자지 | 술잔 당겨 채우나니 끝내 홀로 버티네. |
| 欲知憂能老,<br>욕지우능로 | 근심이 사람 늙게 함을 알고 싶으면, |
| 爲視鏡中絲.<br>위시경중사 | 거울 속의 흰 실 같은 머리를 보시길. |

**역주**

1) 范雲(범운, 451-503) : 남조 양나라 남향(南鄕) 무음(舞陰), 지금의 하남성(河南省) 필양현(泌陽縣)의 서북 사람이다. 자는 언룡(彦龍)이다. 벼슬은 송나라에서 법조행참군(法曹行參軍), 원외산기랑(員外散騎郎)을 지냈고, 제나라에서는 영릉내사(零陵內事), 광주자사(廣州刺史) 등을 역임했고, 심약, 사조 등과 함께 경릉팔우로 활동했다. 나라에서는 시중(侍中), 산기상시(散騎常侍), 이부상서(吏部尙書), 상서우복야(尙書右僕射)를 역임했고 소성현후(霄城縣侯)에 봉해졌다. 원래 문집 30권이 있었다고 한다. 증답(贈答)시가 많고, 시호는 문(文)이다.
2) 有所思 : 악부의 옛 제목으로 ≪악부시집·고취곡사(樂府詩集·鼓吹曲辭)≫에 속함.
3) 宿昔夢顏色 : 숙석(宿昔)은 숙석(宿夕)으로 어젯밤. 안색(顏色)은 얼굴, 얼굴빛으로 '임의 얼굴'을 말함.
4) 履綦 : 리(履)와 기(綦)는 모두 '신발'을 의미, 여기서는 임의 신발 자국, 발자취.
5) 高張 : 기러기발을 이동시켜 높은 음을 내도록 팽팽히 맞추는 것. 높은 음은 감

정이 격앙됨을 의미함.

6) 引滿 : 술잔을 당겨 술을 가득 따르는 것으로 술을 마시다는 의미.

7) 압운은 思, 時, 綦, 持, 絲.

감상

이 시는 범운의 악부시이나, 일설에는 왕융(王融)의 작품이라고도 한다. 모두 8구로 되어 있는데 1-6구까지가 시 자체이고 마지막 7-8구는 창자가 관객에게 하는 말투로 되어 있다.

1-2구에서 시인은 그리워하는 이가 있지만 만날 수 가 없다고 말한다. 안타까워하던 때, 시인은 어젯밤 그 임을 꿈에서 보았기에 행여나 하는 마음으로 집 안의 섬돌과 마당에서 임의 발자취를 찾아본다(3-4구). 그러나 꿈에 만났을 뿐, 그 자취를 찾을 수 없어, 그 아린 마음을 달래고자 거문고를 가져와 줄을 당겨 높은 음을 만들어 노래하고, 술잔을 기울인다(5-6구). 여기까지가 시 자체라면 마지막 7-8구는 마치 노래하던 사람이 앞의 관객들에게 한마디 던지는 말 같은 것이다. "여러분, 근심이 사람을 늙게 하는 것을 알고 싶으신가요? 그럼 거울 속에 흰 실 같은 머리를 한번 보시구려!"

## 2-2

〈贈張徐州謖(증장서주속)〉[1] 〈서주자사인 장속에게 주다〉

| | |
|---|---|
| 田家樵採去,<br>전가초채거 | 시골집에서 땔나무 하러 갔다가, |
| 薄暮方來歸.[2]<br>박모방래귀 | 저물녘에야 비로소 돌아왔다네. |
| 還聞稚子說,<br>환문치자설 | 돌아와 들으니 아이들 말하기를, |
| 有客款柴扉.[3]<br>유객관시비 | 손님 오셔서 사립문을 두드렸어요. |
| 儐從皆珠玳,[4]<br>빈종개주대 | 수행원들 모두 구슬대모 장식이고, |
| 裘馬悉輕肥.<br>구마실경비 | 갖옷과 말 모두 가볍고 살쪘어요. |
| 軒蓋照墟落,<br>헌개조허락 | 수레의 덮개가 온 마을을 비추고, |

| | |
|---|---|
| 傳瑞生光輝.[5]<br>전서생광휘 | 차고 있는 전서는 빛을 발했어요. |
| 疑是徐方牧,[6]<br>의시서방목 | 서주의 자사이시려니 추측하였거니와, |
| 既是復疑非.<br>기시복의비 | 이미 맞다 하다 다시 아닌지 의심했네. |
| 思舊昔言有,<br>사구석언유 | 옛 정 잊지 않는 건 옛날에나 있었지, |
| 此道今已微.<br>차도금이미 | 이런 도리는 지금 이미 시들하기 때문. |
| 物情棄疵賤,<br>물정기자천 | 세상 마음은 흠 있고 천한 이 다 내치거늘, |
| 何獨顧衡闈.[7]<br>하독고형위 | 어찌하여 홀로 초라한 집을 돌아다 보셨을까? |
| 恨不具雞黍,[8]<br>한불구계서 | 한스러운 것은 닭과 기장을 준비하여서는, |
| 得與故人揮.[9]<br>득여고인휘 | 벗님 더불어 시원스레 한잔 마시지 못함을. |
| 懷情徒草草,<br>회정도초초 | 그리움 가슴에 품고 부질없이 허둥지둥, |
| 淚下空霏霏.[10]<br>루하공비비 | 눈물이 떨어져서 공연히 흘릴 뿐이라오. |
| 寄書雲間雁,<br>기서운간안 | 서신을 구름 사이 기러기에 부치나니, |
| 爲我西北飛.[11]*<br>위아서북비 | 나를 위하여 서북쪽으로 날아가 다오. |

**원주**

* "이미 맞다 하다 다시 아닌지 의심했네."는 변화무쌍하면서도 생동감이 넘친다. (既是疑非, 跌宕有神.[12])

**역주**

1) 張徐州謖 : 장속(張謖)은 자가 공교(公喬)이고, 남조 제나라 명제(明帝) 말 서주자사(徐州刺史)를 역임했다.

2) 田家樵採去 2구 : 전가(田家)는 시골 집. 래귀(來歸)는 돌아오다.

3) 還聞稚子說 2구 : 치자(稚子)는 어린 아이, 어린 자식 또는 시동. 관(款)은 두드리다. 시비(柴扉)는 사립문.

4) 儐從皆珠玳 : 빈종(儐從)은 앞에서 이끄는 사람과 뒤에서 따르는 사람으로 수행원. 대(玳)는 바다거북의 일종으로 등딱지를 대모(玳瑁)라 하여 공예품이나 장식품으로 만듦.

5) 軒蓋照墟落 2구 : 허락(墟落)은 부락, 마을. 전서(傳瑞)는 부신(符信)의 일종으로 고대 관원들이 신분의 표지로 사용하기 위해 차고 다닌 것을 말함.

6) 疑是徐方牧 : 의(疑)는 아닌지 생각하다, 의아하게 여기다. 방목(方牧)은 한 지방 백성을 다스리는 장관, 한 지방의 목민관(牧民官). '자사(刺史)'를 뜻함.

7) 物情棄疵賤 2구 : 물정(物情)은 세상의 정, 세상 사람들의 마음. 자(疵)는 흠 있는 사람. 천(賤)은 지위가 낮은 사람. 형위(衡闈)는 초라하고 가난한 집의 대문. 보통 형문(衡門)을 쓰나 여기서는 압운자(押韻字) 때문에 '위(闈)'를 쓴 것으로 보임.

8) 恨不具雞黍 : 계서(雞黍)와 관련된 고사는 다음과 같다. ①≪논어·미자(微子)≫에 공자를 찾던 자로가 은자인 노인을 만났는데 "노인이 자로를 붙잡아 그의 집에 묵게 하고, 닭을 잡고 기장밥을 지어 먹였다."라는 내용이 있다. ②≪후한서·범식전(後漢書·范式傳)≫에 의하면 한나라 때 산양(山陽) 사람 범식(范式)과 여남(汝南) 사람인 장소(張劭)는 태학(太學)에서 함께 공부하였다. 고향으로 돌아가면서 범식이 장소에게 2년 뒤에 그의 집을 찾아가겠노라고 약속하고 헤어졌다. 2년이 지나 약속한 날짜가 되자, 과연 천리 먼 곳에서 범식이 찾아와 장소의 어머니가 준비한 닭과 기장밥을 먹고 회포를 풀었다고 한다. ③≪수신기(搜神記)≫ 권11에 의하면 장소가 병을 앓다가 범식을 다시 보지 못하는 것을 한스러워하며 세상을 떠났다. 장소는 죽으면서 범식의 꿈에 나타나 자신의 죽음을 알렸다고 한다. 범식이 도착하기 전 발인이 시작되어 장소의 관을 무덤에 내려놓으려하자 관이 움직이지 않았다가 흰 수레에 흰말을 타고 곡을 하며 달려온 범식이 도착하여 장소의 관을 잡자 그제야 관이 움직였다고 한다. 두 사람의 이야기는 '백마소거(白馬素車)'라는 고사로 남았다. 여기서는 ②, ③의 고사처럼 '신의(信義)'를 상징하는 것으로 시인이 자신과 장속의 사귐을 범식과 장소의 사귐에 견주고 있다.

9) 揮 : 여기서는 술잔을 비우고 턴다는 것으로 '시원스럽게 한잔 마시다'로 번역함.

10) 懷情徒草草 2구 : 초초(草草)는 첩어, 의태어로 허둥대는 모양. 비비(霏霏)는 첩어, 의태어로 눈물을 흘리는 모양.

11) 寄書雲間雁 2구 : 기러기를 통해 편지를 보내는 것은 우리 동요에도 나타난다. "아침 바람 찬 바람에, 울고 가는 저 기러기, 엽서 한 장 써 주세요. ……" 이런 관념의 출발은 한나라 무제(武帝) 때 소무(蘇武)라는 사람의 고사에서 출발한다. 무제 초에 중랑장(中郎將)으로서 흉노(匈奴)에 사신으로 갔다가 압류되었던 소무는 유폐되어 먹을 음식이 없자 눈(雪)과 담요의 털을 씹으며 연명하고, 들쥐를 잡아먹으면서도 절개를 지켰다고 한다. 19년 만에 화친이 되어 한나라에서 그를 돌려보낼 것을 요구하였으나 흉노에서는 이미 죽어 버렸다고 속였다. 그러나 한나라에서 소무가 기러기발에 써 보낸 편지가 한나라 상림원(上林園)에 도착하여

그가 죽지 않음을 안다고 속여 마침내 소무를 되돌아오게 했다는 고사가 있다. 여기서 기러기 발에 부쳤던 편지라는 의미의 '안족지서(雁足之書)' 라는 말이 나왔다.

12) 跌宕有神 : 질탕(跌宕)은 쌍성, 의태어로 변화무쌍한 모양, 표현이 탁월한 모양. 유신(有神)은 생동감이 넘치다.

13) 압운은 歸, 扉, 肥, 輝, 非, 微, 闈, 揮, 霏, 飛.

**감상**

이 시는 범운이 서주자사를 맡고 있던 장속에게 보내는 노래이다. 자신을 찾아왔던 장속에 대한 고마운 마음을 표현한 것으로 모두 20구로 되어 있다.

1-2구는 시인이 찾아왔던 친구 장속을 만나지 못한 이유이다. 시인은 시골집에 땔나무를 하러 가서 저녁이 되어서야 돌아왔다. 4-8구는 집에 돌아온 후 전해 듣게 되는 아이들의 말이다. 그 내용은 화려한 장식의 수행원들과 말, 수레를 탄 벼슬아치가 집을 방문하였다는 것이었다. 9-10구에서 시인은 서주자사인 장속일 것이라고 여겼다가 다시 그런 고관이 나를 찾아올 리 없다고 생각해서 다시 의심했노라고 말한다. 친구가 찾아준 고맙고 반가운 마음을 생동감 있게 잘 표현한 명구이기에 심덕잠도 이 구를 '변화무쌍하면서도 생동감이 넘친다.' 고 높이 평가하였다. 시인이 다시 의심한 것은 옛날의 도리가 지금에는 시들하고, 세상 사람들 마음이 낮은 자를 업신여기기 때문이라고 말한다(11-14구). 이는 반대로 찾아준 장속이 옛 도리를 알며 낮은 지위인 자신을 알아주는 귀한 친구임을 칭찬한 말이기도 한다. 15-16구에서 시인은 신의(信義)로 유명한 범식과 장소의 고사를 빌려 장속의 믿음과 신의를 높이고 있다. 마지막 17-20구에서 자신의 아쉬운 마음을 소무의 '안족지서'(雁足之書)처럼 이 시에 담아 보낸다는 인사말로 시를 맺고 있다.

## 2-3

## 〈送沈記室夜別(송침기실야별)〉[1)]

〈심기실을 보내는데 밤에 작별하다〉

桂水澄夜氛, 계수는 밤기운 속에 맑아 있거니와,
계수징야분

楚山淸曉雲.[2)] 초산은 아침 새벽 구름 속에 맑으리.
초산청효운

秋風兩鄕怨, 가을바람 속에 두 고장 원망하나니,
추풍량향원

| | |
|---|---|
| 秋月千里分.<br>추월천리분 | 가을 달은 천리 나뉘어 비추게 되리. |
| 寒枝寗共採,<br>한지녕공채 | 차가운 계수나무가지 어찌 함께 꺾을까, |
| 霜猿行獨聞.[3)]<br>상원행독문 | 서리 속 원숭이를 곧 홀로 듣게 되리. |
| 捫蘿正憶我,<br>문라정억아 | 여라 손으로 잡고 마침 날 생각해 준다면, |
| 折桂方思君.[4)]<br>절계방사군 | 계수나무 꺾으며 바야흐로 그대 생각하리. |

**역주**

1) 送沈記室夜別 : 심(沈)은 심약(沈約)을 말함. 남조 양나라 사람으로 자는 휴문(休文)이다. 뛰어난 문인으로 음운에 밝아, 시의 사성팔병설(四聲八病說)을 제창했다. 기실(記室)은 벼슬 이름. 심약이 정서기실참군(征西記室參軍)에 부임해서 '심기실(沈記室)' 이라고 말함.

2) 桂水澄夜氛 2구 : 계수(桂水)는 상강(湘江)의 지류로 옛 초나라 지역에 속하며 지금의 호남성(湖南省) 계양(桂陽) 부근을 말함. 또는 '향기로운 물' 이라는 범칭으로 쓰이기도 함. 여기서는 시인이 전송하는 장소를 가리킴. 초산(楚山)은 여기서 심약이 새벽에 도착할 곳을 가리킴.

3) 寒枝寗共採 2구 : 이 2구는 대구를 이룸. 녕(寗)은 어찌. 행(行)은 곧, 머지않아.

4) 捫蘿正憶我 2구 : 라(蘿)는 여라(女蘿)를 말함. 식물 이름으로 또 다른 이름은 '송라(松蘿)' 이다. 나무에 기생해서 살아간다. 문라(捫蘿)는 2구의 초산(楚山)의 이미지와 연결됨. 절계(折桂)는 계수나무를 꺾다. ≪초사·구가·대사명(九歌·大司命)≫에 "계수나무 엮어 언제까지 서 있어도, 아 그리움만 더하고 이 마음 서러워라." 라고 하였다. 계수나무는 1구의 계수(桂水) 이미지와 연결됨.

5) 압운은 雲, 分, 聞, 君.

**감상**

이 시는 범운이 정서기실참군으로 부임한 심약과 작별하며 읊은 노래이다. 1구는 시인 범운이 심약을 전송하는 장소가 '계수(桂水)' 이고, 때는 '밤' 임을 알려준다. 2구는 떠날 심약이 도착할 때는 '새벽' 이고, 장소는 '초산(楚山)' 임을 말하고 있다. 3-4구는 두 사람이 서로 헤어져 각기 다른 고장에서 있게 될 것이 원망스럽다는 것이다. 5-6구 역시 작별 후 두 사람이 각자 홀로 원숭이 소리를 듣게 될 것이라는 것이다. 또 '가을바람' 과 '가을 달' 그리고 '차가운 가지', '서리' 등의 표현을 통해 작별의 계절이 가을임을 알려 더 쓸쓸함을 자아내고 있다. 7-8구는 ≪초사≫의 내용을 빌려와 심약이 도착할 장소인 초산(楚山)과 두 사람이 헤어지는 장소인 계수(桂水)의 이미지를 다시 떠올려 1-2구와 연결되게 함으로 전체 8구의 시 전체 속에 석별의 정을 꼼꼼하게 담았다.

## 2-4
## 〈之零陵郡次新亭(지영릉군차신정)〉[1)]

〈영릉군으로 가는데 신정에 잠시 머물며〉

江干遠樹浮,[2)]
강간원수부
양자강 언덕에 먼 나무들은 떠 있고,

天末孤煙起.[3)]
천말고연기
하늘 끝에 외로운 연기가 올라가네.

江天自如合,
강천자여합
강과 하늘이 저절로 합쳐진 듯 하고,

煙樹還相似.
연수환상사
안개와 나무가 또한 서로 닮아있네.

滄流未可源,[4)]
창류미가원
넓은 강물 다 거슬러 오를 수 없으니,

高颿去何已.[5)]
고범거하이
돛대 높이 세우고 가도 어디 그치랴?

**역주**

1) 之零陵郡次新亭 : 영릉(零陵)은 지명. 지금의 호남성(湖南省) 영주(永州) 부근을 말함. 신정(新亭)은 삼국시대 오(吳)나라가 지은 것으로 지금의 남경시(南京市) 남쪽에 위치하며 장강(長江) 하류 지역임.
2) 江干遠樹浮 : 강(江)은 장강, 양자강(揚子江). 간(干)은 언덕. 원수부(遠樹浮)는 멀리 보이는 나무들의 아래 부분들이 구름이나 안개 등의 이유로 잘 보이지 않아 마치 떠있는 듯 보인다는 의미.
3) 天末孤煙起 : 천말(天末)은 하늘 끝. 고연(孤煙)은 외로운 연기. 여기서는 봉화불일 가능성이 높기 때문에 시인이 전쟁터로 가는 길임을 암시함.
4) 滄流未可源 : 창류(滄流)는 넓고 푸른 물로 '강물'을 지칭. 원(源)은 거슬러 근원을 찾다.
5) 高颿去何已 : 범(颿)은 범(帆)으로 돛의 의미. 이(已)는 다하다, 멈추다.
6) 압운은 起, 似, 已.

**감상**

이 시는 범운이 당시의 수도인 남경에서 영릉군으로 가던 중 남경의 남쪽에 있는 신정에 잠시 멈추고 여정에 대한 심정을 읊은 것이다. 영릉군은 지금의 호남성으로 남경에서 호남성으로 가기 위해서는 양자강을 거슬러 올라가야 했다.

1-4구는 시인이 바라보는 평원의 경치를 묘사한 것으로 산수화의 이미지를 떠올리게 한다. 멀리서 바라보는 높은 곳의 나무들은 구름이나 안개로 또는 너무 멀리서 바라보기에 마치 나물들이 떠 있는 것처럼 보인다. 2구의 외로운 연기는 여기서는 봉화대의 연기를 의미한 것으로 시인이 전쟁터로 가는 여정임을 알려주고 있다. 3-4구는 강과 하늘, 내(안개)와 나무 모두가 멀리서 보니 하나인 듯 보인다는 의미다. 마지막 5-6구에서 장강의 넓은 강물은 너무 넓고 길기에 그 근원을 다 거슬러 오를 수가 없다. 그러니 돛대를 높이 세우고 가더라도 어디서 멈출 수 있을지 모른다. 시인의 이 여정이 결코 내키지 않은 길임을 암시하고 있다.

## 2-5

〈別詩(별시)〉[1]　　〈이별시〉

| | |
|---|---|
| 洛陽城東西,[2]<br>낙양성동서 | 장안의 성 동쪽과 서쪽에서는, |
| 長作經時別.[3]<br>장작경시별 | 사람들 영원토록 긴 이별을 하네. |
| 昔去雪如花,<br>석거설여화 | 옛날 떠날 때는 눈이 꽃 같았는데, |
| 今來花似雪.*<br>금래화사설 | 이제 올 때에는 꽃이 눈과 같겠네. |

**원주**

* 저절로 그것을 얻으니, 그러므로 아름답다. 후대 사람들이 흉내내 보지만 의도적임을 느끼게 한다.(自然得之, 故佳. 後人學步, 便覺有意.)

**역주**

1) 別詩 : 이별시. 이 시는 원래 시인 범운과 하손(何遜)이 이별을 주제로 각 4구씩 이어서 지은 노래이다. 하손의 다음 4구는 〈범광주택연구(范廣州宅聯句)〉이다.
2) 洛陽 : 남조(南朝) 제(齊)나라의 도성 건강(建康)을 가리킴. 여기서는 '수도'를 의미.
3) 經時別 : 시간이 경과한 이별, '긴 이별'을 의미.
4) 압운은 別, 雪로 입성(入聲).

감상

이 시는 원래 시인 범운과 하손이 이별을 주제로 각 4구씩 이어서 지은 것으로 앞 4구는 범운의 〈별시〉이고, 뒤 4구는 하손의 〈범광주택연구〉이다.

1구의 낙양성은 수도를 의미하는 것으로 1-2구는 벼슬을 하는 사람들이 발령을 받아 수도 여기저기에서 이별하는 것을 말한 것이다. 3-4구는 2구에서 말한 '긴 이별'을 설명하는 것으로 '꽃 같은 눈'과 '눈 같은 꽃'으로 계절이 변하고, 해를 넘겨서야 만날 수 있음을 말한 것이다. 3-4구 표현의 자연스런 아름다움을 심덕잠도 원주에서 높이 평가하였다.

## 3. 任昉[1)]

### 3-1

〈贈郭桐廬出溪口見候余既未至郭仍進村維舟久之郭生乃至(증곽동려출계구견후여기미지곽잉진촌유주구지곽생내지)〉[2)]

〈동려현령 곽생에게 주다. 그가 시내 입구까지 나와서 기다리다 내가 도착하지 않아 마을로 들어가 버렸다. 내가 배를 묶어 놓은 지 한참 지나자 곽생이 이에 왔다.〉

| | |
|---|---|
| 朝發富春渚,<br>조발부춘저 | 아침 일찍 부춘강 물가를 출발 하였나니, |
| 蓄意忍相思.[3)]<br>축의인상사 | 마음을 먹고서 그리움 참고 있었기 때문. |
| 涿令行春返,<br>탁령행춘반 | 탁령 같은 그대 봄 시찰에서 돌아오니, |
| 冠蓋溢川坻.[4)]<br>관개일천지 | 벼슬아치들 강가에 가득 넘쳐나는구나. |
| 望久方來萃,<br>망구방래췌 | 기다린 것이 한참이라 비로소 와 모이니, |
| 悲歡不自持.[5)]<br>비환불자지 | 슬픔과 기쁨 스스로 견디기 어려울 지경. |
| 滄江路窮此,<br>창강로궁차 | 드넓은 강 길은 여기에서 끝이 나거니와, |
| 湍險方自茲.[6)]<br>단험방자자 | 험한 물길은 바야흐로 여기부터 시작이라. |
| 疊嶂易成響,<br>첩장이성향 | 중첩된 봉우리라 쉽게 메아리 치고, |
| 重以夜猿悲.[7)]<br>중이야원비 | 밤 원숭이 슬픈 소리로 거듭하리라. |
| 客心幸自弭,<br>객심행자미 | 나그네 마음 다행히도 저절로 그치거니와, |
| 中道遇心期.[8)]<br>중도우심기 | 중도에 맘으로 기약하는 친구 만났기 때문. |

親好自斯絶, 　　가깝고 좋은 그대는 여기서부터는 끊어지고,
친호자사절
孤遊從此辭.[9) 　　외로운 나그네 여기 지금으로부터 작별이라.
고유종차사

원주

* 제목처럼 바뀌고 마무리 짓고 있음에, 흔적이 보이지 않고 있다. 긴 제목은 이러한 종류를 가지고 법식으로 삼아야한다.(如題轉落, 不見痕跡. 長題以此種爲式.)

역주

1) 任昉(임방, 460-508) : 남조 양나라 낙안(樂安) 박창(博昌) 사람으로 자는 언승(彦升), 아퇴(阿堆)이다. 송(宋)나라 때 연주(兗州)의 수재(秀才)로 뽑힌 이후 송(宋), 제(齊), 양(梁) 세 왕조에서 벼슬을 역임하였다. 송나라 때 태상박사(太常博士), 제나라 때 단양윤주부(丹陽尹主簿), 경릉왕기실참군(竟陵王記室參軍), 중서시랑(中書侍郞), 사도우장사(司徒右長史), 양나라 때 황문시랑(黃門侍郞)과 이부낭중(吏部郞中), 의흥태수(義興太守), 신안태수(新安太守) 등을 거쳤다. 원래 문집 33권은 소실되고, 명나라 때 편집한 ≪임언승집(任彦升集)≫이 전한다. 저서로 ≪문장연기(文章緣起)≫, ≪술이기(述異記)≫가 있다.
2) 贈郭桐廬出溪口見候余旣未至郭仍進村維舟久之郭生乃至 : 곽(郭)은 곽치(郭峙)를 말함. 동려(桐廬)는 현(縣)의 이름으로 지금의 절강성(浙江省) 동려현(桐廬縣)의 서쪽에 위치함. 당시 곽치가 이곳의 현령이었다. 견후(見候)는 피동표현으로 여기서는 곽생이 '기다리다' 는 의미. 유주(維舟)는 배를 묶다. 구지(久之)는 시간이 오래 지난 것. 곽생(郭生)의 생(生)은 호칭으로 '선생, ~씨' 에 해당함.
3) 朝發富春渚 2구 : 부춘(富春)은 강 이름. 저(渚)는 물가. 축의(蓄意)는 생각을 축척하는 것으로 '마음먹다' 는 의미.
4) 涿令行春返 2구 : 탁령(涿令)에 대해 ≪후한서·등무전(後漢書·騰撫傳)≫에 의하면 자가 숙보(叔輔)이고, 북해(北海)에서 온 등무(騰撫)라는 사람이 처음 주군(州郡)을 맡고, 후에 탁령(涿令)으로 관직을 옮겼는데 후에 능력을 인정받아 태수가 6개의 현을 겸하여 관할하게 하였으며, 사람들에게 칭송을 받았다는 이야기가 있다. 이후 탁령(涿令)은 현령의 미칭이 되었다. 행춘(行春)은 봄날 시찰하다. 한(漢)나라 때 태수가 봄에 관할 주와 현을 순시하고 봄갈이를 감독한 제도에서 유래한다. 관개(冠蓋)는 모자와 수레 차양으로 여기서는 현령의 일행들을 가리킴.
5) 望久方來萃 2구 : 망구(望久)는 기다린 지 오래되다. 췌(萃)는 모이다. 비환(悲歡)은 시인이 여정 중이라 금방 헤어져야 하는 슬픔과 시인과 곽생이 다시 만난 기쁨. 지(持)는 어쩔 줄 모르는 모양, 체통을 지키지 못하는 모양을 가리킴. '지탱하다' 로 번역함.

6) 滄江路窮此 2구 : 창강(滄江)은 고유명사이나 '강물'의 범칭으로도 쓰임. 여기서는 1구의 부춘강(富春江)을 지칭.
7) 疊嶂易成響 2구 : 첩장(疊嶂)은 중첩된 겹겹의 산봉우리. 향(響)은 메아리치다. 중(重)은 겹쳐지다. 여기서는 9구에서 말한 메아리와 겹쳐진다는 의미.
8) 客心幸自弭 2구 : 미(弭)는 그치다. 심기(心期)는 마음으로 기약하는 친구. 여기서는 곽생을 의미.
9) 親好自斯絶 2구 : 친호(親好)는 가깝고 좋은 그대. 친구 곽생을 가리킴. 고유(孤遊)는 시인 자신. 사(辭)는 작별하다.
10) 압운은 思, 坻, 持, 玆, 悲, 期, 辭.

**감상**

이 시는 임방이 여정 도중 당시 동려 현령을 맡고 있던 곽치를 만나 준 노래이다. 이 시는 제목에서 매우 길고 자세히 풀어 놓은데 반해 시 속에서는 이런 내용들을 함축적으로 묘사하고 있다. 이 점을 높이 평가하여 심덕잠은 원주에서 '흔적이 보이지 않는다.' 라고 하였다. 아마도 시의 제목이 자세하지 않았다면 시 내용만으로 전체 상황을 알아내기에는 모호한 부분이 있었을 것이다.

이 시는 모두 14구로 되어 있다. 제목의 설명처럼 임방이 여정 도중 친구인 동려 현령 곽치를 만나러 왔으나 곽치는 기다리다 그만 마을로 들어가 버렸다. 임방이 배를 묶어 놓고 한참을 기다린 후에야 엇갈렸던 두 친구는 다시 만나게 된 것이다.

1-4구는 이런 제목을 다시 설명한 내용이다. 1-2구는 제목의 '배를 묶어 놓은 지 한참 지나다(維舟久之)'를 설명한 것이다. 시인은 자신도 아침 일찍 부춘강을 출발했으나 친구가 기다리지 못 하고 시찰을 가버려 참고 기다리는 상황임을 말하고 있다. 3-4구는 제목의 '곽생이 마을로 들어가 버렸던(郭仍進村)' 상황에서 돌아와 드디어 강가에 일행들이 만나게 됨을 말하나 것이다. 3구에서 '등무(騰撫)'의 이야기를 빌려와 '탁령(涿令) 같은 현령 곽 씨'라고 말한 것은 단순한 칭찬이기보다 약간의 서운함을 표현한 것으로 보인다. 마치 "좋은 현령이신지라 친구 기다리는 시간도 아까웠나요?" 같은.

5-6구는 친구를 만나게 된 기쁨과 또 다시 헤어져야 하는 슬픔에 어쩔 줄 모르겠다는 시인의 마음을 말한 것이다. 7구의 넓은 강 길은 친구를 만나러 오는 길이었기에 편안했음을 말하는 것이고 8구의 험난한 길이란 이제 친구와 헤어져 가야하는 길임을 말한 것이다. 친구와 헤어질 것이 미리 슬픈 나머지 겹겹의 봉우리에 칠 메아리와 밤 원숭이의 슬픈 소리까지 겹쳐질 앞길을 상상한다(9-10구). 11-12구는 6구에서 말한 기쁨을 다시 설명한 것으로 친구를 만나 나그네 슬픈 마음을 그치게 되었다고 한 것이다. 마지막 13-14구는 6구의 슬픔을 다시 설명한 것으로 좋은 친구를 두고 작별하게 되는 나그네 자신을 말하고 있다.

## 3-2

〈贈徐徵君(증서징군)〉[1] 〈서징군에게 주다〉

促生悲永路,[2]
촉생비영로
짧은 인생이기에 이 기나긴 길이 슬프거니와,

早交傷晚別.
조교상만별
어릴 적 친구 나이 들어 이별하니 속상하네.

自我隔容徽,
자아격용휘
내가 당신 용태에서 멀어진 이래로,

於焉徂歲月.[3]
어언조세월
어언 간에 세월이 흘러가버렸다오.

情非山河阻,
정비산하조
정이야 산하가 가로 막을 바 아니거니와,

意似江湖悅.[4]
의사강호열
마음이야 강호를 아직 좋아하고 있는 듯.

東皋有儒素,
동고유유소
동쪽 언덕에 점잖고 질박한 분 계시는데,

杳與榮名絕.[5]
묘여영명절
까마득히 저 영화와 명성 끊어버렸다네.

曾是違賞心,
증시위상심
정말 마음 맞는 일을 어긋날 적에는,

曷用箴余缺.[6]
갈용잠여결
무엇으로 나의 부족함 바로 잡을까.

眇焉追平生,
묘언추평생
아득하게 평소 그대를 되새기며,

塵書廢不閱.[7]
진서폐불열
먼지 낀 책일랑 열어보지 않네.

信此伊能已,
신차이능이
진실로 이러한 삶 아 그만 둘 수 있다면,

懷抱豈暫輟.[8]
회포기잠철
맘에 품은 생각 어찌 잠시라도 그쳤던가.

何以表相思,
하이표상사
무엇으로써 이 그리움을 표현할 수 있으리,

貞松擅嚴節.[9]
정송천엄절
엄한 계절 독점하고 있는 곧은 소나무라오.

역주

1) 徐徵君 : 서(徐)는 이름이 분명하지 않다. 다만 '징군(徵君)'의 표현으로 보아 벼슬하지 않는 사람으로 보임. 징군(徵君)은 징사(徵士)를 높여 부른 말. 벼슬을 하지 않는 선비인 '사(士)'를 거사(居士), 처사(處士)로 부르는데 이들 가운데 사회적 명망이 높은 재야인사로 임금의 부름을 받은 적이 있는 선비를 '징사(徵士)'라고 부른다.
2) 促生悲永路 2구 : 촉생(促生)은 짧은 인생. 영로(永路)는 긴 길. '이별'을 의미함. 조교(早交)는 어려서 사귄 친구.
3) 自我隔容徽 2구 : 용휘(容徽)는 얼굴과 아름다움, 즉 얼굴 모양과 몸가짐을 가리키는 말. 여기서는 서징사의 용태(容態). 어언(於焉)은 어차(於此), 어시(於是)로 지금까지, 지금에. 세월(歲月)은 여기서 두 사람만이 아는 기간을 의미.
4) 情非山河阻 2구 : 정(情)은 나의 마음. 사(似)는 같다. 강호열(江湖悅)은 강호를 좋아함. 여기서는 서징군처럼 강호에서 노니는 것을 좋아한다는 뜻.
5) 東皐有儒素 2구 : 유(儒)는 교양과 학식이 있어 유아함. 소(素)는 가식 없이 순수함. 유소(儒素)는 서징군을 설명한 것. 영명(榮名)은 여기서 세속의 명성을 의미.
6) 曾是違賞心 2구 : 증(曾)은 일찍이, 결코, 정말로. 상심(賞心)은 마음을 기쁘게 하는 것, 마음에 맞는 것, 떳떳한 마음 등의 의미로 쓰임. 갈(曷)은 하(何)와, 용(用)은 이(以)와 같아서, 갈용(曷用)은 무엇으로써, 어떻게. 잠(箴)은 경계하다. 바로잡다.
7) 眇焉追平生 2구 : 묘언(眇焉)은 아득히. 평생(平生)은 여러 가지 뜻이 있으나, 여기서는 옛 사귐. 서징군과 함께 교류할 때 보여준 언행을 가리킴.
8) 信此伊能已 2구 : 차(此)는 문맥상 이러한 현재 자신의 삶. 세속에 얽매인 지금. 이(伊)는 어조사. 이(已)는 그만두다. 회포(懷抱)는 마음에 품은 생각, 바로 앞 구의 내용을 가리킴.
9) 何以表相思 2구 : 정송(貞松)은 곧은 소나무. 천(擅)은 독점하다. ~에 잘 대처하다. 엄절(嚴節)은 삼엄한 계절, 겨울을 가리킴.
9) 압운은 別, 月, 悅, 絶, 缺, 閱, 輟, 節로 입성(入聲) 압운하고 있다.

감상

이 시는 임방이 강호에 묻혀 사는 서징군에게 준 것이다. 모두 16구로 되어 있다. 1-2구에서 이 두 사람이 어려서부터 사귄 친구이고, 짧은 인생에 또 다시 긴 이별을 하게 된 것을 알 수 있다. 3구의 용휘(容徽)는 상대방의 용모와 몸가짐을 높여 부른 말이다. 4구에서 말하는 세월은 이 두 사람만이 아는 기간일 것이다. 5-6구에서 시인은 서징군에 대한 시인의 마음은 변하지 않았고 강호에 노니는 서징군과 같다고 말하고 있다. 7-8구는 서징군을 설명한 것으로 학식이 있으며 순수하고, 명성을 바라지 않는 사람임을 말한다. 그래서 자신의 잘못을 바로 잡을 때는 책을 보는 것이 아니라 지난 날 서징군과의 사귐과 대화를 떠올린다고 말한다(9-12구). 시인은 현재 자신의 삶을 접어버릴 수 있었으면 하고 희망해 본다. 벗과 함께 벗처럼 살고 싶은 마음은 한시라도 그친 적이 없다(13-14구). 마지막으로 벗에 대한 그리움이 저 소나무처럼 변함이 없다(15-16구).

## 3-3
## 〈別蕭諮議(별소자의)〉[1] 〈소자의와 이별하다〉

| | |
|---|---|
| 離燭有窮輝,<br>리촉유궁휘 | 이별 자리 촛불 다 타서 꺼져가지만, |
| 別念無終緖.[2]<br>별념무종서 | 이별의 슬픔은 끝이 없는 것이라네. |
| 歧言未及申,<br>기언미급신 | 헤어지는 말을 펼쳐서 놓기도 전에, |
| 離目已先擧.[3]<br>리목이선거 | 헤어져 가려는 눈 이미 먼저 들었네. |
| 揆景巫衡阿,<br>규영무형아 | 무산과 형산에서는 그림자를 헤아리고, |
| 臨風長楸浦.[4]<br>림풍장추포 | 장추의 포구에서는 바람을 맞이한다네. |
| 浮雲難嗣音,[5]<br>부운난사음 | 떠다니는 구름은 소식 이어주기 어렵고, |
| 裴徊悵誰與.<br>배회창수여 | 머뭇대며 슬퍼할 뿐 누구와 함께 할꼬. |
| 儻有關外驛,<br>당유관외역 | 만약에 관 너머까지 가는 역마가 있거든, |
| 聊訪狎鷗渚.[6]<br>료방압구저 | 그저 백구와 노는 물가 들리게 해 주오. |

**원주**

* 소연(蕭衍)을 말한다.(衍.)

**역주**

1) 蕭諮議 : 소(蕭)는 소연(蕭衍)을 말함. 자의(諮議)는 벼슬 이름으로 소연이 남조 제나라에서 정동장군자의참군(征東將軍諮議參軍)을 역임했다.

2) 離燭有窮輝 2구 : 리촉(離燭)은 이별 자리에 켜 놓은 촛불. 궁휘(窮輝)는 다한 빛으로 여기서는 촛불이 다 타서 꺼져가는 것을 말함. 종서(終緖)는 끝.

3) 歧言未及申 2구 : 기언(歧言)은 갈림길에서 하는 말, 즉 헤어지는 말. 리목(離目)은 헤어져 떠나려고 하는 눈. 이 2구는 두 사람이 이별을 주저하는 사이에 이미 출발 시간이 되어 버린 상황을 비유한 것.
4) 揆景巫衡阿 2구 : 규영(揆景)은 그림자를 헤아리다. 여기서는 그림자로 시간을 헤아렸다는 의미. 무형(巫衡)은 무산(巫山)과 형산(衡山). 장추포(長楸浦)는 길게 늘어선 개오동나무가 있는 포구를 말함. 고유 명사로 보임.
5) 嗣音 : 사(嗣)는 이어주다. 음(音)은 여기서 '소식'의 의미.
6) 儻有關外驛 2구 : 당(儻)은 만약. 관외역(關外驛)은 떠나는 소연이 머무를 관(關)을 넘어가는 역마, 심부름꾼을 의미. 압구(狎鷗)는 ≪열자·황제(列子·黃帝)≫에 "바닷가에 갈매기를 좋아하는 사람이 있었다. 매일 아침 바닷가에서, 갈매기를 따라 놀았는데, 갈매기가 그에게 다가오는 것이 백을 단위로 세는데도 멈추지 않았다."라고 하였다. 이 이야기에서 출발하여 후대 사람들이 갈매기와 노니는 사람을 은자로 여기게 되었다.
7) 압운은 緖, 擧, 浦, 與, 渚.

**감상**

이 시는 임방이 당시 정동장군자의참군 직을 맡고 있던 소연과 헤어지면서 읊은 노래이다. 시는 모두 10구로 되어 있다.

시인은 헤어지는 자리에 켜 놓은 촛불은 다 타서 꺼져가지만, 이별의 슬픔은 끝이 없다며 시를 시작한다(1-2구). 3-4구에서 헤어지는 말을 다 펼쳐 놓기도 전에, 헤어지려는 눈을 먼저 들었다는 것은 두 사람이 헤어지기가 아쉬워 머뭇대는 사이 이미 출발시간이 되어 버린 것을 말한 것이다. 5구에서 무산(巫山)과 형산(衡山)에 산 그림자를 헤아린다는 것은 시간을 헤아린다는 뜻이고, 6구에서 장추포구의 바람을 맞는다는 것 또한 바람 등을 통해 물때를 짐작해 보는 것을 말한다. '포구'라는 단어로 짐작하건대 소연은 배를 타고 떠나는 여정으로 보이고, 이제는 더 이상 물때를 놓칠 수 없는 시각에 이르렀을 것이다. 그래서 시인은 앞으로 지인으로부터의 소식이 없을까 걱정한다(7-8구). 마지막 9-10구는 이별시의 마무리가 종종 그러하듯 나를 잊지 말라는 당부이다. 관(關)을 넘어가는 역마는 곧 소식을 전해줄 인편을 말하는 것으로 인편이 있으면 소식을 전해달라는 당부의 의미다.

## 3-4
## 〈出郡傳舍哭范僕射(출군전사곡범복야)〉[1)*]

〈군을 나와 관사에서 범복야에게 곡을 하다〉

與子別幾辰, 그대와 작별한 지가 며칠이나 되었던가,
여자별기신

經塗不盈旬.[2] 그대가 길을 간 것 열흘도 차지 않았네.
경도불영순

弗覩朱顔改, 붉은 얼굴이 바뀌는 것도 보지 못했건만,
불도주안개

徒想平生人.[3] 부질없이 옛 사귀던 이로 생각해야 하네.
도상평생인

寗知安歌日, 어찌 알았으랴 편안히 노래하던 날이었건만,
녕지안가일

非君撤瑟晨.[4] 그대가 거문고를 물리칠 때가 아니었던가?
비군철슬신

已矣余何歎, 아서라, 내가 무엇을 탄식하고 있는가,
이의여하탄

輟舂哀國均.[5]** 방아 멈추고 나라의 기둥을 애도할 뿐.
철용애국균

원주

* 세 수 중의 하나이다.(三首之一.)

** '어찌 알았으랴 편안히 노래했던 날에는' 일연은 사람으로 하여금 거의 감히 즐거움이란 말을 못하게 할 정도니, 그 감정을 표현한 어휘가 극히 깊고 완곡하다.(寗知安歌日一聯, 令人幾不敢言歡娛, 情辭極爲深宛.)

역주

1) 出郡傳舍哭范僕射 : 군(郡)은 행정단위. 여기서는 시인이 벼슬하던 곳. 전사(傳舍)는 관청에서 운영하는 여관. '관사'로 해석함. 곡(哭)은 여기서 사람이 죽은 후 애곡(哀哭)하는 것을 말함. 복야(僕射)는 벼슬 이름.

2) 與子別幾辰 2구 : 기신(幾辰)은 얼마나 됐던가. 여기서는 매우 짧은 시간이라는 의미로 내용 상 '며칠'로 해석함. 경도(經塗)는 길을 가다, 여정. 순(旬)은 열흘.

3) 弗覩朱顔改 2구 : 주안(朱顔)은 붉은 얼굴. 여기서는 젊은 나이를 의미. 평생(平生)은 옛 사귐. 옛 사귀었던 사람의 의미.

4) 寗知安歌日 2구 : 안가일(安歌日)은 편안히 노래 불렀던 날. 여기서는 며칠 전 두 사람이 이별하던 연회를 가리킴. 철슬(撤瑟)은 거문고를 물리치다. 병이 위중한 사람이 있으면 재계하고 악기 연주를 멈춘다고 ≪의례(儀禮)≫에 기록되어 있다. 여기서는 죽음을 바로 앞두었다는 의미. 신(晨)은 여기서 '때'를 의미. 압운자(押韻字) 때문에 쓴 것.

5) 已矣余何歎 2구 : 이의(已矣)는 아서라, 두어라. 철용(輟舂)은 ≪예기·곡례(禮記·曲禮)≫에 "이웃에 상이 있으면, 방아도 하지 않는다.(鄰有喪, 舂不相)"라고 하였

다. '용불상(舂不相)' 의 해석은 '방아를 찧되 노래를 부르지 않는다.' 도 있으나 여기서는 방아도 찧지 않는 것으로 보았다. 균(均)은 균(鈞)으로 '물레, 돌림판' 의 의미. 국균(國均)은 나라의 틀, 동량(棟樑). 즉 대신(大臣).

6) 압운은 辰, 旬, 人, 晨, 均.

**감상**

제목에서 설명한 것처럼 임방이 복야 벼슬을 하던 범 씨 친구를 애도하는 노래이다. 원래 전체 세 수로 되어 있으며 위의 시는 제3수이다. 제목에서 문상을 간 곳이 친구의 집이 아닌 전사(傳舍), 즉 관청에서 운영하는 숙소인 것으로 미루어 알 수 있는 것은 친구가 급작스럽게 객사(客死)했다는 사실이다.

얼마나 급작스런 일이었는지는 1-2구에 잘 나타나 있다. 친구와 작별 인사를 한 지 열흘도 되지 않았는데 비보(悲報)를 접한 것이다. 3구에서 시인은 친구의 붉은 얼굴이 바뀌는 것도 보지 못했다고 하였다. 이는 친구가 아직 젊은 나이였음을 알게 해 준다. 이제 시인은 부질없이 친구의 옛 사귀었던 모습을 생각해야 한다고 슬퍼한다(4구). 5-6구에서는 생략된 말이 많아 내용이 비약적으로 전개된다. 시인은 두 사람이 작별하며 함께 했던 연회를 떠올린다. 5구의 "어찌 알았으랴 편안히 노래하던 날이었건만." 의 뒤에는 "그날이 마지막 날이었을 줄을" 이란 말이 생략되었다. 6구에서 "거문고를 물리칠 때가 아니었던가?" 라고 한 것은 "죽음을 바로 앞둔 때였음을 그날에는 몰랐었네." 라는 말이 포함된 것이다. 이 같은 시의 전개는 오히려 독자로 하여금 급작스런 친구의 죽음 앞에 황망한 시인의 마음을 느끼게 한다. 마지막 8구에서 방아를 멈추고 나라의 기둥을 애도함은 온 천하가 그러하다는 의미이다.

## 4. 邱遲[1)]

### 4-1

### 〈侍宴樂遊苑送張徐州應詔(시연락유원송장서주응조)〉[2)]

〈락유원에서 잔치를 배시하며 장서주를 전송하면서
임금의 명령에 응해 쓰다〉

| | |
|---|---|
| 詰旦閶闔開,<br>힐단창합개 | 날이 밝자 궁정의 문이 열리나니, |
| 馳道聞鳳吹.[3)]<br>치도문봉취 | 어도에도 봉황 퉁소소리 들려오네. |
| 輕荑承玉輦,<br>경이승옥련 | 가벼운 새순 옥으로 된 수레 받들고, |
| 細草藉龍騎.[4)]<br>세초자룡기 | 가는 풀은 왕의 말 앞에 깔려 있네. |
| 風遲山尚響,<br>풍지산상향 | 바람 느려졌지만 산 여전히 메아리치고, |
| 雨息雲猶積.*<br>우식운유지 | 비는 멈췄지만 구름은 여전히 쌓여있네. |
| 巢空初鳥飛,<br>소공초조비 | 새집 빔은 막 아기 새 날아갔기 때문, |
| 荇亂新魚戲.[5)]<br>행란신어희 | 물풀 흔들림은 새 물고기 장난 때문. |
| 實惟北門重,<br>실유북문중 | 진실로 북문은 중요한 지역이니, |
| 匪親孰爲寄.[6)]<br>비친숙위기 | 신복이 아니면 누구에게 맡기랴. |
| 參差別念舉,<br>참치별념거 | 들쑥날쑥 이별의 상념 일어나지만, |
| 肅穆恩波被.[7)]<br>숙목은파피 | 엄숙하고 화목하게 은혜 입는구나. |
| 小臣信多幸,<br>소신신다행 | 소신들은 진실로 행운이 넘치거니와, |
| 投生豈酬義.[8)]**<br>투생기수의 | 목숨 바친들 어찌 의리 다 보답하랴. |

원주

* 음이 지이다.(音漬.)

** ≪사기·전경중완세가(田敬仲完世家)≫에 제 위왕이 말하길, "나의 관리 중에 검부란 자가 있어, 그로 하여금 서주를 지키게 만든다면, 연나라 군대들이 우리나라 북문에 제사를 지낼 것입니다."라고 하였다. 그러므로 (북문이란 지명이) 서주와 밀접하게 관련되는 것이어서, 평범하게 인용한 것이 아님을 알 수 있다. 반악(潘岳)의 〈서정부〉에 말하길, "어찌 살아있는 목숨을 쉽게 내던지랴."라 하였다. (史記齊威王曰, 吾使有黔夫者, 使守徐州, 則燕人祭北門. 故知與徐州關合, 非尋常征引. 西征賦曰, 豈生命之易投.)

역주

1) 邱遲(구지, 406-508) : 자는 희범(希范)이고 오흥(吳興) 오정(烏程) 지금의 절강성(浙江省) 호주(湖州)지역 사람이다. 남조의 제와 양 두 왕조를 거치며 벼슬을 하였다. 벼슬은 제나라 때 수재(秀才)로 뽑힌 후 태학박사(太學博士), 전중랑(殿中郎), 거기녹사참군(車騎錄事參軍), 서주종사(徐州從事)를 맡았고, 양에서는 중서시랑(中書侍郎), 영가태수(永嘉太守) 등을 거쳤다.
2) 侍宴樂遊苑送張徐州應詔 : 시연(侍宴)은 잔치에서 어른이나 지위가 높은 사람을 모시다. 락유원(樂遊苑)은 옛 정원 이름으로 남조 송나라 무제(武帝)가 지었다. 지금의 남경(南京) 강녕구(江寧區)에 있다. 장서주(張徐州)는 남조 제(齊)나라 명제(明帝) 때 북서주자사(北徐州刺史)를 지낸 장속(張謖)을 가리킨다고 하나 여기서는 누구인지 불분명하다. 다른 판본에 '장서주(張徐州)' 대신 '서주(徐州)'로 되어 있어 서주에 봉해진 제후나 중요 인물일 가능성이 크다.
3) 詰旦閶闔開 2구 : 힐단(詰旦)은 원래 철단(喆旦)으로 '이른 아침'의 의미. 창합(閶闔)은 원래 진(晉)나라 낙양성의 서문을 말함. 여기서는 궁궐의 문을 의미. 치도(馳道)는 어도(御道)로 천자가 다니는 길. 봉(鳳)은 봉소(鳳簫)로 봉황 퉁소.
4) 輕荑承玉輦 2구 : 경이(輕荑)는 가벼운 갈대 잎으로 여기서는 '새순'을 의미하며 계절이 봄임을 나타냄. 자(藉)는 깔다. 룡기(龍騎)는 용의 말, 임금의 말을 의미.
5) 荇 : 물풀, 노랑어리연꽃.
6) 實惟北門重 2구 : 북문(北門)은 여기서는 서주(徐州) 지역과 관계된 지역을 말함. 친(親)은 신복, 가족처럼 여기는 사람.
7) 參差別念擧 2구 : 참치(參差)는 쌍성, 의태어로 가지런하지 않는 모양. 은파(恩波)는 임금의 은혜를 말함. 여기서는 임금이 이별 연회를 베푼 것을 가리킴.
8) 小臣信多幸 2구 : 소신(小臣)은 장서주(張徐州)와 모든 신하들을 가리킴. 투생(投生)은 목숨을 던지다. 의(義)는 여기서 신하로서 임금을 받드는 의리를 말함.
9) 압운은 開, 吹, 騎, 積(지), 戲, 寄.

감상

이 시는 제목에서 알 수 있듯이 장서주를 전송하며 임금이 베푼 연회에서 구지가 임금의 명령을 받아 쓴 것이다. 이 시는 연회를 베푼 임금에 대한 묘사(1-8구)와 서주 지역으로 가는 관리에 대한 묘사(9-14구)로 크게 두 부분으로 나눠 볼 수 있다.

1-4구는 황궁의 묘사이다. 날이 밝아 오자 궁궐의 문들이 열리고, 임금이 지나는 어도(御道)에는 봉황 퉁소 소리가 울린다. 임금의 수레와 임금의 말이 지나간 길에는 봄풀들이 솟아난다. 이런 경치 묘사에 이어 5-8구는 임금의 은혜를 이야기하고 있다. 5-6구의 바람과 비는 모두 임금의 은혜를 비유한 것으로 마치 농사에 맞는 순조로운 기후(風調雨順)와 같다는 의미다. 7-8구는 임금의 은혜가 새와 물고기에게도 미친다는 의미다.

9-14구는 지금 연회에서 전송을 받는 '서주로 가는 관리'에 대한 것이다. 서주 지역은 강소성의 북쪽으로 남조 시대에 이곳은 북조와의 접경 지역이었다. 당연히 군사적 요충지이므로 이 지역에 발령받은 이를 황제와 신하들이 잔치를 열어 전송한 것이다. 그래서 장서주는 '장속(張謖)'이 아닌 서주에 봉해진 제후나 황실의 중요 인물일 것으로 보여 진다. 9구에서 말하는 북문(北門)은 두 번째 원주의 설명한 바와 같이 서주 지역과 관련된 곳이다. 10구에서는 이처럼 중요한 곳에 신복인 아니면 맡길 수 없다고 말하여 '장서주'를 높이고 있다. 11-14구는 이처럼 성대한 연회를 베풀어 전송해 주신 임금의 은혜에 장서주도 모든 신하들도 목숨을 바쳐 보답할 것을 다짐한 것이다. 응조시(應詔詩)다운 결말이다.

## 4-2

### 〈旦發漁浦潭(단발어포담)〉[1]　　〈아침 일찍 어포담을 출발하며〉

漁潭霧未開, 　　어포담의 안개는 아직 걷히지 않았고,
어담무미개
赤亭風已颺.[2] 　　적정 정자에는 바람이 이미 나부끼네.
적정풍이양
櫂歌發中流, 　　사공의 노래는 강 가운데서 피어나고,
도가발중류
鳴鞞響沓嶂.[3] 　　우렁찬 북소리 겹겹의 산봉우리 울리네.
명비향답장
村童忽相聚, 　　시골 아이들은 문득 서로서로 모여들고,
촌동홀상취
野老時一望.[4] 　　들판의 노인들 이때에 일제히 쳐다보네.
야로시일망
詭怪石異象, 　　괴이하여라 바위는 기이한 모습들이고,
궤괴석이상

嶄絶峰殊狀.[5] 우뚝하여라 산봉우리 특이한 모양일세.
참절봉수상

森森荒樹齊, 빽빽하게 황량한 나무들은 가지런하고,
삼삼황수제

析析寒沙漲.[6] 사각사각 차가운 모래는 물이 차오르네.
석석한사창

藤垂島易陟, 등나무덩굴 드리워져 그 섬 오르기 쉽고,
등수도이척

崖傾嶼難傍.[7] 끝이 가파르니 그 섬 접근하기 어렵다네.
애경서난방

信是永幽棲, 진실로 이곳은 영원히 숨어 지내고픈 곳,
신시영유서

豈徒暫淸曠.[8] 어찌 단지 짧은 순간으로 피정할 곳이랴?
기도잠청광

坐嘯昔有委,[9] 앉아 휘파람 부는 관직 진즉 맡길 바 있고,
좌소석유위

臥治今可尙.[10] 누워 다스리고픈 소원 이제 내가 받들리라.
와치금가상

**역주**

1) 漁浦潭 : 어포담. 항주(杭州)에서 부춘강(富春江)에 이를 때 지나가는 곳으로 부춘강 동쪽 30 리에 위치.
2) 漁潭霧未開 2구 : 어담(漁潭)은 어포담(漁浦潭)을 말함. 무미개(霧未開)는 안개가 아직 걷히지 않은 이른 아침을 의미. 적정(赤亭)은 정자 이름. 부춘강(富春江) 강변, 정산(定山) 동쪽에 있으며 어포담과는 2~30 리 떨어져 있다. 풍이양(風已颺)은 바람이 이미 나부낀다는 것으로 이미 돛을 올려 출발하여 항해함을 의미.
3) 櫂歌發中流 2구 : 도가(櫂歌)는 사공의 노래, 뱃노래. 명(鳴)은 우렁차다. 비(鞞)는 여기서 '북소리'의 의미. 답장(沓嶂)은 겹겹의 산봉우리.
4) 村童忽相聚 2구 : 야로(野老)는 들판의 노인들, 촌로(村老). 시(時)는 여기서 '이때에, 때맞춰'의 의미. 일(一)은 일제히. 이 2구는 일종의 호문(互文)으로 어린아이부터 노인까지 모두 모였다는 의미.
5) 詭怪石異象 2구 : 궤괴(詭怪)는 쌍성, 괴이한 모양. 참절(嶄絶)은 높고 가파른 모양.
6) 森森荒樹齊 2구 : 삼삼(森森)은 첩어, 우거진 모양. 석석(析析)은 첩어, 물이 모래에 부딪치는 소리. 창(漲)은 물이 밀려오는 것.
7) 藤垂島易陟 2구 : 등수(藤垂)는 등나무 덩굴이 드리워지다. 도(島)는 섬. 애경(崖

傾)은 섬의 끝이 가파르고 기울어진 모양을 말함. 서(嶼)는 섬.

8) 信是永幽棲 2구 : 영유서(永幽棲)는 영원히 숨어 지내고 싶은 곳. 기도(豈徒)는 어찌 ~뿐이랴. 청광(淸曠)은 정신을 맑게 하고 마음을 비우는 곳. 북송(北宋)의 곽희(郭熙)와 그 아들 곽사(郭思)의 ≪임천고치·산수훈(林泉高致·山水訓)≫에 "세상 사람들이 섬세하게 논할 때, 산수에는 가볼 만한(可行) 것이 있고, 바라볼 만한(可望) 것이 있고, 노닐 만한(可遊) 것이 있고, 지낼 만한(可居) 것이 있다."라고 하여 산수를 분류하였다. 이것에 따르면 영유서(永幽棲)는 지낼 만한 곳(可居)이고, 청광(淸曠)은 노닐 만한 곳(可遊)에 해당한다.

9) 坐嘯 : 동한(東漢)의 성진(成瑨)의 고사로 장번(張璠)의 ≪한기(漢紀)≫에 "남양태수 홍농 출신 성진은 잠진을 공조에 임명하였다. 사람들이 노래하길 '남양태수는 잠효공(잠진의 자)이니, 성진은 단지 앉아 휘파람만 분다네.'"라고 하였다. 좌소(坐嘯)는 아래 사람들이 잘 다스려 관리가 앉아서 휘파람을 분다는 뜻으로 후에 관직생활의 한가로움이나 정무를 직접 처리하지 않는 것을 비유하게 됨.

10) 臥治 : 서한(西漢)의 급암(汲黯) 고사에서 온 것이다. ≪한서·급암전(漢書·汲黯傳)≫에 "급암을 임명하여 회양태수를 삼고자 했으나, 급암이 땅에 엎드려 도장을 받지 않으려 했다. 임금이 '회양태수를 하찮게 여깁니까? 다만 나는 회양 지방의 관리와 일반 백성들이 잘 어울리지 못하기 때문에, 단지 그대의 위엄을 빌려, 누워서 다스리고 싶을 따름입니다.'"라고 하였다. 와치(臥治)는 누워만 있어도 잘 다스려진다는 뜻으로 여기서는 임금의 기대를 말한 것.

11) 압운은 颺, 嶂, 望, 狀, 漲, 傍, 曠, 尙.

**감상**

이 시는 마지막 15-16구의 내용으로 보아 시인 구지가 지방수령으로 발령을 받아 가는 여정에서 어포담에서 자고 아침 일찍 출발하며 지은 것으로 보인다. 어포담은 항주에서 부춘강으로 갈 때 지나는 곳으로 석양이 아름답기로 유명한 곳이기도 하다. 제목과 마지막 구의 내용으로 보아 시인은 지방으로 발령을 받아 떠나며 어포담에서 하루를 묵고 일찍 출발하게 된다. 지명들로 보아 시인은 배를 이용한 여정에 오른 것으로 보인다. 이 시는 내용에 따라 3개의 단락으로 나눌 수 있다.

1단락(1-6구)의 1구에서 안개가 아직 걷히지 않았다는 것은 매우 이른 새벽에 출발했음을 알려준다. 어느 덧 배는 2~30 리 뱃길을 지나 부춘강 강변, 정산 동쪽에 있는 적정(赤亭) 정자를 마주한다. 이런 어포담과 부춘강, 적정 정자의 모습은 시인들의 시에 자주 등장한다. 예를 들어 사령운(謝靈運)의 시 〈부춘강 물섬에서(富春渚)〉에는 "밤에 어포담을 건너니, 새벽에 부춘성에 도착하네. 정산에는 구름 안개 자욱하니, 적정에 오래 머물지 못하네."라고 하였다. 3-4구는 관리로서 행차하는 모습이다. 뱃사공의 노래와 우렁찬 북소리에 아이들부터 노인들까지 모두 모여 구경을 한다.(5-6구)

2단락(7-12구)은 주변의 경치를 묘사했다. 모여든 사람들로 행차를 구경 왔다고 생각했던 시인의 눈에 주변의 기괴한 바위와 특이한 산봉우리가 들어온다. 9-10구의 경치 묘사는 대구를 이룬다. 9구는 시각과 먼 경치를 묘사했다면 10구는 청각과 가까운 경치를 묘사한 것이다. 또 황량한 나무로 보아 계절의 배경은 가을이나 겨울로 보인다. 11-12구는 멀리 보이는 다양한 모양의 섬들을 묘사한 것으로 등나무덩굴이 드리워진 섬은 아마도 오르기 쉽겠고, 섬의 끝이 가파른 곳은 접근하기 어렵겠다고 읊은 것이다.

마지막 3단락(13-16구)은 시인의 감회를 적었다. 2단락에서 읊은 경치에 시인은 이 곳이 숨어 지내고픈 곳(可居)이며 그저 노닐 만한 곳(可遊)이 아니라며 아름다운 풍경의 매력을 이야기한다. 15구는 자신을 보좌하는 부하들을 격려하는 말로 나는 복이 있어 부하들에게 이미 일을 맡길 만하다고 칭찬한 것이다. 마지막 16구의 누워서 다스리는 것의 주체는 임금이다. 임금께서 원하는 누워서 다스리고픈 소원을 이제 내가 숭상하겠다는 것은 임금의 기대에 부응하겠다는 다짐이다. 마지막 2구는 부하를 격려하고 임금의 기대를 부응코자하는 다짐이면서, 자신이 발령받은 곳을 잘 다스려 다시 이곳을 찾고 싶다는 바람도 담았다.

## 5. 柳惲[1]

### 5-1

〈江南曲(강남곡)〉[2]　　〈강남곡〉

| | |
|---|---|
| 汀洲採白蘋,[3]<br>정주채백빈 | 물가 섬에서 흰 마름을 캐나니, |
| 日暖江南春.<br>일난강남춘 | 햇살이 따뜻한 강남의 봄이구나만. |
| 洞庭有歸客,<br>동정유귀객 | 동정호로부터 돌아오는 길손 있어, |
| 瀟湘逢故人.[4]<br>소상봉고인 | 소상에서 남편을 만났다고 하구나. |
| 故人何不返.<br>고인하불반 | "낭군님은 왜 아니 돌아오시는지요? |
| 春花復應晩.[5]<br>춘화부응만 | 봄꽃은 또 다시 응당 시들어가건만." |
| 不道新知樂,[6]<br>불도신지락 | "새로 사람 즐거움이라 아니 말하고, |
| 祇言行路遠.<br>기언행로원 | 단지 말하거니와 가는 길이 멀다고." |

역주

1) 柳惲(유운, 465-517) : 남조 양나라 하동(河東) 해(解), 지금의 산서성(山西省) 운성(運城)의 서남지역 사람이다. 자는 문창(文暢)이다. 남조의 송나라 때 태어났고, 제나라와 양나라 두 왕조에서 관직을 맡았다. 벼슬은 제나라에서 경릉왕(竟陵王) 법조행참군(法曹行參軍)과 상국우사마(相國右司馬)을 맡았고, 양나라에서 시중(侍中), 광주자사(廣州刺史), 비서감(秘書監), 우위장군(右衛將軍), 오흥태수(吳興太守) 등을 역임했다. 시문에 뛰어나 양 무제(武帝)의 총애를 받았고, 청렴한 관리로 추앙받았다. 바둑의 고수로 양나라 때 기사들의 기품(棋品)을 평하여 기보(棋譜)를 모아 ≪기품(棋品)≫을 편찬한 바 있다.
2) 江南曲 : ≪악부시집·상화가사(樂府詩集·相和歌辭)≫에 실려 있다.
3) 汀洲採白蘋 : 정주(汀洲)는 물가 섬. 백빈(白蘋)은 흰 마름. 얕은 물에서 자라며 꽃이 흰 색을 띤 수초.
4) 洞庭有歸客 2구 : 동정(洞庭)은 산 이름, 호수 이름. 여기서는 호수. 소상(瀟湘)은 물 이름. 고인(故人)은 오래된 사람, 옛 사람의 뜻으로 여기서는 '옛 남편'을 가

리킴.

5) 晩 : 여기서는 '시들어가다' 의 뜻.

6) 新知 : 새로이 안 사람. 여기서는 남편이 만난 새 여인을 말함.

7) 압운은 春, 人, 晩, 遠.

**감상**

이 시는 유운이 지은 악부시이다. 모두 8구로 되어 있으며, 여주인공의 등장과 대사로 시작한다. 물가 섬에 나와 흰 마름을 캐는 여주인공은 햇살 가득한 좋은 계절, 봄이 왔다고 말한다. 그 뒤에는 "그런데 임은 어디에 계신가요?" 라는 말이 생략되었다(1-2구). 이 때 동정호로부터 돌아오는 길손이 남편을 소상에서 만났다고 전한다(3-4구). 5-6구는 여주인공이 길손에게 직접 묻는 물음이다. 6구의 봄꽃은 여주인공이 자신을 비유한 것으로 봄꽃이 시들어가듯 세월이 가는 것을 말하고 있다. 마지막 7-8구는 남편이 왜 안 오는지를 물어보는 여주인공에게 나그네가 전하는 남편의 말이다. 7구의 새로 안 사람(新知)이란 바로 남편이 새로 맞이한 여인을 뜻한다. 길손은 남편이 새 여인을 만난 즐거움에 대해서는 말하지 않고 다만 길이 멀어서 못 온다는 답을 전한다.

대답을 듣는 여주인공도, 말을 전하는 나그네도, 시를 읽는 독자도 남편이 못 오는 이유가 바로 '새로 안 사람(新知)' 때문임을 알 수 있기에 애잔한 여운이 남는다. 그 여운에 문득 4구의 '소상(瀟湘)' 에서, 순 임금을 그리며 상수(湘水)에서 서로 슬피 울다 강에 몸을 던졌다는 두 아내 아황(娥皇)과 여영(女英)의 남편을 향한 절개와 여주인공의 해바라기 같은 사랑이 겹쳐 보인다.

## 5-2

〈贈吳均(증오균)〉[1] 〈오균에게 주다〉

| | |
|---|---|
| 寒雲晦滄洲,<br>한운회창주 | 차가운 구름 물가 섬을 어둡게 하고, |
| 奔潮溢南浦.[2]<br>분조일남포 | 내달리는 조수는 남포에 넘쳐났었지. |
| 相思白露亭,<br>상사백로정 | 흰 이슬 내린 누대에서 늘 그리워하며, |
| 永望秋風渚.[3]<br>영망추풍저 | 가을바람 부는 물가 오랫동안 바라보네. |
| 心知別路長,<br>심지별로장 | 맘속으로 이별해 떠난 길 먼 것 알았지만, |

| | |
|---|---|
| 誰謂若燕楚.[4]<br>수위약연초 | 연지방과 초지방 같은 줄 어찌 생각했으리. |
| 關候日遼絕,<br>관후일료절 | 근무할 관후는 나날이 아득하고 멀어지니, |
| 如何附行旅?[5]<br>여하부행려 | 어떻게 길손에게 소식을 부칠 수 있으리? |
| 願作野飛鳥,<br>원작야비조 | 원컨대 저 들녘의 날아가는 새가 되어서, |
| 飄然自輕擧.<br>표연자경거 | 훨훨 스스로 가벼이 날아 갈 수 있었으면. |

**역주**

1) 吳均(오균, 469-520) : 남조 양나라 오흥(吳興) 고장(故鄣), 지금의 절강성(浙江省) 안지(安吉) 사람으로 자는 숙상(叔庠)이다. 벼슬은 양나라 무제(武帝) 천감(天監) 초에 당시 오흥태수(吳興太守)를 맡은 유운(劉惲)의 주부(主簿)가 되었고, 이후 봉조청(奉朝請)을 역임했다. 시의 문체가 뛰어나 그의 시풍을 '오균체(吳均體)'라고 하였다. 저서에는 지괴소설집인 ≪속제해기(續齊諧記)≫, ≪후한서주(後漢書注)≫, ≪십이주기(十二洲記)≫ 등이 있고, 명나라 사람이 편집한 ≪오조청집(吳朝請集)≫이 있다.
2) 寒雲晦滄洲 2구 : 창(滄)은 강물 이름이며 물의 대명사로도 쓰임. 주(洲)는 물 섬. 남포(南浦)는 이별과 이별의 장소를 뜻하는 말. ≪초사·구가·하백(九歌·河伯)≫에 "그대와 손을 부여잡고 동으로 가, 임을 남포로 떠나보내어."라고 하였다.
3) 相思白露亭 2구 : 백로정(白露亭)은 보통 명사로 흰 이슬이 내린 누대. 저(渚)는 물가. 여기서는 친구가 떠난 곳을 의미.
4) 誰謂若燕楚 : 수(誰)는 누구 또는 어찌. 위(謂)는 이위(以爲)로 생각하다. 연초(燕楚)은 연지방과 초지방. 연은 북쪽 끝, 초는 남쪽 끝에 위치해서 매우 먼 거리를 뜻함.
5) 關候日遼絕 2구 : 관후(關候)는 관문과 망루로 국경선을 의미. 여기서는 친구가 근무할 곳을 의미. 부(附)는 부치다, 소식을 전하다. 행려(行旅)는 길손. 여기서는 소식을 전할 인편을 뜻함.
6) 압운은 浦, 渚, 楚, 旅, 擧.

**감상**

이 시는 유운이 오균에게 보내는 노래로 총 3수(首) 가운데 제1수이다. 양나라 무제 천감(天監) 초에 당시 오흥태수(吳興太守)를 맡았던 유운이 오균을 불러 주부(主簿)를 맡게 한 바가 있었고, 두 사람 모두 시문에 능하였으며 연배도 비슷한지라 깊은 교유가 있었을 것이다. 아마도 후에 오균이 다른 벼슬을 맡아 유운을 떠난 후 여전히 친구가 그리운 유운이 보내는 시로 보인다. 이 시는 모두 10구로 되어 있다.

1-2구는 경치를 묘사하였지만 시인의 마음이 투영되어 있는 부분으로 이별하던 당시의 마음을 말하고 있다. 차가운 구름이 물가 섬을 어둡게 한다는 것은 이별 당시 시인의 마음이 그렇게 어두웠다는 것이고, 내달리는 조수가 남포에 넘쳐났었다는 것은 바쁘게 떠났던 친구의 모습을 말한 것이다. 시인은 친구를 보낸 뒤에도 누대에서 늘 그리움에 젖어 친구가 떠났던 그 물가를 바라보고 있다고 말한다(3-4구). 흰 이슬과 가을바람이 알리는 가을 계절 배경은 시를 읽는 사람에게 더 쓸쓸함을 준다. 5-6구에서 친구가 떠난 길이 멀다는 것을 이미 마음 속으로 알고 있었지만, 북쪽 끝 연지방과 남쪽 초지방이 너무 멀리 떨어진 것처럼 그렇게 멀리 갈 줄을 몰랐다고 말한다. 이것은 생각보다 너무 멀리 간 친구에 대한 시인의 마음 속 거리감 일 것이다. 7-8구에서는 친구가 부임 받아 떠나간 국경선 일대는 하루가 멀게 아득하고 멀어져만 가는 곳이라, 소식을 보내고자 해도 인편이 없으니 소식 전할 방법이 없음을 더 슬퍼한다. 그래서 마지막 9-10구에 자유로이 날아가는 새라도 되어 친구를 보길 원한다는 마음을 전한다.

## 5-3

## 〈擣衣詩(도의시)〉 〈다듬이질 노래〉

### 5-3-1

孤衾引思緖, 외로운 이부자리 그리운 실마리를 끌고,
고금인사서
獨枕愴憂端.[1] 홀로 누워 있노라니 근심에 더 슬프네.
독침창우단
深庭秋草綠,[2] 안채의 정원에는 가을 풀 아직 푸른데,
심정추초록
高門白露寒. 높다란 대문에는 하얀 이슬이 차가워라.
고문백로한
思君起淸夜, 그대가 그리워서 맑은 밤에 일어나나니,
사군기청야
促柱奏幽蘭.[3] 기러기발을 좁혀 〈유란〉을 연주한다네.
촉주주유란
不怨飛蓬苦, 날리는 쑥대처럼 고생하심 아니 원망하나,
불원비봉고

徒傷蕙草殘.[4] 단지 혜초가 망가지는 것을 두려워 할 뿐.
도상혜초잔

**역주**

1) 孤衾引思緖 2구 : 고금(孤衾)은 외로운 이부자리. 인(引)은 끌어내다. 사서(思緖)는 그리움의 실마리. 창(愴)은 더 슬퍼지다. 우단(憂端)은 근심의 실마리.
2) 深庭 : 규방, 안채의 정원을 뜻함.
3) 思君起淸夜 2구 : 촉주(促柱)는 거문고 등의 기러기발을 이동시켜 좁히는 것으로 줄이 팽팽해지면서 높은 음을 내도록 만든다. 높은 음은 격앙된 감정을 의미함. 유란(幽蘭)은 곡조 이름으로 란(蘭)은 난초로 여자를 뜻하며, 유란(幽蘭)은 숨은 난초로 봐주지 않는 여자를 의미.
4) 不怨飛蓬苦 2구 : 불원비(飛蓬苦)는 '날리는 쑥대처럼 고생하는 남편' 을 말함. 혜초(蕙草)는 여기서 여인 자신을 의미. 잔(殘)은 여기서 혜초가 망가지고 시드는 것을 의미.
5) 압운은 端, 寒, 蘭, 殘.

**감상**

유운이 쓴 〈도의시〉는 총 5수인데 심덕잠은 그 중 4수를 실어 놓았다. 심덕잠이 4수의 원주에서 말한 바와 같이 제목이 〈다듬이질 노래〉이지만 1수에서 3수까지는 다듬이에 대한 언급이 없고 모두 독수공방하는 여인의 외로움을 묘사하였고, 4수에 가서야 다듬이질에 대한 언급이 나온다. 이 시는 그 중 제1수이다.

제1수는 전체 8구로 되어 있다. 1-2구에서 시인은 이 시의 주인공이 독수공방하는 여인임을 알려 준다. 임이 그리운 여인이 홀로 누운 이부자리에는 낮 동안의 근심의 실마리(憂端)가 밤이 되어 더 슬퍼진다. 여인이 지내는 안채 정원의 가을 풀은 아직도 푸르러 초가을임을 알려주는데, 대문 위에는 벌써 흰 이슬 차가운 서리가 내려 시간이 지나감을 알린다.(3-4구) 결국 여인은 잠을 못 이루고 일어나, 거문고 줄을 팽팽히 당겨 높은 음을 내도록 기러기발을 좁히고는 자신의 처지마냥 돌아보는 이가 없어 외로운 〈유란〉 곡을 연주해 본다(5-6구). 뿌리가 잘려 바람 따라 굴려 다니는 쑥대처럼 전쟁으로 혹은 부역으로 고생하는 남편을 비록 원망하지는 않지만, 남편이 떠난 사이 세월이 지나 고운 혜초 같았던 자신의 아름다움도 시들까 여인은 그저 두렵다(7-8구).

시인들은 다듬이소리를 매개로 전쟁에 나간 남편을 그리워하는 여인의 마음을 읊었다. 이백의 시 〈자야오가4수(子夜吳歌四首)〉가운데 제3수인 추가(秋歌)는 다음과 같다. "장안에는 온통 달빛, 집집마다 다듬이질하는 소리. 가을바람이 불어도 없애지 못하니, 모두 다 옥문관의 정이라네. 어느 때에야 오랑캐를 평정하고, 임께서 원정을 그만두실까.(長安一片月, 萬戶擣衣聲. 秋風吹不盡, 總是玉關情. 何日平胡虜, 良人罷遠征.)" 그 외에 북위(北魏)의 문인 온자승(溫子升)의 작품 〈도의(擣衣)〉도 있다(≪고시원≫ 권14 북위시(北魏詩)의 3-2번 참조).

5-3-2

行役滯風波, 부역에 나가셔서 저 풍파에 막히셨으니,
행역체풍파
遊人淹不歸.[1] 나그네인 서방님 붙잡혀 돌아오지 않네.
유인엄불귀
亭皐木葉下, 정자가 있는 언덕에는 나뭇잎 떨어지고,
정고목엽하
隴首秋雲飛.[2] 롱산 꼭대기에는 가을 구름이 날아가네.
롱수추운비
寒園夕鳥集, 차가운 채소밭엔 저녁 새들이 모여들고,
한원석조집
思牖草蟲悲.[3] 그리움 젖은 창가엔 풀벌레가 슬피 우네.
사유초충비
嗟矣當春服, 아뿔싸 임은 응당 봄 복장이실 터인데,
차의당춘복
安見禦冬衣.[4] 어디에서 겨울옷을 찾으실 수 있으실지.
안견어동의

**역주**

1) 行役滯風波 2구 : 행역(行役)은 여기서 부역에 나간 남편을 말함. 체(滯)는 다음 구의 엄(淹)과 같이 '붙잡히다'는 뜻. 풍파(風波)는 남편이 돌아오지 못하는 이유. 유인(遊人)은 나그네. 여기서는 남편을 비유한 말.
2) 亭皐木葉下 2구 : 정고(亭皐)는 정자가 있는 언덕, 롱수(隴首)는 롱산의 꼭대기. 여기서는 모두 임을 기다리는 장소를 뜻함.
3) 寒園夕鳥集 2구 : 한원(寒園)은 차가운 채소밭. 사유(思牖)는 앞의 한원(寒園)과 대구를 이루어 '그리운, 그리움에 젖은 창가'의 의미.
4) 嗟矣當春服 2구 : 춘복(春服)은 봄 옷. 안(安)은 어디. 견(見)은 찾다, 발견하다. 어동의(禦冬衣)는 겨울을 방어하는 옷, 즉 겨울옷.
5) 압운은 歸, 飛, 悲, 衣.

**감상**

이 시는 유운이 쓴 〈도의시〉 총 5수 가운데 제2수이다. 제2수는 제1수의 7구에서 언급한 날리는 쑥대(飛蓬)의 이미지에서 그 첫 구를 시작하고 있다. 또 제1수에서 홀로 독수공방하고 있는 이유도 말하고 있다. 그것은 부역에 나간 남편이 날리는 쑥대처럼 풍파에 맡겨지고 나그네가 되어 돌아오지 못한 까닭이다. 그래서 여인은 늘 임을 기다리는 곳인 정자가 있는 언덕과 롱산 꼭대기에서 기다리고 있다(3-4구).

그러나 그 곳에 임은 오시지 않고 나뭇잎만 떨어지고, 날고 있는 가을구름만이 보인다. 시간은 흘러 차가워진 채소밭에는 저녁이 되자 새들이 모여드는데, 여인은 홀로 그리움에 젖어 창가에 기대니 들리는 풀벌레 소리가 애처롭기만 하다(5-6구). 경치를 묘사하지만 그 속에 여인의 마음이 녹아있다. 그러던 여인은 갑자기 임이 떠날 때 입던 옷이 봄옷이었음을 기억한다. 지금 시간이 흘러 가을이 되었고 이제 곧 겨울이 될 터인데, 겨울옷이 없는 임 생각에 여인의 마음은 더 아려왔으리라(7-8구).

### 5-3-3

| | |
|---|---|
| 鶴鳴勞永歎,<br>학명로영탄 | 학 울음 노래에 맘 힘들어 길게 탄식하고, |
| 採菉傷時暮.[1]<br>채록상시모 | 〈채록〉 노래 들으며 시절 저묾 슬퍼하네. |
| 念君方遠遊,<br>념군방원유 | 임 생각하니 바야흐로 먼 곳을 유랑하시며, |
| 望妾理紈素.[2]<br>망첩리환소 | 내가 비단 옷 손질하길 기대하고 계시겠지. |
| 秋風吹綠潭,<br>추풍취록담 | 가을바람은 푸르른 연못에 불어오고 있고, |
| 明月懸高樹.<br>명월현고수 | 밝은 달은 높다란 나무에 매달려서 있구나. |
| 佳人飾淨容,<br>가인식정용 | 저 여인은 그 맑은 얼굴을 정리하고서는, |
| 招攜從所務.[3]<br>초휴종소무 | 마음을 다독이고 힘써야 할 바 따르누나. |

**역주**

1) 鶴鳴勞永歎 2구 : 학명(鶴鳴)은 악부가사 거문고곡 〈별학조(別鶴操)〉를 연주하는 것을 가리킴. 별학(別鶴)은 학 울음소리 통해 이별의 정을 묘사한 내용이며, 조(操)는 음악용어로 '가(歌), 령(令), 행(行), 음(吟), 곡(曲)'과 같이 쓰임. 로(勞)는 마음이 힘들다. 채록(採菉)은 ①≪시경·소아(小雅)≫의 편명으로 '채록(采綠)'으로 되어 있다. ≪시경·소아·채록(小雅·采綠)≫에 "아침내 왕추(綠)를 캐었으나, 한 움큼도 채우지 못하였네."라고 하여 남편을 그리워하는 아내의 모습을 노래하였다. ②다른 판본에 '채록(採菉)'으로 되어 있는데 록(菉)은 '여초, 조개풀'을 말한다. 여기서는 채록(採菉)을 '〈여초를 캐건만〉'이란 노래로 봄.

2) 理紈素 : 리(理)는 손질하다. 환소(紈素)는 비단 옷으로 여기서는 '겨울옷' 을 의미.
3) 佳人飾淨容 2구 : 식(飾)은 여기서 '정리하다' 는 의미. 정용(淨容)은 치장하지 않은 얼굴. 초휴(招攜)는 원래 의미 '항복하지 않는 사람을 불러 손을 잡아 주다' 에서 여기서는 자신을 '다독이다(按撫)' 는 의미로 쓰임. 소무(所務)는 힘써 할 바. 여기서는 4구의 '비단 옷을 손질하는 것(理紈素)' 을 가리킴.
4) 압운은 暮, 素, ,樹, 務.

**감상**

이 시는 유운이 쓴 〈도의시〉 총 5수 가운데 제3수이다. 제2수에 이어서 남편을 그리워하는 여인의 심정을 읊었다. 1-2구에서는 두 음악이 소개되고 있는데, 악부가사 거문고곡 〈별학조〉와 〈채록〉 노래는 모두 이별의 정을 읊은 노래이다. 또 당시 수준 높은 음악들로 화자의 신분이 높은 계급임을 짐작해 볼 수 있다. 3-4구는 화자인 여인이 1인칭 자신의 관점에서 말한 내용으로 '내가 임을 생각하니 바야흐로 먼 곳을 유랑하시면서, 내가 이 시기에는 비단 옷을 손질하고 있으리라 임께서 생각하시겠지' 라는 말이다. 여인의 애타는 마음을 아는지 모르는지 무심하게 시간은 흘러 가을바람과 밝은 달은 제 역할을 다한다(5-6구). 마지막 7-8구는 화자가 3인칭 관점으로 바뀌고 애써 자신의 마음을 다독거려 자신의 힘쓸 바인 비단옷을 손질하는 여인의 모습을 전해준다.

## 5-3-4

步櫩杳不極,
보염묘불극
회랑은 어두워서 그 끝이 보이지가 않거니와,

離堂肅已扃.[1]
리당숙이경
이별했던 마루는 조용히 이미 문이 잠겼다네.

軒高夕杵散,
헌고석저산
높은 마루 저녁 방망이소리 흩어져 들리더니,

氣爽夜砧鳴.[2]
기상야침명
가을 기운 상쾌한데 밤 다듬잇돌 소리 울리네.

瑤華隨步響,
요화수보향
머리에 꽂은 구슬은 걸음걸이를 따라 울리고,

幽蘭逐袂生.[3]
유란축메생
유란 향은 소매 움직임을 따라 풍겨나는구나.

踟躕理金翠,
지주리금취
머뭇머뭇 서서 금 비취 머리꾸미개 손질하고,

容與納宵淸.4)* 주저주저하며 이 밤 맑은 공기를 들이킨다네.
용여납소청

**원주**

* 다듬이에 대한 것은 단지 말수(4수)에서 바로 지적했다. 앞 3수는 마음을 읊었다.(搗衣只於末首正點. 以上寫情.)

**역주**

1) 步櫚杳不極 2구 : 보염(步櫚)은 처마 밑 복도, 회랑. 리당(離堂)은 임과 이별했던 마루. 경(扃)은 문이 잠기다.
2) 軒高夕杵散 2구 : 헌고(軒高)는 높은 마루. 저(杵)는 다듬이질하는 방망이. 기상(氣爽)은 가을 기운이 상쾌하다. 침(砧)은 다듬잇돌.
3) 瑤華隨步響 2구 : 요화(瑤華)는 구슬 꽃, 머리에 꽂은 구슬을 가리킴. 유란(幽蘭)은 몸에 뿌린 향수를 의미.
4) 踟躕理金翠 2구 : 지주(踟躕)는 쌍성, 의태어로 머뭇대는 모양. 리(理)는 손질하다. 금취(金翠)는 황금과 비취 등으로 만든 머리장식품, 머리꾸미개를 말함. 용여(容與)는 의태어로 머뭇거리는 모양. 납(納)은 들이다. 소청(宵淸)은 밤의 맑은 공기를 말함.
5) 압운은 扃, 鳴, 生, 淸.

**감상**

이 시는 유운이 쓴 〈도의시〉 총 5수 가운데 제4수이다. 심덕잠이 원주에서 설명한 것처럼 시의 제목에서 설명한 다듬이질에 대한 내용은 제4수에 가서야 언급되고 있다. 하지만 내용은 모두 이어져있다. 앞 3수에서 독수공방하던 여인은 제3수의 마지막 8구에서 마음을 다독여 자신의 힘쓸 바를 따른다고 하였다. 여기서 '힘쓸 바'는 바로 비단 옷을 손질하는 것으로 제4수에서 그 내용이 이어져 다듬이질을 하게 된다.

1-2구는 다듬이질을 하는 공간을 설명한 것이다. 회랑이 어둡고, 이별한 마루가 문이 잠겨있는 것은 모두 남편이 없어 왕래가 없는 이유이다. 3-4구는 호문(互文)이다. 두 구의 내용은 서로 연결된 것으로 '높은 마루에 가을 기운이 맑은데 초저녁(夕)부터 밤(夜)까지 다듬이질 소리가 흩어지고 울린다.'는 말이다. 5-6구는 머리에 꽂은 구슬과 몸에 뿌린 유란 향으로 여인의 모습을 묘사한 것이다. 7-8구는 여인이 머뭇대며 머리꾸미개를 손질하고 밤공기를 들이키는 모습이다. 이는 다듬이질을 끝냈으나 잠을 못 이루고 머뭇대는 여인의 모습을 말한 것이다. 여인의 심정을 직접적으로 드러내진 않았지만 독자로 하여금 8구에서 밤공기를 들이킨 것은 아마도 여인의 한숨이었을지 모른다고 짐작하게 한다.

## 6. 庾肩吾[1)]

### 6-1
### 〈奉和春夜應令(봉화춘야응령)〉[2)]

〈'춘야'에 받들어 화답하다. 태자의 명을 받들고서〉

| | |
|---|---|
| 春牖對芳洲, 춘유대방주 | 봄 창문은 방초 우거진 물 섬 마주하고, |
| 珠簾新上鉤.[3)] 주렴신상구 | 구슬 발은 새롭게 위로 걸어 두었다네. |
| 燒香知夜漏, 소향지야루 | 향을 피우며 물시계의 시간 알거니와, |
| 刻燭驗更籌.[4)] 각촉험경주 | 초에 눈금 새겨 시간 산가지 점검하네. |
| 天禽下北閣, 천금하북각 | 천금성은 북각의 아래로 내려오고 있으며, |
| 織女入西樓.[5)] 직녀입서루 | 직녀성은 서쪽의 누대로 들어오고 있다네. |
| 月皎疑非夜, 월교의비야 | 달 밝으니 밤 아닌가하고 의아하고, |
| 林疏似更秋. 림소사경추 | 숲이 성기니 다시 가을인 듯싶구나. |
| 水光懸蕩壁, 수광현탕벽 | 물빛은 거꾸로 매달려 절벽을 흔들고 있고, |
| 山翠下添流.[6)] 산취하첨류 | 산 비취빛은 내려와 강물에 보태지고 있네. |
| 詎假西園讌, 거가서원연 | 어찌 서원의 잔치를 빌려 올 것이랴, |
| 無勞飛蓋遊[7)]* 무로비개유 | 힘들게 수레 달려 놀 일이 아니로세. |

**원주**

* 경치 묘사함이 아름답고 빼어나니, 단번에 매듭짓는 것이 응령체이다.(寫景娟秀, 一結是應令體.)

역주

1) 庾肩吾(유견오, 478-551) : 남조 양나라 남양(南陽) 신야(新野), 지금의 하남성(河南省) 신야(新野) 사람이고, 자는 자신(子愼) 또는 신지(愼之)이다. 유신(庾信)의 아버지다. 벼슬은 진안왕(晉安王) 소강(蕭綱, 후의 양나라 간문제(簡文帝))의 상시(常侍)로 시작하여 태자율갱령(太子率更令)과 중서자(中庶子)를 역임했다. 간문제가 즉위한 뒤 탁지상서(度支尙書)가 되었다. 후경(侯景)의 난을 겪고 원제(元帝)에 투항한 후 강주자사(江州刺史) 등을 지냈고 무강현후(武康縣侯)에 봉해졌다. 시풍의 빼어난 아름다움으로 궁체시(宮體詩)의 대표작가 가운데 한 사람으로 꼽힌다. 저서에는 명(明)나라 사람이 편집한 ≪유탁지집(庾度支集)≫이 있고, 서법에도 뛰어나 ≪서품(書品)≫을 남겼다. 또, 후경의 난 이후 시풍의 변화를 보인 〈난후행경오어정(亂後行經吳御亭)〉 시가 특히 유명하다.
2) 奉和春夜應令 : 봉화(奉和)는 다른 사람의 시를 읽고 받들어 화답하다. 응령(應令)은 태자가 내리는 명령을 받들다. 이 밖에 황제의 명령을 받는 경우는 응제(應制)와 응조(應詔)가 있고 제왕, 제후의 명령인 경우 응교(應教)를 씀.
3) 春牖對芳洲 2구 : 유(牖)는 창문. 방주(芳洲)는 향기로운 방초가 우거져 있는 물섬. 구(鉤)는 걸다. 상구(上鉤)는 위로 걸어 두는 것으로 발을 걷어 올린 것을 말함.
4) 燒香知夜漏 2구 : 야루(夜漏)는 경루(更漏)로 물시계. 여기서는 '시간'을 의미. 각촉(刻燭)은 초에 금을 새겨서 시간을 아는 것. 험(驗)은 점검하다. 경주(更籌)는 시간을 세는 산가지로 '시간'을 의미.
5) 天禽下北閣 2구 : 천금(天禽)은 '하늘 새'라는 별자리. 직녀(織女)는 직녀 별자리.
6) 水光懸蕩壁 2구 : 수광(水光)은 물 빛. 산취(山翠)는 산의 비취 빛.
7) 詎假西園讌 2구 : 서원(西園)은 조조(曹操)가 세운 원림. 연(讌)은 연(宴)으로 잔치. 여기서 서원연(西園讌)은 조비(曹丕)가 태자일 때 서원(西園)에서 베푼 잔치를 말함. 이 때 조식(曹植)이 읊은 시 〈공연(公讌)〉에 "공자께서는 객들을 경애하시어, 잔치가 끝나도록 피곤할 줄 모르시네. 맑은 밤 서원에서 노니나니, 날 듯한 수레타고서 서로 좇아보세.(公子敬愛客, 終宴不知疲. 淸夜遊西園, 飛蓋相追隨.)"라고 하였다.
8) 압운은 鉤, 籌, 樓, 秋, 流, 遊.

감상

이 시는 궁체시로 이름난 유견오의 작품이다. 제목에서 말한 바와 같이 이 시는 태자가 베푼 잔치에 참여해 태자의 명에 의해 〈춘야〉라는 시에 화답한 것이다. 모두 12구로 되어 있고 내용에 따라 세 단락으로 나눌 수 있다.

1단락(1-4구)은 잔치의 시간과 공간을 설명한 것이다. 1-2구의 '봄 창문'과 '발을 걷어 올린 것' 등으로 보아 지금은 이른 봄임을 짐작할 수 있다. 3-4구는 시간을 말한 것이다. 향을 피우고 초에 금을 그어가면서 까지 시간을 재는 이유는 다음 2·3

단락의 내용으로 알 수 있다.

2단락(5-8구)은 이 잔치가 얼마나 특별한 잔치인지를 묘사한 것이다. 5-6구에서 말한 천금(天禽)과 직녀(織女)는 모두 별자리이지만 이는 천상의 새가 내려오고 하늘의 직녀가 들어와 동참하고픈 좋은 잔치라는 뜻이다. 7-8구에서 달이 너무 맑아 밤이 아닌 가 의심하고, 지금은 이른 봄(1-2구)인데도 다시 가을이 왔는가 생각한다는 것은 그만큼 오늘의 잔치가 특별하고 유별하다는 의미다.

3단락(9-12구)의 9-10구는 호문법(互文法)을 썼다. 시인이 말하고 싶은 것은 물빛과 산 빛이 서로 교유하는 '합(合)'의 경지, 서로 교통하는 모습을 갖춘 것이 바로 오늘 태자가 베푼 잔치라는 의미다. 11-12구는 조비가 태자일 때 서원에서 베푼 잔치를 말하는 것으로 이 때 조식이 읊은 시 〈공연〉의 내용을 보면 수레를 달려서 힘써 좇은 마치 사냥을 즐기듯 동적(動的) 잔치였음을 알 수 있다. 서원의 잔치가 태자 조비가 베풀고 조식이 시를 읊었다면, 지금 춘야의 잔치는 양나라 태자가 열고 유견오가 시를 읊고 있다. 마지막 12구에서 '수레 달려 힘들게 해서 놀 일이 아니로세.'라고 한 것은 조비의 잔치보다 정적(靜的) 잔치인 이 춘야잔치가 더 멋있다는 의미다. 또 마지막 11-12구에서 태자의 잔치를 높여 줌으로 심덕잠이 원주에서 단번에 매듭짓는 것이 응령체(應令體) 즉 태자의 명에 의한 시임을 잘 보여주고 있다.

이제 1단락의 3-4구에서 초조하게 시간을 잰 이유가 이 잔치가 너무 특별하여서 시간이 가는 것이 아쉬워 시간을 붙잡고 싶다는 의미라는 것을 알 수 있다.

## 6-2

## 〈亂後行經吳御亭(난후행경오어정)〉[1]

〈난리 이후에 가다가 오어정을 지나며〉

| | |
|---|---|
| 御亭一回望,<br>어정일회망 | 어정에서 한번 고개 돌려 바라보니, |
| 風塵千里昏.[2]<br>풍진천리혼 | 바람결 먼지 천 리가 다 어둡구나. |
| 靑袍異春草,<br>청포이춘초 | 봄풀과 다른 푸른 도포 걸친 난적들, |
| 白馬即吳門.[3]<br>백마즉오문 | 백마 타고 오나라 궁궐 문에 닥쳤네. |
| 獯戎鯁伊洛,<br>훈융경이락 | 그 흉노들 이수 낙수를 가로 막았고, |
| 雜種亂轘轅.[4]<br>잡종란환원 | 잡종 같은 놈들 환원산을 어지럽히네. |

輦道同關塞, 　　왕의 길은 관문 요새가 되었거니와,
연도동관새
王城似太原.[5] 　　왕성 터는 전쟁터 태원 같아졌구나.
왕성사태원
休明鼎尚重, 　　성덕이 크고 밝으면 보정이 여전히 무겁거니와,
휴명정상중
秉禮國猶存.[6] 　　예 잡고 있으면 나라는 아직 존속한다 했거늘.
병례국유존
殷牖爻雖賾, 　　은나라 유리에 '효'가 비록 심오하다지만 …
은유효수색
堯城吏轉尊.[7] 　　요 궁성에는 아전 놈이 더욱 존귀해지네.
요성리전존
泣血悲東走, 　　피눈물 흘리며 비분에 차서 동으로 내달리고,
읍혈비동주
橫戈念北奔.[8] 　　창을 빗겨 들고 걱정에 차서 북으로 내닫네.
횡과념북분
方憑七廟略, 　　우리 황실의 책략에 바야흐로 힘입어서,
방빙칠묘략
誓雪五陵冤.[9] 　　맹세코 황실의 이 원혼을 갚아야 하련만.
서설오릉원
人事今如此, 　　사람의 일이 이제 이와 같으니,
인사금여차
天道共誰論. 　　천도를 그 누구와 논할 것인가.
천도공수론

**원주**

* 어정은 오나라 황제가 세운 것으로 진릉에 있다. 다른 판본에 '우정'이라 되어 있는데 이는 잘못된 것이다.(御亭, 吳大帝所建, 在晉陵. 別本作郵亭, 誤.)

**역주**

1) 亂後行經吳御亭 : 난(亂)는 547년 후경(侯景)의 난. 오어정(吳御亭)은 오나라 손권(孫權)이 지은 정원, 진릉(晉陵), 지금의 강소성(江蘇省) 무진(武進).
2) 風塵千里昏 : 풍진(風)은 바람결에 날리는 먼지. 여기서는 전쟁의 먼지를 의미. 천리(千里)는 온 국토를 의미.
3) 靑袍異春草 2구 : 청포(靑袍)는 푸른 도포. 오행사상(五行思想)에 근거 푸른색이 세상을 지배할 것이라는 관념과 관계가 있다. 여기서는 후경(侯景)의 난 때 군사들이 입은 복장 색을 의미. 즉(卽)은 오다. 여기서는 '쳐들어오다'는 의미.

4) 獯戎鯁伊洛 2구 : 훈융(獯戎)은 흉노(匈奴)족을 말함. 난을 일으킨 후경이 흉노 일족인 갈족(羯族) 출신이다. 경(鯁)은 가로막다. 여기서는 물줄기를 가로막을 정도로 난을 일으킨 무리가 많았음을 의미. 이락(伊洛)은 이수(伊水)와 낙수(洛水)로 옛 낙양 일대를 말하는 것으로 여기서는 양나라의 경기(京畿) 지역을 가리킴. 잡종(雜種)은 여기서 흉노족을 낮게 부른 말. 환원(轘轅)은 산 이름으로 여기서는 양나라 경기 일대를 말함.

5) 輦道同關塞 2구 : 연도(輦道)는 임금이 타는 수레가 다니는 길. 관새(關塞)는 관문과 요새. 태원(太原)은 ≪시경·소아·유월(小雅·六月)≫에 "잠시 흉노를 정벌하기 위해, 태원에 이르네."라고 하였다. 태원은 주나라 때 흉노와의 전쟁터로 유명함.

6) 休明鼎尙重 2구 : 휴명(休明)은 임금의 덕이 크고 밝다는 의미. 정(鼎)은 신에게 제사지낼 때 쓰는 그릇을 말함. 역사 기록에 의하면 하(夏)나라 우(禹) 임금이 구정(九鼎)을 주조하였는데 이는 구주(九州)를 상징하여, 하(夏)·상(商)·주(周) 삼대에 걸쳐 전해지면서 국가 정권의 상징물로 간주되었다고 한다. 중(重)은 여기서 무거워 앞의 정권을 상징하는 정(鼎)이 옮겨지지 않는다는 의미. 춘추시기 초(楚)의 장왕(莊王)이 주나라에 정의 무게를 묻자, 왕손만(王孫滿)이 답하길, "왕의 덕이 크고 밝을 때는 솥이 작아도 무거운 법입니다."라고 하였다(≪좌전≫ 〈宣公3年〉). 병례(秉禮)는 예를 잡고 지키다. 제의 환공이 노를 취하려 하자, 중손추가 말하길 "노는 주의 예를 버리지 않았으니 아직 건드려서는 안 됩니다."라 하였다(≪좌전≫ 〈閔公元年〉).

7) 殷牖爻雖賾 2구 : 은유(殷牖)는 은(殷)나라 유리(羑里). 주(周)나라 문왕(文王)이 유리(羑里)라고 불리는 감옥에서 주역(周易)의 괘사(卦辭)를 지었다는 설이 있다. 요성(堯城)은 요 임금이 한 때 감금당했다(≪竹書紀年≫)고 전하는 궁성. 리(吏)는 옥리(獄吏) 또는 리인(吏人), 즉 아전 출신의 후경을 가리킴. 전(轉)은 갈수록.

8) 泣血悲東走 2구 : 읍혈(泣血)은 피눈물을 흘리다. 횡과(橫戈)는 창을 빗겨들다. 빨리 이동하는 모습을 말함. 념(念)은 걱정에 차다.

9) 方憑七廟略 2구 : 방(方)은 바야흐로. 가까운 미래를 가리킴. 빙(憑)은 힘입다. 칠묘(七廟)는 태조의 종묘와 삼소(三昭), 삼목(三穆)의 총칭한 천자의 종묘. 여기서는 조정과 황실을 의미. 설(雪)은 설욕(雪辱)하다. 오릉(五陵)은 원래 한나라 장안의 5개의 무덤. 여기서는 양나라 황제들의 무덤으로 곧 황실을 가리킴.

10) 압운은 昏, 門, 轅, 原, 存, 尊, 奔, 冤, 論.

## 감상

이 시는 후경(侯景)의 난을 배경으로 하고 있다. 후경은 흉노 일파인 갈족 출신으로 원래 북위(北魏) 회삭진(懷朔鎭) 사람이다. 북위의 수비병으로 시작하여 동위(東魏)의 고환(高歡) 휘하에서 대장이 되었다가 고환이 죽자 자신의 군대를 이끌고 양나라 무제(武帝)에게 투항하여 제후에 봉해졌다. 그러나 양나라와 동위의 국교가 호전되어 자신의 입지가 불안해지자 548년 반란을 일으켜 10만 대군을 이끌고 당시

도읍인 건강을 함락시키고 무제를 유폐하여 굶어죽게 만들었다. 그런 다음 간문제(簡文帝 재위 549-551)를 세웠으나 죽이고, 예장왕(豫章王) 소동(蕭楝 재위 551-552)을 세웠다가 폐위시켰다. 자신이 칭제하고 연호를 태시(太始)로 고치고, 국호는 한(漢)이라 했다. 552년 무제(武帝)의 8남이었던 소역(蕭繹), 훗날의 원제(元帝)가 부하 왕승변(王僧弁)과 진패선(陳霸先)을 파견해 후경을 죽이고 강릉에서 즉위하였다.

이 시는 유견오가 후경의 난을 겪은 후 오나라의 어정이란 곳을 지나며 지은 것이다. 후경이 송자선(宋子仙)과 함께 회계(會稽)를 격파했을 때 유견오가 잡혀 죽임을 당할 찰나 목숨 대신 시를 지어 올렸고 그 시의 문채가 아주 아름다워 감동을 받은 송자선이 석방하고 건창령(建昌令)에 임명했다고 한다. 후에 유견오는 강릉(江陵)으로 달아나 원제(元帝)에 투항하였는데, 이 시는 바로 반란군에서 탈출하여 돌아오면서 쓴 것으로 보인다. 모두 18구로 되어 있고 내용에 따라 세 단락으로 나눌 수 있다.

1단락(1-8구)은 후경의 난으로 피폐된 수도와 경기 지역을 묘사한 것이다. 1-2구는 반란군에서 달아난 유견오가 오나라의 어정에 이르러 온 국토가 전쟁에 휩싸인 모습을 지켜보며 읊은 말이다. 3-4구는 바로 이 전쟁을 일으킨 후경이 쳐들어왔던 때를 회상한 것이다. 5-6구는 그 반란의 무리가 너무 많아 이수와 낙수를 막았고, 흉포했던 만행을 말하고 있다. 7-8구는 수도와 궁궐이 전쟁터로 변했던 일을 말한 것이다.

2단락(9-16구)은 후경의 난과 이에 대처하는 조정의 노력을 묘사하고 있다. 옛 말씀에 임금의 덕이 훌륭하고, 나라에 예가 건재하면 망하지 않는다 했거늘 … 다 부질없는 허언인가 싶다(9-10구). 11구에서는 주나라 문왕이 유리라고 불리는 곳에 유폐되어 주역(周易)의 효사(爻辭)를 지은 고사를 말하고 있다. 후경에 의해 유폐된 무제(武帝)와 간문제(簡文帝)를 비유하고 있다. 12구는 요 임금 같은 황제를 감금시킨 뒤, 옥리 또는 아전에 불과한 후경이 기고만장함을 그리고 있다. 13-14구는 반란을 진압하려는 황실의 자제들이 후경과 싸우며 동분서주하는 모습을 말한 것이다. 15-16구는 기필코 이 원혼을 갚길 소망하는 모습이다.

마지막 3단락(17-18구)은 앞날을 심히 걱정하며 불안해하는 시인의 마음을 드러내고 있다. 유견오의 우려처럼 후경의 난으로 큰 타격을 입은 양나라는 난을 진압했던 진패선(陳霸先)에게 557년 선양되고 결국 진(陳)나라의 시대로 들어선다. 유견오가 그에 앞서 551년, 생을 마감하면서 자신의 조국이 멸망하는 모습을 보지 못한 것이 다행이었는지 모른다.

## 6-3
## 〈詠長信宮中草(영장신궁중초)〉[1] 〈장신궁의 풀을 읊다〉

委翠似知節,[2] 비취 푸른 잎 굽혔으니 절도 아는 듯,
위취사지절

| | |
|---|---|
| 含芳如有情.<br>함방여유정 | 향기를 머금었으니 마치 정이 있는 듯. |
| 全由履跡少,<br>전유리적소 | 오로지 찾는 발걸음이 적기 때문에, |
| 倂欲上階生.[3)*]<br>병욕상계생 | 다투어 섬돌에 올라가 자라고자하네. |

**원주**

* '병욕' 글자는 당나라 사람들이 이러한 표현법이 많다.(倂欲字, 唐人多此種字法.)

**역주**

1) 長信宮 : 한나라 궁궐 이름. 성제(成帝) 때 반첩여(班倢伃)가 조비연(趙飛燕) 자매로 인해 해를 입을까 걱정하여 스스로 물러나 태후(太后)를 모시던 곳으로 여기서는 임금으로부터 총애를 잃어 내쳐진 여인을 의미.
2) 委翠似知節 : 위(委)는 구부려 숙여진 모습을 말함. 취(翠)는 여기서 짙푸르고 예쁜 풀빛을 비유. 절(節)은 절도, 절제.
3) 全由履跡少 2구 : 리적(履跡)은 발자취. 병(倂)은 나란히, 또는 다투다. 계(階)는 섬돌.
4) 압운은 情, 生.

**감상**

이 시의 제목에서 말하는 장신궁은 한나라 궁궐의 이름이지만, 반첩여가 후궁의 암투에서 스스로 물러나 태후를 모시던 곳으로 '버림받은 여인' 을 떠올리게 하는 말이기도 하다. 처음 한나라 성제(成帝)의 총애를 받았던 반첩여였지만 온갖 술수로 황제의 사랑을 독차지한 조비연 자매 때문에 임금의 총애를 잃었을 뿐만 아니라 목숨의 위협까지 느끼게 되자 현명했던 반첩여는 스스로 물러나 태후를 모시게 되었다.

이런 반첩여의 모습을 시인 유견오는 장신궁의 풀에 비유한 것일까. 1구의 위취(委翠)는 비취빛 푸른 잎이 굽혀있는 모습을 말한 것으로 시인은 이 모습이 마치 예절과 절도를 아는 듯 기품 있는 모양이라고 읊었다. 2구에서 '향기를 머금는 것(含芳)' 은 임금에게 쫓겨났지만 여전히 임을 향한 마음, 그 고고함을 간직한 것으로 본 것이다. 3구에서 발자취가 적다는 것은 응당 찾아와야하는 임의 발걸음이 적다는 의미다. 4구에서는 장신궁의 풀이 섬돌위로 다투어 올라 자라고자 한다고 한 것은 '풀' 을 의인화한 표현법을 쓴 것으로 심덕잠도 원주에서 이처럼 의인화한 것이 당나라 사람들이 많이 쓰던 표현법이라고 소개하고 있다.

임금의 총애를 잃었으나 여전히 여인으로서의 소망을 버리지 않은 모습, 4구의 '병욕(倂欲)' 두 글자로 인해 경치를 읊었으나 그 마음까지 표현되고 있다. 정경합일(情景合一)이다.

6-4

〈經陳思王墓(경진사왕묘)〉[1] 〈진사왕의 묘를 지나며〉

| | |
|---|---|
| 公子獨憂生,<br>공자독우생 | 귀공자께서는 유독 삶의 걱정 많았거늘, |
| 邱壟擅餘名.[2]<br>구롱천여명 | 무덤에서까지 남은 명성을 독차지하는가. |
| 采樵枯樹盡,<br>채초고수진 | 사람들 땔나무 하느라 무덤나무 다하고, |
| 犁田荒隧平.[3]<br>리전황수평 | 밭 갈아서 황폐해진 무덤길 평평해졌네. |
| 寧追宴平樂,<br>녕추연평락 | 평락원에서 하던 잔치 어찌 좇을 것이며, |
| 詎想謁承明.[4]<br>거상알승명 | 승명려에서 부황 알현한 일 어찌 생각하랴? |
| 旦余來錫命,<br>단여래사명 | 이른 아침 어명을 전하고자 왔거니와, |
| 兼言事結成.[5]<br>겸언사결성 | 아울러서 강화 맺는 것을 담당한다네. |
| 飄颻河朔遠,<br>표요하삭원 | 까마아득히 희미하게 하삭은 아득하고, |
| 颭飇颶風鳴.[6]<br>점표구풍명 | 우 우 우르르 우르르 태풍은 울어대네. |
| 雁與雲俱陣,<br>안여운구진 | 기러기는 구름과 함께 진을 치며 날고, |
| 涉將蓬共驚.[7]<br>섭장봉공경 | 모래는 쑥과 함께 놀라 나부끼고 있네. |
| 枯桑落古社,[8]<br>고상락고사 | 마른 뽕나무 옛 사당에 떨어지고 있고, |
| 寒鳥歸孤城.<br>한조귀고성 | 차가운 새 외로운 성으로 날아간다네. |
| 隴水哀笳曲,<br>롱수애가곡 | 롱수에서는 호각 소리 슬피 들려오니, |
| 漁陽慘鼓聲.[9]<br>어양참고성 | 어양에서는 저 북 소리가 서글프구나. |

| | |
|---|---|
| 離家來遠客,<br>리가래원객 | 고향을 떠나서 멀리 온 나그네인 내가, |
| 安得不傷情.*<br>안득불상정 | 어찌 마음을 슬퍼하지 않을 수 있으리? |

**원주**

* 유견오와 장정견은 그 시에 소리, 빛깔, 냄새, 맛이 모두 갖추어져 있다. 시 중의 잘된 점이 소리, 빛깔, 냄새, 맛이 모두 갖추어짐에 있는 것은 유견오와 장정견의 경우가 그것이다.(庾肩吾張正見, 其詩聲色臭味俱備. 詩之佳者, 在聲色臭味之俱備, 如庾如張是也.)

시 중의 높은 점이 소리, 빛깔, 냄새, 맛 모두 없음에 있는 것은 도연명의 경우가 그것이다.(詩之高者, 在聲色臭味之俱無, 如陶淵明是也.)

양·진·수나라 사이 시인들은 문구를 조탁하는 것에 오로지 뛰어나다. 예를 들면 유견오의 〈뒤 호수에서 배 띄우고〉에서 "남은 무지개는 지나는 비 거두워 들이고, 이지러진 강둑에는 새 물줄기가 올라오네."라 하였다. 장정견의 〈백운임포를 얻어 짓다〉에서 "성긴 잎의 나무는 혜죽을 굽어보고, 가벼운 물고기는 뛰어 정배에 뛰어든다."라고 하였다. 강총의 〈증인〉에서 "이슬은 산병풍에 걸린 달을 씻어내고, 서리는 돌 길 안개를 여네."라고 하였다. 수나라 양제는 "새가 날개 쳐서 처음 나무를 옮겨가고, 물고기가 추워서 물이끼 사이로 숨고 싶어 하네."라고 하였다. 모두 이름나고 빼어난 명구가 되었다. 그러나 "연못가에는 봄풀이 자랐고"와 "저 하늘 끝에 돌아온 배를 식별하고" 등의 구에 비교하면, 조탁한 흔적이 뚜렷하다. 여기에서 기풍을 엿볼 수 있다.(梁陳隋間人, 專工琢句. 如庾肩吾泛舟後湖, 殘虹收度雨, 缺岸上新流. 張正見賦得白雲臨浦, 疎葉臨嵇竹, 輕鱗入鄭船. 江總贈人, 露洗山屛月, 霜開石路煙. 隋煬帝, 鳥擊初移樹, 魚寒欲隱苔. 皆成名雋. 然比之池塘生春草,[10)] 天際識歸舟等句,[11] 痕迹宛然矣. 于此足覘風氣.)

**역주**

1) 陳思王 : 조식(曹植)을 말함. 자는 자건(子建)으로, 조조(曹操)의 셋째 아들로 태어났으며 후에 위나라 문제(文帝)가 되는 조비(曹丕)의 동생이다. 조식의 생애는 건안 25년 조조가 죽은 해를 경계로 전기(1~28세)에는 아버지의 총애 아래 여유롭고 호방한 귀공자로서의 삶을 살았지만, 후기(29~41세)에는 조비와 그 아들 조예(曹叡), 즉 명제(明帝)에 의해 갖가지 시기와 핍박을 당하며 고통스럽게 지내게 된다. 태화 6년에 진(陳)의 겨우 4현을 다스리는 진왕(陳王)에 봉해졌고, 시호는 사(思)였기 때문에 진사왕(陳思王)이라고도 하였다.

2) 公子獨憂生 2구 : 공자(公子)는 제후의 아들. 여기서는 귀공자였던 조식(曹植)을 가리킴. 구롱(邱壟)은 무덤. 명(名)은 명성.

3) 采樵枯樹盡 2구 : 채초(采樵)는 땔나무를 하다. 여기서는 마을 사람들이 나무를 한 것을 말함. 고수(枯樹)는 무덤을 지키는 나무가 말라 간 것. 여기서는 무덤을

관리하지 않았음을 말한 것. 리전(犁田)은 밭을 갈아 농사를 짓다. 황수(荒隧)는 황폐해진 무덤 길을 가리킴.

4) 寧追宴平樂 2구 : 추(追)는 쫓다. 여기서는 '추억하다'는 의미. 평락(平樂)은 한나라 궁궐 이름. 연평락(宴平樂)은 평락에서의 잔치로 여기서는 '화려한 잔치'를 의미. 알(謁)은 알현하다. 여기서는 조식이 아버지 조조가 살아있을 때 알현하던 일을 말함. 승명(承明)은 승명려(承明廬)로 삼국시대 위나라 군신들이 황제를 알현하던 곳.

5) 旦余來錫命 2구 : 사(錫)는 사(賜)와 같아 '하사하다'의 의미. 명(命)은 천자의 명령. 겸(兼)은 겸하다. 언(言)은 어조사. 사(事)는 일로 삼다, 담당하다. 성(成)은 화해하다는 뜻으로 여기서 결성(結成)은 강화(講和)를 맺는 것을 말함.

6) 飄颻河朔遠 2구 : 표요(飄颻)는 첩운, 의태어로 먼 모양. 뒤의 원(遠)을 설명한 것. 하삭(河朔)은 황하의 이북 지역. 점표(颭颮)는 형태적 연면사(連綿詞)로 의성어. 여기서는 태풍이 우는 소리. 구풍(颶風)은 오늘날의 태풍을 말함.

7) 涉 : 여정, 길을 뜻하는 '발산섭수(跋山涉水)'의 준말로 볼 수 있으나 다른 판본에 '모래(沙)'로 되어 있어 오자일 가능성이 있다. 여기서는 '모래(沙)'로 봄.

8) 古社 : 옛 사당.

9) 隴水哀笳曲 2구 : 가(笳)는 호각, 고(鼓)는 북. 여기서는 모두 적국인 북조의 소리를 비유함. 어양(漁陽)은 ≪후한서·예형열전(後漢書·禰衡列傳)≫에 나오는 조조(曹操)와 예형(禰衡)의 이야기를 말한다. 조조가 예형을 놀리려고 북을 치는 고사(鼓史)로 임명하고, 큰 잔치를 열어 많은 빈객 앞에서 음률을 시험해 보게 하였다. 또, 원래 입었던 옷을 벗고, 잠모(岑牟)라는 투구와 단교(單絞)를 입도록 했다. 자기 차례가 되자 예형은 〈어양참과(漁陽參撾)〉에 따라 북을 쳤는데 그 모습이 기이하고, 소리가 비장하여 듣는 사람들은 모두 슬픔을 참을 수가 없었다고 한다.

10) 池塘生春草 : 사령운(謝靈運)의 〈등지상루(登池上樓)〉(≪고시원≫ 권10 5-7번 참조).

11) 天際識歸舟 : 사조(謝朓)의 〈지선성군출신림포향판교(之宣城郡出新林浦向板橋)〉(≪고시원≫ 권12 齊詩의 1-15번 참조).

12) 압운은 生, 名, 平, 明, 成, 鳴, 驚, 城, 聲, 情.

## 감상

이 시는 유견오가 남조에서 북조로 사신으로 가다가 진사왕의 묘를 지나며 읊은 노래이다. 유견오가 섬긴 남조의 양나라는 북쪽의 북위(北魏), 그 후의 서위(西魏)와 동위(東魏)에 이르기까지 줄곧 북방의 민족과 전쟁이 그치지 않았고, 송·제·양으로 이어진 잦은 왕조의 교체로 인해 정치적으로나 군사적으로나 북조보다 약자의 입장이었다.

명목상 유견오는 남조 황제의 어명을 전달하는 사신이지만, 약국(弱國)을 대표한 신하였기 때문에 시인의 마음은 그리 편하지 못했다. 모두 18구로, 세 단락으로 나눌 수 있다.

1단락(1-6구)은 진사왕 조식을 묘사하였다. 1-4구는 진사왕의 명성에 비해 초라한 무덤의 모습을 말한 것이다. 5-6구에서 겉으로 진사왕이 생전에 화려한 잔치에 참여하고, 황제였던 아버지를 알현했던 일을 말하고 있으나 실제 시인은 이 모든 것이 무슨 소용이냐고 조용히 묻고 있다.

2단락(7-12구)은 7-8구에서는 천자의 명을 맡아 '강화(講和)' 라는 어려운 임무를 맡게 됨을 말하고 있다. 국력이 약한 나라를 대표하여 이 어려운 일을 수행하게 된 시인의 착잡한 마음은 9-12구에서 나타난다. 아득한 황하 이북 지역, 울어대는 태풍의 소리, 높이 눈을 들어도 보이는 것은 기러기와 구름, 낮게 내려 보아도 보이는 것은 모래와 쑥 뿐. 인적하나 없는 이 곳의 풍경이 곧 시인의 불편한 마음과 닮았다.

3단락(13-18구)은 시인의 소회(所懷)를 담았다. 마른 뽕나무, 차가운 새, 외로운 성. 눈에 보이는 것은 쇠락한 풍경인데, 들리는 소리마저도 낯선 북방의 호각 소리, 북 소리 뿐이라 시인은 슬프기만 하다. 그 슬픔은 나그네 신세이기 때문이라고 말해보지만 시인은 이 시대가 주는 불안에 더 근심스러웠을 것이다. 시인의 근심대로 557년 양나라는 망하여 진(陳)나라가 되고, 양나라를 대표하여 북조 서위(西魏)에 사신으로 갔던 그의 아들 유신(庾信)은 북조에 억류되어 돌아올 수 없었다.

이 시의 문구가 아름답게 조탁되어 감각적 요소가 갖춰진 것을 심덕잠은 원주에서 소리와 빛깔, 냄새, 맛이 모두 있다고 평가하였다.

## 7. 吳均[1]

### 7-1

〈答柳惲(답유운)〉[1]　　〈유운에 답하다〉

| | |
|---|---|
| 清晨發隴西,<br>청신발롱서 | 맑은 새벽에 농서를 출발하나니, |
| 日暮飛狐谷.[2]<br>일모비호곡 | 태양이 질 때는 비호곡이로구나. |
| 秋月照層嶺,<br>추월조층령 | 가을 달은 겹겹의 봉우리 비추고, |
| 寒風掃高木.<br>한풍소고목 | 찬바람이 고목나무 잎을 쓸어내네. |
| 霧露夜侵衣,<br>무로야침의 | 안개와 이슬은 밤새 옷에 스며들고, |
| 關山曉催軸.[3]<br>관산효최축 | 관산의 새벽 수레바퀴를 재촉하네. |
| 君去欲何之,<br>군거욕하지 | 그대 떠나가 어디까지 가시려나요, |
| 參差間原陸.[4]<br>참치간원륙 | 들쑥날쑥한 평원을 사이에 두고서. |
| 一見終無緣,<br>일견종무연 | 한번 보고자해도 끝내 인연이 없고, |
| 懷悲空滿目.[5]<br>회비공만목 | 슬픔 품은 경치만 괜히 눈에 가득. |

역주

1) 吳均(오균, 469-520) : 남조 양나라 오흥(吳興) 고장(故鄣), 지금의 절강성(浙江省) 안길(安吉) 사람으로 자는 숙상(叔庠)이다. 벼슬은 무제(武帝) 천감(天監) 초에 당시 오흥태수(吳興太守)였던 유운(劉惲)의 주부(主簿)로 시작하여, 후에 건안왕기실(建安王記室), 봉조청(奉朝請)에 이르렀다. 시의 문체가 청아하고 빼어나며 옛 기풍이 있어 당시 이를 본떠 지은 시인들의 작품을 '오균체(吳均體)'로 불렸다. 저서에 지괴소설집인 ≪속제해기(續齊諧記)≫와 ≪후한서주(後漢書注)≫, ≪십이주기(十二洲記)≫ 등이 있고, 문집에는 명나라 사람이 편집한 ≪오조청집(吳朝請集)≫이 있다.

2) 淸晨發隴西 2구 : 이 2구의 내용은 유운(柳惲)이 오균(吳均)에게 보내는 노래 〈증오균(贈吳均)〉의 내용과 관련이 있다. 〈증오균〉은 총 3수인데 제3수에 1구의 '롱(隴)' 과 2구의 '비호(飛狐)' 가 언급되어 있다. 〈증오균〉 제1수는 ≪고시원≫ 권13의 5-2번 시 참조. 롱서(隴西)는 고을명으로 롱산(隴山)의 서쪽에 자리 잡고 있어 생겨난 이름. 비호곡(飛狐谷)은 계곡의 이름.
3) 關山曉催軸 : 관산(關山)은 〈목란시(木蘭詩)〉에 "관산을 나는 듯 넘네.(關山度若飛.)" 라고 하였다(≪고시원≫ 권13의 17-7번 참조). 여기서 관산은 관문이 있는 산으로 적을 바로 마주하고 있는 전방 지역을 의미.
4) 參差間原陸 : 참치(參差)는 쌍성, 의태어로 들쑥날쑥한 모양. 간(間)은 사이에 두다, 가로 막히다. 원륙(原陸)은 들녘, 평원.
5) 一見終無緣 2구 : 무연(無緣)은 인연이 없다. 여기서는 말미암을 방법이 없다는 의미. 회비(懷悲)는 슬픔을 가슴에 품다. 여기서는 슬픔을 품게 하는 경치를 말하는 것으로 그 경치는 8구의 '평원을 사이에 두다(間原陸)' 를 말함.
6) 谷, 木, 軸, 陸, 目으로 입성(入聲) 압운.

감상

이 시는 유운이 오균에게 보내는 노래 〈증오균〉에 대한 답가이다. 오균은 양나라 무제 천감(天監) 초에 당시 오흥태수를 맡았던 유운이 불러 주부를 맡은 바가 있고, 두 사람 모두 시문에도 능해 깊은 교유가 있었을 것이다. 〈증오균〉은 후에 오균이 유운을 떠난 후 여전히 친구가 그리운 유운이 보내는 시였다.

이 시는 모두 10구로 되어 있다. 1-2구의 내용은 유운이 보내온 〈증오균〉 시의 내용으로 총 3수(首) 가운데 제 3수에 1구의 '롱(隴)' 과 2구의 '비호(飛狐)' 가 언급되어 있다. 3-6구의 가을 달, 찬바람, 고목의 나뭇잎, 안개와 이슬, 관산 등은 모두 친구가 그리운 오균이 느끼는 쓸쓸함이 묻어있다. 그래서 시인은 친구에게 자신을 떠나 멀리 어디까지 갈 것인지를 묻는다(7구). 두 사람 사이에는 눈앞의 평원보다 더 큰 물리적 거리로 가로막혀 있음을 아는 시인은 친구를 만날 방법이 없음을 안타까워하며 괜스레 저 평원이 원망스럽다(8-10구).

## 7-2
## 〈酬別江主簿屯騎(수별강주부둔기)〉[1)]

〈강주부와 둔기에 화답하여 작별하다〉

| | |
|---|---|
| 有客告將離,<br>유객고장리 | 손님이 있어 장차 떠나간다 말씀하고, |
| 贈言重蘭蕙.[2)]<br>증언중란혜 | 겹 난초 같은 좋은 시문 내게 주었네. |

| | |
|---|---|
| 泛舟當泛濟,<br>범주당범제 | 뱃놀이는 마땅히 제수에 띄워야하고, |
| 結交當結桂.[3)]<br>결교당결계 | 벗 사귐은 계수나무 응당 엮어야지. |
| 濟水有清源,<br>제수유청원 | 제수는 저 맑은 근원이 있거니와, |
| 桂樹多芳根.<br>계수다방근 | 계수는 향기로운 뿌리가 넘쳐나지. |
| 毛公與朱亥,<br>모공여주해 | 모공과 주해 저 두 사람의 식객은, |
| 俱在信陵門.[4)]<br>구재신릉문 | 모두다 신릉군의 문하에 있었다네. |
| 趙瑟鳳凰柱,<br>조슬봉황주 | 조나라 거문고 봉황 새긴 기러기발, |
| 吳醥金罍樽.[5)]<br>오표금뢰준 | 오 지방 명주에 황금 술잔이로구나. |
| 我有北山志,<br>아유북산지 | 나도 북산으로 돌아가고픈 뜻 있으나, |
| 留連爲報恩.[6)]<br>류련위보은 | 멈칫 남는 건 은혜 보답하기 위함일세. |
| 夫君皆逸翮,<br>부군개일핵 | 무릇 그대들 다 빼어난 날개 가진 자이니, |
| 搏景復陵騫.[7)]<br>박경부릉건 | 햇볕 치면서 다시 치솟아서 오르시기를. |
| 白雲間海樹,[8)]<br>백운간해수 | 흰 구름이 드넓은 숲을 가로막고 있고, |
| 秋日暗平原.<br>추일암평원 | 가을 해가 평원에서 어둡게 지고 있네. |
| 寒蟲鳴趯趯,<br>한충명적적 | 메뚜기는 울면서 펄쩍 뛰는데, |
| 落葉飛翻翻.[9)]<br>낙엽비번번 | 낙엽은 펄럭펄럭 날리고 있네. |
| 何用贈分首,<br>하용증분수 | 무엇으로 이별의 증표 줄까하니, |
| 自有北堂萱.[10)*]<br>자유북당훤 | 당연히 북당의 망우초가 있다네. |

**원주**

* "벗 사귐은 계수나무 응당 엮어야지"의 계수나무가지는 바로 군자로 간주함이다.(結交當結桂, 桂卽當君子看.)

**역주**

1) 酬別江主簿屯騎 : 수(酬)는 화답하다. 별(別)은 작별하다. 강주부(江主簿)는 강씨 성을 가진 주부 벼슬. 둔기(屯騎)는 벼슬 이름, 성씨는 미상. 이 시는 강주부와 둔기 두 사람의 유별시(留別詩)에 시인이 화답한 것.
2) 有客告將離 2구 : 객(客)은 여기서 제목에서 말한 강주부와 둔기 두 사람을 가리킴. 언(言)은 어조사. 중(重)은 여기서 '겹, 쌍'의 뜻으로 두 편의 시문을 가리킴. 란혜(蘭蕙)는 여기서 난초 같은 좋은 시를 가리킴.
3) 泛舟當泛濟 2구 : 제(濟)는 제수(濟水)로 여기서는 연회의 주최자인 상관을 비유하는 말. 계(桂)는 계수나무가지. ≪초사·구가·대사명(九歌·大司命)≫에 "계수나무가지 엮어 언제까지 서 있어도, 아 그리움만 더하고 이 마음 서러워라."라고 하였다. 계수나무가지는 친구에 대한 정표를 의미.
4) 毛公與朱亥 2구 : 모공(毛公)은 전국(戰國)시기 조(趙)나라의 처사. 주해(朱亥)는 전국시기 위나라 사람. 모공과 주해는 모두 신릉군(信陵君)의 식객이었다. 신릉군은 중국 전국시기 위나라의 정치가로 이른바 '전국사군(戰國四君)' 가운데 한 사람. 여기서 모공과 주해는 강주부와 둔기를 가리키고, 신릉군은 연회를 주최한 상관을 말함.
5) 趙瑟鳳凰柱 2구 : 조슬(趙瑟)은 조나라 거문고로 여기서는 좋은 악기를 말함. 오표(吳醥)는 오지방의 술로 여기서는 좋은 술을 가리킴.
6) 我有北山志 2구 : 북산지(北山志)는 북산의 뜻으로 벼슬을 그만두고 은둔하려는 뜻을 말함. 공치규(孔稚珪)가 주옹(周顒)이 벼슬을 하다가 다시 종산(鍾山), 즉 북산(北山)에 들어가려고 할 때 〈북산이문(北山移文)〉을 지어 못 오게 막았다는 고사에서 옴. 류련(留連)은 쌍성. 의태어로 미련이 남아 머뭇대는 모양. 은(恩)은 여기서 9-10구의 극진한 대접을 가리킴.
7) 夫君皆逸翮 2구 : 일핵(逸翮)은 빼어난 날개. 여기서는 빼어난 재주를 비유한 말. 릉(陵)과 건(騫)은 모두 '올라가다'는 뜻으로 여기서는 '치솟아 오르다'로 해석함.
8) 海樹 : 드넓은 숲을 의미.
9) 寒蟲鳴趯趯 2구 : 한충(寒蟲)은 메뚜기. 적적(趯趯)은 첩어, 의태어로 뛰는 모양. ≪시경·소남·초충(召南·草蟲)≫에 "찌륵찌륵 우는 풀벌레여, 펄쩍 펄쩍 뛰는 메뚜기로다.(喓喓草蟲, 趯趯阜螽.)"라고 하였다. 번번(翻翻)은 첩어, 의태어로 나는 모양.
10) 北堂萱 : ≪시경·위풍·백혜(衛風·伯兮)≫에 "어디에서 훤초를 얻을까, 그것을 북쪽에 심으리로다."라고 하였다. 북당(北堂)은 북쪽 안채. 훤(萱)은 훤초(萱草)로

일명 망우초(忘憂草). 북당훤(北堂萱)은 북당에 훤초를 심는다는 뜻도 되지만 여기서는 근심걱정을 떨쳐버리고 평안하길 기원한다는 의미.

11) 압운은 離, 蕙, 桂에서 根, 門, 樽, 恩, 騫, 原, 翻, 萱으로 환운.

**감상**

먼저 강주부와 둔기 두 사람이 유별시를 써서 오균에게 준 것에 대해 시인이 화답한 시이다. 그 장소는 아마도 유별시를 써 준 두 사람과 오균을 포함한 세 사람의 상관이 주최한 연회자리였을 것이다. 그래서 전체 20구 가운데 전 단락(1-10구)은 유별시를 써서 준 두 사람과 연회를 베푼 상관을 칭찬하는 내용이고, 후 단락(11-20구)은 두 사람을 보내는 시인의 마음을 읊었다.

전 단락(1-10구)의 1-2구는 바로 강주부(江主簿)와 모둔기(某屯騎) 두 사람이 유별시(留別詩)를 써서 오균(吳均)에게 준 것을 설명한 것이다. 그래서 시인이 화답하게 되었다는 것으로 일종의 파제(破題)로 보인다. 3-6구는 모두 이 자리를 베풀어 준 상관을 칭찬한 것으로 제수(濟水), 계수나무가지(桂), 맑은 근원(淸源), 향기로운 뿌리(芳根)는 모두 상관을 가리키는 말이다. 7구의 모공(毛公)과 주해(朱亥)는 떠나는 두 사람을 가리키고, 8구의 신릉군은 연회를 주최한 상관을 가리킨다. 9-10구는 이 연회가 좋은 음악과 술로 베풀어져 있음을 비유하고 있다.

후 단락(11-20구)은 두 사람을 보내는 시인의 마음을 읊은 것이다. 11-12구에서는 자신도 벼슬을 버리고 은둔하고 싶은 마음이 있으나 이처럼 후하게 대접하는 상관의 은혜를 갚고자 머뭇댄다고 말한다. 13-14구는 이별하는 두 사람을 축원하는 말로 두 사람의 재주를 칭찬하고 그 재주를 더 발휘하길 원한다고 말한다. 15-16구는 두 사람과 이별하는 상황에서 시인의 눈에 보이는 경치로 쓸쓸함을 강조하고 있다. 17구는 ≪시경·소남·초충≫에서 말하는 '뛰는 메뚜기'를 통해 안절부절 하는 자신의 마음을 비유하고 있다. 18구의 훨훨 나는 낙엽을 떠나는 친구들을 비유한 것이다. 20구의 '북당훤'은 역주의 설명대로 근심걱정을 떨쳐버리고 떠나는 친구들이 평안하길 기원하는 마음을 읊었다.

## 7-3
## 〈主人池前鶴(주인지전학)〉 〈주인 연못 앞의 학〉

本自乘軒者,[1] 나는 본래 스스로 대부의 수레 타고 다녔고,
본자승헌자
爲君階下禽. 그대의 섬돌 아래에 키워지는 학이 되었다네.
위군계하금
摧藏多好貌, 고개 숙였다드는 모습 아름다운 자태 넘치고,
최장다호모

| | |
|---|---|
| 淸唳有奇音.2)<br>청려유기음 | 울어대는 맑은 울음은 기이한 소리가 있다네. |
| 稻粱惠既重,<br>도량혜기중 | 좋은 곡식을 주니 은혜가 무거울 뿐 아니라, |
| 華池遇亦深.3)<br>화지우역심 | 아름다운 연못 만들어주니 대우 역시 깊구나. |
| 懷恩未忍去,<br>회은미인거 | 은혜 가슴에 품기에 아직 차마 떠나지 않지만, |
| 非無江海心.4)<br>비무강해심 | 강해를 그리워하는 마음이 없는 것은 아니라네. |

**역주**

1) 本自乘軒者 : ≪좌전(左傳)≫ 민공(閔公) 3년에 의하면 위(衛)나라 영공(靈公)이 학을 좋아해서, 기르는 학에게 대부의 녹봉과 수레를 하사하였다고 한다.
2) 摧藏多好貌 2구 : 최장(摧藏)은 ①음악용어의 하나로 악기를 연주할 때 연주 기법의 하나인 누르다. ②쌍성, 의태어로 부러진 모양, 억눌린 모양, 등의 뜻이 있다. 여기서는 학의 목놀림을 묘사한 것으로 다른 판본에 '저앙(低昂)' 으로 된 것이 있어 학이 목을 숙였다가 드는 모습을 그린 것으로 보임. 호모(好貌)는 멋진 모양을 말함. 기음(奇音)은 기이한 소리. 여기서는 남다른 목소리라는 의미.
3) 稻粱惠既重 2구 : 도량(稻粱)은 쌀과 수수. 여기서는 사람이 먹는 좋은 곡식을 먹이로 준다는 의미. 기(既)~역(亦)은 ~할 뿐 아니라 ~하다. 우(遇)는 대우.
4) 江海心 : 강해를 그리워하는 마음. 여기서는 벼슬을 그만두고 은거하는 것을 비유함.
5) 압운은 禽, 音, 深, 心.

**감상**

이 시의 주인공은 '학' 이다. 1구에서 시인은 ≪좌전≫에 나오는 위나라 영공의 이야기를 통해 주인공 학이 원래 대부(大夫) 지위를 누렸었다고 말한다. 2구에서 '섬돌아래 키워지는 학' 이란 바로 벼슬함을 말하는 것이다. 또 이 시의 제목에 나오는 '주인 연못 앞의 학' 역시 벼슬을 상징하는 말이다. 3-4구에서 말하는 자태의 아름다움과 남다른 목소리는 바로 이 학이 가진 재주를 비유한 것이다. 5-6구에서 좋은 먹이와 아름다운 연못은 벼슬을 통해 임금이 베푼 대우를 비유한 것이다. 그래서 학은 그 은혜를 알기에 차마 떠나지 못한다고 말한다(7구). 그러나 마지막 구에서 '강해를 그리워하는 마음(江海心)' 이 없지는 않다고 강조한다. 여기서 '강해를 그리워하는 마음' 이란 벼슬을 버리고 은둔하고 싶은 마음을 말하는 것으로 임금의 대우가 좋지 않으면 언제든지 떠날 수 있다는 의미다.

이 시의 주인공 '학' 은 시인 오균 혹은 오균을 포함한 그 시대의 선비들을 대표한다고 할 수 있다. 그렇다면 이 시는 한마디로 그 시대를 살았던 '선비의 자존심과 당당함' 을 읊은 노래라 하겠다.

## 7-4

### 〈酬周參軍(수주참군)〉[1] 〈주참군에 화답하다〉

| | |
|---|---|
| 日暮憂人起,[2]<br>일모우인기 | 해 저물면 근심에 젖은 나는 일어나서, |
| 倚戶悵無懽.<br>의호창무환 | 대문에 기대어 슬퍼서 즐거움이 없다네. |
| 水傳洞庭遠,<br>수전동정원 | 물은 동정산의 먼 찬 기운을 전해오고, |
| 風送雁門寒.[3]<br>풍송안문한 | 바람은 안문산 차가운 기운을 보내오네. |
| 江南霜雪重,<br>강남상설중 | 강남에도 저 서리와 눈이 겹겹이거늘, |
| 相如衣服單.[4]<br>상여의복단 | 사마상여처럼 입은 의복이 홑옷이라네. |
| 沈雲隱喬樹,<br>침운은교수 | 묵직한 구름이 높은 나무 감춰버리고, |
| 細雨滅層巒.[5]<br>세우멸층만 | 가랑비가 겹겹 봉우리를 없애버렸네. |
| 且當對樽酒,<br>차당대준주 | 잠시 마땅히 술독의 술을 마주하고서는, |
| 朱弦永夜彈.[6]<br>주현영야탄 | 붉은 줄 악기를 긴 밤 홀로 연주한다네. |

**역주**

1) 周參軍 : 주(周)는 성씨(姓氏). 참군(參軍)은 벼슬 이름. 나머지은 미상.
2) 憂人 : 여기서는 벼슬의 기회 등을 기다리는 사람으로 근심이 많은 시인 자신을 가리킴.
3) 水傳洞庭遠 2구 : 동정(洞庭)은 ①동정호(洞庭湖)로 호남성(湖南省)과 호북성(湖北省)의 경계에 있다. ②동정산(洞庭山)을 말하는 것으로 태호(太湖)의 동남쪽에 있으며 강소성(江蘇省) 무석시(無錫市)에 위치함. 여기서는 '동정산' 으로 보았으며 북쪽 지역을 의미함.

4) 相如衣服單 : 상여(相如)는 사마상여(司馬相如)를 말함. 그의 집이 너무 가난한 탓에 집안에 사면의 벽밖에 없었다하여 '가도사벽(家徒四壁)'라는 말이 나옴.
5) 巒 : 없애다.
6) 朱弦 : 붉은 줄의 악기.
7) 압운은 懽, 寒, 單, 巒, 彈.

**감상**

이 시는 오균이 참군 벼슬을 하는 주씨에게 화답한 노래이다. 모두 10구로 이루어져 있는데, 내용에 따라 3개의 단락으로 나눠 볼 수 있다.

1단락(1-2구)은 결론에 해당한다. 1구의 근심에 젖은 사람은 바로 시인 자신이다. 시인의 근심 가운데 하나는 벼슬의 기회를 손꼽아 기다리는 것임을 짐작해 볼 수 있다. 시인이 해가 저물면 일어나 대문에 기대어 슬퍼한다고 한 것은 자신을 찾아올 사람을 기다리다 지쳐 혹시나 하는 마음에 대문 밖까지 나가 본 것을 말한 것이다.

2단락(3-6구)은 1단락에서 말한 시인의 근심을 다시 설명한 것이다. 3-4구는 물도 바람도 차가운 계절임을 말한 것이다. 시인이 있는 강남도 서리와 눈이 겹겹인 추운 날씨인데, 시인은 탁문군을 만나기 전 너무나 궁핍했던 사마상여처럼 홑겹의 옷을 입고 있다고 말함으로 자신의 궁한 생활을 말하고 있다.

3단락(7-10구)은 7-8구에서 시인의 눈에 보이는 묵직한 구름이 높은 나무를 감추고, 가랑비가 겹겹의 봉우리를 없애버리는 풍경은 시인의 절망을 나타낸 것이다. 그래서 시인은 술을 마시며 긴 밤 홀로 연주하며 그 절망을 달래본다(9-10구).

## 7-5

## 〈春詠(춘영)〉 〈봄을 읊다〉

| | |
|---|---|
| 春從何處來,<br>춘종하처래 | 봄은 어느 곳으로부터 오는 것일까? |
| 拂水復驚梅.<br>불수부경매 | 수면 스치고 다시 자는 매화 놀래네. |
| 雲障青鎖闥,[1)]<br>운장청쇄달 | 구름은 푸른 궁궐 문을 가려 버리고, |
| 風吹承露臺.[2)]<br>풍취승로대 | 감로 받는 승로대엔 바람이 부는구나. |
| 美人隔千里,[3)]<br>미인격천리 | 미인은 천 리나 멀리 떨어져 있는데, |

羅幃閉不開. 비단 휘장으로 닫혀져서 열리지 않네.
라위폐불개
無由得共語, 임과 더불어 이야기 할 방법이 없으니,
무유득공어
空對相思杯.* 공연히 그리움의 술잔 마주할 수밖에.
공대상사배

**원주**

* 시작하자마자 빼어나다.(一起飄逸.)

**역주**

1) 鎖闥 : 쇄(鎖)는 일문의 무늬를 뜻함. 쇄달(鎖闥)은 궁궐의 문을 말함.
2) 承露臺 : 승로(承露)는 승로반(承露盤)으로 이슬을 받기 위해 만든 동반(銅盤)을 말한다. ≪한서·교사지(漢書·郊祀志)≫에 의하면 한 무제(武帝)가 신선술에 미혹되어 감로를 받아 마셔 장수하고자 하여 건장궁(建章宮)에 신명대(神明臺)를 세우고 청동으로 선인장(仙人掌) 모양을 만들어 세워서 동반을 떠받치고서 감로를 받게 하였다고 한다.
3) 美人隔千里 : 미인(美人)은 여기서 임금을 말함. 천리(千里)는 임금과의 심리적 거리.
4) 無由 : ~할 방법이 없다.
5) 압운은 來, 梅, 臺, 開, 杯.

**감상**

이 시의 화자는 궁궐의 후궁이나 궁녀이다. 그래서 이 시에서 그리워하는 미인은 '임금'을 의미한 것이다. 1-2구에서 봄이 어디에서 오는지 수면을 스치고 다시 잠자는 매화를 놀라게 한다는 표현은 조탁하지 않고 매우 자연스러워 명구(名句)로 꼽힌다. 그래서 심덕잠도 원주에서 시작하자마자 매우 빼어나다고 높이 평가하였다. 어디서 왔는지 계절은 봄이 되어 도처에 봄 색이 완연하지만, 시의 주인공에게는 기다리는 봄, 기다리는 임은 오지 않는다. 구름이 궁궐 문을 가려 문을 열 필요가 없고, 승로대에 바람이 불 뿐 기다리는 임은 오시지 않는다(3-4구). 기다리는 임(미인)은 마치 천 리나 떨어진 듯 오지 않으시니, 내려진 비단 휘장을 걷어 열어야 할 일도 없다(5-6구). 임과 함께 이야기할 방법이 없는 주인공은 그저 그리움을 술잔으로 달래 보며, 자신의 봄을 기다린다(7-8구).

때로 남성 시인이 궁녀나 후궁 같은 여성의 입장이 되어 임금의 사랑을 구하는 노래는 신하가 임금의 사랑을 구하는 모습과 많이 닮아 있다.

7-6

〈山中雜詩(산중잡시)〉 〈산에서 지은 시〉

| | |
|---|---|
| 山際見來煙,[1]<br>산제견래연 | 산 사이에서 밀려오는 안개를 보고, |
| 竹中窺落日.[2]<br>죽중규락일 | 대나무 숲 사이 지는 해를 엿보네. |
| 鳥向簷上飛,<br>조향첨상비 | 새는 처마 위를 향하여 날아오르고, |
| 雲從窗裡出.*<br>운종창리출 | 구름은 창문 안으로부터 나오는구나. |

**원주**

* 네 개의 구가 모두 경치를 묘사하고 있어, 스스로 하나의 품격을 이룬다.(四句寫景, 自成一格.)

**역주**

1) 山際見來煙 : 산제(山際)는 산과 산 사이로 골짜기를 의미. 래연(來煙)은 밀려오는 안개.
2) 窺 : 엿보다. 여기서는 대나무 숲의 틈 사이로 보는 것을 말함.
3) 日, 出로 입성(入聲) 압운.

**감상**

이 시는 전체 4구로 되어 있고, 1-2구와 3-4구는 각각 대구를 이루고 있다. 1-2구에서 나는 보는 주체였지만, 3-4구에서 그 주체가 없어지고 나와 자연이 함께 하는 물아일체(物我一體)의 경지로 넘어간다. 즉 유아(有我)에서 무아(無我)로 넘어가며 시의 흥취를 이루는 모습을 보여준다. 일반적으로 경치를 읊고 감정을 말하거나 순서를 바꿔서 감정과 경치 순으로 읊지만 여기서는 4개의 구 전체가 경치를 읊고 있어, 원주에서도 하나의 품격을 이룬다고 평가하고 있다.

# 8. 何遜[1)*]

## 8-1
〈日夕望江山贈魚司馬(일석망강산증어사마)〉[2)]

〈해질녘 강산을 바라보며 어사마에게 보내다〉

| | |
|---|---|
| 湓城帶湓水,<br>분성대분수 | 분성은 분수에 둘러 싸여져 있어, |
| 湓水縈如帶.[3)]<br>분수영여대 | 분수가 허리띠처럼 휘감고 있다네. |
| 日夕望高城,<br>일석망고성 | 해 저물 때에 높은 성을 바라다보면, |
| 耿耿青雲外.[4)]<br>경경청운외 | 푸른 구름 너머서 반짝이고 있다네. |
| 城中多宴賞,<br>성중다연상 | 성안에는 연회와 잔치도 많이 있어, |
| 絲竹常繁會.[5)]<br>사죽상번회 | 현악기 관악기 늘 성대한 모임일세. |
| 管聲已流悅,<br>관성이류열 | 관악기 이미 기쁘게 하는 소리 흘러내고, |
| 弦聲復淒切.[6)]<br>현성부처절 | 현악기가 내는 소리는 또한 애절하다네. |
| 歌黛慘如愁,<br>가대참여수 | 노래하는 여인 눈썹화장 근심하듯 어둡고, |
| 舞腰凝欲絕.[7)]<br>무요응욕절 | 춤추는 여인 허리는 줄어들어 끊어질 듯. |
| 仲秋黃葉下,<br>중추황엽하 | 깊어만 가는 가을에 누런 잎은 떨어지고, |
| 長風正騷屑.[8)]<br>장풍정소설 | 기나긴 바람은 바야흐로 시끄러워진다네. |
| 早雁出雲歸,<br>조안출운귀 | 떼 잃은 기러기 구름에서 나와 돌아오고, |
| 故燕辭簷別.<br>고연사첨별 | 묵은 제비는 저 처마를 이별하고 있다네. |

| | |
|---|---|
| 晝悲在異縣,<br>주비재이현 | 낮이면 슬퍼하나니 타향에 있기 때문이고, |
| 夜夢還洛汭.[9]<br>야몽환락열 | 밤이면 낙수 굽이 돌아가는 꿈을 꾼다네. |
| 洛汭何悠悠,<br>락열하유유 | 낙수 굽이는 어찌 저리도 아득히 먼지, |
| 起望西南樓.<br>기망서남루 | 자리에 일어나서는 서남루에 올라보네. |
| 的的帆向浦,<br>적적범향포 | 또렷한 돛단배는 포구를 향해 가고 있고, |
| 團團月映洲.[10]<br>단단월영주 | 둥글둥글한 달은 물 섬을 비추고 있구나. |
| 誰能一羽化,<br>수능일우화 | 뉘라서 능히 단번에 깃털이 생겨나서, |
| 輕擧逐飛浮.[11]**<br>경거축비부 | 가볍게 날아올라 저 새 구름 쫓아가랴. |

**원주**

* 중언 하손의 시는 비록 풍골이 결핍되어 있으나, 정을 표출하는 능력이 완곡하고 변화가 많아, 얕은 말도 모두 깊이를 갖추었으니, 심약과 범운이 마음으로 탄복할 만하다.(仲言詩, 雖乏風骨, 而情詞宛轉, 淺語俱深, 宜爲沈范心折.)[12]
음갱과 하손이 병칭되지만, 그러나 하손이 저절로 크게 뛰어나다.(陰何並稱, 然何自遠勝.)[13]

** 음향은 〈서주곡〉에서 얻었다.(音響得之西洲.)[14]

**역주**

1) 하손(何遜, 466?-519?) : 남조 양나라 동행(東海), 지금의 산동성(山東省) 담현(郯縣) 사람이고 자는 중언(仲言)이다. 남조의 송나라 문인 하승천(何承天)의 증손으로 학문적 전통을 지켜온 집안에서 태어나 8살 때 시부(詩賦)를 지은 신동으로 기록되었다. 20세에 고을에서 수재(秀才)로 천거되었으나 하급 귀족인 후문(後門)출신이라는 이유와 당시 제나라의 정치 불안으로 양 무제(武帝) 천감(天監) 때에서야 봉조청(奉朝請)이 되었다. 그 후 지방에서 제후들을 따라 수조행참군(水曹行參軍), 기실(記室), 상서수부랑(尙書水部郞)을 지냈다. 청신한 시문을 잘 지어 심약(沈約)과 범운(范雲)에게 인정받았고, 유효작(劉孝綽)과 함께 '하류(何劉)' 로 불리기도 하였다. 저서에 명나라 사람이 편집한 ≪하기실집(何記室集)≫이 있다.

2) 日夕望江山贈魚司馬 : 강산(江山)은 여기서 분성(湓城)으로 지금의 강서성(江西

省) 구강(九江)을 말함. 어사마(魚司馬)는 친구 어홍(魚弘)을 말함. 남조 양(梁)나라 양양(襄陽) 사람으로 남초(南譙), 우이(盱眙), 경릉(竟陵), 신흥(新興), 영녕(永寧) 등 지방의 태수(太守)를 지냈다.

3) 湓城帶湓水 2구 : 대(帶)는 허리띠처럼 둘러져 있다. 분수(湓水)은 지금의 강서성(江西省) 용개하(龍開河). 하안(何晏)의 ≪구강지(九江志)≫에 "청분산(靑湓山)에 우물이 있는데 분수(용솟는 물)과 같아, 이름을 분수라 하고, 성은 분성, 포구는 분포라 한다."라고 하였다. 영(縈)은 휘감다.
4) 耿耿 : 첩어, 의태어로 반짝이는 모양.
5) 城中多宴賞 2구 : 연상(宴賞)은 잔치하고 완상하다. 사죽(絲竹)은 현악기와 관악기.
6) 管聲已流悅 2구 : 이(已)~부(復)는 ~뿐 아니라 ~하다. 류열(流悅)은 사람을 기쁘게 하는 소리를 흘러내다. 처절(淒切)은 여기서 애절하다, 구성지다. 감동적이라는 의미로 쓰임.
7) 歌黛慘如愁 2구 : 가(歌)는 노래하는 여인. 대(黛)는 여인의 눈썹화장. 참(慘)은 참담(慘淡)으로 '어둡다'는 의미. 여수(如愁)는 수심에 젖은 듯, 걱정하듯. 무(舞)는 춤추는 여인. 응(凝)은 엉기다.
8) 騷屑 : 의성어로 시끄럽고 떠들썩한 소리.
9) 洛汭 : 낙수 굽이. 여기서는 수도 주변 경기 지역을 의미. 열(汭)은 ≪집운(集韻)≫에 '여열절(如劣切)'로 되어 있어 입성(入聲) 압운에 부합함.
10) 的的 : 첩자, 의태어로 또렷하고 분명한 모양.
11) 誰能一羽化 2구 : 우화(羽化)는 사람의 몸에 날개가 돋아 하늘로 올라가 신선이 된다는 '우화이등선(羽化而登仙)'을 말함. 비부(飛浮)는 나는 새와 떠가는 구름을 말함.
12) 宜爲沈·范心折 : 하손의 시는 심약(沈約)과 범운(范雲)에게 인정받았는데 특히 범운은 하손과 나이를 뛰어넘는 망년지교(忘年之交)를 맺어 늘 작품을 칭찬했다.
13) 陰·何並稱 : 두보(杜甫)가 〈해민(解悶)〉에서 "자못 음갱(陰鏗)과 하손이 애써 마음을 기울였던 점을 배우고 있노라."라 하였는데 후에 사람들이 두 사람을 나란히 하여 '음하(陰何)'라고 부름.
14) 〈西洲〉 : 〈서주곡(西洲曲)〉(≪고시원≫ 권12 양시의 1-2번 참조).
15) 압운은 水, 帶, 外, 會에서 悅, 切, 絶, 屑, 別, 열(汭)(이상 입성)로 환운하고 다시 悠, 樓, 洲, 浮로 환운.

**감상**

이 시는 하손이 친구 어사마에게 보내는 노래이다. 모두 22구로 되어 있는데 내용과 환운(換韻)에 따라 3개의 단락으로 나눌 수 있다.

1단락(1-6구)에서 1-2구는 친구인 어사마에게 시인이 있는 곳을 설명하는 것이다. 여기서 분성, 분수 등 비슷하거나 같은 말이 반복되는데 여기서는 지루하기보다 쾌활한 느낌을 준다. 또 1구와 2구에서 같은 말로 이어지는 끝말잇기, 즉 정진체(頂眞

體)는 2단락과 3단락의 연결점 '락열(洛汭)' 에서도 보인다. 연이어 시인은 자신이 사는 곳의 석양 경치(3-4구)를 말하고, 5-6구에서는 늘 잔치가 많아 음악소리로 들썩인다고 설명한다.

2단락(7-16구)의 7-10구는 6구에서 말한 성대한 잔치를 다시 설명한 것이다. 관악기는 사람을 기쁘게 하는 소리를, 현악기는 사람을 감동시키는 구성진 소리를 내고 있다고 말한다(7-8구). 9-10구는 일종의 호문(互文)으로 노래하는 가수와 춤추는 무희가 때에 따라 애절하게도 기쁘게도 한다는 것이다. 9구의 수심에 잠긴 듯 어둡다는 것은 8구의 구성진 현악기 소리와 연결되고, 10구의 허리가 줄어들어 끊어질 듯하다는 7구의 기쁜 소리를 내는 것과 연결되어 읊은 것이다. 그러나 시인은 다음 11-16구에서 외로움을 토로한다. 깊어가는 가을에 가을 철새인 기러기는 돌아오고 제비들은 처마의 제 둥지와 이별해 떠날 채비를 서두른다. 시인은 낮에는 자신이 타향에 있음을 느끼고, 밤에는 고향이 그리워 꿈을 꾼다. 시인이 이야기한 성대한 잔치들은 오히려 시인을 외로움을 이기기 위한 몸부림이었음을 알 수 있다.

3단락(17-22구)에서 고향이 그리운 시인은 서남루에 올라보니, 그 많은 경치 중에 유독 포구를 떠나는 배와 그리운 이들과의 만남을 상징하는 둥그런 달이 보인다. 이제 시인은 깃털이 생겨나 신선이 되어서라도 하늘을 유유히 나는 새와 구름을 좇아, 고향과 친구들을 따르고 싶다는 소망을 풀어놓는다.

## 8-2
## 〈道中贈桓司馬季珪(도중증환사마계규)〉[1)]

〈길에서 사마 환계규에게 드리다〉

| | |
|---|---|
| 晨纜雖同解,<br>신람수동해 | 새벽 닻줄을 비록 그대 함께 풀었지만, |
| 晚洲阻共入.<br>만주조공입 | 저녁 물 섬이 함께 들어감을 가로막네. |
| 猶如征鳥飛,<br>유여정조비 | 먼 길 나는 철새처럼 함께 날아왔건만, |
| 差池不可及.[2)]<br>차지불가급 | 예상치 않게 따를 수 없게 되어 버렸네. |
| 本願申羈旅,<br>본원신기려 | 본래 나그네 신세 하소연하고 싶었으나, |
| 何言異翔集?[3)]<br>하언이상집 | 어찌 나는 것과 멈추는 것 달리하는가? |

| | |
|---|---|
| 君渡北江時,<br>군도북강시 | 당신께서 강의 북쪽으로 건너가실 때에, |
| 詎令南浦泣![4]<br>거령남포읍 | 어찌 나더러 북포에서 울게 만드시는지. |

**역주**

1) 桓司馬季珪 : 환계규(桓季珪)는 성명. 사마(司馬)는 벼슬 이름.
2) 猶如征鳥飛 2구 : 유여(猶如)는 같다. 정조(征鳥)는 기러기처럼 떼를 지어 멀리 나는 철새. 차지(差池)는 쌍성, 의태어로 ①잘못 ②예상치 못하게 ③일이 잘못 되다. 여기서는 ②의 뜻.
3) 本願申羈旅 2구 : 신(申)은 하소연하다. 기려(羈旅)는 하손이 낮은 귀족 계급 후문(後門)출신으로 떠돌아다니며 하급 벼슬살이를 하는 것을 말함. 여기서는 '나그네 신세' 로 번역함. 이(異)는 달리하다. 상집(翔集)은 나는 것과 멈추는 것.
4) 君渡北江時 2구 : 북강(北江)은 강북(江北). 남포(南浦)는 이별과 이별의 장소를 뜻하는 말. ≪초사·구가·하백(九歌·河伯)≫에 "그대와 손을 부여잡고 동으로 가, 임을 남포로 떠나보내어."라고 하였다.
5) 入, 及, 集, 泣으로 입성(入聲)압운하고 있다.

**감상**

이 시는 하손이 사마 벼슬을 하는 환계규와 같이 길을 가다가 헤어지게 되면서 쓴 것이다. 모두 8구로 되어 있다.

1-2구는 두 사람이 갈림길에서 헤어지게 된 상황을 말하고 있다. 1구에서 새벽 닻줄을 함께 풀었다는 것은 두 사람이 같이 배를 타고 동행했었다는 말이다. 2구에서 물 섬이 함께 들어가는 것을 막았다는 것은 한 사람만 들어가고, 다른 사람은 행선지를 달리 하게 됨을 말한 것이다. 3-4구에서 시인은 함께 날던 기러기 떼처럼 동행하다가 뜻밖에 헤어지게 되었다며 매우 아쉬워한다. 그 아쉬움의 이유는 5구에서 말하고 있다. 5구에서 '나그네 신세' 라고 한 것은 하손은 낮은 귀족 계급인 후문(後門) 출신이라 평생 지방을 떠돌며 일개 막료 생활을 면하지 못하였던 것과 관련이 있다. 제목에서 보이는 환계규의 사마(司馬) 벼슬은 직급이 높은 것으로 아마도 환계규는 높은 귀족 계급인 갑족(甲族)출신이었을 것이다. 시인은 자신의 이런 신세를 높은 벼슬인 환계규에게 하소연하고 싶었으나, 두 사람의 여정을 달리하게 되어 그 뜻을 이루지 못한다. 그래서 6구에서 함께 날던 철새가 '나는 것과 멈추는 것(翔集)' 을 달리하게 되었다고 말한 것이다. 시인은 이별의 남포에서 아쉬움을 눈물로 달랜다.(7-8구)

하손의 시는 안지추(顔之推)의 평가처럼 '맑고 아름다운 청교(淸巧)' 한 풍격을 지니고 있어, 염정을 주제로 한 궁체시(宮體詩) 중심의 남조 양(梁)나라 시단에서 높은 평가를 받지 못했다. 시대를 앞서 나간 하손은 자신의 재주를 알아보지 못하는 세상과 낮은 계급의 가문에 막힌 신세를 한탄한 것이다. 시가 모두 입성으로 압운하고 있어 시인의 절규를 더 극대화하고 있다.

## 8-3

## 〈入西塞示南府同僚(입서새시남부동료)〉[1]

〈서새산에 들어서며 남부의 동료에게 보이다〉

露清曉風冷, 이슬은 맑고 새벽바람은 차가우며,
로청효풍랭
天曙江光爽.[2] 하늘은 날이 새며 강 빛은 밝다네.
천서강광상
薄雲巖際出, 엷은 구름 바위 사이에서 피어나고,
박운암제출
初月波中上.[3] 초승달은 물결 속에서 떠오른다네.
초월파중상
黯黯連障陰, 어둑어둑 이어진 산에 그늘이 지고,
암암련장음
騷騷急沫響.[4] 쏴쏴 쏴쏴 빠른 물거품이 울려대네.
소소급말향
迴查急礙浪, 빙 돌며 오던 뗏목 갑자기 파도에 멈추고,
회사급애랑
群飛爭戲廣.[5] 떼로 나는 새들 다투어 넓은 물 장난치네.
군비쟁희광
伊余本羈客, 아 나는 본래 나그네의 신세인지라,
이여본기객
重暌復心賞.[6] 거듭 헤어져도 다시 맘으로 완상하네.
중규부심상
望鄉雖一路, 고향 바라보니 비록 하나의 길이나,
망향수일로
懷歸成二想.[7] 고향 돌아갈 것 생각하니 두 생각이네.
회귀성이상
在昔愛名山, 옛날에는 이름난 산을 좋아했거니와,
재석애명산
自知懽獨往.[8] 홀로 감의 기쁨을 스스로 알았도다.
자지환독왕

| | |
|---|---|
| 情遊乃落魄,<br>정유내락백 | 마음껏 놀아 이에 매이지 않을 터, |
| 得性隨怡養.[9]<br>득성수이양 | 천성을 얻도록 섭양을 따라 보리라. |
| 年事以蹉跎,<br>연사이차타 | 오랜 세월을 이미 부질없이 보냈거니와, |
| 生平任浩蕩.[10]<br>생평임호탕 | 평생을 저 정처 없음에 맡기고 말았다네. |
| 方還讓夷路,<br>방환양이로 | 바야흐로 돌아가 탄탄대로야 양보하리니, |
| 誰知羨魚網.[11]<br>수지선어망 | 어망을 부러워하게 될 줄 어찌 알았으랴. |

**역주**

1) 入西塞示南府同僚 : 서새(西塞)는 산 이름. 지금의 호북성(湖北城) 황석시(黃石市) 동장강(東長江) 남쪽 기슭에 위치. 시(示)는 '동료나 아랫사람에게 보이다' 는 의미. 남부(南府)는 상서성(尙書省)을 말함.

2) 露淸曉風冷 2구 : 효풍(曉風)은 새벽의 바람. 천서(天曙)는 날이 개다. 상(爽)은 여기서 달빛이 밝다는 의미.

3) 初月波中上 : 초월(初月)은 초승달. 파중상(波中上)은 여기서 물에 달이 비쳐 물 속에서 떠오르는 것처럼 보인다는 말.

4) 黯黯連障陰 2구 : 암암(黯黯)은 첩어, 의태어로 어두운 모양. 련장(連障)은 병풍처럼 펼쳐진 산들. 음(陰)은 여기서 그늘이 지다. 소소(騷騷)는 첩어, 의성어로 물소리.

5) 迴査急礙浪 2구 : 회사(迴査)는 회사(迴槎)로 빙빙 돌면서 떠내려 온 뗏목을 말함. 애(礙)는 멈추다. 군비(群飛)는 떼 지어 나는 새들. 광(廣)은 여기서 넓은 물을 말함.

6) 伊余本羈客 2구 : 이(伊)는 발어사. 기객(羈客)은 하손이 낮은 귀족 계급 후문(後門)출신으로 떠돌아다니며 하급 벼슬살이를 하는 것을 말함. 규(睽)는 헤어지다. 여기서는 동료들과 헤어짐을 의미. 중규(重睽)는 다른 지방으로 또다시 전출된 것을 말함. 심상(心賞)은 마음으로 좋아하다, 완상하다.

7) 望鄕雖一路 2구 : 일로(一路)는 여기서 고향으로 돌아가는 길은 오직 하나의 길이란 의미. 이상(二想)은 두 가지의 생각으로 여기서는 원래의 목표대로 근무지로 부임할 생각과 고향으로 돌아가고 싶다는 딴 마음을 말한 것.

8) 自知懽獨往 : 환(懽)은 좋아하다. 독왕(獨往)은 누구에게 얽매이지 않고 스스로 행한다는 의미. ≪장자·재유(莊子·在宥)≫에 "천지사방을 드나들고, 구주 천하를 노니며, 홀로 갔다가(獨往) 홀로 오니(獨來), 가히 홀로 천하를 소유했다 하겠

다." 라고 하였다.

9) 情遊乃落魄 2구 : 정유(情遊)는 마음껏 놀다. 락백(落魄)은 '실의에 차다' 는 뜻으로 쓰이나 여기서는 의태어로 쓰여 락탁(落托), 락박(落泊)과 함께 아무것도 얽매이지 않고 노니는 것을 뜻함. 득성(得性)은 천성을 얻다. 수(隨)는 따르다, 부합하다. 이양(怡養)은 이심양체(怡心養體)로 마음을 느긋하게 하고 몸을 키우다.

10) 年事以蹉跎 2구 : 년사(年事)는 해마다 해야 할 일들로 '일정 기간, 오랜 세월' 을 뜻함. 이(以)는 이(已)로 '이미' 의 뜻. 차타(蹉跎)는 첩운, 의태어로 자신의 의지가 있음에도 불구하고 허송세월을 살다는 의미. 평생(平生)은 여기서 17구의 년사(年事)와 같이 지나온 세월을 말함. 호탕(浩蕩)은 무상부정(無常不定)으로 '정처 없음' 을 의미.

11) 方還讓夷路 2구 : 양(讓)은 양보하다. 이로(夷路)는 탄탄대로의 길. 선어망(羨魚網)은 어망을 부러워하다. ≪한서·동중서전(漢書·董仲舒傳)≫에 옛 사람의 속담을 인용해 "연못에 임해 물고기를 부러워하는 것은, 차라리 물러나 그물을 짜는 것만 못하다." 라고 하였다. 여기서 선어망(羨魚網)은 은거 생활을 의미.

12) 압운은 爽, 上, 響, 廣, 賞, 想, 往, 養, 蕩, 網.

## 감상

하손이 남부의 동료들에게 써 보낸 작품이다. 하손이 태어났던 시기에는 귀족이어도 출신의 가문에 따라 관직에 나가는 길이 달랐다. 하손이 비록 20세에 고을에서 수재(秀才)로 천거되었으나 하급 귀족인 후문(後門)출신이라는 이유로 나이 서른이 되어야 하급 관리직에 나갈 수 있었다. 그러나 하손이 서른 무렵에는 당시 제나라의 정치 불안으로 다시 은거할 수밖에 없었다. 그 후 양나라가 세워지고 무제(武帝) 천감(天監) 때에서야 봉조청(奉朝請)이 되었다. 이 때 하손의 나이는 이미 30대 후반이었다. 그러나 벼슬을 맡은 이후에도 늘 지방의 막료 생활을 전전하는 삶을 살았다. 게다가 하손의 시는 염정을 주제로 한 궁체시(宮體詩) 중심의 남조 양나라 시단에서 높은 평가를 받지 못했으니 재주가 있어도 펼치지 못한 회재불우(懷才不遇)의 심정이 늘 가득하였다. 이 시는 모두 20구로 내용에 따라 크게 두 단락으로 나눠 볼 수 있다.

1단락(1-10구)은 대자연의 경치를 묘사하고 있다. 1-2구에서 맑은 이슬, 밝은 강빛은 읽는 사람으로 하여금 청신함을 느끼게 한다. 3-4구는 피어오르는 구름과 물에 비친 달을 묘사하고 있다. 날이 밝아오는 데도 겹겹의 산들은 그늘이 질 만큼 웅장하고, 빠른 물살은 물거품과 소리를 만들어낸다(5-6구). 물로 옮겨진 시인의 눈에는 물결 위 뗏목과 물장난 치는 새들의 모습까지 아름다운 자연이 펼쳐진다(7-8구). 오랫동안 지방을 전전하며 낮은 벼슬살이인 막료 생활에 지친 시인, 또 다시 다른 지방으로 전근을 가게 되어 동료들과 헤어지게 되었지만, 눈을 들어보니 자신이 마음으로 좋아했던 경치인 대자연이 있었음을 새삼 깨닫게 된다(9-10구).

2단락(11-20구)은 새삼 맘으로 좋아하던 대자연의 경치가 있었음을 깨닫던 시인은 고향 생각까지 미치게 되고, 부임지로 가야하는 길에 문득 고향으로 돌아가고픈 딴 마음이 생겨난다(11-12구). 이어 시인은 자신과 자신의 삶을 돌아보게 된다. 14구에서 '얽매이지 않고 유유자적함(獨往)'이 좋은 것임을 스스로 알았다라고 한 것은 예부터 알고 있었다는 의미다. 또 얽매이지 않고 노닐어서 마음을 느긋하게 하고 몸을 키우는 것도 좋은 길임을 시인은 알고 있었다(15-16구). 그러나 하손은 벼슬을 시작한 이후 오랜 세월을 부질없이 정처 없는 하급 막료의 삶에 맡겨왔었다(17-18구). 그래서 시인은 아서라, 벼슬의 탄탄대로 길은 높은 귀족 갑족(甲族)에게나 줘버리고, 물러나 그물을 짜는 은거의 삶이나 누려 볼까 한탄해 본다(19-20구).

## 8-4

### 〈贈諸游舊(증제유구)〉[1]　　〈옛 친구들에게 주다〉

| | |
|---|---|
| 弱操不能植,<br>약조불능식 | 연약한 지조인지라 세울 수가 없으며, |
| 薄技竟無依.[2]<br>박기경무의 | 박약한 기술이라 끝내 의지할 수 없네. |
| 淺智終已矣,<br>천지종이의 | 얕은 지혜인지라 이미 끝장이 났으니, |
| 令名安可希?[3]<br>령명안가희 | 아름다운 명성 어찌 바랄 수 있으리? |
| 擾擾從役倦,<br>요요종역권 | 부역에 종사함이 맘 심난하게 피곤할 뿐, |
| 屑屑身事微.[4]<br>설설신사미 | 내 몸에 주어진 일들 자질구레 미천할 뿐. |
| 少壯輕年月,<br>소장경년월 | 나이 젊었을 적엔 세월을 가벼이 여겼지만, |
| 遲暮惜光輝.[5]<br>지모석광휘 | 나이 늙어지자 짧은 시간도 아깝기만 하네. |
| 一塗今未是,<br>일도금미시 | 한 가지 길도 지금 올바른 것이 없나니, |
| 萬緒昨如非.[6]<br>만서작여비 | 온갖 일들은 예전에 틀린 것 같구나. |
| 新知雖已樂,<br>신지수이락 | 새로 안 사람들 비록 이미 즐겁다고 하지만, |
| 舊愛盡睽違.[7]<br>구애진규위 | 옛날의 나의 친구들은 모두 헤어지고 말았네. |

望鄕空引領, 고향 바라보며 공연히 목 길게 내밀어 보고,
망향공인령
極目淚沾衣.[8] 끝까지 보면서 눈물만 옷깃을 적실뿐이라네.
극목루첨의
旅客長憔悴, 나그네는 언제나 늘 초췌한 모습일 뿐이거늘,
려객장초췌
春物自芳菲.[9] 봄을 맞이한 저 사물들은 저절로 향기롭구나.
춘물자방비
岸花臨水發, 강기슭의 꽃들은 물을 굽어보며 피어나 있고,
안화림수발
江燕遶檣飛.[10] 강가의 제비들은 돛대를 빙빙 돌며 날고 있네.
강연요장비
無由下征帆, 방법이 없다니 나그네의 배를 흘려보내어서,
무유하정범
獨與暮潮歸.[11] 홀로 저녁 물결을 따라서 돌아가고 싶거늘.
독여모조귀

역주

1) 贈諸游舊 : 유구(游舊)는 동유구고(同游舊故)로 함께 노닐었던 옛 친구들.
2) 弱操不能植 2구 : 조(操)는 지조. 식(植)은 서다, 세우다. 기(技)는 기술. 여기서는 작자가 문인이므로 글 짓는 솜씨를 말함.
3) 淺智終已矣 2구 : 천지(淺智)는 얕은 지혜. 령명(令名)은 아름다운 명성.
4) 擾擾從役倦 2구 : 요요(擾擾)는 첩어, 의태어로 어지러운, 마음이 심란한 모양. 뒤의 권(倦)을 꾸밈. 역(役)은 역사(役事)로 공적인 일, 공무(公務). 설설(屑屑)은 첩어, 의태어로 하찮은 모양. 뒤의 미(微)를 꾸밈. 신사(身事)는 내 몸에 주어진 직책, 일.
5) 少壯輕年月 2구 : 소장(少壯)은 어리고 씩씩할 때, 젊었을 때. 년월(年月)은 세월. 지모(遲暮)는 앞의 '소장(少壯)'과 대구를 이루어 '나이든 때, 늙어진 때'를 말함. 광휘(光輝)는 짧은 시간.
6) 一塗今未是 2구 : 일도(一塗)는 한 가지 길. 시(是)는 옳다, 올바르다. 만서(萬緖)는 만 개의 실마리로 '일의 가닥, 일'의 의미. 여기서는 '온갖 일들'로 해석함. 여(如)는 ~인 듯하다. 이 2구는 도연명(陶淵明)의 〈귀거래사(歸去來辭)〉에 "지금이 옳고 옛날이 틀렸음을 깨달았네.(覺今是而昨非.)"에서 따 온 것이다.
7) 新知雖已樂 2구 : 신지(新知)는 새로 안 사람들, 새로 사귄 친구들을 말함. 이락(已樂)은 이미 즐겁다. 여기서는 '즐길만하다'는 의미. 구애(舊愛)는 옛 친구들. 규위(睽違)는 헤어지다.
8) 望鄕空引領 2구 : 향(鄕)은 옛 친구들과 함께 지낸 고향을 말함. 인령(引領)은 목

을 길게 빼는 것을 말함. 극목(極目)은 눈의 시야 끝까지 하는 것으로 최대한 본다는 의미.

9) 旅客長憔悴 2구 : 려객(旅客)은 시인 자신이며 떠돌이 벼슬아치를 이르는 말. 방비(芳菲)는 쌍성, 의태어로 향기로운 모양.

10) 檣 : 돛대.

11) 無由下征帆 2구 : 무유(無由)는 말미암을 방법이 없다. 하(下)는 흘려보내다. 정범(征帆)은 가는 배, 여기서는 '나그네 배'를 말함. 모조(暮潮)는 저녁 조수, 저녁 물결. 귀(歸)는 친구들이 있는 고향으로 돌아가는 것을 말함.

12) 압운은 依, 希, 微, 輝, 非, 違, 衣, 菲, 飛, 歸.

**감상**

이 시는 제목에서 볼 수 있듯 떠돌이 벼슬 생활에 지친 시인 하손이 고향이 그리워 고향 친구들에게 보내는 노래이다. 하손은 낮은 귀족 계급인 후문(後門)출신이라는 이유와 남조 제나라의 정치 불안으로 양나라가 세워지고 30대 후반이 되어서야 벼슬길에 나갈 수 있었다. 그러나 벼슬길이 순탄하지 못해 재주가 있음에도 늘 지방의 막료 생활을 전전하는 삶을 살았다. 시인은 자신의 모습을 려객(旅客) 즉 '떠돌이 벼슬살이를 하는 나그네'라는 표현에 담아 고향의 친구들에게 글을 띄운다. 이 시는 모두 20구로 되어 있으며 내용에 따라 크게 2개의 단락으로 나눌 수 있다.

1단락(1-10구)은 고향 친구들에게 자신의 근황을 설명한 것이다. 1-4구는 자신의 부족함을 말한 것이다. 시인은 자신이 심지가 약해 뜻을 펴지도 못하고 문인이나 글 짓는 기술도 박약해 의지할 만 것도 없다고 말한다(1-2구). 또 지혜마저 얕아 명성을 바랄 수 없다고 하고 있다(3-4구). 5-6구는 시인의 상황을 말한 것으로 자신이 맡은 공무(公務)들은 피곤하기만 할 뿐 모두 하찮은 것이라고 말한다. 이제 시인은 삶을 뒤돌아보며 회한을 읊는다. 젊은 적 세월을 가벼이 여겼으나 이제 짧은 시간도 아깝고, 지금도 올바른 게 없는데 뒤돌아보니 예전의 모든 일도 다 잘못된 듯 생각될 뿐이다. 7-10구는 모두 대구를 이루고 있다.

2단락(11-20구)은 고향으로 돌아가고픈 시인의 심정을 말한 것이다. 새로 사귄 친구들이 비록 익숙해져 즐길만하지만, 시인은 여전히 헤어진 옛 친구들이 그립다(11-12구). 그래서 고향을 향해 부질없이 목을 길게 빼어보고서 눈이 닿는 끝까지 바라다본다(13-14구). 더 서글퍼진 시인은 자신의 초췌한 나그네 신세와 달리 향기를 품어내는 봄철 사물이 눈에 들어온다(15-16구). 그 향기로운 봄철 사물이란 강기슭의 꽃과 강가의 제비니, 시인의 눈에 봄이 되면 어김없이 다시 피는 꽃과 돌아오는 제비가 고향으로 돌아가지 못하는 시인의 신세와 상반되게 느껴진다(17-18구). 마지막 19-20구는 하나의 문장으로 이어진 구이다. 나그네 배를 흘려보내서 저녁 물결 따라 고향 친구들에게 돌아갈 방법이 없다는 말로 고향으로 돌아갈 방법이 없는 자신의 신세를 한탄한 의미다.

## 8-5

### 〈送韋司馬別(송위사마별)〉[1] 〈위사마를 전송하여 떠나보내고〉

| | |
|---|---|
| 送別臨曲渚,<br>송별림곡저 | 전송하려 굽은 물가에 임하는 것은, |
| 征人慕前侶.[2]<br>정인모전려 | 길손께서 예전 동료 보고 싶음이지. |
| 離言雖欲繁,<br>리언수욕번 | 이별의 당부들을 비록 많이 하고 싶으나, |
| 離思終無緒.[3]<br>리사종무서 | 이별의 생각은 끝내 갈피를 잡을 수 없네. |
| 憫憫分手畢,<br>민민분수필 | 울컥하고 서글프게 작별을 마치고 나서, |
| 蕭蕭行帆擧.[4]<br>소소행범거 | 쓸쓸하게 떠나가는 돛이 올라가고 있다네. |
| 擧帆越中流,<br>거범월중류 | 돛을 올리고 강물 가운데를 넘어가노라니, |
| 望別上高樓.[5]<br>망별상고루 | 떠나는 사람 보기 위해 고루에 뛰어오르네. |
| 予起南枝怨,<br>여기남지원 | 나는 남쪽 가지의 원망을 일으킬 것이고, |
| 子結北風愁.[6]<br>자결북풍수 | 그대는 북쪽 바람의 수심을 맺을 것이라네. |
| 邐邐山蔽日,<br>리리산폐일 | 첩첩으로 이어진 산들 저 태양을 가리고, |
| 洶洶浪隱舟.[7]<br>흉흉랑은주 | 넘실대는 파도는 당신의 배를 숨기는구나. |
| 隱舟邈已遠,<br>은주막이원 | 배를 감추어서 저 아득히 이미 멀어졌건만, |
| 裴徊落日晩.<br>배회락일만 | 지는 해 늦도록 나는 그 자리를 서성대네. |
| 歸衢並駕奔,<br>귀구병가분 | 돌아오는 큰 길에 수레들 나란히 달리거늘, |
| 別館空筵卷.[8]<br>별관공연권 | 이별하던 곳에 잔치자리는 말아져 있다네. |

想子斂眉去, 생각하건대 그댄 이마 찌푸리고 떠나고,
상자렴미거
知予銜淚返.[9] 아시리니 나는 눈물 글썽이며 돌아옴을.
지여함루반
銜淚心依依,[10] 눈물을 글썽이며 나의 마음에는 미련이 남으나,
함루심의의
薄暮行人稀. 날이 어두워지나니 저 행인마저 드물어지는구나.
박모행인희
曖曖入塘港, 날이 어둑어둑 어두워져서 마을로 돌아오나니,
애애입당항
蓬門已掩扉.[11] 쑥대 대문 초라한 내 집 이미 대문이 닫혀있네.
봉문이엄비
簾中看月影, 발 사이사이로 달의 그림자를 보고 있거니와,
렴중간월영
竹裡見螢飛. 대나무 숲 속 반딧불이 나는 걸 보고 있다네.
죽리견형비
螢飛飛不息, 반딧불이 날고 날아 멈추지를 아니 하거니와,
형비비불식
獨愁空轉側. 홀로 수심에 차서 공연히 전전반측하고 있네.
독수공전측
北窗倒長簟,[12] 북쪽 창에는 길다란 대자리가 뒤집혀져 있고,
북창도장점
南鄰夜聞織. 남쪽 이웃집엔 밤 새 베 짜는 소리 들려오리.
남린야문직
棄置勿復陳,[13] 아서라 두어라 다시는 말하지를 말자구나,
기치물부진
重陳長歎息. 거듭 말하면 할수록 긴 탄식 나올 뿐이니.
중진장탄식

원주

* 매번 전환하는 곳마다, 이어져 내려가니, 갈수록 정이 더 깊어진다.(每於頓挫處, 蟬聯而下,[14] 一往情深.)

역주

1) 韋司馬 : 위(韋)는 성 씨. 사마(司馬)는 벼슬 이름. 여기서는 위애(韋愛)를 가리킴. 제나라 동혼후(東昏侯) 영원(永元) 3년(501년)에 관군장군소위사마(冠軍將軍蕭偉司馬)가 되었다.

2) 送別臨曲渚 2구 : 곡저(曲渚)는 굽은 물가, 나루터를 말함. 정인(征人)은 행인, 나그네. 여기서는 위사마(韋司馬)를 가리킴.
3) 離言雖欲繁 2구 : 리언(離言)은 이별의 당부, 말. 무서(無緒)는 실마리가 없다. 갈피를 잡을 수 없다는 의미.
4) 憫憫分手畢 2구 : 민민(憫憫)은 첩어, 의태어로 가슴이 답답하고 울컥한 모양. 분수(分手)는 손을 나누다, '작별' 을 의미. 소소(蕭蕭)는 첩어, 의태어로 쓸쓸한 모양.
5) 擧帆越中流 2구 : 중류(中流)는 류중(流中)으로 강물 가운데. 별(別)은 여기서 떠나가는 사람, 위사마(韋司馬)를 가리킴.
6) 予起南枝怨 2구 : 〈고시19수(古詩十九首)〉에 "호(胡) 지방 말은 북녘 바람에 기대고, 월(越) 지방 새는 남쪽 가지에 깃드네." 라고 하였다.(≪고시원≫ 번역본 1권 486쪽 참조). ≪한시외전(韓詩外傳)≫에 "대(代) 땅에서 나온 말은 북쪽에 의지하고, 월 지방에서 온 새는 옛 둥지 위에서 서성댄다는 구가 있는데 모두 근본을 잊지 않음을 말하고 있다." 라 하였다. 여기서 '남쪽 가지(南枝)' 는 위사마가 파견된 남쪽 지역을 가리키고, 북풍(北風)은 시인이 당시 수도 건강(建康)에 있어 위사마보다 북쪽에 있음을 말한 것.
7) 邐邐山蔽日 2구 : 리리(邐邐)는 첩어, 의태어로 이어지는 모양. 흉흉(洶洶)는 첩어, 의태어로 물결이 넘쳐흐르는 모양.
8) 歸衢並駕奔 2구 : 구(衢)는 큰 길. 별관(別館)은 친구와 이별 잔치를 했던 장소. 연권(筵卷)은 잔치 자리가 말아져 있다는 것으로 당시 좌식 생활을 했기에 연회 때 좌석으로 쓰던 자리가 연회가 파한 후 말아서 정리되어졌다는 의미.
9) 想子斂眉去 2구 : 렴미(斂眉)는 눈썹을 모으는 것으로 '이마를 찌푸리다' 는 의미. 함루(銜淚)는 눈물을 머금는 것으로 '눈물을 글썽이다' 는 의미.
10) 依依 : 첩어, 의태어로 미련이 남는 모습.
11) 曖曖入塘港 2구 : 애애(曖曖)는 첩어, 의태어로 어두운 모양. 당항(塘港)은 마을마다 연못과 포구가 있다는 의미로 중국 남방의 '마을' 을 말함. 봉문(蓬門)은 쑥대로 만든 대문으로 자신의 집을 낮춰하는 말. '초라한 집' 을 가리킴. 엄비(掩扉)는 문을 닫다.
12) 倒長簟 : 도(倒)는 뒤집혀 있다. 여기서는 깔던 자리를 걷어 걸어둔 것을 말함. 장점(長簟)은 긴 대자리.
13) 棄置勿復陳 2구 : 기치(棄置)는 아서라, 두어라.
14) 蟬聯 : 첩운, 의태어로 이어지는 모양.
15) 압운은 渚, 侶, 緖, 擧에서 流, 樓, 愁, 舟로, 다시 遠, 晩, 卷, 返에서 依, 稀, 扉로, 다시 息, 側, 織, 息으로 환운하고 있다.

**감상**

하손이 사마 벼슬을 하는 위씨와 이별하고 나서 써서 보낸 것으로 보인다. 원주에서 심덕잠이 매번 전환하는 단락마다 이어져 내려간다고 설명한 것은 단락마다 끝말잇기 즉 정진체((頂眞體)로 연결됨을 말하고 있다. 각 단락의 이어지는 말은 다음과 같다.

| 1단락 → 2단락 | 2단락 → 3단락 | 3단락 → 4단락 | 4단락 → 5단락 |
|---|---|---|---|
| 6구(帆舉)<br>→ 7구(擧帆) | 12구(隱舟)<br>→ 13구(隱舟) | 18구(銜淚)<br>→ 19구(銜淚) | 24구(螢飛)<br>→ 25구(螢飛) |

또 단락마다 환운을 하고 있고, 환운하는 첫 구에도 압운을 하는 특징을 보인다. 그래서 이 시는 끝말잇기와 환운의 특징에 따라 5개의 단락으로 나눠 볼 수 있다.

1단락(1-6구)은 위사마와의 헤어짐을 말하고 있다. 옛 사람들의 전송은 한 번이 아니라 여러 번에 걸쳐 이뤄진다. 1-2구에서 위사마가 예전의 동료들을 보고 싶어 해서 굽은 물가 즉 나루터로 나왔다는 것은 이미 이별 연회가 끝나고 다시 전송하러 나루터에 왔다는 의미다. 3-4구에서 이별의 말은 많으나 생각의 갈피를 잡지 못했다는 것은 마치 조선 중기의 시인 임제(林悌)의 〈무어별(無語別)〉의 이별을 생각나게 한다. 〈무어별(無語別)〉에 "열다섯 아리따운 월나라 아가씨, 남 보기 부끄러워 말없이 헤어졌네. 돌아와 겹 문 걸어 잠그고, 배꽃처럼 고운 달 보며 눈물 흘리네.(十五越溪女, 羞人無語別. 歸來掩重門, 泣向梨花月.)"라고 한 것처럼 말이다. 6구는 드디어 출발 시간이 되어 닻을 올려 떠나감을 말한다.

2단락(7-12구)은 떠나가는 위사마의 모습을 이야기하고 있다. 8구에서 떠나는 사람을 더 바라보기 위해 높은 누대로 뛰어 올라간다는 말은 이별에 대한 시인의 진한 아쉬움을 전해준다. 9-10구는 역주 6)의 설명과 같이 위사마가 파견된 남쪽 지역을 향해 만나지 못하는 아쉬움을 '원망'으로 표현하였고, 위사마도 내가 있는 북쪽 지역을 향해 '나를 그리워하시겠지요?'라고 묻는 것이다. 11-12구는 떠나는 배가 점점 멀어지며 해가 저물어 가고, 넘실대는 파도에 배가 보이지 않는 모습을 그린 것이다.

3단락(13-18구)은 떠나간 배가 이미 자취를 감추고, 해는 이미 저물었건만 위사마가 혹시 다시 올까 시인은 끝까지 눈을 떼지 못한다(13-14구). 시인은 결국 허탈한 마음으로 돌아오지만 시인의 마음과 상관없이 큰 길을 다니는 사람들의 여전한 일상생활은 계속되고, 이별 연회를 하던 장소는 언제 그랬냐는 듯 깔끔하게 정리되어 있다(15-16구). 17구에서 위사마가 '이마를 찌푸리고' 떠났다는 것은 이번 여정이 위사마에게 크게 즐거운 길이 아님을 알려주는 대목이다.

4단락(19-24구)은 시인은 그래도 위사마가 다시 올까 미련이 남았지만, 날이 어두워 행인마저 드물어지게 되니 친구가 올 가능성은 더 없어진다(19-20구). 마을로 돌아온 시인은 초라한 자신의 집에 들어서고, 밤하늘의 떠 있는 달과 숲 사이 반딧불을 눈에 담는다(21-24구).

마지막 5단락(25-30구)에서 시인에게 날아다니는 반딧불과 자신의 수심이 겹쳐 잠을 이루지 못한다(25-26구). 27구에 나오는 '긴 대자리'는 아마도 시인과 위사마 두 사람이 같이 교제를 나누던 추억을 알려주는 물건 일 것이다. 이 마음을 아는지 이웃 집 여인도 나처럼 잠을 못 이루고 베를 짜고 있다(28구). 마지막 2구(29-30구)

는 하나의 문장으로 이어진 것이다. 거듭 말하면 할수록 탄식만 나올 뿐이니, 여기서 그만 두고 말하지 말자는 의미다.

## 8-6

### 〈別沈助教(별심조교)〉[1] 〈심조교와 이별하며〉

| | |
|---|---|
| 可憐玉匣劍,<br>가련옥갑검 | 아름다워라 옥 상자에 든 한 쌍의 칼처럼, |
| 復此飛鳧舄.[2]<br>부차비부석 | 또 여기의 한 쌍의 고운 신발과 같았었지. |
| 未覺愛生憎,<br>미각애생증 | 사랑이 미움을 낳은 것 느껴본 적 없거늘, |
| 忽見雙成隻.<br>홀견쌍성척 | 문득 보니 한 쌍이 외톨이 되고 말았다네. |
| 一朝別笑語,<br>일조별소어 | 하루아침에 담소하는 사이가 작별하게 되니, |
| 萬事成疇昔.[3]<br>만사성주석 | 모든 것들이 저 옛날의 일이 되고 말겠구나. |
| 道遒若波瀾,<br>도주약파란 | 우리의 길은 난데없는 파도처럼 다급하나니, |
| 人生異金石.[4]<br>인생이금석 | 사람 사는 인생은 저 쇠와 돌과는 다르거늘. |
| 願君深自愛,<br>원군심자애 | 원컨대 그대여 깊고 깊이 스스로 사랑하시어, |
| 共念悲無益.<br>공념비무익 | 지나친 슬픔은 도움이 없음을 함께 생각하세. |

역주

1) 沈助教 : 심준(沈竣)을 말함. 자는 사숭(士嵩)이고 오흥(吳興) 무강(武康)사람이다. ≪양서(梁書)≫에 "처음 국왕중위(國王中尉)가 되고, 시랑(侍郎)으로 옮겼으며, 국자조교(國子助教)를 겸하였다."라고 하였다. 후에 상서사부랑(尚書祠部郎)에 이르렀다.

2) 可憐玉匣劍 2구 : 련(憐)은 여기서 '아름답다'는 의미. 옥갑검(玉匣劍)은 ≪월절서(越絶書)≫에 나온 오(吳)나라의 간장(干將)과 막야(莫邪)부부가 만든 남자검과 여자검 한 쌍의 보검(寶劍)을 말함. 후에 두 개의 검이 모두 용으로 변하여 승천

했다고 전해짐. 비부석(飛鳧舃)은 ≪한서·왕교전(漢書·王喬傳)≫에 "왕교가 섭 지방의 태수가 되어, 매달 그믐에 조회에 참여하였다. 태사가 내다보고서 말하길 한 쌍의 오리가 남쪽으로부터 날아옴이 이르렀을 때 새 그물망을 들어 펼쳐서 잡았더니, 한 쌍의 신발을 얻었다."라고 하였다. 이는 중국 후한(後漢) 때에 왕교(王喬)란 사람이 섭(葉) 지방을 다스릴 때 매달 조정 조회에 오면서 수레를 타고 오지 않음을 수상히 여겨 살펴보았더니 신묘한 술수를 부려 두 마리의 오리로 신을 삼아 타고 날아왔다는 고사를 말함. 여기서 옥갑검(玉匣劍)과 비부석(飛鳧舃)은 모두 하손과 심조교를 비유한 것.

3) 疇昔 : 옛 일.

4) 道遒若波瀾 2구 : 주(遒)는 다그치다, 다급하다. 파란(波瀾)은 '난데없이 일어나는 파도'의 의미. 여기서는 갑작스런 타지방으로의 발령을 비유한 것.

5) 압운은 舃, 隻, 昔, 石, 益으로 입성(入聲) 압운.

**감상**

하손이 심조교와 이별하며 지은 노래이다. 여기서 조교는 하급 관리직에 속하는 것으로 심조교는 하손과 각별한 교유가 있었음을 짐작할 수 있다. 하손은 낮은 귀족 계급인 후문(後門)출신이라는 이유와 당시 남조 제나라의 정치 불안으로 양나라가 세워진 후에야 벼슬길에 나갈 수 있었다. 하손의 나이는 이미 30대 후반이었다. 그러나 그 벼슬길마저도 순탄하지 못해 하손은 늘 지방의 막료 생활을 전전하는 삶을 살았기에 자주 자신을 '떠돌이 벼슬살이를 하는 나그네'라 표현하였다. 이 시에서는 말단 관직으로서 난데없는 발령으로 인해 어쩔 수없이 떠돌아야하는 험난한 벼슬살이에 대한 공분(公憤)이 드러나고 있다. 하손과 심조교 두 사람 사이에서 더 각별했을 이 울분을 시인은 모두 입성 압운을 써서 그 격앙된 감정을 호소하고 있다.

1구의 옥갑검은 ≪월절서≫에 나온 오나라의 간장과 막야 부부가 만든 한 쌍의 보검을 말하고, 2구의 비부석은 ≪한서·왕교전≫에 나온 왕교가 신을 삼아 타고 날던 한 쌍의 오리를 말한 것이다. 여기서는 모두 하손과 심조교의 각별한 사이를 비유한 것이다. 3구는 사랑과 미움이 한 쌍이나 두 사람은 사랑이 미움을 낳은 적이 없는 즉 얼굴 한 번 붉혀 본 적이 없이 가까운 사람이었다는 의미다. 이처럼 한 쌍의 보검 같고, 한 쌍의 오리 같은 두 삶이 갑자기 외톨이가 되었다(4구). 5구에서 '하루아침에(一朝)'라는 표현은 두 사람의 이별이 별안간 일어났음을 말하는 것이다. 7구에서 말하는 '길(道)'은 말단 벼슬을 하는 두 사람의 길을 말하는 것이다. 말단 관직이라 원하는 대로가 아닌 난데없는 발령이 내려진 것을 '난데없는 파도(波瀾)'에 비유하였다. 그래서 '사람의 사는 것이 쇠나 돌처럼 단단한 것이 아니거늘'이라며 한탄한다(8구). 마지막 9-10구는 이제 별안간의 발령을 받아 떠나는 친구에게 지나친 슬픔이 도움이 되지 않음을 상기시켜 위로하는 말을 전하는 것이다.

## 8-7

### 〈與蘇九德別(여소구덕별)〉[1]　　〈소구덕과 작별하며〉

| | |
|---|---|
| 宿昔夢顏色,<br>숙석몽안색 | 예전 꿈속에서 당신 얼굴을 뵈었는데, |
| 咫尺思言宴.[2]<br>지척사언연 | 지척에서 아 담소를 나누고 있었다네. |
| 何況杳來期,[3]<br>하황묘래기 | 하물며 언제 오실지는 아득히 아득하고, |
| 各在天一面.<br>각재천일면 | 각기 하늘의 한 구석에서 처하게 됨에랴. |
| 踟躕暫擧酒,<br>지주잠거주 | 머뭇거리며 잠시 저 술잔을 들어 보나니, |
| 倏忽不相見.[4]<br>숙홀불상견 | 순식간이면 더 볼 수 없게 될 것이기에. |
| 春草似青袍,[5]<br>춘초사청포 | 봄풀은 푸른 두루마기와 같다고 하지요, |
| 秋月如團扇.[6]<br>추월여단선 | 가을 달은 둥근 부채와 같다고들 하지요. |
| 三五出重雲,<br>삼오출중운 | 보름달이 겹겹의 구름가운데서 나오거든, |
| 當知我憶君.<br>당지아억군 | 당신은 응당 내가 당신 그리워함 아세요. |
| 萋萋若被徑,<br>처처약피경 | 덥수룩하게 만약에 저 오솔길을 덮는다면, |
| 懷抱不相聞.[7]*<br>회포불상문 | 회포를 서로가 듣지 못한 것임을 아세요. |

**원주**

* 끝 네 구는 추월과 춘초 두 구를 나누어 이어받고 있으니, 손 가는대로 법도를 이루면, 안 될 것이 없다.(末四句分頂秋月春草, 隨手成法, 無所不可.)

**역주**

1) 蘇九德 : 구덕(九德)은 소(蘇) 씨가 현령을 지낸 지방 고을 이름이거나 소 씨의 고향 지역을 뜻하는 말. 그러므로 제목은 ①구덕 현령을 지낸 소 씨와 작별하며

②구덕이 고향인 소 씨와 작별하며. 여기서는 ①의 뜻으로 봄.

2) 宿昔夢顔色 2구 : 숙석(宿昔)은 예전, 저번 때. 사(思)는 어조사. 언연(言宴)은 ≪시경·위풍·맹(衛風·氓)≫에 "담소하면서 화락하네.(言笑宴宴.)"에서 유래하여, 담소를 나누다는 뜻.

3) 何況杳來期 : 하황(何況)은 하물며 ~임에랴. 묘래기(杳來期)는 언제 올 것인지가 아득하듯 불분명하다는 의미.

4) 踟躕暫擧酒 2구 : 지주(踟躕)는 쌍성, 의태어로 머뭇거리는 모양. 숙홀(倏忽)은 잠깐사이에, 창졸지간에.

5) 春草似青袍 : 〈고시〉 〈목목청풍지(穆穆淸風至)〉에 "푸른 두루마기가 봄풀과 같아라.(青袍似春草)"라고 하였다.

6) 秋月如團扇 : 고악부(古樂府) 〈원가행(怨歌行)〉에 "마름질해 합환선 만드니, 둥글둥글 보름달 같구나."라고 하였다.(≪고시원≫ 번역본 1권 299쪽 참조).

7) 三五 : 음력 15일로 보름달이 뜨는 날.

8) 萋萋若被徑 2구 : 처처(萋萋)는 첩어, 의태어로 풀 등이 무성한 모양. 피(被)은 덮다. 회포(懷抱)는 ①가슴에 품다 ②그리움. 여기서는 ②의 뜻.

9) 압운은 宴, 面, 見, 扇, 君, 聞.

**감상**

이 시는 하손이 구덕 현령을 지낸 소씨와 작별하면서 준 노래로 보인다. 시의 내용으로 보아 일종의 권주가(勸酒歌)에 해당된다. 이 시는 크게 두 단락으로 나눠 볼 수 있다.

전 단락(1-6구)은 소구덕과 작별을 이야기하고 있다. 지금 비록 이별의 자리이지만 하손은 소구덕에게 당신은 꿈에서도 그리워했던 사람이었는데 이제 지척에서 보니 기쁘다고 말한다(1-2구). 그리던 사람을 이제 만났는데 이제 헤어지게 될 일을 슬퍼하는 내용이 다음 3-6구에 이어진다. 언제 다시 오실지 기약은 아득하고 서로 멀리 하늘 한 구석에 떨어지게 되니, 이 이별의 순간이 지나면 다시 보기 어려울 터 아쉬운 마음에 술을 권한다.

후 단락(7-12구)은 헤어지는 아쉬움을 토로하는 것이다. 7-8구에서는 이별에 관한 노래 〈목목청풍지〉와 〈원가행〉를 원용하고 있다. 9-12구까지는 7-8구에서 말한 이별시를 다시 풀이한 내용이다. 9-10구는 8구와 연결되는 것으로 보름달을 보거든 내가 당신을 그리워하는 것임을 마땅히 알아야한다고 말한다. 마지막 11-12구는 7구와 연결되는 것으로 봄에 풀이 덥수룩하게 오솔길을 덮은 듯이 깔리게 되면, 내 회포를 당신에게 들려주지 못해 풀이 덮인 것임을 응당 알아야한다고 말한다. 12구 앞에는 10구에 나온 '마땅히 아세요(當知)'가 생략된 것이다.

## 8-8

〈宿南洲浦(숙남주포)〉[1]　〈남주포에서 숙박하며〉

| | |
|---|---|
| 幽棲多暇豫,[2]<br>유서다가예 | 은거 때 한가롭고 즐거움 많았건만, |
| 從役知辛苦.<br>종역지신고 | 부역을 따르나니 괴로움을 알겠구나. |
| 解纜及朝風,<br>해람급조풍 | 닻줄을 푸나니 아침 바람에 미치고, |
| 落帆依瞑浦.[3]<br>락범의명포 | 돛을 내려서 어두운 포구에 기대네. |
| 違鄉已信次,<br>위향이신차 | 고향을 떠난 지가 이미 사나흘이라, |
| 江月初三五.[4]<br>강월초삼오 | 강에 비친 저 달은 첫 보름달이라네. |
| 沈沈夜看流,<br>침침야간류 | 나직이 흐르는 물을 밤 새 보거니와, |
| 淵淵朝聽鼓.[5]<br>연연조청고 | 둥둥 아침에는 북 소리를 듣는다네. |
| 霜洲渡旅鴈,<br>상주도려안 | 서리 내린 물 섬 나그네 기러기 가고, |
| 朔飇吹宿莽.[6]<br>삭표취숙모 | 북녘 회오리바람 묵은 풀에 불어오네. |
| 夜淚坐淫淫,<br>야루좌음음 | 밤 눈물 때문에 줄줄 흘리고 있나니, |
| 是夕偏懷土.[7]<br>시석편회토 | 이 밤에 유달리 내 고향이 그립다네. |

**역주**

1) 南洲浦 : 장강(長江)에 있는 모래톱 이름으로 지금의 호북성(湖北省) 포기현(蒲圻縣) 서북쪽에 위치.

2) 幽棲多暇豫 : 유서(幽棲)는 은거하며 지낼 때. 가(暇)는 한가롭다. 예(豫)는 즐겁다.

3) 解纜及朝風 2구 : 해람(解纜)은 닻을 풀다. 락범(落帆)은 돛을 내리다. 명(瞑)은 암(暗)으로 어둡다.

4) 違鄉已信次 2구 : 위(違)는 여기서 '떠나다'의 의미. 신차(信次)는 여기서 '사나

흘'의 의미. 1박을 사(舍), 2박을 신(信), 3박을 차(次)라 함. 삼오(三五)는 음력 15일로 보름달이 뜨는 날.

5) 沈沈夜看流 2구 : 침침(沈沈)은 첩어, 의태어로 무겁고 묵직하게 흐르는 모양. 야간(夜看)은 '밤새워 보다'는 의미. 연연(淵淵)은 첩어, 의성어로 북소리.

6) 霜洲渡旅鴈 2구 : 상주(霜洲)는 서리가 내린 물 섬. 삭(朔)은 북방, 북녘. 표(飇)는 회오리 바람. 숙모(宿莽)은 또는 '숙망'이라고도 읽으며 ≪이아·석초(爾雅·釋草)≫ 형병(邢昺)의 소(疏)에 "권시초(卷施草)는 숙모(宿莽)라고도 하는데, 그 속을 빼도 죽지 않는다."라고 하였고, ≪초사·이소(離騷)≫에 "아침엔 산언덕의 목란(木蘭)을 캐고, 저녁에 물 섬의 숙모(宿莽)를 캐노라."라고 하였다. 숙모은 '숙근초(宿根草)'라고 하며 겨울에도 죽지 않는 향초로 '은둔과 절개, 강인함'의 의미로 쓰여 왔다. 여기서는 시인 자신을 상징하며 '묵은 풀'로 해석함.

7) 夜涙坐淫淫 2구 : 음음(淫淫)은 첩어, 의태어로 눈물이 흐르는 모양. 토(土)는 여기서 '고향'을 의미.

8) 압운은 苦, 浦, 五, 鼓, 莽, 土.

**감상**

하손이 남주포에서 숙박하며 지은 것으로, 내용상 배 위에서 유숙한 것으로 보인다.

시는 모두 12구로 되어 있다. 1-2구에서 시인은 자신이 지금 부역으로 인한 여정 중임을 알려준다. 3-4구는 아침이 되자마자 닻줄을 풀고 출항하고, 저녁이 되어서야 돛을 내리고 포구에 정박하게 되었다는 의미다. 부역 때문에 고향을 떠난 시인, 저녁이 되어서야 멈춘 배 위에서 잠을 못 이루는데 강 위에는 밝은 보름달이 떴다. 보름달은 그리운 이들과의 만남을 상징하건만 가족과 헤어져 맞는 첫 보름달에 시인은 마음이 먹먹하다(5-6구). 무겁게 흐르는 물을 밤새워 지켜보고, 아침이면 둥둥 울리는 북소리에 잠을 깰 것이다(7-8구). 맘이 고단한 시인의 눈에 유달리 들어오는 경치는 서리 내린 물 섬에 돌아가는 나그네 기러기와 겨울에도 시들지 않는다는 묵은 숙모(宿莽)풀에 불어오는 북방의 회오리바람이다(9-10구). 저 기러기처럼 돌아갈 수 없고, 회오리바람에도 견뎌야하는 묵은 풀 같은 시인은 이 밤 눈물은 멈추지 않고 더 고향이 그립다(11-12구).

## 8-9

## 〈和蕭諮議岑離閨怨(화소자의잠리규원)〉[1)]

〈자의 소잠리의 '규원'에 화답하다〉

曉河沒高棟, 새벽 은하수는 높은 누각에서 져 가고,
효하몰고동

| | |
|---|---|
| 斜月半空庭.[2]<br>사월반공정 | 비스듬한 달은 빈 뜰에서 반쯤 밝구나. |
| 窗中度落葉,[3]<br>창중도락엽 | 창에는 떨어지는 낙엽이 지나가고 있고, |
| 簾外隔飛螢.<br>렴외격비형 | 발 너머에는 저 반딧불이가 날고 있다네. |
| 含悲下翠帳,<br>함비하취장 | 슬픔을 머금고 비취 휘장을 내리고서는, |
| 掩泣閉金屏.[4]<br>엄읍폐금병 | 울음 가리며 황금 병풍을 닫고 있다네. |
| 昔期今未返,<br>석기금미반 | 옛 기약 지금도 아직 돌아오지 않는가, |
| 春草寒復青.<br>춘초한부청 | 봄풀 시들었다가 또 다시 푸르러지거늘. |
| 思君無轉易,<br>사군무전역 | 그대 그리는 맘 구르거나 바뀔 리 없나니, |
| 何異北辰星.[5]<br>하이북진성 | 어찌하여 저 북극성과 다를 수 있으리까? |

**역주**

1) 和蕭諮議岑離閨怨 : 화(和)는 화답하다. 자의(諮議)는 벼슬 이름. 소잠리(蕭岑離)는 훗날 양나라 무제가 되는 소연(蕭衍)을 말함. 남조 제나라에서 자의(諮議) 벼슬을 함. 규원(閨怨)은 규원시(閨怨詩).
2) 曉河沒高棟 2구 : 하(河)는 은하수. 고동(高棟)은 높은 누각, 건물. 사월(斜月)은 서쪽에 기우는 달로 새벽달을 말함. 반(半)은 여기서 반명(半明)은 반쯤 빛을 잃은 것으로 '반쯤만 밝다'는 의미.
3) 度 : 도(渡)로 지나가다.
4) 含悲下翠帳 2구 : 함비(含悲)는 슬픔을 머금다. 장(帳)은 휘장. 엄읍(掩泣)은 울음을 가리다. 병(屏)은 병풍.
5) 思君無轉易 2구 : 전역(轉易)은 구르거나 바뀌는 것으로 여기서는 마음이 변하는 것을 비유한 말. 북진성(北辰星)은 북극성(北極星). 여기서는 머무는 것이 일정한 북극성의 특징을 자신의 절개에 비유한 것.
6) 압운은 庭, 螢, 屏, 青, 星.

**감상**

이 시는 하손이 당시 제나라에서 자의 벼슬을 하고 있던 소잠리가 쓴 규원시에 화답한 것이다. 소잠리는 훗날 양나라를 세운 무제이다. 모두 10구로 되어 있다.

1-2구는 시간이 새벽임을 묘사한 것이다. 새벽 은하수는 높은 누각에서 져 가고, 새벽달은 빈 뜰에서 이미 반쯤 빛을 잃은 새벽 시간임을 말하고 있다. 3-4구에서 말하는 창에 낙엽이 지나가고, 발 너머에 반딧불이가 나는 것은 경물 묘사가 1차적인 것이지만 임이 왕래해야 할 창문과 발 너머에 낙엽과 반딧불이만 있다는 속뜻을 담고 있다. 여인은 임이 올까 걷어 두었던 휘장을 내리고 정성스레 쳐 두었던 병풍도 거둬들일 수밖에 없다(5-6구). 여인이 그리는 임의 부재에 대한 이유가 7-8구에 이어진다. 봄풀이 시들었다가 다시 푸르러지듯 해를 넘겨 시간이 흘렀지만 돌아오겠다는 옛 기약의 임은 아직도 돌아오지 않은 것이다. 마지막 9-10구에서 여인은 자신의 마음을 별자리의 길잡이인 북극성에 비유하며 변함이 없음을 강조한다.

## 8-10
## 〈臨行與故遊夜別(림행여고유야별)〉

〈떠남에 임하며, 옛 친구들과 밤에 이별하다〉

| | |
|---|---|
| 曆稔共追隨, 력임공추수 | 여러 해를 거치면서 함께 따랐건만, |
| 一旦辭群匹.[1] 일단사군필 | 하루아침에 여러 짝들과 이별하네. |
| 復如東注水,[2] 부여동주수 | 다시 동쪽으로 흐르는 물과 같이, |
| 未有西歸日. 미유서귀일 | 서쪽방향으로 돌아올 날이 없다네. |
| 夜雨滴空階, 야우적공계 | 밤비만이 텅 빈 섬돌에 떨어지고, |
| 曉燈暗離室.[3] 효등암리실 | 새벽 등불 이별한 방에 흐려지네. |
| 相悲各罷酒, 상비각파주 | 서로 슬퍼서 각자 술을 멈추나니, |
| 何時同促膝.[4] 하시동촉슬 | 언제 다시 무릎을 맞댈 수 있을까. |

역주

1) 曆稔共追隨 2구 : 력(曆)은 거치다. 임(稔)은 곡식이 익은 것으로 여기서는 1년에 한 번 곡식이 익는 '연(年)'을 뜻하는 말. 추수(追隨)는 따르다. 일단(一旦)은 하루아침. 사(辭)는 이별하다. 군필(群匹)은 여러 짝들. 여기서는 제목의 '옛 친

구(故遊)들' 을 가리킴.

2) 復如東注水 : 주(注)는 사(瀉)로 흐르다. 동주수(東注水)는 '동쪽으로 흐르는 물' 이란 뜻으로 중국의 지형이 서고동저(西高東低)인 관계로 대체로 강들이 동쪽으로 흘러 황해로 유입되는 것을 말함.
3) 夜雨滴空階 2구 : 공계(空階)는 인적이 없어 비어있는 섬돌. 효등(曉燈)은 새벽 등불. 암(暗)은 여기서 새벽이 되어 등불이 어두워지는 것을 말함. 리실(離室)은 이별하고 있는 방.
4) 相悲各罷酒 2구 : 파주(罷酒)는 술을 멈추다. 촉슬(促膝)은 무릎을 맞대다. '만남' 을 의미.
5) 匹, 日, 室, 膝로 입성(入聲) 압운.

**감상**

이 시는 하손이 당시 함께 벼슬살이를 하던 친구들과 이별하는 자리에서 읊은 것으로 보인다. 하손은 낮은 귀족 계급인 후문(後門)출신이라는 이유와 당시 남조 제나라의 정치가 불안했던 탓으로 양나라가 세워진 후에야 늦은 나이로 겨우 벼슬길에 나갈 수 있었다. 그러나 그 벼슬길마저도 순탄하지 못해 늘 지방의 막료 생활을 전전하는 삶을 살아야했다. 당시 말단 관직들은 갑작스런 발령으로 인해 어쩔 수없이 여러 지방을 떠돌며 기약 없는 생활을 해야 했는데, 이 시는 이런 '나그네 같은 벼슬살이' 를 하는 친구들과 헤어지며 쏟는 하소연이다. 시인은 이런 격앙된 감정을 모두 입성(入聲) 압운을 써서 나타내고 있다.

이 시는 모두 8구로 되어 있다. 1-2구는 여러 해 동안 함께 했던 동료들과 갑작스럽게 이별하게 된 것임을 말한 것이다. 3-4구는 모두 하급 관리의 벼슬길이라 다시 만날 기약이 없음을 동쪽으로 흐른 물이 다시 서쪽으로 돌아오지 못하는 사실에 비유하고 있다. 5-6구는 밤에 이별을 슬퍼하며 만난 친구들이 새벽이 되어도 아쉬움에 헤어지지 못하는 상황을 말한 것이다. 언제 다시 이렇게 무릎을 맞대고 만나 마음을 나눌 수 있을까? 서글픔에 술을 멈춘다(7-8구).

## 8-11

## 〈與胡興安夜別(여호흥안야별)〉[1]　〈호흥안과 밤에 작별하며〉

居人行轉軾, 　보내는 이 가려다 수레 되돌리기에,
거인행전식
客子暫維舟.[2] 　떠나는 나그네도 잠시 배 묶었다네.
객자잠유주
念此一筵笑, 　생각하니 여기 한 자리에서 웃거늘,
념차일연소

分爲兩地愁.[3] 나뉘어져서 두 곳의 수심이 되리라.
분위량지수
露濕寒塘草, 이슬은 차가운 연못의 풀을 적시우고,
로습한당초
月映淸淮流. 달은 맑은 회수의 물결 비추게 되리.
월영청회류
方抱新離恨, 바야흐로 새로운 이별의 한을 품고서,
방포신리한
獨守故園秋. 홀로 고향 동산의 가을을 지키게 되리.
독수고원추

**역주**

1) 與胡興安夜別 : 흥안(興安)은 남조시대 현(縣)의 이름으로 지금의 사천성(四川省) 성도(成都) 부근에 위치함. 호흥안(胡興安)은 흥안 현령을 지낸 호 씨로 보임.
2) 居人行轉軾 2구 : 거인(居人)은 거하는 사람으로 여기서는 전송을 하는 사람, 호흥안을 가리킴. 전식(轉軾)은 수레를 되돌리는 것으로, 전송 후 돌아가려다 멈춤을 의미. 객자(客子)는 나그네. 여기서는 떠나는 사람인 시인 자신을 가리킴. 객자(客子)가 '안자(安子)'로 되어있는 판본도 있으나 오자(誤字). 유주(維舟)는 배를 묶다. 출발을 잠시 늦춘다는 의미.
3) 念此一筵笑 2구 : 념(念)은 생각하다. 일연(一筵)은 한 자리. 량지(兩地)는 두 곳.
4) 압운은 舟, 愁, 流, 秋.

**감상**

이 시는 다른 사람을 전별하는 송별시(送別詩)가 아니고, 시인 자신이 떠나는 사람인 유별시(留別詩)이다. 그래서 1구의 보내는 이는 곧 전송 나온 호흥안을 가리키고, 2구의 나그네는 떠나는 사람인 자신을 가리킨다. 또 1-2구는 두 사람이 헤어지기 아쉬워하는 모습을 잘 보여주는 부분으로 전송인은 전송을 마치고 떠나려다 다시 수레를 돌이키고, 떠나던 사람도 배를 출발하려다 다시 멈추고 배를 묶었다고 표현하였다. 3-4구는 왕지환(王之渙)의 〈등관작루(登鸛雀樓)〉의 "천 리를 다 바라보고자, 다시 한 층 누각을 오르네.(欲窮千里目, 更上一層樓.)"에 버금가는 유수대(流水對)를 보여준다. 오늘 여기 한 자리에서 웃고 있으나, 이제 헤어져 각 각의 장소에서 서로를 그리워할 마음을 "두 곳의 수심"이라고 표현하였다. 5-6구는 시인이 오늘의 헤어짐 이후 고향에서 볼 경치를 말한 것이다. 이슬은 차가운 연못의 풀을 적시고, 달은 맑은 회수의 물결을 비출 것이나 "호흥안 그대가 없으니 나는 어떡할까"라는 뒷말이 생략되었다. 마지막 7-8구에서 시인은 그리운 사람이 없기에 이별의 한을 안고 홀로 고향 동산을 지키며 쓸쓸해 할 것이라고 말하고 있다.

## 8-12
## 〈慈姥磯(자모기)〉[1]　　　〈자모기에서〉

| | |
|---|---|
| 暮煙起遙岸,<br>모연기요안 | 저녁 안개가 먼 강기슭에서 피어오르고, |
| 斜日照安流.[2]<br>사일조안류 | 지는 해는 잔잔히 흐르는 물을 비추네. |
| 一同心賞夕,<br>일동심상석 | 하나로 맘속 즐기는 저녁경치 함께하며, |
| 暫解去鄕憂.[3]<br>잠해거향우 | 잠시 고향 떠난 근심을 풀어 놓는다네. |
| 野岸平沙合,<br>야안평사합 | 강기슭엔 평평한 모래사장이 합쳐지고, |
| 連山遠霧浮.<br>련산원무부 | 연이은 산에는 멀리 먼 안개 떠 있다네. |
| 客悲不自已,<br>객비불자이 | 나그네 슬픔을 스스로 멈출 수 없거늘, |
| 江上望歸舟.[4]*<br>강상망귀주 | 강 위의 돌아가는 배를 바라다만 보네. |

**원주**

* 자신은 돌아갈 수 없는데, 다른 사람들 배가 돌아가는 것을 보니, 마음이 어둡다.(已不能歸, 而望他舟之歸, 情事黯然.)

**역주**

1) 慈姥磯 : 자모산(慈姆山)이라고도 하며 지금의 남경시(南京詩) 강녕현(江寧縣) 서남쪽과 안휘성(安徽省) 당도현(當塗縣) 장강(長江) 기슭에 위치.
2) 安流 : 잔잔히 흐르는 물.
3) 一同心賞夕 2구 : 심상(心賞)은 마음으로 감상하다, 마음으로 좋아하다. 석(夕)은 여기서 저녁 경치를 말함. 거향(去鄕)은 고향을 떠나다.
4) 客悲不自已 2구 : 객비(客悲)는 나그네의 슬픔. 이(已)는 그만두다, 멈추다. 귀주(歸舟)는 여기서 고향으로 돌아가는 배를 의미.
5) 압운은 流, 憂, 浮, 舟.

**감상**

이 시는 하손(何遜)이 고향을 그리는 노래이다. 시인은 지금 강기슭에 서서 풍경을 바라보고 있다. 1-2구는 시인이 멀리 바라보는 경치이다. 저녁 안개가 멀리 강기슭에서 피어오르는 모습, 지는 해가 잔잔한 강 물결을 비추는 모습은 누가 봐도 평온함을 가져다준다. 또 시인이 마음으로 좋아하는 해질녘 경치를 친구들과 함께 하며, 잠시나마 고향을 떠나 각박한 막료 생활로 인한 근심을 풀어놓는다(3-4구). 강기슭과 이어지는 평평한 모래사장, 산들에 떠 있는 먼 안개(5-6구). 여전히 풍경에 취해 있던 시인의 눈에 갑자기 강 위에 고향으로 돌아가는 배 한 척이 보인다. 그 순간 평온하려 했던 시인의 마음은 다시금 고향이 떠오르고 서글픔이 밀려 왔을 것이다(7-8구). 이 마지막 두 구를 표현한 시인의 안타까운 마음을 심덕잠도 원주에서 지적하고 있다.

## 8-13
### 〈相送(상송)〉 〈전송하며〉

客心已百念,[1]　나그네 마음은 이미 백 가지 상념이거늘,
객심이백념
孤遊重千里.[2]　외로운 여정은 거듭 다시 천 리 길일세.
고유중천리
江暗雨欲來,　강은 어두워져서 비가 이제 오려하거늘,
강암우욕래
浪白風初起.　물결 하얗게 일며 바람이 막 일어나구나.
랑백풍초기

**역주**

1) 百念 : 백 가지 상념, 온갖 상념을 의미.
2) 重千里 : 거듭 천 리의 길을 가다.
3) 압운은 里, 起.

**감상**

하손은 낮은 귀족 신분이기에 서른이 되어야만 출사할 수 있었다. 그래서 30대 후반이 되어서야 벼슬길에 나갈 수 있었다. 그마저도 지방의 하급 관직인 막료 생활을 하며 떠돌아야 했다. 그런 자신의 상황을 하손은 자주 '나그네(客)' 라고 불렀다. 1구의 백가지 상념(百念)은 온갖 상념을 말한다. 이미 떠돌이 관리 생활로 온갖 상념이 가득 찼는데, 다시 급작스런 발령으로 천 리 길 외로운 여정을 떠난다(2구). 1구에서 '백(百)' 의 표현이 2구에서 '천(千)' 으로 바뀌고, 이제 '만 가지 생각(萬念)' 이 3-4구에서 비와 바람으로 비유된다. 3-4구에서 말하는 '비와 바람' 은 막연한 불안감을 주며 나그네의 불확실한 삶을 비유하고 있다. 경치에 빗대어 시인의 감정을 담은 표현이다.

## 9. 王籍[1)]

### 〈入若耶溪(입약야계)〉[2)] 〈약야계로 들어가며〉

| | |
|---|---|
| 艅艎何泛泛,<br>여황하범범 | 큰 배가 어찌 그리도 잘 떠나가는지, |
| 空水共悠悠.[3)]<br>공수공유유 | 하늘과 물이 함께 아득아득하는구나. |
| 陰霞生遠岫,<br>음하생원수 | 어두운 노을은 먼 봉우리에 피어나고, |
| 陽景逐迴流.[4)]<br>양경축회류 | 밝은 햇빛은 빙글거리는 물결 따르네. |
| 蟬噪林逾靜,[5)]<br>선조림유정 | 매미가 울어대자 숲 더욱 조용해지고, |
| 鳥鳴山更幽.<br>조명산경유 | 새가 우니 산은 더욱 그윽하게 되네. |
| 此地動歸念,<br>차지동귀념 | 이런 곳이거늘 돌아갈 생각 일어나니, |
| 長年悲倦遊.[6)*]<br>장년비권유 | 오랜 세월 지친 유랑이 서글프기 때문. |

**원주**

* 빼어난 시어들이 당시에 널리 전하여 낭송되었으니, 글을 넘어선 발군의 작품이라 여겼다.(雋語當時傳誦, 以爲文外獨絶.)

**역주**

1) 王籍(왕적, ?-547?) : 남조 양나라 낭야(琅邪) 임기(臨沂), 지금의 산동성(山東省) 사람으로 자는 문해(文海)이다. 서예에 능해 초서(草書)를 잘 썼고, 문장과 시에 뛰어났다. 벼슬은 제나라 말 관군행참군(冠軍行參軍), 외병기실(外兵記室)을 맡았다. 양나라 때 여요령(餘姚令), 전당령(錢塘令), 안성왕(安成王)의 주부(主簿), 상동왕(湘東王) 소역(蕭繹)의 자의참군(諮議參軍), 중산대부(中散大夫), 안서부(安西府)의 자의참군(諮議參軍), 당현령(唐縣令) 등을 역임했다. 정무를 보는 것 보다 유람을 좋아해 유운문(有雲門), 천주산(天柱山), 약야계 등을 다니며 시를 지었다고 한다. 원래 문집 10권이 있으나 전하지 않는다.
2) 若耶溪 : 옛 시내 이름으로 회계(會稽), 지금의 절강성(浙江省) 소흥(紹興) 동쪽 20 리에 위치하며 지금의 이름은 평수강(平水江).

3) 艅艎何泛泛 2구 : 여황(艅艎)은 여황(餘皇)이라고도 함. 원래 오왕(吳王)이 탔던 전함이었으나 후에 '큰 배'를 지칭하게 됨. 범범(泛泛)은 첩어, 의태어로 물에 뜨는 모양. 유유(悠悠)는 첩어, 의태어로 먼 모양.
4) 陰霞生遠岫 2구 : 수(岫)은 산굴, 산봉우리. 회류(迴流)는 빙글 빙글 돌며 흐르는 물결.
5) 蟬噪林逾靜 : 조(噪)는 여기서 매미가 '울다'는 뜻. 유(逾)는 유(愈)와 같아 더욱.
6) 此地動歸念 2구 : 차지(此地)는 이런 곳. 여기서는 앞에서 말한 바와 같이 '이렇게 경치가 좋은 곳'이란 의미. 귀념(歸念)은 고향으로 돌아가고 싶은 마음. 장년(長年)은 오랜 세월. 권유(倦遊)는 지친 유랑 생활.
7) 압운은 悠, 流, 幽, 遊.

**감상**

왕적은 남조의 제나라와 양나라 때 활동한 문인이다. 양나라 상동왕(湘東王) 소역(蕭繹)이 회계(會稽)를 진압하러 출병할 때 왕적을 자의참군(諮議參軍)으로 삼았는데 약야계는 바로 이 회계 동쪽에 있는 시내이다. 이 시는 그 때 지어진 것으로 보인다.

모두 8구로 되어 있는데, 1-6구까지는 모두 이 약야계 지역의 아름다운 경치를 말하고 있다. 1-2구에서 큰 배가 떠다니고, 하늘과 물이 아득하다는 표현은 모두 약야계의 풍광을 말하는 것이다. 약야계의 오늘날 이름은 평수강(平水江)으로 약야계는 작은 시내가 아니라 큰 강을 말한다. 멀리 바라보니 노을이 봉우리에서 피어나고, 햇빛은 빙글 돌아 흐르는 물결을 쫓아 빛난다(3-4구). 시인의 눈은 이어 약야계 주변의 숲과 산으로 옮겨진다. 매미 소리가 너무 커서 그때서야 그 숲의 고요함을 깨닫고, 새가 시끄럽게 울어대니 그때서야 저 산이 얼마나 그윽했는지를 깨달아 알았다고 말한다(5-6구). 1-6구까지 약야계의 아름다움만을 읊던 시인은 갑자기 시의 흐름을 바꾼다. 이렇게 좋은 곳인데도 불구하고 고향으로 돌아가고 싶은 마음이 일어난다고 말한다.(7구) 그 이유는 오랜 시간동안 이어온 타지생활에 지친 시인의 마음이 서글펐기 때문이다(8구).

이 시의 자연스럽고 빼어난 시구들은 당시에도 많이 낭송될 만큼 훌륭한 작품이었음을 심덕잠도 원주에서 언급하고 있다.

## 10. 劉峻[1]

## 〈自江州還入石頭詩(자강주환입석두시)〉[2]

〈강주로부터 석두로 돌아 들어가면서〉

| | |
|---|---|
| 鼓枻浮大川,<br>고예부대천 | 노를 저어서 큰 강 위에 떠가거니와, |
| 延睇洛城觀.[3]<br>연제락성관 | 목을 내밀어서 수도 경관을 훑어보네. |
| 洛城何鬱鬱,<br>락성하울울 | 저 낙양성은 어찌 저리 성대한 것인가, |
| 杳與雲霄半.[4]<br>묘여운소반 | 아득히 구름 낀 하늘과 더불어 반일세. |
| 前望蒼龍門,<br>전망창룡문 | 앞으로 창용문을 바라보거니와, |
| 斜瞻白鶴館.[5]<br>사첨백학관 | 비스듬히 백학관을 쳐다보네. |
| 槐垂御溝道,<br>괴수어구도 | 홰나무는 궁궐 도랑 길에 드리워져 있고, |
| 柳綴金隄岸.[6]<br>류철금제안 | 버드나무는 튼튼한 제방에 엮어 늘어섰네. |
| 迅馬晨風趨,<br>신마신풍추 | 빠른 말은 마치 새벽바람처럼 내달리고, |
| 輕輿流水散.[7]<br>경여류수산 | 날렵한 수레 흐르는 물처럼 흩어져가네. |
| 高歌梁塵下,<br>고가량진하 | 높은 노랫소리에 대들보먼지 떨어질 지경, |
| 絙瑟荊禽亂.[8]<br>환슬형금란 | 굵은 줄 거문고 소리 덤불숲새 놀라 나네. |
| 我思江海遊,<br>아사강해유 | 내 생각은 언제나 강호에서 노니는 것, |
| 曾無朝市玩.[9]<br>증무조시완 | 조정과 저자거리 노님은 결코 없었네. |
| 忽寄靈臺宿,[10]<br>홀기령대숙 | 갑자기 영대에 몸 맡겨서 묵게 되었으니, |

空軫及關歎.[11] 괜히 묘도에 이른 탄식을 가슴 아파하네.
공진급관탄

仲子入南楚,[12] 처사 증자는 남쪽 초나라로 들어갔고,
중자입남초

伯鸞出東漢.[13] 은사 백란은 낙양을 빠져나갔다 하지.
백란출동한

何敢棲樹枝, 어찌 감히 나뭇가지에 깃들어서는,
하감서수지

取斃王孫彈.[14] 귀공자들 탄환에 죽는 짓 취하랴.
취폐왕손탄

역주

1) 劉峻(유준, 462?-521?) : 남조 양나라 평원(平原), 지금의 산동성(山東省) 평원(平原)일대 사람으로 자는 효표(孝標)고, 본명은 법무(法武)이며, 현정선생(玄靖先生)으로 불린다. 벼슬은 남조 제나라 명제(明帝)때 예주자사형옥참군(豫州刺史刑獄參軍)을 지냈으며 양나라 때 형주자사(荊州刺史)였던 안성왕(安城王) 소수(蕭秀)의 호조참군(戶曹參軍)을 역임했다. 후에 동양(東陽) 자암산(紫巖山) 지금의 절강성(浙江省) 금화(金華)에서 강학(講學)하여 후학을 양성하였다. ≪세설신어(世說新語)≫에 주를 달았으며, 문집으로는 명나라 때 편집한 ≪유호조집(劉戶曹集)≫이 있다.

2) 自江州還入石頭詩 : 강주(江州)는 지금의 강서성(江西省) 구강현(九江縣). 석두(石頭)는 석두성(石頭城)으로 남조(南朝)의 수도였던 건강(健康)을 말하며 지금의 강소성(江蘇省) 남경(南京).

3) 鼓枻浮大川 2구 : 고예(鼓枻)는 노로 강물을 치는 것으로 여기서는 '노를 젓다'는 의미. 대천(大川)은 큰 강. 연제(延睇)는 여기서 목을 빼고 보는 것을 말함. 낙성(洛城)은 낙양성(洛陽城)으로 '수도'를 의미하는 말. 여기서는 제목의 석두성(石頭城)을 가리킴.

4) 洛城何鬱鬱 2구 : 울울(鬱鬱)은 첩어, 의태어로 성대하고 울창한 모양. 소(霄)는 하늘. 여운소반(與雲霄半)은 구름이 낀 하늘이 절반, 3구에서 말한 수도의 성(城)이 절반을 차지할 만큼 수도의 성(城)이 매우 웅장하다는 의미.

5) 前望蒼龍門 2구 : 창룡문(蒼龍門)은 한나라 궁궐의 동쪽 문. 백학관(白鶴館)은 한나라 때 수도 장안(長安)에서 외국 사신이 머물던 관사(館舍).

6) 槐垂御溝道 2구 : 괴(槐)는 홰나무. 어구(御溝)는 궁궐 도랑. 철(綴)은 엮다. 금제(金隄)은 쇠로 만든 둑으로 여기서는 '튼튼한 둑'을 의미.

7) 迅馬晨風趨 2구 : 신마(迅馬)는 빨리 달리는 말. 신풍(晨風)은 매의 일종, 새벽바람. 여기서는 후자. 추(趨)는 여기서 말이 내달리는 모습을 비유. 경여(輕與)는 다른 판본에 경여(輕輿)로 되어 있어 '가볍고 날렵한 수레'를 의미.

8) 高歌梁塵下 2구 : 고가(高歌)는 높고 우렁찬 노랫소리. 량진하(梁塵下)는 유향(劉

向)의 ≪별록(別錄)≫에 기록된 노(魯)나라 사람 우공(虞公)이라는 명창의 노랫소리가 맑고 애절하여 대들보 위의 먼지까지 감동하게 하였다는 고사를 말한 것으로 후에 '대들보의 먼지(梁塵)' 은 노랫소리가 사람을 감동시킨다는 의미로 쓰임. 환슬(絙瑟)은 굵은 줄 거문고로 큰 거문고를 말함. 형금(荊禽)은 덤불숲에 사는 새를 말함. 란(亂)은 여기서 새가 놀라 날아가는 것을 의미.

9) 我思江海遊 2구 : 강해(江海)는 강호(江湖), 재야(在野)의 의미. 증무(曾無)는 뒤에 사(思)가 생략됨. 조시(朝市)는 조정과 저잣거리. 여기서는 지위(貴)와 재산(富)을 좇는 사람들이 모인 곳을 의미.

10) 靈臺 : ①주(周)나라 문왕(文王)이 만든 누대 이름. ≪시경·대아·영대(詩經·大雅·靈臺)≫에 "영대를 경영하여 시작하니(經始靈臺)" 라고 하였다. ②하(夏)나라 걸(桀)과 상(尙)나라 주(紂)가 만든 놀이를 위한 누대. ③마음, 혼이 모인 곳 ④별자리 이름, 등의 의미가 있다. 여기서는 ②의 뜻.

11) 空軫及關歎 : 진(軫)은 가슴 아프다. 관(關)은 빗장, 관문의 뜻이 있으나 여기서는 ≪주례·춘관종백·건거(周禮·春官宗伯·巾車)≫에 "묘에 이르러, 관을 열라 외치다.(及墓, 呼啓關.)" 라고 하였는데, 이때의 관(關)은 묘도(墓道) 즉 '무덤으로 가는 길' 의 의미.

12) 仲子入南楚 : 중자(仲子)는 전국시대 제나라의 청렴한 처사(處士) 진중자(陳仲子)를 말함. 형이 제나라에서 벼슬하자 불의(不義)하다고 여겨 초(楚)나라 오릉(五陵)으로 갔다. 초나라에서 초왕(楚王)이 백금(百金)의 폐백으로 초빙하려하자 거절하고 남의 집 정원에 물 대는 일을 해주며 살았다.

13) 伯鸞出東漢 : 백란(伯鸞)은 한나라 건무(建武), 영원(永元) 연간(26-104)에 활동했던 은사(隱士)인 양홍(梁鴻)을 말함. 자는 백란(伯鸞)으로 부풍(扶風) 평릉(平陵)사람이다. 어려서 고아가 되었지만 절개가 있었다. 외모보다 내적 심정이 고운 맹광(孟光)을 아내로 삼아 후에 밥상을 눈썹과 가지런하도록 공손히 든다는 의미의 '거안제미(擧案齊眉)' 라는 성어가 바로 그들 부부에게서 유래했다. 당시 한나라 통치자의 사치와 향락을 풍자한 시 〈오희가(五噫歌)〉를 짓고 장제(章帝)의 노여움을 사 이름을 바꾸고 숨어 살았다고 한다(≪고시원≫ 번역본 1권 302쪽 참조).

14) 何敢棲樹枝 2구 : ≪전국책·초책(戰國策·楚策)≫에 장신(莊辛)이 초(楚)나라 양왕(襄王)에게 간언한 내용에 참새가 "백 가지의 곡식을 쪼아 먹고, 위로는 무성한 나무에 깃들어있다." 라고 하였다. 이처럼 유유히 날아다니는 참새는 공자, 왕손들이 "왼손에는 활을 들고, 오른손에는 탄환을 들고서, 장차 열 길 위에서 자신을 (죽이고자) 목표로 하는 것" 을 알지 못한다는 비유를 들어 국사를 돌보지 않고 유유히 노니는 신하들을 양왕이 총애하는 것을 경계하도록 하였다. 이 야기를 듣고 깨달은 양왕은 장신을 양릉군(陽陵君)에 봉했다.

15) 압운은 觀, 半, 館, 岸, 散, 亂, 玩, 歎, 漢, 彈.

**감상**

이 시는 유준이 당시 수도였던 건강을 바라보며 감회를 읊은 노래이다. 유준은 제나라와 양나라에 걸쳐 잠시 벼슬을 역임했지만, 주로 재야에서 후학을 길러내는 학자였다. 유준이 살았던 시대는 송(宋)이 세워진 420년부터 진(陳)이 북주(北周)에게 멸망한 때(589년)까지 약 170년간 네 개의 왕조가 교체되는 실로 불안한 시대였다. 그럼에도 불구하고 화려하기만 한 수도의 모습을 바라보며, 그 소회를 피력한 시이다. 모두 20구로, 다섯 단락으로 나눌 수 있다.

1단락(1-4구)은 수도의 석두성으로 들어오며 시인이 보는 풍경을 읊은 것이다. 큰 강에 노를 저으며 수도의 경관을 훑어보던 시인의 눈에 너무도 화려한 수도의 모습이 들어온다. 수도의 성(城)이 얼마나 화려하고 웅장한지 저 아득한 하늘의 절반을 차지한다.

2단락(5-8구)은 수도 건강의 외관 풍경을 읊었다. 앞으로 보이는 문은 한나라 궁궐의 동쪽 문이었던 창룡문 같고, 비껴 보이는 건물은 한나라 때 수도 장안에서 외국 사신이 머물던 백학관 같다. 남조 시대 시인들의 노래에 한나라와 관련된 표현이 많이 나오는 것은 왕조로서 위용을 떨쳤던 한나라 시대를 그리워하기 때문이다. 액운을 막는다는 홰나무는 궁궐 도랑 길에, 버드나무는 튼튼한 제방에 엮어 늘어서 있다.

3단락(9-12구)은 어지러운 나라 상황에도 불구하고 위락(慰樂)에 빠진 사람들을 묘사하고 있다. 9-10구는 귀족들의 빠르고 좋은 말들이 내달리고, 무거운 짐수레가 아닌 고급스런 귀족들의 수레들은 많고 많아 여기저기 흩어져가는 도성안의 바쁜 모습을 그렸다. 또 높은 노래 소리엔 대들보 먼지가 떨어질 지경이고, 큰 거문고의 굵은 줄이 내는 소리에 숲의 새들도 놀라 날아갈 정도로 시끄럽기 만하다(11-12구).

4단락(13-16구)은 시인은 원래 부귀를 원하지 않았으나 자신은 현재 수도에 와 있는 현실을 한탄한다. 시인이 바라던 것은 늘 강호였거늘, 지위를 쫓는 조정과 부(富)를 좇는 저자거리는 생각한 적이 없었다(13-14구). 그러나 갑자기 왕이 만든 화려한 누대인 영대에 몸을 맡기게 되었으니 가슴이 아픈 시인은 자신이 '죽음의 길(關)' 에 이르렀다고 탄식한다(15-16구).

5단락(17-20구)은 전국시대 때라 처사 진중자는 의로운 삶을 찾아 남쪽 초(楚)나라로 갔으며, 한나라 양홍(梁鴻)은 당시 한나라 통치자의 사치와 향락을 풍자한 시 〈오희가(五噫歌)〉를 지은 탓에 장제(章帝)의 노여움을 사서 동한을 떠났듯이 시인도 이 수도를 떠나고 싶음을 말하고 있다. 17-18구의 '남초로 들어가는 것(入南楚)' 과 '동한 즉 수도 낙양을 떠나는 것(出東漢)' 은 모두 시인이 현 수도 건강을 떠나고 싶다는 의미이다. 마지막 19-20구는 ≪전국책·초책≫에 나오는 장신과 초나라 양왕의 이야기를 가져왔다. 참새가 유유히 날수 있으나 귀공자들의 활과 탄환에 죽을 수 있듯이, 자신도 참새처럼 나뭇가지에 깃들어 귀공자들 즉 당시 세력가들의 탄환에 어찌 죽을 수 있겠냐는 의미이다. 참새 비유를 들은 양왕은 장신을 양릉군에 봉하며 정신을 차렸지만, 유준이 활동한 양나라는 겨우 50여년을 버티고 진나라에게 멸망한다. 유준이 후에 벼슬을 그만두고 돌아와 후학을 양성한 것은 현명한 선택이었는지 모른다. 유준이 죽은 후 제자들은 그에게 '현정선생(玄靖先生)' 이라는 시호를 바쳤다.

## 11. 劉孝綽[1]

〈古意(고의)〉 〈옛 시의 뜻을 본떠〉

燕趙多佳麗, 연 지방 조 지방은 아리따운 여인도 많아,
연조다가려
白日照紅妝. 흰 태양이 붉은 화장을 비춘다고 하지요.
백일조홍장
蕩子十年別,[2] 바람둥이 남편은 10년을 떠나 있거니와,
탕자십년별
羅衣雙帶長. 내 비단옷의 두 허리띠만 길고 길어졌네.
라의쌍대장
春樓怨難守, 봄 누대 홀로 지키기 어려움 원망하나니,
춘루원난수
玉階空自傷. 옥섬돌에서 공연히 스스로를 슬퍼한다네.
옥계공자상
復此歸飛燕, 또 여기에 제비가 돌아오게 되었거니와,
부차귀비연
銜泥繞曲房.[3] 진흙 입에 물고 내가 있는 방 빙빙 도네.
함니요곡방
差池入綺幕,[4] 뜻밖에도 내가 있는 안방까지 들어오더니,
차지입기막
上下傍雕梁. 오르락내리락 조각된 대들보에 다가서네.
상하방조량
故居猶可念, 옛날 살던 곳을 여전히 기억할 수 있거늘,
고거유가념
故人安可忘. 오래된 임께서는 어찌하여 잊으셨는지요?
고인안가망
相思昏望絕, 온종일 그리움 젖었다 저물면 절망하다가,
상사혼망절
宿昔夢容光.[5] 저번 밤에 그대의 빛나는 얼굴을 보았다네.
숙석몽용광
魂交忽在御,[6] 혼이 서로 만날 때 문득 옆자리 있었거늘,
혼교홀재어
轉側定他鄉. 엎치락뒤치락한들 확실하게 타향이로구나.
전측정타향

| | |
|---|---|
| 徒然顧枕席,<br>도연고침석 | 헛되이 잠자리를 돌아다보고 있건만, |
| 誰與同衣裳.[7)]<br>수여동의상 | 누가 있어서 옷가지를 함께 할 것인가? |
| 空使蘭膏夜,<br>공사란고야 | 공연히 나로 하여금 등불 켜 밤새도록, |
| 炯炯對繁霜.[8)]<br>형형대번상 | 말똥말똥 된 서리를 마주하게 하구나. |

**역주**

1) 劉孝綽(유효작, 481-539) : 남조시대 양나라 팽성(彭城), 지금의 강소성(江蘇省) 서주(徐州) 사람으로 본명은 염(冉), 자는 효작(孝綽)이다. 어렸을 때 이름은 아사(阿士)였다. 어려서부터 글을 잘 지어 여러 문인들로부터 인정을 받았다. 벼슬은 양나라 때 저작좌랑(著作佐郎), 상서수부랑(尙書水部郎), 태자복야(太子僕射)를 거쳐 정위경(廷尉卿)에 임명되었고, 후에 황문시랑(黃門侍郎), 상서이부랑(尙書吏部郎), 비서감(秘書監)까지 이르렀다. 재주가 뛰어났으나 강직한 성격으로 인한 극언(極言)으로 여러 차례 면직을 당한 바 있었다. 집안의 형제들도 학문에 재주가 있어 셋째 동생 효의(孝儀)는 문장에 뛰어났고, 여섯째 동생 효위(孝威)는 시에 뛰어났으며, 여동생 영한(令嫻)은 동해(東海) 서비(徐悱)의 아내이자 양나라의 여류 시인으로 이름을 날렸다. 문집은 명나라 때 편집된 ≪유비서집(劉秘書集)≫가 있다.
2) 蕩子 : 탕자. 여기서는 집을 떠난 바람둥이 남편을 가리킴.
3) 曲房 : 구석 방. 여자가 기거하는 방을 가리킴.
4) 差池入綺幕 : 차지(差池)는 쌍성, 의태어로 뜻밖의 모양, 잘못된 모양. 기막(綺幕)은 비단 막으로 여기서는 여인의 방, 안방을 말함.
5) 相思昏望絶 2구 : 상사(相思)는 그리워하다. 혼(昏)은 저물다. 망절(望絶)은 절망(絶望). 용광(容光)은 빛나는 얼굴. 여기서는 남편의 얼굴을 말함.
6) 魂交忽在御 2구 : 혼교(魂交)는 혼이 서로 만나다. 꿈에 영혼이 찾아왔다는 의미. 어(御)는 모시다. 여기서는 남편을 모시던 자리를 말함. 전측(轉側)은 깨어난 후 엎치락뒤치락하는 모습. 정(定)은 틀림없이, 확실하게.
7) 衣裳 : 4구의 두 허리띠(雙帶)를 말하는 것으로 우리나라의 '옷고름'의 이미지를 가짐.
8) 空使蘭膏夜 2구 : 사(使)는 사역의 의미. 란고(蘭膏)는 난의 씨앗과 열매에서 얻은 기름으로 등불을 의미. 형형(炯炯)은 첩어, 의태어로 잠을 못 이루는 모양. '말똥말똥'으로 옮김. 번상(繁霜)은 된 서리. 여기서는 된 서리처럼 차가운 잠자리, 17구의 침석(枕席)을 가리킴.
9) 압운은 妝, 長, 傷, 房, 梁, 忘, 光, 鄕, 裳, 霜.

감상

옛 시를 본떠 지은 작품으로, 모두 20구로 이루어져 있고, 세 단락으로 나눠 볼 수 있다.

1단락(1-6구)은 독수공방하는 여인의 모습이 그려진다. 1-2구를 통해 남편이 떠난 곳이 미인이 많다는 연과 조 지방임을 알 수 있다. 정확한 지역을 말하기보다는 남편이 아리따운 여인이 많아 쉬 눈을 돌리기 좋은 도시에 나가 있음을 말한 것이다. 그 세월이 벌써 10년이 지나 여인의 허리띠가 자꾸만 길어지는 것이 말해주듯 여인은 여위어간다(3-4구). 남편과 함께 봄을 감상할 누대에도 여인이 홀로 지키고, 옥섬돌 위에도 여인 한 사람의 발자취만 덩그렇다(5-6구).

2단락(7-12구)은 1단락의 5-6구를 이어 여인의 외로움을 말하고 있다. 여기에 쌍으로 나는 제비가 돌아와 어느새 여인의 안방까지 날아든다. 제비도 옛 집을 기억하는데, 오랜 임, 나의 남편의 옛 집(故居)인 나를 잊은 것은 아닌지.

3단락(13-20구)에서 이렇게 온종일 남편을 그리워하던 여인은 꿈속에서나마 남편의 영혼을 찾아간다. 그러나 깨어보니 다시 남편은 타향에 있음을 깨닫는다(13-16). 잠 못 이루는 여인은 공연히 등불을 켜고 된 서리 마냥 차디찬 잠자리만 밤새 마주할 따름이다(17-20구).

## 12. 陶弘景[1)]

### 12-1
〈詔問山中何所有賦詩以答(조문산중하소유부시이답)〉[2)*]
〈산속에 무엇이 있느냐고 임금이 묻자 시를 지어서 답하다〉

| | |
|---|---|
| 山中何所有?<br>산중하소유 | 산 중에 그 무엇이 있는가? |
| 嶺上多白雲.<br>령상다백운 | 고개 위엔 흰 구름 많다오. |
| 只可自怡悅,[3)]<br>지가자이열 | 단지 스스로 좋아할 수 있을 뿐, |
| 不堪持寄君.[4)**]<br>불감지기군 | 붙잡아 그대에게 보낼 수 없다오. |

**원주**

* 제나라 고제의 조서에 회답하여 짓다.(答齊高帝詔.)

** 곧 "홀로 자고 홀로 깨어나니, 이 마음 영원히 말하지 아니하리."의 뜻이다.(卽獨寐寤宿, 永矢勿告意.)[5)]

**역주**

1) 陶弘景(도홍경, 456-536) : 남조시대 양나라 단양(丹陽) 말릉(秣陵), 지금의 강소성(江蘇省) 진강(鎭江) 부근 사람으로 자(字)는 통명(通明), 자호(自號)는 화양은거(華陽隱居), 만호(晩號)는 화양진일(華陽眞逸), 시호는 정백선생(貞白先生)이다. 문학가이자 의약학자(醫藥學者)이며 도가(道家)로 중국 상청파(上淸派) 도교를 계승하여 모산종(茅山宗)을 개창하였다. 유(儒)·불(佛)·도(道) 삼교(三敎)에도 능통했으며, 삼교의 통합을 주장했다. 벼슬은 제왕시독(諸王侍讀)이 되었다가 봉조청(奉朝請)에 올랐으나 일찍 그만두고 구용(句容) 구곡산(句曲山), 즉 모산(茅山)에 은거하였다. 후에 양 무제(武帝)의 초빙에도 응하지는 않았으나 조정에 대사가 있을 때마다 그에게 자문을 구해 산중재상(山中宰相)으로 불렸다. 저서에는 ≪진고(眞誥)≫ 20권, ≪등진은결(登眞隱訣)≫, ≪본초경집주(本草經集注)≫, ≪보궐주후백일방(補闕肘後百一方)≫ 등이 있고 문집에는 ≪화양도은거집(華陽陶隱居集)≫이 있다.
2) 詔問山中何所有賦詩以答 : 조문(詔問)은 임금이 조서를 내려 묻는 것. 부시이답(賦詩以答)은 시를 지어서 답을 하다.
3) 怡悅 : 마음이 즐겁고 기쁘다.

4) 不堪持寄君 : 불감(不堪)은 ~할 수 없다. 군(君)은 남조 제나라 고제 소도성(蕭道成).
5) 卽獨寐寤宿 2구 : ≪시경·위풍·고반(衛風·考槃)≫에 "홀로 자고 홀로 깨어나니(獨寐寤宿), 이 마음 영원히 말하지 않으리."라고 하였다.
6) 압운은 雲, 君.

**감상**

이 시는 도홍경이 "산 속에 무엇이 있는가?"라는 임금의 물음에 시를 지어 답한 것이다. 이는 '벼슬'을 권하는 완곡 화법이다. 도홍경은 문학가이자 의약(醫藥) 학자이며 유(儒)·불(佛)·도(道) 삼교(三敎)에도 능통한 사람으로 후에 중국 상청파(上淸派) 도교를 계승하여 모산종(茅山宗)을 개창한 인물이기도 하다. 일찍 벼슬을 그만두고 은거하여 후학을 가르쳤지만 후에 남조가 제나라에서 양나라로 왕조가 바뀐 뒤에도 조정의 모든 대사는 도홍경에게 자문을 구해 당시 '산중재상(山中宰相)'으로 불렸다고 한다. 이런 인물에게 벼슬을 권하고자 하는 통치자의 부름은 당연한 일이었을 것이다. 당시 임금이던 제나라 고제는 "산 속에 무엇이 있는가?" 라는 조서를 내려 도홍경의 의중을 묻는다. 이 시는 그 물음에 대한 도홍경의 답변이다.

2구에서는 산 속에 있는 것은 "고개 위에 보이는 흰 구름"이라는 그저 명쾌하고 단순한 답변이 이어진다. 3-4구에서 이는 혼자 기뻐할 수 있을 뿐, 임금인 당신께 드릴 수는 없는 것이라고 말한 것은 임금의 초빙을 거절하는 뜻이다. 심덕잠은 마지막 4구의 의미를 ≪시경≫에서 말하는 "홀로 자고 홀로 깨어나, 이 마음 영원히 말하지 않으리."의 뜻이라고 설명하고 있다. 임금께 말할 수 없는 은사의 깊은 뜻을 제나라 고제는 이해했을까?

## 12-2

〈寒夜怨(한야원)〉[1] 〈추운 밤의 원망〉

| | |
|---|---|
| 夜雲生.<br>야운생 | 밤 구름이 피어나네. |
| 夜鴻驚.[2]<br>야홍경 | 밤 기러기가 놀라네. |
| 淒切嘹唳傷夜情.[3]<br>처절료려상야정 | 슬피 기럭기럭 울어 밤중 내 맘을 상하네. |
| 空山霜滿高煙平.[4]<br>공산상만고연평 | 빈산엔 서리 가득하고 높은 안개 평평하네. |

鉛華沈照帳孤明.[5] 분바른 얼굴을 휘장의 달빛 그윽이 비추네.
연화침조장고명

寒月微,[6] 차가운 달빛은 희미하고,
한월미

寒風緊. 차가운 바람은 사나워라.
한풍긴

愁心絶, 수심 겨운 마음 끊어지고,
수심절

愁淚盡. 수심 겨운 눈물 바닥났네.
수루진

情人不勝怨, 정겨운 이는 원망 이기지 못하나니,
정인불승원

思來誰能忍.[7]* 그리움이 밀려오니 어찌 참아낼까?
사래수능인

**원주**

* 음절이 사와 흡사하다. '공산' 7자는 도리어 높다.(音節近詞, 空山七字卻高.)

**역주**

1) 寒夜怨 : ≪도은거집(陶隱居集)≫과 ≪악부시집·잡곡가사(樂府詩集·雜曲歌辭)≫에 도홍경(陶弘景)으로 작품으로 실려 있지만, 작자에 대해선 이설이 있다. 내용과 형식의 특성으로 보아 당시 민간 유행가일 가능성이 높다.
2) 夜鴻驚 : 밤 기러기가 놀라 잠을 이루지 못함.
3) 淒切嘹唳傷夜情 : 처절(淒切)은 슬프다. 료려(嘹唳)는 쌍성, 의성어로 기러기의 울음소리. 정(情)은 여기서 기러기 울음소리를 듣는 시적 화자의 마음.
4) 高煙平 : 고연(高煙)은 높은 퍼져있는 안개. 평(平)은 여기서 안개가 평평하게 퍼져있는 모양. '깔려 있다' 로 번역함.
5) 鉛華沈照帳孤明 : 연화(鉛華)는 납의 꽃. 화장품을 말하는 것으로 여기서는 분을 바른 얼굴인 자신의 얼굴을 의미. 침조(沈照)는 나직이 비추다. 장(帳)은 휘장. 고명(孤明)은 외로운 달빛. 이 구는 '휘장 안 내 얼굴에 외로운 달빛이 비춘다(孤明照鉛華於帳)' 의 뜻.
6) 寒月微 : 한월(寒月)은 ≪악부시집(樂府詩集)≫에는 '한일(寒日)' 로 되어 있음. 미(微)는 희미하다.
7) 情人不勝怨 2구 : 정인(情人)은 정겨워 하는 사람. 여기서는 시 속의 자신. 사래(思來)는 그리움이 밀려오다.
8) 압운은 生, 驚, 情, 平, 明에서 緊, 盡, 忍으로 환운.

**감상**

시는 모두 11구로 되어 있다. 2구에서 놀라 잠 못 이루는 밤 기러기는 바로 시인 자신이다. 기러기의 슬픈 울음소리는 밤에 깨어있는 시인의 마음을 더 슬프게 한다(3구). 4-5구에서는 주위에 서리와 안개만 가득하고 휘장 안에는 여인 혼자일 뿐, 그리운 임은 곁에 없음을 알려준다. 차가운 달빛, 차가운 바람, 수심 겨운 마음, 수심 겨운 눈물에 정겨운 시인 자신은 결국 원망을 이기지 못하고 밀려드는 그리움을 참지 못한다(6-11구).

## 13. 曹景宗[1)]

## 〈光華殿侍宴賦競病韻(광화전시연부경병운)〉[2)*]

### 〈광화전 연회에 배석해서 '경병' 운을 부여받다〉

| | |
|---|---|
| 去時兒女悲,<br>거시아녀비 | 떠날 때 아녀자들 슬퍼하더니, |
| 歸來笳鼓競.<br>귀래가고경 | 돌아오니 피리 북 다투는구나. |
| 借問行路人,<br>차문행로인 | 묻자구나 저 길을 가는 이여, |
| 何如霍去病.[3)]<br>하여곽거병 | 곽거병과 비교하면 어떠한가! |

**원주**

* 경종이 북위 군대를 격파하고 개선했다. 황제(양나라 무제)가 광화전에서 잔치를 베풀며 시를 지었다. 경종도 말씀을 올려 시를 짓게 해 달라 요청했다. 그때 운은 다 써버리고, 경·병 글자만 남았다. 경종이 붓을 잡자 완성하니, 황제가 깊이 감탄하여 칭송했으며, 조정의 신하들이 놀라고 감탄함이 여러 날이었다. (景宗破魏師凱旋. 帝於光華殿宴飮聯句. 景宗啓求賦詩, 時韻已盡, 惟餘競病二字, 景宗操筆而成, 帝深歎賞, 朝賢驚嗟累日.)

**역주**

1) 曹景宗(조경종, 457-508) : 자는 자진(子震), 신야(新野), 지금의 하남성(河南省) 신야(新野)사람이다. 남조시대 양나라 무제(武帝)의 신임을 받은 장군이다. 벼슬은 남조 송(宋) 때 천수태수(天水太守)를 시작으로 제나라에서 유격장군(游擊將軍), 영주자사(郢州刺史)을 역임했으며 양나라에서는 경릉현후(景陵縣侯)에 봉해졌고 시중(侍中), 중위장군(中衛將軍), 강주자사(江州刺史)를 맡았다. 강주로 부임하는 길에 생을 마감했다.

2) 光華殿侍宴賦競病韻 : 광화전(光華殿)은 궁궐 이름으로 ≪남사·조경종전(南史·曹景宗傳)≫에 의하면 화광전(華光殿). 시연(侍宴)은 임금이 베푼 연회에 배석하다. 부(賦)는 부여 받다. 경병운(競病韻)은 '경(競)' 자와 '병(病)' 자를 운으로 삼아 시를 쓰라는 뜻.

3) 何如霍去病 : 하여(何如)는 여하(如何)로 '어떻게'의 뜻. 여기서는 비교하면 어떠냐. 곽거병(霍去病)은 한나라 무제(武帝) 때 무장으로 하동(河東) 평양(平陽) 사람이다. 대장군 위청(衛青)과 무제(武帝) 위황후(衛皇后)의 생질이다. 무예에 뛰어

나 17살에 첫 출전하여 18세 때 시중(侍中)이 되고 관군후(冠軍侯)에 봉해졌다. 6차례나 흉노(匈奴)를 정벌하여 한제국의 영토 확대에 큰 공을 세웠다. 불과 24세로 죽자 무제가 크게 슬퍼하여, 장안(長安) 근교의 무릉(茂陵)에 곽거병이 대승리를 거둔 기련산(祁連山)의 형상을 따 무덤을 짓게 하고 무덤 앞에는 호인(胡人)을 밟고 선 석마(石馬)를 세워 그의 무공을 기렸다. 경환후(景桓侯)로 추증하였다.

4) 압운은 競, 病.

**감상**

이 시는 원주의 설명처럼 남조 양나라 무제 때, 조경종이 북위의 군대를 격파하고 개선하자 황제가 베푼 연회에서 지어진 노래이다. 주목할 점은 당시 무장(武將)인 조경종이 운용이 어려운 글자로 즉흥적으로 멋진 시를 지어냈다는 것이다. 황제와 신하들을 감탄시킨 것은 당연한 결과였다. 또 이 시에서는 한나라 시대의 유명한 장수인 곽거병의 이야기가 나온다. 이처럼 남조시대의 시가에 자주 한나라 때의 지명과 인물이 언급되는 것은 북쪽의 땅을 뺏기고 밀려서 남쪽에 왕조를 세우고 늘 북쪽과 전쟁을 하며 사는 남조의 입장에서 북쪽의 흉노를 무찌르고 광활한 영토를 가진 국가를 세웠던 한 왕조, 특히 한나라 무제와 그 시대의 무장들을 그리워하는 마음을 나타낸 것이다.

## 14. 徐悱[1)]

## 〈古意詶到長史溉登琅琊城(고의수도장사개등낭야성)〉[2)*]

### 〈옛 뜻으로 장사 도개 '등낭야성'에 화답하다〉

甘泉驚烽候,
감천경봉후
감천산은 봉화대에서 경계를 올리고,

上谷抵樓蘭.[3)]
상곡저루란
상곡에서는 북방의 루란을 막고 있지.

此江稱豁險,
차강칭활험
이 곳의 강 넓고 험하다 일컬어지고,

茲山復鬱盤.[4)]
자산부울반
여기 산 또한 울창하고 구불구불하지.

表裡窮形勝,
표리궁형승
안팎으로 죄다 뛰어난 형세이거니와,

襟帶盡巖巒.[5)]
금대진암만
둘레에는 모두 낭떠러지 산봉우리일세.

修篁壯下屬,
수황장하속
긴 대나무 장엄하게 아래까지 이어지고,

危樓峻上干.[6)]
위루준상간
높은 누대 우뚝하여 하늘을 찌를 듯하네.

登陴越遐望,[7)]
등비월하망
여장에 올라 먼 전망을 넘어서고 싶고,

迴首見長安.[8)]
회수견장안
뒤를 돌아서는 장안성을 바라다보노라.

金溝朝灞滻,
금구조파산
어구(御溝)는 파수와 산수를 향하고,

甬道入鴛鸞.[9)]
용도입원란
회랑(回廊)은 원란궁으로 들어가누나.

鮮車騖華轂,
선거무화곡
산뜻한 수레가 화려한 바퀴를 내달리고,

汗馬躍銀鞍.[10)]
한마약은안
한혈마는 은 안장을 하고서 뛰어오르네.

少年負壯氣,
소년부장기
젊은이들은 씩씩한 기상에 짊어지니,

| | |
|---|---|
| 耿介立衝冠.[11]<br>경개립충관 | 강직하게 서서 사기가 모자를 뚫는구나. |
| 懷紀燕山石,[12]<br>회기연산석 | 연산 바위에 공적 기록했던 일 회상하고, |
| 思開函谷丸.[13]<br>사개함곡환 | 함곡관의 봉쇄를 열고자 생각하고 있구나. |
| 豈如灞上戲,[14]<br>기여파상희 | 어찌 파상의 엉성한 진영 같아서, |
| 羞取路傍觀.[15]<br>수취로방관 | 길가 보는 이에게 부끄러움 사랴? |
| 寄言封侯者,<br>기언봉후자 | 제후에 봉해진 자들에게 말을 전하노니, |
| 數奇良可歎.[16]**<br>수기량가탄 | 운명이 사나운 것을 진실로 탄식한다고. |

**원주**

* 윤주 강녕현 서북 80리에 있다.(在潤州江寧縣西北十八里.)[17]

** 당시에 이미 뛰어난 작품이 되었다.(在爾時已爲高響.)

**역주**

1) 徐悱(서비, ?-524) : 자는 경업(敬業)이고 동해(東海) 담성(郯城), 지금의 산동성(山東城) 담성(郯城) 사람이다. 어려서부터 시문에 뛰어났다. 벼슬은 남조 양나라 때 저작좌랑(著作佐郎), 태자사인(太子舍人), 세마(洗馬), 중사인(中舍人), 진안내사(晉安內史)를 역임했다. 아내는 양(梁)나라의 문인 유효작(劉孝綽)의 여동생이자 양나라의 여류 작가인 유영한(劉令嫻)으로 남편인 서비가 진안군(晉安郡)에서 벼슬하다 죽자 제문(祭文)을 지었는데, 그 내용이 애달프고 아름다워 세간에 두루 암송되었다고 한다.

2) 古意詶到長史溉登琅琊城 : 고의(古意)는 옛 생각, 즉 의고시(擬古詩)를 가리킨다. 수(詶)는 수(酬)로 화답하다. 도장사개(到長史溉)는 장사(長史) 벼슬을 하는 도개(到溉)를 말함. 등낭야성(登琅琊城)은 도개(到溉)가 지은 시. 낭야성(琅琊城)은 남조 시대의 성(城)으로 지금의 남경(南京) 북쪽에 위치.

3) 甘泉驚烽候 2구 : 감천(甘泉)은 궁궐 이름이며, 장안성에 가까운 산 이름. 봉후(烽候)는 봉화대. 상곡(上谷)은 지명으로 상곡군(上谷郡)을 말함. 루란(樓蘭)은 중국 서북지역 유목민 국가 이름으로 현재 신장위구르자치구에 있던 고대 도시이며, 선선(鄯善)이라고도 한다. 여기서는 '흉노(匈奴)'를 대변하는 말로 압운 때문에 쓴 것으로 보임.

4) 此江稱豁險 2구 : 강(江)은 2구의 상곡(上谷)과 연결됨. 활험(豁險)은 넓고 험하

다. 산(山)은 1구의 감천(甘泉)과 연결됨. 울반(鬱盤)은 울창하고 구불구불하다.

5) 表裡窮形勝 2구 : 형승(形勝)은 경치가 좋다는 뜻이나 여기서는 형세가 험하여 군사적으로 중요하다는 뜻. 금대(襟帶)는 옷깃과 허리띠. 여기서는 그 일대, 둘레의 의미. 암만(巖巒)은 낭떠러지와 산봉우리.

6) 修篁壯下屬 2구 : 수(修)는 길다. 황(篁)은 대나무. 위루(危樓)는 높은 누대. 위(危)는 높이 앉다(危坐)의 쓰임처럼 '높다'의 의미. 간(干)은 범하다, 뚫다.

7) 登陴越遐望 : 비(陴)는 성 위에 낮게 쌓은 담으로 여장(女墻). 하망(遐望)은 원경(遠景), 멀리 보이는 전망.

8) 長安 : 장안성(長安城). 실제로는 남조시대 수도 건강(建康)을 의미.

9) 金溝朝灞滻 2구 : 금구(金溝)는 궁궐에서 흘러나오는 도랑물. 파산(灞滻)은 파수(灞水)와 산수(滻水). 여기서는 수도 건강(建康) 안을 흐르는 강. 용도(甬道)는 복도식 통로, 회랑. 원란(鴛鸞)은 한나라 궁궐 이름.

10) 鮮車鶩華轂 2구 : 선거(鮮車)는 산뜻한 수레. '전차'를 의미. 한마(汗馬)는 한혈마(汗血馬)의 준말. 피와 같은 땀을 흘리며 하루에 천리를 간다하여 한 무제(武帝) 때 명마로 여김.

11) 少年負壯氣 2구 : 소년(少年)은 젊은이. 부(負)는 짊어지다, 의지하다. 경개(耿介)는 강직하다, 굳건하다. 충관(衝冠)은 15구의 씩씩한 기상(壯氣)이 모자를 뚫을 지경이라는 의미.

12) 懷紀燕山石 : 후한시대 두헌(竇憲)의 고사. 그는 흉노(匈奴) 토벌에 나서 공을 세운 뒤 연연산(燕然山)에 올라 바위에 공적을 새겼다. 돌아와 대장군(大將軍)이 되었다. 연산(燕山)은 연연산(燕然山).

13) 思開函谷丸 : ≪한서·외효전(漢書·隗囂傳)≫에서 왕원(王元)이 외효(隗囂)에게 "제가 한 덩어리의 진흙을 가지고서 대왕을 위해 동쪽으로 함곡관을 봉쇄할 터이니, 지금이 만세의 한번 오는 기회입니다."라고 하였다. 여기서는 그 봉쇄를 열고 적극적으로 흉노를 치겠다는 뜻.

14) 豈如灞上戲 : ≪사기·강후주발세가(史記·絳侯周勃世家)≫에 의하면 한 문제(文帝)가 장군 주아부(周亞夫)의 군영 세류영(細柳營)을 시찰하고 나서, "이 사람은 진정한 장군이구나. 이전에 본 패상과 극문의 군영은 아이들 장난 같다. 그곳의 장군은 정말 몰래 공격하여 사로잡을 수 있겠지만, 주아부라면 어찌 범할 수가 있겠는가."라고 칭찬하였다.

15) 羞取路傍觀 : 수취(羞取)는 부끄럽다. 여기서 취(取)는 강조의 의미. 로방관(路傍觀)은 길가에서 보는 사람, 길을 지나가는 사람.

16) 寄言封侯者 2구 : 한나라의 명장 이광(李廣)을 염두에 두고 말한 것이다. 이광은 40여 년 동안 흉노와 70여 차례의 전투에서 큰 전공을 세웠으나 끝내 제후에 봉해지지 못했다. 반면 그의 부하 중에는 적지 않은 사람이 제후에 봉해졌다. 수기(數奇)는 숫자가 홀수인 것으로 '운수가 사납다'는 의미.

17) 在潤州江寧縣西北十八里 : 낭야성(琅琊城)의 위치를 설명한 것으로 당시 국경선이며 수도인 건강(建康), 즉 지금의 남경(南京)과 매우 가까운 곳.

18) 압운은 蘭, 盤, 巒, 干, 安, 鸞, 鞍, 冠, 丸, 觀, 歎.

**감상**

이 시는 서비가 장사 벼슬을 하는 도개가 보내온 〈등낭야성(登琅琊城)〉이란 시에 화답한 것으로, 많은 옛 고사를 차용하고 있다. 모두 22구로, 여섯 단락으로 나눠 볼 수 있다.

1단락(1-4구)에서 1구의 감천은 산 이름으로 한나라의 명장 이광의 무덤이 있는 곳이고, 2구의 상곡은 지명 상곡군으로 이광이 태수를 지내며 흉노를 막은 곳이다. 3구는 다시 2구와 연결되고, 4구는 다시 1구와 연결되어, 그곳 산수 형세를 자세히 묘사를 하고 있다. 1-4구는 모두 한나라 장수 이광이 활약한 곳을 묘사하고 있으나 실제로는 낭야성을 비유한 것이다.

2단락(5-8구)의 5-6구는 1단락에서 묘사한 감천과 상곡의 자연적 지형이 뛰어남을 말한 것이고, 7-8구는 인위적인 대비책을 설명한 것으로 사람들이 대나무를 심고, 누대를 세워 대비한 것들을 칭송하고 있다.

3단락(9-12구)에서는 표면적으로는 한나라 장안의 경치를 말하고 있지만 실제로는 당시의 수도 건강(建康)을 읊고 있다.

4단락(13-16구)은 시를 보낸 도개와 그가 거느리고 있는 군대를 묘사하고 있다. 전차와 전마, 병사의 기상이 어디에 내놓아도 손색이 없다.

5단락(17-20구)의 17-18구는 옛 고사를 빌려 도개가 두헌처럼 바위에 공적을 기록하고, 왕원이 봉쇄하려 했던 함곡관을 열고 적을 적극적으로 물리치고자 함을 읊고 있다. 이런 한 꿈은 결코 무망한 것이 아니다. 서한의 명장 주아부의 군영인 세류영처럼, 도개의 진영은 군기가 삼엄하기 때문이다(19-20).

마지막 6단락(21-22구)은 결론이다. 6단락에서 훌륭한 장군이었음에도 제후에 봉해지지 못했던 이광 장군의 이야기를 꺼낸 것은 시의 주인공인 도개를 염두에 둔 복선이다. 제목에서 보이는 도개의 벼슬 '장사(長史)'는 높은 직급이 아니었다. 시인이 마지막에 운명이 사납다고 말한 것은 도개 같은 인물이 출세하지 못함을 안타까워하고 있음을 보여준 것이다.

## 15. 虞羲[1]

### 〈詠霍將軍北伐(영곽장군북벌)〉

〈곽거병 장군의 북벌을 노래하다〉

擁旄爲漢將,[2] 옹모위한장 — 깃대를 잡고서 한나라 장수가 되어,

汗馬出長城.[3] 한마출장성 — 말을 힘차게 몰아 장성을 나서노라.

長城地勢險, 장성지세험 — 저 장성은 땅의 기세가 험준하여서,

萬里與雲平. 만리여운평 — 만리까지 구름과 더불어 나란하구나.

涼秋八九月, 량추팔구월 — 서늘한 가을날의 팔구월이 되는 때면,

胡騎入幽幷.[4] 호기입유병 — 유목민 기마들 유주 병주로 밀려오네.

飛狐白日晩, 비호백일만 — 비호 계곡엔 대낮인데도 어둑 어둡고,

瀚海愁雲生.[5] 한해수운생 — 사막에는 수심 겨운 구름 피어오르네.

羽書時斷絕, 우서시단절 — 급한 공문마저도 자주 끊어지거니와,

刁斗晝夜驚.[6] 조두주야경 — 조두가 낮이지만 밤처럼 놀라는구나.

乘墉揮寶劍, 승용휘보검 — 성벽에 올라 저 보검을 휘두르나니,

蔽日引高旍.[7] 폐일인고정 — 해를 가리며 높이 깃발을 이끄는구나.

雲屯七萃士, 운둔칠췌사 — 구름처럼 정예부대 칠췌사를 모였고,

魚麗六郡兵.[8] 어려륙군병 — 물고기처럼 여섯 군 정예병 이어지네.

胡笳關下思, 호가관하사 — 호드기는 관문 아래에서 슬퍼하나니,

| | |
|---|---|
| 羌笛隴頭鳴.[9]<br>강적롱두명 | 호적은 산의 머리에서 울고 있다네. |
| 骨都先自讋,<br>골도선자섭 | 북방의 골도왕은 먼저 절로 놀라고, |
| 日逐次亡精.[10]<br>일축차망정 | 일축왕이 이어서 혼비백산하는구나. |
| 玉門罷斥堠,<br>옥문파척후 | 옥문관에서는 척후병을 거둬들이고, |
| 甲第始修營.[11]<br>갑제시수영 | 저택들을 비로소 수리하고 짓노라. |
| 位登萬庾積,<br>위등만유적 | 직위 오르자 창고 만 개가 가득차고, |
| 功立百行成.[12]<br>공립백행성 | 공 세워지니 온갖 일 다 이루어지네. |
| 天長地自久,<br>천장지자구 | 하늘 장구하고 땅 절로 영구하건만, |
| 人道有虧盈.<br>인도유휴영 | 사람의 길에는 기울고 참이 있구나. |
| 未窮激楚樂,<br>미궁격초악 | 저 구슬픈 음악이 다 마치기도 전에, |
| 已見高臺傾.[13]<br>이견고대경 | 이미 큰 누대 기울어짐 보게 되었지. |
| 當令麟閣上,[14]<br>당령린각상 | 마땅히 시켜야지 기린각 위에 그려서, |
| 千載有雄名.*<br>천재유웅명 | 천세토록 영웅다운 이름이 남아있도록. |

**원주**

* ≪한서≫ : 흉노에게는 골도후가 있고, 일축왕이 있다.(漢書, 匈奴有骨都侯, 有日逐王.)

옹문주가 맹상군에게 말했다. "천년만년 후에, 높은 누대는 이미 기울어지고, 굽은 연못 또한 이미 평평해질 것입니다."(雍門周說孟嘗君曰: 千秋萬歲後, 高臺既已傾, 曲池又已平.)[15]

가늘고 미약한 습속에 얽매이지 않으니, 의외로 걸작이다.(不爲纖靡之習所囿, 居然傑作.)

역주

1) 虞羲(우희, 생졸미상) : 남조 양나라 회계(會稽) 여요(餘姚), 지금의 절강성(浙江省) 여요(餘姚) 사람이며, 자는 자양(子陽) 또는 자광(子光)이다. 벼슬은 남조 제나라 때 시안왕(始安王)의 시랑(侍郞), 건안징로부(建安徵擄府)의 주부공조(主簿功曹), 기실참군(記室參軍)을 역임했고, 양나라 때는 진안왕(晉安王)의 시랑(侍郞)을 맡았다. 어려서부터 글을 짓는 재주가 뛰어났으나, 문집은 전하지 않고 시 10여 수만이 남아 있다.
2) 霍將軍 : 한나라 무제(武帝) 때 명장 곽거병(霍去病)을 말함. 하동(河東) 평양(平陽) 사람으로 대장군 위청(衛青)과 무제(武帝) 위황후(衛皇后)의 생질이다. 무예에 뛰어나 17살에 첫 출전하여 18세 때 시중(侍中)이 되고 관군후(冠軍侯)에 봉해졌다. 20세 때 표기장군(驃騎將軍)이 되고 그 이듬해에는 대사마(大司馬)가 되었다. 무제 때 6차례나 흉노(匈奴)를 정벌하여 한제국의 영토 확대에 큰 공을 세웠다. 불과 24세로 죽자 무제가 크게 슬퍼하여, 장안(長安) 근교의 무릉(茂陵)에 곽거병이 대승리를 거둔 기련산(祁連山)의 형상을 따 무덤을 짓게 하고 무덤 앞에는 호인(胡人)을 밟고 선 석마(石馬)를 세워 그의 무공을 기렸으며 경환후(景桓侯)로 추증하였다.
3) 擁旄爲漢將 2구 : 모(旄)는 의장용의 깃대 장식. 옹모(擁旄)는 깃대를 잡다. 한마(汗馬)는 보통 한혈마(汗血馬)의 준말이나 여기서는 1구의 '옹모(擁旄)'와 같은 구조로 보아 '말을 땀이 나도록 힘차게 몰다'로 해석함.
4) 涼秋八九月 2구 : 량추(涼秋)는 서늘한 가을. 호(胡)는 유목 민족인 오랑캐. 기(騎)는 기마병. 유병(幽幷)은 유주(幽州)와 병주(幷州). 중국 구주(九州)의 하나로 유주는 현재의 북경과 천진시 일대이고, 병주는 현재의 하북성(河北省)과 산서성(山西省)일부로 모두 북방지역. 이 2구는 가을은 농경민인 고대 중국인에게 수확의 계절이지만, 고대 중국 북방에 거주하는 유목민에게는 목초지가 사라지는 계절이기 때문에 가을이 되면 중원을 침략해 식량을 강탈한 일을 말함.
5) 飛狐白日晚 2구 : 비호(飛狐)는 계곡 이름 비호곡(飛狐谷). 백일만(白日晚)은 대낮에도 어둡다는 것으로 전운(戰雲)이 감돈다는 의미. 한해(瀚海)는 ①큰 물 ②사막. 여기서는 ②의 뜻으로 고비사막을 가리킴.
6) 羽書時斷絶 2구 : 우서(羽書)는 깃털 달린 편지로 급한 공문이나 전령(傳令), 군대의 격문(檄文)을 말함. 조두(刁斗)는 금탁(金柝)과 같은 것으로 조리기구이면서 야경을 돌 때는 딱따기 같은 역할의 도구로도 쓰인다.
7) 乘墉揮寶劍 2구 : 승용(乘墉)은 성벽에 오르다. 인(引)은 여기서 깃발을 이끌고 흔들다. 정(旍)은 깃발.
8) 雲屯七萃士 2구 : 운둔(雲屯)은 구름처럼 모으다. 칠췌사(七萃士)는 주(周)나라 목왕(穆王)의 금위군(禁衛軍), 호위부대인 정예부대를 말함. 려(麗)는 부착하다, 이어지다. 륙군병(六郡兵)은 한나라 때 금성(金城)·농서(隴西)·천수(天水)·안정(安定)·북지(北地)·상군(上郡) 여섯 지역의 자제를 선발해 우림군(羽林軍)에 편입한 군병. 여기서는 '육군의 정예군사들'의 의미.

9) 胡笳關下思 2구 : 호가(胡笳)는 보리나 버들가지로 만든 피리, 호드기를 말함. 사(思)는 여기서 16구의 명(鳴)과 대를 이루어 '슬프다, 그리워하다' 의 뜻. 강적(羌笛)은 강족(羌族)의 피리, 호적(胡笛). 여기서 호가(胡笳)와 강적(羌笛)은 유목민의 악기를 말한 것. 롱두(隴頭)는 지명으로 중국 섬서성(陝西省) 북서쪽에 있는 롱산(隴山)을 지칭하나 여기서는 일반명사로 보아 롱(隴)은 산으로, 롱두(隴頭)는 '산 머리' 로 해석함.

10) 骨都先自讋 2구 : 골도(骨都)는 골도후(骨都侯)로 흉노왕의 호칭. 섭(讋)은 두려워하다. 일축(日逐)은 일축왕(日逐王), 흉노왕의 호칭. 차(次)는 다음으로, 이어서. 망정(亡精)은 몹시 놀라는 것으로 '혼비백산(魂飛魄散)하다' 로 옮김.

11) 玉門罷斥堠 2구 : 옥문(玉門)은 한나라 무제(武帝) 때 설치된 관문의 이름으로 한나라와 서역을 통하는 문. 척후(斥堠)는 적의 상황을 정찰하는 척후병(斥堠兵). 갑제(甲第)는 저택.

12) 位登萬庾積 2구 : 위등(位登)은 벼슬의 직위가 올라가다. 유(庾)는 곳간, 창고. 행(行)은 품행, 일.

13) 未窮激楚樂 2구 : 격초(激楚)는 매우 슬픈 것을 말함. 이 2구는 옹문주(雍門周)의 고사와 관련한 것으로 옹문주의 슬픈 거문고 연주 순간도 안 되는 짧은 시간에 큰 누대가 기울어졌다는 의미. 여기서 큰 누대는 곽거병을 비유한 것으로 그의 24살에 요절한 생애를 말함.

14) 當令麟閣上 : 린각(麟閣)은 기린각(麒麟閣)으로 한나라 때 궁전 이름. 선제(宣帝) 때 이 전각에 공신들의 초상을 그려 두었다. 여기서는 '역사에 남다' 는 의미.

15) 옹문주(雍門周)와 맹상군(孟嘗君)의 고사는 다음과 같다. 옹문주는 전국시대 제나라 사람으로 거문고로 슬픈 곡조를 타서 사람들을 울렸는데, 제나라 재상인 맹상군이 그를 불러 거문고를 타게 하였다. 환담(桓譚)의 ≪신론(新論)≫에서 옹문주가 맹상군을 만나 말하기를, "저는 천년만년 후에 묘당에서 제사를 받지 못하게 되고, 높은 누대는 이미 기울어지고, 굽은 연못 또한 이미 평평해 질것이며, 맹상군의 무덤에서 가시나무가 자라고, 여우와 토끼가 그곳에 구멍을 만들며, 나무꾼 아이와 목동이 오가며 그 위에서 노래하는 것을 지나가는 사람이 보고 슬퍼하며 맹상군의 존귀함이 어찌 이렇게 되었는가! 라고 할 것이 두렵습니다." 라고 하고 거문고를 타자 맹상군이 "선생의 거문고가 내게 나라 망한 사람의 슬픔을 알게 하였다." 라고 말하고 더욱 탄식하며 눈물을 흘렸다고 한다.

16) 압운은 城, 平, 幷, 生, 驚, 旆, 兵, 鳴, 精, 營, 成, 盈, 傾, 名.

## 감상

한나라 무제 때 명장 곽거병의 북벌을 노래한 시이다. 작자 우희는 남조의 제나라와 양나라를 거치며 벼슬을 맡았던 문인이었다. 남조 때 문인들의 시에 유독 한나라 시대의 인물이나 지명들이 자주 언급되는 것은 남조의 시대적 상황과 관련이 있다. 남조는 북쪽의 영토를 북방의 민족들에게 내주고도 늘 북방의 민족과 전쟁에 시달렸고, 약 170년간(420-589) 4개의 왕조의 교체로 인해 정치적으로나 군사적으로나

북조보다 약자의 입장이었다. 이런 남조의 입장에서 약 400년간 이어진 굳건한 왕조이면서 북방 유목민을 평정했던 한나라, 특히 무제의 시기는 다시 이루고 싶은 시대였던 것이다. 시인 우희는 그 중에서도 한나라 때의 명장 곽거병 장군을 노래하고 있다. 뛰어난 장수를 읊은 시였던 만큼, 시에 웅혼함이 담겨져 심덕잠 원주에서 가늘고 약했던 당시 문풍에서 벗어난 뜻밖의 걸작이라고 평하고 있다.

모두 28구로, 일곱 단락으로 나눌 수 있다. 1단락(1-4구)은 곽거병 장군의 출병하는 모습에 웅장한 기세가 있음을 그리고 있다.

2단락(5-8구)은 전운이 감도는 국경 지역과 가을 배경을 설명하고 있다. 역주 4)의 설명처럼 농경사회인 고대 중국의 가을은 수확의 계절이지만, 유목민인 북방 민족은 중원 땅을 넘어 약탈을 해야 하는 시기였다. 그래서 중국은 가을에 북방 지역인 유주 병주에 유목민 기마병이 밀려든다고 한 것이다. 이 국경 지역은 전운이 감돌아 대낮에도 어둡고, 사막의 구름에도 수심이 깃드는 것이다.

3단락(9-12구)의 9-10구는 급한 공문마저도 쉬 끊어지고, 낮에 조리 기구 역할을 하는 조두가 마치 밤인 양 놀라 순찰 도구로 변하는 등 전쟁으로 인해 급박한 상황을 묘사한 것이다. 11-12구는 곽거병 장군이 전쟁을 지휘하는 모습을 묘사한 것이다.

4단락(13-16구)은 전쟁을 묘사한 것이다. 13구의 칠췌사(七萃士)와 14구의 육군병(六郡兵)은 모두 역사상의 군대 이름을 가져와 곽거병 장군이 이끄는 용맹한 정예부대를 말하고 있다. 15-16구는 아군과 맞서는 북방 유목민의 군대들을 그린 것이다.

5단락(17-20구)은 골도후와, 일축왕 같은 북방 민족을 물리치고, 승리로 인해 평화를 되찾은 모습을 말하고 있다. 척후병이 필요 없고, 사람들은 서둘러 살 집을 고치고 짓는다.

6단락(21-24구)은 승전으로 인해 곽거병 장군의 지위가 오르고, 그 공이 너무 커서 잘못이 있어도 용서가 될 만큼 모든 일들이 다 이루어지는 지경임을 설명하고 있다. 그러나 영원한 천지와는 달리 유한한 인간의 삶을 곽거병 장군에도 죽음이 찾아온다.

마지막 7단락(25-28구)의 25-26구에서는 옹문주와 맹상군의 고사를 빌려와 너무나 짧은 생애를 살고 24세에 요절한 곽 장군을 안타까워하고 있다. 마지막 27-28구는 곽 장군의 영웅다운 삶은 응당 역사에 길이 남아야 할 것임을 강조하고 있다.

## 16. 衛敬瑜妻王氏[1)]

### 〈孤燕詩(고연시)〉*　〈짝 잃은 제비〉

昔年無偶去,[2)]　작년에 짝이 없이 홀로 가더니,
석년무우거

今春猶獨歸.　올해 봄에 여전히 홀로 왔구나.
금춘유독귀

故人恩義重,[3)]　옛 임의 사랑이 중하고 중해서,
고인은의중

不忍復雙飛.**　차마 다시 쌍으로 날 수 없어라.
불인복쌍비

**원주**

* ≪남사·효의전하(孝儀傳下)≫ : 정절녀가 거처하고 있는 문에 제비집이 있었다. 제비가 항상 쌍으로 날아 오락가락했다. 후에 갑자기 홀로 날기에, 정절녀가 홀로 지내는 것을 불쌍히 여겨서, 이에 실을 가지고 다리에 묶어 표시를 하였다. 후에 이 제비가 다시 왔는데, 여전히 이전의 실을 묶고 있었다. 여인이 다시 시를 지었다.(南史, 貞女所居戶有巢燕, 常雙飛來去. 後忽孤飛, 貞女感其偏棲, 乃以縷系脚爲志. 後歲, 此燕更來, 猶帶前縷, 女復爲詩曰.)

** 정결한 마음의 말이 온화하고 완곡한 표현으로 나오니, 더욱 사람을 감동시킬 수 있다. (貞潔語出以和婉, 愈能感人.)

**역주**

1) 衛敬瑜妻王氏 : 남조 양나라 위경유(衛敬瑜)의 아내 왕옥경(王玉京)을 말함. 16세에 남편을 잃고 주위의 재가 권유에도 수절함.
2) 無偶去 : 짝을 잃고 홀로 가다.
3) 故人恩義重 : 고인(故人)은 옛 임. 여기서는 제비의 남편을 말함. 은의(恩義)는 사랑.
4) 압운은 歸, 飛.

**감상**

작자는 남조시대 양나라 위경유의 아내 왕옥경이다. 시집을 간 해, 위경유가 사고로 물에 빠져 죽어 16세 어린나이에 남편을 잃게 되자 부모님과 친정의 가족들은 그녀에게 재가할 것을 강권했다고 한다. 왕옥경은 자신이 수절에 대한 결의를 보이고자 귀를 잘라 친정으로 보내고, 이에 감동한 듯 남편을 지키는 측백나무에 연리지(連理枝)가 자라났다고 한다. 이를 보고 왕옥경이 지은 〈연리지(連理詩)〉라는 시는 다음과 같다. “무덤 앞 측백나무, 뿌리 이어지니 가지까지 이어지네. 쉰네 마음 저 나무 감동시켰으니, 맹강녀 만리장성 무너뜨림 허언이 아니네.(墓前一株柏, 連根復幷枝. 妾心能感木, 頹城可足奇.)” 열여섯 어린 나이, 남편을 잃고 수절을 하던 여인이 짝을 잃어 이듬해에도 홀로 돌아온 제비의 모습이 자신과 닮아 지은 노래 가사 한 구절 한 구절. 읽는 이의 마음을 애처롭게 한다. 그런데 정말로 그녀는 행복했을까?

# 17. 악부시(樂府詩)

**역주**

이하 시들을 심덕잠은 바로 앞 위경유의 아내 왕옥경이 지은 작품으로 수록하고 있으나 잘못이다. 모두 민간 악부시임이 분명하므로 따로 항목을 설정한다.

## 17-1

## 〈企喻歌(기유가)〉[1)*] 〈기유가〉

### 17-1-1

| | |
|---|---|
| 男兒欲作健,[2)]<br>남아욕작건 | 사내가 용사가 되고 싶다 한다면, |
| 結伴不須多.<br>결반불수다 | 친구 사귈 적에 많을 필요 없네. |
| 鷂子經天飛,[3)]<br>요자경천비 | 새매처럼 하늘을 거치면서 날면, |
| 群雀兩向波.[4)]<br>군작량향파 | 새떼들 두 갈래로 물결칠 터이니. |

**원주**

* 이하는 횡취곡사로 북방음악이다.(以下橫吹曲, 乃北音也.)

**역주**

1) 企喻歌 : ≪악부시집·횡취곡사·양고각횡취곡(樂府詩集·橫吹曲辭·梁鼓角橫吹曲)≫에 속하며 북조의 노래를 한문으로 번역한 시. 제목 '기유가(企喻歌)' 도 음역일 가능성이 높다. 〈양고각횡취곡〉은 양나라 군가이다.

2) 健 : 건아(健兒), 용사.

3) 鷂子經天飛 : 요자(鷂子)는 새매. 1구의 용사(健兒)를 비유한 말. 경천(經天)은 하늘을 거치다, 횡단하다.

4) 群雀兩向波 : 군작(群雀)은 뭇 새들. 파(波)는 파도치듯 갈라지다.

5) 압운은 多, 波.

감상

〈기유가〉는 ≪악부시집≫에 모두 4수가 실려 있는데, 위 시는 그 중 제1수이다. 3구의 새매(鷂子)는 1구의 용사((健兒)를 비유한 말이다. 새매는 하늘을 가로질러 날기만 하면, 저 아래 뭇 새들이 두 방향으로 파도처럼 갈라진다. 그렇듯 용사라면 어중이떠중이 친구를 많이 사귈 필요가 없다. 큰 뜻을 갖고 솔선수범하면 모두 순종하기 때문이다.

17-1-2

前行看後行, 앞줄에서 뒷줄을 바라보니,
전행간후행
齊著鐵裲襠.[1] 똑같이 철 조끼를 입었구나.
제저철량당
前頭看後頭, 앞머리에서 뒷머리를 보니,
전두간후두
齊著鐵鉅鉾.[2] 똑같이 철 투구를 썼구나.
제저철호모

역주

1) 鐵裲襠 : 철 조끼.
2) 鐵鉅鉾 : 철 투구.
3) 압운은 行, 襠에서 頭, 鉾로 환운하고 있다.

감상

〈기유가〉 4수 가운데 제3수이다. 질서정연한 군대의 모습을 간결한 표현으로 네 구에 담고 있다. 짧지만 가지런한, 일심동체의 군대의 모습을 선명하게 그려내고 있다.

17-1-3

男兒可憐蟲, 사내들이란 불쌍한 종자이러니,
남아가련충
出門懷死憂.[1] 문 나서면 죽을 걱정 품는구나.
출문회사우
屍喪狹谷中, 시신이 협곡 가운데 버려지면,
시상협곡중

白骨無人收.* 백골 되도록 거둬줄 이 없구나.
백골무인수

원주

* 도포를 같이 입고 바지를 같이 입자는 기풍이 있다.(有同袍同澤之風.)[2)]

역주

1) 懷死憂 : 죽을 걱정을 품다. 죽음에 대한 불안을 의미.
2) 同袍同澤 : 포(袍)는 상의 옷. 택(澤)은 바지. ≪시경·진풍·무의(秦風·無衣)≫에 나옴.
3) 압운은 1구의 蟲, 3구의 中이 압운하고 2구의 憂와 4구의 收가 압운하여 ABAB로 압운.

감상

〈기유가〉 4수 가운데 제4수이다. 전쟁에 나가면 언제 닥칠지 모르는 죽음에 대한 불안을 안고 사는 군인들의 마음을 대변하고 있다.

## 17-2

## 〈幽州馬客吟歌辭(유주마객음가사)〉 〈유주마객의 노래〉

快馬常苦瘦, 빠른 말은 늘 모질게도 야위어 있고,
쾌마상고수
勦兒常苦貧.[1)] 날랜 사내는 늘 모질게도 가난하네.
초아상고빈
黃禾起羸馬, 누런 벼 있으면 여윈 말 일으켜 세우듯,
황화기리마
有錢始作人. 돈이 있으면 비로소 사람을 일으킨다네.
유전시작인

역주

1) 幽州馬客吟歌辭 : ≪악부시집·횡취곡사·양고각횡취곡(樂府詩集·橫吹曲辭·梁鼓角橫吹曲)≫에 속한다.
2) 快馬常苦瘦 2구 : 쾌마(快馬)는 빠르고 날쌘 말. ≪악부시집≫에는 '쾌마(憎馬)'로 되어있다. 초(勦)는 수고하다의 뜻이 있으나 여기서는 1구의 '쾌(快)' 와 같이 '민첩하다' 의 의미.
3) 黃禾起羸馬 2구 : 황화(黃禾)는 누런 벼, 잘 익은 곡식을 말함. 리마(羸馬)는 여윈

말. 작(作)은 3구의 '기(起)'와 같이 '일으키다'의 의미.
4) 압운은 貧, 人.

감상

≪악부시집≫에 동일 제목의 시가 총 5수 실려 있는데, 이 시는 제1수이다. 빠른 말과 날랜 사내는 능력이 있음을 의미한다. 그런데 그들은 야위고 가난하다. 이것이 현실의 부조리이다. 아무리 능력이 있어도 그에 상응하는 대우를 해주지 않는다면 그 능력을 발휘하지 못하는 법이다.

## 17-3

## 〈琅琊王歌辭(낭야왕가사)〉[1]　　〈낭야왕 노래〉

### 17-3-1

| | |
|---|---|
| 新買五尺刀,<br>신매오척도 | 새롭게 다섯 자의 칼을 사서, |
| 懸著中梁柱.[2]<br>현착중량주 | 가운데 대들보에 걸어 두었네. |
| 一日三摩挲,[3]<br>일일삼마사 | 하루에도 여러 번 어루만지니, |
| 劇于十五女.[4]<br>극우십오녀 | 열다섯 계집보다 더 하는구나. |

역주

1) 琅琊王歌辭 : ≪악부시집·횡취곡사·양고각횡취곡(樂府詩集·橫吹曲辭·梁鼓角橫吹曲)≫에 속한다.
2) 懸著中梁柱 : 현착(懸著)은 걸어두다. 중량주(中梁柱)은 가운데 대들보의 기둥.
3) 摩挲 : 첩운, 의태어로 어루만지는 모양.
4) 劇于十五女 : 극(劇)은 심하다, 여기서는 좋아한다는 의미. 우(于)는 ~보다. 십오녀(十五女)는 여기서 계년(笄年)을 맞아 처음 비녀를 꽂는 나이의 여자로 막 성인이 된 여자를 말함.
5) 압운은 柱, 女.

감상

≪악부시집≫에 동일 제목의 시가 총 8수 수록되어 있는데, 위의 시는 제1수이다. 칼을 생필품으로 하는 유목민의 모습을 생동감 있게 묘사하고 있다. "사내야! 사내

야! 누가 좋으니? 칼이 좋아, 계집이 좋아?" 이렇게 다시 한 번 묻고 싶다. 유목민에게 칼은 전쟁 수단만이 아니다. 가축을 잡아, 그 고기를 먹고, 그 가죽을 벗기는 데 가장 필요한 게 칼이다.

### 17-3-2

客行依主人,[1] 길손이 주인에 의지하고자 함은,
객행의주인
願得主人彊.[2] 주인의 강인함을 얻기 위함이지.
원득주인강
猛虎依深山, 용맹한 호랑이 깊은 산에 의지함은,
맹호의심산
願得松柏長.* 소나무 측백의 긺을 얻기 위함이지.
원득송백장

**원주**

* 말하고자 하는 바가 앞에 있고, 비유하는 뜻은 뒤에 있으니, 옛 사람 중에 가끔 쓰는 것이 있다.(正意在前, 喩意在後, 古人往往有之.)

**역주**

1) 客 : 길손, 식객(食客)이나 문객의 의미.
2) 彊 : 강인함.
3) 압운은 彊, 長.

**감상**

≪악부시집≫에 실린 동일 제목의 시 가운데 제7수이다. 원주의 내용처럼 이 시는 먼저 정(情) 즉 마음을 읊고 후에 경(景)을 읊어, 보통 정경을 노래하고 마음을 드러내는 방식을 뒤집었다. 시인이 말하고자 함을 앞에 세워 오히려 말하는 바가 강조되어 보인다. 이 시는 호랑이가 깊은 산에 의지함은 사람이 두려워서가 아니라 소나무와 측백나무의 '긺'을 얻고자 함 같이, 식객이 주인에게 의지하는 것은 그 주인의 강인함을 얻고자 함에 있다는 의미이다. '긺'은 물질적 크기뿐 만 아니라 시간적 장구함도 아울러 의미한다.

### 17-3-3

儈馬高纏鬃,[1] 날쌘 말에 높은 갈기 묶었더니,
쾌마고전종

| | |
|---|---|
| 遙知身是龍.[2]<br>요지신시룡 | 멀리서도 아나니 몸이 용마임을. |
| 誰能騎此馬,<br>수능기차마 | 뉘라서 이런 말을 탈 수 있을까, |
| 惟有廣平公.[3]*<br>유유광평공 | 오직 광평공 그 분 한 분뿐이네. |

**원주**

* ≪진서≫를 살펴보면 광평공은, 요필로서 요흥의 아들이자, 요홍의 동생이다.(按晉書廣平公, 姚弼興之子, 泓之弟也.)

**역주**

1) 噲馬高纒鬃 : 쾌마(噲馬)는 쾌마(快馬)로 빠른 말. ≪악부시집≫에 〈유주마객음가사(幽州馬客吟歌辭)〉의 '쾌마(快馬)'를 '쾌마(噲馬)'로 쓰고 있다. 전(纒)은 묶다. 종(鬃)은 갈기.
2) 遙知身是龍 : ≪이아·석축(爾雅·釋畜)≫에 "말이 팔 척이면 융이라 한다.(馬八尺爲駥.)"라고 하였는데, 곽박(郭璞)의 주에 "≪주례≫에 말의 키가 팔 척 이상이면 융이라 한다.(≪周禮≫ 曰: 馬八尺已上爲駥.)"라고 하였다. 또, 융(駥)을 용(龍)이라도 하였다.(馬高八尺以上曰龍.)
3) 廣平公 : 후진(後秦) 요필(姚弼)을 말함. 요흥(姚興)의 아들이며 용홍(姚泓)의 동생으로 전투에 뛰어났다.
4) 압운은 鬃, 龍, 公.

**감상**

≪악부시집≫에 실린 동일 제목의 시 가운데 제8수이다. 후진의 뛰어난 장수 요필을, 멋지고 위풍당당한 용마를 빌어 칭송하고 있다.

## 17-4
## 〈鉅鹿公主歌辭(거록공주가사)〉[1] 〈거록공주의 노래〉

| | |
|---|---|
| 官家出遊雷大鼓.[2]<br>관가출유뢰대고 | 황제가 출유하니 큰 북을 울려대고 있네. |
| 細乘犢車開後戶.[3]<br>세승독거개후호 | 섬세한 수레 송아지 끄는데 뒷문 열렸네. |
| 車前女子年十五.<br>차전녀자년십오 | 수레 앞 소녀들 나이가 열다섯이라네. |

手彈琵琶玉節舞.[4] 섬섬옥수 비파 켜고 옥절 갖고 춤추네.
수탄비파옥절무

鉅鹿公主殷照女.[5] 거록공주는 크게 사랑받는 딸이라네.
거록공주은조녀

皇帝陛下萬幾主.[6] 황제 폐하는 만 가지 일의 주인이시네.
황제폐하만기주

**역주**

1) 鉅鹿公主歌辭 : ≪악부시집·횡취곡사·양고각횡취곡(樂府詩集·橫吹曲辭·梁鼓角橫吹曲)≫에 속한다.
2) 官家出遊雷大鼓 : 관가(官家)는 천자가 자신을 낮춰 부른 말. 여기서는 흉노의 황제를 가리킴. 뢰(雷)는 뢰(擂)의 가차자로 '치다, 두드리다'의 뜻.
3) 細乘犢車開後戶 : 세(細)는 섬세하다, 오밀조밀하다. 승(乘)은 거(車)로 수레. 독거(犢車)는 송아지가 끄는 수레. 후호(後戶)는 수레의 뒷문.
4) 玉節 : ①옥으로 된 악기 이름 ②춤추는 도구. 여기서는 ②의 뜻.
5) 殷照 : 크게 비추다. 여기서는 '황제의 사랑을 받는, 황제를 크게 비춰주는'의 의미.
6) 萬幾 : 만 가지의 기미(幾微)한 일.
7) 압운은 鼓, 戶, 五, 舞, 女, 主로 매구 하고 있다.

**감상**

≪악부시집≫에는 총 6구의 위의 시가 각 2구씩 묶어 총 3수(首)로 소개되어 있고, 각 구 마다 압운이 이뤄지고 있다. 1-2구에서는 황제가 큰 북을 울려대며 출유하는 가운데, 오밀조밀한 수레를 탄 호기심 많은 공주가 수레의 뒷문을 열고 구경하는 모습을 상상하니, 공주가 탄 송아지가 끄는 수레처럼 귀엽기 그지없다.

3-4구는 열다섯 살, 공주의 시녀들이 수레 앞에서 비파를 켜고 옥절을 들고서 춤추는 모습을 그리고 있다. 마치 황제나 고관대작의 행차를 연상시켜준다.

5-6구는 공주의 행차가 화려한 이유를 설명한다. 공주는 황제께서 누구보다도 크게 사랑하는 사람이고, 황제는 만사의 주인이니, 이는 너무나 당연한 바이다.

## 17-5

## 〈隴頭歌辭(롱두가사)〉[1] 〈롱두의 노래〉

### 17-5-1

朝發欣城,[2] 아침에 흔성을 출발하여,
조발흔성

| | |
|---|---|
| 暮宿隴頭.<br>모숙롱두 | 저녁에 롱두산에 머무네. |
| 寒不能語,<br>한불능어 | 추워서 말을 할 수 없나니, |
| 舌卷入喉.*<br>설권입후 | 혀 말려 목구멍에 들어갔네. |

**원주**

* 기이한 말이다.(奇語.)

**역주**

1) 隴頭歌辭 : ≪악부시집·횡취곡사·양고각횡취곡(樂府詩集·橫吹曲辭·梁鼓角橫吹曲)≫에 속한다.
2) 欣城 : 흔성. 문맥상 지명으로 보임.
3) 隴頭 : 롱두산(隴頭山)의 준말.
4) 압운은 頭, 喉.

**감상**

4구에서 추운 날씨를 '혀가 말려서 목구멍에 들어갈 정도' 라고 과장되게 표현하고 있다. 추위를 이렇게 묘사할 수 있다니, 그래서 심덕잠은 원주에서 '기이한 말' 이라고 평하였으리라.

## 17-5-2

| | |
|---|---|
| 隴頭流水,<br>롱두류수 | 롱두산의 흐르는 물은, |
| 鳴聲幽咽.[1]<br>명성유열 | 그 울림 나직이 흐느끼듯. |
| 遙望秦川,[2]<br>요망진천 | 진천을 멀리 바라보니, |
| 心腸斷絶.*<br>심장단절 | 애간장이 끊어지는구나. |

**원주**

* 이 작품은 한나라의 노래와 같다.(此章同漢辭.)

**역주**

1) 幽咽 : 나직이 흐느끼다. ≪고시원≫ 권14 수시(隋詩)의 10-2 〈별서영원수재(別徐永元秀才)〉에 "나직이 흐느끼듯 저 물소리 듣기 어렵네.(幽咽水難聞.)" 라고 하였다.
2) 秦川 : 옛 진(秦)나라가 있던 평원지대, 평원 지대의 시냇물이 흐르는 지역.
3) 압운은 咽, 絶로 입성(入聲) 압운.

**감상**

동일 제목의 시가 ≪악부시집≫에 3수 실려 있는데, 이 시는 제3수이다. 3구의 진천 지역은 옛 진나라가 있던 평원지대로 중원 땅이어서, 고향을 암시한다. 이곳을 바라보는 마음은 그리움에 애간장이 끊어지는데, 롱두산을 흐르는 물소리가 이 마음 알기에 흐느끼고 있는 듯하다.

## 17-6
## 〈折楊柳歌辭(절양류가사)〉[1]　　〈버들가지를 꺾어서〉

### 17-6-1

| | |
|---|---|
| 上馬不捉鞭,[2]<br>상마불착편 | 말 올랐지만 채찍 잡지 않고, |
| 反折楊柳枝.<br>반절양류지 | 도리어 버들가지만 꺾고 있네. |
| 蹀坐吹長笛,[3]<br>접좌취장적 | 가부좌하고 앉아 긴 피리 부니, |
| 愁殺行客兒.[4]<br>수살행객아 | 나그네는 수심 겨워 죽을 지경. |

**역주**

1) 折楊柳歌辭 : ≪악부시집·횡취곡사·양고각횡취곡(樂府詩集·橫吹曲辭·梁鼓角橫吹曲)≫에 속한다.
2) 捉鞭 : 채찍을 잡다.
3) 蹀坐 : 발을 엮어 앉다. '가부좌하고 앉다' 로 번역함. 〈절양류가사(折楊柳歌辭)〉 제 2수에 "뱃속이 수심 겹고 즐겁지 않으니, 남편의 말채찍이 되길 원하네. 출입할 때는 남편의 어깨에 꽂고, 가부좌할 때는 남편의 무릎 곁에 있네.(腹中愁不樂, 願作郎馬鞭. 出入擐郎臂, 蹀坐郎膝邊.)" 라 하였다.
4) 行客兒 : 나그네.

5) 압운은 枝, 兒.

**감상**

≪악부시집≫에 동일 제목의 시가 5수 소개되어 있는데, 이것은 그 중 제1수이다.

1-2구에서 가는 사람이 오히려 남고 싶은 마음에 말에 올랐으나 채찍은 잡지 못하고, 버들 가지만 꺾고 있다. '버들(柳)'은 '머무르다(留)'와 해음(諧音)이 되어 옛 사람들은 이별할 때 아쉬운 마음을 담아 버들가지를 꺾어 주었다. 가는 사람이 머뭇거린 이유는 전송해야할 사람이 가지 않고 앉아 피리를 불고 있기 때문이다(3구). 그래서 나그네도 차마 떠나지 못하고 수심에 잠긴 채 버들가지를 꺾어 남고 싶은 마음을 전하고 있다(4구).

### 17-6-2

| | |
|---|---|
| 遙看孟津河,[1]<br>요간맹진하 | 멀리 맹진 나루터 있는 황하를 보니, |
| 楊柳鬱婆娑.[2]<br>양류울파사 | 버들가지 우거져 춤추듯 흔들거리네. |
| 我是擄家兒,[3]<br>아시로가아 | 나는 변방에 사는 소수 민족이나니, |
| 不解漢兒歌.<br>불해한아가 | 한족 남아 아이의 노래를 모른다네. |

**역주**

1) 孟津 : 황하(黃河)의 나루터. 지금의 하남성(河南省) 맹현(孟縣) 남쪽에 위치.
2) 鬱婆娑 : 울(鬱)은 우거지다. 파사(婆娑)는 첩운, 의태어로 흔들거리는 모양.
3) 擄家兒 : 변방 소수 민족의 의미. 로(擄)의 독음은 ≪당운(唐韻)≫의 "랑고반절(郎古切)"과 ≪집운(集韻)≫"롱오반절(籠五切)"을 참고함. ≪악부시집≫에는 '로(虜)'로 되어 있음.
4) 압운은 河, 娑, 歌.

**감상**

≪악부시집≫에 실린 동일 제목의 시 가운데 제4수이다.

1-2구는 버들가지가 우거지는 계절, 짝을 찾는 사랑 노래임을 보여준다. 3-4구는 언어가 다른 소수 민족의 사람이라 반대편에서 들려오는 한족이 부르는 노래를 이해하지 못해서 답가를 불러주지 못한다는 의미다. 이는 서로 답가를 이어가며 노래를 부르는 풍습인 '대가(對歌)'의 모습을 엿볼 수 있는 대목이다.

17-6-3

| | |
|---|---|
| 健兒須快馬,<br>건아수쾌마 | 용사는 빠른 말이 필요하고, |
| 快馬須健兒.<br>쾌마수건아 | 빠른 말은 용사가 필요하지. |
| 跳跋黃塵下,[1]<br>별발황진하 | 누런 먼지 아래 힘차게 달리면, |
| 然後別雄雌.[2]<br>연후별웅자 | 그런 뒤 자웅을 가릴 수 있지. |

**역주**

1) 跳跋 : 쌍성, 의성어로 말 달리는 소리.
2) 別雄雌 : 자웅을 가리다.
3) 압운은 兒, 雌.

**감상**

≪악부시집≫에 실린 동일 제목의 시 가운데 제5수이다. 1-2구에서 보이는 동어의 반복은 민가다운 특징이다. 3구의 '누런 먼지(黃塵)' 는 전쟁을 비유한 말로 전쟁의 상황 아래서 말을 달려본 후에야 자웅을 가릴 수 있다는 의미다(4구).

17-7

〈木蘭詩(목란시)〉 〈목란시〉

| | |
|---|---|
| 唧唧復唧唧,<br>즉즉부즉즉 | 철컥 철컥 그리고 철컥 철컥, |
| 木蘭當戶織.[1]<br>목란당호직 | 목란이 문 향해 베 짜고 있네. |
| 不聞機杼聲,[2]<br>불문기저성 | 베 짜는 소리가 들리지 않더니, |
| 惟聞女歎息.<br>유문녀탄식 | 단지 딸의 탄식만 들리는구나. |
| 問女何所思,<br>문녀하소사 | 딸에 물길 너 생각하는 이 뉘냐, |

問女何所憶? 딸에 물길 너 그리는 이 뉘더냐.
문녀하소억
女亦無所思, 저는 당연히 그리워하는 이 없고,
여역무소사
女亦無所憶. 저는 또한 보고 싶은 이 없어요.
여역무소억
昨夜見軍帖, 어제 밤에 징집 문서를 보노라니,
작야견군첩
可汗大點兵.[3] 가한께서 크게 병사 모집한대요.
가한대점병
軍書十二卷, 저 징집 문서는 열두 권이었는데,
군서십이권
卷卷有爺名.[4] 권마다 다 아버지 이름이 있대요.
권권유야명
阿爺無大兒, 아버지에게는 큰 아들 없으시고,
아야무대아
木蘭無長兄. 목란 제게는 큰 오라버니 없죠.
목란무장형
願爲市鞍馬,[5] 원컨대 아비 위해 안장과 말 사서,
원위시안마
從此替爺征. 이제는 아빠 대신 싸우러 가겠어요.
종차체야정

東市買駿馬, 동쪽 시장에서는 날랜 준마 사고,
동시매준마
西市買鞍韉,[6] 서쪽 시장에서는 안장깔개 샀네.
서시매안천
南市買轡頭, 남쪽 시장에서는 고삐 샀거니와,
남시매비두
北市買長鞭. 북쪽 시장에서는 긴 채찍을 샀네.
북시매장편
朝辭爺孃去, 아침에 부모님 하직하고 떠나가,
조사야양거
暮宿黃河邊. 해 저문 저녁 황하 가에서 묵네.
모숙황하변

不聞爺娘喚女聲,
불문야낭환녀성
부모가 딸 부르는 소리 들리지 아니 하고,

但聞黃河流水鳴濺濺.[7]
단문황하류수명천천
단지 들리나니 황하 흐르는 소리 콸콸 댐을.

旦辭黃河去,
단사황하거
아침에 황하를 작별하고 떠나가,

暮至黑水頭.[8]
모지흑수두
저녁에는 흑수 머리에 이르렀네.

不聞爺娘喚女聲,
불문야낭환녀성
부모가 딸 부르는 소리 들리지 않고,

但聞燕山胡騎聲啾啾.[9]
단문연산호기성추추
단지 들리나니 연산의 호마 우는 소리뿐.

萬里赴戎機,[10]
만리부융기
만 리 전쟁터 군사작전 맞춰 내달리니,

關山度若飛.
관산도약비
관문과 산을 나는 듯이 넘곤 했었지.

朔氣傳金柝,
삭기전금탁
북방의 찬 기운이 조두에 전해져오고,

寒光照鐵衣.[11]
한광조철의
차가운 빛은 철갑옷에 비추어 왔었지.

將軍百戰死,
장군백전사
장군은 저 수많은 전투에서 죽어갔고,

壯士十年歸.
장사십년귀
장사들 10여 년 만에 돌아오게 되었지.

歸來見天子,
귀래견천자
돌아와서는 천자를 알현하게 되나니,

天子坐明堂.[12]
천자좌명당
천자께서는 저 명당에 앉아 계시네.

策勳十二轉,
책훈십이전
업적은 기록해서 열두 번 진급하였고,

賞賜百千彊.[13]
상사백천강
상 하사하심 백가지 천 가지도 넘네.

可汗問所欲.
가한문소욕
가한께서 바라는 바 하문하시나니,

木蘭不用尚書郎.[14]
목란불용상서랑
목란 저는 상서랑 따위 필요하지 않지요.

願馳千里足,
원치천리족
바라건대 잘 달리는 말을 달려서는,

送兒還故鄕.[15]
송아환고향
날 보내 고향에 돌아가게 해 주세요.

爺孃聞女來,
야양문녀래
부모가 딸이 온다는 소리를 듣고서,

出郭相扶將.[16]
출곽상부장
성문 밖 나와 부축하고 이끄는구나.

阿姊聞妹來,*
아자문매래
언니는 동생이 온다는 소리를 듣고,

當戶理紅妝.
당호리홍장
문 앞에 앉아서 붉은 화장 매만지네.

小弟聞姊來,
소제문자래
아래 동생은 누나 온다는 소리 듣고,

磨刀霍霍向豬羊.[17]
마도곽곽향저양
칼을 쓱쓱 갈아서 돼지와 양을 향하는구나.

開我東閣門,
개아동각문
내 지내던 동쪽 곁채의 문을 열어서,

坐我西間床.
좌아서간상
내 지내던 서쪽 방 침상에 앉아보노라.

脫我戰時袍,
탈아전시포
나의 전쟁 때 도포를 벗어 놓고서는,

著我舊時裳.
착아구시상
내 옛날 입던 치마를 입어보는구나.

當窗理雲鬢,
당창리운빈
창 향해 구름 같은 살쩍 매만지고,

對鏡帖花黃.[18]
대경첩화황
거울 대하고서 꽃 장식 붙여보노라.

出門看火伴,
출문간화반
대문을 나서 동료들을 바라보나니,

火伴皆驚惶.
화반개경황
동료들이 모두 놀라 당황하는구나.

| | |
|---|---|
| 同行十二年,<br>동행십이년 | 함께 지내며 다닌 지 십이 년이거늘, |
| 不知木蘭是女郎.[19]<br>불지목란시녀랑 | 목란이 여자이었다는 걸 몰랐다 하는구나. |

| | |
|---|---|
| 雄兎脚撲朔,<br>웅토각박삭 | 수토끼는 다리를 촐랑촐랑 대고, |
| 雌兎眼迷離.<br>자토안미리 | 암토끼는 눈이 게슴츠레하다오. |
| 兩兎傍地走,<br>량토방지주 | 두 토끼가 나란히 하고 달리면, |
| 安能辨我是雄雌.[20]**<br>안능변아시웅자 | 어찌 내가 암컷인지 수컷인지 알 수 있으랴. |

**원주**

* '동생은 언니가 온다는 소리를 듣고' 된 판본도 있다.(一作阿妹聞姊來.)

** 일이 기이하고 시도 기이하다. 당시 작품이 비천하고 화려할 때 이를 얻은 것은, 봉황이 울고, 상서로운 구름이 드러나는 것과 같으니, 매우 통쾌하다.(事奇詩奇. 卑靡時得此, 如鳳凰鳴, 慶雲見, 爲之快絶.)

당나라 사람 위원보의 〈의목란시〉 한 편이 있어, 후대 사람들이 아울러 이 작품을 위원보가 지은 것으로 여김은, 잘못이다. 위원보는 중당 시기의 사람에 속한다. 두보의 〈초당〉 한 편이 있는데, 후반부에서 완전히 이 시의 장법을 사용하였다. (이 작품은) 양나라 사람의 작품으로서 단정하는 것이 타당하다.(唐人韋元甫有〈擬木蘭詩〉一篇, 後人幷以此篇爲韋作, 非也. 韋系中唐人, 杜少陵〈草堂〉一篇, 後半全用此詩章法矣. 斷以梁人作爲允.)

**역주**

1) 喞喞復喞喞 2구 : 즉즉(喞喞)은 첩어, 의성어로 ①혀를 차는 소리, 탄식하는 소리(4구 歎息과 관련) ②베를 짜는 소리(3구 機杼聲과 관련). 여기서는 ②의 뜻으로 보아 '철컥철컥' 으로 번역함. 당호(當戶)는 문을 향하다. 직(織)은 베를 짜다.

2) 機杼 : 기(機)는 베틀. 저(杼)는 북. 여기서는 '베를 짜다' 의 의미.

3) 昨夜見軍帖 2구 : 군첩(軍帖)은 군 징집 문서. 가한(可汗)은 천자(天子). 점(點)은 모집하다.

4) 軍書十二卷 2구 : 군서(軍書)는 9구의 군첩(軍帖), 징집 문서. 야(爺)는 방언에서 아버지에 대한 호칭.

5) 願爲市鞍馬 : 위(爲) 다음에 아버지가 생략됨. '아버지를 위해' 의 의미. 시(市)는

사다.

6) 鞍韉 : 말안장 밑의 깔개.

7) 濺濺 : 첩어, 의성어로 물이 세차게 흐르는 소리.

8) 黑水頭 : 흑수 머리, 지명으로 흑산두(黑山頭)라고도 하며 지금의 내몽고 자치구 호화호특시(呼和浩特市) 동남쪽 100리에 위치.

9) 燕山胡騎聲啾啾 : 연산(燕山)은 계북(薊北)으로부터 동으로 이어져 요서(遼西)에 이르는 연산의 산맥. 호기(胡騎)는 호마(胡馬). 추추(啾啾)는 첩어, 의성어로 말 울음소리.

10) 赴戎機 : 부(赴)는 내달리다. 융(戎)은 군대를 상징하는 말. 기(機)는 기밀(機密). 융기(戎機)는 군사 기밀, 군사 작전.

11) 朔氣傳金柝 2구 : 삭기(朔氣)는 북방의 찬 기운. 금탁(金柝)은 조두(刁斗)와 같은 것으로 조리기구로 쓰이면서 밤에 야경을 돌 때는 딱따기 같은 역할의 소리 도구로도 쓰임. 철의(鐵衣)는 쇠를 달아 만든 갑옷.

12) 明堂 : ①고대 천자가 제사를 지내고, 제후를 조회하고, 학문을 가르치고, 선비를 선발하던 장소. ②천자가 밝은 정치를 베푸는 마루로 천자의 집무처.

13) 策勳十二轉 2구 : 책훈(策勳)은 공, 업적을 기록하다. 전(轉)은 진급, 승급. 당나라 때 훈작(勳爵)을 등급으로 나누어 매번 한 등급이 오르는 것을 1전(轉)이라고 함. 상사(賞賜)는 상으로 하사하시는 것. 백천강(百千彊)은 백 가지 천 가지가 넘다, 많다. 강(彊)을 강(繈)의 가차로 보아 꾸러미로 볼 수도 있음.

14) 尙書郞 : 관직 이름. 한(漢)나라 이후 상서(尙書)에서 관직을 나누었는데, 관직 업무를 맡은 사람을 상서랑(尙書郞)이라 부름.

15) 願馳千里足 2구 : 치(馳)는 달리다. '빌리다(借)' 로 되어 있는 판본도 있음. 천리족(千里足)은 말을 표현하는 천리마(千里馬)가 아닌 것으로 보아 '낙타' 일 가능성도 있으나 번역은 '잘 달리는 말' 로 함. 아(兒)는 목란 자신.

16) 出郭相扶將 : 곽(郭)은 성문. 부장(扶將)은 부축하고 이끌다. 여기서는 노부부가 딸을 마중하는 모습.

17) 霍霍 : 첩어, 의성어로 칼을 가는 소리.

18) 當窗理雲鬢 2구 : 운빈(雲鬢)은 구름 같은 살쩍. 화황(花黃)은 화장법의 한 방식.

19) 木蘭是女郞 : 시(是)는 여기서 '~이다' 의 뜻. 여랑(女郞)은 원래 남자 같은 여자를 이르는 말이나, 여기서는 운을 밟기 위해 일부러 선택한 것으로 보임.

20) 雄兔脚撲朔 4구 : 이 4구는 가창자(歌唱者)가 관객에게 건네는 말. 박삭(撲朔)은 첩운, 의태어로 방정을 떨고 촐랑대는 모습. 미리(迷離)는 첩운, 의태어로 게슴츠레 눈을 내리까는 모양. 방(傍)은 나란히 하다. 지(地)는 부사어를 만드는 역할.

21) 압운은 織, 息, 憶, 憶에서, 兵, 名, 兄, 征으로, 다시 韉, 鞭, 邊, 濺으로, 다시 頭, 啾로, 다시 飛, 衣, 歸로, 다시 堂, 彊, 郞, 鄕, 將, 妝, 羊, 床, 裳, 黃, 惶, 郞으로, 다시 離, 雌로 바꾸고 있다.

**감상**

이 시는 ≪악부시집·횡취곡사·양고각횡취곡≫에 실려 있다. 북조의 민가가 남조에 전해졌다가 훗날 ≪악부시집≫에 수록된 것으로 보인다. 목란(木蘭)이란 인물에 대해 여러 설이 있는데, 북위(北魏) 태무제(太武帝) 연간(408-452)에 생활한 남장을 한 여자 '화목란(花木蘭)'이라는 설, 수(隋)나라 공제(恭帝) 의녕(義寧) 연간(617-619)에 돌궐(突厥)이 변경을 침입하자 남장을 하고 종군했다는 설, 북조 사람으로 이름이 '주목란(朱木蘭)'이라는 설 등이 있다. 그 내용은 연로한 아버지를 대신해 남장을 하고 전쟁에 나가 공을 세우고 돌아오는 효녀의 이야기이다. 서사시 전통이 빈약한 중국 고전시가 입장에서는 대단히 소중한 작품으로 꼽힌다. 남조의 〈공작동남비가〉와 더불어 중국 고대 2대 서사시라 할 수 있다. 대대로 설화와 소설 그리고 희곡의 제재로 활용되어 왔고, 1998년 미국 디즈니(Disney)사에서 만화영화 '뮬란(Mulan)'으로 제작되기도 하였다.

시는 모두 62구로 되어 있고, 내용에 따라 여섯 단락으로 나눌 수 있다.

1단락(1-16)은 목란이 연로한 아버지를 대신하여 참전을 결정하는 이야기이다. 11-12구에 징집 문서마다 아버지의 이름이 있었다는 것은 아버지 나이가 연로해 징집 대상이 아니라고 생각했던 딸이 모든 문서마다 아버지 이름이 있었음을 알고 놀라는 대목이다.

2단락(17-28구)은 목란이 준비를 마치고 전쟁터로 떠나는 내용이다. 17-20구에서 동서남북의 시장은 사실적 묘사가 아니라 여기저기에서 물건을 샀다는 의미다. 25-26구는 황하의 노란 물과 흑수머리의 검은 물을 통해 동화적 표현을 자아낸다.

3단락(29-34구)은 10여 년의 전쟁 생활을 단 6개의 구로 압축해 놓았다. 이는 이 시의 주제가 '목란의 효행'에 있음을 보여주는 것으로 '서사시(敍事詩)'로서의 면모는 약한 점을 알 수 있게 한다. 29-30구는 수많은 전쟁터로의 공간 이동을 단 2개의 구로 압축했고, 33-34구는 일종의 호문(互文)으로 장군과 병사들이 수 없이 죽고, 살아있는 사람들만 10여 년 만에 고향에 돌아왔다는 의미다.

4단락(35-42구)은 목란의 귀환을 말하고 있다. 목란이 천자를 알현하고 많은 상을 하사 받았으나 벼슬도 마다하고 고향에 돌려 보내주길 청한다.

5단락(43-58구)은 집에 돌아온 목란이 자신이 여자임을 밝히는 내용이다. 군복이 아닌 치마를 입고 화장을 한 목란의 모습에 군 동료들은 12년 만에 목란이 여인임을 알고 놀란다.

마지막 6단락(59-62구) 4구는 결론이면서 시의 내용과는 별개로 이 이야기를 노래로 들려주는 가창자(歌唱者)가 붙인 대사이다. 다리를 촐랑대는 수토끼, 눈이 게슴츠레한 암토끼. 이렇게 다른 암수토끼지만 나란히 달리면 암수를 어떻게 구별할 수 있겠느냐는 비유를 통해 남장을 하고 10여 년 전쟁에 참여했던 효녀 목란의 이야기를 재치 있게 마무리하고 있다.

## 17-8

### 〈捉搦歌(착닉가)〉[1]　　〈옷을 붙잡는 노래〉

#### 17-8-1

華陰山頭百丈井,[2]　화음산의 꼭대기에는 백 길 깊이의 우물이 있나니,
화음산두백장정
下有流水徹骨冷.　그 아래 흐르는 물 있어 뼈 속까지 뚫고 차갑다네.
하유류수철골랭
可憐女子能照影,[3]　어여쁜 저 여자가 자기 모습을 비춰 보고 있는데,
가련녀자능조영
不見其餘見斜領.[4]　그 나머지 것은 보이지 않고 비낀 옷깃만 보이네.
불견기여견사령

**역주**

1) 捉搦歌 : 남녀가 서로 옷을 붙잡고 희롱하는 노래. ≪악부시집·횡취곡사·양고각횡취곡(樂府詩集·橫吹曲辭·梁鼓角橫吹曲)≫에 속한다.
2) 華陰 : 현(縣)의 이름. 지금의 섬서성(陝西省) 화음현(華陰縣) 동남쪽에 위치.
3) 可憐 : 사랑스럽다, 어여쁘다.
4) 斜領 : 기울어진 옷깃.
5) 압운은 冷, 領.

**감상**

≪악부시집≫에 동일 제목의 시가 모두 4수 실려 있는데, 그 중 제3수이다.

3-4구의 내용은 한 남자가 우물가의 어여쁜 여인의 모습을 몰래 엿보는 장면이다. 우물에 자신의 모습을 비춰 보고 있는 여인을 더 보고 싶은데, 야속하게도 기울여 있는 옷깃만 보인다. 2구에서 그 우물 아래 흐르는 물이 뼈의 속까지 차갑다고 한 것은 얼굴을 보여주지 않는 여인의 매정함을 표현한 남자의 마음일지도 모른다.

#### 17-8-2

黃桑柘屐蒲子履,[1]　황상으로 만든 신이든 부들로 만들 신이든,
황상자극포자리
中央有絲兩頭繫.　중앙에는 끈이 있어 양쪽을 묶어야 한다네.
중앙유사량두계

小時憐母大憐婿, 어려서 어머니 사랑 커서는 남편 사랑이거늘,
소시련모대련서
何不早嫁論家計. 어찌 아니 빨리 시집보내고 살림타령인가요?
하불조가론가계

**역주**

1) 黃桑柘屐蒲子履 : 황상자(黃桑柘)은 노란 산뽕나무. 극(屐)은 나막신. 여기서는 '신발' 의 의미. 포자(蒲子)는 부들. 리(履)는 신발.
2) 압운은 繫, 計.

**감상**

≪악부시집≫에 실린 동일 제목의 4수 가운데 제4수이다. 1-2구에서는 어떤 사람이든 배필을 찾아 짝을 이뤄야함을 신발에 비유하여 말하고 있다. 3-4구에서 직접적으로 자신을 빨리 시집보내주지 않고 살림타령만 하는 부모님을 탓하는 모습은 시를 감상하는 사람들에게 북방 여인다운 대범하고도 솔직한 성격을 느끼게 한다.

# 권14

# 陳詩(진시)

## 1. 陰鏗[1]

### 1-1

〈渡青草湖(도청초호)〉[2)*] 〈청초호를 건너며〉

| | |
|---|---|
| 洞庭春溜滿,<br>동정춘류만 | 동정호에 봄물이 가득 차 있거니와, |
| 平湖錦帆張.[3]<br>평호금범장 | 잔잔한 호수에 비단 돛 펼쳐보노라. |
| 沅水桃花色,<br>원수도화색 | 원수는 복사꽃 빛으로 흐르고, |
| 湘流杜若香.[4]<br>상류두약향 | 상수는 두약의 향기 머금었네. |
| 穴去茅山近,<br>혈거모산근 | 혈맥은 모산에서 가까이 이어지고, |
| 江連巫峽長.[5]<br>강련무협장 | 양자강은 무협과 이어져서 길다네. |
| 帶天澄迥碧,<br>대천징형벽 | 하늘 거느려 먼 푸른 물빛 맑고, |
| 映日動浮光.[6]<br>영일동부광 | 해에 비춰 물에 뜬 빛 일렁이네. |
| 行舟逗遠樹,<br>행주두원수 | 지나는 배는 먼 나무에 머물러 있고, |
| 度鳥息危檣.[7]<br>도조식위장 | 건너는 새 높은 돛대에서 쉬고 있네. |
| 滔滔不可測,<br>도도불가측 | 청초호 도도하여 끝 헤아릴 수 없으니, |
| 一葦詎能航?[8]<br>일위거능항 | 일엽편주로 어찌 건널 수 있단 말인가? |

**원주**

* 또한 유신의 시라고도 한다.(亦作庾信詩.)

**역주**

1) 陰鏗(음갱, 생졸미상) : 남조 진나라 무위(武威) 고장(姑藏), 지금의 감숙성(甘肅

省) 무위현(武威縣) 사람으로 자는 자견(子堅)이다. 벼슬은 양나라에서 상동왕(湘東王) 소역(蕭繹)의 법조행참군(法曹行參軍)을 지냈고, 진나라에서 시흥왕(始興王)의 록사참군(錄事參軍), 진릉태수(晉陵太守), 원외산기상시(員外散騎常侍)를 역임했다. 사전(史傳)에 정통하고, 오언시(五言詩)를 잘 지었다. 문집 3권이 있었으나 지금은 전하지 않는다.

2) 青草湖 : 동정호(洞庭湖)의 동남쪽에 있는 호수 이름. ≪방여기요(方輿紀要)≫에 의하면 청초호는 북으로는 동정호에, 남으로는 소수(瀟水)와 상강(湘江)에, 동으로 멱라수(汨羅水)에 연결되었다고 함.

3) 洞庭春溜滿 2구 : 동정(洞庭)은 동정호(洞庭湖). 춘류(春溜)는 봄물로 눈이 녹아내린 물, 빗물 등을 가리킴. 평호(平湖)는 수면이 육지와 평평할 정도로 가득찬 물. 여기서는 '청초호(青草湖)'를 가리킴. 금범장(錦帆張)은 비단 돛을 펼친다는 것으로 놀잇배를 타고 나가는 것을 말함.

4) 沅水桃花色 2구 : 원수(沅水)는 물 이름. 호남성(湖南省) 검양(黔陽) 등을 거쳐 북쪽으로 동정호(洞庭湖)에 들어감. 도화색(桃花色)는 도연명(陶淵明) 〈도화원기(桃花源記)〉의 배경을 떠올리게 하는 복숭아 꽃 빛을 말함. 상류(湘流)는 상수(湘水)를 말함. 순 임금은 요 임금의 두 딸 아황(娥皇)과 여영(女英)을 비로 맞이하였는데, 순임금이 세상을 떠나자 두 아내가 상수(湘水)에서 슬피 울다 강에 몸을 던졌으며 이 때 뿌려진 눈물에 상포(湘浦)의 대는 얼룩대가 되었다고 한다. 이 이야기에서 '소상반죽(瀟湘斑竹)'이라는 말이 나왔다. 두약향(杜若)은 두약이라는 향초. ≪초사≫의 〈상군(湘君)〉과 〈상부인(湘夫人)〉편에 모두 두약을 캐어 바치는 모습이 묘사되어 있다. 주지하듯이, 상군과 상부인은 모두 순 임금의 왕비와 유관한 여신들이다.

5) 穴去茅山近 2구 : 혈(穴)은 땅의 혈맥으로 청초호의 혈맥. 모산(茅山)은 도교(道教)의 여덟 번째 동천(洞天). 동천은 경치가 좋은 곳으로 모산은 강소성(江蘇省) 구용현(句容縣) 동남쪽에 위치하며 화양(華陽)이라는 동굴이 있는데 한(漢)나라 모(茅) 씨 삼형제가 여기에서 득도하여 신선이 되었다고 함. 무협(巫峽)은 무산(巫山) 신녀(神女)를 말한 것으로 운우지정(雲雨之情) 고사와 연관한 것이다. 고사의 내용은 다음과 같다. 전국 시대 초나라 시인 송옥(宋玉)의 〈고당부(高唐賦)〉에 의하면 전국 시대 초회왕(楚懷王)이 일찍이 낮잠을 자는데, 꿈에 한 여인이 와서 말하기를 "저는 무산의 여자로서 고당(高唐)의 나그네가 되었는데, 임금님이 여기에 계신다는 소문을 듣고 왔으니, 원컨대 침석(枕席)을 같이해 주소서."라고 하므로, 과연 그와 같이 하룻밤을 잤더니, 그 이튿날 아침에 그 여인이 떠나면서 말하기를 "아침에는 구름이 되고 저녁에는 비를 내리면서 아침마다 저녁마다 양대로 내려옵니다."라고 하였다.

6) 帶天澄逈碧 2구 : 대천(帶天)은 하늘을 허리띠처럼 두르다. 형벽(逈碧)은 멀리 있는 푸르른 물 빛. 영일(映日)은 호수 수면 위로 해가 비추는 것.

7) 行舟逗遠樹 2구 : 두(逗)은 두류(逗留)로 머물다. 위장(危檣)은 높은 누대(危樓), 허리를 곧추세우고 앉다(危坐)와 같이 '높은 돛대'의 의미.

8) 滔滔不可測 2구 : ≪시경·위풍·하광(衛風·河廣)≫에 "누가 황하가 넓다 했는가, 한 개의 갈대로도 건널 수 있는 것을."에 근거하여 썼으나 그것을 뒤집어 활용함. 일위(一葦)는 ①고대에 갈대를 엮어 만든 배 ②비유로 쓰여 '갈대 잎 하나같이 작은 배'라는 의미. 여기서는 ②의 뜻으로 '일엽편주(一葉片舟)'로 번역함.

9) 압운은 張, 香, 長, 光, 檣, 航.

**감상**

이 시는 남조(南朝) 진(陳)나라의 시인 음갱(陰鏗)이 청초호(青草湖)의 아름다움을 노래한 작품이다. 이 시는 모두 12구로 되어 있는데, 내용과 따라 다음과 같이 4개의 단락으로 나눌 수 있다.

<table>
<tr><td>1단락</td><td>1-2구</td><td colspan="2">청초호 소개와 도항 준비</td></tr>
<tr><td>2단락</td><td>3-6구</td><td rowspan="2">경관<br>묘사</td><td>신화적 모습</td></tr>
<tr><td>3단락</td><td>7-10구</td><td>현실적 모습</td></tr>
<tr><td>4단락</td><td>11-12구</td><td colspan="2">시인의 감회</td></tr>
</table>

먼저 1과 4단락을 살펴보면, 두 단락은 수미로서 호응하고 있다. 1단락(1-2구)은 동정호와 그 근처에 이어져 있는 호수들에 물이 가득차고, 시인이 소개하는 청초호도 물이 가득 찼다. 여기에 시인은 비단 돛을 펼치고 건너고자 한다. 마지막 4단락(11-12구)은 ≪시경·위풍·하광(衛風·河廣)≫의 구절을 가져와 "이렇게 넓은 청초호를 어찌 일엽편주 같은 작은 배로 건널 수 있으랴"라고 시를 마무리하고 있다.

가운데 두 단락은 청초호와 관련하여 경치를 묘사한 것이다. 2단락(3-6구)은 별천지 같은 면모를 묘사하고 있다. 3-4구의 원수와 상류는 순 임금의 두 아내 아황과 여영과 관련한 '소상반죽' 고사를 생각나게 하고, 도화색(桃花色)는 도연명 〈도화원기〉 속의 복숭아꽃 빛을 떠올리게도 하며, 두약은 ≪초사≫ 속의 〈상군〉과 〈상부인〉에 나오는 향초로 모두 순 임금의 왕비와 유관하다. 한 마디로 신성한 신화의 세계를 연상시켜준다. 또 5-6구에서 청초호의 혈맥이 도교의 성지인 모산과 가까이 이어졌고, 청초호에 이어지는 양자강은 무산(巫山) 신녀(神女)가 있는 무협(巫峽)과 이어져 있다고 하니 이곳은 인간의 세계가 아닌 별천지인 셈이다.

3단락(7-10구)은 인간 세계로서의 경치를 말하며 청초호의 넓음을 묘사한 것이다. 7-8구는 이 청초호가 너무 넓어 하늘을 허리띠처럼 두르고 있기에 그 푸르른 물빛은 더 맑게 보이고, 수면에 비치는 햇살이 만들어 내는 빛들의 일렁임 또한 더 곱게 보인다는 의미다. 9-10구는 호수가 얼마나 넓은지 멀리 지나는 배가 마치 나무에 걸린 듯 보이고, 새도 날다 지쳐서 돛대 위에서 쉴 수밖에 없다는 의미다.

시인은 마지막 두 구에서 이 호수를 일엽편주로 어찌 건널 것인가라고 묻고 있다. 혹 시인은 청초호의 광활함과 아름다움에 취해 부러 건너지 않으려 하는 것은 아니었을까?

## 1-2
## 〈廣陵岸送北使(광릉안송북사)〉[1)]

〈광릉 강기슭에서 북조에서 온 사신을 보내며〉

| | |
|---|---|
| 行人引去節,<br>행인인거절 | 떠나는 이는 떠나는 부절을 끌어 잡고, |
| 送客艤歸艫.[2)]<br>송객의귀로 | 보내는 이는 돌아가는 배 준비시키네. |
| 即是觀濤處,<br>즉시관도처 | 바로 물결을 구경하던 곳이거늘, |
| 仍爲郊贈衢.[3)]<br>잉위교증구 | 이어 작별하는 갈림길 되었구나. |
| 汀洲浪已息,<br>정주랑이식 | 물가 모래섬 파랑은 이미 멈췄거니와, |
| 邗江路不紆.[4)]<br>한강로불우 | 한강 운하 길이 편하시길 기원한다오. |
| 亭嘶背櫪馬,<br>정시배력마 | 이별 정자엔 말이 구유를 등지고 울고, |
| 檣轉向風烏.[5)]<br>장전향풍오 | 돛대에는 바람결 까마귀가 울어대누나. |
| 海上春雲雜,<br>해상춘운잡 | 큰 물 위에는 봄 구름이 뒤섞여 있고, |
| 天際晚帆孤.[6)]<br>천제만범고 | 하늘 끝으로 저녁 돛 외롭게 떠나가리. |
| 離舟對零雨,<br>리주대령우 | 떠나는 배에서 떨어지는 비 마주하고, |
| 別渚望飛鳧.[7)]<br>별저망비부 | 작별한 물가에 나는 오리 떼 바라보리. |
| 定知能下淚,<br>정지능하루 | 틀림없이 아나니 눈물 흘릴 수 있음은, |
| 非但一楊朱.[8)]<br>비단일양주 | 단지 한 명의 양주만이 아니라는 것을. |

**역주**

1) 廣陵岸送北使 : 광릉(廣陵)은 지명으로 지금의 강소성(江蘇省) 양주시(揚州市)에 위치. 송북사(送北使)는 ①북에서 온 사신을 보내다 ②'北送使'로 된 판본이 있어 '북조로 가는 사신을 보내다'의 뜻. 여기서는 '북조에서 온 사신을 보내며' 쓴 시로 봄.
2) 行人引去節 2구 : 행인(行人)은 떠나는 이. 북에서 온 사신(北使)를 가리킴. 거절(去節)은 떠나는 부절. 여기서는 사신을 증명하는 신표로 행장을 꾸리는 모습을 묘사한 것. 송객(送客)은 객을 전송하는 사람으로 시인 자신을 말함. 의(艤)는 출항 준비하기 위해 배를 채비하다. 귀로(歸艫)는 돌아가는 배. 압운 때문에 '로(艫)'를 씀.
3) 卽是觀濤處 2구 : 즉시(卽是)는 바로 ~이다. 관도처(觀濤處)는 파도를 구경하던 곳. 여기서는 전별 잔치를 하던 장소인 정자를 말함. 잉위(仍爲)는 이어서 ~이 되다. 교증(郊贈)은 작별하다. 옛 사람들은 전송할 때 교외(郊)까지 나갔으며, 작별 선물(贈)을 주기도 하였다. 구(衢)는 갈림길, 기로.
4) 邗江路不紆 : 한강(邗江)은 운하의 한 길목으로 양주(揚州)와 회안현(淮安縣) 북쪽에 연결됨. 로불우(路不紆)는 길이 굽지 않다. 가는 길이 바르고 편하길 바라는 기원.
5) 亭嘶背櫪馬 2구 : 정(亭)은 리정(離亭)으로 작별하는 정자. 마(馬)는 여기서 시인이 타고 온 말. 장(檣)은 북조에서 온 사신(北使)이 타고 가는 배의 돛대를 말함. 전(轉)은 다른 판본에 새가 지저귀다(囀)으로 되어 있어 '울다'로 해석함. 향풍(向風)은 바람결.
6) 海上春雲雜 2구 : 해(海)는 여기서 '큰 물'의 뜻. 잡(雜)은 잡다하다, 모여들다. 천제(天際)는 하늘 끝.
7) 離舟對零雨 2구 : 리주(離舟)는 앞 10구의 저녁 돛대(晩帆)과 같이 북조의 사신이 타고 떠나는 배를 가리킴. 령우(零雨)는 떨어지는 비. 여기서는 시인의 눈물을 비유함. 별저(別渚)는 작별한 물가. 앞 9구의 큰 물 위(海上)와 연결됨.
8) 定知能下淚 2구 : 정지(定知)는 틀림없이 알다. 비단(非但)은 단지 ~뿐 아니다. 양주(楊朱)는 전국시대 위나라 사람으로 자는 자거(子居)이며, 흔히 양자(楊子)로 지칭되는 사상가. ≪회남자·세림훈(淮南子·說林訓)≫에 "양자가 갈림길을 보고 울었으니, 그것이 남으로 갈수도, 북으로 갈수도 있기 때문이었다.(楊子見逵路而哭之, 爲其可以南可以北.)"라고 하였다.
9) 압운은 艫, 衢, 紆, 烏, 孤, 鳧, 朱.

**감상**

음갱이 남조에 왔다가 다시 북조로 돌아가는 사신을 전송하며 쓴 시로 보인다. 그래서 내용이 다소 의례적인 성격을 띄고 있다. 또 내용을 통해 상상할 수 있는 풍경은 시의 배경이 되는 광릉 강기슭에는 북조로 돌아가는 사신의 배가 떠날 채비를 하고 있고, 그 배와 강이 보이는 곳엔 정자가 세워져 있었을 것이다. 내용을 자세히 보자면 전체 14구를 다시 네 단락으로 나눠 다음과 같이 살펴볼 수 있다.

1단락(1-4구)은 제목을 설명하는 파제(破題)부분이다. 1구는 떠나는 북조의 사신이 행장을 꾸리는 모습을 그리고 있다. 2구는 시인을 포함한 전송하는 사람들이 돌아가는 배를 준비하고 있는 모습이다. 3구에서 말하는 '물을 구경하던 곳'은 바로 사신을 전송하는 잔치를 베풀었던 정자를 말하는 것으로 이제 이곳이 작별하는 갈림길이 되었다고 말하고 있다(4구).

2단락(5-8구)은 사신이 가는 길이 순탄하길 기원하는 내용이다. 5-6구에서 파랑이 멈춰 물결도 잔잔해졌으니, 한강은 운하 길을 통해 돌아가는 여정이 편하기를 바라고 있다. 운하는 당시 남조와 북조를 잇는 교통로 역할을 하였다. 7구에서 말하는 말(馬)은 시인이 타고 온 말을 가리키는 것으로 말이 운다는 것은 시인이 우는 것을 상징한다. 시인의 섭섭한 감정이 생생하게 전달되는 부분이다. 8구에서 또 시인은 북조의 사신이 타고 갈 배의 돛대의 까마귀도 우리의 작별하는 마음을 아는 양 울고 있다고 표현하고 있다.

3단락(9-12구)은 9구는 시인의 입장에서 말한 것으로 큰 물위로 모여드는 구름은 시인의 심란한 마음을 묘사한 것이다. 10구에서 외롭게 떠가는 저녁 돛대는 떠나가는 사신을 비유한 것이다. 11구에서 떨어지는 비는 시인의 눈물을 비유한 것으로 눈물 속에서 전송한다는 의미이고, 12구는 사신 일행을 태운 배가 떠난 뒤 자신은 텅 빈 곳에 몰려드는 오리 떼를 대할 것이라고 말한 것이다.

마지막 4단락(13-14구)은 결론이다. 갈림길에서 눈물을 쏟던 양주처럼, 사신을 보내는 시인은 슬퍼하고 있음을 강조한다.

## 1-3

## 〈江津送劉光祿不及(강진송유광록불급)〉[1]

〈나루터에서 유광록을 전송하려다 미치지 못해〉

| | |
|---|---|
| 依然臨送渚, 의연림송저 | 여전히 전송하고자 했던 물가 내려다보고, |
| 長望倚河津.[2] 장망의하진 | 오랫동안 바라보며 나루터에 기대어 있네. |
| 鼓聲隨聽絕,[3] 고성수청절 | 떠나는 북소리가 들을수록 끊어져가나니, |
| 帆勢與雲鄰. 범세여운린 | 돛대의 기세는 구름과 더불어 이웃하네. |
| 泊處空餘鳥, 박처공여조 | 배가 정박했던 곳 공연히 새들만 남았고, |

| | |
|---|---|
| 離亭已散人.[4]<br>리정이산인 | 전별하던 정자에 이미 사람들 흩어졌네. |
| 林寒正下葉,<br>림한정하엽 | 숲은 차가워 막 잎사귀가 떨어지고 있고, |
| 釣晩欲收綸.[5]<br>조만욕수륜 | 낚시꾼은 해저무니 낚시 줄 거두려하누나. |
| 如何相背遠,<br>여하상배원 | 어찌 하랴 서로 등지고 멀어져서, |
| 江漢與城闉.[6]<br>강한여성인 | 그대 저 강물이고 나 여기 성인 걸. |

**역주**

1) 江津送劉光祿不及 : 강진(江津)은 양자강 나루터. 2구의 나루터(河津)와 연결됨. 유광록(劉光祿)은 유유(劉孺)를 말함. 남조 양나라 문학가로 자는 효치(孝稚)이며 팽성(彭城) 사람이다. 벼슬은 왕부기실(王府記室), 산기시랑(散騎侍郎) 겸 광록경(光祿卿) 등을 맡았다. 문집 20권이 있었으나 소실되고 지금은 시 두 편이 남아있다. 광록(光祿)은 벼슬 이름.
2) 依然臨送渚 2구 : 의연(依然)은 여전히. 행동이 이어지는 모양, 미련이 있어 떠나지 못하는 모양. 송저(送渚)는 전송하고자 했던 물가. 여기서는 유광록이 떠나간 물가를 말함. 하진(河津)은 나루터.
3) 鼓聲 : 북소리. 관리가 탄 관가의 배의 행차를 알리고 노를 재촉하는 북소리.
4) 泊處空餘鳥 2구 : 박처(泊處)는 배가 정박했던 곳. 리정(離亭)은 작별하며 잔치를 베풀었던 정자.
5) 林寒正下葉 2구 : 정하엽(正下葉)은 지금 막 잎들이 떨어지는 모습을 말함. 조(釣)는 여기서 '낚시꾼'의 의미. 륜(綸)은 낚시 줄.
6) 如何相背遠 2구 : 상배원(相背遠)은 작별로 서로 등지고 멀어지다. 강(江漢)은 강수(江水)와 한수(漢水). 여기서는 '강물'의 의미. 인(闉)은 성곽의 문. 여기서는 성(城)의 의미.
7) 압운은 津, 鄰, 人, 綸, 闉.

**감상**

일찍이 함께 일하며 친분이 있던 유유에게 쓴 노래이다. 제목의 내용처럼 음갱이 유유를 전송하러 왔으나 늦게 도착하는 바람에 유유가 탄 배가 이미 출발하고 말았다. 시인은 혼자 나루터에 남아 사라지는 배를 바라보며 섭섭하고 아쉬운 마음을 10구의 시에 담아 보낸다. 내용에 따라 3개의 단락으로 나눠 다음과 같이 살펴 볼 수 있다.

1단락(1-4구)의 1-2구에서 시인은 늦게 도착해 지인을 전송하지 못했던 아쉬운 마음을 여전히 물가 나루터에 남아 서성이는 모습으로 강조하고 있다. 그래서 떠나간 배의 북소리가 사라질 때까지, 그 배의 돛 끝이 수평선 구름의 끝과 맞닿을 만큼 멀어질 때까지 서있었노라 말하고 있다(3-4구).

2단락(5-8구)은 배가 떠나간 후 텅 빈 나루터 주변의 쓸쓸한 모습을 그리고 있다. 배가 정박했던 곳에 이젠 새들만 남았고, 송별연을 베풀던 정자에 있던 사람들은 모두 흩어졌다(5-6구). 시인의 쓸쓸한 마음을 아는지 숲에는 차가운 바람에 잎들이 우수수 떨어지고, 해가 저물자 낚시꾼도 줄을 거두어들이고 돌아갈 채비를 한다(7-8구).

3단락(9-10구)에서 시인은 이제 따뜻한 지인의 온기가 없어진 이 곳, 서로 작별하여 멀리 등지게 됨을 체감한다. 마치 지인 유유가 탄 배가 떠나간 강물과 내가 돌아가 머물 성이 서로 멀리 떨어진 것처럼.

## 1-4

## 〈和傅郎歲暮還湘州(화부랑세모환상주)〉[1]

〈부랑의 '세모에 상주로 돌아가다'에 화답하여〉

蒼茫歲欲晩, 아득한 저 물길에 한 해는 저물려 하는데,
창망세욕만
辛苦客方行.[2] 고생스럽게도 길손은 바야흐로 떠나려 하네.
신고객방행
大江靜猶浪, 이 고요한 장강에 그래도 물결이 이는 것은,
대강정유랑
扁舟獨且征.[3] 그대의 쪽 배가 홀로 떠나가기 때문이라네.
편주독차정
棠枯絳葉盡,[4] 산앵두나무는 말라 붉은 잎이 다 떨어지고,
당고강엽진
蘆凍白花輕. 갈대는 얼어붙어 하얀 꽃 가볍기만 하구나.
로동백화경
戍人寒不望, 변방 수자리 사람도 추워 바라보지를 않고,
수인한불망
沙禽迥未驚.[5] 모래 위의 새는 멀리서 놀라지도 않는구나.
사금형미경
湘波各深淺, 상강의 물결은 각자 깊기도 얕기도 하는 법,
상파각심천
空軫念歸情.[6] 돌아가려는 그대 마음을 공연히 슬퍼했구나.
공진념귀정

**역주**

1) 和傅郞歲暮還湘州 : 화(和)는 화답하다. 부(傅)는 성씨. 랑(郞)은 랑관(郞官)으로 관직명. 상주(湘州)는 지명으로 지금의 호남성(湖南省) 장사(長沙).
2) 蒼茫歲欲晩 2구 : 창망(蒼茫)은 '넓다'는 의미. 여기서는 3-4구의 내용으로 보아 부랑(傅郞)이 떠나는 강물을 가리키는 것. 세(歲)는 한 해. 신고(辛苦)는 괴롭다. 계절적으로 늦어 여행하기 힘듦을 말함. 객(客)은 제목의 부랑(傅郞)을 말함.
3) 大江靜猶浪 2구 : 대강(大江)은 큰 강. 여기서는 장강(長江)을 말함. 랑(浪)은 물결이 일다. 편주(扁舟)는 떠나는 부랑(傅郞)이 타고 가는 작은 배.
4) 棠枯絳葉盡 : 당(棠)은 산앵두나무. 강엽(絳葉)은 산앵두나무의 잎이 서리에 붉게 변한 것을 말함.
5) 戍人寒不望 2구 : 수인(戍人)은 변방에 수자리 사는 사람. 한불망(寒不望)은 너무 추워 보초를 서는 사람이 제대로 보지 않는다는 의미. 사금(沙禽)은 모래 위의 새. 형미경(逈未驚)은 여기서 새가 추워서 움직이지도 않는다는 의미.
6) 湘波各深淺 2구 : 상(湘)은 상강(湘江). 각심천(各深淺)은 '각심각천(各深各淺)'의 준말. 보는 사람에 따라 깊게도 또는 얕게도 각각 따로 느낀다는 뜻. 깊음과 얕음은 가기 쉬움과 어려움을 나타낸다. 념귀정(念歸情)은 돌아갈 채비를 하고 있는 부랑의 마음.
7) 압운은 行, 征, 輕, 驚, 情.

**감상**

이 시는 부랑의 〈세모에 상주로 돌아가다〉라는 시에 화답한 것이다. 모두 10구로 이루어져있고 내용에 따라 다음과 같이 세 단락으로 나눌 수 있다.

1단락(1-4구)은 부랑이 떠나감을 그린 것이다. 시인은 배를 타고 떠나는 지인 부랑과 작별하고자 강가에 나와 있다. 제목에서처럼 부랑은 세모에 떠나고 있어 시인은 한 해가 저물어 가는 아득한 저 강의 물길이라고 1구에서 표현하고 있다. 2구의 '괴롭게도'는 때가 여행하기 적합하지 않음을 나타낸다. 그래서 3-4구에서 양자강은 고요할 뿐 오가는 배가 없거늘, 단지 그대 배 때문에 물결이 일고 있다고 하고 있다.

2단락(5-8구)은 좀 더 구체적으로 계절과 풍광을 묘사하고 있다. 서리 맞아 붉게 변한 산앵두나무의 잎들은 다 떨어지고, 얼어붙은 갈대의 흰 꽃은 다 떨어져 얼마 남지 않으니 가볍기만 하다(5-6구). 날씨는 얼마나 추운지 변방을 지키는 수자리 병사는 보초를 서도 제대로 보지를 않고, 새들도 추운 탓에 꼼짝하지 않는다(7-8구).

마지막 3단락(9-10구)은 결론이다. 그러나 앞의 걱정은 어디까지나 주관에 불과하다. 상강의 물결은 보는 사람에 따라 깊기도 하고 얕기도 하는 법, 돌아가는 부랑의 입장에서 보면 얕고 정겨움에 틀림없다. 궂은 계절에 여행한다고 걱정했던 내가 부질없었나 보다.

1-5

〈開善寺(개선사)〉[1] 〈개선사에서〉

| | |
|---|---|
| 鷲嶺春光遍,<br>취령춘광편 | 영취산 고개처럼 봄빛이 두루 펼쳐 있고, |
| 王城野望通.[2]<br>왕성야망통 | 왕사성은 들녘의 전망이 트여 보인다네. |
| 登臨情不極,<br>등림정불극 | 산에 올라 굽어보니 내 마음이 끝이 없고, |
| 蕭散趣無窮.[3]<br>소산취무궁 | 여유롭고 인적 드물어 정취 다함이 없네. |
| 鶯隨入戶樹,<br>앵수입호수 | 꾀꼬리는 대문의 나무 따라 들어오거니와, |
| 花逐下山風.<br>화축하산풍 | 꽃은 산바람을 따라서 내려오고 있구나. |
| 棟裡歸雲白,[4]<br>동리귀운백 | 대들보 안에는 돌아온 구름 때문에 하얗고, |
| 牕外落暉紅.<br>창외락휘홍 | 창밖에는 저 저무는 태양빛에 붉기도 하여라. |
| 古石何年臥,<br>고석하년와 | 외로운 돌은 몇 해 동안이나 누워 지냈으며, |
| 枯樹幾春空.[5]<br>고수기춘공 | 마른 나무에는 몇 봄이나 헛되이 보냈을까? |
| 淹留昔未及,<br>엄류석미급 | 머무르고자 했으나 예전에 미처 하지 못했거늘, |
| 幽桂在芳叢.[6]*<br>유계재방총 | 숨어 자란 목서 향긋한 풀 사이 더부룩 하구나. |

원주

* 시가 진나라에 이르면, 문구를 조탁하는 것에 오로지 뛰어나서, 고시의 한 선이 끊어졌다. 두보의 〈해민(解悶)〉 절구에서 "음갱과 하손이 힘들게 마음 씀을 제법 배우네." 라고 하였다. 또 (두보가) 〈증태백〉에서 말하기를 "이공께서는 아름다운 문구가 있으셔서, 왕왕 음갱과 흡사하다" 라고 하였다. 이런 평가는 단지 한 문구를 감상한 것이지 이 시의 전체적 품격을 취한 것은 아니다.(詩至於陳, 專工琢句, 古詩一線絶矣.[7] 少陵絶句云: 頗學陰何苦用心. 又贈太白云: 李侯有佳句, 往往似陰鏗.[8] 此特賞其句, 非取其格也.)

**역주**

1) 開善寺 : 사찰의 이름. 옛터가 지금의 강소성(江蘇省) 남경시(南京市) 종산(鍾山) 명효릉(明孝陵)에 위치.
2) 鷲嶺春光遍 2구 : 취령(鷲嶺)은 영취(靈鷲) 고개. 중인도(中印度)에 있으며 석가모니가 법화경(法華經) 등을 설법하던 장소. 왕성(王城)은 왕사성(王舍城)으로 인도의 지명이며 마가다 국(摩竭陀國)의 수도. 이곳에 석가모니가 수행했던 죽림정사(竹林精舍)가 있다.
3) 登臨情不極 2구 : 정(情)은 느낌, 정회(情懷). 소산(蕭散)은 한가롭다, 여유롭다.
4) 楝 : 대들보.
5) 古石何年臥 2구 : 고석(古石)과 고수(枯樹)는 여기서 오래된 것, 창연한 것의 상징.
6) 淹留昔未及 2구 : ≪초사·초은사(招隱士)≫에 "계수나무가 산의 깊숙한 곳에 무리 지어 자랐고, 계수나무가지 붙잡고서 애오라지 나도 머물러 보려네."라고 하였다. 엄류(淹留)는 머무르다. 유(幽)는 여기서 '숨어서 자라다'의 의미. 계(桂)는 꽃은 작으나 향이 깊은 목서(木犀)로 은자의 이미지와 연결됨. 재방(在芳)은 향기로운 풀 사이에서. 총(叢)은 무리 짓다. 여기서는 식물이 더부룩하게 자란 모양.
7) 一線 : 한 선, 한 줄기. 여기서는 고시가 한 선으로 이어진 것을 의미.
8) 두보의 〈여이십이백동심범십은거(與李十二白同尋范十隱居)〉.
10) 압운은 通, 窮, 風, 紅, 空, 叢.

**감상**

개선사라는 사찰에 대해 읊은 시이다. 개선사는 당시의 수도이자, 지금의 남경(南京) 종산(鍾山)에 있는 사찰이다. 모두 12구로, 세 단락으로 나눠 볼 수 있다.

1단락(1-4구)의 1-2구에서 시인은 개선사의 모습을 석가모니가 설법하던 영취산과 석가모니가 수행했던 죽림정사가 있는 왕사성, 두 지명을 빌려 불교의 성지다운 깊은 면모를 지녔음을 비유하고 있다. 이렇게 깊은 불심이 깃든 곳을 내려다 보노라니 시인의 마음은 어느새 그 정취(趣)에 한없이 빠져든다(3-4구).

5구에서 마지막 12구까지는 모두 4구에서 말한 시인의 정취(趣)에 대해 설명하고 있는데 그 중 2단락(5-8구)은 스스로 그러한 세상, 살아있는 생물에 대한 정취를 읊은 것이다. 5-6구에서 꾀꼬리가 대문 나무를 따라 들어오고, 꽃이 산의 바람을 따라 내려온다고 표현한 것은 다분히 조탁(彫琢)의 의도가 보인다. 한편으로는 불교의 연기설(緣起說) 같이 만물이 서로 이어지는 인과관계와 상호의존의 도를 말하고 있다. 7-8구에서는 하얗고 붉은 색채의 대비가 돋보인다.

마지막 3단락(9-12구)은 2단락에 이어 4구에서 말한 시인의 정취(趣)를 설명하고 있다. 9-10구는 ≪초사·초은사≫의 구절처럼 계수나무와 은자의 이미지를 가져왔다. 11-12구에서 목서가 더부룩하게 자랐다고 말한 것은 시인도 은자처럼 오래 머물고 싶었으나 어느새 몇 해가 흘러갔다는 의미이다. 기나긴 세월 그윽한 고색(古色)을 품은 고석(古石)과 고수(枯樹) 앞에 겨우 몇 해 은자의 마음을 품었음을 깨달은 시인. 그 차이 앞에 느껴지는 숙연함을 시인은 개선사라는 절의 정취에 오롯이 담고 있다.

## 2. 徐陵[1]

### 2-1

〈出自薊北門行(출자계북문행)〉[2]　〈계의 북문으로부터 나오다〉

| | |
|---|---|
| 薊北聊長望,[3]<br>계북료장망 | 계의 북문에서 애오라지 멀리 보니, |
| 黃昏心獨愁.<br>황혼심독수 | 황혼녘에 마음은 홀로 수심 겹구나. |
| 燕山對古刹,<br>연산대고찰 | 연산은 오래된 사찰 마주하거니와, |
| 代郡隱城樓.[4]<br>대군은성루 | 대군 지역은 성루에 기대어있구나. |
| 屢戰橋恆斷,<br>루전교항단 | 잦은 전쟁에 다리는 늘 끊겨 있고, |
| 長冰塹不流.[5]<br>장빙참불류 | 오랜 얼음에 해자가 흐르지 않네. |
| 天雲如地陣,<br>천운여지진 | 하늘의 구름은 땅의 진지와 같나니, |
| 漢月帶胡秋.<br>한월대호추 | 한족 달이나 오랑캐 가을빛 띠었네. |
| 漬土泥函谷,<br>지토니함곡 | 흙 반죽해 함곡관 봉하면 좋으련만, |
| 挼繩縛涼州.[6]<br>뇌승박양주 | 새끼 꼬아 양주 적 묶으면 좋으련만. |
| 平生燕頷相,[7]<br>평생연함상 | 태어나면서부터 제비턱 관상이니, |
| 會自得封侯.*<br>회자득봉후 | 틀림없이 절로 제후에 봉해지련만. |

**원주**

* 절묘한 문구이다.(巧句.)

**역주**

1) 徐陵(서릉, 507-583) : 남조 진나라 동해(東海) 담현(郯縣), 지금의 산동성(山東省)

담성현(郯城縣) 사람이다. 아버지 서리(徐摛)와 유견오(庾肩吾), 유신(庾信) 부자와 함께 '서유체(徐庾體)'라 이름을 날렸고, 서릉의 궁체시(宮體詩)는 문장이 화려하고 아름답기로 유명하였다. 문명(文名)이 높아 강남뿐 아니라 화북(華北)의 문인들과도 교류가 많았으며, 언변에도 능해 북위(北魏)와 북제(北齊)에 자주 사신으로 파견되었다. 벼슬은 이부상서(吏部尙書), 상서복야(尙書僕射), 시중(侍中), 중서감(中書監), 어사중승(御史中丞)을 거쳐 태자소부(太子少傅)까지 올랐다. 저서에 ≪서효목집(徐孝穆集)≫이 있고, ≪옥대신영(玉臺新詠)≫을 편집했다.

2) 出自薊北門行 : ≪악부시집61권·잡곡가사(樂府詩集六十一卷·雜曲歌辭)≫에 속함. 행(行)은 음악 용어로 '노래, 타령' 등으로 번역할 수 있음.

3) 薊 : 계주(薊州)를 말하며 옛 연(燕)나라 땅으로 지금의 하북성(河北省)에 위치.

4) 燕山對古刹 2구 : 연산(燕山)은 지금의 하북성(河北省) 평원(平原) 북쪽 지역에 위치한 산의 이름. 대군(代郡)은 지명으로 지금의 하북성(河北省) 서북부와 산서성(山西省) 동북부 일대를 말함. 은(隱)은 다른 판본에 '의(倚)'로 되어 있어 '기대다'로 해석함.

5) 塹 : 적의 침입을 막기 위해 성 밖을 둘러 파서 못으로 만든 해자(垓字).

6) 漬土泥函谷 2구 : 지토(漬土)는 흙을 적시다. 흙을 반죽하다는 의미. 니(泥)는 봉함하다, 막다. 함곡(函谷)은 함곡관(函谷關). ≪한서·외효전(漢書·隗囂傳)≫에서 왕원(王元)이 외효(隗囂)에게 "제가 한 덩어리의 진흙을 가지고서 대왕을 위해 동쪽으로 함곡관을 봉쇄할 터이니, 지금이 만세에 한번 오는 기회입니다."라고 하였다. 뇌승(挼繩)은 새끼를 꼬다. 박(縛)은 묶다. 양주(涼州)는 지명으로 현 감숙성(甘肅省) 무위(武威) 일대. 여기서는 양주의 적들을 가리킴.

7) 平生燕頷相 2구 : 연함(燕頷)은 연함호경(燕頷虎頸)의 준말. 옛 관상법에 의하면 제비 턱과 호랑이 목 관상은 제후가 될 관상으로 여김. ≪후한서·반량열전(後漢書·班梁列傳)≫에서 반초(班超)의 관상에 대해 "제비턱과 호랑이 목을 하고 태어나, 날아다니며 고기를 먹으니, 이는 만 리 제후의 상이다."라고 하였다. 회(會)는 틀림없이.

8) 압운은 愁, 樓, 流, 秋, 州, 侯.

## 감상

≪악부시집≫에 같은 제목의 시가 총 4수가 실려 있는데, 이 시는 이를 본뜬 것이다. 서릉은 궁체시로 이름을 날린 시인으로 그의 작품은 대부분 서정시와 사랑시가 위주인데 반해 이 시처럼 나라의 처한 상황을 안타까워하고 포부를 밝히는 내용의 노래는 특이한 경우라 하겠다. 심덕잠은 원주에서 이 시를 절묘한, 정교한 노래라고 높이 평가하였다. 모두 12구로 내용에 따라 세 단락으로 나눌 수 있다.

1단락(1-2구)은 제목을 다시 설명한 파제(破題)이다. 계주는 지금의 하북성에 위치한 곳이다. 황혼녘 이 곳에서 멀리 바라보던 시인은 근심에 차 노래하기 시작한다.

2단락(3-8구)은 1차적으로 경치를 묘사했지만 그 안에는 시인의 근심을 담고 있다. 3-4구에서 시인의 눈에 보이는 고찰을 마주한 연산과 성루에 기댄 대군 지역은 겉보기에 매우 평온한 듯하다. 그러나 자세히 들여다보면 잦은 전쟁으로 다리는 항상 끊겨있고, 오랜 기간 얼어있는 기후에 성을 보호할 해자에는 물이 흐르지 않는다(5-6구). 시인은 5구의 다리를 3구의 고찰과 연결시키고, 6구의 해자를 4구의 성루와 연결시켜 시를 촘촘하게 이어가고 있다. 7구에서 하늘의 구름이 땅의 진지와 같다는 것은 전운(戰雲)을 의미한다. 8구에서 한나라, 한족의 달이건만 오랑캐 가을빛을 띤다는 것은 옛 한족의 땅이었지만 지금은 북방 유목민이 점령했음을 의미한다.

3단락(9-12구)은 시인의 포부를 풀어놓았다. 시인은 ≪한서·외효전≫에서 왕원이 한 말을 가지고 와 자신에게 능력이 있다면 한 덩어리 흙을 반죽해 저 함곡관을 막아버리고, 또 새끼를 꼬아 양주의 적들을 모두 묶어버렸으면 하는 능력이 있길 원한다고 말한다. 또 옛날 제후가 될 관상이라는 '제비턱과 호랑이 목'을 빌려 자신의 포부를 밝혀보고 있다.

## 2-2
## 〈別毛永嘉(별모영가)〉[1] 〈모영가를 보내며〉

| | |
|---|---|
| 願子厲風規,<br>원자려풍규 | 원하건대 그대는 품격에 더 힘쓰고, |
| 歸來振羽儀.[2]<br>귀래진우의 | 돌아올 땐 깃털 꽂은 의장 떨치시길. |
| 嗟余今老病,<br>차여금로병 | 탄식하나니 내가 이제 늙고 병들었기에, |
| 此別空長離.[3]<br>차별공장리 | 이번 작별아 두렵게도 영원한 이별이리. |
| 白馬君來哭,<br>백마군래곡 | 그대 흰 말 타고 와 내게 통곡할지라도, |
| 黃泉我詎知.[4]<br>황천아거지 | 황천에 있는 내가 어찌 알 수가 있으랴. |
| 徒勞脫寶劍,<br>도로탈보검 | 공연히 수고스럽게도 보검을 벗어서는, |
| 空挂隴頭枝.[5]*<br>공괘롱두지 | 부질없이 무덤가 나무에 걸게 하겠구려. |

**원주**

* 달관한 듯이 하기에 더욱 슬프니, 서릉 작품 중에는 쉽게 많이 얻을 수 없다.(似

達愈悲, 孝穆集中,[6] 不易多得.)

**역주**

1) 別毛永嘉 : 모(毛)는 모희(毛喜)를 말함. 남조 진나라의 관리로 자는 백무(伯武)이고 형양(滎陽) 양무(陽武), 지금의 하남성(河南省) 남원양(南原陽) 사람이다. 이부상서(吏部尙書) 등을 맡고 동창현후(東昌縣侯)에 봉해지는 등 중임되었으나 후에 간언을 올리다 영가내사(永嘉內史)로 좌천되었다. 72세로 병사하였다.
2) 願子厲風規 2구 : 자(子)는 그대. 모희(毛喜)를 가리킴. 려(厲)는 려(勵)로 힘쓰다. 풍규(風規)는 풍도(風度)와 풍격(風格). '품격'으로 해석함. 진(振)은 떨치다. 우의(羽儀)는 기러기 깃털로 장식된 의장. ≪주역·점괘상구(周易·漸卦上九)≫에 "큰 기러기가 높이 나는데, 깃털이 의장 삼을 만하다."라고 하였다.
3) 此別空長離 : 공(空)은 다른 판본에 '공(恐)'으로 되어 있어 '두렵다'로 해석함. 장리(長離)는 영원한 이별 즉 사별(死別)을 의미.
4) 白馬君來哭 2구 : ≪후한서·범식전(後漢書·范式傳)≫에 의하면 한나라 때 산양(山陽) 금향(金鄕) 사람 범식(范式)과 여남(汝南) 사람인 장소(張劭)는 태학(太學)에서 함께 공부한 동학이었다. 또 ≪수신기(搜神記)≫ 권11에 의하면 장소가 병을 앓다가 범식을 다시 보지 못하는 것을 한스러워하며 세상을 떠났다. 장소는 죽으면서 범식의 꿈에 나타나 자신의 죽음을 알렸다고 한다. 범식이 도착하기 전 발인이 시작되어 장소의 관을 무덤에 내려 놓으려하자 관이 움직이지 않았다가 흰 수레에 흰 말을 타고 곡을 하며 달려온 범식이 도착하여 장소의 관을 잡자 그제야 움직였다고 한다. 두 사람의 이야기는 '백마소거(白馬素車)'라는 고사로 남았다.
5) 徒勞脫寶劍 2구 : ≪사기·오태백세가(史記·吳太伯世家)≫에 '계찰괘검(季札掛劍)' 이야기가 실려 있는데 다음과 같다. "계찰이 처음 사신으로 떠났을 때 오나라의 북쪽으로 올라가는 도중에 서군(徐君)을 알현하게 되었다. 서군은 계찰의 보검을 좋아했으나 감히 입 밖으로 드러낼 수 없었다. 계찰은 속으로 그의 뜻을 알았으나, 사신으로 중원 각 나라를 돌아다녀야 했기 때문에 검을 그에게 증정하지는 않았다. 돌아오는 길에 서나라에 도착해보니 서군은 이미 죽었다. 이에 계찰은 자신의 보검을 풀어 나무에 걸어놓고 떠났다." 롱(隴)은 '무덤'의 의미.
6) 孝穆集 : 서릉(徐陵)의 저서 ≪서효목집(徐孝穆集)≫.
7) 압운은 規, 儀, 離, 知, 枝.

**감상**

서릉은 궁체시로 이름을 날린 시인이지만, 이 시는 독특하게도 자신의 죽음을 예견하듯 삶에 대한 깊은 통찰을 유머로 풀어내고 있다. 심덕잠도 원주에서 이 시가 달관한 듯 풀어내는 것이 독자로 더 슬프게 만들어 서릉 작품 중에 쉽게 얻을 수 없는 노래라고 높이 평가하였다. 모희라는 사람에게 주는 시이다. 모희는 후주(後主)에게 직언하다가 미움을 사 영가내사로 좌천되었는데, 이 때 연상으로서 서희가 그에게 준 것으로 보인다.

모두 8구로 되어 있다. 1구에서 서릉이 품격에 더 힘쓰라고 조언한 것은 모희가 너무 강직한 직언을 펼치다 좌천되었기 때문이다. 또 2구에서는 비록 지금은 좌천길이지만 돌아올 때는 금의환향 할 것을 축원하고 있다. 3-4구에서 서릉은 자신이 늙고 병들어 이번 작별이 영원한 이별 즉 사별이 되지 않을까 염려한다. 다음 5-8구까지는 4구에서 언급한 '영원한 이별'에 대한 이야기이다. 서릉은 5-6구에서는 범식과 장소의 고사를 가져와 자신이 죽은 후 모희가 문상을 오더라도 어찌 알겠느냐며 너스레를 떨어본다. 7-8구에서는 계찰이 서군이 죽은 후 무덤에 보검을 걸었던 이야기를 가져와 사별을 예견하고 있다. 우연일까? 이 시를 준 해에 서릉은 실제로 생을 마감했다.

## 2-3

〈關山月(관산월)〉[1] 〈관문과 산 위의 달〉

| | |
|---|---|
| 關山三五夜,<br>관산삼오야 | 관문과 산 위에 보름달이 뜨나니, |
| 客子憶秦川.[2]<br>객자억진천 | 나그네 병사는 진천을 그리워하네. |
| 思婦高樓上,<br>사부고루상 | 그리움 젖은 아내 높은 누대 위에, |
| 當牕應未眠.<br>당창응미면 | 창을 마주하며 응당 잠 못 이루리. |
| 星旗映疏勒,<br>성기영소륵 | 성기가 소륵 지역을 비추고 있나니, |
| 雲陣上祁連.[3]<br>운진상기련 | 전운이 기련산 위에 피어오른다네. |
| 戰氣今如此,<br>전기금여차 | 전쟁의 기운이 지금도 이와 같으니, |
| 從軍復幾年.<br>종군복기년 | 군 복무가 다시 몇 년이 될 것인지. |

**역주**

1) 關山月 : ≪악부시집·횡취곡사(樂府詩集·橫吹曲辭)≫에 실려있다.

2) 關山三五夜 2구 : 관산(關山)은 관문(關門)과 산. 군대의 요새지, 전방을 의미. 삼오야(三五夜)는 보름달. 고대에 보름달은 예쁜 얼굴과 만남을 상징함. 객자(客子)는 나그네인 병사. 진천(秦川)은 옛 진나라에 있던 평원 지대로 여기서는 고향,

중원 지역을 의미.

3) 星旗映疏勒 2구 : 성기(星旗)는 '삼기(參旗)'라는 별자리 이름. ≪진서·천문지상(晉書·天文志上)≫에 의하면 기(旗)는 전쟁을 주관하는 별자리를 말함. 소륵(疏勒)은 서역의 나라 이름으로 지금의 신강(新疆) 위구르 자치구의 소륵현(疏勒縣)을 말함. 운진(雲陣)은 구름과 진지, 진지 같은 구름. 여기서는 전쟁을 상징하고 예측하게 하는 구름으로 전운(戰雲)의 의미. 기련(祁連)은 감숙성(甘肅省) 서쪽의 산.

4) 압운은 川, 眠, 連, 年.

**감상**

≪악부시집≫에는 서릉의 〈관산월〉이 두 수 실려 있는데, 위의 시는 그 중 제1수이다. 이 시를 지은 서릉은 궁체시로 이름을 날린 시인이다. 궁체시가 높은 평가를 받지 못하는 이유는 첫째 그 내용의 대부분이 사랑에 관한 것이고, 둘째 문체가 화려함과 조탁을 추구한다는 특징보다 당시 황제를 제대로 보좌하지 못하고 망국을 이르는데 일조한 이유가 크기 때문이다. 당시 남조 진나라의 마지막 황제 진후주(陳後主) 진숙보(陳叔寶)는 재위 시 늘 연회와 음률에 빠져있어 심지어 수나라 군대에 의해 포로로 잡힐 때에도 술과 노래를 그치지 않았다고 한다. 이 때문에 그가 남긴 〈옥수후정화(玉樹後庭花)〉, 〈임춘락(臨春樂)〉 등은 망국(亡國)의 노래로 불린다. 이런 이유로 심덕잠은 서릉의 작품 중 궁체시와 크게 다른 것들을 선별하고 있는 듯하다.

〈관산월〉은 모두 8구로 되어 있으며 변방에 나가있는 병사가 고향을 그리워하는 마음을 읊은 노래이다. 군대의 요새지라 할 수 있는 관문과 산 위에 만남을 상징하는 밝은 보름달이 뜬 밤. 집 떠난 나그네인 병사는 자연 고향 땅을 그리워한다(1-2구). 3-4구는 병사가 고향을 그리워하는 내용으로 2구의 억(憶)과 연결된다. 그는 고향 땅에서 자신을 향한 그리움에 젖어 같은 달을 보며, 잠 못 이룰 자신의 아내를 그려본다. 5-6구는 다시 1구의 관산(關山)과 연결되어 이 지역을 설명한다. 이 전방은 전운이 피어오르고, 전쟁의 기운이 지금도 넘쳐나고 있다. 마지막 7-8구에서 병사는 지금도 전쟁의 기운이 이와 같으니, 앞으로 다시 몇 년이나 군 복무가 이어질지 이 상황을 탄식할 수밖에 없다.

## 3. 周弘讓[1)]

### 〈留贈山中隱士(류증산중은사)〉 〈산중 은사에게 남겨주다〉

| | |
|---|---|
| 行行訪名嶽,<br>행행방명악 | 가고 가며 이름난 산을 찾아가, |
| 處處必留連.[2)]<br>처처필류련 | 곳곳마다 반드시 머무르곤 했지. |
| 遂至一巖裡,<br>수지일암리 | 마침내 한 바위 봉우리에 이르니, |
| 灌木上參天.[3)]<br>관목상참천 | 관목이 위로 하늘과 나란하구나. |
| 忽見茅茨屋,<br>홀견모자옥 | 문득 초가집 몇 채가 보이더니, |
| 曖曖有人煙.[4)]<br>애애유인연 | 어렴풋이 인가 연기가 있는구나. |
| 一士開門出,[5)]<br>일사개문출 | 한 남정네 문 열고서 나와 보고, |
| 一士呼我前.<br>일사호아전 | 한 남정네 날 불러 다가가게 하네. |
| 相看不道姓,<br>상간불도성 | 서로 보고 성명 말하지 않았더라면, |
| 焉知隱與僊.*<br>언지은여선 | 은자인가 신선인가 어찌 알았으랴. |

**원주**

* 맑고 진실함이 도연명(陶淵明)의 한 파 같으니, 진나라 수나라 때 그러한 작품을 얻는 것은 대단히 어려운 일이다.(淸眞似陶詩一派, 陳隋時得之大難.)

**역주**

1) 周弘讓(주홍양, 생졸미상) : 남조 진나라 여남(汝南) 안성(安城), 지금의 하남성(河南省) 여남(汝南) 동남쪽 사람으로 주옹(周顒)의 손자이며, 주홍정(周弘正)의 동생이다. 남조 양나라 때 모산(茅山)에 은거하여 조정의 수차례 부름에도 응하지 않았다. 후에 후경(侯景)의 난 때 강제로 후경의 중서시랑(中書侍郞)을 맡게 되었는데 이 일로 세상 사람들의 비난을 샀다. 이후 양나라 원제(元帝)와 진나라 문제(文帝) 때까지 벼슬을 맡아 광록대부(光祿大夫)까지 이르렀다. 문집 21권은 소실되고 시 4수가 남아있다.

2) 行行訪名嶽 2구 : 명악(名嶽)은 이름난 산. 류련(留連)은 머물다.
3) 遂至一巖裡 2구 : 암(巖)은 여기서 바위 봉우리의 의미. 관목(灌木)은 키가 작은 나무. 참(參)은 나란히 하다.
4) 忽見茅茨屋 2구 : 모자옥(茅茨屋)은 띠로 지붕을 이은 집, '초가집' 으로 번역함. 애애(曖曖)는 첩어, 의태어로 어렴풋한 모양. 인(人)은 여기서 인가(人家)의 의미.
5) 士 : 남자의 의미, '남정네' 로 번역함.
6) 압운은 連, 天, 煙, 前, 僊.

**감상**

이 시는 제목에서 알 수 있는 바와 같이 자신이 떠나며 산속의 은사에게 남겨준 작별시이다. 모두 10구로 되어 있다. 1-2구는 주홍양이 은자 시절 이름난 산이 있으면 찾아가 반드시 머물렀던 행적을 말하고 있다. 3-4구에서는 바위 봉우리가 있는데 그 곳의 지대가 높아 키 작은 관목들이 위로 하늘을 찌를 듯 했던 광경을 전해주고 있고 있다. 5-6구에서는 그 곳에서 문득 발견했던 인가 몇 채에 대한 이야기를 시작한다. 7-8구의 내용은 이 집 저 집에서 사람들이 나와 자신을 불러들였다는 뜻이다. 마지막 9-10구에서는 주홍양이 그들이 신선인줄 착각했으나 통성명을 하고 나서야 그들이 은자인 줄을 알았다는 의미다. 마지막 두 구에서 이 신선세계 같은 곳에 사는 사람들의 삶을 잘 집약해서 보여주고 있다.

시가 주는 맑고도 진실한 느낌에 심덕잠도 원주에서 진나라 수나라의 작품들에서는 얻기 어려운 시라고 높이 평가하고 있다.

## 4. 周弘正[1)]

## 〈還草堂尋處士弟(환초당심처사제)〉[2)]

〈초당으로 돌아와 처사 동생을 찾다〉

| | |
|---|---|
| 四時易荏苒,<br>사시이임염 | 사계절은 쉽게도 덧없이 흘러가 버리고, |
| 百齡倏將半.[3)]<br>백령숙장반 | 인생 백년이 어느덧 거의 반이 되었구려. |
| 故老多零落,<br>고로다영락 | 어르신들은 많이도 생을 다해 돌아가시고, |
| 山僧盡凋散.[4)]<br>산승진조산 | 산의 스님들도 모두 돌아가시고 흩어졌네. |
| 宿樹倒爲查,<br>숙수도위사 | 묵은 나무 쓰러져 뗏목처럼 물 위 떠있고, |
| 舊水侵成岸.[5)]<br>구수침성안 | 오래된 방죽은 침식되어서 기슭이 되었네. |
| 幽尋屬令弟,<br>유심촉령제 | 그윽이 찾는 일 동생에게 부탁할까 하여, |
| 依然歸舊館.[6)]<br>의연귀구관 | 여전히 옛적 고향의 집으로 돌아왔다네. |
| 感物自多傷,<br>감물자다상 | 만물을 느끼나니 저절로 속상함 많은데, |
| 況乃春鶯亂.[7)]<br>황내춘앵란 | 하물며 봄 꾀꼬리 어지러이 울어댐에랴. |

**역주**

1) 周弘正(주홍정, 496-574) : 남조 진나라 여남(汝南) 안성(安城), 지금의 하남성(河南省) 여남(汝南) 동남쪽 사람으로 자는 사행(思行)이고, 시호는 간자(簡子)이다. 주옹(周顒)의 손자이며, 주홍양(周弘讓)의 형이다. 어려서부터 경전과 그 해석에 능통하여 남조의 양나라에서 태학박사(太學博士), 국자박사(國子博士)를 역임하고 후학을 가르쳤다. 후에 후경(侯景)이 난을 일으키자 후경의 태상(太常)이 되었다가, 원제(元帝) 때 황문시랑(黃門侍郎), 좌호상서(左戶尙書), 산기상시(散騎常侍)을 역임했고, 진나라에서는 국자좨주(國子祭酒), 상서우복야(尙書右僕射) 등을 맡았다. 저서에는 경전에 주를 단 ≪주역강소(周易講疏)≫, ≪논어소(論語疏)≫, ≪장자소(莊子疏)≫, ≪효경소(孝經疏)≫ 등이 있다.

2) 處士弟 : 동생 주홍양(周弘讓). 그는 양나라 때 모산(茅山)에 은거한 바 있음.
3) 四時易荏苒 2구 : 임염(荏苒)은 쌍성, 의태어로 세월이 흘러가는 모양. 백령(百齡)은 인생 백년을 말함. 숙(倏)은 빨리, 어느 덧. 장(將)은 여기서 '거의'의 뜻.
4) 故老多零落 2구 : 고로(故老)는 고향의 어르신들. 영락(零落)은 ①풀이나 꽃이 시들어 떨어지다 ②죽다. 여기서는 ②의 뜻. 산승(山僧)은 안면이 있던 산의 스님들. 조(凋)는 여기서 돌아가신 사람. 산(散)은 여기서 흩어진 사람.
5) 宿樹倒爲查 2구 : 숙수(宿樹)는 묵고 오래된 나무. 사(查)는 물속에 떠 있는 나무, 뗏목(槎). 구수(舊水)는 오래된 물. 여기서는 '방죽'의 의미.
6) 幽尋屬令弟 2구 : 유심(幽尋)은 그윽이 찾다, 남몰래 찾다. 촉(屬)은 부탁하다. 령제(令弟)는 동생 주홍양을 가리킴. 구관(舊館)은 옛 집, 고향의 집을 말함.
7) 感物自多傷 2구 : 물(物)은 3-4구의 인물(人物)과 5-6구의 경물(景物)을 가리킴. 황내(況乃)는 하물며 ~임에랴.
8) 압운은 半, 散, 岸, 館, 亂.

**감상**

주홍정이 은자인 동생 주홍양을 찾는 이야기를 담고 있다. 바로 앞에 소개된 〈류증산중은사〉을 지은 주홍양은 양나라 때 모산에 은거했던 은자였다.

모두 10구로 되어 있다. 1-2구에서 시인은 세월이 덧없음을 묘사하고 있다. 3-4구는 인물(人物)을 묘사한 것으로 시인이 알던 고향의 어르신들도, 안면이 있던 스님들도 많이 돌아가시고 흩어진바 되었음을 알려주고 있다. 5-6구는 경물(景物)의 변화를 묘사한 것이다. 세월 속에 나무도 수명을 다하여 쓰러져 뗏목 마냥 물 위에 떠 있고, 시간의 흐름에 방죽도 침식되어 이젠 기슭으로 변화하였다. 7-8구는 제목을 설명한 것으로 세상의 변화를 지켜보는 반백년의 삶을 살다온 시인이 은자인 동생을 남몰래 찾아 고향 집으로 돌아왔음을 말하고 있다. 9구에서의 물(物)은 3-6구에서 말한 인물(人物)과 경물(景物)을 말한 것이다. 이런 변화를 지켜본 시인의 마음은 절로 슬플 수밖에 없다. 게다가 봄이 다 가는 때, 늦봄에 울어대는 봄 꾀꼬리 소리에 또 한 번의 봄이 이리 쉽게도 가는 것을 깨닫는 시인. 왜 시인이 1구에서 사계절이 쉽게도 흘러간다며 노래를 시작했는지 알게 해준다.

## 5. 江總[1)]

### 5-1

### 〈遇長安使寄裴尚書(우장안사기배상서)〉[2)]

〈장안으로 가는 사신을 만나 배상서에 부치다〉

| | |
|---|---|
| 傳聞合浦葉,<br>전문합포엽 | 전하여 듣건대 저 합포의 나뭇잎도, |
| 遠向洛陽飛.[3)]<br>원향락양비 | 멀리 낙양을 향해 날아갔다고 하네. |
| 北風尚嘶馬,[4)]<br>북풍상시마 | 북녘 바람에 여전히 말도 운다고 하건만. |
| 南冠獨不歸.[5)]<br>남관독불귀 | 남쪽 모자 쓴 난 홀로 돌아가지 못하네. |
| 去雲目徒送,<br>거운목도송 | 흘러가는 구름 눈으로 공연히 전송하며, |
| 離琴手自揮.[6)]<br>리금수자휘 | 이별의 거문고 내 손으로 스스로 켜네. |
| 秋蓬失處所,<br>추봉실처소 | 가을 쑥대처럼 있을 곳을 잃었거니와, |
| 春草屢芳菲.[7)]<br>춘초루방비 | 저 봄날의 풀은 여러 번 향기로웠다네. |
| 太息關山月,<br>태식관산월 | 〈관산월〉 노래에 기나 긴 탄식이요, |
| 風塵客子衣.[8)]<br>풍진객자의 | 나그네인 나의 옷에는 풍진뿐이라오. |

**역주**

1) 江總(강총, 519-594) : 남조 진나라 제양(齊陽) 고성(考城), 지금의 하남성(河南省) 난고(蘭考) 사람이고 자는 총지(總持)이며 강부(江紑)의 아들이다. 벼슬은 양나라 무릉왕부(武陵王府)의 법조참군(法曹參軍), 시랑(侍郎), 중서사인(中書舍人)겸 태상경(太常卿)을 역임했다. 후경(侯景)의 난 때 회계(會稽), 광주(廣州)를 떠돌다가, 진 문제(文帝) 천가(天嘉) 4년(563)에 다시 중서시랑(中書侍郎)을 맡았고, 진 후주(陳後主) 즉위 후 이부상서(吏部尚書), 상서령(尚書令) 등을 맡았다. 세칭 강령(江令)으로 불린다. 수(隋)나라 때 상개부(上開府) 직에 있다가 강도(江都)에서 죽었다. 문집 30권은 소실되고, 명나라 때 편집한 ≪강령군집(江令君集)≫과 시

100여 편이 남아있다.

2) 遇長安使寄裴尙書 : 우(遇)는 만나다. 장안(長安)은 '수도 서울' 의 의미로 여기서는 남경(南京)을 가리킴. 배(裴)는 성 씨. 남조의 '배기(裴忌, 521-594)' 라는 설이 있으나 확실하지 않다. 상서(尙書)는 관직 이름.

3) 傳聞合浦葉 2구 : 합포엽(合浦葉)은 합포의 나뭇잎. 동한(東漢) 시기 합포에 삼나무가 있었는데 그 잎이 바람결에 날려 낙양까지 갔다는 설이 있음.

4) 北風尙嘶馬 : 〈고시19수(古詩十九首)〉에 "호(胡) 지방 말은 북녘 바람에 기대고, 월(越) 지방 새는 남쪽 가지에 깃드네." 라고 하여 고향을 그리워함을 비유하고 있다(≪고시원≫ 번역본 1권 486쪽 참조).

5) 南冠 : 남쪽 모자. ≪좌전≫ 〈성공9년(成公九年)〉에 "진후(晉侯)가 군부를 순시하다가, 종의(鍾儀)를 보고서 묻길 남관을 쓴 채 묶여있는 자가 누구냐고 하니 유사가 대답하길 정나라 사람들이 바친 초나라의 포로라 하였다." 라는 고사가 있는데 이는 초나라 포로 종의(鍾儀)가 남관 즉 초나라 모자를 쓴 채 포로가 되어 고국에 대한 정을 드러낸 이야기이다. 여기서는 남쪽 모자를 쓴 시인 자신을 가리킴.

6) 去雲目徒送 2구 : 거운(去雲)은 흘러가는 구름. 여기서는 장안으로 가는 사신을 비유. 리금(離琴)은 작별을 위로하는 이별의 거문고. 휘(揮)는 거문고를 격렬하게 연주하는 것을 말함.

7) 秋蓬失處所 2구 : 추봉(秋蓬)은 가을철에 뿌리가 잘려 떠도는 풀. '가을 쑥대' 로 번역함. 방비(芳菲)는 향기로다. 8구의 봄날의 풀은 여러 번 향기로웠다는 것은 이미 여러 해가 지났다는 의미.

8) 太息關山月 2구 : 〈관산월(關山月)〉은 ≪악부시집(樂府詩集)≫에 수록된 악부시 제목으로 고향을 그리는 병사의 노래.

9) 압운은 飛, 歸, 揮, 菲, 衣.

**감상**

이 시는 강총이 장안으로 가는 사신을 만나서 상서 벼슬의 배씨에게 부치는 노래이다. 이 시를 지을 당시 강총은 후경(侯景)의 난으로 말미암아 회계(會稽)와 광주(廣州) 지역을 떠돌고 있었다. 후경은 본래 동위(東魏)의 고환(高歡) 휘하에 있던 장수였으나 고환이 죽은 후 양(梁)나라 무제(武帝)에게 투항했다가 양나라와 동위의 국교가 호전되자 화가 미칠 것을 두려워해 양나라를 배반하고 반란을 일으킨 사람이다. 후경은 당시 남조의 도읍 건강(建康)을 함락시키고 무제를 유폐하는 등 극도의 혼란을 야기하고 557년 양나라 멸망의 가장 큰 원인을 제공했다. 강총은 후경의 난 이후 563년 진 문제가 불러 중서시랑을 맡게 될 때까지 거의 유배나 다름없는 생활을 한 것이다.

모두 10구로 되어 있고, 내용에 따라 세 단락으로 구분 할 수 있다. 1단락(1-4구)은 후경의 난 이후 고향을 그리워하면서도 가지 못하는 자신의 상황을 말하고 있다. 1-2구는 합포의 삼나무 잎이 바람결에 날려 낙양까지 갔다는 이야기를 빌려 나뭇잎도 가는 낙양을 시인 자신은 가지 못함을 한탄한다. 3-4구에서는 고향 북녘 바람에 기대는 호 지방의 말과 포로로 끌려오면서도 고국 초나라 모자를 벗지 않는 종의의 이야기를 통해 고향을 그리는 자신의 모습을 말한다.

2단락(5-8구)은 제목에서 말한 '장안으로 가는 사신' 과의 만남을 말하고 있다. 5구의 흘러가는 구름(去雲)은 사신을 비유한 말이다. 시인은 사신을 전송하는 자리에서 거문고를 켜며 이 시를 쓰고 있음을 알려준다.(5-6구) 7-8구는 6구의 내용과 같이 왜 자신이 거문고를 격렬하게 켜며 전송할 수밖에 없는지의 이유를 말한 것이다. 지금의 자신의 신세는 가을 쑥대처럼 있을 곳을 잃은 방랑자 신세요, 그것도 이미 여러 해를 유랑하고 있기 때문이다.

마지막 3단락(9-10구)은 시인의 자신의 현 모습을 담아 결론을 말하고 있다. 늘 고향생각인 시인은 병사가 고향을 그리는 노래 〈관산월〉에 긴 탄식을 담고, 풍진 가득한 나그네 신세임에 또 서러워한다.

## 5-2

### 〈入攝山棲霞寺(입섭산서하사)〉[1] 〈섭산의 서하사에 들어가며〉

| | |
|---|---|
| 淨心抱冰雪,<br>정심포빙설 | 맑은 마음은 얼음과 눈을 껴안고 있거늘, |
| 暮齒逼桑榆.[2]<br>모치핍상유 | 나의 늙은 나이는 이제 황혼에 가까워라. |
| 太息波川迅,[3]<br>태식파천신 | 크게 탄식하니 물결치는 시내 빨리 흐름을, |
| 悲哉人世拘.<br>비재인세구 | 슬퍼하도다 인간 세상에 얽매어 있었음을. |
| 歲華皆採穫,<br>세화개채확 | 한 해 가을걷이를 모두 거두어 수확하고, |
| 冬晚共嚴枯.[4]<br>동만공엄고 | 겨울이 늦어지며 모든 것이 심히 말라 있네. |
| 濯流濟八水,<br>탁류제팔수 | 유폐(流弊) 씻기 위해 여덟 물을 건너가고, |
| 開襟入四衢.[5]<br>개금입사구 | 마음 열고서 네 가지 길에 들어서고 있네. |
| 茲山靈妙合,<br>자산령묘합 | 이 섭산은 신령스럽고 오묘함 합쳐져 있어, |
| 當與天地俱.[6]<br>당여천지구 | 마땅히 저 하늘과 땅과 더불어서 똑같다네. |

石瀨乍深淺, 바위 위 여울목 갑자기 깊다 갑자기 얕고,
석뢰사심천
崖煙遞有無.[7] 절벽 위 안개 번갈아 있다가 번갈아 없네.
애연체유무
缺碑橫古隧, 부서진 비석은 옛 무덤길에 누워 있거니와,
결비횡고수
盤木臥荒塗.[8] 똬리 튼 나무가 인적 드문 길에 누워있다네.
반목와황도
行行備履曆, 가고 또 가며 비석의 경력을 다 살펴보고,
행행비리력
步步憐威紆.[9] 걷고 또 걸어 똬리 구불구불함을 사랑하네.
보보련위우
高僧迹共遠, 고승들은 그 자취가 모두 영원히 전해지고,
고승적공원
勝地心相符.[10] 승지는 세상 사람들 마음에 서로 부합되네.
승지심상부
樵隱各有得, 나무꾼 은자에게도 각각 그 얻음이 있고,
초은각유득
丹青獨不渝.[11]* 저 남겨진 단청은 홀로 그 변함이 없구나.
단청독불투
遺風佇芳桂, 남은 기풍은 향기로운 목서에 저장되어 있고,
유풍저방계
比德喻生芻.[12] 나란히 한 덕은 저 말먹이 풀에 비유했었지.
비덕유생추
寄言長往客, 영원히 세상 떠난 사람들에게 말씀 전하나니,
기언장왕객
凄然傷鄙夫.[13]** 안쓰럽게 비천한 저를 불쌍히 여겨주옵소서.
처연상비부

**원주**

* 사찰 고승에는 랑전이사, 거가명소, 치중소미의 소상과 그림이 여전히 남아있다.(寺僧猶有郎詮二師居士明紹治中蕭日彌 塑像圖.)

** 맑은 기운이 약간 있어, 급박해서 마땅히 수록하였다.(薄有清氣, 急當收入.) 총지 강총에게는 또 〈유섭산시〉가 있는데, 그 안에서 말하길 "연꽃 옷 입고서 임천을 거니노니, 보리 기운 아침저녁으로 시원하네."라고 하였으니 또한 아름다운 시구이다.(總持更有遊攝山詩, 中云: 荷衣步林泉, 麥氣涼昏曉. 亦佳句也.)

**역주**

1) 攝山 : 방산(方山)이라고도 하는 남경시(南京市) 동북쪽에 있는 서하산(棲霞山)을 말함. 이 산에 섭생(攝生)할 수 있는 풀이 있어 섭산(攝山)이라 함.

2) 淨心抱冰雪 2구 : 정심(淨心)은 시인의 맑은 마음. 모치(暮齒)는 늙은 나이. 상유(桑榆)는 뽕나무와 느릅나무로 보통 집의 서쪽에 심어 지는 석양이 이 나무들에 비친다는 말에서 나와 '저녁'이나 '황혼'의 의미로 쓰임.

3) 太息波川迅 : ≪논어·자한(子罕)≫에 공자가 냇가에 있으면서 말하길 "가는 것이 이와 같구나, 밤낮을 쉬지 않는구나."라고 하였다. 태식(太息)은 크게 탄식하다. 파천(波川)은 물결치는 시냇물. 인세(人世)는 속세, 세상의 욕심.

4) 歲華皆採穫 2구 : 세화(歲華)는 한 해의 농사 수확물, 가을걷이. 화(華)는 단어를 아름답게 만들어주는 일종의 어미. 상화(霜華), 설화(雪華)가 좋은 예이다. 채(採)와 확(穫)은 수확하다. 동만(冬晚)은 겨울이 늦어지다. 엄(嚴)은 여기서 심하게, 진하게.

5) 濯流濟八水 2구 : 탁(濯)은 씻다(洗), 제거하다(去). 류(流)는 ≪맹자·양혜왕하(孟子·梁惠王下)≫에 "물길을 따라 아래로 내려가서 되돌아 올 줄 모르는 것을 '류(流)'라 하고, 물길의 흐름을 거슬러 올라가 되돌아 올 줄을 모르는 것을 '연(連)'이라 한다."라고 하였다. 류(流)는 여기서 세속에 집착함, 절제하지 못함, 속됨을 말함. 즉 유폐(流弊). 팔수(八水)는 팔공덕수(八公德水)로 아미타불의 정토에 있는 연못의 물이 갖는 8가지 공덕. 달고(甘), 차고(冷), 부드럽고(軟), 가볍고(輕), 맑고(淸淨), 냄새가 없고(不臭), 목을 아프게 하지 않고(不損喉), 배를 아프게 하지 않는(不傷腹) 것들을 말함. 여기서는 부처의 말씀인 '불법의 세계'를 상징하고, 제목에서 언급한 사찰 서하사(棲霞寺)를 가리킴. 금(襟)은 옷깃. 여기서는 '마음'을 상징. 사구(四衢)는 압운 때문에 '구(衢)'라는 글자를 썼으나 의미는 '사도(四道)'를 말함. 사도(四道)는 불교 용어로 가행도(加行道), 무간도(無間道), 해탈(解脫), 승진도(勝進道)를 말하며 열반으로 가는 네 가지의 길이란 의미.

6) 俱 : 같다(同等).

7) 石瀨乍深淺 2구 : 석뢰(石瀨)는 바위 위 여물목. 사심천(乍深淺)은 사심사천(乍深乍淺)의 준말로 갑자기 깊다 갑자기 얕기도 하다. 여기서는 10구의 땅의 모습을 말함. 애연(崖煙)은 절벽 위 안개. 체유무(遞有無)은 체유체무(遞有遞無)의 준말로 번갈아 있기도 하고 번갈아 없기도 하다. 여기서는 10구의 하늘의 모습을 말함.

8) 缺碑橫古隧 2구 : 결비(缺碑)는 세월에 떨어져 나가 부서진 비석. 수(隧)는 무덤길. 반목(盤木)은 똬리 튼 나무. 황(荒)은 인적이 없다.

9) 行行備履曆 2구 : 행행(行行)은 가고 또 가다. 비(備)는 갖추다, 섭렵하다. 리력(履曆)은 지나온 경력. 여기서는 13구의 부서진 비석(缺碑)과 연결됨. 련(憐)은 아끼다, 사랑스럽다. 위우(威紆)는 쌍성, 의태어로 구불구불한 모양. 여기서는 14구의 똬리 튼 나무(盤木)과 연결됨.

10) 勝地 : 경치가 좋은 곳, 수도하기에 좋은 곳.

11) 樵隱各有得 2구 : 장영서(臧榮緒)의 ≪진서(晉書)≫에 "호공명(胡孔明)이 말하였다. 은자가 산에 있고, 나무꾼도 또한 산에 있네. 산에 있는 것은 같으나, 산에 있는 까닭은 다르네." 초은(樵隱)은 나무꾼과 은자. 여기서는 세상에 완전 초탈하지 못한 사람으로 시인 자신 같은 사람들을 가리킴. 단청(丹青)은 원주에서 말한 초상화, 17구의 자취(迹)와 연결됨.

12) 遺風佇芳桂 2구 : 유풍(遺風)은 남은 기풍. 저(佇)은 저장되어 있다. 방계(芳桂)는 향기로운 목서나무. 비덕(比德)은 나란히 한 덕. 생추(生芻)는 말먹이 꼴, 생생한 풀. ≪시경·소아·백구(小雅·白駒)≫에 "생생한 풀 한 무더기처럼, 그 사람이 옥과 같아라.(生芻一束, 其人如玉.)"라고 하였다.

13) 寄言長往客 2구 : 기언(寄言)은 말을 전하다. 장왕객(長往客)은 사찰의 스님들, 세상을 등진 사찰의 사람들. 처연(凄然)은 의태어로 안쓰러운 모양. 비부(鄙夫)는 비천한 사람. 여기서는 시인 자신을 가리킴.

14) 압운은 榆, 拘, 枯, 衢, 俱, 無, 塗, 紆, 符, 渝, 芻, 夫.

**감상**

이 시는 강총이 노년의 시기에 지었다고 한다. 5-6구의 내용으로 보아 이 시의 계절적 배경도 늦가을과 겨울이어서, 시인이 노년의 겨울 가까이에 사찰을 찾아들며 인생을 관조하면서 쓴 것으로 보인다. 모두 24구로, 각 4구씩 여섯 단락으로 나눠 볼 수 있다.

1단락(1-4구)의 1구는 4구와 다시 연결된다. 4구에서 시인은 세상의 욕심에 얽매었던 자신의 과거가 너무 슬퍼서 이제는 얼음과 눈을 껴안는 맑은 마음이길 원한다(1구)고 말하며 노년에 들어선 시인이 삶을 관조하는 모습을 보여준다. 2구에서 자신의 늙은 나이를 말하는 시인은 다시 3구에서 ≪논어·자한≫의 공자의 이야기를 빌려 세월이 유수와 같음을 탄식한다.

2단락(5-8구)의 5-6구는 제목의 설명처럼 사찰에 들어가며 시인이 보는 경치를 묘사한다. 때는 늦가을이라 한 해의 수확물은 다 거두어 들였고, 겨울에 들어서며 모든 것들이 말라있는 모습이다. 7-8구는 제목을 다시 설명한 파제(破題)이다. 늦가을에서 겨울로 이어지는 이 때 시인은 세속을 씻기 위해 불법의 세계 즉 제목에서 말한 사찰 서하사에 들어선다. 또 8구에서 세상에 얽매이던 마음의 옷깃을 열고서 열반에 이르는 네 가지의 길에 들어선다는 의미 또한 마음을 열기 위해 사찰을 찾아 들었다는 의미이다.

3단락(9-12구)에서 시인은 사찰에 들어서며 이곳의 신성함을 설명한다. 서하사가 있는 섭산, 즉 서하산은 하늘과 땅과 같은 곳이다(9-10구). 11구는 이곳이 어떻게 땅의 모습을 갖고 있는지를 설명하기 위해 바위 위 여울목의 모습을 묘사하였고, 12구는 하늘의 모습을 설명하기 위해 절벽 위 안개를 가지고 설명하고 있다.

4단락(13-16구)은 사찰 속의 세세한 경치를 읊고 있다. 시인의 눈에 들어온 세월을 겪은 부서진 비석과 똬리 튼 오래된 나무는 다시 15-16구에 연결되어진다. 시인은 비석에 쓰여진 고승들의 경력을 다 살펴보고, 똬리 튼 나무의 구불구불한 모습을 하나하나 사랑한다.

5단락(17-20구)의 17-18구는 고승의 자취가 멀리 지금까지 전해지고, 이 경치 좋은 곳은 세상 사람의 마음과 부합되는 곳이라 설명하고 있다. 19구는 세상을 완전히 초탈하지 못한 나무꾼과 은자로 대변되는 시인 자신도 얻음이 있다고 말하여 18구에서 말하는 마음이 곧 시인의 마음임을 알게 해 준다. 또 20구의 단청은 원주에서 밝힌 것처럼 고승들의 초상화이고, 17구의 고승의 자취와 연결되어진다.

마지막 6단락(21-24구)은 마무리이다. 사찰을 차지하고 있는 목서나무와 생생한 풀에는 고승의 기풍과 명인들의 덕성이 서려 있는 듯하다(21-22구). 끝으로 세상을 영원히 등진 사찰의 고승들에게 불쌍한 자신을 거두어 달라고 소원한다(23-24구).

심덕잠은 이 시를 원주에서 평하길 진나라의 시 가운데 마땅한 것이 없어 그나마 이 시가 가진 약간의 맑은 기운 때문에 수록하였다고 하였다. 그만큼 조탁한 흔적이 강하다는 의미일 것이다. 실제로 거의 모든 시구가 서로 연결되고 있는데, 때로는 부자연스러운 느낌이 들기도 한다. 하지만 노년에 이른 시인이 사찰을 찾아 자신의 삶을 관조하는 깊고 그윽한 흥취만은 쉽게 떨쳐버릴 수 없다.

## 5-3
## 〈南還尋草市宅(남환심초시택)〉[1)*]

〈남쪽으로 돌아와 초시의 집터를 찾아서〉

紅顏辭鞏洛,
홍안사공락
젊은 나이에 저 공락을 떠나갔다가,

白首入轘轅.[2)]
백수입환원
흰머리가 되어서 환원에 들어왔다네.

乘春行故里,
승춘행고리
봄기운 타고서 옛 마을을 가거니와,

徐步采芳蓀.[3)]
서보채방손
천천히 걸으며 향긋한 창포를 캐네.

徑毁悲求仲,
경훼비구중
오솔길 망가져 구중을 슬프게 하고,

林殘憶巨源.[4)]
림잔억거원
숲 망가지니 산도가 그립다 하겠네.

見桐猶識井,
견동유식정
오동나무 보니 우물터 여전히 알겠고,

看柳尚知門.[5) ] 버드나무 보니 대문인 줄 아직 알겠네.
간류상지문
花落空難遍, 꽃잎 떨어지니 빈 곳도 돌아다니기 어렵고,
화락공난편
鶯啼靜易諠.[6)] 꾀꼬리 우니 조용한 곳 쉽게 시끄러워지네.
앵제정이훤
無人訪語默, 나의 근황 동정을 묻는 이가 없으니,
무인방어묵
何處敘寒溫?[7)] 인사말을 펼칠 곳이 어디란 말인가?
하처서한온
百年獨如此, 인생이란 유독 이와 같은 것이니,
백년독여차
傷心豈復論? 마음 상할 뿐 어찌 또 논하겠는가?
상심기부론

**원주**

* 수나라로 들어간 이후 남쪽으로 돌아와 지은 것이다.(入隋後南還之作.)

**역주**

1) 南還尋草市宅 : 남환(南還)은 남쪽(여기서는 남경)으로 돌아가다. 초시(草市)는 도심지에서 벗어난 외곽의 시장. 초시택(草市宅)은 시인이 옛날 살던 초시의 집터를 말함.
2) 紅顔辭鞏洛 2구 : 사(辭)는 떠나다. 공(鞏)은 낙양(洛陽)의 옛 지명. 환원(轘轅)은 산 이름으로 하남성(河南省) 등봉현(登封縣) 서북쪽에 위치. 공락(鞏洛)과 환원(轘轅)은 모두 한나라 때의 지명들로 여기서는 시인의 실제적인 고향 남경(南京)을 의미함.
3) 乘春行故里 2구 : 춘(春)은 봄의 기운. 고리(故里)는 옛 살던 마을. 손(蓀)은 창포.
4) 徑毁悲求仲 2구 : 경(徑)은 오솔길. 친구를 기다리는 세 갈래 길 '삼경(三徑)'을 의미. 동한 조기(趙岐)의 ≪삼보결록(三輔決錄)≫에 의하면 한의 은사 장허(張詡)가 뜰에 세 갈래 오솔길을 내고 송·죽·국(松·竹·菊)을 심어 단지 친구인 양중(羊仲), 구중(求仲)과 사귀고 세상에 나오지 않았다고 한다. 후에 삼경은 은사(隱士)의 집 뜰을 가리키게 되었다. 도연명(陶淵明)은 〈귀거래사(歸去來辭)〉에서 "어린 종은 기뻐 맞이하고, 어린 아들은 문에서 기다리네. 삼경은 거칠어졌으나, 솔과 대는 아직 남아 있구나."라고 하였다. 림(林)은 대나무 숲을 말함. 거원(巨源)은 위진(魏晋) 시대 죽림칠현(竹林七賢)의 한 사람인 산도(山濤)의 자. 노장학설(老莊學說)을 좋아하고 후에 벼슬에서 물러나 은거하였음.
5) 見桐猶識井 2구 : 위나라 명제(明帝)의 〈맹호행(猛虎行)〉에 "두 그루 오동나무

우물가에 자라더니, 가지와 잎이 저절로 돋아났구나."라고 하였다. 도연명(陶淵明)은 문 앞에 버드나무 다섯 그루를 심어 놓고 스스로 오류선생(五柳先生)이라 칭하였다.

6) 花落空難遍 2구 : 공(空)은 휑하다. 편(遍)은 두루 돌아다니다. 정(靜)은 고요하다. 이(易)는 쉽게. 훤(諠)은 여기서 시끄럽다고 여기다.

7) 無人訪語默 2구 : 방(訪)은 묻다(問). 어묵은 ≪주역·계사전상(周易·繫辭傳上)≫에 "군자의 도는, 때로 세상에 나가고 때로 머물고, 때로 침묵하고(默) 때로 말한다(語)."라고 한 것에서 나와 '말하고 말하지 않음' 즉 '동정(動靜)'의 의미로 쓰임. 한온(寒溫)은 날씨라는 뜻에서 '안부, 인사말'의 의미로 쓰임.

8) 압운은 轅, 孫, 源, 門, 諠, 溫, 論.

**감상**

시인 강총은 남조 진나라가 망하고 수(隋)나라가 들어선 후 고향 같은 남경으로 돌아와 옛 살던 집터를 찾아 자신의 삶터를 돌아보며 이 시를 지었다고 알려진다. 모두 14구로, 네 단락으로 나눠 볼 수 있다.

1단락(1-4구)은 시인이 고향 집을 찾아가는 내용이다. 1-2구에서 젊은 나이에 고향을 떠났다가 나이 들어 돌아왔음을 말하고 있다. 공락과 환원은 모두 한나라 때의 지명들로 여기서는 시인의 실제적인 고향 남경을 의미하는데, 이처럼 남조시대의 시인들이 한나라의 지명을 자주 인용한 것은 당시 북방의 땅을 내주고 남하해 살던 남조 시인들에게 통일제국이었던 한나라에 대한 소망이 있었기 때문이다. 시인은 어느 봄날 옛 고향을 찾아 음미하고 있다(3-4구).

2단락(5-8구)은 이제 황폐해진 집터를 묘사한 이 네 구는 모두 고사와 관련되어 있다. 한의 은사 장허가 뜰에 내고 두 친구 양중, 구중만 사귀던 오솔길, 죽림칠현의 산도가 좋아하던 대나무 숲, 위나라 명제가 〈맹호행〉에서 읊던 오동나무 있던 우물, 시인 도연명이 버드나무를 심었던 대문. 이 모든 것이 망가지고 황폐해졌다.

3단락(9-12구)은 이 황폐해진 집터에 인적이 없음을 말하고 있다. 9구와 10구의 '휑함(空)'과 '고요함(靜)'은 시인의 마음일 텅 비었음을 비유한 말이다. 그래서 시인은 흩날리는 꽃비도 돌아다니기 어렵게 하니 귀찮고, 꾀꼬리 울음소리도 시끄럽게 여겨져 귀찮다. 마치 두보 〈춘망(春望)〉의 "시절을 느껴 꽃도 눈물을 뿌리고, 이별을 한탄해 새도 마음을 놀라네.(感時花濺淚, 恨別鳥驚心.)" 같은 정서이다. 아무도 시인의 근황을, 동정(動靜)을 물어주는 사람이 없으니 어찌 아니 쓸쓸하겠는가?

마지막 4단락(13-14구)은 결론이다. 여전히 아름다운 봄날 변함없는 자연 경관 앞에 사람의 인생은 홀로 이처럼 쓸쓸함을 깨달은 시인, 상한 마음을 어찌할 수 없어 시 한편을 읊었다.

## 5-4

〈並州羊腸阪(병주양장판)〉[1] 〈병주 양판장에서〉

| | |
|---|---|
| 三春別帝鄉,[2]<br>삼춘별제향 | 늦은 봄 때에 경성을 작별하고서는, |
| 五月度羊腸.<br>오월도양장 | 오월에는 양장 고개를 넘어간다네. |
| 本畏車輪折,[3]<br>본외차륜절 | 본래 수레바퀴 부러질까 두려웠거늘, |
| 翻嗟馬骨傷.[4]<br>번차마골상 | 도리어 말의 뼈 상할까 탄식한다네. |
| 驚風起朔雁,<br>경풍기삭안 | 놀란 바람 북방 기러기 일으켜 세우고, |
| 落照盡胡桑.<br>낙조진호상 | 낙조는 북방의 뽕나무에서 다하는구나. |
| 關山定何許?<br>관산정하허 | 관산이란 곳 도대체 어디라는 말인가? |
| 徒御慘悲涼.[5]<br>도어참비량 | 저 마부들 참담하게 슬퍼하고 있구나. |

**역주**

1) 並州羊腸阪 : 병주(並州)는 옛 주(州) 이름. 지금의 하북성(河北省), 산서성(山西省) 일대에 해당. 양장판(羊腸阪)은 지명(地名), 양 창자처럼 꼬불꼬불한 언덕이라는 뜻으로 심양(沁陽)에서 천정관(天井關)을 거쳐 진성(晉城)에 이르는 길.
2) 三春別帝鄉 2구 : 삼춘(三春)은 ①석 달 봄 ②늦봄. 여기서는 ②의 뜻. 제향(帝鄉)은 경성, 수도. 양장(羊腸)은 양장판(羊腸阪).
3) 本畏車輪折 : 조조(曹操)의 〈고한행(苦寒行)〉에 "양장판은 꼬불꼬불하여, 수레바퀴가 그 탓에 부서지네.(羊腸阪詰屈, 車輪爲之摧.)"라고 하였다(≪고시원≫ 번역본 2권 48쪽 참조).
4) 翻嗟馬骨傷 : 진림(陳琳)의 〈음마장성굴행(飮馬長城窟行)〉에서 "장성 구덩이에서 말에 물을 먹이니, 물이 차 말의 뼈를 상할 지경이라네.(飮馬長城窟, 水寒傷馬骨.)"라고 하였다(≪고시원≫ 번역본 2권 168쪽 참조). 번(翻)은 도리어.
5) 關山定何許 2구 : 정(定)은 여기서 강조를 나타내는 부사로 '도대체'의 의미. 도어(徒御)는 수레를 끌고 말을 모는 사람, 여기서는 '마부'로 번역함.
6) 압운은 腸, 傷, 桑, 涼.

**감상**

모두 8구로 이루어져 있는데 1-2구, 3-4구, 5-6구가 각각 대구를 이루고 있어 훗날 당나라의 오언율시와 매우 흡사한 구조를 보여주고 있다.

1-2구는 늦봄 3월에 수도 경성을 떠났는데 5월이 되어서야 '양 곱창 고개'를 넘어가게 된 사실을 통해 이미 오랜 시간이 지난 여정임을 알려주고 있다. 3구는 조조의 〈고한행〉의 내용으로 당시 조조는 북쪽의 고간(高幹)을 정벌하기 위해 출병한 길에 양장 고개를 넘으며 그 험준함 때문에 수레바퀴가 부러질까 두려웠다고 읊었다. 4구는 진림의 〈음마장성굴행〉에서 변방의 추운 날씨를 묘사했던 구절을 가져왔다. 3-4구는 이 양장 고개가 길이 험준할 뿐 아니라 계절이 늦봄임에도 날씨가 매우 차가움을 말한 것이다. 5-6구는 이 험준한 곳에 사나운 바람, 기러기, 낙조만 보인다는 것으로 인적이 드물고 황량한 곳임을 말해주고 있다. 그래서 시인은 최종 목적지인 관산은 도대체 어디냐고 슬피 하소연해본다(7-8구).

## 5-5
## 〈於長安歸還揚州九月九日行薇山亭賦韻(어장안귀환양주구월구일행미산정부운)〉[1)]

〈장안에서 양주로 돌아가는 길에 9월 9일 미산정에 행차하여 운을 받아 짓다〉

| | |
|---|---|
| 心逐南雲逝,[2)]<br>심축남운서 | 마음은 남쪽 구름 쫓아 떠났거늘, |
| 形隨北雁來.[3)]<br>형수북안래 | 몸은 북쪽 기러기를 따라 왔다네. |
| 故鄉籬下菊,<br>고향리하국 | 고향 울타리 아래의 국화는, |
| 今日幾花開.<br>금일기화개 | 오늘 몇 송이나 꽃 피었을까? |

**역주**

1) 於長安歸還揚州九月九日行薇山亭賦韻 : 어(於)는 여기서 '으로부터'의 뜻. 장안(長安)은 지명. 양주(揚州)는 지명으로 금릉(金陵)을 가리키며 남조시대 진나라 수도. 구월구일(九月九日)은 중양절(重陽節). 행(行)은 행차하다. 미산(薇山)은 지금의 산동성(山東省) 등현(滕縣) 남쪽에 위치. 부운(賦韻)은 운을 부과 받다.

2) 心逐南雲逝 : 남운(南雲)은 남쪽 구름. 여기서는 고향이 있는 남쪽 양주(揚州)가 있는 곳에 마음이 이미가 있다는 의미.

3) 形隨北雁來 : 형(形)은 몸, 육신. 수북안래(隨北雁來)는 기러기를 따라 오다보니 미산정(薇山亭)에 도착했다는 의미.
4) 압운은 來, 開.

**감상**

장안에서 남쪽 지역인 양주로 가는 도중 9월 9일 중양절을 맞아 미산정에서 일행들과 함께 운(韻)을 받아 지은 시이다. 시인은 래(來) 개(開) 운을 받아 중양절을 읊고 있다.

때는 중양절, 마음은 이미 고향이 있는 남쪽 양주에 가 있건만, 시인의 몸은 기러기 따라 오다 보니 미산정에 와 있다(1-2구). 생각은 언제나 고향에 머물러 있는 시인. 궁금한 것은 고향 울타리 아래 오늘 피어 있을 국화에 있을 뿐이다(3-4구). 3-4구의 내용은 후에 당나라 시인 왕유(王維)의 〈잡시삼수(雜詩三首)〉중 제 2수에서 "그대 고향에서 왔으니, 응당 고향 소식 아시리. 오시던 날 비단 창 앞에, 겨울매화 피었을 지.(君自故鄕來, 應知故鄕事. 來日綺窗前, 寒梅着花未.)" 라고 읊었던 것을 떠올리게 한다.

## 5-6

## 〈哭魯廣達(곡노광달)〉[1)*] 〈노광달을 위해 곡하며〉

| | |
|---|---|
| 黃泉雖抱恨,<br>황천수포한 | 황천에서 비록 한 품고 계시겠지만, |
| 白日自留名.[2)]<br>백일자류명 | 백일 아래 아름다운 이름 남기셨네. |
| 悲君感義死,<br>비군감의사 | 서글프나니 그대 의리를 느껴 죽고, |
| 不作負恩生.[3)**]<br>불작부은생 | 성은을 저버린 삶을 살지 않았구려. |

**원주**

* 한금호에게 붙잡혀 해를 당한 사람이다.(爲韓擒虎所執遇害者.)
** 자신을 욕보이는 것을 마다하지 않으니, 시인의 진정이 애처롭다.(不嫌自汙, 眞情可憫.)

**역주**

1) 魯廣達 : 남조 시대 진나라 장수로 수(隋)나라 한금호(韓擒虎)에게 포로가 되었으나 굴복하지 않아 살해됨.

2) 白日 : 흰 태양. 여기서는 '인간 세상'을 의미.
3) 悲君感義死 2구 : 비(悲)는 서글프다, 비장하다. 여기서는 슬픔보다 감동, 감격의 의미. 군(君)은 그대. 노광달(魯廣達)을 가리킴. 의(義)는 군신의 의(君臣之義). 부은생(負恩生)은 임금의 은혜를 저버린 삶.
4) 압운은 名, 生.

**감상**

강총은 남조의 마지막 왕조 진나라의 신하였다. 진나라는 겨우 32년(557-589)을 버티고, 북의 수(隋)나라에게 멸망한다. 강총이 읊고 있는 노광달은 진나라의 장수로 수나라 한금호에게 포로가 된 후 굴복하지 않고 죽음을 택한 충신이었다. 반면 강총 자신은 남조시대 양나라에서 벼슬을 시작하여, 왕조가 바뀐 진나라에서도, 그 후 수나라에까지 관직을 맡았다. 마지막 3-4구에서 노광달이 '성은을 저버린 삶(負恩生)'을 택하지 않은 '충'을 높이 산 것은, 어찌 보면 자신에 대한 모욕이다. 그럼에도 애도를 표하는 시인, 그 시인의 진심을 느껴서 심덕잠도 원주에서 '시인의 진정이 애처롭다'라고 평하였다.

## 5-7

## 〈閨怨篇(규원편)〉 〈규원편〉

| | |
|---|---|
| 寂寂青樓大道邊,<br>적적청루대도변 | 적막하고 적막한 큰길가의 푸른 누각이여, |
| 紛紛白雪綺窗前.[1]<br>분분백설기창전 | 비단 창 앞에는 하얀 눈만이 분분하구나. |
| 池上鴛鴦不獨自,<br>지상원앙불독자 | 연못가의 저 원앙새들은 혼자가 아니거늘, |
| 帳中蘇合還空然.[2]<br>장중소합환공연 | 휘장 속 소합향은 그래도 괜히 타오르누나. |
| 屏風有意障明月,[3]<br>병풍유의장명월 | 병풍은 일부러 저 밝은 달을 가려 두었건만, |
| 燈火無情照獨眠.<br>등화무정조독면 | 등불은 무정하게도 홀로 자는 것을 비추누나. |
| 遼西水凍春應少,<br>요서수동춘응소 | 요서엔 물이 얼어붙는다니 봄날 응당 적을 터, |
| 薊北鴻來路幾千.[4]<br>계북홍래로기천 | 계북에서 기러기 날아오는 길은 몇 천리일까? |

| | |
|---|---|
| 願君關山及早度,<br>원군관산급조도 | 원컨대 그대께서 관산을 하루 빨리 넘어오셔서, |
| 照妾桃李片時姸.[5)*]<br>조첩도리편시연 | 쇤네 도리화처럼 짧은 시간 고움을 비춰주시길. |

**원주**

* 결국 당나라 율시 같다. 조금 내려가면 전사를 하는 꼴이 된다. 시를 배우는 사람들은 마땅히 점차 물듦을 경계해야 한다.(竟似唐律. 稍降則爲塡詞矣.[6)] 學者當防其漸.[7)])

**역주**

1) 寂寂靑樓大道邊 2구 : 적적(寂寂)은 첩어, 의태어로 적막한 모양. 청루(靑樓)는 푸른색으로 칠한 누대, 누각. 여기서는 부유한 규방(閨房)을 의미. 분분(紛紛)은 첩어, 의태어로 눈 등이 분분히 내리는 모양. 기창(綺窗)은 비단으로 꾸민 창문.
2) 帳中蘇合還空然 : 소합(蘇合)은 향 이름. 연(然)은 연(燃)과 통하여 타다, 사르다.
3) 有意 : 일부러.
4) 遼西水凍春應少 2구 : 요서(遼西)와 계북(薊北)은 모두 지명으로 지금의 하북성(河北省) 동북쪽에 위치. 여기서는 모두 '임이 계신 곳'을 지칭.
5) 照妾桃李片時姸 : 이 구는 '열흘 붉은 꽃이 없다(花無十日紅)'는 말과 같이 여인들이 세월에 젊음이 시들 것을 염려하는 것과 맥락을 같이 함. 연(姸)은 아름답다, 곱다.
6) 塡詞 : 정해진 사보(詞譜)에 맞춰 글자를 넣다. 사를 짓다. 사는 송(宋)대 유행가사에서 유래한 시가 형식.
7) 漸 : 물들다, 오염되다.
8) 압운은 邊, 前, 然, 眠, 千, 姸.

**감상**

강총이 멀리 떨어져 있는 임을 그리는 여인의 입장이 되어 읊은 규원시이다. 모두 10구로 되어 있는데, 마지막 두 구를 제외한 나머지는 정교한 대구를 이루고 있다. 심덕잠은 이러한 모습이 당나라의 율시 같다고 평하였다. 고시의 자유분방함을 상실하였기 때문이다. 아울러 더 내려가서 '전사'가 되지 않도록 조심하라고 하고 있다. 사보다는 율시를, 율시보다는 고시를 높이 치는 복고적 인식을 보여주고 있다.

님을 떠나보낸 여인의 마음은 화려한 청루(靑樓), 고운 비단 창문일지라도 적막하기만 하다(1-2구). 3구의 '연못가의 저 원앙새들은 혼자가 아니거늘' 뒤에는 '왜 나는 외톨인가?'라는 물음이 생략된 것이다. 임과 함께 있어야 할 휘장 아래 소합향은 공연히 홀로 피어오르고, 잠 못 이루는 밤 저 밝은 달이 싫어 일부러 병풍으로 가린 보람도 없이 무정한 등불이 홀로 있는 침상을 더 밝게 비추고 만다(4-6구). 문득 임이 계시다는 곳 요서와 계북을 떠올린 여인은 그 먼 거리에 다시 절망하게 되고, 자신의 아름다움이 시들기 전 어서 임이 돌아와 주길 간절히 소망해본다(7-10구).

# 6. 張正見[1]

## 6-1

### 〈秋日別庾正員(추일별유정원)〉 〈가을날에 유정원을 전송하며〉

| | |
|---|---|
| 征途愁轉旆,<br>정도수전패 | 돌아가는 길에 수심 겨워 깃발 되돌리고, |
| 連騎慘停鑣.[2]<br>련기참정표 | 줄지어 늘어선 말들 슬퍼 말고삐 멈추네. |
| 朔氣淩疏木,<br>삭기릉소목 | 북녘 바람은 성긴 나무를 능멸하고 있고, |
| 江風送上潮.[3]<br>강풍송상조 | 강가 바람은 저 밀물을 보내오고 있다네. |
| 青雀離帆遠,<br>청작리범원 | 청작 장식의 떠나는 배는 멀어져가고, |
| 朱鳶別路遙.[4]<br>주연별로요 | 주연 앞세워 이별하는 길 아득하여라. |
| 唯有當秋月,<br>유유당추월 | 가을을 맞는 저 달만 오롯이 있어서, |
| 夜夜上河橋.[5]*<br>야야상하교 | 밤이면 밤마다 저 하교에 떠오르리라. |

**원주**

* 좋은 시구 중에 심하게 품격이 낮고 약하지 않는 것을 만나면, 역시 곧장 수록해 놓았다. 시를 초록한 것이 여기에 이르면, 어느 정도 눈높이를 낮춰야 한다.(遇好句不十分卑弱者, 亦便收入. 鈔詩者至此, 眼界放下幾許矣.)

**역주**

1) 張正見(장정견, 527?-575?) : 남조 진나라 청하(淸河) 동무성(東武城) 지금의 산동성(山東省) 무성(武省) 사람으로 자는 견색(見賾)이다. 벼슬은 양나라 무제(武帝) 때 소릉왕(邵陵王) 국좌상시(國左常侍)를 시작으로 원제(元帝) 때 통직산기시랑(通直散騎侍郞), 팽택령(彭澤令)을 역임하고 진나라 때 파양왕부(鄱陽王府) 묵조행참군(墨曹行參軍), 상서탁지랑(尙書度支郞), 통직산기상시(通直散騎常侍), 찬사저사(撰史著士) 등을 맡았다. 진나라 선제(宣帝) 태건(太建) 중엽, 나이 49세 때에 죽었다. 어려서부터 학문이 뛰어나 문집 14권을 남겼으나 소실되고, 지금은 명나라 사람이 편집한 ≪장산기집(張散騎集)≫이 있다.

2) 征途愁轉旆 2구 : 정도(征途)는 시인 자신이 친구를 전송한 후 돌아가는 길. 전패(轉旆)는 깃발, 패를 되돌리다. 련기(連騎)는 연이어 줄지은 말들, 여기서는 전송 일행을 말함. 표(鑣)는 말고삐.
3) 朔氣凌疎木 2구 : 삭기(朔氣)는 북방의 기운. 여기서는 북방의 바람. 릉소목(凌疎木)은 이미 성긴 나무에 또 바람이 불어 닥친다는 의미. 상조(上潮)는 밀물.
4) 靑雀離帆遠 2구 : 청작(靑雀)과 주연(朱鳶)은 푸른 새와 붉은 새 모양으로 뱃머리에 장식한 그림의 일종. 리범(離帆)은 이별하고 떠나가는 배. 여기서는 친구 여기서는 친구인 유정원(庾正員)이 탄 배를 가리킴.
5) 唯有當秋月 2구 : 당추월(當秋月)은 가을을 마주한, 가을을 맞이한 달. 하교(河橋)는 이릉(李陵)의 〈여소무시삼수(與蘇武詩三首)〉에 "손을 잡고 강의 다리에 오르나니, 길손이여 날 저문데 어디 가는가."라고 하였다(≪고시원≫ 번역본 1권 283쪽 참조). 하교(河橋)는 두 사람이 이별하던 장소를 의미하며 배를 타고 내리는 부교(浮橋)나 잔교(棧橋)였던 것으로 보인다.
6) 압운은 鑣, 潮, 遙, 橋.

**감상**

이 시는 모두 8구로 되어 있다. 1-2구는 친구를 전송한 후 시인 자신의 모습을 묘사한 것이다. 친구를 전송하고 돌아가는 길 떠나는 친구가 걱정스러워 깃발을 되돌리고, 말을 타고 줄지어 있던 전송 일행들은 슬픔에 말고삐를 멈춰본다. 그러나 전송했던 장소엔 가을을 맞아 나뭇잎이 떨어져 이미 성겨진 나무에 북방 차가운 바람이 또 불어 닥치고, 강바람이 보내는 밀물만 남아 있어 친구가 떠난 쓸쓸함이 더 깊게만 느껴질 뿐이다(3-4구). 저 멀리 눈을 들어보니 청작(靑雀)과 주연(朱鳶) 장식을 하고 떠나는 친구의 배는 아득히 멀리 이별의 길을 달리고 있다(5-6구). 1-6구의 내용으로 볼 때 시인 장정견은 육지에 남아 있고, 친구 유정원은 배를 타고 떠났음을 알 수 있다. 이제 그대는 떠나고 나도 돌아가야 한다. 이별의 다리 위는 텅 빌 것이다. 단지 가을 달만이 떠올라 비추리라(9-10구).

## 6-2
## 〈關山月(관산월)〉 〈관산월〉

| | |
|---|---|
| 巖間度月華,[1]<br>암간도월화 | 바위 봉우리 사이로 달이 지나가나니, |
| 流彩映山斜.<br>류채영산사 | 흐르는 광채가 산의 기슭을 비춘다네. |
| 暈逐連城璧,<br>훈축연성벽 | 달무리는 귀한 연성의 구슬 쫓거니와, |

| | |
|---|---|
| 輪隨出塞車.[2]<br>륜수출새거 | 달 바퀴는 변방을 나서는 수레 따르네. |
| 唐蓂遙合影,[3]<br>당명요합영 | 도당씨의 명협 멀리 달그림자에 맞았고, |
| 秦桂遠分花.[4]<br>진계원분화 | 진의 계림은 멀리 달에서 나뉜 꽃이네. |
| 欲驗盈虛駛,<br>욕험영허사 | 달이 차고 기움의 빠름 시험코자 했거늘, |
| 方知道路賖.*<br>방지도로사 | 비로소 고향 떠나온 길이 멂을 알겠구나. |

**원주**

* 진나라 때 계림을 설치했다. 계림의 꽃이 멀리 달 가운데로부터 나눠왔다는 말이다.(秦置桂林, 言桂林之花, 遠分於月中也.)

**역주**

1) 巖間度月華 2구 : 월화(月華)는 달. 화(華)는 일종의 시어로 설화(雪華), 상화(霜華)와 같이 월(月)를 아름답게 말한 것. 산사(山斜)는 산의 기슭, 산의 비탈.
2) 暈逐連城壁 2구 : 훈(暈)은 달무리. 연성벽(連城璧)은 ≪한비자·화씨편(韓非子·和氏篇)≫에 나오는 고사로 중국 전국시대 초나라 화씨(和氏)란 사람이 바친 보옥(寶玉) 화씨지벽(和氏之璧)을 말함. 이후 조(趙)나라 혜문왕(惠文王)의 손에 들어갔는데, 진(秦)나라 소양왕(昭襄王)이 이를 탐내 15개의 성(城)과 맞바꾸자고 하여 '연성지벽(連城之璧)'이라고도 불림. 여기서는 성과 맞바꿀 '옥'이란 의미로 '달'을 비유한 말로 쓰임. 륜(輪)은 바퀴로 역시 달을 비유.
3) 唐蓂遙合影 : 당(唐)은 도당씨(陶唐氏)로 요 임금. 명(蓂)은 요임금 때 조정의 뜰에 났다는 상서로운 풀 명협(蓂莢)을 말함. 월초부터 보름까지 하루 한 잎씩 나서 15잎이 되고 16일부터 그믐까지는 하루에 한 잎씩 떨어지는데, 작은 달에는 한 잎이 마르기만 하고 떨어지지 아니하여 '달력 풀, 책력 풀'이라고 함. 갈홍(葛洪)의 ≪포박자·대속(抱朴子·對俗)≫에 "요 임금이 명협을 관찰하여 월력을 알게 되었다."라고 하였다. 영(影)은 달그림자.
4) 秦桂遠分花 : 진계(秦桂)는 진나라의 계림(桂林). 분화(分花)는 달나라 월계나무에서 나뉜 꽃이라는 의미.
5) 欲驗盈虛駛 2구 : 영허(盈虛)는 달이 차고 달이 기우는 것. 사(駛)는 빠르다. 도로(道路)는 고향으로부터 떠나온 길. 사(賖)는 멀다.
6) 압운은 斜, 車, 花, 賖.

감상

〈관산월〉은 원래 ≪악부시집·횡취곡사(樂府詩集·橫吹曲辭)≫에 수록된 악부시의 제목으로, 전장에 나간 병사들이 고향을 그리는 노래이다. 장정견이 이를 가져와 달을 읊고 있다. 이 시는 모두 8구로 되어 있는데, 1-2구와 7-8구를 먼저 하나로 살펴보고, 3-6구를 다른 하나로 묶어서 살펴볼 수 있다.

1-2구는 바위 봉우리 사이에서 산기슭을 비추는 달을 묘사하고 있다. 7-8구에서 시인은 그 달이 차고 기욺을 세어보며 문득 고향으로부터 멀리 떠나왔음을 깨닫는다.

나머지 3-6구는 모두 달과 관련된 묘사를 읊고 있다. 5-6구는 여러 개의 성과 맞바꾸자고 하여 이름 붙여진 '연성지벽'의 고사를 가져와 옥처럼 둥근 '달'을 비유하고 있다. 5구는 도당씨 요 임금이 관찰하여 월력을 알게 되었다는 상서로운 풀 명협의 이야기를 가지고 왔고, 6구는 진나라 계림의 꽃이 멀리 달에서 나뉘어 왔다는 이야기를 끌어들이고 있다.

인위적으로 끌어 모았다는 느낌이 들지만, 아무튼 시인은 전장에서 고향을 그렸던 병사들의 악부시 〈관산월〉의 제목을 가져와 시인이 고향을 그리는 마음을 나름대로 잘 담고 있다.

## 7. 何胥[1)]

### 〈被使出關(피사출관)〉[2)] 〈사신이 되어 관을 나서며〉

| | |
|---|---|
| 出關登隴阪,<br>출관등롱판 | 관을 나와서 롱판에 올라서거니와, |
| 回首望秦川.[3)]<br>회수망진천 | 머리를 돌려서 진천을 바라본다네. |
| 絳水通西晉,<br>강수통서진 | 강수는 서진으로 통하고 있거니와, |
| 機橋指北燕.[4)]<br>기교지북연 | 기교는 저 북연을 가리키고 있구나. |
| 奔流下激石,<br>분류하격석 | 흐르는 물 아래에서 바위 부딪치고, |
| 古木上參天.[5)]<br>고목상참천 | 고목은 위로 하늘을 찌르고 있다네. |
| 鶯啼落春後,<br>앵제락춘후 | 꾀꼬리 울음소리 봄 뒤로 쳐졌고, |
| 雁度在秋前.[6)]<br>안도재추전 | 기러기 건너옴은 가을 앞에 있네. |
| 平生屢此別,<br>평생루차별 | 평생 동안 이러한 이별이 잦거니와, |
| 腸斷自催年.[7)]*<br>장단자최년 | 애 끊어져 스스로 수명 재촉하겠네. |

**원주**

* "꾀꼬리 울음 소리" 일련은 풍경의 기이함을 극단으로 말하고 있다.(鶯啼一聯, 極言風景之異.)

**역주**

1) 何胥(하서, 생졸미상) : 남조시대 진나라 사람으로 자는 효전(孝典)이다. 벼슬 등의 이력이 불분명하나 다만 진나라 마지막 황제인 후주(後主) 진숙보(陳叔寶)의 연회에 참석하여 황제를 위해 자주 염정시를 지었다고 한다.
2) 關 : 한(漢)나라 때 설치한 롱관(隴關)으로 롱산(隴山)의 남쪽에 위치.
3) 出關登隴阪 2구 : 롱판(隴阪)은 롱산(隴山)으로 육반산(六盤山) 남단의 별칭. 진천(秦川)은 춘추전국시대에 진나라 땅이었던 평원지대. 지금의 섬서성(陝西省)

과 감숙성(甘肅省) 진령(秦嶺)의 이북 평원 지대를 말함.

4) 絳水通西晉 2구 : 강수(絳水)는 물 이름. 지금의 산서성(山西省) 강현(降縣)의 북쪽에 위치. 서진(西晉)은 춘추시대의 진나라를 말함. 강수(絳水)의 서북쪽에 있어 서진(西晉)이라 부름. 기교(機橋)는 기관(機關)을 설치한 다리. ≪연단자(燕丹子)≫에 의하면 연(燕)나라 태자 단(丹)이 진(秦)나라의 인질이 되었다가 돌아가길 요구하자 진나라 왕이 다리에 기관을 설치해 태자를 해하려 했다고 한다. 북연(北燕)은 옛 연(燕)나라로 지금의 하북성(河北省) 계현(薊縣). 여기서 서진(西晉)과 북연(北燕)은 전쟁이 반복되는 격전지를 의미.

5) 奔流下激石 2구 : 격석(激石)은 바위에 부딪치다. 참천(參天)은 하늘을 찌르다.

6) 雁度 : 기러기가 건너다. 기러기가 남쪽으로 이동하는 것을 말함.

7) 腸斷 : 애가 끊어지다. ≪세설신어·출면(世說新語·黜免)≫에 나오는 이야기로 삼협(三峽) 지역을 지나던 환온(桓溫)의 부하가 잡은 새끼 원숭이를 쫓아온 어미 원숭이의 창자가 토막토막 끊어져 있었다는 단장(斷腸) 고사는 이후 시에서 극도의 슬픔을 표현할 때 사용된다.

8) 압운은 川, 燕, 天, 前, 年.

**감상**

작자 하서는 남조시대 진나라 사람이다. 그는 진나라 마지막 황제인 후주(後主)의 연회에 참석하여 염정시를 지었다고 알려진 인물이다. 진 후주(後主)는 즉위 후, 북방의 강자인 수나라가 틈을 노리고 있었음에도 불구하고 사치와 방탕으로 늘 연회와 음률에 빠져있어, 심지어 수나라 군대에 의해 포로로 잡히는 순간에도 술과 노래를 그치지 않았다고 한다. 이러한 주상의 명에 의해 '사신이 되어(被使)' 국경의 관문을 나서는 시인의 답답하고 두려운 마음이 이 시에 담겨있다.

이 시는 모두 10구로 되어 있다. 1-2구는 시인이 관문을 나와 롱산에 올라, 진천 지역을 바라보는 상황을 말하고 있다. 3-4구에 나오는 서진(西晉)과 북연(北燕)은 전쟁이 끊이지 않는 격전지를 말하는 것으로 시인이 있는 곳에서 전쟁터가 멀지 않음을 말하고 있다. 이런 시인에게 보이는 자연의 모습은 물이 흐르다 바위에 부딪치는 거침과 고목들이 하늘을 찌르는 듯 솟은 날카로움뿐이다(5-6구). 시인이 문득 떠나온 중원은 봄이 다 지났건만, 이곳은 봄에 울어야 하는 꾀꼬리가 봄이 다 지난 이때야 울어대고, 가을에 건너 와야 할 기러기가 가을도 되기 전에 건너와 버린, 추운 곳임을 깨닫는다(7-8구). 게다가 흔들리는 국운(國運)을 아는 신하가 사신이 되어 가는 길, 새끼 원숭이를 찾던 어미 원숭이의 심정처럼 애간장이 끊어지는 아픔은 절로 시가 된다(9-10구).

## 8. 韋鼎[1)]

## 〈長安聽百舌(장안청백설)〉[2)]

〈장안에서 백설조 소리를 듣다〉

| | |
|---|---|
| 萬里風煙異,[3)]<br>만리풍연이 | 만 리 떨어져서 바람 안개 다르거늘, |
| 一鳥忽相驚.<br>일조홀상경 | 한 마리 새 문득 서로 놀라게 하네. |
| 那能對遠客,<br>나능대원객 | 어찌 멀리 온 나그네를 마주하고서, |
| 還作故鄉聲?<br>환작고향성 | 여전히 고향의 소리를 내고 있는가? |

**역주**

1) 韋鼎(위정, 515-593) : 조(京兆) 두릉(杜陵), 지금의 섬서성(陝西省) 서안(西安) 동남쪽 사람으로 자는 초성(超盛)이다. 벼슬은 남조시대 양나라에서 중서시랑(中書侍郎), 진나라에서 황문랑(黃門郎), 태부경(太府卿)을 맡았다. 수나라에서는 의동삼사(儀同三司), 광주자사(廣州刺史)를 역임했다. 작품은 시 한 수가 남아있다.
2) 長安聽百舌 : 장안(長安)은 지금의 서안(西安)으로 당시 북주(北周)에 속해 있었다. 백설(百舌)은 새 이름. 대륙검은지빠귀(turdus merula)를 가리키며 다양한 소리를 낸다.
3) 風煙異 : 바람과 안개가 다르다. 고향과 다른 주위 경관을 의미.
4) 압운은 驚, 聲.

**감상**

남조시대 진나라 시인 위정이 어명을 받아 북주(北周)에 사신으로 가면서 장안에서 지은 것이다. 장안은 지금의 서안(西安)으로 당시 북주에 속한 땅이었다. 남조 사람인 시인에게 고향 남쪽을 떠나 접한 북방의 자연 경관은 생경하였을 것이다. 그래서 1구에 고향에서 만 리 멀리 떨어진 이 곳이 바람과 안개마저도 다르다고 말하고 있다. 이 때 갑자기 나타난 새 한 마리에 시인도, 새도 서로 깜짝 놀란다(2구). 그 놀란 이유는 3-4구에 이어진다. 시인 위정이 만난 새는 백설(百舌), 반설(反舌), 오동(烏鶇)이라고도 부르는 대륙검은지빠귀(turdus merula)이다. 한국에서는 희귀한 나그네새이지만 중국에서는 흔히 볼 수 있는 새로 그 울음소리가 플루트와 흡사한 맑은 음색을 지녔다고 한다. 고향에서 자주 볼 수 있던 새가 만 리 떨어진 이 북조의 땅에서 자신을 마주 대하고 고향에서 듣던 그 소리 그대로 시인을 향해 지저귀고 있는 것이다. 얼마나 반가웠을까? 아니면 동병상련의 정을 느꼈을까?

## 9. 陳昭[1)]

〈昭君詞(소군사)〉[2)] 〈왕소군 노래〉

| | |
|---|---|
| 跨鞍今永訣,<br>과안금영결 | 말안장 걸터앉아 이제 영원한 작별을 하고, |
| 垂淚別親賓.[3)]<br>수루별친빈 | 눈물 흘리며 친척들과 손님들과 작별하네. |
| 漢地隨行盡,<br>한지수행진 | 한나라의 땅은 길을 감에 따라 다해가나니, |
| 胡關逐望新.[4)]<br>호관축망신 | 오랑캐 관문은 볼수록 새롭게 다가오는구나. |
| 交河擁塞霧,[5)]<br>교하옹새무 | 교하성 흐르는 두 물줄기 변방 안개 껴안고, |
| 隴日暗沙塵.[6)]<br>롱일암사진 | 롱산의 태양은 모래 먼지에 어둡기만 하네. |
| 唯有孤明月,<br>유유고명월 | 단지 외로이 비추는 저 밝은 달만이 있어서, |
| 猶能遠送人.*<br>유능원송인 | 여전히 멀리 멀리 사람을 전송하고 있구나. |

원주

* 고아한 소리이다.(雅音.)

역주

1) 陳昭(진소, 생졸미상) : 남조 진나라 때 의흥(義興) 국산(國山), 지금의 강소성(江蘇省) 의흥(宜興) 서남지역 사람이다. 부친은 진경지(陳慶之)로 남조 양나라의 대장군이었다. 아버지로부터 영흥후(永興侯) 작위를 이었고, 북제(北齊)에 사신으로 간 적이 있다.

2) 昭君詞 : 소군(昭君)은 왕소군(王昭君)을 말한다. 한나라 때 원제(元帝)의 후궁으로 들어갔으나, 총애를 얻지 못하고 기원전 33년 흉노의 왕 호한야(呼韓邪)에게 시집 보내진다. 후한 때의 ≪서경잡기(西京雜記)≫에는 왕소군이 뽑힌 이유가 화공에게 뇌물을 바치지 않아서 만들어진 추한 초상화라는 이야기가 나온다. 왕소군의 미모를 확인한 원제에 의해 화공 모연수(毛延壽)는 참형(斬刑)에 처해졌다고 한다. 또 이 시의 제목을 〈명군사(明君詞)〉라고도 하는데 이는 진나라 때 문제(文帝) 사마소(司馬昭)의 이름을 피하기 위하여 왕소군을 '왕명군(王明君)', '명비(明妃)' 라고도 불렀기 때문이다.

3) 親賓 : 전송 나온 친척들과 손님들.
4) 胡關 : 오랑캐 관문. 여기서는 흉노(匈奴) 땅으로 가는 관문을 말함.
5) 交河 : 고성(古城)의 이름. 두 물줄기가 교차하는 지역으로 보임.
6) 隴 : 롱산(隴山)으로 지금의 감숙성(甘肅省) 육반산(六盤山) 남단.
7) 압운은 賓, 新, 塵, 人.

**감상**

이 시는 남조 진나라의 시인 진소가 한나라 때 흉노에게 시집보내어진 미인 왕소군을 읊은 노래이다. 당시 흉노의 침입에 고민하던 한나라는 그들과의 우호 수단으로 흔히 조정의 여자를 보내어 결혼시키고 있었다. 시인 진소의 진나라는 남조 시대의 마지막 왕조로 북쪽에는 북제(北齊, 550-577), 북주(北周, 557-581) 두 북방의 강국과 대치하고 있었다. 상대적으로 국력이 약했던 남조 진나라를 대표하여 북제 땅에 사신으로 간 적이 있던 시인에게 우호 수단으로 시집보내졌던 왕소군의 이야기가 깊게 다가왔는지 모른다.

이 시는 모두 8구로 되어 있다. 1-2구는 왕소군이 흉노 땅으로 가기 전 전송 나온 친척들, 친구들과 이별하는 모습을 그렸다. 이제 길을 떠나는 왕소군, 길을 감에 따라 점점 한나라 땅을 벗어나는 반면 흉노 땅의 관문은 점점 가까워지는 모습이 3-4구에 그려졌다. 변방의 뿌연 안개와 모래 먼지에 어두워진 태양은 고국을 떠나 낯선 땅에 시집을 가는 왕소군의 마음(5-6구). 시인은 그 두려운 마음에 고운 달빛을 비춰주며 시를 맺고 싶었나 보다(7-8구). 심덕잠이 고아한 소리, 품위 있는 노래라고 평한 이유를 알겠다.

# 北魏詩(북위시)

## 附(부)

## 1. 劉昶[1)]

## 〈斷句(단구)〉* 〈단구〉

| | |
|---|---|
| 白雲滿鄣來,[2)]<br>백운만장래 | 백운은 성채를 채우며 몰려오고, |
| 黃塵暗天起.<br>황진암천기 | 황진은 하늘을 어둡게 일어나네. |
| 關山四面絶,[3)]<br>관산사면절 | 관산은 사방이 끊겼거니와, |
| 故鄕幾千里.<br>고향기천리 | 내 고향은 몇 천리나 될꼬? |

**원주**

* ≪남사≫ : 유창의 군대가 패해서 북위로 도망갔다. 어머니와 아내를 버리고 단지 첩 한 사람만을 데리고 갔고, 말 한 마리가 자신을 따라왔다. 가는 도중에 강개하여 이 작품 단구를 지었다.(南史, 昶兵敗奔魏. 棄母·妻, 惟攜妾一人, 騎馬自隨, 在道慷慨爲斷句.)

**역주**

1) 劉昶(유창, 435-498) : 자는 휴도(休道)이며 팽성(彭城), 지금의 강소성(江蘇省) 서주(徐州) 사람이다. 남조 송의 문제(文帝) 유의륭(劉義隆)의 아홉째 아들로 의양왕(義陽王)에 봉해졌다. 폐제(廢帝)가 즉위하자 서주자사(徐州刺史)가 되었으나 후에 북위(北魏)로 도망하였다. 북위의 효문제(孝文帝)가 그를 대장군으로 삼았고, 북위에서 죽었다.
2) 鄣 : 장(鄣)은 원래 나라 이름이나 여기서는 장(障)과 같아 성채, 보루.
3) 關山四面絶 : 관(關)은 관문(關門). 산(山)은 여기서 산맥(山脈). 절(絶)은 끊기다.
4) 압운은 起, 里.

**감상**

이 시는 남조 송나라 황족인 유창이 쓴 노래로, 싸움에 져서 북위로 망명할 수밖에 없는 상황과 심정을 읊은 것이다. 모두 4구로, 훗날 절구(絶句)의 형식과 매우 흡사하다. 시에서 1-2구가 대구를 이루고, 1-2구는 다시 3-4구와 내용상 연결된다. 1-2구에서 성채를 가득 채우며 몰려오는 흰 구름과 하늘을 어둡게 보일 정도로 뒤덮는 누런 먼지는 모두 적병이 몰려오는 모습을 묘사한 것이다. 누런 먼지는 적병의 군마가 일으키는 먼지를 비유한 것이다. 이에 관문과 산맥은 사방이 끊겼다(3구). 3구의 관산(關山)은 1구의 장(鄣)과 연결된다. 4구에서 고향이 몇 천리나 되는지를 묻는 것은 돌아갈 고향이 없다는 뜻으로, 몇 천리는 심리적 거리의 표현이다. 돌아갈 고향이 없으니, 유창이 택할 수 있는 방법은 북위로 망명하는 길 뿐이다. 원주의 설명은 위나라로 도망할 때의 급박한 상황을 잘 나타내고 있다.

한편으로 송 폐제(廢帝)와 관련지어 설명한 설도 있다. 폐제는 등극 이후, 줄곧 폭정을 일삼아 원성이 높았다. 또 왕위 쟁탈 과정에서 종조부와 이복동생을 죽였다. 이런 과정에서 유창도 의심을 받자 결국 북위로 망명하였다고 한다.

## 2. 常景[1)]

2-1

〈司馬相如(사마상여)〉[2)*] 〈사마상여를 읊다〉

| | |
|---|---|
| 長卿有豔才,<br>장경유염재 | 사마상여는 아름다운 재주 있거니와, |
| 直致不群性.[3)]<br>직치불군성 | 남다른 성품을 곧장 다 발휘했었지. |
| 鬱若春煙擧,<br>울약춘연거 | 봄 안개가 일어나듯 울창하거니와, |
| 皎如秋月映.[4)]<br>교여추월영 | 가을달이 비추는 것처럼 맑았다네. |
| 遊梁雖好仁,<br>유량수호인 | 양나라 노닐 때는 비록 인을 좋아했었지만, |
| 仕漢常稱病.[5)]<br>사한상칭병 | 한나라 벼슬할 때는 늘 병을 핑계 대었다네. |
| 淸貞非我事,<br>청정비아사 | 청렴과 정절 나의 일 아니거니와, |
| 窮達委天命.[6)]<br>궁달위천명 | 궁함과 영달 하늘의 명에 맡겼지. |

**원주**

* ≪북사≫ : 상경이 문하에 오랫동안 머물렀지만, 여러 해 지나도록 높은 벼슬에 이르지 못했다. 촉 지방의 사마상여·왕포·엄군평·양자운 모두 높은 재주를 갖고 있으나 중요한 지위가 없었기 때문에, 이에 생각을 기탁해서 그들을 칭송했다.(北史, 景淹滯門下, 積歲不至顯官, 以蜀司馬相如王褒嚴君平揚子雲皆有高才而無重位, 乃託意以贊之.)

**역주**

1) 常景(상경, ?-550) : 자는 영창(永昌)이고 하내온(河內溫) 지금의 하남성(河南省) 온현(溫縣)사람이다. 벼슬은 북위(北魏)에서 시작하여 동위(東魏) 초 차기장군(車騎將軍), 우광록대부(右光祿大夫), 가의동삼사(加儀同三司)에까지 이르렀다. ≪위서·상경전(魏書·常景傳)≫에 의하면 성품이 청렴하여서 말이나 행동을 스스로 조심하였고, 검소하여 재산을 늘리려 하지 않았으며, 평소 경서와 ≪사기(史記)≫를 즐겨 읽었다.

2) 司馬相如(사마상여, BC179-BC117) : 중국 전한의 문인. 자는 장경(長卿)이며 사천성(四川省) 성도(成都)에서 출생하였다. 처음에 한나라 황제 경제(景帝)를 섬겨 무기상시(武騎常侍)가 되었으나, 경제가 문학을 좋아하지 않아 자신의 뜻을 펼치지 못했다. 경제의 아우인 양(梁)나라 효왕(孝王)은 문인을 우대하였기에 한나라의 관직을 내놓고 양나라로 갔으나, 얼마 안 되어 효왕이 죽자 고향으로 돌아가 가난하고 궁한 생활을 하며 〈자허부(子虛賦)〉를 지었다. 탁문군(卓文君)과의 사랑이야기로도 유명하다. 탁문군은 거부 탁왕손(卓王孫)의 딸로 과부가 되어 친정에 와 있을 때, 사마상여의 거문고 연주를 듣고 반하여 그와 성도(成都)로 야반도주하였다. 성도에 와 보니 집안에는 아무것도 없이 네 벽만 세워져 있었다고 한다. 여기서 형편이 어렵다는 뜻을 나타내는 성어 '가도사벽(家徒四壁)'이 나왔다. 이들이 주점을 열고 살자, 탁문군의 아버지가 이를 부끄럽게 여겨 재물을 나누어준 덕분에 부자가 되었다. 훗날 사마상여가 새 여자를 들이려고 하자 탁문군이 절교를 선언하며 쓴 시 〈백두음(白頭吟)〉이 전해진다. 후에 〈자허부(子虛賦)〉를 읽고 감탄한 한 무제(武帝)를 만나 〈상림부(上林賦)〉를 지어 올리고, 낭중(郎中)이 되었다. 일찍부터 소갈증(消渴症)을 앓아, 만년에는 섬서성(陝西省) 무릉(茂陵)에 칩거하였다.
3) 長卿有豔才 2구 : 장경(長卿)은 사마상여의 자(字). 염재(豔才)는 아름다운 재능, 뛰어난 글 솜씨를 말함. 치(致)는 다 발휘하다. 불군성(不群性)은 무리 짓지 않는 성품.
4) 鬱若春煙擧 2구 : 울(鬱)은 성대하다, 울창하다. 춘연(春煙)은 봄내. 봄날의 구름, 아지랑이, 꽃가루 등을 말한 것. 교(皎)는 맑다.
5) 遊梁雖好仁 2구 : 유량(遊梁)은 양효왕(梁孝王) 문하에서 추양(鄒陽), 매승(枚乘) 등과 교제하며 노닐 때. 사한(仕漢)은 한나라 무제(武帝) 아래 벼슬할 때를 말함. 칭병(稱病)은 병을 핑계하다. 사마상여가 소갈증을 앓은 것을 말함.
6) 淸貞非我事 2구 : 청정(淸貞)은 맑고 곧음. 궁달(窮達)은 출세하지 못함과 출세함.
7) 압운은 性, 映, 病, 命.

**감상**

한나라 문인 사마상여를 읊은 것이다. 원주에 소개한 바와 같이 상경은 재주가 있었으나 높은 벼슬에 오르지 못한 자신의 모습을 역시 뛰어난 재주임에도 크게 출세하지 못한 네 명의 문인에 각각 기탁하여 노래하였다. 이 시는 모두 8구로 되어 있다.

1구는 사마상여의 뛰어난 글 솜씨의 재능을, 2구는 무리 짓지 않는 남다른 성품을 말한 것이다. 다음 3구에서 봄 내가 일어나듯 울창하다는 것은 풍성함을 말한 것이며, 1구의 아름다운 재능을 다시 묘사한 것이다. 4구 역시 가을 달이 비추는 맑고 깨끗함은 2구에서 말한 사마상여의 '무리 짓지 않는 성품'을 다시 그린 것이다. 5-6구는 사마상여가 양효왕의 문하에 있을 때와 한나라 무제 아래 있을 때를 비교한 것이다. 양 효왕 아래에서 인을 좋아했었다는 것은 사마상여 자신의 이상과 맞았음을 이야기한 것이고, 한 무제 아래 벼슬할 때 병을 핑계 대었다는 것은 사마상여가 자신의 이상을 펼치지 못했음을 말한 것이다. 마지막 두 구(7-8구)에서 자유분방한 삶을 살면서 출세 여부를 연연하지 않는 사마상여를 칭송함으로써 시인 자신의 처세관을 피력하고 있다.

흔히 중국 문학은 "한 시대를 대표하는 문학 장르가 있다(一代有一代之文學)."는 말을 한다. 한나라의 대표적인 문학 장르가 부(賦)이고, 이 시기 가장 뛰어난 부 작가를 꼽는다면 단연 사마상여이다. 사마상여를 이야기 할 때 탁문군(卓文君)과의 야반도주를 제일 먼저 떠올리는 일이 많지만, 한 시대의 문학 장르를 대표하는 문인이었음을 간과해서는 안 된다. 그가 그럴 수 있었던 힘은 바로 '무리 짓지 않는 성품', 즉 자유정신이었다는 사실을 상경은 잘 알고 있다.

### 2-2

### 〈王褒(왕포)〉[1] 〈왕포를 읊다〉

| | |
|---|---|
| 王子挺秀質,<br>왕자정수질 | 왕선생은 뛰어난 자질이 빼어났거니와, |
| 逸氣干青雲.[2]<br>일기간청운 | 빼어난 기상은 높은 하늘을 찔렀다네. |
| 明珠既絕俗,<br>명주기절속 | 명월주 자질은 세상에 비할 바 끊었고, |
| 白鵠信驚群.[3]<br>백곡신경군 | 백조 기품은 정말 무리를 놀라게 했지. |
| 才世苟不合,<br>재세구불합 | 재주와 세상이 만약 서로 부합하지 않으면, |
| 遇否途自分.[4]<br>우부도자분 | 출세하고 못함은 그 길이 절로 나눠진다네. |
| 空枉碧雞命,<br>공왕벽계명 | 괜히 백계 제사 지내는 명령에 잘 못 갔고, |
| 徒獻金馬文.[5]*<br>도헌금마문 | 금마에서의 제문을 공연히 올렸던 것이라네. |

**원주**

* 한나라 선제가 왕포를 파견해서 금마와 백계의 신에게 제사를 지내게 했다. 왕포는 도중에 죽었다. 그러므로 공연히 왕림했고, 헛되이 바쳤다라고 말한 것이다.(漢宣帝遣王褒祀金馬碧雞之神, 褒中道卒. 故曰空枉, 曰徒獻云.)

## 역주

1) 王褒(왕포, ?-BC 61) : 서한(西漢)의 건위(犍爲) 자중(資中) 지금의 사천(四川) 자양현(資陽縣) 사람으로 자는 자연(子淵)이다. 선제(宣帝) 때 익주자사(益州刺史) 왕양(王襄)에 의해 천거되었고, 〈성주득현신송(聖主得賢臣頌)〉을 지어 간의대부(諫議大夫)에 발탁되었다. 나중에 익주의 신(神)을 제사지내도록 파견되었는데, 도중에 죽었다. 사부(辭賦)에 능했으며 남겨진 작품은 〈통소부(洞簫賦)〉〈감천궁송(甘泉宮頌)〉 등 부(賦) 10여 편과 명나라 때 집록한 ≪왕간의집(王諫議集)≫이 전한다.
2) 王子挺秀質 2구 : 왕자(王子)는 왕포(王褒)를 가리킴. 수질(秀質)은 남달리 우수하고 뛰어난 자질. 일(逸)은 빼어나다. 간(干)은 찌르다, 범하다.
3) 明珠旣絶俗 2구 : 3구는 1구의 수질(秀質)을 설명한 것. 절속(絶俗)은 세상의 비할 바를 끊다. 세상에 비할 것이 없다는 의미. 4구는 2구의 일기(逸氣)를 설명한 것. 백곡(白鵠)은 흰 고니. 3구의 기(旣)와 4구의 신(信)은 '~뿐 아니라, 진실로~하다' 는 뜻.
4) 才世苟不合 2구 : 재세(才世)는 재주와 세상. 우(遇)는 5구의 재세(才世)가 합(合)한 상황으로 '출세하다' 는 의미. 부(否)는 재세(才世)가 불합(不合)한 상황으로 '출세하지 못하다' 는 의미.
5) 空枉碧雞命 2구 : 왕(枉)은 왕포(王褒) 입장에서 의역하여 '잘 못 갔다' 로 해석함. 벽계명(碧雞命)은 한(漢)의 선제(宣帝)가 금마(金馬)와 벽계(碧雞)의 신에게 제사 지내도록 왕포를 파견한 일. ≪한서·교사지(漢書·郊祀志)≫에 의하면 방사(方士)가 익주(益州)에 금마 벽계의 보물 이 있는데 제사를 지내면 가질 수 있다고 말하였다고 한다. 왕포는 익주로 가는 길에 병들어 죽었다. 도(徒)는 공연히. 금마문(金馬文)은 금마의 신에게 올리는 제사문(祭祀文)을 말함.
6) 압운은 雲, 群, 分, 文.

## 감상

서한의 뛰어난 문인이었던 왕포를 읊은 것이다. 시작 동기는 앞의 시와 같다.

이 시는 모두 8구로 되어 있다. 1-4구는 왕포의 출중한 자질을 설명하고 있다. 1구에서 말한 왕포의 뛰어난 자질은, 다시 3구에서 명월주(明月珠)처럼 세상의 비할 것이 없다는 설명으로 이어진다. 2구에서 말한 푸른 구름을 뚫을 정도의 빼어난 기상은 다시 4구에서 흰 고니의 빼어남이 뭇 무리를 놀라게 하는 비유로 설명하고 있다. 다음 5-8구는 왕포에 대한 애도이다. 재주를 가지고 있어도 세상과 부합되고 부합되지 않음에 따라 그 출세의 여부가 절로 나눠지는 법(5-6구.) 출중한 재주를 지녔음에도 방사(方士)의 한마디에 황제의 명령에 따라 익주(益州)의 금마(金馬)와 벽계(碧雞)의 신에게 제사를 지내도록 파견되었다. 금마(金馬)와 벽계(碧雞)는 현재 운남성(雲南省) 곤명시(昆明市)의 상징이자 곤명 시민들의 정신적 토템이라고 여겨진다. 문이 없는 대문 모양의 중국 특유의 석조물인 패방(牌坊)이며, BC 109년 한나라 무제(武帝)는 군대를 보내 곤명을 점령하고 전지(滇池)현을 설치했었다. 한나라 당시 익주(益州)는 현재 운남성(雲南省)과 사천성(四川省) 일대를 포함한 지역으로 수도 장안(長安)에서 볼 때 가장 서쪽 끝에 위치한 변방이었다. 머나먼 변방 지역으로 가던 문인은 여정 중 병을 얻어 죽고 만다. 그래서 시인 상경은 왕포가 공연히 잘못 갔었고, 공연히 제문을 올렸다며 안타까워 한 것이다(7-8구).

## 2-3

〈嚴君平(엄군평)〉[1] 〈엄군평을 읊다〉

| | |
|---|---|
| 嚴君性沉靜,<br>엄군성침정 | 엄군은 타고난 성품이 차분하고 고요하거니와, |
| 立志明霜雪.[2]<br>립지명상설 | 뜻을 세움에 있어서 서리 눈보다 더 밝았다네. |
| 味道綜微言,<br>미도종미언 | 도를 음미하고 뜻이 깊은 말을 종합하거니와, |
| 端蓍演妙說.[3]<br>단시연묘설 | 시초를 실마리 삼아 오묘한 이야기 풀어냈네. |
| 才屈羅仲口,[4]<br>재굴나중구 | 재주로 재물 많은 나중의 입 굴복시켰고, |
| 位結李強舌.[5]<br>위결리강설 | 그의 품위는 이강의 혀를 묶어 버렸다네. |
| 素尚邁金貞,<br>소상매금정 | 소박하고 고상함은 황금의 곧음을 능가하고, |
| 清標陵玉徹.[6]<br>청표릉옥철 | 맑은 표상은 옥의 명철함 넘어서는 것이었네. |

**역주**

1) 嚴君平(엄군평, 생졸미상) : 전한 촉군(蜀郡) 성도(成都) 사람으로 이름은 준(遵)이고, 자가 군평(君平)이다. ≪한서·왕공양공포전(漢書·王貢兩龔鮑傳≫에 의하면 성제(成帝) 때 성도(成都)에서 점을 쳐 생활을 꾸려 나갔는데, 1백 냥을 벌면 족하다 하며 곧 가게를 닫고 노자(老子)를 읽었으며, 아흔이 넘도록 점을 치며 살았다고 한다. 충효와 신의로 사람들을 가르쳤으며 그의 제자 중에 양웅(揚雄)이 있다. 저서에 ≪도덕진경지귀(道德眞經指歸)≫가 있었는데 그 중 7권만 전해진다.

2) 嚴君性沉靜 2구 : 침(沉)은 마음이 차분하다. 정(靜)은 몸과 행동이 고요하다. 명상설(明霜雪)은 '명어상설(明於霜雪)'로 서리와 눈보다 밝다.

3) 味道綜微言 2구 : 미(味)는 음미하다. 종(綜)은 종합하다. 미언(微言)은 미언, 뜻이

깊은 말. 단(端)은 실마리로 삼다. 시(蓍)는 시초(蓍草), 점대. 연(演)은 풀다. 이 2구는 엄군평이 주역(周易) 점을 치는 것을 말함.

4) 才屈羅仲口 : 굴(屈)은 굴복시키다. 나중(羅仲)은 나충(羅沖)을 말한다. 황보밀(皇甫謐)의 ≪고사전(高士傳)≫과 유향(劉向)의 ≪신서(新序)≫에 엄군평과 나충의 이야기가 나온다. ≪고사전≫의 이야기는 다음과 같다. 촉군에 사는 나충(羅沖)이라는 부자가 엄군평에게 왜 벼슬을 하지 않느냐고 묻자 군평은 내 자신을 발휘할 만한 자본이 없다고 대답하였다. 이에 나충이 엄군평을 위해 마차와 의복과 식량을 준비해주었다. 그러나 엄군평은 "나는 아플 따름이지 부족한 것은 아니라오. 나는 남음이 있고 그대는 부족한데 어찌하여 부족한 자가 여유 있는 사람을 돕겠다고 하시오?"라고 말하였다. 나충이 "나에게는 만금이 있고 당신은 곡식 한두 섬도 없는데 여유가 있다고 하니 또한 거짓말이 아니겠소?"라고 하였다. 엄군평이 "그렇지 않소. 내가 전에 당신의 집에 묵은 적이 있었는데, 사람들 왕래가 멈춘 시간에도 일하느라 쉬지 못하여 밤낮으로 급급하였으며 일찍이 풍족한 적이 없었소. 지금 나는 점치는 것으로 업을 삼고 있는데, 침상을 내려가지 않아도 돈이 저절로 들어오고 여전히 수백 냥이 남아 있어 먼지가 한 치 높이로 덮여도 사용할 바를 모르고 있소. 이는 내가 여유 있고 당신이 부족한 것이 아니겠소?"라고 하였다. 이에 나충이 크게 부끄러워하였다.

5) 位結李强舌 : 위(位)는 엄군평의 품위를 말함. ≪한서·왕길전(漢書·王吉傳)≫에 엄군평과 이강(李强)에 관한 이야기가 나온다. 이야기는 다음과 같다. 양웅(揚雄)이 서울에서 벼슬살이를 하는데, 조정의 지위 있고 어진 자에게 군평의 덕을 자주 칭송했다. 두릉(杜陵)의 이강(李强)은 평소에 양웅과 친했는데 얼마 후, 익주(益州)의 목사(牧使)가 되었다. 그는 기뻐서 말하기를 "내가 정말로 엄군평을 만나게 되었다."라고 하자, 양웅이 "그대는 예를 갖추어 대하시게. 뵐 수는 있으나 그 사람을 굽힐 수는 없을 것이오."라고 말하였다. 이강은 그렇지 않다고 생각하고 촉 지방에 이르렀는데 예를 다해 마주하면서 끝내 감히 말하여서 일을 처리할 수 없었다. 이내 탄식하며 "양웅이 사람을 잘 보는구나."라고 하였다.

5) 素尙邁金貞 2구 : 소상(素尙)은 소박하고 고상한 인품. 매(邁)는 능가하다. 청표(淸標)는 맑은 표상. 릉(陵)은 능가하다, 뛰어넘다. 옥철(玉徹)은 옥의 명철함. 고대에 옥(玉)은 신과 소통하는 매개였다.

6) 雪, 說, 舌, 徹로 입성(入聲) 압운하고 있다.

### 감상

앞의 시와 동일한 창작 동기에서 엄군평을 노래하고 있다. 엄군평은 역주 1)에 소개한 바와 같이 점을 치는 것으로 업을 삼았다. 그러나 단순히 점을 친 것이 아니라 ≪주역≫을 깊이 연구한 대가이자 중국 철학의 대가였다. 한나라 대학자 양웅이 그의 제자였다.

모두 8구로 되어 있다. 1-2구는 엄군평의 천성과 입지(立志)를 칭송한다. 3-4구는 바로 ≪주역≫을 사용하여 점을 침을 설명한 것으로 엄군평이 점을 통해 길흉(吉凶)

을 따지기 보다는 점괘를 얻으면 도를 음미하고 그 미언을 종합하여 오묘한 이야기로 풀어냄을 말하고 있다. 5-6구에서는 엄군평에 관한 두 개의 고사를 가져왔다. 5구는 부자 나충이 재물을 자랑하는 입을 굴복시킨 이야기이고, 6구는 익주 목사로 온 이강을 뿜어져 나오는 품위 하나로 혀를 묶어버린 이야기이다. 7-8구에서 말하는 '소박하고 고상한 인품(素尙)' 과 '맑은 표상(淸標)' 은 모두 그의 뛰어난 경지를 비유한 것이다. 즉 영원히 변치 않는 황금을 능가하고, 신과 소통하는 옥(玉)의 명철함도 능가한다.

## 2-4.

〈揚雄(양웅)〉[1] 〈양웅을 읊다〉

| | |
|---|---|
| 蜀江導清流,<br>촉강도청류 | 촉강이 맑은 물을 인도하고 있거니와, |
| 揚子挹餘休.[2]<br>양자읍여휴 | 양자는 넘쳐나는 아름다움 떠받았네. |
| 含光絕後彥,<br>함광절후언 | 품은 광채는 훗날 큰 선비를 끊었고, |
| 覃思邈前修.[3]<br>담사막전수 | 깊은 생각은 예전 빼어난 이 넘었네. |
| 世輕久不賞,<br>세경구불상 | 세상이 가볍게 여겨 오랫동안 모르되, |
| 玄談物無求.[4]<br>현담물무구 | 현묘한 담론뿐 외물을 구함이 없었네. |
| 當塗謝權寵,[5]<br>당도사권총 | 벼슬길에서 권력과 총애 거절하고서, |
| 置酒得閑遊.*<br>치주득한유 | 술잔 두고 한가로이 노님을 얻었다네. |

**원주**

* 안연지의 〈오군영〉에 미치지 못한 것은, 안연지는 성정을 묘사할 수 있었지만, 이 작품은 단지 옛 사실만 인용할 뿐이다. 기상과 체제가 속됨에 얽매이지 않아, 이것을 수록했다.(不及〈五君詠〉者, 顔作能寫性情, 此只引得故實也. 以氣體大方, 收之.)[6]

**역주**

1) 揚雄(양웅, BC53-BC18) : 서한(西漢) 말기의 문학자, 언어학자, 철학자로 자는

자운(子雲)이고 촉(蜀)의 성도(成都) 지금의 사천성(四川省) 성도(成都) 사람이다. 성제(成帝) 때 궁정문인의 한 사람이 되어 벼슬은 사황문시랑(給事黃門侍郎)에 이르렀다. 후에 신(新)을 세운 왕망(王莽)의 대부(大夫)가 되어 망대부(莽大夫)로도 불린다. 천록각(天祿閣)에서 책을 교정하였고, 일생을 가난하게 살면서 책을 저술하였다. 저서에는 학자로서 각 지방의 언어를 집성한 ≪방언(方言)≫, ≪역(易)≫을 모방한 ≪태현경(太玄經)≫과 ≪논어(論語)≫를 모방한 ≪법언(法言)≫이 있다. 부작(賦作)에는 〈감천부(甘泉賦)〉, 〈우렵부(羽獵賦)〉 등이 있으며, 시대에 적응하지 못한 자신의 감회를 쓴 〈해조(解嘲)〉, 〈해난(解難)〉 등의 산문도 있다.

2) 蜀江導淸流 2구 : 도(導)는 인도하다. 청류(淸流)는 맑은 물. 양자(揚子)는 양선생(양웅)과 양자강을 의미. 여기서는 양웅을 가리킴. 여(餘)는 다함이 없다, 넘쳐나다. 휴(休)는 아름답다.
3) 含光絶後彦 2구 : 후언(後彦)은 훗날의 큰 선비. 담사(覃思)는 깊은 생각. 전수(前修)는 예전의 빼어난 사람들.
4) 世輕久不賞 2구 : 상(賞)은 높이 평가하다, 이해하다. 여기서는 '인정받다'로 해석함. 물(物)은 외부사물. 여기서는 '부귀공명'을 상징.
5) 當塗謝權寵 : 당도(當塗)는 요직(要職), 요로(要路)를 차지하다. 사(謝)는 거절하다.
6) 〈五君詠〉 : 안연지(顔延之)가 지은 〈오군영오수(五君詠五首)〉를 말한다. 이는 위진(魏晋) 시대의 죽림칠현(竹林七賢) 7명 가운데 완적(阮籍)·혜강(嵇康)·상수(向秀)·유령(劉伶)·완함(阮咸) 등 모두 5명을 읊은 시이다.(≪고시원≫ 권10의 4-6번 시 참조).
7) 압운은 休, 修, 求, 遊.

**감상**

회재불우했던 상경이 동병상련의 정으로 양웅을 노래하고 있다.

이 시는 모두 8구로 되어 있다. 1-2구는 양웅이 촉(蜀) 지방 맑은 물의 기상을 받고 태어났음을 이야기한 것이다. 3-4구는 호문(互文)으로 품고 있는 광채와 깊은 생각은 후대에도 비할 사람이 없고, 앞 선인과도 비할 사람이 없는 전무후무한 사람이 바로 양웅이라는 것이다. 5-8구는 세상 사람들에게 오랫동안 인정받지 못하였으며, 부귀공명과 출세를 구하지 않았던 양웅의 모습을 말한 것으로 시를 쓴 상경 자신의 모습이기도 함을 드러내고 있다.

## 3 溫子升[1]

### 3-1
### 〈從駕幸金墉城(종가행금용성)〉[2]

〈황제께서 금용성에 행차하는 것을 수행하며〉

| | |
|---|---|
| 玆城實佳麗,<br>자성실가려 | 이 성은 진실로 아름답고 우아하여서, |
| 飛甍自相並.[3]<br>비맹자상병 | 날렵한 용마루 절로 서로 나란히 하네. |
| 膠葛擁行風,<br>교갈옹행풍 | 얽히고설켜 가는 바람을 껴안을 듯하고, |
| 岧嶢閟流景.[4]<br>초요비류경 | 가파르고 높아서 흐르는 볕을 가리누나. |
| 御溝屬淸洛,<br>어구속청락 | 궁궐 도랑은 맑은 낙수에 이어지거니와, |
| 馳道通丹屏.[5]<br>치도통단병 | 황제 길은 단사 병풍의 집무실과 통하네. |
| 湛淡水成文,[6]<br>담담수성문 | 맑고 맑게 물은 무늬를 이루고 있거니와, |
| 參差樹交影.<br>참치수교영 | 들쑥날쑥 나무는 그림자를 교차하는구나. |
| 長門久已閉,<br>장문구이폐 | 장문궁은 후궁 오랫동안 이미 닫혀있고, |
| 離宮一何靜.[7]<br>리궁일하정 | 별궁인데 온통 어찌 이리 조용한 것인지. |
| 細草緣玉階,[8]<br>세초연옥계 | 가는 풀들은 옥돌 계단 두르고 있거니와, |
| 高枝蔭桐井.<br>고지음동정 | 높은 가지는 오동 우물에 그늘 드리웠네. |
| 微微夕渚暗,<br>미미석저암 | 어렴풋하게 저녁 물가 어두워지고 있나니, |
| 肅肅暮風冷.[9]<br>숙숙모풍랭 | 휘휘 불어대는 저녁 바람 차갑기만 하네. |

| | |
|---|---|
| 神行揚翠旂,<br>신행양취기 | 신처럼 행차하나니 비취 깃발을 들었고, |
| 天臨肅淸蹕.[10)]<br>천림숙청경 | 하늘이 임하듯 엄숙하게 벽제를 한다네. |
| 伊臣從下列,<br>이신종하렬 | 아 신하로서 저 아래 대열에 따르니, |
| 逢恩信多幸.[11)]<br>봉은신다행 | 성은을 만나 진실로 그 행운 크도다. |
| 康衢雖已泰,[12)]<br>강구수이태 | 큰 길이 비록 이미 태평해졌거늘, |
| 弱力將安騁?*<br>약력장안빙 | 미약한 힘이라 장차 어디로 달릴까. |

**원주**

* 대략 삼사(사령운, 사혜련, 사조: 역자) 문인들의 체제를 갖추고 있다.(略有三謝之體.)

**역주**

1) 溫子升(온자승, 495-547) : 자는 붕거(鵬擧), 북위의 제음(濟陰) 원구(寃句), 지금의 산동성(山東省) 하택(荷澤) 서남지역 사람이다. 북위시대의 유명한 문인으로, 벼슬은 효명제(孝明帝) 때 어사(御史)를 시작으로 동북도행대낭중(東北道行臺郎中)에 이르고, 효장제(孝莊帝) 때 진남장군(鎭南將軍), 금자광록대부(金紫光祿大夫) 등을 역임하고, 산기상시(散騎常侍)와 중군대장군(中軍大將軍), 본주대중정(本州大中正) 등을 지냈다. 동위(東魏) 말년 원근(元僅), 유사일(劉思逸) 등이 난을 일으키자 모함을 받아 감옥에서 아사했다. 남조 양나라 문인 유신(庾信)이 북위(北魏) 정국사에 있던 온자승의 비문을 보고 감탄하여 북위에는 딱 한 사람, 온자승만 명문을 쓸 수 있고 다른 사람은 모두 '여명견폐(驢鳴犬吠)' 라고 했다는 일화가 전한다. 문집은 명나라 때 집성된 ≪온시독집(溫侍讀集)≫이 있다.
2) 從駕幸金墉城 : 종(從)은 따르다, 수행하다. 가행(駕幸)은 황제의 행차. 금용성(金墉城)은 성의 이름. 삼국시대 위나라 명제(明帝)가 지은 것으로, ≪태평어람(太平御覽)≫ 권176에 ≪낙양지기(洛陽地記)≫를 인용하여 "낙양성 내 서북 모퉁이에 금용성이 있다." 라고 하였다. 이 시에서는 북위시대의 수도 낙양을 말한다.
3) 玆城實佳麗 2구 : 가려(佳麗)는 아름답다. 맹(甍)은 용마루.
4) 膠葛擁行風 2구 : 교갈(膠葛)은 얽히고설키다. 용마루가 높이 솟은 모양. 초요(岧嶢)는 첩운, 의태어로 높고 가파른 모양. 비(閟)는 단절되다, 가리다. 류경(流景)은 흐르는 햇볕.
5) 御溝屬淸洛 2구 : 어구(御溝)는 궁궐 한에 흐르는 도랑. 락(洛)은 락수(洛水). 치도

(馳道)는 황제만이 다니는 길. 단병(丹屛)은 단사(丹砂)로 칠한 붉은 병풍. 여기서는 임금이 일하는 집무실 자리 뒤의 병풍을 말함.

6) 湛淡水成文 2구 : 담담(湛淡)은 첩운, 의태어로 맑은 모양. 문(文)은 무늬. 참치(參差)는 쌍성, 의태어로 들쑥날쑥한 모양.

7) 長門久已閉 2구 : 장문(長門)은 장문궁(長門宮)으로 임금의 총애를 얻지 못한 후궁의 처소. 리궁(離宮)은 별궁. 황제가 순시를 나갈 때 머무는 정궁(正宮) 밖의 궁.

8) 細草緣玉階 : 세초(細草)는 어린 풀. 연(緣)은 여기서 풀이 계단의 가장 자리를 둘러 덮은 모양을 가리킴.

9) 微微夕渚暗 2구 : 미미(微微)는 첩어, 의태어로 그윽하고 어렴풋한 모양. 저(渚)는 물가. 숙숙(肅肅)은 첩어, 의성어로 바람이 세게 부는 소리.

10) 神行揚翠旂 2구 : 신행(神行)과 천림(天臨)은 모두 임금의 행차를 신의 행차에 비유한 것. ≪열자·황제(列子·黃帝)≫에 "황제가 낮잠을 자다 꿈속에서 화서국(華胥國)에 노닐었는데,……하늘에 오르는 것이 신발로 진짜 밟는 듯하고,……그 걷는 것이 신이 가는 듯했다."라고 하였다. 화서(華胥)는 화서씨(華胥氏)로 고대 전설에서 복희(伏羲)와 여와(女媧)의 어머니로 전해진다. 취기(翠旂)는 비취 깃발. 물총새 깃 장식의 깃발로 황제가 출행할 때의 의장을 가리킴. 숙(肅)은 엄숙하다. 청경(淸警)은 지위가 높은 사람이 지나갈 때 외침으로 행인을 통제시키는 것으로 '벽제(辟除)하다'로 해석함.

11) 伊臣從下列 2구 : 이(伊)는 어조사. 행(幸)은 은혜. 행운, 여기서는 임금의 은총.

12) 康衢 : 큰 길. 요(堯)임금의 태평성대를 노래하는 ≪강구요(康衢謠)≫가 있다(≪고시원≫ 번역본 1권 38쪽 참조).

13) 압운은 並, 景, 屛, 影, 靜, 井, 冷, 警, 幸, 騁.

**감상**

이 시는 북위시대의 훌륭한 문장가였던 온자승의 작품이다. 제목에서 보듯, 이 시는 황제의 금용성 행차를 수행하는 신하의 입장에서 쓴 노래이다. 모두 20구로 되어 있으며, 내용에 따라 세 단락으로 나눠 볼 수 있다.

1단락(1-8구)은 아름다운 금용성의 모습을 그리고 있다. 2-4구에서는 날렵하게 솟아 오른 금용성의 용마루가 서로서로 얽히고설켜있어 바람도 멎게 하고 햇볕도 가려 버린 모습을 그린다. 1-4구에서 위를 바라보던 시선은 이제 아래로 향한다. 5-8구에서 궁궐안의 흐르는 도랑과 황제가 다니는 길이 낙수와 집무실로 이어진다는 것과 아울러 도랑물의 맑음과 길 옆 나무 그림자의 아름다움까지 묘사한다.

2단락(9-14구)은 이 멋진 궁궐이 지금은 사용하지 않아 적막함을 말하고 있다. 임금이 오지 않아 인적 드문 이곳은 장문궁도 별궁도 조용하기만 하다(9-10구). 발길이 적어 풀이 옥 계단 둘레를 덮고, 나무는 높이 자라 우물에 더 짙은 그늘을 드리우는데, 이제 저녁이 되어 물가는 더 어둡고 바람은 더 차가워진다(11-14구).

3단락(15-20구)의 15-16구는 임금의 행차가 신의 행차처럼 장엄하고 엄숙한 것을 말한 것이다. 이 행차 가운데 신하인 나도 대열을 따르니, 이는 임금의 은혜가 큰 덕분이다(17-18구). 마지막 19-20구는 요 임금의 태평성대를 노래하는 ≪강구요≫처럼 이 시대가 이미 태평스럽거늘, 자신의 미약한 능력을 어디에 써야할지 모르겠다고 겸손한 마음으로 마무리한다.

## 3-2

### 〈搗衣(도의)〉 〈옷을 다듬이질 하다〉

| | |
|---|---|
| 長安城中秋夜長,<br>장안성중추야장 | 수도 장안 성안에는 가을날 밤이 길고 길어, |
| 佳人錦石擣流黃.[1)]<br>가인금석도류황 | 고운 여인 다듬잇돌에 유황 비단 두드리네. |
| 香杵紋砧知近遠,[2)]<br>향저문침지근원 | 향 방망이 무늬 돌 소리 가까운지 먼지 알랴, |
| 傳聲遞響何淒涼.[3)]<br>전성체향하처량 | 전하는 소리 건너는 울림 어찌 저리 처량한가. |
| 七夕長河爛,[4)]<br>칠석장하란 | 칠월 칠석에 은하수는 반짝이거니와, |
| 中秋明月光.[5)]<br>중추명월광 | 팔월 중추에 밝은 달은 빛이 나건만. |
| 蠮螉塞邊逢候雁,[6)]<br>열옹새변봉후안 | 열옹새 변방에서 기러기를 만나고 계시겠지, |
| 鴛鴦樓上望天狼.[7)]*<br>원앙루상망천랑 | 원앙 누각에서는 천랑별 바라보고 계시겠지. |

**원주**

* 정말 당나라 시인이다.(眞是唐人.)

**역주**

1) 佳人錦石擣流黃 : 금석(錦石)은 색과 무늬를 가진 아름다운 돌로 만든 다듬잇돌. 류황(流黃)은 노란색을 띄는 비단.
2) 香杵紋砧知近遠 : 향저(香杵)는 향기로운 방망이. 다듬이질하는 방망이를 말함. 문침(紋砧)은 무늬 있는 다듬잇돌. 여기서 향저문침(香杵紋砧)은 모두 다듬이소리를 말하는 것. 지근원(知近遠)은 다듬이소리가 가까이에서 들리는 것인지, 멀리서 들리는 것인지를 어찌 알겠냐는 것으로 도처에서 소리가 울린다는 의미.
3) 傳聲遞響 : 울리는 소리가 전해 온다는 뜻으로 여기서는 다듬이소리를 말함.

4) 七夕長河爛 : 칠석(七夕)은 음력 7월 7일, 전설에서 오작교(烏鵲橋)로 은하수를 건너 견우(牽牛)와 직녀(織女)가 1년에 1번씩 만나는 날. 장하(長河)는 은하수.
5) 光 : 빛나다.
6) 蠮螉塞邊逢候雁 : 열옹새(蠮螉塞)는 지명으로 변경의 요새. 후안(候雁)은 매년 가을에 남하하는 큰 기러기.
7) 鴛鴦樓上望天狼 : 원앙루(鴛鴦樓)는 원앙 누각. 천랑(天狼)은 별이름. 고대에 전쟁을 관할한다고 여김.
8) 압운은 黃, 涼, 光, 狼.

**감상**

이 시는 다듬이소리를 매개로 전쟁에 나간 남편을 그리워하는 여인의 마음을 읊은 것으로, 모두 8구로 되어 있다.

수도 장안의 성안에 가을밤이 깊었는데, 여인의 다듬이소리가 들린다(1-2구). 3구에서 이 다듬이소리가 가까운지 먼지 어찌 알겠냐고 한 것은 장안 온통 이 소리가 도처에서 울린다는 의미다. 4구에서 시인이 이 소리를 처량하다고 한 것은 가을밤 잠 못 이루고 다듬이질을 하는 여인의 마음을 알기 때문이다. 이 소리는 사랑하는 견우와 직녀가 오작교를 타고 만난다는 칠석날에도, 가족이 모인다는 중추 명절에도, 이 가을 내내 울리고 있다(5-6구). 이에 임이 그리운 여인은 상상속이라도 그 마음을 채워 보려한다. 저 변방 열옹새라는 곳에서 내 님은 남으로 가는 기러기를 보며 고향 생각을 하실 테지, 애정 어린 원앙 누각에서 나를 생각하며 이 전쟁을 주관하는 천랑별을 보며 애태우시겠지(7-8구).

이 시에서 다듬이소리를 매개로 여인의 마음을 풀어낸 것은 마치 당나라 시인 이백(李白)의 시를 보는 듯하다. 그래서 원주에서 '정말 당나라 시인이다.' 라고 한 듯하다. 이백의 시 〈자야오가4수(子夜吳歌四首)〉가운데 제3수인 〈추가(秋歌)〉는 다음과 같다. "장안에는 온통 달빛, 집집마다 다듬이질하는 소리. 가을바람이 불어도 없애지 못하니, 모두 다 옥문관의 정이라네. 어느 때에야 오랑캐를 평정하고, 임께서 원정을 그만두실까.(長安一片月, 萬戶擣衣聲. 秋風吹不盡, 總是玉關情. 何日平胡虜, 良人罷遠征.)"

## 4. 胡叟[1]

### 〈示陳伯達(시진백달)〉[2)*] 〈진백달에게 보이다〉

| | |
|---|---|
| 群犬吠新客,<br>군견폐신객 | 개떼들이 새로운 객을 보고 짖어대 듯, |
| 佞暗排疏賓.[3]<br>녕암배소빈 | 간신배들 친분 소원한 손님을 배척하네. |
| 直途旣已塞,<br>직도기이새 | 곧은 길 따위 진즉 이미 막혀 있거니와, |
| 曲路非所遵.<br>곡로비소준 | 굽은 길일랑 내가 따를 바가 아니라네. |
| 望衛惋祝鮀,<br>망위완축타 | 위 땅을 바라보며 축타를 원망하거니와, |
| 盼楚悼靈均.[4]<br>반초도령균 | 초나라 지방 바라보며 굴원을 애도하네. |
| 何用宣憂懷,<br>하용선우회 | 무엇으로 근심스런 회포 풀어나 볼까, |
| 託翰寄輔仁.[5)**]<br>탁한기보인 | 글에 실어서 내 벗 자네에게 보내노라. |

**원주**

* ≪북사≫ : 작자 호수가 저거목건에게 찾아들었지만, 목건이 그를 대함이 중요시하지 않았다. 이에 시를 지어서 백달에게 보였다.(≪北史≫ : 叟入沮渠牧犍[6], 牧犍遇之不重, 乃爲詩示伯達云.)

** '보인'은 강락공 사령운과 같은 용법이다. 그 문사가 너무 직접적이어서, 북조에서는 그 풍격을 취한다.(輔仁是康樂一種用法. 其詞太直, 在北朝取其風格.)

**역주**

1) 胡叟(호수, 생졸미상) : 자는 륜허(倫許)이며, 안정(安定) 림경(臨涇), 지금의 감숙성(甘肅省) 진원현(鎭原縣) 사람이다. 북위시대 사람으로 후진(後秦)의 마지막 황제 요홍(姚泓)의 세력이 기울자 북량(北涼)의 3대 황제 저거목건(沮渠牧犍)에게 의탁하였으나 중용되지 못했다.

2) 陳伯達(진달백, 생졸미상) : 정백달(程伯達)이라고도 쓰며 광평(廣平) 사람으로 북량(北涼) 저거목건(沮渠牧犍)의 세자참승(世子參乘)을 맡았고 호수의 친구이다.

3) 群犬吠新客 2구 : 군견(群犬)은 떼 지은 개떼들. 조정의 소인배, 간신들을 비유한 말. 신객(新客)은 호수(胡叟) 자신을 가리킴. 녕(佞)은 아첨하는 말을 잘 하는 사람, 아첨꾼. 암(暗)은 암사(暗事)로, 실제적인 일에 어두운 사람들. 소빈(疏賓)은 관계가 먼 손님.

4) 望衛惋祝鮀 2구 : 축타(祝鮀)는 축타(祝佗)로도 쓰이며 춘추시대 위(衛)나라 대부로 자는 자어(子魚)이다. 벼슬이 종묘에서 제사를 지낼 때 축문을 읽는 축관인 대축(大祝)이었기 때문에 축타(祝鮀)라고 했다. 공자가 ≪논어·옹야(論語·雍也)≫에서 그의 말재주를 칭찬한 바가 있는데, 이는 ≪좌전·정공4년(左傳·定公四年)≫에 나온 축타의 일화를 말하는 것으로 이야기는 다음과 같다. 소릉(昭陵)에서 제후들이 회합할 때 제후들의 순서를 정함에 있어 채(蔡)나라를 위(衛)나라보다 위에 두려고 하자 위나라 영공(靈公)을 수행하던 축타가 위나라의 시조 강숙(康叔)을 내세우며 논쟁을 벌여 위나라를 상위에 둘 수 있도록 하였고 한다. 반(盼)은 혜(盻)로도 쓰인다. 영균(靈均)은 굴원(屈原)의 자이다. 전국시대 초(楚)나라의 충신이자 뛰어난 시인이었다. 초나라 회왕(懷王)의 신임을 받아 일찍부터 중책을 맡았으나, 후에 중상모략으로 박해를 받고 끝내 멱라강(汨羅水)에 투신해 죽었다.

5) 託翰寄輔仁 : 한(翰)은 원래는 '붓'의 뜻이나 여기서는 글, 시(詩)를 의미함. 보(輔)는 바퀴덧방나무로 무거운 짐을 실을 때 바퀴에 끼워, 바퀴살의 힘을 돕는 나무를 말한 것. 파생되어 '돕다'는 의미가 됨. 보인(輔仁)은 ≪논어·안연(論語·顔淵)≫에 "글로써 벗을 만나고, 친구로 인덕을 돕는다."라고 하였다. 여기서는 원주의 설명과 같이 사령운(謝靈運)이 즐겨 쓰던 헐후어(歇後語) 용법을 이용해 '이우보인(以友輔仁)'에서 '보인(輔仁)'만 표현함으로 '이우보인(以友輔仁)'을 연상하게 한 것. 이 시에서는 '보인(輔仁)'이 '친구'라는 의미로 이 시를 받는 진백달(陳伯達)을 가리킴.

6) 沮渠牧犍 (저거목건, ?-447, 재위 433-439) : 중국 오호십육국(五胡十六國)의 하나인 북량(北涼)의 3대 황제.

7) 압운은 賓, 遵, 均, 仁.

### 감상

이 시는 북위시대 사람인 호수의 작품으로 역주 1)의 설명처럼 먼저 후진의 황제 요홍에게 의탁하고자 하였으나 세력이 기울자 다시 북량의 저거목건에게 자신을 의탁하게 된다. 그러나 중용되지 못하고 배척을 당하게 되자 친구인 진백달에게 시를 보내 자신의 마음을 토로한 것이다. 심덕잠의 설명처럼 어휘 표현이 매우 직접적이지만, 시원한 풍격은 취할 만하다.

모두 8구로 되어 있다. 1구의 개떼는 북량 조정의 소인배들로, 2구의 간신배들, 4구의 굽은 길, 5구의 말 잘하는 축타와 한 맥락이다. 이와 반대의 맥락으로 시인 자신을 가리키는 것은 1구의 새로운 객, 2구의 소원한 손님, 3구의 곧은 길(直途), 6구의 굴원을 나타내는 영균이다. 이처럼 1-6구까지 충신이지만 모함을 받았던 굴원과 같은 신세인 자신과 아첨과 모함의 말로 자신을 배척하고 있는 조정의 소인배들을 직접적인 표현으로 대조해 보인다. 마지막 7-8구에서 이러한 자신의 울분과 근심을 풀어보고자 친구인 당신에게 시를 지어 보내고 있음을 밝히고 있다.

## 5. 胡太后[1)]

### 5-1

〈楊白花(양백화)〉[2)*] 〈양백화〉

| | |
|---|---|
| 陽春二三月,<br>양춘이삼월 | 햇볕 따뜻한 봄날 이월 삼월에, |
| 楊柳齊作花.<br>양류제작화 | 버들이 일제히 꽃을 피웠구나. |
| 春風一夜入閨闥,[3)]<br>춘풍일야입규달 | 봄날의 바람이 밤새도록 규방 문에 들어오니, |
| 楊花飄蕩落南家.[4)]<br>양화표탕락남가 | 버들개지는 나부껴 남쪽 집에 떨어져 버렸네. |
| 含情出戶脚無力,<br>함정출호각무력 | 정 품고 문 밖 나서 보지만 다리에 힘이 없고, |
| 拾得楊花淚沾臆.[5)]<br>습득양화루첨억 | 버들 꽃 집어 든 채 눈물이 가슴 적실뿐이네. |
| 春去秋來雙燕子,<br>춘거추래쌍연자 | 가을에 떠났다 봄에 돌아오는 쌍쌍의 제비들아, |
| 願銜楊花入窠裡.[6)**]<br>원함양화입과리 | 바라건대 버들 꽃 물고서 둥지로 들어오려무나. |

**원주**

* ≪양서≫ : 양화는 젊고 용기와 힘이 있었고, 생김새가 씩씩했다. 위태후가 강제로 그와 통했다. 양화가 화에 미칠까봐 두려워해서, 이에 부하들을 이끌고서 양나라로 투항했다. 태후가 그를 사모해서, 그를 위해 〈양백화 노래〉를 짓고서, 궁녀들로 하여금 어깨동무하고 다리를 굴리면서 그것을 노래하게 했다. 소리가 대단히 처절했다.(≪梁書≫ : 楊華少有勇力, 容貌雄偉, 魏太后逼通之. 華懼及禍, 乃率其部曲降梁. 太后思之, 爲作楊白花歌, 使宮人連臂蹋足歌之, 聲甚淒惋.)

** 음운이 뛰어나고 그리워하는 마음이 얽히고설켜, 독자로 하여금 그 음탕함을 잊게 만든다. 후대 시인들이 이 제목으로 작품을 지었는데, 결국에는 버들개지 자체만을 직접적으로 묘사해서, 그 뜻을 잃고 말았다. 유종원(柳宗元) 작품만이, 숨은 듯 드러난 듯하니, 대단히 아름답다.(音韻纏綿, 令讀者忘其穢褻, 後人作此題, 竟賦楊花, 失其旨矣. 柳子厚一篇, 若隱若露, 劇佳.)

역주

1) 胡太后(호태후, ?-528) : 북위 8대 황제 선무제(宣武帝)의 영황후(靈皇后) 호씨(胡氏)를 말함. 시호가 영(靈)이므로 정사(正史)에는 영태후(靈太后)라고 한다. 9대 효명제(孝明帝)의 생모이다. 부친은 호연(胡延), 모친은 노(盧) 씨이며, 북제 안정(安定) 임경(臨涇) 지금의 감숙성(甘肅省) 진원(鎭原) 남쪽 사람으로 북제(北齊) 문선제(文宣帝) 천보(天保)연간에 후궁에 뽑혀 장광왕비(長廣王妃)가 되었다. 510년 후에 효명제가 되는 원허(元詡)를 낳고, 515년 선무제가 죽자 황제가 된 5살 아들을 대신해 섭정을 한다. 권력을 남용하고, 방탕한 생활로 원성이 높았다. 528년 2월, 결국 아들인 효명제를 독살하고 효명제의 딸을 아들로 속여 황제에 즉위시켰으나 곧 발각되고, 다시 증손자 원쇠(元釗)를 즉위시켰으나 반정을 일으킨 이주영(爾朱榮)에 의해 황하에 빠져 죽었다.
2) 楊白花 : 악부(樂府) 잡곡가사(雜曲歌辭) 이름이나 여기서는 위나라 장군 양대안(楊大眼)의 아들인 양화(楊華)라는 사람을 말함. 양화에 대해 원주 참조.
3) 閨闥 : 규(閨)는 규방(閨房). 달(闥)은 문.
4) 南家 : 남쪽 집. 여기서는 양화(楊華)가 망명한 남쪽 양나라 땅을 말함.
5) 臆 : 가슴, 마음.
6) 春去秋來雙燕子 2구 : 춘거추래(春去秋來)는 다른 판본에 추거춘래(秋去春來)로 되어 있어 '가을에 떠났다 봄에 돌아오는' 으로 해석함. 과(窠)는 둥지. 여기서는 호태후가 있는 북위(北魏)의 궁궐을 말함.
7) 압운은 月(a), 花(b), 闥(a), 家(b), 力(c), 臆(c), 子(d), 裡(d)로 'ab-ab-cc-dd' 형식으로 압운한 것. 이 중 a와 c는 입성(入聲) 압운.

감상

이 시는 첫 번째 원주에서 소개한 바와 같이 호태후가 자신을 떠나 남쪽 양나라에 투항한 양화를 그리워하며 지은 노래이다. 양화(楊華)와 해음인 양화(楊花)를 써서 겉으로는 버드나무 꽃에 관한 이야기이나 줄곧 떠난 젊은 연인을 말하고 있다.

모두 8구로 되어 있다. 따뜻한 봄, 일제히 꽃피운 버들에 기뻤더니(1-2구), 밤새 불어온 봄바람에 꽃들이 남쪽 집에 떨어져 버린다(3-4구). 여기서 남쪽 집에 떨어졌다는 것은 양화가 북위보다 남쪽인 양나라 땅에 투항해 버린 것을 말한다. 임이 보고 싶지만 다리에 힘이 없어 남쪽으로 갈 수가 없어, 버들 꽃을 든 채 눈물만 흘릴 뿐이다(5-6구). 그래서 시인은 가을에 떠났다가 봄에 돌아오는 제비들에게 버들 꽃을 물고 둥지로 돌아오길 부탁한다(7-8구). 이는 호태후가 떠난 연인 양화를 자신이 있는 북위의 궁궐에 데려다 달라는 의미이다.

호태후는 역주 1)에 설명하였듯이, 지나친 탐욕으로 인한 권력남용과 방탕함으로 생을 마친 사람이다. 이 시의 바탕이 되는 이야기 또한 호태후의 음탕함을 볼 수 있음에도 이 시를 선별한 이유를 심덕잠은 두 번째 원주에 "음운이 뛰어나고 그리워하는 마음이 얽히고설켰다.(音韻纏綿)" 라고 설명하고 있다. 먼저 이 시가 음운적으로 뛰어나다는 것은 첫째, 5언과 7언의 융통성 있는 활용, 둘째, 'ab-ab-cc-dd' 형식의 압운은 참신함을 두고 한 말이다. 또 이 시가 '그리워하는 마음이 얽히고설켰다' 고 말한 것은 시 속에 감정이 아름답고도 마음에서 우러나온 듯 자연스럽게 그려졌다는 의미로, 그래서 읽는 이가 이야기의 바탕이 되는 음탕함을 오히려 잊어버린다고 한 것이다.

이 시의 영향으로 후대의 많은 사람들이 같은 제목의 시를 짓게 되었다. 그 중 원주에서 설명한 유종원(柳宗元)의 ≪양백화(楊白花)≫는 다음과 같다. "양백화여, 바람이 불어 강수를 건너가네. 그것 때문에 궁궐의 나무로 하여금 얼굴 빛 잃게 만드니, 넘실대는 봄빛은 천만 리. 망망한 아침 해 긴 가을로 내려오니, 슬픈 노래 끊이지 않고 성의 까마귀만 날아오네.(楊白花, 風吹渡江水. 坐令宮樹無顏色, 搖蕩春光千萬里. 茫茫曉日下長秋, 哀歌未斷城鴉起.)"

## 5-2

### 〈咸陽王歌(함양왕가)〉[1)*] 〈함양왕 노래〉

| | |
|---|---|
| 可憐咸陽王,[2)]<br>가련함양왕 | 가련하고 멋진 함양왕이여, |
| 奈可作事誤.<br>내가작사오 | 일 잘못 저지름을 어찌하랴. |
| 金床玉几不能眠,[3)]<br>금상옥궤불능면 | 황금 침상 옥 안궤에서 자지 못하고, |
| 夜踏霜與露.[4)]<br>야답상여로 | 밤에 서리 이슬 밟게 되었네. |
| 洛水湛湛彌岸長,[5)]<br>락수담담미안장 | 낙수 넘실넘실 긴 강둑 다 채우니, |
| 行人那得渡[6)**]<br>행인나득도 | 행인께서 어찌 건너실까? |

**원주**

* ≪북사≫ : 후위의 함양왕 희는 반역을 도모하다가 주살된 뒤에, 궁녀들이 그를 위해서 노래를 불렀다. 그 노래가 강남까지 유포되었는데, 북쪽 사람으로 강남 사는 사람들이 악기로 이 노래를 연주해, 눈물을 흘리지 않는 사람이 없었다.(北史, 後魏咸陽王禧謀逆伏誅後, 宮人爲之歌. 其歌流於江表, 北人在南者, 弦管奏之, 莫不泣下.)

** 완곡한 절주로써 깊은 정이 표출되었기에, 저절로 사람을 감동시킬 수 있다. 한 때의 문인들의 작품은 얕고 경솔하여 맛이 없었다. 궁중 여자에게 부끄러운

점이 많게 되었다.(深情出以婉節, 自能動人. 一時文人詩, 淺率無味, 媿宮中女子多矣.)

**역주**

1) 咸陽王 : 원희(元禧)를 말함. 북위 헌문제(獻文帝)의 차남이자 선무제(宣武帝)의 숙부이다. 선무제(宣武帝) 재위 초반에는 국정을 도왔으나 경명(景明) 2년(501)에 모반을 일으켰다. 선무제는 재위기간 중 불교신앙에 심취하였고 국정을 외척에게 맡겼는데, 508년 외척인 고조(高肇)의 진언으로 숙부 원희 등 많은 황족들을 죽였다. 북위 황제들의 원래 성씨는 탁발씨(拓跋氏)이나 한화(漢化) 정책으로 성씨를 '원(元)'으로 바꿨다.
2) 可憐 : ①가련하다, 불쌍하다 ②사랑스럽다. 이 시를 쓴 궁녀의 입장에서는 ①, ②의 뜻을 모두 포함.
3) 金床玉几 : 금 침상과 옥으로 만든 안석(案席). 여기서는 현실의 안락한 삶을 비유.
4) 夜踏霜與露 : 밤에 서리와 이슬을 밟는다는 것은 저승길을 간다는 의미.
5) 洛水湛湛彌岸長 : 락수(洛水)는 여기서 이승과 저승을 가르는 강을 의미. 담담(湛湛)은 첩어, 의태어로 물이 넘치는 모양. 미안장(彌岸長)은 물이 강둑을 가득 채우고(彌), 길어서(長) 건널 곳이 없다는 의미.
6) 行人 : 함양왕 원희를 가리킴.
7) 압운은 誤, 露, 渡.

**감상**

심덕잠은 호태후의 작품으로 구분하였으나 내용상 어느 궁녀가 쓴 것으로 보인다. 이 시는 북위 헌문제의 차남이자 선무제의 숙부가 되는 함양왕 원희가 모반죄로 죽임을 당한 이야기를 바탕으로 한다.

이 시를 지은 궁녀의 입장에서 볼 때 그런 함양왕이 가련하고도 또 멋있었던 옛 모습이 생각나 '가련(可憐)'에 두 의미를 모두 담았다. 3-4구에서는 이제 현실의 안락한 삶인 금 침상과 옥으로 된 안석에 쉬지 못하고, 서리와 이슬을 밟는 밤길, 곧 저승길을 떠나게 됨을 안타까워한다. 5-6구에서는 이승과 저승을 가르는 낙수가 강둑을 가득 채우고, 또 한없이 길어서 함양왕이 다시 이승으로 건너올 수 없음을 말한 것이다.

이 시는 잡언시(雜言詩)로 매구 글자 수가 5-5-7-5-7-5의 아직 정형화 되지 않은 다양함을 보여준다. 이런 잡언의 5-7-5 리듬은 민요에서 보이는 것으로 심덕잠은 원주에서 이런 완곡한 절주가 깊은 정을 표출해 감동을 주었다고 설명하고 있다. 그래서 당시 문인들의 작품이 이런 궁중 여자의 작품, 즉 민가의 작품보다 못하다고 평하고 있다.

## 5-3

## 〈李波小妹歌(리파소매가)〉* 〈이파의 막내딸〉

| | |
|---|---|
| 李波小妹字雍容.[1]<br>리파소매자옹용 | 이파 집의 막내딸은 자가 옹용이라네. |
| 褰裙逐馬如卷蓬.[2]<br>건군축마여권봉 | 치마 걷고 말 모니 쑥대를 휘감는 듯. |
| 左射右射必疊雙.[3]<br>좌사우사필첩쌍 | 좌우로 활을 쏘니 반드시 쌍을 이루네. |
| 婦女尚如此,<br>부녀상여차 | 부녀자가 이와 같으니, |
| 男子安可逢.<br>남자안가봉 | 사내들 어찌 부딪치리? |

**원주**

* ≪위서≫ : 광평 사람 이파는 종족이 강성해서, 백성들을 해치고 노략질함이 그치지 않았다. 백성들이 그것 때문에 이 시로 말했다. 자사 이안세가 이파 등을 유인해서 그들을 죽이니, 주 안이 정리되었다.(魏書, 廣平人李波, 宗族强盛, 殘掠不已, 百姓爲之語云云. 刺史李安世誘波等殺之, 州內肅然.)

**역주**

1) 李波小妹字雍容 : 이파(李波)는 원주에서 설명한 광평 사람(廣平人) 이파(李波) 일족을 말한 것. 소매(小妹)는 막내 딸. 옹용(雍容)은 이파 막내딸의 자(字)로 여기서 용(容)은 '온화, 관용(寬容)'의 의미로 쓰여 이파 집안의 악평과 대조를 이룸.

2) 褰裙逐馬如卷蓬 : 건(褰)은 옷을 걷다. 축마(逐馬)는 말을 몰다. 권(卷)은 말다. 봉(蓬)은 뿌리가 잘려 나간 쑥. 여기서는 권봉(卷蓬)은 바람에 날리는 쑥대의 모습을 말한 것.

3) 左射右射必疊雙 : 좌사우사(左射右射)는 활을 왼쪽으로 쏘고 다시 오른쪽으로 쏘는 것. 첩쌍(疊雙)은 쌍을 이룬다. 여기서는 항상 두발 씩 쏘고 꼭 명중한다는 의미.

4) 압운은 容, 蓬, 雙, 逢.

**감상**

이 시 역시 호태후 작품으로 되어 있으나 내용상 무명씨(無名氏)의 작품으로 보인다. 이 시는 백성을 괴롭히는 포악함으로 이름난 광평 사람 이파 일족 중의 막내딸을 이야기하고 있다. 그나마 그 일족 중에 가장 약한 사람이라 할 수 있는 존재인 이 막내딸은 자(字)도 '옹용(雍容)'으로 우리말로 '막내딸 순둥이' 정도 어감일 수 있겠다. 그런데 이 순둥이 막내딸이 치마를 걷고서 말을 잡아타고 모는 모습은 마치 뿌리 잘린 쑥대를 바람이 휘감아 몰아치듯 거세기만 하고, 활을 쏠 때는 좌우로 한 발씩, 항상 두 발을 쏘고 매번 명중이다(2-3구). 가장 여린 순둥이가 이 정도니, 그 집 사내들은 어떻겠는가(4-5구)? 마지막 5구에는 그 집 사내들은 백전백승 무서운 존재라는 말을 품고 있다.

# 北齊詩(북제시)

## 附(부)

## 1. 邢邵[1)]

### 〈思公子(사공자)〉 〈그리워라 임이여〉

| | |
|---|---|
| 綺羅日減帶,[2)]<br>기라일감대 | 비단 옷엔 날마다 허리띠가 줄어가고 있나니, |
| 桃李無顏色.[3)]<br>도리무안색 | 복사 오얏 같은 내 얼굴도 안색을 잃어가네. |
| 思君君未歸,<br>사군군미귀 | 그대 그리워하나 그대께서 돌아오지 않으시니, |
| 歸來豈相識.<br>귀래기상식 | 돌아오신다 하여도 어찌 알아 볼 수 있으리? |

**역주**

1) 邢邵(형소, 496-561?) : 북조의 제나라 하간막(河間鄚), 지금의 하북성(河北省) 임구현(任丘縣) 북쪽 사람이고, 자는 자재(子才)이다. 벼슬은 처음에 북위에서 저작좌랑(著作佐郎)·중서시랑(中書侍郎)을 역임했고, 북제에서는 태상경(太常卿)·중서감(中書監)·국자좨주(國子祭酒)를 맡았고, 문선제(文宣帝)가 죽은 뒤에는 특진(特進)을 제수 받았다. 문장으로 이름나 온자승(溫子昇), 위수(魏收)와 함께 당대 삼재(三才)라 불렸다. 원래 문집 31권이 있었지만 소실되고, 명나라 사람이 집록한 ≪형특진집(邢特進集)≫이 전해진다.
2) 綺羅日減帶 : 기라(綺羅)는 무늬가 있는 비단으로 만든 옷. 대(帶)는 허리띠.
3) 桃李 : 복숭아와 자두의 꽃. 여기서는 여자의 얼굴을 비유한 것.
4) 色, 識으로 입성(入聲) 압운하고 있다.

**감상**

이 시는 악부시 잡곡가사의 목명에 가사를 붙인 일종의 의악부 작품이다. 이 시의 작자를 북제 시대의 문인인 형소로 소개하고 있으나 내용으로 보아 화자는 여인이다. 특히, 2구에서 '복사 오얏 같은 내 얼굴' 이라는 표현으로 보아 젊은 아가씨나 새색시의 노래로 보아 무방하다. '열흘 붉은 꽃은 없다(花無十日紅)' 는 말처럼 자신의 미모가 세월에 변하여 사랑하는 임께서 알아보지 못할까 애타는 여인의 마음을 표현한 노래이다.

## 2. 祖珽[1)]

### 〈挽歌(만가)〉 〈상여 끄는 노래〉

| | |
|---|---|
| 昔日驅駟馬,<br>석일구사마 | 옛날에는 사두마차를 몰았고, |
| 謁帝長楊宮.[2)]<br>알제장양궁 | 장양궁에서 황제 알현했었지. |
| 旌懸白雲外,<br>정현백운외 | 깃발은 흰 구름 너머로 내걸고, |
| 騎獵紅塵中.[3)]<br>기렵홍진중 | 붉은 먼지 속 말 몰아 사냥했지. |
| 今來向漳浦,<br>금래향장포 | 지금은 장수의 물가를 향하나니, |
| 素蓋轉悲風.[4)]<br>소개전비풍 | 흰 차양 슬픈 바람에 나부끼네. |
| 榮華與歌笑,<br>영화여가소 | 화려한 영화와 요란한 가무여, |
| 萬里盡成空.[5)]<br>만리진성공 | 만 리 멀리 헛것이 되었구나. |

**역주**

1) 祖珽(조정, 생졸미상) : 자는 효징(孝徵), 범양주(范陽遒), 현 하북성(河北城) 래수(淶水) 북쪽 사람이다. 동위(東魏)시기 말과 북제(北齊) 무성제(武成帝)와 후주(後主) 시기에 벼슬을 지냈다.

2) 昔日驅駟馬 2구 : 사마(駟馬)는 네 필의 말이 이끄는 마차. 장양궁(長楊宮)은 진(秦)나라 궁궐 이름. 여기서는 황제의 궁궐을 가리킴.

3) 騎獵 : 말을 몰아 사냥하다.

4) 今來向漳浦 2구 : 장포(漳浦)는 한(漢)나라 현(縣)의 이름으로 지금의 복건성(福建省) 연해(沿海) 지역을 말함. 여기서는 '장수(漳水)의 물가' 로 신화 속에 나오는 장수(漳水)를 말한 것. ≪산해경·북상경(山海經·北上經)≫에 "발구(發鳩)라는 산이 있다. ……새가 있다 ……새의 이름이 정위(精衛)이다. ……이것은 염제(炎帝)의 어린 딸이었다. 이름이 여와(女娃)라 불렀다. 여와가 동해에 놀러가서, 물에 빠져 돌아오지 못했다. 그래서 정위라는 새가 되어서는, 항상 서산의 나무를 입에 물고서, 동해 바다를 메우고자 했다. 장수(漳水)가 여기서 나와, 동쪽으로 흘러 황하로 흘러들어간다." 라고 하였다. 여기서 작은 새 정위가 바다를 메우려 한다는 성어인 '정위전해(精衛塡海)' 가 나왔다. 장수를 향해 간다는 것은 죽음

을 향해 간다는 의미. 소개(素蓋)는 흰 수레의 차양으로 여기서는 상여의 차양을 말함. 전(轉)은 나부끼는 모습을 수레바퀴 구르는 모양으로 비유한 것.

5) 萬里 : 다른 판본에는 '만사(萬事)'로 되어 있다. 이 경우 "만사가 모두 헌 것이 되었구나."로 번역된다.

6) 압운은 宮, 中, 風, 空.

감상

이 시는 시인 조정이 자신의 죽음을 가정한 상황아래 자신의 상여를 끄는 것을 상상한 노래이다. 위진남북조시대는 왕조의 교체가 지극히 빈번하고 정치적으로 극히 불안정한 시대였다. 시인 조정의 생몰 연도가 자세히 나와 있지 않지만, 기록에 의하면 동위와 북제시기에 벼슬을 한 것으로 보인다. 이처럼 왕조의 교체를 경험한 문인들에게는 삶과 죽음에 대한 성찰이 다른 시기의 시인들보다 깊었다. 동진(東晉)과 유송(劉宋)의 왕조 교체를 경험한 도연명도 자신이 죽었다는 가정 아래 장사를 지내는 시인 〈의만가사(擬挽歌詞)〉를 남겼다(≪고시원≫ 번역본 2권 642쪽 참조).

이 시는 모두 8구로 되어 있는데, 내용에 따라 크게 두 개의 단락으로 나눌 수 있다. 1단락(1-4구)은 옛날을 회상한 것이다. 시인이 자신의 죽음을 가정하고 생전 고관대작이 타는 사두마차를 몰고, 황제를 알현했으며, 위풍당당한 깃발들을 휘날리며, 사냥을 즐겼던 옛일을 회상한 것이다.

2단락(5-8구)은 이제 신화 속에 나오는 염제 어린 딸의 죽음을 떠올리듯 장수(漳水) 물가로 향해가는 자신의 상여 흰 차양이 나부끼는 모습을 상상한다. 비록 상상이지만 자신의 죽음에 닥쳐보니 세상의 모든 일이 헛것임을 깨우친다.

## 3. 鄭公超[1)]

### 〈送庾羽騎抱(송유우기포)〉[2)] 〈우기 유포를 전송하며〉

舊宅青山遠, 고향의 옛 집은 저 멀리 청산에 있고,
구댁청산원
歸路白雲深. 돌아가는 길은 흰 구름이 자욱하다네.
귀로백운심
遲暮難爲別,[3)] 늙은 나이인지라 이별하기 어렵거늘,
지모난위별
搖落更傷心.[4)] 흔들려 떨어지는 계절 더 맘 상하네.
요락경상심
空城落日影, 빈 성에 떨어지는 해가 그림자 드리우고,
공성락일영
迥地浮雲陰.[5)] 먼 길에는 뜬 구름 그늘을 지우고 있네.
형지부운음
送君自有淚, 그대를 보내자니 절로 눈물이 흐르나니,
송군자유루
不假聽猿吟.[6)*] 원숭이 울음을 듣는 것 빌리지 않아도.
불가청원음

**원주**

* 시를 뒤집어 참신함을 얻었다.(翻得新.)

**역주**

1) 鄭公超(정공초, 생졸 미상) : 남북조시대 북제 5대 황제 후주(後主) 시기 대조문림관(待詔文林館)을 역임하고, ≪수문전어람(修文殿御覽)≫ 집필에 참여하였다.
2) 送庾羽騎抱 : 송(送)은 송별하다, 전송하다. 유포(庾抱)는 윤주(潤州) 강녕(江寧), 지금의 강소성(江蘇省) 남경(南京) 사람으로 수(隋)나라 개황(開皇) 연간(581-600)에 연주참군사(延州參軍事)를 역임했다. 우기(羽騎)는 벼슬 이름으로 황제의 호위를 맡음.
3) 遲暮 : 늦은 저녁의 뜻이나 여기서는 문맥상 '노년'의 의미.
4) 搖落 : 잎이 흔들려서 떨어지는 계절.
5) 迥地 : 형(迥)은 높다, 멀다.
6) 不假聽猿吟 : 가(假)는 빌리다. 원음(猿吟)은 원숭이 울음. 중국 시가에서 원숭이의 소리는 종종 슬픔과 연결되어 진다. 감상 참조.
7) 압운은 深, 心, 陰, 吟.

감상

이 시는 정공초가 지은 송별시이다. 정공초의 생몰 연도는 정확하게 알 수 없지만 남북조시대 북제시대에 벼슬을 맡았다는 기록이 있고 또 이 시에서 시인이 전송하고 있는 지인 유포가 수(隋)나라의 첫 연호인 개황(開皇) 연간에 벼슬을 하였다는 기록이 있으며, 3구에 시인이 '노년'이라고 언급한 것 등을 종합해 보건대 북제 말기와 수나라 초기의 인물로 보인다.

당시 우기라는 벼슬을 하는 지인 유포를 전송하는 내용으로 모두 8구로 되어 있다. 1-2구는 고향은 멀리 떨어져있다는 사실을 묘사하면서도 멀고(遠), 깊다(深)는 표현을 통해 지인과의 이별이 얼마나 아쉬운지를 담아내고 있다. 3구에서 노년의 이별이 더 어렵다는 것은 다시 만날 기약이 어렵기 때문이다. 5구에서 친구를 전송하고 돌아온 성은 친구가 없기 때문에 텅 비었다고 한 것이다. 친구가 떠난 후 지는 해가 그림자를 드리우고, 뜬 구름이 그늘을 지우는 모습에 먼 길을 가는 친구를 걱정하는 마음을 한층 깊어진다(5-6구).

마지막 7-8구에서 원숭이 울음소리를 빌리지 않아도 절로 눈물이 흐른다고 말한 것은 중국 시가에서 원숭이 울음소리를 '슬픔'과 연결시키는 전통적 발상이다. 〈여아자(女兒子)〉라는 시에 "파동의 삼협에 원숭이 울음 서글프구나. 한밤 잦은 울음엔 눈물이 옷 적시누나.(巴東三峽猿鳴悲. 夜鳴三聲淚沾衣.)"라고 하였다(≪고시원≫ 번역본 2권 677쪽 참조). 이 시에서 출발하여 중국 시가에서 '원숭이 소리가 슬프다'고 하는 시어와 '단장(斷腸) 고사'와 같은 이야기가 후대 작품 속에 빈번히 사용되었다고 한다. 그래서 정공초가 시의 마지막에서 원숭이 울음을 굳이 빌리지 않아도 이별한 친구 생각에 절로 눈물이 난다고 한 것이고, 또 원주에서 시를 뒤집어 참신함을 얻었다고 평한 것이다.

## 4. 蕭慤[1)]

### 4-1
### 〈上之回(상지회)〉[2)] 〈상께서 회로 가시다〉

| | |
|---|---|
| 發軔城西畤,<br>발인성서치 | 성 서쪽 제사 터에서 수레를 출발하여, |
| 回輿事北遊.[3)]<br>회여사북유 | 수레를 돌려서 북쪽 순시를 모신다네. |
| 山寒石道凍,<br>산한석도동 | 산이 차가우니 돌길마저도 얼어붙었고, |
| 葉下故宮秋.<br>엽하고궁추 | 잎 떨어지니 고궁에 가을 색 완연하네. |
| 朔路傳淸蹕,<br>삭로전청경 | 북으로 가는 길에 맑은 벽제 전하고, |
| 邊風卷畫旒.[4)]<br>변풍권화류 | 변방의 바람이 그림 깃발 휘감는구나. |
| 歲餘巡省畢,<br>세여순성필 | 겨울철에 황제의 순수를 마치신다면, |
| 擁仗返皇州.[5)]*<br>옹장반황주 | 의장 행렬 껴안고 황도로 돌아오리라. |

**원주**

* 소리와 운율이 모두 잘 어울리므로, 당나라 시의 소리 가운데서도 아름다운 것이다.(聲律俱諧, 唐音中之佳者.[6)])

**역주**

1) 蕭慤(소각, 생몰 미상) : 자는 인조(仁祖)이고 남난능(南蘭陵), 지금의 강소성(江蘇省) 상주시(常州市) 서북지역 사람이다. 양나라 무제(武帝) 소연(蕭衍)의 일가로 양나라 말기 북제에 들어가 후주(後主) 시기 태자세마(太子洗馬)과 대조문림관(待詔文林館)을 역임하였다.
2) 上之回 : 원래 악부시(樂府詩) 중 한나라 〈요가(鐃歌)〉의 제목이다. 여기서는 옛 제목을 따서 자신의 황제의 행차를 묘사한 것. 상(上)은 황제. 회(回)는 지명. 상지회(上之回)는 황제가 '회' 지역에 행차한다는 의미.
3) 發軔城西畤 2구 : 인(軔)은 마차바퀴의 고임 나무로 여기서는 '수레'의 의미. 치(畤)는 고대 교외에서 오제(五帝)에 제사 지내는 장소. 사(事)는 종사하다. 북

유(北遊)는 북쪽으로 순시(巡視)하다.

4) 朔路傳淸警 2구 : 삭로(朔路)는 북쪽으로 가는 길. 청경(淸警)은 맑은 경계. 황제가 출행할 때 도로와 행인을 통제하는 것을 말함. 변풍(邊風)은 변방의 바람. 화류(畫旒)는 화려한 그림의 깃발.

5) 歲餘巡省畢 2구 : 세여(歲餘)는 연말, 겨울철. 순성(巡省)은 황제가 나라 안을 살피며 두루 돌아다니는 순수(巡狩)를 말함. 장(仗)은 황제의 의장 행렬. 황주(皇州)는 황제가 사는 황도(皇都)를 의미.

6) 聲律俱諧 2구 : 성률이 모두 잘 어울려 당나라 시의 소리 가운데서도 아름답다는 것은 당나라 노래에 넣더라도 잘된 작품이라는 것. 이 시는 당시(唐詩)와 견주어도 손색없는 다음과 같은 특징을 갖는다. ①율시의 특징 8구(句) 4연(聯)를 갖추고 각 구의 구수(句數)는 5언으로 정연함 ②각 연(聯)의 마지막 글자가 평성(平聲) 압운 되어 있음 ③3구와 4구, 5구와 6구가 대구(對句)를 이룸 ④대부분 훗날 평측보(平仄譜)에 부합한다.

7) 압운은 遊, 秋, 旒, 州.

**감상**

이 시는 소각이 원래 한나라 〈요가(鐃歌)〉의 하나인 〈상지회〉의 제목만 가져다 자신의 황제의 행차를 노래한 것이다. 주목할 점은 이 시가 북제 시기의 작품임에도 불구하고 역주 6)의 설명과 같이 훗날 정형시의 전형인 당나라 율시와 비교하여도 그 특징을 거의 갖춘 작품이라는 것이다.

시는 모두 8구로 되어 있으며, 황제가 회(回) 지역을 행차한 모습을 묘사하고 있다. 1-2구에서는 황제가 성 서쪽에서 출발하고 또 북쪽 순시를 나섬을 이야기하고 있다. 3-4구와 5-6구는 각각 대구(對句)를 이루며, 늦가을의 계절 모습과 행차 상황을 묘사한다. 마지막 7-8구에서는 겨울철에 황제가 순수를 모두 마치면 의장 행렬과 함께 수도로 돌아올 것을 이야기하고 있다.

## 4-2
## 〈和崔侍中從駕經山寺(화최시중종가경산사)〉[1)]
### 〈최시중의 '임금을 수행해 절집에 들려'에 화답하여〉

| | |
|---|---|
| 鉤陳夜警徼,<br>구진야경요 | 구진성이 야경하듯 은하수를 돌고, |
| 河漢曉參橫.[2)]<br>하한효참횡 | 은하수에 새벽 참성이 비스듬할 때. |
| 遊騎騰文馬,<br>유기등문마 | 기마병들 무늬 있는 말 타고 치닫고, |

前驅轉翠旗.[3] 선두부대가 비취 깃발을 휘날린다네.
전구전취정

野禽喧曙色, 들새는 새벽빛에 시끄럽게 울어대고,
야금훤서색

山樹動秋聲. 산속 나무들 가을 소리를 내고 있네.
산수동추성

雲表金輪見, 구름 밖으로 황금 바퀴가 드러나더니,
운표금륜현

巖端畫栱明.[4] 바위 끝은 단청한 두공처럼 선명하네.
암단화공명

塔疑從地湧, 석탑은 땅으로부터 솟구치는 듯 하고,
탑의종지용

蓋似積香成.[5] 절집 지붕은 향을 쌓아서 만든 듯하네.
개사적향성

泉高下溜急,[6] 샘이 높이 있으니 낙숫물이 급하거늘,
천고하류급

松古上枝平. 소나무가 늙어 위 가지가 평평하다네.
송고상지평

儀台多北思, 의례 행하는 누대엔 장엄한 생각 넘치고,
의태다북사

麗藻蔚緣情.[7] 고운 물풀처럼 정에서 나온 시 성대하네.
려조울연정

自嗤非照乘, 절로 부끄럽나니 수레 비출 재주 못됨을,
자치비조승

何以繼連城.[8] 무엇으로 '연성지벽' 당신 작품을 이으리.
하이계련성

**역주**

1) 和崔侍中從駕經山寺 : 화(和)는 화답하다. 시중(侍中)은 벼슬 이름. 종가경산사(從駕經山寺)는 최시중이 소각(蕭慤)에게 보낸 시의 제목. 종가(從駕)는 황제의 행차를 수행하다. 경산사(經山寺)는 산사, 절집에 들리다.

2) 鉤陳夜警徼 2구 : 구진(鉤陳)은 별 이름. 자미원(紫薇垣)이라는 별자리 안에 있고, 북극성에 가깝다. 자미(紫薇)는 백일홍으로 자미원(紫薇垣)은 궁궐을 상징하고, 북극성은 황제를 상징. 야경(夜警)은 밤에 경계하는 것으로 '순찰한다' 는 의미. 요(徼)는 여기서 은하수를 돌다. 하한(河漢)은 은하수. 참(參)은 참성(參星).

3) 遊騎騰文馬 2구 : 유기(遊騎)는 ①기마병 ②관직 이름. 여기서는 ①의 뜻. 등(騰)은 말을 빨리 몰다. 문마(文馬)는 털빛에 무늬가 있는 말. 전구(前驅)는 선두 부

대. 전(轉)은 돌다, 흔들다. 취정(翠旌)은 비취 깃발.

4) 雲表金輪見 2구 : 금륜(金輪)은 황금 수레바퀴로 태양을 의미. 화공(畫栱)은 단청을 입힌 두공(枓栱). 두공은 목조 건물의 기둥 위에 지붕을 받치는 구조물.
5) 塔疑從地湧 2구 : 의(疑)는 ~한 듯하다. 개(蓋)는 덮다. 여기서는 '절집의 지붕'을 가리킴.
6) 下溜 : 낙숫물.
7) 儀台多北思 2구 : 태(台)는 누대(樓臺). 북(北)은 '장(壯)'의 오자. 북사(北思)는 장사(壯思)로 장엄한 생각. 조(藻)는 물풀. 연정(緣情)은 진실한 감정을 따르다. 육기(陸機) ≪문부(文賦)≫에 "시는 진실한 감정을 따르고 비단처럼 아름다운 것이다."라고 하였다.
8) 自嗤非照乘 2구 : 조승(照乘)는 수레를 비추다. ≪사기·전경중완세가(史記·田敬仲完世家)≫에 "제(齊)나라 위왕(威王) 24년, 위(魏)나라 양혜왕(梁惠王)과 교외에서 만나 사냥하였다. 위나라 양혜왕이 묻기를 "왕께서도 보물이 있습니까?"라고 하였다. 제나라 위왕이 "없습니다."라고 답하였다. 위나라 양혜왕이 말하기를 "과인은 소국이지만, 그래도 직경 한 치의 구슬이 있어서 수레 앞뒤를 비춤이 열두 대 수레인 것이 열 개가 있는데 어찌 만 대의 수레를 내는 나라에서 보물이 없다 하십니까?"라 하였다. 연성(連城)은 연성지벽(連城之璧)을 말한 것. ≪한비자·화씨편(韓非子·和氏篇)≫에 나오는 초(楚)나라의 화씨(和氏)가 발견한 진귀한 옥을 화씨지벽(和氏之璧)이라고 하는데, 이후 조(趙)나라 혜문왕(惠文王)이 차지하자 진(秦)나라 소양왕(昭襄王)이 이를 탐내 15개의 성(城)과 맞바꾸자고 하여 '연성지벽(連城之璧)'이라고도 불렸다. 여기서는 최시중의 작품을 귀한 옥과 같이 높게 평가한 의미.
9) 압운은 橫, 旌, 聲, 明, 成, 平, 情, 城.

**감상**

이 시는 소각이 시중 벼슬을 하는 최 씨에게서 〈임금을 수행해 절집에 들려〉라는 시를 받고서 화답한 것이다. 모두 16구로 되어 있는데, 내용에 따라 세 단락으로 나눌 수 있다.

1단락(1-6구)은 임금의 행차를 설명한 것이다. 1-2구는 천문 현상을 빌려서 임금의 행차 시각을 알려준 것으로 구진(鉤陳) 별자리가 은하수를 돌고, 은하수에 새벽 참성(參星)이 비스듬하게 있을 때라는 것이다. 또 역주 2)의 설명처럼 구진은 궁궐을 상징하는 자미원(紫薇垣)이라는 별자리 안에 있고 황제를 상징하는 북극성과 가까워, 마치 황제를 중심으로 순찰하는 돌고 있다는 의미도 된다. 3-4구는 임금의 행차의 모습으로 말을 타고 치닫는 당당한 기마병들과 깃발을 휘날리는 선두부대를 말하고 있다.

2단락(7-12구)은 절집(山寺)을 묘사한 것으로 2단락의 표현들은 아마도 최시중이 보내온 시의 내용이었을 것이다. 태양이 비치자 선명히 드러나는 단청한 두공, 솟아오른 석탑, 안개나 구름 낀 모습이 마치 향 연기가 둥글게 떠오르는 듯 해 보이는

절 집 지붕, 그리고 사찰의 높은 샘에 급히 흐르는 낙수와 마치 불교의 평등한 세계를 구현해 보이듯 평평한 가지를 보이는 오래된 소나무까지 눈에 보이듯 절집과 그 풍경을 잘 그려내고 있다.

3단락(13-16구)은 화답시의 특징을 보이는 부분이다. 상대방이 보내온 시에 대한 칭찬과 자신의 겸손을 드러낸다. 13-14구는 상대에 대한 칭찬이다. 의례를 행하는 누각, 그곳에 있는 최시중 당신의 생각은 임금 앞이기에 장엄함으로 넘쳐나고, 당신이 보내온 시는 육기의 ≪문부≫에서 말한 것처럼 진실한 마음에서 우러나와 멋진 말로 이루어진 수작이다. 마지막 15-16구는 겸사(謙辭)이다. 본인은 수레를 비추는 진주 같은 재주가 없는 사람이니, 여러 성과 바꿀 가치가 있는 옥 같은 당신의 작품을 이을 수가 없다는 의미다.

## 4-3

## 〈秋思(추사)〉 〈가을 생각〉

| | |
|---|---|
| 清波收潦日,<br>청파수료일 | 맑은 물결이 고인 물을 거둬들일 때, |
| 華林鳴籟初.[1)]<br>화림명뢰초 | 울긋불긋 숲이 지뢰 막 울리려 할 때. |
| 芙蓉露下落,<br>부용로하락 | 부용꽃이 이슬 아래에서 떨어지거니와, |
| 楊柳月中疏.<br>양류월중소 | 버드나무는 달빛 속에 성글고 있다네. |
| 燕幃緗綺被,<br>연위상기피 | 연나라 비단 휘장에 담황색 비단 이불, |
| 趙帶流黃裾.[2)]<br>조대류황거 | 조나라 허리띠에 유황색 치맛자락인 걸. |
| 相思阻音息,[3)]<br>상사조음식 | 그립지만 임으로부터 소식은 막혔고, |
| 結夢感離居.*<br>결몽감리거 | 꿈을 꾸면서도 떨어져 거함을 느끼네. |

원주

* '부용' 일련은 다듬고 꾸며 얻은 것이 아니어서, 저절로 아름다운 구이다.(芙蓉一聯, 不從雕琢而得, 自是佳句.)

**역주**

1) 淸波收潦日 2구 : 청파(淸波)는 맑은 물결. 료(潦)은 장마 뒤 길가에 고인 물. 화림(華林)은 가을이 되어 숲이 울긋불긋 물든 것을 말함. 뢰(籟)는 지뢰(地籟). ≪장자·제물론(莊子·齊物論)≫에서 우주 만물의 소리를 설명하면서 사람이 퉁소를 불면서 내는 소리인 인뢰(人籟), 자연이 내는 소리인 지뢰(地籟), 도가 내는 소리인 천뢰(天籟)로 나누어 말하였다.
2) 燕幃緗綺被 2구 : 상기(緗綺)는 옅은 황색, 담황색. 류황(流黃)은 황색 비단의 한 종류, 유황색 비단.
3) 音息 : 목소리와 호흡. 임이 보내오는 소식을 의미.
4) 압운은 初, 疏, 裾, 居.

**감상**

이 시는 제목이 〈추사(秋思)〉이지만, 실제 의미하는 바는 '수심(愁心)'이다. 또 남성 작가가 여성의 입장에서 쓴 일종의 규원시이며, 초가을을 계절적 배경으로 삼고 있다.

모두 8구로 되어 있다. 1-2구는 계절을 묘사한 것으로 가을이 되면서 장마 뒤 흐린 고인 물을 거둬들여 물이 맑아지고, 단풍으로 화려해진 숲에 지뢰가 울리기 시작한다고 말하고 있다. 3-4구도 앞의 1-2구처럼 대구를 이룬다. 가을이 되니 부용꽃이 이슬 아래에서 떨어지기 시작한다. 시 속에서 부용(芙蓉), 연꽃(蓮花), 연(藕)을 떠올리는 여인에게는 남편의 얼굴(夫容), 임을 사랑하는 마음(憐), 짝을 의미하는 우(偶)가 모두 연상될 것이다. 4구는 가을이 되자 잎이 많이 진 버드나무 때문에 달빛이 보인다는 의미다. 5-6구는 휘장, 이불, 허리띠, 치맛자락 등 여인의 주변 사물을 통해 여인의 아름다움을 묘사한 것이다. 이렇게 한껏 치장한 여인에게 임으로부터의 소식은 막혀있으니, 임을 그리워하는 마음이 꿈에 맺혔다고 말하고 있다(7-8구).

## 5. 顏之推[1]

### 5-1

〈古意(고의)〉 〈옛 뜻〉

| | |
|---|---|
| 十五好詩書,<br>십오호시서 | 열다섯 살에 시서를 좋아했거니와, |
| 二十彈冠仕.[2]<br>이십탄관사 | 스물에 관을 털고 벼슬을 시작했지. |
| 楚王賜顏色,<br>초왕사안색 | 초나라 왕께서 은혜를 내리셔서, |
| 出入章華裡.[3]<br>출입장화리 | 장화대 안에 출입하게 되었다네. |
| 作賦凌屈原,<br>작부릉굴원 | 부를 지으면 굴원을 능가하고 싶었고, |
| 讀書誇左史.[4]<br>독서과좌사 | 책 읽으면 좌사에게 자랑하고자 했네. |
| 數從明月讌,<br>삭종명월연 | 자주 밝은 달빛 아래 연회를 따랐고, |
| 或侍朝雲祀.[5]<br>혹시조운사 | 때로는 '아침 구름' 제사까지 모셨지. |
| 登山摘紫芝,<br>등산적자지 | 산에 올라 붉은 영지 따기도 했고, |
| 泛江採綠芷.[6]<br>범강채록지 | 배 띄워서 푸른 지초 캐기도 했네. |
| 歌舞未終曲,<br>가무미종곡 | 가무 자리 그 곡이 그치기도 전에, |
| 風塵暗天起.<br>풍진암천기 | 하늘 어둡게 하는 풍진이 일어났지. |
| 吳師破九龍,<br>오사파구룡 | 오 군사가 아홉 용 새긴 종 틀 깨고, |
| 秦兵割千里.[7]<br>진병할천리 | 진나라 병사는 천 리 땅을 앗아갔네. |
| 孤兔穴宗廟,<br>고토혈종묘 | 여우와 토끼가 종묘에 굴을 파거니와, |

| | |
|---|---|
| 霜露沾朝市.[8]<br>상로첨조시 | 서리와 이슬이 조정과 저자를 적셨네. |
| 璧入邯鄲宮,[9]<br>벽입한단궁 | 화씨벽은 한단의 궁궐로 들어갔고, |
| 劍去襄城水.[10]<br>검거양성수 | 보배로운 검은 양성의 물로 떠났네. |
| 未獲殉陵墓,<br>미획순릉묘 | 능묘를 따라 죽을 수가 없었거니와, |
| 獨生良足恥.<br>독생량족치 | 홀로 살아남 정말 족히 부끄럽구나. |
| 憫憫思舊都,<br>민민사구도 | 울적하게 옛적 도성을 생각하거니와, |
| 惻惻懷君子.[11]<br>측측회군자 | 애통하게 군자를 생각하고 있다네. |
| 白髮窺明鏡,<br>백발규명경 | 백발로 밝은 거울을 들여다보나니, |
| 憂傷沒餘齒.[12]*<br>우상몰여치 | 근심 슬픔에 남은 이마저 빠지겠네. |

**원주**

* 마음 속 생각을 직접 서술했기에, 더욱 예스럽고 질박함을 드러낸다.(直述中懷, 轉見古質.)

**역주**

1) 顔之推(안지추, 531추정-595추정) : 낭야(琅琊) 임기(臨沂), 현 산동성(山東省) 임기(臨沂)) 사람이고, 자는 개(介)이다. 남북조 북제에서 수나라 때까지의 학자이며 교육가이다. 조부 안견원(顔見遠)은 남조 제나라에서 치서어사(治書御史)를 맡고, 아버지 안협(顔協)은 남조 양나라에서 자의참군(咨議參軍)을 맡았다. 자신도 양나라에서 상동왕(湘東王) 소역(蕭繹) 아래에 벼슬을 시작하였다가, 후에 북제(北齊)로 망명하여 황문시랑(黃門侍郎), 평원태수(平原太守)를 맡고, 북주(北周) 시대에는 어사상사(御史上士)를 역임하고, 수나라 때는 문제(文帝) 개황(開皇) 연간에 태자가 불러 학사(學士)가 되었다. 저서로 ≪안씨가훈(顔氏家訓)≫ ≪환원지(還冤志)≫가 있다.
2) 彈冠仕 : 관을 털고 나와 벼슬을 시작하다.
3) 楚王賜顔色 2구 : 초왕(楚王)은 초나라 왕이나 실제로는 안지추가 섬겼던 남조의 양나라를 말함. 양나라 영토가 옛 초나라 도읍지를 포함하기 때문이다. 사안색(賜顔色)은 안색을 하사하다는 것으로 임금이 나에게 은혜를 베푼다는 의미.

장화(章華)는 장화대(章華臺)로 춘추시기 초나라 영왕(靈王)이 지은 것. 여기서는 양나라의 궁궐을 말함.

4) 作賦淩屈原 2구 : 굴원(屈原)은 전국시대 초나라의 충신이자 뛰어난 시인이었다. 좌사(左史)는 초나라의 뛰어난 사관이었던 의상(倚相)을 말함.

5) 數從明月讌 2구 : 삭(數)은 자주. 명월연(明月讌)은 달빛 아래 베푸는 잔치, 연회. 조운사(朝雲祀)은 조운 신녀(神女)에게 제사하다. 송옥(宋玉)의 〈고당부(高唐賦)〉에 의하면 초왕(楚王)이 꿈속에서 만난 신녀가 조운사(朝雲寺)라는 사당을 짓게 하였다고 한다.

6) 登山摘紫芝 2구 : 자지(紫芝)는 붉은 영지(靈芝). 지(芷)는 향초 이름.

7) 吳師破九龍 2구 : 구룡(九龍)은 아홉 마리 용이 수놓아진 종의 틀. 이는 천자가 쓸 수 있는 악기 편종(編鐘)을 말한 것. 오왕(吳王) 합려(闔閭)가 초나라의 종을 훼손한 일을 말함. 할천리(割千里)는 전국 말기 진(秦)나라가 초나라 땅을 뺏은 일을 말함.

8) 朝市 : 조정과 저잣거리.

9) 璧入邯鄲宮 : 벽(璧)은 초(楚)나라의 화씨(和氏)가 발견한 진귀한 옥을 말하는 화씨지벽(和氏之璧). 한단(邯鄲)은 전국시대의 조나라(趙)의 수도. 후에 조(趙)나라 혜문왕(惠文王)이 화씨지벽(和氏之璧)을 차지하였다.

10) 劍去襄城水 : 뇌차종(雷次宗)의 ≪예장기(豫章記)≫에 의하면 공장(孔章)이 땅을 파다가 칼을 두 자루 얻어, 하나는 남기고 하나는 상자에 담아 장화(張華)에게 주었는데, 후에 장화가 해를 당하자 칼이 날아서 양성(襄城)의 물로 들어갔다. 이에 칼이 용(龍)이었음을 알게 되었다고 한다.

11) 憫憫思舊都 2구 : 민민(憫憫)은 첩어, 의태어로 슬픈 모양. 측측(惻惻)은 첩어, 의태어로 마음이 상한 모양. 군자(君子)는 여기서 임금을 상징.

12) 沒餘齒 : 남은 치아가 다 빠지다. '죽음'을 의미.

13) 압운은 仕, 裡, 史, 祀, 芷, 起, 里, 市, 水, 恥, 子, 齒.

**감상**

이 시를 쓴 안지추는 역주 1)에 설명하였듯이 조부와 부친이 모두 남조에서 벼슬을 하였다. 부친 때부터 남조의 양나라를 섬겼고, 자신도 남조의 양나라 4대 황제인 원제(元帝) 아래 벼슬을 시작하였다. 그러나 안타깝게도 원제는 서위(西魏)의 공격에 의해 수도 강릉에서 죽고, 조국인 양나라도 557년 멸망하게 되자, 북제(北齊)로 망명하였고, 또 북제가 577년 망하자, 북주(北周)로 갔으며, 다시 589년에는 수나라 시대를 맞이하는 등 여러 왕조를 거치며 벼슬살이를 하게 된다. 그러나 안지추의 마음속에는 늘 조국 양나라가 있었다. 이 시는 자신이 출세가도를 달리던 양나라 시기와 조국이 망한 이후의 시기를 극명히 나누어 노래하고 있다. 따라서 24구의 시는 두 단락으로 나눌 수 있다.

1단락(1-12구)은 양나라에서의 이야기이다. 1-2구는 스물에 벼슬을 시작했음을 이야기한다. 3구부터 시인이 자신의 나라 양나라를 직접 언급하지 않고, 초나라를 이야기하는 것은 춘추전국시대 초나라 수도 영(郢)을 포함한 영토가 양나라의 영토와 겹치기 때문이다. 특히 양나라 원제는 당시 반란으로 황폐해진 수도 건강(建康)을 피해 강릉(江陵)에서 등극했는데, 강릉 역시 춘추전국시대 초나라 영토였다. 그래서 이 시에서 말하는 초나라는 모두 실제로는 안지추가 조국이라 여긴 양나라를 뜻하는 것이다. 임금의 은혜를 입어 궁궐에 출입하게 되고, 굴원을 넘어 부를 짓고 싶고, 뛰어난 사관이었던 좌사 같은 박식함도 자랑하고 싶었다(3-6구). 7-10구는 임금과 함께 연회와 제사, 출행 등을 누린 일을 말하고 있으며, 11-12구는 이런 행복함이 오래가지 못했음을 말하고 있다.

2단락(13-24구)은 1단락에서는 남조의 양나라에서 출세가도를 달리던 시인이 2단락에서는 조국의 멸망을 겪게 된다. 13-18구는 나라가 망한 후의 모습들이다. 천자의 악기 편종은 파괴되고, 땅을 빼앗기고, 종묘가 훼손되고, 조정과 저자에는 인적이 없어 서리와 이슬만이 남았으며, 보물도 지키지 못했다. 이제 임금을 따라 죽지 못하고 남은 시인의 마음은 부끄럽고 애통하여 옛 도성과 임금을 그리워해본다(19-22구). 마지막 23-24구는 백발이 성한 시인이 거울을 들여다보며 더욱 가슴 아프다고 이야기 하고 있다. 시 속에 일부러 꾸밈이 없이 자신의 솔직한 마음을 드러내었기에 심덕잠은 예스럽고 질박함을 드러낸 작품이라고 높이 평가하였다.

## 5-2

### 〈從周入齊夜度砥柱(종주입제야도지주)〉[1)]

〈북주로부터 북제로 들어가기 위하여 밤에 지주산을 넘다〉

| | |
|---|---|
| 俠客重艱辛,<br>협객중간신 | 협객은 거듭 어려운 일을 당해서, |
| 夜出小平津.[2)]<br>야출소평진 | 한밤중에 소평진을 출발하였다네. |
| 馬色迷關吏,<br>마색미관리 | 말 색깔로 관문지기 헷갈리게 하고, |
| 雞鳴起戍人.[3)]<br>계명기수인 | 닭의 울음소리로 문지기를 깨웠네. |
| 露鮮華劍彩,<br>로선화검채 | 이슬은 보검의 무늬에 선명하고, |
| 月照寶刀新.<br>월조보도신 | 달빛은 보도의 새 날을 비추네. |
| 問我將何去,<br>문아장하거 | 내게 묻나니 장차 어디로 가는지, |

北海就孫賓.[4)*] 북해로 손빈 찾아 가는 길이라네.
북해취손빈

원주

* ≪후한서·조기전(趙岐傳)≫ : 중상시 당형의 형인 당현이, 조기의 집안사람들을 모두 죽였다. 조기가 강호 사이에 난을 피해, 이름을 숨기고 떡을 팔았다. 그때에 손숭은 조기가 보통 사람이 아님을 살펴 알고, 말하길 "나는 북해의 손빈석이라오."라고 하고, 인하여 조기를 이중벽 사이에 감추었다. 여러 해 뒤, 여러 당 씨들이 뒤에 멸망하자, 조기는 인하여 사면되었다.(後漢書, 中常侍唐衡兄唐玹, 盡殺趙岐家屬.[5)] 岐逃難江湖間, 匿名賣餠. 時孫嵩察岐非常人,[6)] 曰, 我北海孫賓碩. 因藏岐複壁中, 數年, 諸唐後滅, 岐因赦乃免.)

역주

1) 從周入齊夜度砥柱 : 주(周)는 남북조시대의 북주(北周). 제(齊)는 북제(北齊). 지주(砥柱)는 산 이름, 지금의 하남성(河南省) 삼문협시(三門峽市) 동북쪽 황하(黃河) 가운데에 있다.
2) 俠客重艱辛 2구 : 간신(艱辛)은 어렵고 고생스런 일을 당하다. 소평진(小平津)은 나룻터 이름, 지금의 하남성(河南省) 공의시(鞏義市) 서북쪽 황하 지류에 위치한다.
3) 馬色迷關吏 2구 : 마색(馬色)은 말의 색깔. 여기서는 "흰 말은 말이 아니다.(白馬非馬)"라는 궤변을 가리킴. 당(唐)나라의 서견(徐堅) 등이 편찬한 ≪초학기(初學記)≫에 유흠(劉歆)의 ≪칠략(七略)≫를 인용하여 공손용(公孫龍)이 타고 가는 말을 막던 관문지기에게 "흰 말은 말이 아니다."라는 궤변을 통해 관문을 통과한 고사를 언급하였고, ≪한비자·외저설좌상편(韓非子·外儲說左上篇)≫에 아열(兒說)이라는 사람이 "흰 말은 말이 아니다."라는 궤변을 가지고 관문을 통과한 고사가 있다. 관리(關吏)는 관문의 관리. 계명(雞鳴)은 ≪사기·맹상군전(史記·孟嘗君傳)≫에 나오는 계명구도(鷄鳴狗盜) 고사를 말함. 닭 울음소리를 잘 내는 자의 기지로 관문을 통과한 임기응변에 관한 이야기. 수인(戍人)은 성문을 지키는 문지기.
4) 北海就孫賓 : 손빈(孫賓)은 손빈석(孫賓碩)으로 후한(後漢)시기 청주(青州) 북해국(北海國), 지금의 산동성(山東省) 유방시(濰坊市) 창락현(昌樂縣) 사람이다. 조기(趙岐)를 도운 일화로 유명하다. 다음 주 참조.
5) 趙岐(조기, 108추정-201) : 후한 장릉(長陵), 지금의 섬서성(陝西省) 함양(咸陽) 사람이다. 초명은 가(嘉)고, 자는 빈경(邠卿) 또는 대경(臺卿)이다. 청렴하고 강직해 환관 당형(唐衡)에 대해 비판하다가 일족이 살해를 당하자 화를 피해 이름을 바꾸고 북해(北海)에서 떡을 팔며 생활했다. 북해에서 손빈석(孫賓碩)의 도움을 받았다. 후에 당형 일파가 죽자 다시 벼슬을 역임해 병주자사(並州刺史), 의낭(議郎), 장사(長史), 돈황태수(敦煌太守), 태부(太仆), 태상(太常) 등을 거쳤다. 경

전(經典)에 정통하여 ≪맹자(孟子)≫를 정리하여 ≪맹자장구(孟子章句)≫를 저술하였다.

6) 孫嵩 : 손빈석(孫賓碩)을 가리킴.

7) 압운은 津, 人, 新, 賓.

감상

이 시의 작자 안지추는 그의 조부와 부친이 모두 남조에서 벼슬을 하였다. 자신이 조국이라고 여긴 양나라가 577년 멸망하게 하자, 북제로 망명하였고, 이후는 북주로, 다시 수나라 시대를 맞이하는 등 실로 여러 왕조를 거치며 파란만장한 삶을 살았다. 앞의 시에서 살펴보았지만, 안지추에게는 망국의 한과 임금의 죽음을 따르지 못하고 살아남은 신하로서의 비애가 깔려 있다. 이 시에서도 그러한 면모를 엿볼 수 있다.

시는 모두 8구로 되어 있다. 어떤 일로 북주에서 북제로 넘어가는지 밝히지 않은 채, 시인은 자신을 어려운 일을 거듭 당하는 협객으로 소개하고 있다(1구). 2구에 나오는 소평진과 제목의 지주산은 모두 황하(黃河)에 있는 지명이다. 지주산은 소평진의 서쪽 방향에 자리하고 있다. 시인은 무슨 일인지 밤에 출발을 한다. 3-4구는 이 여정이 그리 녹록하지 않음을 말한 것이다. 3구의 마색(馬色)은 "흰 말은 말이 아니다."라는 궤변을 나타내는 것이고, 4구의 계명(雞鳴)은 ≪사기·맹상군전≫에 나오는 '계명구도' 고사로 임기응변을 의미한다. 시인에겐 이 여정이 궤변도 임기응변도 필요한 어려운 길이다. 밤길을 나서는 시인에겐 선명히 보이는 보검의 무늬와 달빛에 비추이는 새 칼날이 들어온다(5-6구). 어쩌면 시인의 자신의 안위를 걱정하는지도 모른다. 지금 시인에게는 일족이 몰살을 당하고 타국에 흘러가 떡을 팔며 연명하던 조기의 초라한 모습 속에서도 그 비범함을 알아보고 숨겨준 손빈석 같은 이의 도움이 절실해 보인다(7-8구).

## 6. 馮淑妃[1)]

## 〈感琵琶弦(감비파현)〉*　　〈비파의 끊어진 줄에 느껴서〉

| | |
|---|---|
| 雖蒙今日寵,<br>수몽금일총 | 비록 오늘은 총애를 받고 있지만, |
| 猶憶昔時憐.<br>유억석시련 | 여전히 옛적 사랑을 기억하지요. |
| 欲知心斷絶,<br>욕지심단절 | 끊어지는 마음을 알고 싶다면, |
| 應看膝上弦.<br>응간슬상현 | 응당 무릎 위 비파 줄 보세요. |

**원주**

* 본래 북조 제나라 임금의 왕비였다. 그 왕비가 북주 군대에 의해 포로로 잡힌 바가 되자, 그녀를 대왕인 달에게 하사했다. 왕을 모시고 비파를 켜다가 줄이 끊어지자 이 시를 썼다.(本齊主后. 后爲周師所獲, 以賜代王達. 侍王彈琵琶, 因絃斷作詩.)

**역주**

1) 馮淑妃(풍숙비, 생몰 미상) : 북조 북제(北齊)의 제5대 황제 후주(後主)에게는 목(穆)황후와 후궁 풍귀비가 있었는데, 풍귀비가 바로 풍숙비이다. 풍숙비의 이름은 소련(小憐)이며 가무에 뛰어나고 비파에 능했다고 한다. 북주가 북제를 멸할 때 풍숙비는 대왕 우문달(宇文達)에게 보내졌다. 북주 말에 우문달이 해를 당하자, 수나라 문제(文帝)는 풍숙비를 형 이순(李詢)에게 주었으나 이순의 모친이 핍박해 죽게 하였다고 한다.
2) 압운은 憐, 弦.

**감상**

풍숙비는 북제 후주의 총애 받는 후궁이었다. 그런데 후주는 어리석은 군주였다. 간신들을 신임하고 그들을 참언을 믿어 유능한 장수 곡률광(斛律光)과 난릉왕(蘭陵王) 고장공(高長恭)을 죽인 결과 북제의 군사력을 크게 약화시켰고, 이 틈을 노린 북주의 무제(武帝)가 공격했다. 다급해진 후주는 장남 고항(高恒)에게 양위하고, 도피를 하지만 결국 생포되고, 북제는 멸망하였다. 총애 받는 후궁에서 하루아침에 전쟁 포로가 된 풍숙비는 북주의 대왕 우문달에게 보내졌다. 이 시는 우문달 앞에서 비파를 켜다 끊어진 줄을 보고 지은 노래이다. 불행한 죽음을 맞이하는 풍숙비의 생애를 알기에, 과거의 총애를 회상하는 그녀의 노래가 더 아리게 다가온다.

## 7. 斛律金[1)]

### 7.1〈敕勒歌(칙륵가)〉* 〈칙륵의 노래〉

| | |
|---|---|
| 敕勒川,[2)]<br>칙륵천 | 칙륵천이라는 물가요, |
| 陰山下,[3)]<br>음산하 | 음산 산맥 아래이라네. |
| 天似穹廬,[4)]<br>천사궁려 | 하늘은 게르와 같아서, |
| 籠蓋四野.<br>롱개사야 | 사방의 들을 덮고 있네. |
| 天蒼蒼,<br>천창창 | 하늘은 푸르구나. |
| 野茫茫,<br>야망망 | 들은 아득하구나. |
| 風吹草低見牛羊.[5)]**<br>풍취초저현우양 | 바람 불어 풀 고개 숙이면 소 양 드러나누나. |

**원주**

* ≪북사≫ : 북제의 신무 황제가 곡률금으로 하여금 칙륵을 부르게 했고, 자신은 그에 화답했다.(北史, 北齊神武, 使斛律金唱敕勒, 自和之.)

** 웅혼한 기개로 와, 저절로 높고 예스러우니, 한나라 시인의 여풍이다.(莽莽而來, 自然高古, 漢人遺響也.)

**역주**

1) 斛律金(곡률금, ?-567) : 남북조시대 북제(北齊) 건국에 공을 세운 투르크계 유목민으로 삭주(朔州) 철륵부(鐵勒部) 출신 무장이다. 유목민으로서는 드물게 한문에 소양이 있어 투르크 민족 사이에서 불려오던 옛날 노래를 한시로 번역했을 가능성이 크다. 북제의 제2대 황제 고은(高殷) 때 좌승상에 임명되고, 후에 함양왕(咸陽王)에 봉해졌다. 아들이 북제의 유명한 장군 곡률광(斛律光)이다.

2) 敕勒川 : 칙륵천(敕勒川)은 칙륵족(투르크족)이 살던 평원이다. 천(川)은 물이 흐르는 평원이라는 뜻. 칙륵은 유목민족으로 북조시대 삭주(朔州), 지금 산서성 북부 일대에 거했다.

3) 陰山 : 하투(河套) 서북쪽에서 시작하여 내몽고 남부로 이어지며 동쪽으로 내흥

안령(內興安嶺)과 접해 있는 긴 산맥.

4) 天似穹廬 2구 : 궁려(穹廬)는 유목인들의 이동식 천막집인 '게르'를 말함. 나무로 골조를 만들고 그 위를 펠트로 덮어 만든다. 롱개(籠蓋)는 덮다.

5) 見 : 현(現)과 같다.

6) 압운은 下, 野에서 蒼, 茫, 羊으로 환운.

**감상**

원주에서 설명하였듯 ≪북사≫에 황제가 곡률금으로 하여금 칙륵을 부르게 한 기록이 있어 심덕잠은 이 시를 곡률금이 지은 것으로 보았다. 그러나 역주 1)에서 언급한 것과 같이 이 시는 유목민 사이에서 전해 오던 민가를 작자 곡률금이 한시로 옮겼을 가능성이 크다. 이 시는 전체 7구로 구성되었고, 각 구의 글자 수도 3-4-3-7로 변화하는 자유로운 민가풍의 잡언시(雜言詩)이며 내용적인 면에서도 북조의 호방한 색채가 잘 드러난 노래이다.

1-4구는 유목민이 거하는 환경을 묘사하고 있다. 1-2구는 칙륵천이라는 물가와 음산이라는 산맥 아래라는 지리적 환경을 설명한다. 유목지 주변에는 가축에게 먹일 풀을 계절별로 공급받기 위해 산이 필요했다고 한다. 이렇게 목초지로서의 훌륭한 지리적 요건에 사방을 덮는 드넓은 하늘이 보이는 자연환경도 아름답다(3-4구). 푸르른 하늘과 아득한 들만 보여 마치 아무것도 없을 것 같은 이곳에 바람이 불더니, 키 큰 풀이 고개를 숙인 그 곳에 소와 양이 드러난다(5-7구). 눈앞에 유목민 삶의 터전인 평원이 생생하게 펼쳐져 보인다.

## 7-2

## 〈童謠(동요)〉* 〈어린이 노래〉

| | |
|---|---|
| 一束藁,<br>일속고 | 한 묶음의 짚단, |
| 兩頭然,[1)]<br>량두연 | 양 끝 태웠더라. |
| 河邊羖𦍩飛上天.[2)]<br>하변고력비상천 | 물가 양이 하늘에 날아오르노라. |

**원주**

* ≪북사·제본기≫ : "후위 말, 문선이 아직 선양받지 않을 때, 동요가 있었다." 살펴보건대 짚단의 양끝을 때우면, 글자로서 '고'가 된다. '하변고력'은 물수변의 양자이니, 곧 황제의 이름이다.(北史齊本紀, 後魏末, 文宣未受禪時, 有童謠. 按藁然兩頭, 於文爲高. 河邊羖𦍩, 水邊羊, 帝名也.)

역주

1) 一束藁 2구 : 고(藁)는 마른 풀, 짚단. 연(然)은 연(燃)과 통해 '태우다'의 뜻.
2) 羖攊 : 검은 산양.
3) 압운은 然, 天.

감상

이 시는 동요이면서 참언 역할하고 있다. 시에 은어처럼 숨어있는 고양(高洋)은 남북조시대 북제(北齊)의 초대 황제인 문선제(文宣帝)를 말한다. 고양의 아버지 고환(高歡)은 북위가 동서로 분열되자 동위(東魏)의 효정제(孝靜帝)의 궁정에서 승상을 지내며 모든 권력을 손에 넣고 있었다. 그러나 황위에 오르지는 않았다. 아들인 고양은 선양을 받고자 했다. 그래서 이 동요를 퍼트렸을 것이다.

1-2구는 '고(高)'를 설명하고, 3구는 '양(洋)'을 설명하였다. 3구 마지막의 '하늘에 날아오른다(飛上天)'라는 것은 천자가 된다는 뜻으로, 이 동요를 빌어 황위 선양의 당위성을 얻고자 했을 것이다.

# 北周詩(북주시)

## 附(부)

## 1. 庾信[1)*]

### 1-1 〈商調曲(상조곡)〉[2)] 〈상조로 부르는 노래〉

#### 1-1-1

| | |
|---|---|
| 君以宮唱,<br>군이궁창 | 임금은 궁조로써 창도하니, |
| 寬大而謨明.<br>관대이모명 | 넓고 크시며 책략이 밝으시네. |
| 臣以商應,<br>신이상응 | 신하는 상조로써 호응하니, |
| 聞義則可行.[3)]<br>문의칙가행 | 올바름 들으면 행할 수 있다네. |
| 有熊爲政,<br>유웅위정 | 유웅씨가 정사를 펼 때, |
| 訪道於容成.[4)]<br>방도어용성 | 용성씨에게 도를 물었다네. |
| 般湯受命,<br>은탕수명 | 은나라 탕왕 천명 받자, |
| 委任於阿衡.[5)]<br>위임어아형 | 아형에게 큰 임무 맡기셨네. |
| 忠其敬事,[6)]<br>충기경사 | 제 직분에 충성하여, |
| 有罪不逃刑.<br>유죄불도형 | 죄 있으면 형벌 피하지 않네. |
| 誦其箴諫,[7)]<br>송기잠간 | 잠언 간언 낭송할 새, |
| 言之無隱情.<br>언지무은정 | 그걸 말함에 숨기는 마음 없네. |
| 有剛有斷,<br>유강유단 | 강함과 결단 있으니, |
| 四方可以寧.[8)]<br>사방가이녕 | 사방이 평안할 수 있다네. |
| 既頌既雅,[9)]<br>기송기아 | 송과 아 다하니, |

天下乃昇平. 천하가 이에 태평하리로다.
천하내승평

專精一致,[10] 정성과 뜻 전일하니,
전정일치

金石爲之開. 금석이 그 때문에 열리리라.
금석위지개

動其兩心, 그 두 마음 일으키면,
동기량심

妻子恩情乖.[11] 처자식 은정이 어그러지리라.
처자은정괴

苟利社稷, 진실로 사직에 이롭다면,
구리사직

無有不盡裏.[12] 마음 다하지 않을 자 없으리라.
무유불진회

昊天降祐, 푸른 하늘이 복 내리시니,
호천강우

元首惟康哉.** 우리 원수시여 오직 평강하시리라.
원수유강재

**원주**

* 진과 수 연간의 시인들은, 단지 명구를 얻고자 했을 따름이다. 유신만은 시구의 조탁하는 가운데에, 또 다시 맑은 기운이 넘쳐나, 그러므로 유속 가운데 출중하다. 이른바 높은 학이 군계에 서 있을진저.(陳隋間人, 但欲得名句耳. 子山於琢句中, 復饒淸氣. 故能拔出於流俗中, 所謂軒鶴立雞群者耶.)

자산 유신의 시는 본디 한 때의 뛰어난 작가로서, 문구를 만듦이 참신하고, 옛 전고를 구사함에 흔적이 없다. 수부 하손에 비하면 또 그를 능가하는 듯하다. 무릉 사람 진윤천이 "두보 역시 청출어람 할 수 없다. 단지 유신을 따라 했다."고 평가한 이것은 또한 너무 심하다. 뛰어난 명구는 다음과 같은 것이 있다. 〈보허사〉 : 한 무제는 복숭아 씨앗을 살폈고, 제나라 제후는 대추 꽃을 물었네. 〈산지〉 : 연잎에 부는 바람이 멱 감는 새 놀라게 하고, 다리 그림자가 헤엄치는 물고기를 모으네. 〈화우문내사〉 : 나무는 벚꽃을 물고 있는 새를 잠들게 하고, 꽃은 꿀을 빚고 있는 벌을 붙잡네. 〈군행〉 : 변방은 아득히 먼데 느릅나무 잎 뒤집히며, 관문은 차가운데 기러기 털이 떨어지네. 〈법연〉 : 부처의 초상화는 호인이 그렸고, 경문은 한어로 번역했네. 〈설문학에게 화답하며〉 : 양 곱창처럼 아홉 고개 이어지고, 곰 귀처럼 한 쌍 봉우리 마주하네. 〈화인〉 : 이른 우레는 칩거한 벌레 놀라게 하고, 흐르는 눈은 강의 근원을 길게 하네. 〈원정〉 : 나무꾼과 은자가 항상 길을 함께 하고, 사람과 새가 때로 집을 마주하네. 〈청신림범〉 : 원숭이 울자 바람이 다시 급해지고, 닭이 울자 조수가 다시 오려고 하네. 〈동수〉 : 놀란 꿩은 매에 쫓겨 날아오르고, 뛰는 원숭이는 화살을 보고 구른다. 〈화인〉 : 베짱이는 베 짤 베틀이 없고, 반딧불이가 차가운 불을 달고 있네. 〈영화병〉 : 바위 험하여 소나무 비스듬히 서있고, 바위 매달려 있어 계곡물은 수직으로 떨어지네. 고요함을 좋아하니 물고기가 즐거움을 다투고, 사람에 의지하고자 새가 내 품에 들어오네. 〈꿈에 마루에 들어서며〉 : 햇빛에 비녀 그림자가 움직이고, 창 그림자에 거울이 흔들리네. 두소릉이 말하는 바의 청신한 것일진저.(子山詩固是一時作手, 以造句能新, 使事無迹,[13] 比何水部似又過之.[14] 武陵陳胤倩謂少陵不能青出於藍, 直是亦步亦趨, 則又太甚矣. 名句如步虛詞云, 漢帝看桃核, 齊侯問棗花. 山池云, 荷風驚浴鳥, 橋影聚行魚. 和宇文內史云, 樹宿含櫻鳥, 花留釀蜜蜂. 軍行云, 塞迥翻榆葉, 關寒落雁毛. 法筵云, 佛影胡人記, 經文漢語翻. 詶薛文學云, 羊腸連九阪, 熊耳對雙峰. 和人云, 早雷驚蟄戶, 流雪長河源, 園庭云, 樵隱恆同路, 人禽或對巢. 清晨臨汎云, 猿嘯風還急, 雞鳴潮欲來. 冬狩云, 驚雉逐鷹飛, 騰猿看箭轉. 和人云, 絡緯無機織,[15] 流螢帶火寒. 詠畫屏云, 石險松橫植, 巖懸澗豎流. 愛靜魚爭樂, 依人鳥入懷. 夢入堂內云, 日光釵影動, 窗影鏡花搖. 少陵所云清新者耶.[16])

** 황제 유웅씨는, 용성자를 명하여 천하를 덮게 하였다.(黃帝有熊氏, 命容成作蓋天.)

**역주**

1) 庾信(유신, 513-581) : 남북조시대 북주(北周)의 남양(南陽) 신양(新野), 지금의 하남(河南) 사람이고 자는 자산(子山)이다. 후에 양나라의 간문제(簡文帝)가 되는 소강(蕭綱)이 태자로 있을 때 궁체시인으로 활약하여, 아버지 유견오(庾肩吾)와 서리(徐摛), 서릉(徐陵) 부자(父子)와 함께 '서유체(徐庾體)'로 이름을 날렸다. 벼슬은 남조 양나라에서 상동국상시(湘東國常侍), 우위장군(右衛將軍)을 지내고 무강현후(武康縣侯)에 봉해졌다. 후경(侯景)의 난(548년)이 일어나고 수도 건강(建康)이 함락되자 강릉(江陵)으로 피신하였고, 554년 42세 때 원제(元帝)의 명으로 서위(西魏)에 사신으로 파견되었다가 억류당했다. 서위(西魏)에서 거기대장군(車騎大將軍)과 의동삼사(儀同三司)를 지냈다. 서위가 멸망하고, 북주(北周)가 들어선 후 학문을 좋아하는 명제(明帝), 무제(武帝)에 의해 총애를 받았고 임청현자(臨淸縣子)에 봉해졌다. 개부의동삼사(開府儀同三司)를 지내 세칭 '유개부(庾開府)'로 불렸으며, 사종중대부(司宗中大夫)까지 올랐다. 수나라 개황(開皇) 원년(元年)에 죽었다. 유신의 시가는 남조의 화려하고 아름다운 형식을 바탕으로 북조에 억류된 후 심적 고통을 묘사한 내용이 어울린 특유의 독창성으로 당시(唐詩)에 중요한 영향을 끼친 것으로 평가받는다. 문집에 ≪유자산문집(庾子山文集)≫ 20권이 전하고, 양나라에 대한 그리움을 담은 〈애강남부(哀江南賦)〉가 유명하다.

2) 商調曲 : 상조(商調)는 상음(商音)을 기본으로 하는 가락(調). 상음(商音)은 고대 중국 음악의 오음(五音) 즉 궁상각치우(宮商角徵羽) 가운데 하나. 여기서는 공식

석상에서의 노래라는 의미. ≪예기·악기(禮記·樂記)≫에 "궁음은 임금을 나타내고, 상음은 신하를 나타내고, 각음은 백성을 나타내고, 치음은 일을 나타내고, 우음는 만물을 나타낸다.……궁음이 어지러우면 나라가 황폐해지니, 그 임금이 교만함이다. 상음이 어지러우면 나라가 기울어지니, 그 관리가 부패함이다."라 하였다.

3) 君以宮唱 4구 : 궁(宮)은 궁음(宮音)을 기본으로 하는 가락, 궁조(宮調). 궁음은 오음 가운데 가장 낮은 음으로 기본음이 되기 때문에 높은 사람으로 근본이 되는 '임금의 노래'이며 '밑받침'과 '겸손'의 의미를 가짐. 창(唱)은 창도하다, 선창하다. 모(謨)는 꾀, 책략. 응(應)은 호응하다, 회답하다. 행(行)은 행하다.

4) 有熊爲政 2구 : 유웅(有熊)은 신화에 나오는 제왕 황제(黃帝)를 말함. 고대 화하부락(華夏部落)의 수령으로 중국을 최초로 통일했으며, 소전(少典)의 아들이다. 본래 성은 공손(公孫)이고, 또는 희수(姬水)에 살아서 희(姬), 헌원의 언덕에서 살아서 헌원씨(軒轅氏), 도읍을 유웅(有熊)에 두었기 때문에 유웅씨(有熊氏)라고도 한다. 유웅씨(有熊氏)는 곰 토템 부족과 연관하여 보기도 한다. 곡식 생산에 힘쓰고, 옷, 배, 수레, 음률, 의학 등을 창시했다고 전해진다. 방(訪)은 찾아가 묻다. 용성(容成)은 전설 속의 신선 용성자(容成子)를 말함. 헌원황제(軒轅黃帝)의 신하로 황산에서 선인 부구(浮丘)와 함께 불로장생의 단약을 만들었다고 하며 노자(老子)의 스승이었다고도 한다.

5) 殷湯受命 2구 : 은탕(殷湯)은 고대의 성왕(聖王) 중 하나인 은나라 탕왕. 아형(阿衡)은 ①원래 은(殷)나라의 벼슬 이름으로 뒷날의 '재상(宰相)'을 뜻함. ②은나라 탕왕을 도와 재상이 된 이윤(伊尹)의 별명.

6) 忠其敬事 : 충(忠)은 진심을 다하다. 기경사(其敬事)는 그가 공경스럽게 일하는 것으로 직분, 직책.

7) 誦其箴諫 : 송(誦)은 낭송하다. 잠간(箴諫)은 잠언과 간언. ≪좌전·양공14년(左傳·襄公十四年)≫에 "공(工)이란 벼슬은 임금에게 잠과 간을 낭송하는 직책이다."라고 하였다.

8) 有剛有斷 2구 : 강(剛)과 단(斷)은 신하들의 강건함과 결단을 말함. 오행(五行)에 의하면 신하의 음악 상음(商音)은 오재(五材) 가운데 '쇠'에 해당함. 사방(四方)은 온 천하 백성을 의미.

9) 旣頌旣雅 : 기(旣)는 마치다. 송(頌)은 선조(宣祖)의 공덕(功德)을 기리는 노래로 군신(君臣)간의 잔치음악. 아(雅)는 정악(正樂)의 노래로 종묘사직의 제사 음악.

10) 專精一致 : 전(專)은 오로지 집중하다. 치(致)는 가는 방향, 목표, 취향.

11) 動其兩心 2구 : 기(其)는 신하를 가리킴. 처자(妻子)는 처와 자식. 가족관계를 지칭함.

12) 褱 : 회(懷)의 고자(古字)로 마음.

13) 使事 : 용사(用事)와 같아 옛 전고를 사용하다.

14) 何水部 : 하손(何遜)을 말함. 남조 양나라 시인으로 동해(東海) 담현(郯縣) 지금의 산동성(山東省) 사람. 8세 때 이미 시부(詩賦)를 지어 일찍이 수재(秀才)로 천거

되었으며, 20세 무렵에는 범운(范雲)에게 시재(詩才)를 인정받아, 많은 나이차에도 불구하고 두 사람 사이에 망년지교(忘年之交)를 맺었다. 벼슬은 제왕참군(諸王參軍), 기실(記室), 수부낭중(水部郎中)을 역임했고, 건안왕(建安王) 여릉왕(廬陵王) 등 왕족들의 막료(幕僚)를 맡았다. 저서에는 명나라 사람이 집록한 ≪하기실집(何記室集)≫이 있다.

15) 絡緯 : 베를 짜다, 촉직(促織)과 같아, 베를 짜라고 재촉하는 베짱이.

16) 少陵所云淸新者耶 : 소릉(少陵)은 두보(杜甫)를 말함. 두보의 〈춘일억이백(春日憶李白)〉에 "청신함은 유개부 같고, 빼어남은 포참군과 같구나."라고 하였다. 유개부(庾開府)는 개부의동삼사(開府儀同三司)를 지낸 유신(庾信)을 말하고, 포참군(鮑參軍)은 참군직(參軍職)을 지낸 포조(鮑照)를 말함.

17) 압운은 明, 行, 成, 衡, 刑, 情, 寧, 平에서 開, 乖, 裏, 哉로 환운하고 있다.

## 감상

유신의 〈상조곡〉 네 수 가운데 제1수이다. 역주 2)의 설명과 같이 상조의 노래는 신하의 노래로, 조정의 연회에서 불러진 것으로 보인다. 시는 모두 24구로 되어 있으며 내용에 따라 여섯 단락으로 나눠 볼 수 있다.

1단락(1-4구)은 궁조와 상조 노래를 설명하고 있다. 궁조는 근본의 음으로 임금의 노래이기에 넓고 크며 책략에 밝고, 이에 호응하는 신하의 노래인 상조는 그 올바름을 듣고 행할 수 있는 가락이다.

2단락(5-8구)은 임금의 역할을 이야기하고 있다. 5-6구는 황제 유웅씨가 신선 용성자에게 찾아가 도를 물었듯이 훌륭한 임금일수록 신하에게 묻는 법임을 말한 것이다. 7-8구는 고대의 성왕이었던 은나라 탕왕도 미천한 신분이었던 아형 이윤을 훌륭한 재상으로 발탁했듯이 좋은 임금일수록 좋은 신하를 알아보고 거느릴 줄 아는 법임을 말하고 있다.

3단락(9-12구)은 3단락은 신하에 대한 이야기이다. 신하는 자신의 직분을 다하고 잘못이 있으면 그 벌을 피하지 않으며, 임금께 잠언과 간언을 아뢰되 숨김이 없어야 한다는 것이다.

4단락(13-16구)은 역시 신하에 대한 것으로 신하에게 강건함과 결단이 있어야 온 천하 백성들이 평안할 수 있고, 신하가 송(頌)과 아(雅) 음악의 직분을 다함으로 천하가 태평할 수 있다는 것이다.

5단락(17-20구)은 3단락과 4단락에 이어 신하의 직분에 대한 것이다. 정성을 다하고 목표를 하나로 하면 쇠와 돌이 열릴 수 있으나, 신하의 마음이 두 가지로 나뉘게 되면 처자식에 대한 은정도 어그러지게 됨을 경계하고 있다.

마지막 6단락은 21-24구이다. 사직에 이로울 수 있다면 신하된 자 모두 자신의 마음을 다해야하니, 이로써 하늘이 복을 내려 우리 임금께서 평강하실 수 있다는 결론을 말하고 있다.

1-1-2

禮樂既正,[1]
례악기정
예악이 올바르면,

神人所以和.
신인소이화
신과 사람이 이로써 화락한 법이지.

玉帛有序,
옥백유서
예물에 질서 있음은,

志欲靜干戈.[2]
지욕정간과
그 뜻은 싸움을 잠재우기 위함이지.

各分符瑞,
각분부서
각기 신표와 신물 나누니,

俱誓裂山河.[3]
구서렬산하
모두 맹세하고 산하를 나누어 맡네.

今日相樂,
금일상악
오늘 서로 즐거워하니,

對酒且當歌.
대주차당가
술을 대하고 마땅히 노래해야 하네.

道德以喻,
도덕이유
도덕은 다음으로 깨닫나니,

聽撞鍾之聲.[4]
청당종지성
종을 치는 소리를 들음으로써 이지.

神奸不若,
신간불약
요괴들 얌전하지 않으면,

觀鑄鼎之形.[5]
관주정지형
보정에 주조해 넣은 형상을 보아야 하리.

豐宮既朝,
풍궁기조
풍궁에서 조회하자,

諸侯於是穆.[6]
제후어시목
모든 제후들이 이에 화목했다 하지.

岐陽或狩,
기양혹수
기양을 때로 순수하니,

淮夷自此平.[7]
회이자차평
회 오랑캐들 이로부터 평온해졌다 하지.

若涉大川,
약섭대천
큰 강을 건너시면,

| | |
|---|---|
| 言憑於舟檝.[8]<br>언빙어주즙 | 배와 노에 기대야 한다 하더이다. |
| 如和鼎實,<br>여화정실 | 솥 음식 조미하시면, |
| 有寄於鹽梅.[9]<br>유기어염매 | 소금과 매실에 기탁한다 하더이다. |
| 君臣一體,<br>군신일체 | 임금 신하 한 몸이면, |
| 可以靜氛埃.[10]<br>가이정분애 | 이로써 나쁜 기운 가라앉힐 수 있다오. |
| 得人則治,<br>득인칙치 | 인재 얻으면 태평이니, |
| 何世無奇才.*<br>하세무기재 | 어느 세상인들 뛰어난 인재 없으리오. |

**원주**

* 별도로 하나의 체재가 되어 지나, 마땅히 보존해서 보는 데에 대비해야 한다. 그때에 종묘음악도, 역시 화려한 것을 썼다. 이것은 짚 북채와 흙 북과 같다.(別爲一體, 當存以備觀覽. 在爾時,[11] 宗廟之樂, 亦用靡靡,[12] 此如蕢桴土鼓也.[13])

**역주**

1) 禮樂 : 예와 악. 여기서는 예에 따라 음악과 더불어 하는 연회 자체를 의미.
2) 玉帛有序 2구 : 옥백(玉帛)은 옥과 비단이나 여기서는 연회에서 임금과 신하가 서로 선물을 하사하고 드리는 것을 말함. 간과(干戈)는 방패와 창. 여기서는 전쟁, 분쟁, 싸움을 의미.
3) 各分符瑞 2구 : 부서(符瑞)는 신표(信標), 신물(信物)을 말함. 렬(裂)은 나누어 맡다.
4) 道德以喩 2구 : 이(以)가 가리키는 것은 다음 10구의 내용이다. ≪악엽도징(樂葉圖徵)≫에 "황종(黃鐘)은 일(一)에서 생겨나고, 일은 만물을 만든다. 그러므로 군자는 쇠를 녹여서 종을 만드나니, 종을 침으로써 임금의 도덕을 안다."라고 하였다. ≪악엽도징≫은 현재 전해지지 않고, 위 내용은 청나라 예번(倪璠)의 ≪유자산집주(庾子山集注)≫에 인용된 것임. 고대 음악의 12율려(律呂)의 기준은 황종율관(黃鐘律管)이며, 오음(五音)의 기준은 궁조(宮調)이기에 황종궁(黃鐘宮)은 본질을 뜻한다. 이것이 일(一)에서 생겨나는데, 일(一)은 임금을 상징하므로 군자는 종을 치는 소리를 듣고 임금의 도덕을 깨우친다는 의미.
5) 神奸不若 2구 : 신간(神奸)은 신통한 힘을 가진 괴물. ≪좌전≫ 〈선공3년(宣公三年)〉에 "먼 지방 나라들이 각각 그 곳의 기이한 사물을 그려 올리자, 구주의 목

백들에게 금(청동)을 바치게 하여서, 정을 주조하여 그 물상과 백가지 물상을 새겨서, 백성들로 하여금 신간(神奸)을 알 수 있도록 하였다." 라고 하였다. 이는 우(禹)임금이 청동기에 신간(神奸)의 모습을 그려 넣어 가르치고, 동시에 물리쳤다는 내용을 가리킴. 약(若)은 순종하다.

6) 酆宮既朝 2구 : 풍(酆)은 옛 지명으로 지금의 섬서성(陝西省) 호현(戶縣) 동쪽이다. 춘추(春秋)시기 주(周)나라 강왕(康王)이 이곳의 영대(靈臺)에서 제후와 회합을 가짐. 조(朝)는 조회. 여기서는 '연회' 를 비유함.

7) 岐陽或狩 2구 : 기양(岐陽)은 기산(岐山)의 남쪽으로 지금의 섬서성(陝西省)에 있다. 수(狩)는 순수(巡狩). ≪국어·진어(國語·晉語)≫에 의하면 주(周)나라 성왕(成王)이 회하(淮河) 지방을 토벌하고 돌아와 기산 남쪽을 순시하고 제후들과 회합하였다고 한다.

8) 若涉大川 2구 : ≪상서·설명(尙書·說命)≫에 "큰 내를 건널 때는, 너를 배로 삼으리라." 라고 하였다. 여기서는 신하의 역할을 '배' 에 비유함.

9) 如和鼎實 2구 : ≪상서·설명(尙書·說命)≫에 "간이 맞는 국을 만들 때는, 너는 소금과 매실이 되리." 라고 하였다. 여기서는 신하의 역할을 '소금과 매실' 에 비유한 것. 화(和)는 조미하다, 양념하다.

10) 氛埃 : 나쁜 기운. 구름 기운이나 먼지 같은 것.

11) 在爾時 : 이때는 남북조 시대를 말함.

12) 靡靡 : 화려하다.

13) 蕢桴土鼓 : 괴부(蕢桴)는 짚으로 만든 북채. 토고(土鼓)는 흙으로 만든 북. 여기서는 이 시가 고졸(古拙)하여 옛 것을 닮았다는 의미로 쓰임.

14) 압운은 다음과 같이 환운하고 있다. 和, 戈, 河, 歌에서 聲, 形, 16구의 平으로, 다시 14구 穆, 18구 戩으로, 다시 梅, 埃, 才으로 바꾸고 있다.

**감상**

유신의 〈상조곡〉 네 수 가운데 제3수로 임금이 베푼 연회 석상에서 신하가 바치는 노래이다. 모두 24구로 되어 있는데, 내용에 따라 6개의 단락으로 나눠 볼 수 있다.

1단락(1-4구)은 군신(君臣)간의 연회에는 중요한 두 가지가 있어야 한다. 하나는 신에게 바치는 태평과 풍년을 기원함이고, 다른 하나는 임금과 신하가 각각 자신의 역할을 되돌아보는 것이다. 1-2구는 바로 신에게 바치는 노래로써 신과 사람이 모두 즐거워함을 이야기하고, 3-4구는 연회에서 군신 간에 예물을 주고받음으로 서로의 역할을 돌아보고 있음을 말한 것이다.

2단락(5-8구)은 임금이 신표와 신물을 나눠 주어 신하들이 모두 맹세하고, 맡은 바 임무를 서로 즐거워하니 마땅히 이 노래 〈상조곡〉을 불러야 함을 말하고 있다.

3단락(9-12구)은 9-10구는 도덕을 깨닫기 위해 종을 친다는 의미다. 여기서 '종' 은 역주 4)의 설명과 같이 '황종궁' 을 말하는 것으로 음악의 근본이며 표준이 되는 것이다. 황종은 일(一)에서 생겨나는데 일(一)은 곧 임금의 상징이므로 종을 쳐서 임금의 도덕을 깨닫는다는 것이다. 11-12구는 ≪좌전·선공3년≫에서 언급한 우 임금 관련 고사로, 솥에 새긴 요괴를 보고 경계한다는 뜻이다.

4단락(13-16구)은 주나라 강왕의 조회와 주나라 성왕의 순수를 인용하여, 지금 임금께서 베푼 연회가 바로 같은 의의를 지닌다고 말하고 있다.

5단락(17-20구)은 신하의 역할을 말하는 것으로 ≪상서·설명≫의 기록을 빌어 임금이 천하를 잘 다스리려면 신하의 역할에 기탁해야함을 이야기하고 있다.

마지막 6단락(21-24구)에서 이제 임금과 신하의 화합을 강조하며(21-22구), 나라를 잘 다스리려면 좋은 신하를 기용해야 한다고 말하고 있다(23-24구). 마지막 두 구는 뒤집어 보면 나라가 잘 다스려지지 않는 것은 신하를 잘 못 기용한 임금의 탓이라는 의미도 된다. 마치 한유(韓愈)의 〈잡설(雜說)〉에서 "세상에 백락(伯樂)이 있은 연후에, 천리마가 있다. 천리마는 항상 있으나, 백락 같은 사람은 늘 있는 것이 아니다."라고 말한 것과 같이 임금께 간언(諫言)을 숨기지 않는다. 이 때문에 심덕잠은 원주에서 송아(頌雅)와 견줄만한 별도의 체제이기에 선별하여 싣는다고 말하였고, 당시 남북조 시대 사람들이 종묘 음악마저 화려한 것을 쓸 때에도 유신이 옛것과 닮은 질박함을 표현하였다고 높이 평가한 것이다.

## 1-2

### 〈烏夜啼(오야제)〉[1] 〈까마귀가 밤에 울다〉

| | |
|---|---|
| 促柱繁絃非子夜,<br>촉주번현비자야 | 빽빽한 기러기발 수많은 줄 〈자야가〉 아니고, |
| 歌聲舞態異前溪.[2]<br>가성무태이전계 | 노랫소리 춤추는 모습 〈전계〉와 다르구나. |
| 御史府中何處宿,[3]<br>어사부중하처숙 | 어사부 안 어느 곳 자려고 하는지, |
| 洛陽城頭那得棲.[4]<br>락양성두나득서 | 낙양성 위 어디에 깃들려고 하는가. |
| 彈琴蜀郡卓家女,[5]<br>탄금촉군탁가녀 | 거문고 켜던 촉 지방의 탁씨 딸인들, |
| 織錦秦川竇氏妻.[6]<br>직금진천두씨처 | 비단 짜던 진천 지방 두씨 아내인들. |
| 詎不自驚長淚落,<br>거불자경장루락 | 어찌 아니 절로 놀라 긴 눈물 떨치랴, |
| 到頭啼烏恆夜啼.[7]<br>도두제오항야제 | 날 새도록 까마귀 늘 밤새 울어대거늘. |

역주

1) 烏夜啼 : 원래 남조 송나라 임천왕(臨川王)인 유의경(劉義慶)이 만들었다고 전해지는 악부의 이름으로 〈청상곡사·서곡가(淸商曲辭·西曲歌)〉에 속한다. 그 내용은 멀리 떨어진 임을 그리는 여인의 슬픔을 읊은 것. 여기서는 이 악부 〈오야제〉를 모방한 시.
2) 促柱繁絃非子夜 2구 : 촉주(促柱)는 거문고 줄을 고르는 기러기발이 촘촘하다는 것으로, 높은 음을 낸다. 여기서는 까마귀 소리를 비유함. 번현(繁絃)은 줄이 여러 개라는 뜻으로 여기서는 까마귀가 떼로 우는 것을 비유한 것. 자야(子夜)는 유명한 민가 〈자야곡(子夜曲)〉을 말함. 가성(歌聲)과 무태(舞態)는 까마귀들의 노랫소리와 춤추는 모습. 전계(前溪)는 진나라 때 만들어진 춤곡.
3) 御史府中何處宿 : 어사부(御史府)는 한나라 때의 관청으로 당시 어사대(御史臺)에 까마귀가 많아 오대(烏臺)라고도 불림. ≪한서·주박전(漢書·朱博傳)≫에 "어사부 가운데 측백나무가 있어, 항상 야생까마귀 수 천 마리가 그 위에 머물러, 아침에 가고 저녁에 오니, 조석조(朝夕鳥)라고 불렀다."라 하였다. 이 때문에 당시 사람들에게 까마귀의 이미지는 어사부(御史府)과 낙양성(洛陽城)을 떠올리게 함.
4) 洛陽城頭那得棲 : 한나라 시가 〈전성남(戰城南)〉과 〈성상오동요(城上烏童謠)〉에는 전쟁으로 죽은 이들의 시체를 거두는 이가 없어 까마귀의 밥이 되는 모습을 통해 수도 낙양성의 피폐함을 묘사하고 있다(≪고시원≫ 번역본 1권 385쪽과 562쪽 참조). 나(那)는 나(哪)와 통하여 '어디'의 의미.
5) 彈琴蜀郡卓家女 : 탁가녀(卓家女)는 거부 탁왕손(卓王孫)의 딸로 중국 전한의 문인 사마상여(司馬相如)의 부인이 된 탁문군(卓文君)을 말한다. 거문고를 잘 연주하고 음률에 정통하였으며 사마상여와 성도(成都)로 야반도주하여 주점을 열고 살았다가 아버지가 이를 부끄럽게 여겨 재물을 나누어준 이야기와 사마상여가 훗날 새 여자를 들이려고 하자 탁문군이 〈백두음(白頭吟)〉을 지어 그만두게 한 일화가 전한다(≪고시원≫ 번역본 1권 268쪽 참조).
6) 織錦秦川竇氏妻 : 두씨처(竇氏妻)는 전진(前秦)시기 진주자사(秦州刺史) 두도(竇滔)의 처 소혜(蘇蕙)를 가리킨다. 멀리 떠나며 다른 여인을 취하지 않기로 맹세한 남편 두도가 다른 여인을 취하자 소혜가 회문시(回文詩)를 넣어 짠 비단을 보냈다고 한다. 회문시는 상하좌우 어느 방향에서 읽어도 시가 될 수 있다.
7) 詎不自驚長淚落 2구 : 거불(詎不)은 구어체(口語體) 표현으로 '어찌 아니'의 뜻. 도두(到頭)는 끝까지. 여기서는 '날이 새도록'의 의미.
8) 압운은 溪, 棲, 妻, 啼.

감상

유신이 악부 〈오야제〉를 모방하여 읊은 노래이다. 모두 8구로 되어 있는데, 세 단락으로 나눠 살펴 볼 수 있다.

1단락은 1-4구로 제목을 설명한 것이다. 1구의 민가 〈자야곡〉은 밤늦게까지 잠

못 이루는 여인이 부르는 세레나데이고, 2구의 춤곡 〈전계〉는 보기 좋고 듣기 좋은 춤곡이라면, 까마귀 떼들의 시끄러운 소리와 어지러운 모습은 〈자야곡〉 〈전계〉와는 전혀 다른 것이다. 이어 시인은 까마귀가 어사대에 잘 곳이 없어서 혹은 낙양성에 깃들 곳이 없어서 우는 것인지를 묻는다.

2단락은 5-8구로 까마귀의 울음소리를 듣고 시인이 연상한 것을 말하고 있다. 시인은 탁문군과 소혜 두 여인을 떠올리며, 까마귀가 밤마다 울어댄다면 그녀들인들 눈물 떨구지 않겠는가? 라고 묻는다. 정말 까마귀 울음은 그리 슬픈 것일까?

## 1-3

〈對酒歌(대주가)〉[1] 〈술을 마주하면서〉

| | |
|---|---|
| 春水望桃花,<br>춘수망도화 | 봄물이 복사꽃을 바라보고 있거니와, |
| 春洲藉芳杜.[2]<br>춘주자방두 | 봄 모래톱은 향긋한 두형을 깔았네. |
| 琴從綠珠借,<br>금종록주차 | 거문고는 록주로부터 빌려 왔거니와, |
| 酒就文君取.[3]<br>주취문군취 | 술은 탁문군에게 나아가 가져왔다네. |
| 牽馬向渭橋,<br>견마향위교 | 말을 끌고 위교로 나가가고 있나니, |
| 日曝山頭晡.[4]<br>일폭산두포 | 태양은 신시의 산머리를 비추는구나. |
| 山簡接䍦倒,[5]<br>산간접리도 | 산간처럼 하얀 두건 뒤집어쓰고서, |
| 王戎如意舞.[6]<br>왕융여의무 | 왕융처럼 여의 들고 춤춰 보자구나. |
| 箏鳴金谷園,<br>쟁명금곡원 | 거문고는 금곡원처럼 울려대고, |
| 笛韻平陽塢.[7]<br>적운평양오 | 피리는 평양오인 양 화답하자구나. |
| 人生一百年,<br>인생일백년 | 인생은 일백 년이라고들 하나, |
| 歡笑惟三五.<br>환소유삼오 | 기뻐 웃는 일 단지 서너 번뿐. |

何處覓錢刀, 어디에서 동전을 모아가지고서,
하처멱전도
求爲洛陽賈.[8)]* 낙양 거상이 되는 걸 추구하랴.
구위락양고

**원주**

* 처음과 끝이 세밀하고 아름답다.(起結致佳.)
뜻을 일으킴이 높고 원대하였으나, 끝내 유순함으로 돌아가니, 기풍이 그렇게 만든 것이다.(作意嶔嵜, 終歸平順, 風氣使然也.)

**역주**

1) 對酒歌 : 위(魏) 무제(武帝) 조조(曹操)의 〈단가행(短歌行)〉 1구 "술 마주하면 응당 노래해야지(對酒當歌)"에서 따온 것(≪고시원≫ 번역본 1권 34쪽 참조).
2) 春水望桃花 2구 : 1구는 물에 복사꽃이 비치는 모습을 묘사한 것. ≪한시외전(漢詩外傳)≫에 "삼월 복사꽃이 물에 비춘다.(三月桃花水.)"라고 하였다. 두(杜)는 두형(杜衡)이라는 향초.
3) 琴從綠珠借 2구 : 록주(綠珠)는 진(晉) 석숭(石崇)의 애첩으로 춤과 노래를 잘 하였다고 한다. 문군(文君)은 탁문군(卓文君)으로 사마상여(司馬相如)와 성도(成都)로 야반도주하여 사마상여를 위해 주점을 열어 생업을 삼았다고 한다.
4) 牽馬向渭橋 2구 : 위교(渭橋)는 한나라 당시 장안의 명승고적으로 위수(渭水)에 있다. 포(晡)는 신시(申時)로 오후 3~5시를 가리킴.
5) 山簡接䍦倒 : 산간(山簡)은 서진(西晉) 시대 사람으로 죽림칠현의 한 사람인 산도(山濤)의 아들이다. 309년 정남장군(征南將軍)으로 나갈 때 양양(襄陽)에 진(鎭)을 두었다. ≪진서(晉書)≫에 "산간이 양양(襄陽)에 진을 두었을 때, 느긋이 노닐며 해를 마치고, 오로지 술에 탐닉했다. 여러 습(習 )씨 집안은 형토 땅 호족들인데, 좋은 정원과 연못을 다지고 있었다. 산간이 매번 나와 노닐 때, 이 연못에 왔는데, 술이 차려져 있고 번번이 취하였다. 이 연못을 고양지(高陽池)라고 하였다. 당시 아이들이 노래하기를 '산공은 어디로 가시는가? 고양지에 가신다네. …… 자주 말을 타시는데, 흰 두건을 거꾸로 쓰셨네.' 라고 하였다.
6) 王戎如意舞 : 왕융(王戎)은 서진(西晉) 사람으로 죽림칠현 가운데 한 사람이다. 여의(如意)는 기물의 한 종류로 용도로는 다음 두 가지가 있다. ①조장(爪杖)으로 효자손 같이 가려운 데를 긁는데 사용, ②경문을 써서 읽는 것에서 후에 장식품으로 쓰임. ≪어림(語林)≫에 "왕융은 여의(如意)로써 임공(林公)을 가리키며 말하길, '하주(何柱)! 너는 노를 젓던 때를 기억하느냐?' 고 하였다. 하주는 임공의 자이다."라고 하였다.
7) 箏鳴金谷園 2구 : 금곡원(金谷園)은 진(晉) 석숭(石崇)의 별장으로 매일 주연을 열었다고 한다. 지금의 하남성(河南省) 낙양시(洛陽市) 서북쪽에 위치. 평양오(平陽塢)는 지금의 섬서성(陝西省) 미현(郿縣)의 북쪽에 위치. 오(塢)는 가운데

가 오목하게 쏙 들어간 모양을 말하는 것으로 마을이라는 뜻. 마융(馬融)의 〈장적부(長笛賦)〉에 "마융의 천성이 음률을 좋아하니, 거문고를 타고 피리를 잘 불 수 있었다. 밀린 공무가 없을 때 머무르는 일이 없었고, 홀로 미현의 평양오에 누워 있었다. 어느 날 낙양에서 온 나그네가 주막에서 머물고 있었는데, 피리를 불어 〈기출(氣出)〉, 〈정렬(精列)〉을 연주하여 서로 화답(和)하였다."라고 하였다. 운(韻)은 화(和)와 같아, 화답하다.

8) 何處覓錢刀 2구 : 전도(錢刀)는 돈을 말함. 고대에는 돈을 칼 모양으로 주조하였기에 전도(錢刀) 혹은 도전(刀錢)이라 칭했다. 낙양고(洛陽賈)는 서한(西漢)의 상홍양(桑弘洋)을 말함. 낙양의 상인으로 출발해 거상(巨商)이 되어 후에 어사대부(御史大夫)까지 올랐다. 무제(武帝) 때 균수법(均輸法)과 소금과 철의 전매제 등을 실시하여 막대한 권력을 휘둘렀으나 소제(昭帝) 즉위 후 연왕(燕王) 유단(劉旦)을 제위에 앉히려는 음모가 발각되어 주살되었다.

9) 압운은 杜, 取, 哺, 舞, 塢, 五, 賈.

**감상**

이 시의 제목 〈대주가〉는 조조의 〈단가행〉 1구 "술 마주하면 응당 노래해야지(對酒當歌)"에서 따온 것이다. 모두 14구로 되어 있는데, 내용에 따라 3개의 단락으로 나눌 수 있다.

1단락(1-4구)은 연회의 분위기를 묘사한 것이다. 1-2구는 주변 모습으로 물에 비치는 복사꽃과 향초를 깐 봄날 모래톱을 묘사한 것이다. 3-4구는 연회의 음악인 거문고와 술을 록주와 탁문군의 고사를 가져와 묘사하고 있다. 요컨대 좋은 악기와 좋은 술이라는 뜻이다.

2단락(5-10구)은 나들이를 나서는 모습을 말하는 것이고, 7-10구는 산간, 왕융, 석숭, 마융 4인의 '노님'을 이야기함으로 이 연회의 흥겨움을 그리고 있다.

마지막 3단락(11-14구)에서 11-12구는 인생 일백 년을 산다고 하지만, 인생에서 진정 웃고 노는 것은 겨우 서너 차례뿐임을 강조한다. 그러니 돈을 아낄 필요 없이 오늘 연회에서 맘껏 써야하는 것이다(13구). 돈을 아껴 모아 거상(巨商)이 된다 한들 상홍양처럼 끝내 죽임을 당하지 않았던가(14구).

## 1-4
## 〈奉和泛江(봉화범강)〉[1] 〈받들어 '범강'에 화답하다〉

春江下白帝, 춘강을 따라서 백제성 내려가,
춘강하백제
畫舸向黃牛.[2] 놀잇배는 황우협으로 향하노라.
화가향황우

錦纜回沙磧, 비단 닻줄은 모래톱 비껴가고,
금람회사적
蘭橈避荻洲.[3] 목란나무 노는 모래섬 피하누나.
란요피적주
濕花隨水泛, 젖은 꽃은 물 따라 두둥실 내려오고,
습화수수범
空巢逐樹流. 빈 새둥지가 나무를 좇아 흘러오네.
공소축수류
建平船柹下, 건평의 선박 부스러기 떠내려 왔었지,
건평선시하
荊門戰艦浮.[4] 형문에는 전함들이 덩실 떠 왔었다지.
형문전함부
岸社多喬木, 강둑 토지신 사당엔 큰 나무 많고,
안사다교목
山城足迴樓.[5] 산성에는 높은 누대가 넉넉하구나.
산성족형루
日落江風靜, 해는 지고 강바람 고요하기만 한데,
일락강풍정
龍吟迴上游.[6] 용체께서 읊조리며 상류로 돌아가노라.
룡음회상유

역주

1) 奉和泛江 : ≪악부시집(樂府詩集)≫ 38권에 남조 양나라 간문제(簡文帝)의 〈배를 띄워 양자강을 가로지르다(泛舟橫大江)〉가 실려 있다. 여기에 화답한 시가 이것이다.
2) 春江下白帝 2구 : 하(下)는 강물을 타고 내려가는 것. 백제(白帝)는 백제성(白帝城). 화가(畫舸)는 그림이 그려진 배로 여기서는 황제가 유람할 때 사용했던 '놀잇배'를 말함. 황우(黃牛)는 장강삼협(長江三峽)에 있는 3개의 협곡 가운데 하나인, 서릉협(西陵峽)에 황우(黃牛)라는 여울목을 말한다. 또 여기에 황우 모양의 큰 바위가 있다고 한다(≪고시원≫ 번역본 2권 678쪽 〈삼협요(三峽謠)〉 참조).
3) 錦纜回沙磧 2구 : 금람(錦纜)은 비단 닻줄. 2구의 놀잇배(畫舸)를 지칭한 것이며, 또 얕은 물에서 사람들이 배를 끌 때 사용하는 줄로 볼 수도 있다. 란요(蘭橈)는 목란(木蘭)나무로 만든 노. 2구의 놀잇배(畫舸)를 지칭한 것. 사적(沙磧)은 모래나 자갈이 드러난 얕은 물. '모래탄'으로 번역함. 적주(荻洲)는 모래섬.
4) 建平船柹下 2구 : 건평(建平)은 지명. 삼국시대 오(吳)나라 군(郡)이름으로 지금의 사천성(四川省)에 있다. 시(柹)는 폐(柿)와 같아 '대패밥'을 말함. 선시(船柹)

는 배를 만들면서 나온 나무의 대패밥. ≪진서(晉書)≫에 의하면 진나라 장군 왕준(王濬)이 오(吳)나라를 공격하고자 촉(蜀)지방에서 전함을 구축하면서 나무 부스러기들이 흘러 내려갔다. 이를 발견한 오나라의 건평태수가 이를 고하여 공격에 대비할 것을 주장하였으나 받아들여지지 않았다고 한다. 후에 왕준은 오나라 황제 손호(孫皓)를 붙잡고 오나라를 멸망시킨다. 형문(荊門)은 산 이름. 지금의 호북성(湖北省) 의도현(宜都縣) 서북쪽이며 양자강 남쪽이다.

5) 岸社多喬木 2구 : 안(岸)은 강둑, 강기슭. 사(社)는 토지의 신. 여기서는 토지의 신을 모시는 사당. 교목(喬木)은 큰 나무. 형(逈)은 멀다. 여기서는 '높이' 를 말하는 것으로 형루(逈樓)는 '높은 누대' 를 의미.

6) 龍吟迴上游 : 용(龍)은 황제를 비유하는 말, 천자나 임금의 몸을 용체(龍體)라고 한다. 음(吟)은 시를 읊조리다. 여기서 시는 황제의 〈범주횡대강(泛舟橫大江)〉를 말함. 회(迴)는 돌아가다. 강물을 거슬러 다시 올라가는 것을 말함. 상유(上游)는 위쪽 물. 상류(上流)의 의미.

7) 압운은 牛, 洲, 流, 浮, 樓, 游.

### 감상

유신이 양나라 간문제(簡文帝)가 지은 시 〈범주횡대강〉에 대해 화답한 노래이다. 이 시는 1구에서 황제가 놀잇배를 띄워 강물을 따라 내려감(下)을 시작으로, 마지막 12구에서 상류로 돌아옴(迴)을 끝으로 하는 여정을 읊고 있다. 내용에 따라 각 4구씩, 세 단락으로 나눠 볼 수 있다.

1단락(1-4구)은 황제의 놀잇배를 묘사한 것이다. 놀잇배는 춘강을 따라 백제성으로 내려가, 서릉협의 황우라는 여울목을 향한다(1-2구). 3-4구에서는 닻줄과 노를 가지고 배를 지칭하며 모래 탄과 모래섬을 피해 지나가는 모습을 그렸다.

2단락(5-8구)은 황제에게 옛 역사를 인용하여 경계의 말을 전하는 것이다. 7-8구에서 강가의 초목이 베어져 물위를 따라 떠내려 오는 꽃과 새둥지는 자연스럽게 9-10구로 이어져 옛 이야기 속 진나라 장군 왕준이 오나라를 공격하고자 전함을 만들며 흘러 보낸 나무 부스러기와 전함을 생각나게 한다. 나무부스러기를 발견한 오나라 태수의 말을 듣지 않아, 몰려오는 전함에 결국 나라를 잃은 오나라 황제 손호의 이야기는 지금 신하인 유신이 황제 간문제에게 전하는 경계의 말이다.

3단락(9-12구)에서 사당의 큰 나무와 산성의 높은 누대는 만약 전쟁이 일어났더라면 전함을 만들기 위해 베어지고 허물어졌을 것이다. 그러나 지금 태평시대이기에 여전히 나무와 누대가 견고하다(9-10구). 우리 임금 덕분에 태평성대를 누리고 있는 것이다. 해도 저물고 이제는 돌아가야 할 때, 우리 임금께서는 용이 읊조리듯 시를 읊으시며 뱃머리를 돌리신다(11-12구).

1-5

〈同盧記室從軍(동로기실종군)〉[1] 〈노기실과 함께 종군하다〉

| | |
|---|---|
| 河圖論陣氣,<br>하도론진기 | 하도로 진지의 기세 논하시고, |
| 金匱辨星文.[2]<br>금궤변성문 | 금궤로 별의 무늬 변별하시지. |
| 地中鳴鼓角,[3]<br>지중명고각 | 땅 속에서 북 피리 울려대고, |
| 天上下將軍.[4]<br>천상하장군 | 하늘에서 내려온 장군이시지. |
| 函犀恒七屬,<br>함서항칠속 | 함인의 무소 갑옷은 늘 일곱 겹이고, |
| 絡鐵本千群.[5]<br>락철본천군 | 철갑 두른 기마는 본래 천 무리이네. |
| 飛梯聊度絳,<br>비제료도강 | 사다리 날려 애오라지 강주성을 넘고, |
| 合弩暫凌汾.[6]<br>합노잠릉분 | 쇠뇌를 합쳐서 잠시 분수를 넘어섰네. |
| 寇陣先中斷,<br>구진선중단 | 적의 진영을 미리 앞서 중단시켰거니와, |
| 妖營即兩分.<br>요영즉량분 | 요사스런 병영은 곧장 둘로 토막 냈네. |
| 連烽對嶺度,<br>련봉대령도 | 연이은 봉화불 고개 마주보고 넘어가고, |
| 嘶馬隔河聞.[7]<br>시마격하문 | 울어대는 말은 강 너머에서 들려오네. |
| 箭飛如疾雨,<br>전비여질우 | 화살이 날아감은 소낙비와 같거니와, |
| 城崩似壞雲.[8]<br>성붕사괴운 | 성의 붕괴됨은 무너지는 구름 같구나. |
| 英王於此戰,<br>영왕어차전 | 영명하신 왕께서 여기 싸우고 계시니, |
| 何用武安君![9]<br>하용무안군 | 무안군 같은 장군이 어찌 필요겠는가. |

역주

1) 同盧記室從軍 : 노(盧)는 남북조시대 북주(北周)의 노개(盧愷)를 말함. 자는 장인(長仁)으로 북주(北周) 제왕(齊王) 우문헌(宇文憲)의 참모로 기실(記室) 관직을 맡아 북제(北齊) 정벌에 뒤따랐다. 유신도 이 북제 정벌에 동행하며 지은 시.
2) 河圖論陣氣 2구 : 하도(河圖)는 복희(伏羲氏) 때 황하(黃河)에서 용마(龍馬)가 등에 지고 나왔다는 팔괘의 근원이 되는 그림. 또 낙서(洛書)는 하(夏)의 우(禹)가 낙수(洛水)의 거북이 등에 있었다는 마흔다섯 개의 점에서 깨달아 이를 그림으로 그려낸 것으로 이를 바탕으로 ≪주역(周易)≫과 ≪홍범구주(洪範九疇)≫를 만들었다고 한다. 이 하도(河圖)와 낙서(洛書)를 원형으로 이용한 용병술에 기문둔갑(奇門遁甲)이 있는데 삼국시대에 와서는 제갈공명(諸葛孔明)이 병법에 이용하여 큰 성과를 거둔 것으로 유명하다. 금궤(金匱)는 전설상에 전해지는 강태공(姜太公)의 병서 ≪금궤서(金匱書)≫를 말함. 또 강태공은 병서(兵書) ≪육도(六韜)≫를 지었다고 전해진다. 변성문(辨星文)은 별의 형상을 따라 길흉을 변별하는 것.
3) 地中鳴鼓角 : ≪후한서·공손찬전(後漢書·公孫瓚傳)≫에 공손찬이 원소(袁紹)에게 포위되어 편지를 써 아들에게 구원을 요청하며 "원소의 공격은 모습이 귀신과 같아, 사다리가 우리 누대 위에 부딪치고 춤을 추며, 피리소리와 북소리가 땅속에서 울려댄다."라고 하였다.
4) 天上下將軍 : ≪한서·주아부전(漢書·周亞夫傳)≫에 주아부가 오초칠국(吳楚七國)의 난을 평정할 때 군대가 파(灞)에 이르러 조섭(趙涉)이 계책을 올려 말하길 "또한 군대의 일이란 신속하고 비밀함을 으뜸으로 치니, 장군께서는 어찌 이 오른쪽으로부터 가, 남전(藍田)으로 달려가고, 무관(武關)을 나가서, 낙양에 도달하지 않겠습니까. 그 사이는 1-2일 차이에 불과하지만, 곧장 무고(武庫)로 들어가서, 북을 쳐대면, 적 제후들이 그것을 듣고, 장군께서 하늘에서 내려오셨다 여길 것입니다."라고 하였다.
5) 函犀恆七屬 2구 : 함(函)은 함인(函人)으로 갑옷을 만드는 직책 명. 서(犀)는 무소. 여기서는 무소 가죽으로 만드는 갑옷을 말함. ≪주례·고공기·함인(周禮·考工記·函人)≫에 "함인은 갑옷을 만드는데, 무소 가죽 일곱으로 잇는다."라고 하였다. 락철(絡鐵)은 전투마의 얼굴을 쇠로 감싼 것. 천군(千群)은 천 개의 무리.
6) 飛梯聊度絳 2구 : 강(絳)은 강주성(絳州城) 또는 강산(絳山). 지금의 산서성(山西省) 신강현(新絳縣). 노(弩)은 쇠뇌로 석궁의 일종. 합노(合弩)는 여러 발을 연달아 쏘는 쇠뇌를 합치다. 분(汾)은 분수(汾水).
7) 連烽對嶺度 2구 : 령(嶺)은 여기서 7구의 강(絳)으로 강주성(絳州城), 강산(絳山)을 말함. 시마(嘶馬)는 크게 울어대는 말로 전투마를 말하며 아군의 말소리를 의미. 격하(隔河)는 강 너머. 여기서는 8구의 분수(汾水)를 말함.
8) 壞雲 : 무너지는 구름. 산이나 탑 모양의 적란운(積亂雲)이 산이 뒤집어진 듯 역삼각형 모양처럼 불안정한 것을 묘사한 것. 원굉(袁宏)의 ≪후한기(後漢紀)≫에 "대낮에 구름기운이 있어 무너지는 산과 같다."라고 하였다.

9) 英王於此戰 2구 : 영왕(英王)은 영명한 왕. 여기서는 제왕(齊王) 우문헌(宇文憲)을 가리킴. 무안군(武安君)은 전국(戰國)시대 진(秦)나라 대장군 백기(白起)를 말하는 것으로 무안군(武安君)에 봉해졌음.
10) 압운은 文, 軍, 群, 汾, 分, 聞, 雲, 君.

**감상**

유신이 북주 제왕 우문헌이 북제를 정벌하는 길에 동행하며 왕의 전공을 칭송한 시이다. 제목에 언급된 노개 또한 우문헌의 참모이다. 모두 16구로 네 단락을 나눌 수 있다.

1단락(1-4구)은 제왕 우문헌의 신출귀몰한 능력에 대한 칭송이다. 1구의 하도는 복희가 만든 팔괘의 근원이며, 또 낙서와 함께 제갈공명의 신묘한 병법에 이용된 바 있었다. 2구의 금궤는 전설상에 전해지는 강태공의 병서이다. 즉, 우문헌의 전술이 이런 하도와 금궤 같은 고등한 것임을 의미한다. 3-4구에서는 원소와 조섭의 사례를 인용하여, 우문헌이 특출한 장군임을 부각하고 있다.

2단락(5-8구)은 군대의 전투 장면을 말한 것이다. 일곱 겹 무소가죽 갑옷과 머리에 철을 두른 천개 무리의 기마, 높은 사다리 공격과 연발 쇠뇌 같은 무기를 사용해 성(城)과 물을 넘어 적을 공격한 모습을 설명하고 있다.

3단락(9-12구)은 연이어 전투 장면을 말하고 있다. 적진과 병영을 무너뜨리고, 봉화불은 성을 넘고 아군 전투마의 울음소리가 강을 건너고 있다.

마지막 4단락(13-16구)은 현재도 진행되고 있는 전투의 모습이다. 화살이 날아가는 모습은 소낙비에 비유하고, 아군의 맹렬한 공격에 무너지는 성들은 거대한 산과 같은 적란운(積亂雲)이 뒤집어진 모양에 비유하였다. 이런 전투 속에 빛나는 제왕 우문헌의 모습은 진나라 대장군 백기(白起)도 비길 바가 아니다.

## 1-6
## 〈至老子廟應詔(지로자묘응조)〉

〈노자묘에 도착해서 어명에 응하다〉

| | |
|---|---|
| 虛無推馭辨,<br>허무추어변 | 허와 무로써 웅변을 마음껏 펼쳤고, |
| 寥廓本乘蜺.[1]<br>요곽본승예 | 드넓은 하늘서 본래 용을 타셨노라. |
| 三門臨苦縣,<br>삼문림고현 | 세 개의 문이 고현을 굽어보고 있고, |
| 九井對靈谿.[2]<br>구정대령계 | 아홉 우물은 신령한 계곡 마주하누나. |

| | |
|---|---|
| 盛丹須竹節,<br>성단수죽절 | 단사를 담는 데 대나무 통 필요했고, |
| 量藥用刀圭.[3)]<br>량약용도규 | 단약을 재는 데 도규를 사용했었네. |
| 石似臨邛芋,[4)]<br>석사림공우 | 조약돌을 임공의 토란처럼 드셨고, |
| 芝如封禪泥.[5)]<br>지여봉선니 | 영지는 봉선의 진흙 같이 여기셨네. |
| 毻毛新鵠小,*<br>타모신곡소 | 털갈이를 하는 아기고니는 작고, |
| 盤根古樹低.[6)]<br>반근고수저 | 똬리 튼 늙은 나무 나지막하구나. |
| 野戍孤煙起,[7)]<br>야수고연기 | 들판 수자리엔 한 줄기 연기 오르고, |
| 春山百鳥啼.<br>춘산백조제 | 봄 산에는 온갖 새 울어대고 있구나. |
| 路有三千別,<br>로유삼천별 | 떠난 길은 삼천리강산을 작별함이요, |
| 途經七聖迷.[8)]<br>도경칠성미 | 그 길은 칠성이 헷갈린 곳 거쳤다네. |
| 唯當別關吏,<br>유당별관리 | 마땅히 관문지기와 작별을 하고서는, |
| 直向流沙西.[9)]**<br>직향류사서 | 곧장 사막 서쪽을 향하셨다고 하네. |

**원주**

* 음은 타이다. (音妥.)

** ≪신선전≫ : 노자의 귀에는 삼문이 있었다. ≪군국지≫ : 고현의 노자의 사당에는 아홉 개의 우물이 있다.(神仙傳, 老子耳有三門. 郡國志, 苦縣老子廟有九井.) "아득하여라 삼천리여, 길은 건너기가 어렵다."는 조지의 시구이다. "칠성이 모두 길을 잃었다."는 헌원씨가 길을 찾았던 일을 썼다.(悠悠三千, 路難涉矣, 趙至語.[10)] 七聖俱迷, 用軒轅訪道事.)

**역주**

1) 虛無推馭辨 2구 : 허무(虛無)는 비움과 없음. 노자가 보는 도의 속성. 추(推)는 밀다, 추진하다. 여기서는 추행(推行)으로 '밀어 행하다, 마음껏 펼치다'의 의미. 어(馭)는 치(馳)와 같아, 어변(馭辨)은 치변(馳辯)으로 '웅변'의 뜻. 요곽(寥廓)은

드넓은 하늘. 본(本)은 본래. 예(蜺)는 용이 물을 마시다. 여기서는 '용'의 뜻. ≪사기(史記)≫의 기록에 의하면, 공자가 노자를 만나고 나서 그를 용 같다고 찬탄한 바 있다.

2) 三門臨苦縣 2구 : 삼문(三門)은 노자 사당에 있던 세 개의 문으로 좌문, 중문, 우문을 가리킴. 또 원주의 ≪신선전(神仙傳)≫의 언급처럼 고대 성인의 귀 모양이 독특했듯 노자의 귀에 삼문이 있어 잘 듣는 것을 의미하기도 하나, 여기서는 적합하지 않음. 고현(苦縣)은 노자의 고향으로 지금의 하남성(河南省) 녹읍현(鹿邑縣). 구정(九井)은 ≪북정기(北征記)≫에 "고 지방에는 노자의 사당이 있고, 사당 가운데 아홉 우물이 있는데, 물이 서로 통하였다."라고 하였다. 구정은 구천(九天)과 호응하여 하늘과 같이 신성함을 상징함.

3) 盛丹須竹節 2구 : 성(盛)은 담다. 단(丹)은 단사(丹砂)나 단약(丹藥). 刀圭(도규)는 약의 양을 재는 기구.

4) 石似臨邛芋 : 석(石)은 오석(五石)을 말함. 후에 도교에서 노자(老子)를 교조로 모시며 생긴 전설 가운데 하나로 노자가 밥 대신 오석을 삶아 먹었다고 함. 림공(臨邛)은 촉(蜀)의 군현(郡縣) 이름으로 큰 토란이 많이 생산됨.

5) 芝如封禪泥 : 영지(芝)가 봉선(封禪) 때 쓰이는 진흙과 같다는 말. 영지의 색이 유별나다는 뜻. 또는 영지를 천지제사에 썼다는 의미.

6) 毻毛新鵠小 2구 : 타모(毻毛)는 깃털을 갈다, 털갈이를 하다. 신곡(新鵠)은 새 고니, 아기 고니를 말함. 반근(盤根)은 뿌리를 똬리 틀다.

7) 野戍 : 수(戍)는 국경을 지키는 일과 그 병사를 말함. 여기서는 변경 지역을 의미.

8) 路有三千別 2구 : 로(路)는 노자가 떠난 길을 말함. 삼천(三千)은 ≪예기·왕제(禮記·王制)≫에 "무릇 천하는 긴 것을 자르고 짧은 것을 보충하면, 사방 삼천리이다."라 하였다. 삼천리는 나라를 의미하는 것. 여기서는 '삼천리강산'으로 번역함. 경(經)은 거치다. 칠성미(七聖迷)는 일곱 성인이 길을 잃은 일을 말함. ≪장자·서무귀(莊子·徐無鬼)≫에 "황제가 구자산(具茨山)에서 대외(大隗)를 보려고 하였다. 방명이 마부가 되고, 창우가 참승이 되고, 장약과 습붕이 말 앞에서 길을 인도하고, 곤혼과 활계가 수레 뒤를 따랐다. 양성의 들판에 이르러, 함께 가던 일곱 명의 성인이 모두 길을 잃었는데, 길을 물을 곳이 없었다."라고 하였다.

9) 唯當別關吏 2구 : 별(別)은 작별 인사하다. 관리(關吏)는 관문의 관리 윤희(尹喜)를 말함. 전설에 의하면 노자가 함곡관(函谷關)을 나설 때 관문의 관리 윤희가 관문에 떠 있는 자색 기운과 푸른 소를 타고 오는 노자를 발견하였다. 도를 묻는 윤희에게 노자가 오천 자로 ≪노자≫을 써주고 떠났다고 한다. 윤희는 후에 노자를 따라 서쪽으로 갔다고도 전해진다. 류사(流沙)는 고비 사막.

10) 趙至 : 서진시대 시인의 이름. 원주의 문구는 〈여계번서(與嵇番書)〉의 시구.

11) 압운은 蜺, 谿, 圭, 泥, 低, 啼, 迷, 西.

## 감상

유신이 임금을 따라 노자의 사당에 도착한 뒤 명에 의해 쓴 시이다. 모두 16구로 되어 있고, 내용에 따라 네 구씩, 네 단락으로 나눌 수 있다.

1단락(1-4구)에서 1-2구는 노자를 묘사한 것으로 ≪사기≫의 내용을 바탕으로 노자가 허와 무로 웅변을 펼치고 용을 타는 사람이라고 말한다. 3-4구는 노자의 사당을 묘사한 것으로 삼문과 구정을 통해 사당의 특별함을 말한 것이다.

2단락(5-8구)은 초월적 존재로서의 노자를 묘사하고 있다. 후대 도교에서 노자를 교조로 모시며 여러 전설이 더해진다. 5-6구는 단사 등을 통해 연단술을 묘사하고, 7-8구는 돌과 영지를 운용하는 초현실적 존재임을 말하고 있다.

3단락(9-12구)은 다시 사당을 묘사한다. 9-10구는 가까운 경치인 근경(近景)으로 아기 고니와 늙은 나무를 통해 새 생명과 오래된 생명이 함께 존재하는 신성한 곳임을 이야기한다. 11-12구는 원경(遠景)으로 변방 수자리의 연기를 통해 사람의 세계를 그리고, 새를 통해 자연의 세계를 이야기함으로 사당은 두 세계를 다 굽어보고 있음을 알려준다.

마지막 4단락(13-16구)에서는 노자가 서쪽 함곡관을 통해 서쪽으로 떠난 일을 언급하고 있다. 이때 관문의 관리 윤희에게 ≪도덕경≫을 남겼다고 한다.

## 1-7

〈擬詠懷(의영회)〉[1)*] 〈영회시를 본떠서 짓다〉

### 1-7-1

| | |
|---|---|
| 疇昔國士遇,<br>주석국사우 | 예부터 국사로 대접 받았으니, |
| 生平知己恩.[2)]<br>생평지기은 | 평생 동안 지기의 은총이어라. |
| 直言珠可吐,[3)]<br>직언주가토 | 단지 구슬을 내뱉을 수만 있었지. |
| 寧知炭可呑?[4)]<br>녕지탄가탄 | 숯을 삼켜야 할 줄 어찌 알았으랴. |
| 一顧重尺璧,<br>일고중척벽 | 한번 돌아보셔도 대보보다 무겁고, |
| 千金輕一言.[5)]<br>천금경일언 | 천금은 한마디 허락보다 가볍거늘. |
| 悲傷劉孺子,[6)]<br>비상류유자 | 비참하여라 어린 황손 유유자여, |
| 淒愴史皇孫.[7)]<br>처창사황손 | 처연하여라 무고하신 사황손이여. |

| | |
|---|---|
| 無因同武騎,<br>무인동무기 | 인연 없어라 무기 사마상여와 함께, |
| 歸守霸陵園.[8)]<br>귀수패릉원 | 패릉원으로 돌아가 지키고 싶거늘. |

**원주**

* 무궁한 외로움과 분함이, 물이 쏟아지듯이 나오고 있다. 잘됨과 졸함을 모두 잊었다. 전적으로 완적을 본뜬 것만은 아니다.(無窮孤憤, 傾吐而出, 工拙都忘. 不專擬阮.)

**역주**

1) 擬詠懷 : 완적(阮籍)의 〈영회(詠懷)〉를 본 뜬 시(≪고시원≫ 번역본 2권 207쪽 참조).
2) 疇昔國士遇 2구 : 주석(疇昔)은 옛날. 국사(國士)는 국가를 대표하는 국가 단위의 선비. 국사우(國士遇)는 임금이 나를 국사 대접을 해줌. 지기(知己)는 ≪사기·자객열전(史記·刺客列傳)≫에 자객 예양(豫讓)이 말한 “선비는 자신을 알아주는 사람(知己者)을 위해서 목숨을 바치고, 여인은 자신을 사랑해주는 사람을 위해서 얼굴을 꾸민다.”라고 한 것을 가리킴.
3) 直言珠可吐 : 직(直)은 지(只)와 같아 다만, 언(言)은 어조사, 주가토(珠可吐)는 구슬을 내 뱉다. 여기서는 멋진 글을 쓴다는 의미.
4) 炭可呑 : 숯을 삼키다. 진(晉)나라 예양(豫讓)이 자신을 총애한 주군 지백(智伯)을 죽인 조양자(趙襄子)를 암살하기 위하여 몸에 옻칠을 하고 타는 숯을 삼켜 변장하였던 일을 말함. 여기서 복수를 위해 자기 몸을 괴롭힌다는 ‘칠신탄탄(漆身呑炭)’이란 고사성어가 생김.
5) 一顧重尺璧 2구 : 일고(一顧)는 임금이 나를 한번 돌아보는 것. 척벽(尺璧)은 한 자나 되는 큰 옥. 즉 대보(大寶). 일언(一言)은 나의 한마디. 임금에게 약속한 말.
6) 悲傷劉孺子 : 류유자(劉孺子)는 한나라의 선제(宣帝)의 현손으로 전한(前漢)의 마지막 임금인 유영(劉嬰)을 말함. 평제(平帝)가 죽자 태자로 세워졌으나 2살의 어린 나이 때문에 왕망(王莽)이 섭정을 하게 되었다. 어린 아이라는 뜻의 ‘유자(孺子)’라고 불렀다. 왕망이 신(新)나라를 세우자 폐위되어 정안공(定安公)이 되었다. 여기서는 유신이 모시던 양나라의 어린 임금을 비유한 것으로 남조 양(梁)나라 경제(敬帝) 소방지(蕭方智, 543-558 재위 555-557)를 가리킴.
7) 淒愴史皇孫 : 사황손(史皇孫)은 한나라 무제(武帝)의 손자 유진(劉進)을 가리킴. 자신과 처 등 일족이 ‘무고지화(巫蠱之禍)’에 연루되어 멸족을 당했다. 후에 아들 유순(劉詢)이 선제(宣帝)로 즉위하면서 추존되어 도황제(悼皇帝)가 됨.
8) 無因同武騎 2구 : 무인(無因)은 인연이 없다. 무기(武騎)는 사마상여(司馬相如)가 한나라 경제(景帝)때 맡은 벼슬 무기상시(武騎常侍)를 말함. 패릉원(霸陵園)은 한

나라 문제(文帝)의 능원. 사마상여는 무제(武帝)때 문제의 능을 관리하는 책임자인 효문원령(孝文園令)을 역임함.

9) 압운은 恩, 呑, 言, 孫, 園.

**감상**

유신의 〈의영회〉는 총 27수인데, 심덕잠은 그 가운데 8수를 골라 실었다. 이 시는 유신이 북조 서위(西魏)에 사신으로 갔다가 조국 남조 양나라가 망하자 억류되어 어쩔 수 없이 머물게 되었을 때, 타국에서 느끼는 설움을 쏟아낸 노래이다. 그래서 심덕잠도 원주에서 외로움과 분함이 쏟아진다고 하였다.

위의 시는 〈의영회〉 27수 가운데 제6수로, 모두 10구로 되어 있다. 내용에 따라 세 단락으로 구분지어 볼 수 있다.

1단락(1-4구)은 1구의 국사의 대접을 받았다는 것은 유신이 아버지 유견오 때부터 궁정의 계관시인(桂冠詩人)으로 대접을 받았음을 말한 것이다. 그래서 자신을 알아주는 사람(知己者), 즉 양나라의 임금을 위해 죽었어야 한다(2구). 3-4구는 자신이 좋은 글을 쓸 줄만 알고 진나라 예양처럼 주군의 원수를 갚고자 몸에 옻칠을 하고 타는 숯을 삼켰던 용기가 없었음을 자책한다.

2단락(5-8구)은 5-6구는 임금이 나를 알아주신 것과 그런 임금을 위해 죽었어야하는 약속을 상기하고 있다. 7-8구는 자신이 섬겼어야 하는 임금, 양나라의 경제(敬帝)를 류유자와 사황손에 비유한 것이다. 류유자는 겨우 2살의 나이에 제위를 물려받았고, 사황손은 '무고지화'에 연루되어 멸족을 당했다. 경제는 제위를 물려받은 555년에 겨우 13살의 나이였다. 게다가 실권을 장악한 진패선(陳霸先)은 557년 선양의 형식으로 직접 제위에 올라 진(陳)나라를 세웠고, 경제는 강음왕(江陰王)으로 강등되었다 이듬해 살해되었다. 겨우 16년의 생애를 살다 간 것이다. 유신이 원제(元帝)의 명으로 서위(西魏)에 사신으로 파견된 것은 554년의 일이었다.

마지막 3단락(9-10구)은 결론이다. 자신은 고국 양나라로 돌아가 임금의 능원을 지킬 수 없는 처지임을 한탄할 뿐이다.

### 1-7-2

| | |
|---|---|
| 楡關斷音信,<br>유관단음신 | 유관 관문에는 소식이 끊어지거니와, |
| 漢使絕經過.[1]<br>한사절경과 | 한나라의 사신도 지나감이 끊겼구나. |
| 胡笳落淚曲,<br>호가락루곡 | 호드기는 눈물 떨어뜨리는 곡조이고, |
| 羌笛斷腸歌.[2]<br>강적단장가 | 강족 피리는 애 끊어놓는 소리로다. |

纖腰減束素, 가늘어져가는 허리 한 줌 비단 더 줄고,
섬요감속소
別淚損橫波.[3] 이별의 눈물에 고운 눈빛이 손상된다네.
별루손횡파
恨心終不歇, 한스런 마음은 끝내 그치지를 아니하고,
한심종불헐
紅顏無復多.[4] 붉은 낯빛은 다시 많아지지를 않는다네.
홍안무복다
枯木期塡海, 고목으로 바다를 메우는 것 기대하는 꼴,
고목기전해
靑山望斷河.[5] 청산으로 도도한 황하 끊기를 바라는 셈.
청산망단하

**역주**

1) 楡關斷音信 2구 : 유관(楡關)은 북방의 변방 관문. 음신(音信)은 소식. 한사(漢使)는 한나라 사신. 여기서는 고향 양(梁)나라의 사신을 비유.
2) 胡笳落淚曲 2구 : 호가(胡笳)는 보리나 버들가지로 만든 피리, 호드기를 말함. 강적(羌笛)은 강족(羌族)의 피리. 여기서 호가(胡笳)와 강적(羌笛)은 북방의 악기를 말한 것.
3) 纖腰減束素 2구 : 섬요(纖腰)는 근심걱정으로 먹지 못해 가늘어져가는 허리. 속소(束素)는 한 줌의 비단. 송옥(宋玉)의 〈등도자호색부(登徒者好色賦)〉에 "허리가 한 줌의 비단 같다.(腰如束素.)"라 하였다. 횡파(橫波)는 고운 눈빛, 눈길. 부의(傅毅)의 〈무부(舞賦)〉에 "눈물이 흐르나니 고운 눈빛(橫波)이어라."라 하였다.
4) 紅顏無復多 : 얼굴빛을 잃음을 비유.
5) 枯木期塡海 2구 : ≪산해경·북상경(山海經·北上經)≫에 의하면 원래 염제(炎帝)의 어린 딸이 동해에 놀러가 빠져 죽었는데 이후 정위(精衛)라는 새가 되어 바다를 메우고자 서산의 나무를 물어 날랐다는 이야기가 있다. 여기서 '정위전해(精衛塡海)'가 나왔다(권14 북제시(北齊詩)의 2번 시 역주 4) 참조).
6) 압운은 過, 歌, 波, 多, 河.

**감상**

총 27수 〈의영회〉 가운데 제7수이다. 모두 10구로 되어 있는데 세 단락으로 나뉜다.

1단락(1-4구)은 북조 서위(西魏)에 사신으로 왔다가 억류되어 머물게 된 유신에게 고향 남조 양(梁)나라의 소식이 간절하다. 그러나 관문에는 고향 소식도 사신의 왕래도 끊겼고(1-2구), 애타는 유신에게 들려오는 것은 이곳이 고향 남방이 아니라 북방임을 일깨워주는 북방 악기 소리뿐이다(3-4구).

2단락(5-8구)은 2단락에서는 남편을 잃은 여자의 모습을 통해 임금을 잃은 신하인 자신의 그려낸다. 근심걱정으로 먹지 못해 가늘어진 허리가 더 줄어들고, 이별에 흘린 눈물에 고왔던 눈빛이 상하고, 한스런 마음에 얼굴빛을 잃은 여인의 모습은 바로 고국을 잃은 유신의 모습이다.

마지막 3단락(9-10구)은 이미 망해버린 조국이기에 희망이 없음을 이야기한다. 정위(精衛)라는 새가 나뭇가지를 물어 날라 바다를 메우고자 하듯, 또 산을 옮겨 황하를 끊어 놓고자 하듯, 모두 불가능한 일임을 시인은 슬퍼한다.

## 1-7-3

| | |
|---|---|
| 搖落秋爲氣,<br>요락추위기 | 흔들려 떨어지는 것 가을특색이라더니, |
| 凄涼多怨情.[1)]<br>처량다원정 | 처량하여라 원한의 마음이 많기도 하지. |
| 啼枯湘水竹,[2)]<br>제고상수죽 | 상수의 대나무를 울어 말라 죽게 하고, |
| 哭壞杞梁城.[3)]<br>곡괴기량성 | 기량의 성을 울어서 무너지게 했다지. |
| 天亡遭憤戰,<br>천망조분전 | 하늘이 망하게 하니 패전 만나게 되었고, |
| 日蹙值愁兵.[4)]<br>일축치수병 | 일진이 옹색해 근심스런 전투 당하였네. |
| 直虹朝映壘,[5)]<br>직홍조영루 | 곧은 무지개가 군대의 진지를 비추었고, |
| 長星夜落營.[6)]<br>장성야락영 | 유성이 저녁에 진지에 떨어졌다 한다네. |
| 楚歌饒恨曲,<br>초가요한곡 | 초 지방 노래는 한 많은 곡조 넘치고, |
| 南風多死聲.[7)]<br>남풍다사성 | 남쪽의 민요는 죽어가는 소리 많구나. |
| 眼前一杯酒,<br>안전일배주 | 눈앞에 한 잔의 술을 따질 뿐이니, |
| 誰論身後名.[8)]<br>수론신후명 | 죽은 뒤 명성 따위 뉘 논하겠는가. |

역주

1) 搖落秋爲氣 2구 : 추위기(秋爲氣)는 가을의 기 됨됨이. 즉 절기로서의 특색. 송옥(宋玉)의 〈구변(九辯)〉에 "슬프도다 가을의 절기 특색이여, 소슬하게 초목이 흔들려 떨어지고 색이 쇠락하는구나." 라고 하였다. 원정(怨情)은 원한의 마음. 여기서는 조국의 멸망을 의미.

2) 啼枯湘水竹 : 제고(啼枯)는 울어 말라죽게 하다. 상수죽(湘水竹)은 '소상반죽(瀟湘斑竹)' 고사를 가리킴. 순 임금은 요 임금의 두 딸 아황(娥皇)과 여영(女英)을 비로 맞이하였다. 이후 순은 순행하다가 창오(蒼梧)의 들판에서 세상을 떠났는데, 두 아내가 상수(湘水)에서 서로 슬피 울다 강에 몸을 던졌다. 이때 뿌려진 눈물에 상포(湘浦)의 대는 모두 얼룩대가 되었고 상비죽(湘妃竹) 또는 소상반죽이라고 불리며 남편을 따라 죽은 절개를 상징하게 되었다.

3) 哭壞杞梁城 : 기량성(杞梁城)은 기량(杞梁)의 처에 대한 고사를 말한 것이다. ≪좌전≫ 〈양공23년(襄公二十三年)〉에 제나라 무장(武將) 기량(杞梁)의 처라는 언급이 있으며, 후에 내용이 첨가되어 백사전(白蛇傳), 견우직녀(牛郎織女), 양축(梁祝)과 함께 중국 4대 전설의 하나인 맹강녀(孟姜女) 고사로 발전하였다. 내용은 이러하다. 맹강녀는 진시황 때의 만리장성 공사에 끌려간 남편 범기량(范杞梁)을 위해 겨울옷을 지어 어렵게 찾아갔으나 남편은 이미 죽고 시신도 장성 성벽 밑에 묻혔다는 말을 듣는다. 이에 대성통곡을 하자 성벽이 무너져 내리며 수많은 유골들이 드러났고 마침내 남편의 시신을 찾아냈다는 이야기이다.

4) 天亡遭憤戰 2구 : 천망(天亡)은 하늘이 망하게 하다. ≪사기·항우본기(史記·項羽本紀)≫에 "초나라 병사는 지치고 군량도 소진되었습니다. 이는 하늘이 초나라를 망하게 하려는 때입니다." 라고 하였다. 분전(憤戰)은 원통한 싸움으로 패전을 의미. 일(日)은 일진(日辰). 축(蹙)은 곤궁하다, 옹색하다. 수병(愁兵)은 수심 겹게 하는 전투, 즉 패전을 의미.

5) 直虹朝映壘 : 직홍(直虹)은 곧은 무지개로 '용'을 의미. ≪진서·천문지(晉書·天文志)≫에 "용의 머리와 꼬리가 땅에 닿으니, 피를 흘릴 징조다." 라고 하였다.

6) 長星夜落營 : 장성(長星)은 유성(流星). ≪진서·천문지(晉書·天文志)≫에 "커다란 유성이 진지 위를 달리거나 진중에 떨어짐은, 모두 전쟁에 패할 징조다." 라고 하였다.

7) 楚歌饒恨曲 2구 : 초가(楚歌)는 초지방의 노래. 한곡(恨曲)은 규원시(閨怨詩) 등 한 많은 곡조. 남풍(南風)은 남쪽 민요. 다사성(多死聲)은 ≪좌전≫ 〈양공18년(襄公十八年)〉에 춘추시기 진나라 음악가 사광(師曠)이 "남풍의 음악은 경쟁하지 않고, 죽어가는 소리가 많으니, 초나라는 반드시 공적이 없을 것이다." 라고 하였다. 사성(死聲)은 죽어가듯이 맥이 없는 소리.

8) 眼前一杯酒 2구 : '모두 따지다(皆論)' 가 11구 앞에 생략되었다. 신후명(身後名)은 죽은 뒤의 명성. ≪세설신어·임탄(世說新語·任誕)≫에 장한(張翰)이 한 말로 "설사 내가 죽은 뒤 이름이 있다한 들, 지금 내 앞의 한 잔 술만 못하다." 라고 하였다.

9) 압운은 情, 城, 兵, 營, 聲, 名.

**감상**

이 시는 유신의 〈의영회〉 총 27수 가운데 제11수이다. 모두 12구로 되어 있고, 내용에 따라 3개의 단락으로 나눌 수 있다. 이 시에는 우회적 묘사가 많이 있는데 이는 유신이 자신의 조국 남조 양(梁)나라가 망한 후 북조 서위(西魏)에 억류된 상황에서 지친 타국살이를 직설적으로 묘사하지 못한 탓으로 보인다.

1단락(1-4구)의 1-2구는 조국의 멸망으로 인한 원한의 마음이 가득함을 쓸쓸한 가을의 특색과 연결하여 표현하고 있다. 3-4구에서 마음이 아픈 여인들인 순임금의 아내들과 기량의 처의 이야기를 빌려와 망국으로 인한 자신의 가슴 아픔을 비유하고 있다. 문인들 작품 속의 여인은 종종 신하인 자신의 모습과 동일시한다.

2단락(5-8구)의 5-6구는 패전을 묘사한 것이고, 7-8구는 이러한 패전의 천문 현상을 들었다. 7-8구에서 곧은 무지개가 진지를 비추고, 유성이 진지에 떨어지는 것은 모두 불길한 징조들이다.

3단락(9-12구)에서 시인은 1-2단락을 통해 망국의 한에 아파하면서 3단락에서 자신을 되돌아보는 성찰의 단계로 들어선다. 9-10구에서 초가와 남풍은 모두 남조의 노래를 말한다. 남조의 노래는 북조에 비해 문약(文弱)한 면이 강하다. 한곡(恨曲)과 사성(死聲)은 이런 남방의 음악을 말하는 것으로 이른바 망국지음(亡國之音)을 연상시킨다. 시인은 조국 양나라의 음악을 말하면서 자신도 이런 풍의 작품을 썼었다고 회한을 토로하고 있는 듯하다. 마지막으로 자신을 포함한 양나라의 대신들이 모두 눈앞의 한 잔 술인 안락을 따질 뿐, 죽은 뒤 명성인 먼 미래까지 내다보지 못해 망국에 까지 이르렀던 일을 생각하며 한스런 고통을 쏟아낸다(11-12구).

## 1-7-4

| | |
|---|---|
| 橫流遘屯慝,<br>횡류구준특 | 사나운 물이 온갖 재난을 엮어내었나니, |
| 上慘結重氛.[1]<br>상참결중분 | 하늘의 어두움은 겹겹 악한 기운 엮었네. |
| 哭市聞妖獸,[2]<br>곡시문요수 | 저자에서 통곡하는 요괴 짐승 소리 들리고, |
| 頹山起怪雲.[3]<br>퇴산기괴운 | 산을 무너뜨릴 듯 괴이한 구름 일어난다네. |
| 綠林多散卒,<br>록림다산졸 | 푸른 숲에 흩어진 병졸이 많거니와, |

| | |
|---|---|
| 清波有敗軍.[4]<br>청파유패군 | 맑은 물결에도 패잔병 없지 않구나. |
| 智士今安用,<br>지사금안용 | 지혜로운 선비 지금 어디에 쓰고 있나, |
| 忠臣且未聞.<br>충신차미문 | 충신이라는 것 또한 들어보지 못했네. |
| 惜無萬金產,<br>석무만금산 | 만금의 재산이 없음을 애석해하나니, |
| 東求滄海君.[5]*<br>동구창해군 | 동으로 가서 창해군 찾아 요구하련만. |

**원주**

* ≪수소자≫ : 삼묘가 크게 난리를 피우자, 종묘에서 용이 생겨나고, 개가 시장에서 통곡했다.(隋巢子: 三苗大亂, 龍生於廟, 犬哭於市.)

**역주**

1) 橫流遘屯慝 2구 : 횡(橫)은 횡행(橫行)으로 멋대로. 횡류(橫流)는 멋대로 흐르는 물. 여기서는 들끓는 시국을 비유. 구(遘)는 구(構)와 통하여 엮어내다. 준(屯)은 '준' 으로 읽어 주역의 괘(卦)이름을 '재난' 의 의미. 준특(屯慝)은 많은 재난. 참(慘)은 판본에 따라 '참(㦧)' 으로 되어 있다. 육기(陸機)의 〈한고조공신송(漢高祖功臣頌)〉에 "아득하여라 우주여, 위는 음산하고(㦧) 아래는 어두워라." 라고 하였다. 여기서 상참(上㦧)은 하늘이 음산하다, 즉 어둡다는 의미. 분(氛)은 요사스러움, 사악한 기운.
2) 哭市聞妖獸 : 곡시(哭市)는 '개가 저잣거리에서 통곡함' 을 말함(원주 참조). 망조(亡兆)를 비유한 것. 요수(妖獸)는 요사스런 짐승.
3) 頹山起怪雲 : 퇴산(頹山)은 무너지는 산. 여기서는 구름의 모양을 비유한 것으로 산이나 탑 모양의 적란운(積亂雲)이 산이 뒤집어진 듯 역삼각형 모양처럼 불안정한 것.
4) 綠林多散卒 2구 : 록림(綠林)과 청파(淸波)는 남조 양(梁)나라의 지명.
5) 惜無萬金產 2구 : ≪사기·류후세가(史記·留侯世家)≫에 나오는 장량(張良)의 이야기를 말함. 진(秦)나라가 한(韓)나라를 멸하자, 한나라에서 오대에 걸쳐 재상을 지냈던 가문의 후손인 장량은 자신의 가산을 다 털어 진왕을 암살하기 위한 자객을 구했다. 동쪽에 가서 창해군(倉海君)을 만나 역사(力士)를 얻어 120근 무게의 철퇴를 만들었다. 그 후 박랑사(博浪沙)에서 진 황제를 공격하였으나 실패하였다.
6) 압운은 氛, 雲, 軍, 聞, 君.

감상

〈의영회〉 총 27수 가운데 제13수이다. 모두 10구로 되어 있으며 내용에 따라 아래와 같이 세 단락으로 나눠 볼 수 있다.

1단락(1-4구)은 유신의 조국 남조의 양나라가 멸망함을 비유적으로 표현한 것이다. 1-2구는 땅과 하늘이 모두 재앙을 주었음을 말한 것이다. 1구의 멋대로 흐르는 물은 땅을 비유하고, 2구에서 상(上)은 하늘은 말하는 것이다. 3-4구는 망조(亡兆)를 말하는 것으로 3구는 원주의 ≪수소자≫의 내용처럼 짐승이 저잣거리에서 통곡하고, 구름도 괴이한 모습을 보여주고 있다.

2단락(5-8구)은 현실의 구체적인 상황을 묘사한 것이다. 5-6구에서는 양나라에 패잔병들만 남아 있음을 보여준다. 7-8구에서는 자신을 포함한 뜻 있는 선비도 쓸 곳이 없고, 충신도 보이지 않는 암울한 망국의 현실을 말한 것이다.

마지막 3단락(9-10구)은 자신의 안타까운 심정을 읊은 것이다. 시인은 자신의 조국이 멸망하자 하인이 3백 명이나 되던 자신의 가산을 모두 털어 적국의 왕을 암살하고 했던 장량처럼 하지 못하는 자신의 처지가 원망스럽다.

## 1-7-5

| | |
|---|---|
| 日晩荒城上,<br>일만황성상 | 해 저물어 황량한 성에 오르나니, |
| 蒼茫餘落暉.[1)]<br>창망여락휘 | 아득하게 저 낙조만 남아 있구나. |
| 都護樓蘭返,<br>도호루란반 | 도호가 누란에서 돌아오는 것일까, |
| 將軍疏勒歸.[2)]<br>장군소륵귀 | 장군이 소륵에서 돌아오는 것이네. |
| 馬有風塵色,<br>마유풍진색 | 말에는 바람과 먼지 땟물이 있고, |
| 人多關塞衣.[3)]<br>인다관새의 | 병사들은 변방의 옷들이 많구나. |
| 陣雲平不動,<br>진운평부동 | 전운이 쫙 퍼져 움직이지 않고, |
| 秋蓬卷欲飛.[4)]<br>추봉권욕비 | 가을 쑥대들 말려 날아오를 듯. |
| 聞道樓船戰,[5)]<br>문도루선전 | 듣자하니 다락배 타고 싸우며, |

今年不解圍. 올해에도 포위 풀지 않았다네.
금년불해위

역주

1) 日晚荒城上 2구 : 상(上)은 오르다. 창망(蒼茫)은 첩운, 의태어로 멀고 아득한 모양. 락휘(落暉)는 낙조.
2) 都護樓蘭返 2구 : 루난(樓蘭)은 한나라 시기 서역의 나라 이름. 소제(昭帝) 때 반기를 들자, 부개자(傅介子)가 지략으로 그 왕의 목을 베어 돌아왔다. 도호(都護)는 관직명, 한나라 시기 서역을 관할하였다. 소륵(疏勒) 역시 한나라 시기 서역의 나라 이름. 명제(明帝) 때, 경공(耿恭)이 이곳을 지키고 있었는데, 흉노의 공격을 받고 곤경에 처했다가 겨우 구원병을 만나 귀환했다.
3) 馬有風塵色 2구 : 패잔의 모습을 비유한 것. 풍진색(風塵色)은 바람과 먼지에 찌든 땟물. 관새의(關塞衣)는 변방의 옷. 허름하고 초라한 옷이란 의미.
4) 陣雲平不動 2구: 진운(陣雲)은 전운(戰雲)의 의미. 평(平)은 평평하여 흐르지 않는 모습으로 쫙 펼쳐진 모양. 추봉(秋蓬)은 뿌리가 뽑힌 가을 쑥대머리로 고향을 떠나 전장에 끌려다니는 병사들을 비유한 것.
5) 聞道樓船戰 : 문도(聞道)는 듣건대, 듣자니. 루선(樓船)은 망루가 있는 배로 '지휘함' 을 의미. 여기서는 배가 필요한 남방의 큰 전투이며 양나라 지역의 전쟁을 가리킴.
6) 압운은 暉, 歸, 衣, 飛, 圍.

감상

유신의 〈의영회〉 총 27수 가운데 제17수이다. 모두 10구로, 세 단락으로 나눠 볼 수 있다.

1단락(1-4구)에서 시인은 저물녘 성에 오른다. 이 때 멀리서 병사들의 무리가 오는 것이 보인다. 루난에서 돌아오는 승전 군대일까? 소륵에서 돌아오는 패전 병사일까? 궁금증은 다음 단락에서 풀린다. 그러나 자세히 보니 겨우 살아 돌아오는 패잔병들의 모습이다.

2단락(5-8구)은 패잔의 모습이 완연하다. 돌아오는 말도 병사도 싸우다 지친 모습이다. 특히 군복도 제대로 갖추지 못한 병사들 모습이 가련하다(5-6구). 하늘에는 전운이 감돌 듯 구름이 펼쳐져 움직이지 않고, 땅에는 고향을 떠나 전장에 이리저리 떠돌아다니는 병사들의 모습인양 뿌리 뽑힌 가을 쑥대가 바람에 날리고 있다(7-8구).

마지막 3단락(9-10구), 이처럼 북방은 전쟁이 계속되고 있거니와, 고향인 남방의 땅에도 듣자니 전쟁 중이고 한다. 더욱 절망적이다.

1-7-6

| | |
|---|---|
| 蕭條亭障遠,<br>소조정장원 | 쓸쓸하여라 성채는 아득하고, |
| 凄愴風塵多.[1)]<br>처창풍진다 | 서글프나니 풍진만이 많구나. |
| 關門臨白狄,<br>관문림백적 | 관문은 백적 지역 내려다보고, |
| 城影入黃河.[2)]<br>성영입황하 | 성 그림자는 황하에 들어가네. |
| 秋風別蘇武,[3)]<br>추풍별소무 | 가을바람에 소무를 작별하였고, |
| 寒水送荊軻.[4)]<br>한수송형가 | 찬 물가에 형가를 송별하였다지. |
| 誰言氣蓋世,<br>수언기개세 | 뉘 말하던가 기세가 온 세상 덮는다고, |
| 晨起帳中歌.[5)*]<br>신기장중가 | 새벽 일어나 휘장 속 〈해하가〉 부른 걸. |

**원주**

* '성영' 구는 비장하다.(城影句悲壯.)

**역주**

1) 蕭條亭障遠 2구 : 소조(蕭條)는 첩운, 의태어로 쓸쓸한 모양. 정장(亭障)은 성채, 보루(堡壘). 처창(凄愴)은 쌍성, 의태어로 슬픈 모양.
2) 關門臨白狄 2구 : 백적(白狄)은 '유목민'을 지칭. 입(入)은 들어가다. 여기서는 비춘다.
3) 秋風別蘇武 : 소무(蘇武)는 한 무제(武帝) 때의 사람으로 무제 초에 흉노(匈奴)에 사신으로 갔다가 억류되었어도 눈(雪)과 담요의 털, 쥐로 연명하면서 절개를 굽히지 않고 19년 후 한나라로 되돌아갈 수 있었다(≪고시원≫ 번역본 1권 270-278쪽 〈시사수(詩四首)〉 참조).
4) 寒水送荊軻 : 형가(荊軻)는 연(燕)나라 태자 단(丹)에 의해 진왕(秦王) 영정(嬴政)을 암살하기 위해 보내진 자객. 떠나기 전날 밤, 역수(易水)가에서 그를 전송하는 빈객들과 이별할 때에 부른 노래 〈도역수가(渡易水歌)〉가 있다(≪고시원≫ 번역본 1권 143쪽 참조).
5) 誰言氣蓋世 2구 : 항우(項羽)의 〈해하가(垓下歌)〉에 "힘은 산을 뽑고 기세는 천하를 덮는다만."라고 하였다(≪고시원≫ 번역본 1권 208쪽 참조). 이 노래는 사

면초가(四面楚歌) 상황에서 마지막으로 우희(虞姬)와 작별하면서 불렀다고 전한다.

6) 압운은 多, 河, 軻, 歌.

**감상**

유신의 〈의영회〉 총 27수 가운데 제26수이다. 모두 8구로, 두 단락으로 나눠 볼 수 있다.

1단락(1-4구)은 외부의 경관을 객관적으로 묘사한 것이다. 풍진이 많아 보이는 변방의 성채, 관문 너머에는 북방의 유목민이 사는 땅이 보이며, 성 그림자가 황하에 비추이는 주변의 경관을 읊었다.

2단락(5-8구)은 시인 자신의 심정을 읊은 것이다. 흉노에 사신으로 갔다가 억류되어 고향에 돌아갈 수 없었던 소무, 그리고 죽음 길을 스스로 찾아 떠나는 형가, 작자 유신의 현 상황과 다를 게 없다. 그러나 어쩌랴! 기세가 온 천하를 덮었던 항우도 때를 잃으니 〈해하가〉를 불으며 우희와 영별을 고해야 했거늘.

## 1-7-7

| | |
|---|---|
| 步兵未飮酒,<br>보병미음주 | 보병 완적이 되고 싶으나 술 마시지 못하고, |
| 中散未彈琴.[1)]<br>중산미탄금 | 중산 혜강 되고 싶으나 거문고 타지 못하네. |
| 索索無眞氣,<br>색색무진기 | 마음이 불안하니 참된 기운이 없거니와, |
| 昏昏有俗心.[2)]<br>혼혼유속심 | 흐리멍덩하게 속된 마음이 그저 있을 뿐. |
| 涸鮒常思水,<br>학부상사수 | 말라가는 바퀴자국 붕어 늘 물 생각이요, |
| 驚飛每失林.[3)]<br>경비매실림 | 놀라 날아오르면 매번 쉴 숲을 잃었었지. |
| 風雲能變色,<br>풍운능변색 | 바람과 구름이 능히 색을 바꾸니, |
| 松竹且悲吟.[4)]<br>송죽차비음 | 소나무 대나무도 슬피 신음한다네. |
| 由來不得意,<br>유래불득의 | 줄곧 제 뜻을 얻지 못하였지만, |
| 何必往長岑.[5)*]<br>하필왕장잠 | 어찌 장삼까지 갈 필요 있었던가. |

**원주**

* ≪역·진괘≫ : 번개가 치면 마음이 불안하다.(易震卦云, 震索索.)

**역주**

1) 步兵未飮酒 2구 : 보병(步兵)은 완적(阮籍)을 말함. 혜강(嵇康)과 함께 죽림칠현(竹林七賢)의 중심인물로 보병교위(步兵校尉)를 지낸 적이 있어 '완보병(阮步兵)' 이라고 한다. 술을 좋아했으며 사마소(司馬昭)가 아들 사마염(司馬炎)과 완적의 딸을 혼인시키려 하자 거절하기 위해 두 달 동안 술에 취해있던 고사는 유명하다. 중산(中散)은 혜강(嵇康)을 말함. 후에 중산대부(中散大夫)가 되어 '혜중산(嵇中散)' 으로 불렸다. 죽림칠현의 한 사람으로 사마 씨의 통치를 반대하였고, 친구 여안(呂安)의 사건에 휘말려 결국 사마소(司馬昭)에게 죽임을 당하였다. 음률(音律)에 정통했으며, 특히 거문고를 잘 탔다.
2) 索索無眞氣 2구 : 색색(索索)은 첩자, 의태어로 불안한 모양. 진기(眞氣)는 참된 기운. 혼혼(惛惛)은 첩자, 의태어로 도리에 어둡고 정신이 희미한 모양.
3) 涸鮒常思水 2구 : 학부(涸鮒)는 ≪장자·외물(莊子·外物≫에 나오는 말로 말라가는 수레바퀴 자국에 고인 물에 있는 붕어를 가리키는 '학철부어(涸轍鮒魚)' 의 뜻으로 매우 위급한 처지의 사람을 의미. 경비(驚飛)는 여기서는 높이 날고 슬피 우는 새.
4) 風雲能變色 2구 : 풍운(風雲)은 ≪주역≫ 〈건괘(乾卦) 구오(九五)〉, "나는 용이 하늘에 있으니, 대인을 만나면 이롭다."를 설명하길 "구름은 용을 따르고, 바람은 호랑이를 따르니, 성인이 일어나시면 만물이 바라본다."라고 하였다. 여기서 풍운(風雲)은 8구의 송죽(松竹)과 같이 곧은 이미지로 군자, 큰 신하 등을 상징.
5) 由來不得意 2구 : 유래(由來)는 처음부터 지금까지. 줄곧. ≪후한서·최인전(後漢書·崔駰傳)≫에 의하면 거기장군(車騎將軍) 두헌(竇憲)이 최인(崔駰)을 부(府)의 관리로 삼았다. 두헌이 정권을 장악하고 교만해지자 최인이 여러 차례 충고했지만 두헌이 듣지 않았다. 후에 최인을 외직인 장잠장(長岑長)으로 임명하자 부임하지 않고 귀향했다고 한다. 장잠(長岑)은 현(縣)이름으로 지금의 요동(遼東)에 있었음.
6) 압운은 琴, 心, 林, 吟, 岑.

**감상**

유신의 〈의영회〉 총 27수 가운데 제1수이다. 모두 10구로, 세 단락으로 나눌 수 있다.

1단락(1-4구)은 시인은 자신이 죽림칠현처럼 살지 못함을 한탄한다. 완적처럼 일부러 술에 취하지도 못하고, 혜강처럼 거문고를 타며 마음을 비우지도 못한 것이다. 자신에 참된 기운이 없고 속된 마음만 있다고 고백한다.

2단락(5-8구)은 자신의 이런 속된 마음(俗心)에 대한 변명이다 자신의 신세는 말라가는 바퀴 자국에서 다급히 물을 바라는 붕어 같은 신세이며, 쉴 숲을 잃고 높이

나는 기러기 같다(5-6구). 그러나 용을 따르는 구름도 호랑이를 따르는 바람도 색이 변하고, 절개의 상징 소나무와 대나무도 때로 신음소리를 내는 법(7-8구)이니 너무 나를 욕하지 말아달라는 호소이다.

마지막 3단락(9-10구)은 후한의 최인은 자신의 뜻을 얻지 못하자 결국 벼슬을 거절하고 고향으로 돌아가 버렸지만, 자신은 그조차도 하지 못하고 억류되어 타국에서 벼슬하고 있는 상황임을 말하고 있다.

### 1-7-8

| | |
|---|---|
| 悲歌度燕水,<br>비가도연수 | 슬픈 노래를 부르며 연수를 건너고, |
| 弭節出陽關.[1)]<br>미절출양관 | 말고삐를 늦추면서 양관 나섰었지. |
| 李陵從此去,<br>이릉종차거 | 이릉은 여기에서 떠나갔었거니와, |
| 荊卿不復還.[2)]<br>형경불부환 | 형가는 다시 돌아오지 못했다네. |
| 故人形影滅,<br>고인형영멸 | 지인들 형체 그림자 다 사그라지고, |
| 音書兩俱絕.[3)]<br>음서량구절 | 목소리도 편지도 모두 다 끊겼다네. |
| 遙看塞北雲,<br>요간새북운 | 변방 북쪽의 구름을 멀리 바라보고, |
| 懸想關山雪.[4)]<br>현상관산설 | 관산의 눈을 아득하게 생각한다네. |
| 遊子河梁上,<br>유자하량상 | 나그네로서 물가 다리에 오르나니, |
| 應將蘇武別.[5)*]<br>응장소무별 | 마땅히 장차 소무와 이별해야하리. |

**원주**

* 우조를 듣는 것과 같다.(如聞羽聲.)
  마지막에 단지 이릉을 수록했으니, 옛 사람의 장법이다.(末路但收李陵, 古人章法.)

**역주**

1) 悲歌度燕水 2구 : 비가(悲歌)는 연(燕)나라 태자 단(丹)에 의해 진왕(秦王) 영정(嬴政)을 암살하기 위해 보내진 자객인 형가(荊軻)가 떠나기 전날 밤, 역수(易水) 가에서 그를 전송하는 빈객들과 이별할 때에 부른 노래. 연수(燕水)는 역수(易水)을 말하며 요수(遼水)라고도 함(≪고시원≫ 번역본 1권 143쪽 〈도역수가(渡易水歌)〉 참조). 1구는 4구로 연결된다. 2구는 3구로 연결되므로, 주어는 이릉이다. 미절(弭節)은 고삐를 늦추다. 마지못해 가는 모습을 형용함. 양관(陽關)은 관문으로 여기서는 국경선을 의미.
2) 李陵從此去 2구 : 이릉(李陵)은 한 무제(武帝) 때 기도위(騎都尉)로, 흉노(匈奴)를 정벌하기 위해 출전했다가, 포위되어 투항하였다. 그 후 한나라로 돌아오지 못하고 흉노 땅에서 살았다(≪고시원≫ 번역본 1권 279-285쪽 〈여소무시삼수(與蘇武詩三首)〉 〈별가(別歌)〉 참조). 형경(荊卿)은 형가(荊軻)를 말함. 진(秦) 왕 암살에 실패하여 죽임을 당함.
3) 故人形影滅 2구 : 고인(故人)은 지인들. 형영(形影)은 형체와 그림자. 음서(音書)는 목소리와 편지.
4) 遙看塞北雲 2구 : 이 두 구는 형가와 연관된다. 새북(塞北)은 변방 북쪽. 현(懸)은 높게, 또는 아득히. 관산(關山)은 관문과 산. 형가가 떠나면서 보았을 구름과 눈을 시인이 보고 생각한다는 의미.
5) 遊子河梁上 2구 : 유자(遊子)는 나그네. 일차적으로 이릉이나, 결국 시인 본인을 가리킴. 상(上)은 오르다. 소무별(蘇武別)은 소무와 이별하다. 소무를 전송하였던 이릉처럼 본인은 돌아가지 못함을 의미함.
6) 압운은 關, 還에서 絶, 雪, 別로 환운하고 있다.

**감상**

유신의 〈의영회〉 총 27수 가운데 제10수이다. 모두 10구로, 압운처럼 두 단락으로 나뉜다.

1단락(1-4구)은 이별에 대한 묘사이다. 1구는 진왕을 암살하러 떠나 돌아오지 못한 형가를 묘사하는데, 4구로 이어진다. 2구는 어쩔 수 없이 투항하여 국경을 넘어가는 이릉을 묘사하는데, 3구로 이어진다. 형가이든 이릉이든 고향으로 돌아가지 못함은 마찬가지이다.

2단락(5-8구)에서는 입성자로 운이 바뀌면서 격앙된 감정이 표출된다. 타국에 붙잡힌 신세, 옛 지인들의 모습도 소식도 다 깜깜하다. 그것은 이릉과 형가의 처지이자 곧 자신의 상황이다. 변방의 구름과 관문의 눈을 보면서 형가의 심정을 헤아려본다. 그것이 바로 자신의 심정이기 때문이다(7-8구). 또한 고국으로 돌아가는 소무를 전송하면서 한없이 부러워했던 이릉, 그것은 옛 이야기가 아니라 바로 현재 나의 모습이다(9-10구).

1-8

〈喜晴應詔敕自疏韻(희청응조칙자소운)〉[1)]

〈날이 갬을 기뻐하여 응제하는데, 운을 스스로 나누라 하다〉

| | |
|---|---|
| 御辨誠膺籙,<br>어변성응록 | 천기 변화 부리시니 진실로 천명을 받음이요, |
| 維皇稱有建.[2)]<br>유황칭유건 | 오직 황상만이 건원에 어울리시는 분이라네. |
| 雷澤昔經漁,<br>뢰택석경어 | 일찍이 뇌택 지역에서 고기를 잡으시고, |
| 負夏時從販.[3)]<br>부하시종판 | 부하 지역에서 물물교환을 종사하셨네. |
| 柏梁驂駟馬,<br>백량참사마 | 백량대로 사두마차를 몰고 왔거니와, |
| 高陵馳六傳.[4)]<br>고릉치륙전 | 고릉으로 여섯 대신 수레를 달렸도다. |
| 有序屬賓連,<br>유서속빈련 | 질서 잡히자 상서로운 빈련이 이어지고, |
| 無私表平憲.[5)]<br>무사표평헌 | 삿됨 없으시니 공평한 법을 드러내도다. |
| 河堤崩故柳,<br>하제붕고류 | 황하 둑에 묵은 버들 무너져 내리고, |
| 秋水高新堰.<br>추수고신언 | 가을 물이 새 둑보다 높이 넘쳐났지. |
| 心齋愍昏墊,<br>심재민혼점 | 마음 재계하여 수해를 불쌍히 여기시고, |
| 樂徹憐胥怨.[6)]<br>악철련서원 | 음악 멈추어 뭇 원망 가엽게 여기셨지. |
| 禪河秉高論,<br>선하병고론 | '불도의 강'으로 고매한 논의 잡으시고, |
| 法輪開勝辯.[7)]<br>법륜개승변 | '불법의 바퀴'로 고명한 변론을 여셨네. |
| 王城水息鬬,<br>왕성수식투 | 왕궁에서는 물이 다투는 난리 멈추었고, |

洛浦河圖獻.8) 낙포에서는 영험한 '하도'를 바쳤다네.
락포하도헌
伏泉還習坎, 숨은 샘이 겹겹의 물 되돌아오게 하고,
복천환습감
歸風已回巽.9) 돌아온 바람은 회오리 멈추게 하였구나.
귀풍이회손
桐枝長舊圍, 오동나무 가지는 옛 아름보다 더 자라고,
동지장구위
蒲節抽新寸.10) 부들 마디에는 새로운 마디가 나왔구나.
포절추신촌
山藪欣藏疾, 산과 연못은 기꺼이 나쁜 병을 감춰주고,
산수흔장질
幽棲得無悶.11) 숨어 사는 이도 걱정 없는 삶 얻었구나.
유서득무민
有慶兆民同, 경사가 있어서 억조창생들이 함께하니,
유경조민동
論年天子萬.* 수명을 따지자면 천자는 만년 사셔야지.
논년천자만

원주

* '고릉' 구는 ≪한서·문제본기≫에 나오는 6개의 수레를 타고 고릉에 도착한 일을 인용하였다. 북주의 명제가 등극하는 것이 역시 비슷하다.(高陵句, 用漢文本紀乘六傳至高陵事. 周明帝之立, 亦相似也.)
'곡수와 낙수가 다툰다.'는 ≪국어·주어(周語)≫에 보인다.(穀洛水鬬, 見國語.)

역주

1) 喜晴應詔敕自疏韻 : 희청(喜晴)은 폭우가 그치고 날이 갠 것을 기뻐하다. 응조(應詔)는 임금의 명령에 의해서 쓰다. 이 시가 응제시(應製詩)임을 말함. 칙(敕)은 명령을 내리다. 자소운(自疏韻)은 스스로 운을 나누다. 소운(疏韻)는 분운(分韻).
2) 御辨誠膺錄 2구 : 어변(御辨)은 ≪장자·소요유(逍遙遊)≫의 "천지의 바른 기운을 따라, 육기(六氣)의 변화(辯)를 부린다."을 활용하고 있다. 변(辨)은 변(辯)과 통하고, 변(變)의 뜻으로, '육기의 변화'를 가리킨다. 육기(六氣)는 음(陰), 양(陽), 풍(風), 우(雨), 회(晦), 명(明)으로 곧 천기를 의미한다. 따라서 어변(御辨)은 날씨를 다스리는 것으로 여기서는 큰 비와 홍수를 다스린 것을 의미. 응(膺)은 받다. 록(錄)은 록(籙)과 같아 미래 예언서를 말함. 응록(膺錄)은 하늘의 예언을 받은 천자라는 의미. 황(皇)은 황제. 문맥상 북주(北周)의 명제(明帝)를 가리킴. 칭(稱)은 부합하다, 어울리다. 건원(建元)은 임금이 새 연호를 정함으로 새 국가를 세

움을 상징하는 것. 여기서는 명제가 천왕(天王)에서 황제로 등극한 과정을 말함.

3) 雷澤昔經漁 2구 : ≪사기·오제본기(史記·五帝本紀)≫에 "순 임금은 력산(歷山)에서 밭 갈고, 뇌택(雷澤)에서 고기 잡고, … 부하(負夏)에서 때 맞춰 거래하였다."라고 하였다. 북주 명제를 비유한다.

4) 柏梁驂駟馬 2구 : 백량(柏梁)은 대(臺) 이름으로 한 무제(武帝) 원봉(元封) 3년에 지어졌으며 장안에서 낙성하였을 때 무제가 신하 중 녹봉이 2천석(二千石) 이상을 부르되 시를 지을 수 사람을 자리에 오르게 했다고 한다. 이 때 지은 시 〈백량시(柏梁詩)〉에 양효왕(梁孝王) 유무(劉武)가 지은 "사두마차를 몰고서 양나라에서 왔다네."라는 구가 있다(≪고시원≫ 번역본 1권 239쪽 참조). 고릉(高陵)은 한 고조의 능을 가리킴. 전(傳)은 역참의 거마(車馬). ≪사기·문제본기(史記·文帝本紀)≫에 의하면 한 문제(文帝) 유항(劉恆)이 황제 즉위 전 대왕(代王)의 신분일 때 자신을 황제에 추대하려는 일을 떠보고자 먼저 장무(張武) 등 6인을 역참의 거마를 이용해 장안으로 가게 하였고, 이들이 가다가 고릉에서 멈춰 쉬었다고 한다. 여기서는 북주의 명제를 한나라의 무제와 문제에 비유한 것.

5) 有序屬賓連 2구 : 빈련(賓連)은 나무 이름. 고대에 후계가 잘 이어짐을 상징함. 평헌(平憲)은 공평한 법.

6) 心齋愍昏墊 2구 : 민(愍)은 불쌍히 여기다. 혼점(昏墊)은 물에 빠지다, 수해를 입다. 서(胥)는 뭇, 여러.

7) 禪河秉高論 2구 : 선하(禪河)는 선도(禪道), 즉 불도(佛道)를 강에 비유한 말. 법륜(法輪)은 불법(佛法)을 수레바퀴에 비유한 말, 부처의 말씀. 승변(勝辯)은 뛰어난 말씀, 고명한 담론.

8) 王城水息鬭 2구 : 수투(水鬭)는 물난리. ≪국어·주어(國語·周語)≫ 〈주영왕22년(周靈王二十二年)〉에, "곡수와 낙수가 다퉈서, 장차 왕실을 무너뜨릴 지경이었다."라고 하였다. 낙포(洛浦)는 낙수(洛水)의 포구. 하도(河圖)는 복희(伏羲氏) 때 황하(黃河)에서 용마(龍馬)가 등에 지고 나왔다는 팔괘의 근원이 되는 그림을 말함. ≪주역·계사전(周易·繫辭傳)≫에 "황하에서 그림 나오고, 낙수에서 글자가 나와, 성인이 그것을 법칙으로 삼았다."라고 하였다. 여기서는 1구의 응록(膺錄)과 같이 성군이 나올 징조를 뜻함.

9) 伏泉還習坎 2구 : 복천(伏泉)은 숨은 샘. 습(習)은 거듭하다. 감(坎)은 팔괘의 하나인 감괘(坎卦)로 물을 상징함. 습감(習坎)은 땅 위에 거듭되는 물을 말함. 귀풍(歸風)은 돌아오는 바람으로 순풍(順風)을 의미. 손(巽)은 팔괘의 하나인 손괘(巽卦)로 바람을 상징. 회손(回巽)은 회오리바람.

10) 桐枝長舊圍 2구 : 장(長)은 더 자라게 하다, 더 보태다. 위(圍)는 단위. 여기서 가지의 두께를 말함. 포절(蒲節)은 부들의 마디. 추(抽)는 뽑아져 나오다. 여기서는 더 자랐다는 의미. 촌(寸)은 단위로 우리말 '치'에 해당. 마디로 옮김.

11) 山藪欣藏疾 2구 : 수(藪)는 소택지. ≪좌전≫ 〈선공15년(宣公十五年)〉에 백종(伯宗)이 "시내와 연못은 세상의 더러움을 다 받아주고, 산과 연못은 인간 세계 병을 다 감추어준다."라고 하였다. 유서(幽棲)는 그윽이 숨어 살다.

12) 압운은 建, 販, 傳, 憲, 堰, 怨, 辯, 獻, 巽, 寸, 悶, 萬.

**감상**

제목에서 보듯 유신이 황제의 명을 받들어 지은 응제시이다. 제목에서 "날이 갬을 기뻐하여"라 함은 당시 홍수의 재난을 잘 극복한 상황을 말한다. 내용으로 보아 이 시는 북주 2대 황제인 명제(明帝) 때 지어진 것이다. 명제가 재위에 오른 557년은 북주가 서위(西魏) 공제(恭帝)로부터 선양을 받아 황위를 찬탈한 해이다. 1대 황제인 효민제(孝閔帝)는 황위에 오른 뒤 곧 폐위되었다. ≪북주서·명제기(北周書·明帝記)≫에 의하면 명제는 557년 천왕(天王)에 올랐다가, 559년 황위에 올라 무성(武成) 연호를 썼다. 무성 원년 6월 홍수가 났고 이를 잘 치수한 후 8월에 황제 등극할 수 있었다고 한다. 모두 24구로 되어 있고, 크게 세 단락으로 나눌 수 있으며, 각 단락은 4구씩 작은 단락으로 나누어진다.

1단락(1-8구)은 북주의 명제를 칭송하는 내용이다. 1-4구는 북주의 명제가 천왕(天王)에서 황제로 등극하는 과정과 하늘의 뜻을 이어 받은 순 임금과 같은 분임을 말하고 있다. 5-8구는 한나라 무제의 〈백량시〉에서처럼 모든 제후들이 이를 축하하기 위해 달려오고, 한나라 문제가 대왕(代王)의 신분이었다가 황제에 오른 것과 같음을 말하고 있다. 그래서 상서로운 빈련나무가 절로 이어지고, 공평한 법도 드러났다고 한다.

2단락(9-16구)은 북주 명제의 치수 과정을 말하고 있다. 9-12구는 무성 6월 홍수가 나자, 수해를 당한 백성을 불쌍히 여기는 명제의 대응 모습에서 성군의 자질이 보임을 말한다. 13-16구는 명제가 불법을 잘 활용하고 뛰어난 언변으로 정론을 잘 처리하여 홍수를 다스린 공적을 말하고 있다.

3단락(17-24구)에서 17-20구는 지상의 물을 지하로 되돌리고, 회오리바람을 멈추게 한 우순풍조(雨順風調)의 치수 공적으로 만물이 더욱 풍성해졌음을 말한다. 마지막 21-24구는 병은 감추어지고 걱정은 없게 되니, 이런 천자의 큰 은덕은 만세의 장수를 누려 마땅하다고 칭송하고 있다.

## 1-9

## 〈和王少保遙傷周處士(화왕소보요상주처사)〉[1)*]

〈왕소보 '멀리 주처사를 애도하며'에 화답하다〉

| | |
|---|---|
| 冥漠爾遊岱,<br>명막이유대 | 어둡게 그대는 태산을 노닐건만, |
| 淒涼余向秦.[2)]<br>처량여향진 | 처량하게 난 진 지역을 향하네. |

雖言異生死, 비록 생사가 다르다고 말하지만,
수언이생사
同是不歸人. 똑같이 고향 못가는 불귀의 객.
동시불귀인
昔余仕冠蓋, 그 옛날 내가 관직에 종사할 때에,
석여사관개
值子避風塵.[3] 그대가 세상 피하는 것을 만났었지.
치자피풍진
望氣求眞隱, 기운 바라보며 참된 은자를 찾고,
망기구진은
伺關待逸民.[4] 관문 살피면서 숨는 이 기다렸지.
사관대일민
忽聞泉石友, 갑자기 들려오나니 산수의 벗이건만,
홀문천석우
芝桂不防身.[5] 영지 계수도 가는 몸 막지 못했다네.
지계불방신
悵然張仲蔚, 서글프나니 장중위 같아서라,
창연장중울
悲哉鄭子眞.[6] 구슬프나니 정자진 같아서라.
비재정자진
三山猶有鶴, 그대의 삼산엔 아직 학이 있는지,
삼산유유학
五柳更應春.[7] 그대의 오류는 다시 봄을 맞는지.
오류경응춘
遂令從渭水, 마침내 나로 하여금 위수를 따라,
수령종위수
投弔往江濱.[8] 조시를 던져 강가에 가도록 하네.
투조왕강빈

**원주**

* 소보 왕포의 문집에는 이 제목의 시를 빠뜨리고 있다.(王少保褒集, 闕此題詩.)

**역주**

1) 和王少保遙傷周處士 : 왕소보(王少保)는 왕포(王褒)를 말함. 소보(少保)는 벼슬 이름이다. 남북조 시대 북주(北周) 낭야(琅邪) 임기(臨沂) 사람으로 자는 자연(子淵)이다. 원래 남조의 양나라에서 벼슬을 하였으나 원제(元帝)를 따라 서위(西魏)에 항복한 후, 서위와 북주에서 벼슬을 했다. 문재(文才)가 있어 유신과 함께 북

주 황제들의 총애를 받았다. 문집에 ≪왕사공집(王司空集)≫이 있다. 주처사(周處士)는 주홍양(周弘讓)을 말함. 남조 양나라 때에 고향 모산(茅山)에서 은거함(이 책 권14 진시(陳詩) 3번시 참조).

2) 冥漠爾遊岱 2구 : 명막(冥漠)은 어둡고 고요하다. 보이지도 들리지도 않은 모양. 이(爾)는 그대, 당신. 대(岱)는 태산(泰山)의 별칭. ≪박물지(博物志)≫에 "태산에 '하늘 손자(天孫)'가 있는데, 죽은 자의 혼을 담당한다."라고 하였다. 진(秦)은 남방과 대조되는 북방의 왕조라는 의미.

3) 昔余仕冠蓋 2구 : 사(仕)는 종사하다. 관개(冠蓋)는 관복과 수레의 차양으로 벼슬을 상징. 치(値)는 만나다. 풍진(風塵)은 세상을 의미.

4) 望氣求眞隱 2구 : ≪열선전(列仙傳)≫의 노자 고사를 인용하였다. "노자가 서쪽으로 유람 길에 오르려 하였다. 관문지기 윤희(尹喜)가 상서로운 보랏빛 기운이 뜬 것을 보았는데, 과연 노자가 푸른 소를 타고 지나갔다."라고 하였다. 이 때 도를 묻는 윤희에게 노자가 오천 자로 ≪도덕경≫을 써주고 떠났다고 한다. 진은(眞隱)은 참된 은자, 일민(逸民)은 숨는 사람으로 모두 노자를 말함.

5) 忽聞泉石友 2구 : 천석우(泉石友)은 샘과 바위를 벗하며 노닐던 그대. 여기서는 주처사를 말함. 지(芝)는 지초, 영지. 계(桂)는 계수, '백약의 으뜸(百藥之長)'이라고 함. 신(身)은 혼백이 아니 육신, 여기서는 가는 몸으로 완곡히 죽음을 의미함.

6) 悵然張仲蔚 2구 : 장중울(張仲蔚)은 한나라 평릉(平陵) 사람이다. 황보밀(皇甫謐)의 ≪고사전(高士傳)≫에 의하면 벼슬을 하지 않고 은거하였으며 천문역법에 통달하고 박학하여 글을 잘 쓰고 시와 부에 뛰어났다. 항상 빈궁하여 집에 쑥이 자라고 사람이 다니지 않았다. 당시 사람들은 알아주지 않았으나 오직 유공(劉龔)만이 그를 알아주었다고 한다. 유공(劉龔)은 자가 맹공(孟公)으로 동한(東漢) 장안(長安) 사람으로 유향(劉向)의 손자이며 쟁론을 잘 하였다.

정자진(鄭子眞)은 은자이다. ≪한서·왕공양공포전(漢書·王貢兩龔鮑傳)≫에 "곡구(谷口)에 정자진이 있고, 촉에 엄군평(嚴君平)이 있는데 모두 몸을 닦아 스스로를 보존하였다. 그들의 복식이 아니면 입지 않고, 그들의 음식이 아니면 먹지 않았다. 성제(成帝) 때 원구대장군(元舅大將軍) 왕봉(王鳳)이 예로써 정자진을 불렀지만, 끝내 굽히지 않고 죽었다."라고 하였다.

7) 三山猶有鶴 2구 : 삼산(三山)은 중국 전설에 나오는 삼신산(三神山)으로 봉래산(蓬萊山)·방장산(方丈山)·영주산(瀛洲山)의 세 산을 말함. 주처사가 살았던 모산(茅山)을 비유한 것. 오류(五柳)는 시인 도연명(陶淵明)이 살았던 곳으로 주처사의 거처를 비유한 것.

8) 遂令從渭水 2구 : 위수(渭水)는 황하(黃河)를 말하여 여기서는 북방지역을 의미. 강(江)은 양자강으로 여기서는 남방지역을 의미. 가의(賈誼)가 상수(湘水)를 지날 때 굴원(屈原)을 조문하는 글 〈조굴원부(弔屈原賦)〉을 강에 던진 고사를 인용한 것으로 여기서는 조(弔)는 유신의 이 시를 가리킴.

9) 압운은 秦, 人, 塵, 民, 身, 眞, 春, 濱.

**감상**

모두 16구로 되어 있으며, 내용에 따라 4개의 단락으로 나눌 수 있다.

1단락(1-4구)은 친구의 죽음을 들었음에도 북방에 억류된 자신이 직접 문상을 가 볼 수 없는 처지임을 슬퍼하는 내용이다.

2단락(5-8구)은 과거 시인 자신과 주처사의 연분을 말하고 있다. 유신이 벼슬할 적에 세상을 피하는 주처사를 만났었고, 은자를 찾고 기다리던 주처사의 모습을 노자를 만났던 윤희의 모습에 비유하였다.

3단락(9-12구)은 친구 주처사의 죽음을 듣고 슬픔을 토로한다. 9-10구는 은자로 자연에 머물던 주처사의 죽음을 안타까워하고, 11-12구에서 한나라의 두 은자 장중울과 정자진을 들어 주처사에 비유하였다.

4단락(13-16구)에서 13-14구에서는 신선의 삼산과 전원시인 도연명의 거처를 빌려 주처사가 은거한 모산과 거처를 비유하였다. 또 삼산의 학과 봄을 맞는 오류의 표현은 사람은 가고 자연만 남았음을 의미한다. 마지막으로 시인은 직접 갈 수 없기에 조시(弔詩)를 써서 북방의 황하에 던져 남방의 양자강에 이르게 하겠다고 말한다. 실제 황하와 양자강은 수나라가 대운하를 만들기 전에도 작은 운하들로 통해 있었다고 한다.

## 1-10

## 〈奉和永豐殿下言志(봉화영풍전하언지)〉[1]

〈영풍후 전하의 '언지'에 받들어 화답하다.〉

| | |
|---|---|
| 立德齊今古,<br>립덕제금고 | 덕행을 세우나니 과거와 현재가 나란하고, |
| 資仁一毀譽.[2]<br>자인일훼예 | 인을 바탕 삼으니 훼방과 명예 하나이네. |
| 無機抱甕汲,[3]<br>무기포옹급 | 기심이 없어 항아리를 껴안고 물을 길고, |
| 有道帶經鋤.[4]<br>유도대경서 | 도를 간직하기에 경전 끼고서 밭 가시네. |
| 處下唯名惠,<br>처하유명혜 | 아래 처함은 오직 유하혜라 불러야 하고, |
| 能賢本姓蘧.[5]<br>능현본성거 | 어진 일 잘함은 본래 성명이 거백옥이네. |

| | |
|---|---|
| 未論驚寵辱,<br>미론경총욕 | 총애와 굴욕에 놀라는 일 논하지 없거니와, |
| 安知繫慘舒?[6)]<br>안지계참서 | 슬픔과 편안에 얽매는 일이야 어찌 아시랴? |

**역주**

1) 永豐殿下 : 영풍(永豐)은 영풍후(永豐侯) 소휘(蕭撝)를 말함. 자는 지하(智遐), 남란릉(南蘭陵)사람이다. 남북조시대 남조 양나라의 무제(武帝) 소연(蕭衍)의 아우 안성왕(安成王) 소수(蕭秀)의 아들이다. 553년 서위(西魏)에 망명한 뒤 시중(侍中), 표기대장군(驃騎大將軍), 개부의동삼사(開府儀同三司)를 지냈으며, 북주에서도 벼슬을 맡았다. 전하(殿下)는 제후(諸侯)를 부르는 말.

2) 立德齊今古 2구 : ≪좌전≫ 〈양공24년(襄公二十六年)〉에 '삼불휴(三不虧)'가 나오는데, 입공(立功), 입언(立言), 입덕(立德)이 있다. 영풍후(永豐侯)는 망명자 신분이기에 권력도 발언권도 없어, 입덕(立德)만 가능하였을 것이다. 제(齊)는 같다. 자(資)는 쌓다, 바탕으로 삼다. 훼예(毁譽)는 불명예와 명예. 남의 헐뜯음과 칭찬을 말함.

3) 無機抱甕汲 2구 : 기(機)는 기심(機心)으로 잔꾀를 써 이익을 더 보고자하는 마음. 급(汲)은 물을 긷다. 서(鋤)는 밭을 갈다. ≪장자·천지(莊子·天地)≫에 자공(子貢)이 길에서 한 노인이 항아리에 물을 길어 밭에 물을 대는 것이 수고에 비해 효과가 적은 것을 보고 다음과 같이 물었다. "여기에 기계가 있으면, 하루에 백 이랑도 물을 줄 수가 있습니다. 조금만 수고해도 효과가 큽니다. 그대는 그렇게 해보실 생각이 없습니까?" 이에 노인이 이렇게 대답하였다. "나는 내 스승에게 듣기를, 기계를 갖는다면 기계에 의한 일이 반드시 일어나고, 그런 일이 생기면 반드시 기계에 사로잡히는 마음이 생겨난다오. 그런 마음이 가슴속에 있으면 순수한 것이 없어지고, 순수한 것이 없으면, 정신과 본성이 안정되지 않고, 정신과 본성이 안정되지 않으면, 도가 깃들지 않는다오. 내가 (기계를) 모르는 것이 아니나, 부끄러워 쓰지 않을 뿐이오." 라고 하자 자공이 부끄러워했다고 한다.

4) 帶經鋤 : ≪위략(魏略)≫에 "상림(常林)은 젊어서 외롭고 가난했지만, 본성이 학문을 좋아했다. 한 말에 제생(諸生)이 되어서도, 항상 경전을 끼고서 밭을 갈았다." 라고 하였다.

5) 處下唯名惠 2구 : 처하(處下)는 아래에 처하다. 혜(惠)는 춘추 시대 노(魯)나라 현인(賢人) 유하혜(柳下惠)를 말함. 성은 전(展)씨고, 이름은 획(獲)이며, 자는 금(禽)이다. 유하(柳下)는 식읍(食邑)의 이름이고, 혜(惠)는 시호다. 후에 대부(大夫)를 지냈다. 일찍이 사사(士師)라는 관직을 지내면서 형옥(刑獄)을 맡았는데, 세 번 쫓겨나자 사람들이 떠나기를 권했다. 그러자 곧은 도로써 사람을 섬기면 어디 간들 세 번 쫓겨남을 당하지 않겠느냐며 굽은 도로 사람을 섬겨 부모의 나라를 버릴 수는 없다고 하였다. ≪논어·미자(論語·微子)≫에서 작은 벼슬을

수치로 알지 않았다고 하여 칭찬하였다.

능현(能賢)은 어진 행위를 잘하다. 거(蘧)는 거백옥(蘧伯玉)을 말함. 춘추시대 위(衛)나라의 대부(大夫)로 이름은 원(瑗)이며, 자가 백옥(伯玉)이다. ≪논어·위령공(論語·衛靈公)≫에 공자가 거백옥을 칭찬하길 "군자로다. 거백옥이여. 나라에 도가 있으면 벼슬하고, 나라에 도가 없으면 거두어 숨길 수 있다."라고 하였다.

6) 未論驚寵辱 2구 : 경(驚)은 자연스럽지 않기 때문에 깜짝 놀라는 것. 총욕(寵辱)은 총애와 모욕. ≪노자≫ 13장에 "총애도 모욕도 놀랄 일인 듯하구나. 큰 병을 제 몸처럼 귀하게 여기라."라고 하였다. 참서(慘舒)는 장형(張衡)의 ≪서경부(西京賦)≫에 "무릇 사람이 양지에 있으면 편하고(舒), 응달에 있으면 슬프니(慘), 이것은 하늘에 매인 바이다."라고 하였다.

7) 압운은 譽, 鋤, 蘧, 舒.

**감상**

이 시는 영풍후 소휘의 〈언지〉라는 시에 유신이 화답한 것이다. 유신은 조국인 남조 양나라에서 북위로 사신으로 왔다가 억류된 처지이고, 영풍후는 양나라 황족의 일족으로 서위(西魏)에 망명한 상황이었다. 유신은 망명 생활을 하고 있는 영풍후를 우회적으로 잘 묘사하고 있다. 모두 8구이고, 내용에 따라 두 단락을 나눌 수 있다.

전 단락(1-4구)에서 1-2구는 영풍후가 덕행을 세우고, 인을 쌓는 데는 왕조가 바뀐 것이나 남의 칭찬과 비방이 중요하지 않음을 말하고 있다. 3-4구는 영풍후의 인품이 잔꾀를 쓰는 기심(機心)이 없고, 도를 간직하였음을 칭송한다.

후 단락(5-8구)에서 5-6구는 춘추시대의 현인들인 유하혜와 거백옥을 들어 영풍후의 고매함을 높이고 있다. 마지막 7-8구는 총애를 얻거나 모욕을 당하거나, 편안함과 슬퍼함 등에 좌우되지 않음을 말한 것이다. 담담한 묘사 이면에 애잔함이 묻어나는 시이다.

## 1-11

## 〈詠畫屛風詩(영화병풍시)〉 〈그림이 그려진 병풍을 노래한 시〉

### 1-11-1

| | |
|---|---|
| 昨夜鳥聲春,<br>작야조성춘 | 어제 밤 새소리가 봄을 알리더니, |
| 驚鳴動四鄰.<br>경명동사린 | 놀라 울어 사방 이웃 흔들었구나. |

今朝梅樹下, 오늘 아침 매화나무의 아래에서,
금조매수하

定有詠花人. 틀림없이 꽃 읊는 여인 있구나.
정유영화인

流星浮酒泛,[1] 유성 같은 눈동자 술에 떠 넘실대고,
류성부주범

粟瑱繞杯脣.[2] 눈 장식 귀걸이가 술잔가 에워싸네.
속진요배순

何勞一片雨, 어찌 수고롭게 한바탕 비를,
하로일편우

喚作陽臺神.[3] 양대 신녀라고 불러 삼으랴.
환작양대신

**역주**

1) 流星 : 여인의 눈빛을 별빛에 비유한 것.
2) 粟瑱繞杯脣 : 속(粟)은 장식물. 고대에 눈썹에 장식물을 붙인 화장법. 진(瑱)은 귀걸이. 배순(杯脣)은 술잔가.
3) 何勞一片雨 2구 : 일편우(一片雨)는 한바탕 내리는 비. 환작(喚作)은 불러서 ~라고 삼다. 양대신(陽臺神)은 초왕과 무산(巫山) 신녀(神女)의 이야기에서 나온 말로 송옥(宋玉)의 〈고당부(高唐賦)〉에 "아침에는 구름이 되고 저녁에는 비를 내리면서, 아침마다 저녁마다, 양대로 내려옵니다."라고 했다.
4) 압운은 鄰, 人, 脣, 神.

**감상**

유신은 〈영화병풍시〉를 25수 지었는데, 그 중 심덕잠은 두 수를 선록하였고, 이 시는 제4수이다. 이 시의 초점은 병풍이 아니라 그림이다. 마치 새가 나는 매화나무 아래 술잔을 든 여인의 모습을 보는 듯하다. 모두 8구로 되어 있고, 내용상 크게 2개의 단락으로 나눌 수 있다.

앞 단락(1-4구)에서 1-2구에서 어젯밤 새소리가 크게 운 것은 모두 시인의 회상이다. 시인은 오늘 아침 이 병풍 속 여인이 매화나무 아래 서 있는 그림을 보고 어제를 생각해 낸 것이다.

후 단락(5-8구)의 5-6구에서는 매화나무 아래 술잔을 든 여인의 모습을 읊고 있다. 시인은 술잔의 술이 반짝거림을 보고 여인의 눈빛이라고 상상하였고, 눈썹에 붙인 장식물과 귀걸이가 술잔가에서 움직이는 모습을 통해 여인의 모습을 생생하게 그려낸다. 마지막에 시인은 이 여인이 바로 무산의 신녀와 같다고 말하고 있다.

1-11-2

| | |
|---|---|
| 三危上鳳翼,[1]<br>삼위상봉익 | 삼위산은 봉황의 날개가 오르는 듯, |
| 九阪度龍鱗.[2]<br>구판도룡린 | 구판은 용 비늘이 넘고 있는 듯하네. |
| 路高山裡樹,<br>로고산리수 | 길은 산 속 나무보다 더 높게 있고, |
| 雲低馬上人.<br>운저마상인 | 구름은 말 위 행인보다 낮게 깔렸네. |
| 懸崖泉溜響,[3]<br>현애천류향 | 낭떠러지에는 샘물이 울려대고 있거니와, |
| 深谷鳥聲春.<br>심곡조성춘 | 깊은 계곡에는 새들 소리가 봄을 알리네. |
| 住馬來相問,<br>주마래상문 | 말을 멈추고 와서 서로 물어 보거니와, |
| 應知有姓秦.[4]<br>응지유성진 | 진 씨 성 가진 자 있음을 응당 알겠네. |

**역주**

1) 三危上鳳翼 : 삼위(三危)는 산 이름으로 지금의 감숙성(甘肅省) 돈황현(敦煌縣) 동쪽에 있다. 봉익(鳳翼)은 봉황의 날개. 여기서는 산의 형상을 비유한 것.
2) 九阪度龍鱗 : 구판(九阪)은 촉(蜀)지방의 고개 이름으로 육반산(六盤山) 남단의 별칭. 도(度)는 도(渡)와 같다. 룡린(龍鱗)은 비늘 달린 용. 여기서는 구판 고개의 모습을 비유한 것.
3) 泉溜響 : 천류가 울려댄다는 것은 그림에서 소리를 느낀다는 의미.
4) 姓秦 : 진 씨 성을 가진 사람. 여기서는 도연명(陶淵明)의 〈도화원기(桃花源記)〉에서 말한 진시황의 난을 피해 도화원으로 간 사람들을 가리키는 말. 여기가 무릉도원이라는 의미.
5) 압운은 鱗, 人, 春, 秦.

**감상**

유신의 〈영화병풍시〉 25수 가운데 제20수이다. 모두 8구로, 크게 두 단락으로 나눠 내용을 살필 수 있다.

전 단락(1-4구)은 그림을 묘사한 것이다. 삼위산의 펼쳐진 모습은 봉황이 날개를 펴고 오르는 듯하고, 구판 고개의 구불구불함은 마치 용이 꿈틀거리는 형상이다(1-2구). 산 높은 곳의 길은 나무보다 높고, 말 타는 행인 아래로 구름이 깔려 있다

(3-4구).

후 단락(5-8구)은 그림에 대한 시인의 극찬이 이어진다. 시인은 그림에서 소리를 느껴 낭떠러지에 천류가 울려댄다고 하고, 새소리가 깊은 계곡에서 봄을 알린다고 말한다(5-6구). 그림 속에서 말 타던 행인은 누군가에게 길을 묻고 있다. 바로 이곳이 도연명의 〈도화원기〉에서 진시황의 전란을 피해 사람들이 갔던 도화원, 바로 그 무릉도원이라는 사실을 그 행인은 알았을 것이라고 시인은 생각한다(7-8구). 이 그림에 화제를 단다면, 〈산중문도(山中問道)〉가 어울리지 않을까.

## 1-12

〈梅花(매화)〉 〈매화〉

| | |
|---|---|
| 常年臘月半,[1]<br>상년랍월반 | 옛적에는 음력 12월 중순이 되면, |
| 已覺梅花闌.[2]<br>이각매화란 | 이미 매화가 흐드러짐을 느꼈었네. |
| 不信今春晩,[3]<br>불신금춘만 | 올 봄에 매화가 늦음을 믿지 않아서, |
| 俱來雪裡看.<br>구래설리간 | 함께 와서 눈 속에서 찾아보았다네. |
| 樹動懸冰落,<br>수동현빙락 | 나무 움직이자 매달린 얼음 떨어지고, |
| 枝高出手寒.<br>지고출수한 | 가지 높아 손 내미니 춥기만 하구나. |
| 早知覓不見,<br>조지멱불견 | 찾아도 볼 수 없음 일찍 알았으면 …, |
| 眞悔著衣單.*<br>진회착의단 | 입은 옷 홑겹임을 정말 후회하누나. |

**원주**

* 옛사람(유신)은 매화를 읊음에 청신하고 경지가 높아서 세속을 뛰어넘는다. 후대 사람은 세밀하게 묘사하면 할수록 더 막혀있는 듯 느껴진다. 옛날 사람은 정신(본질)을 취했지만, 후대사람은 형태만 취했기 때문이다.(古人詠梅, 淸高越俗. 後人愈刻畫愈覺粘滯. 古人取神, 後人取形也.)

**역주**

1) 常年 : 옛적. 남조 양나라에 있었을 때를 말함.

2) 闌 : 란(闌)은 란간(闌干)으로 꽃이 핀 후 시들어가는 단계, 흐드러질 때를 말함.
3) 今春 : 북방에서 맞이한 봄이라는 의미.
4) 압운은 闌, 看, 寒, 單.

**감상**

유신은 남조의 양나라 사람으로 554년 북방인 서위에 사신으로 파견되었다가 억류당한 후 다시 조국으로 돌아가지 못했다. 이 〈매화〉 시는 유신이 북방에 거주한지 얼마 되지 않은 시기에 지은 것으로 보이며, 낯선 타국 생활의 외로움과 어려움을 매화에 기탁하고 있다. 매화의 형태만을 읊은 것이 아니라, 결국 자신을 표현하였기에 심덕잠은 원주에서 청신하고 세속을 뛰어넘는 경지라고 높이 평가하였다.

시는 모두 8구로 되어 있다. 1구에서 말하는 옛적은 과거 남조의 양나라에서 있던 때를 말한 것이다. 3구에서의 올 봄은 유신이 북방에 거주할 때의 봄을 말한다. 남방은 북방보다 매화가 더 일찍 피기 때문에 이미 매화가 흐드러질 때임에도 매화를 볼 수 없어 시인은 눈 속이라도 매화를 찾아 나섰다(4구). 나무가 움직이자 꽃봉오리인줄 착각 했던 얼음이 떨어지고, 가지에 손을 내밀었더니 꽃은 없고 춥기만 하다(5-6구). 자신이 조국이 있는 남방이 아닌 북방에 있음을 깨닫는 시인은 꽃은 못보고 옷이 홑겹임을 공연히 후회해 본다(7-8구).

## 1-13

## 〈寄徐陵(기서릉)〉[1] 〈서릉에게 부치며〉

| | |
|---|---|
| **故人倘思我,**[2]<br>고인당사아 | 친구 자네가 만약에 나를 생각한다면, |
| **及此平生時.**[3]<br>급차평생시 | 지금 살아있을 때를 맞추도록 하시게. |
| **莫待山陽路,**<br>막대산양로 | 기다리지 말게 상수처럼 산양 길에서, |
| **空聞吹笛悲.**[4]<br>공문취적비 | 공연히 피리 소리 듣고 슬퍼하는 것을. |

**역주**

1) 徐陵(서릉, 507-583) : 남조 진(陳)나라 동해(東海) 담현(郯縣), 지금의 산동성(山東省) 담성현(郯城縣) 사람이다. 아버지 서리(徐摛)와 유견오(庾肩吾), 유신(庾信) 부자와 함께 '서유체(徐庾體)'로 이름을 날렸다. 후에 양나라의 간문제(簡文帝)가 되는 진안왕(晋安王)을 섬겨 북위(北魏)와 북제(北齊)에 자주 사신으로 파견되었다. 벼슬은 이부상서(吏部尙書), 상서복야(尙書僕射), 시중(侍中), 중서감(中書

監), 어사중승(御史中丞)을 거쳐 태자소부(太子少傅)까지 올랐다. 문명(文名)이 높아 강남뿐 아니라 화북(華北)의 문인들과도 교류가 많았다. 저서에 ≪서효목집(徐孝穆集)≫이 있고, ≪옥대신영(玉臺新詠)≫을 편집했다.

2) 故人倘思我 : 고인(故人)은 오래된 친구. 서릉을 가리킴. 당(倘)은 만약. 구어적 표현.

3) 及 : 맞추다.

4) 莫待山陽路 2구 : 위진시대 문학가인 상수(向秀)의 고사를 인용하였다. 상수는 진(晉)나라 하내(河內) 회현(懷縣) 사람으로 자는 자기(子期)이다. 죽림칠현의 한 사람으로 혜강(嵇康), 여안(呂安) 등과 친분이 깊었는데 혜강, 여안이 모두 죽임을 당한 후 산양(山陽)을 지나다가 피리 소리를 듣고는 〈사구부(思舊賦)〉를 지어 애도했다.

5) 압운은 時, 悲.

**감상**

이 시는 북방에 있는 유신이 남방에 있는 서릉에게 보내는 것이다. 이 시는 평이하고 구어적 표현을 통해 친구에 대한 친근감을 표현했으며, 3-4구에서는 죽림칠현의 한 사람이었던 상수가 산양을 지나다가 피리 소리를 듣고는 〈사구부〉를 지어 애도한 고사를 인용해 서릉을 그리워하는 마음을 더 한층 드러내고 있다.

또 훗날 당나라 때 성행한 율절(律絶)과 같이 평측(平仄)에 어긋남이 없어 근체시의 성립의 지표가 될 만한 작품으로 보인다. 고시(古詩)의 근원(根源)을 찾아가는 심덕잠의 선별의도가 엿보인다.

## 1-14
## 〈和侃法師(화간법사)〉[1]　〈간법사에 화답하다〉

| | |
|---|---|
| 客遊經歲月,<br>객유경세월 | 나그네의 삶으로 세월이 지나니, |
| 羈旅故情多.<br>기려고정다 | 타향살이에 옛 정 많이 그립구려. |
| 近學衡陽雁,[2]<br>근학형양안 | 근자에 형양 가는 기러기 본받아, |
| 秋分俱渡河.<br>추분구도하 | 추분에 황하를 함께 건너가구려. |

**역주**

1) 侃法師 : 남조(南朝) 출신의 승려.

2) 客遊經歲月 2구 : 객유(客遊)는 나그네 삶. 기려(羈旅)는 타향살이. 객유(客遊)와 기려(羈旅)의 주체는 간법사(侃法師).
3) 近學衡陽雁 : 근(近)은 시간과 공간의 개념이 있는데 여기서는 시간적 개념으로 '근자, 근래'의 의미. 형양안(衡陽雁)은 남방 호남성(湖南省) 형양시(衡陽市)에 회안봉(回雁峰)이 있는데, 기러기가 가을에 이곳까지 날아갔다가 봄이 되면 돌아온다고 전해진다.
4) 압운은 多, 河.

**감상**

이 시는 유신이 같은 남조 출신으로 북방에 함께 머문 간법사가 남으로 돌아가게 된 것을 전송하면서, 갈 수 없는 자신의 안타까운 마음을 기탁하고 있다. 1-2구의 주체는 간법사이지만, 유신의 마음도 마찬가지다. 3구의 형양은 조국 남조의 양나라를 상징하는 것으로 기러기가 남쪽으로 날아가듯 간법사도 함께 남으로 가는 것을 말한 것이다.

앞의 시와 마찬가지로 당나라의 율절(律絶)의 면모를 보여주고 있다.

## 1-15
## 〈重別周尚書(중별주상서)〉[1] 〈주상서와 다시 이별하며〉

陽關萬里道,[2] 양관 관문의 만 리 길 위에서는,
양관만리도
不見一人歸. 돌아가는 사람 하나 보이지 않네.
불견일인귀
唯有河邊雁, 오직 황하 가의 기러기가 있어,
유유하변안
秋來南向飛. 가을이 오면 남으로 날아간다네.
추래남향비

**원주**

* 자산 유신의 당시 상황과 지위로부터 이 시를 생각해보면, 서글픈 면이 더욱 드러난다.(從子山時勢地位想之, 愈見可悲.)

**역주**

1) 重別周尚書 : 중별(重別)은 다시 이별하다. 상서(尚書)는 벼슬 이름.
2) 陽關 : 여기서는 특정 지역을 나타내는 말보다 보통명사화 되어 국가 간의 경계에 있는 관문의 의미. 시 안에서는 남조 양(梁)나라와 북주(北周)이 경계.

3) 압운은 歸, 飛.

**감상**

이 시는 유신(庾信)이 상서 벼슬을 맡은 주상서를 전송하는 시이지만, 전송의 의미보다 시인 자신의 슬픈 감정이 더 강하게 느껴진다. 1구의 양관은 보통명사로 국경을 의미한다. 2구에서 돌아가는 사람이 한 사람도 보이지 않는다는 것은 그만큼 돌아가기 어려움을 표현한 것이다. 북방에 억류되어 고국으로 돌아갈 수 없는 시인 유신의 입장에서 자유로이 날아 남으로 가는 기러기의 모습에서 느꼈을 감정이 애처롭다.

## 2. 王褒[1)]

### 2-1

〈關山篇(관산편)〉 〈관산을 넘으며〉

| | |
|---|---|
| 從軍出隴阪,<br>종군출롱판 | 군대를 따라 농산을 나섰네. |
| 驅馬度關山.[2)]<br>구마도관산 | 말을 몰아 관산을 넘었다네. |
| 關山恆掩藹,[3)]<br>관산항엄애 | 관산은 언제나 가려져 있고, |
| 高峰白雲外.<br>고봉백운외 | 고봉만 흰 구름 너머 우뚝, |
| 遙望秦川水,[4)]<br>요망진천수 | 멀리 진천 물줄기 바라보니, |
| 千里長如帶.<br>천리장여대 | 천 리에 허리띠처럼 길구나. |
| 好勇自秦中,[5)]<br>호용자진중 | 용기 좋아함은 당연 진중이나니, |
| 意氣多豪雄.[6)]<br>의기다호웅 | 의기가 많이들 크고 씩씩하네. |
| 少年便習戰,<br>소년편습전 | 어려서 곧 전투를 익히거니와, |
| 十四已從戎.[7)]<br>십사이종융 | 열네 살이면 이미 종군한다네. |
| 遼水深難渡,<br>료수심난도 | 요수가 깊은들 건너기 어려우랴, |
| 楡關斷未通.[8)]<br>유관단미통 | 유관이 가파른들 통하지 못하랴. |

역주

1) 王褒(왕포, 513?-576) : 남북조 시대 북주(北周) 낭야(琅邪) 임기(臨沂) 사람으로 자는 자연(子淵)이다. 원래 남조의 양나라에서 시중(侍中), 이부상서(吏部尚書), 좌복야(左僕射) 등의 벼슬을 하였으나, 양원제(梁元帝)를 따라 서위(西魏)에 항복한 후, 서위와 북주에서도 벼슬을 했다. 서위에서는 거기대장군(車騎大將軍)과 의동삼사(儀同三司)를 지내고 북주에서는 내사중대부(內史中大夫)와 소사공(小

司空)을 역임했다. 문재(文才)가 있어 유신(庾信)과 함께 북주 황제들의 총애를 받았다. 작품에는 〈연가행(燕歌行)〉, 〈도하북(渡河北)〉 등이 있고, 문집에 ≪왕사공집(王司空集)≫이 있다.

2) 從軍山隴阪 2구 : 〈목란시(木蘭詩)〉에 "관산을 나는 듯 넘네.(關山度若飛.)"라고 한 구절에서 왔다(≪고시원≫ 권13 17-7번 시 참조). 롱판(隴阪)은 롱산(隴山), 구판(九阪)으로 지금의 육반산(六盤山) 남단의 별칭.
3) 掩藹 : 엄(掩)은 초목 등으로 인해 가리다. 애(藹)는 애(靄)와 같아 안개로 가리다.
4) 秦川 : 진(秦)은 진 지방. 천(川)은 물이 흐르는 대평원.
5) 自秦中 : 자(自)는 당연히, 자연. 진중(秦中)은 진나라 지역.
6) 豪雄 : 보통 영웅호걸을 가리키나, 여기서는 뜻이 크고 씩씩함을 의미.
7) 少年便習戰 2구 : 소년(少年)은 젊은이. 또는 어린 나이. 십사(十四)는 열네 살로 고대에 14세는 소년이 아니라 젊은이였다. 융(戎)은 여기서 '군대'의 의미.
8) 斷 : 가파르다.
9) 압운은 阪, 山에서 藹, 外, 帶로, 다시 中, 雄, 戎, 通으로 환운.

**감상**

이 시는 왕포가 북방에 체류하고 있을 때 지은 것으로 보인다. 모두 12구로 되어 있으며 압운에 따라 3개의 단락으로 나눌 수 있다.

1단락(1-2구)은 제목인 '관산(關山)'을 다시 설명한 파제(破題)이다. 이 두 구는 〈목란시〉에 "관산을 나는 듯 넘네."라는 구절에서 가져온 것이다.

2단락(3-6구)은 관산을 넘어 시인이 본 전쟁터를 묘사한 것이다. 관문과 산령은 초목과 안개에 늘 가려져 있고, 높은 산봉우리만이 흰 구름 너머로 보일 뿐이다(3-4구). 멀리서 바라보는 진나라 평원의 물줄기는 마치 긴 띠처럼 보인다(5-6구).

3단락(7-12구)은 2단락에서 표현한 이런 호기로운 자연 아래에 호기로운 사람이 나는 법임을 설명하고 있다. 이 지역은 큰 기개가 있어 사람들이 크고 씩씩하니, 어려서부터 전투를 익히고, 나이 열넷이 되면 군대를 따른다고 말한다(7-10구). 그러니 요수가 깊은들, 유관이 자른 듯 가파른들 건너지 못하고, 통하지 못할 것이 무엇인가(11-12구).

〈목란시〉가 소녀 병사의 용맹함을 읊었다면, 이 시는 젊은 병사의 씩씩함을 노래한 것으로 보인다. 또 이 시는 환운(換韻)할 때 첫 구도 압운하고 있는데, 이 점은 당나라 고시에서 흔히 볼 수 있는 특징이다.

## 2-2

## 〈渡河北(도하북)〉 〈황하를 건너 북으로 가다〉

| | |
|---|---|
| 秋風吹木葉,<br>추풍취목엽 | 가을바람이 나뭇잎을 불어대니, |

還似洞庭波.[1] 역시 물결 이는 동정호 같구나.
환사동정파

常山臨代郡, 상산은 대군을 굽어보고 있고,
상산림대군

亭障繞黃河.[2] 보루는 황하 둘러싸고 있구나.
정장요황하

心悲異方樂, 마음 슬프나니 이방의 음악이요,
심비이방악

腸斷隴頭歌.[3] 애간장 끊나니 농두의 노래로다.
장단롱두가

薄暮臨征馬, 저물녘에 전마를 마주 대하니,
박모림정마

失道北山阿. 북산 기슭에서 길을 잃는구나.
실도북산아

**원주**

* 곡조를 일으킴이 매우 높다.(起調甚高.)

**역주**

1) 秋風吹木葉 2구 : 환(還)은 여전히, 예상 밖. 굴원(屈原)의 ≪구가·상부인(九歌·湘夫人)≫에 "산들산들 가을바람에, 동정호에는 물결이 일고 나뭇잎 떨어지네.(嫋嫋兮秋風, 洞庭波兮木葉下.)"라고 하였다. 이 2구는 현재 전쟁터임에도 낙엽 지는 장면과 잔잔한 호수가 뜻밖에 연상된다는 의미.
2) 常山臨代郡 2구 : 상산(常山)은 항산(恒山)으로 한(漢)나라 관애(關隘)의 이름으로 지금의 하북성(河北省) 당현(唐縣) 서북에 있다. 림(臨)은 여기서 공간적 개념으로 위에서 아래로 내려다 보는 것. 대군(代郡)은 진(秦)나라 군명(郡名). 정장(亭障)은 군사시설로 성채, 보루(堡壘).
3) 心悲異方樂 2구 : 이방악(異方樂)은 이방의 음악. 시인은 남조 출신으로 여기서는 북방의 음악을 지칭. 농두가(隴頭歌)는 농두 지역의 노래, 즉 민가. 〈신천유(新天遊)〉 등으로 대표되는 중국 서북 지역의 민가를 말함.
4) 압운은 波, 河, 歌, 阿.

**감상**

이 시는 왕포가 북방에 있을 때 지은 시이다. 왕포는 원래 남조의 양나라에서 벼슬을 하였으나, 양 원제(元帝)가 서위(西魏)에 항복한 후, 북조인 서위와 북주(北周)에서도 벼슬을 하게 되었다. 문재(文才)가 있어 북주의 황제들에게도 총애를 받았으나 여전히 마음속에는 망한 조국에 대한 비애가 있었다.

이 시는 모두 8구로 되어 있다. 북방의 전쟁터를 보게 된 시인은 눈에 놀랍게도 굴원의 〈구가·상부인(九歌·湘夫人)〉의 한 구절처럼 낙엽 지는 장면과 잔잔한 호수가 보인다. 그러나 여기는 전쟁터이다. 상산은 군림하듯 대군을 내려다보고, 군사시설인 보루가 황하를 감싼다. 여기가 고국이었던 남방이 아님을 느끼고 있을 때, 시인에게 낯선 북방의 악기소리에 생소한 민가 소리까지 들려와 마음이 서글프기 만하다. 말(馬)도 시인처럼 낯선 지역, 낯선 소리에 길을 잃었나 보다.

# 隋詩(수시)

## 1. 煬帝[1)*]

### 1-1

〈飮馬長城窟行示從征群臣(음마장성굴행시종정군신)〉[2)]
〈'음마장성굴행'으로 종군하는 여러 신하에게 보이다〉

肅肅秋風起,　　휙휙 가을바람 일어나는구나.
숙숙추풍기
悠悠行萬里.[3)]　　멀리 아득히 만 리를 가노라.
유유행만리
萬里何所行,　　만 리를 가는 것 무엇 때문인가,
만리하소행
橫溪築長城.[4)]　　사막 가로질러 장성을 쌓는다네.
횡계축장성
豈台小子智,[5)]　　어찌 못난 나의 지략일 것이랴,
기이소자지
先聖之所營.　　예전 성군들 도모하신 바라네.
선성지소영
樹茲萬世策,　　이 만세의 책략을 세워서는,
수자만세책
安此億兆生.[6)]　　여기 억조창생 편안케 하세.
안차억조생
詎敢憚焦思,　　어찌 감히 노심초사를 싫어해서,
거감탄초사
高枕於上京.[7)]　　상경에서 베개를 높이 할 것인가.
고침어상경
北河秉武節,　　북하에서 군대의 부절을 잡고서,
북하병무절
千里卷戎旌.[8)]　　천리에서 전쟁 깃발 말아버리세.
천리권융정
山川互出沒,　　산과 물 서로 나오고 없어지고,
산천호출몰
原野窮超忽.　　평원은 멀고 아득함을 다했구나.
원야궁초홀

| | |
|---|---|
| 摐金止行陣,<br>창금지행진 | 징을 쳐서 행진을 멈추게 하고, |
| 鳴鼓興士卒.<br>명고흥사졸 | 북을 울려서 병사들을 북돋노라. |
| 千乘萬騎動,<br>천승만기동 | 천 수레와 만 기마 거느리거니와, |
| 飮馬長城窟.<br>음마장성굴 | 장성 굴에서 말에 물 먹이리라. |
| 秋昏塞外雲,<br>추혼새외운 | 가을은 변방 너머 구름 어둡게 하고, |
| 霧暗關山月.[9]<br>무암관산월 | 안개는 관산의 달을 흐리게 하는구나. |
| 緣巖驛馬上,[10]<br>연암역마상 | 암벽 따라서 역마가 오르고 있고, |
| 乘空烽火發.<br>승공봉화발 | 허공을 타고 봉화 피어오르는구나. |
| 借問長城候,<br>차문장성후 | 묻자구나 장성 위 척후병이여, |
| 單于入朝謁.[11]<br>선우입조알 | 선우가 입조하여 알현했는지를. |
| 濁氣靜天山,<br>탁기정천산 | 흐린 기운이 천산에서 맑아지고, |
| 晨光照高闕.[12]<br>신광조고궐 | 새벽빛이 높은 망루를 비추노라. |
| 釋兵仍振旅,<br>석병잉진려 | 무기 놓아도 아직 군대 진작시키세. |
| 要荒事方舉.[13]<br>요황사방거 | 요황의 일 바야흐로 거행될 것이네. |
| 飮至告言旋,<br>음지고언선 | 승전 축하연 열어 개선을 알리네. |
| 功歸清廟前.[14]<br>공귀청묘전 | 전투의 공적을 종묘사직에 돌리세. |

원주

* 양제의 시는 우아하고 올바른 말을 쓸 수 있어, 진나라 후주보다 뛰어나다.(煬帝

詩, 能作雅正語, 比陳後主勝之.)

**역주**

1) 煬帝(양제, 569-618, 재위 604-618) : 수나라의 제2대 황제로 이름 양광(楊廣), 연호 대업(大業)이다. 수를 건국한 문제(文帝) 양견(楊堅)의 둘째 아들로 태어났으나, 황태자였던 형 용(勇)을 살해하고 스스로 황태자가 되었고(600년), 604년에는 아버지를 죽이고 제위에 올랐다. 황제가 되는 일에 권신인 양소(楊素)의 힘이 컸다. 즉위 뒤, 만리장성을 축조하고 대운하를 완성하는 등 대규모 토목공사로 인한 백성들의 부담을 가중하였고, 3차례 고구려를 침입(612-614)하였으나 대패하였으며, 각지에서 민란까지 겹쳐 수나라가 멸망에 이르게 하였다. 만년에 풍치가 아름다운 강도(江都), 지금의 양주(揚州)로 옮겨 사치스런 생활을 하다가, 신하인 우문화급(宇文化及)에게 살해되었다. 시호 양제의 양(煬)은 악랄한 황제를 뜻한다고 한다. 업적으로는 대운하의 개통으로 남북 융합에 크게 공헌한 것과 대업례(大業禮)과 대업률령(大業律令)의 정비한 것, 서역(西域)의 여러 나라와 교역의 길을 열고 토곡혼(吐谷渾)과 고창(高昌)을 정복한 것 등을 꼽을 수 있다.
2) 飮馬長城窟行示從征群臣 : 음마장성굴행(飮馬長城窟行)은 한(漢)나라 채옹(蔡邕)의 〈음마장성굴행〉을 말함(≪고시원≫ 번역본 1권 318쪽 참조). 시(示)는 보이다, 보도록 하다. 종정(從征)은 종군(從軍)과 같아 전쟁을 수행하다.
3) 肅肅秋風起 2구 : 숙숙(肅肅)은 첩자, 의성어로 바람소리. 유유(悠悠)는 첩자, 의태어로 먼 모양.
4) 萬里何所行 2구 : 3구는 질문, 4구는 대답. 계(溪)는 막(漠)의 오자. 횡계(橫溪)는 횡막(橫漠)으로 사막을 가로지르다. 축장성(築長城)은 장성을 쌓는 것, 장성은 유목민과 농경사회를 나누는 경계로 변방을 정리하고 북방 유목민의 침입을 막고자 하는 목적이 있었다. 여기서는 수나라가 북방의 돌궐(突厥)을 정복하는 것과 관련이 있다. 6세기 후반, 돌궐이 동돌궐과 서돌궐로 분열되자 수나라는 서돌궐이 동돌궐을 공격하도록 부추겨 동돌궐을 굴복시키고 동돌궐은 수나라에 신하국가가 됨으로 군신관계가 되었다. 수나라 양제는 돌궐과의 관계가 안정되자 고구려 공격을 준비한다.
5) 台小子 : 나라는 아이. 자신을 낮춘 말. 태(台)는 나.
6) 樹茲萬世策 2구 : 수(樹)는 세우다. 책(策)은 계략, 책략. 생(生)은 민생(民生), 백성.
7) 高枕 : 베개를 높이하다. '빈둥거리다' 의 의미.
8) 北河秉武節 2구 : 북하(北河)는 강 이름. 황하가 음산(陰山) 남쪽 기슭에서 남북 두 갈래로 갈라지는데 북쪽 강을 '북하' 라 함. 절(節)은 부절(符節)로 여기서는 군대를 이끄는 통수권, 군권을 말함. 권(卷)은 권(捲)과 같아 '말다' 의 뜻. 융(戎)은 전쟁을 상징. 정(旌)은 깃발. 여기서 전쟁의 깃발을 만다는 것은 승리하여 전쟁을 그친다는 것과 기쁜 마음에 서둘러 돌아온다는 의미가 있음.

9) 超忽 : 초(超)는 뛰어넘다, 멀다. 홀(忽)은 아득하다.

7) 摐金止行陣 2구 : 금(金)은 악기 '징'을 뜻함. 거센 소리 징을 쳐서 군대의 행진을 멈추게 함. 명고(鳴鼓)는 북을 울리다. 징보다 부드러운 북소리로 사기를 북돋게 하는 역할을 함.

9) 秋昏塞外雲 2구 : 유목지역의 가을은 눈구름이 몰려오는 계절로, 농경민에게 가을은 수확의 계절이지만, 북방에 거주하는 유목민에게는 목초지가 사라지는 계절일 뿐이다. 그래서 중원의 곡식을 노릴 수밖에 없었다.

10) 緣 : 따라서.

11) 借問長城候 2구 : 후(候)는 정찰과 탐색을 담당하는 척후병(斥候兵). 선우(單于)는 흉노족의 왕. 여기서는 유목민의 왕의 의미.

12) 闕 : 여기서는 망루의 의미.

13) 釋兵仍振旅 2구 : 석병(釋兵)은 병사, 무기를 놓다. '전쟁을 끝내다'는 의미. 진(振)은 진작시키다. 려(旅)는 군대. 요황(要荒)은 옛날 경성 밖의 아주 먼 지방, 변경 지역을 가리키던 말. ≪상서·우공(尙書·禹貢)≫에 "궁성에서 오백 리 떨어지면 요복(要服)이고, …또 오백 리 떨어지면 황복(荒服)이다."라고 하였다. 여기서는 고구려가 있는 요동(遼東) 지역을 말함. 사(事)는 전쟁 일. 방(方)은 바야흐로. 여기서는 '가까운 미래'를 의미. 여기서는 돌궐을 정복한 수나라가 곧 고구려와의 전쟁을 준비하는 것을 말함.

14) 飮至告言旋 2구 : 음지(飮至)는 고대에 제후들이 조정에 모여 정벌하고 돌아오겠다는 맹세를 하고 종묘에 제사하는 의식이었으나 후에 전쟁에서 개선하고 돌아와 종묘에 제사를 거행하는 의식의 의미가 됨. 언(言)은 어조사. 선(旋)은 전쟁에 이기고 돌아온 개선(凱旋)의 의미. 청묘(淸廟)은 조상, 종묘사직.

15) 압운은 起, 里에서 行, 城, 營, 生, 京, 旌으로, 다시 沒, 忽, 卒, 窟, 月, 發, 謁, 闕로, 다시 旅, 擧, 旋, 前으로 환운하고 있다.

### 감상

이 시는 수나라 양제가 쓴 노래이다. 원래 양제의 묘호는 세조(世祖)였으나 당나라에서 비하의 의미로 올린 양(煬)을 대신 붙여 쓴 것은 그만큼 폭군의 이미지가 크기 때문이다. 둘째 아들로 태어나 황태자인 형과 황제인 아버지를 죽이고 제위에 올랐으며, 즉위 후 대대적인 토목공사로 백성들의 원성을 샀고, 무리한 고구려 정복 전쟁으로 결국 나라를 망하게 한 주인공인 만큼 '양(煬)'의 이름이 어울릴지도 모른다. 그러나 아이러니하게도 백성들을 괴롭힌 대운하 공사는 이후 남북을 잇는 데 공헌하는 업적이 되었다. 그 외에도 업적이 없는 바는 아니지만 모두 '양(煬)'의 이름 속에 묻혀 버렸다.

이 시는 양제가 한(漢)나라 시 〈음마장성굴행〉에서 '장성'과 관련된 내용을 따와 함께 전쟁을 수행하던 여러 신하에게 보이기 위해 지은 것이다. 이 시는 양제의 업적이기도 한 북방 민족 돌궐(突厥)의 정복과 관련이 있다. 오랜 기간 남과 북으로 나뉘었던 중원을 수나라가 통일하게 되자 북방의 유연(柔然)을 멸하고 강자로 떠오른 돌궐과 대치하게 되었다. 수나라는 6세기 후반, 동돌궐을 굴복시키고 신하국가로 예속시켜 북방을 안정시킨다. 이 시는 돌궐의 정복 과정을 기술하고 이제 요동(遼東) 지역의 고구려를 정복하겠다는 의도가 담겨있다.

이 시는 모두 30구로 되어 있으며 환운(換韻)에 따라 모두 네 단락으로 나눠 볼 수 있다.

먼저 1단락과 4단락의 마지막 구를 보면서 시의 큰 틀을 이해할 수 있다. 1단락(1-2구)은 가을바람을 맞으며 만 리를 가고 있음을 말하고, 그 이유를 마지막 4단락(27-30구)의 29-30구에서 이야기한다. 1단락의 이유는 승리 축하연을 하며 개선을 알리고 전쟁의 공을 종묘사직에 돌리기 위함이다(29-30구).

2단락(3-12구)은 과거 유목민인 돌궐을 진압했던 일을 말한 것이다. 유목민을 제압하기 위해 장성을 쌓았고, 이 모든 것은 백성을 위한 것이었음을 말한다. 북하에서 군권을 잡고 군대를 통솔하여 결국 승리하여 기쁜 마음에 전쟁의 깃발을 말고서 서둘러 돌아왔었음을 말한다.

3단락(13-26구)은 전쟁터를 묘사함으로 시작된다. 그곳은 산과 물이 번갈아 나타나고 없어지던 험한 곳으로 평원은 끝없이 펼쳐지던 곳이었다(13-14구). 징을 쳐서 군대의 행진을 멈추고, 북소리로 군대의 사기를 북돋았으며, 천승과 만기를 거느리고 장성을 점령하리라 의지를 태운 곳이었다(15-18구). 유목 지역의 가을은 눈구름이 몰려오고, 안개로 어두운 곳이었으나 역마가 암벽을 오르고, 봉화가 이어지는 전쟁의 결과 유목민의 왕이 항복을 알리러 황제를 알현하게 되었다(19-24구).

마지막 4단락(27-30구)의 27-28구에서 유목민과의 전쟁은 끝났지만 여전히 군대를 진작시키는 것은 곧 다가올 고구려가 있는 요동(遼東) 지역에서의 전쟁을 거행해야 하기 때문이다. 그러나 지금은 가을바람을 맞으며 만 리 길을 달려(1단락) 개선을 알리고 종묘사직에 고하기 위해(29-30구) 길을 재촉한다.

## 1-2

## 〈白馬篇(백마편)〉[1]　　〈백마 노래〉

| | |
|---|---|
| 白馬金貝裝,[2]<br>백마금패장 | 금패로 장식한 백마가, |
| 橫行遼水傍.<br>횡행요수방 | 요수 가에서 활보하네. |
| 問是誰家子,<br>문시수가자 | 묻건대 뉘 집 젊은이인가, |
| 宿衛羽林郎.[3]<br>숙위우림랑 | 숙위하는 우림랑이라네. |

| | |
|---|---|
| 文犀六屬鎧,<br>문서륙속개 | 무늬 무소가죽 여섯 겹 갑옷이요, |
| 寶劍七星光.[4]<br>보검칠성광 | 보검에는 북두칠성의 빛이라네. |
| 山虛弓響徹,<br>산허궁향철 | 빈산에는 활소리가 울리거니와, |
| 地迥角聲長.[5]<br>지형각성장 | 먼 땅에는 호각소리가 울리네. |
| 宛河推勇氣,<br>완하추용기 | 완하에서 용맹한 기상 떨쳤고, |
| 隴蜀擅威強.[6]<br>롱촉천위강 | 농촉에서 그 위세를 떨쳤다네. |
| 輪臺受降虜,<br>륜대수강로 | 윤대에서 적의 항복 받아들였고, |
| 高闕翦名王.[7]<br>고궐전명왕 | 고궐에서 명왕의 목을 베었다네. |
| 射熊入飛觀,<br>사웅입비관 | 날렵한 사웅관으로 들어갔고, |
| 校獵下長楊.[8]<br>교렵하장양 | 사냥하고자 장양궁을 내려갔네. |
| 英名欺衛霍,<br>영명기위곽 | 뛰어난 명성 위청 곽거병 업신여겼고, |
| 智策蔑平良.[9]<br>지책멸평량 | 지혜로운 계책은 진평 장량 멸시했네. |
| 島夷時失禮,<br>도이시실례 | 남쪽 오랑캐 자주 예를 잃어버리고, |
| 卉服犯邊疆.[10]<br>훼복범변강 | 풀옷 입은 놈들이 변방을 침범했네. |
| 徵兵集薊北,<br>징병집계북 | 징집된 병사들이 계북에 모여들어서, |
| 輕騎出漁陽.[11]<br>경기출어양 | 날랜 기마병들이 어양에 나아갔다네. |
| 進軍隨日暈,<br>진군수일훈 | 군대를 진군시켜 해무리를 따르나니, |
| 挑戰逐星芒.[12]<br>도전축성망 | 싸움을 걸고자하여 별빛을 따랐다네. |

| | |
|---|---|
| 陣移龍勢動,<br>진이룡세동 | 군진의 이동은 용 형세 움직임 같고, |
| 營開虎翼張.[13)]<br>영개호익장 | 진영은 비호의 날개와 같이 펼쳤구나. |
| 衡冠入死地,<br>충관입사지 | 분기충천하여서 사지에 들어가거니와, |
| 攘臂越金湯.[14)]<br>양비월금탕 | 팔을 휘두르며 요새를 뛰어 넘었는구나. |
| 塵飛戰鼓急,<br>진비전고급 | 먼지 날고 독전의 북소리 급하거니와, |
| 風交征旆揚.<br>풍교정패양 | 바람이 교차하며 깃발들 나부꼈더라. |
| 轉鬪平華地,<br>전투평화지 | 옮겨 다니며 싸워 화지 평정했으니, |
| 追犇掃鬼方.[15)]<br>추분소귀방 | 쫓아 달려가서 귀방을 쓸어버리리라. |
| 本持身許國,<br>본지신허국 | 본래 이 몸 나라에 바쳤거니와, |
| 況復武功彰.<br>황부무공창 | 게다가 또한 무공이 드러남에랴. |
| 會令千載後,<br>회령천재후 | 반드시 만들 것이라 천 년 후까지, |
| 流譽滿旂常.[16)]<br>류예만기상 | 전하는 명성이 깃발에 가득하도록. |

**원주**

* 두 작품은 기상과 체제가 저절로 넓고 크지만 뼈에서 나오는 힘이 떨쳐 일어날 수 없다. 고로 풍격이 막 이루어져, 정수가 아직 갖추어지지 않음을 알겠다.(二章氣體自闊大,[17)] 而骨力未能振起, 故知風格初成, 菁華未備.[18)])

**역주**

1) 白馬篇 : 악부(樂府)의 옛 제목.
2) 白馬金貝裝 2구 : 백마(白馬)는 여기서 기마병을 뜻함. 금패(金貝)는 황금과 보물인 조개. 횡행(橫行)은 제멋대로 움직이다, 활보하다. 요수(遼水)은 여기서 요동(遼東) 지역을 뜻하며 수(隋) 양제(煬帝)의 3차례 고구려 침공(612-614년)과 관련되어 쓰임.

3) 問是誰家子 2구 : 자(子)는 젊은이로 1구의 백마 부대를 가리킴. 3구의 주어는 숙위(宿衛)는 원래 한나라 무제(武帝) 때 육군(六郡)의 자제를 뽑아 건장궁(建章宮)을 지키게 하였는데 후에 임금의 궁궐을 지키는 친위부대의 의미가 됨. 우림랑(羽林郎)은 친위부대의 장교.

4) 文犀六屬鎧 2구 : 문서(文犀)는 무늬가 있는 무소가죽. ≪주례·동관고공기·함인(周禮·冬官考工記·函人)≫에 "함인은 갑옷을 만드는데, 무소 가죽 일곱으로 잇고, 들소 가죽 갑옷은 여섯 겹으로 잇고, 합성한 가죽으로는 다섯 겹을 잇는다."라고 하였다. 여기서는 무늬 있는 무소 가죽을 여섯 겹 이어 갑옷을 만들었다는 의미. 칠성(七星)은 북두칠성.

5) 山虛弓響徹 2구 : 궁향(弓響)은 활 소리. 철(徹)은 (소리가) 끝까지 가는 것을 말함. 각성(角聲)은 호각 소리.

6) 宛河推勇氣 2구 : 완(宛)은 대완(大宛)지역으로 서역, 북방 지역. 완하(宛河)는 대완(大宛)지역과 황하의 상류지역을 합친 것으로 중국의 서북 지역을 말함. 롱(隴)은 감숙성(甘肅省). 촉(蜀)은 사천성(四川省).

7) 輪臺受降虜 2구 : 륜대(輪臺)는 고대 지역명. 지금의 신강(新疆) 미천현(米泉縣). 고궐(高闕)은 관새(關塞)의 이름. 명왕(名王)은 여기서 유목 민족의 왕을 지칭.

8) 射熊入飛觀 2구 : 사웅(射熊)은 한나라 장양궁(長陽宮)의 사웅관(射熊館)으로 황제가 열병(閱兵)과 군사훈련의 일환인 사냥을 즐기던 곳. 비관(飛觀)은 고루(高樓)와 같다. 교렵(校獵)은 울타리를 치고 사냥하다. 옛날 병사들이 에워싸 짐승을 몰아 사냥했다. 교(校)는 울타리를 치다.

9) 英名欺衛霍 2구 : 위곽(衛霍)은 한나라 무제(武帝) 때의 명장 위청(衛靑)과 곽거병(霍去病). 평량(平良)은 한 고조(高祖)의 책략가였던 진평(陳平)과 장량(張良).

10) 島夷時失禮 2구 : 도이(島夷)는 남쪽 오랑캐. 남북조시대에 북방이 남방을 얕잡아 부를 때 '도이(島夷)'라 하였고, 남방이 북방을 낮춰 부를 때는 '삭노(索虜)'라 하였다. 시(時)는 때로. 여기서는 '자주'의 의미. 훼복(卉服)은 풀 옷을 입은 놈. '도이(島夷)'와 같이 얕잡아 부르는 말로 미개하다는 의미. ≪서경·우공(書經·禹貢)≫에 "섬 오랑캐는 훼복을 입는다."라 하였다.

11) 徵兵集薊北 2구 : 계북(薊北)은 지금의 하북성(河北省) 계현(薊縣) 북쪽. 경기(輕騎)는 날쌘 기마병. 어양(漁陽)은 진(秦)나라 군(郡)이름으로 지금의 북경(北京) 밀운현(密雲縣) 서남쪽. 이 2구는 호문(互文)으로 병사들과 기마병이 계북에 모이고, 어양에 나간다는 의미.

12) 進軍隨日暈 2구 : 일훈(日暈)은 해무리. ≪사기·천관서(史記·天官書)≫에 "두 군대가 서로 필적하면, 태양에 해무리가 진다."라고 하였다. 도전(挑戰)은 싸움을 걸다, 부추기다. 성망(星芒)은 별빛.

13) 陣移龍勢動 2구 : 진(陣)은 군대의 진지. 영(營)은 군대의 진영. 호익(虎翼)은 비호(飛虎)의 날개.

14) 衝冠入死地 2구 : 충관(衝冠)은 분기충천(憤氣衝天)하여 관을 찌를 정도라는 의미. 금탕(金湯)은 쇠로 만든 성과 끓는 물을 채운 못이란 뜻의 금성탕지(金城湯

池)의 준말로 난공불락의 요새의 뜻.

15) 轉鬬平華地 2구 : 전투(轉鬬)는 여기 저기 옮겨 다니며 싸우다. 여기서는 북제(北齊)와 남조의 진(陳)과의 전쟁으로 서북과 동남지역을 다니며 전쟁한 것을 말함. 화지(華地)는 중원(中原), 중국 땅을 말함. 추(追)는 좇아가다. 분(犇)은 분(奔)으로 달려가다. 귀방(鬼方)은 앞의 화지(華地)와 반대 개념으로 중국인이 아닌 소수민족이 사는 지역을 말함. 문맥상 아직 정복하지 못한 요동(遼東) 지역을 말함.

16) 會令千載後 2구 : 회(會)는 반드시. 령(令)은 하여금 ~하게 하다. 류예(流譽)는 전해지는 명성. 기상(旂常)은 상기(常旂)로 천자가 쓰는 깃발을 말하며 부대를 상징함. ≪서경·군아(書經·君牙)≫에 "업적이 있으면, 태상(太常) 깃발에 기록한다."라고 하였다.

17) 二章 : 앞에 소개된 양제의 작품 〈음마장성굴행시종정군신(飮馬長城窟行示從征群臣)〉과 이 작품 〈백마편(白馬篇)〉을 말함.

18) 而骨力未能振起 3구 : 풍격(風格)은 골력(骨力)의 골(骨)에, 청화(菁華)는 골력(骨力)의 력(力)에 해당한다. 청화는 어떤 사물의 가장 순수하고 정교한 부분, 즉 정수.

19) 압운은 傍, 郎, 光, 長, 强, 王, 楊, 良, 疆, 陽, 芒, 張, 湯, 揚, 方, 彰, 常.

**감상**

이 시는 수나라 양제(煬帝)가 쓴 것으로 고구려 침공을 앞두고 사기 진작을 위해 쓴 노래로 보인다. 이 시는 모두 34구 17연(聯)으로 되어 있는데, 17개 연을 '1+5+5+5+1', 즉 다섯 단락으로 나눠 볼 수 있다. 먼저 1단락과 5단락을 보면 시의 큰 기틀이 보인다.

1단락(1-2구)은 백마 부대를 묘사한 것이다. 금패로 장식한 기마병이 백마 부대가 요수 가에서 활보하는 모습을 그리고 있다. 요수는 고구려가 있는 요동 지역을 말한다. 마지막 5단락은 33-34구로 이 백마 부대를 통해 천년 후까지 전해질 명성을 깃발 가득 차도록 반드시 만들겠다는 소망을 담고 있다.

2단락(3-12구)은 과거의 회상으로 북제(北齊)를 정벌하여 화북(華北) 지역을 통일했던 일을 말하고 있다. 북제는 북주(北周)에 의해 577년 멸망하는데, 후에 수를 건국한 문제(文帝) 양견(楊堅)은 북주의 수국공(隨國公)으로 당시 실권자였다. 황제의 친위부대의 장교들인 우림랑를 대표로 삼아 당시 군대의 갑옷과 보검을 갖춘 당당한 모습, 무기를 다루는 뛰어난 실력으로 완하와 농촉 지역에서 북제와 전투를 벌이고, 륜대와 고궐에서 유목민을 물리친 군대의 승전 경력을 이야기하고 있다.

3단락(13-22구)은 남조의 진(陳)나라를 평정했던 이야기이다. 실제 양견은 양제가 진왕(晉王)이었을 때 군사를 내주어 진나라를 공격하라 명했고, 589년에 진나라를 멸망시키고 통일을 달성하였다. 13-14구는 사냥과 열병의식 등의 평상시의 군사훈련을 말하는 것이다. 15-16구는 유명한 장수와 뛰어난 계략이 있었음을 옛 장수들과 책략가에 비유하고 있다. 17-18구는 진나라를 정벌했던 것에 대한 정당성을 말하는 것으로 자주 예(禮)를 잃어버리고 변방을 침범했기 때문이라고 말한다. 19-22구는 병사들과 기마병 등 군대가 밤낮으로 싸웠던 일을 말한다.

4단락(23-32구)은 앞의 2,3단락 내용 북제와 남조 진을 정벌한 일과 앞으로 다른 소수민족의 지역도 정벌코자 함을 얘기한다. 23-28구는 과거 북제와 진나라를 정벌함에 용맹했던 군대의 모습을 이야기한 것이다. 이제 화북 지역을 평정했으니 이제 다른 소수민족 지역(鬼方)도 쓸어버리라 다짐한다.(29-30구) 여기서는 문맥상 요동 지역을 의미한다. 시인은 나라에 충성을 맹세했으니, 그 무공이 드러나리라 자신해 본다.(31-32구)

마지막 5단락(33-34구)은 이 승리의 명성이 천년 후에도 전해질 것을 소망해 본다. 그러나 역사적으로 3차에 걸친 고구려 침공은 실패로 끝나고, 수나라의 멸망의 가장 큰 원인이 되었다.

## 2. 楊素[1)*]

### 2-1

〈山齋獨坐贈薛內史二首(산재독좌증설내사이수)〉[2)]

〈산 서재에 홀로 앉아 설내사에 주다 2수〉

#### 2-1-1

| | |
|---|---|
| 居山四望阻,<br>거산사망조 | 산에 사니 사방을 바라다봐도 막혔고, |
| 風雲竟朝夕.[3)]<br>풍운경조석 | 바람과 구름만이 아침저녁을 다하네. |
| 深溪橫古樹,<br>심계횡고수 | 깊은 계곡에는 고목이 가로지르나니, |
| 空巖臥幽石.[4)]<br>공암와유석 | 텅 빈 석굴에 그윽한 돌이 누워있네. |
| 日出遠岫明,[5)]<br>일출원수명 | 해가 나오면 멀리 산굴 밝아지고, |
| 鳥散空林寂.<br>조산공림적 | 새가 흩어지면 빈숲은 적막하여라. |
| 蘭庭動幽氣,<br>란정동유기 | 난초 정원엔 그윽한 향기 떠 움직이고, |
| 竹室生虛白.[6)]<br>죽실생허백 | 대나무 방에는 절로 '허'와 '백' 생기네. |
| 落花入戶飛,<br>락화입호비 | 떨어진 꽃은 방문으로 들어와 날고, |
| 細草當階積.<br>세초당계적 | 가는 풀들이 섬돌에 쌓여 가는구나. |
| 桂酒徒盈樽,<br>계주도영준 | 계수 술이 괜히 술독 가득 차거늘, |
| 故人不在席.[7)]<br>고인불재석 | 오랜 벗은 이 자리에 있지를 않네. |
| 日落山之幽,<br>일락산지유 | 산 그윽한 곳에 해가 지고 있는데, |
| 臨風望羽客.[8)]<br>림풍망우객 | 바람 맞으며 신선 그대를 바라보네. |

원주

* 무인이자 역시 또한 간웅인데, 시의 격조는 맑고 원대하여, 도리어 세상으로부터 빠져나온 고상한 사람과 같으니, 정말 이해할 수 없다.(武人亦復奸雄, 而詩格淸遠, 轉似出世高人, 眞不可解.)

역주

1) 楊素(양소, ?-606) : 수나라 홍농(弘農) 화음(華陰) 사람으로 자는 처도(處道)이다. 처음 북주(北周)에 출사해서 북제(北齊)를 평정하는 데 공을 세워 거기대장군(車騎大將軍)이 되었다. 후에 수나라를 세우는 문제(文帝) 양견(楊堅)을 도와 수의 왕조를 일으키는 데 공헌하였으며, 수나라 양제(煬帝)가 되는 양광(楊廣)이 진왕(晉王)일 때 남조 진(陳)을 정벌하였다. 형주(荊州)와 강남(江南)의 반대 세력을 진압하여 월국공(越國公)에 봉해져서 고경(高熲)과 함께 조정을 장악했다. 실권을 잡은 뒤 양광(楊廣)을 도와 황태자 용(勇)을 폐위하고, 문제(文帝)의 조서(詔書)를 고쳐 결국 살해했다. 양제(煬帝)의 즉위에 결정적인 역할을 하였으며 후에 초국공(楚國公)에 봉해졌다. 그러나 만년에는 문제(文帝)의 미움을 받았고, 양제는 즉위 후 양소를 제거하고자 독약이 든 술을 권하였다가 이를 알아챘던 양소가 태자였던 양소(楊昭)에게 권해 대신 죽게 하는 일 등 실제로는 대접을 받지 못했다. 613년, 맏아들 양현감(楊玄感)이 반란을 일으켰다.
2) 薛內史 : 설도형(薛道衡)을 말함. 하동(河東) 분음(汾陰), 지금의 산서성(山西省) 영하현(榮河縣) 사람으로 자가 현경(玄卿)이다. 문장과 재능으로 뛰어나, 노사도(盧思道)와 명성을 겨루었다. 벼슬은 내사시랑(內史侍郎), 개부의동삼사(開府儀同三司), 사례대부(司隸大夫), 양주총관(襄州總管), 파주자사(播州刺史) 등을 역임하였다. 문제(文帝)에게 총애를 받았으나 양제(煬帝) 즉위 후 올린 글 〈고조문황제송(高祖文皇帝頌)〉이 빌미가 되어 결국 살해당했다.
3) 居山四望阻 2구 : 조(阻)는 막히다. 경(竟)은 필(畢)과 같아 다하다.
4) 深溪橫古樹 2구 : 횡(橫)은 가로지르다. 여기서는 다리 역할을 한다는 의미. 암(巖)은 암혈(巖穴)로 절벽의 굴. 유석(幽石)은 그윽한 돌로 여기서는 베개, 침대 역할을 한다는 의미.
5) 岫 : 산굴. 원래 '구름의 집'으로 평소엔 어둡다.
6) 蘭庭動幽氣 2구 : 난정(蘭庭)은 난초 정원. 죽실(竹室)은 대나무로 만든 방. 허백(虛白)은 비어있음과 밝음으로 깨끗하고 욕심 없음을 말함. ≪장자·인간세(莊子·人間世)≫에 "저 비어있는 것을 보라, 빈 방에 밝음이 생겨나듯이(虛室生白), 상서로움이 여기에 머무른다."라고 하였다. 여기에서는 시인이 노장사상을 차용하여 아무것도 바라는 것이 없음을 말하고 있다.
7) 桂酒徒盈樽 2구 : 계(桂)는 '백약의 으뜸(百藥之長)'으로 계주(桂酒)는 불로장생 술을 의미하기도 함. 고인(故人)은 옛 친구, 설내사(薛內史)를 지칭.
8) 日落山之幽 2구 : 산지유(山之幽)는 산의 그윽한 곳, 산모퉁이. 우(羽)는 날개가 돋아 하늘로 올라가 신선이 되는 '우화이등선(羽化而登仙)'을 의미. 우객(羽客)

은 신선객(神仙客)으로 세상을 초탈한 사람, 신선이 되고자 하는 사람을 의미. 여기서는 설내사(薛內史)를 지칭한 말.

9) 압운은 夕, 石, 寂, 白, 積, 席, 客.

**감상**

이 시는 양소가 내사시랑을 지낸 옛 친구 설도형에게 보낸 시 2수 가운데 제1수이다. 이 두 사람은 설도형이 벼슬하고 얼마 되지 않아 서로 만난 사이로 보인다. 그래서 초창기의 벼슬 명인 내사(內史)로 불렀을 것이다. 이 시의 중심 내용은 아무것도 원하는 것은 없으나 단지 친구인 당신이 그립다는 것이다. 역사적으로 '간웅'으로 평가되는 양소이다. 혹 그 평가가 다음 왕조인 당(唐)에 의한 폄하일지도 있지만, 부귀와 권력을 탐했던 간웅의 시가 세상을 빠져나온 고상한 사람과 같아 심덕잠도 원주에서 이해할 수 없다고 말하고 있다. 아마도 심덕잠은 유교를 숭상하는 문인의 입장에서 노장사상을 얘기하는 무인(武人)에 호감을 갖기 어려웠는지도 모른다.

이 시는 모두 14구로 되어 있다. 1-2구는 제목에서처럼 산의 서재에 홀로 앉아있는 시인의 모습이다. 사방이 막힌 산에 바람과 구름만 벗하고 있는 모습이다. 3-10구도 이어 자연 속에 살고 있는 시인의 모습을 보여준다. 계곡엔 가로지른 고목이 다리 역할을 하고, 석굴에 그윽한 돌이 베개와 침대 역할을 하며, 어둡던 산굴은 해가 나오면 밝아지고 새가 없어지면 빈숲은 더없이 적막하다. 난초 정원에서 향기와 더불어 사니, 절로 탐욕도 없어지고, 어두움도 없어져, 방에는 떨어진 꽃이 어느새 들어오고, 인적이 드물어 섬돌 주위엔 풀들이 쌓여간다.

11-14구에 이르러 시인은 옛 친구가 그리운 마음을 드러낸다. 백약의 으뜸인 계(桂)로 빚은 술이 있는 그윽한 이 곳, 딱하나 부족한 것은 그대 내 옛 친구라고 고백한다. 시의 어조는 매우 차분하지만 압운에는 모두 입성(入聲)을 써서 단호한 맺음을 하며 독특한 풍격을 드러내고 있다.

## 2-1-2

| | |
|---|---|
| 巖壑澄清景,[1)]<br>암학징청경 | 절벽 골짜기가 맑은 경치를 더 맑게 하고, |
| 景清巖壑深.<br>경청암학심 | 경치 맑으니 절벽 골짜기 더 깊어 보이네. |
| 白雲飛暮色,<br>백운비모색 | 흰 구름은 저녁 광채를 날리고 있거니와, |
| 綠水激清音.<br>록수격청음 | 푸른 물은 맑은 소리를 부딪쳐 내고 있네. |
| 澗戶散餘彩,<br>간호산여채 | 골짜기 대문에는 남은 무늬가 흩어져 있고, |

山窗凝宿陰.[2] 산으로 난 창문에는 묵은 그늘이 엉겨있네.
산창응숙음

花草共縈映, 꽃과 풀이 서로 얽히어 비추고 있거니와,
화초공영영

樹石相陵臨.[3] 나무 바위가 서로 올라타고 내려다보네.
수석상릉림

獨坐對陳榻,[4] 홀로 앉아서 진번의 걸상 대하고 있나니,
독좌대진탑

無客有鳴琴.[5] 찾는 손님 없어도 좋은 거문고 갖고 있네.
무객유명금

寂寂幽山裡, 고요하나니 그윽한 산 속이기에,
적적유산리

誰知無悶心?[6] 근심 없는 마음 뉘라서 알랴마는.
수지무민심

**역주**

1) 巖壑澄淸景 : 암학(巖壑)은 절벽과 골짜기. 징(澄)은 명징(明澄)으로 맑게 하다.
2) 澗戶散餘彩 2구 : 호(戶)는 대문. 여채(餘彩)는 남은 무늬. 여기서는 '꽃'을 가리킴. 숙음(宿陰)은 묵은 그늘.
3) 花草共縈映 2구 : 화초(花草)는 5구의 여채(餘彩)와 연결되고, 수석(樹石)은 6구의 숙음(宿陰)과 연결됨. 릉(陵)은 올라타다. 림(臨)은 내려다 보다.
4) 陳榻 : 진번(陳蕃)의 걸상. ≪후한서·서치전(後漢書·徐穉傳)≫에 "진번은 예장태수(豫章太守)가 되어 평소에 빈객을 접하지 않았으나, 오직 서치(徐穉)가 오면 특별히 걸상을 내려서 맞이하고, 가고나면 다시 달아맸다."라는 고사가 있다. 치(稚)의 이체자에 치(穉), 치(穉) 등이 있다. 여기서는 옛 친구 설도형(薛道衡)을 위한 걸상의 의미로 쓰임.
5) 無客有鳴琴 : 혜강(嵇康)의 〈증수재입군(贈秀才入軍)〉에 "좋은 거문고는 옆에 있으나, 뉘와 더불어 튕겨볼 것인가?(鳴琴在御, 誰與鼓彈.)"라고 하였다(≪고시원≫ 번역본 2권 255쪽 참조). 명금(鳴琴)은 우는 듯 하는 거문고. 여기서 명(鳴)은 사람을 감동시킨다는 의미이다. 전국(戰國) 시대 백아(伯牙)의 거문고 연주를 이해해 준 친구 종자기(鍾子期)와의 고사에서 자신을 진정으로 이해해 주는 벗이란 의미의 지음(知音)이란 말이 나왔다. 여기서는 명금(鳴琴)은 이 고사와 관련하여 지음(知音)인 친구 설도형(薛道衡)을 위해 거문고를 준비했다는 의미.
6) 無悶心 : 근심 없는 마음. ≪주역·건(周易·乾)≫에 "세상이 싫어 숨으니 근심이 없구나."라 하였다.
7) 압운은 深, 音, 陰, 琴, 心.

**감상**

양소가 오랜 벗 설도형에게 보낸 시 2수 가운데 제2수이다. 모두 12구로 되어 있으며, 내용에 따라 세 단락으로 나눌 수 있다.

1단락(1-4구)은 자연 세계의 아름다움을 읊었다. 1-2구는 어두운 절벽과 골짜기가 있어 맑은 경치가 더 맑게 보이고, 그 맑은 경치가 절벽과 골짜기를 더 깊게 보이게 만드는 서로가 영향을 주는 것을 말하고 있다. 마치 당나라 시인 최호(崔護)의 〈제도성남장(題都城南莊)〉에 "여인의 얼굴과 복사꽃이 서로 비추어 붉네.(人面桃花相映紅.)"라는 구절이 생각나게 한다. 3구는 높은 곳의 소리 없는 경치를 4구는 낮은 곳의 소리 나는 경치를 읊었다.

2단락(5-8구)의 5-6구에서는 호(戶)와 창(窗)으로 대변되는 인간이 자연에 묻혀 사는 모습을 그렸다. 7-8구는 다시 5-6구의 꽃과 묵은 그늘을 연관시키며 자연의 모습을 노래한다.

3단락(9-12구)의 9-10구에서는 진번의 걸상 이야기와 백아와 종자기의 지음 고사를 가져와 친구 설도형을 그리워하는 마음을 풀어 놓았다. 마지막 11-12구에서 이 적적하고 그윽한 산 속에서 자신은 아무것도 바라지 않는 마음뿐이라고 말한다. 그러나 그 여운에는 오직 부족한 것은 친구인 당신이니 이 마음을 알아 줄 수 있는 자네가 오길 바란다는 말이 생략되었다.

## 2-2

## 〈贈薛播州(증설파주)〉[1)*] 〈파주자사 설도형에게 주다〉

### 2-2-1

| | |
|---|---|
| 在昔天地閉,<br>재석천지폐 | 옛날 하늘과 땅이 열리지 않고 닫혔을 때, |
| 品物屬屯蒙.[2)]<br>품물속준몽 | 만물이 곤란함에 속하게 된 적이 있었지. |
| 和平替王道,<br>화평체왕도 | 화평이 왕의 통치에서 없어지게 되었나니, |
| 哀怨結人風.[3)]<br>애원결인풍 | 백성의 기풍에서는 슬픔과 원망이 맺혔지. |
| 麟傷世已季,<br>린상세이계 | 기린 때문에 슬퍼했듯 세상은 이미 끝이 되었고, |
| 龍戰道將窮.[4)]<br>룡전도장궁 | 용들이 싸우니 세상의 길은 장차 막히게 되었네. |

| | |
|---|---|
| 亂海飛群水, 란해비군수 | 바다를 어지럽히며 뭇 물들이 날아오르고, |
| 貫日引長虹.[5] 관일인장홍 | 해를 관통하며 긴 무지개가 꼬리를 무네. |
| 干戈異革命, 간과이혁명 | 전쟁과 혁명이라는 것은 다른 것이나니, |
| 揖讓非至公.[6]** 읍양비지공 | 왕위를 물러줌이 지극한 공정함이 아닐까. |

**원주**

* ≪북사≫ : 양소가 이시를 가지고 설도형에게 주었다. 설이 말하기를 "사람이 장차 죽으려 할 때는, 그 말이 착하다하더라. 이와 같은 것인가?" 라고 하였다. 얼마 되지 않아 양소가 죽었다.(北史, 素以詩遺薛道衡, 薛曰: 人之將死, 其言也善. 若是乎?[7] 未幾而卒.)

** 마지막 구는 간웅의 말로, 조맹덕 때나 있었을 법한 구절이다.(落句是奸雄語, 曹孟德時或有此.)

**역주**

1) 薛播州 : 설(薛)은 설도형(薛道衡, 540-609)을 말함. 앞의 시 2-1-1. 역주 2) 참조. 수나라 양제(煬帝) 즉위 후 미움을 받아 파주자사(播州刺史) 벼슬을 끝으로 살해 당했다. 파주는 지금의 귀주(貴州) 준의시(遵義市).

2) 在昔天地閉 2구 : 천지폐(天地閉)는 하늘과 땅이 닫혔을 때. 여기서는 사회가 혼란했음을 비유한 것. 품물(品物)은 만물(萬物)로 여기서는 '만백성' 을 의미. 준몽(屯蒙)은 ≪주역(周易)≫의 준괘(屯卦)와 몽괘(蒙卦)로 모두 '고난' 을 상징.

3) 和平替王道 2구 : 체(替)는 교체하다. 여기서는 쇠미하다. 체왕도(替王道)는 체어왕도(替於王道)로 왕의 통치(왕도)에서 없어졌다는 의미. 인풍(人風)은 사람의 인품. 여기서는 백성들의 분위기인 '민풍(民風)' 을 의미.

4) 麟傷世已季 2구 : 린상(麟傷)은 ≪춘추공양전(春秋公羊傳)≫ 애공(哀公) 14년에, "서쪽에서 사냥하다가 기린이 잡히자, 공자가 말하기를 내 도가 궁해지겠구나." 라고 한 것을 말함. 춘추시대 노(魯)나라 애공(哀公)이 사냥하다가 기린을 잡았는데, 공자가 상서로운 동물인 기린이 난세(亂世)에 나와 사람에게 붙잡힌 것을 슬퍼하여 ≪춘추≫의 저술을 그만두었다고 한다. 계(季)는 끝, 말기. 룡전(龍戰)은 용들이 싸우다. ≪주역·곤(周易·坤)≫에 "상육(上六)은 용이 들에서 싸우니, 그 피가 검고 누렇도다." 라고 하였다. 본래 음기와 양기가 서로 싸우고 피 흘리는 것을 이르는 말이었으나 후대에 전쟁을 의미하게 됨.

5) 亂海飛群水 2구 : 란해비군수(亂海飛群水)는 양웅(揚雄)의 〈극진미신(劇秦美新)〉에 나오는 말로, 진(秦)이 멸망할 전조라고 한다. 관일인장홍(貫日引長虹)은 무지

개가 해를 관통하는 것으로 고대에 천재지변 혹은 흉악한 일이 발생할 징조로 여김.

6) 干戈異革命 2구 : 간과(干戈)는 방패와 창. 여기서는 전쟁을 상징. 혁명(革命)은 ≪주역·혁(周易·革)≫에 "천지가 바뀌어서 사계절이 이루어지니, 탕왕과 무왕의 혁명도, 하늘을 따르고 사람에 응한 것이다."라고 하였다. 혁명(革命)은 하늘의 명(天命)을 바꾸는 것을 말함. 읍양(揖讓)은 '절하고 양보하다'는 뜻에서 예의 범절과 선양(禪讓)의 의미로 발전함. 여기서는 '선양하다'는 의미.
7) 人之將死 2구 : ≪논어·태백(論語·泰伯)≫에 증자(曾子)가 "새가 장차 죽으려 할 때, 그 울음소리가 슬프고, 사람이 장차 죽으려 할 때, 그 말이 선하다."라고 하였다.
8) 압운은 蒙, 風, 窮, 虹, 公.

**감상**

이 시는 양소가 친구 설도형에게 보낸 시 〈증설파주〉 총 14수 가운데 제1수이다. 심덕잠은 ≪고시원≫에 14수 가운데 9수를 골라 실었는데, 수나라 양제(煬帝) 때 양소가 만년에 친구인 설도형에게 보낸 것들이다. 제목의 설파주는 설도형이 마지막으로 파주자사를 역임했기 때문에 붙여진 것으로 시를 받는 설도형 또한 만년이었다. 〈증설파주〉는 전체적으로 양소가 과거를 회상하며 자기반성적으로 쓴 것으로 알려진다.

위의 제1수는 수나라 성립 직전의 혼란했던 시대 상황과 북주의 선양까지를 읊고 있다. 모두 10구로 되어 있으며, 내용에 따라 세 단락으로 나눌 수 있다.

1단락(1-4구)은 당시 천하의 어지러웠던 상황을 직접적으로 기술하였다. 당시 사회가 무질서하여 만백성이 곤란에 처했으며, 평화가 없어져 폭정을 일삼으니 백성에게는 원망이 일어났다고 전한다.

2단락(5-8구)은 세상의 혼란스러움을 비유와 상징으로 표현하였다. 공자가 상서로운 동물인 기린이 난세에 나와 사람에게 붙잡힌 것을 슬퍼하였듯 세상은 끝이 되었고, 전쟁으로 길은 막혔었다(5-6구). 또 바다와 뭇 물들이 요동치고, 무지개가 해를 관통하는 불길한 징조를 보였음을 말하고 있다(7-8구).

마지막 3단락(9-10구)은 전 왕조였던 북주가 천명을 이루지 못하여, 결국 이 천명을 바꿔야하는 상황이었음을 말하여 북주가 수나라에게 선양했던 일의 당위성을 말하고 있다.

## 2-2-2

| | |
|---|---|
| 兩河定寶鼎,<br>양하정보정 | 양하에서 보정을 안정시켰고, |
| 八水域神州.[1)]<br>팔수역신주 | 팔수로써 수도를 구역 삼았지. |

函關絶無路,　　　　　함곡관은 끊어져 길이 없었고,
함관절무로
京洛化爲邱.[2)]　　　　　수도인 낙양은 폐허가 되었지.
경락화위구
漳滏爾連沼,　　　　　장수와 부수처럼 너는 연못물이었고,
장부이련소
涇渭余別流.[3)]　　　　　경수와 위수처럼 나는 유파 분별했지.
경위여별류
生郊滿戎馬,　　　　　교외에서 태어난 전마가 가득하고,
생교만융마
涉路起風牛.[4)]　　　　　길 건너다님은 바람난 소 일어나 듯.
섭로기풍우
班荊疑莫遇,　　　　　풀 깔고 앉으니 만나지 못할까 걱정이요,
반형의막우
贈縞竟無由.[5)]　　　　　비단 띠 드리려 해도 끝내 방법 없구려.
증호경무유

역주

1) 兩河定寶鼎 2구 : 양하(兩河)는 하북(河北)과 하남(河南) 두 지역. 정보정(定寶鼎)은 '왕조를 세우다, 나라를 열다'는 뜻. 보정(寶鼎)은 청동기물인 제기(祭器)로 국가의 권력을 상징한다. 팔수(八水)는 서안(西安) 주변을 흐르는 8개의 강, 관중팔수(關中八水)를 말함. 일반적으로 파(灞), 산(滻), 경(涇), 위(渭), 풍(灃), 로(潦), 휼(潏), 호(滈)를 가리키며 모두 황하에 속한다. 역(域)은 여기서 구역 삼다. 신주(神州)는 신들이 사는 곳으로 여기서는 수도 경기 지역을 가리킴.
2) 函關絶無路 2구 : 함관(函關)은 함곡관(函谷關). 경락(京洛)은 수도 낙양(洛陽)을 말함. 구(邱)는 언덕, 무덤의 뜻. 여기서는 '폐허'를 의미.
3) 漳滏爾連沼 2구 : 장부(漳滏)는 물 이름으로, 찬물인 장수와 따뜻한 물인 부수. 여기서는 두 물이 흘러 섞여 연못을 이룬다는 의미로 친구 설도형의 남을 포용하는 성격을 묘사한 것. 경위(涇渭)는 일반적으로 흐린 물을 경수(涇水), 맑은 물을 위수(渭水)로 알려져 있다. 별류(別流)는 유파를 분별하는 것으로 여기서는 양소 자신의 성격이 아군과 적군을 구별하여 척결하는 쪽이었음을 묘사한 것. 양소는 무관이고, 설도형은 문관이었다.
4) 生郊滿戎馬 2구 : 융마(戎馬)는 전투마로 ≪노자≫ 46장에 "세상에 도가 없으면, 전마가 들판에서 새끼를 낳는다."라고 하였다. 풍우(風牛)는 바람난 소. ≪좌전≫ 〈희공4년(僖公四年)〉에 "4년 봄에, 제나라 후가 제후의 군대를 거느리고 가서, 채(蔡)나라를 침공하니, 채의 군대가 흩어져 도망하였다. 드디어 초나라를 토벌하니, 초자가 사신을 보내어 다음과 같이 말하였다. '임금은 북해에 살고,

과인은 남해에 살아, 바람난 소와 말도 서로 미칠 수 없는 먼 거리이니, 임금께서 우리의 땅에 오실 줄은 생각지 못하였소. 무엇 때문에 오셨소?'"라고 하였다. 여기서는 바람난 소와 말처럼 갑작스레 멀리 돌아다닌다는 의미.

5) 班荊疑莫遇 2구 : 반(班)은 나누다. 여기서는 '깔다'의 의미. 형(荊)은 모형(牡荊)의 준말로 풀이름. 의(疑)는 의심하다. 여기서는 '걱정하다'의 의미. 반형(班荊)은 ≪좌전≫ 〈양공26년(襄公二十六年)〉나오는 춘추시대 초나라 오거(伍擧)와 채(蔡)나라의 성자(聲子)의 이야기에서 나온다. 오거가 왕자모(王子牟)의 딸과 결혼한 후, 죄를 지은 왕자모를 빼내었다는 소문에 정(鄭)나라로 몸을 피하였다가 다시 진(晉)나라로 피신하는 도중에 채나라의 성자를 우연히 만났다. 친분이 두터웠던 두 사람은 풀을 깔고 앉아 음식을 서로 나누어 먹으면서 지나간 옛 이야기를 하였다. 고 한다. 여기서 옛 친구를 우연히 만나서 풀을 깔고 앉아 옛 정을 나눈다는 '반형도고(班荊道故)'라는 고사가 나왔다. 증호(贈縞)는 ≪좌전≫ 〈양공29년(襄公二十九年)〉에 나오는 오(吳)나라 계찰(季札)이 정(鄭)나라에 사신으로 갔다 자산(子産)을 만나 곧 친구가 되어 흰 비단 띠 호대(縞帶)를 선사하였다는 고사를 말하는 것으로 후에 호대는 두터운 우정을 의미하게 되었다. 여기서는 비단허리띠를 주어 정식으로 차분히 우정을 나눔을 의미한다.

6) 압운은 州, 邱, 沼, 牛, 由.

**감상**

양소가 설도형에게 보낸 〈증설파주〉 총 14수 가운데 제2수이다. 심덕잠의 설명처럼 이 시는 "수나라를 세웠던 일(定鼎)"을 읊고 있다. 모두 10구로 되어 있으며 세 단락으로 나눌 수 있다.

1단락(1-4구)에서 1구의 보정과 2구의 신주는 각각 국가와 수도를 상징하는 것으로 여기서는 수나라를 세우고 수도를 정했음을 말하는 것이다. 그러나 3-4구의 내용처럼 아직 나라의 기반이 완정하게 이룩되지는 못했던 과거를 회상하고 있다.

2단락(5-8구)은 작자인 양소와 시를 받는 친구 설도형 사이의 대화이다. 5구는 친구인 설도형의 성격을 묘사한 것으로 찬물과 따뜻한 물인 장수와 부수가 흘러 섞여 연못을 이루듯 설도형이 문인으로 문관(文官)의 화합을 중시하였던 것을 말하고 있다. 6구는 양소 자신의 성격을 묘사한 것으로 흐리고 맑음이 구별되어 섞이지 않았던 경수와 위수처럼 무인(武人)으로서 자신은 적과 아군을 확연히 구별하였던 일을 말하고 있다. 이처럼 너는 문관의 일, 나는 무관의 일을 하며 계속된 전쟁으로 서로가 바람난 소처럼 정신없이 돌아다녔던 과거를 회상하고 있다(7-8구).

마지막 3단락(9-10구)은 서로 바쁜 와중에 혹 우연히 마주치면 또 언제 만날 수 있을까 두려워 오거와 성자의 고사처럼 풀을 깔고 바닥에 앉아 옛 이야기를 나눴으나 끝내 계찰이 자산에게 선사했던 것처럼 흰 비단 띠(縞帶)를 주면서 차분하게 정분을 나누지 못함을 안타깝게 회고하고 있다.

2-2-3

道昏雖已朗, 어두운 도가 비록 이미 밝아졌지만,
도혼수이랑

政故猶未新.[1) 묵은 정치 아직 채 새롭지 못했네.
정고유미신

刳舟洹水際, 원수의 가에서 배를 팠었거니와,
고주원수제

結網大川濱.[2) 큰 시냇가에서 그물을 엮었었지.
결망대천빈

出遊迎釣叟, 나가 노닐면서 늙은 낚시꾼 맞이했고,
출유영조수

入夢訪幽人.[3) 들어와 꿈꾸며 숨은 현인 찾아 갔지.
입몽방유인

植林雖各樹, 숲을 만나 비록 각자 나무를 심었지만,
식림수각수

開榮豈異春.[4) 꽃을 피움에 어찌 봄을 달리하였으랴?
개영기이춘

相逢一時泰, 서로 한때 태평성대를 만났으니,
상봉일시태

共幸百年身.[5) 함께 희망했지 백년의 몸이 되길.
공행백년신

원주

* '식림' 일련은 자신과 설도형이 각자의 자리에서 고군분투하여 공적을 이루었음을 말한다. 어휘구사가 매우 아정하다.(植林一聯, 言己與薛各奮事功. 遣詞甚雅.)

역주

1) 道昏雖已朗 2구 : 도혼(道昏)은 길이 어둡다. 여기서는 수(隋)나라가 들어서기 전 남북조시대(南北朝時代)의 혼란했던 정치상황을 비유한 것. 정고(政故)은 정치 체계, 정치 구조가 옛 것이다. 여기서는 새로운 왕조가 들어섰으나 정치 체계는 여전히 구왕조의 것임을 설명한 것.
2) 刳舟洹水際 2구 : 고주(刳舟)는 나무를 파서 배를 만들다. 원수(洹水)는 지금의 하남성(河南省) 안양(安陽)에 있는 강 이름. 결망(結網)은 그물을 엮다. 고주(刳舟)와 결망(結網)은 모두 인재를 데려오기 위한 준비를 비유한 것.
3) 出遊迎釣叟 2구 : 출유(出遊)는 나가 노닐다. 조수(釣叟)는 낚시하던 늙은이로 강

태공(姜太公)을 말함. 주(周)나라 문왕(文王)의 스승으로, 성은 강(姜)이고, 씨는 여(呂)이며, 이름은 상(尙)이다. 태공망(太公望)이라고도 한다. 문왕이 사냥 나갔다가 위수(渭水) 가에서 낚시하던 여상을 만나 대화를 하고는 크게 기뻐하여 국정을 맡겼다고 전해진다. 입몽(入夢)은 궁궐에 돌아와 꿈을 꾸다. 앞 구의 '출유(出遊)' 와 상반된 개념으로 쓰임. 유인(幽人)은 유폐된 사람, 숨은 현인을 말함. ≪서경·열명(書經·說命)≫에 "꿈에 상제께서 내게 어진 보필할 사람을 보내 주셨으니, 그가 내 말을 대신하리라. 이에 그 형상을 자세히 살펴서 그리게 하여 천하에 두루 찾게 하였다. 부열이 부암이라는 들에서 살았는데, 그 모습이 닮았었다. 이에 왕은 재상으로 삼아 왕의 곁에 있게 하였다."라고 하였다. 은(殷)나라 고종(高宗)이 꿈에 본 사람 부열(傅說)을 찾아 재상을 삼은 이야기로, 당시 부열(傅說)은 일꾼 속에 묻혀 숨어 지내고 있었다.

4) 植林雖各樹 2구 : 식림(植林)은 식목조림(植木造林)으로 나무를 심어 숲을 만들다. 수(樹)는 심다. 각수(各樹)는 각자의 나무. 여기서는 나라에서 인재를 구해 두 사람이 각각 발탁 되었다는 의미. 개영(開榮)은 꽃을 피우다.

5) 幸 : 행운으로 생각하다, 희망하다.

6) 압운은 新, 濱, 人, 春, 身.

**감상**

양소가 설도형에게 보낸 〈증설파주〉 총 14수 가운데 제4수이다. 심덕잠의 설명처럼 조정에서 인재를 구하자(求材), 사람이 발탁되었던 일을 읊고 있다. 모두 10구로 되어 있으며 내용에 따라 세 단락으로 나눌 수 있다.

1단락(1-4구)은 이제 수라는 새로운 왕조, 즉 도가 세워졌으나 정치 체계는 아직도 옛 것이어서, 새로운 인재가 필요했음을 이야기하고 있다. 3구의 나무를 파서 배를 만드는 것과 4구의 그물을 엮는 것은 모두 인재를 데려오기 위한 준비를 비유한 것이다.

2단락(5-8구)의 5-6구는 주나라 문왕에 의해 발탁되었던 강태공과 은나라 고종에 의해 발탁된 부열이라는 두 인물의 역사적인 사실을 말하고 있다. 7-8구에서는 수나라 조정에서 인재를 찾아 양소와 설도형 두 사람도 각자 등용되었던 일을 말하고 있다.

마지막 3단락(9-10구)은 두 사람이 새 왕조의 조정에 함께 발탁 되면서 꿈꾸던 희망을 이야기한 것이다.

### 2-2-4

| | |
|---|---|
| 荏苒積歲時,<br>임염적세시 | 느릿느릿 어느 덧 세월 쌓여가고, |
| 契闊同遊處.[1)]<br>계활동유처 | 정성껏 노니는 곳을 함께 했었지. |

閶闔既趨朝, 창합문에서 조회에 달려갔거니와,
창합기추조
承明還宴語.[2] 승명전에서 또한 담소를 나누었지.
승명환연어
上林陪羽獵, 상림원에서 사냥을 배석하였고,
상림배우렵
甘泉侍清曙.[3] 감천궁에서 새벽까지 모셨었지.
감천시청서
迎風含暑氣, 맞는 바람은 더위를 머금은 기운이었고,
영풍함서기
飛雨凄寒序.[4] 날리는 빗방울은 차가운 계절이 되었지.
비우처한서
相顧惜光陰, 서로 돌아보며 흐르는 시간 애석해하며,
상고석광음
留情共延佇.[5] 미련이 남아서 함께 오랫동안 서 있었지.
류정공연저

**역주**

1) 荏苒積歲時 2구 : 임염(荏苒)은 쌍성, 의태어로 시간이 흐르는 모양. 계(契)는 고계절(苦計切), 활(闊)은 고괄절(苦括切)이므로, 계활(契闊)은 쌍성, 힘든 모양, 부지런한 모양. 유(遊)는 집을 떠나 노님, 사귀어 왕래함(交遊), 집을 떠나 벼슬하며 교유함(宦遊) 등의 뜻이 있으나. 여기서는 환유(宦遊)의 의미.
2) 閶闔既趨朝 2구 : 창합(閶闔)은 조정의 궁문. 기(既), 환(還)은 ~뿐 아니라, 또 ~하다. 조(朝)는 조회. 승명(承明)은 한나라 궁전의 이름. 여기서는 '궁전'의 의미.
3) 上林陪羽獵 2구 : 상림(上林)은 한나라 궁전의 어원(御苑)으로 황제가 봄과 가을에 사냥을 나가던 곳. 사마상여(司馬相如)가 천자(天子)가 장안(長安) 서쪽의 상림원(上林苑)에서 사냥하는 것을 읊은 작품 〈상림부(上林賦)〉가 유명하다. 우렵(羽獵)은 제왕이 사냥하러 갈 때 군사들이 깃털 달린 화살을 등에 지고 수행하는 것을 말함. 여기서는 사냥을 수행한다는 의미. 감천(甘泉)은 한나라의 궁전 이름. 양웅(揚雄)이 성제(成帝)의 생활을 내용으로 한 작품 〈감천부(甘泉賦)〉가 있다.
4) 迎風含暑氣 2구 : 영풍(迎風)은 나에게 부는 바람. 함서기(含暑氣)는 더위를 머금은 기운으로 '더울 때'를 의미. 처한서(凄寒序)는 '추울 때'를 의미. 이 두 구는 시간의 흐름을 묘사함.
5) 相顧惜光陰 2구 : 광음(光陰)은 흐르는 시간. 류정(留情)은 미련이 남다. 연저(延佇)는 오랫동안 서 있다.
6) 압운은 處, 語, 曙, 序, 佇.

감상

양소가 설도형에게 보낸 〈증설파주〉 총 14수 가운데 제7수이다. "조정에 입각해서(立朝)"라고 심덕잠이 설명했듯이, 함께 벼슬살이를 했던 일을 읊고 있다. 모두 10구로 되어 있으며 내용에 따라 세 단락으로 나눠 볼 수 있다.

1단락(1-4구)의 1-2구에서는 어느 덧 훌쩍 지나간 세월을 돌아보며, 두 사람이 함께 조정에서 벼슬하며 교유했던 일, 환유(宦遊)를 말하고 있다. 3구부터는 그 환유를 다시 설명하여 조회에 참여하고 대화를 나눴던 일을 회고한고 있다.

2단락(5-8구)은 두 사람의 교유와 환유를 설명한 것으로 함께 임금을 모셨던 일이 더울 때나 추울 때나 함께 했었다고 말한다.

마지막 3단락(9-10구)은 두 사람의 교유 속에 쌓여진 우정으로 오래 같이 있어도 헤어지기를 아쉬워했던 일을 말하고 있다.

## 2-2-5

| | |
|---|---|
| 滔滔彼江漢,<br>도도피강한 | 도도하여라 저 장강과 한수는, |
| 實爲南國紀.[1]<br>실위남국기 | 진실로 남국 벼리가 될지어다. |
| 作牧求明德,<br>작목구명덕 | 목민 하고자 밝은 덕을 찾으니, |
| 若人應斯美.[2]<br>약인응사미 | 그대가 그런 미덕에 부응하지. |
| 高臥未褰帷,<br>고와미건유 | 높이 누워 휘장 걷지도 않았는데, |
| 飛聲已千里.[3]<br>비성이천리 | 날리는 명성은 이미 천 리이었지. |
| 還望白雲天,<br>환망백운천 | 흰 구름이 피어오른 하늘 돌아보면, |
| 日暮秋風起.<br>일모추풍기 | 해는 저물고 가을바람 일고 있겠지. |
| 峴山君儻遊,<br>현산군당유 | 현산에 그대 만약 다시 놀러 간다면, |
| 淚落應無已.[4]<br>루락응무이 | 눈물 흘리는 것 응당 그침이 없으리. |

**역주**

1) 滔滔彼江漢 2구 : 도도(滔滔)는 첩어, 의태어로 물이 넘실대는 모양. ≪시경·소아·사월(小雅·四月)≫에 "도도한 장강과 한수는, 남국의 벼리이네.(滔滔江漢, 南國之紀.)"라고 하였다. 기(紀)는 벼리.
2) 作牧求明德 2구 : 목(牧)은 목민관(牧民官)의 준말. 명덕(明德)은 밝은 덕을 가진 사람. 약(若)은 그대. 응(應)은 들어맞다, 부응하다. 사미(斯美)는 이러한 미덕. 여기서는 3구의 명덕(明德)을 가리킴.
3) 高臥未褰帷 2구 : 고와(高臥)는 높이 눕다. 건유(褰帷)는 장막을 걷고 민정을 살핀다는 뜻의 '건유지화(褰帷之化)'를 말함. ≪후한서·가종전(後漢書·賈琮傳)≫에 의하면 후한(後漢)의 가종(賈琮)이 기주자사(冀州刺史)로 나갈 때 수레에 관례대로 드리워진 붉은 장막을 보고, "자사란 마땅히 멀리 보고 널리 들어, 민정을 살펴야 하는데, 어찌 수레에 휘장을 드리워서 스스로의 이목을 가리겠느냐?"라 하여 장막을 걷게 하였다. 비성(飛聲)은 날리는 명성(名聲). 이 2구는 유가의 덕치주의(德治主義)를 설명한 것으로 요순(堯舜)시대에 덕이 있어 앉아만 있어도 백성이 교화되어 저절로 다스려졌던 것을 말함. 여기서는 설도형을 요임금과 순임금에 비유하여 양주(襄州)지역을 덕으로 잘 다스림을 칭송한 것.
4) 峴山君儻遊 2구 : 현산(峴山)은 호북성(湖北省) 양양(襄陽)에 있다. 서진(西晉)을 개국(開國)하고 오(吳)나라를 멸하는 데 큰 공을 세웠던 양호(羊祜)가 이곳에 주둔하여 관할하여 선정을 베풀었다. 양호가 죽은 후 그곳 사람들이 현산에 비석을 세우고 사당을 지었는데, 이 비석을 바라보며 모두 눈물을 흘려 타루비(墮淚碑)라고 불렀다. 현산(峴山)은 여기서 '양주(襄州)'를 의미. 당(儻)은 만약. 루락(淚落)의 주체는 백성들.
5) 압운은 紀, 美, 里, 起, 已.

**감상**

양소가 설도형에게 보낸 〈증설파주〉 총 14수 가운데 제8수이다. 심덕잠의 설명처럼 "설도형이 지방 벼슬을 한 일(薛之出守)"을 읊고 있다. 구체적으로 말하자면, 양주총관(襄州總管)을 역임하고 다시 파주자사(播州刺史)로 가기까지를 이야기하고 있다. 모두 10구로 되어 있으며 내용에 따라 3개의 단락으로 나눌 수 있다.

1단락(1-4구)의 1-2구에서 언급하는 장강과 한수, 남국의 벼리는 모두 양주를 가리키는 말이다. 양주는 지금의 호북성(湖北省) 서북 지역 양양(襄陽)일대를 말하는 것으로, 이 시기 양소는 중앙 조정에서 관직을 맡은 반면, 친구인 설도형은 지방인 양주로 가서 벼슬을 하게 되었다. 1-2구는 양소가 설도형이 맡은 양주가 중요한 지역임을 말한 것이다. 3-4구에서는 이 지역을 다스릴 밝은 덕 가진 적합한 인물이 바로 설도형임을 말한 것이다.

2단락(5-8구)은 친구 설도형의 치적을 비유적이며 추상적으로 묘사하고 있다. 5-6구에서는 요순임금이 덕으로 다스리던 시대와 후한 가종의 '건유지화(褰帷之化)'를 들어 설도형이 덕이 있어 양주 지역이 저절로 다스려진 치적을 칭송하고 있다. 7-8구는 설도형이 양주에서 파주로 부임한 일을 비유적으로 언급한 것이다. 파주는 지금의 귀주성으로 양주에 비해 더 변경지역이므로 실상은 좌천되어 가는 길이었다. 해가 저물고 가을바람이 일어난다고 표현한 것은 아마도 파주로의 부임시기가 가을 무렵임을 나타낸 것일 수도 있고, 좌천된 길임을 암시한 것 일수도 있다.

3단락(9-10구)은 문학가이자 명장으로 백성들의 존경을 받았던 서진의 양호가 죽은 뒤 백성들이 그를 위해 사당과 비석을 세우고 늘 눈물을 흘리며 그를 기렸던 것처럼, 설도형도 양주 자역에 다시 간다면 양주의 백성들이 모두 눈물을 흘릴 것이라며 친구의 공적을 칭송하며 시를 맺고 있다.

## 2-2-6

| | |
|---|---|
| 漢陰政已成,<br>한음정이성 | 한수 남쪽에선 선정 이미 이루었건만, |
| 嶺表人猶蠹.[1]<br>령표인유두 | 고개 너머 인민들 아직 좀 벌레라네. |
| 彈冠比方新,<br>탄관비방신 | 모자 털고 나란히 바야흐로 새롭게 되리, |
| 還珠總如故.[2]<br>환주총여고 | 진주 돌아와 모든 것이 예전과 같아졌지. |
| 楚人結去思,<br>초인결거사 | 초나라 사람들 '떠난 뒤 그리움' 맺혔고, |
| 越俗歌來暮.[3]<br>월속가래모 | 월나라 민가는 '오심이 더뎌요' 부르리. |
| 陽烏尚歸飛,<br>양오상귀비 | 철새들은 여전히 날아 돌아오고, |
| 別隺還回顧.[4]<br>별학환회고 | 헤어졌던 학도 또한 돌아 본대죠. |
| 君見南枝巢,<br>군견남지소 | 그대 남쪽 가지에 튼 둥지 보거든, |
| 應思北風路.[5]<br>응사북풍로 | 응당 북풍 부는 길 생각하시구려. |

**역주**

1) 漢陰政已成 2구 : 한음(漢陰)은 한수(漢水)의 남쪽. 여기서는 양주(襄州)를 가리킴. 정(政)은 선정(善政)을 의미. 령표(嶺表)는 오령(五嶺)의 이남 지역. 여기서는 파주(播州)를 가리킴. 두(蠹)는 나무를 헤치는 좀 벌레. 여기서는 나라에 해를 끼

침을 비유함.

2) 彈冠比方新 2구 : 탄관(彈冠)은 관을 털다. ≪사기·굴원열전(史記·屈原列傳)≫에 "새로 머리 감은 사람은 관을 털어 쓰고, 새로 목욕한 사람은 옷을 털어 입는다."라고 하였다. 비(比)는 나란히. 방(方)은 바야흐로. 여기서는 가까운 미래를 의미. 환주(還珠)는 ≪후한서·순리전·맹상(後漢書·循吏傳·孟嘗)≫에 나오는 맹상(孟嘗) 이야기를 말함. 맹상(孟嘗)이 합포태수(合浦太守)로 부임했는데, 이 지역은 원래 진주가 많이 생산되는 곳으로, 교지(交阯) 지역과 인접한 곳이었다. 이전 태수가 탐욕스러워 이 지역의 진주를 한없이 채집하자 진주가 모두 교지 지역으로 가버리게 되고, 합포 지역은 나그네도 이르지 않고, 쓸 만한 재물이 없는 곳이 되어버렸다. 맹상이 부임하여 폐해를 개혁하자 다시 진주가 돌아오고 백성들이 생업을 찾게 되었다고 한다. 여기서 환주(還珠)는 잘못된 정책을 시정하는 것을 비유한 말. 총(總)은 앞 구의 비(比)와 대(對)를 이루어 '모든 것이, 요컨대'의 의미. 여고(如故)는 옛 것과 같다. 동양적 관점에서 옛 것과 같아졌다는 것은 '좋아졌다'는 의미와 상통.

3) 楚人結去思 2구 : 초(楚) 지역은 1구의 한음(漢陰) 지역으로 양주(襄州)를 가리킴. 거사(去思)는 전임 벼슬아치가 선정을 베풀어 그가 떠나자 백성들이 그리워 한다는 뜻. 월(越)은 고대 중국 대륙의 남방, 주로 강남이라고 불렸던 장강(長江) 이남에서 현재의 베트남에 이르는 광대한 지역에 살고 있던 민족과 그 지역을 이르는 말. 여기서는 파주(播州)를 가리킴. 가래모(歌來暮)는 ≪후한서·염범전(後漢書·廉范傳)≫에 "염범이시여, 오심이 어찌 이리 늦으신가요.(來何暮.)"라고 하였다. 여기서는 명성을 듣고 오래 기다렸음을 의미하는 말.

4) 陽烏尙歸飛 2구 : 양오(陽烏)는 기러기 등의 철새. 귀비(歸飛)는 날아 돌아오다(飛歸). 학(隺)은 학(鶴).

5) 君見南枝巢 2구 : 〈고시십구수(古詩十九首)〉에 "호(胡) 지방 말은 북녘 바람에 기대고, 월(越) 지방 새는 남쪽 가지에 깃드네."라고 하였다(≪고시원≫ 번역본 1권 486쪽 참조). 당신이 남방에서 돌아가고파 할 때, 나도 북방에서 당신의 귀환을 기다린다는 의미.

6) 압운은 蠹, 故, 暮, 顧, 路.

**감상**

양소가 설도형에게 보낸 〈증설파주〉 총 14수 가운데 제9수이다. 심덕잠은 "설도형의 치적을 칭송(頌其政成)"라고 하였다. '하는 것이다. 이 시는 모두 10구로 되어 있으며, 내용에 따라 3개의 단락으로 나눌 수 있다.

1단락(1-4구)의 1구는 설도형이 한음, 즉 양주 지역에서 선정을 베풀었던 일을 말하고 있다. 2구에서는 령표(嶺表)는 파주 지역을 가리키는 말로 이곳은 민풍이 아름답지 못하므로 설도형이 필요해서 벼슬을 맡아 파견됨을 말하고 있다. 3구는 다시 2구와 연결된 것으로 "새로 머리 감은 사람은 관을 털어 쓴다.'고 하듯 파주 지역이 새롭게 될 것을 말하는 것이다. 4구는 1구와 연결되어 폐해를 시정해 바르게 다스린 맹상의 이야기를 빌어 설도형의 양주 지역에서의 선정을 칭송하고 있다.

2단락(5-8구)의 5구는 옛 근무지인 양주 지역에서의 선정으로 백성들이 그리워하는 마음이 사무침을 말하고, 6구는 새로운 근무지인 파주 지역의 백성들이 그 명성을 듣고 환영하며 빨리 오시기를 노래하고 있음을 읊고 있다. 그러나 파주 지역으로 부임하는 것은 좌천의 길이다. 그래서 양소는 철새가 돌아오고 학이 돌아보듯, 친구인 설도형이 돌아오길 기대한다(7-8구).

마지막 3단락(9-10구)에서 시인은 끝으로 〈고시십구수〉의 시구를 빌려 친구가 돌아오길 고대하는 간절함을 담았다.

## 2-2-7

| | |
|---|---|
| 養病願歸閒,[1]<br>양병원귀한 | 병 섭양하고자 돌아와 한가하길 원했고, |
| 居榮在知足.<br>거영재지족 | 영예에 머묾은 만족을 앎에 달려 있네. |
| 棲遲茂陵下,<br>서지무릉하 | 무릉 아래에서 은거하고 있거니와, |
| 優遊滄海曲.[2]<br>우유창해곡 | 창해의 모퉁이에서 유유자적하네. |
| 故人情可見,<br>고인정가견 | 옛날 선인들의 마음을 알 수 있건만, |
| 今人遵路矚.[3]<br>금인준로촉 | 요즘 사람들 출세 길 따라 머뭇거릴 뿐. |
| 荒居接野窮,<br>황거접야궁 | 인적 드문 거처는 벌판 접해 외지니, |
| 心物俱非俗.[4]<br>심물구비속 | 마음도 환경도 모두 세속이 아니라네. |
| 桂樹芳叢生,[5]<br>계수방총생 | 계수나무도 향긋한 무리로 자라나니, |
| 山幽竟何欲.<br>산유경하욕 | 그윽한 산 속 끝내 무엇을 바라겠는가. |

**역주**

1) 養病願歸閒 : 양병(養病)은 병환을 섭양하다. 귀한(歸閒)은 한가로운 곳으로 돌아오다. 귀향의 의미.

2) 棲遲茂陵下 2구 : 서지(棲遲)는 첩운, 의태어로 한가히 지내는 모양. '은거하다'

로 해석함. 무릉(茂陵)은 한(漢)나라 무제(武帝)의 능묘가 있는 지명. 지금의 협서성(陝西省) 흥평시(興平市)에 있으며, 사마상여(司馬相如)가 병으로 벼슬을 그만두고 이곳 무릉에서 살았다고 한다. 우유(優遊)는 쌍성, 첩운자로 의태어. 한가로운 모양을 말함. 곡(曲)은 모퉁이, 구석.

3) 故人情可見 2구 : 고인(故人)은 다른 판본에 '고인(古人)'으로 되어 있다. 여기서는 고인(古人)으로 보아 '옛날 선인들'으로 번역함. 금인(今人)은 친구 설도형(薛道衡)을 포함한 요즘 사람들. 로(路)는 출세의 길. 촉(矚)은 다른 판본에 '촉(躅)'으로 되어 있어 '머뭇거리다'로 번역함.

4) 荒居接野窮 2구 : 황거(荒居)는 황량한 거처, 인적이 없는 거처. 궁(窮)은 외지다, 막혀 있다. 심물(心物)은 마음과 주위 환경.

5) 桂樹芳叢生 : 계(桂)는 ≪설문(說文)≫에 "계는 강남의 나무로, 백약의 으뜸이다.(桂, 江南木, 百藥之長.)"라고 하였다. 방(芳)은 방(方)으로 된 판본도 있다. 이 경우 "한창 무리지어 자라누나."로 번역할 수 있다.

6) 압운은 足, 曲, 矚, 俗, 欲.

**감상**

양소가 설도형에게 보낸 〈증설파주〉 총 14수 가운데 제11수이다. 심덕잠의 설명처럼, "양소 자신의 은퇴(己之歸閑)"를 읊고 있다. 모두 10구인데, 내용에 따라 세 단락으로 나눌 수 있다.

1단락(1-4구)에서 1-2구는 양소 자신의 은퇴를 말하는 것으로 그 이유는 첫째 자신의 병환 때문이고, 두 번째는 벼슬에 연연하지 않고자 하는 마음, 즉 공을 이루면 물러나야한다는 생각(攻城身退) 때문이라고 말하고 있다. 그래서 사마상여를 본받아 무릉 아래 은거하고, 또 바닷가에서 유유자적하고 있는 자신의 근황을 설명한다(3-4구).

2단락(5-8구)은 자신이 은거하다 보니 3구의 사마상여나 4구의 창해에 노닌 사람들 같은 옛 사람들의 마음을 이해할 수 있게 되고, 요즘 사람들은 출세 길을 따르다 보니 떠나지 못하고 머뭇거림을 알게 되었다고 말하고 있다(5-6구.) 또 자신의 거처는 허허 벌판에 집 한 채만 덩그렇게 놓여 있어, 마음도 주위 환경도 세속을 벗어났다고 말한다(7-8구).

3단락(9-10구)은 결론이다. '백약의 으뜸(百藥之長)'이라는 계수나무가 무리지어 자라고 있으니, 병을 섭양하여 자신의 천수를 누리고자 할 뿐, 다른 것은 바라지 않는다고 말한다.

6구에서 시인이 말하는 요즘 사람들엔 친구 설도형을 포함한 것으로 설도형이 벼슬을 그만두길 기대하는 마음을 드러낸 것이다. 설도형이 이 때 벼슬을 그만두었다면, 양제에게 미움을 받아 파주자사를 끝으로 살해되는 일은 없었을지도 모른다.

2-2-8

| | |
|---|---|
| 秋水魚遊日,<br>추수어유일 | 가을 물에 물고기 노닐던 날들, |
| 春樹鳥鳴時.<br>춘수조명시 | 봄 나무에 새들이 지저귀던 때. |
| 濠梁暮共往,[1)]<br>호량모공왕 | 호수의 다리에 저물녘 함께 가고 싶고, |
| 幽谷有相思.[2)]<br>유곡유상사 | 그윽한 계곡에서 벗 그리움 피어나네. |
| 千里悲無駕,<br>천리비무가 | 천 리 떨어져 수레가 없음 슬퍼하거니와, |
| 一見杳難期.<br>일견묘난기 | 한번 보는 것 아득하여 기약할 수 없구나. |
| 山河散瓊蕊,<br>산하산경예 | 산과 물가에는 옥 같은 꽃들이 흩어지고, |
| 庭樹下丹滋.[3)]<br>정수하단자 | 정원의 나무엔 붉고 무성한 꽃 떨어지네. |
| 物華不相待,<br>물화불상대 | 사물들 기다려 주지 아니할 터니, |
| 遲暮有餘悲.[4)]<br>지모유여비 | 만년 되어 무한한 슬픔 솟구치네. |

**역주**

1) 濠梁暮共往 : 호량(濠梁)은 호수(濠水)의 다리. ≪장자·추수(莊子·秋水)≫에 의하면 장자(莊子)와 혜시(惠施)가 호수(濠水)의 다리에서 놀다가 한가롭게 헤엄치는 물고기를 보고 서로 변론을 나누었다고 한다. 두 사람은 사이가 좋았고 자주 변론을 하였는데 ≪장자·서무귀(莊子·徐無鬼)≫에 의하면 혜시가 죽은 후 그의 묘 앞을 지나며 더불어 이야기할 사람이 없어졌다고 한탄하였다고 한다. 여기서는 양소가 친구인 설도형과의 교유가 장자와 혜시와 같기를 바랐다는 의미.
2) 相思 : 벗을 그리워함. 여기서는 양소가 친구 설도형을 그리워한다는 의미.
3) 山河散瓊蕊 2구 : 경예(瓊蕊)는 옥 같은 꽃. 단자(丹滋)는 ①붉은 단사 같은 수액 ②붉고 무성한 꽃. 여기서는 ②의 뜻으로 봄. 양소와 설도형 두 사람만이 아는 '붉은 꽃' 일 가능성이 있다.
4) 物華不相待 2구 : 화(華)는 사물을 미화할 때 쓰이는 시적 표현. 물화(物華)는 '사물' 의 뜻으로 여기서는 7구의 경예(瓊蕊)와 8구의 단자(丹滋)를 가리킴. 지모(遲暮)는 만년. 여비(餘悲)는 다함이 없는, 무한한 슬픔.

5) 압운은 時, 思, 期, 滋, 悲.

**감상**

양소가 설도형에게 보낸 〈증설파주〉 총 14수 가운데 제13수이다. 심덕잠의 지적처럼, "친구를 그리워함(相思)"이 주제이다. 모두 10구로 되어 있으며, 세 단락으로 나눌 수 있다.

1단락(1-4구)에서 양소는 장자와 혜시의 교유를 가지고 와 자신과 설도형의 교유를 말하고자 하였다. ≪장자·추수≫의 이야기처럼 호수의 다리위에서 노닐던 물고기를 보며 변론으로 교유했던 장자와 혜시처럼, 혜시가 죽고 난 후 더불어 이야기할 사람이 없다고 한탄하던 장자처럼, 자신도 설도형과 그런 교유를 하길 원했다고 말한다. 봄 나무에 새들이 친구를 그리워하며 지저귀듯 자신도 이 그윽한 계곡에서 벗인 설도형을 그리워한다고 말한다.

2단락(5-8구)에서 5-6구는 두 사람이 멀리 떨어져 있고, 만나기 어려움을 말하고 있다. 7-8구에서 꽃들이 흩어지고, 떨어지는 모습은 봄이 가는 모습을 형상하면서 친구를 만나길 기대했으나 실현되지 못한 현실에 대한 좌절과 슬픔을 보여준다. 아마도 8구의 붉은 꽃은 두 사람만이 아는 꽃이었을지도 모른다.

마지막 3단락(9-10구)에서는 옥 같은 꽃, 붉은 꽃들이 모두 친구와 자신을 기다려주지 않고 져 가는 모습과 인생의 만년을 느끼는 시인은 더 진한 슬픔에 빠진다고 토로한다.

## 2-2-9

| | |
|---|---|
| 銜悲向南浦,[1)]<br>함비향남포 | 슬픔을 머금고 남포를 바라보니, |
| 寒色黯沉沉.<br>한색암침침 | 차가운 빛이 어두침침할 뿐이네. |
| 風起洞庭險,<br>풍기동정험 | 바람이 일어나니 동정호는 험하고, |
| 煙生雲夢深.[2)]<br>연생운몽심 | 안개 피어올라 운몽은 깊기만 하네. |
| 獨飛時慕侶,<br>독비시모려 | 홀로 날며 자주 짝을 그리워하나니, |
| 寡和乍孤音.[3)]<br>과화사고음 | 화답이 없어 문득 외로운 소리 내네. |
| 木落悲時暮,<br>목락비시모 | 잎 떨어져 한해 저무니 슬퍼하거니와, |

| | |
|---|---|
| 時暮感離心.<br>시모감리심 | 세모인지라 이별의 마음 더욱 느끼네. |
| 離心多苦調,<br>리심다고조 | 이별의 마음에 괴로운 가락이 많은 법, |
| 詎假雍門琴![4]*<br>거가옹문금 | 어찌 옹문주 거문고 빌릴 필요 있으랴. |

**원주**

* 천하의 혼란에서, 나라를 세움에 이야기가 이르고, 다음으로 인재를 구함을 말하고, 다음으로 조정을 세움을 말하고, 다음으로 설도형이 태수 자리에 나간 것을 말하고, 그의 선정으로 완성됨을 칭송하고, 다음으로 자신의 귀향을 말하고, 마지막 두 시는 그리움의 뜻을 다하고 있다. 한 가지의 제목의 몇 개의 장을 가진 작품은 반드시 이와 같은 장법을 갖추어야 한다.(從天下之亂, 說到定鼎, 次說求材, 次說立朝, 次說薛之出守, 頌其政成, 次說已之歸閑, 末致相思之意, 一題幾章, 須具此章法.)
일찍이 대구를 만들지 않음이 없지만, 짝을 지었다는 흔적을 느끼지 못하니, (작품의) 기골이 높기 때문이다.(未嘗不排, 而不覺排偶之迹, 骨高也.)

**역주**

1) 南浦 : 이별과 이별의 장소를 뜻하는 말. ≪초사·구가·하백(九歌·河伯)≫에 "그대와 손을 부여잡고 동으로 가, 임을 남포로 떠나보내어."라고 하였다.
2) 雲夢 : 고대 소택지 이름. 지금의 호남성(湖南省) 익양(益陽)의 북쪽 지역.
3) 乍 : 문득.
4) 雍門琴 : 유향(劉向)의 ≪설원(說苑)≫에 의하면 전국(戰國)시기 제(齊)나라 사람 옹문주(雍門周)가 거문고로 슬픈 곡조를 타서 사람들을 울렸는데, 제(齊)나라 재상인 맹상군(孟嘗君)이 그를 불러 거문고를 타게 하니 역시 슬퍼 눈물을 흘렸다는 고사가 있다.
5) 압운은 沉, 深, 音, 心, 琴.

**감상**

양소가 설도형에게 보낸 〈증설파주〉 총 14수 가운데 제14수이다. 앞 수와 마찬가지로 "친구를 그리워함(相思)"이 그 주제이다. 모두 10구로 되어 있으며, 내용에 따라 3개의 단락으로 나눌 수 있다.

1단락(1-4구)에서 1-2구는 친구인 설도형이 그립지만 바라만 볼 뿐, 찾아가지 못함을 이야기하고 있다. 1구의 남포는 이별의 상징이다. 3-4구는 못가는 이유를 말한 것이다. 그 첫째는 동정호가 험해서이고, 둘째는 운몽이 깊어서라고 말한다. 이 시를 쓸 당시 양소는 벼슬에서 물러나 고향에 돌아왔고, 설도형은 파주자사로 좌천된 상황이었다. 양소가 제 11수에서 언급한 것처럼 병환의 이유도 있었겠지만, 좌천당한 친구를 찾아가기는 그리 쉬운 일은 아니었을 것이다.

2단락(5-8구)은 모두 친구를 그리워하는 마음을 드러낸 것이다. 특히 7-8구에서는 적절한 감정을 표현하기 위해 '세모(時暮)'라는 말을 끝말잇기 형식, 정진체(頂眞體)로 연결하고 있다.

마지막 3단락(9-10구)은 〈증설파주〉 전체 시의 마지막 부분으로 자신이 이별의 마음에 괴로운 가락이 많아 14수나 되는 긴 시를 썼음을 밝히고 있다. 자신의 마음은, 늘 사람들을 울렸다는 옹문주의 거문고가 없어도 친구를 그리는 슬픔이 가득함을 잘 전하고 있다.

## 3. 盧思道[1]

| 〈遊梁城(유량성)〉[2] | 〈양성을 노닐며〉 |
|---|---|
| 揚鑣歷汴浦,<br>양표력변포 | 말을 몰아 변하의 물가를 지나거니와, |
| 回扈入梁墟.[3]<br>회호입량허 | 수레 돌려 양성 옛 터에 들어선다네. |
| 漢藩文雅地,<br>한번문아지 | 한나라 번국으로 문아한 곳이었나니, |
| 清塵曖有餘.[4]<br>청진애유여 | 옛 맑은 먼지 어렴풋이 남아있구나. |
| 賓遊多任俠,<br>빈유다임협 | 문객엔 의협심 많은 사람 넘쳤고, |
| 臺苑盛簪裾.[5]<br>대원성잠거 | 누대 정원에는 높은 분 가득했지. |
| 歎息徐公劍,<br>탄식서공검 | 서공의 칼을 탄식하거니와, |
| 悲涼鄒子書.[6]<br>비량추자서 | 추양의 상소문이 처량하네. |
| 亭皋落照盡,<br>정고락조진 | 정자 언덕엔 낙조마저 사라져가고, |
| 原野沍寒初.[7]<br>원야호한초 | 들판엔 살얼음 추위 막 시작되네. |
| 鳥散空城夕,<br>조산공성석 | 새들 흩어지고 빈 성에는 석양빛이요, |
| 煙銷古樹疎.<br>연소고수소 | 안개 사라지자 고목은 성긴 모습일세. |
| 東越嚴子陵,<br>동월엄자릉 | 동쪽 월에는 엄자릉이 있었다지, |
| 西蜀馬相如.[8]<br>서촉마상여 | 서쪽 촉에는 사마상여 있었다지. |
| 修名竊所慕,<br>수명절소모 | 고운 명성 감히 흠모하는 바이거니와, |
| 長謠獨課虛.[9]<br>장요독과허 | 긴 노래로 홀로 〈자허부〉 시험해보네. |

역주

1) 盧思道(노사도, 535?-586?) : 자는 자행(子行)이고, 범양(范陽, 지금의 하북(河北) 탁현(涿縣))사람이다. 뛰어난 문인으로 북제(北齊)의 문인 형소(邢劭)에게 사사했다. 북주(北周)에 들어서는 고향 사람이 일으킨 난에 연루되었으나 문재(文才)로써 사형을 모면했다. 벼슬은 북제(北齊) 때 사공행참군(司空行參軍), 원외산기시랑(員外散騎侍郎)을 맡았고, 북주(北周) 때 의동삼사(儀同三司), 무양태수(武陽太守)를 역임했으며 수(隋)나라 초에 산기시랑(散騎侍郎)에 올랐다. 명인(明人)의 집본으로 된 ≪노무양집(盧武陽集)≫이 있으며, 〈고홍부(孤鴻賦)〉가 유명하다.
2) 梁城 : 대량(大梁) 지역으로 지금의 하남(河南) 개봉(開封)을 말함.
3) 揚鑣歷汴浦 2구 : 양표(揚鑣)는 재갈을 올리는 것으로 '말을 몰다' 는 의미. 호(扈)는 시종이 모는 수레.
4) 漢藩文雅地 2구 : 한번(漢藩)은 한나라의 제후 나라, 번국(藩國)으로 여기서는 한나라 양효왕(梁孝王)의 봉국(封國)을 말함. 문아지(文雅地)는 문아한 곳, 여기서는 양효왕이 문학을 좋아해 당시의 문인 매승(枚乘), 추양(鄒陽), 사마상여(司馬相如) 등이 그 문하의 식객이 됨을 가리킴. 청진(淸塵)은 맑은 먼지, 여기서는 양효왕의 자취와 영향력을 의미. 애(曖)는 뿌옇다. 어렴풋하다.
5) 賓遊多任俠 2구 : 빈유(賓遊)는 빈객으로 노니는 사람들. 여기서는 양효왕의 빈객을 말함. 임협(任俠)은 남의 어려운 일을 맡아 도와주기를 좋아하는 사람. 대원(臺苑)은 누대와 정원. 여기서는 양효왕의 궁궐을 가리킴. 잠거(簪裾)는 모자와 도포가 긴 옷으로 신분이 높은 사람을 말함.
6) 歎息徐公劍 2구 : 탄식(歎息)은 감탄하다, 탄식하다. 서공검(徐公劍)은 서공의 검, ≪사기·오태백세가편(史記·吳太伯世家篇)≫에 나오는 '계찰괘검(季札掛劍)' 고사를 말함. 서군(徐君)은 계찰(季札)의 보검을 갖고 싶어 했는데 계찰이 돌아오니 서군은 이미 죽어있었다. 이에 계찰이 무덤 나무에 보검을 걸어 놓고 떠났다고 한다. 추자서(鄒子書)는 추양(鄒陽)의 상소문. ≪한서·추양전(漢書·鄒陽傳)≫에 의하면 추양이 양효왕을 따르자 이를 시기한 양승(羊勝)과 공손궤(公孫詭)에 의해 옥에 갇히게 된다. 이에 추양이 양효왕에게 간곡한 상소문인 〈옥중상양왕서(獄中上梁王書)〉를 올려 석방되었다고 한다. 후에 '추서(鄒書)', '추양서(鄒陽書)' 는 '글을 올려 억울함을 호소하다' 는 전고가 됨.
7) 亭皐落照盡 2구 : 정고(亭皐)는 정자가 있는 언덕, 정자가 세워진 누대. 호(冱)는 살얼음이 얼다.
8) 東越嚴子陵 2구 : 엄자릉(嚴子陵)은 엄광(嚴光)을 말함. 동한 회계(會稽) 여요(餘姚) 사람으로 자릉(子陵)은 자이다. 동한의 광무제(光武帝) 유수(劉秀)와 함께 공부했으며, 광무제가 즉위하자 벼슬을 사양하고 부춘산(富春山)에 은거했다. 마상여(馬相如)는 서한의 문인 사마상여(司馬相如)를 말함. 자는 장경(長卿)이며 사천성(四川省) 성도(成都)에서 출생으로 경제(景帝)와 양효왕을 섬겼으며 만년에는 섬서성(陝西省) 무릉(茂陵)에 칩거하였다. 부 작가로 〈자허부(子虛賦)〉와 〈상림부(上林賦)〉가 대표작이다.

9) 修名竊所慕 2구 : 수명(修名)은 아름다운 명성. 여기서는 엄자릉을 가리킴. 장요(長謠)는 긴 노래로 여기서는 부(賦)를 가리키고, 당연히 사마상여를 염두에 두고 한 말이다. 과(課)는 시험해 보다. 과제 삼아 해보다. 허(虛)는 사마상여의 〈자허부(子虛賦)〉를 가리킴.

10) 압운은 墟, 餘, 裾, 書, 初, 疎, 如, 虛.

**감상**

이 시는 모두 16구로 되어 있으며, 내용에 따라 4개의 단락으로 나눌 수 있다.

1단락(1-4구)은 제목을 다시 설명하는 일종의 '파제(破題)'이다. 시인은 말을 몰고 수레를 돌려 양성의 옛 터에 들어선다(1-2구). 이곳은 과거 한나라의 제후였던 양효왕의 봉국이었다. 양효왕은 한나라 문제(文帝)의 둘째 아들이며, 경제(景帝)의 친동생으로 문학을 좋아해 많은 문객을 거느렸다고 한다. 그래서 이곳을 문아(文雅)한 곳이며 양효왕의 자취가 남아 있다고 말한 것이다(3-4구).

2단락(5-8구)은 과거의 회상이며 앞 3-4구의 내용을 다시 설명한 것이다. 양효왕의 문객들은 의협심이 많았으며, 과거 양효왕의 궁궐에는 모자와 긴 도포 옷을 입은 신분 높은 사람들이 넘쳐났었다고 말한다(5-6구). 그러나 지금은 죽은 후에서야 보검을 받은 서군이나, 억울하게 옥에 갇혀 절절한 상소문을 올렸던 추양 같이 한때를 대표하던 그 인물들은 모두 이곳에 보이지 않는다(7-8구).

3단락(9-12구)은 인생의 무상함을 말한 것이다. 낙조는 높은 곳인 누대에서도 사라져가고, 낮은 지역인 들판은 이미 얼음이 얼고 있다(9-10구). 인적도 없는 이 빈 성에 새마저 흩어지니 남은 것은 석양빛과 고목의 성긴 모습뿐이다(11-12구).

4단락(13-16구)은 시인이 결론을 말하고 있다. 시인은 황제의 친구이나 은거의 삶을 택한 엄자릉과 문재를 뽐내며 자유분방한 삶을 산 사마상여를 떠올린다(13-14구). 그리고 자신은 엄자릉의 아름다운 명성을 흠모하거니와, 사마상여와 문재를 겨뤄보고자 한다(15구).

# 4. 薛道衡[1]

## 4-1

〈昔昔鹽(석석염)〉[2)*] 〈밤이면 밤마다〉

|  |  |
|---|---|
| 垂柳覆金堤,<br>수류복금제 | 드리운 버들가지가 둑을 덮었거니와, |
| 蘼蕪葉復齊.[3]<br>미무엽부제 | 궁궁이 나물 잎 다시 가지런히 났네. |
| 水溢芙蓉沼,<br>수일부용소 | 물은 저 연못에서 넘쳐나고 있나니, |
| 花飛桃李蹊.<br>화비도리혜 | 꽃잎들 복사 오얏 샛길에 휘날리네. |
| 采桑秦氏女,[4]<br>채상진씨녀 | 뽕을 따던 진 씨 집의 따님이련가, |
| 織錦竇家妻.[5]<br>직금두가처 | 비단시를 짜던 두 씨 집 아내인가. |
| 關山別蕩子,[6]<br>관산별탕자 | 관문과 산맥 너머로 나그네 이별하고, |
| 風月守空閨.<br>풍월수공규 | 청풍명월 속에 빈방을 지키고 있네. |
| 恆斂千金笑,<br>항렴천금소 | 천금 같은 미소 항상 거두어들이고, |
| 長垂雙玉啼.[7]<br>장수쌍옥제 | 오랫동안 두 줄기 옥 눈물 드리우네. |
| 盤龍隨鏡隱,<br>반룡수경은 | 똬리 튼 용은 거울을 따라 숨어 있고, |
| 彩鳳逐帷低.[8]<br>채봉축유저 | 수놓은 봉황 휘장 따라 드리워져 있네. |
| 飛魂同夜鵲,<br>비혼동야작 | 넋 나간 몸은 집 잃은 밤 까치와 같고, |
| 倦寢憶晨雞.[9]<br>권침억신계 | 지겨운 잠자리라 새벽 닭소리 그립네. |
| 暗牖懸蛛網,<br>암유현주망 | 어두운 창문에는 거미줄이 매달려 있고, |

空梁落燕泥.[10)]　　빈 대들보에 제비 집 진흙이 떨어지네.
공량락연니
前年過代北,　　작년에는 대군 북쪽을 지나신다 하더니,
전년과대북
今歲往遼西.[11)]　　금년에는 요동 서쪽으로 가셨다고 하네.
금세왕요서
一去無消息,　　한 번 떠나신 후 소식 없으시나니,
일거무소식
那能惜馬蹄.[12)]**　　말발굽을 어찌 아낄 수 있으신가요?
나능석마제

**원주**

* 석석은 밤마다와 같다. 염은 인이 와전된 것이다.(昔昔, 猶夜夜也. 鹽, 引之轉而譌也.)[13)]

** "어두운 창문에는 거미줄이 매달려 있고" 2구는 장협의 "푸른 이끼가 빈 담장에 기대고, 거미는 사방 지붕에 거미줄을 쳤네." 로부터 변화하여 나온 것이다. 그러나 그 발원이 ≪시경·빈풍·동산(詩經·豳風·東山)≫ "쥐며느리는 방에 있고, 갈거미는 문에 있네." 에 있지만, 후대 사람의 작품이 더욱 정교할 따름이다.(暗牖懸蛛網二句, 從張景陽青苔依空牆,[14)] 蜘蛛網四屋化出. 而其發原, 則在伊威在室, 蠨蛸在戶, 但後人愈巧耳.[15)])

**역주**

1) 薛道衡(설도형, 540-609) : 하동(河東) 분음(汾陰), 지금의 산서성(山西省) 영하현(榮河縣) 사람으로 자는 현경(玄卿)이다. 문장과 재능으로 뛰어나, 노사도(盧思道)와 명성을 겨루었다. 벼슬은 수나라에서 내사시랑(內史侍郎), 개부의동삼사(開府儀同三司), 사례대부(司隸大夫), 양주총관(襄州總管), 파주자사(播州刺史) 등을 역임하였다. 파주는 ≪수서·설도형전(隋書·薛道衡傳)≫에 '번주(番州)' 로 되어 있다. 문제(文帝)에게는 총애를 받았으나 양제(煬帝) 즉위 후 올린 글 〈고조문황제송(高祖文皇帝頌)〉이 빌미가 되어 양제의 미움을 받아 결국 살해당했다. 〈석석염(昔昔鹽)〉, 〈예장행(豫章行)〉 시가 유명하고, 후대 사람이 편집한 저서 ≪설사례집(薛司隸集)≫이 있다.

2) 昔昔鹽 : ≪악부시집·근대곡사(樂府詩集·近代曲辭)≫에 수록되어 있으며 ≪악원(樂苑)≫을 인용하여 "〈석석염〉은 우조곡(羽調曲)이고, 당(唐)나라 역시 무곡(舞曲)이다." 라고 하였다. 석석(昔昔)은 밤마다. 염(鹽)은 해음(諧音)으로 '염(豔)' 을 말하는 것. '노래, 타령' 을 뜻하는 말.

3) 垂柳覆金堤 2구 : 금제(金堤)는 ①튼튼한, 견고한 제방 ②금(金)은 제방(堤)을 아름답게 표현한 시어. 여기서는 ②의 뜻으로 봄. 미무(蘼蕪)는 '궁궁이' 라는 나물

의 싹. 한나라 시가 〈고시(古詩)〉에 "산에 올라 궁궁이를 캤더니, 산 내려오다 전 남편 만났네."라고 하였다(≪고시원≫ 번역본 1권 524쪽 참조).

4) 采桑秦氏女 : 진씨녀(秦氏女)는 진 씨 집의 딸. 한나라 시가 〈맥상상(陌上桑)〉에 "진 씨 댁에 참한 딸이 있어, 저절로 나부(羅敷)라고 불렸다네. 나부는 누에치기를 잘하여, 성 남쪽에서 뽕잎을 따네."라고 하였다(≪고시원≫ 번역본 1권 405쪽 참조).

5) 織錦竇家妻 : 두가처(竇家妻)는 전진(前秦)시기 진주자사(秦州刺史) 두도(竇韜)의 처 소혜(蘇蕙)를 가리킨다. 자는 약란(若蘭)이며, 위진시대의 재녀(才女)이다. 멀리 떠나며 다른 여인을 취하지 않기로 맹세한 남편 두도가 다른 여인을 취하자 소혜가 회문시(回文詩)를 넣어 짠 비단을 보냈다고 한다. 회문시는 상하좌우 어느 방향에서 읽어도 시가 될 수 있다.

6) 關山別蕩子 : 관산(關山)은 관문과 산맥. 탕자(蕩子)는 나그네, 길손. 여기서는 '남편'을 의미.

7) 恆斂千金笑 2구 : 천금소(千金笑)는 천금 같은 미소. 제(啼)는 울다. 여기서는 문맥상 '눈물'을 의미.

8) 盤龍隨鏡隱 2구 : 반룡(盤龍)은 똬리 튼 용으로 부부를 상징. 수경은(隨鏡隱)은 거울을 따라서 숨다. 여기서는 남편이 없어 화장할 필요가 없어 거울을 꺼내보지 않으므로 거울 뒷면에 장식된 용도 따라 숨는다고 한 것. 채봉(彩鳳)은 수놓은 봉황새.

9) 飛魂同夜鵲 2구 : 비혼(飛魂)은 넋이 나간 몸. 야작(夜鵲)은 둥지를 잃은 밤 까마귀. 권(倦)은 여기서 '싫증나다, 지겹다'의 의미.

10) 暗牖懸蛛網 2구 : 주망(蛛網)은 거미줄. 사람의 출입이 없다는 뜻. 연니(燕泥)는 제비 집의 진흙. 제비 집은 가정을 상징하는 것으로 진흙이 떨어짐은 가정이 깨짐을 말함.

11) 前年過代北 2구 : 대북(代北)은 대군(代郡)의 북쪽. 요서(遼西)는 군(郡)의 이름으로, 요동의 서쪽.

12) 惜馬蹄 : 소백옥처(蘇伯玉妻)의 〈반중시(盤中詩)〉에 "당신 집은 장안이나 몸은 촉에 계시네, 어찌 말발굽 아껴 돌아옴 잦지 않으신지. 집은 양고기 천 근이고 술 백 휘이거니와, 보리와 좁쌀은 당신 말을 살찌게 하련만."라고 하였다(≪고시원≫ 번역본 1권 342쪽 참조).

13) 引之轉而謌也 : 염(豔)은 '염(豔)'과 음이 같은 것으로 '노래'를 뜻하는 악곡 용어. 이 외에도 음(吟), 행(行), 가(歌), 인(引), 령(令) 등이 있다. 심덕잠이 원주에 인(引)의 와전(訛傳)으로 본 것은 잘못.

14) 張景陽 : 서진(西晉)의 문학가 장협(張協)을 말함. 자는 경양(景陽)이다. 형 장재(張載), 동생 장항(張亢)과 함께 '삼장(三張)'으로 불렸다.

15) 後人 : 설도형과 장협을 말함.

16) 압운은 堤, 齊, 蹊, 妻, 閨, 啼, 低, 雞, 泥, 蹄.

**감상**

이 시는 설도형의 대표작 〈석석염〉으로 남편을 그리워하는 아내의 마음을 읊은 규원시이다. 이 시는 모두 20구로 되어 있으며, 내용에 따라 5개의 단락으로 나눌 수 있다.

1단락(1-4구)은 계절 '봄'을 묘사한 것이다. 봄이 되어 버들가지는 둑을 덮고, 궁궁이는 잎이 다시 났다. '궁궁이'는 한나라 시가 〈고시〉를 떠올려 남편을 그리는 아내의 모습이 겹친다. 봄물이 불 듯 연못에 물이 넘쳐나고, 꽃잎들은 휘날린다.

2단락(5-8구)에서는 이 시의 주인공이 등장한다. 5-6구에서는 진씨녀와 두가처를 통해 주인공인 여인을 묘사한다. 이 두 사람은 모두 남편을 사랑한 여인들이었다. 이렇게 고운 여인이 지금은 남편과 이별하고 홀로 빈방을 지키고 있다(7-8구).

3단락(9-12구)은 여인의 독수공방하는 모습을 묘사한 것이다. 남편이 없어 여인은 미소를 거두고 매일 눈물을 흘리고 있다(9-10구). 남편이 없기에 화장할 일이 없어 청동거울을 꺼내보지 않으니 거울 뒷면 똬리 튼 용도 늘 거울 따라 숨어 있고, 남편이 없어 휘장을 들추지 않으니 수놓은 봉황도 늘 휘장따라 드리워져만 있다(11-12구).

4단락(13-16구)은 3단락에 이어 독수공방하는 여인의 모습을 그린다. 여인의 넋 나간 몸은 마치 둥지 잃은 밤 까치 같고, 홀로 드는 잠자리가 짜증나고 지겨워 새벽 닭소리가 오히려 그리울 지경이다(13-14구). 사람의 출입이 없어 창문엔 거미줄이 매달렸고, 따사로운 가정을 상징하는 제비 집이 깨져 진흙이 털어진다(15-16구).

마지막 5단락(17-20구)은 가정이 깨지고 독수공방하는 이유를 말하고 있다. 이는 남편의 원정(遠征) 때문이다. 작년에는 북쪽 대군 지방 너머 더 북쪽을 올해는 서쪽 요 지방 너머 더 서쪽으로 갔다하니 점점 더 집과는 멀어지는 남편이 원망스럽다(17-18구). 소식도 없는 남편, 혹 말발굽을 아껴 집에 못 오시는 것인가 소백옥처(蘇伯玉妻)의 노래를 빌어 서운한 마음을 말해본다(19-20구).

## 4-2

## 〈敬酬楊仆射山齋獨坐(경수양부야산재독좌)〉[1)]

〈양복야 '산재독좌'에 겸손히 화답하며〉

| | |
|---|---|
| 相望山河近,<br>상망산하근 | 서로 바라보니 산하는 가깝게 있거늘, |
| 相思朝夕勞.<br>상사조석로 | 서로 그리워 조석으로 힘들어 하누나. |
| 龍門竹箭急,[2)]<br>룡문죽전급 | 용문의 물은 대 화살처럼 빠르고, |

| | |
|---|---|
| 華岳蓮花高.[3]<br>화악련화고 | 화산 봉우리는 연꽃처럼 높구나. |
| 岳高障重疊,[4]<br>악고장중첩 | 화산은 높아서 절벽이 중첩되어 있고, |
| 鳥道風煙接.<br>조도풍연접 | 새 다니는 길엔 바람 안개 이어져있네. |
| 遙原樹若薺,[5]<br>요원수약제 | 먼 들판 나무들 난쟁이 나물과 같고, |
| 遠水舟如葉.<br>원수주여엽 | 멀리 물 위의 배는 나뭇잎과 같다네. |
| 葉舟旦旦浮,[6]<br>엽주단단부 | 일엽편주는 아침마다 떠가거니와, |
| 驚波夜夜流.<br>경파야야류 | 놀란 파도 밤마다 급히 흐르누나. |
| 露寒洲渚白,<br>로한주저백 | 이슬은 차가워 물섬 가는 하얗고, |
| 月冷函關秋.<br>월랭함관추 | 달 서늘해 함곡관은 가을이구나. |
| 秋夜清風發,<br>추야청풍발 | 가을밤에 맑은 바람이 일어날 때, |
| 彈琴即鑒月.[7]<br>탄금즉감월 | 거문고 켜며 밝은 달을 바라보네. |
| 雖非莊舃歌,<br>수비장석가 | 비록 장석의 노래가 아니라지만, |
| 吟詠常思越.[8]<br>음영상사월 | 시 읊으며 늘 월 땅 생각한다네. |

**원주**

* 양소는 월국공에 봉해졌었다.(楊素封越國公.)
'요원' 두 말은 맹호연이 이 구법을 종주로 삼고 있다.(遙原二語, 孟襄陽祖此句法.[9])

**역주**

1) 敬酬楊仆射山齋獨坐 : 경수(敬酬)는 겸손히 답하다. 양(楊)은 양소(楊素)를 말함. 복야(仆射)는 벼슬 이름. 양소는 수(隋)나라 문제(文帝) 때 상서좌복야(上書左僕射)를 맡은 바 있다. 산재독좌(山齋獨坐)는 앞의 시 2-1〈산재독좌증설내사이수(山齋獨坐贈薛內史二首)〉를 말함.

2) 龍門竹箭急 : ≪신자(愼子)≫에 "황하 하류 용문은, 유속이 대 화살 같아, 사두마차도 미칠 수 없다."라고 하였다. 용문(龍門)은 우문구(禹門口)라고도 하는데, 지금의 섬서성(陝西省) 한성시(韓城市)와 산서성(山西省) 하진현(河津縣) 사이에 있으며, 황하가 통과해 지나간다. 또는 산의 이름이라고도 하며 하남성(河南省) 낙양시(洛陽市) 남쪽에 있다고 한다.

3) 華岳蓮花高 : 화산의 봉우리는 멀리서 보면 연꽃 모양이라고 한다(≪수경주(水經注)≫). 또 ≪화산기(華山記)≫에 "산꼭대기에 못이 있는데, 천엽연(千葉蓮)이 자라는데, 그것을 복용하면 신선이 되기에 '화산'이라 한다."라고 하였다.

4) 岳高障重疊 : 악고(岳高)는 화산이 높다. 1구의 산(山)과 4구의 화악(華岳)을 설명한 것. 장(障)은 가로막다. 여기서는 '절벽'의 의미.

5) 薺 : 냉이. 여기서는 의역하여 땅과 가지런한 '난쟁이나물'로 봄.

6) 葉舟旦旦浮 2구 : 단단(旦旦)은 아침마다, 야야(夜夜)는 밤마다. 2구의 조석(朝夕)을 설명한 것. 부(浮)와 류(流)는 3구의 급(急)을 설명한 것.

7) 彈琴卽鑒月 2구 : 이 2구는 앞에 소개한 양소의 2-1〈산재독좌증설내사이수(山齋獨坐贈薛內史二首)〉의 제2수에서 '진번(陳蕃)의 걸상 이야기'와 '백아(伯牙)와 종자기(鍾子期)의 지음(知音) 고사'를 가져와 "홀로 앉아서 진번의 걸상을 대하고 있나니, 손님 없어도 우는 듯 하는 거문고 갖고 있네."라고 그리운 마음을 표현한 구절에 대해 답한 것(앞 2-1-2번 역주 4), 5) 참조). 여기서 가을 밤(秋夜), 맑은 바람(淸風), 밝은 달(月)은 모두 양소를 가리킴.

8) 雖非莊潟歌 2구 : ≪사기·장의열전(史記·張儀列傳)≫의 장석(莊舃) 고사를 말함. 월(越)나라 사람 장석(莊舃)이 초(楚)나라 집규(執珪)라는 벼슬을 했는데 얼마 있지 않아 병이 났다. 초왕(楚王)이 '장석은 옛 월나라의 비루하고 자잘한 사람이었으나, 지금은 초나라의 집규 벼슬을 하여 부귀해졌는데도 월나라를 생각하겠는가?'라고 물으니, 답하기를 '그가 월나라를 생각하면 월나라 소리를 내고, 월나라를 생각하지 않는다면 초나라 소리를 할 것입니다.'라고 했다. 사람을 시켜 들어보게 하니 장석이 여전히 월나라 소리를 내었다고 한다. 월(越)은 장석(莊舃)이 월(越)나라를 생각한다는 뜻이나, 여기서는 월국공(越國公)에 봉해진 양소를 의미함.

9) 孟襄陽 : 맹호연(孟浩然)을 말함. 당나라 때 시인으로 본래의 이름은 호(浩), 자는 호연(浩然)이다. 양주(襄州) 양양(襄陽) 사람으로 세간에서 '맹양양(孟襄陽)'이라 불렀다.

10) 압운은 勞, 高에서, 接, 葉으로, 다시 浮, 流, 秋으로, 다시 發, 月, 越로 환운하고 있다.

**감상**

이 시는 설도형이 양소(楊素)가 보낸 〈산재독좌증설내사이수(山齋獨坐贈薛內史二首)〉에 화답한 노래이다. 이 시의 각 단락은 끝말잇기, 즉 정진체(頂眞體)로 연결되어 있는데 그 연결은 다음과 같다.

| 고(高) | ➡ | 엽(葉) | ➡ | 추(秋) |
|---|---|---|---|---|
| 1단락 끝(4구)<br>2단락 시작(5구) | | 2단락 끝(8구)<br>3단락 시작(9구) | | 3단락 끝(12구)<br>4단락 시작(13구) |

이 시는 모두 16구로 되어 있으며, 환운(換韻)에 따라 4개의 단락으로 나눌 수 있다.

1단락(1-4구)의 1-2구에서는 산하(山河)만 가까울 뿐, 서로 그리워하고 만날 수 없어 아침저녁으로 안타까워한다고 말한다. 3-4구는 만나지 못하는 이유를 말하는 것으로 물살은 빠르고 산이 높기 때문이라고 말한다.

2단락(5-8구)의 5-6구는 1구의 산(山)과 4구의 화악(華岳)을 설명한 것으로 산이 높고 절벽이 겹겹이 중첩되었으며, 바람과 안개만 있어 인적이 없이 험한 곳임을 말하고 있다. 7-8구는 위에서 아래로 내려다보는 풍경이다. 멀리 보이는 나무를 땅에 가지런히 딱 달라붙어 있는 듯 하는 난쟁이나물 '제(薺)'라는 표현으로 나타냈었다.

3단락(9-12구)은 다시 2구의 아침저녁으로 당신을 그리워한다는 것을 설명하고 있다. 그러나 그리워할 뿐 가지 못하는 이유는 물살이 빠르기 때문이다(9-10구). 그러나 여전히 아침의 이슬처럼, 저녁의 달처럼 양소, 당신을 그리워하고 있다고 말한다(11-12구).

마지막 4단락(13-16구)에서 13-14구는 양소가 〈산재독좌증설내사이수〉를 통해 말한 "홀로 앉아서 진번의 걸상을 대하고 있나니, 손님 없어도 우는 듯 하는 거문고 갖고 있네."에 대한 답변이다. 마지막 15-16구에서는 장석이 고향 월나라를 그리워하는 고사를 가져왔다. 이 역시 월국공에 봉해졌던 양소를 그리워한다는 이중적 의미를 담고 있다.

## 4-3

## 〈人日思歸(인일사귀)〉[1] 〈인일에 돌아갈 것을 생각하며〉

| | |
|---|---|
| 入春才七日,<br>입춘재칠일 | 봄에 들어선 지 겨우 칠일이나, |
| 離家已二年.<br>리가이이년 | 집을 떠난 지 벌써 2년이라네. |
| 人歸落雁後,<br>인귀락안후 | 나 돌아감은 기러기 뒤에 있지만, |
| 思發在花前.<br>사발재화전 | 그리움 피어남은 꽃 앞에 있다네. |

역주

1) 人日 : 전설에 의하면 여와(女娲)가 생물을 창조할 때, 닭, 개, 돼지, 양, 소, 말 그리고 사람의 순서로 창조하였다고 한다. 그래서 고대에 음력 정월 첫째 날부터 일곱 째 날까지 순서대로 닭의 날(鷄日), 개의 날(狗日), 돼지의 날(猪日), 양의 날(羊日), 소의 날(牛日), 말의 날(馬日), 마지막으로 일곱째 날을 사람의 날(人日)이라 하였다. ≪형초세시기(荊楚歲時記)≫에도 비슷한 내용이 기록되어 있다. 인일(人日)은 음력 정월의 일곱 번째 날인 초이렛날을 의미.
2) 압운은 年, 前.

감상

설도형은 대부분 수나라에서 벼슬을 역임하였으나 이 시는 남조의 진(陳)나라에 출사했을 때 지은 것으로 알려져 있다. 새해가 된 지 막 7일째 되는 날이지만, 작년에 남조의 진나라에 온 시인은 고향을 떠난 지 벌써 2번 째 해가 되었음을 깨닫는다. 고향을 그리는 마음이 북받친 시인은 봄이 되어 북방으로 돌아가는 기러기보다 귀향이 늦어질지 모르지만, 고향을 생각하는 마음은 아직 피지 않은 꽃보다 앞선다며 절절한 마음을 내비친다.

## 5. 虞世基[1]

### 5-1

〈出塞(출새)〉[2] 〈변방을 나가다〉

上將三略遠, 우리 대장군의 전략은 원대하시거니와,
상장삼략원
元戎九命尊.[3] 우리 총사령관은 구명 중 으뜸이시네.
원융구명존
愐懷古人節, 옛날 사람의 절조를 가슴에 품으시고,
면회고인절
思酬明主恩. 명군의 은혜 보답하고자 생각하시네.
사수명주은
山西多勇氣, 산서에는 용기 있는 자들이 많거니와,
산서다용기
塞北有游魂.[4] 변경 북쪽에는 떠도는 혼이 있기 때문.
새북유유혼
揚桴度隴坂, 북채 높이 들고 농산 언덕 넘어가고,
양부도롱판
勒騎上平原.[5] 기마를 다고쳐서 평원을 올라간다네.
륵기상평원
誓將絕沙漠, 맹세코 장차 사막을 횡단해 가리니,
서장절사막
悠然去玉門.[6] 아득히 저 옥문을 떠나서 가리로다.
유연거옥문
輕齎不遑舍, 짐 줄이고 멈출 겨를 없거니와,
경재불황사
驚策騖戎軒.[7] 채찍질하여 전차 치닫게 하리라.
경책무융헌
懍懍邊風急, 쌩쌩 부는 변방의 바람 세차거니와,
름름변풍급
蕭蕭征馬煩.[8] 히힝 우는 군마 짜증을 내고 있네.
소소정마번
雪暗天山道, 눈은 천산의 길 어둡게 만들고,
설암천산도

冰塞交河源.[9] 얼음은 교하의 수원을 막는다네.
빙색교하원

霧烽黯無色,[10] 안개 낀 봉화는 흐려져 색이 없고,
무봉암무색

霜旗凍不翻. 서리 내린 깃발 얼어 꼼짝 않구나.
상기동불번

耿介倚長劍,[11] 굳건하게 긴 칼에 기대시나니,
경개의장검

日落風塵昏. 해는 지고 풍진이 어둑하지만.
일락풍진혼

**역주**

1) 虞世基(우세기, ?-618) : 자는 무세(茂世)이며, 회계(會稽) 여요(餘姚), 지금의 절강성(浙江省) 소흥(紹興) 사람으로 수나라의 문인이다. 아버지 우려(虞荔)는 남조 진(陳)나라에서 벼슬을 맡았으며, 아우 우세남(虞世南)는 당초(唐初)의 사대서예가(四大書藝家)이며 문학가이다. 벼슬은 남조 진(陳)나라에서 상서좌승(尙書左丞)을 역임하고, 수나라에서 들어와 내사사인(內史舍人), 내사시랑(內史侍郞), 금자광록대부(金紫光祿大夫)에 이르렀다. 수나라 양제(煬帝)에게 중용되었으나, 대업(大業) 14년(618년) 우문화급(宇文化及)이 강도(江都)에서 양제(煬帝)를 죽였을 때 같이 피살되었다. 〈초도강(初渡江)〉, 〈영낙동(零落桐)〉, 〈만비조(晩飛鳥)〉, 〈입관(入關)〉 등의 시가 전해진다.

2) 出塞 : 새(塞)는 변방, 국경선. 출새(出塞)는 악부(樂府)의 옛 제목으로 횡취곡사(橫吹曲辭)에 속한다. 이 시는 양소(楊素)의 〈출새(出塞)〉 2수에 화답한 작품.

3) 上將三略遠 2구 : 상장(上將)은 우리 대장군, 원융(元戎)은 우리 총 사령관. 여기서는 상장(上將)과 원융(元戎)은 동일 인물을 가리킴. 삼략(三略)은 무경칠서(武經七書)의 하나인 병서(兵書)로 강태공의 저서라는 설과 진(秦)때 황석공(黃石公)이 지어 한(漢)나라 장량(張良)에게 주었다는 설이 있다. 여기서는 '온갖 책략'의 의미. 구명(九命)은 여기서 수(隋)나라의 직급을 9개의 등급으로 나눈 것을 가리키는 말로 그 가운데 9등급이 가장 높다.

4) 山西多勇氣 2구 : 산(山)은 태항산(太行山)으로 산선(山西)는 태항산 서쪽 지역을 가리킴. 예로부터 장수가 많이 배출된다고 하여 "산 동쪽에서는 재상이 나오고, 산 서쪽에서는 장수가 나온다."라는 말이 전해진다. 새북(塞北)은 변경 북쪽. 유혼(游魂)은 떠도는 혼, 여기서는 싸우다가 억울하게 죽은 병사들을 가리키는 말.

5) 揚桴度隴坂 2구 : 부(桴)는 북채. 전투에서 '북'은 전진을 상징함. 롱판(隴坂)은 롱산(隴山) 언덕. 륵기(勒騎)은 전투마에 굴레를 씌우는 것. 여기서는 말을 재촉하고 억지로 다그친다는 의미. 평원(平原)은 평평하고 지대가 높은 지역.

6) 誓將絶沙漠 2구 : 절(絶)은 횡단하다, 가로지르다. 유연(悠然)은 아득히 먼 모양. 옥문(玉門)은 옥문관(玉門關)으로 지금의 감숙성(甘肅省) 돈황(敦煌) 서북쪽에 있

다. 여기서는 당시의 국경을 의미.

7) 輕齎不遑舍 2구 : 재(齎)는 '수레에 싣다'의 뜻. 여기서는 '군수품'을 말함. 사(舍)는 멈추다. 경(驚)은 경(警)으로 경계시키다. 책(策)은 채찍. 경책(驚策)은 경계시키기 위해 채찍질하다. 융헌(戎軒)은 전차.

8) 懍懍邊風急 2구 : 름름(懍懍)은 첩어, 의태의성어로 강하고 격렬한 모양, 바람이 세게 부는 소리. 소소(蕭蕭)는 첩어, 의성어로 말이 우는 소리. 번(煩)은 말이 짜증을 내며 사납게 우는 것.

9) 冰塞交河源 : 색(塞)은 채워져 있다. 여기서는 얼음이 얼어있는 것을 가리킴. 교하(交河)는 고성(古城)의 이름으로, 지금의 신강(新疆) 투루판(吐魯番)에 있으며 양 옆에 큰 하천이 흐른다.

10) 霧烽 : 안개 낀 봉화.

11) 耿介 : 바르고 굳은 모양.

12) 압운은 遠, 尊, 恩, 魂, 原, 門, 軒, 煩, 源, 翻, 昏.

## 감상

이 시는 우세기의 〈출새〉라는 시로 양소의 〈출새(出塞)〉 2수에 화답한 작품이다. 우세기의 〈출새〉도 총 2수로 되어 있으며 위 작품은 제2수이다. 훗날 성행한 변새시의 일종이다. 변새시는 군대의 사기 진작을 위한 긍정적인 내용과 전쟁으로 인한 고통을 읊은 부정적인 내용으로 크게 나뉘는데 이 시는 전자에 속한다고 볼 수 있다.

이 시는 모두 20구로 되어 있으며, 내용에 따라 5개의 단락으로 나눌 수 있다.

1단락(1-4구)에서 1-2구에 나오는 상장과 원융은 동일 인물로 군대의 통솔자가 전략이 뛰어나고, 직급이 높은 사람임을 말하고 있다. 이 장군은 군주의 은혜에 보답하고자 하는 충정과 절조로 가득 찬 사람이다(3-4구).

2단락(5-8구)에서 나오는 태항산 서쪽이 예로부터 용맹한 이가 많음은 변경 북쪽에 싸우다 죽은 병사들의 원혼들이 떠돌기 때문이다. 이 용맹한 이들은 북을 치며 언덕을 넘고, 전투마를 다그쳐 평원에 올라간다.

3단락(9-12구)에서 시인은 이제 국경인 옥문관(玉門關)을 너머 저 사막 지역을 횡단하리라 다짐한다(9-10구). 적을 격퇴하고자 하는 투지에 멈출 겨를이 없으니 군수품은 자연 가볍게 꾸려지고, 전차를 끄는 말에 채찍질을 가해 전차를 치닫게 한다(11-12구).

4단락(13-16구)은 변방의 모습을 묘사하고 있다. 바람은 세차니, 군마는 짜증스런 울음을 운다. 또 눈이 내려 어둡고 고성(古城) 주위의 물은 얼어 있는 척박한 환경이다.

마지막 5단락(17-20구)에서는 변방의 척박함에 봉화에는 안개가 끼고 깃발에는 서리가 내려 얼어붙었지만, 우리 군대의 통솔자인 장군은 이 어두운 곳에서도 굳건하게 긴 칼을 기대시고 서 계시니 우리 군의 사기가 높을 수밖에 없다고 말한다.

## 5-2

〈入關(입관)〉 〈옥문관으로 들어오다〉

| | |
|---|---|
| 隴雲低不散,[1)] 롱운저불산 | 농산의 구름 낮게 흩어지지 않고, |
| 黃河咽復流. 황하인부류 | 황하 오열하면서 또 흐르는구나. |
| 關山多道里,[2)] 관산다도리 | 관문과 산맥은 여정이 많거니와, |
| 相接幾重愁. 상접기중수 | 서로 이어져 수심은 몇 겹이런가. |

**역주**

1) 隴雲 : 농(隴)은 농산(隴山)으로 육반산(六盤山) 남단에 있다. 농운(隴雲)은 농산의 구름. 여기서는 수나라 영토 내(內)를 의미.
2) 道里 : ①길과 마을 ②리(里)는 길의 단위, 도리(道里)는 길, 여정. 여기서는 ②의 뜻.
3) 압운은 流, 愁.

**감상**

이 시의 작가에 대해 유신(庾信) 또는 우무(虞茂)라는 설도 있으나. ≪고시기(古詩紀)≫에는 우세기의 작품으로 되어 있다. 앞의 시 〈출새(出塞)〉가 당시의 국경인 옥문관을 나가 전투에 임하는 군대에 관한 시라면 이 〈입관〉은 옥문관을 들어와 수나라 영토 안으로 들어온 후의 일이다. 비록 관문의 안쪽으로 들어왔지만 여전히 변방 지역에 있어 멀리 떨어진 고향을 그리워하며 읊은 것이다.

1구에서 농산의 구름이 낮게 깔린 것은 수나라 영토 내로 들어왔지만 여전히 변방이라 전운이 감돌고 있다는 의미이다. 2구는 상류 지역의 황하의 거센 물소리를 묘사한 것으로 마치 오열하는 소리 같다고 말한 것이다. 3-4구에서 관문과 산맥의 여정이 많다는 것은 고향으로 돌아가는 길들이 멀 뿐 아니라 길이 없어지고 끊어졌다가 다시 길이 이어지는 험난한 여정들이 반복될 것을 말한 것이다. 앞으로의 험난한 여정을 생각하니 고향에 가기까지 그 수심도 겹겹이 쌓일 수밖에 없다.

## 6. 孫萬壽[1]

### 6-1
〈和周記室遊舊京(화주기실유구경)〉

〈주기실의 '옛 서울을 놀며' 시에 화답하며〉

| | |
|---|---|
| 大夫愍周廟,<br>대부민주묘 | 대부는 주나라 종묘를 슬퍼하였고, |
| 王子泣殷墟.[2]<br>왕자읍은허 | 왕자는 은나라 폐허에 울었다하네. |
| 自然心斷絕,<br>자연심단절 | 당연히 마음은 끊어지는 법이거늘, |
| 何關繫慘舒.[3]<br>하관계참서 | 어찌 관련되랴 개인 슬픔과 편안에. |
| 僕本漳濱士,<br>복본장빈사 | 나는 본래 장하 물가 선비이니, |
| 舊國亦淪胥.[4]<br>구국역륜서 | 나의 고국도 역시 망하였다네. |
| 紫陌風塵起,<br>자맥풍진기 | 보랏빛 길에는 바람 먼지만 일고, |
| 青壇冠蓋疎.[5]<br>청단관개소 | 푸른 천단에 고관대작 드물다네. |
| 臺留子建賦,<br>대류자건부 | 누대에 조자건의 부만 남아 있고, |
| 宮落仲將書.[6]<br>궁락중장서 | 궁궐엔 위중장의 편액 떨어졌구나. |
| 譙周自題柱,<br>초주자제주 | 초주는 스스로 기둥에 썼거니와, |
| 商容誰表閭?[7]<br>상용수표려 | 상용에게 누가 정려를 표하려나. |
| 聞君懷古曲,<br>문군회고곡 | 그대의 옛날 회상 노래 들으니, |
| 同病亦漣洳.[8]<br>동병역련여 | 같은 아픔에 역시 눈물이 줄줄. |

| | |
|---|---|
| 方知周處歎,<br>방지주처탄 | 비로소 알겠나니 주처의 탄식을, |
| 前後信非虛.[9)*]<br>전후신비허 | 앞이나 뒤나 진실로 허언 아닐세. |

**원주**

* 3-4구는 번안하여 격이 높다. 위탄은 자가 중장으로, 위나라를 위해 능운대에 글씨를 써 준 사람이다. 주처가 장차 싸우다가 죽게 되어, 탄식하며 말하길 "우리 군대에 뒤를 이어주는 구원병이 없다면 반드시 패배할 것이다. 내 몸이 죽는 것일 뿐 아니라 우리 조국에게 수치스러운 것을 초래하게 됩니다."라고 하였다.(三四語翻得高. 韋誕字仲將, 爲魏書凌雲臺者. 周處將戰死, 歎曰: 軍無後繼必敗. 不徒身亡, 爲國取恥.)

**역주**

1) 孫萬壽(손만수, ?-608) : 자는 선기(仙期)이고 수나라 신도(信都) 무강(武强), 지금의 하북성(河北省) 무강(武强) 서남지역 사람이다. 17세에 북제(北齊)에서 출사하여 수나라 초에 등왕문학(滕王文學)이 되었으나 의관이 단정치 못하다 하여 강남(江南)에 유배되었다. 후에 예장왕장사(豫章王長史)가 되었고, 대업(大業) 원년(元年, 605년)에는 제왕문학(齊王文學)을 역임하였다. 대리사직(大理司直)을 끝으로 생을 마쳤다. 문집 10권을 지었으나 모두 소실되고, 시 9수가 전한다.

2) 大夫愍周廟 2구 : 대부(大夫)는 주(周)나라의 대부를 가리킨다. ≪시경·왕풍·서리(王風·黍離)≫에 "저 기장은 무성하고, 저 피는 싹이 났구나. 가는 걸음 더뎌라, 마음속이 어지럽기 때문. 나를 아는 사람은, 내 마음속에 근심이 있다고 하거늘. 나를 모르는 사람은, 내가 뭔가를 찾는다 하네."라고 하였다. 이는 주나라의 대부가 종묘와 궁궐이 있던 자리에 기장과 피가 무성하게 자라있는 것을 보고 주나라의 쇠망을 슬퍼하며 지은 시이다. 여기에서 '서리지탄(黍離之歎)'이란 성어가 나왔다.
왕자(王子)는 기자(箕子)를 말한다. ≪사기(史記)≫에 기자가 주나라에 조회하러 가는 길에 은나라 수도 옛터를 들리니, 그 터에 벼와 기장이 자라고 있음을 보고 망국의 한을 〈맥수가(麥秀歌)〉를 지어 노래했다고 한다(≪고시원≫ 번역본 1권 52쪽 참조). '맥수지탄(麥秀之歎)'이란 성어가 나왔다.

3) 慘舒 : 장형(張衡)의 ≪서경부(西京賦)≫에 "무릇 사람이 양지에 있으면 편하고(舒), 응달에 있으면 슬프니(慘), 이것은 하늘에 매인 바이다."라 하였다. 참서(慘舒)는 주위 환경에 따른 개인적 감정을 뜻한다. 문구 전체는 개인적 감정에 달린 것과 무관하다는 뜻.

4) 僕本漳濱士 2구 : 복(僕)은 '나'를 낮춘 말. 장(漳)은 강 이름, 산서성(山西省)에서 하북성(河北省)으로 흐르는 강을 가리킴. 여기서는 시인의 나라 북제(北齊)의 고향에 흐르는 강이란 의미. 사(士)는 '남자'의 의미. '선비'로 번역함. 장빈사(漳

濱士)는 유정(劉楨)의 〈증오관중랑장(贈五官中郎將)〉에 "나는 깊은 고질병에 걸려서, 맑은 장수 가(漳濱)에 몸을 숨기고 있네."라고 하였다. 구국(舊國)은 북제(北齊)를 가리킴. 서(胥)는 원의는 '장조림'을 뜻하는 말로, 륜서(淪胥)는 여기서 '함락되다, 망하다'의 의미.

5) 紫陌風塵起 2구 : 자맥(紫陌)은 수도의 길. 자(紫)는 자미(紫微, 紫薇)로 ①백일홍(百日紅) ②북두성(北斗星) 북쪽의 별 이름으로 천자와 천자의 거처인 궁궐을 상징. 청단(青壇)은 봄철 천자가 풍년 등을 기원하기 위해 하늘에 제사지내는 단. 관개(冠蓋)은 갖추어 입은 의복과 수레 덮개를 뜻하는 말로 고관대작을 비유한 말.

6) 臺留子建賦 2구 : 대(臺)는 누대. 자건(子建)은 조식(曹植)의 자. 조식은 조조(曹操)의 아들이며, 조비(曹丕, 위(魏) 문제(文帝))의 동생. 자건부(子建賦)는 ≪삼국지·위서·진사왕식전(三國志·魏書·陳思王植傳)≫에 나온 고사로 조조(曹操)가 일찍이 장하(漳河) 가에 동작대(銅雀臺)를 수축하고 명을 내려 부를 짓게 하자 아들 조식이 지은 〈동작대부(銅雀臺賦)〉를 말함.
중장(仲將)은 삼국시대 위(魏)나라 경조(京兆) 사람 위탄(韋誕)을 말함. 중장(仲將)은 자이다. 유명한 서예가로 위나라의 수도 낙양(洛陽), 업(鄴), 허창(許昌)의 궁궐이 새로 완성되면 모든 편액을 썼다.

7) 譙周自題柱 2구 : 초주(譙周)는 삼국 시대 촉(蜀)나라 파서(巴西) 서충(西充) 사람으로 자는 윤남(允南)이다. 제갈량에 의해 천거되었고 벼슬이 광록대부(光祿大夫)에 이르렀다. 유비(劉備)의 아들 유선(劉禪) 후주(後主) 때 위(魏)나라가 쳐들어오자 후주를 권해 항복하도록 했다. 이에 위나라가 양성정후(陽城亭侯)에 봉했다. ≪송서·오행(宋書·五行)≫에 유선이 임금으로 있을 때 궁궐 안의 커다란 나무가 부러진 것을 초주가 보고 촉나라가 망할 것을 예측하여 궁궐 기둥에 "많고 위대하니, 천하가 모일 것이네. 갖추어서 주어라 했으니, 어떻게 회복시키랴.(衆而大, 其之會. 具而授, 若何復.)"라고 썼다. 여기서 중(衆)은 '무리'를 의미하는 조조의 성씨 '조(曹)'를 말하고, 대(大)는 '웅장하다'의 의미인 위나라의 '위(魏)'를 말한 것으로 위나라가 많고 위대하니 천하가 위나라에 모일 것이라는 뜻이다. 구(具)는 유비의 이름 '비(備)'를 가리키고, 수(授)는 아들 유선의 이름 '선양하다(禪)'를 가리키니, 결국 촉나라는 아비 유비가 갖추어 아들 유선이 다른 나라에게 선양한다는 뜻으로 망국의 앞길을 어찌할 수 없다는 한탄이 된다.
상용(商容)은 중국 은(殷)나라 주왕(紂王) 때의 대부(大夫)로 주왕에게 직간하다가 쫓겨났다고 한다. 후에 주(周)의 무왕(武王)이 은을 멸망시키고 그의 집 앞을 지나며 경의를 표했다고 함. 표려(表閭)는 공로를 알리기 위해 골목에 세운 표창.

8) 同病亦漣洳 : 동병(同病)은 자신과 주기실 모두 발탁되지 못한 것을 말함. 련여(漣洳)는 눈물이 줄줄 흐르는 모양.

9) 方知周處歎 2구 : 주처(周處)는 ≪진서·주처전(晉書·周處傳)≫에 "주처의 자는 자은(子隱)이고, 의흥(義興) 양선(陽羨) 사람이다.… 오나라에서 동관좌승 벼슬을

하였다. …오나라가 평정을 당함에 이르렀다. 왕혼(王渾)이라는 사람이 건업궁(建鄴宮)에 올라서, 술을 마시고서 이미 얼큰해지자, 오나라 출신 장수들을 보며 말하기를 "여러분은 망국의 찌꺼기들이여, 능히 슬픔이 없을 수 있겠는가?" 라고 하였다. 주처가 대답하길 "한나라가 나뉘고 무너지자, 삼국이 정립했었다. 위나라가 앞에 멸망했고, 오나라가 뒤에 멸망했으니, 망국의 슬픔이 어찌 단지 나 한사람이리요?"라고 했다. 전(前)은 위나라, 후(後)는 오나라이나, 여기서는 주기실과 시인 자신을 가리킨다.

10) 압운은 墟, 舒, 胥, 踈, 書, 閭, 洳, 虛.

**감상**

이 시는 기실 벼슬을 하는 주 씨가 보낸 시 〈유구경(遊舊京)〉에 대해 손만수가 화답한 것이다. 여기서 옛 서울(舊京)은 내용상 위(魏)나라의 수도를 가리킨다. 모두 16구로 되어 있는데 4개의 단락으로 나눌 수 있다.

1단락(1-4구)의 1-2구에서 말하는 주나라 대부의 서리지탄과 기자의 맥수지탄은 모두 망국의 슬픔과 관련된 것으로 주기실이 보낸 시가 바로 이와 같다는 의미다. 누구나 망국의 슬픔 앞에서는 마음이 끊어지는 법이니 개인의 슬픔과 기쁨과는 상관없는 것이라고 말한다(3-4구).

2단락(5-8구)에서 5-6구의 내용을 통해 작자 손만수의 고국 북제(北齊)도 망했고, 주기실의 고국도 멸했음을 알 수 있다. 그래서 이제 옛 서울의 길엔 인적은 없고 바람과 먼지뿐이고, 천자와 고관대작들이 의례를 갖추어 극진히 제를 올리던 제단조차 사람들이 드물다(7-8구).

3단락(9-12구)에서 시인은 위나라의 옛 서울의 모습을 쓸쓸한 모습을 통해 망국의 아픔을 전한다. 그 옛날 조조가 화려한 동작대를 짓고 아들 조식이 올린 〈동작대부(銅雀臺賦)〉는 누대와 작품 모두 흔적만 남았고, 위나라의 유명한 서예가 위탄이 궁궐마다 남긴 편액은 떨어지고 버려져 있다(9-10구). 이제 초주와 상용처럼, 나라의 멸망을 경고했건만, 이 마음 누가 알아주랴(11-12구).

4단락(13-16구)에서 시인은 주시길이 보낸 회상의 노래를 읽고 주기실의 망국의 아픔에 공감한다(13-14구). 옛적 주처의 탄식을 이제 이해할 수 있겠다. 위나라와 오나라가 연이어 망했듯이 그대와 나의 나라도 마찬가지이다15-16구).

## 6-2
## 〈早發揚州還望鄉邑(조발양주환망향읍)〉[1]

〈일찍 양주를 출발하며 고장을 돌아보다〉

鄉關不再見, 고향 같은 이 고장은 다시 볼 수 없어,
향관불재견

悵望窮此晨.[2] 슬피 바라보며 이 아침을 다 보내누나.
창망궁차신
山煙蔽鍾阜,[3] 산안개는 종산의 산마루를 가리나니,
산연폐종부
水霧隱江津.[4] 물안개는 강 나루터를 숨기고 있구나.
수무은강진
洲渚斂寒色, 모래섬 가에는 차가운 빛 걷혀 가고,
주저렴한색
杜若變芳春.[5] 두약도 향긋한 봄빛으로 바뀌어가네.
두약변방춘
無復歸飛羽, 다시는 날아 돌아올 날개가 없거니와,
무복귀비우
空悲沙塞塵.[6] 공연히 변방에 이는 먼지를 슬퍼하네.
공비사새진

**역주**

1) 揚州還望鄉邑 : 양주(揚州)는 지금의 남경(南京) 일대를 가리킴. 향읍(鄕邑)은 보통 '고향'을 가리키나 여기서는 양주(揚州)를 말함.
2) 鄕關不再見 2구 : 향관(鄕關)은 고향 같은 이 고장. 여기서는 양주(揚州)를 말함. 궁(窮)은 다하다.
3) 鍾阜 : 지금의 남경에 있는 종산(鍾山).
4) 江津 : 강가 나루터.
5) 杜若 : 향초 이름.
6) 沙塞 : 변방을 의미. 사막은 중국에서의 변방의 이미지.
7) 압운은 晨, 津, 春, 塵.

**감상**

이 시의 작자 손만수의 고향은 신도 무강으로 지금의 하북성에 해당한다. 시인은 이미 고향을 떠나 지금의 남경 일대인 양주에서 좌천에 가까운 벼슬을 하였는데, 시의 내용으로 보아 더 외진 지역으로 좌천가게 된 것으로 보인다. 그래서 시인은 아쉬운 발걸음을 8구의 시에 담았다.

1-2구는 고향 같았던 양주를 떠나게 됨을 말하고 있다. 시인은 이 고장을 다시 볼 수 없음을 알고 있기에 슬피 바라본다고 한 것이다. 3-4구는 다시 한 번 이 곳을 눈에 담고자 기다리는 시인의 모습이다. 그러나 산안개가 산을 가리고, 물안개가 강 나루터를 숨기고 있어 끝내 보지 못하고 있다. 5-6구는 눈에 보이는 풍경을 읊고 있다. 이제 겨울이었던 물 섬 가에는 봄빛이 오고 있고, 향초도 봄을 맞아 그 향기로움을 뿜어내려 하는 좋은 계절임을 느껴본다. 이 좋은 계절에 더 외진 곳으로 떠나

는 시인의 모습이 애잔하다. 마지막 7-8구는 시인이 가는 곳이 변방임을 알려 준다. 변방은 한 번 가면 돌아올 기약이 없다. 그래서 변방에 이는 먼지를 슬퍼해도 소용없는 일임을 시인은 알고 있다. 그래도 먼지는 날아갈 수라도 있으련만 ….

또 이 시는 평측(平仄)이 완정하지 않지만 율시의 형태에 근접한 형식을 보여주고 있다. 율시처럼 3,4구와 5,6구에는 대구를 이루고 있다.

## 6-3

### 〈東歸在路率爾成詠(동귀재로솔이성영)〉

〈동으로 돌아가는 길목에 절로 읊어지다〉

學官兩無成,[1] 배움과 벼슬 둘 다 성과가 없나니,
학환량무성
歸心自不平. 돌아가고 있는 맘 당연 편치 않네.
귀심자불평
故鄕尙千里, 고향은 아직도 천 리 거리이거니와,
고향상천리
山秋猿夜鳴. 가을 산엔 원숭이 밤새워 우는구나.
산추원야명
人愁慘雲色, 사람 수심 겨우니 구름 빛도 슬프기 마련,
인수참운색
客意慣風聲.[2] 나그네 마음인지라 바람소리 익숙하다네.
객의관풍성
羈恨雖多緖, 나그네 한은 비록 실마리가 많거니와,
기한수다서
俱是一傷情. 모두 하나로 맘 상하게 하는 것일세.
구시일상정

**역주**

1) 學宦 : 여기서는 배움과 벼슬을 의미.
2) 人愁慘雲色 2구 : 인(人)과 객(客)은 모두 시인 자신을 가리킴. 풍성(風聲)은 바람소리. 자신에 대한 소문 등을 비유.
3) 압운은 平, 鳴, 聲, 情.

**감상**

이 시는 작자 손만수(孫萬壽)가 제목에 쓴 것처럼 시인 자신도 모르게 마음에서

우러나와 절로 읊은 것이다. 1-2구를 통해 시인이 고향에 결코 금의환향하는 것이 아님을 알 수 있다. 시인은 배움도 벼슬도 성과가 없었노라 탄식하고 있다. 고향 가는 길, 그 무거운 마음을 원숭이도 아는지 밤새 울어댄다(3-4구). 5-6구는 대구를 이루고 있다. 여기서 수심 겨운 사람과 나그네는 모두 시인 자신이다. 7구에서 시인이 나그네 한이 실마리가 많다고 말한 것은 이유가 여러 가지라는 의미다. 어떤 이유이든 마음을 상하게 하는 것들이라고 덧붙이며 시를 맺는다(8구).

## 7. 王胄[1)]

### 〈別周記室(별주기실)〉 〈주기실과 작별하면서〉

| | |
|---|---|
| 五里徘徊隺,[2)]<br>오리배회추 | 오 리마다 배회하는 두루미요, |
| 三聲斷絶猿.[3)]<br>삼성단절원 | 세 차례 애끊고 우는 원숭이로다. |
| 何言俱失路,[4)]<br>하언구실로 | 어찌하여 너와 나 길을 잃고서, |
| 相對泣離樽.<br>상대읍리준 | 마주보며 이별의 술잔에 우는가. |
| 別路悽無已,<br>별로처무이 | 이별의 길인지라 서글픔 그침이 없고, |
| 當歌寂不喧.[5)]<br>당가적불훤 | 응당 노래해야 하거늘 적막강산일세. |
| 貧交欲有贈,[6)]<br>빈교욕유증 | 고난의 친구에게 드리고 싶으나, |
| 掩涕竟無言.<br>엄체경무언 | 눈물 가리며 끝내 말을 못하네. |

**역주**

1) 王胄(왕주, 558-613) : 수(隋)나라 때의 문인으로 자가 승기(承基)이고 낭야(琅琊) 임기(臨沂), 지금의 산동성(山東省) 임기(臨沂) 사람이다. 윤주(潤州) 건강(建康), 지금의 남경(南京)에서 태어났으며, 동진(東晉)의 유명한 정치가이자 서법가(書法家)인 왕도(王導)의 8세손이다. 위진(魏晉) 시대의 명문(名門)이었던 낭야왕씨(琅玡王氏)가문 출신으로 남조 진(陳)나라에서 출사했으나 진나라가 망하고, 수나라에서 학사(學士), 저작좌랑(著作佐郎), 조산대부(朝散大夫)를 역임했다. 예부상서(禮部尙書) 양현감(楊玄感)과 교유하였는데, 양제(煬帝) 대업(大業) 9년(613년) 양현감의 모반이 실패하면서 연류 되어 죽임을 당했다.

2) 五里徘徊隺 : 〈고시위초중경처작(古詩爲焦仲卿妻作)〉에 "공작새가 동남쪽으로 나는구나, 오 리마다 한 번 머뭇대는구나."라고 하였다(≪고시원≫ 번역본 1권 456쪽 참조). 추(隺)는 학(鶴)과 같다.

3) 三聲斷絶猿 : 〈여아자(女兒子)〉에 "파동 삼협에 원숭이 울음 서글프구나. 한밤중 세 번 울음에 눈물이 옷을 적시노라."라고 하였다(≪고시원≫ 번역본 2권 677쪽 참조.)

4) 何言俱失路 : 언(言)은 여기서 허자(虛字). 구(俱)는 주기실(周記室)과 시인 왕

주(王胄)를 가리킴. 실로(失路)는 길을 잃다. 출세하지 못하거나, 뜻을 펴지 못함을 가리킨다.

5) 當歌 : 조조(曹操)의 〈단가행(短歌行)〉에 "술 마주하면 응당 노래해야지, 인생살이가 그 얼마이런가."라고 하였다(≪고시원≫ 권5 번역본 2권 53쪽 참조).

6) 貧交欲有贈 : 빈교(貧交)는 빈천지교(貧賤之交), 고난을 함께 한 친구. 잊을 수 없는 친구. 유(有)는 동사의 접두어. 속담에 "빈천지교(貧賤之交)는 잊을 수 없고, 조강지처(糟糠之妻)는 마루방을 내려 보내지 않는다."라 하였다.

7) 압운은 猿, 樽, 喧, 言.

**감상**

이 시는 왕주가 기실 벼슬을 하는 주 씨와 작별을 하면서 준 8구의 노래이다. 1-2구에서는 〈고시위초중경처작〉과 〈여아자〉 시구을 빌려 두 사람의 작별이 오리마다 돌아보고, 애간장이 끊어지는 듯하다고 묘사하고 있다. 3-4구에서는 시를 받는 주기실과 시를 쓴 왕주 모두 현재 길을 잃은 상황이다. 아마도 친구가 뜻을 펼치지 못하고 좌천이나 다름없는 먼 지방의 벼슬을 맡아 이별을 하게 된 것이리라. 5-6구는 대구를 이룬다. 5구는 조조의 〈단가행〉 첫 구절을 가져왔다. 술을 대하면 응당 노래해야함에도 불구하고 이별의 슬픔 때문에 오히려 적막한 상황이라고 말하고 있다. 7-8구는 고난을 함께 나눈 친구에게 위로의 시 한 수 지어 드리고 싶으나, 이마저도 슬픔에 제대로 말을 잇지 못한다.

## 8. 尹式[1)]

### 〈別宋常侍(별송상시)〉[2)] 〈송상시와 이별하다〉

| | |
|---|---|
| 遊人杜陵北,<br>유인두릉북 | 떠돌이인 내가 두릉의 북쪽에서, |
| 送客漢川東.[3)]<br>송객한천동 | 길손을 한천 동쪽으로 전송하네. |
| 無論去與住,<br>무론거여주 | 떠나는 이 머무는 이 막론하고, |
| 俱是一飄蓬.<br>구시일표봉 | 모두 하나로 나부끼는 쑥대라네. |
| 秋鬢含霜白,[4)]<br>추빈함상백 | 가을 살쩍은 서리를 머금어서 희고, |
| 衰顏倚酒紅.<br>쇠안의주홍 | 시든 얼굴은 술에 기대야 붉어지네. |
| 別有相思處,<br>별유상사처 | 유별나게 그리움이 있을 때이거늘, |
| 啼烏雜夜風.[5)]<br>제오잡야풍 | 까마귀 울음이 밤바람에 섞이누나. |

**역주**

1) 尹式(윤식, ?-604) : 수나라 하간(河間), 지금의 하북(河北) 사람이다. 박학하며 시문에 재주가 있었다. 수나라 문제(文帝) 인수(仁壽) 때 한왕(漢王) 양량(楊諒)의 기실(記室)를 맡았다. 인수(仁壽) 4년(604년) 한왕이 후에 양제(煬帝)가 되는 양광(楊廣)에게 반란을 꾀하다 실패하자 윤식도 자살로 생을 마감한다. 문집은 소실되고 시 두 수 〈송진희공별시(送晉熙公別詩)〉와 〈별송상시(別宋常侍)〉만이 전한다.
2) 宋常侍 : 상시(常侍) 벼슬을 하는 송(宋) 씨.
3) 遊人杜陵北 2구 : 유인(遊人)은 떠돌이, 나그네. 여기서는 시인의 고향이 장안(長安)이 아니라는 의미. 두릉(杜陵)은 장안 부근. 송객(送客)는 손님을 전송하다. 여기서 손님은 송상시(宋常侍)를 가리킴.
4) 秋鬢 : 가을 귀밑머리. 여기서는 시인의 귀밑머리를 가리키는 것으로 계절적 배경인 가을임을 말해 준다. 사람과 경물을 동시에 묘사한 시어.
5) 別有相思處 2구 : 별(別)은 유별나다. 처(處)는 '공간'의 의미도 있으나 여기서는 경우, 상황, 때를 가리키는 말. 오(烏)는 까마귀. 여기서는 무(無)와 같아 짝이나 친구가 '없다'는 이중 의미를 가짐.

6) 압운은 東, 蓬, 紅, 風.

**감상**

이 시는 윤식이 송상시를 전송하는 송별시다. 1구의 '떠돌이(遊人)' 라는 표현은 시인 윤식의 고향이 두릉, 즉 장안이 아님을 알려 준다. 나그네인 시인이 타향에서 또 다른 친구를 전송한다는 것이다. 3-4구는 머무르는 사람 윤식도 떠나는 사람 송상시도 모두 타지 생활을 하는 사람들임을 말하고 있다. 그래서 자신들을 '나부끼는 쑥대' 에 비유하였다. 5구의 가을 귀밑머리가 서리를 머금어서 희다고 말한 것은 밖의 경물인 가을을 가져와 시인의 귀밑머리를 묘사한 것으로 사람과 경물을 동시에 묘사하고 있다. 계절은 가을, 두 사람의 나이도 가을이니 시든 얼굴은 술의 힘을 빌어야 겨우 붉어진다(6구). 이번 이별은 유달리 그리움이 남거니와, 이 마음 아는지 원숭이 울음과 밤바람 소리가 몰려온다(7-8구).

# 9. 孔德紹[1)]

## 9-1

## 〈送蔡君知入蜀(송채군지입촉)〉[2)]

〈채군지가 촉으로 들어감을 송별하며〉

| | |
|---|---|
| 金陵已去國,[3)]<br>금릉이거국 | 금릉도 이미 고향을 떠난 자리이거늘, |
| 銅梁忽背飛.[4)]<br>동량홀배비 | 동량산으로 갑자기 등지고 날아가누나. |
| 失路遠相送,[5)]<br>실로원상송 | 길을 잃은 사람이 멀리 서로 전송하니, |
| 他鄉何日歸?<br>타향하일귀 | 낯선 타향에서 어느 날짜 돌아오시려나. |

**역주**

1) 孔德紹(공덕소, ?-621) : 회계(會稽)사람으로 수나라 말에서 당나라 초기의 문인이다. 공자의 34세손으로 벼슬은 경성승(景城丞), 내사시랑(內史侍郎)을 역임했다. 수 말기 농민반군을 일으켰던 두건덕(竇建德, 573-621)을 섬기다 두건덕이 패한 후 함께 죽임을 당했다. 시 10여 수가 전한다.
2) 蔡君知 : 제양고성(濟陽考城), 지금의 하남성(河南省) 란고(蘭考) 사람.
3) 金陵已去國 : 금릉(金陵)은 남경을 말함. 국(國)은 여기서 고향을 의미.
4) 銅梁 : 산 이름으로 지금의 사천성(四川省) 합천현(合川縣) 남쪽.
5) 失路 : 길을 잃다. 뜻을 펴지 못하거나, 출세하지 못 함을 가리킴. 양웅(揚雄)의 〈해조(解嘲)〉에 "길을 차지한 사람(當塗者)은 청운에 오르고, 길을 잃은 사람(失路者)은 도랑에 버려지네."라 하였다.
6) 압운은 飛, 歸.

**감상**

이 시는 공덕소의 〈송채군지입촉〉 2수 가운데 제1수이다. 채군지의 고향은 지금의 하남성인데, 현재 두 사람은 금릉에서 이별하고 있으니, 1구에서 이 곳 금릉도 이미 고향을 떠난 자리라고 말한 것이다. 그런데 이미 타향에 있는 친구가 이제 더 외지로 가게 된 것은 아마도 더 좌천되어 가는 상황 때문이라고 짐작해 볼 수 있다. 2구의 동량산은 지금의 사천성, 즉 촉 지방으로 중국에서 이곳은 고지대에 속한다. 그래서 높은 곳을 날아간다고 말한 것이다. 3-4구는 출세하지 못 하고, 뜻을 펴지 못해 지방 더 먼 곳으로 좌천되어 가는 처지를 한탄한 것이다.

## 9-2

## 〈夜宿荒村(야숙황촌)〉 〈밤에 황량한 시골 마을에서 잠을 자며〉

綿綿夕漏深, 끊임없이 저녁 물시계소리 깊숙이 들려와,
면면석루심

客恨轉傷心.[1] 나그네 설움이 갈수록 마음 상하게 하네.
객한전상심

撫絃無人聽, 거문고를 켜도 들어 줄 이 없거니와,
무현무인청

對酒時獨斟.[2] 술을 대하고서 때로 홀로 홀짝일 뿐.
대주시독짐

故鄕萬里絕, 고향은 만 리 멀리에 떨어져 있나니,
고향만리절

窮愁百慮侵.[3] 궁하고 수심 겨워 온갖 걱정 닥치네.
궁수백려침

秋草思邊馬, 가을 풀잎에 변방을 생각하는 말이고,
추초사변마

遶枝驚夜禽. 나뭇가지 돌며 밤에 놀라 깬 새이구나.
요지경야금

風度谷餘響, 바람 지나가도 골짜기엔 메아리 남고,
풍도곡여향

月斜山半陰. 달 기울자 산은 반쯤 그늘이 지는구나.
월사산반음

勞歌欲敍意, 애써 노래하여 마음 펴보고 싶으나,
로가욕서의

終是白頭吟.[4] 결국에는 '흰 머리 타령'일 뿐이구나.
종시백두음

**역주**

1) 綿綿夕漏深 2구 : 면면(綿綿)은 첩어, 의태어로 이어지는 모양. 석루(夕漏)는 저녁 물시계 소리. 고대에 물시계의 물방울이 시간을 알려주는 도구로 쓰임. 전(轉)은 갈수록, 더욱.

2) 時 : 때로. 여기서는 '자주' 보다 '간혹'의 의미.

3) 窮 : 경제적으로 곤궁하다.

4) 勞歌欲敍意 2구 : 로가(勞歌)는 힘들게 노래하다. 여기서의 '노래'는 이 시를 가리킴. 〈백두음(白頭吟)〉은 한나라 악부시(樂府詩)로 사마상여(司馬相如)의 부인

탁문군(卓文君)의 작품이라는 설도 있다(≪고시원≫ 번역본 1권 268쪽 참조). 여기서는 '머리가 희어졌어도 이룬 일이 없다'는 탄식의 의미로 쓰임.

5) 압운은 心, 斟, 侵, 禽, 陰, 吟.

**감상**

이 시는 공덕소가 외진 시골마을에서 하루를 묵으며 나그네 된 서글픔을 읊은 노래이다. 시는 모두 12구로 되어있으며 내용에 따라 3개의 단락으로 나눠 볼 수 있다.

1단락(1-4구)은 제목을 다시 설명한 파제(破題)이다. 1구에서 시인은 외로운 밤, 물시계 소리가 들릴 정도로 적막한 곳에 있음을 알 수 있다. 적막한 밤은 나그네 된 시인을 더 서글프게 한다(2구). 시인은 서글픔을 이겨보고자 거문고를 켜고 술을 마시보지만, 음악을 들어주는 이도 함께 술을 마셔줄 이도 곁에 없다(3-4구).

2단락(5-8구)의 5-6구는 정(情)을 읊은 것으로 고향에서 멀리 떨어진 시인에게 걱정이 밀려오는 심정을 말하는 것이다. 7-8구는 앞의 정(情)을 비유한 경(景)을 읊은 것으로 7구의 변방을 생각하는 말은 5구와 연결되고, 8구의 놀라 깬 새는 앞의 6구와 연결된 것이다.

3단락(9-12구)에서 10구는 새벽녘을 설명한 것이다. 9-10구의 내용은 시간이 지나가도 시인은 홀로 잠을 이루지 못함을 설명한 것이다. 시인은 서글픈 마음을 펼쳐보고자 힘들게 시를 썼지만, 결국에는 흰머리가 되도록 나이가 들었어도 자신이 이룬 것이 없는 인생임을 탄식하게 됨만 남는다고 고백한다(11-12구).

## 10. 孔紹安[1]

### 10-1
〈落葉(낙엽)〉　　〈낙엽〉

| | |
|---|---|
| 早秋驚落葉,<br>조추경낙엽 | 이른 가을에 져 떨어지는 잎사귀에 놀라나니, |
| 飄零似客心.<br>표령사객심 | 떨어져 나부끼는 것 나그네 내 마음 같아서라. |
| 翻飛未肯下,<br>번비미긍하 | 퍼덕퍼덕 날아올라 아직 내려오려 하지 않으니, |
| 猶言惜故林.[2)*]<br>유언석고림 | 여전히 고향 같은 숲을 애석해 하는 것이리라. |

**원주**

* 자못 기탁할 수 있다.(頗能寄託.)

**역주**

1) 孔紹安(공소안, 577-622) : 월주(越州) 산은(山陰), 지금의 절강성(浙江省) 소흥(紹興) 사람이다. 공환(孔奐)의 아들로 공자(孔子)의 32대 자손이다. 남북조 시대 진(陳)나라 선제(宣帝) 때 태어나 수나라를 거쳐, 당나라 고조(高祖)때에 죽었다. 벼슬은 수나라 말에 감찰어사(監察御史)를 맡았고, 당나라에서는 내사사인(內史舍人), 비서감(秘書監)을 역임했다. 〈시연영석류(侍宴咏石榴)〉 등의 시가 유명하고, 문집이 전해진다.
2) 猶言惜故林 : 여전히. 언(言)은 자수를 맞추는 조사. 고림(故林)은 고향 같은 숲.
3) 압운은 心, 林.

**감상**

이 시는 공소안이 고향을 그리는 나그네의 마음을 읊은 노래이다. 비록 고향을 떠나 왔으나 항상 고향을 그리며 애석해 하는 나그네의 마음을 떨어지는 낙엽이 고향 같은 숲이 아쉬워 쉬 떨어지지 않고 날아오르는 모습에 기탁하였다.

10-2

〈別徐永元秀才(별서영원수재)〉[1] 〈수재 서영원을 작별하며〉

| | |
|---|---|
| 金湯旣失險,[2]<br>금탕기실험 | 금성탕지는 이미 험난함 잃어버렸고, |
| 玉石乃同焚.[3]<br>옥석내동분 | 옥과 돌도 바로 함께 타 버렸었지. |
| 墜葉還相覆,<br>추엽환상복 | 떨어진 잎 다시 서로 엎어주듯 하고, |
| 落羽更爲群.[4]<br>락우갱위군 | 떨어진 새가 또 무리를 짓듯 했었지. |
| 豈謂三秋節,<br>기위삼추절 | 어찌 알았으랴 이 쓸쓸한 가을철에, |
| 重傷千里分?[5]<br>중상천리분 | 천 리 이별 거듭 슬퍼하게 될 줄을. |
| 促離絃易轉,<br>촉리현역전 | 이별 재촉하며 저 현악기 줄 쉬 바뀌고, |
| 幽咽水難聞.[6]<br>유인수난문 | 나직이 흐느껴 저 물소리 듣기 어렵네. |
| 欲識相思處,<br>욕식상사처 | 그리운 그대 있는 곳 알아보고 싶거늘, |
| 山川間白雲.[7]*<br>산천간백운 | 산과 물에 흰 구름이 가로막고 있겠지. |

**원주**

* '추엽' 한 연은 난리 뒤에 두 사람이 친구를 맺었음을 비유하고 있으니, 평범한 광경을 묘사한 것이 아니다. 아래에는 석별의 마음으로 바뀌고 있다.(墜葉一聯, 比亂離之後, 兩人結契, 非尋常寫景. 下轉到惜別.)

**역주**

1) 秀才 : 후대에는 과거 시험 제도에 의한 수재(秀才)를 의미하나 여기서는 수(隋)나라 때의 대부분 추천제에 의해 선발된 인재를 의미.

2) 金湯 : 금탕(金湯)은 쇠로 만든 성과 끓는 물을 채운 못이란 뜻의 금성탕지(金城湯池)의 준말로 난공불락의 요새의 뜻. 실험(失險)은 요새로서의 험난함을 잃어 버렸다는 의미.

3) 玉石乃同焚 : 옥석(玉石)은 옥과 돌. 여기서는 뛰어난 사람과 못난 사람, 또는

임금과 백성을 비유한 말.

4) 落羽 : 떨어진 새.

5) 豈謂三秋節 2구 : 위(謂)는 이위(以爲)의 준말로 '여기다, 생각하다'의 의미. 삼추(三秋)는 여기서 석 달 가을, 즉 '가을'을 의미. 중상(重傷)은 다시 슬퍼하다.

6) 促離絃易轉 2구 : 촉리(促離)는 이별을 재촉하다. 현역전(絃易轉)은 '현악기의 줄이 쉽게 바뀐다'는 것으로 ①곡이 빨리 진행되다 ②진행에 따라 음악이 바뀌다. 두 가지 의미를 가짐. 유인(幽咽)은 황하의 황토물이 둔탁하게 흐르는 것을 묘사한 것. 〈롱두가사(隴頭歌辭)〉에 "울림소리 나직이 흐느끼듯.(鳴聲幽咽.)"라고 하였다(≪고시원≫ 권13의 17-5번 시 참조).

7) 欲識相思處 2구 : 상사(相思)는 여기서 그리운 이. 처(處)는 벗이 있는 곳. 간(間)은 가로막다, 끼어들다.

8) 압운은 棼, 群, 分, 聞, 雲.

**감상**

이 시는 공소안이 수재 서영원과 이별하며 읊은 것이다. 이 시는 모두 10구로 되어 있는데, 가운데 3-4, 5-6, 7-8구는 각각 대구를 이루고 있다. 후대 당나라 때 완성되는 율시 형식이 총 8구 가운데 3-4, 5-6구가 대구를 이루는 형식을 취하는 것에 비교하면, 대구를 이룬 연(聯)이 하나 더 있는 것이다. 이는 시인이 친구와의 석별의 정을 안타깝게 여기는 마음을 표현하고자 두 구를 더한 배율의 형식을 취한 것으로 보인다.

시는 크게 두 단락을 나눌 수 있다. 앞 단락(1-4구)은 시인 공소안과 친구 서영원 두 사람의 환난지교를 설명한 것이다. 1-2구는 과거의 환난을 설명한 것으로 난공불락 같던 요새가 무너지고, 임금이나 백성이나 구별 없이 모두 함께 곤란을 당했음을 말하고 있다. 3-4구는 두 사람만이 아는 내용으로 환난 가운데 서로 보살폈음을 나뭇잎과 새에 비유하고 있다. 나뭇잎이 가지에 달려 있을 때도 서로 돌보고 떨어져서도 서로 덮어주듯, 새가 떨어져도 다시 위로하며 무리를 짓듯 함께 환난을 극복했었다고 회고한다.

뒤 단락(5-10구)은 석별의 정을 묘사한다. 원래 쓸쓸한 가을에 또 이별이 더해져 더 쓸쓸하고(5-6구), 오늘따라 이별을 재촉하듯 음악은 왜 이리 빠른지 야속하다(7구). 그러나 저 황하의 물소리가 마치 시인의 마음을 아는 듯 흐느껴 울어 그 소리가 듣고 있기 어렵다고 말한다(8구). 9-10구는 이별에 닥쳐 시인이 마지막으로 건네는 말이다. 친구가 너무 보고 싶을 때, 저 흰 구름만이 우리 사이를 가로막을 것이라는 말로 다 표현해 내지 못하는 서운함을 그려본다.

# 11. 陳子良[1)]

## 11-1

〈送別(송별)〉　　〈헤어져 보내며〉

| | |
|---|---|
| 落葉聚還散,<br>낙엽취환산 | 떨어진 잎은 모였다가 다시 흩어지고, |
| 征禽去不歸.[2)]<br>정금거불귀 | 멀리 떠나는 새 가서 돌아오지 않네. |
| 以我窮途泣,[3)]<br>이아궁도읍 | 나의 막힌 길의 눈물을 가지고서는, |
| 沾君出塞衣.*<br>첨군출새의 | 변방으로 나가는 그대 옷을 적시네. |

**원주**

* 감당하기 어렵다.(不堪.)
하손 작품집에서도 보이는데, 약간 상이점이 있다.(亦見何遜集, 略有異同.)

**역주**

1) 陳子良(진자량, ?-632) : 자(字)와 생년(生年)은 분명하지 않다. 오(吳)나라 사람이다. 벼슬은 수나라 때 군사통사(軍事統師) 양소(楊素)의 기실(記室)을 맡았었고, 당나라 때는 우위솔부장사(右衛率府長史)와 당(唐) 초대 황제 이연(李淵)의 장자 이건성(李建成)이 태자였을 때 동궁학사(東宮學士)를 역임했다. 문집 10권이 전한다.
2) 征禽 : 멀리 떠나는 새. 여기서는 떠나는 사람인 친구를 말함.
3) 以我窮途泣 : 이(以)는 ~를 가지고서. 궁도(窮途)는 막힌 길. 여기서는 시인의 힘든 상황을 말함. 읍(泣)은 여기서 '눈물'을 의미.
4) 압운은 歸, 衣.

**감상**

이 시는 진자량이 변방으로 떠나는 친구에게 주는 노래이다. 이 시는 모두 4구로 되어 있다. 1-2구와 3-4구는 각각 대구를 이루고 있어, 평측(平仄)은 다소 맞지 않으나 외형적으로 절구의 모습을 갖추고 있다.

1구는 서로 돌보다가 다시 흩어지게 되는 두 사람을 잎사귀에 비유하여 표현한 것이다. 2구의 멀리 떠나는 새는 길을 떠나는 친구를 가리킨다. 3구에서 막힌 길을 의미하는 '궁도(窮途)'는 시인의 힘든 상황을 말한 것이다. 나도 힘들지만 변방으로 나가야 하는 그대는 더욱 힘드니, 때문에 눈물이 절로 흐를 수밖에 없다(4구). 4구의 짧은 노래이지만 이별의 정이 함축적으로 잘 표현되어 있다. 심덕잠은 원주에서 이 시가 주는 많은 느낌을 '감당하기 어렵다' 라고 평하였다.

## 11-2
## 〈七夕看新婦隔巷停車(칠석간신부격항정차)〉
### 〈칠석날에 신부가 골목 건너편에 수레를 멈춘 것을 보고서〉

| | |
|---|---|
| 隔巷遙停幰,[1]<br>격항요정헌 | 골목 건너편 멀리 꽃가마 멈추거늘, |
| 非復爲來遲.[2]<br>비부위래지 | 또 오기 싫어 머뭇대는 것 아니라네. |
| 只言更尙淺,[3]<br>지언경상천 | 단지 시간이 아직 일러 그런 것이니, |
| 未是渡河時.*<br>미시도하시 | 은하수를 건널 때가 아직 아니라네. |

**원주**

* 묘사해 와서 둘이 합쳤는데 흔적이 없다.(寫來合並無迹.)

**역주**

1) 隔巷遙停幰 : 격항(隔巷)은 골목 건너편. 여기서는 신랑이 있는 집의 골목 바로 앞을 의미. 헌(幰)은 신부가 탄 수레. 의역하여 '꽃가마' 로 번역함.
2) 來遲 : 한(漢)나라 무제(武帝)의 〈이부인가(李夫人歌)〉에 "한사코 어찌 저리 느릿느릿한가, 그녀 옴이 더디기만 하는구나.(翩何姍姍, 其來遲.)" 라고 하였다. ≪고시원≫ 번역본 1권 238쪽 참조.
3) 只言更尙淺 : 언(言)은 자수 조절용 허자. 경(更)은 여기서 시간. 천(淺)은 얕다. 여기서는 고대에 사용한 물시계의 물이 얕다는 것으로 '시간이 이르다' 라는 의미.
4) 압운은 遲, 時.

**감상**

이 시는 진자량이 칠석날 신랑 집으로 오는 신부의 꽃가마를 보고 지은 노래이다. 칠석날은 음력 7월 7일로 은하수를 사이에 두고 헤어져 있던 견우와 직녀가 까마귀와 까치들이 만들어 준 오작교(烏鵲橋)를 통해 만나는 날이라고 한다. 이 시의 배경이 되는 칠석날은 이런 설화 속 이야기를 안타깝게 보는 것이 아니라 기쁜 날로 보고 있다. 이는 '연이 부러져도 실은 이어져있네.(藕斷絲連.)' 라는 성어와 겹쳐 생각할 수 있다. 여기서 연(藕)은 발음이 같은 짝(偶)을 의미하고, 실(絲)은 역시 발음이 같은 사(思)를 말하는 것으로 '짝이 멀리 떨어져 있어도 그리움은 이어져 있다' 는 동양적 사고가 배경이 되어 칠석날은 연인이 만나는 기쁜 날로 묘사되고 있다. 그래서 이 시는 '기쁨' 의 시이다.

1-2구는 신부를 묘사한 것이다. 신랑이 사는 골목 바로 건너편에 멈춘 신부가 탄 꽃가마(1구)는 한 무제가 휘장 너머 바라 본 이부인이 그랬던 것처럼 오기 싫어 머뭇대는 것이 아니다(2구).

3-4구는 칠석을 묘사한 것이다. 견우와 직녀는 정해진 시간이 되어야 은하수를 건너 서로 만나는 법이다. 신부 꽃가마가 멈춰 선 것은 단지 신부가 도착한 시간이 너무 빨랐기 때문이다. 아마도 신부는 신랑이 너무 보고 싶었던 것이다. 하지만 정해진 시간은 아직 이르다. 1-2구의 신부 이야기와 3-4구의 칠석날의 이야기, 두 이야기의 조합이 절묘해서 심덕잠은 원주에서 '흔적이 없다' 하고 칭찬하였다.

## 12. 王冉禮[1)]

## 〈賦得岩穴無結構(부득암혈무결구)〉[2)]

〈'암혈무결구' 구를 얻어 짓다〉

| | |
|---|---|
| 巖間無結搆, | 바위 동굴 안에는 엮은 것이 없거니와, |
| 암간무결구 | |
| 谷處極幽尋.[3)] | 골짜기 거처에서 그윽한 찾기를 다하네. |
| 곡처극유심 | |
| 葉落秋巢迥, | 잎이 떨어지나니 가을 새집이 멀리 있고, |
| 엽락추소형 | |
| 雲生石路深. | 구름이 피어나니 돌길 깊게 느껴지누나. |
| 운생석로심 | |
| 早梅香野徑, | 이른 매화에 들 오솔길이 향기로워지고, |
| 조매향야경 | |
| 淸澗響邱琴.[4)] | 맑은 시냇물은 자연의 거문고 울리누나. |
| 청간향구금 | |
| 獨有棲遲客, | 다만 유독 숨어사는 손님이 있나니, |
| 독유서지객 | |
| 留連芳杜心.[5)] | 향긋한 두약의 마음 떠날 수 없다네. |
| 류련방두심 | |

**역주**

1) 王冉禮(왕염례, 생졸미상) : 왕유례(王由禮)라고도 한다. 남조의 진(陳)나라에서 삼공랑(三公郎)을 맡았으며, 선제(宣帝) 초기에 장정견(張正見) 등과 함께 교유했다. 시 네 수가 전한다.

2) 賦得岩穴無結構 : 부득(賦得)은 임금이 시구나 시의 제목을 주거나 시의 압운을 주어 시를 짓게 하는 것을 말함. 암혈무결구(岩穴無結構)은 좌사(左思)의 〈초은이수(招隱二首)〉의 시구이다. 암혈에는 엮은 것 전혀 없거늘, 언덕에는 좋은 거문고가 있구나.(巖穴無結構, 丘中有鳴琴.)"라고 하였다. ≪고시원≫ 번역본 2권 385쪽 참조.

3) 巖間無結搆 2구 : 암(巖)은 절벽 바위, 바위 동굴. 결구(結構)는 가방(假房)으로 겨울에 외풍을 박기 위해 방 안에 장지를 들여 조그맣게 만든 방. 여기서는 '엮은 것'으로 번역함. 유심(幽尋)은 그윽이 찾아다니는 일.

4) 邱琴 : 좌사(左思)의 〈초은이수(招隱二首)〉에 "언덕에는 좋은 거문고가 있구나.(丘中有鳴琴.)"라 하였다. 여기서 거문고는 천뢰(天籟), 대자연의 소리를 의미.

5) 獨有棲遲客 2구 : 서지객(棲遲客)은 숨어사는 객. 류련(留連)은 쌍성, 의태어로 여기서는 미련을 갖는 모양. 머뭇대며 차마 떠나지 못하는 모양. 방두(芳杜)는 향기로운 두약(杜若).
6) 압운은 尋, 深, 琴, 心.

**감상**

이 시는 왕염례가 좌사의 〈초은이수〉의 시구인 "바위 동굴 안에는 엮은 것이 없거니와(巖穴無結構)"를 얻어 읊은 것이다. 이 시는 모두 8구로 되어 있다.

1-2구에서 시인은 자연 그대로인 바위 동굴에 살면서, 골짜기에서 '그윽한 찾기(幽尋)'를 한다고 말한다. 3-6구는 바로 2구의 '유심'을 다시 설명한 것이다. 3구는 시각으로 가을이 된 계절의 흐름과 더불어 멀리 보이는 새집이라는 그윽함을 발견했음을 말한다. 4구는 촉각으로 돌길에 피어나는 축축한 구름을 느끼는 듯하다. 5구는 후각으로 매화로 인해 향기로워진 오솔길을 말하고, 6구는 청각으로 시냇물이 내는 대자연의 거문고 소리를 말하고 있다. 모두 다 '그윽한 찾기'의 결과물이다. 그러나 3-6구에 사람의 자취는 보이지 않는다. 7구에서 이제 사람이 등장하여 홀로 숨어사는 객, 은자를 이야기한다. 물론 시인 자신이다. 마지막 8구에서는 시인이 그윽이 찾고자 하는 것이 바로 '향긋한 두약'이 상징하는 '향기로운 삶'임을 말하고 있다.

좌사가 〈초은이수〉에서 벼슬을 던져버리고 은자와 같이 노닐고 싶다는 마음을 드러내었던 것처럼 시인 왕염례도 자연에서 '향기로운 삶'을 찾겠노라 읊고 있다.

## 13. 呂讓[1)]

〈和入京(화입경)〉[2)] 〈'경사에 들어가'에 화답하다〉

| | |
|---|---|
| 俘囚經萬里,<br>부수경만리 | 포로로서 만 리 길을 지나거니와, |
| 憔悴度三春.[3)]<br>초췌도삼춘 | 초췌하게 석 달 봄 내내 보냈다네. |
| 髮改河陽鬢,[4)]<br>발개하양빈 | 내 머리 반약의 살쩍처럼 바뀌었고, |
| 衣餘京洛塵.[5)]<br>의여경락진 | 내 옷엔 경락의 먼지 남아 있다네. |
| 鍾儀悲去楚,[6)]<br>종의비거초 | 종의는 초나라 떠남을 슬퍼하였고, |
| 隨會泣留秦.[7)]<br>수회읍류진 | 수회는 진나라 억류되어 울었더라. |
| 既謝平吳利,[8)]<br>기사평오리 | 오를 평정하는 이로움 말씀드렸지만, |
| 終成失路人.[9)]<br>종성실로인 | 끝내 길 잃은 사람이 되고 말았구나. |

역주

1) 呂讓(여양, 생졸미상) : 수나라 시기 시인으로 하중부(河中府) 영락현(永樂縣), 지금의 산서성(山西省) 예성(芮城) 사람이다. 벼슬은 태자우서자(太子右庶子), 해주자사(海州刺史)를 역임했다. 〈화입경(和入京)〉 시 한 수만이 전한다.
2) 和入京 : 〈경사에 들어가(入京)〉라는 제목의 시에 화답하다.
3) 俘囚經萬里 2구 : 부수(俘囚)는 포로. 삼춘(三春)은 석 달 봄 기간을 말함.
4) 河陽鬢 : 하양(河陽)은 반악(潘岳)을 말함. 진(晉)나라 사람으로 자는 안인(安仁)이다. 하양령(河陽令)을 지낸 적이 있다. 반악의 〈추흥부(秋興賦)〉 서(序)에 "내 나이 서른두 살이 되니, 처음 머리색이 두 개가 되었네."라고 하였다.
5) 衣餘京洛塵 : 육기(陸機)가 고영(顧榮)과 작별하는 자리에서 주었던 시 〈위고언선증부(爲顧彦先贈婦)〉에 "도성 낙양(京洛)은 바람 먼지도 많아, 하얀 옷이 검정으로 변하겠지."라고 하였다(≪고시원≫ 번역본 2권 341쪽 참조).
6) 鍾儀悲去楚 : ≪춘추좌씨전·성공9년(春秋左氏傳·成公九年)≫에 의하면 춘추시대 초(楚) 나라 사람 종의(鍾儀)가 진(晉) 나라에 포로가 되었는데, 진후(晉侯)가 음악을 연주하게 하자, 고국 초나라의 소리를 연주했다고 한다. 이때 종의를 '초수(楚囚)'라고 불렀는데 후에 '죄수(罪囚)'를 뜻하게 되었다.

7) 隨會泣留秦 : 수회(隨會)는 춘추 시대 때 진(晉)나라의 대부 사회(士會)를 말함. 자는 계(季)이고, 수(隨)와 범(范)을 봉지로 받아 범계 또는 수계라고도 한다. 여기서는 봉지로 받은 수(隨)를 사용해 말한 것. 진(晉) 양공(襄公)의 아우 옹(雍)을 위해 싸우다가 패하여 진(秦)나라고 도망한 일이 있다.

8) 旣謝平吳利 : 사(謝)는 말하다. 평오리(平吳利)는 위진시기의 사람 양호(羊祜)가 상소문으로 '오나라를 평정하는 이로움(平吳之利)' 을 밝혀 진(晉) 무제(武帝)가 오(吳)나라를 멸망시키는 데 뛰어난 책략을 세운 일을 말함.

9) 失路 : 길을 잃다. 여기서는 출세하지 못한 것을 말함.

10) 압운은 春, 塵, 秦, 人.

**감상**

이 시는 여양이 〈경사에 들어가(入京)〉라는 시에 화답한 것이다. 화답시를 쓴 시인 여양도 크게 출세하지 못했지만, 원작을 쓴 지인도 출세하지 못한 문인으로 보인다. 수나라와 당나라 교체 시기 많은 전쟁으로 인해 포로로 잡혀 상대의 수도에 들어간 일들이 있었는데 아마도 〈경사에 들어가〉라는 시도 같은 상황을 읊은 것으로 추정된다. 여양의 화답시에 많은 전고가 보이는 것은 이러한 상황을 우회적으로 표현했기 때문일 것이다.

이 시는 모두 8구로 되어 있다. 1-2구는 포로가 되어 만 리의 길을 끌려 왔고 봄철 내내 초췌한 생활이 이어졌음을 말한다. 3-4구는 그 석 달의 시간 동안 반악처럼 머리는 반백이 되었고, 육기가 고영에게 준 시의 내용처럼 옷에는 도성의 먼지가 가득하다고 말한다. 5-6구는 고국을 떠나 다른 나라에 포로가 되고, 억류된 바 있는 종의와 사회의 예를 들어 자신도 고국을 떠나있음을 비유하고 있다. 7-8구에서는 상소문으로 오나라를 평정하는 이로움을 밝혀 문무를 겸비한 지략가로 추앙받는 양호의 예를 들어 자신들도 나라를 위한 좋은 계책을 밝혔음에도 그 공로를 인정받지 못하고 출세하지 못한 신세를 한탄하고 있다.

## 14. 明餘慶[1)]

### 〈從軍行(종군행)〉[2)] 〈군대를 따라서〉

| | |
|---|---|
| 三邊烽亂驚,[3)]<br>삼변봉란경 | 여러 변방에 봉화불이 어지럽게 오르니, |
| 十萬且橫行.[4)]<br>십만차횡행 | 우리 십만 군대가 다시 길을 활보하네. |
| 風卷常山陣,[5)]<br>풍권상산진 | 변방 사나운 바람이 상산진을 휘감으며, |
| 笳喧細柳營.[6)]<br>가훤세류영 | 적의 풀피리 소리 세류영을 에워싸네. |
| 劍花寒不落,<br>검화한불락 | 칼 꽃은 추워도 떨어지지 않거니와, |
| 弓月曉逾明.[7)]<br>궁월효유명 | 활 같은 달은 날 새지만 더 밝다네. |
| 會取淮南地,<br>회취회남지 | 반드시 회남의 땅을 되찾아서, |
| 持作朔方城.[8)]*<br>지작삭방성 | 우리 삭방의 성으로 삼으리라. |

**원주**

* '검화' 일련은 당나라 사람들이 이러한 구법을 매우 본떴었다.(劍花一聯, 唐人極摹此種句法.)

**역주**

1) 明餘慶(명여경, 생몰미상) : 수나라 시기 평원격(平原鬲), 지금의 산동성(山東省) 평원(平原) 북쪽 사람이다. 벼슬은 수나라 때 사문랑(司門郎)을 맡았고, 618년 월왕(越王) 양동(楊侗)이 제위에 오를 때 국자좨주(國子祭酒)를 역임했다. 시 두 수가 전한다.
2) 從軍行 : 행(行)은 음악 용어.
3) 三邊烽亂驚 : 삼변(三邊)은 여러 변방. 란경(亂驚)은 여기서 봉화불이 어지럽고 놀랍게 오르는 것을 말함.
4) 十萬且橫行 : ≪사기·계포란포렬전(史記·季布欒布列傳)≫에 "상장군 번쾌(樊噲)가 이렇게 말했다. '신에게 군사 10만 명을 주시면, 흉노의 한 가운데를 종횡으로 짓밟고 다니겠습니다.'"라고 하였다.
5) 常山陣 : 진지를 말한 것으로 ≪손자·구지(孫子·九地)≫에 "고로 용병을 잘 하

는 것은 비유컨대 솔연(率然)과 같이 한다. 솔연은 상산의 뱀(常山之蛇)이다. 그 머리를 치면 꼬리가 달려들고, 그 꼬리를 치면 머리가 달려들며, 그 허리를 치면 머리와 꼬리가 같이 달려든다."라고 하였다.

6) 笳喧細柳營 : 가(笳)는 북방 유목민의 피리, 갈잎피리. 세류영(細柳營)은 서한(西漢)의 장군 주아부(周亞夫)의 군영을 말하는 것으로 ≪사기·강후주발세가(史記·絳侯周勃世家)≫에 의하면 한 문제(文帝)가 세류영(細柳營)을 시찰하고 나서, "이 사람은 진정한 장군이구나. 이전에 본 패상과 극문의 군영은 아이들 장난 같다. 그곳의 장군은 정말 몰래 공격하여 사로잡을 수 있겠지만, 주아부라면 어찌 범할 수가 있겠는가."라고 칭찬하였다.
7) 逾 : 더욱.
8) 會取淮南地 2구 : 회(會)는 반드시. 이 2구는 한나라 무제(武帝)가 흉노(匈奴)족을 몰아내어 하남(河南)의 잃어버린 땅을 수복하고 삭방군(朔方郡)을 설치한 일을 말함.
9) 압운은 行, 營, 明, 城.

**감상**

이 시는 명여경이 악부의 옛 제목을 빌려와 군대의 용맹함을 칭송한 노래이다. 1-2구는 전쟁이 일어나자 장군 번쾌의 말처럼 고국의 군대가 힘차게 활보하는 모습을 말하고 있다. 3-4구는 적에게 둘러 쌓인 긴박한 상황을 말한 것이다. 긴박한 상황이나 아군의 진지는 ≪손자·구지≫에 나오는 상산의 뱀과 같은 진지이고, 아군의 진영의 서한의 유명한 장군 주아부의 군영 세류영과 같다고 말한다. 그래서 꽃은 추우면 떨어지나 아군의 칼 빛은 의연하며, 달빛은 새벽이 되면 밝기를 잃어버리나 아군의 달 모양 활은 더 밝게 위력을 발한다고 말한다(5-6구). 이렇게 아군의 사기가 굳건하니 반드시 땅을 되찾아 한 무제처럼 정복할 것임을 다짐해본다(7-8구).

## 15. 大義公主[1)*]

〈書屛風詩(서병풍시)〉 〈병풍에 시를 쓰다〉

盛衰等朝暮, 융성과 쇠망은 아침저녁과 같나니,
성쇠등조모
世道若浮萍. 세상사는 떠있는 부평초와 같다네.
세도약부평
榮華實難守, 영화는 진실로 지켜내기 어렵나니,
영화실난수
池臺終自平.[2)] 연못 누대 끝내 절로 평지 되었네.
지대종자평
富貴今何在, 옛적 부귀는 지금 어디에 있는가?
부귀금하재
空事寫丹青.[3)] 무슨 일로 그림을 그렸단 말인가?
공사사단청
杯酒恆無樂, 잔에 술 있어도 항상 즐거움 없고,
배주긍무악
弦歌詎有聲. 현가인들 어찌 고운 소리 있으랴.
현가거유성
余本皇家子, 나는 본래 황제의 자식이건만,
여본황가자
飄流入虜庭. 흘러 오랑캐 조정에 들어왔네.
표류입로정
一朝睹成敗, 하루아침에 성패를 보게 되나니,
일조도성패
懷抱忽縱橫. 마음이 문득 갈팡질팡 하는구나.
회포홀종횡
古來共如此, 예로부터 모두 이와 같았거니와,
고래공여차
非我獨申名.[4)] 나 혼자 다시 개명한 것 아닐세.
비아독신명
唯有明君曲,[5)] 단지 왕소군의 노래가 있거니와,
유유명군곡
偏傷遠嫁情.[**] 새삼 멀리 시집가 마음 아파했지.
편상원가정

**원주**

* 공주는 후주의 우문 씨의 딸로, 시집가서 돌궐족인 사발략의 처가 되었고, 처음에 천금공주라 했다. 수나라가 주를 멸망시키자, 종묘에 제사지내는 것이 끊어짐을 스스로 슬퍼해, 매번 수나라에 복수하고자하는 뜻을 가슴에 품어, 밤낮으로 남편 사발략에게 말하기를, 뭇 병사들을 다 동원해서 수나라를 공격하자고 했다. 후에 사발략이 수나라에 투항해서, 수나라에서 양 씨를 하사했고, 대의공주로 봉했다. 수나라가 진나라를 평정한 뒤에, 진숙보의 병풍을 가지고서 공주에게 하사했다. 공주의 마음이 항상 평온치 못해서, 병풍에 써서 시를 지었다.(公主, 後周宇文氏女, 嫁爲突厥沙鉢略妻, 初名千金公主. 隋滅周, 自傷宗祀絶滅, 每懷復隋之志, 日夜言於沙鉢略, 悉衆爲寇. 後沙鉢略內附, 賜姓楊氏, 改封大義公主. 隋平陳後, 以陳叔寶屛風賜主, 主心恆不平, 因書屛風爲詩.)

** 영웅다운 기상이 성대하니, 일이 비록 성공을 이루지 못했지만, 정위의 뜻은 멸할 수 없다.(英氣勃勃, 事雖不成, 精衛之志,[6] 不可泯滅.)

**역주**

1) 大義公主(대의공주, 563?593?) : 아버지 조왕(趙王) 우문초(宇文招)는 북주(北周)의 실질적 창시자인 우문태(宇文泰)의 아들이자, 북주의 1대 황제 효민제(孝閔帝) 우문각(宇文覺), 2대 황제 명제(明帝) 우문육(宇文毓), 3대 황제 무제(武帝) 우문옹(宇文邕) 등 세 명의 황제들의 동생이었다. 580년 돌궐족의 가한(可汗) 사발략(沙鉢略)과 혼인하였다. 581년 수나라에 의해 북주가 멸망하자 남편은 수나라에 투항해 양(楊)씨 성을 하사받고, 공주는 수나라 문제(文帝) 양견(楊堅)에 의해 대의공주로 다시 봉해졌다. 수나라가 북주를 멸망시킨 것을 복수하고자 결심했으나 실패하고 암살되었다고 전해진다.

2) 池臺 : 연못과 누대로 '정원'을 말함.

3) 富貴今何在 2구 : 부귀(富貴)는 남조 진(陳)나라의 마지막 황제 후주(後主) 진숙보(陳叔寶)가 누리던 부귀를 말함. 재위할 때 늘 연회와 음률에 빠져있었으며 수나라 군대에 의해 포로로 잡혀 장안(長安)으로 압송될 때에도 술과 노래를 그치지 않았다고 함. 사단청(寫丹靑)은 그림을 그리다. 여기서는 대의공주에게 하사된 진후주의 그림을 말함.

4) 申名 : 거듭 명명하다. 처음 돌궐족에게 시집가며 천금공주라고 불렸고, 다시 수나라로부터 대의공주라는 명칭을 받게 된 것을 말한다.

5) 明君曲 : 왕소군(王昭君)의 노래. 왕소군은 한나라 원제(元帝)의 후궁으로 들어갔으나 총애를 얻지 못하고 BC 33년 흉노의 호한야(呼韓邪) 선우(單于, 흉노족 왕)에게 시집가 알지(閼氏, 흉노족 왕비)가 되었다. ≪서경잡기(西京雜記)≫에 화공 모연수(毛延壽)에게 뇌물을 바치지 못해 추한 추상화 때문에 뽑혔다는 이야기가 전해진다. 진(晉)나라 때에 문제(文帝) 사마소(司馬昭)의 이름과 글자가 같은 것을 피하기 위하여 왕명군(王明君)이라 하였고, 명비(明妃)라고도 불렸다.

6) 精衛 : ≪산해경·북상경(山海經·北上經)≫에 의하면 염제(炎帝)의 어린 딸이 동해에 빠져 죽은 후 정위(精衛)라는 새가 되어 항상 서산(西山)의 나무를 물어와 동해 바다를 메우려 했다는 이야기가 있다. 여기서 작은 새 정위가 바다를 메우려 한다는 성어인 '정위전해(精衛塡海)' 가 나왔다.

7) 압운은 萍, 平, 青, 聲, 庭, 橫, 名, 情.

감상

이 시는 진나라의 후주 진숙보가 그린 병풍을 수나라 문제가 대의공주에게 하사하자, 그녀가 지은 노래이다. 대의공주는 북주 황실의 귀한 황손이었다. 그러나 580년 돌궐과의 전쟁을 우려해 북주는 돌궐의 요구대로 황실 공주를 시집보내게 되고 그녀가 뽑혀 사발략과 혼인하게 되었다. 다행히 남편의 총애를 얻었지만 행복도 잠시 이듬해 581년 고국 북주가 수나라에게 멸망을 당하고, 아버지도 문제 양견에 맞서다 죽임을 당했다. 나라와 부모의 복수를 하고자 애썼지만 남편은 수나라에 투항하고 자신은 천금공주에서 수나라에 대한 대의를 지키라는 의미의 대의공주로 바뀌 봉해진다. 그리고 수나라 문제는 진후주가 그린 병풍을 하사한다. 나라가 망해 포로로 잡혀 오면서도 시와 술을 놓지 않았던 황제 진후주가 그린 그림이다. 이에 이 그림 앞에서 공주가 시를 써 내려 간다.

이 시는 모두 16구로 내용에 따라 크게 2개의 단락으로 나눠 볼 수 있다.

전 단락(1-8구)은 진나라 후주에 대한 이야기이다. 1-6구는 진후주가 누리던 흥성과 영화, 부귀가 모두 없어지고 망국의 군주가 지금은 부질없이 그림 그리는 일을 하고 있음을 말한 것이다. 그래서 술이 있어도 음악이 있어도 이제는 누릴 수가 없게 되었다(9-10구).

후 단락(9-16구)은 공주 자신에 대한 이야기이다. 9-10구는 자신이 북주의 황제 자제로 돌궐에 시집보내진 것을 말한 것이다. 11-12구는 표면적으로는 진나라 후주를 말한 것이나 실제로는 자신의 조국 북주의 멸망도 포함하고 있다. 어제 오늘의 일이 아니다. 화친이라는 명목 하에 타국으로 보내진 여인이 어디 나뿐이랴? 멋대로 이런저런 이름을 달아주면서 말이다(13-14구). 그러나 수많은 그 여인들은 말이 없다. 아니 말을 못하거니와, 또 사람들이 기억해주지도 않는다. 단지 왕소군의 노래가 있어, 타국으로의 정략 결혼하는 슬픔을 하소연하고 있을 뿐이다(15-16구).

오랜 기간 분열되어 있던 중국 대륙을 통일할 만큼 강성했던 수나라 앞에 고국과 부모의 원수를 갚기 위해 애쓴 한 공주의 힘은 참으로 미약했을 것이다. 하지만 그 마음만은 시로 남아 그 울림을 전해준다. 심덕잠이 원주에서 '정위(精衛)의 뜻' 이라 하여 그 실현 가능성보다 마음가짐이 중요하다는 의미를 되새긴 이유이다.

# 16. 無名氏

## 16-1

〈送別詩(송별시)〉　　〈송별시〉

楊柳青青著地垂, 버들가지 푸르고 푸르러 땅에 닿게 드리워졌네.
양류청청착지수
楊花漫漫攪天飛.[1] 버들개지 자욱하게 하늘 어지럽히며 날고 있네.
양화만만교천비
柳條折盡花飛盡, 버들가지는 다 꺾였고 버들개지 다 날아갔거늘,
류조절진화비진
借問行人歸不歸.[2] 묻자구나 길손이여 돌아갈(올) 것인가 말 것인가?
차문행인귀불귀

**원주**

* 뜻밖에도 성당 시대 시인의 솜씨같다.(竟似盛唐人手筆.)
≪동허기≫ : 이 시는 (수 양제) 대업 말년에 지어진 것인데, 양제가 지방 순찰을 하는데 절제가 없어서, 백성이 가난해지고 지방재정이 바닥나자, 수 양제가 수도로 돌아가길 바란다는 것을 가리킨다. 오자가 노래를 지었던 뜻이다.(≪東虛記≫ 云: 此詩作於大業末年, 指煬帝巡遊無度, 民窮財盡, 望其返國, 五子作歌之意也.[3])

**역주**

1) 楊花 : 버들개지, 버들 솜.
2) 五子作歌 : 〈오자지가(五子之歌)〉는 하(夏)나라의 제2대 왕 계(啓)의 아들들이며 제3대 왕 태강(太康)의 아우인, 다섯 명이 부른 노래를 말함. 태강은 왕위에 오른 뒤 사냥과 놀이에만 탐닉하여 민심을 잃었다. 어느 날 낙수에 사냥을 가서 돌아오지 않자 유궁씨(有窮氏)의 제후인 예(羿)가 돌아오는 길을 막아 버렸다. 이에 다섯 아우들이 조부인 우(禹) 임금의 훈계를 노래로 지어 만형의 실정(失政)을 한탄하였다고 한다(≪서경·하서(書經·夏書)≫ 참조).
3) 압운은 垂, 飛, 歸.

**감상**

이 시는 두 가지의 의미로 해석할 수 있다. 하나는 원주에서도 설명한 바와 같이 수나라 양제의 지나치게 방탕한 순찰로 인한 폐해를 백성들이 견디다 못해 비유적으로 부르는 노래로 보는 것이다. 하나라의 왕 태강의 다섯 아우들이 부른 노래처

럼 수양제의 실정을 한탄하는 내용이 되어, 4구의 행인(行人)은 수양제를 가리키게 된다.

또 다른 하나는 버들에 관한 전통적인 시가로 보는 것이다. 버들의 '류(柳)'는 붙잡다, 머물다의 '류(留)'와 해음이 되어 이별 또는 규원시로 보는 것이다. 호태후(胡太后)가 자신을 떠나 남쪽 양나라로 망명한 정인 양화(楊華)를 그리워하며 지은 노래인 〈양백화(楊白花)〉(≪고시원≫ 권14 북위(北魏)시 5-1번 시 참조)가 그 대표적인 예이다. 이 관점에서 보면 3구는 봄이 다 감을 나타내고, 4구의 행인은 '임'을 지칭하게 된다. "봄은 다 가는데, 내 님은 돌아오실는지 묻자구나."는 뜻이 된다.

## 16-2

〈雞鳴歌(계명가)〉 〈닭이 우는 노래〉

| | |
|---|---|
| 東方欲明星爛爛,[1]<br>동방욕명성란란 | 동쪽 하늘 밝아오려 하고 별은 아름답구나. |
| 汝南晨雞登壇喚.[2]<br>여남신계등단환 | 여남의 새벽닭이 단에 올라서 불러 깨우네. |
| 曲終漏盡嚴具陳,[3]<br>곡종루진엄구진 | 기상곡 끝나 물시계 그치니 화장도구 펼쳐지고, |
| 月沒星稀天下旦.<br>월몰성희천하단 | 달 지고 별 드물어지니 천하에 아침이 온다네. |
| 千門萬戶遞魚鑰,[4]<br>천문만호체어약 | 천문과 만문에 열쇠가 차례로 건네지고 있구나. |
| 宮中城上飛烏鵲.<br>궁중성상비오작 | 대궐의 성 위에는 까막까치가 날아오르는구나. |

**역주**

1) 爛爛 : 첩어, 의태어로 별빛이 고운 모양.
2) 汝南晨雞登壇喚 : 여남(汝南)은 한(漢)나라의 군(郡) 이름. 시각을 잘 맞춰 우는 장명계(長鳴鷄)가 이곳에서 생산되었다고 한다. 이 구는 두 가지의 해석이 가능하다. ①계(雞)를 ≪악부시집·잡가요사(樂府詩集·雜歌謠辭)≫의 해제의 설명대로 관직 이름 '계인(鷄人)'으로 보아 "여남의 새벽 닭 역할을 하는 환관이 단에 올라서 사람들을 불러 깨우네."로 해석할 수 있다. 밤이 되면 궁중의 남자 관리는 환관 외에는 남아 있을 수 없었다. ②계(雞)를 실제 닭으로 보아 "여남에서 산출된 새벽닭 단 올라서 불러 깨우네."로 해석이 가능하다.
3) 嚴具 : 장구(妝具), 화장 도구.

4) 魚鑰 : 물고기 모양의 열쇠. 여기서는 궁중 문을 여는 열쇠의 의미.
5) 압운은 爛, 喚, 旦에서 입성(入聲) 鑰, 鵲으로 환운하고 있다.

**감상**

이 시는 ≪악부시집·잡가요사≫에 실려 있다. 이 시는 모두 6구로 되어 있다. 1-2구는 닭이 우는 소리(혹은 계인의 외치는 소리) 속에 날이 밝아 옴을 묘사하고 있다. 진짜 닭이든 닭 역할을 하는 환관이든, 아무튼 기상을 알리는 소리가 끝나고 물시계가 멈추면 궁녀들은 서둘러 화장을 한다(3구). 그러는 동안 달과 별이 지며 아침이 밝아온다(4구). 마지막 5-6구는 아침에 닫혔던 궁중의 문들이 열리고 까치들이 날아오르는 궁궐의 아침 풍경이다. ≪악부시집≫에 실려 있지만 민중들이 불렀던 민가라기보다는 궁중 안에서 불렀던 노래로 보인다.

# 후기: ≪고시원≫을 함께 공부하며

양 회석 교수님과 함께 ≪고시원≫을 공부한 지 꼭 3년이 되었다. 이번 번역서 3권으로 엮어진 시들의 배경은 남북조시대이다. 이 시대는 170년 정도의 역사 속에 남쪽에는 송(宋), 제(齊), 양(梁), 진(陳) 4개의 왕조가 북쪽에는 북위(北魏), 동위(東魏), 서위(西魏), 북제(北齊), 북주(北周)의 왕조를 거쳐 남북이 수(隋)나라로 통일되기까지의 대혼란의 시대였다. 이 혼란을 오롯이 견딘 사람들의 인생 이야기가 담긴 노래들이 이 3권에 모여 있다. 그리고 천여 년을 넘어 그 시대를 함께 공감하며 때로는 웃음으로 때로는 깊은 슬픔으로 동행한 여러 선생님들께 감사하고 싶다.

김서윤, 나천수, 박현금, 송영숙, 신방방, 양승천, 양형란, 유미정, 이영삼, 이혜인, 장안영, 정옥경, 조일형, 최승식, 최형태(이상 전남대 대학원 한문번역협동과정), 김서현, 김아람, 김정심, 이선헌, 이수진, 임지영(이상 전남대 대학원 중어중문학과), 양미립, 적치강(이상 전남대 대학원 아시아문화협동과정), 박근순, 이영주(이상 전남대 대학원 한국어교육학협동과정), 주여운(전남대 대학원 문화학과), 서성우(전남대 대학원 국어국문학과), 박인권(전남대 대학원 사회교육학과), 노금선(전남대 대학원 문화재학협동과정), 박정화(조선대 대학원 고전번역학과), 김선유(중국 복단대학교 대학원 중국문학), 김대오, 이맹로(이상 중국어 교사), 박지현, 이상호(이상 한문 교사), 오원만(전남대 치과대학 교수), 이태영(광주시 교육청 장학사), 이경일(전남대 중문과 강사), 홍승현(전남대 중문과).

추위와 더위는 물론, 꽃피는 봄과 단풍 고운 가을에도 발표와 토론으로 함께 채워주신 선생님들의 노고와 추억을 잊지 않겠습니다. 감사합니다.

2016년 7월

김희경

전남대학교 아시아문화연구소 총서 4

고古 시詩 원源

한시의 근원을 찾아서 Ⅲ · 남북조(南北朝)

인쇄 | 2016년 8월 26일
발행 | 2016년 9월 1일

편저 | 청(淸) 심덕잠(沈德潛)
역자 | 양회석 · 김희경
발행인 | 지병문
발행처 | 전남대학교출판부

등록 | 1981. 5. 21. 제53호
주소 | 61186 광주광역시 북구 용봉로 77
전화 | (062) 530-0571~2 마케팅 530-0573
팩스 | (062) 530-0579
홈페이지 | http://www.cnup.co.kr
이메일 | cnup0571@hanmail.net

값 35,000원

ISBN 978-89-6849-183-2 (94810) 세트
ISBN 978-89-6849-337-9 (94810)

이 도서의 국립중앙도서관 출판예정도서목록(CIP)은 서지정보유통지원시스템 홈페이지(http://seoji.nl.go.kr)와 국가자료공동목록시스템(http://www.nl.go.kr/kolisnet)에서 이용하실 수 있습니다.
(CIP제어번호 : CIP2016018921)